D1574909

Knaus

Thorkild Hansen

# DER HAMSUN PROZESS

Aus dem Dänischen
von U. Leippe und M. Wesemann

Albrecht Knaus

Titel der Originalausgabe: Processen mod Hamsun
Erschienen 1978 bei Gyldendal, Kopenhagen

© Thorkild Hansen, 1978
1.–10. Tausend
© Albrecht Knaus Verlag, Hamburg, 1979
Schutzumschlag Manfred Limmroth
Gesetzt aus der Borgis Garamond
Gesamtherstellung: Mohndruck Graphische Betriebe GmbH, Gütersloh
ISBN 3-8135-5260-8

Mit Dank an
TORE, ARILD,
ELLINOR und CECILIA

# Inhaltsverzeichnis

ERSTER TEIL DER TÄTER 9

1 Ein Gefangener auf seinem Karren 10
2 Sanfte Augenblicke 28
3 Die Katastrophe 50
4 Bei Terboven 65
5 In serviler Haltung vor dem deutschen Scharfrichter 83
6 Bei Goebbels 99
7 Bei Hitler 110
8 Wie soll das bloß enden? 128

ZWEITER TEIL DIE ANKLAGE 147

9 Die ersten Verhöre 148
10 Nörholm wird beschlagnahmt 163
11 Die abgebrannte Villa 176
12 Hamsun lügt 184
13 Die Gäste erzählen 195
14 Genau wie Knut Hamsun 209
15 Nachtzug 21.30 Uhr Arendal–Nelang–Oslo 216
16 Im Tollhaus 232
17 Einem Geheimnis auf der Spur 251
18 Knut Hamsuns Sexualleben 266

DRITTER TEIL DIE ZEUGEN 283

19 Marie 284
20 Marie erzählt die Wahrheit 292
21 Blumen und Blut 304
22 Eifersucht 347
23 Marie in Deutschland 360
24 Der Zusammenbruch 374
25 Das Untersuchungsergebnis 387
26 Mut ist besser als Glück 400


VIERTER TEIL DAS URTEIL 415

27 Marie vor Gericht 416
28 Die Augen versagen 428
29 Dem Henker zittert die Hand 438
30 Der Prozeß 447
31 Die Verhandlung ist eröffnet 458
32 Das Urteil 475
33 Bankrott 488


FÜNFTER TEIL DIE STRAFE 503

34 Gyldendal versagt 504
35 Marie entlassen 523
36 Allein gegen alle 534
37 Inger und Isak 552
38 Marie und Knut 560
39 Ich sterbe nun 576
40 Fünfter Akt 586

# Erster Teil
# DER TÄTER

*Aber sanfte Augenblicke, die haben alle. Ein Gefangener sitzt auf seinem Karren und wird zum Schafott gefahren, ein Nagel scheuert ihn, er rückt ein wenig zur Seite und empfindet es als angenehmer.*

KNUT HAMSUN

# 1
## Ein Gefangener auf seinem Karren

Montag, der 7. Mai 1945, war der letzte Tag des Kriegs in Europa. Drei Tage zuvor hatten die Deutschen in Holland, Nordwestdeutschland und Dänemark kapituliert, aber an anderen Orten hielten sich noch immer große Streitkräfte, zum Beispiel in Norwegen, wo der verhaßte Terboven, Reichskommissar für die besetzten norwegischen Gebiete, den Kampf fortsetzen wollte. Das Wetter war schön, der Frühling endlich gekommen, die verbrannten Schlachtfelder begannen wieder zu grünen.

Am Montag, dem 7. Mai um 2.41 Uhr, unterschrieb Generaloberst Jodl für das Oberkommando der Wehrmacht in General Eisenhowers Hauptquartier, einer kleinen roten Schule in Reims, Deutschlands Gesamtkapitulation. Später am gleichen Tag telegraphierte Hitlers Nachfolger, Großadmiral Dönitz, die Nachricht an die Streitkräfte, die an der Ost- und Westfront, von Kreta bis zum Nordkap, noch immer standhielten. In Oslo sahen die Leute auf der Hauptgeschäftsstraße Karl Johan riesige Rauchmassen aus den Schornsteinen des Schlosses emporquellen und meinten, das seien wohl Quisling und seine Minister, die ihre Papiere verbrannten. Mehrere Nazis begingen Selbstmord, andere versuchten, sich Ablaß zu erkaufen, indem sie der Widerstandsbewegung Geld anboten. Auf Skaugum, dem Gut des Thronfolgerpaars und Terbovens Hauptsitz während der fünf Jahre seiner Schreckensherrschaft, hielt der Reichskommissar seine letzte Konferenz mit Quisling ab. Anwesend war auch der belgische Naziführer Léon Degrelle, der tags zuvor mit einem Kriegsschiff aus Kopenhagen gekommen war. Noch konnte ein Schnorchel-U-Boot Südamerika erreichen. Quisling lehnte ab. Ein Flugzeug nach Spanien war eine Möglichkeit. Degrelle wollte gern, aber Quisling lehnte ab. Terboven verabschiedete sich von den beiden Herren, rief den Chef seiner Leibgarde zu sich und bat ihn, er möge eine Kiste mit 30 kg Trotyl in seinem Schutzraum anbringen, einem Betonbunker von 2 × 2 Metern im Hügel hinter dem Hauptgebäude des Gutes.

Oben im Redaktionsbüro der *Aftenpost* sei dieser Tag, oberflächlich betrachtet, ein Tag wie jeder andere gewesen, schrieb Redakteur D. Smith später. Während man noch redete, kam der Redaktionsbote mit der Morgenpost herein. Smith erkannte die zierliche Handschrift auf dem kleinen weißen Umschlag, öffnete ihn schnell und erstarrte bei der Lektüre des kurzen Artikels. Wie ist das möglich, dachte er, heute, drei Tage nach der Kapitulation in Dänemark?

In einem Redaktionsbüro fallen die Entscheidungen schnell, der neueingegangene Artikel konnte nicht bis zum nächsten Tag warten, und ihn an die Zensur zu schicken war nicht nötig. Smith rief unten in der Setzerei an, die Titelseite war noch nicht im Umbruch. Als der Redaktionsbote mit dem Papier verschwand, dachte Smith plötzlich daran, daß der Verfasser des Artikels einmal geschrieben hatte, daß wir keine andere Belohnung als unser gutes Gewissen zu erhoffen haben.

Nun gilt das für ihn selbst, dachte Redakteur Smith wehmütig.

Montag, der 7. Mai 1945. Die letzten Stunden des Kriegs. Um 14.00 Uhr treffen sich die Führer der Heimatfront in dem geheimen Hauptquartier der Freiheitsbewegung, der Wohnung von Witwe Endresen, Gabelsgatan 39. In einer Kristallvase liegen die beiden Kopfhörer für das auf London eingestellte Radio. Es herrscht ein wenig Uneinigkeit darüber, ob die Befreiungs-Proklamation an das norwegische Volk einen Dank an «Ihn, der die Schicksale der Völker lenkt» enthalten solle. Um 15.15 Uhr überträgt Radio Oslo die Rede des neuen deutschen Außenministers, Schwerin von Krosigk, mit der Bekanntgabe der Kapitulation. Fast allen Norwegern hat man die Radioapparate beschlagnahmt, aber auf Gut Skaugum hört Terboven sich die Rede bis zu Ende an, befiehlt seiner Leibwache, in den kleinen Betonbunker zu gehen, einen Zünder bereitzulegen und ihm danach einige Flaschen Weinbrand zu holen. In Lillehammer gibt der Oberbefehlshaber General Böhme 205 000 Soldaten der Wehrmacht, 85 000 Marinern, 50 000 Angehörigen der Luftwaffe, 12 000 Mann der Organisation Todt und 5000 Mann der Polizeitruppen den Befehl, ihre Kasernen nicht zu verlassen. Ein Befehl. In den Wäldern rücken die Streitkräfte der Heimatfront, insgesamt 40 000 Mann, allmählich auf die Städte zu, um bekannte Nazis zu verhaften und Deutschenliebchen die Haare abzuschneiden. Vom Flughafen Fornebu aus ruft Léon Degrelle Quisling in der Villa *Gimle* auf Bygdöy an, um ihm zu sagen, daß in einer Stunde eine deutsche Bombenmaschine, eine Ju 52, nach San Sebastian in Spanien abfliegt. Noch können Quisling und seine Frau es schaffen. Es ist das letzte deutsche Flugzeug von Fornebu. Quisling sagt: *Merci non.* Auch auf dem Rittergut Nörholm, ein paar hundert Kilometer südlich von Oslo, ist das Radio nicht beschlagnahmt worden, und die dreißigjährige Ellinor hat Schwerin von Krosigks Rede gehört. Ellinor spricht fließend deutsch. Sie ist mit einem deutschen Filmregisseur verheiratet und hat viele Jahre lang in Deutschland gewohnt. Heute lebt sie, nach zwei Gehirnoperationen, in einem Erholungsheim in Jütland. Hier erzählt Ellinor, daß sie es gewesen sei, die nach oben gegangen sei und ihrem Vater die Nachricht überbracht habe. Er war so taub, daß er nicht Rundfunk hören konnte. Sie mußten alles in sein linkes Ohr schreien.

«Deutschland hat kapituliert», rief Ellinor.

Der fünfundachtzigjährige Mann saß in seinem Korbsessel und starrte unbeweglich in die Luft.

«Nein!» antwortete er.

Ellinor glaubte, er habe sie nicht verstanden.

«Deutschland hat kapituliert», wiederholte sie.

Der alte Mann rührte sich nicht. Er hatte verstanden.

Montag, der 7. Mai 1945. Die letzten Minuten des Kriegs. Nun ist die *Af-*

11

*tenpost* in Oslo auf der Straße. Der kurze Artikel, den Redakteur Smith am selben Morgen mit der Post erhalten und im letzten Augenblick an die Setzerei weitergegeben hatte, prangte doppelspaltig auf der Titelseite. Es handelte sich um einen Nekrolog, einige Gedenkworte für Adolf Hitler, der ja vor gut einer Woche gestorben war. Nein, dieses Manuskript an die Zensur zu schikken, war nicht nötig gewesen. Hitler wurde hier als ein Krieger für die Menschheit, ein Verkünder des Evangeliums vom Recht für alle Völker, eine reformatorische Gestalt von höchstem Rang geschildert.

«Wir, seine treuen Anhänger, beugen nun unser Haupt angesichts seines Todes», schloß der Verfasser.

Redakteur Smith hatte den weltberühmten Namen in der eigenen Handschrift des Mannes unter dem Artikel stehen lassen. Diese Huldigung an Hitler stammte von Knut Hamsun, dem tauben alten Mann auf Nörholm, dem größten Dichter Norwegens, dem Nobelpreisträger, dessen Bücher in 32 Sprachen übersetzt waren.

Wenige Minuten später war der Krieg vorbei. In der Wohnung der Witwe Endresen, Gabelsgatan 39, hatten sich die Führer der Heimatfront darüber geeinigt, den Dank an «Ihn, der die Schicksale der Völker lenkt», durch ein «Gott segne unser teures Vaterland!» zu ersetzen, und um 18.00 Uhr wurde ihre Proklamation in 200 000 Exemplaren gedruckt und an die Häusermauern von Oslo geklebt: «Unser Kampf ist von Sieg gekrönt! NORWEGEN ist wieder frei!» «Ja, wir lieben dieses Land!» heißt es in der norwegischen Nationalhymne. Wir lieben und singen und tanzen in den Straßen, wir zerschlagen die Fenster der deutschen Buchhandlung an der Ecke von Arbeidergate und Karl Johan, und wir veranstalten eine «Bücherverbrennung». Die Gestapo-Gefangenen kommen aus der Möllergate und der Victoria Terrasse, die alliierte Übergabekommission landet in einer Catalina und einer Sunderland im Seeflughafen vor Fornebu, und Brigadier Hilton hat das Haar voller Reis, als er endlich das Hotel Bristol erreicht, Kronprinz Olav spricht über Radio London König Haakons Radiogruß. General Urquhart kommt mit der *airborne division*, die roten Teufel von Arnhem. Die Gefangenen von Grini zeigen sich auf der Karl-Johan-Straße, in ihrer Sträflingskleidung mit den aufgenähten Nummern, Zehntausende sind unterwegs, die alliierten Nationalhymnen erklingen über alle Lautsprecher, die Fahnen der Alliierten sind in allen Fenstern, an allen Fahnenstangen. Frühling und Sonne, Reden und Reden, das große Pathos und die stumme Trauer. 1340 in deutschen KZs umgekommen, 366 durch Erschießen in Norwegen hingerichtet. 130 in norwegischen Gefängnissen gestorben, davon 39 zu Tode gefoltert. Jetzt war es vorbei. Ein Kriegsverlust von insgesamt 21 Milliarden Vorkriegskronen, ein Fünftel des norwegischen Nationalvermögens. Besatzungskosten von 5 Millionen Kronen pro Tag. Jetzt war es vorbei. Am Dienstag, dem 8. Mai, morgens fuhren die Streitkräfte der Heimatfront in Windjacken, Knickerbockern und mit ihren englischen Maschinenpistolen, den *stenguns,* in die Städte ein und begannen, die Mitglieder von Quislings nationalsozialistischer Partei, der «Nasjonal Samling», zu verhaften. Im Parteibüro in Oslo beschlagnahmten sie eine Mitgliederkartei mit 61 000 Karten, aus Stockholm kehrten die Flüchtlinge mit der Kjesäter-Kartei von 71 200 Karten zurück, aus London kam der Reichspolizeichef mit 13 000 Karten. Jetzt hatte es begonnen. Gemäß den Gesetzen, die mit rückwirkender Kraft von der norwegischen Exilregierung in London erlassen worden waren, sollte die Mitgliedschaft in der nationalsozialistischen Partei automatisch Strafe nach sich ziehen, und die Anzahl der Verurteilten, die vor dem Krieg jährlich ungefähr bei 4000 gelegen hatte, stieg jetzt auf ungefähr 30 000 pro Jahr. Der Oberste Ankläger in Norwegen brauchte acht Jahre, um alle Fälle aufzuarbeiten, was den Staat insgesamt über drei Milliarden Kronen kostete. Von den etwa 130 000 in der «Landesverräterkartei» Genannten wurden 30 zum Tode verurteilt, während 20 120 Gefängnisstrafen erhielten und 28 568 zu Geldstrafen von insgesamt 280 Millionen Kronen verurteilt wurden. Zu den Bestraften gehörten der Schrifsteller Knut Hamsun, seine Frau, Marie Hamsun, und ihre beiden Söhne Tore und Arild Hamsun.

Jetzt hatte es begonnen. Am Montag abend um 21.10 Uhr erreichte der Befehl des Oberkommandos in Flensburg General Böhme in Lillehammer: Die deutschen Streitkräfte in Norwegen sollten sich, ohne Widerstand und ohne Zerstörungen anzurichten, ergeben. Ein Befehl. Die «Festung Norwegen», die monatelang hätte verteidigt werden können, fiel ohne einen einzigen Schuß. Die 350 000 Mann lieferten ihre Waffen und Versorgungslager (darunter vier Millionen Flaschen Wein und Spirituosen) an die Alliierten ab, die nur einige tausend Mann waren.

Vidkun Quisling meldete sich am Mittwochmorgen um 6.45 Uhr bei der norwegischen Polizei in der Möllergate 19. Ein halbes Jahr später wurde er durch Erschießen hingerichtet. Mehrere bekannte Gestapoleute begingen Selbstmord. Josef Terboven verließ am Dienstagabend eine Batterie leerer Flaschen, schwankte hinüber in seinen kleinen Betonbunker, schlug die gasdichte Panzertür hinter sich zu und setzte sich auf die Kiste mit den 30 kg Trotyl. Nein, es gab nicht sehr viel an der Leiche zu identifizieren. Der einzige Beweis war ein Stück Oberarm, dessen Knochen die Verwachsung einer alten Bruchstelle zeigte. Das mußte Josef Antonius Heinrich Terboven sein. Alle wußten, daß der Reichskommissar nach einem Flugzeugabsturz seinen einen Arm nicht mehr bewegen konnte.

Die Mitteilung stand in der *Aftenpost*, als die Zeitung nach kurzer Pause am 14. Mai wieder auf die Straße kam. Die gleiche Nummer enthielt auch eine Nachricht über Knut Hamsun. Der berühmte Dichter, der nur eine Woche zuvor auf der Titelseite erschienen war, war jetzt in eine einspaltige Notiz auf Seite neun verbannt. Da stand, daß er am Montagnachmittag, als er die Nachricht von der Kapitulation der Deutschen erhalten habe, zusammengebrochen und ins Krankenhaus nach Grimstad gebracht worden sei, wo er sich in der Behandlung von zwei Ärzten der Stadt befinde. Nachdem man ihm den Magen ausgepumpt habe, sei er jetzt wieder einigermaßen auf dem Damm und nach Nörholm zurückgefahren, wo er nun liege und von Frau Hamsun gepflegt werde. Das Blatt meinte, hier stehe man vor dem tragischen Ende einer strahlenden Dichterkarriere:

«Von dem Augenblick an, da Hamsun am 9. April 1940 auf Nörholm die Flagge hißte und den Feind auch in anderer Weise in Norwegen willkommen hieß, sind seine Ergüsse immer stumpfsinniger geworden. Aber die Deutschen und die Quislinge nutzten in ihrer Propaganda schamlos jedes Wort dieses senilen Greises mit dem einstmals so großen Namen aus.»

So schloß die *Aftenpost*.

Es stimmte, daß Knut Hamsun am 9. April 1940 auf Nörholm die Fahne gehißt hatte. Wie aber verhielt es sich mit seinem Nervenzusammenbruch am 7. Mai 1945? Der Journalist benutzte das Wort «Selbstmordversuch» nicht, aber die Mitteilung, daß Hamsun nach einer Magenspülung im Krankenhaus von Grimstad nun wieder einigermaßen auf dem Damm sei, hatte bei den Lesern wohl kaum einen Zweifel daran gelassen, daß man an einen solchen gedacht hatte.

Die Quelle, aus der die *Aftenpost* schöpfte, war offenbar eine Nachricht, die zwei Tage zuvor die Titelseite der Kopenhagener *Berlingske Tidende* geschmückt hatte und die der Zeitung von ihrem Auslandskorrespondenten in Oslo, Bonde Henriksen, übermittelt worden war. Darin hieß es, Knut Hamsun habe einen Nervenzusammenbruch erlitten, als er gehört habe, daß Deutschland den Krieg verloren hatte. Der achtundachtzigjährige (er war erst 85) Dichter, dessen Bücher in Norwegen nicht mehr verkauft würden, lebe auf Nörholm völlig isoliert, zusammen mit seiner ebenso deutschfreundlichen Ehefrau, Marie, er werde als eine längst verstorbene Person betrachtet.

Offenbar doch nicht verstorben, denn die *Aftenpost* konnte zwei Tage später andeuten, er habe versucht, Selbstmord zu begehen. In anderen Zeitungen wurde dann daraus, daß er Gift genommen habe und zwischen Leben und Tod schwebe.

Stimmte das? Versuchte Knut Hamsun wie so viele andere bis hin zu Terboven und Hitler, sich das Leben zu nehmen? Kann man so herausfordernd auftreten und sich im gleichen Atemzug selbst aufgeben? Erst in der letzten Stunde des Kriegs eine Huldigung an Hitler veröffentlichen und dann aus Angst vor den Konsequenzen Gift nehmen?

Marie Hamsun, seine Frau, berichtet eine andere Version.

Marie schildert die Stimmung auf Nörholm in jenen chaotischen Maitagen, als ganz Norwegen die «Befreiung» feierte: Orkane von Hurras und «Ja, wir lieben ...» in ihrem quäkenden alten Radio, die Zeitungen in neuer und nicht wiederzuerkennender Aufmachung, Kolonnen von deutschen Soldaten, die draußen auf der Landstraße langsam nach Süden schlichen, mit müden, gebeugt dahintrottenden Pferden.

Sagt Marie. Sie erzählt nichts von den anderen Norwegern, die auch vorbeikamen und Bücher über die Hecke schleuderten. Hamsunbücher. «Pan», «Die Stadt Segelfoß», «Segen der Erde». Oder ist das eine Legende? Die Tochter Ellinor hat nichts gesehen. Der Sohn Arild erinnert sich an ein oder zwei, aber diese Ereignisse lagen bereits früher. Vielleicht hat sie sie in der Dämmerung aufgelesen, Marie, ist sie nicht selbst eines dieser armen Dinger mit den wunden Füßen, die schieben helfen, treu bis zuletzt? Sie erzählt nichts darüber. Immer ist da etwas, das Marie nicht erzählt. Schließlich war das ja nichts Besonderes, das mit den Büchern, die zurückkamen. Die ganze Besatzungszeit hindurch hatte die Post regelmäßig Pakete nach Nörholm gebracht, Bücherpakete, Hamsunbücher. Nun gaben die Leute auch Annoncen in den Zeitungen auf. Hamsuns gesammelte Werke zum Spottpreis zu verkaufen. Hamsuns gesammelte Werke gegen ein Paar getragene Schuhe zu tauschen gesucht.

Ein Paar getragene Schuhe. Marie kommt aus dem Garten auf ihren wunden Füßen; sie schildert, wie sie im Wohnzimmer auf Nörholm zusammenkrochen. Die Hausgehilfin hatte sie verlassen, und nur eines ihrer vier Kinder, die Tochter Ellinor, war zu Hause. Ihr deutsches Märchen war vorbei: Empfänge in der Wilhelmstraße, zerbombte Nervenkliniken, vorbei, jetzt lebte sie zu Hause. Die Söhne Tore und Arild waren bei ihren Frauen und Kindern in Oslo, und die Jüngste, die Tochter Cecilia, war mit einem Dänen in Kopenhagen verheiratet.

Da saßen die drei in dem schönen Wohnzimmer auf Nörholm, Ellinor und Marie und Knut Hamsun. An der Wand ihre Porträts, die Bilder glichen ihnen nicht mehr, sie sahen zu froh aus, das war damals, das war die große Zeit, bevor alles anfing, vor dem Krieg und all dem anderen, bevor sie etwas von Ellinors Krankheit wußten, bevor Cecilia operiert wurde. Unter den Bildern stand ihr altes Radio und quarrte, von der Landstraße her hörte man die schleppenden Fußtritte der abziehenden Soldaten. Knut Hamsun, seit vielen Jahren stocktaub, hörte weder das eine noch das andere, er saß wie immer versunken in seiner eigenen Welt, aber jetzt schien es, als reife in ihm ein Entschluß, plötzlich erhob er sich:

«Ruft ein Taxi», sagte er, «ich will nach Oslo, ich will mit den Jungen zusammensein!»

Die Jungen, das waren Tore und Arild. Sie waren genau wie Marie selbst Mitglied der nationalsozialistischen Partei, Knut Hamsun fürchtete für ihr Schicksal und wollte nach Oslo, um bei ihnen zu sein, falls ihnen etwas zustoßen sollte.

Marie geriet außer sich, sie hielt das für eine wahnwitzige Idee und schrie ihm alle möglichen Einwände ins Ohr.

«Du kannst verhaftet werden!» sagte sie.

«Verhaftet? – Blödsinn!» antwortete Hamsun.

«Alle kennen dich, du kannst erschossen werden!»

Hamsun richtete sich auf und blickte sie fest an.

«Man *wird* mich erschießen!» sagte er laut, taumelte ein paar Schritte, griff ins Leere und fiel in einen Sessel.

Marie sah, daß sein Gesicht völlig grau war. Seit der letzten seiner beiden Gehirnblutungen war erst knapp ein halbes Jahr vergangen, sie fürchtete eine dritte und stürzte zum Telephon, um den Arzt anzurufen.

Der Arzt war Dr. Erichsen aus Grimstad, ihr Hausarzt seit Ende der zwanziger Jahre. Eine kurze Untersuchung überzeugte ihn davon, daß hier nichts Ernsthaftes im Anzug war; der alte Mann war das Opfer einer starken Gemütsbewegung, das hier war keine Gehirnblutung, das war die Angst um die Jungen in Oslo; die Hauptstadt war ein Hexenkessel, Explosionen und Schießereien. Jacob Erichsen war selbst Parteigenosse gewesen, er wußte besser als jeder andere, was Hamsuns Söhne während des Krieges gemacht hatten; Tore, den die Deutschen anstelle von Grieg zum Direktor des norwegischen Gyldendal-Verlags gemacht hatten, das mochte noch angehen, aber Arild, der als Mitglied der Waffen-SS ein Jahr an der Ostfront gewesen war und für seine Tapferkeit das Eiserne Kreuz erhalten hatte – in diesen hektischen Stunden wurden Leute sicher wegen geringerer Vergehen erschossen. Dem Alten fehlte nichts, aber er brauchte ein wenig Ablenkung, ein bißchen Stärkung, und da hatte der Dr. Erichsen aus Grimstad doch wahrhaftig eine halbe Flasche Cognac in seiner Arzttasche . . .!

«Prost!» sagte der Doktor.

Hamsuns Furcht war nicht unbegründet. Tore wurde am 12. Mai bei sich zu Hause verhaftet. Arild versuchte nach Nörholm zu entkommen und ergatterte einen Platz in einem der überfüllten Züge, zusammen mit seiner Frau Brit und ihrem zweijährigen Sohn Esben, aber als sie auf dem Bahnhof in Skollenborg hielten, wurde der Zug von Heimatfrontlern durchsucht, die die Papiere der Passagiere sehen wollten. Brit entging der Verhaftung, weil sie noch unter ihrem Mädchennamen lief, aber Arild wurde sofort ergriffen, aus dem Zug geführt und zusammen mit anderen Gefangenen auf einen offenen Lastwagen gebracht. «Hier haben wir den Hamsun!» riefen die Leute auf dem Bahnhof, als sie mit ihm abzogen. Brit lief mit dem Jungen auf dem Arm hinter ihm her, konnte aber nur noch den Lastwagen verschwinden sehen.

In den Zeitungen hatte gestanden, daß die Frontkämpfer erschossen werden sollten. «Prost!» sagte Hamsun mit dem Anflug eines Lächelns zu Dr. Erichsen aus Grimstad.

Ein Cognac oder zwei, das hilft schon. Die folgenden Tage brachten keine Wiederholung, keinen Rückfall. Hamsun war wieder er selbst, fern, wortkarg, fatalistisch.

Nur einen Augenblick hatte Knut nach einem Halt gegriffen, danach war niemand ruhiger als er, schreibt Marie und erwähnt eine Episode, die einige Tage später stattfand, als ein schroffer junger Mann in einer Art Uniform erschien und Hamsuns Schußwaffen verlangte. Hamsun ließ den jungen Mann auf seinem Lieblingsplatz unter dem Goldregen Platz nehmen, trottete hinauf in sein Zimmer und holte zwei Pistolen, mit denen die Jungen seinerzeit Ratten auf dem Mist geschossen hatten. Alles übrige Wild war auf Nörholm geschützt. Von einem Fenster des Hauptgebäudes aus sah Marie ihn zurückkehren, sah, wie er zur Bank schlurfte, sich neben den Fremden setzte, ihm die Pistolen reichte, ihm die Schlösser und die rostigen Läufe zeigte, ihm erklärte, wie sie funktionierten. Für junge Leute hatte er immer eine Schwäche gehabt.

«Und sehen Sie», sagte er schließlich, «hier ist auch ein bißchen Munition, am besten nehmen Sie die auch gleich mit! Auf Wiedersehen, junger Mann!»

Marie sah den zornigen Freiheitskämpfer wie umgewandelt davongehen; er hatte die Waffen bekommen, aber dennoch ist er der Entwaffnete, dachte sie, er lächelte, reichte seine Hand und machte eine Verbeugung, er wirkte überwältigt, wie alle, die mit Hamsun in Berührung kamen. Was bloß machte diesen Mann so unwiderstehlich? Sie mußte es wohl wissen. Charme ist ein armseliges Wort, aber diese Wärme in seinem Wesen zusammen mit seiner verschmitzten Ironie, dieser gerade, offene Blick zusammen mit dem kleinen Schalk im Nacken, wie hier, als er das mit der Munition sagte . . .

«Wir lächeln verliebt bei der bloßen Erwähnung seines Namens», hat der dänische Schriftsteller Tom Kristensen einmal geschrieben.

Ist jemals etwas Besseres gesagt worden? Etwas anderes hat man gesagt. Viele Jahre später schrieb der norwegische Schriftsteller Sigurd Evensmo über diese Zeit:

Hamsun war so verhaßt wie wenige Norweger, und wir wollten damals nichts anders, als daß seine Meisterdichtung auf einem brennenden Bücherhaufen gelandet wäre, wenn das möglich gewesen wäre.

Andere Töne. Auch aus Dänemark. Die Geschichte von dem Arztbesuch auf Nörholm muß nach außen gedrungen sein; Marie meint, vielleicht sei das Telephon abgehört worden, jedenfalls bekam sie kurz darauf den Anruf eines dänischen Journalisten, der sich «in weniger höflichen Wendungen» nach dem Befinden von Knut Hamsun erkundigte.

«Mir war augenblicklich klar, daß aus dieser Stimme keine freundliche Sorge um Knut sprach, und ich wies den Mann ab», sagte Marie.

Das war Bonde Henriksen von der *Berlingske Tidende*. Marie erzählt, wie sie tags darauf in seiner Zeitung und danach in allen möglichen Zeitungen habe lesen können, daß Hamsun zusammengebrochen sei; sie konnte nicht verstehen, daß die falsche Nachricht nicht dementiert wurde. Hamsun saß wie gewöhnlich draußen im Garten, auf der Landstraße fuhren Busse und Autos vorbei. Hunderte von Menschen sahen ihn jeden Tag, aber nicht einer kam auf die Idee, der Zeitungsente den Garaus zu machen. Marie sagte zu ihm, sie fände das merkwürdig, aber Hamsun lächelte nur vor sich hin.

«Knut schien auf die Nachricht nicht zu reagieren, aber das taten die abwesenden Kinder», sagte sie.

Hier kann Marie nur Cecilia in Kopenhagen meinen, da Tore und Arild sich jetzt an Orten befanden, wo keine Zeitungen zum Morgenkaffee serviert werden. Die Nachricht stand am 12. Mai in der *Berlingske Tidende,* zufällig genau am Vortag von Cecilias Geburtstag. Die Familie auf Nörholm muß schnell erfahren haben, was auf der Titelseite der dänischen Zeitung stand, denn es existiert ein kleiner Zettel vom nächsten Tag, der ganz eindeutig zu Cecilias Beruhigung abgeschickt worden ist. Aus Furcht vor der Zensur tauchen weder die Namen Hamsun noch Nörholm auf, und der Brief ist nicht an Cecilia selbst gerichtet, sondern an ihre Schwiegermutter in der Nachbarschaft, Frau Soelberg, Auf dem Halmtorv 4. Es ist Arilds Frau, Brit Haffner-Jensen, die unter ihrem Mädchennamen und durch Frau Soelberg den Gruß schickt! «Sagen Sie C., daß hier zu Hause alles in Ordnung ist. Ich bin mit Esben hierher gekommen.» Unterschrift: Brit. Von diesem letzten Satz aus hat Cecilia vermutlich Arilds Schicksal erraten können. Unter der kurzen Mitteilung enthält der Brief noch zwei Zusätze. Der erste trägt Marie Hamsuns Handschrift und lautet: «Gruß, Mama! Heute ist Dein Geburtstag!» In dem anderen konzentriert Knut Hamsun mit seiner charakteristischen, leicht zittrigen Greisenhandschrift wie gewöhnlich eine ganze Situation in einem einzigen hintergründigen Satz:

«Liebe Cecilia», schreibt er, «hoffe, es geht Dir ebenso gut wie uns!» Weitere Beweise sind überflüssig, diese Worte können nicht von einem Mann stammen, der ein paar Tage zuvor versucht hat, sich das Leben zu nehmen. Die Mitteilungen der Zeitungen über Hamsuns Selbstmordversuch waren durch nichts in der Wirklichkeit begründet.

Vielleicht aber in einem gewissen Wunschdenken. Wenn er es doch bloß selber tun würde! Dann brauchten wir anderen nicht! Dann könnten wir wie in der *Aftenpost* sagen, daß dies das tragische Ende einer strahlenden Dichterkarriere gewesen sei. Das Wort «tragisch» kann jeden Journalisten in gute Laune versetzen, und zusammen mit «strahlend» ergibt es einen Gegensatz, den wir alle verstehen können. Dieser Nekrolog würde sich von allein schreiben.

Aber ein Nekrolog setzt einen Toten voraus, und nun war es durchgesickert, daß Hamsun nicht tot war, er hatte nicht behilflich sein wollen. Also mußten wir anderen die Sache in die Hand nehmen.

Es würde notwendig werden, den Mann abzuholen, der ein halbes Jahrhundert hindurch der Stolz der Nation gewesen war, man würde ihn verhaften, vor Gericht schleppen und an den Galgen bringen müssen – als Landesverräter!

Das Problem beschäftigte uns sehr in jenen Tagen, und am 24. Mai griff Niels Christian Brögger es in einem doppelspaltigen Leitartikel mit dem Titel «Was tun mit Hamsun?» im *Morgenblad* auf. Der einunddreißigjährige Niels Christian Brögger hatte sich zum Fürsprecher der Auffassung gemacht, daß Nazis keine Menschen seien. Sie stünden unter jedem beliebigen Tier und sollten folglich «wie Ratten» ausgerottet werden, schrieb er. So weit ging er in diesem Fall jedoch nicht. Niels Christian Brögger hielt Knut Hamsun nicht für eine Ratte. Er sei ein ganz seltener Stilist gewesen, ein Sprachvirtuose, der verzogene literarische Liebling des Volkes. Aber bereits zu Beginn seiner Laufbahn waren sich alle Sachverständigen darüber im klaren, daß er nicht *denken* konnte, schrieb Brögger. Ganz besonders unmöglich sei es ihm gewesen, logisch, folgerichtig, progressiv und liberal zu denken, was für Brögger ein und dasselbe gewesen zu sein scheint.

Aber was sollte man mit so einer nichtigen Person anfangen? Brögger beantwortete seine eigene Frage gesperrt. Er habe einen Vorschlag. Man solle Hamsuns ausgedehnte Besitztümer zum Nutzen des neuerrichteten Fonds für entlassene Gefangene beschlagnahmen und zu Geld machen. Hamsuns großes Vermögen wäre doch ein schöner Zuschuß. Sein Verlag könne ihm ja immer noch einen geringen jährlichen Betrag bewilligen, der ausreichen würde, ihn nicht verhungern zu lassen. Und mag er dann in Vergessenheit sterben! Hamsuns Tod jetzt oder später wäre nichts und würde nichts sein, sagte Brögger, denn er sei bereits in Grund und Boden tot, sei es bereits seit vielen Jahren, jedes Jahr immer mehr.

Übrig war ein bißchen Bargeld. Das hatten wir nicht vergessen. Seine ausgedehnten Besitztümer, sein großes Vermögen. Etwas anderes als die gehaltlosen Bücher! Die Sache Hamsun war auch ein gutes Geschäft, eine Sache, die etwas abwerfen würde. Niels Christian Brögger hielt mit nichts hinter dem Berg. Fast hatte man den Eindruck, als sei sein Artikel Teil eines Angriffs von allen Seiten, denn am gleichen Abend erschien in der *Aftenpost* ein ebenso scharfer Beitrag eines Verwandten von ihm, des siebenundsechzigjährigen Kristian Frederik Brögger, Anwalt beim Obersten Gerichtshof. Dieser Beitrag protestierte dagegen, daß Hamsun noch immer ruhig und friedlich auf seinem Rittergut sitzen könne:

Sollen wir dulden, daß dieser Landesverräter *ungestraft* öffentlich unsere kühnen, idealistischen Männer von der Heimatfront beschimpft, denen die Bewunderung einer ganzen Welt zuteil wird? Die beiden Artikel lieferten zusammen mit anderen Beiträgen in der Tagespresse den Behörden Stoff zum Nachdenken, und zwei Tage später, am Sonnabend, dem 24. Mai, fuhren der neue Polizeichef von Arendal, Onsrud, und sein Assistent Wilhelm Tvedt Gundersen nach Nörholm, um Hamsun und dessen Frau unter Hausarrest zu stellen. Das Lokalblatt *Agderposten* konnte in seinem Bericht über die Begebenheit erzählen, daß die Polizeibeamten den Dichter nicht selbst zu Gesicht bekommen hätten; sie hätten nur Frau Hamsun angetroffen, die «ein wenig hochnäsig» gewesen sei.

Beides paßt gut zu der Beschreibung, die Marie von der Situation gegeben hat. Tatsächlich sei sie es gewesen, die die Tür geöffnet und die beiden Beamten davor habe stehen sehen. Polizeichef Onsrud bat um ein Gespräch mit Hamsun.

«Das ist etwas schwierig», antwortete Marie, «kann der Herr Polizeichef nicht statt dessen mit mir sprechen?»

«Gut, Sie stehen unter Hausarrest! Bitte teilen Sie das Ihrem Mann mit! Der Hofverwalter hat die Aufsicht über Sie. Das ist Ernst!»

«Dürfen mein Mann und ich nicht abends vor den Zaun gehen und wie immer die Enten aus dem Teich locken?» fragte Marie spöttisch. «Sonst kann sie ja der Fuchs holen . . .»

Polizeichef Onsrud antwortete ihr nicht. Er machte den Verwalter zum zeitweiligen Vertreter des Staates auf Nörholm: Wenn Hamsun oder seine Frau telephonisch irgendwelche lebensnotwendigen Dinge bestellen oder aus ihrer Gartentür heraustreten wollten, mußten sie erst ihn um Erlaubnis bitten. Der Verwalter war Paul Gilje, ein ganz junger Mann, den Hamsun im Frühjahr desselben Jahres probeweise eingestellt hatte, weil er keinen qualifizierten Verwalter hatte finden können.

Es gab wohl keinen Menschen, der ihn jemals in irgendeiner Sache um Erlaubnis gebeten hatte, schrieb Marie bitter.

Hamsun selbst erzählt, der Hausarrest sei auf dreißig Tage festgesetzt worden. Er erwähnt, daß dies ohne Ankündigung geschehen sei und daß Marie auf Verlangen des Polizeichefs seine Schußwaffen ausgeliefert habe, wobei sie jedoch zwei Startpistolen vergessen hätte, die Hamsun von der letzten Olympiade in Berlin mitgebracht hatte . . . Er habe dann an den Leiter der Polizei geschrieben, daß er diese wohl besser auch noch holen müsse, und kurz darauf kam der Landpolizist von Eide und nahm sie in Verwahrung. Das war der junge Mann, dessen Besuch Marie von einem Fenster des Hauptgebäudes aus beobachtete.

Die Sache war jedoch ernst genug, langsam zog sich das Netz um die beiden Menschen auf Nörholm zusammen. Der Hausarrest war natürlich nur als zeitweilige Maßnahme gedacht, eine Maßnahme, die durch den fürchterlichen Platzmangel, der in jenen Tagen in den Gefängnissen und Arresthäusern herrschte, notwendig geworden war. Wenn die Behörden jedoch gehofft hatten, dadurch gleichzeitig einer gewissen Lynchstimmung in der Presse zuvorkommen zu können, so erwies diese Hoffnung sich als trügerisch. In einem Redaktionskommentar zu der Mitteilung, daß Hamsun und seine Frau sich unter Hausarrest befänden, schrieb das *Arbeiderblad*:

Die Familie Hamsun war so sehr an dem Landesverrat beteiligt, dessen sich die Quislinge schuldig gemacht haben, daß die Behörden sich sofort aller Familienmitglieder hätten versichern müssen. Auch des alten, senilen und eitlen Knut Hamsun. Niemand will seine Bücher verbrennen oder ihm persönlich Schaden zufügen. Aber man hätte ihn und Frau Hamsun sofort internieren und auf Nörholm eine gründliche Haussuchung vornehmen sollen. Jetzt könnten wichtige Beweise verloren sein. Vor dem Gesetz sollte Gleichheit herrschen. Deshalb bestand überhaupt kein Grund, Hamsun und seiner Frau, gegenüber anderen Landesverrätern, eine begünstigte Sonderstellung einzuräumen. Im Gegenteil, durch ihre Stellung trugen sie eine größere Verantwortung.

Klare Worte von allen Seiten. Die Linke und die Rechte, das *Morgenblad*, die *Aftenpost* und nun auch das *Arbeiderblad*, alle meinten das gleiche. Hamsun und seine Frau wären dingfest zu machen.

Niemand hegt den Wunsch, den senilen und närrischen Herrn zu Nörholm im Gefängnis zu sehen, schließt ein Leitartikel des *Arbeiderblad*, aber er sollte interniert werden. Wenn man die Rolle bedenkt, die Frau Marie Hamsun gespielt hat, sollte sie jetzt unter anderen Angeklagten sitzen. Sie hat u. a. häufig Reisen nach Deutschland unternommen. Welche Dienste hat sie da den deutschen Nazis geleistet? Dienste, die auch ihrem Mann nicht unbekannt gewesen sein können. Es ist ein ziemlicher Skandal, daß Personen in derartigen Positionen so ausgesprochen mit Glacéhandschuhen angefaßt werden. Ihr Platz sollte jedenfalls nicht mehr auf Nörholm, sondern an einem sichereren Ort sein.

Vom Wort zur Tat war es dann nicht mehr weit. Am gleichen Nachmittag, dem 12. Juni 1945, fuhr die Polizei wieder nach Nörholm, diesmal mit einem ordentlichen Haftbefehl auf den Namen Anne Marie Hamsun.

Im Aufenthaltsraum des Erholungsheims in der kleinen jütischen Stadt sitzt Ellinor und erzählt von jenen fernen Geschehnissen. Die beiden Operationen in den fünfziger Jahren hat sie längst überwunden, sie raucht viele Zigaretten, erzählt aber ruhig und heiter, eine feine Dame um die Sechzig, mit den Jahren immer mehr das Ebenbild ihrer Mutter mit diesen scharfen, forschenden, leicht grünlichen Augen, die froh blicken können, aber auch streng. Sie wendet den Blick ab, als sie von der Verhaftung der Mutter erzählen soll, noch jetzt, dreißig Jahre danach, kann sie an diese Ereignisse nicht ohne Bewegung denken.

«Das Wetter war so schön», sagt Ellinor, «ich entsinne mich deutlich, ich lag oben auf dem Hügel und sonnte mich, als Arilds Frau, Brit, gelaufen kam und rief: ‹Ellinor, du mußt schnell kommen, deine Mutter muß weg!›»

Die beiden Mädchen gingen zum Hauptgebäude zurück. Brit erinnert sich, daß Ellinor den jungen Polizisten kannte, der sich mitten auf dem Hof aufgepflanzt hatte; sie hatten einander im Winter auf einem Ball getroffen.

«Du wolltest letzten Winter nicht mit mir tanzen!» rief er hinter ihr her.

Ellinors Antwort kam wie eine Ohrfeige.

«Du mußt schon damals irgendwas Hinterhältiges an dir gehabt haben!» sagte sie.

Der Bursche versuchte zu widersprechen. Ob sie nicht deutsche Staatsbürgerin sei? Hatte sie überhaupt das Recht, sich hier im Lande aufzuhalten? Ellinor antwortete ihm nicht, sondern ging weiter ins Haus, wo die Mutter als ein hilfloses Opfer ihrer eigenen Verwirrung und Verzweiflung herumlief.

Auch Marie erinnert sich an das schöne Wetter.

«Alles im Garten sproß so schön in dem Jahr», schrieb sie später, «die Sonne schien so viel. Ich jätete Unkraut und harkte und fühlte mich blendend, wie immer, wenn ich im Garten war. Es fiel mir nicht im Traum ein, daß ich von alldem weggerissen werden sollte, ich, die ich gerade die Treibhauspflanzen aus der Gärtnerei bekommen und sie in die Beete gepflanzt hatte. Plötzlich schrak ich zusammen, eine Stimme hinter mir sagte: ‹Sie müssen mit in die Stadt kommen!› Es waren zwei junge Polizisten aus Grimstad.»

Marie sagte, sie müsse erst ihre Arbeitskleidung ablegen und ein anderes Kleid anziehen.

«Nie habe ich die arme Mami so elend und nervös gesehen», erzählt Ellinor. Sie lief die Treppe hoch und runter, konnte nicht finden, was sie suchte, füllte den Koffer und kippte ihn wieder aus.

Währenddessen ging Knut Hamsun in der Diele auf und ab, stumm und verschlossen. Vor dem Eingang hielt das Auto, das seine Frau ins Gefängnis bringen sollte. Es war kein Polizeiauto, die Polizei hatte zu dem Zeitpunkt nicht genug Autos und mußte ab und zu Mietwagen benutzen. Es war ein schwarzes Taxi mit Holzvergaser, am Steuer saß der Fahrer, der alte Moen aus Grimstad, der sie bei festlichen Anlässen so oft gefahren hatte. Hamsun nickte ihm zu. Er stand mit der Mütze in der Hand neben dem Wagen, bereit, die Wagentür zu öffnen, so als seien die Herrschaften auf dem Weg zu einer Abendgesellschaft.

Endlich war Marie fertig.

«Als ich wieder nach unten kam, sah Knut wirklich niedergeschlagen aus. Die Worte, die ich ihm am liebsten gesagt hätte, konnte ich ihm nicht sagen, wegen der Polizisten, ich schlang nur den Arm um seinen Hals.»

«Die holen mich sicher auch bald», sagte er ruhig.

«Sie können dich nicht von Nörholm wegholen!»

Knut Hamsun kannte Maries Schwäche für das Pathetische, das klang wie eine von den Theaterrollen, die sie in ihrer Jugend von der Bühne herabgeschleudert hatte, aber es war ja echt genug. Er antwortete, noch immer mit der gleichen Ruhe:

«Die machen mit uns, was sie wollen.»

Dann sagten sie auf Wiedersehen. Ellinor weinte. Auch Marie hatte Tränen in den Augen, als sie in das Taxi stieg.

«Keiner von uns ahnte, daß es fast fünf Jahre dauern sollte, bevor wir uns auf Nörholm wiedersahen», schrieb sie später.

Sie sahen einander vorher wieder, aber nicht auf Nörholm. Sie sahen einander ein halbes Jahr später, aber nur einige wenige Minuten, und das Ganze ging in einer Nervenheilanstalt vor sich.

Nun stand Knut Hamsun unter den sechs weißgestrichenen Säulen vor der Eingangstür und sah, wie man sie wegfuhr. In dem Beet vor ihm lag ihre Pflanzschaufel und zeigte ihm, wie weit sie gekommen war; die frisch gepflanzten Stiefmütterchen ließen ihre schönen Augen hängen und verlangten nach Wasser. Moens altes Taxi rollte durch die Birkenallee und ließ einen Gestank von angesengtem Holz hinter sich, dann bog es auf der Landstraße nach links ab, zuckelte über den Damm über den Nörholmkil und weiter auf dem Stückchen Weg am entgegengesetzten Ufer und verschwand dann im Wald. Das Bild von Marie zwischen den beiden Polizisten erinnerte Hamsun an etwas, das er einmal geschrieben hatte:

Sanfte Augenblicke, die haben alle. Ein Gefangener sitzt auf seinem Karren und wird zum Schafott gefahren, ein Nagel scheuert ihn, er rückt ein wenig zur Seite und empfindet es als angenehmer.

So hatte Hamsun geschrieben. Das konnte er: Ein Bild des menschlichen Lebens auf der Erde in ein paar Zeilen. Er hatte nur nie daran gedacht, daß der Karren das Taxi des alten Moens und der Gefangene auf dem Wege zum Schafott seine Frau, Marie, sein könnte. Ein Gefangener auf seinem Karren. Zuerst war es Tore gewesen, dann Arild, seine Söhne, jetzt Marie. Bald war er selbst an der Reihe. Er gab sich keinen Illusionen hin, er lebte in der Zeit der Karren und Schafotte. Als der Wagen mit Marie hinter den Bäumen verschwunden war, wandte er sich um und ging nach oben, um einen Handkoffer zu packen.

«Auf mich sollen sie nicht warten müssen», sagte er zu Ellinor.

Zwei Tage später kam das schwarze Taxi wieder.

Frühjahr 1945. Die ersten Tage des Friedens in Europa. «Der Krieg trennt die Liebenden», schreibt ein Chefredakteur in seiner Zeitung in Paris. Seine eigene Frau, Francine, geborene Faure, hat während der Besatzungszeit in Algier gewohnt, während er selbst eine Wohnung geliehen hat, 1 bis, rue Vaneau, Paris VI. Hier befindet er sich am Abend des 7. Mai, als Hamsun in Oslo seinen Nekrolog auf Hitler veröffentlicht. Er ist einunddreißig Jahre alt. Später bekommt er den Nobelpreis, wie Hamsun. Er heißt Albert Camus. An dem betreffenden Abend ist er mit dem Eigentümer der Wohnung zusammen, der zu diesem Zeitpunkt sechsundsiebzig ist. Sein Name ist André Gide. Auch er bekommt den Nobelpreis. Den Nobelpreis bekommt auch ein junger Gefreiter der deutschen Wehrmacht, der sich an diesem Abend nicht weit von Paris entfernt in der Nähe von Reims in dem amerikanischen Kriegsgefangenenlager bei Attichy befindet. Er entsinnt sich später, daß am Morgen nasser Tauschnee auf den Zelten gelegen hatte und daß ein amerikanischer Soldat durch die Lagerstraße gegangen sei und gerufen habe: «Hitler is dead! Hitler is dead!» und daß der Preis für eine Zigarette im Lager 120 Mark oder eine Tagesration betragen habe. Er heißt Heinrich Böll. Er ist achtundzwanzig, und ihn quält der Gedanke an seine Frau, die ein Kind erwartet. Er hat ihr nur eine Karte mit einem gedruckten Standardtext schicken dürfen.

Der Krieg trennt die Liebenden. In Berlin-Schöneberg, Bozener Straße 20, Parterre rechts, Telephon (wenn es funktioniert) 712097, lebt zum gleichen

Zeitpunkt Dr. Gottfried Benn, Spezialarzt für Haut- und Geschlechtskrankheiten. Am 2. Mai wird er neunundfünfzig Jahre alt. Später betrachtet man ihn als den größten Lyriker seines Landes, aber den Nobelpreis bekommt er nie. 1933 hat er sich durch einige Rundfunkvorträge kompromittiert, in denen er sich für Hitlers neuen Staat aussprach. Kurze Zeit darauf wird ihm sein Irrtum klar. Er darf bald nicht mehr praktizieren, wird im *Völkischen Beobachter* als Judenschwein angeprangert und erhält von der Reichsschrifttumskammer Schreibverbot, während die SS seine Bücher aus Bibliotheken und Buchhandlungen entfernt. Dr. Benn entgeht der Verhaftung nur dadurch, daß er sich als Militärarzt meldet. Während der zweiten Hälfte des Krieges arbeitet er in einer Kaserne in Landsberg an der Warthe, zusammen mit seiner zweiten Frau, der zwanzig Jahre jüngeren, sehr schönen Hertha. Als die Ostfront am 27. Januar 1945 in der Nacht zusammenbricht, sind sie unter den endlosen Kolonnen, die unter russischem Artilleriebeschuß auf den eisglatten Wegen nach Westen flüchten. In Küstrin kommen sie in einen offenen Eisenbahnwaggon, der sie in zwölf Stunden die sechzig Kilometer bis nach Berlin, Bahnhof Zoo, bringt. In der Bozener Straße, Parterre rechts, haben die Bomben noch ein Zimmer unbeschädigt gelassen, aber es gibt kein Licht, keine Heizung, kein Wasser. Hertha Benn leidet an Gicht, ist zeitweise an den Rollstuhl gebunden und kann nachts nicht schnell genug in den Luftschutzraum kommen. Am 5. April, als die Russen in den Vororten stehen, schickt Benn sie in Sicherheit in das kleine Dorf Neuhaus bei Wittenberge an der Elbe, das 120 km westlich von Berlin liegt und kurz darauf von Montgomerys Truppen eingenommen wird. Er selbst erhält keine Erlaubnis zum Verlassen der Hauptstadt; er steht noch immer auf der schwarzen Liste der Nazis. Drei Wochen später, am 30. April, sieht er die ersten Russen in der Bozener Straße. An Ärzten herrscht in der Ruinenstadt großer Mangel, nicht zuletzt an Ärzten mit seinem Spezialgebiet. Die Russen verlangen nur, daß er selbst eine von den Pillen schluckt, die er ihnen verschreibt. Aber sie lassen ihn nicht nach Neuhaus reisen, Gottfried Benn steht auch auf der schwarzen Liste der Kommunisten. Am 27. Juli werden die russischen Soldaten von amerikanischen abgelöst, weil die Bozener Straße in dem Gebiet liegt, das von nun an der amerikanische Sektor heißt. Auch die Amerikaner wollen ihn nicht nach Neuhaus reisen lassen. Gottfried Benn steht auch auf der schwarzen Liste der Amerikaner. In Neuhaus an der Elbe ist ungefähr gleichzeitig die umgekehrte Truppenablösung vor sich gegangen; das Dorf liegt auf dem rechten Ufer des Flusses, östlich der von den Alliierten vereinbarten Zonengrenze, und am 2. Juli wird das Gebiet von den Engländern geräumt und an die Russen übergeben. Tausende von Zivilisten kämpfen darum, in den letzten Booten über den Fluß zu kommen. Die invalide Hertha hat in diesem Wettlauf keine Chance, Dr. Benns achtunddreißigjährige Ehefrau muß in dem Dorf Neuhaus bei Wittenberge an der Elbe bleiben. Einen Monat später klingelt in der Bozener Straße ein Fremder mit einem Brief an der Tür. Benn erkennt die Handschrift seiner Frau sofort, aber es dauert anderthalb Monate, bis er die notwendigen Passierscheine zusammen hat und nach Neuhaus kommen kann. Erst Mitte September steht er in der Küche, in der Hertha gewohnt hat, während sie vergeblich auf ihn wartete. In der einen Ecke liegt ein Kartoffelsack über einigen Hobelspänen. Die Leute im Haus sagen, dort hätten sie sie gefunden. Sie hatte sich eine Überdosis des Morphins gespritzt, das er ihr für den Ernstfall mitgegeben hatte.

> An Totes zu denken, ist süß,
> so Entfernte,
> man hört die Stimme reiner,
> fühlt die Küsse,
> die flüchtigen und die tiefen –

Frühjahr 1945. Die ersten Tage des Friedens in Europa. Politik ist die Fortsetzung des Krieges mit anderen Mitteln. Am 3. Mai schlagen zwei *partigiani* mit ihren Tommygewehren an die Tür des kleinen Landhauses in Sant' Ambrogio in der Nähe von Rapallo in Norditalien. Ezra Pound ist zu Hause. Der große amerikanische Lyriker, Musik- und Sprachenkenner, vertraut mit dem Griechischen, Chinesischen und dem Sanskrit, wird in diesem Jahr sechzig. Auch er bekommt den Nobelpreis nicht, obwohl Hemingway und T. S. Eliot ihn mehrmals vorgeschlagen haben. Er hat während des Krieges für ein Honorar von 350 Lire pro Stück von den Studios des italienischen Rundfunks in der Via Asiago in Rom aus zwei wöchentliche Rundfunkvorträge für Amerika gehalten. Viele davon sind mit all ihren Fremdwörtern so schwer verständlich, daß die Faschisten eine Zeitlang fürchteten, er sei ein Spion, der seine Mitteilungen verschlüsselt in die USA sende. Jetzt holen ihn die Partisanen und fahren ihn die 20 Kilometer in das amerikanische Hauptquartier nach Genua. Pound wird beim CIC (Counter Intelligence Centre) eingesperrt, wo ein Agent des FBI namens Anprim seine Schreibmaschine untersucht und ein defektes «t» findet, das in den Manuskripten des italienischen Rundfunks wieder auftaucht. Aber Pound steht freiwillig zu allen seinen Rundfunksendungen. Er habe Vertrauen in das amerikanische Rechtswesen, sagt er. Der Oberbefehlshaber der Alliierten in Italien, Field Marshal Sir Harold Alexander, weiß nicht, was er mit dem berühmten Arrestanten anfangen soll, fragt am 21. Mai beim War Department in Washington an und erhält tags darauf den Befehl, den Gefangenen ohne weiteren Verzug nach MTOUSA D. T. C., Pisa zu überführen. «Exercise utmost security measures to prevent escape or suicide. Accord no preferential treatment.» An order. Am 24. Mai wird Pound in Handschellen zu einem Jeep gebracht und aus der Stadt gefahren. Pound glaubt, man fahre ihn zum Flugplatz, um ihn nach Amerika zu fliegen und vor ein Gericht zu stellen. Dann sieht er, daß sie auf der Küstenstraße nach Süden in Richtung Pisa fahren.

MTOUSA ist eine Abkürzung von *Mediterranean Theater of Operations, United States Army.* D. T. C. bedeutet *Disciplinary Training Center,* ein Straflager für Kriminelle der amerikanischen Armee. Es liegt stacheldrahtumzäunt gleich nördlich von Pisa an der Landstraße nach Viareggio. Ezra Pound kommt in die Abteilung für die Todeskandidaten, die einzeln in Käfigen von zwei Quadratmetern leben, von schwerem Maschendraht umgeben, mit Zementfußböden und einem schrägen Schutzdach. Für Pound scheint das nicht auszureichen, am Abend vor seiner Ankunft haben Angehörige der Ingenieurtruppen einen Käfig aus *airstrip steel* zusammengeschweißt, jenen Eisenstangen, die die Amerikaner zu Matten verbinden und als interimistische Landebahnen ausrollen. Man betrachtet den gelehrten Mann nicht als gefährlicheren Ausbrecher als die anderen, aber man fürchtet einen Entsatzversuch faschistischer Kampfgruppen. In der Arbeitsuniform der Armee – aber ohne Gürtel und Schnürsenkel zur Vermeidung von Selbstmordversuchen – macht er die zwei Schritte hin und her, die ihm der enge Käfig gestattet. Den Soldaten, die ihm die Tagesration bringen und den Latrineneimer holen, ist es verboten, mit ihm zu sprechen. Er hat keinerlei Möbel in diesem Käfig, er hat nur eine Decke, in die er sich nachts einwickeln kann. Die Eisenstangen gewähren keinen Schutz vor der Sonne oder dem Staub der Landstraße, auf der die Militärkonvois unablässig nach Norden rollen. Nachts tauchen die Scheinwerfer der vierzehn Wachttürme das Lager in grelles Licht. Tagsüber sammelt sich immer ein kleiner Menschenauflauf von Zuschauern auf der Straße, die den Eingesperrten wie ein Tier im Zoo betrachten. Pound hat seinen Konfutse mit durch die Zensur nehmen dürfen, der ist ja chinesisch. Er macht täglich Turn- und Fechtübungen, übt Schattenboxen, liest Konfutse. Aber der Lagerarzt notiert in seinem Bericht, daß er «jämmerlich dünn» werde und sein Gedächtnis zu versagen beginne. Drei Wochen hält er es aus, dann finden sie ihn, wie er an den Stäben rüttelt und mit blutunterlaufenen Augen wie ein Raubtier brüllt. Auf dem Zementfußboden liegt der Konfutse. Von dem Tag an heißt sein Gefängnis nur noch der Gorillakäfig.

Drei Wochen heißt es im Bericht. Da Pound am 24. Mai ins D. T. C. eingeliefert worden ist, hat sein Zusammenbruch also um den 15. Juni herum stattgefunden. Das war ein Freitag. Tags zuvor, am Donnerstag, dem 14. Juni 1945, fuhr Moens schwarzes Taxi zum zweiten Male vor Nörholm vor. Knut Hamsun sah den Chauffeur vor der eisernen Gartentür halten und zwei Polizisten aussteigen.

Sommer 1945. Politik ist die Fortsetzung des Krieges mit anderen Mitteln. Während Moens Taxi vor Nörholm hält, wird in Oslo gleichzeitig der dreiunddreißigjährige Kunstmaler Tore Hamsun dem Untersuchungsgericht unter Vorsitz von Richter Ryen vorgeführt. Die Anklage lautet auf Übertretung der besonderen Landesverratsbestimmungen und des § 86 des norwegischen

Strafgesetzes, das die Bestimmungen über den Landesverrat enthält. Laut Referat des *Dagblad* wirkte er gepflegt, trotz Sträflingskleidung, ruhig und bis zu einem gewissen Grad bescheiden. Er gibt die Auskunft, daß sein Einkommen im Jahre 1944 31 000 Kronen betragen habe und daß sein Vermögen in einem Haus auf Hön bestehe, das einen Schätzwert von 100 000 Kronen habe, von denen 80 000 Kronen Hypothekenschulden seien. Er sei nicht vorbestraft, habe aber zweimal eine Parkstrafe erhalten. Er habe Frau und zwei Kinder. Er sei seit 1934 Mitglied der nationalsozialistischen Partei.

«Warum sind Sie der Partei beigetreten?»

«Ich bin in einem national gesinnten Elternhaus aufgewachsen und habe früh gelernt, daß Nationalismus zusammen mit Sozialismus der richtige Weg sein müßte.»

«Haben Sie aktiv für die Partei gearbeitet?»

«Nein, ich war kein besonders aktives Mitglied.»

«Eher passiv?»

«Kann man auch nicht sagen. Mein Name konnte mich ja nicht passiv sein lassen.»

Tore Hamsun erklärte, daß er als kommissarischer Direktor des norwegischen Gyldendal-Verlags versucht habe, den Verlag von deutschem Einfluß freizuhalten, und daß es ihm gelungen sei, durch direkte Fürbitte bei Terboven den eigentlichen Direktor des Verlags, Harald Grieg, aus dem KZ Grini herauszuholen. Seine Auskünfte wurden später durch eine Untersuchung, die der Schriftsteller Sigurd Evensmo vornahm, bestätigt. Sigurd Evensmo, selbst ein bekannter Widerstandskämpfer, meinte, Tore Hamsun habe diese schwierige Aufgabe großartig gelöst, aber an diesem Vormittag vor dem Untersuchungsrichter glaubte man ihm nicht; die Untersuchungshaft wurde bis zum 11. Oktober verlängert, und in den Zeitungsreferaten dominierten die spöttischen Töne:

Während des Verhörs habe man ständig den Eindruck gehabt, daß er das Pulver nicht erfunden habe, schrieb das *Dagblad*.

Gleichzeitig teilte die Zeitung mit, daß sein Vater nun «außerhalb von Nörholm interniert» sei. Knut Hamsun konnte auf diese Weise nicht mehr lesen, was sie über seinen Sohn schrieben. Seit über einem Monat hatte er keine Nachricht von den Jungen mehr, er wußte nicht, wohin man Marie gebracht hatte, er wußte nur, daß sie nun auch ihn holen würden.

Diesmal brauchte Moen kaum den Motor abzustellen. Ellinor meint, der Fahrer habe ihren Vater diskret durch einen Anruf im voraus gewarnt, auf jeden Fall war Hamsun sofort bereit. Der alte Herr ging zum Auto, aufrecht und stattlich wie immer, seinen Hut auf dem Kopf, einen Staubmantel über dem Arm und in der anderen Hand einen kleinen Koffer; er trug den dunklen, gestreiften Anzug, den er auch zwei Jahre zuvor während seines Besuchs bei Adolf Hitler getragen hatte. Der Anzug war frisch gebügelt, aber abgetragen, die Schuhe frisch geputzt, aber im Oberleder etwas rissig; sie stammten aus seiner Zeit in Dubrovnik; seit vielen Jahren hatten wir in Norwegen keine neuen Sachen oder Schuhe mehr bekommen können.

Dann stand er vor Moens Taxi. Die beiden jungen Polizisten wollten ihm keine Auskunft über seinen Bestimmungsort geben, sondern verwiesen ihn nur auf einen Platz auf dem Rücksitz, so wie sie es zwei Tage zuvor mit Marie getan hatten. Hamsun sagte, er wolle lieber vorn sitzen.

«Da sehe ich besser!» sagte er.

Dieses Zwinkern in den Augen! Der Alte kam an die Seite von Moen. Der Fahrer wendete den Wagen und zuckelte noch einmal durch die Birkenallee, bog auf der Landstraße links ab und fuhr über den Damm. Durch das Fenster sah Hamsun Nörholm auf der anderen Seite des Fjords liegen, die rotgestrichenen Scheunen und Ställe, das schöne, weiße Hauptgebäude mit den sechs Säulen vor dem Eingang. Maries Stiefmütterchen waren gegossen worden und standen in der Sonne wie all die anderen kleinen Blumen. Der Weg schwang in einem Bogen in den Wald und führte weiter über die Brücke über den Reddalskanal, die Wellen des Fjords glitzerten zwischen den Klippen, gegen die silbernen Birken und die dunklen Tannen wirkte die neue Frühlingspracht der Laubbäume fast gelb.

Das war der Sommer 1945, der größte Sommer seit vielen Jahren, aber wenn man fünfundachtzig ist, dann ist jeder Sommer ein Geschenk. Knut Hamsun saß ganz still und genoß die Natur von seinem Platz auf dem Vordersitz aus, er hätte hinten sitzen sollen, aber jetzt saß er hier und empfand es als angenehmer. Sanfte Augenblicke, die haben alle.

## 2
### Sanfte Augenblicke

Sein Name war ein Druckfehler. Als er fünfundzwanzig war, erschien ein Artikel über Mark Twain in der *Ny Illustreret Tidende*. «Von Knut Hamsun», stand da, aber das war verkehrt, der Setzer hatte das letzte «d» vergessen. Er nannte sich damals Hamsund nach dem Ort, an dem er aufgewachsen war, vermutlich handelte es sich dabei um eine Zusammenziehung aus Hamnsund oder Havnesund, der Name eines heruntergekommenen Nests ein paar hundert Kilometer nördlich des Polarkreises. Er ließ ihn stehen. Einen solchen Druckfehler soll man stehen lassen. Havnesund, Hamsund, Hamsun.

Der Hof bei Hamsund bestand fast nur aus einer ungestrichenen, von ein paar Schuppen umgebenen Holzhütte. Sie hatten Ziegen und Schafe, vielleicht auch eine Milchkuh. Der Schneider-Per war ein praktischer Mann, und er mußte seine Einkünfte durch ein bißchen Landwirtschaft verbessern. Sein vollständiger Name war Peder Pedersen, er war aus dem Gudbrandsdal mit seiner Familie hierher gezogen, als der Sohn Knud drei Jahre alt war. Viele Leute aus dem Süden zogen damals nach Norden und ließen sich in der Einöde des Nordlands nieder, wurden zu einer Art Ansiedler in ihrem eigenen Land, so wie man es in allen möglichen Sprachen in einem Buch mit dem Titel «Segen der Erde» nachlesen kann. Knud Pedersens Vater war ein solcher Mann. Schneider und Siedler. Arm. Der armselige Hof, auf dem sie wohnten, gehörte ihm noch nicht einmal, er gehörte seinem Schwager, denn der Familie seiner Frau ging es ja besser. Die schöne Tora war eine Bauerntochter aus dem Gudbrandsdal, es hieß, ihr Geschlecht lasse sich über neunhundert Jahre zurückverfolgen, einige bewiesen sogar, daß sie von Harald Haarfager abstammten und daß es ihr Stammvater gewesen sei, der auf Befehl Olav des Heiligen die Kirche in Garmo erbaut habe! Der Schneider-Per amüsierte sich ein wenig, Harald Haarfager und Olav der Heilige, warum nicht gar, er dachte an seine beiden Schwäger, die Brüder seiner Frau und Onkel seiner Kinder, die auch hier hoch nach Hamsund gezogen waren. Der Schneider-Per war ein heiterer Mann. Er saß da oben auf dem großen Tisch unter der Hängelampe mit dem teuren neumodischen Petroleum und räusperte sich. Er konnte durchaus auf die Idee verfallen, den Hosenschlitz in der Hose für einen Hochzeiter zu vergessen, der am nächsten Tag heiraten wollte. So war er. Ein Pedersen. Könige gibt es in dem Geschlecht nicht viele.

Hamsund auf Hamaröya. Andere meinen, die Vorsilbe in beiden Namen habe ihren Ursprung in dem altnordischen «ham», was die Schenkelbeugung eines Tieres bedeutet und in dem englischen Wort für Schinken, «ham» wieder auftaucht. Die gebogene Form der Halbinsel sollte den Namen geschaffen haben. Aber ein einsamer, abseits gelegener, krummer Ort, das ist er, eine der nassen Halbinseln dort oben unter der schützenden Hand der Lofoten, die niemanden gegen sehr viel schützen. Schneestürme und Dunkelheit, Robben an der Küste und Bären im Lande, Schneehühner im Winter und Graugänse im Frühling, denn nun kommt fast ohne Übergang der lange, heiße Sommer, und den kennen wir, von dem haben wir gelesen, nein, den haben wir auswendig gelernt, als wir jung waren – den ewigen Tag des Nordlandsommers. Der Junge des Schneiders liegt auf dem Rücken unter den grasenden Tieren, im frischen Heidelbeerkraut, und schreibt mit dem Zeigefinger seinen Namen über den blauen Himmel hin: KNUD PEDERSEN steht da. Das ist er. Er hat Glöckner Olsens «Wanderschule» besucht, und jetzt schreibt er seinen Namen überall, in den Tau an den Fensterscheiben, an die Wand mit der Schneiderkreide seines Vaters, die er nicht anrühren darf. KNUD PEDERSEN. Das ist er. Er ist am 4. August 1859 geboren. Achtzehnhundertundneunundfünfzig. Aber das ist ja das Jahr, in dem sie die Spektralanalyse erfunden haben; das Jahr, in dem Darwin mit seinem «On the origin of species» kam. Achtzehnhundertundneunundfünfzig. Dostojewski ist 38, Ibsen 31, Marx 41, Nietzsche 15, Strindberg 10, Freud 3 und Conrad 2. In einem Jahr stirbt der große Schopenhauer. In einem Jahr wird Gustav Mahler geboren. In vier Jahren kommen Edvard Munch und Henry Ford auf die Welt. Bis dahin ist es nicht mehr lange hin. In dreißig Jahren werden Chaplin und Hitler geboren. Bis dahin ist es noch lange hin. Der Junge in dem Blaubeerkraut auf Hamaröy weiß nichts von alldem, er weiß noch nicht einmal, daß er Knut Hamsun ist und daß es in *dem* Geschlecht auch viele Könige gibt. Er ist Knud Pedersen, das weiß er, Nummer vier von sechs Geschwistern.

Er weiß, daß er zwei Onkel hat, und er findet sie sehr verschieden, auch wenn sie beide von Harald Haarfager abstammen. Er fürchtet den einen ebenso sehr, wie er den anderen liebt. Der eine, das ist der, dem ihr Hof gehört. Er heißt Hans. Der andere heißt Ole. Ole besitzt gar nichts, aber ihn liebt er. Ein fescher Kerl, schlank und stark und leichtsinnig, die Mädchen sind verrückt nach ihm, eine reiche Bauerntochter, die ihn nicht nehmen durfte, sehnt sich den Rest ihres Lebens nach ihm, sagt man. Aber er denkt wohl eigentlich nicht mehr an sie, Ole ist Geld gleichgültig. Er gehört zu denen, die weder ihr Recht zu fordern wissen, noch sich aufs Bezahlen ihrer Schulden verstehen, sagen die Leute.

Ole sagt selbst zu Schneiders Knud:

Weißt du, so welche wie wir kommen von den Sternen herab. Das tun nicht viele, aber du und ich, wir gehören zu ihnen, das ist so sicher, wie ich hier sitze. Dein Leben wird eine große leuchtende Sternschnuppe über der Erde sein, mehr kann ein Mensch sich nicht wünschen.

Eine große leuchtende Sternschnuppe, sagte Ole. Später verließ er Frau und Kinder, trieb sich auf den Landstraßen herum, verlegte sich auf die Flasche, ging zugrunde.

Da war Knuds zweiter Onkel freilich aus anderem Holz: Ein wohlhabender Mann und ein Gottesmann, wie sie oft in ein und derselben Person anzutreffen sind. Man hörte seine durchdringende Stimme während des Gesangs in der Kirche, zu Hause hielt er die Mehltonne unter strenger Aufsicht, genauso wie die Anzahl der Stockfische in der Speisekammer – das war Hans Olsen, Handelsmann, Postmeister, Junggeselle. Ein gefürchteter Mann. Ein Mann, dem die Leute Geld schuldeten. Aber er hatte einen schlimmen Arm. Er konnte seine Rechnungen nicht selbst schreiben.

Das konnte der Knud vom Schneider, der schrieb so schön. Hans Olsen suchte die Familie auf Hamsund auf, Knud sollte in Zukunft bei ihm wohnen. Der Schneider-Per sah verlegen zu Boden, die Mutter weinte, aber dem Hans Olsen gehörte ihr Haus, und so wurde Knud von zu Hause weggeschickt.

Schluß mit dem Namen an Gottes Himmel. Jetzt schrieb er Mahnbriefe. Las vor in des Onkels Erbauungsstunden. Hackte Holz und schleppte Wasser. Hans Olsen konnte die Leute zum Arbeiten bringen, er hatte eine Art, seinen Stock um den Arm des Jungen zu winden und ihn zu drehen, bis er vor Schmerzen schrie, ja, der Zorn des Herrn konnte den heiligen Mann so erfüllen, daß er die Schläge über das neunjährige Kind herunterregnen ließ, bis das Blut zu sickern begann. Ein Stück flaches Knäckebrot und eine Tasse Milch galten als Abendbrot. Fünf Jahre lang ging Knud hungrig zu Bett. Er versuchte wegzulaufen, wurde aber aufgegriffen und zurückgeschickt. Er hieb sich die Axt ins Bein, damit die Mutter ihn holen sollte, und die Mutter kam, aber als sie ging, nahm sie ihn nicht mit. Er las das Märchen von dem häßlichen jungen Entlein; aber für ihn war es genau umgekehrt. Man wollte ihn ducken. Deshalb wurde er anders.

Sanfte Augenblicke. Fünf Jahre. Dann war er über das schulpflichtige Alter hinaus und konnte loskommen. Ein Verwandter, der im Gudbrandsdal einen Gemischtwarenladen hatte, war bereit, ihn als Kommis einzustellen, während er zum Konfirmationsunterricht ging. Als Vierzehnjähriger verließ Knud Pedersen also Hamsund und zog in die weite Welt hinaus, ohne etwas anderes mit sich zu nehmen als den Namen des Orts.

Der Schneider-Per hatte seinen feinen dunklen Anzug genäht, an den Füßen hatte er die besten Schuhe seiner Mutter. Die Mutter. Sie stand auf der Mole und winkte ihm nach. Sehen konnte sie nur auf dem einen Auge, aber deshalb kann man ja trotzdem Tränen in beiden haben. Im Jahr darauf sah sie ihn flüchtig und dann fünfundzwanzig Jahre lang nicht mehr. Nun zog er in die weite Welt hinaus, mit dem Namen Hamsund, aber etwas von ihr nahm er wohl auch mit, ihr Blut in den Adern, dieses Blut, das in ihren Brüdern floß, seinen beiden Onkeln, dem gleichmütigen Landstreicher und dem strengen Richter, dem Verschwender und dem Geizkragen, dem Mädchenfreund und dem verschlossenen Junggesellen, dem Vergötterten und dem Verhaßten, in ihm, der zugrunde ging, und in ihm, der reich wurde, dieses merkwürdige Mischblut, das sich bis auf Olav den Heiligen und Harald Haarfager zurückführen läßt. Nun tutet der Dampfer, auf Wiedersehen, Mütterchen, mach dir um mich keine Sorgen!

Der Kramladenjunge wurde konfirmiert, reiste zurück nach Nordland, nach Tranöy, und ging direkt zu dem Ortsgewaltigen, zu dem reichen Walsöe. Walsöe konnte einen fixen Laufburschen gebrauchen, und der junge Pedersen hatte ein gewinnendes Wesen, avancierte vom Lager zum Ladentisch, trug einen Bleistift hinter dem Ohr und eine Uhrkette auf der Weste, er machte kurz gesagt eine Blitzkarriere. Eine Uhr in die Westentasche bekam er nicht, auch Walsöes Tochter nicht, nein, Fräulein Laura heiratete einen Telegraphisten, aber dafür machte Walsöe Bankrott! Jung Pedersen wanderte auf die Landstraße hinaus, wurde Hausierer, er zog mit seinem Sack und seinem Ellenmaß von Hof zu Hof, von Helgeland im Süden bis nach Tromsö im Norden, schlug seine Bude auf dem Jahrmarkt von Stokmarknes auf, verkaufte Stecknadeln und Seidenbänder und Angelhaken, inmitten von Glücksrädern und Leierkästen, Tanzbären und Damen ohne Unterleib. Herz, was begehrst du mehr?

So vergingen ein paar Jahre. Die Eltern fürchteten, er schlage dem Onkel nach, dem anderen Onkel also, dem verkehrten, dem, der als Landstreicher zugrunde ging und als Trunkenbold. Der Vater schrieb Briefe, versuchte, ihn zur Vernunft zu bringen. Dieses Umherstreifen müsse aufhören. Er müsse sich irgendwo niederlassen. Einen Beruf wählen. So ist das nun einmal, das müssen wir alle. So wählte Knud Pedersen einen Beruf und ging in Bodö in die Lehre. Er wollte Schuhmacher werden.

Sanfte Augenblicke, die haben alle. Sein neuer Beruf dauerte drei Wochen. Dann wurde er Hafenarbeiter. Dann wieder Laufbursche. Dann gelang es ihm doch wirklich, den Buchdrucker Kjeldseth aus Tromsö dazu zu bewegen, ein kleines Buch zu drucken mit dem Titel «Der Rätselhafte», eine Liebesgeschichte aus dem Nordland von Knud Pedersen, Preis 40 Öre. Die Geschichte handelte von dem jungen Rolf Andersen, scheinbar ein einfältiger Bauernknecht, der sich nur auf das Pflügen und so etwas verstand, sich aber dann in eine Bauerntochter verliebte, und da zeigte es sich, daß er in Wirklichkeit der Sohn eines reichen Händlers war, der ihm eine Menge Geld vererbt hatte, und daß er gar nicht Rolf Andersen hieß, sondern *Knud Sonnenfield*!

Wie heißt Knud Pedersen in Wirklichkeit? Das wissen wir noch nicht. Der Vater schickte ihm wieder einen ernsten Brief: So ein Buch sei ja ganz gut, aber wie sei es denn, könne er ein Paar Schuhe besohlen? Nein, das konnte er nicht, aber nun wurde er Büroangestellter beim Lensmann von Bö in Vesteraalen, einer Art Amtmann, saß unter einem Farbdruck von König Oskar und fertigte Urkunden aus. Die süße Inger bekam er nicht, aber der Lensmann hatte auch anderes zu bieten als eine Tochter, er hatte einen Bücherschrank, und darin standen Bücher von Björnson. Wenige Monate später gab sein Büroangestellter beim Buchdrucker Albert Frederik Knudsen in Bodö ein Buch heraus. Es hieß «Björger» und handelte von dem armen, aber begabten jungen Burschen Björger, der vergeblich ein reiches Mädchen liebte, aber durch Krankheit, Kummer und Enttäuschungen zur inneren Klarheit gelangte. Das Mädchen starb, aber Björger las Björnson und wurde Dichter.

Von Knud Pedersen Hamsund stand auf dem Titelblatt. Das kam schon näher. Er versuchte sich als Lehrer, aber der Unterricht langweilte ihn, und an einem Frühlingstag des Jahres 1879 stand er im Büro des Großkaufmanns von Kjerringöy. Herr Zahl wollte ihn gern als Laufburschen einstellen, aber er wollte gar nicht angestellt werden; er wolle kein Laufbursche sein, sondern Dichter, sagte er und legte ein Exemplar von «Björger» auf den blanken Mahagonitisch. Herr Zahl sah ihn lange an, Jung Pedersen wandte den Blick nicht ab. Dann drehte Herr Zahl sich um, öffnete seinen Geldschrank und zählte einige rote Scheine auf den Tisch. Tausend Kronen konnte er kriegen.

«Ich darf dir wohl ein wenig helfen . . .», sagte er bescheiden.

Leb wohl, Nordland. Leb wohl, Knud Pedersen. Er nahm sich Björnson zum Vorbild und vernordete seinen Namen zu Knut Pederson, fuhr nach Hardanger, schrieb die Bauernerzählung «Frida» und reiste mit dem Manuskript nach Kopenhagen. Er war zwanzig Jahre alt. Nun gilt es alles oder nichts.

Die Innenstadt. Klareboderne 3. Der Gyldendal-Verlag. Durch den Raum lief ein Ladentisch, genau wie in einem Geschäft. Auf der anderen Seite stand

Direktor Hegel in höchsteigener Person und nahm sein Manuskript entgegen und sagte, er werde am nächsten Tag Bescheid bekommen. Das Alles oder Nichts hatte damals seine große Zeit. Hegel war ein feiner Mann, mit winzigen Zügen, ein wenig pastorenhaft. Er sah ihn nur dieses eine Mal, am nächsten Tag kam der Direktor nicht, aber das Päckchen mit «Frida» lag wie verabredet auf dem Tisch. In der oberen Ecke stand ein «P». Das bedeutete, die Bürodame sollte es an Pederson abliefern. Abgelehnt.

Zurück nach Norwegen. Nächster Versuch. Er bebte vor Schüchternheit: Aulestad. Björnstjerne Björnson blätterte ein wenig in dem Manuskript, schüttelte den Kopf, blätterte weiter.

«Nein, weint der Kerl sogar!» sagte er.

Es war nichts. Der junge Mann solle sich lieber als Schauspieler versuchen, er sähe ja gut aus. Björnson verabschiedete ihn mit einer Empfehlung an Selmer in Kristiania.

«Schon möglich, daß aus ihm etwas Großes wird, aber Schauspieler wird er nie», sagte Selmer.

Er ging zu Arne Garborg. Schriftsteller wird er nie, sagte Garborg.

So wurde es Winter. Ein Winter in Kristiania. Björnson gegen Strindberg ausgetauscht. Die Uhr in die Pfandleihe. Die Bücher. Den Mantel. Die Jacke. Die Bettdecke. Sanfte Augenblicke. Kälte und Hunger. Dann und wann ein wenig Kopierarbeit. Ansonsten Kälte und Hunger. Tomtegaten 11. Ruinenstraße. Eine gute Adresse. Jetzt bist du ganz unten, Knut, jetzt kannst du nicht mehr tiefer sinken, jetzt kommst du ganz nach unten, unter die Demütigung, die Erschöpfung, die Pein und atmest die betäubende Luft, die hier wie Kohlenstoff über dem Boden liegt, die süße, schwindelerregende Gleichgültigkeit. Nichts bedeutet etwas. Jetzt weißt du auch das.

Aber dann wurde es ja doch wieder Frühling, die Amsel sang, die Sonne kam zurück, und bei Gjövik sollte eine Landstraße gebaut werden. Knut Pederson meldete sich, Direktor Hegel konnte ihn als Dichter nicht gebrauchen, jetzt nahm man ihn als Straßenbauarbeiter an, wieder machte er eine Blitzkarriere, wurde «Wegebauarbeiter», ja sogar «Kieskontrolleur». Er erholte sich in der frischen Luft, wurde braun und stark, hatte Geld in der Tasche und ließ es am Sonnabend beim Dorfball rollen, der Mädchenfreund, unwiderstehlich, munter wie kein anderer. Nichts bedeutet etwas, das hatte er in den Tiefen des Daseins gelernt, und diese Erfahrung macht uns heiter. Dann ergriff er die Gelegenheit, mietete das Versammlungshaus von Gjövik und kündigte einen Vortrag über Strindberg an.

Sechs Zuhörer fanden sich ein, um zu hören, was der Kieskontrolleur von Strindberg hielt. Aber die Besprechung in der Zeitung war sehr lobend, er beschloß, einen neuen Versuch zu wagen, er hatte gerade Geld genug, um den Saal noch einmal mieten zu können. Diesmal kamen sieben Zuhörer. Es ging vorwärts.

Leb wohl, Gjövik, Straßenbau, Strindberg. Leb wohl, Norwegen. Ein

Streichholzfabrikant wollte ihm 400 Kronen leihen, damit er nach Amerika kommen konnte. Björnson wollte ihm eine Empfehlung mit auf die Reise geben; er sei ein Mann, aus dem *etwas werden* solle, meinte Björnson. Der Direktor des Norddeutschen Lloyd in Hamburg wollte ihm freie Überfahrt auf dem Dampfschiff *Oder* gewähren. Nicht weil er gesagt hatte, er sei Journalist und «wolle über die Reise berichten», die Geschichte hört ein Reeder jeden zweiten Tag, nein, der Mann selbst machte es; dem Reeder und dem Streichholzfabrikanten ging es wie dem Großkaufmann, dieser Knut von Hamaröy ging direkt zu den Männern an der Spitze, er hatte einen merkwürdigen Sinn für Männer von Format, und umgekehrt, sie hatten ein merkwürdiges Gespür für ihn, fast als gehöre dieser verhungerte Lump zu ihnen.

Aber es ging am besten mit Leuten aus dem praktischen Leben! Professor Anderson in Madison konnte ihn nicht leiden, er blätterte seine Papiere durch und entschied die Angelegenheit: Dichter könne er nicht werden, aber vielleicht Büroangestellter. Allright. Büroangestellter bei Kaufmann Hart in Ellroy. Solange es hält. Landarbeiter in Wisconsin. Solange es hält. Verkäufer. Schweinehirt. Maurer. Buchhalter in einem Holzhandel. Solange es hält. Nachts las er. Jetzt hatte er Strindberg gegen Mark Twain ausgetauscht. Die Leute nannten ihn Nut. Nut hatte Heimweh. Nut wurde Sekretär und Übersetzer für die norwegischen Unitarier in Minneapolis. Eines Tages, während er als Auktionar auftrat, hustete er Blut in sein Taschentuch. Tuberkulose, sagte Dr. Thams, mehr als zwei Monate wagte er ihm nicht mehr zu geben. Knut Pederson sagte, dann müsse er nach Hause. Er wolle Norwegen noch einmal sehen, bevor er sterbe, sagte er. Einige Freunde legten zusammen für die Überfahrt.

Die Seereise tat ihm gut, und in Kristiania konnte Dr. Bull ihn beruhigen; keine Tbc. Er solle ein Jahr nach Valdres gehen. Er nahm ein Zimmer im Frydenlund-Hotel und half als Postvorsteher aus. Wieder wurde es Sommer. Sommer in Valdres; ihm war zumute, als sei er vom Rande des Grabes in ein neues Leben zurückgekehrt, und so ist es auch an der Zeit, daß er sich einen neuen Namen zulegt, Knut Pederson nannte sich jetzt Knut Hamsund, ja, das kam schon näher. Seine ersten Artikel wurden gedruckt, am 22. März 1885 stand sein Essay über Mark Twain in der *Illustreret Tidende*. Von Knut Hamsun, stand da. Jetzt stimmte es. Jetzt sitzen Stil und Druckfehler an der richtigen Stelle. Aber es wurde wieder Winter. Ein neuer Winter in Kristiania. Vorträge vor leeren Sälen. Zeitungsartikel, die zurückkamen. Eine verlassene Klempnerwerkstatt in der Möllergate. Ein Schuppen am Akerselv. Eine Bank im Schloßpark. Hunger.

Der große Geschäftsmann, der ihn diesmal rettete, war der Grossist M. Dobloug. Im August 1886 ging er, siebenundzwanzigjährig, an Bord der *Geisir* und fuhr zum zweiten Male nach Amerika.

Chicago. Gleisarbeiter in einer Schicht von 6000 Mann. 1,75 Dollar pro

Tag. Drei Mann schleppen eine Eisenschiene von 1200 Pfund. Ein Mann eine Tonne Zement von 400 Pfund. 100 Grad im Schatten, sagte er. Er rechnete in Fahrenheit – auch bei seinen Gewichtangaben. Als die Arbeit fertig war, bekam er einen Job als Straßenbahnschaffner. Solange es hielt; mit seinen kurzsichtigen Augen hatte er Schwierigkeiten beim Lesen der Straßenschilder, die Leute stiegen bald zu früh, bald zu spät aus. Als er entlassen wurde, trabte er hinaus zu den Schlachthöfen. Er hatte von dem Fleischkönig Mr. Armour gehört, tauchte in dessen Vorzimmer auf und gab einen Brief ab.

Kurz darauf kam der Türwächter mit 25 Dollar zu ihm hinaus. Sie waren nicht als Almosen gedacht. Mr. Armour verstand sich nur auf Literatur. *His letter was worth it,* hatte er gesagt.

Wieder raus auf die Prärie. North Dakota. Red River Valley. Erntearbeit auf der Weizenfarm von Dalrumple. Tausende Hektar Land. Der Lohn für anderthalb Monate Schufterei in ein paar Nächten wieder verjubelt. Poker. Mädchen. Eingeschlagene Scheiben. Verwüstete Kneipen. Schlägereien. Messerstiche. Tote.

«Ober! Eine Kiste Whisky!»

Die Freunde legten zusammen für seine Rückfahrkarte.

Im Frühsommer 1888 segelte das erste dänische Amerikaschiff, der alte Dreimaster *Thingvalla,* noch einmal über den Atlantik zurück. Die *Thingvalla* war ein Segel- und Dampfschiff. Die Passagiere der 3. Klasse waren im Vorschiff zusammengepfercht, bei günstigem Wetter sah man sie an Deck kriechen und Karten spielen. Hier saßen sie also, die Lumpenfetzen, die Amerika nicht gebrauchen konnte. Arbeiter und Bauern, die kein Glück gehabt hatten. Geschäftsleute, die Bankrott gemacht hatten. Ausgesiebte. Ausschußware. Auf den Decksplanken lagen vor jedem von ihnen ein paar armselige Centstücke. Die Karten waren so schmutzig, daß man Könige und Buben kaum unterscheiden konnte. Und wer war König, wer Bube von den hohlwangigen Lazarones, die da spielten? Einer von ihnen nannte sich Knut Hamsun. War er König oder Bube? Nun bekam er wieder die Tiefen des Daseins zu spüren. Als die *Thingvalla* in Kristiania anlegte, ging er nicht an Land, er wollte weiter nach Kopenhagen. An den Abenden stand er auf dem Vorderdeck und sah die Lichter der Stadt, dachte an seine beiden Winter dort in der Stadt, Tomtegate 11, Möllergate 3.

«Es war in jener Zeit, als ich in Kristiania umherging und hungerte», dachte er. Dann sprach er sich aus alter Gewohnheit den Satz laut vor; hörte die Worte durch den Lärm von Dampfspill und Löschkran. «Es war in jener Zeit, als ich in Kristiania umherging und hungerte . . .» Er setzte sich auf die nächste Schiffskiste und wühlte fieberhaft Papier und Bleistift aus der Manteltasche.

Jetzt endlich stimmte es.

Sanfte Augenblicke. Kopenhagen 1888. Ein Bodenzimmer mit Dachluke auf Nörrebro. Lage: Skt. Hansgade 19 und drei Ellen vom Mond. Mark

Twain abgelöst von Nietzsche und Dostojewski. Geld genug für zwei Wochen mit Mittagessen und für drei Wochen ohne. Ein Zwanzig-Öre-Schwarzbrot konnte zwei Tage reichen, war es vorher alle, kaute er Streichhölzer. Durch die Wände pfiff der Wind, das einzige Licht kam durch die Dachluke, und einen Ofen gab es nicht.

«Dann ist man ja schließlich ein bißchen erschöpft, ganz matt; dann kann man nicht schreiben, und dann fängt man bloß an zu weinen . . .», schrieb er in einem Brief.

Gegen Herbstende hatte er den ersten Abschnitt seines Buches fertig. Es sollte «Hunger» heißen. Erst wollte er es Georg Brandes zeigen, aber dann wagte er es nicht, von diesem Mann ein Nein zu riskieren, und ging statt dessen zu seinem Bruder, Edvard Brandes, dem Chefredakteur der Zeitung *Politiken*.

«Ich habe selten einen heruntergekommeneren Menschen gesehen», sagte Edvard Brandes zu Axel Lundegaard. «Nicht nur, daß seine Kleider zerlumpt waren, aber der Blick, das Gesicht! Na, wie Sie wissen, bin ich nicht sentimental . . .»

Als der heruntergekommene Norweger am nächsten Tag wieder in seinem Büro bei der Zeitung erschien, hatte Edvard Brandes das Manuskript gelesen. Er reichte ihm die Papiere und sagte kühl, ohne Pathos, eher ein wenig abweisend:

«Vor Ihnen liegt eine große Zukunft!»

Edvard Brandes hatte keinen Augenblick gezweifelt.

«Das war nicht nur talentiert, wie so vieles andere, das war mehr, etwas, das mich erschütterte», sagte er zu Axel Lundegaard.

Er sah es als erster. Hegel hatte es nicht gesehen. Garborg sah es auch nicht. Noch nicht einmal Björnson sah es. Er war der erste, erinnern wir uns daran. Edvard Brandes. Ein Jude.

Hamsuns Arbeit war zu lang für die *Politiken*, aber Brandes brachte sie in der Zeitschrift *Ny Jord* unter, und jetzt konnten wir es alle sehen: Der Verleger Philipsen spuckte einen Vorschuß aus, die Studentenvereinigung will Vorträge, Hamsun muß dankend die Stelle eines Theaterdirektors von Bergen ablehnen ebenso wie eine Einladung von Björnson, der ihn ein ganzes Jahr umsonst in Aulestad wohnen haben möchte. In der Weihnachtsnummer des *Dagblad* von 1889 waren die beiden nebeneinander abgebildet, und am Weihnachtsabend war er zu Gast bei Georg Brandes. Als «Hunger» im Frühjahr 1890 als Buch erschien, war er dreißig Jahre alt. So lange hatte es gedauert. Dafür machte er gleichzeitig den langen Schritt in die große Welt. Im gleichen Jahr wurde das Buch übersetzt. Norwegen druckte ihn nicht als erstes Land. Das tat Dänemark. Norwegen war auch nicht das zweite. Das war Deutschland.

Von dieser Prosa gehe ein reiner zarter Ton aus, wie von klingendem Glas, meinte der Dichter Johannes Jörgensen. Oder von Glasscherben. Der Scheibenzertrümmerer von North Dakota war weder zart noch rein geworden. In seinen Vorträgen für die Studentenvereinigung hatte er Amerikas Kultur zunichte gemacht, jetzt reiste er in Norwegen umher und schaffte Ibsen und Björnson ab. In Bergen mußte die abendliche Theatervorstellung abgesagt werden, wenn Hamsun einen Vortrag hielt, und als er am 7. Oktober 1891 das Rednerpult im Saal der Gebrüder Hals in Oslo betrat, saß wahrhaftig Ibsen in höchsteigener Person unten in der ersten Reihe.

«Dramatisierte Holzmasse!» sagte Hamsun.

Sein nächster Roman, «Mysterien», war bereits fertig.

«So wie für Midas alles zu Gold wurde, wird ihm alles zu Kunst», schrieb Johannes Jörgensen.

«Sein Charme war angeboren», sagte seine Frau, «er konnte jeden gewinnen, wenn er wollte, aber er konnte auch sehr unnahbar und abweisend sein, wenn jemand oder etwas ihm nicht paßte.»

Frau Jörgensen meinte, die jungen Damen betrieben geradezu Abgötterei mit ihm. Das war die lustige, versoffene Bernina-Zeit, die später in die Literaturgeschichte als die wehmütigen Neunziger einging. Im Herbst 1892 mußte Hamsun ganz bis auf die Insel Samsö flüchten, um Arbeitsruhe für sein nächstes Buch zu finden.

«Er war ein bahnloser Komet, eine der heimatlosen Seelen, einer der Radikalen, den weder die Rechten noch die Linken für sich in Anspruch nehmen können», schrieb er auf Samsö.

War das ein Selbstporträt? Drei Sommer in Norwegen. Drei Winter in Paris. 8, rue Vaugirard. Gauguin, Edvard Munch, Herman Bang, der zehn Jahre ältere Strindberg. Romane und Schauspiele, Armut und Feste, Champagner für alle und Blumen für die Damen. Und fast ohne Übergang: der ewige Tag des Nordlandsommers. Der Liebesroman «Pan». Björnson schüttelte resigniert den Kopf, er konnte nicht mehr folgen.

«Das Höchste, das Großartigste in der norwegischen Literatur . . .», seufzte er.

Paris und Kristiania. München und Berlin. Das Gudbrandsdal. Hotels, Pensionen, Sanatorien. Tonsaasen, Breidablik, Valdres. Welhavensgate 3 und Fräulein Hammers Pension auf Ljan.

«Dichter sind kein seßhafter und steuerzahlender Stand», sagte er in einem Vortrag, «sie sind Vagabundenseelen, verwandt mit Leierkastenmännern, wurzellose Landstreicher ohne Paß . . .»

Ausgezeichnet. Er selbst war sicher mit beiden verwandt. Jetzt heiratete er. Er hatte sie in Fräulein Hammers Pension getroffen. Bergljot. Fünfundzwanzig Jahre alt und braune Augen. Sehr wohlhabend. Aber verheiratet mit einem anderen. Es kam zur Scheidung, obwohl sie ihr Kind aufgeben mußte. Die Jungvermählten ließen sich in Onstadtmarken, Aurdal, nieder. Hamsun machte sich an einen neuen Liebesroman, «Victoria». Er näherte sich jetzt den vierzig, würde der Landstreicher endlich zur Ruhe kommen? Kaum war

«Victoria» fertig, da reiste er schon wieder ins Ausland. Ein Jahr in Finnland. Von da aus weiter nach Rußland. Von dort weiter nach Persien, in den Orient, zum Islam . . .

Das wurde entscheidend. Seit seiner Arbeit an «Hunger» hatte er versucht, in den Orient zu kommen, als ob er wußte, was ihn dort erwartete. Jetzt gelang es, und das wurde der Wendepunkt seines Lebens. Unter den armen Bauern in den abseits gelegenen Dörfern von Persien fand er etwas wieder, Menschen, die in den Tiefen des Daseins lebten, die wußten, was es heißt, zu hungern und Not zu leiden, aber die Schickungen des Schicksals mit Würde trugen, nicht in den «Zeitungen klagten», zufrieden waren, wenn sie ihren Lebensunterhalt hatten.

«Je weiter man nach Osten kommt, um so weniger sprechen die Menschen», schrieb er. Die alten Völker sind über das Reden und das Lachen hinaus, sie schweigen und lächeln. Das ist vielleicht am besten so. Der Koran hat eine Lebensanschauung geschaffen, über die man keine Konferenzen oder Diskussionen abhalten kann, ihr Sinn besteht darin, das Leben auszuhalten, später wird es besser: Fatalismus.

Nichts bedeutet etwas. Das war der Islam, das glückliche Arabien, einstmals Träger einer hohen und vornehmen Kultur. Hamsun sah ihn als Gegensatz zu der rohen Verehrung von Effektivität und Produktion, der Geldmoral, die er in Amerika gefunden und in seinen Vorträgen verhöhnt hatte. Fast hundert Jahre vor seiner Zeit entdeckte er die Kluft zwischen dem reichen und dem armen Teil der Welt und sah, daß der Unterschied zwischen ihnen kein Unterschied des Durchschnittseinkommens und des Bruttosozialprodukts war, sondern ein Unterschied der Lebensanschauung:

«Es gibt Dummköpfe, die die Erlösung der Welt und das Leben der Zukunft nur in Eisenbahnbauten, Sozialismus und amerikanischem Gebrüll zu sehen vermögen.» Dann könne die neue Kultur ja diesen Dummköpfen gehören. Sie könne dann ja als eine unbedeutende Kuriosität existieren, die die Milliardäre der Welt sich leisten könnten.

Hier haben wir die Formel für sein Werk, den grundlegenden Konflikt ein für allemal formuliert und definiert, den Gegensatz zwischen dem armen und dem reichen Onkel auf Hamaröy auf ein universales Format gebracht, das große Drama unserer Zeit und unserer Erde: Ein armes Leben mit Sinn gegenüber einem reichen Leben ohne Sinn. Was geschieht, wenn sie aufeinandertreffen? Wird das arme Leben reicher? Nein, nein, aber es verliert seinen Sinn. Darum geht es in allen seinen Büchern; das zwanzigste Jahrhundert hat begonnen. Im Orient sah er es zum erstenmal, hier bewegte sich der Landstreicher ohne Paß unter Menschen und Völkern, die auch draußen standen, die auch abseits von allem lebten.

«Nichts, nichts in der Welt kommt dem gleich, dem Abseitssein von allem!» rief er unterwegs aus und dachte an seine Kindheit, als er auf dem Hügel in dem grünen Blaubeerkraut lag und mit seinem Zeigefinger über den Himmel schrieb. Auch er stammte ja aus einem herzlich armen, entlegenen Winkel der Welt, Hamsund auf Hamaröy, zur See mehrere Tagesreisen von Trondheim entfernt, so wie die Dörfer des Orients einer der vergessenen und übersehenen Orte, wo die Leute gelernt hatten, die Fügungen des Schicksals ohne Murren zu ertragen und viel mit wenig zu leben.

Als er und Bergljot im März 1900 von der Reise zurückkamen, versuchten sie eine Zeitlang, in Brönshöj bei Kopenhagen heimisch zu werden. Aber Brönshöj war jetzt irgendwie nicht das Richtige, also versuchten sie Kristiania. Das ging auch nicht, plötzlich war Hamsun verschwunden, allein nach Nordland gereist. War er nicht gerade zu Hause gewesen? Jetzt wollte er wieder zurück.

Fünfundzwanzig Jahre waren vergangen, die Eltern lebten noch, aber der Hof Hamsund war verkauft. Er machte den Versuch, ihn zurückzukaufen, um sich dort niederzulassen, aber der Besitzer wollte nicht verkaufen. Er bat einen Jugendfreund, Georg Olsen, ihm zu schreiben, falls sich etwas anderes ergäbe, er konnte sich von Nordland nicht losreißen, erst im Spätsommer kehrte er zu Bergljot zurück. Nun kamen schwierige Zeiten, er lebte nicht da, wo er am liebsten sein wollte; er fühlte sich rastlos und uninspiriert, den Roman hatte er satt, das Drama hatte er immer verachtet. Er versuchte sich mit ein wenig Lyrik, «die einzige Dichtung, die nicht beides ist, prätentiös und nichtssagend, sondern nur nichtssagend». Er fuhr wieder nach Samsö und schrieb sein Reisebuch aus dem Orient, «Im Märchenland» nannte er es, das ist das Land, wo man abseits ist von allem, Samsö und Kurdistan. Als das Buch fertig war, bestieg er das Paketboot nach Kopenhagen, suchte kurz entschlossen die alten, gefährlichen Orte auf.

Das war die Zeit ihrer unsterblichen Ausflüge, ihrer gemeinsamen «Raubzüge durch Kopenhagen». Sie kegelten, «so daß die Kugeln die Rückwand zersplitterten», suchten die Kneipensängerinnen auf, und Hamsun erhob sich, angetrunken wie er war, schleuderte seinen Hut auf die Bühne, darauf seinen Regenschirm, danach den Sektkübel mit Inhalt, die Stühle, den Tisch . . .

Bald mußte er wieder zurück nach Samsö! Jetzt war er Mitte Vierzig, in den schwierigen Jahren, er kämpfte gegen das Alter: Wenn man fünfzig ist, beginnen die Siebziger, sagte er mit Verachtung, das ist das Alter, in dem der Geist verblüht. Nun der Björnson! Hamsun wollte, Norwegen solle mit Schweden brechen, während Björnson verhandeln wollte. Hamsun war nahe daran, ihn einen Landesverräter zu nennen: «Sie sind alt geworden, Meister, das ist es. Und wären Sie es nur nicht geworden!»

Hat da jemand den Bumerang sausen hören? Hamsun kämpfte mit dem Alter, seine Nerven waren völlig ruiniert, aber sein Magen war «gut wie ein Topf», noch immer vertrug er die ausgedehnten Zechereien, Poker und Kegeln, Grand und Boulevard in Kristiania, Bernina in Kopenhagen. In einer Nacht in Ostende setzte er sich ans Roulette und verspielte ruhig und verbissen ein ganzes Vermögen; sein deutscher Verleger sprang mit beachtlichen

Summen ein, Bergljot mußte ihm Geld leihen, um ihn nach Hause zu kriegen. Sahen sich die beiden im übrigen? Sie hatten ein kleines Mädchen bekommen, Victoria, im Jahre 1902; nach seiner Reise nach Ostende meinte Hamsun, nun sei es vielleicht an der Zeit, sich mit ein wenig Familienleben zu versuchen, und richtete in Dröbak eine reizende Villa ein, mit Ausblick auf den Oslofjord. Schluß mit den Champagner-Orgien in Begleitung von Johannes V., nun war er lange genug genial gewesen, jetzt wollte er dem Beispiel des Dänen folgen und sich als Ehemann häuslich niederlassen.

Sanfte Augenblicke! Ein halbes Jahr später war die Scheidung eine Tatsache. Bergljot behielt das Haus in Dröbak, während Hamsun auszog, ja, es war das übliche, neue Hotels, neue Pensionen, aber trotzdem war etwas anders geworden, es zog ihn nicht mehr in die Städte, er wollte auf das Land hinaus, Pension *Utsikten* in Nordstrand, Hotel *Britania* in Kongsberg, er wollte allein sein, Stille um sich haben, so viel vergessen, um sich an anderes zu erinnern. Das war die Zeit der berühmten Wanderbücher, «Unter Herbststernen», «Gedämpftes Saitenspiel», «Die letzte Freude», Leitfäden in Flucht, in Einsamkeit, in der Kunst des Abseitsstehens, des Abseits-von-allem-Seins:

Sieh, jetzt bin ich fort vom Lärm und Gewühl der Stadt und von den Zeitungen und Menschen, ich bin allem entflohen, weil das Land und die Einsamkeit, denen ich entstamme, mich wieder gerufen haben . . .

Die Romane, die er jetzt schrieb, «Benoni» und «Rosa», spielten im Nordland, und von nun an schreibt er keine Romane mehr, die anderswo spielen. Wenn Georg Olsen ihm noch immer keinen Hof auf Hamaröy verschaffen konnte, dann konnte Hamsun wenigstens in seinen Büchern heimkehren. Und Nordland – das ist «Märchenland», schrieb er in einem Artikel mit denselben Worten wie in seinem Buch über den Orient. Das sind Sternennächte und Nordlichter, das ist eine Blume auf dem Fjell, ein Strauch im Tal, das bleiche Leben, die Stille. Das sind Unwetternächte, wenn Himmel und Erde sich vereinen und die Orgeln der Ewigkeit brausen, die großen Fischzüge, und dann ist wieder Sommer, das Sonnenwunder jede Nacht, die brausende Vogelwelt . . .

«All das winkt fort von dem groben Gedanken an materiellen Vorteil, hin zu einem kontemplativen, einem religiösen Leben», schrieb er.

So weit war er selbst noch nicht gekommen. Nach seinem Einsatz im Streit mit Schweden wurde er ganz im Gegenteil als ein nationaler Mittelpunkt betrachtet, als der Nachfolger Björnsons, und zu Wergelands hundertjährigem Geburtstag, am 17. Juni 1908, sollte er vom Balkon des Nationaltheaters aus zu der Volksmenge sprechen. Er stand zwischen den Säulen und pries den Dichter Wergeland, weil er bloß siebenunddreißig Jahre alt geworden war, er hatte das Richtige getan, war rechtzeitig gestorben, wurde nicht durch das Leben verdorben, glitt nicht in die Erschlaffung, die zum Olavsorden führt . . .

Tat Hamsun das? War er nicht fast neunundvierzig, nur ein Jahr von dem

Alter entfernt, in dem «der Geist zu verblühen beginnt»? Er hatte lange nach einer Methode Ausschau gehalten, mit der er die Fünfzig vermeiden konnte. Konnte man nicht noch einmal von vorn beginnen, alles noch einmal machen, sich ein neues Leben sichern? Er stand im Schein der Fackeln und sprach, Norwegens nationaler Mittelpunkt, aber er sprach nicht von Norwegen, nicht von Wergeland, sondern von sich selbst, noch einmal von sich, immer und immer von sich; er hatte am gleichen Tag einige aufregende Briefe bekommen und abgeschickt, einige . . .

Kurz! Sie war zweiundzwanzig Jahre jünger als er und Schauspielerin. Sie sollte als Elina in seinem Stück «An des Reiches Pforten» auftreten, und genau in der Tür zum Theater waren sie sich begegnet, ja genau hier unter dem Balkon, von dem aus er jetzt über Norwegen und Wergeland sprach. Er hatte mit einem kleinen Lächeln ihre Hand ergriffen.

«Nein, Herrgott, wie hübsch Sie sind, Kind!»

Sie hieß Marie Andersen. Ein Jahr später, am 26. Juni 1909, wurden sie beim Standesbeamten von Kristiania getraut. Einen Monat später, am 4. August 1909, wurde Knut Hamsun fünfzig.

Sanfte Augenblicke? Wer liebt, verlangt Opfer, und wer am meisten liebt, muß am meisten opfern. Freilich, alles gelang ihm. Sie verzichtete auf ihre große Zukunft. Sie gab die Schauspielerei auf. Statt dessen fuhr sie mit ihm nach Nordland und wurde Bäuerin. Endlich war nämlich ein Brief von Georg Olsen auf Hamaröy gekommen: Die Witwe Ane Petersen wollte gern ihren Hof «Skogheim» in der mittleren Siedlung verkaufen, nur 6–7 Kilometer von Hamsund entfernt. Es sollte ein ordentliches kleines Anwesen sein, mit Futter für drei Kühe und ein Pferd.

1911. Erster Zug nach Trondheim. Schnellverkehr nach Bodö. Das Lokalschiff von Salten weiter zur Dampfschiffanlegestelle Presteide auf Hamaröy. Das Ende der Welt. Der Hof war ordentlich und gepflegt. Vor dem Haus standen einige krumme, graue Birken. Die Wiesen erstreckten sich bis hinunter ans Meer. Hamsun konnte das ganze für 6000 Kronen bekommen. Marie glaubte, sie habe ihre Koffer zum letzten Male in ihrem Leben gepackt. Hamsun stürzte sich auf die Arbeit, so daß der Schweiß die Brillengläser anlaufen ließ, jetzt hatte er die Stadt wieder verlassen.

«Aber diesmal fange ich nicht als Knecht und Vagabund an», schrieb er. «Ich bin finanzkräftig und überernährt, matt vom Glück und vom Erfolg. All die feinen Dinge, mit denen ich jahrelang gelebt habe, haben mich verzärtelt. Ich muß wieder auf Bauer studieren . . .»

Er hatte wirklich nein zum Olavsorden gesagt, war in keine Erschlaffung geglitten, hatte sich ein extra Leben gesichert. Und ein extra Werk. Es gibt einen Hamsun vor und einen nach der Begegnung mit Marie, sie ähneln einander wie Brüder, aber sie sind nicht gleich. Jetzt war Schluß mit den Ich-Büchern, der subjektiven, impressionistischen Erzählform, die er weltberühmt gemacht hatte. Statt dessen kamen die breiten, objektiven Erzählungen mit vielen Personen und Ereignissen, dicke, solide doppelbändige Romane, die er regelmäßig alle paar Jahre auf den Weltmarkt brachte, acht Doppelbände insgesamt, jeder Band 600 Seiten – das war sein Alter, «in dem der Geist verblüht». Aber der Konflikt war immer der gleiche, den hatte er im Orient gesehen, die arme Welt gegenüber der reichen, die Begegnung der Bauernkultur mit der Industrialisierung, die er verhöhnte. Margarine statt frischer Butter aus der Küche, Konserven statt Fleisch und Fisch aus der Speisekammer, im voraus durchgekaut, und so mild für alle, die davon sowieso schon Magengeschwüre bekommen hatten – war das nicht ein Aufschwung auf der ganzen Linie? Das Leben war lächerlich geworden, wir imitierten das Leben. Früher hieß es Schicksal, jetzt war es der Tagelohn. Und Größe, was war das? Geben Sie mir eben mal ein Kilo Größe, was kostet das? Ach, die elenden Sklaven des Geldes, Kunst und Zeitungen und Politik sind genauso viel wert, wie die Menschen dafür bezahlen wollen, aber der Segen der Erde, der muß um jeden Preis genutzt werden, der ist der Ursprung aller Dinge.

Markens grøde. Segen der Erde, Growth of the Soil. L'Eveil de la Glèbe. I Frutti della Terra. Groeiende Aarde ... die Geschichte von Isak und Inger im fernen Nordland wanderte in Millionenauflagen um die Erde, wurde in Moskau, Berlin und New York gedruckt, aber auch in Tokio, Delhi, Rio de Janeiro, eine kriegsmüde Menschheit empfing sie wie eine kühle Hand auf einer immer noch brennenden Wunde.

«Ihr, die Ihr die Erde bestellt, Ihr habt alles zum Leben, alles, für das zu leben sich lohnt, alles, an das zu glauben sich lohnt, Ihr seid Genährte und Ernährer, Ihr seid die Notwendigen auf dieser Erde, Ihr erhaltet das Leben.»

Aber Hamsun selbst? Stammten diese Worte von einem Bauern aus dem Nordland? Nein. Sie wurden in der komfortablen Villa «Havglött» – Meeresblick – am Jegersborgvej in Larvik geschrieben, dem hübschen Wohnviertel, von wo aus man einen schönen Ausblick über den Fjord hat. Auf die Dauer ging es ja nicht auf Hamaröy, bereits in dem Jahr, das auf den Kauf folgte, redete Hamsun schon wieder vom Verkauf des Hofes. Er konnte zu Hause nicht arbeiten, wurde zerstreut, nervös, hatte schlaflose Nächte. Wieder mußte er seine Zuflucht zu Hotels und Pensionen nehmen, in Bodö, in Bardu, in Sortland, im Junkerdal. Oft war er mehrere Monate hintereinander von zu Hause fort; während Marie schwanger war, war er weg, während sie gebar, als das Kind getauft wurde. Tore. Arild. Ellinor.

Es war nicht die ehemalige Schauspielerin, die aufgab. Marie versorgte ihre Tiere, half im Stall und im Hühnerhof, im Garten und auf dem Feld, sie war Bäuerin geworden, so wie er es gewollt hatte, und das wollte sie bleiben, ein solches Lebensopfer ändert man nicht. Aber er wollte weg. Nach sechs Jahren Arbeit war aus Skogheim eine Musterwirtschaft geworden, sie begann ihn zu langweilen, man konnte nichts Neues mehr aufgreifen. Und noch etwas. «Segen der Erde» stahl sein Interesse am Segen der Erde, genau davon handelte das Buch ja, der Stoff war ihm zu nahe, er brauchte Abstand. Will man gern an einem Ort wohnen bleiben, dann darf man nicht über ihn schreiben. Was einmal auf dem Papier zum Leben erweckt worden ist, das kann nicht mehr in der Wirklichkeit leben, das Papier ist zu stark, zerrissen wird die Wirklichkeit. Schreiben ist eins mit Abschied, traurig in guten Jahren, ja, aber gut in schlechten. Jetzt hatte er beides ausprobiert; an diese Erfahrung würde er sich entsinnen, wenn die schlechten Jahre wiederkommen sollten. Aber warum sollten sie? Es ging ja im Sturmschritt vorwärts. Hamsun blieb nur anderthalb Jahre in Larvik, gerade lange genug, um sein Welterfolgsbuch fertigzuschreiben, und lange genug, so daß Marie ihre Jüngste, die Tochter Cecilia, zur Welt bringen konnte. Dann kam er in gehobener Stimmung nach Hause und hatte wieder einmal einen Flecken gefunden, wo sie den Rest ihrer Tage verbringen sollten. Marie packte die Koffer. Sie glaubte ihm nicht mehr, aber tatsächlich sollte es Hamsuns letzte Adresse werden – bis zu dem Tag, an dem ihn ein schwarzes Taxi holte.

Er bekam Nörholm für 200 000 Kronen, einen kleinen Herrensitz aus der Dänenzeit, mitten im milden, waldreichen Sörland, ungefähr zehn Kilometer südlich von Grimstad. Das Meer streckte einen krummen Fjordarm durch die baumbewachsenen Klippen und streifte den Garten gerade eben mit den Fingerspitzen. Der Preis war hoch, der Wald war verhauen und die Gebäude waren verfallen. Es gab weder Wasser noch Licht, aber 800 Morgen Land, Rehe und Elche im Wald, Birkhühner im Moor, Auerhähne im Preiselbeergebüsch, und alles durchströmte der Nörholm-Bach, das reichste Fischgewässer im Eide-Bezirk. Der vernachlässigte Zustand des Grundstücks war nur ein Vorteil, Hamsun stellte Leute ein und konnte seine vernichtende Energie abreagieren, nie zuvor hatte er sich so viele sanfte Augenblicke gestattet, 25 000 Kiefern und Fichten im ersten Jahr gepflanzt, 80 000 im nächsten, 100 000 im übernächsten. Hochmoore abgegraben und entwässert und in wogende Haferfelder verwandelt. Neue Waldwege über Sümpfe und entlang der Fjellhänge, Stein auf Stein in bis zu vier Meter Höhe, 160 Morgen Land von Steinen und Baumwurzeln gereinigt und unter den Pflug gebracht, den Viehbestand verdreifacht auf 40 Milchkühe in zwei Reihen in einem neuerbauten Stall, das Wohnhaus umgebaut und erweitert, eine neue Verwalterwohnung, eine abgelegene Dichterklause für ihn selbst, der Garten neu angelegt, mit Rosenbeeten, Nußbäumen und Kastanien, das alles von einem schmiedeeisernen, nach seinem eigenen Entwurf angefertigten Gitter umgeben . . .

Sanfte Augenblicke. Die eiserne Pforte unter den hohen Bäumen muß immer verschlossen sein: Es gibt nur zwei Schlüssel, der eine hängt an seinem Nagel im Flur, den anderen hat Papa in der Westentasche. Im Garten steht eine Fahnenstange, aber die Fahne wird nur einmal im Jahr gehißt, nicht zum Geburtstag der Kinder, nicht einmal, wie einige behaupten, zu Björnsons Geburtstag, sondern nur am 17. Mai, dem nationalen Feiertag, und nur Papa selbst kann sie hissen. Dann hat er seinen dunklen Anzug an und seine Melone auf, und hinterher treten alle ein wenig zurück und betrachten schweigend die Fahne vor den frischgrünen Birken. Nörholm mit seinen sechs Säulen vor dem Eingang ist der kleine weiße Tempel der Hamsunschen Mythologie, hier erlebt man ihn in seiner Gänze, mit allen Fehlern und Vorzügen, vergöttert und scheinbar unsterblich, aufrecht und elastisch trotz seines Alters, mit seinem keulenförmigen Schädel, dem Schnurrbart, dem kräftigen Hals und dem mit der Maschine geschnittenen weißen Haar. Er trägt eine Brille (Kneifer +4 Dioptrien rechts und links), genau wie Johannes V. Jensen und Hemingway, und wie der letztere nimmt er sie am liebsten ab, wenn er fotografiert werden soll. Mit den Jahren ist er schwerhörig geworden, völlig taub auf dem rechten Ohr, während das linke noch immer lautes Heulen, lautes Knallen oder Kanonenschüsse auffangen kann, wenn diese Geräusche nicht zu weit entfernt sind. Menschliche Rede im Zusammenhang wird zu einem laufenden Surren, den Wind im Wald erfaßt er nur durch die Bewegung der Zweige; Amsel, Musik und Radionachrichten werden zu Erinnerungen. Er will keinen Hörapparat, den kann man sehen, die Taubheit nicht. Wie alle eitlen Menschen ist er ein starker Hypochonder, der kleinste Schnupfen wirft ihn drei Tage ins Bett, und wie alle Hypochonder hat er eine eiserne Gesundheit. Aber der Berufskrankheit, den langen Perioden der Schlaflosigkeit, entgeht er nicht; Eindrücke gehen ihm direkt unter die Haut, Stimmungs- und Nervenmensch, der er ist, pendelt er zwischen blendender Laune und tiefen Depressionen, ein Fest oder eine Plage für seine Umgebung, amüsant und gehässig wie wenige. Widerrede, Einmischung, Kommentare werden nicht geduldet, Beiläufigkeiten wecken seinen Zorn, Unordnung bringt ihn zur Verzweiflung. Sein Ordnungssinn ist mit den Jahren nicht mehr akkurat, sondern geradezu fanatisch. Er bringt es fertig, mitten in einem Gespräch aufzustehen und einen Krümel vom Fußboden aufzulesen, einen Kniff in einer Decke glattzustreichen, ein schiefhängendes Bild gerade zu hängen. Papiere, Bücher, Zeitungen müssen in peinlich genauen Stapeln liegen; Nägel, Schrauben, Bindfaden, Knöpfchen und andere wichtige Kleinigkeiten haben ihren ganz bestimmten Platz, und der Himmel sei dem Armen gnädig, der sie wegräumt, weil Staub gewischt werden soll. Die Stubenmädchen müssen sich mit ihren Eimern und Schrubbern unsichtbar bewegen, denn die Fußböden müssen sauber sein und frisch und nach Seife duften, aber sie dürfen nicht gewischt werden. In seiner Körperpflege soll er genauso peinlich sauber sein wie Edvard Munch. Gelddinge werden auf die Dezimalstelle genau entschieden. Die Öre werden gespart, die Kronen rollen. Alles, was an Papierfetzen in seine Reichweite gelangt, eignet er sich an, beschriebene Briefumschläge, Hotelrechnungen, abgerissene Kalenderblätter, und die Zettel benutzt er für seine Notizen. Als Landwirt tut er es nicht unter 800 Morgen Land, als Schriftsteller begnügt er sich mit der Rückseite einer Theaterkarte. Wenn er mit dem Zug fährt, muß er sich beherrschen, um sich nicht die Seife auf der Toilette oder den Lederriemen zum Hochziehen des Fensters zu sichern. Auf

Nörholm baut er einen Ballsaal mit Kristalleuchtern und Spiegelwänden und Louis-Seize-Möbeln, aber Maries Wunsch nach einem Badezimmer mit Toilette will er sich nicht beugen. Er macht Tore Vorwürfe, weil er während eines Auslandsaufenthalts für die Briefe nach Hause Luftpostporto geopfert hat, aber selbst verschenkt er im gleichen Jahr 100 000 Kronen für wohltätige Zwecke, und im Jahr darauf noch einmal 100 000. Es kommt immer wieder vor, daß er einen Tausender in einen Umschlag steckt und ihn an einen Menschen schickt, von dem er weiß, daß er sich in Not befindet, aber immer geschieht es anonym.

«Sonst kriege ich nur einen Brief voller Dankbarkeit und Kleister», sagte er.

Das spanische Sprichwort, wonach man sich aus jeder guten Tat einen Feind schafft, kennt er nicht. Er kann ebenso freigebig und verschwenderisch sein wie geizig. Wie alle Schenkenden ist er kaum zu beschenken, er umgibt sich am liebsten mit «einer Art fingierter Armut», sagt Marie. Er ist nahezu bedürfnislos, nicht interessiert an vornehmem Essen, aber die Kartoffeln müssen so zubereitet sein, daß sie sich wie hartgekochte Eidotter anfühlen, und in allen Arten von Brei muß der Löffel von allein stehen können. Seine Kammer auf Nörholm ist die kleinste im Haus, sie hat keine Doppelfenster, nur einen zugigen alten Ofen, und das Kopfende seines Bettes verbaut das Fenster. Aber es muß so gebaut werden, daß das Unterlaken am Kopfende, das Oberlaken am Fußende festgestopft ist und das Kissen doppelt liegt, mit einem harten kleinen Extrakissen zur Stütze der rechten Seite. Von Antiquitäten, Möbelaufsätzen und alten Uhren kann er nur schwer die Finger lassen. Er liebt das Empire, man sitzt *auf*, nicht *in* einem Stuhl. Noch immer kann er eine Flasche Whisky leeren, ohne daß ihm etwas anzumerken ist, aber für gewöhnlich trinkt er keinen Alkohol; er raucht Pfeife und priemt, und es muß Tiedemanns Rauchtabak mit gekerbten Blättern sein (der rote!) und Langgaards Priem. Auf Lunge raucht er nicht. Er geht gern mit ins Kino, er kann mehrere Filme hintereinander sehen, aber es müssen Western sein, wo die Leute schnell reiten, oder Schwänke, wo sie sich Torten ins Gesicht schmeißen. Künstlerische Filme versetzen ihn in schlechte Laune. Im übrigen werden seine Kintoperlebnisse durch den Tonfilm verdorben, der ungefähr zur gleichen Zeit aufkommt, als er taub wird. Er hat eine Schwäche für die Karten, besonders für Poker, wo er sitzen und mit einem listigen Augenblinzeln seinen Schnurrbart zwirbeln kann. Für gewöhnlich begnügt er sich mit Patiencen, seinem festen Beruhigungsmittel, das zerknautschte und schmutzige Kartenhäufchen liegt immer auf dem Tisch bereit, in schwierigen Zeiten kann er tagelange Patiencen legen, fast immer den «Diplomaten». Andere Entspannungsmöglichkeiten sind der Wald, der Stall, die Werkstatt mit der Drehbank. Fahrradfahren lernt er nie, aber bis zum Ende seiner Tage ist er ein unermüdlicher Spaziergänger, er geht leicht und lautlos, die Zehen ein wenig nach innen, wie ein Bär. Jagd und Fischerei interessieren ihn nicht, Sport verachtet er, Tango und Foxtrott erreichen ihn zu spät, aber er ist ein As in der Rheinländerpolka. Er liest gern, Reisebeschreibungen, Geschichte, Erinnerungen, danke, keine Romane. Er ist praktisch und fingerfertig, alle Werkzeuge – Stemmeisen wie Nähnadeln – liegen gut in seinen breiten Händen. Er kann eine Dichtung auswechseln und einer Kuh die Hufe beschneiden, er stopft seine Strümpfe selbst, näht selbst seine Knöpfe an, so etwas wagt man den schwachen Frauen nicht zu überlassen. Ein tropfender Wasserhahn, eine klemmende Tür, ein Paar Schuhe, die einen Absatzflicken brauchen – das macht er. Motoren bleiben ein Mysterium für ihn, und Autofahren lernt er nie. Ein Pferd zu beschuhen, das kann man von ihm verlangen, aber eine Zündkerze kann er nicht auswechseln. Aber bereits 1911 kauft er einen Ford, er ist einer der ersten in Norwegen, der einen Traktor hat, auf Nörholm schafft er sich einen Cadillac für sieben Personen an. Marie fährt, während er daneben sitzt und genießt. «Fahr doppelt so schnell, Marie!» sagt er.

Das Flugzeug wird zum großen Erlebnis seines Alters, aber für die Schreibmaschine ist in seiner Welt kein Platz. Er schreibt alle seine Bücher mit der Hand, die ersten mit der Gänsefeder, die späteren mit dem Füller, die letzten mit dem Bleistift, den er bis auf den letzten Stummel ausnutzt. Seine rechte Hand zittert leicht, deshalb muß er die linke darüberlegen, um den Federhalter am Hochschnellen zu hindern. Damit das Papier fest liegt, benutzt er einen kleinen, viereckigen, blankgeschliffenen Stein aus grün-weißem norwegischen Marmor. Alle seine Bücher werden auf diese Weise ins reine geschrieben, Seite auf Seite, mit seiner klaren, ordentlichen Handschrift, ohne eine Korrektur. Wirklich lästig begann das Zittern bei der Niederschrift von «Die Stadt Segelfoß» zu werden, sagt er. Danach schrieb er noch 3788 Druckseiten, Kladden und Umarbeitungen nicht mitgerechnet.

Wenn die letzte Korrektur abgeschickt ist, liest er die Bücher nicht mehr. Die Rezensionen sieht er nicht. Die Bücher, die über ihn geschrieben werden, bereiten ihm Unbehagen; er stellt sie unaufgeschnitten zur Seite. Es geschieht oft, daß er in der Zeitung andere angreift, aber er selbst antwortet nie auf Angriffe. Öffentliches Auftreten scheut er, Journalisten will er nicht sehen, er gleitet in die gängige «Autorenrolle», gezwungen durch Übergriffe von seiten der Presse. Er schreibt nicht gern Briefe, seine Korrespondenz ist kurz und umfaßt nur die engsten Familienmitglieder. Er selbst bekommt jeden Tag eine Handvoll Briefe aus allen möglichen Ländern. Frauen, die ihn heiraten, Leute, die Geld wollen. Leser, die ihm danken möchten. Alles sehr peinlich. Bewunderung macht ihn verlegen.

Auch Telegramme kommen, beispielsweise an einem Novembermorgen im Jahre 1920 vom schwedischen Botschafter in Oslo. Marie lief damit zu ihm hinein, er saß gerade beim Frühstück mit einer Tasse warmer Milch:

«Im Auftrag des Sekretärs der schwedischen Akademie habe ich die Ehre, Euch mitzuteilen, daß Euch der Literaturnobelpreis zuerkannt worden ist . . .»

Hamsun aß weiter.

«Das ändert nichts für uns, Marie», sagte er.

Zu dem Zeitpunkt hatte er den «Erdsegen» satt, die romantische Botschaft, die alle Welt begeistert aufnahm, um sie später gegen ihn zu verwenden; gerade hatte er als Gegengewicht sein hartes, illusionsloses «Die Weiber am Brunnen» geschrieben.

«Aber die Ehre, Knut?» sagte Marie.

«Findest du nicht, daß ich Ehre genug habe – in meinem Alter?»

Er war einundsechzig. Und dann stand er auf dem Bankett in Stockholm inmitten von Diplomaten und Mitgliedern der Königsfamilie, Ministern und Wissenschaftlern und hielt seine Rede für die Jugend. Jugend sei das Wichtigste, sagte er. Sie allein fehle ihm. Das war die Zeit, als er in Kristiania umherging und hungerte. War das trotzdem besser gewesen? Hamsun steckte die vielen Tausender in die Brieftasche, das könne ja wohl nicht schaden, dachte er, und damit behielt er sicher recht. Später nahm man sie ihm wieder, genau wie seine Jugend.

Es kamen noch mehr Telegramme nach Nörholm, aber nein, danke, er wollte den Ehrendoktor der Kölner Universität nicht, er hatte ja noch nicht einmal die mittlere Reife. Nein, danke, er wollte nicht Mitglied der Wissenschafts- und Kunstakademie von Lund sein, er war ja nur Dichter und Bauer. Nein, danke, er wollte den Goethepreis nicht. Nein, danke, nein, danke. An seinem siebzigsten Geburtstag versteckte er sich in einer Pension in Flekkefjord. Als er abgereist war, stellte die Wirtin den Sessel, in dem er gesessen hatte, unter sein Bild, sperrte ihn durch eine Seidenschnur ab und nannte ihn «Knut Hamsuns Sessel».

Nach Nörholm kamen Telegramme.

«Sie gehören zu den Kronzeugen unserer Epoche», schrieb Jakob Wassermann.

Ein Jude. Seine Bücher wurden am 10. Mai 1933 auf dem Scheiterhaufen vor der Berliner Universität verbrannt.

«You are among the greatest of contemporary writers», stellte H. G. Wells fest. Sein Name stand auf Himmlers Sonderfahndungsliste über die nach der Eroberung von England von der Gestapo zu verhaftenden Personen.

«Wir haben nicht Ihresgleichen», sagte Stefan Zweig. Ein Jude. Die Bücher am 10. Mai auf dem Scheiterhaufen, er selbst in der Emigration in Südamerika.

«Der Größte der zeitgenössischen Literatur», schrieb der Norweger Francis Bull. Er landete im Lager Grini.

«Ich fühlte froh, daß weder Nietzsche noch Dostojewski im eigenen Land einen Schüler dieses Ranges hinterlassen haben», telegraphierte Thomas Mann. Die Nazis zwangen ihn in die Emigration.

«Seit Hamsun schreiben wir anders, jeder von uns, froher, weicher, sonniger», bekannte Nordahl Grieg. Er wurde in einer britischen Maschine über Berlin abgeschossen.

«Ich sehe niemanden, der sich an Schöpferkraft mit Hamsun vergleichen ließe», sagte Maxim Gorki. Er wurde im gleichen Jahr als der «große Sohn der Sowjetunion» gefeiert.

«Niemand besitzt eine so funkelnde Originalität», sagte Ronald Fangen. Ihn holte in Oslo die Gestapo.

«Je tiens ‹La Faim› pour un des grands livres de la littérature européenne», schrieb André Gide. Er aß am Abend vor Hamsuns Besuch bei Hitler mit General de Gaulle zu Abend.

«Hamsuns Name ist ein Symbol der fortschrittlichsten, fast revolutionären Ideale für Millionen von sowjetrussischen Bewunderern», sagte Alexandra Kollontay. Sie war die Vorkämpferin der kommunistischen Frauenbewegung.

«Nie hat es in Norwegen einen reicher begabten Menschen gegeben, das Ideal seiner Freunde, der Abgott der Frauen», schrieb der Schriftsteller Sigurd Hoel. Er mußte während des Krieges nach Schweden fliehen.

«Der einzige Dichter, mit dem man Sie vergleichen kann, ist Homer», schrieb Egon Friedell. Er war Jude, genau wie Jakob Wassermann, Stefan Zweig, Edvard Brandes, und er beging Selbstmord, als Hitlers Truppen in Wien einmarschierten.

«Eine leuchtende Sternschnuppe über der Erde», sagte der verkehrte Onkel auf Hamaröy. Ernest Hemingway erzählte, daß Hamsun ihn schreiben gelehrt habe. Henry Miller, daß Hamsun ihn daran gehindert habe, sich das Leben zu nehmen.

Albert Einstein betrachtete ihn als einen der größten Menschen seiner Zeit, und ähnliches sagten Hermann Hesse und Selma Lagerlöf. Soweit die Nobelpreisträger. Soweit Onkel Ole mit seiner leuchtenden Sternschnuppe. Am 17. Oktober 1946 veröffentlichte man eine Liste über die Bücher, die man den zum Tode verurteilten Kriegsverbrechern von Nürnberg zu lesen gegeben hatte, bevor sie gehängt wurden. Die meisten hatten eine Bibel verlangt, aber Alfred Jodl, der Chef des Wehrmachtführungsstabs, Ernst Kaltenbrunner, der Chef der Sicherheitspolizei und des SD, und Julius Streicher, der sadistischste unter den Judenverfolgern, hatten um Hamsun gebeten.

Aber das war noch Teil einer fernen und unbekannten Zukunft. In den zwanziger und dreißiger Jahren erreichte der Schneider-Knut die Gipfelzinnen. Wenn ein Wanderer fünfzig wird, spielt er gedämpft, schrieb er, als er selbst dieses Alter erreichte. Dann hatte er geheiratet, vier Kinder bekommen, 13 Bücher geschrieben, davon die meisten in zwei Bänden, den Nobelpreis entgegengenommen, erst einen gewöhnlichen Hof, dann ein Gut in eine Musterwirtschaft verwandelt. Er hatte Nörholm für 200 000 Kronen in bar gekauft, hatte seine norwegischen Autorenrechte für 200 000 Kronen in bar verkauft, das Geld verschenkt und im Jahr darauf die Autorenrechte für die gleiche Summe zurückgekauft. Das alles hatte er seit seinem fünfzigsten Geburtstag getan. So sah es aus, wenn er gedämpft spielte.

Umgeben von der Herrlichkeit der Welt, stand er nach den Mühen als glücklicher Mann da, schrieb der Freund Christian Gierlöff mit glänzendem und hintergründigem Humor. Gelesen in 32 Fremdsprachen, größter und freudigster Steuerzahler seiner Gemeinde. Ein wohlhabender Mann. Ein eleganter und froher Gastgeber beim Weihnachtsball in dem Tanzsaal, den er selbst gezeichnet und gebaut hatte. Aus allen Fenstern strahlte das große Haus auf Nörholm wie das Schloß im Märchen . . .

«Die Dichter dürfen kein seßhafter und steuerzahlender Stand sein», sagte er einmal, «sie sind Vagabundenseelen, verwandt mit Leierkastenmännern, wurzellose Landstreicher ohne Paß . . .»

Das war damals, als er noch ungedämpft spielte, damals, als er nichts hatte. Jetzt hatte er alles, ein langes Leben ohne einen einzigen großen Kummer, eine ausgezeichnete Gesundheit, eine augenscheinlich glückliche Ehe, gesunde, hübsche und begabte Kinder, Reichtum und Ruhm ohnegleichen. Sanfte Augenblicke. Sanfte Augenblicke. Wie konnte es dann sein, daß seine Bücher immer häufiger von Leuten handelten, die keinen Erfolg hatten, nicht berühmt und reich wurden, ja, nicht einmal den Wunsch hatten, es zu etwas zu bringen? Oliver, August, Edevart, Abel: Impotente, Verlierer, Selbstmörder, Landstreicher, Anonyme und Einsame, die Heimatlosen auf der Erde, die ewig draußen vor der Tür standen und noch nicht einmal hineinwollten? Tobte der Kampf zwischen der armen und der reichen Welt denn in ihm selbst weiter? War der wohlhabende Onkel auf Hamaröy nicht im Herrn auf Nörholm auferstanden, während der arme Onkel in seinen Büchern weiterlebte? Es schien, als geschehe in diesen Jahren mit Knut Hamsun das gleiche wie mit Oscar Wildes berühmtem Dorian Gray: Je herrlicher er in der Welt der Wirklichkeit wurde, um so verarmter und heruntergekommener erschien sein Bild in der Kunst. Hier hungerte er noch immer in Kristiania. Hier befand er sich noch immer in den Tiefen des Daseins. Dort unten, wo man keine glücklichen Kinder hat, keine gute Ehe, keine Schlösser und keinen Ruhm, aber auch dort unten, wo nichts etwas bedeutet, *weil es nichts zu verlieren gibt!* Wie lange kann man in einem derartigen Spannungsfeld leben, so gefährliche Gegensätze im Zaum halten? Und welchen der Pole soll man opfern, das Familienglück, das Gut und das Geld – oder die Wirklichkeit, die nur als Papier stark ist? «Eine edle Gesinnung von seltsam selbstzerstörerischer Art», sagte der kluge Johannes V. Jensen. Er kannte Hamsun, hatte ihn in Aktion gesehen, wußte, daß sich hinter dem Schöpfer, dem Familienvater und Gutsbesitzer, vor dem alle auf dem Bauch lagen, ein Vernichter und Zerstörer, ein Totschläger verbarg, der nichts oder niemanden schonte, am wenigsten sich selbst. Wußte Hamsun das nicht ebenso wie Johannes V.? Er wußte es weit früher. Er war in seinen Büchern Gott für so viele hundert Menschenschicksale gewesen, er kannte den Lauf des Lebens, er hatte Kompositionsgespür. Am 3. Februar 1923 schrieb er von Ernsts Hotel in Kristianssand an Marie zu Hause auf Nörholm:

«Wir haben wohl ein wenig zuviel bekommen, als daß es gutgehen könnte; ich weiß nicht, ich habe oft gedacht, daß eines Tages vielleicht eine Katastrophe über uns hereinbrechen wird . . .»

# 3
## Die Katastrophe

Den «Diplomaten» legt man mit einem Doppelspiel Karten. Er teilt den Stapel in zwei Häufchen ein und läßt den Daumen einige Male durch die Ecken schnalzen, die einzige Art und Weise, wie man 104 Karten mischen kann. Wie lange ist es her, seit er sein erstes Kartenspiel gemischt hat? Bei ihm ist alles lange her. «Ich fühle mich alt und verbraucht!» hatte er einmal an Engström geschrieben. Das war jetzt dreißig Jahre her, ein Menschenalter. Er erinnert sich an die Zeit, als er alt und verbraucht war, wie andere an ihre Jugend.

Das war zu Beginn des Ersten Weltkriegs, er war damals fünfundfünfzig. In dem Alter ändert man seine Meinung nicht so schnell. Er hatte für die Deutschen Partei ergriffen. Was sonst? Mit über vierzig Jahren seines Lebens gehörte er dem vorigen Jahrhundert an, in dem eine deutschfreundliche Gesinnung ebenso selbstverständlich war wie eine deutschfeindliche Haltung später. Norwegen hatte kein 1864 erlebt. Aber Norwegen hatte zusammen mit Dänemark den langen Krieg gegen die englische Übermacht ausgekämpft, die Engländer hatten die Zivilbevölkerung von Kopenhagen bombardiert, englische Kriegsschiffe hatten die norwegischen Häfen blockiert, so daß Hunderte von norwegischen Kindern verhungern mußten und Tausende einen Knacks fürs Leben bekamen, englische Offiziere hatten dänische und norwegische Seeleute ins «Prison» geworfen, ein Name, der damals den gleichen Klang hatte wie die Namen gewisser deutscher Dörfer hundert Jahre später.

Das war England. Im größeren Maßstab wurde das zum Burenkrieg, 27 000 Frauen und Kinder verhungerten in englischen Gefangenenlagern. Das wurde zur Geschichte von Afrika und Indien, Gibraltar und Suez und Singapur, Weltherrschaft! Aber Deutschland? Norwegen hatte kein Sedan erlebt, und was war außerdem Elsaß-Lothringen gegen die fünf Kontinente? Deutschland, das volkreichste Land in Europa, war keine Weltmacht, es war das Land der Dichter und Denker, das Land, das Henrik Ibsen berühmt gemacht hatte, so wie später August Strindberg, Edvard Munch . . .

Und Knut Hamsun. Hier sitzt er im Kinderzimmer auf Nörholm und legt den «Diplomaten», erst vier Karten in einer Reihe untereinander, die Bildseite nach oben, dann eine neue Reihe halb über der ersten, und danach noch eine, ja, das braucht seine Zeit, sieben senkrechte Reihen müssen es sein, und danach das Ganze spiegelverkehrt rechts davon noch einmal, insgesamt 56 Karten, er muß seine Geduld zusammennehmen, das ist der langweilige Augenblick in jeder Patience, aber dann liegen auf jeder Seite die vier waagerechten Reihen mit sieben Karten, die einander halb überdecken, so sieht das Schicksal heute aus. Und das ist der gute Augenblick, der Augenblick, in dem man sich in seinen Sessel zurücklehnt, seine Pfeife anzündet, die Verwirrung auf dem Tisch betrachtet; die Sache nimmt einen gefangen, man beginnt, zu erwägen, zu planen, zu komponieren . . .

Bereits lange vor dem Ersten Weltkrieg hatten alle Karten mit aufgedeckter Bildseite auf dem Tisch gelegen. Bereits 1910 hatte er in der Zeitung *Politiken* einen Feuilletonbeitrag über die englischen Touristen in Norwegen geschrieben. Denn auch das war ja England. Mechanisierung, Geschwindigkeitsanbetung und Rastlosigkeit. Imperialismus in verdünnter Lösung! Tourismus. Im Gehirn des modernen Engländers brodle ein Traum von dem Luftschiff, das morgens um sieben nach Indien fliegt und abends um acht wieder zurück ist, schrieb Hamsun, und der Engländer mache die Flugreise nur, um schnell vorwärts zu kommen, um Rekorde aufzustellen, um den Lärm mitten im Herzen zu haben. Jetzt lärme er durch Norwegen, fege in seinem Auto von Bezirk zu Bezirk, während norwegische Bauern ihm demütig die Zauntür öffneten und mit der Mütze in der Hand dastünden, um den Kupferschilling aufzufangen, wenn er hindurch sause.

Geschrieben 1910. Er wußte, worauf die Entwicklung hinauslief. Er war ein Reaktionär wie derjenige, der vor einem Abgrund mit aller Macht auf die Bremse tritt. Er wollte den Wagen der Geschichte bremsen, er konnte die Zeit nicht vergessen, die er als Kind im Nordland gekannt und als Erwachsener im Orient wiedergefunden hatte, die Zeit vor der Geldwirtschaft und der Industrialisierung. Er meinte, die Mechanisierung werde zu einer Zerstörung der Natur führen und zu einer Verzärtelung des Menschen, Sozialismus und Kapitalismus in einem zerstörerischen Machtkampf, der Untergang der Kultur. Er hatte die Entwicklung mit eigenen Augen verfolgt. Als er geboren wurde, gab es in Norwegen keine Mähmaschinen. Als er zwanzig war, gab es tausend. Als er vierzig war, dreißigtausend. Als er fünfzig wurde, waren es sechzigtausend. In der Gesellschaft, in der er aufgewachsen war, waren die Leute Selbstversorger gewesen, Geld hatten sie keins, aber das war auch nicht nötig, sie lebten von der Natur, der Erde, dem Wald und dem Meer. Sie waren Bauern, Jäger und Fischer. Sie waren arm. Aber sie waren frei. Dann kamen die Mähmaschinen. Die Städte wuchsen, und ihre Einwohner mußten etwas zu essen haben. Ausgezeichnet, die Bauern produzierten allmählich Waren für den Markt statt für sich selber. Sie bekamen Bargeld in die Hand, sie konnten Mähmaschinen kaufen als Ersatz für die Knechte, die in den Fabriken besser entlohnte Arbeit fanden, aber dafür wurden sie von Preisen abhängig. Sie waren reich. Ausgezeichnet. Aber sie waren nicht mehr frei.

Hamsun hatte das Ganze mit seinen eigenen Augen gesehen. Als er geboren wurde, wohnte jeder zehnte Norweger in einer Stadt; als er sein fünfzigstes Lebensjahr vollendete, war es jeder zweite. Er wurde vierundvierzig, bevor die Sozialisten ihren Einzug in das Parlament, das Storting, hielten, mit ganzen vier Mandaten gegenüber den 68 der Rechten und den 49 der Liberalen. Die Städte waren im Takt mit der Industrie gewachsen, Holzindustrie, Bergbau und Fischereiindustrie, Fabriken, deren Erzeugnisse fast ausschließlich für den Export bestimmt waren. Norwegen hatte damals die gleiche Wirtschaftsstruktur wie die Entwicklungsländer unserer Tage: Export von Rohstoffen und Import von Fertigwaren, das meiste gestützt auf ausländisches, besonders englisches Kapital. Als Hamsun sich in der *Politiken* darüber beklagte, daß die Norweger an der Zauntür stünden und die Mütze nach einem Almosen der englischen Touristen ausstreckten, waren 77% der norwegischen Kraftwerke, 80% des Bergbaus und 85% der chemischen Industrie in ausländischem Besitz. Die Stadt hatte gesiegt, und die Natur hatte verloren, und das bedeutete auch, daß Norwegen verloren hatte. Selbst die norwegische Natur war nicht groß und unermeßlich genug, um dem Druck standhalten zu können. Die Energiequelle der Industrie war die Wasserkraft, die ließ sich damals noch nicht so ohne weiteres verlegen, also breiteten sich die Fabriken über das ganze Land aus, kein Tal konnte sich sicher wissen, an den einsamsten Stellen schossen Schornsteine aus der Erde. Hamsun sah, wie das Tinn-Tal in eine rauchende Fabrikstadt verwandelt wurde, wie sogar die wildesten Bäche gezähmt wurden, sogar den Rjukanfoss konnten sie in Ketten legen, diese neuen Herren, sie waren so unersättlich in ihrer Gier, sie verwandelten die Bäche in Elektrizität – wenn sie könnten, würden sie das Meer in Öl verwandeln!

Die Natur hatte verloren, und wenn die Natur verliert, dann ist nicht der Mensch der Gewinner. Hamsun hatte die Zeit erlebt, als es noch keine Industriearbeiter gab, als aber jede Stube ihre Industrie hatte. Das Leben war nicht ärmer an Essen, nicht reicher an Sorgen. Dann übernahm die Technik die Herrschaft, die Massenproduktion begann, der Industriearbeiter entstand – wem zum Nutzen und Frommen? Dem Fabrikanten, dem Arbeitgeber, und keinem anderen. Er wollte mehr Geld verdienen, er und die Seinen wollten an einem größeren irdischen Luxus teilhaben, er schickte Leute in die Fabriken, während der Boden des Landes brachlag, lockte die Jugend von ihrem natürlichen Platz im Leben fort und nützte ihre Kräfte zu seinem eigenen finanziellen Vorteil aus. Das tat er. Kriegte die Leute dazu, ihr Boot zu verlassen, die Erde zu verlassen, ihr Zuhause zu verlassen, die Eltern, Geschwister, das Vieh, die Bäume, die Blumen, das Meer, Gottes hohen Himmel – und statt dessen gab er ihnen Jahrmarkt, Versammlungshaus, Kneipen, Brot und Spiele.

So schrieb Hamsun 1919. Aber woher kam das alles? Es kam aus England. Jetzt war die Industrialisierung überall, aber gekommen war sie aus England.

Die ersten Dampfmaschinen, Spinnereien, die Lokomotive und das Schiff aus Stahl, Bergbau und Freihandel, Geldwesen und Buchhalterei, die ganze Schweinerei. Kam aus England. Deutschland dagegen war noch immer ein Land der Bauern, eine Bauernnation. Vieh und Korn, Brot und Milch, den Segen der Erde, das hatte man in Deutschland. Deutschland war eine junge Nation, wo die Menschen sich nicht davor scheuten zuzupacken, England ein altes, verlebtes Reich, wo die Leute glaubten, sie könnten die Arbeit von den Maschinen besorgen lassen. Von den Mähmaschinen. Die deutsche Bevölkerung war viel zahlreicher als die englische, und sie wuchs sehr viel schneller, aber England wollte ihr keinen Platz einräumen, England war ein alter, geiziger, böswilliger, sehr wohlhabender und sehr unverheirateter Hagestolz, vielen Dank, den kannte er, der tauchte nicht zum ersten Male in Hamsuns Leben auf, vor England hieß er Henrik Ibsen, vor Henrik Ibsen Hans Olsen, der reiche Onkel mit dem schlimmen Arm. Und hier ging ein junger Mann in den Straßen von Kristiania umher mit Fähigkeiten, die sich nicht entfalten durften, ein Talent, das dreißig Jahre brauchte, um sich durchzusetzen . . .

Die Jungen sollten geduckt werden, bestraft, gestutzt, erdrückt. So war es Knud Pederson ergangen und Deutschland. Der Erste Weltkrieg brachte eine traurige Bestätigung seiner Ansichten: England führte seine Blockade genauso durch wie zur Zeit Napoleons und mit dem gleichen Resultat: Getroffen wurden die Unschuldigen, die Kinder hungerten. Hamsun wußte, wie einem Kind zumute ist, das sich nicht satt essen kann, und schickte im Namen seiner eigenen Kinder große Summen an die Spendensammlungen in Deutschland. Während des gesamten Krieges trennten nur wenige Schritte die Deutschen vom Sieg, noch im Sommer 1918 hatten sie die Kraft zu drei Offensiven in Nordfrankreich, ein Blutsturz ohnegleichen, aber dann ließen die Engländer die Maschinen für sich arbeiten, die Mähmaschinen, mit ihrer überlegenen Zahl von Flugzeugen und Panzern entschieden sie die Sache, Fabrikproduktion gegen Heldenmut, der Frieden von Versailles, Deutschland in die Knie gezwungen von der Schuldenlast der Reparationen, 226 Milliarden Goldmark über 42 Jahre plus 12 % vom Export des Landes, lebenswichtige Landwirtschaftsgebiete im Osten amputiert, ausgesperrt von den Meeren, vertrieben aus Afrika, China, dem Pazifikgebiet, nein, ein solcher Friedensschluß konnte nur eine Zeitbombe für eine neue Kriegserklärung sein; Deutschland würde wiederkommen, sich erheben, sich rächen, siegen, so wie das Junge immer über das Alte siegen mußte.

Karo vier rauf auf Herz drei. Pik acht runter auf Kreuz sieben. Ach ja, jetzt ist Knut Hamsun der alte. Bei Ausbruch des Ersten Weltkriegs war er fünfundfünfzig. Als der Zweite Weltkrieg begann, war er achtzig. In dem Alter ändert man seine Meinung noch weniger schnell. Er sitzt hier im Kinderzimmer mit seiner Patience und muß die ganze Zeit aufpassen, daß der unkontrollierbare rechte Arm die zierlichen Kartenreihen nicht plötzlich durcheinanderwirft. Jetzt hat er einen schlimmen Arm. Er kann nicht mehr hören, und er findet auch, daß ihm manchmal das Sehen schwerfällt.

Vor den nackten Fensterbrettern verstärkt sich das Sonnenlicht durch den Widerschein seines schneebedeckten Nadelwalds und des vereisten Fjords. Er sitzt oben im Kinderzimmer auf Nörholm, man erreicht es über die gerade Treppe mit den vierzehn Stufen hinter der Diele. Maries und sein eigenes kleines Schlafzimmer liegen links, und das große Zimmer der Kinder mit den fünf Fenstern rechts zur Straße hinaus. Ach ja, Tore, Arild, Ellinor und Cecilia, nie kann er an sie denken, ohne daß er im Herzen einen Stich fühlt, sie haben nie zu hungern brauchen, dafür aber . . . Jetzt sitzt er hier an dem großen Tisch, an dem sie einmal Schularbeiten gemacht haben, und es geht ihm gut. Vor ihm liegen die Karten mit aufgedeckter Bildseite, abwechselnd rote und schwarze, die selteneren Bilder wie alleinstehende Blumen dazwischen. Jetzt liegen mehr Karten auf dem Tisch, und die waagerechten Reihen haben allmählich ungleiche Längen angenommen, er hat seine liebe Not damit, die Asse freizukriegen, sie müssen in der Mitte liegen, damit er dann Zweier, Dreier, Vierer usw. in der gleichen Farbe anlegen kann, bis schließlich die acht Könige oben liegen und das Ganze in erhabener unumschränkter Majestät beherrschen, die kleine, geordnete Feudalgesellschaft der Spielkarten. Dann ist der «Diplomat» aufgegangen. Zuweilen kann das Stunden dauern; es beruht ja nicht nur auf dem Zufall, hängt nicht nur davon ab, wie die Karten gemischt sind, sondern auch ein wenig von dem Scharfsinn, den er in seinen Kombinationen an den Tag legt. Er kann eine Karte aus der Hand dazulegen oder lieber abwarten wollen, er muß planen und improvisieren können, so ist das Dasein auch, das Schicksal mischt die Karten, aber wir müssen sie spielen, man muß ein bißchen Taktiker, ein wenig Stratege sein, oh, aber vor allem muß man ein Ordnungsmensch sein, Patiencen legen ist praktizierter Ordnungssinn, so wie der Brückenbau angewandte Mathematik ist, nur ein Ordnungsmensch kennt die selige Wonne, die einen durchströmt, wenn man Karte auf Karte eine Ordnung aufzwingen kann, das Schicksal überlisten, eine Gesetzmäßigkeit in das Gesetzlose, einen Sinn in das Sinnlose, einen Willen in den Zufall zu legen vermag, Offiziere und Gemeine nach Rangfolge und Stand an ihren Platz in strammen Gliedern kommandieren kann . . .

Ordnung muß sein. Ordnung bedeutete Ruhe im Glied, Unterschied zwischen hoch und niedrig, ein jeder auf seinem richtigen Platz und damit zufrieden, Karo zwei, die nicht davon träumt, Karo König zu sein, weil sie nicht einmal Karo drei sein möchte, das ist Ordnung, ein Sinn im Leben, der mit ein wenig gutem Willen und ein bißchen Nachhelfen auch zu einem Lebenssinn werden kann. War es das, womit die Sieger nach dem Ersten Weltkrieg gekommen waren? Ein Lebenssinn? Nein, sie waren mit dem alten Gedanken der Maschinen gekommen: Verbraucht mehr, damit wir mehr produzieren können, der Weg nach vorn ist gesperrt, deshalb erhöhen wir die Geschwindigkeit, schneller und schneller, mehr und mehr, jetzt kommt das Ganze, die

Zwanziger und Dreißiger, Inflation und Streiks, Depression und Arbeitslosigkeit, *lost generations* und Kleiner Mann, was nun?. Das ist kein Lebenssinn. Das ist die Entwicklung. Das ist der Fortschritt.

«Die Orientalen wirken wie ein Gegensatz dazu mit ihrer Genügsamkeit, ihrer Fähigkeit zu entbehren», schrieb Hamsun. «In Persien sah ich Kutscher auf ihren Böcken sitzen und abwechselnd in eine Scheibe Brot und eine Traube beißen, das war ihre Mahlzeit, sie konnten Fleisch entbehren. Ich fragte meinen Kutscher, wann wir in der nächsten Stadt sein würden. Er sah in die Sonne und antwortete: Wohl vor der großen Hitze. Die Amerikaner würden sagen, ein Ford könne die kurze Strecke in weniger als einer Stunde zurücklegen. Persien ist eine Sache, der Fortschritt eine andere. Jawohl, mein Kutscher hatte ein Pferd, er hatte Zeit dazu, es paßte ihm. Und Fortschritt, was ist das? Daß wir immer schneller fahren können? Nein, nein, wenn die Menschen nach dieser Buchungsmethode rechnen, dann geraten sie in die roten Zahlen. Fortschritt, das ist die notwendige Ruhe des Körpers und der notwendige Frieden der Seele. Fortschritt, das ist eine Frage des Gedeihens.»

Geschrieben 1928. Das Gedeihen des Menschen. Die notwendige Ruhe des Körpers und der notwendige Frieden der Seele. Zur gleichen Zeit, als diese Worte gedruckt wurden, tauchte in Deutschland eine merkwürdige Gestalt wieder auf, ganz normal aussehend, in einem gewöhnlichen schmuddeligen Regenmantel und als ungeheuer durchschnittlich, also ungefährlich angesehen. Fünf Jahre später kam er an die Macht. Brachte sechs Millionen Arbeitslose in Lohn und Brot. Er lehrte die Leute entbehren, und je größere Opfer er verlangte, um so mehr stieg seine Macht. Punkt für Punkt brach er den Versailler Vertrag, teilte im voraus seinen nächsten Übergriff mit, Zeit und Ort. Er hielt sich pünktlich und genau daran. Er verstand die Karten zu spielen, die das Schicksal gemischt hatte, er konnte beides, planen und improvisieren, dem Chaos eine Ordnung aufzwingen, einen Willen in den Zufall legen, Offizieren und Gemeinen ihren rechten Platz im Glied anweisen, und siehe da, jetzt beginnt die große Patience über den Tisch hinaus zu marschieren, Reihe auf Reihe über den Tisch hinaus, die Stadt, das Land, die Welt, immer lauter erklingt der Gesang unter den Fahnen mit den schwarz-weiß-roten Spielkartenfarben, in München und in Berlin, in Wien und Prag und Warschau, in Kopenhagen und Oslo, Paris und Athen, Tripolis und Kiew. *Die Fahne hoch, die Reihen fest geschlossen . . .*

Herz fünf hoch auf Karo vier. Kreuz neun runter auf Pik acht. Doch, Hamsun hatte viele gute schlechte Gründe, um für Hitler einzutreten. Als junger Mann hatte er geschrieben, daß er zu denen gehöre, die weder die Linken noch die Rechten für sich beanspruchen könnten, aber gerade die landeten oft in den Armen der Nazis. Und Kaiserreich, Weimarer Republik, das Dritte Reich – sein ganzes Leben lang war er deutschfreundlich gewesen, und jetzt war er wirklich zu alt geworden.

Aber der Krieger, der Held, der Übermensch? War das der Mensch bei

Hamsun? Der Führer, das Herrenvolk, waren das Oliver, August, Edevart, Abel – diese ganze Reihe von Antihelden, die gerade in diesen Jahren in seinen Büchern die Macht übernehmen? Nein, der Mensch bei Hamsun ist nicht groß und herrlich und mutig. Der Mensch bei Hamsun ist schwach, zuweilen gut, zuweilen böse und zuweilen dumm, immer schwach. Schwach aus Einsamkeit. Einsam aus Angst. Das einzige Tier, das weiß, daß es sterben muß. Das ist der Mensch bei Hamsun. Das Gegenteil eines Eroberers. Das Gegenteil eines Kriegers, eines Helden, eines Führers. Ein Gefangener auf seinem Karren. Duckt sich in der Stunde der Gefahr und brüstet sich, wenn sie abgezogen ist. Tritt die anderen mit Füßen, stößt sie von der Krippe und wird dann selbst mit Füßen getreten und weggestoßen. Kauft und verkauft und schläft. Plagt und schuftet sich ab und frißt und schläft. Redet und schläft. Liebt und stirbt. Das ist der Mensch bei Hamsun. Weinst du ein bißchen? Nein, nun weinst du nicht mehr, du bist das Geschöpf, für das alles aufhört, alles, auch das Weinen. Mein stolzer Adler der Luft! Meine liebe Blume auf dem Feld! Ihr hattet eure Zeit und dann nichts mehr. Hoch oder niedrig, reich oder arm, das Glück war immer kurz, und am besten ging es dir, der du es verstandest, mit dem bißchen, das dein war, zufrieden zu leben. Gib uns nicht mehr, gib uns, was wir haben! Ist das auch Nationalsozialismus? Das waren die Bauern im Orient, und das waren die Bauern im Nordland. Das war seine alte Mutter auf Hamaröy. Tora, die auf einem Auge blind war.

«Man bekommt auch nicht alles, was man mit einem Auge sieht», sagte sie.

«Eine Hand zu haben, ist das Glück, nicht ohne Hände sein zu müssen», schrieb ihr Sohn.

Aber auch wenn wir beide Hände haben, die Karten mischen nicht wir. Wir können sie spielen, versuchen, die Patience aufgehen zu lassen, aber in den großen, entscheidenden Dingen vermögen wir nicht einzugreifen und etwas zu ändern. Deshalb ist der Mensch, der sich abfindet und akzeptiert, glücklicher als der Mensch, der sich auflehnt und Forderungen stellt. Man soll nicht glauben, daß man Anspruch auf mehr Zuckerzeug hat, als man bekommt, schrieb Hamsun. Innerlich werden wir nicht glücklicher, auch wenn wir das Dasein für uns etwas fetter machen. Das war der Ton. Das war die Weisheit der alten Welt, das war der Orient und die Antike, das war das Buch des Predigers und Davids Psalmen, das war Epiktet, und das war der heilige Franz von Assisi. War es auch Nationalsozialismus?

Ja, es war auch Nationalsozialismus. Resignation und Heldenanbetung waren Kopf und Wappen derselben Schicksalsgläubigkeit. Armut soll keine Schande oder kein Unglück mehr sein, sondern eine würdige und selbstverständliche Haltung gegenüber einem schweren und allgemeinen Schicksal, schrieb ein Theoretiker namens Kurzleb, «wir betrachten eine Senkung des Lebensstandards als unumgänglich».

Spätere Generationen werden diese Worte wiedererkennen. Es waren die Züge, die man heute die «ökologische» Seite des Nationalsozialismus nennen würde. Hier lag zweifellos der beste von Knut Hamsuns schlechten Gründen. In dem Kampf zwischen Stadt und Land, Fabrik und Natur, der das Hauptthema seines Lebens und seines Werks gewesen war, stand Hitler unwiderlegbar auf der Seite der Natur. Von rückwärts, so wie wir ihn sehen, war der Nationalsozialismus ein Genickschuß, Zyklon B, ein Erdteil in Ruinen. Von vorn, wie Hamsun ihn sah, war er mit den Worten von Thomas Mann «ein Versuch, die Welt im Zeichen des Strohdachs, des Volkstanzes und der Sonnwendfeier zu erobern», ein erbitterter Protest gegen Industrialisierung, Großstadt und Umweltverschmutzung:

«Wie groß müssen unsere Städte werden, bevor die Leute genug haben, bevor wir die Mietskasernen ein- und das Pflaster aufreißen, die Löcher auslüften und zwischen den Mauern Gärten pflanzen, damit der Mensch wieder frei atmen kann?»

Diese Zeilen stammen nicht von einer modernen, langhaarigen Protestbewegung, sie sind im *Völkischen Beobachter* vom 6. April 1920 nachzulesen. Hitler wollte die Autobahnen so durch die Landschaft gelegt haben, daß die Natur so weit wie möglich zu ihrem Recht kam, obgleich die Baukosten dadurch vervielfacht wurden.

Seine Hitlerjugend war ein Führer-, aber auch ein Naturkult. Er machte den Bauernstand zum Gegenstand weitschweifiger Schwärmerei mit Nationaltracht und Erntefest, er kor «Ehrenbauern», seine Forderung nach «Lebensraum» war kein Wunsch nach Militärstützpunkten, sondern ein Ruf nach der Pflugscholle, nach Nahrung für die allzu große Bevölkerung, ja, genau, sag es schon – nach dem Segen der Erde.

Deshalb ließ genau der Punkt, der Kampf gegen die Großstadt, die anderen «Irrenden» von Hamsuns Format ihre Irrtümer begehen.

Er trete persönlich für den neuen Staat ein, weil sich hier mein Volk seinen Weg bahne, sagte Gottfried Benn; er sei auf dem Lande aufgewachsen und wisse, was Heimat sei. Großstadt, Industrialisierung, Intellektualismus – es gebe Augenblicke, in denen dieses ganze gequälte Leben verschwimme und wo nichts anderes mehr existiert als die Höhen, Weiten, Jahreszeiten, Erde, schlichte Worte – das Volk.

Rote und Schwarze. Herz und Kreuz. Karo und Pik. Blut und Boden. Jetzt wurde es ernst. Wenn die schwarze Erde rot werden konnte von Blut, dann war sie es jetzt geworden. War die Erklärung denn ausschließlich eine wirtschaftliche? Diktiert allein das Geld die Geschichte, so wie es von uns, die wir nie welches gehabt haben, gern behauptet wird? War Hamsun nicht immer Faschist gewesen? Hatte er nicht die Intellektuellen verhöhnt und den «großen Terroristen» herbeigesehnt? Hatte er nicht über die amerikanischen Neger geschrieben, sie hätten Därme im Kopf, und über die moderne Fortschrittlerin, daß sie Sand bluten würde, wenn man sie anstäche? Hatte er nicht Arbeiterpack auf Frauenrechtlerschnack gereimt?

Wahr. Aber was sagen Meinungen über einen Menschen aus? Er sagte, Arbeiterpack und war selber Straßenbauarbeiter gewesen, Tagelöhner, Maurer. Er verhöhnte Rechtsanwälte und berufstätige Frauen und nahm sich während des Prozesses eine weibliche Prozeßbevollmächtigte. Sein Abscheu vor Lehrerinnen wurde nur noch von seiner Verachtung für Schauspielerinnen übertroffen, «die immer mehr Kleister in die Falten schmierten», und er heiratete eine Schauspielerin, die vorher Lehrerin gewesen war. Er verspottete die Fünfziger und machte sich als Fünfzigjähriger an die Hälfte seines Werks, die ihm Weltruhm einbrachte. Er verachtete die Intellektuellen mit ihren Brillen im Gesicht, die «ein Zeichen dafür» waren, «daß die Gelehrtheit ihnen das Sehvermögen aus den Augen gesaugt hatte», und er war selbst ein Intellektueller mit Brille. Er wollte nicht Dichter, sondern Landwirt heißen, und der Dichter mußte das ganze Jahr über schuften, um die Rechnungen des Landwirts bezahlen zu können. Er wetterte gegen Motoren, Lärm, Geschwindigkeit und kaufte Auto und Traktor vor den meisten anderen. Er besang pathetisch das Familienleben und warf seine eigenen Kinder als Vierzehnjährige aus dem Haus, um in Ruhe arbeiten zu können. Und wie steht es mit seiner Ironie, diesem auffallend unnazihaften Humor? Der Mensch war dem Untergang geweiht, jawohl, aber sah er den vor sich als den Untergang des Abendlandes und Schicksalskampf und Götterdämmerung und Wotan, der im brennenden Walhall unter brausendem Desdur der verstärkten Bläsergruppe umkommt? Nein, der Untergang war ein Nagel, der den armen Gefangenen scheuerte. Das Dämonische war ihm fremd, er konnte keiner Fliege etwas zuleide tun, sah er aber einen Teufel, dann mußte er ihm auf den Schwanz treten, frech und herausfordernd bis zur Verantwortungslosigkeit, und doch konnte niemand salbungsvoller moralisieren als er. Das war der Hintergrund. Von allen Patiencen seines langen Lebens war Knut Hamsun selbst die einzige, die mit Sicherheit nie aufging.

Unterdrückung, Befreiung, der reiche und der arme Onkel auf Hamarøy, sie lebten noch immer alle beide in ihm, und die Spannung zwischen den beiden Polen hatte sich nicht abgeschwächt. Die Jahre um 1930 wurden große Krisenjahre; er hatte keinen Stoff mehr, von Nörholm hatte er genug, er reiste mehrmals mehr als ein halbes Jahr von zu Hause weg, und hätte er von Knut Hamsun wegreisen können, dann hätte er auch das getan. Eine Zeitlang erwog er eine Namensänderung. Sein Erfolg war eine Belastung geworden, in Buch auf Buch mußte er sich selber schlagen, seinen eigenen Rekord brechen. Sein Ruhm bedeutete auch Mißgunst und Futterneid, Leserbriefe in den Zeitungen, Schimpfworte auf der Straße, Prozesse und Erpressungsversuche. Sein Geburtstag wurde zu einem alljährlich wiederkehrenden Alptraum, in dem er von Journalisten und Photographen im ganzen Land gejagt wurde. Als die Pläne entstanden, ihm auf Hamarøy einen Gedenkstein zu errichten, riet er von der Verwirklichung dieser Pläne ab. So ein Stein würde ein allzu unsicheres Leben führen, der Pöbel werde ihn in die See werfen, knurrte er.

Der äußere Glanz erhöhte nur seine innere Zerrissenheit. Seine inneren

Widersprüche waren allmählich zu schrill geworden, der Abgrund zwischen dem «Dorian Gray» der Wirklichkeit und dem der Kunst zu tief. Der Titel seines letzten Buches, «Der Ring schließt sich», war nicht symbolisch, nur ironisch, denn der Ring konnte sich eben nicht schließen, Hamsun mußte unterwegs aufgeben, der Roman über den unbekümmerten Tagedieb Abel blieb unvollendet.

«Ich grüble nicht», sagte Abel, «ich bin ruhig, ich bin nichts, ich bin ausgelöscht und namenlos. Weshalb sollen wir es zu etwas bringen? Das tun all die anderen und sind dennoch nicht glücklich...»

Schrieb der Schneider-Knut, der weltberühmt und Millionär geworden war. Da hatte er den Mund nun doch zu voll genommen. Jetzt blieb er stehen. Die Kluft war zu breit. Er mußte sich an den Gedanken zu gewöhnen suchen, daß er nicht mehr schreiben konnte, daß Knut Hamsun fertig war. Die Patience wollte nicht aufgehen.

Pik Bube auf Pik zehn. Karo neun aus der Hand und Herz Dame auf Herz Bube. Die Strahlen der niedrigen Wintersonne fallen auf den schweren länglichen Mahagonitisch im Kinderzimmer auf Nörholm. Er hatte ihn seinerzeit gebraucht in einem Architektenbüro gefunden; der Tisch hatte hochklappbare Klappen an den Enden, er ließ sich auch für Patiencen mit zwei Kartensätzen benutzen. Es war der Schultisch der Kinder gewesen, damals, als sie eine Gouvernante hatten, die Politur hatte schon längst ihren Glanz verloren, die Tischplatte trug kleine Zeugnisse von heimlichen Aktivitäten mit Stecknadeln, Federhaltern, Taschenmessern. An diesem Tisch hatte er ihnen abends Märchen vorgelesen, während Marie mit ihrem Nähkorb danebensaß und zuhörte. Kreuz acht auf Kreuz sieben. Kreuz neun auf Kreuz acht. Nein, er wollte es nicht sehen, nicht daran denken, wie etwas so Schönes so unwiderruflich vorbei sein konnte. Ellinors Unglück in der Nervenklinik in Mönchen-Gladbach. Tore als Geisel in der Direktion von Gyldendal. Arild an der Ostfront. Marie den dritten oder vierten Kriegswinter hintereinander in Deutschland. Was machte sie da unten? Karo sieben und Karo acht und Karo neun. Auf der großen Tischplatte vor ihm liegt auch der große Stapel Notizen, die Fortsetzung von «Der Ring schließt sich», Abel in Amerika. An einem Tag während des Krieges, als so vieles andere in Flammen aufgegangen ist, nimmt er den ganzen Haufen und wirft ihn in den Ofen. Das war auch vorbei. Da fing es an. Damals, als es vorbei war. Oder ist es ein Zufall, daß Hamsuns erste öffentliche Bekenntnisse zum Nationalsozialismus genau in die Zeit fallen, als Hamsun der Schriftsteller ausgebrannt war? Die erste Gelegenheit war der 10. Juli 1934, wo er in der *Aftenpost* die Leute verhöhnte, die nicht imstande waren, die große neue Gesellschaft, die in Deutschland emporwuchs, zu erkennen. Die zweite Gelegenheit kam zwei Jahre später, als er dagegen protestierte, daß dem deutschen Schriftsteller Ossietzky, den Hitler ins KZ geworfen hatte, der Friedensnobelpreis verliehen wurde. Der Ton beider Beiträge ist knurrig und gehässig, genau wie der Ton des Leserbriefs über das Denkmal auf Hamaröy, so ungefähr muß es geklungen haben, wenn sein reicher Onkel ihm mit dem Lineal auf die Finger klatschte. Er war selbst der reiche Onkel geworden, den anderen, den Vagabunden, hatte er in seine Romane verwiesen. Er hatte den Zerstörungsdrang, so lange es ging, sich in seinem Werk entfalten lassen und ihn dadurch begrenzt, Buch auf Buch die Zerstörung von Jahr zu Jahr hinausgezögert, wie ein Maschinen-wärter, der an seinem Dampfkessel steht und in Abständen den Überdruck abläßt, um eine Explosion zu verhindern. Jetzt war das Ventil verstopft, er konnte nicht mehr schreiben, weil der Abstand zwischen dem, was er war, und dem, was er schrieb, zu groß geworden war. Sein Nationalsozialismus wurde zu einem geeigneten Mittel, mit dem er Anstoß erregen und seine Wi-derrede haben konnte und das ihm die Möglichkeit gab, die Decke des Ruhms abzuwerfen, die ihn zu ersticken drohte, er konnte die Zerstörung ja sowieso nicht mehr fernhalten, von seinem Leben, von den Seinen und von der schö-nen Fassade mit den weißgestrichenen Säulen. Und warum sollte er auch? Würde sie nicht gleichzeitig all den Überfluß verzehren, der sich so unver-daulich zwischen ihn und sein Werk gelegt hatte, dieses Werk, das aus Satt-heit zum Stillstand gekommen war, so wie es seinerzeit mit Hunger begonnen hatte?

Zu diesem Zeitpunkt, zwei Minuten vor der Katastrophe, bot sich Knut Hamsun eine letzte Chance, diese zu vermeiden. Anfang 1938 reiste er an die Adria nach Jugoslawien. Der Sohn Tore, der ihn auf dieser Reise begleitete, erzählt, daß er sich auf der Fahrt durch Deutschland auf die «Judenbänke» in den Parks gesetzt habe. Kurz darauf sollte das Problem ganz anders auf ihn zukommen. Er hatte im voraus mit dem österreichischen Kulturhistoriker Egon Friedell in Briefwechsel gestanden. Der Briefwechsel war auf Friedells Initiative hin zustande gekommen; er hatte ja in seiner Kulturgeschichte ge-schrieben, daß man Hamsun nur mit einem Dichter vergleichen könne, näm-lich mit Homer. Nun bat er um die Erlaubnis, Hamsun sein Werk über das alte Griechenland widmen zu dürfen. Hamsun hatte ihm die Erlaubnis gege-ben und ihm außerdem sein letztes Buch zugeschickt. Friedell antwortete ihm überwältigt. Wenn er Hamsuns Werk überblicke, dann scheine es ihm, als seien hier alle Geheimnisse der Menschenseele gedeutet und mit ihren Zinnen und Abgründen dargestellt. Das gelte auch für das unerschöpfliche Werk, mit dem Hamsun ihn jetzt erfreut habe, während er gleichzeitig seine Zueignung angenommen habe. «Das ist das Schönste, was ich bisher erlebt habe», schloß Friedell, «und ich finde, wem dies widerfahren ist, der braucht eigentlich für dieses Leben nichts mehr zu wünschen.»

Dazu hatte er bekanntlich auch keine Gelegenheit mehr. Diese Worte wurden Ende 1937 geschrieben, und Egon Friedell war Jude.

Von Knut Hamsun aus gesehen, war die Bekanntschaft mit Friedells Bü-chern ebenfalls eine glückliche Begebenheit gewesen. Hier fand er genau das, was er gebrauchen konnte: Wahre Gelehrtheit, die unbeschwert in einem munteren, farbigen und spannenden Erzählstil weitergegeben wurde, ja, sogar Friedells hintergründige Ironie, wenn von England die Rede war, war Hamsun völlig aus dem Herzen gesprochen. Und schließlich hatte ihn die schmeichelhafte Widmung wohl nicht ganz kalt gelassen: Bei allem Lob, das er als Dichter eingeheimst hatte, war der Vergleich mit Homer nun doch der Rekord! Den Mann mußte er treffen. Seine Reise im Frühjahr 1938 bezweckte denn unter anderem auch einen Besuch bei Friedell in Wien. Von Dubrovnik aus schrieb er an Friedells norwegischen Übersetzer, Niels J. Mürer, und bat ihn, die Lieferungen von Friedells neuem Werk von Nörholm nach Dubrovnik umzuleiten, und ihm die Wiener Adresse des Schriftstellers mitzuteilen. Niels J. Mürer schrieb, die Adresse von Friedell sei Gentzgasse 7, Wien XVIII. Sein Brief trägt das Datum: Oslo, d. 10. März 1938. Am 12. März 1938 marschierten die Deutschen in Österreich ein. Die Nazis überfielen die Juden in Wien, plünderten ihre Häuser und ihre Geschäfte, zwangen sie dazu, mit Tefillinen, den heiligen Gebetsriemen aus den Synagogen, Toiletten zu schrubben.

Egon Friedell wußte, was kam. Als der sechzigjährige Historiker auf der Treppe der Gentzgasse 7 den Lärm der SS-Stiefel hörte, beging er durch einen Sprung von seinem Balkon Selbstmord.

Knut Hamsun muß Mürers Brief mit der Adresse von Friedell im gleichen Augenblick bekommen haben, als er die fürchterliche Nachricht erhielt. Die Nachricht von Friedells Tod stand natürlich nicht in den deutschen Zeitungen, die man in Jugoslawien kaufen konnte; Tore entsinnt sich, daß er sie in einer deutschsprachigen Zeitung aus Ljubljana gesehen habe und daß er es gewesen sei, der sie seinem Vater überbrachte. Auf der weiteren Reise war Knut Hamsun außer sich.

Weshalb ist er denn nicht zu mir gekommen? dachte er immer wieder, die Sache hätte ich schnell in Ordnung gebracht! Vielleicht. Ließ ein ähnlicher Gedanke Mürer, der für Friedells Schicksal fürchtete und Hamsuns Beziehungen kannte, genau ein paar Tage vor Hitlers Einmarsch schreiben? Vielleicht. Eins ist sicher: Das Ganze war nur eine Frage weniger Tage gewesen. Eine unbedeutende zeitliche Verschiebung – und Knut Hamsun wäre selbst in Wien gewesen, hätte den Einmarsch der Nazis mit eigenen Augen gesehen, ja, hätte vielleicht in dem Augenblick in Friedells Bibliothek gesessen, als die SS-Leute die Treppe heraufstürmten. Hätte das Egon Friedell gerettet? Kaum. Aber Knut Hamsun hätte es vielleicht gerettet. Herz König und Kreuz zwei. Das Schicksal mischt die Karten, aber wir müssen sie spielen, und was ist schon der Herz König im Vergleich zu Kreuz zwei, wenn Kreuz Trumpf ist?

Zu diesem Zeitpunkt lebte im entgegengesetzten Ende des Landes, das von nun an Großdeutschland hieß, ein Gauleiter und Oberpräsident, den man ohne Übertreibung als Friedells absoluten Gegensatz bezeichnen konnte. Er war nicht sonderlich beliebt, seine Kollegen in der Rheinprovinz fühlten sich durch seine Intrigen schikaniert und durch sein hochmütiges Auftreten verletzt; es gelang ihm, mit seinen brutalen Methoden nicht nur seine Gegner in Entrüstung zu versetzen, sondern auch Goebbels, ja, sogar Hitler bedenklich zu stimmen. Jener meinte gelegentlich, er gehe «etwas zu gewaltsam vor». Dieser beklagte sich wiederholt darüber, daß seine Handlungen «zu drastisch» seien.

Der Mann, der Taten begehen konnte, die Adolf Hitler zu drastisch waren, war ein kleiner, schmächtiger, bebrillter und chronisch unzufriedener Bankangestellter aus Essen namens Josef Antonius Heinrich Terboven. Unzufrieden mit anderen, aber möglicherweise auch mit sich selbst, jedenfalls meinten viele, Terboven verberge hinter seinen flotten, straffen Uniformen und seinen kühlen, ebenso straffen Manieren einen ansehnlichen Minderwertigkeitskomplex; Büroangestellter und Henker, keine ungewöhnliche Nazikombination.

Terboven wurde am 23. Mai 1898 in Essen geboren und wuchs in guten wirtschaftlichen Verhältnissen auf, jedenfalls erzählte er der Partei, daß sein Vater «Gutsbesitzer» gewesen sei. Im Mai 1915, ein Jahr vor seinem Abitur, meldete er sich als Freiwilliger und wurde an der Westfront eingesetzt, erst in der Feldartillerie, später in der Luftwaffe, wo er die nützliche Bekanntschaft eines anderen Piloten namens Hermann Göring machte. Als Fliegerleutnant und mit dem Eisernen Kreuz kehrte der vielversprechende junge Mann nach dem Krieg auf die Schulbank zurück, machte sein Abitur und immatrikulierte sich am 13. Februar 1919 an der Münchner Ludwig-Maximilian-Universität, um Staatswissenschaft und Jura zu studieren. Terboven war fleißig, neben den rechtswissenschaftlichen und rechtsgeschichtlichen Einführungsvorlesungen und dem obligatorischen Lateinkurs belegte er auch Vorlesungen und Übungen. Bürgerliches Recht. Schuldrecht. Börsenrecht. Handels-, Seefahrts- und Wechselrecht, Terboven schaffte alle mit seinem schnellen, leidenschaftslosen, zähen Gedächtnis. Dann geschah das Unglück. Im Winter 1920/21 starb der Gutsbesitzervater; in Terbovens Universiätspapieren steht er freilich nicht als Gutsbesitzer, sondern als Pensionär, er hat das Gut wohl verkauft, um von den Zinsen zu leben. Wenn das stimmt, dann hat die jetzt in Deutschland einsetzende galoppierende Inflation die Familie hart getroffen; jetzt ging es ja gerade darum, Grundstücke zu haben und nicht zu viele Geldscheine. Im Wintersemester 1921/22 wurde Terbovens Name aus der Immatrikulationsliste gestrichen, der tüchtige Student der Staatswissenschaft mußte – zweifellos aus finanziellen Gründen – seine akademische Karriere aufgeben und am 1. Februar 1923 in Essen einen Job als mickriger Banklehrling annehmen. Gleichzeitig meldete er sich, wie so viele andere, die sich bestohlen und betrogen fühlten, in die NSDAP, bekam die Mitgliedsnummer 25247 und wurde bereits im gleichen Jahr Ortsvorsitzender und SA-Führer. Seine Vorgesetzten in der Bank charakterisierten ihn als einen eifrigen, strebsamen, ja, sogar gewissenhaften Mitarbeiter, und am 1. März 1925, nach Beendigung seiner Lehrzeit, erhielt er eine feste Stelle in der Depotabteilung der Bank, pünktlich und zuverlässig, ein Experte in doppelter Buchführung und Straßenkämpfen nach Büroschluß.

Da traf ihn das Unglück erneut. Nur vier Monate nach seiner Einstellung mußte die Bank aufgrund der schlechten Zeiten rationalisieren; als der zuletzt Eingestellte erhielt Terboven seine Kündigung und stand kurz darauf auf der Straße als einer von Deutschlands sechs Millionen Arbeitslosen. Nun blieb ihm nur noch die Parteiarbeit, und Terboven eröffnete zusammen mit einem Kompagnon ein Verkaufsbüro für nationalsozialistische Bücher und Zeitschriften. Das Geschäft ging schlecht, die Partei klagte über Zahlungsunregelmäßigkeiten, schließlich blieben die Zahlungen ganz aus. Terbovens Partner entdeckte, daß in der Kasse 700 Reichsmark fehlten, und klagte Terboven der Unterschlagung an, eine Untersuchungskommission wurde eingesetzt und gab dem Kompagnon recht. Aber nun bewies Terboven seine Kenntnisse in doppelter Buchführung. Man fand nie heraus, was aus den 700 Reichsmark geworden war, aber tags darauf war der Kompagnon aus der Partei ausgeschlossen. Ein anderer Parteigenosse beklagte sich darüber, daß Terboven ein Fahrrad von ihm gekauft und vergessen habe zu bezahlen; ja, das waren noch kleine Verhältnisse, aber die Methoden waren bereits die großen: Der Kläger verlor sein Fahrrad und seinen Parteiausweis. Terboven witterte als einer der ersten die tödliche Rivalität zwischen Hitler und Strasser, setzte mit seinem üblichen Fingerspitzengefühl auf jenen, startete eine Zeitung und verleumdete Strasser systematisch, es kam zu einer Beleidigungsklage, bei der Rudolf Heß in höchsteigener Person intervenieren mußte, um zu verhindern, daß Terboven den Prozeß verlor. Aber dann kam auch die Belohnung! Am 1. August 1928 wurde Terboven Gauleiter und nach der Machtergreifung 1933 preußischer Staatsrat.

Terboven war inzwischen fünfunddreißig, jetzt konnte er es sich leisten, einen Hausstand zu gründen und seine Zukünftige in den höheren Kreisen zu suchen. Am Donnerstag, dem 28. Juni 1934, heiratete er zweckmäßig Dr. Goebbels Privatsekretärin, die auch viele vertrauliche Papiere für Hitler geschrieben hatte. Die Hochzeit des Gauleiters fand im Essener Münster statt, und Trauzeuge war kein Geringerer als der Führer selbst. Vielleicht reiste Hitler an diesem Donnerstag den langen Weg von Berlin ins Ruhrgebiet nicht nur wegen der arischen blauen Augen der Braut. Zwei Tage später, in der fürchterlichen Nacht von 29. auf den 30. Juni 1934, war Terboven unter den Getreuen, die Hitler halfen, einen seiner engsten Freunde, einen der ganz wenigen, die ihn duzten, den homosexuellen Ernst Röhm abzuschlachten. Das war das Blutbad an der SA. Das wurden Terbovens Flitterwochen. So etwas konnte er, der Terboven. Erst Strasser. Jetzt Röhm. Hitler vergaß ihm das nicht. Terboven wurde Oberpräsident der Rheinprovinz. Er erwies sich als hervorragender Administrator, wurde gut Freund mit Dr. Vögler, aß mit Krupp. Nein, jetzt drehte es sich nicht mehr um ein Kassenmanko von

700 Reichsmark, ein Fahrrad mehr oder weniger, aber Robert Ley, Führer der Deutschen Arbeitsfront, klagte darüber, daß Terboven 30% der Beitragsmillionen für die Arbeiterfront einbehalte. Vergeblich. Wir schreiben jetzt das Jahr 1939, und Robert Ley bekam unter der Hand den Bescheid, er solle die Anklage zurückziehen. Der Führer hatte Josef Terboven ja gerade zum zukünftigen Gauleiter von England gemacht. Im Jahr darauf, als die Eroberung von England sich etwas hinzuziehen schien, wurde er dann zur vorläufigen Generalprobe für seine künftige große Aufgabe «Reichskommissar für die besetzten norwegischen Gebiete».

Pik König. Herz König. Karo König. Kreuz König. Die große Patience ist aufgegangen. Die ordentlichen Kartenhäufchen nehmen nicht sehr viel Platz ein auf dem großen Mahagonitisch, aber vor Hamsun liegen auch die Tageszeitungen, er hält die dänische *Fädrelandet* und ihr norwegisches Pendant *Fritt Folk* sowie die von den Deutschen zensierte *Aftenpost*, er wolle die Dinge ja gern von allen Seiten sehen, sagt er, das Lesen bereitet dem Achtzigjährigen keine Schwierigkeiten, aber Radio kann er nicht hören. Ihr Radioapparat ist nicht beschlagnahmt worden, und wenn Marie gerade mal nicht auf Reisen in Deutschland ist, geschieht es, daß sie sich zu seiner Irritation und Mißgunst mit den Nachrichten aus London «labt». Für ihn ist das eine Unmöglichkeit; wenn er auch nur einen Ton von dem im Lautsprecher Gesagten auffassen will, muß der Apparat so laut gestellt werden, daß alles im Rauschen untergeht, ganz zu schweigen von den deutschen Störsendern. Wenn er zum Essen hinunterkommen soll, müssen sie lange mit einem Hammer an das Ofenrohr schlagen, denn das Scheppern kann er hören. Wenn Marie zu ihm hineinmöchte, ist Klopfen zwecklos.

«Ich mußte vor der Tür ungefähr wie ein Pferd herumtrampeln», schreibt sie, «langsam beginnen und den Lärm lauter werden lassen, damit er nicht zu plötzlich kam und ihn in seinem Sessel auffahren ließ.»

So ist das jetzt. Lesen kann er, aber nicht hören, und er lebt in einer Zeit, in der die Nachrichten für die Augen im großen und ganzen aus Lügen bestehen, während die Wahrheit im großen und ganzen nur durch das Ohr zu erfahren ist. Er sitzt hier im Kinderzimmer auf Nörholm, er ist zu Anfang des Kriegs hier heraufgezogen, als es zu teuer wurde, die Dichterklause zu heizen, und hier schreibt er die vierzehn Artikel, die später im Prozeß gegen ihn zur erdrückenden Beweislast werden. Die große Katastrophe ist aufgegangen. Hamsun hat Friedell nie besucht, jetzt wird er bei Terboven empfangen.

# 4
## Bei Terboven

Der 9. April 1940 war für den jungen Maler Tore Hamsun der letzte Tag seiner Debütausstellung in Oslo. Die Rezensionen waren positiv ausgefallen, sein berühmter Vater hatte die Ausstellung besucht und war sehr zufrieden gewesen, aber seine Mutter hatte die Reise nach Oslo bis zum letzten Augenblick verschieben müssen. Sie telegraphierte von Mörholm, daß sie erst am 9. April kommen könne.

Am Abend vorher nahm sie dann das Schnellboot von Arendal, das gute, alte Passagierschiff *Kristiansand*, das Hamsuns von so vielen Reisen in die Hauptstadt her kannten.

Frau Hamsun reiste Erster Klasse, sie war Anfang Sechzig, aber noch immer von sehr stattlicher Gestalt und sehr schön. Sie trug ihren neuen Bisammantel, den ihr Mann ihr gerade geschenkt hatte. Sie würde Aufsehen erregen in der Ausstellung des Sohnes, aber sie konnte ihre Rolle ausfüllen. Norwegens literarische *first lady*, wie man in Oslo sagte.

Marie war müde, es war ein unruhiger Tag gewesen. Im Radio hatte es geheißen, die Engländer hätten Minen in den norwegischen Territorialgewässern ausgelegt, um die deutschen Erztransporte von Narvik zu stoppen. Wenn Norwegen versuchen würde, sie zu entfernen, würde es Krieg geben, verlautete es aus London. Dann war ihr Knecht auf Nörholm sehr erregt und ohne Mantel nach Hause gekommen. Es war sein freier Tag gewesen, und er war in das nahe gelegene Lillesand gegangen, als vor der Küste ein deutsches Schiff Schiffbruch erlitt. Lebendige Pferde und Soldaten waren an Land getrieben, der Knecht hatte seinen Mantel einem halbtoten Deutschen geliehen. Die Geschichte hatte sie daran erinnert, daß draußen in der Welt Krieg war. Marie hatte Knut gefragt, ob sie ihre Reise nach Oslo nicht lieber aufgeben solle.

Später zeigte sich, daß es sich um den deutschen Truppentransporter *Rio de Janeiro* gehandelt hatte, der von einem polnischen U-Boot, der *Orzel*, torpediert worden war. Die überlebenden Soldaten, die von norwegischen Fischern gerettet wurden, erzählten, daß sie auf dem Weg nach Bergen gewesen seien, «um die Stadt vor den Alliierten zu schützen». Die Nachricht erreichte die norwegische Admiralität am Nachmittag und kam in die Abendzeitungen.

«Eine merkwürdige Geschichte», sagte Außenminister Koht.

«Ein ziemlich humoristischer Beweis dafür, wie bereitwillig das deutsche Volk an alles mögliche glaubt», erklärte Parlamentspräsident C. J. Hambro.

Knut Hamsun auf Nörholm hatte die Ereignisse ebenfalls gelassen aufgenommen. Er meinte nicht, daß Marie ihre Osloreise aufgeben solle, und nun lag sie geborgen in ihrer Koje, während die alte *Kristiansand* ruhig und ohne Erschütterungen nach Norden dampfte. Sie freute sich auf Tores Bilder am nächsten Tag. Knut war so stolz gewesen, als er von der Ausstellung nach Hause gekommen war.

Zu diesem Zeitpunkt traten zwei Männer durch die Drehtür des Hotels *Continental* in Oslo. Während es dem einen gelang, ungesehen die Treppe zum Frühstücksrestaurant hochzukommen, das zu diesem Zeitpunkt menschenleer war, ging der andere zum Empfang und bestellte ein Zimmer im fünften Stock. Als das geschehen war, nahm er den Schlüssel und brachte ihn dem Mann, der im Restaurant wartete, ging daraufhin zurück und nahm den Fahrstuhl, so daß es aussah, als sei er allein. Ein paar Minuten später trafen sich die beiden wieder auf Zimmer 584. Der ältere der beiden, der, der ungesehen durchgeschlüpft war, legte sich auf das Bett. Er wurde von einem Nierenleiden geplagt, das er sich in seiner Jugend in Rußland zugezogen hatte, und hatte gerade einen seiner immer wiederkehrenden Fieberanfälle erlitten. Er war ein blonder, kräftiger Mann von zweiundfünfzig Jahren, ein politischer Phantast, gleichzeitig aber einer der besten Köpfe des Landes, zu Hause in Quantentheorie, Atomspaltung, Ballistik, vertraut mit Russisch, Hebräisch, Chinesisch, ehemaliger Minister und guter Bekannter von König Haakon, der immer kam, wenn er in der *Militärischen Gesellschaft* einen Vortrag hielt. An diesem Tag hatte er öffentlich scharf gegen den Bruch der Neutralität durch die Engländer protestiert und die Absetzung der Regierung verlangt, seine Freunde fürchteten seine Verhaftung, wenn er zu Hause blieb, deshalb hatte einer von ihnen ihn in das *Continental* geschmuggelt. Er hieß Vidkun Quisling.

Genau gleichzeitig trat König Haakon einige hundert Meter vom Hotel entfernt auf die Straße. Auch an diesem Abend hatte in der *Militärischen Gesellschaft* eine Zusammenkunft stattgefunden, aber der Redner war nicht Quisling gewesen und das Thema wohl auch keines von denen, die Quisling gewählt hätte. Man hatte einen Vortrag über «Gastronomie im alten Rom» gehört. König Haakon verabschiedete sich von seinen Generälen. Er war achtundsechzig, noch größer als sein Bruder Christian X., mit langen, baumelnden Armen, nach dem Tod von Königin Maud zwei Jahre zuvor ein etwas einsamer Witwer, mit 260 000 Stimmen gegen 69 000, die für eine Republik gestimmt hatten, zum König von Norwegen gewählt, aber mit seiner etwas ungepflegten Seemannssprache und seinem dänischen Akzent nicht gerade überwältigend beliebt.

Das Wetter war kalt und diesig. Der Kapitän der guten alten *Kristiansand*, die sich draußen im Oslofjord mit Norwegens literarischer *first lady* an Bord nach Norden kämpfte, hätte sich schon ein bißchen mehr Sichtweite gewünscht. Es war vor den Tagen des Radars. Frederiksen ahnte nicht, daß er inmitten einer Flottille von feindlichen Kriegsschiffen gen Oslo dampfte. In dieser Nacht, eine Stunde vor Morgengrauen, um 5.15 Uhr am

9.4.1940, begann die Operation «Weserübung», der Deckname für die deutsche Invasion in Dänemark und Norwegen.

Die beeindruckendsten Streitkräfte hatten die Deutschen natürlich gegen die Hauptstadt eingesetzt. Durch den Oslofjord fuhr in dieser Nacht zusammen mit der guten alten *Kristiansand* von der Dampfschiffahrtsgesellschaft Arendal der Stolz der deutschen Marine, das nagelneue Schlachtschiff *Blücher* mit 13 900 BRT; es hatte 2400 Menschen an Bord, besaß alle erdenkliche moderne Ausrüstung und hatte 165 Millionen Reichsmark gekostet. Der *Blücher* folgte das «Pocketbattleship» *Lützow*, das ursprünglich den Namen *Deutschland* getragen, dann aber einen anderen Namen bekommen hatte, weil Hitler kein Schiff dieses Namens verlieren wollte, so wie Norwegen es just in jenen Stunden in Narvik erlebte, wo das Panzerschiff *Norwegen* von den Deutschen versenkt wurde.

Die beiden Schlachtschiffe führten einen ganzen Schwarm kleinerer Suchboote und Versorgungsfahrzeuge mit sich. Die *Blücher*, die die gesamte zivile und militärische Führung der Deutschen an Bord hatte, sollte nach dem Plan des Oberkommandos um 5 Uhr morgens vor dem roten, modernen Rathaus von Oslo anlegen, also ungefähr gleichzeitig mit der fahrplanmäßigen Ankunft des Passagierschiffs *Kristiansand* an etwa der gleichen Stelle. Von den beiden erreichte jedoch nur dieses – wenn auch mit etwas Verspätung – seinen Bestimmungsort.

Gegen 4 Uhr in der Nacht lief die *Blücher* in die schmale Meerenge bei Dröbak ein. Auf der Festung Oscarsborg verfügte Oberst Eriksen über drei Kanonen von nicht weniger als 28 cm. Hergestellt waren sie bei Krupp, ebenso wie die Kanonen der *Blücher*, nur ganz so modern waren sie nicht. Sie stammten aus dem Jahre 1892. Die eine von ihnen hatte den Spitznamen *Moses* bekommen, weil sie ins Wasser geplumpst war, als man sie in grauer Vorzeit an ihren Platz hieven wollte. Deshalb hatte man die beiden anderen *Aaron* und *Josua* getauft. Die Besatzung auf Oscarsborg war gerade eine Woche zuvor aus Ersparnisgründen um fünfzig Mann reduziert woden, statt dessen hatte man Eriksen fünfundzwanzig neue Rekruten zugeteilt. Es war ihm einigermaßen gelungen, ihnen zu erklären, wie sie mit den drei seltenen Museumsstücken umzugehen hatten, so daß weder den Kanonen noch der Bedienungsmannschaft etwas passieren konnte.

Am 9. April 1940, um 4.05 Uhr, sah Leutnant Bonsak in seinem Zielsucher einen dunklen Schatten auftauchen. Die *Blücher*. Bonsak hat später erzählt, daß er das Schiff ruhig näher kommen ließ, bis der Abstandsmesser 1800 m anzeigte. Dann lief er zu *Moses*, zielte und feuerte eine Sprenggranate von 345 kg ab. Daraufhin stürzte er, so schnell er konnte, zu *Aaron*, zielte und feuerte noch einmal. Die beiden alten Knaben hielten die Belastung aus, nicht aber die *Blücher*. Bonsaks erster Schuß war ein Volltreffer und der zweite auch. Das Schlachtschiff glitt mit stark verminderter Geschwindigkeit weiter, Ruder und Maschinen waren erheblich beschädigt, sie war eine leichte

Beute für die Kanonen an Land. Bonsak sah die *Lützow* und feuerte noch einen Volltreffer ab, so daß der Kapitän, der gesehen hatte, wie es seinem Vorgänger ergangen war, schleunigst kehrtmachte. Der deutsche Angriff auf die Hauptstadt war abgeschlagen, Leutnant Bonsak hatte die ungeheure Übermacht aufgehalten.

Nach dem Krieg sprach ihm ein norwegisches Gericht das Recht zum Tragen der Uniform ab und sperrte ihn ein. Er starb in Armut und Schande. Er war Mitglied der Nationalen Sammlung gewesen.

Aber die *Blücher* war ihrem Schicksal preisgegeben, das Bombardement hatte einige Tonnen Fliegerbenzin, die an Deck standen, zur Explosion gebracht, das Feuer sprang auf die Kisten mit Bomben, Handgranaten und anderer Munition über, wie ein feuerspeiendes, donnerndes Festfeuerwerk glitt Deutschlands neuestes Kriegsschiff in das Schußfeld der nördlichen Batterie von Oscarsborg, von wo aus ein 150 kg schweres Torpedo unterhalb der Wasserlinie der Sache ein Ende setzte. Um 6.15 Uhr drehte die *Blücher* langsam den Kiel nach oben und sank auf den Grund des Oslofjords, wo das Wrack noch heute liegt. Wegen des Fährschiffs von Kopenhagen markieren zwei Bojen die Stelle. Von den 2400 Menschen an Bord kam fast die Hälfte in dem brennenden Öl um, das sich auf dem Wasser ausbreitete.

In dieses Inferno kam nun von Süden getreulich das gute, alte Passagierschiff *Kristiansand* aus Arendal gedampft, das u. a. Frau Marie Hamsun an Bord hatte und laut dem hektographierten Fahrplan der Dampfschiffahrtsgesellschaft um 6.15 Uhr in Oslo sein sollte. Obgleich die Dampfschiffahrtsgesellschaft Arendal für die Pünktlichkeit bekannt war, mit der sie den Fahrplan bei Wind und Wetter Sommer wie Winter einzuhalten pflegte, fand der Kapitän es nicht verantwortbar, das Schiff durch das Doppelfeuer voraus zu lotsen. Frederiksen ließ in der nächsten Bucht auf der Dröbakseite den Anker fallen, setzte die Passagiere mit einem Rettungsboot an Land und rief einen Bus an.

Frau Hamsun war die Situation nicht ganz geheuer.

«Das war eine unheimliche Tour, mit dem Steuermann an der Spitze», sagt sie, «um uns herum war Krieg, über uns hatten wir Flugzeuge, ein kleines Schiff, die *Sörland*, wie ich erkennen konnte, brannte direkt unter Land aus. Ab und zu duckten wir uns vor den Maschinengewehrkugeln, die an uns vorbeipfiffen, von *Oscarsborg* her krachte es, die *Blücher* war gerade versenkt worden. Wir mußten uns durch dichten Wald und dickes Gestrüpp zwängen, ab und zu mußte ich mit meinem schönen Bisamantel auf den Knien durch den nassen Aprilschnee kriechen. Ich dachte daran, was Knut sagen würde, er hatte mir den Pelz ja gerade erst geschenkt. Ich dachte nicht im Traum an fünf Jahre Besatzungszeit und all das, was sie mit sich bringen sollte . . .»

Zusammen mit den übrigen Passagieren erreichte Marie Hamsun einen Hof auf Nesodden, wo sie auch auf gerettete Deutsche von der *Blücher* stießen. Von hier aus fuhr ein Bus sie die letzten zwanzig Kilometer in die

Hauptstadt, wo Marie zum zweiten Male an diesem Tag die Ereignisse aus nächster Nähe miterlebte.

In Oslo war alles Verwirrung. Im Laufe der Nacht hatte es einige Male Fliegeralarm gegeben, die Leute hörten Gerüchte von den Kämpfen bei Narvik, Trondheim, Bergen und Kristiansand und begannen die Banken und Lebensmittelgeschäfte zu stürmen. König Haakon hatte eine fürchterliche Nacht verbracht. Aber durch die Abweisung der deutschen Kriegsschiffe hatten er und die Regierung eine Frist bekommen, die es ihnen gestattete, sich in Sicherheit zu bringen, und um 7.00 Uhr morgens, eine Dreiviertelstunde nachdem die Wellen über den tropfenden Schrauben der *Blücher* zusammengeschlagen waren, wurde er mit seiner Familie, seinen Ministern und dem gesamten Storting in einen Sonderzug gesteckt und nach Norden in Richtung Hamar gefahren. Gleichzeitig rollten 26 Lastautos mit den Goldbeständen der Bank von Norwegen – einem Wert von 240 Millionen Kronen – aus der Stadt. Die Bevölkerung erhielt weder durch die Presse noch durch den Rundfunk Verhaltensmaßregeln; viele glaubten, der König und die Regierung seien nach Schweden geflohen. Das wäre auch fast geschehen. In Hamar mußten die vielen Menschen in einen anderen Sonderzug umsteigen, da man befürchtete, daß die Deutschen die Verfolgung aufgenommen hatten. Schließlich erreichten sie die kleine Stadt Elverum, wo sie sich in der Heimvolkshochschule einquartierten und beschlossen, die Forderungen der Deutschen abzulehnen. Im Gegensatz zu Dänemark würde Norwegen den Kampf aufnehmen.

Oslo wurde von den Deutschen gegen Mittag besetzt. Niemand hatte daran gedacht, ein paar Autos auf die Landebahnen von Fornebu hinauszufahren und sie so zu blockieren, und die einzigen modernen Kampfflugzeuge, die Norwegen besaß, siebzehn Curtis-Jäger, lagen noch immer ordentlich verpackt in ihren Kisten aus Amerika. Die deutschen Heinkelmaschinen landeten mit ihren Truppen, als seien sie gewöhnliche Linienflugzeuge aus Berlin, und kurz darauf marschierten die Soldaten in die Stadt ein, ein Musikkorps vorneweg und eine Eskorte berittener norwegischer Polizisten zur Seite, während die Einwohner von Oslo in dichten Reihen an der Karl Johan standen und zusahen.

Für Gemäldeausstellungen interessierte sich niemand, und der junge Maler Tore Hamsun konnte ebensogut einen Tag früher schließen, nicht einmal seine Mutter bekam die Bilder zu sehen. Sie erzählt, sie habe den Tag mit ihrem zweiten Sohn, Arild, verbracht, der sie am Abend an die Westbahn gebracht habe.

Sie erreichte den letzten Zug nach Arendal, der Zugverkehr war noch regelmäßig. Knut umarmte sie, als sie am nächsten Vormittag auf Nörholm auftauchte, er hatte solche Angst gehabt und war froh, sie wieder zu Hause zu haben.

«Du bist ja der Chef hier im Hause», sagte er.

Kein Wort über den verdorbenen Bisampelz, dachte Marie erleichtert. Die Ereignisse nahmen ihn völlig in Anspruch. Er litt darunter, daß er nicht Radio hören konnte, er stand jeden Morgen unten an der Eisenpforte und wartete auf den Postboten mit den Zeitungen. Marie meint – fälschlich –, daß in den Zeitungen nichts gestanden habe, was ihn zur Widerrede getrieben habe. Dagegen erinnert sie sich an eine Episode, die sie eines Tages zusammen mit ihm in Grimstad erlebte. Auf dem Marktplatz sahen sie einen schweren LKW und auf dem Wagen zusammengepfercht die lebendige Ladung junger Rekruten mit Gewehren. Sie sollten ins Setesdal verfrachtet werden und dort die Deutschen aufhalten, die in Kristiansand an Land gegangen waren. Marie und Knut Hamsun schlossen sich der schweigenden Menschenschar um das Lastauto an, Hamsun fluchte laut und stieß wütend seinen Stock auf den Asphalt. Die Jungen auf dem Wagen waren still und sehr bleich. Marie und Knut fuhren schweigend nach Nörholm zurück.

«Da sah Knut sich plötzlich unmittelbar der einzigen Sache gegenüber, zu der er nicht schweigen konnte, zu diesem Zeitpunkt, da man ihn gerade zum Reden aufgefordert hatte», schreibt Marie. Nichts davon stimmt. Knut Hamsun wurde bei dieser Gelegenheit nicht zum Reden aufgefordert; er hatte zu diesem Zeitpunkt bereits gesprochen. Nur fünf Tage nach dem 9. April hatte er das Manuskript für ein Flugblatt fertig, das am 19. April in Oslo erschien. Es trug die Überschrift «Ein Wort an uns» – dieselbe Überschrift hatte auch über seinem Beitrag über die englischen Touristen in Norwegen, der 1910 in der *Politiken* erschienen war, gestanden. Nationalität und Zweck der Reise hatten die «Touristen» jetzt unleugbar gewechselt, aber Hamsun hatte eine Erklärung. Hier der Grund, weshalb deutsche Truppen auf norwegischem Boden an Land gesetzt worden waren:

Hat jemand sich die Mühe gemacht, an Englands wichtigste Waffe, die Hungerblockade, auch nur einen Gedanken zu verschwenden? In Deutschland gibt es jetzt Menschen, die nichts zu essen bekommen, weil England es nicht will. Eine Weile gehen sie herum, dann müssen sie sich setzen, dann müssen sie sich hinlegen. Sie müssen auf den Tod warten. Vor einiger Zeit hat England den Hungertod verteidigt, es sei ein milder Tod, sagte England. Aber die Kinder – Kinder vor Hunger sterben sehen, was sagt eine Mutter oder ein Vater dazu? Britische Mütter lächeln darüber, daß deutsche Kinder nationenweise Hungertod sterben . . .

Hunger. Ihn beschrieb der alte Hamsun genauso gut wie der junge. Er war die erste Entschuldigung, die er nach der Besetzung des Landes für die Deutschen fand, sein altes Argument aus dem Ersten Weltkrieg unverändert weitergeführt und noch einmal verwendet, der Schatten von Hamaröy, sein allergischer Punkt. Hungernde Kinder. England, nicht Deutschland war der Feind. Auch heute. Um seine Blockade durchzudrücken, hatte England nun bereits zweimal die norwegische Neutralität mißachtet und den Krieg auf norwegisches Gebiet verlegt, das erstemal, als es im Jössingfjord die *Altmark* enterte, danach, als es in norwegischen Gewässern Minen legte. Jetzt waren die Deutschen ihnen zuvorgekommen, um zu verhindern, daß die Engländer das Land zum Schlachtfeld machten. Widerstand war zwecklos. Wenn die Norweger in der Hoffnung auf Hilfe aus England den Deutschen Widerstand leisteten, dann werde das Land nur das Schicksal Polens teilen.

Eine Woche später, wärend die Kämpfe fast überall in Norwegen in vollem Gange waren, wiederholte Hamsun in einem kurzen Leserbrief an die Tageszeitung *Nationen* ungefähr die gleichen Argumente. Die norwegische Regierung habe den Befehl zur Mobilmachung gegeben – und sei geflüchtet. Aber bei Kristiansand hätten die Deutschen 2000 Mann und 160 Offiziere sozusagen mit den bloßen Fäusten gefangengenommen. Widerstand sei zwecklos, aber aus den Bauernfamilien rundherum im Lande seien Väter und Söhne nun zum Sterben abkommandiert . . .

Sicher war es dieser Leserbrief, der durch das Erlebnis in Grimstad veranlaßt wurde. Nach der Kapitulation bei Kristiansand zog der Rest der norwegischen Streitkräfte dieses Gebiets sich zurück und versuchte, im Setesdal einen neuen Widerstand aufzubauen, und genau dorthin waren die jungen Männer auf dem Lastauto abkommandiert worden. Im übrigen geschah ihnen nichts, da die norwegischen Streitkräfte sich auch hier kampflos ergeben mußten.

Knut Hamsun war in diesem Fall nicht – wie Marie schreibt – von anderer Seite gebeten worden, das Wort zu ergreifen. Er schrieb aus Empörung. Im Laufe der ersten beiden Kriegswochen hatte er nun zweimal öffentlich für die Deutschen Partei ergriffen, und das war in den Kreisen, die seine Ansichten teilten, natürlich mit Interesse vermerkt worden. Hier hatte sich eine Trumpfkarte gezeigt, die nicht unbenutzt liegenbleiben sollte. Jetzt kam die Aufforderung, von der Marie schreibt. Woher und wie ist unbekannt – alle die Namen, die zur Sprache kamen, wurden später eiligst dementiert. Aber eins steht fest: Hamsun glaubte, er solle einen Entwurf für einen Aufruf schreiben, der dem Zweck dienen sollte, den blutigen und nutzlosen Kampf gegen die Übermacht zu beenden, und er glaubte ebenfalls, daß dieser Entwurf vor seiner Veröffentlichung einer Reihe von repräsentativen Norwegern zur Billigung und Unterschrift vorgelegt werden sollte. Marie selbst ging mit der Aufforderung ins Kinderzimmer hinauf, Hamsun fand den Gedanken richtig, schob die Patiencekarten zur Seite, machte sich an die berühmten Zeilen, schickte sie ab – und sah sie wenige Tage später auf der Titelseite seiner Zeitung nur mit seiner eigenen Unterschrift wieder:

NORWEGER!
*Als die Engländer in ihrer ungeheuren Zügellosigkeit in den Jössingfjord eindrangen und unsere Selbständigkeit kränkten, da tatet Ihr nichts. Als die Engländer später entlang unserer Küste Minen legten, um den Krieg auf norwegischem Boden zu tragen, da tatet Ihr auch nichts.*

*Aber als die Deutschen Norwegen besetzten und verhinderten, daß uns der Krieg ins Land getragen wurde – da tatet Ihr etwas: Ihr hab Euch mit unserem geflohenen König und seiner privaten Regierung zusammengerottet und mobilisiert.*

*Es hat keinen Zweck, daß Ihr Euer Gewehr ergriffen habt und gegen die Deutschen rasend mit den Zähnen knirscht, morgen oder an irgendeinem anderen Tag werden sie Euch bombardieren.*

*England vermag Euch nur mit ein paar versprengten Grüppchen zu helfen, die durch die Täler streifen und um Essen betteln.*

Norweger! *Werft die Gewehre fort und geht wieder nach Hause. Die Deutschen kämpfen für uns alle und brechen jetzt Englands Tyrannei über uns und alle Neutralen.*

Knut Hamsun

Damit war es gesagt. Während Hamsuns Artikel bis dahin nichts Strafbares enthalten hatte, mündete sein Aufruf in einer klaren Aufforderung an die norwegischen Soldaten, die Waffen niederzulegen und im Kampf für die gesetzliche Regierung gegen die illegale Invasion einer fremden Macht zu desertieren. Hier gab es nicht viel wegzudeuten, eine solche Tat hat immer und überall Strafe nach sich gezogen. Die härteste, die das Gesetz vorsieht. Daß Hamsun aussprach, was viele Norweger zu der Zeit dachten, sollte die Sache nicht besser machen. Heute ist bekannt, daß eine lange Reihe von Wirtschafts- und Gewerkschaftsverbänden den Frieden mit Deutschland wollten, sogar der Chef der provisorischen Regierung, des Verwaltungsrats, der achtundsechzigjährige Konservative und «Verteidigungsfreund» Ingolf E. Christensen, fand es jetzt «unverantwortlich, daß unsere Jugend sozusagen nackt in den Kampf geschickt wurde». Über vierzehn Tage vor Hamsun hatten 180 bekannte Norweger, allen voran der Universitätslehrer und spätere KZ-Insasse Didrik Arup Seip, eine öffentliche Aufforderung zur Beendigung jeglichen irregulären Widerstands unterschrieben. Zeitigte Hamsuns Aufruf eine andere und breitere Wirkung als die Verteufelung seines Verfassers? Er wirkte so provozierend, weil er so gut geschrieben war, aber in einem Krieg rotten gutgezielte Gewehrsalven mehr Soldaten aus als selbst die bestformulierten Sätze, und so waren es denn auch die deutschen Stukas und nicht Hamsuns artistische Peitschenschläge, die zwei Tage später den verbissenen norwegischen Widerstand im Vinjesving und bei Hegra zum Schweigen brachten.

Aber: Werft die Gewehre fort und geht wieder nach Hause! Gewehrkugeln werden abgefeuert und verschwinden, Worte haben die Fähigkeit, sich in der Schwebe zu halten, und diese Worte verschwanden nie. Vom ersten Augenblick an geflügelt, flogen sie um die Welt und waren für Tausende ein Schock, das erste Zeugnis dafür, daß der bewunderte Knut Hamsun auf der «verkehrten Seite» stand. Einen Mann zu bewundern, der sich nie irrt, ist leicht genug, aber was geschieht, wenn der, den wir lieben, unrecht hat? Wird unsere Bewunderung geringer? Unsere Liebe schwächer?

In Norwegen war die Reaktion ein Orkan der Empörung, Entrüstung, Wut. Wenn Hamsuns Aufruf überhaupt irgendwelche politischen Konsequenzen hatte, dann verstärkte er höchstens den Widerstand gegen die Deutschen. In der folgenden Zeit brachte die Post Stapel von anonymen und namentlich unterzeichneten Briefen nach Nörholm. «Sie sollten sich schämen wie ein Hund!» schrieb der Richter am Obersten Gericht, Thomas Bonnevie.

«Verräter und Schwein!» begann ein zweiter.

«Ich habe alle Ihre Bücher verbrannt», schrieb ein dritter.

«Landesverräter, Du beziehst Dein Einkommen aus Deutschland!» sagte ein vierter.

Marie versuchte, die starken Worte abzuschwächen, indem sie den Aufruf zu der pathetischen Schilderung der jungen Rekruten von Grimstad in Beziehung setzte: Hamsun konnte nicht schweigen, wenn junge Norweger in einen hoffnungslosen Kampf gezwungen wurden, noch dazu, wenn man ihn zum Reden aufforderte. Hier wie auch bei anderen Gelegenheiten meinte Marie wohl, daß zwei Halbwahrheiten für eine ganze Wahrheit gelten könnten. Aber das Erlebnis von Grimstad bewirkte den Leserbrief in der *Nationen*, und den schrieb Hamsun unaufgefordert, während der auf Anforderung geschriebene Aufruf nichts mit dem Erlebnis von Grimstad zu tun hatte. Hier gab Hamsun ja einer völlig anderen Auffassung Ausdruck als der, die er laut Marie in Grimstad gehabt hatte und wie sie ja auch in dem Leserbrief zu Worte gekommen war. Inzwischen war ihm klargeworden, daß das Bild der bleichen jungen Rekruten, die gegen ihren Willen zur Front gefahren werden sollten, für diesen Feldzug überhaupt nicht sonderlich typisch war. Die norwegische Armee zeichnete sich vor allem durch mangelnde Organisation aus, die Mobilmachung kam erst, als der Feind bereits im Land stand, alles war Chaos, und wer nicht kämpfen wollte, konnte zu Hause bleiben. Daraus folgte aber auch, daß diejenigen, die sich einfanden, auch kämpfen wollten. Darüber war sich Hamsun in seinem Aufruf auch völlig im klaren. Hier stand nichts von Leuten, die zum Sterben abkommandiert waren. Er wußte jetzt, daß die Norweger freiwillig kämpften. Er forderte sie auf, die Waffen zu strecken, nicht weil sie gegen ihren Willen, sondern weil sie vergeblich kämpften.

Dagegen ist Maries Darstellung, die den Aufruf als einen Entwurf beschreibt, der auf Aufforderung hin verfaßt wurde und von mehreren anderen unterschrieben werden sollte, ganz sicher korrekt und keine nachträgliche Interpretation, die für den Prozeß zusammengestückelt wurde. Bereits in seinem ersten Zeitungsartikel nach dem Aufruf distanzierte Hamsun sich von der Methode, die man da benutzt hatte. Der Artikel hieß «Ein Wort Pauli» und stand in *Fritt Folk*. Hamsun hielt an seinem Standpunkt fest: Der Mobilmachungsbefehl sei wahnsinnig gewesen, Norwegen hätte das gleiche tun sollen wie Dänemark, wo weder König noch Regierung oder Reichstag geflüchtet waren. Das habe er geschrieben, aber der Bezeichnung «Hamsuns Aufruf» könne er nicht zustimmen, den gebe es gar nicht: Ich frage mich, wer ihn der Presse übergeben hat. Ich finde zwar, daß man mich nonchalant behandelt hat, aber das ist gleichgültig, ich will mir nicht die Mühe einer Gegendarstellung machen, das würde nur zur Unterhaltung für die Massen werden. Nur kenne ich keine einzige Einzelperson im ganzen norwegischen Land, die einen solchen Aufruf veröffentlichen und dafür einstehen könnte. Ich könnte es jedenfalls nicht.

Hamsun schloß mit der Empfehlung, der abgesetzte Quisling möge auf seinen Posten als Ministerpräsident zurückkehren, einen Posten, den er nicht einmal unter dem Schutz der deutschen Bajonette hatte bewahren können. Gleichzeitig kam er aber also auch mit einer so handfesten Desavouierung der Quislinganhänger und der Quislingzeitung, die seinen Aufruf ausgenutzt hatten, daß man schon fast von einem Dementi sprechen kann. Zu spät? Selbstverständlich, das Unglück war geschehen und ließ sich nicht mehr rückgängig machen. Auf der anderen Seite ist der Zeitpunkt beachtenswert, wenn man an die Ereignisse denkt, die in der Zwischenzeit stattgefunden hatten. Viele hätten es an Hamsuns Stelle für ratsam gehalten zu schweigen. Weshalb sollte er seinen Aufruf entschuldigen? Die Entwicklung hatte ihm ja zum Überfluß recht gegeben. Die kleinen und schlecht ausgerüsteten Expeditionskräfte der Engländer und Franzosen hatten schnell zurückgezogen werden müssen, am 7. Juni mußten der König, der Kronprinz und die Regierung auf dem britischen Kreuzer *Devonshire* das Land verlassen, drei Tage später gab Norwegen nach einem Feldzug von 62 Tagen mit 1038 Gefallenen den Kampf auf. Ein paar Wochen später hatten auch Holland, Belgien und Frankreich den Kampf aufgegeben, und der dänische Außenminister sprach von den großen deutschen Siegen, die die Welt mit Bewunderung erfüllt hätten. Noch während Hamsun an seinem Artikel schrieb, war die Schlacht um England für Deutschland in keiner Weise verloren. Der Zeitpunkt, den er sich für sein Dementi ausgesucht hatte, war auch der Zeitpunkt, an dem die meisten – ungeachtet ihrer Überzeugung – der Tatsache ins Auge sahen, daß ein deutscher Sieg sich in Reichweite befand. Der Zeitpunkt, den er gewählt hatte, um Quisling zu stützen, war gleichzeitig der Zeitpunkt, zu dem die Deutschen diesen endgültig fallenließen, und all das geschah durch einen Artikel in der Zeitung, die er bei gleicher Gelegenheit wegen ihrer unfeinen Methoden öffentlich rüffelte.

Opportunist wurde er nie.

Bei der großen Mehrheit der Bevölkerung hatte sein Aufruf ihm Haß eingetragen, aber gleichzeitig war dadurch auch deutlich geworden, daß er sich auf die Minderheit, die seine Ansichten teilte, nicht verlassen konnte. Er stand mehr einsam, mehr abseits als je zuvor – paradoxerweise, weil er mehr in das Geschehen hineingezogen worden war. Man konnte ihn gebrauchen, auch wenn er selbst nicht wollte. Die schlechten Erfahrungen mit dem Aufruf scheinen ihn bei öffentlichen Äußerungen vorsichtig gemacht zu haben, jedenfalls verging ein Jahr, bevor man seinen Namen wieder unter einem Zeitungsartikel fand, den er jedoch ebenfalls nicht zur Veröffentlichung bestimmt hatte. Er konnte nicht verhindern, daß die Zeitungen in kurzen Abständen Huldigungen an den nordisch-germanischen Dichterfürsten brachten, in denen sich zeigte, daß er in seinen Romanen bald der europäischen Neuordnung, bald den deutschen Arbeitsdienstlagern vorgegriffen hatte. An seinem einundachtzigsten Geburtstag am 4. August 1940 mußte er eine «Zierschrift» vom Kommandoposten der Luftwaffe in Kristiansand entgegennehmen, der «zum Schutze von Süd-Norwegen und damit zur Hüterin Ihres Heimes eingesetzt ist».

Während des gesamten Zeitraums, in dem Hitler sich auf der Höhe seiner Macht befand, schwieg Hamsun. Er feierte die deutschen Siege nicht, ließ sich nicht auf Empfängen, Festen, Galavorstellungen sehen. Er saß im Kinderzimmer auf Nörholm und legte seinen «Diplomaten». Aber auch hier konnte er sich nicht sicher wissen. Der Krieg, der so viel auf den Kopf gestellt hatte, war auch mit einem so sakrosankten Begriff der Hamsunschen Mythologie wie der verschlossenen Eisenpforte vor dem weißen Tempel fertig geworden. Das ging nicht mehr. Jetzt standen die Türen Tag und Nacht offen, schreibt Marie, auf die vorbeiziehenden deutschen Soldaten wirkte Nörholm wie ein Magnet. Sie kamen mit ihren mehr oder weniger zerlesenen Hamsunbüchern und mußten absolut seinen Namen darin haben. Junge Burschen zogen «Victoria» aus einer Tasche in der Herzgegend, sie hatten eine Bitte, und die war lebenswichtig... Er kam selten aus dem Kinderzimmer herunter, in der Regel mußte Marie nach oben gehen und sich den Namenszug verschaffen. Sie erzählt weiter, daß in jener Zeit nicht nur Deutsche mit Bitten und Ansinnen durch die Gartenpforte gekommen seinen. Knut war jetzt eine Art Wunderdoktor geworden, sagt sie, wenn die Deutschen den Leuten zu nahe getreten waren, dann galt es nur, mit ihm zu reden. Er brauchte nur auf das Papier zu pusten, auf dem sie deutsch schrieben, dann war die Sache in Ordnung. Dafür kam er aus dem Kinderzimmer und begrüßte den jeweiligen Offizier, der sich dann einfand, meist mit einem Bücherpaket. Das kostete ihn so wenig – und die Deutschen vermutlich noch weniger. Aber er hielt es nicht aus, nicht auf die Dauer.

Es kostete ihn so wenig. Aber er hielt es nicht aus. Maries zwei Halbwahrheiten lassen sich wiederum schwer vereinen. Die Sache ist nämlich die, daß mit der Zeit, als die deutschen Verhaftungen an Umfang zunahmen, Hamsun auch von der Gegenseite, der Widerstandsbewegung, unter Druck gesetzt wurde. Auch hier konnte man ihn ja gebrauchen. Seine Worte hatten Gewicht bei der Besatzungsmacht, er mußte den Norwegern helfen können, die verhaftet, mißhandelt, zum Tode verurteilt ode denen die Deutschen in anderer Weise «zu nahe traten», wie Marie es ausdrückt.

Der erste Beleg für diese Behauptung stammt vom Winter 1940/41, dem ersten Besatzungswinter. Der Schriftsteller Ronald Fangen war von der Gestapo verhaftet worden, und Harald Grieg vom norwegischen Gyldendal-Verlag bat Hamsun, er möge versuchen, Fangen freizubekommen. Der sechsundvierzigjährige Ronald Fangen war wegen einiger deutschfeindlicher Vorträge am 11. November verhaftet und in das berüchtigte Gestapogefängnis in der Möllergate 19 gesteckt worden. Als exponiertes Mitglied der Oxfordbewegung und früherer Vorsitzender des norwegischen Schriftstellerverbandes war er eine bekannte Gestalt, seine Verhaftung hatte nicht nur in Norwegen, sondern auch in Schweden und England Aufsehen erregt, und um die Weihnachtszeit herum begannen Gerüchte umzugehen, wonach er gefoltert worden sei. Es hieß, seine Bibel sei an der Decke aufgehängt, so daß er sie nicht erreichen könne; man habe seine Fußsohlen gepeitscht und ihm die Nägel ausgerissen. Wann genau Grieg sich an Hamsun wandte, ist nicht bekannt, aber am 2. Januar hatte Grieg durch einen persönlichen Besuch bei Ronald Fangen feststellen können, daß diese Gerüchte jedenfalls nicht stimmten. Dagegen litt Ronald Fangen doch stark unter einer Gefängnisneurose, und sein Zustand mußte als so ernst bezeichnet werden, daß man schon deshalb versuchen mußte, ihn freizubekommen oder wenigstens seine Verlegung in eine Krankenhaus zu bewirken.

Ronald Fangen war einer der vielen gewesen, die seinerzeit Hamsun mit der großen Festschrift zu seinem siebzigsten Geburtstag geehrt hatten, eine Festschrift, die aufzuschneiden Hamsun nie den Mut gefunden hatte. Er hatte damals geschrieben, daß niemand innerhalb der norwegischen Literatur eine stärker «funkelnde Originalität» besitze, aber er fand Hamsun auch «asozial». Ronald Fangen selbst hatte eine Reihe Romane von unterschiedlicher Qualität, aber fester christlicher Lebensanschauung geschrieben. Hamsun hatte sie wohl kaum alle gelesen, aber jetzt hatte die Gestapo den Mann verhaftet, und er versprach, sofort alles in seiner Macht Liegende zu tun, um ihm zu helfen. Getreu seiner Gewohnheit aus den Jugendtagen ging er unverzüglich zu dem Mann an der Spitze, bat um eine Unterredung und erhielt umgehend ein Ja. «Jetzt kommt er von selber», dachte man da oben. Hier konnte man einen Knut Hamsun ebenfalls gebrauchen. Die Spitze, das war Josef Terboven.

Nein, der jetzt einundvierzigjährige Gauleiter aus Essen war leider nicht unter den ersten deutschen Verwaltungsleuten gewesen, die am 9. April mit dem Schlachtschiff *Blücher* untergegangen waren. Er kam erst ein paar Wochen später mit dem Flugzeug nach Fornebu, als es Hitler klargeworden war, daß Quisling in der Bevölkerung nicht einmal das Minimum an Unterstützung genoß, das zur Bildung einer Marionettenregierung notwendig war. Am 22. April hatte Hitler ihn zum «Reichskommissar für die besetzten norwegischen Gebiete» ernannt und in § 6 seiner Dienstanweisung präzisiert, daß er direkt dem Führer unterstehe. Damit war Terbovens Stellung gegen jeden Einfluß von außen abgesichert, er besaß die unumschränkte Befehlsgewalt in Norwegen, hier galt nur sein Wort. Der ehemalige arbeitslose Bankangestellte ließ sich ein goldenes Bandelier machen, wie es nur Reichsführern zustand, und richtete sich an der Spitze einiger hundert Mitarbeiter, die ihr Büro im ehemaligen Parlamentsgebäude aufschlugen, als römischer Statthalter ein. Er selbst ließ sich häuslich auf Kronprinz Olavs Gut Skaugum außerhalb von Oslo nieder. Terboven ließ im Park überdachte Tennisbahnen bauen und einen gassicheren Bunker, der einen Volltreffer aushalten konnte, wohlgemerkt, wenn dieser von außen kam. Er veranstaltete Elchjagden, von denen jede einzelne 40 000 Vorkriegskronen kostete, er ließ sich einen Saloneisenbahnwagen für 100 000 Kronen bauen und gab glanzvolle Empfänge und Feste, auf denen man gelegentlich auch das Vergnügen hatte, Norwegens literarische *first lady* begrüßen zu können. Terbovens Mangel an Geschmack war ungewöhnlich nationalsozialistisch; er besaß die Humorlosigkeit des überlegenen Administrators; die Köpfe rollten, aber die Portokasse wurde nicht angerührt. Generaloberst von Falkenhorst bezeichnete ihn als gerissen und behende und nicht ganz dumm, ein gebildeter Mann, der sich jedoch vor allem auf Wirtschaft verstand. Der Jurist Gustav Smedal war von seiner Beredsamkeit beeindruckt; er fand ihn sehr suggestiv, schilderte ihn aber im übrigen als «einen dünnen, kleinen Stutzer, mit einem vollen, rotfleckigen Nacken, der einen regelmäßigen und reichlichen Alkoholgenuß andeutete».

Terboven selbst betrachtete die Norweger als einen Haufen rückständiger Bauern, aber der Schlimmste von allen war in seinen Augen unübertroffen Vidkun Quisling. Terboven bezeichnete ihn als anständig, aber riesendumm, er eigne sich mit seiner schläfrigen, trägen und ein wenig hilflosen Art nicht dazu, als Parteiführer aufzutreten; der Bankmann hatte sofort gesehen, daß sich die finanziellen Angelegenheiten der Partei in hoffnungsloser Unordnung befanden, ja, daß es noch nicht einmal einen klaren und überschaubaren Etat gab! Terbovens kühlem politischem Röntgenblick erschien Quisling zudem als der Mann, der, weil er in der Bevölkerung so verhaßt war, sich von allen am wenigsten dazu eignete, die Versöhnungspolitik zu vermitteln, an die die Deutschen interessiert waren. Er begriff nicht, daß gewisse Kreise in Berlin ihn so hoch schätzten. Terboven war im Gegensatz zu Quisling kein Idealist, die weitschweifigen Ideen von der großgermanischen nordischen Rasse, die der Mann vorbrachte, waren für ihn ein Wortschwall, der sich in keiner Buchhaltung unterbringen ließ.

Aber gerade in diesem Punkt beging der kalte Taktiker einen politischen Fehler. Er übersah, daß gerade diese Ideen Quisling in gewissen Kreisen in Berlin Einfluß verschafft hatten, genauer gesagt bei Rosenberg und durch ihn bei Hitler, der, um die Wahrheit zu sagen, ebenfalls eine gewisse Schwäche für – große Worte besaß. Deshalb konnte Terboven Quislings Rolle zwar begrenzen, aber nie ganz ausschalten, nachdem er im Sommer 1940 alles ihm Mögliche getan hatte, um Quisling rauszuwerfen. Natürlich war es Terbovens Aufmerksamkeit nicht entgangen, daß Hamsun Quisling unterstützte. Das war eine Tatsache, die sich verbuchen ließ.

Dagegen kann man sich fragen, wieviel Hamsun von dem Gegensatz wußte, der auf diese Weise bereits vor seiner ersten Begegnung mit Terboven zwischen ihm und dem Reichskommissar bestand. Der alte Mann sollte sich jetzt an einen «Diplomaten» machen, der aus mehr als nur zwei Spiel Karten bestand.

Die Begegnung zwischen Knut Hamsun und Josef Terboven war auf den 15. Januar 1941 anberaumt und sollte auf Skaugum stattfinden.

Hamsun, der nicht deutsch sprach, wurde von seinem Sohn Tore begleitet, der als Dolmetscher fungieren sollte. Der junge Kunstmaler, der am 9. April seine Ausstellung in Oslo einen Tag zu früh hatte schließen müssen, war jetzt achtundzwanzig Jahre alt, in erster Ehe verheiratet und Vater zweier Kinder. Nach einem Studienaufenthalt an der Kunstakademie von München 1934/35 sprach er fließend deutsch, und was er damals in Hitler-Deutschland gesehen hatte, war für ihn eine Bestätigung der Einflüsse von zu Hause gewesen. Tore Hamsun wurde 1934 Mitglied der NS, aber dem Schriftsteller Sigurd Evensmo zufolge, der selbst ein aktives Mitglied der Widerstandsbewegung war, revidierte er während des Krieges seine politische Auffassung, vor allem aufgrund der Judendeportationen des Jahres 1942, als er den aus Deutschland stammenden Schriftsteller Max Tau warnte und ihm zur rechtzeitigen Flucht nach Schweden verhalf.

Tore Hamsun besitzt nicht das impulsive Temperament seines Vaters. Obwohl er als einziger der vier Kinder die Künstlerkarriere durchlaufen hat, die sie ursprünglich alle anstrebten (Arild wollte Schriftsteller, Ellinor Schauspielerin und Cecilia Malerin werden), wirkt er von den vieren in seinem Auftreten und seinem Charakter am wenigsten «künstlerisch» im üblichen Sinne des Wortes. Ein großer, gut gekleideter Mann, ein Freund von Einsamkeit und schnellen Autos, freundlich, aber zurückhaltend, weichherzig hinter der Maske einer nie versagenden Selbstbeherrschung, das Gegenteil eines Fanatikers. «Der Kluge schweigt», sagt er, indem er sich ausnahmsweise eine kleine Unklugheit gestattet. Für ihn ist der «Diplomat» nicht nur eine Patience, und das kam ihm zugute, nicht allein, als man ihm die undankbare Aufgabe übertrug, den norwegischen Gyldendal-Verlag einigermaßen unkompromittiert über die Besatzungszeit zu bringen, sondern auch bei einigen Unterhandlungen mit Terboven, von denen die Unterredung auf Skaugum am 15. Januar nur die erste war.

Es war an einem Mittwochnachmittag. Hamsun hatte Terboven im voraus durch den Propagandaleiter, Ministerialdirigenten G. W. Müller, mitteilen lassen, worum es sich bei dem Besuch handele. Es gab Tee, Hamsun zündete sich eine Zigarre an, während Terboven mit seinen kalten Augen hinter der Stahlbrille einsilbig dasaß und ununterbrochen «Blue Master» rauchte.

Hier hatte der wortkarge junge Hamsun seinen Meister gefunden. Anwesend war auch der erwähnte G. W. Müller, und während des Gesprächs rief Terboven über das Haustelefon außerdem den gefürchteten Gestapochef, den Höheren SS- und Polizeiführer in Norwegen, Gruppenführer Rediess hinzu, der ebenfalls auf Skaugum wohnte. Rediess brachte das Dossier, sagte aber im übrigen während der Unterredung kein Wort. Terboven blätterte in den Papieren, kniff die Augen gegen den Rauch zusammen und schüttelte wiederholt den Kopf, während er Ronald Fangens Ausfälle auf den Nationalsozialismus und das Dritte Reich zitierte. Tore Hamsun sah, daß die Sache ihre Schwierigkeiten hatte, und erinnerte sich an Terbovens Konklusion, als dieser die Mappe mit den Papieren zuklappte: Ronald Fangen ist ein ausgesprochener Feind des neuen Deutschland!

Auch Ronald Fangen hörte in seiner Zelle von Knut Hamsuns Versuch, ihn aus dem Gefängnis zu holen. Nach seinem Erinnerungsbuch «Im Gefängnis der Nazis» soll Hamsun, während Terboven aus den Papieren vorlas, immer erschütterter gewesen sein und schließlich ausgerufen haben: «Nein, nein, nein! Hat er das alles geschrieben? Ja, dann soll er nur sitzen bleiben! Dann kann er wahrlich nichts Besseres erwarten!» Es ist etwas schwer verständlich, wie Ronald Fangen diesen Satz als ein Zitat bringen konnte. Da man wohl davon ausgehen kann, daß er ihn nicht von Hamsun selbst hat, und da so hohe Persönlichkeiten wie Terboven, Müller, Rediess ihn wohl auch kaum in seiner Zelle aufgesucht haben, um ihm diesen Satz mitzuteilen, kann er ihn höchstens aus dritter oder vierter Hand haben. Außerdem kann Ronald Fangens Haltung zum Nationalsozialismus für Hamsun unmöglich eine Überraschung gewesen sein; zu dem Zeitpunkt war sie jedem Kind in Norwegen bekannt. Und selbst wenn das der Fall gewesen wäre, hätte Hamsun sich wohl kaum in der zitierten Weise geäußert, da es ja gerade der Zweck seines Besuches war, Ronald Fangen freizubekommen.

Nachdem ich ihm Fangens Text vorgelegt hatte, hat Tore Hamsun denn auch in einer schriftlichen Darstellung vom Verlauf der Unterredung, datiert vom 22.7.76, bestritten, daß der Vater sich in dieser Weise geäußert habe. Knut Hamsun habe gesagt (und Tore übersetzt), daß er natürlich in diesen Fragen mit Ronald Fangen nicht übereinstimme, daß Fangens Verhaftung aber großes Aufsehen erregt habe und daß Terboven verstehen müsse, daß eine Geste von seiner Seite in dieser Angelegenheit eine sehr günstige Wirkung auf die norwegische Öffentlichkeit zeitigen würde. Das Argument habe keinen Eindruck gemacht.

«Ich überspringe das, was mich persönlich betrifft, antwortete Terboven, er hat mich während der Verhöre einen ‹Bluthund› und anderes genannt, und über Hitler hat er gesagt, daß . . .»

Tore Hamsun meint, daß nichtsdestoweniger genau dieser Punkt für seine Haltung zu Ronald Fangen bestimmend gewesen sei. Terboven fühlte sich persönlich beleidigt. Diese Auffassung stimmt mit einer Reihe von Tatsachen in Fangens Erinnerungsbuch überein, aus denen hervorgeht, daß die Gestapo ihn mehrmals hatte freilassen wollen und daß diese Pläne jedesmal am Widerstand von höchster Stelle, also von Terboven, gescheitert waren. Knut Hamsun beendete das Gespräch damit, daß er seiner Hoffnung Ausdruck verlieh, Terboven möge davon absehen und die Freilassung von Ronald Fangen nicht zu sehr hinauszögern. Zweifellos hat er auch darauf hingewiesen, daß Fangen ernstlich krank sei; das hatte er ja gerade von Grieg erfahren. Es ist ebenfalls wahrscheinlich, daß er mit diesem Wissen um eine Milderung der Umstände von Ronald Fangens Gefangenschaft gebeten hat, wenn eine Freilassung unmöglich sein sollte.

Für Terboven war die Sache nicht weiter von Bedeutung, aber er fühlte sich in seiner Rolle sicher nicht wohl. Teils nährte er nicht den Wunsch, sich gegenüber dem Mann, der Quisling so ausdrücklich unterstützt hatte, und das zu einer Zeit, in der Terboven mit aller Kraft in die entgegengesetzte Richtung zog, allzu entgegenkommend zu zeigen. Auf der anderen Seite war er daran interessiert, sich den berühmten Knut Hamsun durch ein bißchen billigen guten Willen zu verpflichten. Er entschied sich deshalb für eine hinhaltende Antwort. Was Ronald Fangens Krankheit betreffe, so wolle er die Gelegenheit benutzen, die Gerüchte zu dementieren, denen zufolge er gefoltert worden sei; das sei nichts weiter als englische Propaganda. Da Knut Hamsun so viel Wert darauf lege, wolle er die Frage einer Freilassung gern in Erwägung ziehen, er wolle aber nicht verheimlichen, daß er sie für recht unwahrscheinlich halte.

Knut Hamsun faßte dies als eine abschlägige Antwort auf. «Vater benachrichtigte Grieg unmittelbar darauf von dem negativen Ergebnis, einem Ergebnis, das er in seinem Glauben an seinen eigenen Einfluß wohl nicht erwartet hatte und über das er verärgert und enttäuscht war», schreibt Tore. Knut Hamsun war kein Nein gewöhnt, außerdem hatte der reizlose Reichskommissar einen unbehaglichen Eindruck auf ihn gemacht. In einem anderen Zeugnis, vom 6.9.75, erzählt Tore: «Vater konnte Terboven nicht ertragen; er zitterte jedesmal, wenn er mit dem eiskalten Kerl in Berührung kommen sollte.»

Während die erste Begegnung dieser beiden so grundverschiedenen Männer zweifellos nur dazu beigetragen hatte, den Gegensatz zwischen ihnen zu verschärfen, ist es keineswegs so sicher, daß seine Bemühungen so vergeblich waren, wie Knut Hamsun glaubte und wie man bisher allgemein angenommen hat. Ronald Fangen erzählt in seinem Buch, er habe am 9. Januar wieder von der Gestapo erfahren, daß man ihn freilassen wolle. Das sollte spätestens «am folgenden Tag» geschehen. Dieser Tag, wenn die Chronologie stimmt also der 10. Januar, wurde jedoch zum schwärzesten Tag seines Gefängnisaufenthalts, da das Versprechen nicht eingelöst wurde. Aber sein Zustand war nun so schlecht, daß der deutsche Gefängnisarzt «am nächsten Morgen» seine Verlegung ins Krankenhaus von Ulleval forderte, was denn auch geschah. Vorausgesetzt, die Chronologie stimmt noch immer, ist es jetzt der 11. Januar. Wohlbehalten im Krankenhaus angekommen, wo seine Lebensbedingungen ungleich viel besser waren, erhielt er «drei Tage später» den Besuch eines Deutschen namens Grossmann, der ihm die augenblickliche Freilassung anbot, wenn er eine Erklärung unterschriebe, wonach er die «neue Ordnung» der Deutschen in Norwegen befürworte, was Fangen nach seinen eigenen Worten ablehnte.

Hamsuns Unterredung mit Terboven fand am 15. Januar statt. Das Datum geht aus den Zeitungsberichten hervor und dürfte außer Zweifel stehen. Die bemerkenswerte Verbesserung von Ronald Fangens Lebensbedingungen und das bedingte Angebot der Freilassung kommen also ungefähr gleichzeitig mit Hamsuns Intervention, und zwar so gleichzeitig, daß es auffällt. Denn wie verhält es sich mit Ronald Fangens Datenangaben? Einige müssen nach seinen Angaben «am nächsten Morgen» und «drei Tage später» rekonstruiert werden. Von den übrigen gilt, daß sie erst wenigstens ein halbes Jahr nach den Ereignissen aufgeschrieben wurden. Außerdem war es ihm im Gefängnis wohl nur begrenzt möglich, die Tage genau auseinanderzuhalten, und am wenigsten wohl zu jenem Zeitpunkt, als er ernstlich krank war.

Wie gesagt, ist es ziemlich undenkbar, daß Hamsun während des Gesprächs mit Terboven Ronald Fangens Zustand nicht erwähnt haben soll. Bestimmt ist dieser ihm von Grieg geschildert worden, der ja erst am 2. Januar Fangen im Gefängnis besucht hatte. Aber warum rechtfertigt sich Terboven dann nicht mit dem einfachen Hinweis, Ronald Fangen sei bereits vor vier Tagen ins Krankenhaus nach Ulleval überführt worden? Das ganze Dossier lag ja vor ihm auf dem Tisch. Der Gestapochef Rediess, ohne dessen Zustimmung die Verlegung nicht stattgefunden haben kann, saß neben ihm, sagte aber laut Tore nichts. Und damit nicht genug. Hamsun bittet um die Freilassung von Ronald Fangen. Warum antwortet Terboven ihm denn nicht, daß man Ronald Fangen erst am Tage zuvor die Freilassung angeboten habe, wenn er eine Erklärung unterschreibe, die in Hamsuns Augen nichts Besonderes war?

Dafür scheint es nur eine vernünftige Erklärung zu geben: Weil diese Ereignisse nicht vor, sondern nach dem Eingreifen von Knut Hamsun stattfanden und damit aller Wahrscheinlichkeit direkt dadurch verursacht waren. Terboven erklärte später öffentlich, Ronald Fangen *habe* die erwähnte Erklärung unterschrieben, aber sein Wort gilt natürlich nicht viel. Freilich ist aber hinzuzufügen, daß Fangen nicht in die Möllergate zurückgeschickt wurde und auch nicht in das kurz danach errichtete Grini kam, geschweige denn in ein KZ nach Deutschland. Er blieb bis zum 24. Juni des gleichen Jahres im Krankenhaus von Ullevaal, dann hatte er sich völlig erholt und wurde auf freien Fuß gesetzt.

«Das war also mächtig gelungen!» schrieb Ronald Fangen ironisch über Hamsuns Versuch, seine Entlassung aus dem Gefängnis zu erwirken.

Hamsun hätte ihm sicher recht gegeben. Auch wenn er den ganzen Zusammenhang gekannt hätte, wäre das für einen Mann von seiner Großzügigkeit nur ein mageres Ergebnis gewesen. Aber bei Josef Terboven hatten auch magere Ergebnisse ihren hohen Preis. Der war natürlich im voraus zu bezahlen, damit die Rechnung aufging. Das geschah auch am Mittwochnachmittag, dem 15. Januar, auf Skaugum. Kaum hatte man Platz genommen und Hamsun seine Zigarre angezündet, als sich ein Photograph einfand. Es handelte sich um den Pressephotographen Möllerstad von der *Aftenpost*, den Propagandachef G. W. Müller verständigt hatte, schließlich hatte er ja auch eine Arbeit zu erledigen! Hamsun hatte kaum Zeit zu merken, was hier vor sich ging, da hatte der Photograph bereits zum erstenmal seinen Blitz abgeschossen. Er wurde wütend, er konnte Pressephotographen nicht leiden, und schon gar nicht bei dieser Gelegenheit, wo von ihm beabsichtigt gewesen war, alles so diskret wie möglich ablaufen zu lassen.

«Müssen Sie denn auch hier knipsen?» fragte er irritiert und versuchte, das Gesicht abzuwenden.

Im selben Moment leuchtete Möllerstads Blitz zum zweiten Male. Terboven streckte den Arm aus.

Genug! sagte er.

Der Photograph verschwand. Aber am nächsten Morgen konnte Knut Hamsun das Ergebnis seiner Arbeit dreispaltig in der Morgenausgabe der *Aftenpost* wiederfinden, mit dem Titel: «Knut Hamsun bei Reichskommissar Terboven». Die Aufnahmen von Möllerstad sind beide erhalten, und die Länge von Terbovens Zigarette scheint ihre Reihenfolge zu verraten. Das erste Bild zeigt Hamsun überrascht, während er sich auf dem zweiten abzuwenden versucht. Die Zeitung brachte das zweite Bild. Nonchalant behandelt? Wenn ja, dann nicht allein von den Deutschen. Das Bild wurde während des Prozesses gegen ihn fleißig benutzt, ja, es begleitete sogar einige der Nekrologe bei seinem Tod. Es zeigt Hamsun zusammen mit einem von Hitlers schlimmsten Schergen, aber es teilt nichts darüber mit, weshalb er ihn aufsuchte. Der dazugehörige Artikel in der *Aftenpost* erwähnte natürlich auch nichts von dem Anlaß dieser Unterredung, geschweige denn von ihrem Ergebnis. Da stand nur, daß Knut Hamsun sich lange Zeit herzlich mit dem Reichskommissar unterhalten habe.

Ronald Fangen war deshalb auch entschuldigt, als er an «einem Tage Ende Januar» die Ausgabe der *Aftenpost* mit dem Bild des Mannes sah, der ihm soeben das Leben gerettet hatte:

«Es war ein verstimmendes Bild!» schreibt er. «Andere und schlimmere sind später dazugekommen; der Anblick des alten Meisters in serviler Haltung vor dem deutschen Scharfrichter machte einen krank.»

# 5
## In serviler Haltung vor dem deutschen Scharfrichter

Die Geschichte ist nicht einfältig. Sie unterscheidet nicht – wie die Moralisten glauben – zwischen Wahrheit und Lüge, richtig und falsch. Sie kann in einem Augenblick etwas Wahres erzählen und dann im nächsten Augenblick das Gegenteil, und es ist nicht falsch. Das kann an Schwierigkeiten bei der Bestimmung von «richtig» und «falsch» liegen. Es kann auch damit zusammenhängen, daß Geschichte von Menschen handelt.

Nun zum Beispiel wieder der dreispaltige Artikel in der *Aftenpost*. Da stand, er habe sich lange Zeit herzlich mit dem Reichskommissar unterhalten. Das war falsch. Da stand auch, Terboven habe Hamsun zu einer Reise nach Deutschland eingeladen, und der Dichter habe die Einladung mit Freuden angenommen. War das auch falsch?

Nein, so einfältig ist die Geschichte nicht. Ein paar Wochen später, am 2. Februar, schrieb Hamsun an seine Tochter Cecilia, die die Nachricht von seiner Deutschlandreise offenbar in der Zeitung gelesen hatte, freilich solle er auf Einladung des Reichskommissars nach Deutschland reisen. Aber er wartete vergeblich zehn Tage lang in Oslo auf günstiges Flugwetter. Am elften Tag wurde das Wetter schön, aber da war Reichsminister Goebbels krank geworden, er, seine Frau und zwei seiner Kinder hatten die Grippe, und so erhielten sie eine Absage, und Hamsun mußte nach Hause fahren. Aber die Reise war deshalb nicht aufgegeben.

Schlechtes Wetter, die Grippe des Propagandaministers und nicht Hamsuns abweisende Haltung verhinderten zu dem Zeitpunkt seine Reise nach Deutschland in Begleitung von Terboven, was ohne Zweifel einen Propagandafeldzug ganz anderen Ausmaßes ausgelöst hätte als die Möllerstadsche Leistung in der *Aftenpost*. Terboven war der Mann, der eine Gelegenheit restlos ausnutzte.

Eine Hand wäscht die andere. In seinem Brief an Cecilia erzählte Hamsun auch, daß er eine Menge Waren mit Kurierpost aus Deutschland erhalten habe, Genever und Tabak. Er rechne damit, daß auch Cecilias Mutter «ihnen eine Menge Waren abgeluchst» habe, die sie für Ellinor mitnehmen konnte. Marie war ja wieder in Deutschland. Im übrigen sehe er optimistisch in die Zukunft: Im nächsten Jahr werde der Krieg vorbei sein, England werde seine wohlverdiente Strafe erhalten, und in den Ländern werde das Licht wieder angehen, darauf freue er sich . . .

Sagt die Geschichte. Und das ist nicht falsch. Gleichzeitig deuten andere Quellen darauf hin, daß Hamsun nicht ganz so optimistisch war, wie er sich in diesem Brief ausdrückt. Nicht, daß er auch nur einen Augenblick an Deutschlands Sieg zweifelte, aber die Art und Weise, in der die Deutschen ihn immer mehr für sich in Anspruch nahmen, mußte einem Mann, der immer versucht hatte, Ausnutzung zu vermeiden und seine Unabhängigkeit über alles gestellt hatte, notwendigerweise Unbehagen bereiten. Dieser Genever und dieser Tabak waren zu teuer. Die Deutschen mischten sich jetzt auch in sein Privatleben auf Nörholm ein; sie hatten die verschlossene Eisenpforte vor dem Heiligtum längst überwunden, und die Gäste waren nicht nur Maries errötende Rekruten, die eine Widmung in ihr «Victoria» haben wollten. Hamsun erzählte während des Prozesses, daß er in seinem Haus die ganze Zeit über von deutschen Offizieren und Soldaten umgeben gewesen sei; oft seien sie auch über Nacht geblieben. Er habe den Eindruck gewonnen, daß er sich unter ständiger Überwachung befunden habe, zweimal habe man ihn daran erinnert, daß er nicht so viel ausrichte wie gewisse namhafte Schweden. Man sei mit ihm nicht zufrieden gewesen, man habe sich mehr erwartet, als man erhalten habe, sagte er.

Folgten der Unterredung bei Terboven andere Gegenforderungen? Konnte der Reichskommissar sich vielleicht einen Gegenbesuch vorstellen? Oder der Gestapochef? Zu dieser Zeit jedenfalls versuchte Hamsun zum erstenmal, aus der Falle zu entkommen. Marie erzählt, daß er 1941 eine schwere depressive Periode durchgemacht hat. Er wollte nicht länger haben, daß die Türen offen standen, Leute ein und aus gingen und das Haus allen zugänglich war, wobei er so eine Art Hotelknecht spielen mußte. Er wollte in den Wald flüchten, abseits stehen, alles abgeben.

Das Mittel, das Hamsun sich ausgedacht hatte und das ihm das Entkommen ermöglichen sollte, bestand in einer Erbschaftsteilung mit den Kindern und der Überschreibung von Nörholm an seine Frau. Das umständliche Verfahren ist ganz kurz nach seinem Besuch bei Terboven eingeleitet worden, denn bereits am 3. März konnte er Tore mitteilen, daß er nun von seiner Rechtsanwältin, Frau Sigrid Stray, den Entwurf zu einer Urkunde erhalten habe, wonach er auf alles verzichte. Er wolle weg von dem Ganzen, schrieb er an seinen Sohn.

Die Sache war gut so. Drei Monate später erzählte er Cecilia, daß der ganze Kram nun endlich aus der Welt sei, er sei fertig mit der Erbschaftsteilung, die anderen hätten alles bekommen, was er habe. Knut Hamsun schloß:

«Ich will auch nicht mehr auf Nörholm sein, wenn ich ein Loch finde, in das ich mich verkriechen kann, ich bin hier irgendwie nicht mehr zu Hause. Da ich aber auch nicht sterbe, muß ich mir ja irgend etwas suchen.»

Also das gleiche wie in dem Brief an Tore nach dem Besuch bei Terboven. Er wollte weg von dem Ganzen. Das war nicht wie in alten Tagen, als er einige Monate fortreiste und sich mit einem Manuskript auf einem Hotelzimmer einschloß. Er hatte keine Pläne zu einem neuen Buch. Das hier war etwas anderes, Ernsteres, etwas Definitives. «Ich bin hier irgendwie nicht mehr zu Hause.» Der Satz ist voller Untertöne. Nur er fühlte sich nicht zu Hause. Marie war nicht genannt. Wollte er auch sie verlassen? Konnte *sie* denn mit den deutschen Offiziersbesuchen leben? Oder sollte sie nur bleiben und seinen Rückzug decken? Sie war endlich aus Deutschland zurückgekehrt, aber auch in Norwegen war sie regelmäßig unterwegs, und eben jetzt, während er an Cecilia schrieb, war sie zum Mittsommertreffen der Nationalen Sammlung nach Lillehammer gefahren.

An so etwas nahm Hamsun nicht teil. Nicht, weil seine politischen Sympathien sich abgeschwächt hatten. Auch der neue Brief an Cecilia ist voller Freude über den deutschen Vormarsch, jetzt erhalte der Bolschewismus seine wohlverdiente Strafe, und dann komme England an die Reihe, und dann werde seine Seele jubilieren. Aber er war viel zu sehr in die Sache hineingezogen worden, er wollte sich gern wieder herauswinden. Die Entwicklung hatte den Gegensatz bis zum äußersten getrieben, zwischen seinem Leben als reicher Mann und Weltberühmtheit und seinem Wunsch nach einem einfachen und unbemerkten Leben als eine der mißachteten Existenzen seiner Bücher.

Es gelang Hamsun natürlich nicht, sich aus dem Staube zu machen. Die Erbschaftsteilung mit Marie und den Kindern wurde durchgeführt, aber das änderte gar nichts. An seinem zweiundachtzigsten Geburtstag am 4. August feierten ihn die deutschen Soldaten mit einem Sonderprogramm in der Sendezeit der Wehrmacht, das vorher und nachher in der Tagespresse lang und breit besprochen wurde. Alles konnte er weggeben, aber nicht seinen Ruhm; seinen Hof konnte er aufgeben, nicht aber seinen Namen. Er verschanzte sich mit seinen Patiencekarten im Kinderzimmer, gab Tore in einem Brief nach dem anderen den Auftrag, alle Forderungen abzuwehren, weigerte sich, mit jemandem zu reden, weigerte sich, herunterzukommen, wenn Marie «Gäste» hatte. Aber damit konnte er sich nicht aus dem Staube machen. Am 16. Oktober 1941 ließ er sich dazu überreden, eine Umfrage des NS-Pressebüros zu beantworten, das eine Reihe bekannter Persönlichkeiten gefragt hatte, weshalb sie Mitglied der Nationalen Sammlung seien und welche Möglichkeiten Norwegen ihrer Meinung nach in der neuen Ordnung in Europa unter Deutschlands Führung haben werde. War Hamsun überhaupt Mitglied der Nationalen Sammlung? Er beantwortete die Umfrage am 16. Oktober 1941, und eine Woche später stand seine Antwort in allen Zeitungen des Landes.

Er sei Quislings Mann, schrieb er, und das sei er seit vielen Jahren, durch dick und dünn. Denn Quisling sei ein Mann nach seinem Sinn, eine hochbegabte Persönlichkeit, ein Mann mit Wissen und Rückgrat, ein Administrator von Rang. Er werde Norwegen unter Deutschlands Führung in eine neue Welt führen, in der die Norweger darauf verzichten müßten, sich von den langzahnigen Briten ausnutzen zu lassen, die immer ihr Interesse darin gesehen hätten, Europa in einer gewissen Schwäche zu halten. Die Deutschen dagegen seien daran interessiert, daß jedes Land des Bundes stark und selbständig sei; sie wollten, daß die Norweger friedlich mit allen Ländern zusammenlebten, zusammenarbeiteten, Waren austauschten, Kunst und intellektuelle Ideen, eine wechselseitige Entwicklung schüfen, sich in ein System

von Hilfsaktionen einleben – denn, wie Knut Hamsun es im letzten Satz seiner Antwort ausdrückte:
«Hitler hat von allen am meisten zu meinem Herzen gesprochen ...»
Deutlicher konnte es nicht gesagt werden. Aber das war nicht genug, die Offiziere gingen durch die Eisenpforte aus und ein, Hamsun konnte noch mehr tun. Wieviel von dem, was er nun tat, tat er, um schlimmeren Forderungen zu entgehen? Das läßt sich unmöglich sagen. Er tat viel, schwarz auf weiß. Die Meldungen zur «norwegischen Legion Kondor», zu den norwegischen Freiwilligen an der Ostfront, strömten einfach zu langsam, und am 15. Dezember unterstützte Knut Hamsun die Werbekampagne mit seiner Empfehlung. Diesmal kamen keine Klagen über die Jugend, die in den Tod geschickt wurde. Die kühnen, jungen Burschen, die jetzt auf das Schlachtfeld eilten und an der Seite der Deutschen den Kampf aufnahmen, die richteten die norwegische Volksehre wieder auf, die setzten ihr Leben für Norwegens Zukunft aufs Spiel, die würden den Grundstamm einer neuen norwegischen Verteidigungsmacht bilden.

Diesmal schnappte die Falle etwas anders zu. Hatte Hamsun nicht selbst ein paar kühne, junge Burschen im richtigen Alter? Oder sollten nur die Kinder der anderen auf das Schlachtfeld eilen und Norwegens Volksehre wieder aufrichten? Hier lag ein kleines Problem, bis auf weiteres ruhte es, aber es konnte jederzeit aufgegriffen werden, diese Art Schrauben lassen sich immer mehr anziehen, endlos.

Dann war da Hamsuns alte Liebe zu den Russen und Rußland, wo er – auch nach der Revolution – fast genauso viel gelesen und gespielt worden war wie in Deutschland. All das mußte gegeneinander aufgerechnet werden, und das geschah in einem langen, mühsamen Artikel «Verwirklichte Kameradschaft», der im Februar 1942 auf deutsch in der Monatszeitschrift *Berlin – Rom – Tokio* erschien. Das norwegische Manuskript zu dem Artikel war nicht aufzutreiben, leider, denn hier haben wir eine der drei Stellen, an denen Hamsun sich antisemitisch äußert. Roosevelt, heißt es, sei «ein Jude in jüdischem Solde, der führende Geist in Amerikas Krieg für das Gold und die Judenmacht», aber Europa wünscht sich «weder Juden noch deren Gold». Bemerkenswert ist, daß es sich in beiden Fällen um eingeschobene Sätze handelt, die sich ohne Beeinträchtigung des Zusammenhangs überspringen lassen und also von einem Übersetzer hinzugefügt worden sein *können*. *Können*. Der Beweis fehlt.

Daß der Antisemitismus einen wesentlichen Bestandteil von Hitlers und auch von Quislings Programm bildete, konnte Hamsun nach der Tragödie mit Friedell unmöglich entgangen sein. Und genau zu diesem Zeitpunkt, am 15. Januar 1942, füllte er eigenhändig den «Fragebogen» der NS aus, der dann während des Prozesses Anlaß zu so vielen juristischen Spitzfindigkeiten gab. Über die banalen Angaben zur Person hinaus, Name, Geburtsort und -jahr, beantwortete er die Frage: «Ist die Familie des Ehepartners frei von jüdischem Einschlag?» mit «Ja», ebenso wie er die Frage: «Waren Sie früher mit einem nichtarischen Ehepartner verheiratet?» mit «Nein» beantwortete.

Genau an dieser Stelle kam Hamsun auch auf die Frage, ob er früher Mitglied der NS gewesen sei, mit der kryptischen Antwort, die später den Juristen so viel zu schaffen machte: «Bin nicht Mitglied gewesen, aber ich habe Quislings Partei angehört.» Wir schreiben jetzt den Winter 1941/42. Als Knut Hamsun diese Zeilen schrieb, hatte der frühere Bankangestellte aus Essen allmählich zu zeigen begonnen, wozu er taugte. Das «friedliche Zusammenleben», von dem Hamsun schrieb, glich immer mehr der Form des Zusammenlebens, die in die Geschichte unter der Bezeichnung «norwegische Zustände» einging. Im September 1941 hatte Josef Terboven den Ausnahmezustand verkündet, alle Radioapparate von Nichtmitgliedern der NS beschlagnahmt, den Rektor der Universität verhaftet und zwei Arbeiterführer, Viggo Hansten und Rolf Wickström, hingerichtet, als sie zu Verhandlungen erschienen. Mit seinem genialen Instinkt für Unpopularität gelang es ihm, einen Volkshaß gegen Deutschland und alles Deutsche zu entfachen und sich selbst verabscheuenswerter zu machen als den schwarzen Tod. Als im Laufe des Winters 645 von den 699 Pfarrern der Staatskirche und 1200 der 1400 Lehrer des Landes aus Protest gegen die Nazifizierung ihr Amt niederlegten, antwortete er mit der Verhaftung der Lehrer und ihrer Deportation nach Kirkenes. Als Ende April 1942 in Telavaag während einer Schießerei zwei Gestapoleute getötet wurden, ließ er die 300 Häuser und alle Fischerboote des Ortes in die Luft sprengen, richtete 18 junge Männer aus Aalesund hin, während die Gestapoleute begraben wurden, und schickte 76 Männer aus Telavaag in deutsche Konzentrationslager.

Wie reagierte Knut Hamsun darauf? Konnte er derartige Methoden gutheißen? Stand der alte Meister in serviler Haltung vor dem deutschen Scharfrichter?

Zu diesem Zeitpunkt war Knut Hamsun kaltgestellt. Unfreiwillig gelang es ihm jetzt, sich unsichtbar zu machen, was er vorher freiwillig hatte arrangieren wollen. Er hatte sich dem Druck von außen nicht entziehen können, nun sprengte der Druck ihn von innen. Am 1. Mai 1942, am gleichen Tag, als die *Aftenpost* in ihrem Leitartikel die Hinrichtung der 18 «Unruhestifter» in Telavaag als Antwort auf den Mord an den beiden tapferen SS-Leuten verteidigte, brachte das Blatt eine kurze Notiz unter der Überschrift «Knut Hamsuns Krankheit». Da von seiten der ausländischen Presse mit der Hauptquelle in Stockholm Nachrichten darüber eingegangen waren, daß Hamsun ernstlich erkrankt sei, hatte NTB (Norwegisches Telegrammbüro) mit dem Sohn Arild auf Nörholm gesprochen, der bestätigen konnte, daß Hamsun krank sei, daß es sich aber um nichts Ernstes handele:

«Vater bekam vor einiger Zeit die Grippe», sagte Arild, «und um so schnell wie möglich wieder gesund zu werden, ließ er sich ins Krankenhaus bringen, und jetzt ist er fast wieder gesund.»

Arild übertrieb nicht. Knut Hamsun litt an der besonderen Form von Grippe, die man Apoplexie nennt. Am Morgen des 6. April, also vor den Schrecken von Telavaag und ohne Zusammenhang mit diesen Ereignissen, erlitt er einen Unfall. Er hatte gerade einen Korb mit Brennholz nach oben getragen, um den Mädchen die Arbeit zu ersparen, und ging nun ins Eßzimmer hinunter, wo das Frühstück auf ihn wartete. Während er die Hand nach dem Kessel in der Ofenröhre ausstreckte, um sich eine Tasse Kaffee einzugießen, war ihm, als werde er plötzlich zu Boden geschlagen. Im Fallen riß er die Tischdecke mit sich; die Mädchen in der Küche hörten das Scheppern des Porzellans, Hamsun verlor das Bewußtsein nicht, sondern erinnerte sich später an alles, was geschehen war. Er konnte den einen Arm und das eine Bein nicht bewegen, hatte sich aber auf die andere Seite gewälzt und ins Wohnzimmer geschleift, wo Arild hinzustürzte und ihn die Treppe hoch und ins Bett brachte. Die beiden waren, abgesehen von den Dienstboten, wieder einmal allein zu Hause.

Marie war in Deutschland.

Gegen Abend meinte Arild, er müsse jetzt den Arzt anrufen. Dr. Erichsen aus Grimstad konstatierte einen typischen apoplektischen Anfall mit nachfolgender Parese einer oberen und einer unteren Extremität und Sprachschwierigkeiten. Hamsun hatte keine Ruhe und wollte dauernd aufstehen. Dr. Erichsen erfuhr, daß er ein paar Wochen später wirklich versucht habe aufzustehen. Am 21. April wurde er dann aufs neue nach Nörholm gerufen, diesmal konstatierte er Pneumonie und ließ Hamsun ins Krankenhaus nach Grimstad einweisen. Zu dem Zeitpunkt bereitete das Sprechen Hamsun noch immer große Schwierigkeiten, er litt an Aphasie, einer mehr oder weniger vorübergehenden Lähmung des Sprachzentrums. Der Alte erholte sich wieder. Ungefähr eine Woche später konnte er das Krankenhaus verlassen und nach Hause fahren. Marie, die von seiner Krankheit nichts erfahren hatte, kehrte im Laufe des Herbsts aus Deutschland nach Nörholm zurück.

In ihren Erinnerungen erzählt sie, daß sie nach ihrer Heimkehr eine Zeitlang allein mit ihm im Kinderzimmer gesessen habe. Er sei über den Berg, sagte er. Marie merkte, daß dies nicht stimmte, obwohl er sich unnötig gerade hielt. Dann sagte sie zu ihm, daß sie von nun an nicht mehr aus Nörholm wegreisen würde:

Da kam er schnell zu mir hin und küßte mich. Das hatten wir nun schon lange nicht mehr getan, ich wußte fast nicht, was ich sagen oder tun sollte. So weit ich mich entsinne, sagte er auch nichts, sondern setzte sich wieder an den großen Tisch, der mit Papieren und Patiencekarten übersät war.

Wenige Monate später reiste Marie wieder nach Deutschland. Was hatte sie hier so Wichtiges zu tun, während der Krieg seinem Höhepunkt zuraste? Weshalb brach sie das Versprechen, das sie ihm in diesem feierlichen Augenblick gegeben hatte?

Bei der Erbteilung im Jahr zuvor hatte Hamsun ihr Nörholm überschrieben, aber Marie hatte keinen Sinn für Zahlen, und außerdem ließ sich die Bewirtschaftung eines so großen Hofes nur schwer mit ihren monatelangen Aufenthalten in Deutschland vereinen. Sie erzählt selbst, daß ihr von Anfang an klar gewesen sei, daß dies ein völlig unnatürlicher Zustand war. Sie konnte eine Kuh melken und den Schweinestall ausmisten, aber jetzt sollte sie plötzlich eine Menge Geldscheine in einem großen Umschlag verwalten. Sie fühlte sich unsicher und suchte Hilfe bei Knut, wurde aber abgewiesen. Er war müde und wollte seine Ruhe:

Aber allmählich begann er mir doch mit schrägen Blicken zu folgen, und ich will gern glauben, daß es mein unfreiwilliges Verdienst war, wenn seine Unternehmungslust im Laufe eines Jahres zurückkehrte und er die Regierung wieder übernahm.

Knut Hamsun war erstaunlich schnell wieder der alte geworden. Zu Hause bekamen sie das bald zu spüren. Als Arild einmal einen Axtstil kaufte, ohne ihn zuvor gefragt zu haben, fuhr der Blitz mit Donnern und Krachen hernieder, sagte Marie. Als sie selbst an einem Sommertag einmal draußen an einem Tisch im Hof Strümpfe stopfte und nach ihrer Gewohnheit die Stopfnadel in die Hauswand steckte, entdeckte er in einem unglücklichen Augenblick ihre Untat und brüllte:

«Kein Wunder, daß es abwärtsgeht!»

In Zukunft wollte er alles wissen, dabeisein, wenn das Telephon klingelte, wenn Telegramme kamen, ja, und wenn es nur ein Vertreter war, der an der Tür klingelte, um Nähmaschinen oder Tünche zu verkaufen.

«Aber du kannst ja nicht hören», sagte Marie zu ihm.

«Nein, aber ich will dabeisein», antwortete er.

Hamsun hatte seine resignierende Haltung aufgegeben. War sein Auftreten durch die Ereignisse um ihn herum veranlaßt, wünschte er, die Kontrolle über Dinge zu gewinnen, die wichtiger waren als Stopfnadeln und Tünche? Wollte er persönlich unerwünschten Gästen den Weg vertreten? Hatte er genug schlechte Erfahrungen gemacht?

Am 11. Juli 1942 konnte die NS-Zeitung *Fritt Folk* eine Doppelseite über einen Besuch auf Nörholm bringen, der demnach stattgefunden haben muß, kurz bevor er laut Marie plötzlich alles um sich her überwachen wollte. Der große Artikel ist als Sensation aufgemacht, mit einem Hinweis auf der Titelseite und 15 Photographien, die meisten dreispaltig. Der Dichterfürst, der über sein prächtiges Besitztum hinblickt, ergraut, aber aufrecht. Das Dichterpaar während eines Rundgangs auf dem Hof, wo es soviel zu tun gibt. Die Dichterstube, wo so viele güldene Worte und unvergängliche Gedanken zu Papier gebracht wurden. Das Patrizierhaus. Der Ballsaal. Die Kunstwerke.

Die Bilder bestätigen, daß Hamsun sich von seiner Krankheit völlig erholt hat, aber das «Interview» selbst handelt zu zwei Dritteln nur von dem Wunder, daß der Presse in diesem seltenen Ausnahmefall der Zutritt zu dem heiligen Nörholm gewährt worden ist, es enthält nur wenige direkte Äußerungen von Hamsun. Marie erzählt spottend von der schwedischen Zeitung, die geschrieben habe, daß die «echten Norweger» Hamsuns Bücher an ihn zurückschickten, so daß ganz Nörholm davon übersät sei und die Post von Grimstad eine Aushilfskraft zum Austragen der Pakete habe einstellen müssen.

«Tatsache ist, daß nicht ein einziges Buch gekommen ist», sagte Marie.

Hamsun machte im Verlauf des Gesprächs nur viermal den Mund auf und davon das eine Mal, um seiner Abneigung gegen Wermut Ausdruck zu verleihen, und zweimal, um dagegen zu protestieren, daß er so viel photographiert wurde:

Sie sollten lieber reingehen und ein Bild von der Büste machen, die Professor Rasmussen von mir gemacht hat, sie knirscht zwar mit den Zähnen, aber das kommt daher, daß es in seinem Atelier, wo ich Modell saß, so verteufelt kalt war.

Unverfälscht auch hier. Keine Spur von Gehirnblutung. Aber dann bekommt der Journalist diesen Kommentar zur Weltsituation mit auf den Weg:

Die Deutschen geben ihnen ihre wohlverdiente Strafe, sie geben ihnen ihre wohlverdiente Strafe, wo auch immer sie auf die Feinde stoßen. Es stimmt, an der Ostfront sind die anderen so viele. Sie können immer nur auffüllen, als sollte es nie ein Ende nehmen. Man sollte meinen, es sei rücksichtslos, gegen eine zahlenmäßig so überwältigende Übermacht zu kämpfen. Aber Smuskijeweski oder Timoschenko oder wie er nun heißt, der da drüben gerade obenauf ist, der hat seine Elitetruppen verloren. Die sind zuerst eingesetzt worden, und seien Sie versichert, der Rest wird auch noch so plattgewalzt werden, wie es nur überhaupt möglich ist!

Andere Fragen?

«Nein, wir vergaßen sie alle», schreibt der Journalist zuletzt, «vor Glück darüber, daß wir unter den sommerlichen Bäumen mit dem großen Geistesfürsten zusammensein durften, während Sonnenstrahlen durch das Laub auf sein ergrauendes Haupt fielen.»

Die sommerlichen Bäume. Der große Sommer 1942. Die Deutschen siegten überall. Schickten am hellerlichten Tag die Schlachtschiffe *Gneisenau* und *Scharnhorst* durch den Kanal, ohne daß die Alliierten es verhindern konnten. Versenkten jeden Monat im Atlantik 700 000 Tonnen britischer und amerikanischer Schiffstonnage – mehr als die beiden Länder zusammen mit ihrer rund um die Uhr arbeitenden Werftindustrie ersetzen konnten. Sommer und Höhepunkt. In Afrika hat Generalfeldmarschall Rommel neulich Tobruk eingenommen und bedroht nun den Suezkanal und den Nahen Osten von El Alamein aus. Soll das Mittelmeer ein «arisches Binnenmeer» werden? Wird die ungeheure Kneifzangenbewegung gelingen, und werden sich Rommels Soldaten mit den Truppen in Rußland vereinigen? «Die deutschen Truppen verfolgen den geschlagenen Feind an der Ostfront», steht auf der Titelseite derselben Zeitung, die das Interview mit Hamsun brachte. Gestern ist Woronesch gefallen, das Donezbecken ist unter deutscher Kontrolle, die Ölfelder des Kaukasus liegen in greifbarer Nähe, morgen steht General Paulus mit seiner Sechsten Armee in den Vororten von Stalingrad . . .

Der Journalist vom *Fritt Folk* schloß seinen großen Artikel mit einem Zitat aus «Segen der Erde»:

Jetzt fällt der Abend.

Knut Hamsun hatte sich nicht entziehen können, weder freiwillig durch Flucht noch unfreiwillig durch Krankheit. War sein Zusammenbruch im Frühjahr 1942 eine indirekte Folge des wachsenden doppelten Drucks, dem er ausgesetzt war? War er zerbrochen in seiner Rolle als «Mittelsmann» zwischen den Deutschen, denen «er nicht genug tat», und den Angehörigen ihrer Opfer, die ebenfalls seine Hilfe verlangten, was, wenn sie Erfolg hatte, nur zu weiteren deutschen Forderungen führte? Die Situation, die den Dreiundachtzigjährigen nach seiner Genesung erwartete, war keineswegs leichter als diejenige, die im Frühjahr zu seinem Zusammenbruch beigetragen hatte. Jetzt kam die Nacht:

«Knut wurde oft angefleht, bei Todesurteilen zu intervenieren, und nicht nur bei Todesurteilen», schreibt Marie. «Nach wie vor gab es auch viele andere Dinge. Aber er war kein Wunderdoktor mehr, nicht, wenn es um Leben oder Tod ging. Der Reichskommissar begegnete ihm ziemlich widerwillig, sagte er selbst. Zweimal reiste er persönlich zu ihm, später schickte er mich zweimal an seiner Statt. Richtig erhört wurde er nie, es gelang ihm nur manchmal, die Anzahl der Verurteilten ein wenig herunterzuhandeln. Allmählich wurde Knut geradezu ein unerwünschter Mann mit seinen Telegrammen, die er unter Umgehung des Reichskommissars direkt nach Berlin schicken ließ.»

Die beiden Besuche von Marie, bei denen Tore sie begleitete, lassen sich auf den 17. September 1942 und das Frühjahr 1944 datieren, aber sie hat Terboven zweifellos auch bei anderen Gelegenheiten gesehen. Bei der ersten Unterredung gelang es ihr, Terboven zur Freilassung von Verlagsdirektor Grieg, der in Grini saß, zu bewegen. Bei der zweiten Gelegenheit baten sie um die Revision einiger Todesurteile, es gelang ihnen aber nur, die Begnadigung von zwei Zwanzigjährigen zu erreichen.

Große Möglichkeiten gab es nicht. Gerade zu dieser Zeit zog der frühere Bankbeamte Terboven seine Daumenschrauben an, im Herbst 1942 geriet der deutsche Vormarsch ins Wanken, und das führte schnell zu erhöhter Unruhe in den besetzten Ländern. Nach einem Sabotageanschlag am 5. Oktober auf eine Waffenfabrik in Trondheim richteten die Deutschen 34 Männer hin. Zehn führende Persönlichkeiten aus dem Geschäfts- und Kulturleben der Stadt, die mit der Sache nichts zu tun hatten, wurden als «Sühne» erschossen. Laut Goebbels ist es nur einer Intervention von Hitler persönlich zu verdanken, daß Terboven bei dieser Gelegenheit nicht auch gleich noch 300 Geiseln in Oslo erschießen ließ. Am 26. Oktober brachte Quisling, der wieder Ministerpräsident geworden war, eine Gesetzesvorlage über die Einziehung allen jüdischen Eigentums ein. Am 10. November verhandelte das Gericht in 125 Konfiszierungsfällen. Am 17. November kam der Erlaß, wonach alle Ganz-, Halb- und Vierteljuden sich zwecks Registrierung zu melden hatten.

«Ein Jude ist kein Norweger», sagte Quisling kurz darauf in einer Rede in Trondheim, «er ist Orientale und gehört nicht nach Europa. Er ist ein international verderbliches Element . . .»

Da waren 610 norwegische Juden, Männer, Frauen und Kinder, bereits in die Lager nach Deutschland geschickt worden. Zwölf von ihnen kehrten zurück.

So sah die Lage des Landes aus, während Knut Hamsun zurückgezogen im Kinderzimmer auf Nörholm lebte und Bittschriften von Leuten in Not erhielt. Die breite Öffentlichkeit hörte während dieser Zeit nichts von ihm; abgesehen von den paar nichtssagenden Antworten, die er während des Interviews mit dem *Fritt Folk* gegeben hatte, war es jetzt fast ein Jahr her, seit er sich in einer Zeitung geäußert hatte. War der Grund seines Schweigens, daß er zusammen mit Arild allein auf dem Hof war und «Telephon und Telegramme kontrollieren» konnte? Marie war wieder in Deutschland, und am 15. November, vier Tage vor ihrem Geburtstag, schickte er ihr einen kleinen Glückwunsch. Er könne sich wohl erlauben, ihr alles Gute zu wünschen, sie sei ja noch jung, es dauere ja noch lange, bis sie ihn eingeholt habe! Er wisse nicht, wo sie am 19. sein werde, aber rechne auf gut Glück damit, daß ein Brief vier Tage brauche. Deshalb schreibe er nach Würzburg und nach Stuttgart, dann bekomme sie wohl wenigstens eine seiner Kritzeleien. Sie schreibe, daß sie nichts Neues gehört habe, aber sie könne doch den deutschen Rundfunk hören. Hier auf Nörholm hörten sie überhaupt nicht Radio, noch nicht einmal die Wetternachrichten; Arild möge es nicht, und die Mädchen hörten Radio beim Verwalter drüben. Niemand wisse über irgend etwas Bescheid. Aber jetzt falle ihm ein, daß Sonnabend sei, und das bedeute ein Bad und viel Quälerei. Eine halbe Stunde bliebe ihm noch, bevor er sich hinüberschleppen müsse. Heute habe er den Verwalter die Eichenhecke und die Ziersträucher beschneiden lassen. Irgendwie sei es barbarisch, sie im Frühjahr zu schneiden, wenn sie gerade zu sprießen begonnen hätten – dann müßten sie ja noch einmal sprießen. A propos, Marie entsinne sich doch sicher noch ihres großen Kaktus im Wohnzimmer, ob sie es glaube oder nicht, er trage drei neuerblühte Blüten, jetzt an ihrem Geburtstag! So, jetzt müsse er sich in dieses verdammte Bad begeben . . .

Ein Samtagsbad. Ein blühender Kaktus. Eine geschnittene Eichenhecke. Obgleich es natürlich begrenzt war, was Knut Hamsun durch die deutsche Zensur schicken konnte, vermittelt der Brief doch einen starken Eindruck von der gewollten Isoliertheit, in der er und Arild während Maries Abwesenheit auf Nörholm lebten. Sie wußten über nichts Bescheid. Sie wollten über nichts Bescheid wissen. Während Geiseln hingerichtet und norwegische Juden nach Deutschland deportiert wurden, während in den Ruinen von Stalingrad die größte Kesselschlacht der Geschichte tobte, wollte Arild, der künftige «Frontkämpfer», noch nicht einmal die Wetternachrichten hören.

Aber der Krieg konnte mit seinem blutigen Arm auch das abseits gelegene Gebiet von Nörholm erreichen. Im Dezember rollte die Gestapo den gesamten Kristiansand-Abschnitt von *Milorg,* der geheimen norwegischen Militärorganisation, auf, es war die größte Katastrophe, die die norwegische Widerstandsbewegung während der Besatzungszeit traf: Hunderte von jungen Leuten wurden verhaftet und fürchterlich mißhandelt, fünfzig von ihnen hingerichtet.

Kristiansand liegt nur 45 km südlich von Nörholm. In diese Stadt, in Ernsts Hotel, pflegte Hamsun sich monatelang zurückzuziehen, wenn er ein Manuskript fertigschreiben wollte. Er hat viele der betroffenen Familien persönlich gekannt, alle kannten sie ihn, und nach Nörholm war es nur ein kurzer Weg. Kein Zweifel, daß er in erster Linie an diese Zeit dachte, wenn er später erzählte, wie ihn Familien aller sozialen Schichten aufgesucht hätten, die um ihre Väter, Söhne und Brüder weinten und bewirkten, daß er Tag und Nacht telegraphierte.

Marie kam um die Jahreswende nach Hause, kehrte aber kurz darauf zu ihren Aufgaben nach Deutschland zurück. Während dieses kurzen Aufenthalts meldete sich Arild als Freiwilliger an die Ostfront. Cecilia meint genau wie Sigrid Stray, daß es die Mutter gewesen sei, die ihn überredet habe. «Einer muß sich ja opfern», soll sie gesagt haben. In einem der letzten Briefe, die Marie vor ihrem Tod an Cecilia schrieb, sagte sie selbst, daß Arild «gegen seinen Willen in den Krieg geschickt wurde, von meinem gar nicht zu reden!». Bemerkenswert, daß niemand sagt, Arilds Kriegsdienst sei seinem eigenen Wunsch entsprungen.

Arild Hamsun ist heute ein Mittsechziger, mit seinem hilfsbereiten Wesen bei allen in seiner Gegend bekannt und wohlgelitten, im Gegensatz zu seinem Bruder Tore eine offene Natur, aber gleichzeitig auch ein Grübler, ein Einzelgänger, bis ins Mark getroffen von Geschehnissen, über die er nie spricht. Einen friedlicheren Krieger hat man wohl selten gesehen. Er liebt seine «Lieblingsfrau» Brit, mit der er ein Menschenalter zusammengehalten hat, liebt einen Drink im Freundeskreis, am meisten aber eine Pfeife Tabak in den Wäldern um Nörholm, wo er jeden Baum kennt, nicht zuletzt in den Fichtenschonungen, die heute die Haupteinnahmequelle des Hofs ausmachen und in denen er jetzt Weihnachtsbäume für Norwegens Kinder produziert.

Aber wie weit war Arild Hamsun? Als er sich im Januar 43 als «Frontkämpfer» hatte anwerben lassen, reiste der Achtundzwanzigjährige nach Berlin, wurde im Trainingslager Lichterfelde-West zum Soldaten ausgebildet und als Kriegsberichterstatter der Waffen-SS zugeteilt, zuerst in der Division «Das Reich», später in der Division «Das Vaterland». In dieser Eigenschaft kam er an die Ostfront, er hatte ein Gewehr, nahm aber nach seinen eigenen Aussagen nicht an den Kampfhandlungen teil («ich habe kein Blut an meinen

Händen»). Trotzdem erhielt er das Eiserne Kreuz, und ein Bild von ihm mit dieser Auszeichnung an der Brust ging durch die deutsche Presse. Bildtext: «Knut Hamsuns jüngster Sohn, Arild Hamsun, der als Freiwilliger in der norwegischen Waffen-SS steht, erhielt für tapferen Einsatz an der Ostfront das Eiserne Kreuz.»

Das Ergebnis seiner Tätigkeit als PK-Mann ist nicht sonderlich umfangreich, es besteht nur aus einem Zeitungsartikel. Unter dem Titel «Russisches Mosaik» trägt er das Datum Dnjepropetrowsk, Oktober 1943, und füllt eine Seite in der Morgenausgabe der *Aftenpost* vom Sonnabend, den 6. November des gleichen Jahres. Der Bericht, der auf Erlebnissen aus dem Jahr beruht, in dem der deutsche Rückzug an der Ostfront mit dem Verlust von Städten wie Charkow, Kiew und Smolensk kulminierte, enthält kein Wort über die militärische Lage, über Offensiven und Defensiven und Kesselschlachten, über Generale und Divisionen.

Statt den Krieg zu schildern, seine verbrannten Landschaften und Städte, seine Stalinorgeln und Panzerschlachten, kommt Arild Hamsun mit einer Reihe von Betrachtungen über den russischen Volkscharakter und Rußlands Geschichte – die russische Seele. Der Artikel ist frei von jeder politischen Propaganda. Der Führer wird nicht erwähnt. Die Partei wird nicht erwähnt. Die Wehrmacht wird nicht erwähnt. Arild Hamsun wendet sich gegen Terrorhandlungen und spricht sich dafür aus, die Menschen in den besetzten Gebieten für Europa zu gewinnen, «und das tut man nicht durch Gewalt, sondern mit Menschlichkeit, gerechter Festigkeit und Verständnis».

Die Geschichte dieses Frontkämpfers scheint in erster Linie die Geschichte von der politischen und propagandamäßigen Ausnutzung eines jungen Mannes zu sein, dessen Name eine größere Reichweite besaß als sein Gewehr. Gleichzeitig wurde sie auch bedeutungsvoll für die Beziehungen seiner Eltern zu den Deutschen, wurde ein abrufbares Konto, ermöglichte Schritte, die sonst unmöglich gewesen wären. Marie erwähnt, daß sie auf Arild verwiesen habe, wenn sie bei Terboven eine Begnadigung durchzudrücken versuchte. Sie habe einen Sohn, der auf der deutschen Seite sein Leben aufs Spiel gesetzt habe, sagte sie zu ihm. Gleichermaßen bildete Arilds Geschichte zweifellos eine der Voraussetzungen für die großen Entscheidungen, die nun für Knut Hamsun heraufzogen.

Nach der Abreise seines Sohnes war er zunächst ganz allein auf Nörholm zurückgeblieben, da Marie kurz darauf auch abreiste. Seine Entscheidungen während dieses Zeitraums traf er völlig allein, seine Beschlüsse konnten zu dem Zeitpunkt von anderen weder beeinflußt noch gebremst werden. Wenn er später erzählt hat, daß ihm die *Frau des Verwalters* geholfen habe, an Terboven und Hitler zu telegraphieren, dann ist die Erklärung für dieses merkwürdige Mißverhältnis ebenfalls darin zu suchen. Es war weiter niemand zu Hause, der dem Tauben hätte helfen können. Gleichzeitig läßt sich ein wesentlicher Teil dieser Telegramme auf diese Zeit datieren, Mitte Januar 1943 und später, zu der Zeit, als die Bluturteile nach der Aufrollung der Milorg in Kristiansand zu fallen begannen.

Wir kennen keines der Telegramme, die Knut Hamsum während des Krieges an deutsche Adressen schickte.

Knut Hamsun wußte zu diesem Zeitpunkt wohl kaum etwas von den Foltermethoden der Deutschen, aber über die Zahl der Hinrichtungen kann er nicht im Zweifel gewesen sein, und gerade hier gegen Ende Januar erfuhr er, daß in Oslo weitere dreizehn junge Männer zum Tode verurteilt worden waren. Wieder kamen die Angehörigen zu ihm, und das war mehr, als er schweigend ertragen konnte. Ein paar Tage später schrieb er folgendes PS in einem Brief an Tore:

«Ich schreibe an einem kleinen Artikel, der in allen Zeitungen gedruckt werden sollte, aber vielleicht in keiner erscheinen wird – wegen der Zensur.»

Das klingt nicht nach sehr viel, und doch geht es hier um eines der meistdiskutierten Dokumente aus der Besatzungszeit von Norwegen. Den Anlaß bildeten die vielen Zuschriften, die Hamsun in den letzten Wochen erhalten hatte, zuletzt wegen der dreizehn Todesurteile von Oslo. Der Brief an Tore zeigt, daß es sich in diesem Fall nicht um einen Text handelte, den man ihm abgepreßt oder abgeschwindelt hatte, derartige mildernde Umstände liegen nicht vor, wir haben ein selbständiges und freiwilliges Stück Arbeit vor uns, das erste, das er nach seiner Gehirnblutung veröffentlicht, aber es trägt keinerlei Spuren der Ausdrucksschwierigkeiten, die er in seinen Briefen an Cecilia aus der gleichen Zeit erwähnt. Dieser Artikel stammt nicht von einer unzurechnungsfähigen oder geistig geschwächten Person, diese Entschuldigung liegt ebenfalls nicht vor. Neben allen Schmähungen, die ihm zuteil geworden sind, hat man Hamsuns Artikel denn auch als künstlerische Leistung bezeichnet. Hier handelt es sich auch um seine erste Veröffentlichung nach Telavaag, und seine Bemerkung gegenüber Tore zeigt, daß er selbst den Artikel als eine Distanzierung von Terbovens Methoden empfunden hat. Er fürchtete, daß die Zensur ihn nicht durchlassen würde. Die Notwendigkeit, seine Botschaft durch die Zensur zu schmuggeln, und eine starke innere Bewegung waren die auslösenden Faktoren für sein Talent. War dies dann eine Entschuldigung, ein mildernder Umstand? Nein, keineswegs. Am 13. Februar 1943 konnte man in der *Aftenpost* unter der Überschrift «Schon wieder!» den wie ein Zeitzünder wirkenden Artikel lesen, den ihm der größte Teil der norwegischen Bevölkerung bis auf den heutigen Tag nicht vergeben hat:

*Immer wieder erreichen mich Hilferufe, die mich anflehen, um Gnade für zum Tode Verurteilte zu bitten.*

*Sie kommen von Eltern und Angehörigen, und die Verurteilten, die jetzt sterben sollen, sind ausnahmslos junge Leute.*

*Was haben sie getan? Das wissen wir alle! Sie haben für England gearbeitet.*

*Heute wieder ein neuer Fall: Dreizehn junge Leute sitzen in einem Lager in*

*der Nähe von Oslo und warten auf den Tod. Sie haben für England gearbei-*
*tet.*

*Es sind englischgesinnte Leute – und das ist ihre Sache! Sie glauben an Eng-*
*lands Sieg, sie wollen diesen Sieg und wollen dazu beitragen – auch das ist ihre*
*Sache! Aber 13 Mann für England? Und wenn es dreizehnhundert wären –*
*weshalb England helfen, das ja sowieso siegen wird? Liegt in diesem Gedan-*
*kengang Verstand und Logik? Die blutigen Erfahrungen dreier Jahre haben*
*ihnen gezeigt, daß dies geradewegs zu Verurteilung und Tod führt. Sie hätten*
*sich bloß ruhig halten und auf Englands Sieg warten können.*

Hamsun schreibt, daß einige sich auf das gefährliche Komplott eingelassen
hätten, um sich als Männer zu erweisen, sie hätten ihre Verzweiflung nicht
beherrschen können, hätten ohne jeglichen Verstand und ohne alle Vernunft
gehandelt, seien geradewegs ins Verderben gerannt. In einer dunklen Nacht
rufe man sie hinaus, zur Entgegennahme von Waffen, das sei der große Augenblick, jetzt wollten sie auf die Besatzungsmacht schießen. Aber sie können mit ihren Waffen nicht das geringste ausrichten. Sie denken nicht daran,
was an Truppen, Wachen und Polizei ihnen gegenübersteht; sie wissen nicht,
wie viele Augen auf ihnen ruhen, daß man sie seit Wochen und Monaten beobachtet, daß ihre Schritte überwacht werden und Fallen aufgestellt sind. Sie
arbeiten blindlings, bis eines Tages das Unglück über ihnen zusammen-
schlägt, dann erfahren sie es, schreibt Hamsun und schließt:

*Dies ist eine Rede an die Englischgesinnten. Sie sollten doch menschliche*
*Vernunft genug besitzen, um sich zu besinnen. Sie wollen England helfen –*
*gut, das ist ihre Sache! Aber sie können England nicht helfen, indem sie sich*
*selbst vernichten. Sie glauben, daß England siegen wird – jawohl! Aber wes-*
*halb sich dann im voraus einem furchtbaren Risiko aussetzen? Es erweist sich*
*ja als nutzlos, und es erweist sich als der Tod. Aber wenn England gesiegt hat,*
*wird ihnen all der Segen zuteil werden, den sie geschaut haben. Sie müssen*
*nur warten. Ihr ruhiges Leben leben, ihrer täglichen Arbeit nachgehen, bei*
*ihrem Hause und unter ihrem Feigenbaum bleiben und nur warten.*
  *Und nicht ihr Leben aufs Spiel setzen. –*
  *Es ist nicht angenehm, Briefe von Eltern und Angehörigen zu bekommen*
*über die Unglücklichen, die nun verurteilt sind und sterben sollen. Hier wird*
*Jugend und die Hoffnung der Jugend vergeudet, das ist so traurig, ein jeder*
*braucht nur an sich selbst und die Seinen zu denken. Schon wieder diese Brie-*
*fe, das sind erhobene Hände und Rufe um Fürbitte.*

Einem zeitgenössischen Leser mag es schwerfallen, zu verstehen, was genau in diesem Artikel die haßerfüllten Leidenschaften losbrechen ließ. Hamsuns Grundhaltung war ja die gleiche wie in dem Aufruf nach dem 9. April:
Der Kampf ist vergeblich, einige Norweger mehr oder weniger spielen keine

Rolle (es sei denn, sie kämpften an der Ostfront, denn da gilt augenscheinlich das Gegenteil). Darin lag nichts Neues. Außerdem war der persönliche Hintergrund des Artikels deutlich genug. Hamsun hatte versucht, sich von all dem Elend freizuschreiben, das die vielen Bitten über ihn gebracht hatten. Sein Brief war ein Appell um Mitgefühl mit den Hinterbliebenen, der heute mehr bewegt als provoziert.

Was machte die Leute denn so zornig? Vier Worte waren es. Die vier Worte, in denen Hamsun mit einem kleinen Stilkniff die deutsche Zensur beruhigte: *Das ist ihre Sache!* Sein Artikel wurde ganz einfach nicht gelesen; die Leute meinten, die vier Worte bezögen sich auf die Hinrichtungen, während sie sich ja unbestreitbar auf die Überzeugung der Verurteilten beziehen. Das ist ihre Sache! Das bedeutete nicht, daß Hamsun die zum Tode Verurteilten herzlos ihrem Schicksal überließ, sondern daß sie seinetwegen glauben konnten, was sie wollten, also Ausdruck einer Toleranz, mit der er 1943 unleugbar ziemlich allein stand. Dennoch kann man noch heute in Norwegen bekannte Persönlichkeiten finden, die die entgegengesetzte Auffassung vertreten.

Nicht einmal Sigurd Hoel war imstande gewesen, zwischen den Zeilen des Artikels zu lesen, sondern zitierte den berühmten Abschnitt und schrieb, daß «er monumental in seiner Herzlosigkeit gewesen sei». Als man Hoel später darauf aufmerksam machte, daß er nicht gelesen habe, was in dem Abschnitt stand, berichtigte er in einem Neudruck seinen eigenen Kommentar, so daß das «monumental in seiner Herzlosigkeit» zu «monumental in seiner Art» wurde. Wir Literaten vermögen wirklich viel mit einem Radiergummi! Gleichzeitig fügte Hoel eine Fußnote hinzu, in der es versöhnlich hieß: »Erst viele Jahre nach dem Krieg – und nachdem dieser Artikel geschrieben worden war – erfuhren wir, daß Hamsun in aller Stille das Menschenmögliche tat, um das Leben der 13 zum Tode Verurteilten zu retten. Aber vergeblich.»

Woher weiß Sigurd Hoel das? Seine neue Auskunft ist ebenfalls verkehrt. Er berichtigt einen Fehler durch einen zweiten. Ein Anruf bei dem Verteidiger der 13 jungen Männer, Rechtsanwalt J. C. Mellbye in Oslo, hätte leicht die Wahrheit an den Tag bringen können. Wenige Jahre später geschah das durch Sten Sparre Nilson. J. C. Mellbye gab bereitwillig darüber Auskunft, welches Ergebnis Hamsuns monumentale Herzlosigkeit, sein Tritt auf dem Weg zur Richtstätte, seine höhnische Abweisung verzweifelter Eltern gezeitigt hatte: Alle dreizehn waren begnadigt worden.

Hamsun muß selbst von dem Erfolg seines Eingreifens gewußt haben, aber er erwähnte ihn nie, auch während des Prozesses nicht. Sein Verteidiger gab sich in seinem Namen ebenso verschämt. Die Verurteilten und ihre Angehörigen, denen die Wahrheit ebenfalls bekannt gewesen sein muß, sagten ebenfalls nichts. Keiner von denen, die sich während der Besatzungszeit an ihn gewendet hatten, meldete sich während des Prozesses. Keiner von denen, die ihm ihr Leben zu verdanken hatten, trat vor den Schranken des Gerichts oder auch nur in einem Leserbrief als Zeuge auf.

Auch das erwähnt Hamsun nicht. Er hat wohl noch einmal das gleiche gedacht. «Das ist ihre Sache!»
Außerdem gab er sich keinen Illusionen hin. Er konnte bei allen Bemühungen nur die Begnadigung eines Bruchteils aller derer erreichen, die Terboven verurteilen ließ. Im Rechnungsbuch dieses Mannes bedeuteten 13 junge Männer nur ein Almosen, 13 Silbermünzen, die der Bankangestellte dem naiven Greis auf Nörholm hinwarf, teils als Dank für geleistete Dienste, teils, um ihn zum Schweigen zu bringen. Aber Knut Hamsun war während des Winters und Frühjahrs 1943 zu erschüttert von dem, was er sah und hörte, als daß er sich mit einer Geste hätte abspeisen lassen. Es genügte nicht, daß ab und zu ein paar einzelne begnadigt wurden, die Todesurteile, Hinrichtungen, Geiselmorde, die unmenschlichen Niederschießungen, all das mußte aufhören. Jugend und die Hoffnung der Jugend wurden hier vergeudet, das war so traurig, ein jeder konnte die Seinen an ihre Stelle und sich selbst in die Lage der Angehörigen versetzen. So hatte er geschrieben. Galten seine Argumente dennoch auch ein wenig für die Ostfront? Lag in diesen Worten nicht ein kleiner Gedanke an Arild? Konnte er ihn retten, indem er für die anderen Fürbitte leistete? Er saß im Kinderzimmer auf dem öden Nörholm, aber das Patiencelegen gegen solche Gedanken ließ sich ungefähr mit dem Bauen eines Kartenhauses während eines Orkans vergleichen. Es war an der Zeit, daß der «Diplomat» einem größeren diplomatischen Spiel Platz machte. Knut Hamsun hatte versucht, diejenigen aufzuhalten, die riskierten, erschossen zu werden, jetzt mußte er auch versuchen, den aufzuhalten, der schoß. Terboven mußte weg, und dazu gab es nur einen Weg, den gleichen, den er immer gegangen war, wenn er sich als junger Mensch in Schwierigkeiten befunden hatte, den Weg an die Spitze. Dort würde er verstanden werden. Adolf Hitler würde ihn verstehen. Terboven mußte beseitigt werden, und Hitler war der einzige, der das tun konnte, und er würde es tun, wenn Knut Hamsun ihn darum bat, genauso wie Zahl ihm 1000 Kronen, Doubloug ein Ticket nach Amerika und Armour 25 Dollar zugesteckt hatten. Damals hatte es keine Probleme gegeben, und die würde es auch jetzt nicht geben. Als Schriftsteller ging sein Weg zum Führer über Goebbels, aber da lag ja schon seit langem eine Einladung vor, die auf ihn wartete! Er mußte die Reise antreten, die zwei Jahre zuvor wegen schlechten Wetters, Motorstopp und Grippe abgebrochen und ausgesetzt worden war. Das mußte als erstes geschehen. Er mußte sich Zutritt bei Goebbels verschaffen.

# 6
## *Bei Goebbels*

Kronzeugin ist wie gewöhnlich Marie. Sie war im Laufe des Frühjahrs 1943 aus Deutschland nach Nörholm zurückgekehrt und hatte hier einen sehr veränderten Knut Hamsun wiedergefunden. Seine politische Überzeugung war unverändert, aber ihr wurde klar, daß er über Terbovens Methoden empört war, ja, daß er ihn weg haben wollte. Sie erzählt, daß er im Laufe des Frühjahrs eine Einladung des deutschen Propagandaministeriums zur Teilnahme an einem großen Journalistenkongreß in Wien erhielt, und fährt fort:

«Blitzartig war ihm der Gedanke gekommen, daß diese Reise ihm die Gelegenheit bieten könnte, Terboven loszuwerden. Allmählich war er ganz besessen von dieser Idee, die – wie jeder Politiker ihm natürlich hätte erzählen können – der Traum eines Dichters war und nichts weiter. Wochenlang saß er in tausend Gedanken über seiner Patience, brummelte und memorierte, manchmal konnte ich ihn durch Wände und Fußboden hindurch hören, es war so ungefähr wie damals, als er im Nebenzimmer mit August Zwiesprache hielt. Obgleich er also mit keiner Menschenseele über den eigentlichen Zweck der Reise sprach, konnte sein tiefes Geheimnis für den, der mit ihm unter einem Dach lebte, kein Geheimnis verbleiben. Jeden Tag stand er Hitler Auge in Auge gegenüber, sagte immer wieder dieselben Worte, die besten, die er erdenken konnte. Und dann antwortete Hitler vielleicht so und so, aber dann antwortete er, Knut Hamsun, folgendermaßen . . . Tag für Tag saß er da und schrieb, strich, baute auf und riß ein. Er erhob sich ruhelos und schlich im Raum umher, in der Weise, die für ihn so typisch war, wenn seine Gedanken um ein Manuskript kreisten. In der ganzen Zeit wachte er so ängstlich über seinen Schreibtisch wie ein brütender Vogel über sein Nest. Er erschien im Türspalt, wenn jemand zu ihm hineinwollte.»

Marie sagte zu ihm, daß die Reise ihrer Meinung nach ein wahnwitziges Unternehmen sei.

«Wieso», fragte er und sah sie mißtrauisch an.

«Na ja . . . du könntest dich ja erkälten», antwortete sie.

Deshalb wollte er sie nicht mithaben, als die Reise endlich stattfand. Sonst pflegte er sie immer als Dolmetscher zu benutzen. Aber sie war die ganze Zeit über gegen die Reise gewesen, deshalb wollte er sie nicht mithaben.

Sagt Marie. Es ist klar, daß ihrer Aussage, wenn sie stimmt, große Bedeutung beizumessen ist. Sie beweist eindeutig, daß Hamsuns Begegnung mit Hitler von langer Hand geplant war, mit dem Ziel, Terboven aus Norwegen verschwinden zu lassen. Maries mögliche Motive zur nachträglichen Interpretation der Tatsachen in genau diesem Punkt sind leicht zu durchschauen. Warum sagt sie denn so offen, daß sie gegen diese Reise war, ja, daß er sie gerade deshalb nicht mithaben wollte? Ihre Schilderung des ruhelos im Kinderzimmer auf Nörholm herumwandernden Knut Hamsun wirkt auch ein wenig zu lebendig, als daß sie nur erfunden sein könnte. Viel deutet also darauf hin, daß Marie die Wahrheit sagt.

Aber nur die halbe. Knut Hamsun unternahm zu dieser Zeit ja nicht nur *eine* Reise nach Deutschland. Da waren zwei! Einmal die Reise, auf der er Hitler besuchte. Aber kurz davor war er schon einmal in Deutschland gewesen. Davon erzählt sie nichts. Das ist seltsam, denn hier war sie dabei, und auf dieser Reise statteten sie zusammen dem «Minister für Volksaufklärung und Propaganda» Joseph Goebbels einen Besuch ab. Knut Hamsuns eigene Papiere aus der Zeit vermitteln nicht sehr viele Auskünfte über diese Reisepläne. Es liegen nur zwei Privatbriefe vor, in denen er auf seine Reisen nach Deutschland zu sprechen kommt, der eine ist an seine Tochter in Kopenhagen gerichtet, der andere an seinen alten Bruder, den Schuhmacher-Ole auf Hamaröy. Sie verraten nichts von dem eigentlichen Reisezweck, aber sie bestätigen eindeutig, daß es sich um zwei Reisen handelte und daß die zweite zum Journalistenkongreß nach Wien führen sollte. Dadurch, daß er sich damit einverstanden erklärt hatte, auf diesem dezidierten Propagandatreffen als Redner aufzutreten, hatte Hamsun als der bekannteste der anwesenden Journalisten sich zweifellos eine Gegenleistung verdient. Und wer konnte ihm dazu verhelfen, wenn nicht der für den Kongreß zuständige Minister, der Mann, dem Hamsun durch seine Anwesenheit eine besondere Freude bereiten würde, also Goebbels? Mit anderen Worten, Hamsun mußte ihn aufsuchen, bevor er nach Wien reiste, aber auch dazu bot sich nun eine Gelegenheit, da er Ende Mai zusammen mit Marie sowieso nach Deutschland mußte. Es gab wieder Schwierigkeiten mit Ellinor.

Wie alle Hamsunschen Kinder war die jetzt siebenundzwanzigjährige Ellinor sehr früh von zu Hause weggeschickt worden, weil der Vater seine Ruhe zum Arbeiten brauchte. Als Fünfzehnjährige wurde sie in eine Klosterschule in Krefeld gesteckt, später brachte sie einige Jahre in Paris und Bordeaux zu. Während des Krieges heiratete sie den Filmregisseur Richard Schneider-Edenkoben (einen Vetter des berüchtigten Generalgouverneurs von Polen, Hans Frank), der sie in die höheren Nazikreise von Berlin einführte, aber das dauerte nicht lange; die Ehe ging in die Brüche, die schöne, begabte und umschwärmte Ellinor Hamsun, das Lieblingskind ihres Vaters, war nicht gesund. In einigen bereits veröffentlichten Briefen an Marie klagt Knut Hamsun darüber, daß Ellinor die Nahrungsaufnahme verweigere, und die Geschichte komplizierte sich noch mehr, als Ellinor in Deutschland einen schweren Autounfall erlitt, der sie für lange Zeit ans Bett fesselte und bewirkte, daß sie sich angewöhnte, ihre starken Schmerzen (die Beckenpartie war zertrümmert) mit Alkohol zu betäuben. Nach dem Zusammenbruch ihrer Ehe hatte die Mutter sie auf einer ihrer Reisen in einem Sanatorium in München-Gladbach untergebracht, aber im Winter 42/43 legten englische Bomber das Sanatorium in Schutt und Asche, und die nervenschwache Ellinor wurde Zeugin erschütternder Szenen. Genau zu dem Zeitpunkt schrieb Knut

Hamsun an Cecilia in Kopenhagen, daß die Mutter hingefahren sei, um sich um Ellinors Angelegenheiten zu kümmern. Offenbar hatte Marie ihre Tochter in einem Heim in Baden-Baden untergebracht, und das war leider nicht gutgegangen. Jedenfalls beschlossen sie nun, ihre Tochter nach Hause, nach Nörholm zu holen. Da sie fliegen wollten, würden sie notwendigerweise über Berlin reisen. Dadurch ergab sich die Möglichkeit, die Begegnung mit Goebbels zu arrangieren, die als Vorläufer für die Unterredung zwischen Hamsun und Hitler dienen könnte.

Das waren die Etappen auf dem Weg nach Berchtesgaden, ein kompliziertes System von Leistungen und Gegenleistungen, bewußten Bemühungen und zufällig zusammenfallenden Umständen. Die praktische Vorbereitung des Programms war zweifellos Sache der NS, die sich sowieso darauf vorbereitete, eine vielköpfige Abordnung zum Kongreß nach Wien zu schicken.

Vom ersten Tag an wurde der Propagandakessel angeheizt. Auf der ersten der beiden geplanten Reisen nach Deutschland – der Reise, auf der Marie ihn begleitete – verließ Knut Hamsun Oslo mit einem Militärflugzeug am 17. Mai, der nicht nur norwegischer Nationalfeiertag, sondern auch der 10. Gründungstag der Nationalen Sammlung durch Quisling war. Das Parteiorgan *Fritt Folk* veröffentlichte anläßlich dieses Ereignisses eine Äußerung von Hamsun, oder wie es zusammenfassend im Vorspann des Artikels hieß:

Vom Dichterfürsten auf Nörholm – im übrigen in Oslo auf der Durchreise ins Ausland – hat *Fritt Folk* anläßlich des zehnjährigen Bestehens der Nationalen Sammlung folgenden Gruß erhalten: «Ich finde, jetzt geht es vorwärts», sagt Hamsun. «Die U-Boote arbeiten ja Tag und Nacht. Europa hält sich bereit, innerhalb der nächsten Wochen werden wir wohl Neues von der Ostfront hören, und innerhalb eines Monats wird Japan sich gemeldet haben. In dieser Situation fühlt sich ein Wahrsager wie ein Fisch im Wasser! Und in unserem eigenen kleinen langen Norwegen feiern wir den 17. Mai und den Jubiläumstag der Nationalen Sammlung. Ich sende uns allen die besten Glückwünsche.»

In der Zeitung selber brachte *Fritt Folk* außerdem einen großen Artikel unter der Überschrift: «Knut Hamsun: Die norwegische Jugend sollte einsehen, daß es ihre Pflicht ist, zu den Waffen zu greifen. Die größte Freude des Dichterfürsten ist, daß sein Sohn an der Front als Freiwilliger für Volk und Vaterland kämpft.» Dem großen Photo von Hamsun hatte man einen pathetischen Text beigefügt. Kein Dichter habe so tief und erhaben das Lob des Lebens und der Jugend gesungen wie er, und vielleicht sei gerade dieser innige Glaube an das Leben und die Jugend die Triebfeder gewesen, wenn er sich jetzt so völlig und mannhaft zu den Ideen des neuen Europa bekenne und die norwegische Jugend eindringlich zum Kampf gegen die Gefahr mahne, die alles, was unser Leben groß und reich mache, zu zerstören drohe.

Soweit *Fritt Folk* am Tag vor Hamsuns Abreise aus Oslo. War das der Preis für das Flugticket nach Deutschland? Jedenfalls wurde es eine Eintrittskarte zu Goebbels. Mit dieser frischen Nummer der Zeitung in der Hand war es eine Kleinigkeit, zwischen Hamsun und Hitlers Propagandaminister eine Unterredung zustande zu bringen, und daß die Sache etwa so verlaufen ist, zeigt die Tatsache, daß Goebbels selbst am 19. Mai 1943, dem gleichen Tag, an dem er Hamsun und seine Frau empfing, Hamsuns Äußerungen für die Zeitung in seinem Tagebuch zitiert.

Der Besuch war auf den Nachmittag angesetzt und fand in dem Palais statt, das Goebbels kurz vor dem Krieg hatte bauen lassen. Die Frau des Ministers, die blonde Magda, war während der Unterredung anwesend, und Hamsun lernte auch die sechs Kinder des Ehepaares kennen, deren Namen aus Ehrerbietung für Hitler alle mit H anfingen, die zehnjährige Helga, die neunjährige Hilde, den siebenjährigen Helmut, die sechsjährige Holde, die fünfjährige Hedda und die zweijährige Heide.

Hamsun beugte sich zu den Kindern hinunter und gab jedem einzeln die Hand. Wie alle Kinder machte diese Schar einen tiefen Eindruck auf ihn, und später redete er oft von Goebbels' schönen Kindern: «Seine fünf Töchter waren alle blond», sagte er, «von der kleinsten bis zur größten standen die fünf Mädchen da wie die Orgelpfeifen, dann war da auch noch ein Junge.»

Hamsun konnte glücklicherweise nicht wissen, daß alle sechs, die Mädchen und der Junge, die blonden und der schwarze, knapp zwei Jahre später von ihrem eigenen Vater getötet werden sollten. Jetzt begrüßte er den «kleinen Doktor». Mit seiner schmächtigen, dunkelhäutigen Figur bildete Joseph Goebbels einen starken Kontrast zu all dieser lichten Herrlichkeit, ein Mann mitten in den Vierzigern, fast zwei Köpfe kleiner als Hamsun, «ein nachgedunkelter Schrumpfgermane», wie ihn der Volkswitz bissig getauft hatte, aber stutzerhaft gekleidet in blauem Anzug und elegantem Schlips («der studierte Bruder in einer Mechanikerfamilie», sagte Ernst Jünger). Goebbels hinkte sichtlich auf dem linken Bein. Er hatte keinen Klumpfuß, wie die meisten glaubten, sondern hatte als Kind Osteomyelitis, eine Art Knochenmarkentzündung gehabt. Nach einer mißlungenen Operation an dem Siebenjährigen war sein linkes Bein kürzer geworden als das rechte. Das hinderte ihn daran, im Ersten Weltkrieg Soldat zu werden.

Wie wirkte dieser Mann auf Knut Hamsun, der bei irgendeiner Gelegenheit einmal eine Zeitungsumfrage darüber, welche Eigenschaften er bei Frauen am höchsten schätze und welche bei Männern, damit beantwortet hatte, daß er beide Male das Wort Redlichkeit nannte?

Goebbels' Propaganda hatte unbestreitbar Erfolg gehabt: Er schreibt in seinem Tagebuch, daß Hamsun ihn bei dieser Gelegenheit zum ersten Male gesehen habe und daß dem Dichter die Tränen in die Augen getreten seien, so daß er sich habe abwenden müssen, um seine Rührung zu verbergen.

Er selbst sei über den Besuch ebenfalls sehr gerührt gewesen, schreibt Goebbels weiter. Vor sich habe er einen vierundachtzigjährigen Herrn mit einem wunderbaren Kopf gesehen. Die Weisheit des Alters sei ihm auf der Stirn geschrieben gewesen. Es sei sehr schwierig gewesen, mit ihm zu sprechen, da er taub war; seine Frau habe Goebbels' Worte ständig ins Norwegische übersetzen und ihm ins Ohr brüllen müssen. In diesem Fall lesen wir also Goebbels' Version von Maries Version der Hamsunschen Worte. Der Minister war überwältigt, so sagte er selbst, für ihn sei Hamsun der ideale Heldendichter, und wir alle könnten uns glücklich schätzen, seine Zeitgenossen sein zu dürfen. Alles, was er gesagt habe, sei klug gewesen; er habe nur wenig gesprochen, aber seine Worte seien von der Erfahrung des Alters getragen gewesen und hätten von einem kämpferischen Leben gezeugt. Sein Glaube an Deutschlands Sieg sei unerschütterlich gewesen. Von seiner Kindheit an habe er die Engländer verabscheut. Er habe viele Jahre in den Vereinigten Staaten gelebt und die Menschen dort als bar jeder Kultur beschrieben. Goebbels war glücklich darüber, den berühmten Mann kennengelernt zu haben. Hamsun besaß eine Bescheidenheit, die völlig mit seiner großen Persönlichkeit harmonierte. Immer wieder betrachtete Goebbels die hohe Stirn, hinter der die Gestalten geboren wurden, die ihn von frühester Jugend an begleitet hatten. Hamsun war ein Dichter, der schon längst über Gut und Böse erhaben war. Er schilderte die Menschen nicht, wie sie sein sollten, und betrachtete sie weder durch die Brille des Optimisten noch des Pessimisten, sondern ausschließlich durch Gläser von bezaubernder realistischer Objektivität. Zweifellos werde man ihn eines Tages zu den größten Dichtern der Welt rechnen, meinte Goebbels, genau wie der Jude Friedell. Es sei eine Schande für Schweden, Dänemark und insbesondere für sein eigenes Land, Norwegen, daß diese Länder wegen seiner Deutschfreundlichkeit seine Bücher nicht mehr druckten. Goebbels gab sofort den Befehl, seine Werke in einer Neuauflage von 100 000 Exemplaren herauszubringen. Hamsun protestierte bescheiden. Er sagte, er sei alt und man habe so wenig Papier zur Verfügung und daß er diese Ehre nicht verdiene. Goebbels meinte, diese große Persönlichkeit sei ein weiterer Beweis dafür, daß wirkliche Genialität sich immer mit einer fast rührenden Bescheidenheit verbindet. Als Hamsun und dessen Frau ihn nach dem zweistündigen Gespräch verließen, habe er das Gefühl gehabt, einen der schönsten Augenblicke seines Lebens erlebt zu haben. Er hoffte, ihn öfter in seinem Hause begrüßen zu dürfen. Auch auf Magda hatte der Besuch einen tiefen Eindruck hinterlassen. Hamsun hatte ja immer zu ihrer Lieblingslektüre gehört. «Wenn ich in Zukunft seine Bücher lese, werde ich imstande sein, den Autor selbst vor mir zu sehen», schloß der Propagandaminister seine lange Tagebuchaufzeichnung.

Der Besuch war ein Erfolg geworden, und man kann ruhig davon ausgehen, daß dieser Eindruck auf Gegenseitigkeit beruhte. Hamsuns Bewegtheit war echt. Als er und Marie wieder wohlbehalten nach Nörholm zurückgekehrt waren, dachte er lange darüber nach, was er Dr. Goebbels als Dank zukommen lassen könne. Hamsun wußte natürlich, daß Hitlers Propagandaminister als junger Mann den hohen, aber uneingelösten Ehrgeiz gehegt hatte, Dichter zu werden, und am 17. Juni kam ihm die Idee zu einem Geschenk, das aus eben diesem Grund jede Aussicht haben mußte, beim Empfänger Freude zu erwecken. Während der Haussuchung, die in Verbindung mit dem späteren Prozeß auf Nörholm durchgeführt wurde, fand man einige Papiere, deren Inhalt bisher geheimgehalten worden ist. Aus diesen Quellen geht hervor, daß Hamsun dem Reichsminister für Volksaufklärung und Propaganda, Dr. Joseph Goebbels, als Dank die Medaille schickte, die man ihm 1920 zusammen mit dem Literaturnobelpreis in Stockholm überreicht hatte.

Goebbels nahm die Nobelpreismedaille nicht an, ohne zu erröten. Bei der Haussuchung auf Nörholm fand die Polizei auch die Antwort des Propagandaministers vom 23. Juni 1943:

«Daß Sie mich in dieser Weise mit der schwedischen Nobelpreismedaille, der höchsten Auszeichnung für Ihre Dichtkunst, beehren, kann mich nur beschämen», schreibt Goebbels. «Ich würde diese Ehrenbezeugung nicht entgegennehmen können, wenn sie nur mir selbst und meiner eigenen öffentlichen Tätigkeit zugedacht wäre, aber ich betrachte sie als Ausdruck Ihrer Verbundenheit mit unserem Kampf um ein neues Europa und eine glückliche Gesellschaft.»

Das Datum des Briefes ist wichtig. Eine Woche später hatte Goebbels von dieser Sache eine völlig andere Auffassung.

In seiner Tagebuchnotiz über Hamsuns Besuch erwähnte der Minister nichts von einer eventuellen Begegnung mit Hitler. Der Kongreß in Wien fand erst in einem Monat statt, und so langfristige Absprachen konnte man mit Hitler gar nicht treffen, der solche Beschlüsse aus Sicherheitsgründen bis auf den allerletzten Augenblick hinausschieben mußte. Außerdem können wir nicht wissen, ob Goebbels die Sache später erwähnt, da gerade die Zeit zwischen dem 28. Mai und dem 25. Juli 1943 in den Tagebüchern fehlen, deren Typoskripte in den Ruinen des Propagandaministeriums aufgefunden wurden. Zweifellos wurde die Sache weiterverfolgt, jedenfalls änderte Hamsun seinen Beschluß nicht, knapp einen Monat später seine Deutschlandreise Nummer zwei antreten zu wollen. Am Mittwoch, dem 23. Juni, dem gleichen Tag, an dem Goebbels ihm seinen Dank für die Nobelpreismedaille übermittelte, saß er wieder im Flugzeug nach Deutschland.

Knut Hamsun wurde auf der Flugreise von Professor Herman Harris Aall und Ministerialrat Egil Holmboe begleitet, die während des Aufenthalts, der laut Plan nur zwei Tage, von Mittwoch bis Freitag nachmittag, dauern sollte, anstelle von Marie als Dolmetscher für den Dichter fungieren sollten.

Die Maschine landete um 15.00 Uhr in Wien, wo die Ankunft des vierundachtzigjährigen Nobelpreisträgers als Sensation betrachtet wurde. Im großen Kongreßsaal der Wiener Hofburg saßen 500 Journalisten aus 40 deutschen oder von Deutschen kontrollierten Ländern und warteten auf sein Erscheinen; fast alle in diesem Milieu kannten seine Bücher und hatten sie gelesen, selbst die deutschen Wachtposten an der Einfahrt zum Flughafen wußten, was bevorstand, und baten die Norweger, die Hamsun abholen sollten, sie möchten langsam fahren, damit sie den Dichter zu Gesicht bekommen könnten.

Hamsun wurde im Flughafen von einer offiziellen Delegation unter der Führung eines Dr. Henning aus dem Propagandaministerium empfangen. Außerdem waren da der Abteilungsleiter Moser aus dem Reichskommissariat in Oslo, Chefredakteur Rishovd vom *Fritt Folk* und schließlich der in Wien ansässige norwegische Opernsänger Gunnar Graarud. Nach den Worten der Journalisten wirkte Hamsun «aufrecht und elastisch», als er aus der Maschine trat, aber doch etwas müde von der Reise. Er sagte zu einem der Journalisten, daß er allmählich ganz scharf aufs Fliegen sei.

«Man kann ja nicht mehr von Entfernungen sprechen, außerdem hat man alles so gut für mich vorbereitet. Aber das wohl, weil ich alt geworden bin. In meinen jungen Tagen war das anders. Da mußte ich mir meinen Weg selber bahnen.»

Die letzte Bemerkung begleitete ein Augenzwinkern und ein energisches Nicken, schrieb der Journalist.

Vom Flughafen aus fuhr die Gesellschaft zum Hotel *Imperial,* wo Hamsun während seines Aufenthalts wohnen sollte. Vor dem Eingang hatte sich eine große Zahl Neugieriger versammelt, hauptsächlich Angehörige der norwegischen Kolonie von Wien. Programmgemäß sollte Hamsun seine Rede bereits um 17 Uhr, nur eine Stunde nach seiner Ankunft im Hotel, halten; aber das war nicht zu schaffen, der alte Mann war zu müde. Statt dessen machte man aus, daß er sich nur mit ein paar Worten an die Versammlung wenden solle, worauf Rishovd seine Rede aus dem Manuskript vorlesen würde.

Der Kongreßsaal der Wiener Hofburg summte vor Erwartung, und als Knut Hamsun ein paar Minuten nach fünf auftauchte, «kerzengerade», brach ein minutenlanger stürmischer Beifall los. Alle erhoben sich. Mit Rufen und Klatschsalven grüßten 500 NS-Journalisten aus vierzig verschiedenen Ländern ihr bestes Alibi. Hamsun wurde von Hitlers Pressechef, Dr. Dietrich, begrüßt, der ihn zu seinem Ehrenplatz führte und in einer kurzen Rede willkommen hieß. Dann erhob Hamsun sich ein wenig unsicher. Im gleichen Augenblick donnerte der Beifall wieder los, hier war deutlich die Grenze des für den Alten Erträglichen; Rührung und Erschöpfung wollten ihn fast übermannen, aber es half, daß er vor einer Versammlung stand; das hatte er seit seiner frühesten Jugend getan, und war es vielleicht leichter gewesen, damals, als er in Gjövik vor sieben Zuhörern einen Vortrag über Strindberg gehalten hatte? Jetzt hatte er seine Stimme unter Kontrolle, seine beiden ersten Worte, «Verehrte Versammlung», klangen fest und klar durch den Beifall und ließen ihn augenblicklich verstummen. In der darauffolgenden Stille fuhr er fort, noch immer auf norwegisch:

«Ich bitte um Verzeihung dafür, daß ich es gewagt habe, mich hier vor Sie hinzustellen. Das Schreiben macht mich müde, und sprechen kann ich nicht. Hier sitzen nun Vertreter aller europäischen Völker. Ich bitte Sie nur, einen Gruß von einem Dichter aus dem hohen Norden entgegenzunehmen. Er schrieb Bücher, bevor er müde wurde. Jetzt kann man nur mit seinem Wohlwollen rechnen. Er ist zu alt.»

Hamsun setzte sich wieder, seine Worte wurden übersetzt, und als der Beifall sich gelegt hatte, ging Rishovd zum Rednerpult und las den Beitrag von einer Sprachkraft vor, wie er sie von seiner Zeitung her nicht gewöhnt war. Hamsuns Rede gestaltete sich als heftiger Angriff auf England. Nur Deutschland widerstehe dem Gift der englischen Politik, aber gerade weil Deutschland groß und mächtig sei, werde es zum Gegenstand von Albions tödlichem Neid. Während des Ersten Weltkriegs habe es tapfer wie immer gekämpft, aber es habe vier Erdteile zum Gegner gehabt und verloren. England habe nicht verloren. England ziehe immer Vorteil aus den Niederlagen der anderen. Das seien dunkle Jahre für Deutschland gewesen, fremde Elemente infizierten und schwächten den germanischen Geist. Ungermanische Völkerschaften beuteten die bereits durch den Krieg ausgemergelte Bevölkerung aus. Eine Milliardenbeute an Kriegsentschädigungen. Die Flotte wurde versenkt. Die Kolonien geraubt. Arbeitslosigkeit und Not. Aber dann sei für Deutschland die Zeit des Nationalsozialismus gekommen mit Leben und Tätigkeit und Aufschwung auf allen Gebieten, eine Offenbarung, ein Wunder an Willen und germanischer Kraft. Adolf Hitler sei der Führer. Aber England habe diesen Aufschwung nicht zulassen können, Hitler habe nachgegeben und nachgegeben, nur ein wenig Entgegenkommen verlangt, eine Landstraße in ein abseits gelegenes deutsches Gebiet, aber England habe ihm nicht entgegenkommen wollen, England habe Krieg gewollt. Die Engländer brauchten nicht selbst zu kämpfen, nein, nein, ein Land nach dem anderen habe von ihnen Garantien bekommen, damit ein Land nach dem anderen bis zum letzten Mann für England kämpfen konnte. Da habe Hitler das Schwert gezogen, er sei ein Kreuzfahrer und ein Reformator, er wolle eine neue Zeit und ein neues Leben für alle Länder schaffen, eine dauerhafte internationale Einigkeit. Genau das wolle er. Und hier steht er nun, dieser seltsame Mann, der die Welt aus den Angeln gehoben hat. Er hat seinen großen Kampfgenossen in Italien zu Seite. Sie schaffen es zusammen – und dann ist der Krieg vorbei. Aber dies sei Hamsuns Zeugnis: England müsse in die Knie!

Hamsuns journalistischer Spürsinn verleugnete sich nicht, die vier letzten Worte waren eine vorzügliche Schlagzeile, die den anwesenden Presseleuten nicht entging.

Am nächsten Tag lieferte seine Rede in 40 Ländern den Stoff für die Titelseiten: Knut Hamsun, Doppelpunkt: England muß in die Knie! Ein zeitgenössischer Leser beachtet eher, daß der Vortrag in der Stadt, in der Egon Friedell sich das Leben nahm, den zweiten Fall darstellt, in dem Hamsun sich – wenn das Referat korrekt ist – abschätzig über die Juden äußerte, wenngleich es an dieser Stelle nur indirekt geschah. Insgesamt geschah das bei drei Gelegenheiten, die letzte ergab sich zwei Tage später.

Bereits am ersten Tag war der Erfolg sicher. Die Korrespondenten des *Fritt Folk* fanden es beeindruckend, ja, überwältigend, wie der alte Fürst aufrecht dastand und mit lauter und fester Stimme seine Grußbotschaft überbrachte, aber als das Blatt sich hinterher an den Dichter wandte, um seinen Kommentar zu dem stürmischen Empfang einzuholen, wurde der Journalist abgewiesen. Hamsun war augenscheinlich nicht sonderlich begeistert über das Aufsehen, das er erregte:

«Was erwarten die eigentlich alle von mir?» fragte er den Journalisten. «Die müssen doch wissen, daß ich alt und müde bin. Ich reise gern, und diese Reise gefällt mir, aber es gefällt mir nicht, daß man so viel von mir erwartet.»

Später bemerkten die Journalisten, daß Hamsun ein langes Gespräch mit Hitlers Pressechef, Dr. Dietrich, führte, bei dem Egil Holmboe als Dolmetscher fungierte. Am Abend war für die Kongreßteilnehmer, die Lust dazu hatten, ein Theater- und Opernbesuch arrangiert, und zum Schluß gaben Dietrich und der Reichsstatthalter von Wien, Baldur von Schirach, einen großen Empfang in der Wiener Hofburg. Bei dieser Gelegenheit sagte Hitlers Pressechef zu dem norwegischen Journalisten Ole Schjerven, daß man in führenden deutschen Kreisen Hamsuns Reise die allergrößte politische Bedeutung beimesse, aber der Journalist achtete nicht sonderlich genau auf die Worte. «Es waren die gewöhnlichen Banalitäten, die bei solchen Anlässen fallen», meinte Schjerven. Er sah das Muster nicht, das sich immer deutlicher abzuzeichnen begann. Otto Dietrich war als Staatssekretär im Propagandaministerium Goebbels' unmittelbarer Untergebener und einer der wenigen, die unangemeldet Zutritt zu Hitler hatten. Baldur von Schirach war gerade direkt aus Berchtesgaden nach Wien gekommen. Wenn wir auch nicht viel über die Absprachen wissen, die auf Hamsuns beiden Reisen in Deutschland getroffen wurden, so fällt doch auf, daß er gerade mit diesen Hauptfiguren in eben der Reihenfolge in Berührung kommt, die ihn am zweckmäßigsten zum Ziel führen konnte.

Ein Blick hinter die Kulissen macht die Sache noch klarer. So war Baldur von Schirach beispielsweise nicht sonderlich guter Laune, als er seine Gäste in der Wiener Hofburg empfing. Am Abend zuvor hatte es nämlich einen dummen Zwischenfall zwischen Hitler und Schirachs Frau, der hübschen Henriette, der Tochter von Hitlers Privatphotographen, Heinrich Hoffmann, gegeben. Sie hatten um den Kamin in Hitlers großem, nur von einer einzigen Lampe über dem Feuer im Kamin erleuchteten Wohnzimmer gesessen, Hitler mit seinem Tee, die anderen mit ihrem Cognac. Henriette hatte erzählt, daß sie in Amsterdam einige Juden gesehen habe, die zur Deportation auf einen Lastwagen gezwungen wurden.

«Der Anblick dieser armen Menschen war schrecklich», sagte sie zu Hitler, «ist Ihnen klar, daß so etwas geschieht?»

So etwas? Henriette hatte vergessen, daß Juden auf dem Berghof Tabu waren. Ihre Bemerkung stieß auf eiskaltes Schweigen.

Dann sagte Hitler:

«Sie brauchen die nicht zu bemitleiden, die werden nur zum Arbeiten gefahren, und gleichzeitig fährt man einige von unseren Soldaten an die Front zum Sterben.»

Nach einer Pause fügte der Führer hinzu, daß sie hassen lernen müsse. Henriette antwortete leise mit einem Zitat aus Goethes «Iphigenie»: «Nicht mitzuhassen, mitzulieben bin ich da.» Da mischte sich ein dritter Gast in das Gespräch ein und gab Hitler Gelegenheit zu einer Reihe von Vergleichen zwischen Berlinern und Wienern, die für die letzteren so verletzend waren, daß Frau von Schirach die Tränen in die Augen stiegen. Den Rest der Nacht war die Stimmung gespannt. Hitler gab wie gewöhnlich das Zeichen zum Aufbruch erst, nachdem die letzte Entwarnung vom Luftmeldedienst eingelaufen war, und das geschah in der Nacht erst um 4 Uhr (3000 Tote unter der Zivilbevölkerung von Wuppertal). Es begann bereits zu dämmern, als von Schirach nach Wien zurückflog. Man meint, daß Hitler bei dieser Gelegenheit den Reichsstatthalter darum gebeten habe, dafür zu sorgen, daß seine Frau nicht mehr in «voller Kriegsbemalung» erscheine.

«Sie hatte sich wie eine Kuh benommen», sagte der dritte Gast. Hitler hatte ihn geholt, um ihn mit seiner neuen Strategie bekannt zu machen: Ural, Kaukasus und Naher Osten aufgegeben für eine Stärkung der existierenden Frontlinien und der Bereitschaft in Italien, wo der Führer bereits die Invasion der Alliierten und Mussolinis Fall voraussah. Das Gespräch fand am 24. Juni statt. Am nächsten Tag verließ auch dieser Gast Berchtesgaden. Er sollte eine alljährliche «Große Deutsche Kunstausstellung» in München eröffnen. Es war Dr. Joseph Goebbels.

Wenn wir uns kurz die Ereignisse der voraufgegangenen Wochen ins Gedächtnis zurückrufen, dann zeigt sich jetzt, wie perfekt die Steine zueinander passen. Vorausgesetzt, daß Hamsuns Begegnung mit Goebbels zustande kam, weil er eine spätere Audienz bei Hitler wollte, dann ist der Weg für den weiteren Verlauf klar gebahnt. Goebbels vergißt Hamsuns Wunsch nicht, er erhält ja kurz darauf Hamsuns Nobelpreismedaille, für die er sich in einem Brief vom 23. Juni bedankt. Am gleichen Tag fliegt er zu einer Unterredung mit Hitler, die den ganzen nächsten Tag dauert, und das ist genau der Tag, an dem die Zeitungen voll sind von Hamsuns glanzvollem Auftritt im nahen Wien. Nichts ist leichter gewesen, als die Gelegenheit zu ergreifen und Hitler Hamsuns Wunsch nach einer Audienz vorzulegen. Die Einladung kann passenderweise Baldur von Schirach überbringen, der in der Nacht vom 24. auf den 25. von Berchtesgaden nach Wien fährt und der nach der peinlichen Episode das größte Interesse daran hat, den auch für den Führer recht schmeichelhaften Besuch zu fördern. Wenn Henriette eben angedeutet hat, daß Hitler den großen Goethe nicht kennt, den Napoleon aufsuchte, dann kann Baldur jetzt wenigstens dazu beitragen, daß der große Hamsun Hitler aufsucht, und nicht umgekehrt.

Damit sind wir wieder in Wien, Freitag vormittag, am 25. Juni. An diesem Tag sollten der Journalist Ole Schjerven und Dr. Gudenrath vom Reichskommissariat in Oslo Hamsun programmgemäß im Flugzeug nach Berlin zurückbegleiten und von da aus weiter nach Oslo. Aber was geschah? Schjerven schreibt, daß er am Freitagmorgen «mit einiger Verwunderung» die Mitteilung erhielt, daß Hamsun nun doch nicht an dem Tag reisen würde. Gegen Mittag kam dann der Bescheid, daß Schjerven und Gudenrath trotzdem am selben Nachmittag nach Berlin fliegen und hier Hamsuns Ankunft im Laufe des Sonnabends abwarten sollten.

«Bereits da vermuteten wir, daß etwas Außergewöhnliches bevorstand», sagt Schjerven.

Ein wenig Journalist war er ja doch, aber er kriegte nicht heraus, was sich da vorbereitete. Der Schleier wurde erst Sonnabend mittag gelüftet, als eine Pressemeldung von Dr. Dietrich eintraf. Da gab es wieder umsonst Stoff für die Titelseiten für die in Wien versammelten Presseleute und den staunenden Ole Schjerven in Berlin. Die Fernschreibermeldung von Dietrich hatte folgenden Wortlaut:

«Der Führer hatte den Wunsch, Knut Hamsun in seinem Hauptquartier zu empfangen, und sein eigenes Privatflugzeug befindet sich in diesem Augenblick mit Knut Hamsun und Ministerialrat Holmboe an Bord auf dem Weg von Wien zum Führerhauptquartier.»

Zur gleichen Zeit, am Sonnabendvormittag, dem 26. Juni 1943, schilderte André Gide (74) in seinem «Journal» seine erste Begegnung mit de Gaulle (53), die am Abend zuvor in einer Villa in El Biar, einem Vorort von Algier, stattgefunden hatte. De Gaulle sei herzlich, geradezu und sehr rücksichtsvoll gewesen, als ob die ganze Freude und Ehre dieser Begegnung auf seiner Seite gewesen wäre, schrieb André Gide. Er hatte gerade seine Wohnung in Paris, 1 bis, rue Vaneau, einem jungen Journalisten und Widerstandskämpfer aus Algier, Albert Camus (30), überlassen, und hier traf Camus zum ersten Male einen studierten Philosophen, der ebenfalls aktiv in der Widerstandsbewegung tätig war und Jean-Paul Sartre (38) hieß.

Nicht weit von der rue Vaneau, im Zimmer 231 des Hotels *Rafaël,* saß an diesem Tag, Sonnabend vormittag, dem 26. Juni 1943, der Hauptmann der Wehrmacht Ernst Jünger (48) und schrieb in sein Tagebuch die letzten Schreckensberichte aus den deutschen Städten: der Kölner Dom, gerade von einem Volltreffer getroffen, das brennende Phosphor, das an den Opfern klebte und verzweifelte Mütter ihre Kinder in die Flüsse werfen ließ. Gegen Mittag sprach Ezra Pound (57) in den Studios von Radio Roman in der Via Asiago seinen zweiten wöchentlichen Vortrag auf Band, der davon handelte, daß arme Juden ebenso ausgebeutet seien wie andere Menschen, während weit davon entfernt, auf der Farm Vigía außerhalb des Dorfs San Francisco de Paula, 15 Meilen von Havanna, Cuba, entfernt, sein alter Freund Ernest Hemingway (54) an Mac Leish (51) schrieb, daß Ezra Pound sich nach der Veröffentlichung seines Cantos Nr. 12 lieber hätte erschießen sollen, den sechsten Definitivos (einen Daiquiri aus weißem Rum, Tequila und Lemon) an diesem Tag trank und seinen Verleger Max Perkins (58) anrief, um ihm zu sagen, daß er zur Weltpremiere von Paramounts «For Whom the Bell Tolls» nicht nach New York kommen würde.

In Berlin, Bozener Straße 20, Parterre rechts, Telephon 71 21 97 (es funktioniert noch), schrieb Dr. Gottfried Benn (57) an seinen literarischen Freund Dr. F. W. Oelze (52) über Knut Hamsuns Auftritt auf dem Journalistenkongreß in Wien zwei Tage zuvor: «Er ist sein eigener Satyr, dieser Hamsun, er hat immer gewußt, wie man die Journalisten blufft.» Und einige zum Teil ausgebombte Häuserblocks weiter, in dem noch unbeschädigten Hotel *Adlon*, saß einer dieser Journalisten, der Norweger Ole Schjerven (27), nervös auf seiner Weltnachricht wie ein Huhn, das ein Straußenei bebrütet, und erzählte sich selber, daß genau in diesem Augenblick, am Sonnabend, den 26. Juni 1943, um 14.00 Uhr Hamsun (83) bei Hitler (54) eintrete.

# 7
## Bei *Hitler*

Er war mit den Worten von Thomas Mann zuallererst eine Künstlernatur. Er war aus dem Nichts gekommen. Er war als junger Mann überall abgewiesen worden. Hatte im Winter in der Großstadt gehungert, auf den Bänken in den Parks geschlafen. Hatte zuletzt sein Vaterland verlassen und vier Jahre unter den härtesten Bedingungen ohne einen Brief von zu Hause zugebracht. Er war auf allen Gebieten ein Outsider, ein Einsamer, ein Autodidakt, hoch begabt, aber ohne Ausbildung, Aufrührer, aber kein Revolutionär, Proletarier und doch Bürgerlicher. Er war über dreißig gewesen, bevor ihm der Durchbruch glückte und es ihm gelang, mit einigen flammenden Reden Aufsehen zu erregen. Wenige Jahre später war der Unbekannte weltberühmt. Er unterwirft sich den größten Teil von Europa, aber wenn er einen Toast auf seine Siege ausbringt, dann hat er flaues «Fachinger» im Glas. Er trinkt nicht. Er raucht nicht. Er ißt nie Fleisch und nie Fisch. Er bekommt keine Kinder. Von den Frauen, mit denen er im Laufe seines Lebens in engere Berührung kommt, enden Geli und Eva durch Selbstmord, genau wie er selbst; Unity mißlingt der Versuch. Er leidet an chronischer Schlaflosigkeit, Ödemen an den Beinen, Verdauungsbeschwerden. Er ist musikalisch, kann aber nicht tanzen. Er hat Sinn für die Natur, geht aber nie ins Wasser, setzt sich nie auf ein Pferd, klettert nie in ein Ruderboot. Seine Haut kennt keine Sonnenbräune. Er spricht andauernd von Schwertern, kann aber nicht mit einem Hammer umgehen, er erfindet die gefürchteten Sturzkampfflieger mit heulenden Sirenen, aber einen Nagel in die Wand schlagen kann er nicht. Er baut 12 778 km Autobahn, aber er weiß nicht, wie man einen Reifen wechselt. Er mag Kinder und Tiere. Verabscheut die Jagd. Verbietet die Vivisektion. Ihm wird übel beim Anblick eines Fleischerladens. Seine moralischen Grundbegriffe sind Reinheit, Ansteckung, Schmutz. Er muß sich dauernd die Hände waschen. Er lutscht immer desinfizierende Pastillen und nimmt zeitweise bis zu 28 verschiedene medizinische Präparate täglich. Seine schwache Seite sind Sahnetorten und Opern. In den letzten Tagen im Führerbunker unter dem brennenden Berlin schafft er bis zu neun Stückchen hintereinander. Als Dreißigjähriger hat er «Tristan und Isolde» vierzigmal gehört. Wenn er in Bayreuth dem Finale der «Götterdämmerung» beiwohnt und die Burg der Götter in den Flammen zusammensinken sieht, ergreift er Frau Winifreds Hand und drückt sie an seine Lippen. Seine eigenen Inszenierungen der Parteitage in Nürnberg mit Fahnen, Fackeln, Scheinwerfern und Massenaufzügen von SS-Männern in schwarzen Uniformen sind Oper und Totenkult, ein gefährlich lockender Untergangsjubel und Selbstmordtrieb im Namen des Sieges. Humor macht ihn unsicher. Er hält beim Lachen die Hand vor den Mund. Die Grundstimmung seines Wesens ist Pathos, Salbung, Ernst. In Uniform mit schrägem Schulterriemen und Armbinde, im Frack mit Butterfly. «Wenn es um feierlichen Händedruck und Blick geht, ist er unvergleichlich», sagt von Miltenberg. Einen Stigmatisierten nannte ihn Benn. Aber die Leute reden auch von seinem «österreichischen Charme», er kann liebenswürdig und gewinnend sein, seine Überredungskunst ist unwiderstehlich. Aber er hört ungern anderen zu, sagt selten danke, gesteht nie einen Irrtum ein. Abweichende Meinungen werden mit Genickschuß beantwortet. Er ist ein Kenner der Menschen, ihrer Furcht, ihres Neids und ihrer Feigheit, ihres tiefen Hangs zur Bequemlichkeit, aber auch ihres Opferwillens, ihres Bedürfnisses nach Theater und Spannung, nach einer Idee, die sie über ihren trüben Alltag emporheben kann; er kennt das und kann es gebrauchen. Er ist Taktiker, Stratege, Spieler. Blitzschnell im Überfall, gnadenlos in der Offensive, am stärksten jedoch in der Defensive, dann, wenn er der Schwache ist. Das war er zuerst, und das wurde er wieder zuletzt. – Der Schwache. Abgewiesen, ausrangiert, ausgestoßen. Ein Unterirdischer. Ein Genie mit der linken Seite nach außen. Als Masochist im Weltformat ein unübertroffener Regisseur des Zusammenbruchs – selbst seine Siege gleichen mit ihrem starken Gehalt an Haß konvertierten Niederlagen. Seine Triumphe sind Ersatzhandlungen. Er sagt selbst, das Volk sei «seine einzige Braut», und während seiner großen Reden entsteht eine nahezu sexuelle Beziehung zwischen ihm und den Volksmassen, von dem Augenblick an, in dem er einsam und gleichsam entkleidet im Scheinwerferlicht das «führerhungrige» Publikum mit dem erigierten rechten Arm grüßt, bis zu der atemlosen Stille im Saal während der einleitenden Sätze seiner Rede, den ersten kurzen Schreien aus der Menge, der wachsenden Befreiung, der fanatischen Hingabe, der allesvergessenden Ekstase, die in dem Augenblick, in dem Hitler selbst zu der nach außen durch die sich überschlagende Stimme markierten Auslösung gelangt, selig in das Orgasmusgebrüll: *Führer befiehl, wir folgen!* ausbricht. Hinterher findet man ihn, erloschen, erschöpft in irgendeinem Nebenzimmer oder Parteibüro über einen Teller Erbsensuppe gebeugt.

Ist das etwa auch ein Bild von Hamsun? Nein, das ist ein Bild seines Gegensatzes, seiner Negation, das ist sein totales Dementi. Und doch hängen die beiden Bilder zusammen wie zwei Profile derselben Münze, ein Januskopf, der auf dem einen seine Tages- auf dem anderen seine Nachtseite zeigt. Vom gleichen Ausgangspunkt aus haben ihre Wege verschiedene Richtungen genommen, die gleichen Voraussetzungen haben zwei geniale, aber diametral unterschiedliche Menschen hervorgebracht, den einen im großen und ganzen indifferent, den anderen fanatisch, den einen lebensnah, zufrieden, verschmitzt und heiter, Pfeifenraucher und Pokerspieler, ein Freund der Mädchen («mit ihm hätte ich dafür bezahlt», sagte Norwegens große Schauspielerin Agnes Mowinchel), ein Mann, der sich mit lauter erfüllten Wünschen im Rücken einem Leben im Abseits und im Verborgenen zuwendet, während der andere mißtrauisch, ungeduldig und haßerfüllt, getrieben von seiner panischen Angst und als Kompensation für fürchterliche Niederlagen in seinem Leben mit allen Mitteln die totale Macht über andere anstrebt, Weltherrschaft oder Götterdämmerung. Als sich die beiden am 26. Juni 1943 um zwei Uhr nachmittags im *Berghof* auf dem Obersalzberg gegenüberstehen, treffen zwei absolute Antipoden aufeinander. Hamsun dachte später an die Begegnung zwischen Goethe und Napoleon und fragte sich selber: «Ging in diesem Augenblick ein Ruck durch die Welt?» Genauso hatte er es ja empfunden, genau das war es ja, was jetzt geschah, zwei Gegenpole – jeder mit seiner ungeheuren Ladung, die eine positiv, die andere negativ – näherten sich einander in einem kosmischen Spannungsfeld. Diese Begegnung, die der kleine, emsige Dr. Dietrich zustande gebracht hatte, war ja nichts weniger als eine Konfrontation von zwei Urtypen in der Geschichte und dem Gemüt des Menschen; hier stehen sie, jetzt reichen sie einander die Hand: Gabriel und Luzifer, Abel und Kain, Glückskind und Bösewicht.

Knut Hamsun wußte spätestens an seinem ersten Abend in Wien, daß er Hitler besuchen würde. Nach einem Artikel in der Zeitschrift *Segelfoss Tidende*, die leider keine Quellen nennt, hatte er auf dem Kongreß einen alten Bekannten, den schwedischen Redakteur Ljunglund, getroffen, der ebenfalls im *Imperial* wohnte, und bereits am Tage nach Hamsuns Ankunft konnte Ljunglund einem Kollegen erzählen, daß Hamsun ihm anvertraut habe, er werde Hitler treffen. Das bestätigt aufs neue, daß bereits vor seiner Ankunft in Wien Vorbereitungen zu einer Begegnung getroffen worden waren, daß Hamsun bei seiner Abreise aus Norwegen gewußt hat, daß sein Wunsch,

Hitler sprechen zu können, aller Wahrscheinlichkeit nach in Erfüllung gehen würde.

Der zu diesem Zeitpunkt sechsundsiebzigjährige Leon Ljunglund nahm an dem Kongreß als neutraler Beobachter teil. Er war einer der bekanntesten schwedischen Presseleute der Zwischenkriegszeit, dreißig Jahre lang Chefredakteur der *Nya dagligt Allehanda*, Mitglied der Ersten Kammer des Reichstags, Vorsitzender des Publizistenklubs und so weiter, ein Mann, dem Hamsun sich ohne das geringste Risiko anvertrauen und den er um Rat fragen konnte. Ljunglund erzählte später, daß Hamsun sich über die Weise, in der Terboven in Norwegen regierte, gegrämt habe. Insbesondere sei er darüber empört gewesen, daß zwei Norweger einige Zeit zuvor für den Mord an einem deutschen Offizier in Raufoss als Geiseln verhaftet worden waren und daß sie hingerichtet werden würden, wenn die Bevölkerung den deutschen Polizeibehörden nicht die Schuldigen verriete. Es handelte sich um Dr. Torgny Marcussen und Magnus Severin Smetorp, die nach dem Mord an dem deutschen Leutnant Karl Werrmann verhaftet worden waren.

Hamsun hatte mit Ljunglund beratschlagt, wie er während seines Besuchs bei Hitler vorgehen solle. Sollte er für die beiden unschuldigen Geiseln «bitten», oder sollte er einen härteren Kurs einschlagen, mehr generell reden? Ljunglund hatte um Bedenkzeit gebeten, bevor er die Frage beantwortete, aber als er im Laufe des Tages wieder mit Hamsun zusammentraf, war er sich nicht im Zweifel: Hamsun sollte nicht als Bittsteller, sondern als Ankläger auftreten, und seine Anklage sollte sich nicht nur gegen den aktuellen Fall richten, sondern gegen die mit der nordischen Psyche unvereinbaren Methoden, die Terboven in dem besetzten Norwegen benutzte.

Dies war die ganze Zeit über Hamsuns eigene Auffassung gewesen, und nach Ljunglunds Worten war er sehr froh darüber, daß er nun von seiten des Schweden so kräftige Unterstützung erfahren hatte. Terboven mußte weg.

Das war Donnerstag, der 24. Juni, derselbe Tag, an dem von Schirach und Dr. Dietrich in der Wiener Hofburg ihren großen Empfang gaben. Ljunglund sagte auch, daß Hamsun am «darauffolgenden Tag» nach Berchtesgaden fliegen sollte. Das hielt nicht Stich, der darauffolgende Tag war Freitag, der 25. Juni, und Hamsun hatte reichlich Zeit, Harris Aall, der an diesem Tag seinen Vortrag halten sollte, zu sehen (wenn auch nicht zu hören); die Abreise fand erst am Sonnabend, dem 26., statt. Abgesehen von Dolmetscher Holmboe sollte Dr. Dietrich ihn auf der gesamten Reise begleiten. Zeitig am Sonnabendvormittag verließen die drei Männer das Hotel *Imperial* und fuhren den langen Weg zum Flughafen von Wien hinaus. Wie auf der ganzen Reise, so trug Hamsun auch an dem Tag seinen gestreiften dunklen Anzug mit Weste, im linken Knopfloch trug er das NS-Emblem, ein rotes St.-Olavs-Kreuz auf gelbem Grund. Wie immer hatte er seinen Stock bei sich und außerdem ein Paar Handschuhe in der Hand, einen leichten dunklen

Mantel über dem Arm und auf dem Kopf einen weichen Filzhut mit breitem Band.

Auf dem Flugplatz bei Aspern an der Donau stand das Privatflugzeug des Führers startklar, eine viermotorige Focke-Wulf FW 200 *Condor* C-4/U-1 aus dem Vorjahr und mit Platz für elf Passagiere. In dieser Maschine war Hitler, ohne es zu ahnen, wie durch ein Wunder dem Tod entronnen, als er einige Monate zuvor, am Abend des 13. März, in sein Hauptquartier nach Rastenburg zurückflog, nach einer Lagebesprechung mit der Armeegruppe in Smolensk, wo Fabrian von Schlabrendorff, Ordonnanzoffizier bei Generalmajor Henning von Tresckow, eine als Geschenkpackung mit zwei Flaschen Cognac getarnte Zeitzünderbombe in der Maschine angebracht hatte. Die Mechanik funktionierte nicht. Jetzt sah Knut Hamsun vor sich in der Sommersonne das weiße Flugzeug mit den sieben viereckigen Scheiben an der Seite, dem schrägen Hakenkreuz auf dem Heckruder und den Kennzeichen CE + IB auf Flügeln und Rumpf. Vor der Gangway begrüßte er Hitlers Flugkapitän Hans Baur, ging danach an Bord und nahm auf dem Sitz des Führers Platz, einem der elf hohen Polstersessel mit geblümten Bezügen. Auf dem Fußboden vor dem Sessel war auf Hitlers Wunsch eine Fallklappe eingebaut worden, durch die er sich mit einem Fallschirm retten konnte, wenn etwas schiefgehen sollte. Für Hamsun, der drei Tage vorher den Journalisten erzählt hatte, daß er ganz scharf aufs Fliegen geworden sei, war die Reise ein neues Erlebnis, erst Wien, das im Sonnenschein unter dem gebeugten Knie der Donau lag, dann der ausgedehnte Wienerwald und jetzt bereits die österreichischen Alpen mit schneebedeckten, in der gleißenden Sonne glitzernden Zinnen. Sengsengebirge. Totes Gebirge. Höllengebirge. Dr. Dietrich zeigte seinem tauben Gast die Namen auf der Karte. So hohe Berge haben wir auch zu Hause in Norwegen, aber da haben die doch nicht so unheimliche Namen . . .

Die Fluggeschwindigkeit einer viermotorigen Focke-Wulf beträgt bei voller Last 345 km/h, die Reise von Wien dauerte also eine knappe Dreiviertelstunde; bald zog die Maschine eine Kurve über dem Obersalzberg, Dr. Dietrich konnte gerade eben auf die Residenz des Führers zeigen, eine Ansammlung moderner Häuser mit breiten Dächern, wie eine Millionärsstadt verloren in den Bergen, da waren sie auch schon über dem Flugplatz von Salzburg. Der Pilot Baur setzte seine Focke-Wulf auf die Zementbahn, als sei sie eine Daune, die auf einer Tischplatte landete. Sofort war alles voll von Soldaten, SS-Leibstandarte, untadelige schwarze Uniformen mit prunkenden roten Armbinden, blankgeputzte Reitstiefel und übertrieben geschwungene Schirmmützen, nahezu lautlose BMW-Motorräder mit Rückwärtsgang und Beiwagenantrieb, Betonabsperrungen, Flakgeschütze, Maschinengewehre. Hitlers Privatwagen rollte vor die Maschine, mit seinem Reservereifen über dem einen Kotflügel und zwei steifen Hakenkreuzfähnchen aus Blech. Als sie den Flughafen erst verlassen hatten, kroch der schwarze 7-Liter-Mercedes schnell den Berg hinauf. Nach 15 Kilometern erreichten sie eine scharf bewachte Stacheldrahtabsperrung, wo der Weg durch das 14 Kilometer lange, meterhohe Drahtverhau führte, das den Berg umgab und durch Wachttürme in regelmäßige Abschnitte eingeteilt war, als sei auch Hitler in ein Konzentrationslager gesteckt worden. Auf beiden Seiten des Weges lagen weitläufige Baracken, eine Kaserne, ein Hotel für Hitlers Gäste. Dann kam die Absperrung Nummer zwei. Hier war der Zaun nur drei Kilometer lang, das Konzentrationslager erinnerte jetzt an ein Wildreservat. Der Wagen fuhr weiter auf dem Bergweg nach oben, Hamsun saß vorn, denn da sieht man am besten, Dr. Dietrich zeigte ihm im Vorbeifahren Görings, Speers und Bormanns Häuser. Die Sonne schien noch immer, die grünen Berghänge waren von Edelweiß übersät, links vom Weg lagen die großen Gewächshausanlagen, die den Vegetarier das ganze Jahr über mit frischem, «biologisch gedüngtem» Gemüse versorgten, und schließlich rollten sie vor seinem eigenen Haus vor, dem berühmten, von Architekt Hitler (zu Speers stummer Verzweiflung) entworfenen Berghof mit dem 10 Meter langen Panoramafenster im Giebel zum Tal hinaus, dem großen Dachüberhang und den langen Seitenflügeln für die Dienstboten. Noch hatte man keine Tarnnetze über die Gebäude zu spannen brauchen, aber knapp zwei Jahre später, im Frühjahr 1945, wurde die ganze Herrlichkeit mit Villen, Baracken und Gewächshäusern, mit Bildern des Quattrocento und den meisten von Wagners Originalpartituren trotz Tarnung von 318 Lancasterflugzeugen innerhalb von zehn Minuten in «eine Mondlandschaft verwandelt». Jetzt lag das Haus im Sonnenschein vor Hamsun, inmitten von Nadel- und Laubbäumen; wieder konnte er an Norwegen denken, ein überdimensioniertes Nörholm, aus seinem geliebten Empire in den schweren süddeutschen Stil übersetzt, aber die Bergluft hatte den gleichen durchglühten und doch kühlen Geschmack wie zu Hause. In der Diele standen livreegekleidete Diener der SS-Leibstandarte in weißen Jacken und schwarzen Hosen bereit, um den Herren ihre Mäntel abzunehmen; es sah aus, als brauchte Knut Hamsun nicht zu warten, eine Seltenheit für die Gäste dieses Orts, denn nun erschien die bekannte Gestalt in der breiten Eichentür, leicht gebückt, in einer doppelreihigen feldgrauen Jacke, auf der Brust als einzigen Orden das Eiserne Kreuz des Gefreiten aus dem Ersten Weltkrieg, und mit dem kleinen schwarzen Bärtchen, das er mit seinem Zwilling in der Welt des Humors, dem nur vier Tage älteren Chaplin, gemeinsam hatte. Hamsun bemerkte, daß seine Gesichtshaut gelblich und ungesund aussah, und daß er dunkle Schatten unter den Augen hatte. Aber sein Blick war liebenswürdig und entgegenkommend, der Händedruck fest. Ein Mann, auf den man sich verlassen konnte.

Adolf Hitler hatte sich zu dem Zeitpunkt seit etwas mehr als einem Monat auf dem Obersalzberg aufgehalten, wozu ihm Dr. Karl Brandt dringend geraten hatte; sein neues Elektrokardiogramm hatte nach den Überanstrengungen des Stalingrad-Winters eine bedenkliche Progression in der Coronarsklerose des Führers gezeigt. Das bedeutete, daß die tägliche «Lagebesprechung» mit dem Oberkommando der Wehrmacht nach hier verlegt worden war. Als Hamsun eintraf, waren die Generale gerade gegangen. Er hatte nicht zu warten brauchen, denn an diesem Tag hatte es nicht viel zu besprechen gegeben, an der Ostfront war es ruhig gewesen, heute, am 26. Juni, wurden nur kleinere, von Panzereinheiten unterstützte russische Angriffe um Orel und Velikije Luki gemeldet und deutsche Luftaktivität über den Sumpfgebieten am Kuban. Aber das war nur die Stille vor dem Sturm, auf der gestrigen Sitzung hatte Hitler gerade mit den Generalen von Manstein, Kluge und Model beschlossen, in nur einer Woche die «Operation Zitadelle», die geplante große deutsche Sommeroffensive im Kurskbogen, einzuleiten. Hitler hatte gerade kürzlich die großen Nibelungen-Werke bei Linz besucht, wo man Dr. Porsches neuen siebzig Tonnen schweren, elektronisch gesteuerten Tigerpanzer baute, der bei Kursk eingesetzt werden sollte und von dem man sich eine Wende im Verlauf des Krieges erhoffte. Es war höchste Zeit; wir haben jetzt den Zeitpunkt erreicht, wo alle, die wie Hamsun auf einen deutschen Sieg gehofft hatten, sich auf einen langen Krieg einstellen mußten. Vor einem Monat mußte sich Generaloberst von Arnim mit 106 000 Mann den Alliierten in Tunis ergeben, ein nordafrikanisches Stalingrad. In Deutschland sank Stadt um Stadt in Schutt und Asche, ohne daß die veralteten Jagdmaschinen der Luftwaffe etwas dagegen tun konnten; in Essen, Duisburg, Dortmund, Bremen konnte man wegen der eingestürzten Häuser jetzt nicht mehr mit dem Auto durch die Straßen kommen, kürzlich waren Krupps Fabriken zum sechzigsten Male getroffen worden; nach der Zerstörung der Talsperren an Eder, Sorpe und Möhne stand das Ruhrtal unter Wasser, eine Woche zuvor hatte ein noch immer andauernder Nonstop-Angriff auf Hamburg und Köln begonnen; Goebbels erzählte Hitler, daß über eine Million Deutsche kein Dach mehr über dem Kopf hätten; die Leute bekamen nichts mehr für ihre Textilmarken, weil alles, Decken und Sachen, an die Ausgebombten ging, und neulich war die Fleischration um weitere 100 Gramm herabgesetzt worden.

So war die Lage an diesem Nachmittag im Juni, als Hamsun und Hitler zusammentrafen; viel Ermunterndes war da nicht zu holen, und doch sollten am nächsten Tag noch weit ernstere Meldungen den schönen Berghof erreichen. In vierzehn Tagen landen die Alliierten auf Sizilien. In einem Monat wird Mussolini gestürzt. Die «Operation Zitadelle» muß schleunigst abgeblasen werden, nachdem sie ganz unerwartet eine vernichtende russische Gegenoffensive ausgelöst hat, die im Laufe des Sommers die deutschen Heere, und damit auch Kriegsberichterstatter Arild Hamsun, 550 km weiter nach Westen zwingt und zur russischen Wiedereinnahme von Orel, Charkow, Smolensk, Kiew führt. Jetzt sind die Engländer jede Nacht auch über Berlin, das ganze Regierungsviertel mit den Ministerien und Speers neuer Reichskanzlei ist ein Schutthaufen. Gibt es denn überhaupt keine Lichtblicke? Doch, ein paar Lichtblicke gibt es. Gerade vorgestern hat Goebbels seinem Führer mitteilen können, daß 1500 Juden, die letzten in Berlin, nun deportiert seien, wenn also auch die Hauptstadt Nacht für Nacht, Viertel für Viertel zerstört wird, so sei sie doch, wie Goebbels sich ausdrückte, «endlich eine gesäuberte Stadt».

Es gab Lichtblicke. Im Mai verstummten die letzten vereinzelten Schießereien in Warschaus rauchendem Getto; 56 065 Juden waren von den Panzern und Flammenwerfern des SS-Brigadeführers Jürgen Stroop vernichtet worden.

«Bitte, treten Sie doch näher!»

Mit einer freundlichen Handbewegung führte Hitler seinen berühmten Gast durch die Tür, und Hamsun betrat einen Raum, der drei- bis viermal so groß war wie sein großer Salon zu Hause auf Nörholm. Die Decke deckten schwere, in Quadrate von 1 mal 1 Meter geschnittene Eichenplanken, die weißen Wände zierte eine ein Meter hohe, helle Lärchentäfelung. Der Raum war spärlich möbliert, aber die Möbel waren sehr groß und in zwei durch drei flache rote Marmorstufen getrennte Gruppen eingeteilt, eine stand an dem Kamin im Hintergrund, die andere an einem runden Tisch mit einer Glasplatte, der am entgegengesetzten Ende des Raumes bei dem großen Panoramafenster stand, von wo aus man zum Untersberg und über Berchtesgaden hinwegschaute und in der Ferne Salzburg ahnte. Genau vor dem Fenster stand Hitlers sechs Meter langer Arbeitstisch, wo die Generale soeben ihre Karten zusammengerollt hatten. Dann war da ein großer Globus, eine von einem Bronzeadler gekrönte Standuhr und bei der Eingangstür ein schwarzer Bechsteinflügel. Zwei große Gobelins an den Seitenwänden verbargen eine Filmleinwand und die Mauerlöcher zum Filmvorführraum; Hitler hatte dem Fernsehzeitalter vorgegriffen, er ließ sich nämlich jeden Abend Filme zeigen, doch nicht jetzt, während des Krieges, wo er sich nicht amüsieren wollte, während seine Frontsoldaten alles entbehren mußten. Über dem großen Kamin hing das Madonnenbild eines anonymen italienischen Meisters. Links vom Kamin hingen Feuerbachs «Nana», ein Altarbild von Steinle, eine frühe Landschaft von Spitzweg, rechts ein Frauenporträt, das man Bordone zuschrieb, ein weiblicher Akt von Tizian, den Dr. Dietrich, in der Geschichte der Malkunst nicht sehr bewandert, für einen Botticelli hielt. Außerdem war da noch eine römische Ruinenlandschaft von Pannini und eines von Böcklins Seerosenbildern, nicht zuletzt Arno Brekers große Bronzebüste von Richard Wagner.

Hamsun sah sich alles an und dachte vielleicht ein wenig an die Berühmtheiten, die vor ihm hier gewesen waren. In diesem Raum hatte Hitler Schuschnigg mit Drohungen dazu gezwungen, ihm Österreich zu überlassen, hier hatte er während der Sudetenkrise Premierminister Neville Chamberlain empfangen, der hinterher gemeint hatte, Hitler sei «the most ordinary little dog I ever saw». Hier auch hatten ihn König Boris und König Carol besucht, der Herzog und die Herzogin von Windsor und viele Male Mussolini. In diesem Raum öffnete er den Brief, in dem Rudolf Heß, sein Stellvertreter, ihm mitteilte, daß er nach England geflohen sei. Hier durchwachte er mit ein paar Gästen die lange Schreckensnacht, als das Schlachtschiff *Bismarck* mit tausend Mann an Bord unterging, hier erhielt er später die Nachricht von dem russischen Durchbruch bei Baranow, der die Ostfront ins Wanken brachte, hier empfing er die erste Nachricht von der Invasion der Alliierten in der Normandie. Architekt Hitler hatte den Raum in seinem Grundplan über den Garagen des Hauses angebracht, was laut Speer zur Folge hatte, daß sich bei bestimmten Windrichtungen ein unverkennbarer Geruch von Benzin verbreitete.

Knut Hamsun und sein Gefolge, Dr. Dietrich und Ministerialrat Homboe, wurden gebeten, an dem runden Tisch beim Panoramafenster Platz zu nehmen. Anwesend war außerdem Hitlers eigener Dolmetscher, Ernst Züchner. Ursprünglich hatte Züchner während des Gesprächs als Dolmetscher fungieren sollen, aber das lehnte Hamsun ab, er wollte Holmboe. Hitler folgte diesem Wunsch sofort, und Züchner zog sich zurück, wobei er jedoch den Raum nicht verließ, sondern nur die drei Stufen zur Sofagruppe weiter hinten im Raum hinaufging und sich an den Sofatisch vor dem Kamin setzte, von wo aus er dem Gespräch mit Leichtigkeit folgen konnte, das wegen Hamsuns Taubheit sehr laut geführt wurde. Hier zog er Papier und Bleistift hervor und schrieb fast wörtlich die Hauptpunkte des Gesagten nieder. Dieses Referat tauchte später auf langen Umwegen während des Prozesses gegen Hamsun auf und bildet heute die Hauptquelle unseres Wissens über dieses Gespräch. Außerdem hat Dr. Dietrich diese Begegnung in seinen Memoiren geschildert, und schließlich muß Hamsun selbst irgendwann später dem Schweden Ljunglund einen Teil des Wortwechsels wiedergegeben haben. Aber die Presse erfuhr nichts, und sogar seiner engsten Familie, Marie und den Kindern gegenüber, verhielt er sich so gut wie völlig schweigend.

Züchner erzählt, daß Hamsun und Hitler sich äußerst herzlich begrüßt hätten und daß das Gespräch in einem Ton hoher gegenseitiger Achtung geführt worden sei, was jedoch allmählich in immer größerem Gegensatz zu dem Inhalt des Gesprächs gestanden habe. Man servierte Tee, und Hitler verlieh seiner Freude darüber Ausdruck, daß er Gelegenheit habe, den Dichter zu sehen und kennenzulernen.

«Ich fühle mich Ihnen, wenn auch nicht völlig, so doch sehr stark verbunden, weil mein Leben in gewisser Hinsicht dem Ihren so gleicht», sagte er.

Hitler, dessen Kunstinteresse sich auf Musik, Malerei und Architektur konzentrierte und dessen Lektüre sich hauptsächlich auf historischem Gebiet bewegte, dürfte mit Hamsuns Werk kaum sonderlich vertraut gewesen sein. Er fügte einige generelle Betrachtungen über Dichter und ihre Arbeitsmethoden hinzu, Hamsun antwortete einsilbig, er sprach ganz allgemein nicht gern über seine Arbeit und war insbesondere nicht hierher gekommen, um über Literatur zu reden. Er versicherte dem Führer seiner Treue und lenkte daraufhin ohne weiteren Übergang das Gespräch auf die politischen Verhältnisse in

Norwegen. Züchner notierte, daß er langsam sprach und knappe Sätze verwendete, wie er es auch tat, wenn er über politische Angelegenheiten schrieb. Hinter den Worten spürte man seine innere Bewegung, die, während er sprach, allmählich sehr stark wurde und sich zu einer tiefen inneren Verzweiflung auswuchs, schrieb Züchner.

Hamsun begann sofort Terboven anzugreifen, führte den Angriff aber von einer überraschenden Seite; diesen Rat hatte ihm zweifellos der Seerechtsexperte Harris Aall gegeben.

«Der Präsident des norwegischen Reederverbandes, Stenersen», sagte er zu Hitler, «hat den Reichskommissar um freiere Hand für die norwegische Schiffahrt und den norwegischen Schiffbau gebeten.» Aber der Reichskommissar verstünde davon nichts, er habe die Norweger sogar verhöhnt und gesagt, sie könnten ja Schiffahrt auf der Ostsee und auf ihren Binnenseen betreiben.

«In Kriegszeiten bestehen ja leider keine Möglichkeiten für die überseeische Schiffahrt», antwortete Hitler versöhnlich.

Aber Hamsun ließ nicht locker.

«Aber der Reichskommissar meint dasselbe auch für die Nachkriegszeit», sagte er schnell.

Hitler verhielt sich noch immer hinhaltend. «Über die Zukunft kann man heute nichts Endgültiges sagen», antwortete er.

«Nein, aber dies hat man zu Norwegen, der drittgrößten Seefahrernation der Welt, gesagt», sagte Hamsun ungerührt. «Außerdem hat der Reichskommissar bei anderen Gelegenheiten gesagt, daß es in Zukunft kein Norwegen mehr geben wird!»

Reichspressechef Dr. Dietrich rutschte unruhig in seinem Sessel hin und her. Das hier versprach unangenehm zu werden. Otto Dietrich wußte besser als jeder andere, daß Terboven hier nur Hitlers eigener Idee Ausdruck verliehen hatte, er hatte nicht die Absicht, sich nach dem Krieg aus Norwegen zurückzuziehen, es lagen im Gegenteil Pläne vor, wonach Trondheim zu einer deutschen Stadt mit 250 000 Einwohnern umgebaut und zu einem Kriegshafen gemacht werden sollte. Aber noch einmal bog Hitler diplomatisch ab.

«Aber Norwegen hat doch im Gegensatz zu anderen besetzten Ländern seine eigene Regierung bekommen!» sagte er.

«Was in Norwegen geschieht, bestimmt ausschließlich der Reichskommissar», antwortete Hamsun unerschütterlich. Sogar den Bemühungen, die Harris Aall unternommen hätte, um die englandfreundliche Haltung im Lande zu bekämpfen, habe Terboven entgegengearbeitet.

Wieder eine unbehagliche Genauigkeit. Hitler kannte den vortrefflichen Harris Aall ganz ausgezeichnet; er hatte ihn mit zu seinem fünfzigsten Geburtstag eingeladen, wo noch nicht einmal an Quisling eine Einladung ergangen war, und er betrachtete ihn als einen der qualifiziertesten Freunde, die Deutschland im Norden hatte. Die Sache hier, die eine kleine unverbindliche

Plauderei über Dichter und Dichtkunst bei einer Tasse Nachmittagstee hatte sein sollen, begann sich zu einem geschliffenen politischen Meinungsaustausch zu entwickeln. Hitler kannte ja auch Terboven. Ja, natürlich, Terboven! Er hatte den Tag nie vergessen, an dem er als Brautführer an der Hochzeit des Gauleiters teilnahm, es war Donnerstag, der 28. Juni 1934, im Essener Münster gewesen, an den Hochzeitstag dieses Parteigenossen würde er sich jedenfalls immer erinnern, denn zwei Tage später, in der Nacht vom 29. auf den 30. Juni, schlachtete er ja zusammen mit Terboven seinen engsten Freund ab, einen der wenigen, die ihn duzten, den homosexuellen Ernst Röhm. Das war das Blutbad an der SA. Das waren Josef Terbovens Flitterwochen gewesen. Zu solchen Flitterwochen taugte Josef Terboven. Jetzt entfaltete er seine Fähigkeiten in Norwegen. Hitler erinnerte sich gut an die Gelegenheit, bei der Terboven in Oslo 300 Geiseln erschossen hätte, wenn Hitler dies nicht in letzter Minute auf die erregten Interventionen hin verhindert und seinem Kommissar verboten hätte, weiterhin die «alten Methoden» anzuwenden. Allmählich hatte er genug von Terbovens Flitterwochen. Erst am 9. Mai hatte er zu Goebbels gesagt, daß man mit Terboven nicht rechnen könne:

«Terboven hat die Erwartungen nicht erfüllt, die wir in Norwegen in ihn gesetzt haben», sagte Hitler an dem Tag laut Goebbels' Tagebuch. «Er hat zu drastisch gehandelt, er hat die Dinge wie ein SA-Mann angefaßt, während hier in Wirklichkeit enormes politisches Geschick vonnöten ist. Das hat Terboven nicht.»

In der Rivalität zwischen Terboven und Quisling um die Macht in Norwegen hatte sich dieser deshalb bei mehreren Gelegenheiten der Unterstützung durch Hitler erfreuen können. Hitler hegte Sympathie für Quisling, seine Einstellung und seinen Charakter, machte sich aber natürlich keinerlei Illusionen in bezug auf seine Stärke. Er wußte, daß sein Einfluß auf die Norweger gleich Null war. Immer, wenn es um entscheidende Kriegsangelegenheiten ging, mußte er sich ausschließlich auf den deutschen Machtapparat im Lande, d. h. auf Terboven verlassen. Sein alter Handlanger mit dem Blut des Freundes an den Händen war immer noch genauso unentbehrlich, mit all seinen Weltsiegen war Hitler noch immer nicht weiter gekommen als vor seinem Brudermord an Röhm. Natürlich hatte Terboven mit seiner Brutalität alle ordentlichen Leute im Land von sich gestoßen, nun also auch einen Harris Aall, nun auch einen Knut Hamsun. Es war das Übliche. Die Situation in Norwegen war nur ein neues Beispiel für diese Grundsituation, die in Hitlers Leben immer wieder auftauchte. Aus irgendeinem Grund war er immer auf die Zusammenarbeit mit den Falschen angewiesen, hatte immer und überall die Besten gegen sich, verworfen und verachtet wie damals in Wien, *the most ordinary little dog Neville Chamberlain ever saw.* Oh, nichts vermochte so sehr den Haß in ihm wachzurufen wie dieses Gefühl aus seinen bitteren Jugendjahren, das die seltsame Fähigkeit gehabt hatte, auch seine größten Triumphe zu überleben. Jetzt spürte er es wieder, wachgerufen durch die selbstverständliche Vornehmheit, die von dem alten Mann vor ihm ausstrahlte, während er dazu verurteilt war, einen Terboven zu verteidigen und dessen schmutzige Methoden, von denen er doch nur wenige Wochen zuvor gegenüber Goebbels Abstand genommen hatte. Hamsuns Bemerkung war nur ein Nadelstich, aber er traf Hitler an einer wunden Stelle.

Der Dolmetscher, der bleiche, nichtsahnende Holmboe war es, der das Gespräch zunächst über den peinlichen Punkt hinwegrettete. Genau wie Dr. Dietrich war der norwegische Beamte äußerst beklommen über den undiplomatischen Ton, den Hamsun angeschlagen hatte, er verstand wohl kaum, was jetzt hier auf dem Spiel stand, fühlte aber wie alle furchtsamen Menschen das Drama in der Luft und bediente sich des Auswegs, den solche Leute in dieser Situation anzuwenden pflegen. Ministerialrat Holmboe besaß die Fähigkeit, im rechten Augenblick von etwas anderem reden zu können.

Der Name Harris Aall gab ihm Gelegenheit, das Gespräch auf die Nationale Sammlung zu lenken, und bevor Hitler seiner Irritation hatte Luft machen können, stürzte er sich in «eine längere Erklärung», wie Züchner, der in seiner Ecke am Kamin noch immer drauflosschrieb, es nannte. Holmboe erzählte Hitler, daß die Mitglieder der NS in den Augen der Norweger Landesverräter seien, was ihre Arbeit in hohem Maße erschwere. Das norwegische Volk sei immer sehr königstreu gewesen, bereits 1814 sei es das gewesen, kein anderes Volk sei so königstreu. Man müsse beweisen können, daß der König das Volk durch seine Flucht im Jahre 1940 verraten habe, deshalb müsse man die Einsetzung einer Kommission erwägen als Grundlage für eine Veränderung der öffentlichen Meinung.

«Also einen Staatsgerichtshof», unterbrach ihn Hitler.

Wie gewöhnlich hatte er begriffen, worauf sein Gegenüber hinauswollte, lange bevor dieser fertig war. Um seine Stellung zu stärken, hatte Quisling kürzlich ein Untersuchungskomitee eingesetzt, das die Parlamentspapiere bis zum 9. April 1940 durchsehen und Beweise dafür erbringen sollte, daß Quislings Behauptungen über die norwegische Außenpolitik bis zu diesem Zeitpunkt richtig gewesen waren. Terboven hatte jedoch dem Komitee den Zugang zu den Papieren verweigert, und der umständliche Holmboe wollte nun um eine Änderung dieser Entscheidung bitten. Hitler sagte umgehend ja, der Ministerialbeamte konnte sein Papier haben, das Ganze war völlig belanglos. Holmboes Versuch, die Stimmung zu retten, indem er über etwas anderes redete, hatte die Irritation des Führers eher erhöht als besänftigt; er war es gewohnt, *durch* einen Dolmetscher, nicht *mit* einem Dolmetscher zu sprechen, sagte Dietrich, und Züchner konnte seine Unzufriedenheit bis hin an den Kamin spüren.

«Hitler ist unzufrieden darüber, daß Holmboe diese Diskussion mit ihm auf eigene Faust führt», notierte er.

Das kleine Zwischenspiel bestätigt – wenn nötig – noch einmal, wie sorgfältig Hamsuns Besuch bei Hitler im voraus geplant war. Offenbar wollte die NS ebenfalls die sich hier bietende Gelegenheit ausnutzen, um einen Vorteil gegenüber Terboven zu gewinnen. Hamsun war natürlich außerstande zu hören, worüber Holmboe redete, aber auch er konnte sehen, daß der Mann Hitler ermüdete. Dieser hatte inzwischen eine längere Darlegung über die Zweckmäßigkeit von politischen Untersuchungskommissionen begonnen; seiner Gewohnheit treu wollte er seinen Gegner daran hindern, das Wort zu ergreifen, indem er selbst ununterbrochen redete. Aber hier kam seine Taktik ausnahmsweise zu kurz. Ohne den Schluß abzuwarten, unterbrach Hamsun mit lauter Stimme den Redestrom, für ihn war das Gespräch noch immer nicht weiter gekommen als bis zu Terboven, und jetzt griff er es genau an dem fatalen Punkt wieder auf, an dem er unterbrochen worden war.

«Die Methoden des Reichskommissars eignen sich nicht für uns, seine ‹Preußerei› ist bei uns unannehmbar, und dann die Hinrichtungen – wir wollen nicht mehr!»

Das Drama war ausgelöst, die heftigen Worte müssen wie ein Bombe gewirkt haben. Züchner schreibt, daß Hamsun sehr bewegt gewesen sei und Holmboe den letzten Satz nicht zu übersetzen gewagt habe. Zögerte Züchner ebenfalls, Hamsuns Verurteilung der deutschen Übergriffe in Norwegen aufzuschreiben? Schließlich saß er ja nicht hier, um eine antinationalsozialistische Anklageschrift zu formulieren. Aber sogar laut Züchners vorsichtiger Zusammenfassung liegen Hamsuns Angriffe in unauffälliger Weise auf einer Linie mit dem Vorgehen, daß er laut *Segelfoß Tidende* zwei Tage zuvor mit Ljunglund geplant hatte. Der Schwede hatte gesagt, daß seine Anklage nicht nur für die beiden aktuellen Geiselverhaftungen gelten, sondern sich generell gegen die mit der nordischen Psyche unvereinbaren Methoden von Terboven richten solle. Dies würde schön zur nationalsozialistischen Verherrlichung des Nordischen passen, und genau das brachte Hamsun laut Züchner zum Ausdruck. Die aktuelle Sache mit den beiden Geiseln aus Raufoss blieb unerwähnt, wenn wir uns an Hitlers Dolmetscher halten wollen. Wenn das wirklich der Fall war, dann sind die weiteren Begegenheiten schwer zu erklären. Deshalb ist interessant, daß Hamsun laut einer anderen Quelle die neue Geiselaffäre ausdrücklich erwähnte und daß es sich bei dieser Quelle um Ljunglund selbst handelt. Die beiden Männer müssen nach Hamsuns Besuch auf dem Berghof noch einmal miteinander geredet haben, jedenfalls konnte die Zeitschrift *Fria Ord* in Stockholm nach dem Krieg berichten, daß Hamsun sich laut Ljunglund noch schärfer ausgedrückt habe als in Züchners Referat. Er hatte erzählt, daß Terboven gedroht habe, die beiden Geiseln zu erschießen, wenn sie nicht verrieten, wer den deutschen Soldaten getötet habe, und danach hatte er Hitler gefragt, ob er glaube, daß ein Germane, selbst angesichts einer Todesdrohung, einen seiner Stammverwandten verraten könne?

Die Bemerkung klingt authentisch. Wenn sie gefallen ist und wenn

Holmboe den Mut gehabt hat, sie weiterzugeben, dann muß sie eine vergleichbare Wirkung auf Hitler gehabt haben wie der Volltreffer, mit dem August Bonsak die *Blücher* im Oslofjord aufhielt. Dr. Dietrich war erschüttert, er schrieb später in seinen Erinnerungen, daß er in den zwölf Jahren als Hitlers Pressechef nichts dergleichen erlebt hatte:

«Fremden gegenüber benutzte Hitler immer dasselbe Mittel, um sie daran zu hindern, ihre Argumente geltend zu machen», sagt Dietrich. «Er übernahm sofort die Führung des Gesprächs und behielt das Wort nahezu ununterbrochen, bis der Besuch beendet war. Nur ein einziges Mal habe ich erlebt, daß ein ausländischer Gast ihm das Spiel verdorben hat. Das war der norwegische Schriftsteller Knut Hamsun, der Mitte achtzig und sehr schwerhörig war und deshalb während des Gesprächs auf dem Obersalzberg bewußt oder unbewußt Hitlers Redefluß unterbrach und unbekümmert seine drastischen Klagen über das Auftreten der deutschen Zivilverwaltung in Norwegen vorbrachte.»

Als Dietrich im Herbst 1946 in dem englischen Internierungslager Nr. 3 in der Nähe von Fallingbostel saß, erzählte er Ulrich Freiherr von Gienanth die gleiche Geschichte: Nur ein Mann habe, soweit er, Dietrich, wisse, Hitler jemals widersprochen, und das sei gewesen, als Knut Hamsun so unzweideutig, daß es nicht mißzuverstehen gewesen sei, bei Hitler persönlich gegen Terboven und dessen Methoden protestiert habe. Von Gienanth sah, welche Bedeutung diese Aussage für den gegen Hamsun anhängigen Prozeß haben konnte, und ließ mit Hilfe des Lübecker Notars Dr. John von Friedenfelt eine eidesstattliche Erklärung, Urkundenrolle 219/1948, ausarbeiten, die er einem dänischen Pfarrer übergab, der sie mit nach Kopenhagen nehmen und von dort aus weiter nach Oslo schicken sollte, damit sie Hamsuns Verteidiger vorgelegt werden konnte. Die Erklärung kam nie an.

Durch das große Panoramafenster fiel die Nachmittagssonne in den Raum, sie leuchtete auf dem schwarzen Bechsteinflügel, glitt langsam von Wagner zu Tizian. Hamsuns heftigen Angriffen folgte eine unheilverkündende Stille. Ernst Züchner saß oben am Kamin und beugte sich über seine Papiere, froh darüber, einigermaßen aus der Schußlinie zu sein, Egil Holmboe wußte kaum, wo er hinsehen sollte, der kleine Dr. Dietrich sah verzweifelt hinüber zum Untersberg, wo der Sage nach Kaiser Friedrich begraben lag und eines Tages wieder auferstehen und Deutschland von seinen Unterdrückern befreien würde. Alle kannten die fürchterlichen Wutanfälle des Führers, zwei von ihnen hatten es selbst miterlebt, es war schlimmer als alles, was sie je gesehen hatten, Explosionen, die durch weit geringfügigere Bemerkungen ausgelöst werden konnten. Wie würde er jetzt erst reagieren?

Schließlich wurde das Schweigen in dem großen Raum durch Adolf Hitlers heisere, monotone Stimme unterbrochen, hörbar für alle, nur nicht für den Mann, an den er sich wandte. Holmboe beugte sich vor und übersetzte Satz für Satz in Hamsuns linkes Ohr. Züchner schrieb:

«Die militärischen Besatzungsbehörden sind der Bevölkerung oft freundlicher gesonnen als die politischen, denen die Durchführung der militärischen Forderungen obliegt», sagte Hitler. «Der Reichskommissar hat eine schwierige Aufgabe. Wenn ich ihm den Befehl gebe, innerhalb von 18 Monaten eine Eisenbahn nach Narvik zu bauen, oder einen Weg nach Nordnorwegen innerhalb von 6 Monaten oder im Laufe von 3 Monaten bestimmte Batterien anzulegen, dann ist es seine Sache, wie er das schaffen will. Denken Sie nur daran, was es z. B. bedeutet, so vielen Menschen Schlafgelegenheiten verschaffen zu müssen. Die politischen Behörden müssen immer Vorgänger sein. Sie müssen es auf sich nehmen, unangenehm zu sein. Terboven muß seine kriegspolitischen Aufgaben ausführen, die oft schwer sind. Oft kann das hart sein . . .»

Alle atmeten erleichtert auf. Hitler war nicht wütend geworden. Als der überlegene Staatsmann, der er auch sein konnte, hatte er beschlossen, seinen Zorn zu unterdrücken und Hamsuns Angriffe aufzufangen und abzubiegen. Jetzt war er bereits mitten in einem Bericht aus der Ukraine, wo ähnliche Zustände herrschten.

Eine Weile verhielt Hamsun sich schweigend. Die Lippen des alten Mannes zitterten vor innerer Bewegung, es kostete ihn sichtliche Anstrengungen, dem Druck zu widerstehen und Hitler festzuhalten, aber er wollte sich nicht beugen, sich nicht ablenken lassen, er mußte hartnäckig sein, er war nicht hergekommen, um über Dichtkunst zu reden, und auch nicht über die Zustände in der Ukraine. Während die anderen den Atem anhielten, führte er das Gespräch zum dritten Male zu seinem Ausgangspunkt zurück:

«Terboven will kein Norwegen, sondern ein Protektorat», sagte er. «Das ist es, was er uns in Aussicht stellt. Wird er jemals zurückgerufen werden?»

Eine klare Frage, die eine klare Antwort bekam. Dietrich und Züchner trauten ihren eigenen Ohren kaum. Der Führer gab nach!

«Der Reichskommissar ist ein Mann des Krieges», sagte Hitler, «er hat in Norwegen ausschließlich kriegspolitische Aufgaben. Wenn der Krieg vorbei ist, wird er nach Essen zurückkehren, wo er Gauleiter ist.»

Hamsun kämpfte vergeblich mit seiner inneren Bewegung, die Anspannung war zu heftig gewesen, die Tränen liefen ihm über die Wangen.

«Es ist nicht so, daß wir gegen die Besetzung sind, wir brauchen sie sicher noch lange», sagte er verzweifelt und fügte dann wie mit einem Schrei hinzu:

«Aber dieser Mann macht uns mehr kaputt, als Sie aufbauen können!»

Das letzte war mehr, als Holmboe zu übersetzen wagte. Er wandte sich nervös zu Hamsun.

«Sprechen Sie doch nicht davon!» sagte er. «Wir haben ja das Versprechen des Führers.»

Hitler sah augenblicklich das leichte Wanken in der Front des Gegners und nützte es aus:

«Wird der Schicksalskampf, den wir führen, nicht gewonnen, dann ist das unser aller Untergang», sagte er mit einer Wendung, die ihm von so vielen früheren Gelegenheiten her zur Verfügung stand, und begründete seinen Glauben an den Sieg mit einer Menge von Zahlen, mit der neuen Waffenproduktion, den neuen Panzerdivisionen, den neuen Umgruppierungen der Armeen in Italien, Rußland.

Aber Hamsun wollte von Norwegen sprechen.

«Warum sollen wir in Norwegen uns so unsicher fühlen? Wie soll es uns später ergehen? Und Schweden, Schweden gehört ja auch zur germanischen Volksgemeinschaft, zu Deutschland und uns. Wir wollen auch weiterhin mit Schweden zusammenstehen, aber Schweden entfernt sich immer mehr von uns.»

Die letzten Sätze wollte Holmboe ebenfalls nicht übersetzen. Zu Hamsun gewendet sagte er:

«Was geht uns jetzt Schweden an? Wir sollen doch in erster Linie die Interessen Norwegens wahrnehmen!»

Hamsun schüttelte den Kopf.

«Hat man je so etwas gehört? Schweden geht uns im höchsten Grade etwas an. Die Juden locken Schweden immer weiter weg.»

Das war das dritte und letzte Mal, daß sich Knut Hamsun, dem vorhandenen Quellenmaterial nach zu urteilen, negativ über die Juden äußerte. Wie in den beiden anderen Fällen stammt die Auskunft aus zweiter Hand, was sie nicht notwendigerweise unrichtig macht. Wie in dem Hinweis auf die «germanischen Stammesverwandten» kann er versucht haben, Hitler dadurch zu beeindrucken, daß er sich einer Nazi-Propagandaphrase bediente, was ihn nicht entschuldigt. Das Entscheidende in dieser Äußerung, das, was er vor allem ausdrücken wollte, war jedoch ganz deutlich seine Furcht vor einer Spaltung der nordischen Länder, eine Folge der deutschen Besetzung von Norwegen und Dänemark. Was die Juden in Schweden damit zu tun hatten, wurde bei dieser Gelegenheit nicht geklärt, Holmboe übersetzte seine Worte nicht einmal.

Als Hitler ihm wieder antwortete, galt seine Antwort der Frage nach der Zukunft von Norwegen:

«Deutschland hätte ja keine norwegische Regierung einzusetzen brauchen», sagte er. «Daß wir es getan haben, zeigt unseren guten Willen.»

Hamsun schüttelte den Kopf.

«Wir reden gegen eine Wand», sagte er.

Der Satz wurde nicht übersetzt, Hitler fuhr fort.

«All das ist doch völlig bedeutungslos angesichts unserer Opfer. Welche Rolle spielt das? Die politischen Opfer, die die Bevölkerung der besetzten Länder bringen muß, wiegen nicht so schwer wie die schweren Lasten, die das deutsche Volk zu tragen hat, das darüber hinaus auch noch von großen Blutopfern betroffen ist.»

Hamsun kehrte wieder zu Terboven zurück.

«Wir glauben an Sie, aber Ihr Wille wird verfälscht! Das Vorgehen in Norwegen ist nicht richtig, das führt später zu einem neuen Krieg.»

Auch diesmal wurde Hamsuns Bemerkung nur teilweise übersetzt. Jetzt hatte Hitler genug, Züchner sah ihn in wachsender Irritation einige bedauernde Handbewegungen machen.

«Ja, ja, meine Herren . . .», sagte er, erhob sich, brach das Gespräch ohne weiteres ab und ging hinaus auf die Terrasse.

Die anderen folgten ihm verlegen. Hamsun weinte. Dann sagte er zu Holmboe gewendet:

«Sagen Sie Adolf Hitler zum Schluß: ‹Wir glauben an Sie.›» Holmboe tat, was er verlangte. Hitler nickte kurz, bat Holmboe, den Dichter zu beruhigen, und verließ die peinliche Szene. Kurz darauf war der schwarze Mercedes vorgefahren. Die Begegnung hatte 45 Minuten gedauert.

Dr. Dietrich bestätigt in seinen Memoiren, daß Hitler das Gespräch ohne weiteres abbrach, und fügt hinzu, daß der Führer hinterher seinem Zorn Luft gemacht habe, den er während der Dauer des Besuches unterdrückt hatte.

«Sobald der alte Herr abgefahren war», schreibt Dietrich, «verlieh Hitler seiner Entrüstung unbeherrscht Ausdruck, und es verging eine Reihe von Tagen, bevor er Hamsuns Äußerungen verdaut hatte.»

«Ich will solche Leute hier nicht mehr sehen!» sagte er wütend. Als er erfuhr, daß Hamsun am nächsten Tag von Goebbels empfangen werden sollte, gab er Dietrich den Befehl, den Empfang abzusagen und dafür kein Pressemotiv zu geben.

Otto Dietrich war diesmal auf dem Berghof zurückgeblieben, statt dessen begleitete Martin Bormann und Züchner die beiden Norweger zum Flugplatz. Auch jetzt nahm Hamsun vorn Platz, während Bormann und Züchner sich nach hinten setzten und Holmboe auf einem Klappsitz untergebracht wurde. Hamsun wußte nicht, daß Züchner Norwegisch verstand, er redete während der ganzen Fahrt den Berg hinunter ungezwungen mit Holmboe. Der gewissenhafte Züchner merkte sich jedes Wort und sorgte dafür, daß auch dieser Teil des Gesprächs aufgeschrieben wurde.

«Es war deutlich», schreibt Züchner, «daß es Hamsun am Herzen lag zu erfahren, ob es ihm gelungen war, Hitler auf die große Not seines Landes aufmerksam zu machen. Obgleich die Unterredung mit einem Zusammenbruch geendet hatte, fürchtete er, daß Hitler nicht deutlich genug Bescheid erhalten habe, und fragte Holmboe, ob er genau alles übersetzt hätte, was er gesagt habe. Holmboe beteuerte, er habe alles, was Hamsun gesagt habe, ‹Wort für Wort› übersetzt. Hamsun war eindeutig nicht überzeugt davon, daß der Ministerialrat die Wahrheit sprach. Er gab zu bedenken, daß Holmboe dem Gespräch eine andere Richtung gegeben habe. Holmboe gab das indirekt zu, indem er sich damit verteidigte, daß es ja nicht nötig gewesen sei, Terboven anzugreifen, wenn Hitler selbst versichert hatte, daß er nach dem Kriege zurückgezogen würde. Als Hamsun dies hörte, geriet er außer sich vor Wut, drehte sich um und schrie dem bleichen Ministerialrat auf dem Klappsitz ins Gesicht:

«Idiot! Was ist das für ein Blödsinn? Der Krieg wird noch lange dauern, noch sehr lange. Die Methoden des Reichskommissars sind nicht länger tragbar. Das hätte ohne *Schonung* gesagt werden sollen!»

Züchner bemerkte, daß Hamsun in seiner wachsenden Erregung nach Worten zur Charakterisierung von Terboven suchte, ein typischer Zug bei Leuten mit Aphasie, was Züchner von Hamsun nicht wissen konnte.

«Dieser Mann ist unpassend für uns», schrie er, «er ist . . . er ist . . . er ist *ungebildet*! Das hätte rücksichtslos gesagt werden sollen!»

Holmboe wandte zaghaft ein, daß ein so hoher, direkt vom Führer eingesetzter Beamter nicht in dieser Form angegriffen werden könne. Er wußte ja genausowenig wie Hamsun, daß Hitler in Wirklichkeit Hamsuns Ansicht über Terboven teilte. Er erinnerte an Hitlers Argument: Daß Norwegen ja seine eigene Regierung bekommen habe, was ein Beweis für seine guten Absichten in bezug auf Norwegen sei.

«Sie sind ja der Advokat des Gegners!» antwortete Hamsun scharf. «Dänemark hat auch seine eigene Regierung, aber da bestimmt die und nicht irgendein Reichskommissar.»

Die Dänen hätten ja auch nicht gekämpft, antwortete Holmboe, jedenfalls hätten sie nur ein paar vereinzelte Schüsse abgegeben.

Hamsun antwortete ihm nicht. Er sah vor sich hin.

«Eine Regierung!» sagte er dann. «Ja, aber alles, was in Norwegen zu geschehen hat, bestimmt *Terboven*. Es nützt ja überhaupt nichts, wenn Quisling mit Terboven spricht.»

Eine Weile später fügte er bitter und mit einer etwas höhnischen Anspielung auf Quislings bekannte Wortkargheit hinzu:

«Ach ja, Quisling! Dieser ‹Mann von wenigen Worten›! Er kann ja überhaupt nicht reden!»

Holmboe redete weiter von Hitler, machte Hamsun Vorwürfe, weil er auf Schweden zu sprechen gekommen sei, er hätte lieber über die schlechte Lebensmittellage in Norwegen sprechen oder vorschlagen sollen, daß man die feindlich gesinnten Plutokratensöhne zum Arbeitseinsatz nach Osten schicken sollte . . .

Aber Hamsun antwortete ihm nicht mehr; es war klar, daß der Mann überhaupt nichts begriffen hatte. Hamsun saß auf dem Vordersitz und blickte unverwandt geradeaus durch die Windschutzscheibe, der schwarze Mercedes mit den steifen Hakenkreuzfähnchen aus Blech an den Kotflügeln passierte den ersten Kontrollposten und den zweiten Kontrollposten und rollte jetzt schnell dem Flugplatz entgegen, wo der Pilot Baur darauf wartete, Hamsun in der Focke-Wulf 200 *Condor* des Führers nach Berlin fliegen zu können. Von seinem Platz auf dem Rücksitz aus sah Züchner den alten Mann mit einem «überaus zerquälten» Gesichtsausdruck auf die Landschaft hinausschauen, während er sich mit kurzer Unterbrechung immer wieder die gleiche Frage stellte. Dr. Züchner hörte seine Worte mit einem Schaudern und sorgte später dafür, daß auch die letzten Worte dieser historischen Begegnung festgehalten wurden.

«Wie soll das bloß enden?» sagte Hamsun immer wieder. «Wie soll das bloß enden?»

# 8
## Wie soll das bloß enden?

In Berlin hatten die norwegischen Journalisten den ganzen Sonnabend hindurch Hamsuns Ankunft mit Spannung erwartet, bereit, die ersten Einzelheiten der Begegnung heim nach Norwegen zu telegraphieren, wo die Zeitungen ihre Titelseiten für die große Sensation bereithielten. Aber erst gegen acht Uhr abends kam Hamsun im Hotel *Adlon* an. Er hatte noch immer Ministerialrat Holmboe und den Dolmetscher Züchner bei sich, außerdem wurde er von seiner Tochter Ellinor begleitet, die er und Marie vor einem Monat in Berlin zurückgelassen hatten und die ihn jetzt vom Flughafen abgeholt hatte.

Der Journalist Ole Schjerven vom *Fritt Folk* hatte erwartet, daß das große Ereignis des Tages den alten Mann sehr mitgenommen haben würde, und Hamsun wirkte denn auch exaltiert und bewegt, aber weder müde noch überanstrengt. Bis gegen elf saß er zusammen mit den norwegischen Journalisten und einigen deutschen Freunden am Tisch. Aber er sagte nichts.

Ein detailliertes Referat des Gesprächs mit dem Führer war nicht zu bekommen, schreibt Schjerven; er meinte, man könne davon ausgehen, daß verschiedene Dinge von Bedeutung diskutiert worden seien, aber Hamsun sage ja nicht soviel, vor allem nicht, wenn Journalisten anwesend seien. Außerdem konnte der Korrespondent des *Fritt Folk* gut verstehen, daß er so kurz nach einem so einmaligen Erlebnis nur ungern alle Einzelheiten referieren wolle. Nur eine einzige Bemerkung konnten die Journalisten ihm entlocken.

«Es war ein Erlebnis», sagte Hamsun, «und ich bin froh, daß ich in verschiedene Fragen, die ich ihm stellen durfte, Klarheit bringen konnte.» Daß diese Fragen Terboven betrafen, wurde selbstverständlich nicht bekannt. Hamsun war der Möglichkeit beraubt, alles zu sagen, aber er hatte nichts Verkehrtes gesagt. Anders Holmboe. Auch sein Mund war wie mit sieben Siegeln verschlossen, schreibt Schjerven, obwohl er ihm scharf zugesetzt habe. Auch für ihn sei es das größte Erlebnis seines Lebens gewesen (so hatte Hamsun sich freilich nicht ausgedrückt), sonst war er nicht bereit, sich zu äußern. Aber allmählich löste sich die Zunge des Ministerialbeamten doch. Er erzählte, daß Hamsun sehr bewegt gewesen sei, als der Führer ihnen in seinem Hauptquartier entgegengekommen sei, Holmboe versicherte außerdem, daß das Gespräch von völlig allgemeiner und konversierender Art gewesen sei, es sei flüssig und praktisch ohne Pause vonstatten gegangen, spezielle politische Fragen seien nicht berührt und norwegische Verhältnisse ebenfalls nicht besonders erwähnt worden.

Hamsun hegte kaum große Illusionen. Als erstes erwartete ihn in Berlin eine kühle Mitteilung von Dr. Goebbels, der bedauerte, ihn nicht ihrer Verabredung gemäß empfangen zu können. Goebbels, dem er wenige Wochen zuvor seine Nobelpreismedaille geschickt hatte! Auch da war er offenbar in Ungnade gefallen.

Wie erfuhren die Norweger denn *diese* Neuigkeit? Ole Schjerven schreibt: «Goebbels hat sich Knut Hamsuns während der ganzen Reise überaus fürsorglich angenommen, der Propagandaminister hat ihm persönlich eine Reihe Geschenke geschickt, sein spezieller Attaché ist die ganze Zeit über nicht von Hamsuns Seite gewichen, in Wien Dr. Henning, der seine kleinsten Wünsche erriet, hier in Berlin sein engster Mitarbeiter, Dr. Hegert, der zusammen mit Dr. Witteler und Dr. Gudenrath dafür gesorgt hat, daß, wo auch immer er ging und stand, alles bereit war.» Als Hamsun sich auf seinem Zimmer im Hotel *Adlon* inmitten all der Aufmerksamkeiten von Goebbels wiederfand, rief er aus:

«Ich fühle mich mit jedem Tag reicher!»

Goebbels kam am Sonntagmorgen nach Berlin zurück, nachdem er die Ausstellung in München eröffnet hatte. Um 9 Uhr bestellte er Dr. Hegert zu sich, der einen genauen Bericht darüber ablegen sollte, was während der Begegnung mit Hitler geschehen war. Sie einigten sich darauf, Hamsun ein Auto des Propagandaministeriums zur Verfügung zu stellen, so daß er während der Zeit, die er eigentlich mit Goebbels hatte verbringen sollen, nach Potsdam fahren und Sanssouci besichtigen konnte. Friedrich der Große ist ja auch gut.

Das war am Sonntag, dem 27. Juni 1943, die Auslandsreise, die die letzte der vielen Reisen in Hamsuns Leben sein sollte, näherte sich ihrem Ende. Am frühen Morgen des nächsten Tages verließ er Berlin mit der normalen Lufthansa-Linienmaschine über Kopenhagen nach Oslo. Bei der Zwischenlandung in Kastrup war Cecilia am Flughafen, um ihren Vater zu begrüßen. Sie erinnert sich deutlich an ihre Begegnung. Der Vater sei schrecklicher Laune gewesen. Obwohl sie einander zum ersten Male seit vielen Jahren wiedersahen, habe er kaum ein nettes Wort für sie übriggehabt, sondern darüber genörgelt, daß sie bei dem schönen Sommerwetter einen schwarzen Mantel angezogen habe.

«Papa war wütend, er hatte das Gefühl, daß man ihn wieder einmal zum Narren gehalten hatte», sagte Cecilia.

Die Einzelheit mit dem schwarzen Mantel macht die Echtheit ihrer Aussage wahrscheinlich. Aber hatte man Hamsun so ganz und gar zum Narren gehalten? Am 29. Juni 1943, am Tag nach seiner Heimkehr, veröffentlichte das Norwegische Telegrammbüro folgende Mitteilung:

«Polizeigeneral Rediess hat die beiden Norweger, Dr. Torgny Marcussen und Magnus Severin Smetorp, die nach dem Mord an dem deutschen Leutnant Karl Werrmann, der vor einiger Zeit in Raufoss stattfand, als Geiseln verhaftet worden waren, freigelassen. Wie bereits mitgeteilt, drohten die deutschen Polizeibehörden mit der Hinrichtung der beiden Norweger, wenn die Bevölkerung der Gegend nicht bis spätestens zum 1. Juli Auskünfte gegeben hätte, die zur Aufklärung des Mordes führen konnten.»

Hatte Hamsuns Intervention wieder etwas genützt? Wir besitzen das Schreiben nicht, das von höchster Instanz aus Deutschland gekommen sein muß und offensichtlich Terboven zum Einlenken bewogen hat, und selbst wenn wir dieses Schreiben hätten, ließe sich wohl kaum dokumentieren, daß Hamsun direkt oder indirekt der Anlaß dazu war. Wenn das aber nicht der Fall ist, dann muß man ein schwer erkliches Zusammentreffen akzeptieren, da Hamsun zwei Tage vor seiner Begegnung mit Hitler gegenüber Ljunglund in Wien die beiden Geiseln erwähnt und mit ihm überlegt zu haben scheint, wie er dem Führer ihre Sache vorlegen könne. Zwei Tage nach der Begegnung auf dem Berghof wurden sie also auf freien Fuß gesetzt. Hitlers Zorn hat ihn anscheinend nicht daran gehindert, in die Sache einzugreifen, aber ein wesentlicher Teil dieses Zorns war ja auch darin begründet, daß er von Terbovens Methoden genausowenig hielt wie Knut Hamsun, wenn auch aus rein zynischen, politischen Gründen. Danach wurden in Norwegen keine Geiseln mehr hingerichtet.

Knut Hamsun hatte ‹Männerstolz vor Königsthronen› bewiesen, und sein Protest hatte offensichtlich ein Ergebnis gezeigt.

Wie erfuhren die Norweger *diese* Neuigkeit?

Die Lufthansa-Linienmaschine aus Berlin war planmäßig in Fornebu gelandet, und auf der Titelseite der gleichen Zeitungen, die die Nachricht von der Geiselfreilassung gebracht hatten, konnte man lesen, daß Hamsun heimgekehrt sei. Josef Terboven ahnte bei seinen engen Beziehungen zum Führerhauptquartier zweifellos, was da vor sich gegangen war. Das hinderte ihn selbstverständlich nicht daran, die Etikette einzuhalten und persönlich am Flughafen zu erscheinen, um Hamsun zu begrüßen. Im Gegenteil, auf diese Weise konnte er unbequemen Gerüchten am besten zuvorkommen. Auch Hamsun mußte seinerseits die Spielregeln einhalten, und das dreispaltige Bild des alten Mannes, der mit dem Hut in der Hand und dem Stock vor der Brust das Haupt vor dem uniformierten Terboven neigt, der ihn kühl betrachtet, die Mütze auf dem Kopf und ohne Ehrenbezeigung, dieses Bild machte die Runde durch die gesamte Presse und wurde später während des Prozesses zu einer fürchterlichen Waffe in den Händen des Staatsanwalts. Was die beiden Männer in diesem Augenblick voneinander dachten, das konnte die Kamera des Photographen nicht einfangen.

«Hamsun wurde vom Reichskommissar mit einem herzlichen Händedruck begrüßt, als er seinen Fuß wieder auf norwegische Erde setzte»,
schrieb die *Aftenpost*.

Die Herzlichkeit lag ohne Zweifel völlig auf seiten der Journalisten. Auch
hier stellten sie fest, Hamsun sei ausgezeichnet in Form. In bemerkenswer-
tem Gegensatz zu der Aussage eines Mannes, der ihn am Tage darauf sah und
dem wir sogleich das Wort erteilen werden, schrieben sie, daß Hamsun trotz
seines hohen Alters wie immer gesund und elastisch wirke. Diese Phrase
tauchte offenbar immer wieder auf, egal, auf welchem Flughafen er landete.
Auf ihre Fragen nach der Reise antwortete er, sie sei in jeder Beziehung großartig verlaufen. Er habe Gelegenheit gehabt, alte Wiener Kultur kennenzulernen, und auf der ganzen Reise habe er nur liebenswürdige Menschen getroffen.

Alte Wiener Kultur! Eine Bemerkung bei seiner Ankunft dementiert alle
diese Tiraden. Und die ließ sich jedenfalls nicht verdrehen, da sie an einen
Reporter des norwegischen Rundfunks gerichtet war und gesendet wurde.

«Sie sind ja auch bei Hitler gewesen?» sagte der Journalist.

Hamsun warf einen kurzen Blick auf das Mikrophon.

«Ich bin ja an so vielen Orten gewesen», antwortete er trocken. Die uniformierten Deutschen begleiteten ihn zum Auto, fast, als sei er verhaftet.

«Wir kannten ja seine Artikel», sagte ein Norweger viele Jahre später,
«aber das hier war irgendwie schlimmer, viel schlimmer, das Schlimmste
überhaupt. Jetzt sahen wir ja in den Zeitungen genaue Berichte darüber, wie
er von Hitler empfangen wurde, von Goebbels Geschenke bekam, bei seiner
Heimkehr von Terboven begrüßt wurde. Das war der Gipfel der Verräterei.
Von dem Tag an waren wenige Menschen hier im Lande verhaßter als Knut
Hamsun.»

Von Fornebu aus begab sich Hamsun in das *Söstrene Larsen Hotel* nach
Oslo, wo er auf einen Zuganschluß oder ein Schiff für seine Heimreise nach
Nörholm warten wollte. Außerdem brauchte der Mann wohl auch ein wenig
Ruhe, in etwas über einem Monat wurde er vierundachtzig, ein Jahr zuvor
hatte er eine schwere Gehirnblutung gehabt, und jetzt war er mit den langsa-
men und nicht sonderlich bequemen Propellermaschinen der damaligen Zeit
in weniger als einer Woche 3000 Kilometer geflogen, hatte zwei fremde
Hauptstädte besucht, auf einem Kongreß mit 500 Teilnehmern gesprochen,
sich während des Gesprächs mit Hitler heftigen Gemütsbewegungen ausgesetzt. Die Wahrheit war ganz einfach, daß der schlanke, gesunde und beweg-
liche Greis der Journalisten diese Reise unter Aufbietung seiner letzten
Kräfte durchgeführt hatte und sich jetzt am Rande eines erneuten Zusammenbruchs befand.

Im *Söstrene Larsen Hotel* wurde er am Tage nach seiner Ankunft von
Christian Stange aufgesucht, dem mutigen Vizedirektor des norwegischen
Gyldendal-Verlags, der sich während der Besatzung in einer gefährlichen

Doppelrolle befand, weil er in seinen Bemühungen, eine Nazifizierung des Verlags zu verhindern, enge Kontakte sowohl zu deutschen als auch zu illegalen Kreisen pflegen mußte. Während des Prozesses gegen Hamsun berichtete Stange von seiner Begegnung mit Hamsun an diesem Dienstag, dem 29. Juni, im *Söstrene Larsen Hotel*; dieser Bericht schildert Hamsuns Zustand unmittelbar nach seiner Deutschlandreise und vermittelt im Gegensatz zu den offiziellen Berichten ein unheimliches Bild von dem Mann, der vor kurzem erst Hitler widersprochen hatte.

Christian Stange war zu Hamsun gekommen, um ihn zu bitten, er möge bewirken, daß Francis Bull, der Aufsichtsratsvorsitzende des Verlags, aus Grini freigelassen werde. Hamsun sagte ihm, er solle nicht so laut sprechen, lieber etwas langsamer. Er habe eine Gehirnblutung gehabt, fuhr er fort, und die habe sein Gehör verdorben und ihn insgesamt geschwächt. Der Arzt habe ihm noch nicht einmal erlaubt, ein Stück Holz in den Ofen zu legen, sagte er. Stange erzählte, daß Hamsun im Verlauf des Gesprächs mehrmals mit denselben Worten genau dieselben Dinge wiederholt habe. Er sei oft vom Thema abgekommen, habe sich an die Stirn gegriffen, den Faden verloren. Er habe die ganze Zeit über sehr müde gewirkt, auf den Boden gestarrt, viele und lange Pausen gemacht, sei in Gedanken versunken. Aber sonst habe er zusammenhängend gesprochen, ohne nach Worten suchen zu müssen, und nicht sonderlich undeutlich. Als Stange ihn um Hilfe für Bull bat, antwortete er mit Pathos:

«Ja, weiß der Himmel, das werde ich tun!»

Stange erzählte ihm, daß man sich an Harris Aall und an Quislings Kirchen- und Unterrichtsminister Ragnar Skancke gewandt habe. Hamsun meinte, jener sei zu gelehrt; diesen kenne er nicht. Adolf Hoel, dem Direktor des Spitzbergenbüros, traute er in diesem Zusammenhang auch nicht sehr viel zu, der hatte genug mit seinen Eismeersachen zu tun. Aber freilich gebe es ja noch einen großen Hoel, sagte er mit einem kleinen Funken seiner alten Ironie; er dachte an Sigurd Hoel.

«Ja, diese Salonkommunisten, die waren eine Zeitlang ganz groß.» Stange überhörte die Abschweifung und erwähnte Terboven. Würde Hamsun zu Terboven gehen, um Francis Bull aus Grini herauszuholen?

Das war der schlimmste Name, den Stange an diesem Nachmittag erwähnen konnte. Es war schlimm genug gewesen, da draußen in Fornebu stehen zu müssen, während die Pressephotographen losknipsten, und den Hut vor dem Mann ziehen zu müssen, den er soeben bei Hitler kräftig angeschwärzt hatte, um ihn loszuwerden. Aber sei's drum; gute Miene zum bösen Spiel zu machen, das war nicht unehrenhaft. Das hier war etwas ganz anderes. Jetzt war es nicht genug, den Mann, dem er an den Kragen wollte, zu begrüßen. Jetzt verlangte man von ihm, daß er zu diesem Mann gehen und ihn um einen Gefallen bitten sollte, um Hilfe, um eine Gunstbezeigung. Konnte ein Mann mit Hamsuns starren, altmodischen Ehrbegriffen so abgrundtief sinken?

Und würde es überhaupt ein Ergebnis zeitigen? Würde Terboven, der zweifellos ahnte, was auf dem Berghof vor sich gegangen war und der jetzt laut Bericht in der Morgenzeitung in der Geiselangelegenheit hatte nachgeben müssen – würde «dieser eiskalte Kerl», vor dem Hamsun zitterte, diese erlesene Gelegenheit nicht zu nutzen wissen, um sich demütigend und grausam an ihm zu rächen? Hamsun war ernst geworden.

«Terboven schätzt mich nicht besonders», sagte er leise.

Stange verstand die Antwort als eine Ablehnung. Dann erwähnte er, daß Frau Hamsun ja bei einer anderen Gelegenheit etwas bei Terboven erreicht habe; er dachte dabei an eine andere Spitzenfigur des Verlags, Harald Grieg, den Marie und Tore im Jahr zuvor aus Grini hatten herausholen können. Zu Stanges Verblüffung zeigte sich jetzt, daß Hamsun davon keine Ahnung hatte! Plötzlich war er hellwach.

Ach so, ist sie bei Terboven gewesen? rief er überrascht aus. Er geriet in heftige Erregung, bestritt kategorisch, daß Marie etwas erreicht habe, und beklagte sich dann darüber, wie isoliert er zu Hause lebe. Er wohne in einem Zimmer im zweiten Stock, werde nur zum Essen hinuntergerufen, niemand spreche mit ihm, Radio dürfe er nicht hören.

«Er schien verbittert, besonders war er böse auf seine Frau», schloß Stange.

Wenn er von Maries Erfolg bei Terboven erzählt hatte, in der Hoffnung, dies könne Hamsun anspornen, so erreichte er mit seiner Auskunft genau das Gegenteil dessen, was er wollte. Hamsun mußte ja unweigerlich daran denken, daß Marie sich seiner Reise zu Hitler widersetzt hatte, die doch der Absetzung von Terboven dienen sollte. Was zum Teufel ging hier vor? Was stellten die hinter seinem Rücken an? Gab es noch mehr, wovon er nichts wußte? Terboven verstand es, sich seine Gefälligkeiten bezahlen zu lassen, das hatte Hamsun selbst mehr als einmal erfahren. Welchen Preis hatte er von Marie verlangt, und was hatte Marie bezahlt?

Nein, es war Stange nur gelungen, den Gedanken an einen Besuch bei Terboven noch unerträglicher zu machen. Hamsun mußte davon ausgehen, daß «der eiskalte Kerl» nicht nur wußte, was bei Hitler vor sich gegangen war, sondern daß er obendrein bei Hamsuns Frau stärkeres Vertrauen genoß als Hamsun selbst! Sollte er ihn nun um einen Gefallen bitten, dann mußte er sich über seinen eigenen Stolz als Ehren- und Ehemann hinwegsetzen. Von daher gesehen konnte Terbovens Rache noch entschieden härter ausfallen, als er zunächst vermutet hatte, und das unabhängig davon, ob er ja sagte oder nein. Im ersten Fall mußte Hamsun sich fragen, ob Terbovens Wohlwollen irgend etwas mit Marie zu tun habe; im zweiten Fall mußte er sich dem bitteren Hohn aussetzen, daß Terboven dem Ehemann verweigerte, was er dessen Frau gern gewährt hatte.

Dann war ja noch Bull. Francis Bull. Sechsundfünfzig Jahre alt und Literaturprofessor. Hamsun kannte ihn sehr gut. Ein feiner Mensch. Ein Intellektueller. Christian Stange hatte ihn informiert. Seit zwei Jahren saß der Professor mit dem milden Gesicht und der schwachen Gesundheit nun schon als Gefangener Nr. 480 in Grini in der Baracke 12 Zimmer 16, wo auch Grieg gewesen war. Jetzt wohnte er mit Leuten wie dem Maler Per Krohg zusammen, mit Hamsuns Biographen Ejnar Skavlan, dem Architekten Odd Nansen, dem Pianisten Robert Riefling. Das Dritte Reich zähle zu seinen Feinden ja auch eine Reihe kultureller Persönlichkeiten, sagte Stange unschuldig und erzählte, wie Francis Bull zwischen Fußbodenscheuern, Kartoffelschälen und Prügeln in den Baracken umhergehe und seine Mitgefangenen mit kleinen Vorlesungen über norwegische Geschichte und Literatur ablenke. Seinetwegen sollte Hamsun zu Terboven gehen. Seinen Stolz vergessen und seine fest verwurzelten Ehrbegriffe. Sich demütigen. Sich erniedrigen.

Nachdem der Direktor das Hotelzimmer verlassen hatte, saß der alte Mann lange und grübelte über seiner erloschenen Zigarre, schlummerte ein wenig ein, wachte wieder auf und grübelte weiter. Dann erhob er sich müde, nahm seinen Stock, den weichen Hut mit dem breiten Band, richtete sich auf, stieg die Treppe hinunter, verließ das *Söstrene Larsen Hotel.*

Diesmal liegt uns keine Schilderung der Begegnung vor, dafür haben wir Terbovens Antwort schriftlich. Es steht auch außer Zweifel, daß Hamsun ihn persönlich aufsuchte, denn Marie erzählt, er habe den Reichskommissar zweimal getroffen, und abgesehen von der Unterredung über Ronald Fangen ist keine weitere zwischen den beiden bekannt. Tore entsinnt sich, daß der Vater Terboven diesmal im Parlamentsgebäude aufsuchte. Aber wie wurde er empfangen? Wurde ihm überhaupt Zutritt gewährt? Terbovens Antwort auf Hamsuns Ersuchen, Francis Bull freizulassen, ist ein Brief nach Nörholm vom 17. August 1943. Terboven hat ihn also fast zwei Monate warten lassen. Natürlich war es eine Ablehnung. Seine kleine Rache war unverpackt:

Zu meinem großen Bedauern ist es mir nicht möglich, Ihrem Wunsche auf Freilassung des Prof. Francis Bull Folge zu leisten. – Francis Bull ist ein ausgesprochener Gegner Deutschlands geworden ...

Und so weiter. Fast wörtlich die gleiche Antwort wie damals bei Ronald Fangen. Aber diesmal wurden die Lebensbedingungen des Eingesperrten nicht verbessert. Francis Bull mußte in Grini bleiben, wo er insgesamt 1155 Tage von den 1425 Tagen saß, während denen das Lager existierte. Hamsun hatte sich vergeblich gedemütigt. Wo Marie ein Ja gewährt worden war, war ihm zum zweiten Male ein Nein zuteil geworden.

Das war im großen und ganzen das Endergebnis von Hamsuns vielen Anstrengungen. Terboven wurde nicht abgesetzt. Hitler hatte nicht auf ihn gehört, ihn nicht verstanden, so wie die anderen großen Männer in seinem Leben. Hitler war kein so großer Mann wie Zahl, Dobloug, Armour. Hitler war nicht großzügig, und dann konnte man in Hamsuns Augen alles mögliche andere sein, nur kein großer Mann.

«Vater kehrte tief enttäuscht und niedergedrückt zurück, ich habe ihn selten so unglücklich gesehen», sagte Tore Hamsun. «Vater mochte Hitler nicht, er sagte die ganze Zeit über *ich,* und dann hielt er ihm einen langen Vortrag, von dem er fast nichts verstand, etwas über eine Eisenbahn, die er von Trondheim irgendwohin bauen wolle.» Außerdem sei er klein und gedrungen gewesen und habe wie ein Handwerkergeselle ausgesehen ...

Nach diesen Enttäuschungen verging fast ein Jahr, bevor Hamsun sich zu politischen Fragen wieder öffentlich äußerte. Pik-Bube auf Pik zehn, Herz sieben auf Herz sechs, er saß wieder im Kinderzimmer auf Nörholm, und der «Diplomat» war wieder nur eine Patience, das einzige hier im Leben, was er ab und zu zum Aufgehen bringen konnte.

Herz acht auf Herz sieben. Pik-Dame auf Pik-Bube. Zweier, Dreier, Vierer. Die Tage, Monate, Jahre. Eine lange Patience. Eine von den schweren, die nur selten aufging. Stimmt es, daß die Besten sterben? Daß die, die alt werden, nur des Lebens nächstbeste Männer sind? Das schrieb ein norwegischer Kriegsberichterstatter namens Nordahl Grieg in London, und nun, am 3. Dezember 1943, wurde er selbst in einem englischen Bomber über Berlin abgeschossen; er war erst einundvierzig gewesen.

Nie hat die norwegische Sprache so wild und heiß geduftet wie in Hamsuns Sommernacht, hatte Nordahl Grieg einmal geschrieben.

Hamsun ließ nicht von sich hören, es war nicht mehr seine Patience, und seine Beziehung zu dem Bruder, Harald Grieg, einst sein engster Freund, war nicht wieder aufgenommen worden, nachdem Marie ihn mit Terbovens Hilfe aus Grini herausgeholt hatte. Aber ein paar Monate später telegraphierte Redakteur Smith von der *Aftenpost*, daß Edvard Munch gestorben sei. Hamsun schickte ein paar Gedenkworte an die Zeitung. Das gleiche hatte er im Jahr zuvor getan, als Vigeland starb. Das tut er von nun an. Jedesmal, wenn ein berühmter Mann stirbt, bekommt Redakteur Smith ein paar Gedenkworte in einem kleinen weißen Umschlag; Nekrologe schreiben, das ist die Aufgabe, die einen alten Dichter erwartet. Edvard Munch bekam einen kleinen Vers mit auf den Weg:

Dein Mut war groß, als Hoffnung noch bestand und offen war
und Kunst und Leben entfalten ihr zauberisches Spiel.
Wir streiten nun für alles, was du gewonnen und verloren,
für alles, was du in deiner Einsamkeit gelebt hast und geschaffen.
Wir streiten. Ewig wirst du sein.

Das Gedicht enthielt die entscheidenden Hamsunschen Gegensätze, die Menge und die Einsamkeit, gewinnen und verlieren, und daß man nicht glauben soll, daß der mit der Einsamkeit der Verlierer ist, auch wenn es so aussieht. Was bedeutete das, zu verlieren und einsam zu werden, hier im Frühjahr 1944, als eine überwältigende Mehrheit wußte, daß Deutschland den Krieg nicht mehr gewinnen konnte? Weder die persönlichen Enttäuschungen in der Terbovensache, noch das wankende Kriegsglück hatten Hamsun in seinem Glauben an die deutsche Sache schwankend werden lassen. Am 3. März sandte er über den Rundfunk einen Appell an die norwegischen Seeleute, die als Sklaven im Dienste der Alliierten lebten, mit Bomben über und Torpedos unter sich. Sie sollten lieber desertieren und heimkehren nach Norwegen, wo sie ihre Frauen, Kinder und Bräute hätten. Wenn Hamsuns Appell auch kaum einen Seemann dazu bewogen haben mag, von Bord zu gehen, so war er doch gegen den Einsatz gerichtet, der sich als Norwegens wichtigster Beitrag zum Sieg der Alliierten erweisen sollte. In dieser Zeit kreuzten 40 Prozent der Zufuhr nach England auf norwegischen Schiffen den Atlantik, und jeder zehnte Seemann verlor dabei das Leben, insgesamt waren es viertausend, eine höhere Verlustrate als bei den Invasionstruppen.

Anfang Mai schrieb er einen Geburtstagsbrief an Cecilia, in dem er sich für all die neuen Pakete bedankte. Eine ihrer Freundinnen habe ihm gerade einen Brief geschickt und ihn gebeten, sich für ihren Verlobten zu verwenden, der Arzt sei, aber jetzt in ein Konzentrationslager nach Deutschland geschickt worden sei.

«Solche Briefe bekomme ich so viele.»

Der doppelte Druck ging weiter. Gerade in diesen Tagen war eine neue Widerstandsgruppe entdeckt und eine lange Reihe junger Leute zum Tode verurteilt worden, und diesmal kamen zwei von ihnen aus Knut Hamsuns eigener Stadt, aus Grimstad. Wieder kamen Eltern und Frauen zu ihm und baten ihn um Hilfe bei Terboven. Hamsun wußte nach seinem letzten vergeblichen Versuch, wie aussichtslos ein Ersuchen von seiner Seite sein würde. Schließlich mußte statt seiner Marie Terboven aufsuchen.

«Ich war ja nicht bei Hitler gewesen», schreibt sie.

«Dir hat der Reichskommissar bereits einmal eine große Gnade gewährt», sagte er.

Der säuerliche Unterton in diesen beiden Bemerkungen ist nicht zu überhören. Hamsun war keineswegs froh. Für den stolzen Mann war es fast, als müsse er seine Frau sich prostituieren lassen, während er selbst zu Hause blieb. Es war wie bei der Sache mit Francis Bull, nur schlimmer, der Schraubstock ließ sich immer noch ein wenig mehr anziehen. Angesichts dieser zum Tode Verurteilten hatte kein Mensch eine Wahl, eine Ehre, einen Stolz.

Diesmal haben wir Maries Beschreibung der Begegnung.

Terboven sagte zu ihr, er wolle die Begnadigung von zwei Zwanzigjährigen erwägen, Marie dankte ihm.

«Noch einmal bat ich für die beiden aus Grimstad, vor allem für sie», sagte sie.

Knut Hamsun war «dunkel wie eine Gewitterwolke», als Marie nach Hause kam. Seine neue Demütigung war ebenso umsonst gewesen wie die erste. Terboven konnte den Leuten auf die verletzendste Art entgegenkommen. Am 10. Mai fielen die Schüsse. Der Reichskommissar hatte zwei der zum Tode Verurteilten begnadigt, aber es waren nicht die beiden aus Grimstad. Er hatte die Ereignisse vom Jahr zuvor nicht vergessen. Hamsuns Name unter einem Gnadengesuch war keine Hilfe mehr, eher eine zusätzliche Belastung für den Verurteilten. Aber wie das den Angehörigen erklären? Und andererseits: Wie leugnen, daß Terboven Marie wirklich entgegengekommen war und also bei der ersten sich bietenden Gelegenheit Anspruch auf eine Gegenleistung hatte?

Als die Alliierten einen Monat später in der Normandie landeten, ließ Hamsun sich eine Erklärung abringen, die am gleichen Tag auf der Titelseite von *Fritt Folk* und *Aftenpost* erschien:

«Wir warten seit Monaten, wir warten seit Jahren», sagte er. «Jetzt ist sie endlich da, die Landung in Europa. Wie vorauszusehen war, kam sie mit übermächtiger Gewalt, aber Deutschland hat ihr einen warmen Empfang bereitet. So wie die Front im Osten bis auf den heutigen Tag ungebrochen steht, so wird die Front im Westen bis zum Ende feststehen. Das ist kein Wunschtraum. Es gilt Europas Schicksal auf Leben oder Tod, und Europa wird das Leben wählen. In diesen Tagen, da die Angelsachsen Tod und Verderben bringend unter uns hausen, halten die Deutschen, das Bollwerk Europas, vom ersten Augenblick an die Rettung in ihrer Hand.»

Sein fünfundachtzigster Geburtstag bot Anlaß zu einer nationalsozialistischen Propagandaorgie. Rechtzeitig stimmte sich *Fritt Folk* mit der jährlichen Nörholmiade ein. Hamsun selbst war zufällig nicht zu Hause, aber sonst war alles wie immer, wenn *Fritt Folk* zu Besuch kam – das alte Patrizierhaus, die stilvollen, schönen Möbel, die den aristokratischen Eindruck bestätigten, die umfangreiche und wertvolle Gemäldesammlung, in der alle bedeutenden neueren Maler Norwegens vertreten waren, die charmante Tochter des Hauses, Ellinor, die die festliche Kaffeetafel deckte, Frau Hamsun, die wehmütig lächelte, aber doch den Stolz und die seit Tacitus für die nordische Frau so kennzeichnende Liebe zur Scholle besaß – kurz: Dieses Dichterhaus, das einen der Grundpfeiler in Norwegens nationaler Erhebung bildete, gerade weil Hamsun und seine Frau so furchtlos ihren Glauben an die Zukunft bekannten, die die Menge noch nicht erschaute, und weil man hier auf Nörholm jeden Tag nationalsozialistisches Leben praktizierte ...

Am 4. August selbst war Knut Hamsun ebenfalls nicht zu Hause, er überstand den Tag zusammen mit Marie in einer Hütte in der Nähe von Oslo, die die Wehrmacht zur Verfügung gestellt hatte und durch deutsche Wachtposten schützen ließ; sie vermochten jedoch nichts auszurichten gegen das vernichtende Artilleriefeuer – von Blumen und Geschenken. Telegramme von Ministerpräsident Quisling. Vom Wehrmachtsbefehlshaber in Norwegen. Von Goebbels. Von Hitler. Deutsche Soldaten in Norwegen ließen ihm durch Ministerialdirigent G. W. Müller ein kunstfertig geschnitztes Kästchen überreichen, das sie gearbeitet hatten. Der Führer des «Reichsverbandes der deutschen Schriftsteller» meldete die Errichtung eines Knut-Hamsun-Fonds von 60000 Reichsmark. Die norwegische Regierung beschloß die Errichtung eines permanenten Knut-Hamsun-Instituts für nordische Literaturforschung.

Am Abend fand in der Aula der Universität ein Fest mit Ansprachen und Musik statt, und das Festprogramm wurde vom Rundfunk ungekürzt übertragen. Auch hier war Hamsun nicht persönlich anwesend, aber die schönsten Blumen und die norwegischen Flaggen schmückten den Saal und bildeten den Rahmen um Hamsuns Namen, sagte der Sprecher, und natürliche norwegische Einfachheit prägte die Zuhörer und das Programm des Abends. Ein repräsentatives Publikum, allen voran mehrere hohe deutsche und norwegische Persönlichkeiten, war erschienen, als das Orchester der Philharmonischen Gesellschaft den Abend mit Nordraaks mächtiger Ouvertüre eröffnete. Männlich und stark erklang Kristen Gundelachs Prolog, gewidmet dem Meister, der Glanz über sein Land gebracht hatte, dem furchtlosen Mann, der hochaufgerichtet im Sturm der Zeit stehe und trotz seines hohen Alters sicher und fest in die Zukunft blicke. Der Schauspieler Johan Hauge las den Prolog, und das Publikum wurde von der schönen Stimmung mitgerissen. Der Komponist David Monrad Johansen bestieg das Podium und dirigierte selbst sein sonderbares Werk «Pan», Direktor Einar Schibye gedachte des Dichterfürsten in einer inspirierten Rede, und nach Griegs «Morgenstimmung» sprach Parteiminister Rolf Fuglesang, Trygve Svensson las Hamsuns «Fiebergedichte», so daß der Saal unter der intensiven Stimmung förmlich erbebte, und lieblich ertönten zum Schluß die Klänge von Christian Sindings «Rondo Infinito».

«Denn das Leben gehört zu Knut Hamsun, das menschliche, stille und dennoch mystische Leben», schloß der Sprecher.

Und doch waren dies nur schwache Töne gegen das Orchesterbrausen, das aus der norwegischen Presse emporschlug. Mehrere Zeitungen gaben Sondernummern heraus, Photographien, die ein Viertel der Zeitungsseiten einnahmen oder mehr, Artikel, Gedichte, Reportagen aus dem unverwüstlichen Nörholm. An vielen Stellen schlug der Ton von allgemeinem Bewunderungsrausch um in religiöse Anbetung.

War das allein Dankbarkeit für seine Bücher? Nein, aber die gleichen Zeitungen, die Religion mit Hamsun trieben, konnten auf ihren Titelseiten den andauernden deutschen Rückzug an allen Fronten melden, im Westen standen die Alliierten an der Seine und bei Paris, im Süden am Arno und bei Florenz, im Osten an der Weichsel und bei Warschau, der Zusammenbruch näherte sich, mit jedem Tag wuchs die innere Gewißheit, Deutschland gewinnt den Krieg nicht, wir sind alle verloren, wir, die wir Reden halten, vorlesen, Ouvertüren spielen und andächtig schweigen, aber Hamsun hat uns nicht verlassen, im Gegenteil, Hamsun ist mit uns, glaubt an Deutschland, an den Führer, an uns alle. Edwin Erich Dwingers Huldigung traf am ehesten ins Schwarze:

«Danken wir ihm nicht nur für seine Kunst», schrieb der umstrittene deutsche Schriftsteller, «danken wir ihm auch für seine unerschütterliche Haltung, die uns nicht weniger Kraft verleiht, als seine Werke dies ein Menschenalter lang getan haben. Denn läßt sich in dieser Zeit wohl etwas Stärkenderes denken als das Bewußtsein, daß der größte Dichter unserer Zeit an unserer Seite steht?»

Der gleichgeschaltete Gyldendal-Verlag beging den Tag mit einer neuen Ausgabe von Hamsuns gesammelten Werken in fünfzehn Bänden. In einem Dankschreiben wunderte Hamsun sich darüber, daß man in der Zeit des Zellulose- und Papiermangels so viele Bücher eines einzigen Mannes habe hervorzaubern können, wenn man aber auf der Auflage sitzenbleibe, dann sei das nicht seine Schuld. Er habe nicht zu dieser Ausgabe gedrängt. Er könne nur wiederholen, was er bei anderer Gelegenheit gesagt habe: In seiner Dichtung habe er ab und zu mehr leisten wollen, als er vermochte, dafür habe er aber auch nie *weniger* geleistet. Das könne dann wohl gegeneinander aufgehen!

Der bescheidene Ton des Dankschreibens, der im starken Gegensatz zu der offiziellen Gottesanbetung steht, hatte eine reale Grundlage. Hamsun konnte mit Recht fürchten, daß der Verlag auf der Auflage sitzenbleiben würde. Der norwegische Gyldendal-Verlag war zu dieser Zeit Gegenstand eines generellen Schriftstellerboykotts, und die Hamsunausgabe war das einzige bedeutende Werk, das der Verlag in diesen Jahren herausbrachte. Seine bangen Ahnungen wurden bald bestätigt:

«Es gab deshalb wahrhaftig keinen Käufersturm auf die Buchhandlungen», schreibt der Schriftsteller Sigurd Evensmo. «Hamsun war verhaßt wie wenige Norweger, und wir wünschten damals nichts anderes, als daß seine Meisterdichtung auf einem Scheiterhaufen gelandet wäre, wenn das möglich gewesen wäre.»

In diesem Haß besaß das norwegische Volk einen Gesinnungsgenossen, dort, wo es ihn vielleicht am wenigsten vermutet hatte. Der einzige Mann, der, abgesehen von Knut Hamsun selbst, während der gesamten Geburtstagsfeierlichkeiten durch Abwesenheit glänzte, der nicht in den Zeitungen schrieb, nicht im Rundfunk sprach, nicht in der Universitätsaula erschien: Reichskommissar Josef Terboven.

Hitler hatte selbst – wohl aus Propagandagründen – seinen Zorn vom Jahr zuvor überwunden und Hamsun zusammen mit Goebbels ein Glückwunschtelegramm geschickt. Die beiden hatten das Geburtstagskind sogar mit ihrer Photographie in schwerem Silberrahmen und Widmung bedacht. Derartige Kostbarkeiten konnten laut Protokoll von keinem Geringeren überreicht werden als dem Bevollmächtigten des Deutschen Reiches persönlich. Das geschah nicht. Der Reichskommissar wollte nicht.

Auch für Terboven hatte diese «Zusammenführung» einen hohen Preis gehabt. Er hatte das Gefühl, sich auf Hamsun nicht verlassen zu können. Bei Gelegenheit hatte er ihm zu verstehen gegeben, daß er zu wenig ausrichte.

139

Ihm waren von Hamsuns Seite fast nur Schwierigkeiten gemacht worden, Schwierigkeiten jedesmal, wenn er ein paar Todesurteile bekanntgab, Schwierigkeiten jedesmal, wenn er einen Literaten nach Grini schickte. Gut, aber dann hatte dieser Mensch, ein Untertan in einem von den Deutschen besetzten Land, sich unterstanden, sich ungestraft an den Führer zu wenden, mit dem erklärten Ziel, ihn, Terboven, absetzen zu lassen! Welcher Oberste Bevollmächtigte in einem besetzten Gebiet hatte sich jemals eine so unerhörte Schmach gefallenlassen müssen? Terboven war es gewöhnt, über Leben und Tod anderer Menschen zu entscheiden, und es war ihm schwer genug gefallen, sich mit seiner Machtlosigkeit in diesem speziellen Fall abzufinden. Nun verlangte man von ihm, daß er sich zu dem Mann, der ihm an den Kragen wollte, begeben und ihm statt des üblichen Genickschusses eine Photographie von Hitler im Silberrahmen und mit Widmung überbringen sollte!

Das war mehr, als er ertragen konnte. Am Freitagmorgen, dem 4. August, schickte er Hamsun folgendes Telegramm:

«Hochverehrter Herr Hamsun. Aufgrund meiner dienstlichen Abwesenheit ist es mir zu meinem großen Bedauern doch nicht möglich, Ihnen anläßlich Ihres 85. Geburtstages mündlich meine aufrichtigen und herzlichen Glückwünsche zum Ausdruck zu bringen. Ich bedaure, daß ich dadurch auch nicht imstande bin, Ihnen die Bilder des Führers und von Reichsminister Goebbels mit ihrer persönlichen Unterschrift persönlich zu überreichen . . .»

Das Telegramm schloß mit den üblichen Lobgesängen auf Hamsun als den Freund des deutschen Volkes. Sie bedeuteten nicht viel angesichts der Tatsache, daß Terboven mit der denkbar fadenscheinigsten Ausrede zu tun versäumte, worum der Führer selbst ihn gebeten hatte, was wohl auch als «dienstliche Angelegenheit» betrachtet werden mußte. Vielleicht ist ihm selbst im Laufe des Tages klargeworden, daß diese Respektlosigkeit Hitler gegenüber aus dem Telegramm etwas zu deutlich hervorging; jedenfalls sorgte er nun dafür, daß es abgewürgt wurde. Das Telegramm an Hamsun war am 4. August um 9 Uhr über Fernschreiber an alle Zeitungsredaktionen gegangen, mit der Mitteilung, es handele sich um Stoff für den Sonnabendmorgen, also den nächsten Tag. Aber um 20 Uhr am Geburtstagsabend kam über den Fernschreiber eine neue Mitteilung: Das betreffende Telegramm war zurückgezogen worden und durfte nicht gedruckt werden. Statt dessen war folgende Mitteilung zu veröffentlichen:

«In einem herzlichen Schreiben hat Reichskommissar Terboven sein Bedauern darüber ausgedrückt, daß er Hamsun leider nicht persönlich gratulieren könne, da er aus dienstlichen Gründen abwesend sei. Weiter schreibt der Reichskommissar, daß Hamsun sich eine große Schar von Bewunderern und treuen Lesern geschaffen habe, vor allem in Deutschland.»

Stopp. Nichts von Photographien im Silberrahmen, kein Wort über Hitler

140

und Goebbels. Terboven schätzte ihren Propagandawert etwas anders ein als sie selbst.

«Er schätzt mich nicht sonderlich», hatte Hamsun im Jahr zuvor gesagt. Er haßte ihn. Er hatte das Gefühl, von Hamsun durchschaut worden zu sein. Hamsun besaß alle die Charaktereigenschaften, die normalerweise die Leute auf den ersten Plätzen seiner Säuberungslisten kennzeichneten, er hatte dieses Unabhängige, In-sich-selbst-Ruhende und undefinierbar Vornehme in seinem Wesen, das jeden nationalsozialistischen Gauleiter dazu bringen konnte, rot zu sehen. In einigen Punkten herrschte sogar Einigkeit zwischen Terboven und Hamsuns Richtern nach 1945. Ein Mann, der so lange unter doppeltem Druck lebt, kompromittiert sich letztlich nach beiden Seiten. Hamsun hatte Terboven umgangen, *Hamsun war also ein Verräter*. Man kann fragen, welche Bedeutung Terbovens Archiv mit Hamsuns Telegrammen zu über hundert Todesurteilen, mit seinen Briefen und Gesprächskontrollen über die Gefangenen in Grini und möglicherweise sogar mit Hitlers Intervention in der Geiselangelegenheit von Raufoss während des späteren Prozesses gehabt hätte. Aber das ist umsonst, das Archiv wurde nie bekannt. Als Josef Terboven wenige Stunden nach der Kapitulation betrunken in seinen Betonbunker hinter Skaugum wankte und die gassichere Panzertür hinter sich zuschlug, da starb in gewisser Weise der Kronzeuge des Hamsunprozesses, der einzige Mensch, der wußte und der, wenn man ihn gefragt hätte, triumphierend hätte beweisen können, daß Knut Hamsun überhaupt kein Nazi war. Hatte er recht damit? Tat Hamsun selbst nicht alles in seiner Macht Stehende, um das Gegenteil zu beweisen? Ließ er sich nicht weiterhin ausnutzen, unfreiwillig, aber auch freiwillig? Ach, er gehörte nicht zu denen, die das sinkende Schiff verließen, in der Kurve absprangen, in Deckung krochen, während die Gefahr vorüberzog. Wo er einmal A gesagt hatte, da wurde auch B gesagt. Ja, und X und Y und Z.

An einem Nachmittag Anfang 1945 kam es zu einem neuen Unfall.

«Ich stand draußen im Schuppen und hackte Holz», sagte er hinterher, «das war eine Arbeit, die ich wirklich gern hatte, obwohl der Arzt mir jegliche körperliche Arbeit verboten hatte. Plötzlich fiel ich um und blieb zwischen Äxten und Brennholz liegen. Aber als ich ein wenig gelegen hatte, konnte ich allein wieder aufstehen und reingehen.»

Gehirnblutung Nr. 2, nicht so schlimm wie die erste, dennoch fühlbar durch die lange Schwäche hinterher. Er bewältigte jetzt noch weniger als vorher, sogar das Zeitunglesen ermüdete ihn, und er schrieb an Cecilia in Kopenhagen, sie solle die *Politiken* abbestellen, in Zukunft wolle er nur noch das *Fädreland* und die *Kritisk Ugerevue* abonnieren, besonders diese fand er ausgezeichnet. Und was ihn selbst und das Schreiben in Zeitungen angehe, so sei das ja vorbei. Fast vorbei. Hier in den letzten Monaten des Krieges, während die Amerikaner den Rhein und die Russen die Oder überschritten, schrieb er nur zwei lumpige Kleinigkeiten. Die eine beanspruchte nur ein paar Spalten, die andere nur wenige Zeilen. Die eine handelte vom Jahresalmanach und war eine jener nichtssagenden Plaudereien, die tags darauf vergessen sind. An die andere wird man sich vermutlich ebenso lange erinnern wie an Hamsun.

Hier stehen nun, am letzten Tag des Krieges, auf der Titelseite der letzten Nummer der *Aftenpost,* die Redakteur Smith mitredigiert, Knut Hamsuns Gedenkworte für Adolf Hitler:

*Ich bin dessen nicht würdig, mit lauter Stimme über Adolf Hitler zu sprechen, und zu sentimentaler Rührung laden sein Leben und seine Taten nicht ein. Er war ein Krieger, ein Krieger für die Menschheit und ein Verkünder des Evangeliums vom Recht für alle Nationen. Er war eine reformatorische Gestalt von höchstem Rang, und es war sein historisches Schicksal, in einer Zeit der beispiellosesten Roheit wirken zu müssen, die ihn schließlich gefällt hat. So wird der gewöhnliche Westeuropäer Adolf Hitler sehen, und wir, seine treuen Anhänger, neigen nun unser Haupt angesichts seines Todes.*

Dies taten viele von Knut Hamsuns treuen Anhängern sicher auch, als sie diese Zeilen gelesen hatten; für Zehntausende von Menschen starb hier nicht nur Hitler, sondern auch der große Knut Hamsun. Aber was bedeutet eine so ungeheuerliche, in dieser Weise und zu diesem Zeitpunkt geäußerte Fehleinschätzung, wie ist sie zu erklären? Noch einmal: Wir sehen die Ereignisse von hinten, Hamsun sah sie von vorn. Als er diese Zeilen schrieb, wußte er nicht, daß Hitler Selbstmord begangen hatte. Er glaubte im Gegenteil, Hitler habe bis zuletzt gekämpft ohne aufzugeben, eine Eigenschaft, die Hamsun bewunderte. Er glaubte, Hitler sei «im Kampf gefallen». Er wußte noch immer nicht mehr über die Vernichtungslager als fast alle anderen zu diesem Zeitpunkt – nichts. Er wußte nichts von den Massenerschießungen in Rußland. Gegen die nationalsozialistischen Übergriffe, die er aus nächster Nähe miterlebt hatte, hatte er protestiert, auch gegenüber Hitler persönlich, und nicht ohne Resultat. Aber dennoch. Derartige Betrachtungen, die in anderem Zusammenhang vielleicht als entschuldigende Momente gelten können, sind in dieser Verbindung nichts wert. Hitler war auch 1945 für einen Menschen, der die Ereignisse nur von «vorn» sah, kein Krieger für die Menschheit, kein Verkünder vom Recht für alle Nationen. Er war ganz einfach das Gegenteil.

Hinzu kam, daß Hamsuns persönlicher Eindruck von ihm ebenfalls eine Enttäuschung gewesen war. Er mochte ihn nicht, Hitler sagte die ganze Zeit über *ich,* er ähnelte einem Handwerkergesellen. Weshalb schrieb Hamsun das dann so, und das zu einem Zeitpunkt, als keine äußere Macht ihn dazu zwang, sondern wo er ganz im Gegenteil der Tatsache ins Auge sehen mußte, daß diese Zeilen im Laufe weniger Tage, ja, vielleicht Stunden, die ernsthaftesten Folgen für ihn selbst nach sich ziehen konnten?

Der Sohn Tore stellte ihm die gleiche Frage.

«Es war eine Ritterlichkeit für eine gefallene Größe», antwortete der Vater laut Tore Hamsuns Buch über ihn.

Aber dann zittert Tore Hamsun die Hand, er kann ebenfalls mit einem Radiergummi umgehen, und in der zweiten Ausgabe des Buches klingt die Antwort des Vaters so:

«Es war eine Ritterlichkeit», nichts weiter.

Man kann ruhig davon ausgehen, daß die erste Fassung die richtige war. Es war eine Ritterlichkeit für eine gefallene Größe – jedes Wort klingt überzeugend, Hamsuns Nekrolog ist eine getreue Wiedergabe des Bildes, mit dem es Hitler bis zum letzten Atemzug gelang, nahezu hundert Millionen Menschen zu betrügen, nachdem er erst, was merkwürdiger ist, sich selbst betrogen hatte. Eine Ritterlichkeit? Unleugbar. Ehrbegriffe eines entschwundenen Jahrhunderts werden hier gehalten und auf den größten Verbrecher des folgenden übertragen, ohne Rücksicht auf Verluste. Wenn man niemals aufgehört hat, sich über diesen Nekrolog zu wundern, so macht doch kein Text den kosmischen Abstand zwischen Hamsun und Hitler deutlicher als diese Zeilen, in denen er ihm so rückhaltlos huldigt. Der verschriene Artikel ist in Wirklichkeit erneut ein Ausdruck des Hamsunschen Überschusses, der Hamsunschen Verschwendung, dieser edlen Gesinnung, die Hitler völlig fremd war und die im denkbar schärfstem Gegensatz steht zu dem Mißtrauen, der Kleinlichkeit und Bitterkeit, dem Groll und dem Haßgefühl, womit Hitler in der Stunde der gleichen Niederlage Göring, seinen engsten Mitarbeiter, verhaften, Speer, seinen engsten Freund, absetzen, Fegelein, seinen eigenen Schwager, hinrichten ließ und in seinem Testament die Generale verhöhnte, die seinen Krieg geführt hatten, und das Volk, das dessen fürchterlichen Preis bezahlt hatte, bevor er mit einer letzten Lüge für die Rundfunksender, wonach er im Kampf gefallen sei, das Bärtchen um den Revolverlauf zusammenbiß und sich aus der Verantwortung wegschoß. Hamsun tat mit seiner Feder in aller Stille das Gegenteil. Er bekannte sich zu seiner Verantwortung, er blieb dabei, daß er ein treuer Anhänger Hitlers sei, und er tat es absolut freiwillig. Er hätte es ja nur sein lassen können. Er hätte seinem Glauben nicht abzuschwören brauchen, sich bekehren müssen, er hätte nicht opportunistisch und klug zu werden brauchen wie so viele andere zu dem Zeitpunkt. Er hätte nur zu schweigen brauchen. Niemand und nichts, kein Terboven und kein äußerer Druck zwangen ihn zu diesem Zeitpunkt, in den letzten Stunden des Krieges, diese Zeilen zu veröffentlichen, die, was er im voraus wissen mußte, ihn alles kosten würden.

Wahrlich eine Ritterlichkeit! Aber dann zittert Tore Hamsun die Hand, und in seiner neuen Ausgabe läßt er den Vater sagen: «Eine Ritterlichkeit, nichts weiter», und da kann es schwerlich noch verkehrter werden. Hamsuns Gedenkartikel war sehr viel mehr als eine Ritterlichkeit, er brachte etwas zum Ausdruck, was für ihn noch wichtiger war als alte Ehrbegriffe. Er hatte es sein ganzes Leben lang gekannt, schon Knud Pedersen kannte es:

«Ich *muß* ja widersetzlich sein», schrieb er, siebzehn Jahre alt, in seinem Jugendroman «Björger».

«Seine Ansichten waren nie die der Mehrheit», schrieb Marie, «oft stand er mit ihnen sogar ziemlich allein da. Aber so merkwürdig war er, daß er dabei zu gedeihen schien. Ich glaube, es hätte ihn beunruhigt, wenn er sich eines Tages als Sprachrohr der Majorität wiedergefunden hätte.»

Tore sagte es schärfer:

«Die Einigkeit der Mehrheit bekam ihm nicht, in reinem Auflehnungsdrang suchte er die wenigen, diejenigen, die gegen die vielen für eine Sache kämpften. Worum es dann ging, konnte oft in zweiter Linie stehen.»

Er selbst hat es am schärfsten gesagt:

«Ich werde überhaupt heute abend so angreiferisch, so zerstörerisch sein wie nur irgend möglich», hieß es in der Einleitung zu den Vorträgen, mit denen er als junger Mann sensationelles Aufsehen erregte.

Das war damals, als er Ibsens Schauspiele eine dramatisierte Holzmasse nannte. Shakespeare war ein schlechter Psychologe. Tolstoi ein Quatschkopf. Maupassant keine Literatur, sondern Schenkel. Gladstone der größte Hornochse des Jahrhunderts. Jawohl. Und nun ist Hitler eine reformatorische Gestalt von höchstem Rang. Das sagt nicht sehr viel über Ibsen, Shakespeare, Tolstoi, Maupassant, Gladstone und – Hitler. Aber das sagt viel über Hamsun. Er bewunderte Björnson, weil er so wenig Taktiker war und «seine Sache beim Publikum so herrlich verdarb». Jetzt hatte Hamsun seinen Vorgänger wahrlich auch in diesem Punkt übertroffen! Seine Gesichtspunkte waren in erster Linie Antitaktik, ein Ausdruck seiner Lust, Anstoß zu erregen; sie sollten eine Opposition bezeichnen, die sich gegen alle Welt richtete; er hatte sie nicht wegen ihres Wahrheits-, sondern wegen ihres Skandalgehalts gewählt, wegen ihrer isolierenden Wirkung. In seiner Jugend isolierte er sich, indem er die von aller Welt Bewunderten verdammte; im Alter bewunderte er den von aller Welt Verdammten.

In «Hunger» konnte es dem Helden einfallen, herausfordernd und unmotiviert aufzutreten, um sich trotz seiner abgerissenen Jacke bemerkbar zu machen. In «Pan» saß Thomas Glahn zusammen mit Edvarda und seinem Rivalen in einem Ruderboot und warf ihren Schuh ins Wasser, um sich zur Geltung zu bringen und sie an seine Existenz zu erinnern. Tom Kristensen hat die beiden Episoden verglichen:

«Eine unverständliche und sinnlose Handlung», schrieb er, «das ist die leichteste Art, ein großer Held zu sein, dann kann man überlegen verlieren, denn dann weiß man, daß man einen unvergeßlichen Eindruck gemacht hat.»

Am 7. Mai 1945 bot sich Knut Hamsun die bis dahin beste Gelegenheit seines Lebens, einen Schuh ins Wasser zu werfen, eine unverständliche und sinnlose Handlung zu vollziehen, überlegen zu verlieren und einen unauslöschlichen Eindruck zu machen, und koste es ihn selbst. Hier war die Chance, gestern war es zu früh gewesen, morgen würde es zu spät sein, aber jetzt, am Montag, dem 7. Mai 1945, konnte er seine Isolierung universell machen, sich selbst in Gegensatz zu sozusagen dem Rest der Weltbevölkerung bringen. Keinem anderen Menschen auf der Welt würde an diesem Tag im Traum einfallen, zu schreiben und drucken zu lassen, was Knut Hamsun hier schrieb und drucken ließ. Hatten seine politischen Ansichten ihn zu einem gewissen Zeitpunkt weit über seinen eigenen Wunsch hinaus engagiert, ihn mitten in die Arena geworfen, ja, ihn zu einem der wichtigsten Beschlußzentren seiner Welt geführt, dann ließen dieselben Ansichten sich jetzt für das Gegenteil ausnutzen, konnten ein Mittel zum Verschwinden werden, die Möglichkeit, eine Unendlichkeit zwischen sich und alle anderen zu legen. Würden seine Gedenkworte für Hitler ihn sein Ansehen und seinen Ruhm kosten, seinen Namen, seine Ehre und sein Vermögen? Ach, es wäre den Preis wert. Dann wäre der geizige reiche Onkel ja endlich von dem anderen besiegt, dem Vagabunden, dem alles und alle gleichgültig waren. Diese Worte löschten gleichzeitig den unerträglichen Gegensatz zwischen seinem Leben und seinem Werk, sie beseitigten seinen tiefsten Schmerz und errichteten aufs neue die universelle Einsamkeit, die er als junger Mann erfahren hatte, als er in Kristiania hungerte, die Einsamkeit, die der Beginn zu und die Voraussetzung für das einzige gewesen war, das im Leben dieses Mannes Bedeutung besessen hatte: Sein Talent.

«Nichts, nichts in der Welt kommt dem totalen Abseitssein gleich», schrieb er einmal auf der Insel Samsö.

«Ich gehe so weit, daß niemand mich wiederfinden kann, und dann bin ich erlöst», fügte er einige Jahre später hinzu.

«Aber ich sage Euch, es ist mir gleich, wie Ihr mich nennt», stand in «Mysterien», «ich ergebe mich nicht, in Ewigkeit niemals. Ich beiße die Zähne zusammen und verhärte mein Herz, weil ich recht habe. Ich will als einziger Mensch ganz allein vor aller Welt stehen und nicht nachgeben. Ich bin ein Fremder unter den Menschen, und bald schlägt die Stunde . . .»

Genau das geschah am 7. Mai 1945. Am Tag darauf schlug die Stunde, aber zuvor war Hamsun so weit weg gekommen, so weit gegangen, daß niemand ihn wiederfinden konnte. Mit diesen wenigen Zeilen auf der Titelseite der *Aftenpost* stand er als einziger Mensch ganz allein vor aller Welt und gab nicht nach. Ein Fremder unter den Menschen – selbst die engste Familie verstand nicht, was er da getan hatte. Als er Hitlers Größe den Befreiern ins Gesicht spuckte, die am nächsten Morgen so namenlosen Leiden endlich ein Ende setzen konnten, hatte er mit einem fürchterlichen Fingerspitzengefühl den genauen Zeitpunkt gefunden, wo seine Provokation die größtmögliche Wirkung haben, jedermanns Wut wecken, die gesamte Weltmeinung gegen ihn aufbringen würde. Danach mußte der liebe Gott selbst ihn anzeigen! Und doch lag in all dieser erschütternden Verantwortungslosigkeit, all diesem fanatischen Glauben an den einzigen Einen gegenüber der Masse der vielen nur das, was ein langes Künstlerleben hindurch für Hamsun die größte Selbstverständlichkeit gewesen war, und mit ihm für alle anderen innerhalb der Form von Kunst, deren Tage am 7. Mai 1945 vielleicht auch gezählt waren. Wir kennen sicher ihre Namen. Sie riefen von den Bergen, daß alles erlaubt sei – und gingen nach Hause und spielten Tonleitern mit zwölf Tönen und malten die Sonne blau und das Meer gelb. Das war nun ihre «schonungslose Provokation», wie es hinterher in den Rezensionen hieß. Der Unterschied ist nur, daß Hamsun handfest war, er verwirklichte seine Haltung in einer Handlung, alle nahmen ihn todernst, es fiel niemandem im Traum ein, ihn ins Feuilleton zu verweisen, er mußte ins Gefängnis, er war ein Landesverräter! Vielleicht. Vielleicht war er etwas noch Schlimmeres. Etwas, das man noch weniger vergibt und noch härter bestraft. Vielleicht war er ein Gesellschaftsverräter? Mit seinem Nekrolog für Hitler hatte er sich außerhalb der geschützten Universal-Entschuldigung gestellt, die wir Gesellschaft nennen, so wie fast alle anderen von seiner Art es bis dahin getan hatten. Ich bin keiner von Euch, stand da, Eure heiligen Ansichten sind mir gleichgültig, die Phrasen, mit denen Ihr lebt, strafe ich mit Verachtung, Euer Glaube ist nicht der meine, und ich bin nicht der, für den Ihr mich haltet! Viele hatten das gleiche gesagt, aber er *tat* es. Darin liegt sein Verbrechen. Er hatte sich in einer Weise außerhalb der Gesellschaft gestellt, die man niemals toleriert hätte, weder im Deutschland der Nazis noch im Rußland der Kommunisten. Wird man sie in der Demokratie akzeptieren, die am Tage darauf in Norwegen und in der übrigen Welt siegt? Genau das muß sich nun zeigen. Die Stunde hat geschlagen, der Hamsunprozeß hat begonnen. Jetzt kommt das schwarze Taxi.

# Zweiter Teil
# DIE ANKLAGE

*Das Material liegt vor. Eines Tages kann alles eingesehen werden.*

KNUT HAMSUN

# 9
## Die ersten Verhöre

Norwegen – mein langes, schmales Land, wie Hamsun es nannte, genauer: An der schmalsten Stelle acht Kilometer breit, 2000 Kilometer lang an der längsten, das entspricht der Entfernung zwischen Kopenhagen und Palermo. Mit einer Küstenlänge von ungefähr 20000 Kilometern und mit 150000 großen und kleinen Inseln, von denen 148000 noch immer unbewohnt sind. Auf den übrigen 2000 sowie auf dem Festland lebt die kompakte Majorität, die am 1.1.1976 aus insgesamt 4017231 Menschen bestand, von denen viele ihre eigene Rechtschreibung haben, die sich aber doch alle Norweger nennen. Ganz so kompakt, wie Ibsen behauptete, sind sie nun aber doch nicht, da es von ihnen durchschnittlich nur elf pro Quadratkilometer gibt; abgesehen von Island haben wir hier die geringste Bevölkerungsdichte von Europa. Dafür sind sie aber laut einem anscheinend neutralen Beobachter, nämlich Fieldings «Travel Guide to Europe», schön, fleißig, heiter, witzig, ehrlich, arbeitsam und sehr sauber, besitzen eine hohe Moral, sind durch den jahrhundertelangen Kampf gegen die Elemente abgehärtet, robust und mutig, tapfere Soldaten, waghalsige Seeleute, treue Freunde, umgängliche Kameraden, mögen das Essen und die starken Getränke und sind deshalb auch warmherzig, gastfrei und zu stolz, um kleinlich zu sein. Oder wie der norwegische Student auf der Titelseite des dänischen *Punch* vom 3. Juli 1897 angesichts einer Schar von Geistesschwachen auf den Straßen von Kopenhagen ausruft: «Nein, kommen Sie nach Norwegen, mein Lieber, da gibt es Idioten!»

Oder Genies. Neuere Untersuchungen haben beispielsweise ergeben, daß Norwegen – abgesehen von Island – auch das Land mit der größten Geniedichte ist. Das ist die kompakte Minorität. Der Druck ist hier so groß, daß der einzelne, gleichsam über sich selbst hinaus gezwungen, zum Typus, zur Gattung, zum Symbol wird. In diesem langen und schmalen Land können auch die Menschen so lang und schmal werden, daß sie zuletzt, wie der ansonsten wohlgenährte Vidkun Quisling, selbst zum Inbegriff dessen werden, was sie verkörpern. Auf diese Weise hat Norwegen nicht nur den größten Quisling der Welt bekommen, sondern auch der Welt größten Lysholmerschnaps. Kommen Sie nach Norwegen, da gibt es sie allesamt, der Welt Größte: Ibsen, Munch, Flagstad, Henie, Nansen, Undset, Amundsen, Björnson, Heyerdahl und so weiter, gemessen pro Einwohner.

Eine kleine Stadt mit knapp dreitausend Seelen, mit kleinen weißgestrichenen Holzhäusern, wo die Planken einiger Häuser waagerecht liegen, die anderer senkrecht, jawohl, aber doch so groß, daß sich eines Tages die Aufmerksamkeit der ganzen Welt auf die Vorgänge in ihrem Gerichtssaal richtet, so groß, daß der große Henrik Ibsen in seiner Jugend hier ein kleines Kind hat bekommen können, freilich außerehelich gezeugt, immerhin durfte der große Ibsen diese Freude in seiner Ehe nur einmal erleben. Hier liegt sie nun, die weiße Stadt, und leuchtet so freundlich in der Sonne, eine typische sörländische Stadt mit Schären, Kais und Bootsbau, mit steilen und verwinkelten und kleinen und schmalen Straßen, deren kleinste und schmalste ganz natürlich Storgate, Großstraße, heißt.

Der Welt größte Storgate. Sie durchschneidet die Stadt vom Nordosten bis zum Hafen im Südosten, und folgt man ihr bis zum Wasser hinunter, dann kommt man rechterhand an der Nr. 63 vorbei, und hier wohnt der ehemalige Uhrmacher und Polizist Einar Eriksen. Es ist ein weißgestrichenes Haus, eines von denen mit waagerechten Planken, aber die Gardinen an den Fenstern sind bis weit in den Tag hinein zugezogen, denn Eriksen ist vor einigen Jahren schlimm mißhandelt worden, er hat noch immer ein schwaches Herz und steht spät auf. Auf der gegenüberliegenden Seite der Straße, einige Meter weiter unten, liegt eines der wenigen Häuser von Grimstad, wo die Planken weder senkrecht noch waagerecht sitzen, weil es nämlich gar nicht aus Holz ist, ein schweres, zweistöckiges Gebäude aus dunkelroten Backsteinen, es gleicht einer Kirche ohne Turm. Der Giebel zur Straße hinaus hat acht hohe Rundbogenfenster, vier unten und vier oben, es ist eines dieser Häuser, von denen man zur Zeit des großen Ibsen so viele baute, denn sie ließen sich für nahezu alles verwenden, Eisenbahnstationen, Gerichtsgebäude, Polizeiwachen, Zollstationen und Rathäuser. Das Gebäude hier dient als Schule, aber auch als Versammlungshaus, ja, ganz selten auch mal als Gerichtssaal. Wenige Schritte weiter unten auf der Storgate führt ein kleiner Weg auf den Markt, wo Knut Hamsun seinen Stock auf die Erde stieß, an jenem Tag, als er und Marie den Lastwagen mit den jungen Männern sahen, die zur Front gefahren werden sollten. Aber wir gehen weiter geradeaus, die Storgate hinunter, jetzt wird sie breiter und bildet einen dreieckigen Platz, hier liegt Grefstads Eisenwarenhandel, ein großes und schönes Geschäft mit Werkzeug und Geräten, ein Kramladen, wie es sie nur in Norwegen gibt. Hier holte Hamsun die Beschläge und galvanisierten Nägel für seine unzähligen Anbauten auf Nörholm, aber genauso wichtig ist, daß vor dem Geschäft ein Briefkasten hängen muß, und ja – da hängt er wirklich heute noch! Von diesem Platz aus und die restlichen paar hundert Meter zum Wasser hinunter teilt sich die Storgate in zwei Arme, der eine führt an dem kleinen gestrichenen Haus mit senkrechten Planken vorbei, in dem der große Henrik Ibsen als Apothekerlehrling angestellt war, der andere an dem kleinen gestrichenen Haus mit waagerechten Planken, in dem er den «Catilina» schrieb und sich mit der Vergrößerung der kompakten Majorität versuchte. Die beiden Arme verbinden sich unten am Wasser durch den Smith-Petersen-Kai, der seinen Namen dem Matador der Stadt verdankt, dessen reiches Haus auf ganz Ibsensche Weise eine Beute der Flammen werden soll. Heute jagt die Europastraße 18 über den Kai, und auf der anderen Seite liegen der Omnibusbahnhof und eine Cafeteria für diejenigen, denen es gelingt, lebend über die Straße zu kommen, und noch ein paar Schritte weiter, auf dem Weg zum Torskeholm, liegt die Polizeiwache mit dem Büro des Sorenskrivers, einer Art Amtsrichter und Amtmann, das an Werktagen zwischen 14 und 17 Uhr geöffnet ist und wo die in der Stadt Festgenommenen, die bekannten wie die unbekannten, dem Richter vorgeführt werden.

Von hier aus startete am Donnerstagmorgen, dem 14. Juni 1945, der Taxifahrer Moen seinen schwarzen Chevrolet und fuhr mit zwei Beamten auf der späteren Europastraße 18 nach Süden aus der Stadt hinaus. Von Grimstad nach Nörholm sind es nur acht Kilometer, eine knappe halbe Stunde später konnte man also das schwarze Taxi zurückkommen sehen, nur saßen jetzt vier Männer darin, und das Auto hielt nicht vor der Polizeiwache, sondern fuhr weiter auf dem Smith-Petersen-Kai und bog dann nach links in die Storgate ab, die damals noch keine Fußgängerzone war. Moen folgte der langen und schmalen Straße, neben ihm auf dem Vordersitz saß Knut Hamsun, der Gefangene auf seinem Karren, der seine sanften Augenblicke hatte, während er durch das wohlbekannte Stadtbild fuhr – Grefstads Eisenwarenhandel, wo er seine galvanisierten Nägel holte, der Markt, wo er an jenem Frühjahrstag zusammen mit Marie gestanden hatte. Nun tauchte rechterhand auch das Gerichtsgebäude auf und links das Haus von Polizist Eriksen; nein, an diesem Vormittag waren die Gardinen nicht zugezogen, Einar Eriksen schlief nicht lange, und er saß auch nicht mit in Moens Taxi, er war überhaupt noch nicht wieder nach Norwegen gekommen, aber seine beiden Kollegen meinten ganz sicher, daß er noch am Leben sei. Hamsun verstand nicht ganz, was sie von ihm erzählten. Er dachte daran, daß er in keinem Land der Erde jemals etwas mit der Polizei zu tun gehabt hatte, sosehr er auch die Welt durchstreift hatte. Sein Fuß hatte vier der fünf Erdteile betreten, aber erst jetzt, in seinem hohen Alter, war er verhaftet worden.

Na, wenn es denn sein muß, bevor ich sterbe, dann ja wohl jetzt, dachte er.

Moen hatte das obere Ende der Storgate erreicht und bog hier nach rechts in einen kleinen Kiesweg ein, der an einer Hecke entlangführte. Hamsun kannte auch diesen Weg und begriff allmählich, wo man ihn hinhaben wollte. Er führte zum Krankenhaus von Grimstad hinauf, wo er nach seiner Gehirnblutung vor drei Jahren gelegen hatte. Jetzt sah er die beiden bekannten Gebäude am Ende des Wegs auftauchen, beides zweistöckige, weißgestrichene Holzhäuser mit waagrechten Planken; Moen hielt den Wagen vor dem tiefergelegenen Gebäude an, dem Hauptgebäude. Zwei junge Krankenschwestern in weißer Uniform kamen ihnen entgegen, die eine fragte, ob man Hamsun sofort ins Bett stecken solle; in der Zeitung hatte ja gestanden, er sei zusammengebrochen. Der Anblick der jungen Frauen munterte ihn mächtig auf, er wandte sich zu der Fragenden und sah ihr mit einem kleinen Lächeln in die Augen.

«Liebes Kind, ich bin nicht krank, dieses Krankenhaus hat noch nie einen gesünderen Mann gesehen! Ich bin bloß taub!»

Aber die Krankenschwester wandte sich ruckartig ab und ließ ihn verstehen, daß sie nicht mit ihm sprechen wolle. Bald ging ihm auf, daß die anderen ebenso waren. Sie wollten nicht mit ihm sprechen und das nicht, weil er taub war.

Hamsun sollte im älteren der beiden Gebäude wohnen, dem oben auf dem Hügel. Die Polizeibeamten brachten ihn hoch und wiesen ihm ein Dreibettzimmer in dem unbenutzten unteren Stockwerk zu.

«Sie dürfen dieses Zimmer nicht verlassen», sagten sie zu ihm und gingen. Dann war er allein. Anderthalb Monate nach der Befreiung hatte man den letzten der vier deutschfreundlichen Hamsuns in Verwahrung genommen. Marie saß im Gefängnis bei Arendal, Arild teilte mit drei anderen eine Zweimannzelle im Gefängnis am Aakebergvej, und Tore grub im ehemaligen Grini, das jetzt Ilebu-Staatsgefängnis hieß, hingerichtete Russen aus einem Massengrab aus. Aber Hamsun wußte nichts von ihrem Schicksal, er war jetzt völlig von der Umwelt abgeschnitten und hatte noch nicht einmal andere Mitgefangene, mit denen er reden konnte. Er wohnte allein auf seinem Stockwerk, die anderen Räume standen leer, im Stockwerk über ihm lagen die Zimmer der drei Krankenschwestern, sonst war niemand in dem großen Haus. Die jungen Mädchen brachten ihm abwechselnd das Essen. Aber sie grüßten ihn nicht, sie sagten nicht guten Morgen, nicht gute Nacht, sie stellten das Tablett hin oder nahmen es mit, drehten sich auf dem Absatz um und verschwanden wieder ohne ein Wort.

«Vielen Dank!» rief er ihnen anfangs hinterher, aber sie taten, als seien *sie* die Tauben.

Es wurde ein wenig einsam, aber hatte er es nicht genauso haben wollen? Außerdem war er an Einsamkeit ja gewöhnt, zu Hause sprachen sie ja auch nie mit ihm, das war schon seit langem zu anstrengend. Die Tage vergingen, die ersten in der Gefangenschaft verbrachten Tage. Sie vergingen langsam, aber sie vergingen doch. Er setzte sich mit seinem «Diplomaten» zurecht, genau wie zu Hause im Kinderzimmer, aber schließlich wurde es zu gleichförmig. Der Stubenarrest war wohl nicht ganz buchstäblich zu verstehen, er wagte sich ein wenig hinaus, er verließ das Gebiet des Krankenhauses nicht, er ging nur ein wenig umher, so wie Knut Hamsun über achtzig Jahre lang ein wenig umhergegangen war, und schaute. Hier wuchsen an einigen Stellen Eichen, einen Teil davon hatte man im Laufe der Zeit gefällt, und aus den Baumstümpfen wuchs nun eine Art Eichengebüsch, aus dem nie etwas Ordentliches werden würde. Gegen Westen blickte man über eine Landschaft mit kleinen Gehöften, gegen Osten versperrte ein «Hei», eine steile, von Bäumen bewachsene Klippe, die Aussicht. Er setzte sich auf die Bank und sah ein wenig über die Landschaft hinweg. In der Nähe grasten einige Färsen; die müssen getränkt werden, dachte er. Sie brüllten. Er konnte es nicht hören, aber er konnte es sehen. Dann schlurfte er wieder hinein. Setzte sich an den Tisch und legte eine neue Patience. Er hatte nichts zu lesen mitgenommen. Er hatte versucht, seine Zeitungen umadressieren zu lassen, aber sie kamen nicht. Eines Morgens fragte er eines von den stummen jungen Mädchen, weshalb für ihn keine Zeitungen kämen. Ausnahmsweise antwortete sie ihm laut und deutlich.

«Sie dürfen keine Zeitungen lesen.»

«Ach so. Wer sagt das?»

«Der Polizeichef von Arendal.»

«Aha, vielen Dank.»

Die Oberschwester hieß Marie, und sie war nett. Sie erlaubte ihm, in einem Schrank mit alten Büchern und Zeitungen herumzuwühlen. Hier vergaß er die Zeit, grub sich gierig durch all diese Lektüre, zerfetzte, fettige Bücher mit schiefen Rücken, die frühere Patienten hier vergessen oder freundliche Seelen dem Krankenhaus geschenkt hatten, Kinderbücher, Erbauungsschriften, eine große gebundene Sammlung der Feuilletons aus dem *Morgenblad* zum Beispiel. Davon erwartete er sich viel, die schönen Bände kamen aus der Bibliothek von Smith-Petersen, dem Ortsgewaltigen. Sein reiches Haus lag nicht weit vom Krankenhaus entfernt, aber das sollte ja vollkommen abgebrannt sein.

Hamsun kehrte mit den Büchern unter dem Arm in sein Zimmer zurück. Jetzt konnte er sich die Zeit mit Lesen und Patiencen vertreiben. Die Mädchen kamen zu den festen Zeiten mit seinem Essen herüber, schubsten das Tablett auf seinen Tisch, drehten sich um und verschwanden wieder ohne ein Wort. Sie haben ihre Taktik nicht geändert, dachte er resigniert. Es war sicher schwierig für sie, das Tablett den langen Weg hier herüberzutragen, ohne daß die Suppe und der Kaffee überschwappten. Alles schwamm. Für ihn war das wohl gut genug. Eines Tages versuchte er, ihnen zu erklären, daß er niemanden erschlagen habe, nicht gestohlen habe, kein Brandstifter sei. Aber das machte keinen Eindruck auf sie, sie standen nur da und sahen ihn an, als langweilten sie sich, und am nächsten Tag sah das Tablett wieder genauso aus.

Er ging umher und schaute umher. Das Wetter war unangenehm, fast jeden Tag blies ein schneidender Wind, aber er hatte es ja nicht so weit bis zu den Bäumen und dem Wald mit den kleinen Vögeln in der Luft und allem möglichen Gewürm auf der Erde. Die Welt ist so schön, auch hier, dachte er, und wir sollten dankbar dafür sein, daß wir darin leben. Hier bot sich ein Farbenreichtum, sogar in den Steinen und im Heidekraut, unvergleichliche Formen in den Farnen, und er hatte einen guten Geschmack auf der Zunge von einer kleinen Handvoll Tüpfelfarn, den er irgendwo gefunden hatte . . . .

Als er eines Tages auf sein Zimmer zurückkehrte, wartete dort eine Frau in mittleren Jahren auf ihn; er hatte selbst nach ihr geschickt, es war Frau Sigrid Stray aus Arendal, Anwältin beim Obersten Gerichtshof, seine Rechtsanwältin seit Anfang der dreißiger Jahre.

Sigrid Stray war zu dem Zeitpunkt zweiundfünfzig Jahre alt, wirkte aber mit ihren regelmäßigen Zügen, ihrem bestimmten Mund, den schmalen Lippen und den kalten blauen Augen bedeutend jünger. Sie war bereits 1929, als

Sechsunddreißigjährige, zum Obersten Gerichtshof zugelassen worden und hatte in einer Reihe von Kommissionen und Aufsichtsräten gesessen, die sich speziell mit Frauenfragen und dem Ergehen von Kindern befaßten, u. a. war sie eine Reihe von Jahren hindurch Mitglied und später Vorsitzende des Nationalrats der norwegischen Frauen gewesen. Ihre erste Begegnung mit Knut Hamsun fand laut Cecilia im Herbst 1930 statt und beruhte auf einem Zufall: Hamsun wollte eine Familie Petersen aus Grimstad verklagen, der Nörholm früher gehört hatte und die sich jetzt nach dem Gut nennen wollte. Ursprünglich hatte er sich an Christian Stray gewandt, aber der bekannte Rechtsanwalt aus Arendal war gerade zu der Zeit ins Parlament gewählt worden, an seiner Statt hatte seine Frau den Prozeß geführt – und gewonnen. Hamsun hatte sich darüber so gefreut, daß er ihr über das Honorar hinaus eine goldene Armbanduhr geschenkt hatte. So kam es, daß er, trotz seiner Skepsis gegenüber Rechtsanwälten und berufstätigen Frauen, sich eine weibliche Rechtsanwältin zulegte. Sigrid Stray war seither seine juristische Beraterin gewesen und hatte sich um eine Reihe von Dingen gekümmert, Steuer- und Versicherungsfragen, anonyme Briefe, ungesetzlichen Fischfang im Nörholmkil, Arilds Autounfälle, und stand allmählich, um ihren eigenen Ausdruck zu gebrauchen, «Hamsun und seiner Familie recht nahe». Als sie im Februar 1944 wegen illegaler Tätigkeit verhaftet und in das Kreisgefängnis von Kristiansand gesteckt wurde, suchte Hamsun sofort die deutschen Behörden der Stadt auf. Einen Monat später war Frau Stray wieder auf freiem Fuß.

Jetzt ging es um ihn selbst in einer ernsteren Angelegenheit als Forellen und Steuerfragen. Deshalb war es eine Selbstverständlichkeit für ihn, daß er um den Beistand seines Anwalts bat, und er hat wohl kaum auch nur einen Augenblick die Möglichkeit in Betracht gezogen, daß Frau Stray ihm diesen Beistand verweigern könnte. Genau das aber tat sie. Sie konnte ihm nicht helfen. Während eines Gesprächs am 28.5.75 in ihrem Büro in Arendal erzählte sie, daß man sie telephonisch ins Krankenhaus nach Grimstad gerufen habe und daß sie die polizeiliche Erlaubnis bekommen habe, mit dem Taxi dorthin zu fahren. Sie war erstaunt darüber, Hamsun bei so guter Laune zu sehen. Sie erfuhr, daß man ihn auf der Seuchenstation des Krankenhauses untergebracht habe, und kam in ein großes, sehr kaltes Zimmer. Es standen drei eiserne Betten darin und in der rechten Ecke eine mit braunem Wachstuch bezogene Bank. Das eine Bett gehörte Hamsun, auf dem zweiten hatte er seinen Handkoffer mit seinen Sachen ausgebreitet, das dritte Bett war leer.

«Wir müssen uns wohl auf die Bank da setzen», sagte er und zeigte auf die Wachstuchbank.

Sie nahmen Platz. Frau Stray meinte, das sei ein schlechter Aufenthaltsort, den man ihm da gegeben habe, aber Hamsun schüttelte den Kopf.

«Ach nein, das geht ganz gut», sagte er.

Frau Stray erzählte, es sei Hamsuns Wunsch gewesen, daß sie seinen Prozeß führen sollte, sie habe aber abgelehnt. Sie sollte bei einigen Landesverratsprozessen in Skien als Strafrichter fungieren. Sie hatte die Wahl, entweder in Skien mit der Begründung abzusagen, daß sie Knut Hamsun verteidigen wolle, oder nein zu Knut Hamsun zu sagen, weil sie in Skien als Strafrichter fungieren solle. Sie entschied sich dafür. Sie hatte an ihren Vorgänger im «Amt» als Hamsuns Rechtsanwalt, Leif S. Rode aus Oslo, geschrieben und angefragt, ob er an ihrer Statt die Verteidigung übernehmen würde, aber auch hier kam eine Absage. Das änderte jedoch nichts an ihrem Entschluß, und sie wandte sich deshalb auch nicht an andere. Die Mitglieder des Standes der Rechtsanwälte, den Hamsun bespöttelt hatte, standen wohl nicht geradezu Schlange nach diesem unpopulären Prozeß, und da ihm auch kein Pflichtverteidiger beigegeben wurde, stand Knut Hamsun im Endergebnis während des größten und entscheidenden Teils seines Prozesses der Staatsanwaltschaft ohne juristischen Beistand gegenüber und ohne den Rechtsschutz, der einem Verhafteten normalerweise zugesichert ist. Das hatte Konsequenzen.

Er selbst maß dem vorläufig keine größere Bedeutung bei. Er gewöhnte sich allmählich bereits daran, daß die Leute ihm den Rücken kehrten. Er war sich im klaren darüber, daß die Polizei ihn in den nächsten Tagen zum Verhör holen würde, aber Frau Stray solle sich bestimmt keine Gedanken machen, er würde es schon allein schaffen. Er habe ja nichts zu verbergen, sagte er.

Man holte ihn erst am 20. Juni, fast eine Woche nach seiner Festnahme. Ein Polizist aus Grimstad namens Finn Christensen tauchte unangemeldet auf, um ein Protokoll aufzunehmen, und Hamsun dachte: Nur gut, daß ich nicht ausgegangen bin. Wegen seiner Taubheit mußte das Verhör schriftlich stattfinden.

«Es war in keiner Weise interessant für mich», schrieb er später, «den Behörden schien daran gelegen zu sein zu erfahren, was ich besaß – das *Morgenblad* hatte über mein ‹großes Vermögen› geschrieben. Ich gab an, was ich besaß.»

Er erzählte weit mehr. Nach seiner Rückkehr vom Krankenhaus arbeitete Finn Christensen einen Bericht für seinen vorgesetzten Polizeibeamten aus, genauso, wie er gelernt hatte, daß ein solcher Bericht auszusehen hatte: Verhörte im Krankenhaus von Grimstad am 20.6.45 den Beschuldigten Knut Hamsun, geboren am 4.8.1859 in Lom im Gudbrandsdal, Sohn norwegischer Eltern, Schneider Peder Pedersen und Ehefrau Tora Olsdatter, getauft und konfirmiert in der Kirche zu Lom, Bauer und Landwirt, Wohnsitz Nörholm in Eide, verheiratet mit Anne Marie Hamsun, Ehefrau und Versorger, Vermögen ca. 25000 Kronen in Bargeld, 100 Aktien des norwegischen Gyldendal-Verlags (kaufte ursprünglich 200 Aktien, hat aber 100 an seine vier Kinder weitergegeben, die Rechtsanwältin Frau Stray hat das vor mehreren Jahren erledigt), außerdem der Hof Nörholm. Auf diesem Hof hat der Beschuldigte durch Urbarmachung die landwirtschaftliche Nutzfläche verdoppelt und den Wald durch das Anpflanzen von einigen hunderttausend Bäumen vergrößert. Konnte die Einkünfte des letzten Jahres nicht angeben. Norwegischer Staatsbürger, gehört keiner Kirchengemeinschaft an, hat nicht gedient, erklärte sich nicht vorbestraft, war bereit auszusagen, sagte aus: , Die einzige Schulbildung des Beschuldigten sei die gewöhnliche Dorfvolksschule im Nordland gewesen. Seine Arbeit auf dem Hof Nörholm habe ihn immer interessiert. Außerdem habe er eine Menge gedichtet. Er sei immer politisch interessiert gewesen, habe aber nie aktiv an der Politik teilgenommen. Einer bestimmten Partei habe er nicht angehört. Soweit der Beschuldigte sich erinnern konnte, habe er niemals an einer Wahl teilgenommen.

Der Beschuldigte habe niemals für die NS gearbeitet. Seine Artikel (eine Reihe davon) habe er für Norwegen und dessen Söhne geschrieben. Zum Beispiel habe er in einem seiner vielen Artikel das norwegische Volk davor gewarnt, sich gegen die deutschen Behörden aufzulehnen. Sie sähen ja, daß es sowieso nichts nütze. Mit der illegalen Arbeit sollten sie sich nicht abgeben. Das werde ohne Ausnahme zum Tode führen. Sie sollten sich ruhig verhalten, bis England den Krieg gewonnen habe.

Bei verschiedenen Gelegenheiten habe der Beschuldigte Anrufe aus dem Reichskommissariat in Oslo bekommen. Man habe ihn ersucht, sich öffentlich zu äußern. Zum Beispiel habe man ihn angerufen, als die Alliierten in Frankreich gelandet seien. Der Beschuldigte sollte sich zur Invasion äußern, aber über die habe er ja nichts gewußt. Er habe als einziges einige Zeilen geschrieben, die das deutsche Volk trösten konnten, da es natürlich Angst gehabt habe. Deutschfreundlich sei der Beschuldigte während des gesamten Krieges gewesen. Es sei oft geschehen, daß ihn (den Beschuldigten) in einer Nacht bis zu drei Eilgespräche aus dem Reichskommissariat in Oslo erreichten. Er habe sich geweigert, etwas zu schreiben, habe aber schließlich nachgeben müssen. Selbstverständlich habe er (der Beschuldigte) gern Norwegen dienen wollen, um dadurch den deutschen Interessen zu dienen. Der Beschuldigte hat mit Begeisterung seine Beteiligung anerkannt.

Er sei der Nationalen Sammlung nie beigetreten, sei aber in diese Richtung gedrängt worden. Ein Mann namens Sjur Fuhr habe ihm bei Gelegenheit ein Sonnenkreuzabzeichen angesteckt. Der Beschuldigte habe einen Fragebogen erhalten, erinnerte sich nicht, welcher Art, von Gauleiter Krath aus Arendal, aber er habe so etwas nicht unterschrieben. Er habe sich nie richtig mit dem Programm der NS beschäftigt und sich auch nicht dafür interessiert. Persönlich habe der Beschuldigte keinen Mitgliedsbeitrag an die NS gezahlt, aber es sei möglich, daß seine Frau das getan habe. Abgesehen vom Reichskommissariat habe er keine Verbindung zu den Deutschen gehabt.

Der Beschuldigte versuchte nicht, seine Verbindung zur NS und zu den Deutschen zu bagatellisieren. Im Gegenteil, sagte er, er hätte Hilfe geleistet, wenn er gekonnt hätte, weil er gemeint habe, es sei das Beste für Norwegen. Er habe keine Spenden für die Frontkämpfer gegeben.

Denunzianten kenne er nicht. Er selbst habe niemanden denunziert. Der

Beschuldigte erklärte sich für unschuldig, weil er nach seiner Gesinnung und seinem Gewissen in der besten Weise für Norwegen gewirkt habe.

Gelesen und für richtig befunden.

Unterschrieben: Finn Christensen, Polizeikonstabler.

Tags darauf kam Finn Christensen mit einem Brief der Grimstader Polizei ins Krankenhaus zurückgeradelt. Hamsun empfing ihn an der Tür, öffnete den Umschlag und begriff mit einem kurzen Blick auf den Inhalt des Briefes, worum es ging. Die Grimstader Polizei wollte verlangen, daß das gesamte Vermögen des Beschuldigten und das seiner Ehefrau beschlagnahmt und der Verwaltung eines Aufsichtsführenden unterstellt werde, darunter auch die Grundstücke Nörholm in Eide und Sörviga in Landvik.

Hamsun ließ die Hand mit dem Brief sinken und blickte interessiert auf das Fahrrad des Polizisten:

«Ich wünschte, ich hätte auch so ein schönes Fahrrad wie Sie», sagte er.

Polizist Finn Christensen sah ihn verwirrt an.

«Ja, aber, wollen Sie denn die Verfügung nicht lesen?» fragte er.

«Nein, das nicht gerade, aber . . . .»

Hamsun unterbrach sich. Polizist Finn Christensen verstand gewiß keine Ironie.

Zwei Tage später, am 23. Juni, fand das öffentliche Verhör statt. Moen kam in seinem schwarzen Taxi und holte Hamsun zur Polizeiwache am unteren Ende der Storgate. Wieder drehte es sich in erster Linie um das Geld. Kaum hatte Hamsun das Büro betreten, als ihm der Untersuchungsrichter, Sorenskriver Stabel, halb lachend entgegenkam:

«Sie müssen doch sehr viel mehr Geld haben, als Sie angegeben haben?» Hamsun sah ihn sprachlos an.

«Ich habe mich nie viel um Geld gekümmert», antwortete er.

«Ja, aber trotzdem . . . .»

«Mein Vermögen habe ich angegeben, ungefähr 25 000 Kronen in Bargeld, 100 Aktien bei Gyldendal und der Hof Nörholm.»

«Na ja, aber wie steht es mit ihren Urheberrechten?»

«Ja, wenn der Herr Richter mir darüber etwas sagen könnte, wäre ich dankbar. Im Augenblick scheint es um mein Schicksal als Dichter nicht gut zu stehen.»

Hamsun merkte, daß er den Sorenskriver enttäuschte. Er fügte hinzu:

«So ist das nun auch wieder nicht. Mein Vermögen ist bestimmt groß genug. Viel zu groß. Ich sehne mich nicht danach, es mit mir ins Grab zu nehmen.»

Die Verhandlung war öffentlich, mehrere Journalisten waren anwesend, und vergleicht man ihre Referate des Verhörs teils mit Hamsuns eigenen Aufzeichnungen, teils mit dem Auszug aus dem Gerichtsprotokoll vom Sander-Untersuchungsgericht, dann lassen sich Fragen und Antworten leicht rekon-

156

struieren. Ein Journalist schrieb, Hamsun habe sehr beherzt ausgesehen, aber seine Schwerhörigkeit habe das Verhör beträchtlich erschwert. Außerdem war niemand da, der ihm helfen konnte, da er ja keinen Verteidiger hatte. Es habe ausgesehen, als habe er während des Verhörs hart mit sich kämpfen müssen, und obgleich er behauptet habe, daß er nichts bereue, sei ganz deutlich gewesen, daß er sich im klaren darüber war, in welch eine Tragödie er sich selbst gestürzt hatte. Auch das Gerichtsprotokoll betont, daß «die Taubheit des Beschuldigten eine Befragung überaus schwierig machte», und mehrmals wirkt es fast so, als habe Hamsun auf andere Fragen als die ihm gestellten geantwortet. Selbst schreibt er, das Verhör sei harmlos und nicht entscheidend gewesen. Er habe mehrere Fragen des Richters ausweichend beantwortet, um den wohlmeinenden Herrn nicht unnötig zu irritieren. Hamsun meinte, daß Sorenskriver Stabel einen fanatischen Haß auf die Deutschen hege und daß er an das edle Recht der Alliierten glaubte, die Deutschen von der Oberfläche der Erde verschwinden zu lassen.

Das Verhör begann damit, daß Sorenskriver Stabel den Beschuldigten nach Name und Geburtsjahr fragte. Knut Hamsun antwortete noch einmal, daß er Knut Hamsun heiße und am 4. 8. 1859 geboren sei. Was die übrigen Personalien angehe, so erlaube er sich, auf den Polizeibericht zu verweisen. Er sagte weiter aus, daß er im Laufe der letzten Jahre ein paar Male eine Gehirnblutung gehabt habe, deren Nachwirkungen er noch immer spüre. Er leide an Aphasie, sagte er und erklärte in gewählten Worten, daß dies eine Krankheit sei, die es schwermache, die richtigen Worte zu finden. Daraufhin eröffnete Stabel dem Beschuldigten, welche Tat ihm zur Last gelegt werde: Hamsun sei angeklagt, Mitglied der Nationalen Sammlung gewesen zu sein und durch die Artikel, die er während der Besatzungszeit geschrieben habe, den Deutschen Beistand geleistet zu haben. Der Sorenskriver fragte, ob er sich für schuldig erkläre. Hamsun schüttelte den Kopf, er erklärte sich in beiden Punkten für nicht schuldig. Daraufhin fragte der Sorenskriver, ob er zur Aussage bereit sei, und Hamsun antwortete, daß er nichts dagegen habe auszusagen.

Stabel begann sofort mit dem ersten Punkt der Anklage.

«Waren Sie Mitglied der NS?»

Hamsun wiederholte, was er der Polizei zu Protokoll gegeben hatte:

«Ich bin nie beigetreten, aber Sjur Fuhr hier aus Grimstad kam eines Tages und steckte mir ein Abzeichen an, und von Krath (Krach) aus Arendal erhielt ich einen Beitrittsfragebogen, aber den habe ich nie unterschrieben. Ich bin in die NS hineingeschlittert und habe an ein paar Versammlungen im städtischen Versammlungshaus teilgenommen, aber wegen meiner starken Taubheit hatte ich von den Vorträgen dort nicht sehr viel.»

«Was halten Sie von der nationalsozialistischen Gesellschaft, in die Sie hier in Grimstad hineingeraten waren?»

Hamsun wollte gerade erklären, daß zu dieser Gesellschaft doch immerhin auch vier Ärzte gehört hätten, beherrschte sich aber, um den Untersuchungsrichter nicht zu irritieren, und begnügte sich mit der Bemerkung: «Zu der Gesellschaft gehörten bessere Leute als ich.»

Aber Stabel bohrte weiter.

«War es nicht vielmehr so, daß Sie zu gut waren für diese Gesellschaft?»

Jetzt konnte Hamsun sich nicht mehr zurückhalten, er sah schräg zum Sorenskriver empor und sagte mit einem kleinen Lächeln: «Es waren auch Richter dabei.»

«Ja, leider», antwortete Stabel, wechselte schnell das Thema, sprach von Hamsuns Verbindung zu den Deutschen und fragte, ob die Gesellschaft ihm auch Spaß gemacht habe?

«Nein, das wohl nicht», antwortete Hamsun. «Aber mein Haus liegt genau an der Hauptstraße, und alle möglichen Leute, auch Deutsche, machten auf ihrem Weg in Nörholm Station. Ich wurde langsam hineingezogen. Beschleunigt wurde das, als der König und die Regierung das Land verließen. Ich für mein Teil bin ja nur ein gewöhnlicher Landwirt, und dann habe ich etwas geschrieben. Ich bin kein von außen gekommener Einwanderer. Ich bin ein Anhänger des Königtums, das gehört zu meiner Mentalität. Es ist nun einmal eine Tatsache, daß Norwegen immer ein Königreich gewesen ist. Aber als der Krieg kam, ging es also schief.»

Der Richter wollte wissen, wie Hamsun sich zu den deutschen Greueltaten verhalte, die jetzt an den Tag gekommen seien. Hamsun antwortete, da die Polizei ihm das Zeitungslesen verboten habe, wisse er nicht sehr viel darüber.

«Wenn ich Leiter der Polizei wäre, dann ließe ich Sie alle Zeitungen lesen», antwortete Stabel, «wußten Sie denn überhaupt nichts von den Morden, dem Terror, der Folter?»

«Nein, kurz vor meiner Verhaftung habe ich ein paar Andeutungen gesehen, aber davor habe ich nicht gewußt, daß Morde begangen wurden und daß gefoltert wurde.»

«Ist das wirklich wahr?»

«Ja, weiß Gott!» antwortete Hamsun mit Leidenschaft in der Stimme.

«Wären Sie Mitglied der NS gewesen, wenn Sie von dem Verhalten der Deutschen gegenüber Ihren Landsleuten gewußt hätten? Hätten Sie dann nicht in *Fritt Folk* das Wort ergriffen?»

«Die Frage ist weitreichend. Die kann ich stehenden Fußes nicht beantworten, darüber muß ich nachdenken. Mit Herz und Gewissen gehörte ich zur NS, aber eigentlich habe ich mich nicht ordentlich damit beschäftigt. Vor einigen Wochen wurde das dann anders. Jetzt mag es so aussehen, als wollte ich meine Kontakte zur NS und zu den Deutschen bagatellisieren, aber das will ich nicht. Ich stehe ein für das, was ich getan habe. Ich will nichts bagatellisiert haben, so wie ich das einzelne andere versuche sehe.»

«Finden Sie weiterhin, daß es richtig war, daß die Deutschen Norwegen unterjochten?»

«Ich glaubte, daß das alles dem Land nützen würde.»

«Konnte ein so großer und kluger Mann wie Sie wirklich daran glauben, daß die Deutschen uns die Freiheit zurückgeben würden?»

«Das haben größere und klügere Männer als ich auch geglaubt.»

«Haben Sie über alles, was geschah, gelesen und sich auf dem laufenden gehalten?»

«Nein, und meine Frau konnte mir auch nicht so furchtbar viel erzählen. Illegale Schriften gab es in meinem Haus nicht.»

Stabel kehrte in diesem Zusammenhang zu seiner Frage nach Hamsuns Mitgliedschaft in der NS zurück. Den Zeitungsberichten zufolge antwortete Hamsun, er müsse sagen, daß er Mitglied der NS gewesen sei, obwohl er nie an irgendwelchen Mitgliedsversammlungen in Grimstad teilgenommen habe, während der Auszug aus dem Gerichtsprotokoll das Gegenteil sagt: Er sei nicht Mitglied gewesen, habe aber an einigen Versammlungen teilgenommen.

Der Untersuchungsrichter fuhr fort:

«Was haben Sie zu der Anklage nach Paragraph 86 des Strafgesetzbuches zu sagen, wonach Sie dem Feind Beistand in Form von Artikeln geleistet haben?»

«Davon begreife ich gar nichts. Es stimmt, daß ich einiges geschrieben habe, aber noch einmal, ich glaube, wir seien neutral. Der Krieg wurde ja abgeblasen.»

Hamsun bezog sich hier auf den Kapitulationsvertrag, der am 10. Juni 1940 vom norwegischen und vom deutschen Oberkommando in Trondheim abgeschlossen worden war und demzufolge alle norwegischen Streitkräfte die Waffen niederlegten. Der Vertrag wurde später in London von Ministerpräsident Nygaardsvold, Außenminister Koht und Verteidigungsminister Ljungberg unterzeichnet. Nach der Befreiung 1945 konnte sich jedoch keiner von den dreien daran erinnern, das betreffende Papier jemals gesehen zu haben.

Knut Hamsun fuhr fort:

«Ich habe einige Artikel geschrieben und einmal einen offenen Brief an alle Norweger mit der Aufforderung, sich nicht gegen die Besatzungsmacht aufzulehnen, da das nur zu Todesurteilen und Tod führen würde. Alle fanden den Brief sehr gut formuliert, und ich habe viele Dankschreiben aus dem Lager der Widerständler erhalten. Dann ist es auch ab und zu passiert, daß das Reichskommissariat mich um Artikel in norwegischen Zeitungen anbettelte, in einer Nacht hat man mich dreimal angerufen.»

«Und dann haben Sie also in norwegischen Zeitungen geschrieben?»

«Ja, aber der Herr Richter wird das wohl nicht norwegische Zeitungen nennen. Ich habe im *Fritt Folk* und der *Aftenpost* geschrieben.»

Der Korrespondent der *Aftenpost* ließ in seinem Referat den letzten Namen weg. Der Richter fuhr fort:

«Die Deutschen wollten wohl die Stütze Ihres berühmten Namens?»

«Ja, es war wohl der Name. Sie wollten gern haben, daß ich das deutsche

Volk stützte, und als die Alliierten ihre Invasion in Frankreich durchführten, schrieb ich eine kleine Notiz, die in mehreren Zeitungen wiedergegeben wurde.»

«Wollten Sie ein Land unterstüzen, mit dem wir uns im Kriegszustand befanden?»

Die Frage des Richters war eine Fangfrage und gleichzeitig auch etwas hinterhältig. Hamsun hatte ja gerade gesagt, daß Norwegen sich nach seiner Auffassung nach der Kapitulation 1940 nicht mehr im Kriegszustand mit Deutschland befunden habe. Hätte er einen Verteidiger gehabt, so hätte dieser zweifellos protestiert. Nun übersah er die Falle und antwortete:

«Ich fand es richtig von mir.»

«Haben Sie gelesen, wie barbarisch die Deutschen sich benommen haben?»

«Das haben sie nicht immer getan.»

Der Untersuchungsrichter machte eine kurze Pause, dann fragte er:

«Finden Sie, daß die Deutschen ein Kulturvolk sind?»

Knut Hamsun sah ihn an, antwortete aber nicht.

Stabel wiederholte seine Frage:

«Finden Sie, daß die Deutschen ein Kulturvolk sind?»

Knut Hamsun antwortete nicht.

«Bereuen Sie jetzt nicht, wo Sie von dem Benehmen der Deutschen gehört haben?»

«Ich möchte meine Handlungsweise modifizieren, aber nicht bagatellisieren. Ich finde Reue erbärmlich. Ich wollte das deutsche Volk durch meine Zeilen trösten. Es ist klar, daß ich auch Norwegen helfen wollte, aber wir hier in Norwegen hatten ja keinen Trost nötig.»

«Haben Sie denn nicht gesehen, wie das norwegische Volk von den Deutschen und der NS gequält wurde? Wir haben fünf Jahre lang unter dem Terror gelebt. Haben Sie das nicht gesehen?»

«Ich habe das nicht so gesehen.»

«Doch, wir wurden von einem Landsknecht namens Josef Terboven terrorisiert, der seine Befehle direkt von Hitler empfing. Ungefähr drei Millionen Norweger haben unter diesem Terror gelitten.»

Hamsun stand da, die Hand hinter dem linken Ohr, und lauschte höflich den Ausführungen des Richters, so, als höre er diese Geschichte zum erstenmal. Stabel war offensichtlich der Ansicht, er sei über diese Angelegenheit besser unterrichtet als Hamsun. Hamsun ließ ihn reden. Er konnte es sich leisten. Was er selbst in bezug auf Terboven bei Hitler versucht hatte, erwähnte er mit keinem Wort.

Der Richter behielt den moralisierenden Tonfall bei:

«Es ist bedauerlich, daß Sie mit Ihrem berühmten Namen sich in der Weise benommen haben! Nun sind Sie hier des Landesverrats angeklagt! Die Polizei verlangt ihre Inhaftierung, ist aber doch damit einverstanden, daß Sie sich in einem Krankenhaus aufhalten.»

«Muß ich immer noch in einem Krankenhaus sein? Mein Hof geht kaputt, und wir müssen doch unbedingt der Landwirtschaft in Norwegen auf die Beine helfen. Wir bekommen immer noch Almosen von außen.»

Der Ausdruck ‹mein Hof› brachte den Untersuchungsrichter auf Hamsuns Vermögensverhältnisse zurück. Hamsun sagte erneut aus, er besitze Nörholm, 25 000 Kronen in Bargeld sowie 200 Aktien des norwegischen Gyldendal-Verlags, von denen die Hälfte seinen Kindern zugefallen sei. Stabel wollte wieder auf seine Urheberrechte zu sprechen kommen, die mußten ja auch beschlagnahmt werden, und fragte, wie hoch Hamsun diese ansetzte.

«Das kann ich unmöglich sagen», antwortete Hamsun. «Jetzt sieht es ja so aus, als ob die Leute auf mein Werk pfeifen würden. Sie haben herausbekommen, daß ich als Dichter keine große Nummer bin. Deshalb wird das wohl auf lange Zeit hinaus nichts abwerfen. Ich gelte nichts in der literarischen Welt.»

«Sind Sie schon lange deutschfreundlich?»

«Ja, ich wollte gern Deutschland dienen, um damit auch dem norwegischen Volk zu dienen. Im Polizeibericht steht das Umgekehrte, aber das ist ein Fehler.»

«Wußten Sie im voraus, daß die Deutschen eine Flotte von Überwasserschiffen gegen Norwegen schicken würden?»

«Nein, ich war genauso erstaunt wie alle anderen, als es geschah.»

«Im Polizeibericht steht auch, daß Sie ausgesagt haben, Sie seien hocherfreut darüber gewesen, Deutschland dienen zu können.»

«Der Ausdruck ist eigentlich verkehrt, aber als die Polizei mich verhörte, befürchtete ich, die Leute würden glauben, ich wollte meine Handlungen verkleinern. Aber ich bin doch schließlich ein Mann und will in keiner Weise einen Rückzieher machen. So etwas ist eines Mannes nicht würdig. Man kann nicht so ohne weiteres in Herz und Gemüt seine Einstellung ändern.»

«Nach alledem, was Sie über die barbarischen Taten der Deutschen gehört haben, können Sie da Ihre Schuld nicht erkennen? Sehen Sie nicht ein, daß Sie eine Nation unterstützt haben, die Ihrer Stütze nicht wert war?»

«Das ist eine der Fragen, über die ich nachdenken muß.»

«Haben Sie jemanden denunziert?»

«Wen hätte ich denunzieren sollen? So etwas habe ich nie getan. Ich habe massenweise Briefe von bekannten Leuten bekommen, auch aus dem Umgangskreis des Herrn Richter selbst, aber ich habe nie jemanden ausgeliefert. Ich bin so an Briefe gewöhnt. Und ich meine, daß ich zum Besten von Norwegen gewirkt habe.»

«Erinnern Sie sich, daß Sie über die Russen geschrieben und sich mit den Worten ‹die Deutschen walzen sie flach› ausgedrückt haben?»

«Ich kann mich nicht daran erinnern, aber ich will keineswegs etwas von dem, was ich geschrieben habe, widerrufen.»

«Aber verstehen Sie denn jetzt nicht, wie sehr Sie sich geirrt haben?»

«Ich verstehe nichts vom Kriegshandwerk, aber es hat sich ja gezeigt, daß die Deutschen die Russen nicht schlagen konnten, noch nicht einmal in Kirkenes.»

«Sie bereuen also Ihre Haltung gegenüber Norwegen während des Krieges nicht?»

«Ich weiß es nicht. Ich möchte mit der Antwort noch warten. Im übrigen glaube ich nicht, daß der Herr Richter es schätzen würde, wenn ich jetzt umkippte. Bis zuletzt haben sich meine Sympathien auf seiten der Deutschen befunden.»

«Die Polizei hat Ihren gesamten Besitz beschlagnahmt. Verstehen Sie, was das heißt?»

«Ja, da kann man wohl nichts machen.»

«Es gibt ein Wort, das heißt *vae victis* – wehe den Besiegten!»

«Ja, aber das hier ist ja ein Fall, der sich nie wiederholen wird. Das ist ganz ausgeschlossen. Deshalb handelt es sich hier auch nur um Rache.»

«Die Strafe ist eine Vergeltung, die Erfüllung der Gerechtigkeit», sagte Richter Stabel.

«Ich wußte nicht, daß ich etwas Strafbares tat», antwortete Hamsun.

«Habt ihr in der NS nicht gewußt, daß ihr Landesverräter wart?»

«Ich möchte den Herrn Richter nicht mit einer Antwort auf diese Frage plagen, es nützt sowieso nichts», antwortete Hamsun.

Damit war das Verhör beendet. Man legte Hamsun erneut die Verfügung der Polizei vor, wonach Nörholm zu beschlagnahmen sei. Er las sie durch und äußerte sich nicht dazu. Sodann legte man ihm das Protokoll vor, und er erkannte die Richtigkeit des darin Angeführten. Stabel las das Protokoll vor, und das Gericht erließ folgenden Beschluß: Der Beschuldigte Knut Hamsun verbleibt bis Sonnabend, dem 22. September 1945, 12 Uhr in Untersuchungshaft, sofern das Gericht oder die Staatsanwaltschaft nichts anderes bestimmt. Bis zu diesem Zeitpunkt muß die gerichtliche Voruntersuchung beantragt oder Anklage erhoben worden sein. Nach der Vorlesung des Beschlusses ist dieser von dem Beschuldigten durchgelesen worden, der keine Einwendungen hatte. Der Beschuldigte wurde danach der Polizei zur Wiederaufnahme der Untersuchungshaft übergeben. Der anwesende Zeuge brachte keine Einwendungen vor. Die Gerichtsverhandlung wurde geschlossen.

Richter, Journalisten und Polizisten verließen schweigend den Gerichtssaal und gingen in die Sonne hinaus, die auf die weißen Holzhäuser niederschien. Knut Hamsun war nun angeklagt nach der «Landssvikanordning» vom 15.12.44, die man als das härteste Gesetz bezeichnet hat, das je von einem demokratischen Staat erlassen wurde. Vorläufig sollte Nörholm beschlagnahmt werden.

# 10
## Nörholm wird beschlagnahmt

Die Grundlage für die Strafverfolgungsmaßnahmen in Norwegen nach dem Kriege bildete das berühmte Gesetz der norwegischen Exilregierung, die «Landssvikanordning» vom 15. 12. 44, die gesetzlichen Bestimmungen über die Bestrafung des Landesverrats.

«Niemals zuvor in unserer Geschichte hat es einen solchen Zustand der Rechtlosigkeit gegeben», schrieb Jon Skeie über dieses Gesetz.

Jon Skeie war Professor für Strafrecht an der Universität Oslo. «Ein finsteres Dokument, eine Stimmung von Hexenjagd», schrieb Major Langeland.

Major Langeland war der ehemalige Chef der Widerstandsbewegung im Raum Oslo.

Die «Landssvikanordning» vom 15. 12. 44 ist ein dickes Gesetzeswerk von 110 Seiten und besteht aus 55 Paragraphen. Mitgliedschaft in der NS konnte danach mit Gefängnis oder Zwangsarbeit bis zu drei Jahren bestraft werden, mit Geldstrafen ab 1000 Kronen bis zu einem nach oben unbegrenzten Betrag sowie mit dem Verlust der bürgerlichen Ehrenrechte. Alle drei Strafen konnten gleichzeitig verhängt werden, ja *mußten* in gewissen Fällen sogar gleichzeitig verhängt werden.

Das Gesetz sollte vom 8. April 1940 an gelten. Es wurde bei seiner Erlassung im Dezember 1944 nicht bekanntgegeben, sondern bis zur Befreiung geheimgehalten. Als gegen dieses Gesetz verstoßen wurde, war es also entweder noch gar nicht erlassen oder nicht bekanntgegeben, also jedenfalls nicht bekannt. Es hatte rückwirkende Kraft. Gemäß § 97 des norwegischen Grundgesetzes ist es in Norwegen genau wie in anderen Rechtsstaaten verboten, Gesetze mit rückwirkender Kraft zu erlassen. Wie es in den Kommentaren zu dem Gesetz heißt:

«Während der umfangreichen und schwierigen Verfolgung von Landesverrätern muß das ganze Gewicht auf dem Ziel liegen, praktisch vernünftige Ergebnisse zu erzielen. Das erwarten die Leute, und darauf haben sie ein Recht. Aber das allgemeine Rechtsempfinden wird sich kaum befriedigt fühlen, wenn die kostbare Zeit der Staatsanwaltschaft und der Gerichte an alle möglichen unnötigen juristischen Spitzfindigkeiten verschwendet wird.»

Die Väter der Bestimmungen wollten sich wie der Buchdrucker Aslaksen bei Ibsen auf die kompakte Majorität stützen. Also ließ man die juristischen Spitzfindigkeiten fallen und konzentrierte sich auf die praktischen Ergebnisse, die das Volk erwartete: Kronen und Öre. Während die Bestimmungen über Gefängnisstrafen nur wenige Zeilen ausmachen und die Regeln für den Verlust der bürgerlichen Ehrenrechte nur wenige Seiten, nehmen die Bestimmungen über finanzielle Strafen von 110 Seiten ungefähr 90 ein:

«Es ist eine Voraussetzung, daß die Geldstrafe in sehr großem Umfang angewendet wird und daß dabei ganz andere Beträge festgesetzt werden, als es bisher bei unseren Gerichten üblich gewesen ist. Das kommt durch die Bestimmungen zum Ausdruck, die einen Mindestbetrag von 1000 Kronen festlegen und die obere Grenze aufheben», so steht es in Solems Kommentar.

«Außer der Straftat und dem durch die Handlung verursachten Schaden ist besonders zu berücksichtigen, wieviel der Schuldige gemäß seiner finanziellen Lage vermutlich zu tragen imstande ist, heißt es:

«Die Geldstrafen sind so anzusetzen, daß sie eine durchgreifende Bedeutung für die finanzielle Lage des Schuldigen erhalten», lautet Solems Kommentar zu diesem Paragraphen.

Man sollte mit anderen Worten nicht danach schielen, ob das Geld durch ungesetzliche Tätigkeit, beispielsweise durch Kriegsgewinnlerwirksamkeit, erworben worden war, man sollte überhaupt nicht danach schielen, in welchem Umfang der Angeklagte Gesetze übertreten hatte; geschielt werden sollte ausschließlich auf die Höhe seines Bankkontos. Man sollte nehmen, was man kriegen konnte, Geld, Wertpapiere, Lebensversicherungen. Wertgegenstände, Gemälde, Antiquitäten. Maschinen und Vieh. Häuser, Land und andere Grundstücke. Derartige Wirtschaftsstrafen werden sonst nicht angewendet, weil sie willkürlich treffen. Für den Besitzlosen ist das Urteil ja ohne Bedeutung und deshalb als Strafe wirkungslos. Aus dem gleichen Grund ist es auch gemäß § 104 des norwegischen Grundgesetzes verboten, den Verlust von Land und Wohnung als Strafmittel zu benutzen. Dieses Hindernis umging man, indem man statt dessen von Entschädigungspflicht sprach. Entschädigung ist ja keine Strafe, sondern eine zivilrechtliche Forderung. Man kann einen Mann nicht mit dem Verlust von Haus und Herd bestrafen, aber er kann gezwungen werden, es zu veräußern, um einer Entschädigungspflicht zu genügen.

Gemäß den Bestimmungen errichtete man ein sogenanntes «Entschädigungsamt», dessen Aufgabe darin bestand, die einzelnen NS-Mitglieder zum Schadenersatz zu veranlagen, der später an die Geschädigten gehen sollte. Hierbei ging man davon aus, daß alle Parteimitglieder für die Schäden, die die Partei dem Lande zugefügt hatte, als Gesamtschuldner hafteten. Diese Schäden beliefen sich nach einer Berechnung des Finanzministeriums auf 281 Millionen Kronen. Das Geld wollte man wiederhaben, und das sollte laut Seite 86 der «Landssvikanordning» folgendermaßen geschehen:

«Alle, die Mitglied der NS gewesen sind, haften einer für alle und alle für einen für den Schaden, den die Organisation durch ihr Mitwirken in der rechtswidrigen Regierung des Landes verursacht hat. Es wird sich dabei jedoch um eine so enorme Summe handeln, daß es als ausgeschlossen anzusehen ist, daß die einzelnen Mitglieder diesen Betrag decken können, aber so weit es möglich ist, müssen sie den Betrag zu entrichten suchen . . .

Die gesamtschuldnerische Haftung ist das Prinzipielle, und die Summe für jedes einzelne Mitglied ist deshalb unter allen Umständen nicht niedriger anzusetzen, als die vermutete wirtschaftliche Leistungsfähigkeit des einzelnen Mitglieds gestattet.»

Wörtlich zitiert. Für diejenigen, die das vernichtende Urteil nicht verstanden hatten, das hier zufällig Menschen ohne Ansehen ihrer größeren oder geringeren Schuld traf, wiederholte man es auf Seite 106:

«Das einzelne Mitglied haftet entsprechend seiner Vermögenslage und seinen Erwerbsmöglichkeiten. Dagegen soll im allgemeinen bei der Festsetzung der Haftungssumme keine Rücksicht darauf genommen werden, inwieweit der Haftende mehr oder weniger für die schädigenden Handlungen verantwortlich ist. In erster Linie kommt es auf die wirtschaftliche Leistungsfähigkeit an. Auch wenn seine Schuld verhältnismäßig gering ist, seine wirtschaftliche Leistungsfähigkeit jedoch hoch, haftet das Mitglied so weit, wie seine Leistungsfähigkeit reicht.

Die Schweigepflicht, die nach dem Gesetz für Steuerveranlagungsbehörden, Banken, Rechtsanwälte, Makler und andere galt, durfte ihrer Auskunftspflicht gegenüber dem Entschädigungsamt nicht im Wege stehen.

Jetzt war die Bahn frei für die Welle des Hasses, die über das lange und schmale Land hinwegspülte. Geldstrafen und Entschädigungssummen wichen in den einzelnen Gebieten stark voneinander ab, da sie ja vom Ermessen des örtlichen Richters abhingen. An einigen Orten kamen die Leute mit einer Strafe davon, die ihnen ein Drittel ihres Vermögens nahm, an anderen mußten sie bis zu 70 Prozent ihres steuerpflichtigen Vermögens entrichten. Insgesamt behandelten die Gerichte 90 000 Fälle. Das norwegische Rechtssystem konnte diesem ungeheuren Druck nur standhalten, weil die einzelnen Fälle ja ganz summarisch behandelt werden konnten. Gemäß Geist und Buchstaben des Gesetzes waren nur zwei Dinge festzustellen: Erstens: War der Angeklagte Mitglied der NS gewesen, ja oder nein; zweitens: Wieviel besaß er? Ersteres stand in der Kartei. Letzteres in seiner Steuererklärung.

Wie die *Aftenpost* in ihrem Leitartikel vom 18. Dezember 1945 schrieb: «Den größten Teil machen die 40 000 passiven NS-Leute aus, sie werden die Weisung erhalten, mit dem Steuerbescheid des letzten Jahes bei der Polizei zu erscheinen, und dort eine ihrer wirtschaftlichen Leistungsfähigkeit entsprechende Geldstrafe entgegennehmen. Das braucht wohl nicht so lange zu dauern, wenn die Polizei erst einmal in Gang gekommen ist.»

Es dauerte über acht Jahre. Die Strafverfolgung war während dieser Zeit eine feste Einrichtung des norwegischen Gesellschaftslebens, genau wie der Sprachenstreit, und sie wurde, genau wie das Weinmonopol, als ein Staatsgeschäft betrachtet. Die Zeitungen brachten regelmäßig Übersichten über Ausgaben und «Einnahmen». «Bringt die Landesverratssache 110 Millionen Kronen ein?» fragte die *Aftenpost* am 8. Januar 1947. Zwei Jahre später berechnete das *Morgenblad* die gesamten Verwaltungskosten auf 153 Millionen, während die «Einnahmen» sich auf 157 Millionen beliefen. Dieses Geld also sollte an die Geschädigten gehen! Die «Entschädigungen» deckten also gerade die Verwaltungskosten. Jedesmal, wenn das Büropersonal 153 Kronen bekam, blieben vier Kronen für die vaterlosen Kinder übrig – ein goldenes Zeitalter für Juristen mit weniger glänzenden Examina! Im Winter 1945/46 teilte Justizminister Gundersen mit, daß 4500 Personen mit der Strafverfolgung beschäftigt seien, und noch 1949 sicherte sie den Lebensunterhalt für ungefähr 1000 Rechtsanwälte.

So stellte das lange und schmale Norwegen einen neuen Weltrekord auf. Es wurde nicht nur zu dem Land mit dem größten Quisling, sondern auch zu dem Land mit den meisten Quislingen.

Am 7. März 1949 schrieb der Führer des Untergrundheeres im Raum Oslo, Major Langeland, in der *Morgenpost:* In Frankreich wurden 120000 Menschen wegen ihrer Haltung während der deutschen Besatzung verurteilt. In Norwegen haben wir fast 100000 gerichtlich verfolgt. Wenn Frankreich unserer Linie gefolgt wäre, hätte man ungefähr 1,5 Millionen Menschen den Prozeß machen müssen. Wenn wir Frankreichs Linie gefolgt wären, hätten wir nicht einmal 10000 Menschen gerichtlich verfolgt.

Für Knut Hamsun bedeutete die «Landssvikanordning» mit ihrem Schwerpunkt auf der wirtschaftlichen Strafverfolgung, daß die Frage nach dem Umfang seiner Schuld in Wirklichkeit erst in zweiter Linie kam. Die Strafe war bereits im voraus festgelegt. Allein dadurch, daß er soviel besaß, mußte er zum wehrlosen Opfer eines Gesetzes werden, das bestimmte, daß nicht der Umfang der Schuld des Betreffenden zu berücksichtigen sei, sondern seine wirtschaftliche Leistungsfähigkeit. Deshalb hatte die Frage nach seiner Vermögenslage in all den Verhören, denen man ihn unterzogen hatte, eine so beherrschende Rolle gespielt. Die Polizei interessierte sich mehr dafür, was er besaß, als dafür, was er getan hatte.

Die Anklagebehörde war hier besser unterrichtet, als aus den Fragen des Untersuchungsrichters hervorging. Bereits am gleichen Tag, als man Hamsun auf Nörholm abholte, hatte die Polizei sich unter Hinweis auf den Paragraph 45 der «Landssvikanordning» an die Steuerveranlagungsbehörde der Gemeinde Eide gewandt und um eine Ausfertigung von Hamsuns Steuererklärungen der vergangenen fünf Jahre gebeten. Am 19. Juni hatte die Behörde die Unterlagen bereit. Mit der Steuererklärung für das Steuerjahr 44/45 war man noch nicht ganz fertig. Insbesondere hatte man die Einkünfte aus Nörholm noch nicht fertigbehandelt, aber ansonsten waren die Zahlen vollständig. Hamsuns Autoreneinkünfte hatten in dem Jahr 31000 Kronen betragen, dazu kamen 215 Kronen Bankzinsen. Auf dem Fragebogen zur Vermögenslage war Nörholm mit einem Wert von 80000 Kronen aufgeführt, der Viehbestand mit 5150 Kronen und Maschinen und Geräte mit 5300 Kronen. Dazu kamen, abgesehen von diversen kleineren Posten, ein Bankguthaben von 63481 Kronen und schließlich die 100 Aktien des norwegischen Gyldendal-Verlags mit einem Nennwert von je 1000 Kronen, deren Steuerkurs man noch nicht errechnet hatte. Schulden hatte er keine.

Hinter diesen bescheidenen Summen verbargen sich Werte von ganz anderer Größenordnung. Hier war etwas zu holen. Über einen Zeitraum von fünf Jahren betrachtet, war Hamsuns wirtschaftliche Lage ausgesprochen solide. Die Leute haben während der Besatzungszeit seine Bücher ganz eindeutig nicht in dem Maß boykottiert, wie behauptet wurde. In den Jahren, in denen er im Kinderzimmer Patiencen legte, schwankte sein steuerpflichtiges Einkommen zwischen 43 400 Kronen im Jahre 40/41 und 45 400 Kronen im Jahre 44/45. 1943/44 hatte er zusammen mit Marie ein steuerpflichtiges Einkommen von 72 700 Kronen gehabt. Man kann an diese Zahlen ruhig eine Null anhängen, wenn man sich heute eine Vorstellung von der Kaufkraft dieses Geldes machen will. Trotz dieser hohen Einkünfte hatte Hamsun während dieses Zeitraums nichts gespart, im Gegenteil, das steuerpflichtige Vermögen war von 460 000 Kronen im Jahre 40/41 auf 349 000 Kronen im Jahre 44/45 gefallen. Der Unterhalt von Nörholm hatte zweifellos ansehnliche Summen verschlungen, außerdem hatte Hamsun ja 100 Gyldendal-Aktien an seine Kinder verteilt. Im Jahre 43/44 war sein Vermögen auf null Kronen veranschlagt, das war das Jahr, in dem er Marie seinen gesamten Besitz übereignete, ein Beschluß, den er im darauffolgenden Jahr widerrief. Den Verdacht, daß diesen Transaktionen der Versuch zugrunde lag, sich im Falle einer deutschen Niederlage gegen spätere Forderungen von seiten der öffentlichen Hand abzusichern, konnte die Anklagebehörde selbst als unbegründet fallenlassen. Teils ist daran nichts Merkwürdiges, daß ein vierundachtzigjähriger Mann seinen Kindern einen kleineren Teil seines Vermögens übereignet, teils hatte Hamsun die Regelung mit Marie rückgängig gemacht. Schließlich war die Frage sowieso rein theoretischer Art, da die Bestimmungen die Möglichkeit eröffneten, die Entschädigungssumme sowohl bei dem Ehegatten, als auch bei den Erben beizutreiben.

In anderen Punkten waren die Auskünfte der Steuerveranlagungsbehörden dagegen höchst unvollkommen. Der Wert von Nörholm war natürlich viel zu niedrig angesetzt, man hatte sich hier wie üblich an den Schätzungs- und nicht an den Verkehrswert gehalten, wobei es natürlich der letztere war, für den sich das Amt interessierte. Das gleiche galt für den Viehbestand und die Maschinen des Hofes. Schließlich tauchten überhaupt keine Auskünfte über den Wert diverser beweglicher Sachen, von Hausrat, Kunstgegenständen u. a. m. auf. Derartige Posten erscheinen ja nicht in der Steuererklärung, aber deshalb bildeten sie ja doch in gleicher Weise einen Teil des Hamsunschen Besitzes, der das Amt interessierte, und es war ja bekannt, daß Nörholm große Werte in Form von Gemälden und Möbeln barg.

Nachdem das Gericht die Beschlagnahme von Hamsuns Besitz genehmigt hatte, war Rechtsanwalt J. Bugge Danielsen aus Grimstad zum Aufsichtsführenden ernannt worden, und kurz darauf erhielt der Rechtsanwalt ein Schreiben von der für Aust-Agder zuständigen Abteilung des Entschädigungsamtes, in dem er ersucht wurde, auf Nörholm eine Abschätzung seiner

Werte vorzunehmen, damit diese bis dahin verborgenen Werte aufgelistet werden konnten.

Es dauerte einige Zeit, bis Danielsen alle die Personen zusammengebracht hatte, die an dem Registrierungstermin teilnehmen sollten, und erst am 2. August konnte die versammelte Gesellschaft sich auf den Weg machen. Wenn man den Wetteraussichten in den Zeitungen vom Tag zuvor glauben kann, war es auch in Grimstad und Umgebung ein sonniger Sommertag – aber wann schien die Sonne im Sommer 45 nicht? Die Gesellschaft mußte in zwei Autos fahren, sie gingen nicht alle in Moens Taxi. Neben Rechtsanwalt J. Bugge Danielsen war da der Lensmann von Vestre Moland und Eide, Gunnar Svennevig, der den Termin leitete. Hinzu kamen die beiden beim Termin anwesenden Zeugen, K. Jortveid und Ingvald Eide, und schließlich hatte Rechtsanwalt J. Bugge Danielsen es in Anbetracht des besonderen Charakters der Aufgabe für richtig befunden, zwei Gutachter hinzuzuziehen, nämlich den Antiquitätenhändler Hein Magnus und den Kunstmaler Arne Kavli.

Am frühen Nachmittag rollten die beiden Wagen dann vor das weiße Nörholm, das nahezu ein Menschenalter lang als ein Ort bekannt gewesen war, zu dem Neugierige sich keinen Zugang zu verschaffen vermochten. Im übrigen war der kleine Holztempel nicht mehr so hübsch wie früher. Hamsun hatte während der fünf Kriegsjahre seine Möglichkeiten, sich Instandhaltungsmaterialien zu beschaffen, nicht genutzt, die Säulen vor dem Eingang schrien nach Farbe. Aber am schlimmsten sah es im Vorgarten aus, wo niemand mehr etwas getan hatte seit dem Tag vor fast drei Monaten, als die Polizei kam und Marie mitten beim Pflanzen von Stiefmütterchen unterbrach. Das Gras wogte langhaarig im Wind, die Rosen in dem hohen Unkraut hatten lange, unkontrollierte Wildlinge, die Hecke mußte geschnitten werden. Es war niemand da, der den Garten pflegen konnte, Marie, Tore und Arild saßen noch immer im Gefängnis, auf dem Hof befanden sich nur Arilds Frau Brit, ihr Sohn Esben und Hamsuns älteste Tochter Ellinor, in diesem Herbst wurde sie dreißig Jahre alt, war noch immer schön und intelligent und charmant. Aber krank. Ohne sachverständige Pflege, die meiste Zeit sich selber und ihren Alpträumen überlassen, lebte sie in dem großen, leeren Haus hinter dem verwilderten Garten – nein, den Rasen mähen, das tat sie nicht, aber Flaschen konnte sie sich verschaffen, Ellinor wußte schon, wo die Mutter ihren Schmuck versteckte. Sie stand hinter einem Fenster und sah Moens Taxi langsam kommen, genauso wie damals, als sie ihre Eltern holten, jetzt folgte ihm noch ein Auto; sie lief schnell nach oben und versteckte sich in ihrem Zimmer in einer Mischung aus Zorn, Angst, Panik. Währenddessen ging die nüchterne Brit nach draußen und empfing die Fremden. Hatte Moen ihnen auch diesmal einen Wink gegeben? Hatte Brit nicht rechtzeitig oben auf dem Boden ein bißchen Silber und ein paar Bilder beiseite schaffen können?

Die Sonne schien. Die beiden Autos hielten auf dem Hof zwischen dem

Hauptgebäude und den Ställen, die Herren stiegen aus, und Rechtsanwalt J. Bugge Danielsen erklärte den Registrierungstermin gemäß Paragraph 37–38 der «Landssvikanordning» über die Registrierung von beschlagnahmten Werten für eröffnet. Er hatte die Anleitung, die das Entschädigungsamt für seine Aufsichtsführenden ausgearbeitet hatte, aus der Mappe genommen und las sie den Anwesenden sorgfältig vor. Die Preise waren nach dem für das erste Quartal des Jahres 1940 geltenden Preisniveau anzusetzen. Man einigte sich jedoch dahingehend, daß die Gemälde und Kunstgegenstände gerechterweise etwas freier zu schätzen seien.

Einer der Herren schlug vor, man solle in den Ställen beginnen, er kam selbst aus der Landwirtschaft und interessierte sich mehr für Vieh als für Malerei. Dann gingen die sechs Männer in die Ställe und fingen vorn an. Hamsuns zwölfjährige dunkle Stute «Duna» wurde auf 800 Kronen veranschlagt. Der rote und der braune Wallach, vier und fünf Jahre alt, wurden auf 1200 Kronen pro Stück geschätzt, während der Ochse «Kraft» auf 1000 Kronen hochging. Im Kuhstall mußte man ebenfalls jedes Tier einzeln nehmen. Hamsun hatte damals siebzehn Kühe, davon vier Jungtiere. Am teuersten war die Kuh «Lislin» mit 600 Kronen. «Alin» schätzte man auf 500 Kronen, während «Lise», «Dejlig» und «Aashild» jeweils 300 Kronen einbringen sollten. Dann waren da acht weniger gute Kühe zu je 200 Kronen, und die vier Jungtiere, die auf je 150 Kronen taxiert wurden. Vier Schafe erbrachten insgesamt 200 Kronen und ihre vier Lämmer 100 Kronen. Ein Kalb war nur 30 Kronen wert, und Hamsuns einziges Ferkel wurde auf 125 Kronen veranschlagt. Dann waren da nur noch die Hühner und Enten; Rechtsanwalt J. Bugge Danielsen zählte sie ab und kam zu dem Ergebnis, daß davon je zehn vorhanden seien. Man einigte sich auf drei Kronen pro Huhn und Ente.

«Also insgesamt 60 Kronen», sagte der Rechtsanwalt und schrieb die Zahl auf seinen Block.

Der Maschinenpark war schnell überschlagen. Hamsuns alter Fordson-Traktor, seinerzeit einer der ersten in der Gegend, wurde auf 3000 Kronen veranschlagt. Eine 2-PS-Mähmaschine schätzte man auf 700 Kronen, einen Motor auf 300, eine Kühlanlage auf 1000 Kronen, während man für die übrigen Geräte und Maschinen 3000 Kronen festsetzte. Auch das Zaumzeug für die Pferde wurde nicht vergessen, das war 600 Kronen wert. Die Gesellschaft kam in Hamsuns kleine Werkstatt, wo er sich mit einer Hobelbank und einer ziemlich teuren Drehbank eingerichtet hatte. An der Wand hatte er sein Werkzeug aufgehängt, Schraubenzieher, Stemmeisen, Engländer und Zangen in zierlichen Reihen, die wie Orgelpfeifen immer länger wurden. Hier gab es Bretthämmer, Latthämmer, Bohrwinden mit und ohne Schnecke, Klüpfel, Äxte, Kuhfüße, Wasserwaagen, Zollstöcke, Winkel, Reißfedern, Tischlersägen und Fuchsschwänze, kleine Kästchen für all die Messingschrauben und galvanisierten Nägel, die er im Laufe der Jahre von Grefstads Eisenwarenhandel in Grimstad nach Hause geschleppt hatte.

«Vieles war absolut heilig», schrieb Marie, «nicht zuletzt sein Tischlerwerkzeug, das anzurühren niemandem im Traum eingefallen wäre. Sogar ein kleines Kästchen mit gebrauchten Nägeln und Schrauben und Haken, die er unterwegs gefunden hatte, war absolut heilig.»

Die Juristen warfen einen kurzen Blick auf die Herrlichkeiten. «200 Kronen», sagte Rechtsanwalt J. Bugge Danielsen.

Die verschiedenen Gartengeräte und Wasserschläuche wurden zu 100 Kronen aufgeführt, worauf sich die Gesellschaft zu den beiden Gästezimmern des Nebengebäudes begab, die auf der Liste als Zimmer I und Zimmer II angeführt wurden. In Zimmer I stand eine Empirekommode mit Spiegel, und hier trat zum ersten Male Antiquitätenhändler Hein Magnus in Funktion. Während die Tiere behandelt wurden, hatte Herr Magnus sich diskret zurückgehalten, jetzt trat er vor, zog routinemäßig ein paar Schubläden auf, kippte die Möbel nach vorn, um die Rückwand sehen zu können, und sagte 350 Kronen. Die übrige Einrichtung von Zimmer I wurde zusammen mit dem Bett und dem Bettzeug auf 300 Kronen veranschlagt. In Zimmer II stand auch ein Bett (150 Kronen) und außerdem ein Empiretisch (350 Kronen), ein Spiegel (250 Kronen), ein hübscher Nachttisch (100 Kronen) und zwei Stühle (50 Kronen das Stück).

Dann kam der spannendste Punkt des Tagesprogramms: die Dichterklause. Die sechs Herren traten in die Sonne hinaus und spazierten den Kiesweg hinunter. Bis zur Hütte waren es nur ein paar Minuten, das kleine weiße Haus lag mit seinen drei Fenstern an der Längsseite und mit der Tür im Giebel ein wenig in den Hügel eingedrückt vor ihnen. Von einem Fenster im ersten Stock des Hauptgebäudes aus, halb hinter einer Gardine verborgen, verfolgte Ellinor verschüchtert die kleine Gruppe schwarzgekleideter Männer. Wie oft hatte sie ihren Vater denselben Weg gehen sehen, tagaus und tagein, im Sommer mit Strohhut und hemdsärmelig, im Winter in seinem schwarzen Ulster, hinunter am Morgen und zurück zum Mittagessen, wieder hinunter am Nachmittag und nach Hause zum Abendbrot, wieder hinunter am Abend, beschwert und abwesend, hin und her, immer gleich absorbiert, immer mit denselben schweren Schritten, hin und her; ein Jahr, zwei Jahre, drei Jahre konnten auf diese Weise vergehen, das nannte man Schöpferfreude; Probleme und Gleichförmigkeit und nicht die geringste Abwechslung, bevor das, was er in der Klause machte, zu «Landstreicher», «August», «Nach Jahr und Tag», zu vielen tausend Seiten geworden war. Menschen, die vorher nirgendwo existiert hatten, August, Edevart und Louise und unzählige andere waren dort unten entstanden, genauso wirklich wie richtige Menschen aus Fleisch und Blut, aber in dem unfaßbaren Unterschied zu den wirklichen brauchten sie nicht zu sterben, brauchten sie nie zu sterben. Ellinor hörte von weitem aus der kleinen Gruppe auf dem Kiesweg ein lautes Lachen, die sechs Herren unterhielten sich eifrig, während sie sich dem weißen Haus näherten. Ellinor dachte daran, daß noch nie Fremde in dem

Haus gewesen waren, nur die Mutter durfte dorthin kommen. Einmal war sie selbst zusammen mit ihren Geschwistern dort gewesen, sie hatten ihre Schuhe an der Tür ausgezogen, um den Fußboden nicht schmutzig zu machen, und Ellinor war aufgefallen, daß es in dem ganzen Raum nur einen Stuhl gab, nämlich den, auf dem der Vater selbst saß. Mehr waren ja nicht nötig, hierher kamen ja nur solche wie August und Edevart und Louise, die, die nicht zu sterben brauchen. Die brauchen auch keine Stühle. Jetzt hatte die Gruppe die niedrige Treppe erreicht, die zu der Giebeltür emporführte, wo der Vater seinerzeit vier Espenbäume gepflanzt hatte, einen für jedes Kind.

«Hier sollt ihr Wache stehen», hatte er aus Spaß gesagt, an dem Tag, als er die Bäume pflanzte.

Das war viele Jahre her, die Bäume waren schon längst hochgewachsen und groß geworden, und durch einen merkwürdigen Zufall waren aus den vier fünf geworden, so daß auch ein Baum für ihre Halbschwester Victoria gewachsen war, die der Vater praktisch vergessen hatte. – Aber auch wenn sie zehn gewesen wären, sie konnten ja nichts bewachen. Ellinor sah, daß die Fremden da unten sich mit höflichen Armbewegungen darüber stritten, wer das Haus als erster betreten sollte. Dann schloß sie die Augen, wandte sich vom Fenster ab und schwankte zum Bett. Die Flasche stand auf dem Nachttisch.

Rechtsanwalt J. Bugge Danielsen war es, der als Sieger aus dem kleinen Höflichkeitsstreit an der Eingangstür hervorging, als Aufsichtsführender hatte er ja den Schlüssel. In dem ruhigen Bewußtsein seiner eigenen selbstverständlichen Existenzberechtigung, die den großen Rechtsanwalt auszeichnet, trat er nun einen Schritt vor und steckte den Schlüssel ins Schloß. J. Bugge Danielsen konnte ein tiefes Gefühl der Befriedigung nicht ganz unterdrükken, eine Art Nemesis wirkte hier, hier war er nun, ein Mann des Rechts, der sich im Namen des Rechts Zugang zu diesem Raum verschaffte, von dem aus so viel ungehöriger Spott und Hohn den Stand der Rechtsanwälte getroffen hatte, dem anzugehören er stolz war. Ja, ja, in guten Tagen ist es nicht schwer, die Söhne der Frau Justitia zu verspotten! Aber warte nur, bis dich der Tag des Unglücks trifft. Ein Todesfall, ein Prozeß, eine Enteignung, eine Scheidung. Dann kommen wir und sagen 10 Prozent!

Klamme und muffige Luft schlug der Gesellschaft entgegen. Der Raum war während des größten Teils des Krieges nicht benutzt und auch nicht geheizt worden. Ein paar billige Läufer aus zusammengenähten Flicken bedeckten den Fußboden. Sonst gab es hier – genau wie Ellinor sich erinnerte – keine anderen Möbel außer Hamsuns Arbeitsstuhl, der vor einem selbstgebauten Tisch am hinteren Fenster stand. Aber die Wände waren bis zur Decke mit Büchern bedeckt. Marie hatte seinerzeit die Sammlung für Hamsun geordnet, er selbst mochte Antiquitäten, war aber kein eigentlicher Büchersammler. Fast alle Bücher waren schlichte, ungebundene Ausgaben, viele davon hatte er nicht selbst gekauft, sondern im Laufe der Jahre von Autoren und Verlagen zugeschickt bekommen. Die sechs Schätzer gingen zwischen den Regalen umher, zogen ab und zu einen Band heraus, blätterten ein wenig darin herum und stellten ihn wieder zurück. Dann einigte man sich darauf, daß hier schätzungsweise 6000 Bücher stünden und ihr Gesamtwert ungefähr 25 000 Kronen betrage – das hier war ja etwas anderes als Werkzeug. Hier müssen die Sachverständigen an den Kaufpreis gedacht haben, im Verkauf hätte eine derartige Büchersammlung 1945 nicht einen Bruchteil dieser Summe einbringen können. Dafür schrieb man Hamsuns Arbeitsstuhl und den selbstgebauten Tisch mit dem mit Reißzwecken festgemachten Stück Wachstuch nicht mit auf. Das gleiche galt für einen Stapel eng mit Hamsuns zierlicher Handschrift beschriebener Papiere, die Rechtsanwalt J. Bugge Danielsen in der Schublade des Tisches gefunden hatte. Der Stapel ging von Hand zu Hand, aber alle waren sich einig, daß er nichts wert sei. Es handelte sich um das Originalmanuskript von «Der Ring schließt sich». Bugge Danielsen legte es mit einem Achselzucken in die Schreibtischschublade zurück, er hatte auf Hamsuns Stuhl Platz genommen und saß nun ein wenig an diesem Tisch und sah aus dem Fenster. Die Sonne schien auf das große, schöne Grundstück, dessen Aufsicht man ihm in seiner Eigenschaft als Rechtsanwalt übertragen hatte. Unwillkürlich hatte er die gleiche halb zurückgelehnte Haltung angenommen, in der Hamsun dasaß, als ein einziges Mal einmal ein Photograph hereinkommen und eine Aufnahme von ihm am Arbeitstisch machen durfte. Die Herren hatten hier drin nichts mehr zu tun, im Raum war es still geworden, und plötzlich entdeckte J. Bugge Danielsen, daß die anderen ihn merkwürdig ansahen, so als hätten sie etwas gegessen, was ihnen nicht bekommen war. Er erhob sich verlegen und schlug der Gesellschaft vor, weiterzugehen. Ohne weitere Worte verließen die Herren dann den klammen Raum. Lensmann Gunnar Svennevig dachte daran, daß er die Tür mit dem Siegel zu versiegeln hatte, das kundtat, daß alles im Raum Befindliche vom Entschädigungsamt beschlagnahmt war.

Die kleine Schar kehrte auf den Kiesweg zurück. Mit den 25 000 Kronen, die man für die Bücher auf den Preis der landwirtschaftlichen Maschinen und des Viehs draufgeschlagen hatte, näherte man sich jetzt den Fünfzigtausend, und doch stand der fetteste Bissen noch aus: die Einrichtung des Hauptgebäudes, die teuren Möbel, die berühmte Kunstsammlung. Rechtsanwalt J. Bugge Danielsen ließ die Herren durch die Eingangstür hinter den sechs Säulen eintreten. Die Räume des Hauses waren menschenleer und unordentlich, es war deutlich, daß seine Bewohner es in größter Hast verlassen hatten. Alle sechs waren froh darüber, daß offensichtlich niemand zu Hause war; damit entging man ja den peinlichen Szenen, denen man andernorts ausgesetzt gewesen war. Der Rechtsanwalt schlug vor, man solle oben im ersten Stock beginnen, wo die Kinder ihre Zimmer neben den Schlafkammern der Eltern hatten.

In einer langen Reihe hintereinander stiegen die sechs würdigen Männer die Treppe mit den vierzehn Stufen hinauf. Der Rechtsanwalt begann mit dem nächstgelegenen Zimmer, Hamsuns Schlafkammer. Hier traf die Gesellschaft der erste Schock an diesem Tag. Der Herr auf Nörholm schlief in einer Kammer, die kleiner war als das kleinste Mädchenzimmer des Hofes, die sechs Männer mußten zusammenrücken, um gleichzeitig darin stehen zu können. Die Möblierung war entsprechend spartanisch. In der einen Ecke stand ein verrosteter Ofen, einer von den altmodischen Etagenöfen, die man schon längst nicht mehr benutzte. Die Eisenplatten saßen lose, Hamsun hatte versucht, etwas Draht herumzuwickeln, damit sie festhielten. Der einzige Stuhl im Zimmer war ein alter Korbsessel mit hoher Rückenlehne, die eine Armlehne war aufgerissen, so daß er sie mit einem selbstgestrickten Strumpf hatte beziehen müssen. Die Herren schätzten ihn auf 20 Kronen, sie schämten sich ein bißchen für Hamsun. Das Bett war zwar aus Mahagoni, genau wie das im Nebenzimmer, das Frau Hamsun gehörte. Aber es war viel zu groß für die enge Kammer, das Kopfende ragte ein gutes Stück vor das Fenster. Außerdem war es alt und verschrammt, wohl gebraucht gekauft, meinte Antiquitätenhändler Magnus.

Dies stimmte nur teilweise. Hamsun hatte die beiden Betten mit Marie zusammen bei einem Möbelhändler in der Theatergate gefunden, damals war es ein Doppelbett gewesen, funkelnagelneu, bestellt von einem jungen Paar, das sich anders besonnen hatte und es hatte wieder abbestellen müssen. Hamsun bekam es zum halben Preis. Aber das war 1909, das war 36 Jahre her, viele Jahre, auch für ein Bett. Die Betten waren ihnen von Oslo nach Hamaröy, nach Larvik, nach Nörholm gefolgt, in Maries hatten vier neue Menschen das Licht der Welt erblickt, keine Menschen von der Art, wie sie drüben in der Dichterklause zur Welt kamen, sondern Menschen, die Betten und Stühle brauchten und die sterben konnten.

«Aber ein echtes Doppelbett war es ja nie», sagte Marie. «Knut mußte seinen Raum für sich haben. Er mußte Papier und Bleistift haben, die er im Dunkeln finden konnte, sobald er nur die Hand ausstreckte. Vieles von dem, was er selbst für das Wertvollste in seinen Büchern hielt, kam ihm hier in dem alten Bett.»

Die Herren taxierten es auf 100 Kronen, 50 Kronen niedriger als die Betten in den Gästezimmern. An der Wand beim Kopfende hingen zwei gerahmte Porträts, die einzigen Bilder des Raums. Lensmann Svennevig lehnte sich über das Bett und nahm sie ab, und die beiden Bilder gingen von Hand zu Hand. Rechtsanwalt J. Bugge Danielsen betrachtete sie lange mit ausgestrecktem Arm und sachkundig gerunzelter Stirn. Er wage zu vermuten, daß das eine Goethe vorstelle, sagte er würdig, so wie wenn er sich vor Gericht zu Fällen äußerte, bei denen die Schuldfrage in Zweifel gezogen war. Den zweiten kenne er nicht, aber er sehe aus wie ein Russe. Lensmann Svennevig äußerte laut, daß Goethe ein Deutscher sei; der Lensmann verstand zwar, daß ein Nazi einen Deutschen über sein Kopfende hängte, aber einen Russen?

Der Rechtsanwalt sah sich das Bild noch einmal an. Es *sei* ein Russe, wiederholte er bestimmt und ließ das Bild rumgehen. Die anderen gaben ihm recht; Antiquitätenhändler Hein Magnus wagte sich mit dem Namen Dostojewski vor, stieß aber nur auf unsichere Blicke, die Anwesenden sahen aus, als sei ihnen ein Russe dieses Namens nicht bekannt, und da die Sache also Zweifel erlaubte, beschloß man, die beiden Bilder nicht in der Inventarliste aufzuführen. Das gleiche galt für einige Originalmanuskripte, die Hein Magnus fand, als er gewohnheitsmäßig die Schublade des primitiven Schreibtischs aufzog. Aber der Tisch wurde auf 50 Kronen veranschlagt.

In dieser Weise setzte die Gesellschaft ihre Wanderung durch alle Räume der oberen Etage fort, taxierte Betten, Nachttische, Kommoden, Regale, lauter Kleinigkeiten, nichts Bemerkenswertes. Nur ein Zimmer wirkte bewohnt, das Bett war ungemacht und warm, und auf dem Nachttisch stand eine Flasche. Die Herren sahen mit einem unangenehmen Gefühl des Beobachtetwerdens umher, entdeckten aber niemanden und setzten ihren Rundgang fort. Der große Tisch im Kinderzimmer, an dem während des Krieges die fatalen Artikel entstanden waren, brachte sogar 150 Kronen, aber das war auch fast ein Rekord, insgesamt ergaben die sechs Schlafzimmer in diesem Stock knapp 5000 Kronen, und da hatte man sogar eine Nähmaschine mitgerechnet, eine Hanau Höhensonne, einen Nilfisk Staubsauger und Salmonsens Lexikon zu insgesamt etwas über tausend Kronen. Die sechs Männer gingen wieder im Gänsemarsch die vierzehn Stufen ins Erdgeschoß hinunter. Jetzt kam man endlich zum Hauptgericht, und um einen Überblick zu gewinnen, beschloß man, alle Bilder auf einmal zu behandeln. Hier war Arne Kavli der Sachverständige, der vortrat und die Führung übernahm, von Bild zu Bild ging, es einige Augenblicke betrachtete, es abnahm und in ein paar Fällen auf der Rückseite nach einer Signatur oder einer Jahreszahl suchte und schließlich eine Zahl nannte. Waren die Schätzer oben enttäuscht worden, so war das jedoch gar nichts im Vergleich zu dem, was jetzt geschah. Kavlis Zahlen waren Bild für Bild lächerlich niedrig, hätte man nicht gewußt, daß er nach streng politischen Kriterien ausgesucht worden war, dann hätten einem absolut Zweifel an seiner nationalen Haltung kommen können. In mehreren Fällen kam er nicht einmal über 500 Kronen für große, schöne Gemälde, wie z. B. E. Ulvings Bild mit dem Titel «Sonnenuntergang» und Halfdan Ströms «Abendbild». Niels Dahls «Abendstimmung» ging sogar auf 450 Kronen runter! Rechtsanwalt J. Bugge Danielsen dachte an den Preis der Gemälde, die er selbst zu Hause über dem Sofa hängen hatte. Er hätte gern das Doppelte gegeben! Dafür kam es ihm vor, als schösse Kavli in anderen Fällen weit über das Ziel hinaus. 4000 Kronen für Lunds Porträt von Frau Hamsun! Dasselbe wie für acht Sonnenuntergänge von E. Ulving! Der Rechtsanwalt bedankte sich. Dann waren da 3000 Kronen für ein Landschaftsbild von Skredsvig aus dem Jahre 1910, und zwei Torsteinsons, «Hühner» und «Park mit Bank» für 2000 Kronen das Stück, obwohl keines der Bilder sonderlich groß war. Den

Gipsabguß von Vigelands Porträtbüste von Hamsun setzte Kavli auf 1000 Kronen fest, dann kamen da noch einige Gemälde, ein Teil französische Kupferstiche, drei Radierungen nach Claude Lorrain, eine deutsche Handzeichnung von einem Damhirsch, und damit war die Sache überstanden. Insgesamt belief sich das Ganze doch auf fast 20 000 Kronen; trotz allem eine nette Summe, wenn man sie für die Kunst opfert, klang es aus dem Munde eines der Männer, während sie weiter in den Ballsaal gingen.

Damit war die Reihe an Antiquitätenhändler Hein Magnus. Der kleine Mann lächelte vor sich hin, er hatte mit einem halben Blick gesehen, daß jedes Stück in diesem Ballsaal unecht war, die Wände aus gestrichenem Sperrholz hochgezogen, die Louis-Seize-Möbel Fließbandarbeit. Aber die jungen Leute hatten sich deshalb sicher genauso amüsiert, und hatte Hamsuns glänzende Armut nicht etwas Rührendes an sich, die Bewunderung des Schneidersohnes für den Luxus der Reichen, die sich mit dem Hang des Hausierers zu Fest und Musik mischte, obwohl er ganz gut wußte, daß das Ganze nur Lüge und Schein war? Hein Magnus wollte nicht unfreundlich sein und taxierte die ganze Herrlichkeit, zwölf Stühle, vier kleine Lehnstühle, einen Tisch, ein Sofa und vier Säulen mit Spiegeln dazwischen auf insgesamt 5000 Kronen. Eine englische Wanduhr erwies sich bei näherem Hinsehen als echt. 1200 Kronen sagte der Antiquitätenhändler. Aber für die beiden Urnen, die beiden Skulpturen, den Porzellanadler und den Bronzereiter gab er nur zwischen 100 und 200 Kronen das Stück. Hier könnte man manchen guten Kauf machen, meinte Bugge Danielsen wieder zu Lensmann Svennevig. Mit den Möbeln in der Diele war man schnell fertig. Hein Magnus diktierte K. Jortveid, der die langen Listen führte:

Drei Stühle, ein Tisch, ein Sofa und ein Schrank, 600 Kronen. Ein Spiegel (Empire) und Kommode, 650 Kronen. Ein Kronleuchter, 50 Kronen. Drei Skulpturen und verschiedene andere Sachen, 500 Kronen.

Im Eßzimmer um den ovalen Ausziehtisch stand der Stolz des Hauses, die zwölf großen, mit Goldleder bezogenen Stühle. Hein Magnus fand sie verschlissen und wagte für sie nicht mehr anzusetzen als 200 Kronen pro Stück. Einen alten Sekretär schätzte er auf 600 Kronen, während er das große Mahagonibuffet als eine Kreuzung aus Empire und Biedermeier bezeichnete und nur auf 500 Kronen taxierte. Die französische Uhr mit der Glasglocke war 750 Kronen wert, das englische Barometer mit Thermometer 250 Kronen. Für den großen Empirespiegel setzte er 350 Kronen an und für den Kronleuchter 400. Schließlich meinte er, das vorhandene Silber sei 1500 Kronen wert und das Glas und Porzellan 1000 Kronen, und darauf ging er an der Spitze der Gesellschaft ins Wohnzimmer.

Gerade als die Herren sich aufgebaut hatten und mit der Schätzerei beginnen wollten, öffnete sich hinter ihnen unerwartet die Tür. Eine sehr schöne junge Frau trat ein, machte einige unsichere Schritte auf sie zu, während sie beide Hände von sich streckte und «nein, nein, nein!» ausstieß. Der Maler

Arne Kavli, der am nächsten stand, sprang hinzu und brachte sie schnell aus dem Zimmer. Es vergingen einige Minuten, bevor er zurückkam.

«Hamsuns älteste Tochter», sagte er und errötete.

Die anderen antworteten nicht, sie hatten sich stillschweigend entschlossen, die Episode zu ignorieren. Man hörte nur die monotone Stimme von Antiquitätenhändler Hein Magnus, die durch das Kratzen der Feder unterbrochen wurde, die K. Jortveid über das Papier führte:

Ein Mahagonitisch (Empire) 500, vier Lehnstühle (stillos) 400, ein Klavier 500, eine norwegische Wanduhr (ganz ordentlich) 250, ein großer Doppelspiegel (Empire) 450, eine Mahagonikommode mit Jalousie 300, ein Sofa (Biedermeier) 150, ein Tisch (dito) 200, ein Schreibsekretär (Empire) 250, ein Nähtisch 150 . . .

Und so weiter. Und man mußte noch durch die Küche, die Speisekammer, die Waschküche. Und die Skulpturen draußen im Garten durfte man auch nicht vergessen. Es wurde spät, bevor die beiden Wagen aus Grimstad sie holen und nach Hause fahren konnten. Aber da hatten sie auch die imponierende Endsumme von 92 800 Kronen erreicht. Das Protokoll wurde von Gunnar Svennevig, K. Jortveid, Ingvald Eide und Hein Magnus unterschrieben, worauf der Erstgenannte den Registrierungstermin für beendet erklärte, indem er mitteilte, daß gemäß § 37 der «Landssvikanordnung» eine Kopie des Inventarverzeichnisses an Knut Hamsun gehe.

«Die Urkunde wird keine sonderlich angenehme Lektüre für ihn sein,» sagte einer von ihnen auf der Heimfahrt im Auto.

«Wäre er Widerständler gewesen und wir Deutsche, dann wäre die ganze Bude in die Luft gesprengt worden», antwortete sein Nebenmann trocken.

Dann sprachen sie von der nächsten Schätzung, die bei dem reichen Sjur Fuhr stattfinden sollte, dem Leiter der im ganzen Land bekannten Gärtnerei von Grimstad, der ebenfalls Mitglied der NS gewesen war. In dem kleinen Grimstad vollzogen sich in diesem Sommer umwälzende Veränderungen. Heute Nörholm, morgen Fuhr, große Häuser, die in Trümmer fielen. Man konnte fast glauben, das weitere Schicksal der Stadt sei von dem jungen Mann gedichtet, der einmal Lehrling in ihrer Apotheke gewesen war. Geschah der Brand in der reichsten Villa des Ortes nicht auch in diesem Sommer? Wahrlich ein Stück von Ibsen! Smith-Petersens große Villa, die nur einige Minuten vom Krankenhaus der Stadt entfernt lag, war, genau wie fast alle anderen Häuser des weißen Grimstad, aus Holz und brannte völlig ab.

# 11
## *Die abgebrannte Villa*

Während die Beschlagnahmung stattfand, wohnte Knut Hamsun noch immer im Krankenhaus von Grimstad. Nach dem Termin am 23. Juni war er in sein leeres Dreibettzimmer zurückgekehrt, wo er nun die nächsten drei Monate bis zur erneuten Behandlung seines Falles zubringen sollte. Lange Wartezeit? Er sagte sich, daß er in Wirklichkeit nicht eine freie Minute habe. Er mußte ja seine Strümpfe stopfen, den Ellbogen seiner Strickjacke ausbessern, er mußte sein Bett machen, er mußte Fliegen totschlagen, er mußte seine Morgenzigarre rauchen ...

Die norwegischen Zeitungen brachten noch einmal seinen Aufruf von 1940, weil er «in diesen Tagen, in denen Knut Hamsun als Landesverräter vor Gericht steht, aktuell» sei. Wir sollten nicht vergessen, worum es ging, wir hatten das *Dagblad*, das die Wunde wieder aufreißen konnte, uns daran erinnern konnte, wie weh es tat. Die Zeitungen der ganzen Welt kommentierten sein Auftreten vor Gericht mit der gesunden Entrüstung, die den verantwortungsbewußten Leitartikler auszeichnet.

Es ist überaus traurig, wenn man einen der bewunderten Dichter aus seiner Jugendzeit des Landesverrats angeklagt vor den Schranken des Gerichts sieht, schrieb Harry Blomberg im *Svenska Dagblad*. Hamsun habe nichts von dem Rechtspathos, das in seinem Volk zutiefst lebendig sei, ihm sei es von Anfang an als Illusion erschienen. Seine einzige feste Grundlage sei sein Stilgefühl gewesen. Er habe nie darüber nachgedacht, welche gewaltige geistige Kraft sich in der Kirche des kleinen Grimstad symbolisiere und die Lebensgrundlage der von ihm so verachteten Volksschullehrer und Bauernpastoren bildete, deren Tischsitten er verhöhnte. Deshalb sollte er nun des Glanzes seines Dichternamens, seines Hofes und seines Talents beraubt vor den Richter gestellt werden und das Urteil des Volkes empfangen. Er gehöre nicht zu uns. Seine Menschenauffassung sei unheimlich. Er sei ein Nihilist.

Schloß Harry Blomberg. Jetzt saß der Nihilist hier auf seinem Bett und stopfte Strümpfe. Er hatte keine freie Minute; das Bett war zwar gemacht und die Morgenzigarre geraucht, und die Fliegen waren totgeschlagen, aber mußte er nicht áuch das Stuhlbein festmachen, das andauernd zur Seite rutschte? Mußte er nicht auch den Nagel für seinen Hut in die Wand schlagen? Hier hätte er gut einen der Hämmer gebrauchen können, die zu Hause in seiner Werkstatt so ordentlich aufgereiht hingen, aber es ging schon, er hatte einen Stein gefunden, der auch ganz brauchbar war. Dann war da die tägliche Plackerei den «Hei» hoch und runter, wegen des Kreislaufs. Dann waren da ein paar Briefe zu beantworten. Und doch. Letzteres mußte warten, er war ja kein Schriftsteller.

Nein, das war er ja nicht. Statt dessen setzte sich der alte Kokettierer ein wenig auf die Bank vor dem Giebel. Er müsse ja auch ein wenig sitzen und die Ameisen im Staub beobachten und weise werden, sagte er zu sich selber. Ein Pfad führte an seinem Haus vorbei, eine Abkürzung, denn Ameisen und Menschen folgen bestimmten Pfaden, und die Leute gingen diesen Weg, um den Umweg unten um das Hauptgebäude zu vermeiden. Er sah sie an, während sie vorbeigingen, und sie sahen ihn an. Einige zogen den Hut und grüßten. Das tun sie, obwohl sie durchaus wissen, weshalb ich hier sitze, dachte er.

Wußte er es allmählich auch selbst? Er hatte soeben ein Paket mit Wäsche aus Nörholm zurückbekommen, die reine Wäsche war reichlich in Zeitungen eingepackt gewesen, weil die Mädchen zu Hause wußten, daß er sich darüber freuen würde.

«Dadurch erfuhr ich ja ein wenig von dem, was vor sich ging, und zum ersten Mal erfuhr ich auch von den deutschen Schandtaten in unserem Land», schrieb er.

Die deutschen Schandtaten in seinem Land. Das waren die Worte des tauben Mannes an dem Tag, als die Wahrheit nicht mehr nur durch das Ohr zu ihm drang.

Er wollte, er könnte denen zu Hause ein paar Worte schicken. Nein, da war nichts, nur der tägliche Spaziergang über den «Hei», der seinen alten Schuhen mächtig zugesetzt hatte, den Schuhen, mit denen er seit seiner Jugoslawienreise herumlief, und das war ja schon 1938 gewesen, damals, als Friedell starb. Jetzt waren sowohl das Oberleder als auch die Sohlen so zerrissen, daß selbst der ehemalige Schusterlehrling sie nicht mehr richten konnte. Er hatte eine Karte an die Mädchen auf Nörholm geschrieben und sie gebeten, ihm ein anderes Paar zu schicken, aber die Krankenschwestern hatten sich geweigert, die Karte dem Postboten zu geben. So ging er zur Wegkreuzung hinunter, in der Hoffnung, einer der Vorbeikommenden könne die Sache für ihn erledigen. Der erste, der kam, war ein Junge um die sechzehn. Er hatte ein dunkles, unsympathisches Gesicht, aber Hamsun erhob sich trotzdem, streckte ihm die Postkarte entgegen und sagte übertrieben höflich:

«Würden Sie so freundlich sein und diese Karte in einen Briefkasten werfen?»

Den Jungen durchfuhr ein Ruck. Er ließ Hamsun nicht ausreden, sondern ging weiter.

«Sie gehen vielleicht nicht in die Stadt?» rief Hamsun ihm entschuldigend hinterher.

Der Junge antwortete nicht, sondern ging nur weiter. Er hatte ihn erkannt. An der Wegkreuzung stand Knut Hamsun und streckte seine Karte aus.

Jetzt saß er wieder hier auf der Bank. Die Tage vergingen. Ab und zu sah er einen alten Mann mit einem Sarg auf einem Handwagen den Hügel hinaufkommen. Dahinter ging seine Frau und schob. Das war immer dann, wenn unten im Krankenhaus jemand gestorben war. Dann wurde die Leiche in ein Nebengebäude gebracht, bis sie unter die Erde sollte, so etwas verfolgt man interessiert, wenn man sechsundachtzig ist. Das Ganze geht still und friedlich vor sich, dachte Hamsun. Er sah, wie der Mann den Strick löste, zum Kopfende ging und zog, während die Frau wieder schob. Der Sarg glitt ohne Probleme über den Boden. Es war nichts Besonderes.

Leute kamen vorbei. Ameisen und Menschen. Eines Tages blieb eine ältere

Dame stehen und sah ihn lange an. Hamsun erhob sich, zog den Hut und setzte ihn wieder auf. Die Dame begann zu reden. Er erklärte wieder, daß er nicht hören könne, aber sie redete weiter. Dann zeigte sie gen Himmel. Hamsun nickte höflich, sie meinte wohl, da oben gebe es vielleicht auch für ihn Hilfe. Sie zeigte noch einmal, und Hamsun nickte wieder. Sie hielt eine zweite Dame an, die vorbeiging, und erklärte ihr die Situation. Die beiden Damen einigten sich und gaben ihm die Hand, als sie gingen. Lauter Freundlichkeit, dachte er.

Aber kaum waren die frommen Frauen verschwunden, als er seine Gedankenlosigkeit bitter bereute. Er hätte ihnen seine Karte mitgeben sollen. Er hatte sie noch immer in der Innentasche. Weshalb hatte er sie nicht der Dame gegeben, die gemeint hatte, oben im Himmel gebe es auch Hilfe für ihn? Sie kam wohl auch an einem Briefkasten vorbei. Dann beschloß er, sich als Strafe für seine Dummheit einen extra Spaziergang über den «Hei» an seiner steilsten Stelle aufzuerlegen. Das gab den Schuhen den Rest. Es mußte wirklich etwas geschehen. Als er auf die andere Seite kam, fiel sein Blick auf den Kirchturm von Grimstad, der für Harry Blomberg die gewaltige geistige Kraft symbolisierte, die Hamsun nie verstanden hatte. Hamsun dachte, daß er, wenn er sich nur ein wenig näher schliche, seine Taschenuhr mit der Turmuhr vergleichen könne. Freilich hatte er sich jetzt weit in verbotenes Gebiet vorgewagt, aber es konnte ja sein, daß er an einem Briefkasten vorbeikam. Rechterhand hatte er eine völlig menschenleere Straße vor sich. Er begann diese Straße hinunterzugehen, er hatte solche Angst, daß er fast auf Zehenspitzen schlich. Am Ende der Straße konnte er den kleinen Markt von Grimstad sehen und gegenüber Grefstads Eisenwarenhandel. Den kannte er, da war er oft gewesen und hatte Werkzeug und Schrauben und galvanisierte Nägel gekauft. So etwas brauchte er jetzt nicht, nein, sicher nicht, aber ihm war plötzlich etwas anderes eingefallen: *Vor Grefstads Eisenwarenhandel hing ein Briefkasten!*

Dann stand er vor dem kleinen Platz, wo die Storgate sich teilt und teils zu dem Haus führt, wo Ibsen Apotheker war, und teils zu dem, wo er echte Schauspiele und unechte Kinder machte. Hamsun blickte sich lauernd nach allen Seiten um, noch immer kein Mensch. Sollte er es wagen? Dann flog er wie ein Pfeil über den Platz, warf die Postkarte nach Nörholm in den Briefkasten und flog pfeilschnell zurück. Die Operation war gelungen. Er machte sich auf den Heimweg, die Anstrengungen ließen ihn am ganzen Körper zittern, aber er bemühte sich, ruhig und würdig zu gehen.

Da fühlte er plötzlich eine schwere Hand auf seiner Schulter: Polizei. Der Schreck trieb ihm den Schweiß aus allen Poren. Aber gerade jetzt durfte er sich ja nichts anmerken lassen, jetzt mußte er schlau sein, schlau und gerissen wie August, für August wäre es eine Kleinigkeit gewesen, mit einer solchen Situation fertig zu werden. Er sah dem Polizisten treuherzig in die Augen.

«Ich möchte Sie nur darauf aufmerksam machen, daß die Kirchenuhr zwanzig Minuten nachgeht!» sagte er.

Es dauerte ein wenig, bis der lange Polizist vor ihm begriff, was er meinte. Währenddessen zog Hamsun ruhig seine Uhr aus der Westentasche.

«Sie haben nicht zufällig auch eine Uhr bei sich?» fragte er den Polizisten.

Der Polizist starrte ihn mit offenem Mund an und fummelte seine eigene Uhr aus der Tasche. Sie verglichen. Der Polizist mußte zugeben, daß es die Kirchenuhr war, die verkehrt ging. Dann ging ihm plötzlich auf, was hier vor sich ging. Er steckte seine Uhr wieder ein, wandte sich böse zu Hamsun und sagte ärgerlich:

«Das nützt Ihnen gar nichts! Sie dürfen nicht so in den Straßen herumlaufen. Wie können Sie nur auf den Gedanken kommen?»

Hamsun hatte nicht aufgegeben. Er erklärte ihm bereitwillig alles, verdeutlichte ihm die Lage, zeigte ihm seine Schuhe, erwähnte die Postkarte, den Briefkasten, nur ein paar Worte, nichts weiter.

Der Polizist mußte sich zusammenreißen, um den Faden nicht noch einmal zu verlieren.

«Wir reden von zwei verschiedenen Dingen!» sagte er entschlossen. Hamsun fühlte sein Schwanken.

«Ja, natürlich», sagte er begütigend. «Und ich bitte Sie, mich zu entschuldigen. – Waren Sie es nicht übrigens, der mich seinerzeit zum Krankenhaus gefahren hat?»

«Nein», antwortete er kurz. «Und es ist auch gleichgültig, wer es war.»

«Natürlich. Ich bin ja auch nur zum Briefkasten runtergegangen, weil ich so unbedingt die Karte schicken mußte.»

«Hören Sie», sagte der Polizeibeamte streng, «Sie sind angewiesen, sich im Krankenhaus aufzuhalten, und ich will Sie hier in der Stadt nicht noch einmal sehen, haben Sie verstanden?»

Hamsun hatte nicht aufgegeben, er warf dem zornigen Mann einen verschmitzten Blick zu und sagte:

«Ja, ich denke bloß gerade daran, was für ein Pech ich gehabt habe. Ich hätte ja bloß ein bißchen zu warten brauchen und Ihnen die Postkarte geben können, dann hätten Sie sie eingesteckt, und dann wäre das Ganze gesetzlich gewesen.»

Der Polizist sah ihn einen Augenblick an, dann explodierte er: «Für diesmal will ich keinen Rapport schreiben, aber jetzt gehen Sie augenblicklich zurück. Los!»

Sommertage in Grimstad. Sommertage 1945. Unendlich langsam wurde aus dem Juni Juli und aus dem Juli August. Hamsun machte sein Bett und stopfte seine Strümpfe und rauchte seine Morgenzigarre. Er hatte via Holland von einer Leserin aus Java eine Kiste geschickt bekommen. Mit freundlichem Gruß und einem Dankeschön, stand auf der beigelegten Karte. Was dann, wenn keine mehr in der Kiste waren? Dann würde er aufhören zu rauchen. Es wäre nicht das erstemal, er hatte es immer genau ein Jahr lang getan, von Datum zu Datum. Er wollte so sehr Herr über sich selbst sein, daß er aufhören konnte, aber er wollte auch so sehr Herr über sich selbst sein, daß er wieder anfangen konnte. Jetzt saß er hier und rauchte seine Zigarre zu Ende. Legte eine Patience. Vermißte etwas zu lesen. Glücklicherweise hatte er ja noch die gebundenen Feuilletons aus Smith-Petersens Bibliothek. Das *Morgenblad* hatte damals herrlich schöne Feuilletons zum Ausschneiden, man konnte sich keine bessere Lektüre wünschen, sagte der Verfasser der «Weiber am Brunnen», das Dumme war nur, daß sie auch nicht reichten. Zu Hause hatte er freilich ein ganzes Haus voller Bücher, er könnte sich eine ganze Wagenladung hier heraufschicken lassen, wenn seine Bücher nur nicht genauso verhaftet wären wie er selbst.

«Es ärgert mich nicht, ich lächele nur darüber, ich habe nichts zu versäumen.»

Das war Hamsuns einziger Kommentar zu der Mitteilung von dem Registrierungstermin auf Nörholm, die ihn just zu diesem Zeitpunkt erreichte. Der langen Ausschrift konnte er entnehmen, daß sie überall herumgeschnüffelt hatten, in seinen Ställen, seiner Werkstatt, seiner Arbeitshütte, in Maries und seinem eigenen Schlafzimmer; jedes Ding, vom kleinsten bis zum größten, war ja aufgeführt, sein Werkzeug, seine Gemälde, Maries Porzellan und Linnen, alles hatten sie in den Händen gehabt, gewogen und untersucht, taxiert und geschätzt. Das ärgerte ihn nicht? Er lächelte nur?

Seine Rechtsanwältin, Frau Sigrid Stray, die einzige, die abgesehen von der Polizei in diesen Wochen mit ihm in Verbindung stand, ist da anderer Meinung. Frau Stray sagte am 28. 5. 75 in ihrem Büro in Arendal:

«Wenn Hamsun etwas fürchtete, dann daß Außenstehende in seinen Sachen herumwühlen könnten. Daß sie in seinen Sachen und in seinen Geldangelegenheiten wühlten, war schrecklich für ihn . . .»

Vielleicht gestand er es dennoch ein, so wie Knut Hamsun derartige Dinge eingestand. Indirekt. Zwischen den Zeilen. Indem er über etwas anderes redete:

Oberschwester Marie, die einzige im Krankenhaus, die zu ihm sprach, kam vorbei, während er auf der Bank saß.

«Sie sollten ein wenig mehr umhergehen», sagte sie.

«Vielen Dank! Mit Ihrer Erlaubnis!» antwortete er.

Sie zeigte auf einen Weg.

«Dort dürfen Sie gern gehen.»

Das paßte Hamsun gut, es war ein langer, ebener Weg, ein Spaziergang auf diesem Weg war viel besser als die halsbrecherischen Hei-Besteigungen, weil er hier das Tempo selbst bestimmen, stehenbleiben und sich ausruhen, weitergehen oder umkehren konnte.

«Das ist der Weg zu Smith-Petersens Villa», sagte die Oberschwester.

An einem Nachmittag im August, kurz nach der Mitteilung von der Schätzung auf Nörholm, ging Hamsun zum erstenmal zu der Ruine des reichen Hauses, das eine Sehenswürdigkeit gewesen sein sollte, ein beliebtes Ausflugsziel. Zuerst kam er an eine Holzbrücke ohne Geländer, fast nur ein Brückensteg, dann blieb er bei einigen großen Eschen stehen. Die mußten mindestens hundert Jahre alt sein. Zuletzt mußte er mit viel Mühe einen steinigen Weg empor. Die Brandruine war nicht so groß, wie er erwartet hatte. Das Haus war aus Holz gewesen, die Reste des Fundaments deuteten darauf hin, daß es ein gewöhnliches kleines Landhaus gewesen war, das man nach Bedarf allmählich durch Anbauten erweitert hatte. Aber deshalb kann es ja durchaus eine innere Größe in sich geborgen haben, dachte Hamsun, mit Gemütlichkeit und Komfort, mit Pracht und Luxus und aller Herrlichkeit der Welt. Was wußte er schon? Hier hatte es sicher Feste und große Augenblicke und Märchennächte gegeben, die nun in der Sage weiterlebten. Es gab eine ganze Dynastie von Smith-Petersens in Grimstad, einige von ihnen führten den Bindestrich, andere nicht. Einer war Konsularagent, ein anderer wohl französischer Konsul. Hamsun hatte eines Tages einen Brief von ihm bekommen, er hatte eine traurig unleserliche Handschrift. Er fuhr sicher mit zwei Pferden und hatte einen Kutscher mit blanken Knöpfen an der Uniform. Heute hätte er zwei Limousinen gehabt, aber dann hätte er einen ordentlichen Weg zu seinem Haus bauen müssen, dachte der ehemalige Kieskontrolleur. Dann fing er sich wieder. Das war es ja gar nicht, worüber er jetzt nachgrübelte. Nein, es war die Tatsache, daß so wenige Dinge dauern. Daß sogar Dynastien zusammenbrechen. Daß auch das Grandiose eines Tages fällt. Das war nicht pessimistisch gemeint, war nur die Erkenntnis, daß das Leben so wenig stillsteht, daß es so dynamisch ist. Wenn eines in Trümmer fällt, erhebt sich etwas anderes, steht einige Zeit und sieht nach etwas aus in der Welt, beginnt zu schwanken und – fällt in Trümmer. Er erinnerte sich an die berühmten Worte aus dem Hávamál. Da glauben sie so ganz unschuldig an den Nachruf: Vieh stirbt, Freunde sterben, ebenso stirbt man selbst; doch eines weiß ich, das immer bleibt: Das Urteil über den Toten. Jawohl, aber er hatte gerade in einem Buch über Madagaskar gelesen, daß sie da unten einen Gott hatten, der Tesaka hieß, Tesaka duldet keine Dinge, die dauern, sagten die Neger auf Madagaskar.

So klug sind wir anderen nicht, dachte er weiter, wir wollen die Illusion der Dauer nicht aufgeben. Gott und dem Schicksal offen ins Gesicht sehend, versuchen wir, uns Nachruhm und Unsterblichkeit zu ertrotzen, küssen und streicheln wir unsere eigene Dummheit, während wir ohne Stil und Haltung zu Erde welken. Aber Björnson wußte es.

«Die Zeit nimmt es!» sagte er zu Hamsun.

Und jetzt war er selbst an der Reihe. Er hatte bis jetzt sechsundachtzig Jahre gedauert, viel länger, als es Tesaka gefallen hätte, und wie durch einen Zufall erhielt er am 4. August, genau an seinem sechsundachtzigsten Geburtstag, die Nachricht von dem, was zwei Tage zuvor zu Hause auf Nörholm geschehen war. Er redete nicht davon. Er saß bloß hier bei einer abgebrannten Holzvilla und dachte sich sein Teil. Bei einem Hof in der Nähe lief ein kleiner Hund hin und her, er sah, daß der Hund ihn ankläffte, aber er konnte es nicht hören.

«Es stört mich nicht», schrieb er, «ich habe Frieden, mein Gemüt ist rein und mein Gewissen frei. Ich bekomme Briefe, die mir erzählen, daß ich bis in undenkliche Zeiten gelesen werde, mag diese Freundlichkeit nun sein, was sie will, die Zeit nimmt alles und alle. Ich verliere ein bißchen Namen in der Welt, ein Bild, eine Büste – zu einer Reiterstatue hätte es wohl nie gereicht.»

Ein kleiner Schmerz an der Grenze zum Nichts, das stimuliert, das stärkt den Kreislauf, jetzt hatte er wieder Kräfte genug, um aufzustehen und auf seinen steifen Beinen heimwärts zu wandern. Die Hunde kläfften ihn an, das störte ihn nicht, aber an einer Stelle kamen die Leute heraus und riefen ihre Kinder ins Haus, als sie ihn kommen sahen.

«Das war schlimmer als das andere», schrieb er, «ich glaubte, ich stünde mich gut mit Kindern, die kamen ja ab und zu mit ihren kleinen Büchern, in die ich meinen Namen schreiben sollte, und sie machten einen Knicks oder einen Diener und bedankten sich, und wir waren froh zusammen. Jetzt benutzt man mich als ihr Schreckbild.»

Am 24. August kam der stellvertretende Polizeibeamte Finn Christensen wieder. Hamsun sah ihn sein feines Fahrrad gegen einen Baum lehnen und die Mappe von der Querstange nehmen. Nein, die Polizei hatte nicht auf der faulen Haut gelegen. Während Hamsun über die Ewigkeit nachdachte, war die Untersuchung gegen ihn weitergegangen, und nun sah er verblüfft, wie Finn Christensen seine Mappe öffnete und eine Sammlung von Zeitungsausschnitten aus der *Grimstad Adressetidende*, der *Vestlandske Tidende*, dem *Fritt Folk*, der *Deutschen Zeitung* hervorzog. . . Er blätterte den Stapel durch und erkannte die Überschriften, «Schon wieder», «England muß auf die Knie!», «Ein Appell an unsere Seeleute» und so weiter – hier waren alle die Artikel, die er während des Krieges zu Hause im Kinderzimmer auf Nörholm geschrieben hatte.

Finn Christensen hatte keine Mühe mit dem Geständnis. Sein Rapport wurde an Ort und Stelle von Knut Hamsun unterschrieben:

Verhörte im Krankenhaus von Grimstad den Beschuldigten Knut Hamsun, Personalien wie genannt, mit dem Fall erneut konfrontiert, zur Aussage bereit, sagte er aus: «Es besteht kein Zweifel, daß ich die Artikel geschrieben habe, die mir vorgelegt worden sind.»

Hamsun sah Finn Christensen wieder davonradeln. An der Fahrradstange hing die Mappe mit den ausschlaggebenden Beweisen, dennoch fühlte er nur eine tiefe Erleichterung, als er ihn hinter der Hecke verschwinden sah.

Drei Tage später war der Polizeibeamte wieder da. Sein Plagegeist trat zu ihm, schrie ihm ohne jegliche Einleitung ins Ohr:

«Sie ziehen um!»

Er schrak zusammen. Er wollte wissen, wohin er umziehen solle, aber der Polizist schüttelte den Kopf. Hier stellte er die Fragen! Finn Christensen hat jetzt gerade eine ernste Frage, die er beantwortet haben möchte, aber als er sie stellt, geschieht es zum ersten Male, daß Hamsun lügt.

## 12
### *Hamsun lügt*

Nein, die Polizei hatte nicht auf der faulen Haut gelegen, im Gegenteil, es waren harte Zeiten mit Überstunden bis tief in die Nacht hinein, mit Untersuchungen, Verhaftungen und Verhören, Hunderten von Fällen, Bergen von Papieren. Auch in der Hamsunsache wuchs der Papierstapel täglich, Polizeiberichte, Vernehmungsprotokolle, Gerichtsbeschlüsse, Beweismaterial, Steuerveranlagungsbescheinigungen, Vermögenserfassungen. Der Polizeiverantwortliche von Grimstad legte einen Bogen auf den anderen, bald war das so viel Papier, daß er kaum folgen konnte, und als er Anfang Juli weitere drei maschinengeschriebene Seiten ohne Zeilenabstand und auf dünnem Durchschlagpapier erhielt, legte er sie automatisch auf den Stapel, ohne zu bemerken, daß es sich um ein Dokument handelte, dessen Inhalt, wenn er bekannt geworden wäre, augenblicklich die Aufmerksamkeit der gesamten Weltpresse auf seine kleine Polizeikammer am Smith-Petersen-Kai in Grimstad gelenkt hätte.

Dabei hatte er es von höchster Instanz erhalten. Das Dokument war mit der Post vom Leiter der Polizei aus Arendal gekommen, der wiederum hatte es von keinem Geringeren als dem Chef der Polizei in Oslo erhalten, der es von der norwegischen Legation in Stockholm bekommen hatte. Hier hatte man, als die schwedische Presse die Nachricht von Hamsuns Verhaftung brachte, den Besuch eines merkwürdigen Mannes erhalten, der, obgleich Deutscher, ausgezeichnet norwegisch sprach. Wie er nur wenige Wochen nach dem deutschen Zusammenbruch hier in Stockholm gelandet war, das hat nie jemand herausfinden können, und was später mit ihm geschah, ist ebenfalls unbekannt. Viele Instanzen im Osten sowohl wie im Westen sind zweifellos ausgesprochen daran interessiert gewesen, sich seine Person zu sichern. Der mysteriöse Fremde erzählte den Norwegern in der Legation, daß er eine Reihe von Jahren hindurch als Hitlers persönlicher Dolmetscher gearbeitet habe. Sein Name war Ernst Züchner.

Der Weitsicht dieses Mannes verdanken wir es, daß wir heute genau darüber unterrichtet sind, was während der Begegnung zwischen Knut Hamsun und Adolf Hitler am 26. Juni 1943 in Berchtesgaden geschah. So brachte Züchner mit sich zur Legation das nahezu wörtliche Referat von dem Gespräch der beiden Männer, das er vorsorglich während seines Verlaufs angefertigt hatte. Er bat darum, daß man das Dokument so schnell wie möglich an die Polizei nach Norwegen schicken möge, da er meine, es enthalte Auskünfte, die entscheidende Bedeutung in dem Prozeß gegen Hamsun erlangen, ja, zum Freispruch führen könnten. Züchner war es ja gewesen, der am Abend zu den norwegischen Journalisten in Berlin gesagt hatte: «Was Knut Hamsun auf dieser Reise für Norwegen bewirkt hat, dafür werden seine Landsleute erst in der Zukunft das rechte Verständnis haben.» Jetzt war der Zeitpunkt da, die Zukunft gekommen. Züchner war von der Bedeutung seiner Aussage so überzeugt, daß er, der zu diesem Zeitpunkt alles mögliche Interesse daran hatte, sich unbemerkt im Verborgenen zu halten, der Legation seine Adresse gab und anbot, er wolle zur Verfügung stehen, falls die norwegischen Behörden den Wunsch haben sollten, ihn im Hinblick auf weitere Einzelheiten zu verhören.

In der norwegischen Legation hatte man, nachdem man das Papier durchgelesen hatte, ebenfalls keinen Zweifel an dessen Bedeutung, und sorgte dafür, daß es umgehend an die oberste Polizeibehörde von Norwegen, den Chef der Polizei in Oslo, geschickt wurde. So erfuhren die norwegischen Behörden zum ersten Male die Wahrheit über Knut Hamsuns Begegnung mit Hitler und hörten, daß sie etwas anders aussah, als man damals in den von den Deutschen kontrollierten norwegischen Zeitungen hatte lesen können. Zum ersten Male erhielt man Einblick in den Konflikt zwischen Hamsun und Terboven, der schließlich so ernst geworden war, daß Hamsun aus Protest gegen die Geiselhinrichtungen durch die Deutschen Hitler persönlich aufgesucht hatte, um Terbovens Absetzung zu erreichen. Zum ersten Male konnte man feststellen, daß Hamsun sich in so scharfen und kategorischen Wendungen ausgedrückt hatte, daß der Führer schließlich das Gespräch im Zorn abgebrochen hatte.

Auch der Chef der Polizei unterschätzte in keiner Weise Züchners Aussage. Da er nicht sicher war, daß die örtlichen Polizeibehörden Deutsch verstanden, ließ er das Dokument ins Norwegische übersetzen und schickte es weiter mit der Auskunft, daß Züchner sich zur Zeit in Stockholm aufhalte und durch die dortige norwegische Legation erreichbar sei, falls man ihn als Zeugen vorladen wolle. Der Brief des Polizeichefs stammt vom 30. Juni, wurde also nur vierzehn Tage nach Hamsuns Verhaftung geschrieben, ein Beweis dafür, daß man in der Sache keinen Augenblick vertrödelt hat, von dem Moment an, als Züchner davon gehört und sich entschlossen hatte, mit seinem Wissen zu den Norwegern zu gehen.

Der verantwortliche Polizeibeamte in Grimstad hat das Dokument also an einem der ersten Julitage erhalten. Er hat es auf den Aktenhaufen zum Hamsunfall gelegt, und hier ist es liegengeblieben, während dauernd neue Papiere darübergestapelt wurden, hier blieb es den ganzen Juli über liegen und danach den ganzen August. Man wandte sich nicht an Züchner, und allmählich war es wohl zweifelhaft, ob er noch immer unter der Adresse, die er der Legation angegeben hatte, zu erreichen war. Auch Hamsun wurde seine Aussage nicht vorgelegt, und einen Verteidiger hatte Hamsun ja nicht, an den man sie hätte schicken können. Polizist Christensen erwähnte sie mit keinem Wort, wenn er aus anderem Anlaß Hamsun im Krankenhaus von Grimstad aufsuchte. Man betrachtete es als eine Zeugenaussage, die dem Inhaftierten zusammen mit den übrigen Zeugenaussagen zu diesem Fall vorgelegt werden sollte und zusammen mit den übrigen Zeugenaussagen zu behandeln war, und noch hatte Finn Christensen überhaupt keine Zeit dazu gehabt, Zeugen zu vernehmen.

Die fand er erst am 31. August. An diesem Tag radelte er in die Gegend um Nörholm hinunter, um Hamsuns nächste Nachbarn zu vernehmen. Zweck war herauszufinden, ob Hamsun propagandistische Tätigkeit betrieben habe, etwas, das die «Landssvikanordning» mit strengsten Strafen belegte. Nach seiner Heimkehr arbeitete Finn Christensen wie gewöhnlich einen Rapport aus, der genau wie seine anderen Berichte im norwegischen Reichsarchiv aufbewahrt wird. Die erste Zeugin hieß Sofie Omre. Finn Christensen schrieb:

Verhörte am Wohnsitz Omre in Eide, 31/8–45, Zeuge Nr. 1 Sofie Omre, 47 Jahre, Hausfrau, Wohnsitz Omre in Eide, mit dem Beschuldigten nicht verwandt, über den Fall unterrichtet und auf ihre Verantwortung als Zeuge aufmerksam gemacht, zur Aussage bereit, sagte aus: «Lange vor dem Krieg machte der Beschuldigte gern einen Spaziergang durch die Siedlung, aber ich glaube nicht, daß er mit den Leuten redete. Soweit ich weiß, hat der Beschuldigte während des Krieges Nörholm nicht verlassen, und ich glaube kaum, daß er unter den Leuten in der Siedlung Propaganda betrieben hat.» Gelesen und genehmigt. Unterschrieben Sofie Omre.

Von Frau Omre aus fuhr Finn Christensen zur nächsten Nachbarin, Rakel Evensen, weiter:

Verhörte am Wohnsitz Ödegaard in Eide, 31/8–45, Zeuge Nr. 2 Rakel Evensen Ödegaard, 53 Jahre, Hausfrau, Wohnsitz Ödegaard in Eide, mit dem Beschuldigten nicht verwandt, über den Fall unterrichtet und auf ihre Verantwortung als Zeuge aufmerksam gemacht, zur Aussage bereit, sagte aus: «Der Beschuldigte ist mein Nachbar seit 1918. Wenn er spazierenging, mied er Leute. Wenn ich ihn auf dem Weg traf, grüßte er nur, ohne zu reden. Soweit ich weiß, hat der Beschuldigte keine Propaganda unter der Bevölkerung in der Siedlung betrieben.» Gelesen und genehmigt. Unterschrieben Rakel Evensen Ödegaard.

Finn Christensen fand, er könne ebensogut zwei Fliegen mit einer Klappe schlagen und auch Frau Ödegaards Mann, Herrn Ödegaard, vernehmen. Er schrieb:

Verhörte am Wohnsitz Ödegaard in Eide, 31/8–45, Zeuge Nr. 3 Edvin Ödegaard, 53 Jahre, Kleinbauer, Wohnsitz Ödegaard in Eide, mit dem Beschuldigten nicht verwandt, über den Fall unterrichtet und auf seine Verantwortung als Zeuge aufmerksam gemacht, zur Aussage bereit, sagte aus: «Der Beschuldigte ist mein nächster Nachbar und ist als Nachbar immer umgänglich gewesen. Er ist ja schwerhörig und redete selten mit den Leuten. Propaganda unter uns Nachbarn hat er nicht betrieben!»

Gelesen und genehmigt. Unterschrieben Edvin Ödegaard.

Zuletzt fuhr der Polizeibeamte zu Paul Gilje, Hamsuns Verwalter auf Nörholm, der das gleiche sagte wie die anderen:

«Während der Besatzungszeit ist der Beschuldigte sozusagen nicht unter Leute gekommen, und ich glaube nicht, daß er unter den Einwohnern der Siedlung Propaganda betrieben hat. Seit ich bei ihm als Verwalter angefangen habe, habe ich jeden Tag mit ihm geredet. Er hat nie versucht, mir gegenüber Propaganda zu treiben.»

Mit diesem Ergebnis konnte Finn Christensen wohlzufrieden wieder nach Hause radeln. Er hatte jetzt einen end- und rechtsgültigen Beweis dafür erbracht, daß Knut Hamsun nicht versucht hatte, zwei Hausfrauen, einen Kleinbauern und einen Verwalter zum Nationalsozialismus zu bekehren. Das Papier wurde in eine Mappe mit Züchners Protokoll des Gesprächs mit Hitler gelegt und mit der Aufschrift «Zeugenaussagen» versehen.

Aber nicht Hamsun vorgelegt. Als Finn Christensen zwei Tage später wieder in dem Krankenhaus außerhalb von Grimstad auftauchte, tat er das nicht, um ihm Züchners Protokoll zu zeigen, sondern um ihm mitzuteilen, daß er verlegt werden sollte. Hamsun erhielt die Weisung, sofort seinen Koffer zu packen, das Auto warte vor der Tür. Anfangs wollte Finn Christensen überhaupt nichts über das Ziel der Fahrt sagen, aber während Hamsun seine Sachen zusammensuchte, konnte er ihm doch die Auskunft entlocken, daß er nach Landvik solle. Wohin in Landvik, das wollte Finn Christensen nicht sagen. Jetzt kam die Oberschwester dazu und bestätigte, daß er nach Landvik solle, auch sie wollte jedoch nicht sagen, wohin. Als Ursache für den Umzug gab sie an, daß das Krankenhaus einige Patienten mit Kinderlähmung aufnehmen solle und daß sein Zimmer belegt werde. Vielleicht hatten die Ereignisse der letzten Wochen, der Zwischenfall vor Grefstads Eisenwarenhandel, die wachsende Zahl der Personen, die dem Verhafteten einen «Besuch» abstatteten, zu dem Wunsch der Polizei beigetragen, ihn ein wenig weiter von der Stadt zu entfernen. Hamsun dankte der Oberschwester für den Aufenthalt, gab ihr die gebundenen Feuilletons aus Smith-Petersens Bibliothek, die er allesamt gelesen hatte, ging hinaus und setzte sich vorn neben den Chauffeur.

Das Ziel der Fahrt war ihm keineswegs unbekannt. Landvik ist eine kleine Siedlung mit ein paar hundert Seelen ein Stück landeinwärts, mitten zwischen Grimstad und Nörholm. Die Fahrt dorthin dauerte nur wenige Minuten. Hamsun hatte es aufgegeben, den Polizeibeamten über seinen Bestimmungsort in Landvik auszufragen; letztlich sei es ihm egal, dachte er. Dann bog das Auto in ein zu beiden Seiten mit Bäumen bestandenes Stückchen Weg ein und hielt vor einem großen weißen Haus, wo Hamsun das Wort «Altenheim» las.

Deshalb haben sie also so geheimnisvoll getan, sagte er zu sich selber, sie wollten mich nicht mit dem Altersheim erschrecken. Er lächelte ein wenig über ihre Fürsorge, in Wirklichkeit paßte es ja gut zu ihm. Er ließ sich Zeit beim Aussteigen aus dem Auto; das reine Theater, in Wirklichkeit hatte ihn der Anblick von so vielen Greisen auf einem Haufen etwas verwirrt.

Das Altenheim von Landvik war ein zweistöckiges, weißgestrichenes Holzgebäude, genau wie das Krankenhaus, aus dem er kam, nur mit dem Unterschied, daß hier die Planken senkrecht saßen. Man hatte es einen Steinwurf von der Siedlung entfernt oben auf einen kleinen, von Bäumen bewachsenen Hügel gebaut. Hamsun begrüßte die Leiterin, Ingeborg Bomdalen, die ihn auf sein Zimmer im zweiten Stock führte, das nach Süden hinausging. Von dieser hochgelegenen Stelle aus hatte man einen weiten Ausblick über die Landschaft. Hamsun winkte dem Polizeiauto zum Abschied zu und ging wieder die Treppe hinunter, wo die anderen Greise, Männer und Frauen, dasaßen und sich von der Sonne bescheinen ließen. Es war Sonntag und schönes, stilles Spätsommerwetter. Er setzte sich zu den anderen, aber keiner wandte sich an ihn. Vielleicht genieren sie sich nur, dachte er. Sie kannten ja sicher seine Geschichte, sie hatten ihn soeben in Polizeibegleitung ankommen sehen, sie wollten nicht reden.

Es hätte sich auch nicht gelohnt, ihr neuer Kamerad war ja so taub, sagte er entschuldigend zu sich selber.

Irgendwie hatte er ein Exemplar von Goethes Farbenlehre erwischt, und nun saß er oben auf seinem Zimmer, las über die Komplementärfarben und verstand kein Wort. Es spielte keine Rolle, es ging ihm gut, er machte es sich gemütlich, hier war Frieden. Das Zimmer war genaugenommen nur eine Kammer, zweieinhalb Meter auf der einen Seite und dreieinhalb auf der anderen, und die Möblierung war entsprechend spärlich. Vor dem Fenster stand ein Tisch und in der Ecke neben dem Tisch ein Korbstuhl. An der entgegengesetzten Wand, am Ende des Zimmers, war sein Bett, und am Fußende stand der Ofen, ein altmodischer Etagenofen mit dem dazugehörigen Brennholzkorb, fast genauso wie in seinem Schlafzimmer zu Hause. Es gab keinen Schrank, aber in die Wand hatte man einige Nägel eingeschlagen, an die man seine Sachen hängen konnte. Leider zeigte es sich, daß das alte Haus völlig verwanzt war, und der Fußboden in der Kammer war so schräg, daß er einige Socken unter das eine Stuhlbeinpaar stopfen mußte, um einigermaßen gerade sitzen zu können. Aber daran gewöhnt man sich, dachte er. Vor dem Fenster wuchs ein großer und herrlicher Kirschbaum. Wenn er die Socken angebracht hatte und vor dem Tisch saß, konnte er weit an dem Kirschbaum vorbei und hinunter über den buschigen Hügelhang bis zur Ebene mit den kleinen, gutgepflegten sörländischen Höfen sehen. Dann kam die schmale offene Bucht, Landvikvannet, und dahinter am Horizont gen Süden konnte er die

Wälder um Nörholm ahnen. Er beugte sich wieder über Goethes Farbenlehre. Hier im Altenheim Landvik war gut sein.

Der Frieden dauerte drei Tage, dann stand Finn Christensen wieder in der Tür. Hamsun ließ ihn auf dem einzigen Stuhl des Zimmers Platz nehmen, während er selbst sich auf das Bett setzte. Dann zog der Beamte drei dünne maschinengeschriebene Seiten aus der Mappe und reichte sie ihm hinüber. Hamsun begriff, daß er sie durchlesen sollte. Ernst Züchners Protokoll.

Das war am 5. September. Es war jetzt über zwei Monate her, seit der Deutsche das wichtige Dokument in der norwegischen Legation in Stockholm abgeliefert hatte, und allmählich eilte es, daß Hamsun es vorgelegt bekam. In wenigen Wochen nur lief die Untersuchungshaftfrist ab, und bis dahin mußte die Polizei die Akten des Falls in Ordnung gebracht haben. Für Hamsun muß es ein merkwürdiges Erlebnis gewesen sein, hier im Altenheim von Landvik auf dem Bett zu sitzen und seine Begegnung mit Hitler wiederzuerleben. Er war völlig unvorbereitet, er dürfte kaum eine Ahnung davon gehabt haben, daß ihr Gespräch niedergeschrieben worden war. Er erwähnt Züchners Protokoll nirgendwo auch nur mit einem Wort, auch von Finn Christensens Besuch spricht er nicht. Aber wir kennen seine Reaktion, auch in diesem Fall liegt der Bericht des Polizeibeamten im Reichsarchiv in Oslo:

Verhörte im Altenheim von Landvik, 5/9–45, den Beschuldigten Knut Hamsun, Personalien wie angeführt, ihm wurde das Protokoll der Begegnung zwischen dem Beschuldigten und Hitler vorgelegt, er war zur Aussage bereit, sagte aus: Am 17. Mai 1943 reiste ich von Norwegen nach Wien in Deutschland und nahm dort an dem Pressekongreß teil. Ungefähr acht Tage nach meiner Ankunft da unten schickte mir Hitler ein Flugzeug, und ich war im Hauptquartier und habe mit ihm gesprochen. Holmboe war mein Dolmetscher. Es war ein Befehl von Hitler, daß ich bei ihm erscheinen sollte. Ich meinte, daß Professor Harris Aall besser dazu geeignet sei, bei Hitler zu erscheinen, aber da mein Erscheinen verlangt war, mußte ich reisen. Während des Flugs war ich auch ärgerlich über diese Begegnung, und deshalb war ich während des Gesprächs mit Hitler aggressiv. Da ich schwerhörig bin, war es mir unmöglich zu verstehen, worüber Holmboe und Hitler redeten. Der Geist des Protokolls, das ich gelesen habe, stimmt durchaus, aber ich stimme nicht völlig mit allen Einzelheiten überein. Die Begegnung mit Hitler war von meiner Seite her nicht geplant. Es sollte ja gleichsam eine Ehre für mich sein, eine Audienz bei ihm zu erlangen. Gelesen und genehmigt. Unterschrieben Knut Hamsun.

Nebenbei fällt einem auf, daß Hamsun, abgesehen von einigen Einzelheiten, Züchners Protokoll gutheißen kann. Das Papier hat also seinen Wert als Quelle. Das Gespräch ist tatsächlich so verlaufen, wie es hier niedergeschrieben ist. Aber dann kommt seine verblüffende Behauptung, die Reise sei nicht geplant gewesen. Das ist weder Dichtung noch Wahrheit. Hamsun lügt. Seine Anwältin Sigrid Stray erinnert sich deutlich daran, daß er im Frühjahr

1943 Hitler treffen wollte, um den Hinrichtungen von Terboven einen Riegel vorzuschieben. Seine Frau Marie dokumentiert das gleiche mehr als ausreichend, und das, obwohl sie ganz und gar gegen das Projekt war. Schließlich sind da die Äußerungen, mit denen der Schwede, Chefredakteur Leon Ljunglund, in Wien kam. Hamsun lügt, aber tut er das in dem Versuch, seine Stellung zu verbessern? Er macht sich den Ausdruck zunutze, der in diesen Monaten überall da zur ständigen Entschuldigung wurde, wo Hitlers Anhänger für ihre Handlungen zur Verantwortung gezogen wurden, er «handelte auf Befehl», aber tut er es wie sie, um sich zu entschuldigen? Er muß doch sehen können, daß Züchners Protokoll ein Dokument ist, das mächtig und eindeutig zu seinen Gunsten spricht, das einzige in der Art, das bis dahin in dem Prozeß gegen ihn aufgetaucht ist. Er hat sich bis dahin genau an die Wahrheit gehalten und die belastendsten Handlungen eingestanden, ohne den Versuch, sie zu bagatellisieren, weshalb beginnt er denn nun zu lügen und zu bagatellisieren, in dem Augenblick, in dem eine Tatsache auftaucht, die unzweideutig zu seinem Vorteil spricht? Wir wissen aus anderen Äußerungen von ihm, daß er keineswegs «ärgerlich» darüber war, daß er Hitler treffen sollte, genauso wie er auch später die Bedeutung ihrer Begegnung keineswegs unterschätzte. Weshalb fertigt er denn dann die ganze Sache mit ein paar herablassenden Bemerkungen ab, ungefähr so, als scheuche man sich eine lästige Fliege von der Nase?

Weil er Knut Hamsun war. Sein Stolz, sein eingewurzelter Widerwille dagegen, sich zu entschuldigen, sich zu erklären, geschweige denn sich Verdienste zuzuschreiben, all das kann einen Teil seiner Haltung erklären, aber sie barg wohl auch eine gute Portion Verachtung. Eine lästige Fliege, genau das war Finn Christensen in seinen Augen, und nun scheuchte er ihn sich von der Nase. Er hatte nichts hinzuzufügen, keine Kommentare. Er konnte nicht hier auf der Bettkante in seinem Altenheim sitzen und diesem Christensen erklären, was er seinerzeit mit Hitler zu erörtern gehabt hatte. Er erkannte Züchners Gesprächsprotokoll an. Gut. Das sprach wohl für sich selbst? Der Kerl konnte wohl zwischen den Zeilen lesen? Was wollte er noch mehr?

Als erste wunderte sich die Polizei über die Art und Weise, in der Hamsun den Rettungsring, der ihm durch einen glücklichen Zufall im letzten Augenblick zugeworfen worden war, zurückgewiesen hatte. Man verstand ihn nicht, glaubte ihm kaum, mußte die Sache jedenfalls näher beleuchten. Am 22. September, an dem gleichen Tag, an dem die Untersuchungshaftfrist ablief, fand Finn Christensen sich erneut im Altenheim von Landvik ein: Hamsun solle sofort mitkommen, die Polizei habe einige Fragen an ihn.

«Es war früh am Morgen, ein wenig zu früh für mich und das ganze Altenheim», erzählt Hamsun selbst. «Man hätte mir einen Wink geben können, aber das tat man nicht, wozu hat man denn ein Telephon? Für einen Polizeibeamten ist das kein Problem, er kann einfach in ein Auto steigen, aber der Gefangene hat nur mitzukommen, so wie er ist. Ich wäre gern fertig und angezogen gewesen, wenn ich vor dem Untersuchungsrichter zu erscheinen hatte. Sogar im zaristischen Rußland durfte man sich erst fassen. Hier war es so.»

Als Finn Christensen an die Tür klopfte, war Hamsun gerade aufgestanden und hatte kaum seine Morgentoilette begonnen. Aber diesmal ließ die Fliege sich nicht verscheuchen. Die Haftfrist lief um 12 Uhr ab, die Polizei hatte es also eilig. Unrasiert und zahnlos, die Jacke hastig über das Hemd geworfen, aber ohne Schlips und Kragen und ohne seine feine Schlipsnadel mit der echten orientalischen Perle mußte der alte Herr sich zum Auto hinunterführen und nach Grimstad fahren lassen. Es brauchte weniger als das, um Hamsuns Zorn zu wecken! Selbst als er in Kristiania hungerte, hatte er ein würdiges Auftreten zu wahren gewußt. Aber dies hier hatte als eine Erniedrigung begonnen, die für die Fortsetzung nichts Gutes verhieß.

Das Verhör sollte bei der Polizei unten am Smith-Petersen-Kai stattfinden, an der gleichen Stelle, an der Hamsun kurz nach seiner Verhaftung dem Untersuchungsrichter vorgeführt worden war. Auch jetzt mußte er ohne Verteidiger auskommen, aber diesmal waren zum Glück weder Journalisten noch Photographen anwesend. Der Untersuchungsrichter war derselbe P. L. Stabel, der ihn während des ersten Termins ausgefragt hatte.

Ich murmelte eine Entschuldigung, erzählt Hamsun, und der alte, feine Untersuchungsrichter entschuldigte mich. Sonst wollte er nichts Besonderes, meine festgesetzte Zeit war an diesem Tag vorbei, und nun sollten wir die Zeit bis zum 3. November verlängern. Das wurde deutlich gemacht, niedergeschrieben und durch verschiedene Fragen gestützt, die der Richter mir schriftlich vorlegte, damit er nicht in meine tauben Ohren zu sprechen brauchte. Ich antwortete auf jede einzelne Frage und blieb bei meiner früheren Erklärung: Daß ich für das, was ich getan hatte, einstünde. Dann waren wir fertig, und ich konnte nach Hause gefahren werden und mich anziehen.

Mehr wollte er bei dieser Gelegenheit nicht sagen. Die unterbrochene Morgentoilette und die unvollständige Kleidung hat an diesem Tag den stärksten Eindruck auf ihn gemacht. «Sonst wollten sie ja nichts Besonderes.» Nein, vielen Dank, es ging nur um diese Begegnung mit Hitler. Aber die Vernehmung fand schriftlich statt. Der Termin in Grimstad vom 22. September 1945 ist der erste der vielen Termine dieses Prozesses, der uns dank Hamsuns Taubheit in die Lage versetzt, nicht allein die an ihn gestellten Fragen nachzulesen, sondern auch seine eigenen, wörtlichen und bisher unveröffentlichten Antworten.

Stabel hatte zunächst fünf Fragen:

«Sie wurden am 23. Juni dieses Jahres verhaftet. Die Untersuchungshaftfrist läuft heute ab. Die Polizei hat in einem Schreiben vom 21. des Monats eine *Verlängerung* der Untersuchungshaft um sechs Wochen beantragt; der Antrag wird mit noch nicht abgeschlossenen Nachforschungen begründet. Es steht noch zu klären, ob einige Ihrer Publikationen über den Rundfunk gesendet worden sind. Sie sind hier vor Gericht erschienen, damit Sie die Möglichkeit haben, sich zu *äußern*, bevor das Gericht darüber entscheidet, ob dem Antrag der Polizei stattzugeben ist oder nicht.»

«Ich habe keine besonderen Einwände dagegen, daß die Haftfrist in der von der Polizei beantragten Weise verlängert wird», antwortete Hamsun. «Mir ist völlig unbekannt, ob meine Publikationen im Rundfunk gesendet worden sind.»

«Sind Sie jetzt in das Altenheim von Landvik verlegt worden?»

«Ja. Ich wurde vor ungefähr drei Wochen vom Krankenhaus in Grimstad in das Altenheim von Landvik verlegt.»

Dann kam die dritte und entscheidende Frage. Hamsuns Antwort war ebenso kurz wie Stabels Frage lang war:

«Am 5. dieses Monats wurde Ihnen vom Polizeibeamten Christensen das Protokoll einer Unterredung zwischen Ihnen und Hitler vorgelegt. Laut Rapport haben Sie ausgesagt, daß der Geist des Referats zwar stimme, daß Sie aber nicht mit allen Einzelheiten völlig übereinstimmen. Halten Sie daran weiterhin fest?»

«Ja.»

«Laut erwähntem Protokoll begleitete Sie zu diesem Gespräch ein Legationsrat Holmboe. Wissen Sie Näheres über diesen Holmboe? In welchem Land war er Legationsrat?»

«Holmboe wurde mir als Begleiter für die ganze Reise zu dem Kongreß in Wien zugeteilt. Als ich den Befehl erhielt, bei Hitler zu erscheinen, folgte mir Holmboe auch dorthin. Ich weiß nichts weiter über den Mann, als daß er der Sohn eines (jetzt verstorbenen) Holmboe ist, der seinerzeit in Rußland war.»

«Haben Sie sonst noch etwas zu Ihrem Fall anzuführen?»

«Ich verweise auf eine Erklärung, die ich gestern an die Polizei von Grimstad geschickt habe. Im übrigen wünsche ich, daß die Unterlagen an die Rechtsanwältin Frau Stray geschickt werden, die meine Verhältnisse in- und auswendig kennt. Wenn das nicht möglich ist, wünsche ich, daß Rechtsanwalt Christian Stray Gelegenheit erhält, sie durchzusehen.»

Der Vernehmungsrichter teilte mit, daß er eine Zusatzfrage habe, wahrscheinlich veranlaßt durch die Art und Weise, in der Hamsun über die Begegnung in Berchtesgaden gesprochen hatte. Es handelte sich um seinen Nekrolog für Hitler, der in dem Prozeß bisher noch nicht erwähnt worden war.

«Stimmt es, daß Sie nach Hitlers angeblichem Tod im Mai dieses Jahres einen Artikel in der *Aftenpost* schrieben, in dem Sie Hitler huldigen?» fragte Stabel.

«Ja», antwortete Hamsun.

Dann war Schluß. Das Protokoll wurde von Hamsun gelesen und für richtig befunden. Stabel las es laut vor und verkündete seinen Beschluß: Gemäß den von der Polizei angeführten Gründen gibt das Gericht seine Zustimmung zu einer Verlängerung der Untersuchungshaftfrist für den Beschuldigten um sechs Wochen bis zum Sonnabend, dem 3. November 1945, 12 Uhr. Der

Beschluß ist dem Beschuldigten vorgelegt worden. Er hatte keine Einwände und wurde danach zur Wiederaufnahme der Untersuchungshaft (Landvik-Altenheim) der Polizei übergeben.

Die Vernehmung stellt fest, daß Hamsun Hitler gehuldigt hatte, nicht, daß er ihm als einziger direkt widersprochen hatte. Noch einmal hatte Hamsun das Ganze bagatellisiert und danach die Frage nach Holmboe mit einer naseweisen Bemerkung beantwortet, die sicher einen Rest seiner alten Wut darüber barg, daß der Mann so unwillig gewesen war, seine schärfsten Bemerkungen zu übersetzen. Danach geschah nichts weiter. Ernst Züchner verschwand aus der Geschichte. Vielleicht war es inzwischen zu spät, wenn man sich über die vom Polizeichef in Oslo angewiesenen Kanäle mit ihm hätte in Verbindung setzen wollen, vielleicht hätte man ihn noch immer unter der Adresse in Stockholm erreichen können. Es wurde nie versucht. Der Mann, der einer der Kronzeugen dieses Falls hätte sein können, wurde nie vorgeladen, ja, er wurde noch nicht einmal gebeten, die zusätzliche schriftliche Erklärung abzugeben, die er selbst angeboten hatte. Nicht einmal Holmboe wurde verhört. Die norwegische Öffentlichkeit verblieb über Hamsuns Begegnung mit Hitler und seinem Kampf gegen Terboven genauso irreführend unterrichtet, wie sie es nach den Referaten im *Fritt Folk* gewesen war. Sie wurde nicht zu einem Argument zu seinen Gunsten, sondern das Gegenteil: ein erschwerender Umstand.

Die Staatsanwaltschaft unterzog sich nicht der Mühe, diese Seite der Sache genauer untersuchen zu lassen, und Hamsun hatte ja noch immer keinen Verteidiger. Sigrid Stray unternahm ebenfalls nichts in der Angelegenheit. Hamsuns schriftliche Bemerkung, wonach ihr die Unterlagen zugeschickt werden sollten, scheint vorauszusetzen, daß er sich zu diesem Zeitpunkt erneut an sie gewandt und um Hilfe gebeten hatte, so wie er selbst ihr 1944 in Kristiansand geholfen hatte. Das wurde mir während des Gesprächs mit Frau Stray am 28.5.75 in ihrem Büro in Arendal bestätigt. Frau Stray erzählte hier, daß er sie zu diesem Zeitpunkt gebeten hatte, ihn oben im Altenheim aufzusuchen, was sie auch tat. Hamsun fragte sie erneut, ob sie seinen Fall übernehmen wolle, und Frau Stray lehnte erneut ab. Zu ihrer früher gegebenen Begründung für ihre Ablehnung, nämlich daß sie als Richter am Schwurgericht von Skien fungieren sollte, fügte sie eine weitere Entschuldigung, sie meinte nämlich, es sei das Klügste, wenn er ohne Verteidiger vor Gericht erschiene, weil die Richter einen derartigen Respekt vor dem alten und schwachen Mann fühlen würden, daß dies Einfluß auf das Urteil haben würde. Das Argument, das voraussetzt, daß das Gericht sich durch nicht zur Sache gehörige Momente beugen lassen sollte, klingt eigentümlich im Munde eines Anwalts; vielleicht wäre es richtiger gewesen, wenn sie es mit umgekehrtem Vorzeichen benutzt hätte: Gerade weil Hamsun so «alt und schwach» war, hatte er die Unterstützung eines Verteidigers dringend nötig. Jetzt mußte er allein zurechtkommen. Frau Strays Mann, Christian Stray, den er in seiner Antwort an den Vernehmungsrichter als ihren möglichen Vertreter erwähnt hatte, besuchte Hamsun in dieser Zeit ebenfalls im Altenheim, aber auch dieser Besuch führte zu keinem Ergebnis. Knut Hamsun war noch immer ohne Verteidiger. Das hatte Folgen.

Am 25. September, drei Tage nach dem Verhör bei der Polizei von Grimstad, schickte der verantwortliche Polizeibeamte Thomassen an den Staatsanwalt für Landesverratsangelegenheiten von Aust-Agder, Polizeichef Falkanger in Arendal, einen Vorschlag, wonach gegen Knut Hamsun beim Schwurgericht von Agder Anklage zu erheben sei, weil er a) nach dem 8. April 1940 eingewilligt habe, Mitglied der NS zu werden, b) schriftlich energisch für die Nationale Sammlung Propaganda betrieben habe und c) Soldaten und Seeleute aufgefordert habe zu desertieren.

In seinem Schreiben legte der Polizeibeamte Thomassen auch die Gründe für die Internierung im Krankenhaus von Grimstad und die spätere Verlegung in das Altersheim dar:

«Nur im Altenheim von Landvik war Platz. Hamsun wurde dorthin verlegt und hält sich seitdem dort auf. Das war jedoch nur als eine Übergangslösung gedacht, da ich der Meinung war, daß man den Beschuldigten dort anständigerweise nicht längere Zeit über verbleiben lassen könne. Das Heim ist schlecht, in jeder Beziehung schmutzig und ungemütlich. Hinzu kommt, daß ich jetzt in Erfahrung gebracht habe, daß es dort von Wanzen wimmeln soll. Der Beschuldigte hat dies gegenüber dem Sorenskriver bestätigt und zum Ausdruck gebracht, daß die Wanzen eine große Plage für ihn darstellten. Es ist uns jedoch nicht gelungen, dem Beschuldigten einen anderen Aufenthaltsort zu verschaffen. Die Krankenhäuser von Arendal und Grimstad sind überfüllt und können ihn nicht aufnehmen, und das Gefängnis kommt vermutlich nicht in Frage. Ich erlaube mir deshalb vorzuschlagen, daß der Beschuldigte entlassen wird und die Erlaubnis erhält, sich auf Nörholm aufzuhalten. Die Nachforschungen sind abgeschlossen, das Beweismaterial kann also nicht vernichtet werden, und es besteht wohl auch kein Grund zu der Annahme, der Sechsundachtzigjährige könnte sich der Strafverfolgung entziehen. Ich möchte doch auch mitteilen, daß die Internierung den Beschuldigten sehr stark mitgenommen hat. Ich hatte Gelegenheit, ihn zu beobachten, als er anläßlich der Verlängerung der Untersuchungshaftfrist am 22. dieses Monats dem Gericht vorgeführt wurde, und es war auffällig, wie sehr er in der letzten Zeit abgemagert ist. Er sieht jetzt aus wie ein Greis, während er vor der Haft gesund und rüstig war. Es wäre traurig, wenn er sein Leben in Schmutz und unter Wanzen beenden sollte. Er war doch einmal ein großer Mann.»

Man versteht den Schlichtungsversuch des Polizeibeamten. Seine Beschuldigung konnte kaum schwerer sein. Knut Hamsun gehörte zu denen, die sich gegen den gesamten Apparat vergangen hatten, das bürgerliche Strafgesetz so gut wie die Sonderbestimmungen. Wenn man den Fall einfach laufen ließ, konnten alle Register der juristischen Orgel gezogen werden: Konfiskation, Gefängnis, ja, sogar Todesstrafe, wenn es sein mußte.

Knut Hamsun hatte unbestreitbar selbst zu diesem Ergebnis beigetragen. So wie andere in seiner Lage versuchten, sich durch eine Lüge zu retten, so hatte er durch seine Lüge die letzte Möglichkeit eines Freispruchs verscherzt. Noch einmal hatte er «es so herrlich unmöglich für sich gemacht». Edwardas Schuh ins Wasser geschmissen. Hitler in der letzten Minute des Krieges gehuldigt. Bewußt und stur auf der Richtung bestanden, die ihn ganz offensichtlich nur ins Unglück führen konnte. Da war nichts zu machen. Der Ertrinkende schob mit einer höhnischen Armbewegung den Rettungsring zur Seite. Weshalb? Glaubte er, er könnte es ohne schaffen? Hatte er einen anderen und besseren in Reichweite? Wollte er überhaupt nicht gerettet werden?

Die Antwort auf diese Fragen muß man in seiner Lage suchen, wie sie sich ungefähr in der Zeit, als er in das Altenheim nach Landvik verlegt wurde, entwickelte. Es ist völlig klar, daß in diesen Wochen etwas Entscheidendes geschah, aber was? Die Polizei irrte sich in bezug auf seine Schuld in Verbindung mit seinem Besuch bei Hitler. Irrte sie sich ebenso sehr in ihrem Mitleid mit ihm wegen der Wanzen in Landvik? Um das herauszufinden, brauchen wir uns nicht mit Finn Christensens Berichten zu begnügen. Wir können Hamsun viel näher kommen, wir können ihn sogar dazu bringen, mit der Wahrheit herauszurücken. Die Polizei interessierte sich nicht als einzige für ihn in diesem Zeitraum. Auch an seinem neuen Aufenthaltsort empfing er Besuch, und auch hier können die verblüfften Gäste erzählen, was sie sahen.

# 13
## Die Gäste erzählen

Kommt man nach Norwegen, Ende Mai, wenn die Birken und die Eichen durch die dunklen, betagten Fichten leuchten, findet man in Landvik alte Männer und Frauen, die sich erinnern. Heute hat die Gemeinde Landvik zwar ein neues und modernes Altersheim unten in der Siedlung selbst, aber oben auf der Höhe, einen Steinwurf weit, liegt noch immer das alte, weißgestrichene Holzhaus, das heute nach einem durchgreifenden Umbau Wohnungen für die Angestellten der Gemeinde enthält. Die ursprünglichen Dachkammern und der Südbalkon sind verschwunden, und der Eingang an der Südseite ist zugemauert worden, so daß die alte Zementtreppe jetzt nur noch zu einem Fenster emporführt. Heute betritt man das Haus von der gegenüberliegenden Seite her, wo man dafür die Außentreppe, die zu den Zimmern der Alten im zweiten Stock führte, abgerissen und durch eine neue Innentreppe ersetzt hat.

Der Mann, der den Umbau leitete, ist der Zimmermeister Tryggve Bakken, geboren 1918. Der Polizeibeamte Thomassen war ganz richtig unterrichtet, als er von dem Altenheim in Landvik als einem schmutzigen und unheimlichen Haus sprach. Es war ein Rattennest, sagt Tryggve Bakken; als er die Matratzen aus den Betten der alten Leute entfernte, entdeckte er ganze Schwärme von Wanzen. Allein das Spritzen, um sie auszurotten, belief sich auf 500 Kronen. Ob die Fußböden schief waren? Tryggve Bakken mußte alle Dielen neu verlegen, an mehreren Stellen maß er ein Gefälle von 15 Zentimeter auf nur vier Metern! Man fühlte sich wie in einem Schiff mit Schlagseite! Er riß viele Trennwände ein, damit aus den engen Kammern größere Räume wurden, aber er kann immer noch genau angeben, wo Hamsuns Raum lag und wie die wenigen Möbel, der Tisch, der Stuhl, das Bett, der Ofen und der Brennholzkorb aufgestellt waren. Hamsun wohnte im zweiten Stock in der Kammer hinter dem zweiten Fenster von rechts. Tryggve Bakken traf ihn regelmäßig auf seinen täglichen Spaziergängen. Hamsun verließ das Altenheim jeden Tag um 12 Uhr; wir konnten unsere Uhren nach ihm stellen, sagt der Zimmermeister. Er ging und führte Selbstgespräche, er hatte seinen Mantel an oder trug ihn über dem Arm, je nach Wetterlage, aber immer hatte er seinen Hut und seinen Stock bei sich. Er schaute gern in das Gemischtwarengeschäft in Resvik hinein, er kaufte nicht viel, ein wenig Briefpapier, ein Paar Schnürsenkel, er hatte ja kein Geld. Eines Tages sah Tryggve Bakken, daß er um ein Stück Bindfaden bat, das er um seine Galoschen binden konnte, die gerissen waren.

Die Schwester des Zimmermeisters, ein Jahr jünger als er selbst, erinnert sich ebenfalls deutlich an Knut Hamsun. Ruth Bakken war damals im Altenheim angestellt und wohnte in der Kammer neben Hamsun. Wenn keine Stromsperre war, dann war bei ihm bis tief in die Nacht Licht. Sie konnte ihn im Zimmer hin und her gehen hören; sie meint, daß er dann schrieb. Als sie eines Tages in sein Zimmer kam, sah sie die Bibel aufgeschlagen auf seinem Bett liegen. «Liest du die Bibel?» fragte sie.

«Ja, die habe ich oft gelesen», antwortete er.

Ruth besaß ein Andachtsbuch und fragte ihn, ob er es leihen wolle. Es war Fredrik Wislöffs «Ruht ein wenig». Es enthielt ein Stück für jeden Tag des Jahres, und der Sinn des Buches war, daß man jeden Tag nur den Text des Tages lesen sollte, aber bereits tags darauf kam Hamsun mit dem Buch zurück und sagte, er habe es aus.

«Ich glaube, daß er sich hier im Altenheim wohl fühlte», sagt sie, «es gab nie Schwierigkeiten mit ihm. Jeden Abend um sechs ging er durch das Haus und zog alle Uhren auf.» Eine Uhr ging etwas schneller, wenn die Feder aufgezogen war, als wenn sie fast abgelaufen war; deshalb müsse sie jeden Tag zu genau derselben Zeit aufgezogen werden, wenn sie genau gehen solle, sagte er. Ansonsten sahen sie ihn kaum. Damals wohnten 15 alte Männer und Frauen im Heim, aber er hatte keine sonderliche Lust, mit anderen zusammenzusein, er wollte am liebsten allein essen und bekam jeden Tag sein Essen aufs Zimmer.

«Nein, nicht ich habe es ihm gebracht», sagt Ruth Bakken mit einem kleinen Lächeln, «das mußte immer Nikko tun . . .»

Nikko ist Frl. Nicoline Andersen, heute Angestellte in dem modernen Altersheim in Landvik, damals als Aushilfe in dem alten Heim, während Hamsun dort wohnte. Es stimmt, daß immer sie ihm das Essen brachte. Als sie das Heim verließ, schenkte er ihr 50 Kronen als Dank für ihre Hilfe.

«Weiß der Himmel, woher er das Geld hatte», sagte Tore Hamsun, als er die Geschichte hörte.

«Er sagte, ich solle mir dafür einen silbernen Ring kaufen», sagte Frl. Andersen.

Aber hier muß die Krankenschwester des modernen Altersheims der Gemeinde Landvik ein wenig zur Seite sehen, eine kleine Pause machen, ein Taschentuch aus der Tasche ziehen. Damals war sie ja nur Nikko und Aushilfe und neunzehn Jahre alt.

«Es tat uns allen so leid für ihn», sagt sie dann. «Er paßte überhaupt nicht an diesen Ort. Wir konnten überhaupt nicht verstehen, daß er ein Landesverräter gewesen sein sollte. Er war so angenehm und nett und nie schwierig. Aber er konnte durchaus sehr entschieden auftreten. Er wollte nicht jeden beliebigen Besucher sehen. Einmal kamen zwei Damen mit einem Blumenstrauß, die wollte er nicht zu sich lassen. Wir sollten dafür sorgen, daß man ihn in Ruhe ließ. Er saß bei seinen Patiencen, und dann wollte er nicht gestört werden. Aber wenn Stromsperre war, dann kam er hinunter zu uns in die Küche. Er interessierte sich sehr für die Post, vor allem wenn Zeitungen dabei waren. Wir hatten auch eine Uhr da unten, die kam er jeden Abend aufziehen. Er war in allen Dingen so ordentlich, alles mußte auf seinem Platz liegen. Er achtete sehr auf sein Aussehen, hatte immer weiße Hemden an, trug Jacke und Weste, nahm seinen Hut und seinen Stock mit, wenn er wegging. Er ging jeden Tag hinaus und kam wieder zurück. Immer allein. Wenn ich ihm unterwegs begegnete, erkannte er mich und zog grüßend den Hut . . .»

Nikko schaut wieder zur Seite. Sie weiß wie alle die anderen Veteranen aus dem Altenheim, was später mit Knut Hamsun geschah.

Ronden ist die Landschaft, die sich vor einem ausbreitet, wenn man auf der Landstraße landeinwärts geht. Weite Ausblicke, blanke Seen, Felder mit Obstbäumen, Felsen mit Nadelwäldern. Der Bauer Dag Haldorsen hat seit seiner Jugend einen Kleinbauernhof hier auf dem Ronden.

«Ja, er ist mir oft auf den Wegen hier in der Gegend begegnet», sagt Dag Haldorsen. «Er trug dunkle Sachen und einen Hut. Oft summte er vor sich hin, manchmal sang er laut. Ich fand das merkwürdig. Ich war ja erst einundzwanzig. Nun denke ich, daß er sich wohl nicht hören konnte. Er war ja so taub.»

Dag Haldorsen war jung damals, er lebt noch. Die anderen, die bereits damals alt waren, die anderen Zeugen, Hamsuns Mitbewohner im Altenheim, sind alle tot, und auch die Leiterin des Heimes, Ingeborg Bomdalen, ist nicht mehr am Leben. Aber ein guter Bekannter von Hamsun, der Schriftsteller Christian Gierlöff, hat während der Zeit, in der Hamsun hier wohnte, oft mit ihr gesprochen, und er schildert sie als eine schöne und fröhliche Frau im besten Alter. Sie sagte, daß mit Hamsun im Haus alles leichter gehe, er bereitete nie Mühe, er kümmerte sich um seine eigenen Angelegenheiten, ging umher und fand immer Kleinigkeiten zu erledigen, innerhalb und außerhalb des Hauses, brachte in Ordnung, reparierte, schaute in die Küche, um zu sehen, ob er zur Hand gehen könne. Sollte heute Holz geholt werden? Waren Kartoffeln zu schälen, sollte abgewaschen werden? So war er ja, er konnte nicht hören, er lebte in seiner eigenen Welt, so fern und doch so geradezu, immer mit einem kleinen Scherz auf den Lippen. Auch Fräulein Bomdalen wußte von seiner Leidenschaft für Uhren und Kalender zu berichten, die sich zum Glück im Altenheim auch austoben konnte, wo er zu seiner Beruhigung fast genauso viele Uhren antraf wie zu Hause auf Nörholm. Fräulein Bomdalen erzählte Gierlöff, daß der alte Mann jeden Morgen durch die Räume und Büros schlich und das Datum des vergangenen Tages auf den Wandkalendern auskreuzte oder das Blatt von den Abreißkalendern abriß und es, seiner Gewohnheit getreu, zum späteren Gebrauch in die Tasche steckte. Die Uhren wurden tatsächlich jeden Abend aufgezogen, ausgenommen die große Wanduhr im Konferenzzimmer der Heimleiterin, die hatte ein Wochenwerk. Die durfte nur am Sonnabendabend angefaßt werden. Die anderen Alten hier im Heim behandelten ihn als ihren Ehrengast, niemand durfte es hier wagen, etwas Abschätziges über ihn zu äußern, Hamsun war von einem Schutzwall ehrerbietiger Ergebenheit umgeben, erzählt Gierlöff. Der gute Mann, der eher zufällig eine wichtige Rolle in den späteren Ereignissen spielen sollte, war zwanzig Jahre jünger als Hamsun. Christian Peder Grönbech Gierlöff wurde 1879 als Sohn eines Holzhändlers auf Kragerö geboren, hatte als junger Mann Ökonomie studiert und war später Journalist bei verschiedenen Tageszeitungen gewesen. Er nannte sich Schriftsteller und konnte auf ein umfangreiches und buntes Werk zurückblicken, das Bücher über nahezu alle Themen umfaßte, von Schiffsbau, Forstwirtschaft, Wohnungsfragen, Stadtplanung und Nationalökonomie bis zu Literatur, Malerei und sogar Rhetorik. Gierlöff war 1929 Ritter der ersten Klasse des Sankt-Olav-Ordens geworden und hatte in einer langen Reihe von norwegischen und ausländischen Komitees zur Behandlung von Wohnungsfragen gesessen. Er hatte über so unterschiedliche Gestalten geschrieben wie Tordenskjold, Björnson, Kinck und Munch und veröffentlichte später auch ein Buch über seine Erlebnisse mit Knut Hamsun während des Prozesses, «Knut Hamsuns eigene Stimme», das viele Einzelheiten enthält, aber an den Stellen, wo man ihn kontrollieren kann, nicht immer ganz sicher ist.

Christian Gierlöff schreibt bescheiden, daß viele Leute viele Jahre hindurch Hamsun nähergestanden hätten als er, und das ist sicher nicht verkehrt, obgleich nie jemand Hamsun nahegestanden hat. Als Charaktere betrachtet waren die beiden völlig verschieden, der eine starrköpfig, der andere umgänglich, aber sie kannten einander seit der Jahrhundertwende, und wenn Gierlöff zu diesem Zeitpunkt auftauchte, als Hamsun sich in so großen Schwierigkeiten befand, dann mag das damit zusammenhängen, daß er sich ihm zu Dank verpflichtet fühlte, weil Hamsun ihm vor Jahren in einem kleineren Prozeß beigestanden hatte. Im Gegensatz zu engeren Freunden, die, wie der Gyldendal-Direktor Harald Grieg, den die Hamsunfamilie doch aus Grini herausgeholt hatte, alle äußerste Zurückhaltung übten, hatte Christian Gierlöff von dem Augenblick an, als er von Hamsuns Verhaftung hörte, die energischsten Anstrengungen unternommen, um ihm zu Hilfe zu kommen.

«Lieber will ich Babylon in Ruinen sehen als Hamsun in Verfall», schrieb der wohlmeinende Mann.

Gierlöff hatte gehört, Hamsun sitze auf seiner Kammer und brüte vor sich hin, zusammengebrochen und krank, so einsam und verlassen, wie ein Mensch nur sein konnte, keine Menschenseele sei bei ihm gewesen. Durch diese Nachrichten alarmiert, hatte Gierlöff einzugreifen versucht und sich zunächst darum bemüht, Hamsun nach Dänemark zu bringen. Er meinte, daß es gut wäre, wenn der alte Mann von all der Unruhe in Norwegen wegkäme und sich unter den sanfteren dänischen Verhältnissen ausruhen könne, in einem friedlichen kleinen Winkel, einem allen unbekannten Fischernest. Aber der zuständige Beamte in Kopenhagen (Gierlöff sagt nicht, wer) hatte ihm geantwortet, daß dies völlig ausgeschlossen sei. Eine Anfrage in Schweden endete mit dem gleichen Ergebnis. Dann hatte Gierlöff an André Gide geschrieben, der ja bei anderen Gelegenheiten seine Bewunderung für Hamsun zum Ausdruck gebracht hatte, in der Hoffnung, ihn zu einer Intervention bewegen zu können, aber Gide hatte von seinem Château in der Normandie geantwortet, er sei *très fatigué*. Da Ilja Ehrenburg ungefähr gleichzeitig in einem Interview geäußert hatte, Hamsun sei ein großer Künstler, aber ein schlechter Mensch, hatte Gierlöff auch an ihn geschrieben, aber von ihm hatte er gar keine Antwort bekommen.

Mitte September beschloß der brave Mann, Hamsun persönlich im Altenheim von Landvik aufzusuchen. Gierlöff fand ihn oben in seiner grauen, fußbodenschrägen Kammer und sah sofort, daß er weder senil noch zusammengebrochen war oder im Begriff stand, Selbstmord zu verüben. Knut Hamsun saß in seiner alten Machtvollkommenheit am Tisch, schreibt er, kräftig, gesund und gerade, frisch rasiert, mit gepflegtem, militärischem Schnurrbart, in Schlips und Kragen und Schlipsnadel mit der orientalischen Perle, in seinem abgewetzten, eleganten Sakkoanzug. Er hörte die Tür nicht. Er las in einem kleinen Heft, das sich als ein religiöser Traktat erwies.

«Alter Kosak!» sagte Gierlöff laut.

Hamsun wandte sich mit einem Ruck um, sah ihn überrascht an und sagte streng:

«Wie kommst du hierher?»

«Zu Fuß.»

Hamsun überhörte den schlechten Witz.

«Hast du eine Erlaubnis von der Polizei?»

«Brauche ich die?»

«Weißt du nicht, daß ich verhaftet bin?»

«Bist du verhaftet?»

Hamsun nickte mit einem gewissen Selbstgefühl, so als sei es eine Auszeichnung, verhaftet zu sein.

«Dabei habe ich Grüße mit für dich», sagte Gierlöff.

«Von wem?»

«Von einem Mann, mit dem ich unten im Hotel ins Gespräch kam. Er ist am Schwarzen Meer gewesen. In einem Café in Baku sah er einen Stuhl mit einer Silberplatte, auf der etwas Russisches stand. Er fragte, was da stehe. Da stand, daß auf diesem Stuhl Knut Hamsun gesessen habe, und das Datum. Der Stuhl steht noch da unten. Er bat mich, dir das zu erzählen.»

«In Baku? Nein, das muß in Tiflis gewesen sein.»

Hörte Gierlöff Hamsuns abwehrende Ironie nicht heraus? Wußte er nicht, daß derartige Schmeicheleien ihm Unbehagen bereiteten? Gierlöff stellte sich die pathetische Frage, ob wohl eines Tages an Hamsuns Stuhl in seinem Altenheim eine Silberplatte angebracht würde. Dann sagte er laut, er finde, Hamsun solle versuchen, zu schreiben und seine Handlungsweise zu erklären. Als er keine Antwort bekam, sagte er, daß Hamsun sich einen Anwalt nehmen sollte. Hamsun schüttelte den Kopf.

«Nein, ich will selber Rede und Antwort stehen. Ich bin verantwortlich für das, was ich geschrieben habe. Neulich war ein Jurist hier, der etwas mit diesen Dingen zu tun gehabt hat. Er war der uninteressanteste Mensch, den ich je erlebt habe.»

«Der uninteressanteste Mensch, den ich je erlebt habe!» wiederholte er dramatisch mit einem entsetzten Blick auf Gierlöff. Gierlöffs Blick fiel auf Hamsuns zerrissene Galoschen auf dem Fußboden zwischen ihnen.

«Hast du keine anderen als die da?» fragte er.

«Ich binde Bindfaden drum herum.»

«Aber ich könnte vielleicht einen Weg finden, um dir ein Paar bessere zu verschaffen.»

«Nein, die Galoschen haben mir, seit ich sie kaufte, treu gedient, das war 1936 bei Sörensen in Skanderborg in der ersten Septemberwoche. Die können noch lange halten. Willst du sehen, wie ich das mache?»

Der alte Mann sprang von seinem Stuhl auf, zog die Galoschen an und band sie fest.

«Guck mal», sagte er, «mit ein bißchen Bindfaden sind sie wie neu. Sie sitzen völlig fest auf den Schuhen.»

Er zog sie wieder aus, setzte sich auf die Bettkante und bat seinen Gast, auf dem Stuhl am Tisch Platz zu nehmen, so wie einige Tage zuvor den Polizisten

Finn Christensen. Eine Weile saßen die beiden schweigend da, dann griff Hamsun das erste Thema wieder auf.

«Ich bin an keinem Komplott mit den Deutschen beteiligt gewesen», sagte er. «Sie können mich nur für die Zeitungsschnipsel verantwortlich machen . . .»

In diesem Moment gehörte Diskretion nicht zu Christian Gierlöffs vielen großartigen Eigenschaften. Er steckte die Hand in die Tasche, fischte einige Zeitungsausschnitte hervor und reichte sie ihm.

«Ja, die Zeitungsschnipsel», sagte er, laut seinem eigenen Referat ihres Gesprächs, «ich habe ein paar mitgenommen, falls du sie nicht selber hast. Lies mal das hier! Ich weiß ja, daß man leicht vergißt, was man einmal geschrieben hat!»

Hoffentlich vergaß Gierlöff schnell, daß er das geschrieben hatte.

Hamsun nahm den Ausschnitt widerwillig entgegen, sah ein wenig darauf, von vorn und von hinten, las ein paar Zeilen.

«Nein doch, habe ich das wirklich geschrieben», nuschelte er. «Und so lang und so schlecht, der reine unverdaute Kohl aus den Zeitungen . . .»

Er las noch ein paar Zeilen und reichte dann den Artikel resigniert zurück.

«Die Leute können sich wohl nicht vorstellen, wie es mir in meiner Einsamkeit da oben im Kinderzimmer ging», sagte er. «Saß und las am Abend die Zeitungen und brachte sie am nächsten Tag unverdaut wieder hoch! Aber du darfst nicht glauben, daß ich mich nicht für jede Silbe verantwortlich fühle! Ich meinte, was ich schrieb. Ich meinte, daß Deutschland siegen mußte, siegen würde. Darin habe ich mich geirrt, natürlich. Aber in der Hauptsache habe ich mich nicht verändert.»

Gierlöff verstand das dahin, daß mit der «Hauptsache» Norwegens hoffnungslose Situation im April 1940 gemeint war, der König und die Regierung, die flüchteten, die Mobilmachung, die eine Mobilmachung ohne Uniformen und ohne Waffen war, eine Mobilmachung von jungen, gutgläubigen Bauernjungen, die noch nie ein Maschinengewehr gesehen hatten.

«Die leichteste Beute des Todes», sagte Hamsun. «Hätte ich das nicht eingesehen, wäre ich ein Schafskopf gewesen! Und wußte ich nicht, daß ein jeder Norweger das Recht hatte, laut und deutlich seine ehrliche Meinung zu sagen?»

«Aber Hitler . . .?»

«Das war ja Geschichte für mich. *Geschichte.* Deshalb konnte ich mich in ihm so täuschen. Er war gar nichts, bloß eine ganz gewöhnliche Figur», sagte er mit einer wegwerfenden Handbewegung.

Auch jetzt streifte er den Inhalt ihres Gesprächs mit keinem Wort. Hamsun war zu Gierlöff nicht offenherziger als zur Polizei.

«Aber Goebbels war ein feiner Mann, er hatte so schöne, lichte Kinder», fügte er hinzu.

Im Raum dunkelte es, im Westen ging blutrot die Sonne unter, schreibt

Gierlöff, aber von Hamsuns Zimmer im Altenheim aus konnte man zu dieser Jahreszeit die Sonne überhaupt nicht untergehen sehen. Dann erwähnte Gierlöff die Konzentrationslager.

«Du denkst doch daran, daß England die erfunden hat? Und all das andere Schreckliche im Burenkrieg», antwortete Hamsun.

«Aber Terboven? In der Zeitung hat gestanden, daß du dich herzlich mit Terboven unterhalten und seine Einladung mit Freuden angenommen hast?»

Wieder schwieg Hamsun über die gespannte Beziehung zwischen ihm und Terboven, die die Ursache zu seiner Begegnung mit Hitler gewesen war. Gierlöff schreibt, daß er diese Frage mit einer Handbewegung von sich schob, die Angewidertsein und Verachtung ausdrückte. Er hatte ihn aufsuchen müssen, um Ronald Fangen freizubekommen, aber Terboven hatte nein gesagt. Dieser Mann gehörte nicht nach Norwegen, der gehörte nirgendwo auf der Welt hin. Mit Quisling war das eine andere Sache, er hatte immer unerschütterlich an einer starken Verteidigung festgehalten, er kannte die größte Gefahr, die dem Lande drohte, und er war unerschütterlich gegen die sinnlosen Arbeitskämpfe in den Vorkriegsjahren gewesen. Aber Hamsun kannte ihn nur aus den Zeitungen. Er konnte ja nicht reden, der Arme, außerdem war Hamsun während des Krieges nur zwei Minuten in Arendal mit ihm zusammen gewesen.

Am 10. September, einen oder zwei Tage vor diesem Gespräch im Altenheim von Landvik, war der Prozeß gegen Quisling im großen Saal der Freimaurerloge in Oslo zu Ende gegangen. Quisling wurde bekanntlich zum Tode verurteilt und sollte darüber hinaus eine Strafe von 1 040 000 Kronen entrichten sowie die Prozeßkosten von 1500 Kronen tragen.

«Aber kannst du denn erklären, daß er ein Landesverräter wurde?» fragte Gierlöff.

Hamsun machte eine schwere, resignierte Schulterbewegung.

«Du mußt wieder schreiben», sagte Gierlöff erneut, «du mußt deine Ansicht über diese Zeit und die gesamte Entwicklung, die zu ihr hinführte, äußern.»

Hamsun schüttelte wieder den Kopf. Er wollte nicht mehr schreiben. Die Zeitungsschnipsel sollten das letzte von seiner Hand sein. Die waren nicht gut, aber das war nicht zu ändern. Sie waren allen frei und offen zugänglich. Als er sie schrieb, meinte er sie. Waren sie jetzt strafbar geworden, dann wollte er seine Strafe haben. Lieber schnell und hart in Ketten gelegt werden und dann wieder frei sein. Später würde er schon ein Loch finden, in dem er sich verkriechen konnte.

Er begann von Nörholm zu sprechen. Wer kümmerte sich jetzt um den Hof, wo er nicht da war? Was sollte aus dem Hof werden? Würden sie ihm den Hof wegnehmen? Dann mußte das jedenfalls ein wohlhabender Mann sein, der ihn bezahlen konnte!

Hamsun hatte seinen ironischen Tonfall wiedergefunden. Er erzählte, daß er auf seinem Spaziergang vor einigen Tagen auf der Landstraße einen jungen Pfarrer getroffen habe.

«Gottes Gnade sei mit Ihnen!» hatte der Pfarrer im Vorbeigehen gesagt.

«Ja, die mag ich jetzt wohl nötig haben», hatte Hamsun geantwortet.

Aber Gierlöff wollte ernsthaft sein. Er hatte einen Brief von einem isländischen Professor erhalten, der meinte, Hamsun habe wie ein Mann für das gekämpft, was er als das Beste für Norwegen betrachtete, aber so etwas könne ihn das Leben kosten.

Hamsun wiegte sich ein wenig auf der Bettkante hin und her.

«Ach, ja, ja», murmelte er, «das mag schon richtig sein, das mag schon richtig sein.»

War das genau ein Gran Pathos mehr, als er ertragen konnte? Er lächelte plötzlich mit einem Augenzwinkern.

«Ich bin ja nur eine Wurst in der Schlachtzeit», sagte er.

Hamsun bewahrte seine gute Laune, als Gierlöff im folgenden auf Sigrid Undset zu sprechen kam. Gierlöff selbst hat nicht angegeben, wann ihr Gespräch stattfand, aber dieser Abschnitt macht eine genaue Datierung möglich. Am 8. September hatte das *Morgenblad* nämlich ein langes Interview mit der heimgekehrten Sigrid Undset gebracht, die während der Besatzungszeit in Amerika gelebt hatte. Nach ihrer Meinung über Hamsun befragt, hatte sie geantwortet, daß man ihn wohl nicht zum Tode verurteilen könne, daß er aber eine Gefängnisstrafe erhalten und man seinen Besitz beschlagnahmen müsse. Sigrid Undset fügte hinzu, daß sein Auftreten sie nicht überrascht habe, er habe ja immer nur über seine Minderwertigkeitskomplexe geschrieben, sagte sie, über die Krämernation England und über das Herrenvolk in Deutschland.

Gierlöff zitierte ihre Äußerungen und wurde noch einmal mit einer Handbewegung abgewinkt.

Hatte Hansum das Interview selbst gelesen? Er erzählte Gierlöff, daß irgend jemand sich den Spaß mache, die schlimmsten Zeitungsartikel über ihn rot anzustreichen und sie ihm mit der Post zuzuschicken. Eines Tages war einer mit der Überschrift «Hamsuns gemeiner Landesverrat» gekommen. Er machte eine Pause, während er schwer und vornübergebeugt auf der Bettkante saß. Dann sagte er leise und gleichsam zu sich selbst:

«Nein, gemein bin ich nie gewesen . . .»

Er blieb noch eine Zeitlang sitzen, keiner der beiden Männer sprach. Zuletzt erhob er sich müde, ging zum Fenster, wo er lange stehenblieb und in das Dunkel hinaussah. Gierlöff begriff, daß das Gespräch beendet war.

Welche Gedanken rührten sich in dem Augenblick in Knut Hamsun? Fühlte er sich ein wenig einsamer als vor dem Besuch? Gierlöff schreibt, ihr Gespräch habe nicht weniger als fünf Stunden gedauert; es kann mit seinem merkwürdigen Charakter eines Kreuzverhörs, seiner Mischung aus Abstandnahme und Bewunderung keine ungeteilte Aufmunterung gewesen sein. Gierlöff hatte – sicher in der besten Absicht – das Ganze noch einmal aufgewühlt, und Hamsun hatte sich verteidigen, erklären und entschuldigen müssen, das Schlimmste, was ihm passieren konnte, ohne daß er den anderen über den eigentlichen Zusammenhang der Dinge hatte aufklären können. Wer würde überhaupt imstande sein, diesen Zusammenhang zu begreifen? Er hatte keine Freunde, er hatte nur Richter. So war es in gewisser Weise immer gewesen, in alten Tagen wetteiferten sie darum, ihn zur Unsterblichkeit zu verurteilen, heute konnten sie es gerade noch akzeptieren, daß kein Todesurteil gefällt wurde; in seinen Augen bestand hier kein sonderlicher Unterschied, verurteilt, geschätzt, gewogen, taxiert werden, das sollte er so oder so. Es gab die anderen, und dann gab es ihn. Es gab die vielen, das waren die anderen, und dann gab es den einen, und das war immer er. Er stand an seinem Fenster und sah müde in das Dunkel hinaus, das den Kirschbaum vor dem Haus verbarg und dahinter das Landvikvannet und dahinter die Wälder um Nörholm. War es danach, daß er zu der Krankenschwester sagte, er wolle keinen Besuch mehr haben?

In dem Fall machte er bald eine Ausnahme, denn jetzt tauchte ein Gast auf, zu dem er weder nein sagen konnte noch wollte. Die Tochter Cecilia, die in Kopenhagen wohnte, hatte eine Ausreiseerlaubnis nach Norwegen erhalten, und an einem Tag Ende September, kurz vor dem zweiten Verhör in Grimstad, stand sie auf dem schiefen Fußboden in Landvik und sah völlig verstört vor Erregung ihren alten Vater als Inhaftierten wieder.

Knut Hamsun und Cecilia hatten sich seit dem 29. Juni 1943 nicht mehr gesehen, als er auf dem Heimweg von Deutschland in Kastrup zwischengelandet war und noch immer bebend vor Entrüstung über den fehlgeschlagenen Besuch bei Hitler seinen Zorn an der Tochter ausgelassen hatte, unter dem Vorwand, er sei böse, weil sie an einem Sommertag einen schwarzen Mantel trug. Cecilia hatte es leichtgenommen, sie kannte das heftige Temperament des Vaters von sich selbst und wußte, wie wenig Bedeutung diesem Ausbruch beizumessen war. Während der Besetzung war sie es gewesen, die ihm vom dänischen Überfluß immer wieder Tabak und Schlipse und Lebensmittel und andere gute Dinge geschickt hatte.

Jetzt war Knut Hamsuns jüngste Tochter achtundzwanzig Jahre alt. Genau wie ihre Geschwister war sie als 14-, 15jährige von zu Hause fortgeschickt worden, weil der Vater Arbeitsruhe brauchte. Erst wurde sie in eine Klosterschule in Deutschland gebracht, später folgten frohe Jahre in Frankreich und Dänemark, wo sie nicht ins Kloster ging! Als das schönste von Hamsuns schönen Kindern, angebetet und umschwärmt, wo immer sie auftauchte, ohne Kümmernisse und Geldsorgen, lebte Cecilia das Leben, brannte ihr großes Licht an beiden Enden gleichzeitig an, auch wenn die Finger, die Hand, der Arm ein paarmal mitbrannten. Kurz! Auch sie machte ihren Eltern Sorgen. Aber Cecilia hatte auch andere Träume, mit ihrer klaren

Begabung für die Malerei meldete sie sich auf der Kunstakademie in Kopenhagen («Sie dürfen nicht malen, Sie müssen gemalt werden», sagte ihr Lehrer), und hier traf sie den jungen dänischen Maler Mogens Hertz. Die Ehe dauerte «die gewöhnlichen vier bis fünf Jahre», gegen Ende des Krieges zog sie mit einem anderen Dänen zusammen, dem Schriftsteller Hans Andreasen, und kurz nach der Befreiung heirateten sie. Die Reise nach Norwegen, die trotz der großen Reiseschwierigkeiten der Zeit zustande kam, weil Hans Andreasen einen Presseausweis besaß und sich auf einen journalistischen Auftrag berufen konnte, diente so auch dem Zweck, Knut Hamsun seinen jungen Kollegen und neuen Schwiegersohn vorzustellen.

Hans Andreasen wurde herzlich empfangen. Er erinnert sich heute, daß Hamsuns Zimmer im zweiten Stock lag und daß er ein paar Socken unter den Stuhl gestopft hatte, damit der auf den schiefen Dielen gerade stand. Die Pakete, die sie mitbrachten, wollte er nicht aufmachen, es sei nicht nötig, ihm Geschenke zu machen, er habe alles, was er brauche, sagte er, anscheinend in der besten Laune der Welt.

Auch Cecilia entsinnt sich heute an die Reise nach Norwegen, ihre erste im Laufe von zehn oder mehr Jahren. Auf Nörholm war alles vernachlässigt, in den einst so schönen Zimmern herrschte eine verlassene Stimmung, der Staub lag überall zentimeterdick, der Garten war verwachsen und verwildert.

«Alle saßen ja im Gefängnis», sagt sie . . .

Zusammen mit ihrem Mann besuchte sie beide Eltern. Während die Mutter bitter war, krank und mutlos, fand sie zu ihrer Überraschung den Vater in bester Verfassung vor.

«Er scherzte und lachte und war so froh», erzählt sie. «Er saß auf den Socken und sagte: ‹Mir geht es so gut, so gut. Die Wanzen kriechen in der Nacht auf mir herum, aber mir geht es so gut.› Er bekam unsere Päckchen, wir redeten und lachten. Aber dann geschah etwas Unerwartetes. Plötzlich erhob Papa sich und ging erregt in dem kleinen Zimmer hin und her. Schließlich sagte er: ‹Wenn ich bloß gewußt hätte . . .› (aber da brach er den Satz ab). Dann rief er mit gewaltiger Stimme: ‹Ich will sühnen, ich will ins Gefängnis.› Und etwas ruhiger: ‹Zu irgend etwas müssen sie mich da ja gebrauchen können, ich kann ja irgendwas abschreiben z. B.› Dann kam die große Klage darüber, daß die Sache immer wieder ausgesetzt würde. Daran erinnere ich mich ganz deutlich und wörtlich. Ich entsinne mich an sein breites Nordlands-ä in ‹Gefängnis›.»

Auch diese Bemerkung klingt nicht erfunden. Die Aussicht auf die bevorstehende Strafe kann sich in Hamsuns Bewußtsein sehr wohl mit der Erinnerung an das eine Mal in seinem Leben, wo er streng bestraft worden war, verbunden haben, an die Kindheitsjahre bei dem Onkel auf Hamarøy, wo die Strafe genau darin bestand, daß er mit Abschreibaufgaben eingesperrt wurde.

Jetzt ist es wichtig, daß wir die weitere Chronologie unter Kontrolle haben. Cecilias und Hans Andreasens Besuch im Altenheim muß in den Tagen zwischen dem 22. und dem 27. September stattgefunden haben. Hamsun erwähnt, daß seine Haftfrist wieder verlängert worden sei, das geschah am Morgen des 22. September, als man ihn mitten in seiner Morgentoilette zum Vernehmungsrichter nach Grimstad holte. Außerdem liegt ein bis dato unveröffentlichter Brief an seinen Sohn Tore vor, der das Datum Altenheim Landvik, 27/9 45, trägt und den Poststempel Grimstad 28. 9. 45, 13–16, in dem er den Besuch seiner Tochter und ihres Mannes erwähnt. Die obigen Bemerkungen fallen also in den gleichen Zeitraum wie die Äußerungen zu Gierlöff, liegen nur vierzehn Tage später.

Der Brief an seinen Sohn ist adressiert an (den Gefangenen Nr.) 1704 Tore Hamsun, Brannvakten, Ilebu Fengsel, Röa via Oslo und auf einer der offenen Briefkarte geschrieben, die Vorschrift waren, wenn man sich an die Gefangenen wandte. Auf der Rückseite stand gedruckt, daß undeutlich geschriebene Karten makuliert würden; man sollte mit Bleistift und mit Druck- oder Schönschrift schreiben, und die Karte durfte höchstens fünfzehn Zeilen enthalten, eine Weisung, die Hamsun mit einer halben Zeile überschritten hat. Eine fremde Unterschrift und ein Stempel mit der Aufschrift «ILEBU GEFÄNGNIS POSTZENSUR» mitten auf der Karte hat ein Wort unleserlich gemacht.

Mit dem Brief bezweckte Hamsun vor allem, die Nachrichten über die übrigen, voneinander isolierten Familienmitglieder weiterzugeben, die er durch Cecilia erhalten hatte. Er begann mit seiner eigenen Verlegung vom Grimstader Krankenhaus in das Altenheim von Landvik, wo er nun zusammen mit den anderen Greisen lebe. Einige von ihnen seien über neunzig und seit über zehn Jahren bettlägerig, stürben aber nicht, was er ziemlich unnatürlich von ihnen finde. Er selbst sei auch unverschämt zählebig, bloß fast stocktaub. Während der Bombenangriffe sei seine Taubheit von Nutzen gewesen, jetzt nicht mehr. Er habe versucht, sich hier auf Dauer einzulogieren, aber die Leiterin habe gesagt, er sei zu jung! Sein Fall sei auf den 3. November vertagt. Cecilia und ihr Mann seien neulich bei ihm gewesen, die wollten jetzt nach Südamerika, als Auslandskorrespondenten für die Zeitungen und Bücher schreiben. Ellinor sei zu Hause, ihr Mann spurlos verschwunden. Die Mutter liege mit einem Magengeschwür im Krankenhaus von Arendal. Esben und seine Mutter (Arilds Frau) besuchten ihn ab und zu. Von Tores Kindern, Leif und Anne Marie, habe er gehört, daß ersterer ein mächtiger Kerl geworden sei und sie lang und dünn. Leider sehe er sie nicht, einmal hätten beide ihn gern gehabt, das sei nun vorbei. Und hier sei er nun also. Er habe wieder angefangen zu rauchen, aber es mache nicht viel Spaß, der norwegische Tabak schmecke nicht nach Tabak, sondern nur nach dem bitteren (unleserlich), das ihm die Haut vom Schnabel ätze. Jetzt habe er aber irgendwelche Salbe zum Draufschmieren bekommen. Alles sei also gut! Er wisse nicht, ob Grieg zu Gyldendal zurückgekommen sei, es sei ihm die ganze Zeit über verboten gewesen, Zeitungen (zu halten). Er vermisse sie auch nicht. Im übrigen solle Tore sich keine Sorgen um ihn machen, er habe nichts zu fürchten und werde sich verteidigen. Aber, wie Tore sehen könne, ein Schriftsteller sei er nicht, obgleich er beide Hände benutze. Ja, ja, «bleib im Frieden!», wie man im Nordland sage.

Soweit Knut Hamsun selbst. Soweit seine Gäste. Legt man diese Aussagen zusammen, dann zeichnen sich einige klare gemeinsame Züge ab, die seine Haltung in diesen entscheidenden Wochen zeigen, als die Beschuldigung formuliert wurde und das Netz sich um ihn zusammenzog. Er ist klüger geworden. Er wußte nicht, was während der Besatzungszeit geschah. Das weiß er jetzt. Auch im Altenheim durfte er keine Zeitungen halten, aber er konnte in die Küche hinuntergehen und in die lokale *Adgerpost* schauen, und blättert man die Nummern dieser Zeitung aus jenen Wochen durch, dann sieht man, daß sie wie alle anderen Tageszeitungen dieses Zeitraums mit Berichten über Zustände während der Besatzungszeit gespickt waren, vor allem in den Vernehmungsprotokollen der unzähligen Prozesse, darunter auch Quislings. «Ich war nicht mehr so ganz Analphabet», schrieb Hamsun. Langsam ging ihm auf, daß er in entscheidenden Dingen verkehrt oder gar nicht unterrichtet gewesen war. Aber das ließ ihn seine Handlungen nicht bagatellisieren oder wegdeuten. Er erklärt immer wieder, daß er die volle Verantwortung übernehmen wolle, daß er für seine Taten einstehe. Seien sie strafbar, dann wolle er seine Strafe haben, «in Eisen gelegt werden», wie er zu Gierlöff sagt, «sühnen», wie er es Cecilia gegenüber ausdrückt. Es fällt ihm nicht im Traum ein, sich irgendwelche Verdienste zuzuschreiben, er will lieber lügen als ein Eigenlob riskieren. Erst verschweigt er, daß er Terboven bei Hitler zu stürzen versuchte, und als sich das nicht länger verbergen läßt, leugnet er, nach einem im voraus gefaßten Plan gehandelt zu haben. Seine Reise war ja vergeblich gewesen, und im Lichte seines jetzigen Wissens mußte sie ihm auch als lächerlich, naiv, eine schlechte Entschuldigung erscheinen. Er sah in seinen Zeitungen, wie auch der Weg weg von der Hölle in dieser Zeit mit schlechten Entschuldigungen gepflastert war, aber dieser Weg war nie der seine gewesen. Dann zog er es vor stehenzubleiben, wo er stand, und Landesverräter zu sein. Würden sie ihn anklagen und verurteilen? Wollten sie Knut Hamsun ins Gefängnis sperren? Dann sollten sie auch probieren können, was das hieß. Dann wollte er ihnen die Aufgabe nicht dadurch erleichtern, daß er auf «mildernde Umstände» hinwies. Der Gedanke appellierte eher an seinen Sinn für Humor. Aus allen Zeugnissen dieser Wochen leuchtet ganz deutlich hervor, daß Hamsun das, was ihm widerfuhr, gleichsam nicht ganz ernst nehmen konnte. Die Katastrophe stand unmittelbar bevor, aber anscheinend bemerkte er sie nicht. Er stand wie ein Mann in einem Kahn mit aufgerissenem Kiel und hatte nur Augen für die Möwen in der Luft. Alle, die in diesen Tagen mit ihm sprachen, sind sich einig: Nicht nur beklagte er sich nicht, sondern er wirkte im Gegenteil sogar eher froh und gut gelaunt, zufrieden mit der Entwicklung.

Cecilia konnte sich kaum daran erinnern, den Alten jemals so guter Laune gesehen zu haben. Die Wanzen krochen nachts über ihn hin, aber das spielte keine so große Rolle, wie der Polizeibeamte Thomassen glaubte, es ging ihm so gut, so gut! Sein Ruhm war weg, sein Vermögen beschlagnahmt, aber das inspirierte ihn nur zu der Bemerkung, daß es ja nichts ewig Dauerndes gebe. In seinem Brief an Tore streift er ohne Kommentar die Tatsache, daß man Marie mit offenem Magengeschwür vom Gefängnis in das Krankenhaus nach Arendal hat überführen müssen, während Arild und seine überaus ernste Situation überhaupt nicht erwähnt werden. Dafür schafft er es aber, in die erlaubten fünfzehn Zeilen eine Menge Scherze über Greise, die mit dem Sterben nicht zu Rande kommen, einzuflechten. Nahezu alle seine Äußerungen aus der Zeit, auch während der Vernehmungen, sind von der gleichen Heiterkeit getragen, am ausgeprägtesten kommt das in seinem langen Gespräch mit Gierlöff zum Ausdruck, wo das Pathos des Gastes andauernd von Hamsuns Ironie durchlöchert wird. Es ist völlig klar, daß ihm etwas zugestoßen ist, das mehr zählt für ihn als alles Unglück zusammengenommen.

Was? Was bedeutete mehr für Hamsun als das drohende Gefängnis, als Scham und wirtschaftlicher Ruin? Was zählte mehr als die Gesundheit seiner Frau und das Schicksal seiner Kinder? Die Antwort liegt nahe, aber die meisten ziehen es vor, sie zu übersehen, weil sie so anstößig wirkt, schlimmer als seine schlimmsten Taten während des Krieges. Selbst tut er auch alles, was in seiner Macht steht, um sie zu verschleiern. Zum Vernehmungsrichter sagt er, daß er als Schriftsteller fertig sei, zu Gierlöff, daß er das Schreiben für immer aufgegeben habe, zu Tore, daß er kein Schriftsteller sei. Er besteht mit einer Ausdauer auf seinem Dementi, die einen Kenner mißtrauisch machen sollte, aber wahr ist ja, daß er, abgesehen von den Zeitungsartikeln, die für ihn nicht zählten, keinen Satz mehr hat schreiben können, seit er Ende der dreißiger Jahre die Vollendung von «Der Ring schließt sich» hat aufgeben müssen. Zehn Jahre lang war ihm nichts gelungen, und jetzt lebte er stocktaub in einem Altersheim, ein Greis von sechsundachtzig, seiner Freiheit beraubt, nach zwei Gehirnblutungen stark durch Aphasie behindert, eine Krankheit des Sprachzentrums im Gehirn. Sollte er als Schriftsteller nicht fertig sein?

Ach, aber jetzt nimmt er seinen Hut und seinen Stock. Begibt sich die Treppe vor dem weißgestrichenen Holzhaus mit den senkrechten Planken hinunter. Stapft die Landstraße zum Ronden hinauf, in die freie Landschaft westlich der Stadt. Der Zimmermeister Bakken sieht ihn und stellt seine Taschenuhr. Die neunzehnjährige Nikko knickst verlegen, als er vor ihr den Hut zieht. Der einundzwanzigjährige Dag Haldorsen blickt dem Alten verwundert nach, der singend an ihm vorbei geht. Knut Hamsun bemerkt, daß der Wald viele Wagenspuren zurückerobert hat. Das macht die fehlende Pflege während des Krieges, denkt er. Auf norwegisch heißt das, die Wege sind überwachsen. Ich gehe auf überwachsenen Pfaden, denkt er, und das erinnert ihn an ein paar Zeilen, die er vor einem Menschenalter am Anfang eines kleinen Buches geschrieben hat, das auch mit der Schilderung eines Spätsommertages beginnt:

Wenn ich den überwachsenen Pfad durch den Wald gehe, bebt mein Herz in überirdischer Freude, schrieb er damals. Nun geht er wieder hier. Das ist der Kern der Sache. Die jahrelange Krise ist vorbei, der schlimmste aller Schmerzen hat ihn verlassen. Nun schreibt er wieder genau wie Knut Hamsun.

## 14
### *Genau wie Knut Hamsun*

Es begann einige Tage nach seiner Festnahme. Er saß mit seinen Patiencekarten auf seinem leeren Dreibettzimmer, mußte die Zeit totschlagen, machte ein paar Notizen. Die Krankenschwester, die nicht grüßen wollte, die hochgewachsenen Eichenbäume um das Krankenhaus, nichts. Er merkte wohl, daß der Ton da war, der einzige Ton, den aufzufangen er nie zu taub geworden war, aber er glaubte nicht daran, wußte, wie leicht er wieder verschwand, maß dem keine Bedeutung bei. Er hatte seine Patiencen.

Am nächsten Tag war er wieder da. Er schob die Karten beiseite und notierte wieder ein paar Zeilen in seiner akkuraten Bleistifthandschrift. Ein Roman von Topsöe. Ein Spaziergang den «Hei» vor dem Haus hoch und runter. Meinetwegen! Am dritten Tag wollte er kaum seinen eigenen Ohren glauben. Der Ton war wieder da! Der Besuch eines Polizisten. Eine nahezu unhörbare Pointe über das Fahrrad des Mannes. Lauter Bagatellen und Zufälligkeiten, kein großes und festgefügtes Ganzes wie in den Romanen, wo alles zusammenhängen mußte, sondern nur diese abgerissenen alltäglichen Geschehnisse, Eindrücke, Bruchstücke, Nebensächlichkeiten. Mißlang etwas, dann war es kein Unglück, man konnte es zerreißen und wegwerfen, ohne daß der Zusammenhang darunter litt, es war nur Tagebuch und erste Person Einzahl; damit hatte er sich schon einmal hinübergerettet, das konnte er in den «Wanderbüchern». Hunger. Im Märchenland. Unter Herbststernen. Gedämpftes Saitenspiel. Die letzte Freude. Wann war er mehr Hamsun als hier?

Sollte er es wieder werden? In den folgenden Wochen machte er sich an schwierigere Aufgaben. Situationen. Personen. Wortwechsel. Der Junge, der seine Briefkarte nicht annehmen wollte. Der Polizist, der ihn vor Grefstads Eisenwarenhandel überraschte. Es machte nicht viel her; der alte Geizkragen saß da und sparte an der Sprache wie an seinen Kronenstücken, schaffte das Möglichste mit den wenigsten Worten, und das Wichtigste ganz ohne, fühlte es gelingen und wurde warm, kühn, virtuos, vollbrachte das Unmögliche, wurde genial. Smith-Petersens abgebrannte Villa. Der Besuch eines jungen Mädchens. Jetzt war er nicht länger im Zweifel, niemand brauchte ihm zu erzählen, was das hier wert war, aber er wußte kaum, was es war, und überhaupt nicht, woher es kam. Inspiration, sagte man. Dieses hoffnungslose Wort! Alles war ja gelenkt, beherrscht, unter Kontrolle, kein berauschender Gefühlssturm, höchstens eine kleine Heiterkeit des Gemüts, eine kleine Gewißheit, ein Licht des Gedankens, eine Aufgeräumtheit, ein seliges Ansteigen des Blutdrucks, wie er sich beim Anzünden seiner Morgenpfeife meldete, ein leichter innerer Druck, der ihm in dem Augenblick zur Verfügung stand, wo er den Bleistift aufs Papier setzte, so wie der schwache osmotische Druck in den Pflanzen, der Blätter und Blumen entfaltet hält, eine Saftspannung, die andauerte und mit Sicherheit wieder aufhören und ihn müder zurücklassen würde als vorher und einfältiger, verwelkt und zusammengeknüllt. Aber glücklich.

Etwas Ähnliches hatte er schon einmal erlebt. 1906 war das. Im September 1906. Er war soeben von Bergljot geschieden worden. Gierlöff, der ihn damals bereits kannte, erzählt, wie fertig er gewesen sei, obgleich (oder gerade weil?) er es war, der den Bruch herbeigeführt hatte. Er hatte seiner Frau und seiner Tochter das große Haus bei Dröbak überlassen und war mit einem Handkoffer aufs Land hinaus geflüchtet. Er schrieb:

*Der See lag gestern spiegelblank, und er liegt heute spiegelblank. Wir haben Indian Summer und Wärme auf der Insel – und oh, welche Milde und Wärme! – aber Sonne haben wir nicht.*

*Viele Jahre sind vergangen, seit ich mich in solchem Frieden befunden habe, wohl zwanzig oder dreißig Jahre, vielleicht war es in einem früheren Leben. Aber einmal, glaube ich, muß ich diesen Frieden wohl geschmeckt haben, da ich hier umhergehe und vor mich hin singe und entzückt bin und jeden Stein und jeden Grashalm mag und diese mich auch zu mögen scheinen. Wir kennen uns.*

*Wenn ich auf dem überwachsenen Pfad durch den Wald gehe, bebt mein Herz in überirdischer Freude. Ich entsinne mich an einen Ort an der Ostküste des Kaspischen Meeres, wo ich einmal stand. Da war es so wie hier, und die See war still und schwer und bleigrau wie jetzt. Ich ging durch den Wald, ich wurde zu Tränen gerührt und war entzückt, ich sagte die ganze Zeit über: Gott im Himmel, daß ich wieder hierher kommen sollte!*

*Als wäre ich schon einmal dort gewesen.*

*Sieh, nun bin ich fort vom Lärm und Gedränge der Stadt und von Zeitungen und Menschen, ich bin vor allem geflohen, weil es mich wieder gerufen hat vom Lande und aus der Einsamkeit, woher ich komme. Du wirst sehen, alles wird gutgehen! denke ich und habe die besten Hoffnungen. Ach, ich habe eine solche Flucht schon einmal versucht und bin wieder in die Stadt zurückgekehrt. Und wieder geflohen.*

*Aber jetzt ist es mein fester Vorsatz, meinen Frieden um jeden Preis zu erlangen. Ich habe mich hier vorläufig in einem Zimmer eingemietet, und die alte Gunhild ist meine Wirtin . . .*

Das könnte eine Schilderung seiner Situation vom Sommer 1945 sein. Jetzt war er wieder hier, zum dritten oder vierten oder fünften Male auf den alten Pfaden, auf denen er 1906 gegangen war, und am Kaspischen Meer und in seiner Kindheit. Jedes Wort stimmt: Es war Indian Summer wie damals, er ging umher und sang vor sich hin wie damals, er hatte sein großes Haus verlassen müssen wie damals und versuchte nun, sich bei Fräulein Bomdalen einzulogieren, genauso, wie er sich damals bei Fräulein Gunhild eingemietet hatte. Daß auch er selbst mit sich über den Zusammenhang im reinen war, zeigte sich, als er einen gemeinsamen Titel für seine Notizen finden wollte und den seltenen Ausdruck «Auf überwachsenen Pfaden» wählte. Was er jetzt erlebte, das war ein immer wiederkehrendes Muster in seinem Leben. Während des Krieges hatte er an Cecilia geschrieben, er wolle versuchen, ein Loch zu finden, in dem er sich verkriechen könne, weil er sich auf Nörholm nicht mehr zu Hause fühle. Damals war ihm das nicht gelungen, aber nun hatte er sein Loch. Der Verlust von Nörholm bedeutete gleichzeitig das Verschwinden der Mauer, die im Laufe der Jahre zwischen ihm und seinem Werk emporgewachsen war; der reiche Onkel hatte es endlich so herrlich unmöglich für sich eingerichtet, daß er wieder der arme Onkel wurde. In Landvik befand Hamsun sich ebenso sehr außerhalb, ebenso abseits wie auf Hamaröy und im Orient. Die Wanzen störten ihn nicht, nein, das tat die Kälte in der Sct. Hansgade auch nicht. Es ging ihm so prima, so prima? Er rührte keinen Finger, als er die Möglichkeit hatte, seine Stellung im Prozeß zu verbessern, genauso wie es ihm als jungem Mann einfallen konnte, eine Mahlzeit auszuschlagen, wenn er am allermeisten hungerte. Sein «Prozeß» spielte jetzt die gleiche Rolle wie seinerzeit sein «Hunger», der war viel zu wertvoll, der durfte nicht verdorben werden, nicht fortgeworfen, er war ja sein Alibi, sein Motiv, sein Thema. Da lag die Erklärung. Hamsun konnte wieder schreiben, weil er sich mit dem, was er schrieb, wieder identifizieren konnte. Alles, was sie mit ihm gemacht hatten, hatte ihm nur Vorteile gebracht. Er tauschte gern die 800 Morgen Land von Nörholm gegen die acht schiefen Quadratmeter des Altenheims ein, wenn er dafür gleichzeitig sein Talent zurückbekam. Konnte ihm uberhaupt etwas zustoßen, solange er das hatte, *solange er ausdrücken konnte, was ihm zustieß*? War die Sprache nicht wie der Mantel über der Schulter, der den Flüchtling unverletzbar machte, der Bleistift nicht wie der weiße Stab im Mund, der ihn unsichtbar werden ließ? Jawohl, aber gleichzeitig bedeutete diese Stärke ja eine fürchterliche Schwäche. Sie konnten Nörholm beschlagnahmen, aber nahmen sie ihm sein Talent, dann würde es sein, als hätten sie seinen Lebensnerv getroffen; es wäre nicht der Tod, wohl aber eine Kanüle ins Rückenmark, eine Lähmung unter unsagbaren Schmerzen. Aber war es nicht gerade das, was sie wollten?

«Ich schreibe auch ein wenig, aber das will ich nicht erwähnen, um niemanden zu ärgern», schrieb er kurz nach seiner Ankunft im Altenheim.

Er versuchte einen Scherz daraus zu machen. Das zeigt, wie ernst er es nahm. Zwischen seiner jetzigen Situation und allen seinen früheren Fluchtversuchen bestand ein entscheidender Unterschied: Diesmal war jemand hinter ihm her. Er mußte vorsichtig sein. Er wußte schon, worin in dieser Sache für die Behörden, ja, für alle seine Landsleute, das große Dilemma bestand. Nicht seine Haltung während der Besatzungszeit konnten sie ihm nicht vergeben, nicht das, was in seinen Artikeln stand. Das hatten sie an so vielen anderen Stellen lesen können, und alle wußten wohl, daß seine Worte eher die entgegengesetzte Wirkung gehabt hatten. Nein, das Skandalöse, das Infame, das Nichtverzeihbare lag darin, daß *er* es gewesen war, der diese Dinge geschrieben hatte, er, dem wir den Nobelpreis verliehen hatten, den wir alle geliebt hatten, dessen Bücher in allen Familien standen. Man konnte Knut Hamsun nicht ohne weiteres vor Gericht stellen und ins Gefängnis werfen. Aber wenn man nun beweisen konnte, daß er nicht mehr Knut Hamsun war, ja, es schon seit vielen Jahren nicht mehr war? Auf diese Weise konnte man zwei Fliegen mit einer Klappe schlagen, es erstens möglich machen, das Verbrechen zu verstehen, zweitens, den Verbrecher zu bestrafen. Mit anderen Worten: Das Talent, das mitten im Unglück Hamsuns wiederentdecktes Glück und Zuflucht bildete, war gleichzeitig das größte Hindernis für seine Richter, der entscheidende Stein des Anstoßes, die unerträgliche Provokation. Es mußte weg. «Er war doch einmal ein großer Mann», schrieb der wohlmeinende verantwortliche Polizeibeamte Thomassen und sprach damit das Urteil über ihn. War einmal. Sein Talent war einmal da gewesen, das konnten wir nicht leugnen, denn dann müßten wir uns selbst verleugnen. Aber jetzt mußte es weg. Ihm aberkannt werden, wegoperiert, beschlagnahmt, expropriiert, konfisziert oder wie man so was nun anstellte. Die Kanüle mußte eingeführt, der Nerv gelähmt werden. Die Situation, die Knut Hamsun das Schreiben wieder ermöglichte, war gleichzeitig die Situation, in der die Behörden um jeden Preis bestimmen mußten, daß er nicht schreiben konnte. Damit der Nazi seine gerechte Strafe bekommen konnte, mußte man zuvor den Dichter abschaffen.

Wie machte man das? Die Behandlung des Falles während dieser Wochen zeigt die Ratlosigkeit der Anklagebehörde. Gab es einzelne, die gern Knut Hamsun schonen wollten, so wollten sie alle gern sich selbst schonen, und ein Beamter, der sich selbst schonen möchte, hat zwei Möglichkeiten, er kann die Sache verzögern und er kann auf seine Kollegen verweisen. Der verantwortliche Polizeibeamte Thomassen tat beides, er ließ die Untersuchungshaftfrist um sechs Wochen verlängern mit der fadenscheinigen Begründung, man müsse untersuchen, ob einige von Hamsuns Artikeln im Rundfunk gesendet worden seien. Jetzt schickte er seine Beschuldigung wegen Landesverrats an den Staatsanwalt Falkanger nach Arendal weiter, ganz zufrieden darüber, die unbehagliche Sache loszuwerden. Falkanger hatte den Schwarzen Peter nur eine Woche auf der Hand. Er unternahm nichts in bezug auf Thomassens Vorschlag, man möge Hamsun nach Hause schicken. Am 4. Oktober teilte die *Aftenpost* auf der Titelseite unter der Überschrift SEHR SCHWERE BE-

SCHULDIGUNG GEGEN KNUT HAMSUN mit, daß Falkanger die Unterlagen des Falls erhalten habe und daß Hamsun jetzt im Altenheim von Landvik interniert sei, wo er wohl rechtmäßig hingehöre, gehe man von *seinem senilen Auftreten* während der Besatzungszeit aus, wieder eine Andeutung, die besagte, daß diese schwere Beschuldigung sich nicht gegen den richtigen, den großen Knut Hamsun richtete, sondern nur gegen eine gebrechliche Nachahmung. Falkanger teilte der Zeitung mit, daß er beschlossen habe, die Akten an den Obersten Ankläger weiterzuleiten. Seine Begründung war ein wenig unklar: Teils sei der Fall von großem allgemeinem Interesse, teils gebe es eine Reihe von Fragen in Verbindung mit der Frage der Anklage, zu denen er gern den Obersten Ankläger Stellung nehmen lassen wolle.

Eine Reihe von Fragen in Verbindung mit einer Frage, das klingt nach höherer Jura. Aber nun konnte der Schwarze Peter wohl nicht mehr weitergereicht werden? Vielleicht nicht. Oberster Ankläger war zu diesem Zeitpunkt noch der bekannte Sven Arntzen, der, abgesehen davon, daß er zur Führung der Heimatfront gehört hatte, einer der Hauptverfasser der «Landssvikanordnung» gewesen war – in jenen Tagen war nicht so genau zwischen der gesetzgebenden, der richterlichen und der ausübenden Gewalt zu unterscheiden. Sven Arntzen konnte mit seinem Hintergrund den Hamsunfall unmöglich mild beurteilen, sein Gesetz, das rückwirkende Kraft besaß, enthielt kaum einen Paragraphen, den der Alte nicht übertreten hatte, aber gleichzeitig hatte er ebensowenig Lust wie alle anderen, sich an dieser Nessel die Finger zu verbrennen. Jetzt hatte man bloß nicht mehr viel Zeit für alle möglichen Überlegungen, von den sechs Wochen Haftverlängerung waren bereits zwei vergangen, man mußte einen schnellen Entschluß fassen, und so faßte der Oberste Ankläger Sven Arntzen einen schnellen Entschluß. Am Abend des 4. Oktober, dem gleichen Tag, an dem die *Aftenpost* in ihrer Morgenausgabe von der Weitersendung des Falls an den Obersten Ankläger berichtet hatte, fand sich im Altenheim von Landvik ein Mann ein. Der Fremde bat um eine Unterredung mit Knut Hamsun. Er sei Arzt, sagte er. Er kam mit der Kanüle.

Hier im Altenheim waren die Tage wie immer verlaufen, einer nach dem anderen, einer wie der andere. Hier geschah nichts, und oben in der Kammer mit Schlagseite saß Knut Hamsun und notierte sorgfältig all das Nichts, das geschah. Anderes interessierte ihn nicht. Den Besuch der Polizei und die Vernehmung in Grimstad streifte er nur mit einigen Zeilen, Züchners Protokoll des Gesprächs mit Hitler erwähnte er mit keinem Wort. Gierlöffs Besuch, den Besuch von Cecilia und ihrem Mann, das Schicksal seiner Söhne und seiner Frau erwähnte er mit keinem Wort. Das war nicht nichts. Er lebte wie in einer anderen Welt, seiner alten Welt, in der Einsamkeit, aus der er kam. Er schrieb über seine Spaziergänge auf den überwachsenen Pfaden. Das war nichts. Er schreite kräftig aus auf seinen Spaziergängen, schrieb er. Er wolle sich hinterher nichts vorzuwerfen haben. Er tue es um der Nacht willen, um den Schlaf in die Augen zu kriegen, den er auf diese Weise verdient habe. In seinem Alter sei Schlaf viel besser als Essen, das sei gar kein Vergleich, und viel schwerer zu erlangen, nichts, was man bloß so in den Mund stopfen könne. Deshalb nehme er seinen Stab und laufe. Stab? Ja, das war auch nichts, der sollte einen ganzen Abschnitt haben. Er benutze den Stab nicht weiter, schrieb er, er solle ihn nur begleiten wie ein Hund. Die meisten nannten ihn seinen Stock, einige sogar seinen Spazierstock. «Wünschen der Herr nicht seinen Spazierstock?» sagten sie zu ihm in den alten Tagen in den Luxushotels. Aber er fand das zu fein, deshalb nannte er ihn seinen Stab. Das eine Ende war krumm und das andere trug eine Gummispitze. Leider hatte er ganz unten, wo er sich einmal gespalten hatte, auch eine unschöne Drahtumwicklung bekommen. Ansonsten trug er mehrere nützliche Markierungen in metrischen Maßen, was ihn überall unabhängig machte.

Es war an einem Abend Anfang Oktober. Hamsun saß in seiner Kammer und beschäftigte sich mit seinem Kleinkram. Seine Zigarren waren alle, aber er hatte noch ein paar Dosen mit norwegischem Tabak und rauchte Pfeife. Von zu Hause hatte er ein Paar bessere Schuhe bekommen und aus Dänemark eine dicke Kulturgeschichte. Man hatte ihn auch eine Bibel leihen lassen und ein großes Buch über Neu-Guinea. Es ging ihm gut. Es fehlte ihm an nichts.

Dann stand der Fremde in der Tür. Er sei von der Polizei geschickt worden, sagte er.

«Ich soll Sie untersuchen.»

«Warum das?» fragte Hamsun.

«Die Polizei denkt daran, Sie nach Hause nach Nörholm zu schicken oder so», antwortete der Arzt, wobei der offensichtlich an den Vorschlag des verantwortlichen Polizeibeamten Thomassen dachte.

«Soll ich mich ausziehen?»

«Nein, keineswegs», antwortete er, «machen Sie nur das Hemd ein wenig auf.» Hamsun folgte seiner Aufforderung. Der Arzt hörte ihm Brust und Rücken ab. Die gesamte Untersuchung dauerte nur zehn Minuten.

«Vielleicht ein bißchen hoher Blutdruck», sagte der Arzt, als die Untersuchung überstanden war, und packte seine Sachen zusammen.

«Möchten Sie gern nach Hause?» fragte er zuletzt.

«Ich will, was die Polizei will», antwortete Hamsun, «ich habe jetzt keinen Willen.»

Er maß dieser kleinen Begebenheit keine Bedeutung bei. Der Arzt hatte zweimal von der Möglichkeit gesprochen, daß er nach Hause nach Nörholm kommen könne, und Hamsun wunderte sich nicht darüber, weshalb dazu eine ärztliche Untersuchung nötig sein sollte. Er fand die Polizei unnötig genau, er war ja gesund und rührig, Blutdruck, was war das, davon hatte er noch nie etwas gehört. Ihm fehlte gar nichts, er war nur alt und taub.

Das war am 4. Oktober; am gleichen Tag stellte Staatsanwalt Falkanger in Arendal seinen Anklageerhebungsbeschluß gegen Hamsuns Frau fertig.

Hamsun erwähnte die Anklage gegen Marie nicht, er hatte wohl nicht davon gehört, merkte nicht, wie sich das Netz zusammenzog. Aber zwei Tage später, am 6. Oktober, erhielt er erneut Besuch. J. Bugge Danielsen. Rechtsanwalt. Der Aufsichtsführende über Hamsuns Besitz war allmählich fertig mit der Registrierung, er brauche nur noch ein paar zusätzliche Auskünfte, sagte er und stapelte seine Papiere auf dem schiefen Tisch. Hamsun wiederholte, was er bereits so viele Male gesagt hatte. Keine Schulden. 25 000 Kronen in Bargeld. Das Gut Nörholm. 200 Aktien im norwegischen Gyldendal-Verlag.

«Aber wie steht es mit Ihren Urheberrechten?» fragte der Rechtsanwalt.

Hamsun zuckte die Achseln. Das waren reine Mutmaßungen. Der Anwalt schlug 100 000 Kronen vor.

«Vielleicht sind sie 100 000 Kronen wert, vielleicht nicht einmal 5», sagte Hamsun, «das weiß niemand, ich bin ein toter Mann, aber fragen Sie bei Gyldendal nach, dort sitzen jedenfalls Fachleute.»

Bugge Danielsen strich die 100 000 und schrieb statt dessen 50 000. Hamsun meinte, er habe ihn etwas von Schmucksachen sagen hören. Da er ja keine Ringe trug, steckte er die Hand in die Westentasche und wollte ihm seine Uhr reichen, aber der Rechtsanwalt schüttelte den Kopf, und damit war auch dieser Besuch überstanden.

«Mir schwante Frieden und keine Gefahr», schreibt Hamsun, «eine Woche verging, meine Tochter und meine Schwiegertochter aus Nörholm besuchten mich, ich scherzte und lachte mit ihnen, erzählte Kleinigkeiten aus dem Leben. Meine Verwandten konnten mir erzählen, daß ich nun nach Oslo, in ‹eine ordentliche Pension› sollte. Das hatten sie von einigen Bekannten bei der Polizei. Na, meinetwegen! Ich solle ungefähr vierzehn Tage wegbleiben, habe die Polizei verlauten lassen. Meine Verwandten übergaben mir jeder ein Geldpäckchen, das ich für sie aufheben sollte, bis ich wiederkäme – das pflegten sie immer zu tun, wenn sie ein paar Groschen hatten.»

Das waren Ellinor und Arilds Frau Brit. Sie besuchten Hamsun im Altenheim in Landvik am Sonnabendnachmittag, dem 13. Oktober, sie entsinnen sich beide an diesen Besuch und können, wie Cecilia, von seiner guten Laune berichten; der alte Mann saß auf seinem Stuhl und paffte seinen schlechten norwegischen Tabak, so gesund und munter und heiter wie nur je. Sie hatten Arilds und Brits Sohn Esben mitgebracht. Er wollte nicht fort vom Großvater und brüllte ein bißchen, als sie gingen. Hamsun winkte ihnen von der Treppe aus nach, und Brit fand, er gleiche sich selbst.

Die drei waren die letzten, die ihn so sahen. Im Erholungsheim in Mittjütland entsinnt Ellinor sich viele Jahre später an die Situation.

«Als ich Papa das nächstemal wiedersah, war er nicht wiederzuerkennen», sagt sie und fängt an zu weinen.

Das Gerücht von Hamsuns Verlegung war ganz richtig. Bereits am nächsten Tag, am Sonntagnachmittag, kam ein Polizist und bat ihn mitzukommen, wir lernen ihn bald näher kennen. Ausnahmsweise war es nicht Finn

Christensen. Um lange und anstrengende Erklärungen gegenüber dem Tauben überflüssig zu machen, zeigte der Polizist ihm eine Zugkarte. Es war eine einfache. Es war das Unglück, dafür lösen wir keine Rückfahrkarte. Knut Hamsun sah, daß die Karte für den Nachtzug 21.30 Uhr Arendal–Nelaug–Oslo bestimmt war.

## 15
### *Nachtzug 21.30 Uhr Arendal–Nelaug–Oslo*

Am gleichen Tag, als die Polizei Knut Hamsun aus dem Altenheim von Landvik holte, richtete der Lagerkommandant des DTC *(Disciplinary Training Center)* bei Pisa eine Anfrage an das War Department in Washington.

Was sollte man mit Ezra Pound machen, dem verrückten Dichter, der nun seit über vier Monaten zusammen mit Mördern und Gewalttätern der amerikanischen Armee im Lager eingesperrt saß?

Nach Ezra Pounds Zusammenbruch im «Gorillakäfig» hatte man ihn in ein Zelt der Krankenabteilung des Lagers verlegt, wo die Möblierung aus einem Feldbett und einem Pappkasten bestand, ein großer Fortschritt im Verhältnis zum Käfig, wo er nur eine Decke gehabt hatte. Hier kam er unter ärztliche Behandlung, wurde aber weiterhin streng isoliert hinter einer Einzäunung gehalten. Noch lange danach zeigten die Leute den Pfad vor, den er ins Gras getreten hatte, wenn er Tag für Tag immer in derselben Spur im Kreis ging. Im September hatte er sich so weit erholt, daß er seine Konfutse-Arbeit wieder aufnehmen konnte. In der Feldapotheke stand eine Schreibmaschine, die er am Abend benutzen durfte. Bis weit in die Nacht hinein konnte man das klappernde Geräusch zwischen den Zelten und Eisenkäfigen des Lagers hören, wenn «Uncle Ez» Konfutse aus dem Chinesischen übersetzte. Er fing auch an, Gedichte zu schreiben, erwischte ein paar italienische Schreibhefte und füllte sie mit Entwürfen und Fragmenten, Eindrücken aus seinem Alltag im Lager vermischt mit Bildern aus der Vergangenheit, ganz so wie die Prosastücke, mit denen sich Knut Hamsun gleichzeitig im Altenheim hinüberrettete, und genau wie Hamsuns gehörten diese Bruchstücke zu dem Besten, was Pound je geschrieben hatte. Am Abend ging er hinüber und schrieb die Arbeit des Tages auf der Apothekenschreibmaschine ins reine. Als er das Lager verlassen sollte, mußte er eine schriftliche Erklärung an den Zensor des Lagers darüber abgeben, daß die Gedichte keinen Geheimkode enthielten, so wie er seinerzeit den Faschisten bei Radio Roma hatte versichern müssen, daß seine Vorträge keine verborgenen Spionagemitteilungen enthielten.

Am 16. November erhielt der Lagerkommandant Antwort aus Washington. Ezra Pound *was to be taken on highest priority on regular flight leaving Rome 17 November and arriving US 19 November.* Dann legte man dem Dichter wieder Handschellen an und fuhr ihn im Jeep nach Rom. Bei seiner

Ankunft in Washington notierten die Journalisten, daß er die Arbeitsuniform der amerikanischen Armee, das «Schweißhemd», trug, Drillichhosen, Mantel und Stiefel, das Ganze mehrere Nummern zu groß. In Amerika hatte sein Verleger, James Laughlin, Julien Cornell, einen der renommiertesten Anwälte von New York engagiert, der sich des Falles annehmen sollte, aber es gelang Cornell nicht zu verhindern, daß Pound in das Staatsgefängnis im District of Columbia überführt und dort in eine Einzelzelle gebracht wurde, wo er knapp vier Tage später einen heftigen Rückfall erlitt. Klaustrophobie, sagte der herbeigerufene Gefängnisarzt. Am 4. Dezember wurde er in das Gallinger Krankenhaus in Washington gebracht und von vier Sachverständigen untersucht, die ihn zehn Tage später für «insane» und nicht straffähig erklärten. Pound wurde in das Geisteskrankenhaus St. Elisabeths überführt und dort zusammen mit den schwersten Patienten in Howard Hall untergebracht, der Isolierstation mit Eisengittern vor den Fenstern und Gefängnismauer. Als am 13. Februar 1946 sein Prozeß stattfand, war er in einem derartigen Zustand, daß das Urteil sich von selber ergab: Zwangseinweisung nach St. Elisabeths.

Am gleichen Tag hatte sich auch Knut Hamsuns Schicksal entschieden. Konnte es milder sein? Er hatte nicht wie Ezra Pound einen Verleger, der sich seiner annahm und ihm einen der besten Verteidiger des Landes verschaffte. Er hatte seit seiner Festnahme nichts mehr von Harald Grieg gehört, obgleich Harald Grieg doch von Hamsun gehört hatte, damals, als er in Grini saß, und Hamsuns eigene Anwältin, Sigrid Stray, hatte sich entschuldigt; die einzigen, die sich in diesen Monaten seiner annahmen, waren seine Ankläger, die hatten Zeit. Sein Fall war schnell die Rangleiter emporgeklettert und nun ganz oben beim Obersten Ankläger gelandet, und der hatte nicht gezögert. Erstens hatte man in jenen hektischen Monaten zum Zögern keine Zeit, zweitens meinte Sven Arntzen, daß in diesem Fall auch kein Grund dazu vorläge. Als er Anfang Oktober die Akten des allmählich ziemlich umfangreichen Hamsunfalles erhielt und die Artikel durchblätterte, die der Mann während der Besatzungszeit geschrieben hatte, fühlte er sich genau wie alle anderen in der Auffassung bestätigt, daß hier eine ausreichende Grundlage vorhanden sei, die Zurechnungsfähigkeit des Beschuldigten in Zweifel zu ziehen. Das hier konnte nicht der große Hamsun geschrieben haben.

In solchen Fällen kann die Anklagebehörde verlangen, daß der Beschuldigte auf seine geistige Zurechnungsfähigkeit untersucht, einer «judisiel observasjon» unterzogen wird, wie es in Norwegen heißt. Das war die Art und Weise, in der der Oberste Ankläger das Problem zu lösen gedachte. Knut Hamsun sollte auf seine geistige Zurechnungsfähigkeit untersucht werden, ein diplomierter Psychiater sollte herausfinden, ob einer der größten Menschenkenner der Weltliteratur noch ganz richtig im Kopf sei. Die Methode bot augenfällige Vorteile. Der Schwarze Peter würde weitergereicht werden. Eine Untersuchung von Hamsuns Geisteszustand würde lange dauern und den Zeitpunkt, an dem man die quälende Entscheidung zu treffen hatte, ob er zu bestrafen sei oder nicht, noch weiter hinauszögern. Vielleicht würde die Frage sich unterwegs von selbst lösen; es handelte sich ja schließlich um einen Greis, der nicht mehr endlos leben konnte; starb er aber nicht in der Zwischenzeit, dann bestand eine große Wahrscheinlichkeit dafür, daß die Untersuchung derartige Defekte nachweisen würde, daß damit die Schuldfrage von selbst hinfällig wäre. Der jetzige Hamsun würde nicht freigesprochen werden, wohl aber der frühere und alle seine Bewunderer. Anstelle eines Prozesses und eines Urteils, mit der Weltpresse auf den Zuhörerplätzen, brauchte man der ganzen Angelegenheit dann nur ein Achselzucken zu widmen: Der Mann war schwachsinnig.

Der Oberste Ankläger hatte seinen Beschluß am 4. Oktober getroffen; denn der Bezirksarzt von Arendal fand sich auf seine Veranlassung hin am gleichen Abend im Altenheim ein und unterzog Hamsun einer flüchtigen Untersuchung. Weshalb der Arzt diese Untersuchung damit begründete, die Polizei habe im Sinn, Hamsun nach Hause zu schicken, ist nicht klar. Das hätte man wohl auch ohne vorhergehende ärztliche Untersuchung tun können. Außerdem hatte der Oberste Ankläger ja keineswegs die Absicht, dem Vorschlag des verantwortlichen Polizeibeamten Thomassen aus Arendal zu folgen. Die ärztliche Untersuchung sollte nur ergeben, ob der alte Mann die anstrengende Reise nach Oslo auf sich nehmen konnte, wo die Mentaluntersuchung stattfinden sollte.

Das wußte Hamsun nicht. Er glaubte, der Oberste Ankläger habe beschlossen, ihn auf der Basis der summarischen ärztlichen Untersuchung im Altenheim ins Krankenhaus einzuweisen. Später warf er ihm vor, daß er ihn nicht zu sich bestellt und einen Augenblick mit ihm gesprochen habe oder sich eine ärztliche Erklärung dafür habe geben lassen, daß eine Einweisung ins Krankenhaus notwendig sei. Ersteres stimmt, letzteres nicht. Es ist möglich, daß Sven Arntzen, wenn er sich Zeit zu einem kurzen Gespräch mit Knut Hamsun genommen hätte, den Gedanken an eine Überführung in ein Geisteskrankenhaus hätte aufgeben müssen. Keiner von denen, die in den drei Monaten seit seiner Festnahme mit ihm in Berührung gekommen waren, konnte etwas Anormales in seinem Auftreten vermelden. Er war, wie er selbst sagte, nur alt und taub. Das Anormale bestand darin, daß der sechsundachtzigjährige Mann in diesem Zeitraum und unter diesen Bedingungen ein halbes hundert Seiten mit «Kleinkram» geschrieben hatte, die Beispiele seiner besten Sprachkunst enthielten, aber das wußte niemand, und das hätte Sven Arntzen auch während eines Gesprächs nicht erfahren.

Entscheidend ist jedoch, daß der Oberste Ankläger eine solche Entscheidung natürlich nie seinem persönlichen Ermessen überlassen hätte. Er mußte sich notwendigerweise ein ärztliches Attest beschaffen, und genau das tat er. Am 13. Oktober erbat er sich in einem Vermerk in den Unterlagen des Falls eine Sachverständigenerklärung darüber, ob eine Grundlage dafür bestünde, den Beschuldigten einer «judisiel observasjon» zu unterziehen, aber auch diese Frage ließ sich nur durch eine Krankenhauseinweisung entscheiden. Hamsun mußte also unter allen Umständen ins Geisteskrankenhaus. Oder wie man das nun nennen will. Die Untersuchung sollte in der psychiatrischen Klinik von Oslo stattfinden und vom Chefarzt des Krankenhauses, Professor Dr. med. Gabriel Langfeldt, geleitet werden.

Man hatte nicht mehr viel Zeit. Professor Langfeldts Gutachten mußte auf jeden Fall vor Ablauf der Haftfrist am 3. November vorliegen; man hatte also knapp drei Wochen. Das war der Grund für die mächtige Eile, die sich nun durch alle Instanzen nach unten fortpflanzte. Der Vermerk des Obersten Anklägers stammt wie erwähnt vom 13. Oktober, am gleichen Tag konnte die Tagespresse die Nachricht bringen, und am gleichen Tag unterrichtete die Polizei Hamsuns Angehörige auf Nörholm, so daß sie ihm gleichfalls am gleichen Tag einen Abschiedsbesuch im Altenheim machen konnten. Die Frist war so kurz wie möglich, bereits am nächsten Tag sollte der Transport stattfinden, obgleich es ein Sonntag war und er nur mit dem Nachtzug geschehen konnte.

Hamsun erzählt selbst, daß ihn die Polizei am Sonntagabend geholt habe, ohne ihm etwas über den Zweck der bevorstehenden Reise mitzuteilen. Er erwähnt nicht, daß er auf der Bahnstation die beiden Angehörigen traf, die ihn tags zuvor besucht hatten, und auch nicht, daß Ellinor und Brit von einem jungen Mann in englischer Uniform begleitet waren. Ellinor vergißt das auch. Ist Arendal nur eine abgelegene Station im norwegischen Eisenbahnnetz, so bildete es an diesem Abend doch den Knotenpunkt für noch verschiedene andere Schicksalsfäden als die Knut Hamsuns. Der uniformierte Mann, der sich zusammen mit den beiden Frauen einfand, war ein alter Freund von Nörholm namens Reinholdt. Er hatte sich während des Krieges zu den norwegischen Streitkräften in Schottland gemeldet. Ellinor war noch immer von den Erlebnissen in Deutschland gezeichnet, die so fatale Folgen für ihr ohnehin schon labiles Gemüt zeitigten. Reinholdt hatte einige Tage auf Nörholm gewohnt und mußte nun nach Oslo zurück, mit dem gleichen Zug wie Hamsun. Brit meint heute, sie hätten sogar im selben Abteil gesessen. Dann war er jedenfalls nicht der einzige nahe Bekannte, der Hamsun auf der unheimlichen Nachtfahrt begleitete. Noch ein Schicksal schlang sich an diesem Abend wie ein roter Faden durch Arendals abgelegene Bahnstation. Unmittelbar neben Hamsun saß ein anderer alter Freund, ein Mann, den er gekannt hatte, seit er nach Nörholm zog. Aber ihn erwähnt er auch nicht, und das hatte seine Gründe. Sonntagabend, der 14. Oktober. Der lange *Indian Summer* 1945 war vorbei, man fühlte den Winter sich nähern, laut Wettervorhersage in der *Aftenpost* war es kalt und regnerisch, die jungen Damen auf dem Bahnsteig trippelten sicher vor Kälte hin und her, während sie darauf warteten, winken zu können. Dann erklang endlich die Pfeife, die Lokomotive vermischte ihren Dampf mit dem Oktoberdunst, und Hamsun begann eine Reise, zu der er keine Rückfahrkarte hatte. Später kehrte er mehrmals zu dieser Nacht zurück, sie war für ihn ein Beispiel unnötiger Härte und Brutalität von seiten der Polizei.

«Ich kam in einen überfüllten Eisenbahnwagen», schrieb er, «und wußte weiterhin nichts über den Zweck meiner Reise – bis mir die Polizei auf ganz feine Weise eine Nummer der *Aftenpost* in die Hände spielte, wo stand, daß ich in die psychiatrische Klinik sollte. Geheimniskrämerei auch hier. Als der Zug in Oslo einlief, hatte ich die ganze Nacht zwölf Stunden lang aufgesessen. Und ich war kein junger Mann mehr. Das Schiff hätte sieben Stunden gebraucht und ich hätte liegen können.»

Bei den Ärzten der Anstalt beklagte er sich viele Male über die gleiche Sache. Nach seiner Festnahme habe er wieder ein wenig Atem holen und zum ersten Male seit fünf Jahren eine kleine Arbeit beginnen können, aber dann habe die Polizei ihn aus seiner kleinen Kammer im Altenheim herausgerissen und in einen überfüllten Eisenbahnwagen gestopft, wo er zwölf Stunden lang habe aufsitzen müssen.

Die großen Züge seiner Darstellung lassen sich nicht in Zweifel ziehen. Die Umstände der Reise bewirkten, daß er auf das, was ihn in Oslo erwartete, schlecht vorbereitet war. Nach der langen Nacht ohne Schlaf war er erschöpft, von Anfang an geschwächt. Dennoch ist das Bild, das er liefert, ein wenig verzeichnet, obgleich diese Verzeichnung an anderer Stelle liegt, als man erwarten sollte.

Zunächst wirken die zwölf Stunden übertrieben, da man die gleiche Reise heute in einem Drittel der Zeit zurücklegen kann. Aber hier spricht Hamsun die Wahrheit. 1945 gab es zwischen Arendal und Oslo keine direkte Zugverbindung. Die Reisenden mußten zunächst auf einer Nebenstrecke landeinwärts bis nach Nelaug fahren, wo man auf die Hauptstrecke Kristiansand–Oslo stieß, ein bedeutender Umweg. Die norwegische Staatsbahn gibt die Auskunft, daß am Sonntag, dem 14. Oktober 1945, zwischen Arendal und Oslo zwei Zugverbindungen bestanden hätten. Der erste Zug ging um 11.20 Uhr von Arendal ab und war um 22.30 Uhr in Oslo, wobei man nicht weniger als dreimal umsteigen mußte, in Nelaug, Neslandsvatn und Noragutu. Der zweite Zug fuhr um 21.30 Uhr von Arendal ab und sollte laut Fahrplan am nächsten Morgen um 6.30 Uhr in Oslo sein, da man nur einmal umzusteigen brauchte, nämlich um 23.15 Uhr in Nelaug. Der Zug führte keine Schlafwagen. War das nicht gerade die bequemste Verbindung, so war sie doch mit einer Fahrtzeit von 9 Stunden gegenüber 11 die schnellere. Diese Verbindung benutzte Hamsun. Wenn man zu den neun Stunden die Zeit dazurechnet, die mit der Fahrt von Landvik nach Arendal verging, dann ist es also nicht falsch, daß er bei seiner Ankunft am nächsten Morgen in Oslo «die ganze Nacht zwölf Stunden lang aufgesessen» hatte. Darüber hinaus spricht, wie wir sehen werden, viel dafür, daß der Zug große Verspätung hatte, kein ungewöhnliches Ereignis bei dem überlasteten Transportsystem der Zeit, wodurch die Reisezeit noch weiter verlängert wurde. Hamsuns Angaben zu diesem Punkt sind also korrekt. Es stimmt auch, daß er die gleiche Reise weit leichter mit der direkten Dampfschiffverbindung von Arendal nach Oslo hätte durchführen können. Heute ist diese Schiffslinie stillgelegt, aber damals war sie die normale Verbindung, wenn die Leute aus dem Sörland in die Hauptstadt wollten, so wie in jener denkwürdigen Nacht vom 8. auf den 9. April 1940, als Marie Hamsun in die Stadt fuhr, um Tores Gemäldeausstellung zu sehen.

Laut Fahrplan der Dampfschiffgesellschaft gab es am Sonntag, dem 14. Oktober 1945, eine Verbindung nach Oslo mit Kojen an Bord und einer Fahrtzeit von nur sieben Stunden.

Hamsuns Darstellung ist genau: Von allen Möglichkeiten hatte die Polizei augenscheinlich die Reiseform gewählt, die für einen Mann von sechsundachtzig am anstrengendsten sein mußte. Aber wo liegt denn dann das verzeichnete Bild? Noch einmal ist die Geschichte nicht so naiv, daß sie nur eine einzige Wahrheit zu bieten hat. Hamsun beklagt sich auch über die Demütigung, die darin lag, daß man ihn die lange Reise unter Polizeibewachung machen ließ. Wieder eine korrekte Auskunft, aber wer bewachte ihn eigentlich? Wem galt der letzte der nicht ganz unblutigen Schicksalsfäden, die sich an diesem kalten Sonntagabend auf der Bahnstation von Arendal kreuzten? Könnten wir ihn identifizieren, ihn aufsuchen und mit ihm reden, dann könnten wir die Geschichte vielleicht über eine andere Schulter hinweg betrachten und das Bild der nächtlichen Zugreise vervollständigen, die einen so entscheidenden Einschnitt in Knut Hamsuns Leben bedeutete.

Wir können. Wir kennen seinen Namen, er lebt noch, und wir haben seine Adresse.

Knut Hamsun wurde auf seiner Reise vom Altenheim in Landvik zur psychiatrischen Klinik in Oslo von einem Polizisten aus Grimstad namens Einar Eriksen begleitet. Das ist der in der Storgate in dem weißgestrichenen Haus mit den waagerechten Planken, in einem der letzten Häuser, wenn man der Straße vom Hafen aus folgt, wo der große Ibsen zum Apotheker ausgebildet wurde, und vorbei an Grefstads Eisenwarenhandel auf der einen Seite und dem düsteren Gerichtsgebäude auf der anderen. Es hat keinen Zweck, am Vormittag zu kommen, dann sind die Gardinen vor den Fenstern zugezogen, Eriksen hat eine schwache Gesundheit, er steht erst gegen Mittag auf. Im Jahre 1975 ist er neunundsechzig Jahre alt, von gewöhnlichem Aussehen, nicht groß, aber gedrungen und elastisch, mit schütterem grauem Haar und lebhaften grauen Augen. Er lacht leicht ein wenig, aber als er ein Buch aus dem Regal langt, gerät er so außer Atem, daß er mehrere Minuten im Sessel sitzen muß, um wieder Luft zu kriegen.

«Das ist das Herz, man hat es mir während des Krieges kaputtgemacht», sagt er mit einem heiteren Blick, als sei das etwas zum Lachen.

Eriksen erinnert sich an Hamsun und an die nächtliche Zugfahrt, als sei es gestern gewesen.

«Wir waren ja gute Freunde, Hamsun und ich. Ich kannte ihn seit 1920, als er hierher kam und sich auf Nörholm niederließ. Bevor ich zur Polizei kam, hatte ich ein Uhrmachergeschäft hier in Grimstad, und auf diese Weise lernten wir uns kennen. Hamsun war einer meiner Kunden, er liebte ja Uhren, er hatte so viele Uhren auf Nörholm, und wenn eine davon kaputtging, fuhr ich hin und reparierte sie. Wir unterhielten uns immer gut, wir befanden uns auf der gleichen Wellenlänge, wir duzten uns und begrüßten einander mit Handschlag, wenn wir uns begegneten. Doch, ich hatte wohl gehört, daß er Nazi geworden sei, aber darüber lächelte ich nur, ich wußte ja, daß er ein bißchen eigen war. Viele Leute hier in Grimstad waren furchtbar zornig auf ihn und annoncierten seine gesammelten Werke zum Spottpreis in der Zeitung, aber das konnte ich nicht leiden. Hamsun war kein Halunke. Wenn man fünfunddreißig Jahre bei der Polizei gewesen ist, dann weiß man wohl, wie ein Halunke aussieht!»

Eriksen lacht wieder etwas herzlicher, als sein Herz aushalten kann. Als er wieder Luft holen kann, erzählt er weiter von der Zugreise nach Oslo. Er war der «Bekannte bei der Polizei» gewesen, der Britt und Ellinor auf Nörholm angerufen und sie darauf vorbereitet hatte, daß Hamsun nach Oslo sollte. Er hatte sich eine ganze Woche lang um einen Platz auf dem Schiff bemüht, aber alles war ausverkauft. Hätten sie noch einen oder zwei Tage länger warten können, dann wäre Platz gewesen, aber das Ganze mußte so schnell wie möglich gehen. «Es geht nicht, Hamsun», hatte er gesagt, «wir kriegen kein Schiff.» Statt dessen bestellte er drei Plätze im Zug, er nahm seine Frau mit, um auch etwas von der Reise zu haben. Sie reisten Erster Klasse und nahmen ein Taxi, von Landvik nach Arendal und auch in Oslo. «Niemand war kleinlich, wenn es um Hamsun ging.» Es stimmt, er kaufte auf dem Bahnhof in Arendal die *Aftenpost* für ihn, aber nur, damit er auf der Reise etwas zu lesen haben sollte, nicht, weil darin stand, daß er in die psychiatrische Klinik sollte. Er glaubte, Hamsun sei unterrichtet, er hatte ja tags zuvor in Nörholm angerufen und die Sache mitgeteilt. Er meint, der Zug habe Arendal erst um 24.10 Uhr verlassen, also mit beträchtlicher Verspätung im Verhältnis zum Fahrplan. Im Abteil waren sechs Plätze, alle waren besetzt. Eriksens Frau saß zwischen Hamsun und Eriksen. Er war nicht in Uniform. Seine Frau hatte Butterbrote und Thermoskaffee mitgenommen. Hamsun war guten Mutes, er las in seiner Zeitung und redete mit Eriksens Frau, so gut das wegen seiner Taubheit ging. Eine Zeitlang standen sie zusammen draußen auf dem Gang. Es war kalt im Zug, und während sie fuhren, zog irgendein Passagier die Notbremse, weil er glaubte, es sei die Heizung! (Langes Gelächter!) Dann hielten sie bei Nacht und Nebel mitten auf der Strecke, bis die Zugleute den Zusammenhang aufgeklärt hatten.

«Tut mir leid, Hamsun!» hatte Eriksen gesagt. Aber Hamsun hatte nur die

Achseln gezuckt: «Wer hängen soll, kommt immer noch rechtzeitig!» antwortete er auf dem Gang des Zugs nach Oslo.

Eriksen macht eine lange Pause, sein Gesicht ist weiß nach dieser Anstrengung, er sitzt zusammengesunken in Hemdsärmeln und Hosenträgern in seinem Sessel und kommt wieder zu Kräften, dann fährt er fort:

«Ja, so kamen wir allmählich weiter, wir waren wohl am nächsten Morgen gegen sieben Uhr in Oslo. Es war das einzige Mal, daß ich so etwas mitgemacht habe; ich hatte gesagt, daß ich nichts mit Landesverratssachen zu tun haben wollte. Hamsun war eine Ausnahme. Wir hatten einander so viele Jahre hindurch gekannt, wir waren gute Freunde, und ich war der einzige bei der Polizei, mit dem er reden wollte.»

«Weshalb hat ihn denn dann Finn Christensen verhört und den Rapport geschrieben?»

«Ich war krank geschrieben. Ich ging erst Mitte September wieder zur Arbeit.»

«Was hatten Sie denn?»

Eriksen lacht wieder.

«Nichts weiter. Ich war nur mal eben im Süden gewesen.»

Die Stille im Raum wirkt einen Augenblick lang drückend.

«Wie meinen Sie, im Süden?»

«Muß das auch mit? Das hat nichts mit Hamsun zu tun. Ich gehörte dem Milorg an, wissen Sie, der norwegischen Untergrundbewegung. Gegen Weihnachten 42 wurde ich geschnappt. Wir waren drei in einer Zelle mit nur einem Bett. Ich durfte im Bett liegen, weil sie mich so lange gepeitscht hatten, bis ich nur noch auf dem Bauch liegen konnte (Lachen). Im Frühjahr 43 kam ich dann nach Deutschland. Natzweiler, Dachau, Mauthausen, Melk. In Melk mußten wir einige Hingerichtete in einem Sarg wegschleppen, es gab nur den einen, und allmählich war er ganz voll Blut. Wir kriegten eine Scheibe Brot für jeden, den wir wegschleppten, und ich entsinne mich deutlich, daß wir uns an einem Tag 26 Scheiben teilen konnten. Ich kam mit Bernadottes weißen Rot-Kreuz-Bussen nach Hause, bloß fuhr ich nicht mit dem Bus, sondern in einem der kleinen Lastautos, die für die schlimmsten Fälle eingerichtet worden waren, mit drei Kojen auf jeder Seite und Platz für eine Krankenschwester in der Mitte. Am 7. März fuhren wir über die dänische Grenze, an so ein Datum erinnert man sich ja. In Kolding mußten wir Aufenthalt machen, weil vor uns eine Brücke gesprengt war. Sie trugen mich auf meiner Trage hinaus und stellten mich zwischen die anderen auf den Bürgersteig. Die Leute weinten, als sie uns sahen, wir sahen ja aus wie lebendige Leichen. Einige kamen mit Milch, Tuborg, Zigaretten angelaufen, die Frauen schnitten die Blumen von ihren Topfpflanzen ab und warfen sie auf uns. Am 8. März landete ich in Malmö und wurde ins Krankenhaus gebracht, Wasser in der Lunge, es würde wohl nicht mehr so lange dauern. Als sie mich ungefähr sechs Wochen lang geduldet hatten, packten sie mich in eine Wolldecke und trugen mich auf die Waage. Da wog ich 40 Kilo. Am 29. Juni kam ich nach Grimstad zurück und lag eine Zeitlang hier im Krankenhaus.»

«Das war zur gleichen Zeit, als Hamsun hier in Untersuchungshaft saß.»

«Ja.»

«Haben Sie ihn gesehen?»

«Nein, er wohnte ja drüben im Anbau.»

«Haben Sie ihm bei anderen Gelegenheiten von ihren Erlebnissen erzählt?»

«Ich habe es versucht, aber er war ja so taub.»

Sonntag, der 14. Oktober 1945. Nachtzug 21.30 Uhr Arendal–Nelaug–Oslo. Nein, die Geschichte begnügt sich nicht mit einer einfachen Wahrheit, sie kriegt ihren Willen, sie ist auch doppelgleisig, sie fährt mit uns davon und schüttelt uns ein wenig durcheinander und kriegt ihren Willen. Hier sitzen nun die beiden im selben Abteil, im selben Zug und rattern durch die Nacht, über Brücken und durch Bergtunnel. Es fing damit an, daß sie beide sich für Uhren interessierten. Das hatten sie gemeinsam, das Interesse an Uhren und eine gewisse Heiterkeit im Unglück. Später folgten sie einander auch noch weiter, nur etwas auf Entfernung. Beide unternahmen sie im Frühjahr 43 eine Reise nach Deutschland, der eine fuhr in eine kleine Stadt namens Berchtesgaden, der andere in eine kleine Stadt namens Mauthausen. Sie folgten einander in einer gewissen Entfernung.

Im Juni 45 wurden sie beide in das Krankenhaus nach Grimstad gebracht, der eine in das Haupt-, der andere in das Nebengebäude, immer noch eine gewisse Entfernung, aber geringer, und der frühere Gefangene war nun frei und umgekehrt. Und nun sitzen sie hier, der eine mit seiner Hölle hinter sich, der andere mit der seinen vor sich, sie begleiten einander noch immer, und jetzt beschränkt sich die Entfernung zwischen ihnen auf Frau Eriksen, die den Deckel von der Thermosflasche abschraubt und ihr Butterbrot auspackt, so daß sich ein unverkennbarer Essensgeruch im Abteil ausbreitet, angenehm, solange man noch nicht gegessen hat, ein wenig beklemmend, sobald man satt ist. Der eine von ihnen trank mit Hitler Tee, während der andere gleichzeitig für eine Brotkruste dessen Opfer zu den Krematorienöfen schleppte. Nun sitzen sie hier und kauen die gleiche Dauerwurst. Hatte der eine recht und der andere unrecht? Ach, beide haben sie versucht, beides zu haben, sie wissen schon, daß die Antwort ein wenig davon abhängt, wen und wo und wann man fragt. Hätte der eine an des anderen Stelle anders gehandelt? Auch diese Frage ist schwer zu entscheiden, hier im Nachtzug 21.30 Uhr von Arendal.

Sie standen auf verschiedenen Seiten in einem Krieg, der 40 Millionen Menschenleben kostete, so viele Tote haben sie zwischen sich, und doch ist die Entfernung zwischen ihnen plötzlich sehr klein, Eriksen jedenfalls hat nicht das geringste gegen Hamsun, er meint, sie hätten immer die gleiche Wellenlänge gehabt, er weiß schon, wie ein Halunke aussieht; für ihn ist das eine Frage des Charakters, nicht der Anschauungen. Er sitzt hier in der Ecke des Abteils, seine Uniform hat er zu Hause gelassen, statt dessen hat er seine Frau mitgenommen und ihre Fahrkarte aus eigener Tasche bezahlt. Er hat nichts dagegen, «eine ganze Nacht aufzusitzen», er hat erst neulich andere Transportformen ausprobiert. Er und seine Frau wollten aus dieser Geschichte gern eine Reise nach Oslo machen. Er sieht diese Stadt zum ersten Male nach den Prügeln von den Deutschen wieder, diese Stadt, die sein Mitreisender in der anderen Ecke einmal «diese seltsame Stadt» genannt hat, «die keiner verläßt, ehe er von ihr gezeichnet ist».

Und Hamsun? Denkt er ein wenig an seinen berühmten Satz aus «Hunger»? Glaubte er nicht, daß er von dieser Stadt schon längst genug gezeichnet sei? Vielleicht, aber er besitzt auch ein Interesse an Uhren und eine gewisse Heiterkeit im Unglück. Er hat nichts gegen eine kleine Verspätung unterwegs, wer hängen soll, kommt immer noch rechtzeitig, er ist ein Gefangener auf seinem Karren, und der hat keine Notbremse. Er sitzt in seiner Ecke und schlägt die *Aftenpost* auf. Die erscheint nicht am Sonntag, Eriksen hat ihm die Sonnabendausgabe gekauft, für 20 Öre am Kiosk in Arendal. Er liest von der Krise in Argentinien, die nach dem Rücktritt von Präsident Farrel eine ernsthafte Wendung genommen hat. 90000 Tonnen Lebensmittel liegen ungelöscht im Hafen von London, wo die Streikleiter von Montag ab einen Totalstreik vorhersagen. In Norwegen stehen 40 Hotels mit 3000 Betten für den dänischen Winterverkehr bereit, steht da. 50000 Kinder sollen aus dem hungernden Berlin evakuiert werden. Streiks, Tourismus, Hunger, ach ja, und im Theater von Nyköbing auf Falster in Dänemark stellte der dänische Sprachheilpädagoge Börge Nerdam gestern einen Rekord auf, indem er es schaffte, ohne Pause ununterbrochen zehn Stunden lang zu reden! Die Geschichte fährt auch durch die *Aftenpost*, kriegt im Großen wie im Kleinen ihren Willen. Quer über der ganzen Titelseite, über den Nachrichten aus Argentinien und über Hotelbetten und den Sprachheilpädagogen aus Nyköbing auf Falster liest Hamsun die siebenspaltige Überschrift: DER OBERSTE GERICHTSHOF BESTÄTIGT DAS URTEIL ÜBER QUISLING. Die Zuhörerplätze im Plenarsaal waren bis auf den letzten Platz besetzt gewesen, und viele, die sich eine Eintrittskarte verschafft hatten, mußten enttäuscht wieder umkehren. Diejenigen, denen es gelang, hineinzukommen, wurden jedoch auch enttäuscht: Quisling selbst war nicht anwesend, sein Stuhl stand leer, und das Todesurteil wurde in seiner Abwesenheit verkündet. Dabei hätten wir in diesem Augenblick gern sein Gesicht gesehen. Dafür wurde aber zum ersten Male in der Geschichte des Obersten Gerichtshofes eine Urteilsverkündung vom Rundfunk übertragen. Die beiden Radioleute hatten ihre Apparate auf einem Tisch bei der Schranke angebracht.

Schrieb die *Aftenpost*. Hamsun las die Zeitung nicht fertig, Großes und Kleines. Die Nachricht über ihn selbst gehörte nicht zu den großen. Sie stand auch auf der Titelseite, aber nur als einspaltige Notiz direkt unter der Nachricht von dem dänischen Rederekord in Nyköbing auf Falster. Da stand nur, daß Knut Hamsun heute in die psychiatrische Klinik überführt würde. Aber zum ersten Male erfuhr er selbst, wo er hin sollte. Er warf später der Polizei vor, daß sie ihn nicht direkt unterrichtet habe, aber Eriksen glaubte ja, daß er den Bescheid bekommen habe, Eriksen hatte ja tags zuvor in Nörholm angerufen und erzählt, was geschehen sollte. Hamsun hätte ebensogut Ellinor und Brit Vorwürfe machen können, weil sie nichts gesagt hatten. Sie hatten ja rechtlich Gelegenheit dazu gehabt, sie waren ja am Tag zuvor im Altenheim mit ihm zusammen gewesen und auch bei der Abreise von Arendal am nächsten Abend. Der Zwischenfall sagt nichts über das Auftreten der Polizei, sondern zeigt blitzartig die nahezu totale Isolation, in der Hamsun wegen seiner Taubheit lebte. Das dürfte auch die Erklärung dafür sein, daß er sich über die «Polizeibewachung» beklagt, ohne ein Wort von Eriksens Hintergrund zu erwähnen. Er kannte ihn nicht. Das war die größte Entfernung zwischen den beiden: Ein Trommelfell, das nicht mehr vibrieren konnte.

Der Zug ratterte durch die Dunkelheit nach Norden, die Stunden vergingen, das Essen war gegessen und die Zeitung gelesen, und nun wird die Nacht allmählich auch dem lang, der hängen soll. Das Umsteigen in Nelaug ist schon lange her. Dann hielten sie in Vegaarsheia. Dann standen sie eine Ewigkeit in Neslandsvatn und warteten auf den Anschluß aus Kragerö. Dann stoppten sie in Drangedal und Lunde. Dann warteten sie in Nordagutu auf den Zug aus Porsgrunn und Skien. Dann kamen sie endlich nach Kongsberg, nach Drammen. Einar Eriksen meint, es sei etwas nach sieben Uhr gewesen, als sie endlich in die Stadt einrollten, die niemand ungezeichnet verläßt, aber mit der Anfangsverspätung und den anderen von unterwegs, die er erwähnt, kann der Zeitpunkt nicht stimmen. Hamsun schreibt, er sei zwischen 10 und 11 Uhr vormittags in der psychiatrischen Klinik angekommen, und da die Fahrt mit dem Auto von der Westbahn bis zur Klinik höchstens eine halbe Stunde dauert, muß der Zug erheblich später angekommen sein, wohl gegen 9 Uhr. Die zwölf Stunden des Aufsitzens liegen allmählich an der unteren Grenze der Wahrheit.

An der Westbahn wartete der inzwischen freigelassene Tore, der durch ein Telegramm aus Nörholm von der Ankunft des Vaters unterrichtet worden war. Tore entsinnt sich, der Vater habe ruhig gewirkt und nicht so ausgesehen, als habe er schlechte Laune. Er war von einem Polizisten in Uniform begleitet, aber nicht Eriksen, vermutlich war es ein Beamter aus Oslo, der ihn am Zug erwartet hatte. Ihre Begegnung war nur ganz kurz, da der Vater unmittelbar nach seiner Ankunft zu einem Taxi geführt und in die Klinik gefahren wurde.

Die psychiatrische Klinik von Oslo liegt oben auf dem Vinder, dem großen Höhenzug hinter der Stadt, wo nach dem Krieg die neue Universität erbaut wurde und von wo aus man einen weiten Ausblick über die Stadt und den Fjord hat. Es handelt sich um ein großes, gediegenes Krankenhausgebäude im Stil der zwanziger Jahre aus roten Ziegelsteinen, mit weißgestrichenen, kleinscheibigen Fenstern und zwei beeindruckenden Granitsäulen unter dem Frontispiz des Eingangsportals, das Ganze liegt inmitten einer grünen Park-anlage und strahlt eine Pracht und einen Reichtum aus, die in scharfem Gegensatz zu den armen Menschen stehen, die sich in diesen Mauern bewegen. Der Chefarzt ist nicht mehr derselbe wie zu Hamsuns Zeiten, aber Professor Dr. med. Leo Eitinger, der jetzige Leiter des Krankenhauses, hat sich für Hamsun interessiert, seit er als junger tschechischer Jude seine Bücher zum ersten Male las, auf tschechisch und deutsch. Jawohl, die Wahrheiten der Geschichte. Hamsuns Schilderungen aus Norwegen hatten den Ausschlag gegeben, als Dr. Eitinger sich dieses Land aussuchte, als er 1939 nach dem Einmarsch in die Tschechoslowakei vor den Deutschen fliehen mußte. Heute ist er Ende Fünfzig, mit etwas schütterem Haar, von zarter Gestalt, er spricht mit gedämpfter Stimme, ein Norwegisch ohne Akzent. Ist es schlimm, das, was man während eines Rundgangs mit ihm zu sehen bekommt? Die Station für die elektrische Schockbehandlung, die stummen, verschlossenen Gestalten im Aufenthaltsraum, die Einzelzellen für die besonders schwierigen Patienten, der Saal mit den akuten Fällen? Wenn man von Dr. Eitinger herumgeführt wird, dann ist nichts schlimm. Natürlich wurde er während der Besatzung von den Deutschen geschnappt, war einer von den Millionen, die in Viehwaggons in die Vernichtungslager transportiert wurden, ist nun einer der äußerst wenigen, die lebendig aus Auschwitz entkamen. Er empfängt seinen dänischen Gast freundlich. Es waren die Ärzte im Bispebjerg-Krankenhaus von Kopenhagen, denen es gelang, sein Leben zu retten.

Die Wahrheiten der Geschichte. Das Hauptgebäude nach Süden. Der Eßsaal und die Beobachtungsräume. Die Treppe zum niedriger gelegenen östlichen Seitenflügel, wo Knut Hamsun untergebracht wurde. Der Flügel hat einen selbständigen Eingang, ebenfalls mit Granitportal, doch ohne Säulen. Von hier aus gelangt man durch die Räume, die im Winter 1945 zum Schauplatz so dramatischer Begebenheiten wurden. Zuerst die beiden Empfangsräume, wo die Patienten den Besuch ihrer Angehörigen empfangen konnten. Danach der sogenannte «grüne Saal», ein Schlafsaal mit Platz für ungefähr zehn Betten. Professor Eitinger erzählt, daß zu Hamsuns Zeit der gesamte Flügel als Aufnahmestation fungierte: Die Neueingänge wurden im grünen Saal untergebracht, bis ihre Fälle diagnostiziert waren, woraus folgt, daß sich unter ihnen stark mitgenommene Patienten befinden konnten. Im Gegensatz zu den Patienten im ersten Stock, die nur am Tage beobachtet wurden, befanden sich die hier untergebrachten Patienten rund um die Uhr unter konstanter Beobachtung. Die schlimmsten Fälle wurden in einer der drei Einzelzellen untergebracht, die noch heute direkt vom grünen Saal aus erreichbar sind. Die Zellen sind gerade so groß, daß ein Bett darin stehen kann, und vom grünen Saal waren sie durch eine Doppeltür getrennt. Heute hat man die innere Tür, die ein Guckloch hatte, entfernt. («Jetzt haben wir ja Psychopharmaka», sagt Professor Eitinger mit einem kleinen Achselzucken), aber die

Eisenbeschläge für die überdimensionierten Türangeln und die kräftig gebogene Türfüllung, die ein Sprengen der Tür von innen unmöglich machte, sind noch zu sehen; man hätte ebensogut auch Raubtiere darin unterbringen können. Vom grünen Saal aus hat man außerdem Zugang zum Aufenthaltsraum mit einer Sofagruppe und einem Erker, und von hier aus führen schließlich zwei Türen ins Freie, teils in den Garten, teils zu den Baderäumen am Ende des Flügels. Professor Eitinger, der also im Jahre 1945 nicht hier war, meint im Gegensatz zu Hamsun selbst, daß er in diesem Aufenthaltsraum untergebracht worden sei, in den man zeitweilig ein Bett hineingestellt habe. Diese Behauptung wird auf das bestimmteste von dem Mann zurückgewiesen, der Hamsun selbst behandelt hat und der gleichfalls noch lebt. Professor Langfeldt hat mit einer Skizze der Station die eigenen Auskünfte des Dichters bestätigt. Knut Hamsun wurde in einer der drei mit einer Doppeltür gesicherten Einzelzellen untergebracht.

So sah der Ort aus, an den ihn das Taxi von der Westbahn am Montagvormittag, dem 14. Oktober, zwischen 10 und 11 Uhr brachte. Hamsun hat den Empfang selbst geschildert: Er sei durch drei Türen eingelassen worden, die man hinter ihm sorgfältig verschlossen habe, und ein Schwarm von weißgekleideten Krankenschwestern habe ihn empfangen. Sie verlangten, er solle den Inhalt seiner Taschen abliefern, seine Schlüssel, sein Geld, die Uhr, das Notizbuch, das Federmesser, den Bleistift, ja sogar seine Brille. Die Stationsschwester schrieb auf, daß er 3345 Kronen in Bargeld bei sich habe, davon ca. 150 Kronen in seinem Portemonnaie. Zwei Anstecknadeln an seiner Jacke wurden sorgfältig entfernt, sein Koffer wurde geöffnet und gründlich durchsucht, und schließlich riß man den Bezug vom Koffer ab.

«Die hatten wohl Angst, ich hätte etwas Gefährliches darunter versteckt», schrieb er.

Dann fragten sie nach einem ärztlichen Attest. Sie dachten wohl an den Arzt, der ihn im Altenheim untersucht hatte. Hamsun antwortete, er habe kein ärztliches Attest; die Polizei habe ihn hierher gebracht. Sie müßten doch wissen, daß er festgenommen sei, ein Landesverräter! Die Oberschwester, die sehr freundlich wirkte, fragte ihn, wie er denn bloß in das ganze Unglück hineingeraten sei. Hamsun sagte, darum solle sie sich nicht bekümmern, es bedeute nichts. Aber sie sagte immer wieder, das sei so traurig, und dann antwortete er, daß er das alles später schon noch erklären werde.

Darauf führten sie ihn in den Baderaum. Er sagte, er wolle lieber etwas zu essen. Allmählich war es bereits viele Stunden her, daß er die letzte von Frau Eriksens Dauerwurststullen hinuntergeschlungen hatte; er sei müde und habe Hunger, sagte er, er habe die ganze Nacht im Zug gesessen und noch kein Frühstück bekommen. Die Schwestern schüttelten den Kopf: Erst müsse er baden. Als das überstanden war und er sich wieder anziehen wollte, konnte er seine Schlipsnadel nicht finden, die mit der echten orientalischen Perle. Er kniete sich auf den Fußboden und suchte danach. Er fragte den Pfleger, der Mann wußte nichts, sondern beobachtete den Alten mit wachsendem Mißtrauen, der auf allen vieren auf dem Fußboden herumkroch. Dann wurde Hamsun wütend und brüllte und wurde angewiesen, den Mund zu halten. Er erklärte, daß es eine kostbare Nadel sei, eine echte orientalische Perle, im Unterschied zu den großen Geschmacklosigkeiten, mit denen sich andere zeigten. Ja, ja, er könne viel erzählen, der Pfleger rief eine Krankenschwester, die erzählte, daß man die Nadel zusammen mit seinen anderen Sachen in Verwahrung genommen habe.

Danach konnte er endlich etwas zu essen bekommen. Man setzte ihm ein paar Scheiben Brot vor, er fand sie sehr klein, aber bevor er sie überhaupt aufessen konnte, holte man ihn schon wieder. Taub, wie er war, verstand er nicht, was man von ihm wollte, und bat, man möge es auf ein Stück Papier schreiben.

«Der Arzt», schrieben sie.

Hamsun aß weiter.

«Ich brauche keinen Arzt», sagte er, «ich bin nicht krank.»

Aber er mußte wieder mit, sein verspätetes Frühstück abbrechen und die Treppe zum ersten Stock hochsteigen, wo der Bereitschaftsarzt ihn erwartete. In seinem überspannten Zustand redete er über alles mögliche, klagte darüber, daß er erschöpft sei, man hätte ihn das Schiff nehmen lassen sollen anstatt den Zug. Eine Dame saß an einem Seitentisch und stenographierte alles mit, was er sagte. Der Doktor lauschte geduldig.

«Wenn Sie nicht mit dem Schiff gekommen sind, dann doch sicher, weil es mit dem Zug sehr viel schneller geht», sagte er hilfreich, als spräche er zu einem Kind.

«Ja, er kommt fünf Stunden später an», antwortete Hamsun sarkastisch. Dann fragte er nach dem Namen des Arztes, erfuhr, er heiße Ruud, und sagte wieder, daß er müde sei und schlafen wolle.

Mehr erzählt er nicht. Hier hören die Aufzeichnungen auf, mit denen er sich von Tag zu Tag seit seiner Internierung im Krankenhaus unterhalten hatte, aber wir können den Krankenbericht aufschlagen und lesen, was die Sekretärin mitstenographierte. Dieses erste Gespräch nach der Einweisung in die psychiatrische Klinik ist wichtig: Es zeigt deutlich, daß der Sechsundachtzigjährige nicht allein seine fünf Sinne beisammen hatte, sondern auch, daß er trotz der Erschöpfung nach einer Nacht ohne Schlaf seinen Humor nicht verloren hatte.

Im Bericht heißt es, der Observant sei bei seiner Ankunft ruhig und bei klarem Verstand gewesen. Er sagte, es ginge ihm gut, und im Altenheim von Landvik habe es ihm gefallen, aber «mit der Landwirtschaft» ginge es «verdammt schlecht». Er habe nur noch einen jungen Knecht für die ganze Arbeit und keine Autorität mehr. Er sei in keiner Weise krank, nur stocktaub. Er habe zweimal so ein Blut – er konnte nicht auf das Wort kommen, wurde ärgerlich und schlug auf den Tisch:

«Nun, habe ich ja Aphasie», sagte er.

Der Arzt versuchte ihm zu helfen:

«Meinen Sie ein Blutgerinnsel?»

«Nein, nein. Etwas platzt im Kopf. Man fällt um und wird kindisch.»

«Schlaganfall?»

«Ja, so heißt es wohl.»

«Das Gedächtnis?»

«Ist nicht gut, aber das Datum weiß ich, ich habe einen Kalender, mit dem ich die Tage auseinanderhalten kann.»

Hamsun verstand nicht, weshalb man ihn ins Krankenhaus nach Grimstad gebracht hatte. Man habe wohl nett zu ihm sein wollen, ihm sei wohl sein hohes Alter zugute gekommen.

«Man hat es wohl kaum aus Respekt vor meiner Dichtung getan», fügte er mit einem launigen Lächeln hinzu.

Dann fuhr er fort:

«Aber auf all das gebe ich keinen Deut. Man meint wohl, man könne mich nicht richtig so schlecht behandeln, wie man eigentlich gern möchte. Ich bin ein Landesverräter, sehen Sie. Man wollte noch nicht einmal eine Postkarte für mich in den Briefkasten werfen, deshalb habe ich mich in die Stadt geschlichen und sie selbst eingeworfen, bin aber von der Polizei erwischt worden.»

Der Arzt betrachtete ihn mißtrauisch. Hamsun erklärte näher, er habe sich nicht frei bewegen können. Aber unter den Greisen in Landvik habe er sich frei gefühlt, es sei ihm gutgegangen, und er habe weite Spaziergänge ins Land gemacht. Er brauche die Bewegung, er werde völlig steif, wenn er keine Gelegenheit habe, sich zu bewegen.

«Man hat ja meinen . . .»

Er konnte das Wort nicht finden und fuhr fort:

«Ich mußte ja, ich mußte ja heimlich gehen, aber das ist jetzt besser.»

Der Arzt sah ihn wieder forschend an.

«Wo sind Sie jetzt?» fragte er.

«In der psychiatrischen Klinik. Ich war nur froh, als ich das hörte. Jetzt kriege ich wohl mein Urteil und kann sühnen. Darauf habe ich gewartet. Ich habe ja nicht unbegrenzt Zeit, wissen Sie!»

Hamsun lächelte wieder. Dann fuhr er fort:

«Aber alles ist mir gleich, ich mag nicht daran denken. Ich bin nicht so versessen darauf, mein Leben um ein paar Tage zu verlängern. Sie können akkurat mit mir machen, was sie wollen – alle! Vor Gericht traf ich meinen alten Sorenskriver, und es war richtig gemütlich. Seither ist nichts gewesen. Jetzt warte ich nur darauf, daß der ganze Quatsch ein Ende nimmt. Ich bin ein Landesverräter, verstehen Sie! Ich habe in den letzten fünf Jahren ein paar Artikelschnipsel in der *Aftenpost* und im *Fritt Folk* geschrieben. Aber das war ja genug. Das war nicht so, wie die Londoner Regierung es haben wollte.»

Hamsun unterbrach sich, er sei sehr müde von der Reise, sagte er. Er habe die ganze Nacht aufgesessen und wolle sich am liebsten ausruhen. Er meine, er könne das Ganze besser darstellen, wenn er sich etwas ausgeruht habe, und fragte, ob die Papiere nicht gekommen seien; darin stehe alles erklärt. Hier endete das vorläufige Gespräch. Dr. Ruud schrieb in dem Bericht, der Observant wirke etwas resigniert; man könne mit ihm machen, was man wolle. Er spreche mit lauter Stimme, klar und deutlich aufgrund seiner Taubheit, ab und zu mit einem gewissen Pathos. Er richte seinen Blick selten auf den Arzt, meist dann, wenn er in ein herzliches kleines Lachen ausbreche. Er sei oft geistesabwesend. Er lächelte natürlich. Er spräche von allen, mit denen er zu tun gehabt hätte, etwas herablassend.

Vom Beobachtungsraum im ersten Stock wurde Hamsun daraufhin in den Seitenflügel des Erdgeschosses und in die Einzelzelle hinter dem «grünen Saal» zurückgeführt. Der Stationsbericht vom gleichen Tag ist keineswegs so positiv wie der von Dr. Ruud, man kann im buchstäblichen Sinne den Schock ablesen, der Hamsun erwartete, als er sah, wo er wohnen sollte. Einen Augenblick zuvor war er resigniert gewesen und hatte sich ein wenig Selbstironie, ein kleines Lächeln, ein kleines Lachen erlauben können. Jetzt waren Resignation und Heiterkeit einem ohnmächtigen Zorn gewichen. Der Patient braust leicht auf, steht da. Der Patient flucht. Der Patient kommt mit den Verhältnissen nicht zurecht. Der Patient gerät über die geringsten Kleinigkeiten in Wut.

Der Patient? Die geringsten Kleinigkeiten? In dem Augenblick, als die schwere Doppeltür hinter Knut Hamsun zuglitt und er sich in dem engen Raum befand, in dem man ohne Risiko einen Tiger mit Gehirnentzündung hätte einsperren können, dämmerten ihm die Tatsachen in ihrer ganzen Entsetzlichkeit. Die Tür wurde nicht abgeschlossen, aber sie hatte ein Guckloch, durch das man ihn rund um die Uhr beobachten konnte, ein unerträglicher Gedanke. Beim Verlassen seiner Zelle mußte er jedesmal durch diesen «grünen Saal», in dem sich ein halbes Dutzend mehr oder weniger gequälter Menschen befand. Durch seine Taubheit ist er hier von vielem verschont geblieben, aber er hatte gesehen, was er gesehen hatte. Jetzt kam eine Krankenschwester herein und wollte seine Temperatur messen. Ihm fehlte nichts, aber seine Temperatur mußte gemessen werden. Und nein, der Patient durfte es nicht selber tun, der Patient könnte vielleicht auf den Gedanken verfallen, das Thermometer zu zerbrechen und sich selbst mit den Splittern Schaden zuzufügen. Hatte er nicht aus demselben Grund seine Schlüssel, Münzen, die Schlipsnadel und alles andere abliefern müssen? Hatte man Angst, er könnte die Sachen verschlucken? Als sie ihm sein Essen auf einem Tablett hereinbrachten, war da keine Gabel und kein Messer, nur ein Löffel. Er mußte seine Fischklopse mit dem Löffel essen wie ein Kind. Als er sich am Abend ausgezogen hatte, kamen sie und entfernten seine Sachen, er durfte sie über Nacht nicht bei sich haben. Auch die Brille mußte er abliefern. Er konnte sich die schlaflosen Stunden nicht mit Lesen vertreiben, wie es seine Gewohnheit war, er konnte nur wachliegen und denken und denken. Wie lange kann man einen Menschen an so einem Ort wie einen Patienten behandeln, ohne daß er zum – Patienten wird?

«In der psychiatrischen Klinik», hatte er ganz richtig geantwortet, als der Arzt ihn gefragt hatte, wo er sei. Die Bezeichnung ist seither wegen der sowjetischen Angewohnheit, andersdenkende Dichter an derartige Stätten zu bringen, etwas in Verruf geraten. Diese Bezeichnungen veralten schnell, sie werden durch ihren Inhalt herabgezogen und müssen in regelmäßigen Abständen wieder aufgeputzt werden. Früher nannte man es eine Nervenheilanstalt. Und vor dieser Zeit ein Geisteskrankenhaus. Und vor dieser Zeit ein Irrenhaus. Und vor dieser Zeit? Knut Hamsun hatte wie gewöhnlich das richtige Wort, das älteste. Er lag im Bett und sah auf das Guckloch, wo sich in Abständen ein beobachtendes Auge zeigte. Er war im Tollhaus gelandet.

# 16
## Im Tollhaus

An dieser Stelle bricht Hamsuns eigener Bericht in «Auf überwachsenen Pfaden» ab, um erst viele Monate später wieder aufgenommen zu werden, als alles verändert war und die Geschichte einen Tunnel passiert hatte, länger und dunkler als irgendeiner der Tunnel, die der Zug von Arendal nach Oslo durchfährt. In der psychiatrischen Klinik hatte Hamsun keine Möglichkeit, die Schreibarbeit, die ihn in Grimstad und Landvik aufrechterhalten hatte, fortzusetzen, und seine Hoffnung, diese Lücke mit anderen Notizen ausfüllen zu können, erfüllte sich nicht:

«Meine Tage vergingen damit, daß ich Antworten auf Professor Langfeldts Fragen schrieb, aber da ich keine Zeit hatte, von diesen Antworten eine Abschrift zu machen, und da der Professor sich geweigert hat, mir meine Originale zu leihen, habe ich nichts, womit ich diese Lücke füllen könnte.»

Heute, über dreißig Jahre später, können wir diese Lücke endlich ausfüllen. Hamsuns schriftliche Antworten liegen noch immer in der psychiatrischen Klinik, und man ist noch immer nicht gewillt, sie auszuliefern, aber für den späteren Prozeß wurde eine Abschrift aller Gespräche, Zeugenaussagen, Berichte und klinischen Untersuchungen angefertigt, die laut Professor Eitinger, der beide Teile kennt, praktisch als vollständig zu betrachten ist. Die verschiedenen Unterlagen wurden zu einer «rechtspsychiatrischen Erklärung» zusammengefaßt, die später zusammen mit den übrigen Akten des Falls im norwegischen Reichsarchiv deponiert wurden, und dank einer besonderen Erlaubnis des norwegischen Reichsarchivars, Dagfinn Mannsaaker, vom 11. 4. 75, und einer Erlaubnis von Hamsuns Nachkommen, vertreten durch Tore Hamsun, vom 2. 5. 75, kann dieses Material hier zum erstenmal in seiner Gänze gesichtet werden.

Die «rechtspsychiatrische Erklärung über Knut Hamsun» ist ein maschinenschriftliches Dokument von 81 Seiten mit einer Darstellung der Jugend, der Ehen, der Charakterzüge, der sozialen und politischen Haltung des Beschuldigten. Dazu kommen ausführliche Protokolle der Zeugenvernehmungen von Verwandten und Freunden, die in die Untersuchung eingingen, und schließlich, als Hauptabschnitt des Berichts, die detaillierte Darstellung der Untersuchung von Hamsun selbst. Leider trägt die unschätzbare Quelle sehr deutliche Züge der für das Rechtswesen der damaligen Zeit so kennzeichnenden Pfuscherei, der Bericht enthält praktisch einen Fehler pro Seite. Ungefähr alle Namen sind verkehrt geschrieben, Reiss-Andersen wird zu Reis Andersen, Hegel zu Hagelr, Andreasen zu Andersen, Rauschburg zu Ranschburg, Bismarck zu Bismarch usw., sogar der Name Hamsun wird auf dem Titelblatt verkehrt geschrieben und wird bald zu Hamsen, bald zu Hansun, bald zu Hansum, so daß der gute Gierlöff, dessen Name auch entstellt worden ist, sich mit einem gewissen Recht darüber wundern kann, daß aus Langfeldt nicht Landfett geworden ist. Schlimmer sind die nicht wenigen Stellen, an denen Hamsuns eigene Aussagen verdreht werden, wie wenn er z.B. auf Seite 46 erklärt, daß er nicht verstehe, «weshalb die Polizei mich nicht gleich verurteilt und mich schlafen läßt», wo es richtigerweise natürlich hätte «sühnen» heißen müssen, wie er sich gegenüber Cecilia im Altenheim ausgedrückt hatte. Der Unterschied zwischen diesen beiden Verben besteht im Norwegischen nur in einem Buchstaben: «sühnen» heißt «sone», «schlafen» «sove»! In einer Erklärung, die den geistigen Habitus eines Menschen offenlegen soll, müssen derartige Fehler fatal erscheinen. Schließlich betrifft die Pfuscherei des Berichts auch die Datenangaben. Beispielsweise sind einige der Untersuchungen und Gespräche datiert, andere nicht, während wieder andere ein verkehrtes Datum tragen.

Was diesen letzten Punkt angeht, so kann uns hier jedoch ein kleines Dokument weiterhelfen, das dem Gericht nicht vorgelegt wurde und das nicht im Reichsarchiv von Oslo liegt, ein bisher unbekanntes Manuskript von Knut Hamsuns eigener Hand. Heute kann man enthüllen, daß Knut Hamsun während seines gesamten Aufenthalts in der psychiatrischen Klinik ein geheimes Tagebuch führte, das er bei seiner Entlassung mit hinausschmuggeln konnte. Konnte er schon nicht mit ausführlichen Aufzeichnungen wie im Altenheim arbeiten, weil er sich unter nahezu konstanter Überwachung befand und alles, was er schrieb, abliefern mußte, so gelang es ihm doch, von allen ungesehen, die Geschehnisse der Tage in einer Art Telegrammstil festzuhalten. Das Manuskript, das sich in Privatbesitz befindet, tauchte während der Vorarbeiten zu diesem Buch auf: Um sein Vorhaben vor den neugierigen Blicken zu verbergen, die ihm rund um die Uhr folgten, hat Knut Hamsun sein Tagebuch in dem Debütroman «Manāna» seines Schwiegersohns Hans Andreasen geführt, der im Herbst 45 herauskam und in dem hinten einige leere Seiten wie geschaffen für diesen Zweck erschienen.

Ursprünglich hat Hamsun sich sicher nur einen Kalender machen wollen, weil er, wie er zu Dr. Ruud gesagt hatte, Wert darauf legte, die Tage auseinanderhalten zu können. So nennt er in jeder Notiz sowohl den Wochentag als auch das Datum, und die Reihe ist komplett, angefangen von Mittwoch, dem 24. Oktober, knapp zehn Tage nach seiner Einweisung, bis zu seiner Entlassung ungefähr vier Monate später. Sehr schnell hatte er jedoch das Bedürfnis, die einzelnen Daten mit einem Konzentrat der täglichen Ereignisse zu begleiten, in der Regel nur wenige Worte, in drei oder vier Fällen jedoch ungefähr fünfzig. Von den insgesamt 112 Tagen stehen nur 27 leer.

Dank diesem Manuskript können wir jetzt Knut Hamsun buchstäblich von Tag zu Tag in dieser entscheidenden Phase seines Prozesses folgen, die man bisher vertuscht hat. Vergleicht man diese Daten mit den verschiedenen Datumsangaben in dem umfassenden Material der Klinik, dann ist es zum erstenmal möglich, ein scharfes Licht auf die unheimlichen Geschehnisse zu werfen, die stattfanden, während die Geschichte durch diesen Tunnel fuhr. Die, die da meinen, das Licht falle vielleicht zu scharf, weil die Geschehnisse vielleicht zu unheimlich seien, muß ich auf Knut Hamsuns eigene Worte über diese Zeit in «Auf überwachsenen Pfaden» verweisen, wo er mit leicht drohendem Unterton schreibt: «Das Material liegt vor. Vielleicht kann es einmal untersucht werden.»

Dies sollte jetzt geschehen.

Zunächst handelt es sich darum herauszufinden, ob überhaupt eine Grundlage dafür vorhanden war, Hamsun einer eigentlichen Untersuchung seines Geisteszustands zu unterwerfen. Die Zeit war knapp, die Haftfrist lief am 3. November ab, und bereits am 16. Oktober, dem Tag nach seiner Ankunft, wurde Hamsun zu einem längeren Gespräch mit dem Chefarzt der Anstalt gerufen. Zum erstenmal stand er der Person gegenüber, die in seinem Leben eine so große Rolle spielen sollte. Er schilderte ihn als einen Mann, der noch «jung an Jahren» war, und das war nicht ganz unrichtig, von Hamsuns Standpunkt aus gesehen. Chefarzt Professor Dr. med. Gabriel Langfeldt wurde in dem Winter fünfzig. Er hatte 1926 über die Bedeutung der geschlossenen Drüsen für die *dementia praecox* promoviert und zwei Jahre später in einer Universitätspreisaufgabe eine Goldmedaille für eine Untersuchung des vegetativen Nervensystems bekommen. Er hatte sich frühzeitig auf die Gerichtsmedizin hin orientiert, war Gefängnisarzt in Bergen gewesen, war Vorsitzender der psychiatrischen Gruppe der Gerichtsmediziner und war 1935 an die psychiatrische Klinik gekommen, wo er fünf Jahre später Chefarzt wurde. Dr. Langfeldt war in der norwegischen Öffentlichkeit keine unbekannte Gestalt, er war seit 1941 Mitglied der Akademie der Wissenschaften und hatte während der Besatzungszeit engen Kontakt zu führenden Kreisen der Widerstandsbewegung gehabt. Äußerlich ein hochgewachsener, autoritärer Herr, Kittelaristokrat bis zu den Fingerspitzen, wohl kaum so kalt, wie er wirkte, und nicht unfreundlich, aber unpersönlich, pünktlich, knapp. «Steinhart», sagte Sigrid Stray, die selbst nicht gerade zu den Weichsten gehört. Die Büchelchen, die den populären Teil im Werk des Professors ausmachen, zeigen ihn als einen tüchtigen Fachmann, der keine Vorwürfe wegen all zu phantasievoller Ausführungen riskiert. Diese Bücher beschäftigen sich mit Hamsunschen Themen wie der «Eifersuchtskrankheit» und «Warum wird eine Ehe unglücklich?» (Professor Langfeldt war selbst zum dritten Male verheiratet, als er Hamsun über dessen Ehen ausfragte), aber darüber hinaus gibt es ja keine Ähnlichkeiten. Für Knut Hamsun war Gabriel Langfeldts Menschenkenntnis «eine Regiererei über das lebendige Leben, Vorschriften ohne Intuition und Herz, eine Psychologie in Vierecken und Rubriken, eine ganze Pseudowissenschaft», während Langfeldt selbst ihm als «ein Seminarist» erschien, «der mit all dem theoretischen Wissen, das er sich aus Schulbüchern und gelehrten Werken geholt hatte, zurückgekehrt war, ein Mann, für den die Zeit sechzig Minuten in der Stunde bedeutete, da man der Sache unmöglich näher kommen könnte . . .»

Hamsun fehlte es bekanntlich nicht an Intuition, und als er an dem Dienstagvormittag, dem 16. Oktober, diesem Mann zum ersten Male gegenüberstand, wurde ihm schnell genug klar, was er zu erwarten hatte. Im Stationsbericht des betreffenden Tages steht, daß er die ganze Zeit über zornig und irritabel sei, alles, was er wollte, mußte sofort geschehen, und er kam oft mit anzüglichen Bemerkungen. Dennoch kann kein Zweifel daran bestehen, daß er zu dem Gespräch voller Bereitschaft zur Zusammenarbeit erschien. Er antwortete ausführlich auf die Fragen des Professors, die Sache interessierte ihn höchlichst, es handelte sich ja ausschließlich um Knut Hamsun. Wenn man geneigt gewesen ist, es als nahezu anstößig zu betrachten, daß man diesen Mann überhaupt zum Gegenstand einer psychiatrischen Untersuchung gemacht hat, dann vergißt man, daß Hamsun selbst sich einen ganzen Winter und ein ganzes Frühjahr hindurch völlig freiwillig zu regelmäßigen Gesprächen mit einem Psychiater in Oslo eingefunden hatte. Er hatte nichts gegen eine Untersuchung, nur die Art und Weise und der Mann gingen ihm gegen den Strich. Vom allerersten Augenblick an ging es schief. Langfeldt hatte ihn ohne Vorwarnung holen lassen und verlangt, er solle sofort erscheinen, und Hamsuns erste Bemerkung zu Langfeldt war eine Anzüglichkeit:

«Ich durfte mir noch nicht einmal Hosen anziehen!» sagte er mit seiner gellenden Greisenstimme.

Langfeldt überhörte die Bemerkung und kam direkt zur Sache.

«Hat man Sie wegen Ihrer Gehirnblutung eingewiesen?» fragte er.

«Ja, wegen meiner Aphasie ist mir gestern nicht eingefallen, daß es eine Gehirnblutung war, die ich gehabt habe. Ich habe zwei Gehirnblutungen gehabt, die erste, glaube ich, vor drei oder vier Jahren. Ich saß am Frühstückstisch und kippte um und riß im Fallen Teller und Tassen mit vom Tisch. Ich war völlig verwirrt im Kopf, das äußert sich ja auf die lächerlichste Weise. Ich konnte die Knopflöcher nicht finden, wenn ich etwas zuknöpfen wollte. Ich konnte die Buchstaben nicht finden, die Wörter nicht.»

Langfeldt bat ihn, er möge seinen Namen schreiben, und sah, daß seine rechte Hand so stark zitterte, daß er sie mit der linken stützen mußte.

«Dieses Zittern hat mich vor dreißig Jahren überfallen», sagte Hamsun, «ich habe dicke Bücher mit der Hand geschrieben.»

Langfeldt kommentierte das nicht, sondern kehrte zum Thema zurück. Ihn interessierten die Gehirnblutungen.

«Wann haben Sie den letzten Anfall gehabt?» fragte er.

«Letzten Winter, als ich Brennholz nach oben getragen hatte, kippte ich unten mit ein paar Äxten und anderen Sachen im Schuppen um.»

«Ist das Gedächtnis schlecht?»

«Ja, sehr schlecht. Ich habe ein gutes Gedächtnis für Dinge, die weit zurückliegen, aber nicht für die späteren.»

»Wann sind Sie hierher gekommen?»

«Gestern. Ich habe ein paar Butterbrote bekommen, als ich ankam. Ich finde es nicht richtig, daß man mich auf diese Weise durch das Land zerrt. Ich habe gestern die ganze Nacht durch im Zug aufgesessen, ich hätte mit dem Schiff kommen können. Es bedeutet ja nicht soviel, wenn ich ein bißchen leide, nicht wahr?»

Langfeldt überhörte die Ironie und kehrte zum Thema zurück. «Das Gedächtnis?» fragte er kurz.

«Ich erinnere mich natürlich an die Ereignisse der unmittelbar zurückliegenden Tage», antwortete Hamsun.

«Wieviel ist 11 mal 12?»

«Ach, ich habe nie rechnen können, Herr Professor, einmal habe ich mich um 5000 Kronen zu meinen Ungunsten verrechnet, ein andermal um 1000 Kronen zu meinen Gunsten ... Und dabei habe ich als junger Mann sogar hinterm Ladentisch gestanden.»

Hamsun lächelte, aber Langfeldt kehrte zum Thema zurück.

«Wieviel ist 7 mal 9?»

«63.»

«Woran sind Ihre Eltern gestorben?»

«Das weiß ich nicht. Ich war nicht zu Hause. Alle meine Geschwister sind tot. Ich selber bin alt und kann nicht hören, aber sonst fehlt mir nichts.»

«Sie sind ja für Deutschland gewesen?»

«Das ganze Dasein hier im Land vor fünf Jahren war ja voller Streiks und Arbeitslosigkeit, und dann wurde uns das von Deutschland angeboten. Ich fand das eine sehr gute Art, in der wir uns aus diesem Sodom herausretten konnten. Die Deutschen schafften es, Krieg zu führen, ohne nach mehr Geld zu schielen. Man bot ihnen Kredite an, aber die brauchten sie nicht, sagten sie. Da habe ich die Artikelschnipsel geschrieben. Ich verstehe nichts von Politik, immer hatten andere mich darum gebeten, wenn ich einen von diesen Schnipseln schrieb. Ich hatte keine Ahnung von einem anderen Krieg als dem zwischen Deutschland und Norwegen, der nach einigen Wochen abgeblasen wurde. Meine Frau hielt mich nicht auf dem laufenden, und ich habe nichts gehört. Ich kann schon seit zwanzig bis dreißig Jahren kein Telephongespräch mehr verstehen. In der *Aftenpost* oder im *Fritt Folk* stand keine Silbe darüber, daß England mit Deutschland im Krieg lag.»

Bereits in dieser Antwort tauchen zwei charakteristische Beispiele für die fatalen Flüchtigkeitsfehler des Berichts auf. Gemeint ist natürlich, daß Hamsun keine Ahnung von einem anderen Krieg zwischen Deutschland und Norwegen hatte als von dem, der ganz richtig nach einigen Wochen abgeblasen wurde, so wie es natürlich auch der Krieg zwischen Norwegen und Deutschland war, über den nichts in der Zeitung stand, und nicht der zwischen England und Deutschland. Aber welche Schlüsse über seinen geistigen Habitus hat man nicht aus diesem Blödsinn des Sekretärs ziehen können? Langfeldt fragte ihn nach seiner Meinung über den 9. April. Wieder erwies Hamsun sich als besser unterrichtet als der Professor und antwortete historisch korrekt, daß England auf dem Wege nach Norwegen gewesen sei, um das Land zu überfallen, daß aber die Deutschen den Wettlauf gewonnen hätten.

«Die Engländer hatten doch wohl nur Minen gelegt?» sagte Langfeldt naiv.

«Ach nein, damals verfolgte ich die Sache aufmerksam. Chamberlain sagte, er sei mit der Flotte zu spät gekommen, das stand in der Zeitung. Ich wollte uns daran hindern, Widerstand zu leisten, denn es bestand ja keine Aussicht, daß wir damit etwas ausrichten konnten. Jemand hatte an mich geschrieben, ich bin nicht imstande, mich zu erinnern, wer es war, ich solle eine Art Aufruf drukken, und dann haben sie das unter meinem Namen allein gedruckt. In dem Artikel war es, daß ich gesagt habe, man solle die Gewehre hinwerfen und nicht auf die Deutschen schießen.»

«Haben Sie unter Zwang unterschrieben?»

«Nein, man hatte mich darum gebeten, mein Name wurde von einem anderen Brief daruntergesetzt, aber ich habe es auf mich genommen, aber ich habe dagegen protestiert, aber nicht eigentlich sehr stark, weil ich merkte, daß die auf der gleichen Linie waren wie ich.»

«Kannten Sie die illegalen Zeitungen?»

«In meinem ganzen Haus hatte niemand eine Ahnung, daß es illegale Zeitungen gab. Ich finde, die in London hätten ein Flugblatt abwerfen sollen, auf dem hätte stehen sollen, daß das Landesverrat sei. Ich hätte mich sofort darauf gestürzt! Ich habe immer auf den König gesetzt, ich bin im Grunde ein loyaler Kerl. Aber meine Frau ist nie mit einer Erklärung zu mir gekommen. Sie verkraftete es nicht, weil ich nichts hören konnte.»

Professor Langfeldt notierte sich die Antwort und wurde nachdenklich. Ein langes Schweigen entstand, dann gab er das Zeichen zur Beendigung der Sitzung für diesen Tag.

Als am folgenden Tag, abgesehen von ein paar Bemerkungen während der Visite, kein Gespräch stattfand, war Hamsun fast enttäuscht. Im Stationsbericht vom Vormittag dieses Tages heißt es, der «Patient» sei höflich und nett, werde aber leicht ungeduldig und irritabel, wenn die Dinge nicht nach seinem Kopf gingen. Als der Professor während der Visite mit ihm gesprochen hatte, war Hamsun ein wenig aufgeregt und ärgerlich.

«Ich glaubte, der Herr Professor wollte in seinem Büro mit mir reden, statt dessen kommt er her», sagte er.

Dann brach es aus ihm heraus, als handele es sich um eine Fortsetzung des kurzen Gesprächs, das in dem Bericht nicht referiert ist:

«Nein. 98 Prozent des norwegischen Volkes hassen die Deutschen, weil sie Deutsche sind, und lieben die Engländer, weil sie Engländer sind. Sie können mich einfach erschießen. Sie können mit mir machen, was Sie wollen. Ich habe keine Angst vor einer Verkürzung meines Lebens.»

Tags darauf, am 19. Oktober, erhielt er Besuch von Gierlöff, den er gebeten hatte, ihm ein paar Rasierklingen mit Schlitz zu verschaffen. Es war dem guten Gierlöff gelungen, ein Päckchen der im Jahre 1945 nicht aufzutreibenden Gillette-Klingen zu finden; er erzählt, Hamsun sei zu diesem Zeitpunkt bereit zur Zusammenarbeit und guten Mutes gewesen. Im übrigen hatte Gierlöff selbst Gelegenheit, Langfeldt kennenzulernen und eine Zeugenerklärung abzugeben.

«Ich bin sicher, daß seine vaterländische Gesinnung keinen Verrat kennt, er ist ein durch und durch wahrftiger Mann», sagte er zu Langfeldt.

Gierlöff sagte zu Langfeldt, daß immer Hamsuns Frau, Marie Hamsun, die Aktive gewesen sei. Sie sei es gewesen, die ihren Sohn aufgefordert habe, Frontkämpfer zu werden, Hamsun habe oben von allem isoliert in seinem Zimmer gesessen.

Gabriel Langfeldt notierte sich nachdenklich diese letzten Bemerkungen und gab das Zeichen zur Beendigung des Gesprächs.

Im Stationsbericht vom gleichen Tag fand man die Laune ebenfalls gut. Der Patient komme ab und zu mit kleinen Ausbrüchen, wie «ja, ja» oder «Teufel auch» oder «ha, ha», aber nur, wenn er allein sei. Wenn man mit ihm rede, sei er höflich. Er danke mit ausgestrecktem Arm für die Zigarre, sage aber nichts. Am Tag nach Gierlöffs Besuch war der Bericht weiter positiv, der Patient sei guter Laune, höflich, nett, lese viel. Danach kommt eine längere Pause in den Aufzeichnungen der Station, aber am 22. Oktober war Hamsun zur neurologischen Untersuchung beim Nervenarzt, der Dr. Emblem hieß, wenn der Bericht ausnahmsweise einmal einen Namen richtig geschrieben hat. Dr. Emblem schrieb hinterher einen ausführlichen Bericht.

Die Untersuchung begann damit, daß Hamsun nach seinem Allgemeinzustand befragt wurde. Er sagte, daß ihn seit etwa fünfundzwanzig Jahren das Zittern in den Händen plage und daß es im Laufe der Zeit erheblich schlimmer geworden sei. Seit vielen Jahren habe er seine Bücher mit Bleistift schreiben und die rechte Hand mit der linken stützen müssen. Zucken in den Beinen habe er nicht gehabt. Sein Hörvermögen sei schon seit Jahren geschwächt, er erinnere sich nicht, wann es begonnen habe, glaube aber, es sei ungefähr vierzig Jahre her. Seit über zwanzig Jahren sei er nicht imstande gewesen, ein Theaterstück zu hören.

«Übrigens ist das auch nur Unsinn», fügte er hinzu.

In den letzten Jahren sei ihm immer häufiger schwindlig geworden, es käme in Anfällen, bei denen die Dinge anfingen, sich zu drehen. Aber Erbrechen, Ohrensausen und Übelkeit wie bei der Ménière-Krankheit, wo diese Symptome auf Störungen im Labyrinth des Innenohrs zurückzuführen seien, habe er nicht gehabt. Er leide auch nicht an Kopfschmerzen.

Danach bat ihn der Arzt, sich auszuziehen, und ging zur normalen Untersuchung des Allgemeinzustandes über. Von den *nervi cerebrales* wurde I wie gewöhnlich nicht untersucht. Unter II waren die Pupillen gut abgegrenzt mit physiologischer Exkavation, gewöhnlicher Farbe, keine Prominenz. Die Untersuchung der Sehfelder mißlang aufgrund der schlechten Zusammenarbeit von seiten des Patienten. Unter III, IV und VI fanden sich runde, egale Pupillen mit normalen Reaktionen. Die Beweglichkeit der Augen war normal. Keine Diplopie (Doppelsicht) und keine *Nystagmus* (ruckweise Seitenbewegungen). Unter V keine Kieferndeviasion, und der sensible Teil war intakt. Unter VII (*nervi faciales,* Gesichtsnerven) keine Paresen, die beiden Schlaganfälle, die Hamsun erlitten hatte, hatten also keine Lähmungen um den Mund hinterlassen. Dagegen ergaben die Untersuchungen unter VIII (*nervus acusticus,* Gehörnerv) natürlich sehr negative Resultate: totale Taubheit auf dem rechten Ohr und sehr stark geschwächtes Gehör auf dem linken. Unter XI und XII nur normale Befunde, also egale Reflexe. Die Sprache zeigte leichte Dysarthrie, Hamsun sprach also leicht skandierend. In *caput* und *columna* (Kopf und Wirbelsäule) war nichts zu merken, und was die Motilität anging (die Beweglichkeit der Muskeln), so waren keine Atrophien (Muskelschwund) festzustellen, während die rechte Hand einen moderaten Tremor und die linke einen leichten zeigte, der bei Intensivierung beträchtlich zunahm. Aber Tonus und Tempo waren normal, keine Paresen. Die Sensibilität für die oberflächlichen und die tiefen Qualitäten war intakt. Die Reflexe waren sehr stark, Dr. Emblem machte zwei Kreuze bei den rechten und linken Oberextremitäten, zwei Kreuze bei der rechten und linken Patella (Kniescheibe), ein Kreuz bei rechtem und linkem Achilles und ein Kreuz für die rechte und die linke Seite des Abdomen. Der Plantarreflex (die Fußsohlen) dagegen war nicht normal, was nach zwei Gehirnblutungen auch nicht zu erwarten war. Der Gang war ein wenig steif und holperig (Greisengang), aber der Rombergtest (Tiefensensibilität) war negativ.

Dr. Emblems Konklusion konnte deshalb feststellen, daß die Befunde im großen und ganzen normal seien, abgesehen vom Tremor in den beiden Oberextremitäten, der vermutlich auf senile Involution (Verkalkung) zu-

239

rückzuführen war. Hamsuns sogenannte Schlaganfälle mußten als vaskular (gefäßbedingt) aufgefaßt werden und waren durch zerebrale arteriosklerotische Veränderungen (Gehirnverkalkungen) hervorgerufen. Die somatische Untersuchung ergab nichts speziell Pathologisches, und der Blutdruck hatte während seines bisherigen Aufenthaltes zwischen 170/90 und 190/100 geschwankt.

Mit diesem für einen Sechsundachtzigjährigen verblüffend guten Ergebnis konnte Knut Hamsun sich wieder anziehen und in seine Einzelzelle zurückstolpern. Wenn die *Aftenpost* am nächsten Morgen, dem 23. Oktober, auf ihrer Titelseite schrieb, daß er zur Zeit in Professor Langfeldts Klinik liege und daß man, wenn sich herausstellen sollte, daß sein Verstand in Ordnung sei, beim Schwurgericht Anklage gegen ihn erheben würde, kann man mit dem Wissen über die bis dahin durchgeführten Untersuchungen nichts finden, was einer solchen Entwicklung im Wege stand.

Und jetzt hatte Langfeldt nur noch eine Woche, bis er sich entscheiden mußte, ob eine eigentliche Untersuchung von Hamsuns Geisteszustand vorzunehmen sei oder nicht. Am Tage nach der neurologischen Untersuchung hatte Professor Langfeldt einen Termin mit Hamsuns ältestem Sohn Tore ausgemacht. Der Professor brauchte nicht die gleichen Rücksichten zu nehmen wie der Polizeikonstabler Finn Christensen, als er herumradelte und um Nörholm Zeugen vernahm und sich in jedem einzelnen Fall sicherte, daß diese mit dem Beschuldigten nicht verwandt waren. Was in der normalen Rechtspflege undenkbar wäre, ist bei einer psychiatrischen Untersuchung durchaus möglich. Kinder können über ihre Eltern vernommen werden, Ehegatten über einander.

Professor Langfeldt fragte Tore Hamsun zunächst über die beiden Gehirnblutungen des Vaters aus, und Tore schilderte den Verlauf der beiden Schlaganfälle, ohne etwas Neues hinzuzufügen. Er war ja nicht dabeigewesen. Er habe während der Besatzungszeit seinen Vater nur ein paarmal im Jahr gesehen, sagte er. Er meinte schon, daß der Vater in dieser Zeit vergeßlicher geworden sei. Er sei sich nicht bewußt, etwas falsch gemacht zu haben, aber der Druck habe ihn stark belastet, und er habe sicher während des ganzen Krieges nicht einen frohen Tag gehabt. Er habe sich relativ passiv verhalten, aber die Deutschen seien sehr aggressiv gewesen und hätten seinen Namen in der Propaganda bis zum äußersten ausgenutzt. Er sei immer *monoman* gewesen, sagte Tore mit Betonung auf dem Wort, und mit der Zeit sei es ihm immer schwerer gefallen, eine Sache von zwei Seiten zu sehen. Die großen Dichter und Philosophen hätten immer sehr viel für ihn bedeutet. Er habe auch auf Deutschlands Seite gestanden, als das Land sozialdemokratisch war; er habe sich mit dem deutschen Volk verbunden gefühlt und sich nicht sonderlich für die Systeme und Personen interessiert. Deutschlands Kampf um einen Platz unter den Nationen habe seine Haltung bestimmt. Anfangs habe er Hitler durchaus abweisend gegenübergestanden und sei über die Erschießung von Schleicher empört gewesen. Er habe auch stark auf die Judenverfolgungen reagiert und persönlich einer Reihe von Juden geholfen. Beispielsweise wußte Tore, daß er u. a. direkt an Goebbels geschrieben und einen Juden unterstützt habe. (Es handelte sich um den Schriftsteller Max Tau, dem Tore später nach Schweden geholfen hatte.) Hitler habe ihn nicht beeindruckt, «er sah aus wie ein Schiffer», aber das Fliegen sei immer ein Ereignis für ihn gewesen, und Tore meinte, der Umstand, daß man ihm ein Flugzeug zur Verfügung gestellt habe, hätte stark zu seiner Entscheidung für die Reise beigetragen. Gegen die Engländer habe er reagiert, weil sie «sich selber genug seien». Er sei eine sehr komplizierte Natur, mit starken Sympathien und Antipathien, sehr empfindlich.

Langfeldt ging zu einigen privateren Fragen nach Hamsuns Charakter über. Tore erzählte, daß der Vater immer in vieler Beziehung schwierig gewesen sei. Er sei nervös gewesen und wollte nicht gestört werden. Aber seine Kinder habe er gern gehabt und sei sehr geduldig mit ihnen gewesen, habe sie nie geschlagen, wenn sie etwas angestellt hatten, sondern als Strafe nur einen Zettel auf ihren Tisch gelegt.

Der Chefarzt wunderte sich darüber, daß Hamsun während des Krieges so schlecht unterrichtet gewesen sein konnte. Tore bestätigte, daß er nie illegale Zeitungen erhalten und nie Gelegenheit gehabt habe, Radio London zu hören. Dann stellte Langfeldt Tore Hamsun gleichsam im Vorübergehen eine Frage, die seine Mutter betraf. Hatte seine Mutter den Vater beeinflußt, oder war es umgekehrt gewesen?

Tore antwortete, ohne zu zögern. Hamsuns Haltung habe seine Frau beeinflußt, nicht umgekehrt. Professor Langfeldt schrieb sich die Antwort nachdenklich auf und gab zu erkennen, daß das Gespräch damit beendet sei.

Danach durfte Tore seinem Vater guten Tag sagen. Was sagten die beiden zueinander? Es war Mittwoch, der 24. Oktober, das Datum der ersten Aufzeichnung in Hamsuns geheimem Tagebuch, und merkwürdigerweise eines der Daten, die leer stehen. Vielleicht haben sie es beide am passendsten gefunden zu schweigen. Am gleichen Tag war kurz vor Morgengrauen eine Gewehrsalve über Oslo erklungen, die makaber einer makabren Zeit ein Ende bereitete.

Sie waren um zwei Uhr in der Nacht gekommen und hatten ihn aus der Zelle Nr. 34 in der Möllergate 19 abgeholt. Vidkun Abraham Lauritz Jonssön Quisling war zu diesem Zeitpunkt achtundfünfzig Jahre und achtundneunzig Tage alt. Der große, kräftige Mann hatte während des Prozesses 25 Kilo abgenommen, die Sachen hingen wie ein Sack an ihm. Seit seiner Verhaftung hatte er nur 700 bis 800 Kalorien pro Tag bekommen, ein Drittel seines Minimalbedarfs. Sein Abendbrot hatte aus einem Salzhering bestanden, mit dem man ihn gelegentlich für die Tagespresse photographiert hatte. Nachdem der Oberste Gerichtshof am 13. Oktober seinen Appell abgewiesen hatte, so wie Knut Hamsun es im Nachtzug von Arendal nach Oslo gelesen hatte, war er von Akershus in das Gefängnis in der Möllergate 19 überführt worden, das auch die letzte Adresse für so viele Mitglieder der Widerstandsbewegung gewesen war. Hier erhielt er den Besuch des Bischofs von Tönsberg, Dagfinn Hauge, mit dem er über mathematische und philosophische Fragen reden konnte, und den seiner Frau, der schönen Maria Wasiljewna, die russischer Abstammung war, er war zweiundzwanzig Jahre mit ihr verheiratet gewesen und mußte sie jetzt von einem Selbstmord abbringen. Am 23. Oktober erfuhr er, daß er nicht begnadigt werden würde.

Wie oft hätte er selbst die Vollstreckung eines Todesurteils verhindern können? Wie vielen Gnadengesuchen hatte er selbst die Unterschrift verweigert? Hansteen? Eilifsen? Das Trondheim-Massaker? Die Juden? Die vierzehn jungen Männer, die als Repressalien nach der Liquidierung von Marthinsen erschossen worden waren? Wie oft hatte Terboven damit gedroht, doppelt so viele zu erschießen, wenn Quisling nicht unterschrieb?

Jetzt holten sie ihn. Er nahm Abschied von seinem Gefangenenaufseher.

«Ich hoffe, Ihr neuer Rasierapparat ist jetzt in Ordnung», sagte er. Auf dem Tisch hatte er seine aufgeschlagene Bibel liegenlassen, in der die Worte unterstrichen waren: «Er wird ihre Seele aus dem Trug und Frevel erlösen, und ihr Blut wird teuer geachtet werden vor ihm.»

«Ich bin unschuldig, mein Fall ist nicht ordentlich nachgeprüft worden, ich sterbe als Märtyrer», sagte er in dem Polizeiauto, das ihn von der Möllergate zurück nach Akershus fuhr.

Sein Adjutant Franklin Knudsen erzählte später, daß Quisling eine Stunde auf die Exekution habe warten müssen. Diese Darstellung wurde später von norwegischer Seite indigniert zurückgewiesen, aber von dem dänischen Polizeikommandeur Aage Seidenfaden bestätigt, der der Exekution selbst beiwohnte. Seinen Auskünften nach mußte Quisling sogar zwei Stunden und fünfunddreißig Minuten warten, da die Hinrichtung, die ursprünglich auf den 24. Oktober, 0.05 Uhr festgesetzt war, wegen Seidenfadens verspäteter Ankunft auf 2.40 Uhr verschoben werden mußte.

Aaage Seidenfaden hat die Begebenheit teils in seinen Erinnerungen, teils in einem Bericht an das dänische Justizministerium geschildert. Er sollte der Hinrichtung beiwohnen, weil man der dänischen Polizei entsprechende Hinrichtungen in Dänemark übertragen hatte, «was mir nicht unangenehm war, da wir meiner Meinung nach aus der Besatzungszeit so viel zu rächen hatten». Seidenfaden flog mit einer norwegischen Militärmaschine nach Oslo, aber da die Maschine wegen Nebels nicht in Fornebu landen konnte, mußten sie statt dessen nach Kristiansand fliegen, von wo aus Seidenfaden in einem Jeep nach Oslo gefahren wurde, was zur Folge hatte, daß er Akershus erst zweieinhalb Stunden nachdem die Hinrichtung hätte stattfinden sollen erreichte:

«Sofort nach meiner Ankunft kam ein geschlossener Bereitschaftswagen mit dem Delinquenten, der von vier Polizeibeamten begleitet wurde, die ihn im Gefängnis gefesselt hatten. Quisling wurde aus dem Auto geführt. Er schwankte etwas, war im übrigen aber ruhig. Er wurde sofort die wenigen Schritte zur Hinrichtungsstätte geführt und dort von den gleichen vier Polizisten festgebunden, die ihm ebenfalls die Augen verbanden. Die Hinrichtungsstätte war von zwei auf der Erde liegenden gewöhnlichen Polizeischeinwerfern erleuchtet, die der Bereitschaftsdienst beschafft hatte, sie erleuchteten die Hinrichtungsstätte, ließen aber im übrigen die Umgebung im Dunkeln. Es war sehr dunkel, stürmisch, und es regnete ununterbrochen. Die unter hohen Bäumen liegende Hinrichtungsstätte war von verwelkten Blättern bedeckt. Anwesend waren der Polizeileiter Welhaven, der Chef der Kriminalpolizei Kaltenborn, der Kommandant von Akershus, der Gefängnisdirektor, zwei Geistliche, zwei Ärzte und Quislings Verteidiger. Ohne Kommandoruf marschierte daraufhin das Exekutionskommando herein, stellte sich mit zehn Mann in einer Reihe in einem Abstand von ungefähr acht Metern auf, legte an und feuerte, ohne daß ein Befehl gegeben worden war. Quisling sagte, so weit ich hören konnte, nichts. Ich stand ungefähr zehn Meter entfernt, aber man teilte mir mit, daß er geäußert habe, er sei unschuldig und lasse seine Frau grüßen. Als die Schüsse gefallen waren, sank er sofort zusammen und war offensichtlich tot, da er sich nicht rührte, aber der Offizier des Hinrichtungskommandos trat dennoch zu ihm hin und schoß ihm mit seiner Dienstpistole durch die Schläfe. Daraufhin traten die beiden anwesenden Ärzte hinzu.

Man löste Quislings Fesseln, die Ärzte stellten durch eine schnelle Untersuchung fest, daß acht Kugeln das Herz getroffen hatten, woraufhin er sofort von vier Polizeibeamten in den Sarg gelegt wurde, den man gleichzeitig aus einem angrenzenden Raum geholt hatte, worauf sie den Sarg zu dem gleichen Polizeiauto trugen, mit dem er gekommen war, und sofort mit dem Sarg zum Krematorium fuhren. Die Einschüsse an der Rückwand der Hinrichtungsstätte, die in einem hellen Graugrün gestrichen war, stammten noch von früheren Hinrichtungen und von der hier beschriebenen, was ich von nahem untersuchen konnte. Quislings Hinrichtung bewirkte keine Blutflecken auf den Planken, die die Kugeln durchschlugen, und die Leiche blutete nur sehr schwach, so daß es auf der mit einem Abfluß versehenen Zementunterlage der Hinrichtungsstätte kaum zu sehen war.»

Nach einem kurzen Aufenthalt im Polizeipräsidium von Oslo fuhr Aage Seidenfaden in sein Hotel, wo er gegen vier Uhr morgens ankam.

«Ich kann eigentlich nicht sagen, daß diese Hinrichtung, die erste, die ich erlebt hatte, einen besonders tiefen Eindruck auf mich machte, teils wohl, weil ich darauf vorbereitet war, und teils, weil ich Quisling den Erschießungstod von Herzen gönnte», schreibt er in seinen Erinnerungen.

Redete Tore Hamsun mit seinem Vater über all diese Dinge, als er am gleichen Nachmittag in der psychiatrischen Klinik am anderen Ende der Stadt erschien? Wenn ja, dann kann an ihrer Haltung kein Zweifel bestehen. Sie haben diese Hinrichtung als eine Schande betrachtet. Weit wesentlicher für den

Verlauf der weiteren Geschichte ist jedoch, daß sie in dem Fall nicht die einzigen Menschen an diesem Ort waren, die so dachten. Ihre Auffassung wurde von einem dritten geteilt. Der Chefarzt, Professor Dr. med. Gabriel Langfeldt, meinte das gleiche.

Viele Jahre nach diesen Ereignissen, im Jahre 1969, schrieb Langfeldt ein Buch mit dem Titel «Das Rätsel Vidkun Quisling», in dem er das betreffende Urteil stark kritisierte. Vor seinem Prozeß war Quisling von zwei Chefärzten untersucht worden, die nach nur zehn Tagen zu dem Ergebnis gekommen waren, daß in diesem Fall kein Grund für eine «judisielle observasjon» vorliege.

«Sobald mir durch die Tagespresse der Inhalt des Gutachtens der psychiatrischen Sachverständigen bekannt wurde, reagierte ich persönlich heftig», schreibt Langfeldt.

Für ihn war Quislings Gemütszustand in höchstem Grade zweifelhaft, die tiefen Veränderungen, die sein Charakter während des Krieges durchgemacht hatte, waren nach Langfeldts Meinung als Symptome einer wachsenden paranoischen Geisteskrankheit aufzufassen, und er versuchte dreimal, die Entscheidung seiner Kollegen anzufechten, erst über den Vorsitzenden der rechtsmedizinischen Kommission, Hans Evensen, danach über Quislings Verteidiger, den Anwalt Henrik Bergh, und schließlich gegenüber Chefarzt Johan Scharffenberg. In allen drei Fällen waren seine Proteste jedoch vergeblich, noch nicht einmal Quislings Verteidiger vermochte zu sehen, daß hier möglicherweise ein Zweifelsmoment vorlag, das seinem Klienten zugute kommen sollte. Quisling wurde nicht auf seine Zurechnungsfähigkeit untersucht. In seiner Ursachenerklärung nimmt Langfeldt kein Blatt vor den Mund. Wenn man bei Quisling eine Geisteskrankheit der genannten Art nachgewiesen hätte, dann hätte das Gericht ruhig das gleiche Urteil verkünden können, bloß wäre seine Vollstreckung undenkbar gewesen. Aber, schließt Langfeldt, 1945 verlangte die Volksmeinung, daß Quisling sterben sollte: «Inzwischen haben wir zu der Sache so viel Abstand gewonnen, daß wir mutig und ehrlich genug sein sollten zu erkennen, daß dies das Verfahren beeinflußt hat.»

So war die Stimmung zweifellos im Jahre 1945, haßerfüllt, rachgierig, für salomonische richterliche Entscheidungen wenig geeignet. Der Haß richtete sich natürlich nicht auf einen einzelnen, er traf viele, aber über ihnen allen standen zwei Hauptpersonen, zwei Gestalten dominierten – jede auf ihre Weise – diesen Rechtsstreit, weil ihre Namen in der ganzen Welt bekannt waren. Was Norwegen mit diesen beiden machte, das würde in vielen Ländern bemerkt werden und in die Geschichte eingehen; das war keine Abrechnung, die man innerhalb der eigenen vier Wände austragen konnte, hier trat die Volksmeinung sozusagen auf offener Bühne auf.

Gut. Aber der Mann, dessen Tod durch die Gewehrkugeln am Morgen des 24. Oktober Professor Langfeldt zu seinen unorthodoxen Betrachtungen veranlaßte, war nur der eine dieser beiden. Hier waren die Proteste des Professors vergeblich gewesen. Aber er war nur der eine. Der andere saß zum gleichen Zeitpunkt unten hinter dem «grünen Saal» hinter seiner Doppeltür in Professor Langfeldts eigener Klinik. Hier würden eventuelle Proteste von seiten des Professors keineswegs vergeblich sein, hier brauchte er überhaupt nicht zu protestieren. Untersuchung der geistigen Zurechnungsfähigkeit oder nicht? Geistesgestört oder nicht? Hier bestimmte nicht die Volksmeinung, hier bestimmte nur er selbst.

Oder?

Knut Hamsun war nicht so blutig verhaßt wie Quisling, dafür mischten sich in den Haß auf ihn aber diese Tropfen von Trauer und Enttäuschung, von verratener Liebe, die das Ganze nur noch um so bitterer machten. Aber diese Bitterkeit konnte kein Todesurteil und keine Hinrichtung auslöschen, im Gegenteil, ein solches Urteil würden wir nur als ein Urteil über uns selbst auffassen. Hier lag der entscheidende Unterschied zwischen diesen beiden Hauptpersonen. Das norwegische Volk hatte Quisling nie geliebt, aber Hamsun! Während die Volksmeinung, wie Langfeldt richtig aufzeigt, in Quislings Fall nichts akzeptiert hätte, was seine Verantwortung reduzieren konnte, beispielsweise eine Untersuchung seines Geisteszustandes, die ergeben hätte, daß er während des Krieges verrückt geworden sei, so wollte die gleiche Volksmeinung im Fall Hamsun mit der größten Entschiedenheit ein entschuldigendes Moment, z. B. eine Untersuchung seines Geisteszustandes, die zeigen konnte, daß er während des Krieges verrückt geworden war. Das wäre ja gleichzeitig ein Freispruch für den von uns so geliebten Hamsun und damit ein Freispruch für uns selbst. Haben wir auch hier genügend Abstand zu den Dingen gewonnen? Können wir ehrlich sein und erkennen, daß auch dies den Verlauf der Sache beeinflußt hat? Handelte Professor Langfeldt unbewußt in der gleichen Weise unter dem Druck der Volksmeinung, wie die Richter es seiner Meinung nach im Prozeß gegen Quisling getan hatten? Am 24. Oktober blieb ihm noch knapp eine Woche. Dann mußte er die Frage des Obersten Anklägers beantworten, ob Hamsun auf seinen Geisteszustand hin zu untersuchen sei oder nicht. Vorläufig gab es, um die Wahrheit zu sagen, nicht sehr viele Anhaltspunkte, die eine solche Untersuchung motivieren konnten. Die neurologischen Tests hatten Ergebnisse erbracht, mit denen weit jüngere Männer zufrieden gewesen wären. Die Gespräche mit Tore und Gierlöff hatten keine bedenklichen Momente an den Tag gebracht. Natürlich waren da die beiden Gehirnblutungen, aber Hamsuns eigene Antworten waren (abgesehen von einigen Unklarheiten, die zweifellos auf seine Hörschwierigkeiten zurückzuführen waren) logisch, klar, oft geistreich und amüsant gewesen. Doch im Fragebogen des Professors waren noch immer einige Spalten leer – Minderwertigkeitskomplexe? Angsterlebnisse? Aggressionen? Frustrationen? Zwei Tage später, am 26. Oktober, rief er deshalb Hamsun zu einem neuen Gespräch zu sich, und wieder kennen wir dessen Wortlaut. Diesmal ließ Langfeldt die politischen Themen liegen und brachte das Gespräch von Anfang an auf rein persönliche Angelegenheiten, indem er ihm als erstes die Frage stellte, ob es Hamsun nie gestört habe, daß er Brillenträger sei.

Hamsun wußte offenbar sofort, worauf er hinauswollte. Er antwortete, daß er wegen seiner Kurzsichtigkeit schon immer habe eine Brille tragen müssen, daß ihn das aber nie gestört habe. Als dreißigjähriger Straßenbauarbeiter auf Toten habe er eine Brille mit grauen Gläsern getragen, um seine Augen vor Steinsplittern zu schützen. Das habe ihn auch nicht gestört, sagte er.

Der Professor hörte die Pointe offenbar nicht. Aber wenn eins nichts brachte, dann vielleicht das andere, und also fragte er, ob es Hamsun nie gestört habe, daß er schwerhörig sei. Hamsun antwortete, daß er mit dieser Schwerhörigkeit nun schon über vierzig Jahre gelebt habe, daran sei nichts Besonderes, seine Eltern seien beide sehr schwerhörig gewesen. Das brachte Langfeldts Gedanken offenbar auf das Thema der Mutterbindung, Vaterbindung, und er fragte nach den Verhältnissen in Hamsuns Elternhaus. Aber auch hier biß der Fisch nicht an. Hamsun antwortete, die Verhältnisse in seinem Elternhaus seien so gewesen wie in den meisten Bauernfamilien. Er habe zu keinem der beiden Elternteile eine sonderlich enge Beziehung gehabt. Der Vater sei sehr lieb gewesen, aber der Onkel, Hans Olsen, schrecklich.

«Ich habe immer noch Narben an den Stellen, wo er mich gekniffen hat», sagte er, «ich hatte Angst vor ihm und schlich jahrelang auf Zehenspitzen umher.»

Wieder schien Langfeldt die Ironie zu überhören. Jetzt brachten Hamsuns Worte ihn direkt zu den Spalten Halluzinationen und Suggestibilität.

«Haben Sie jemals am hellichten Tag Gespenster gesehen»? fragte er ernst.

Augenscheinlich genoß Hamsun die Situation immer mehr.

«Ja», antwortete er sofort, «als Junge habe ich meinen Großvater gesehen, er hatte einen langen Bart wie P. Chr. Asbjörnsen, er war Hans Olens Vater, er war lieb, und die Kinder scharten sich um ihn. Ich lag in meinem Bett, als ich ihn auf mich zukommen sah. Ich wußte freilich, daß er damals gar nicht da war, aber ich bekam keine Angst, er war ja mein Großvater. In das Zimmer führte ein Ofenrohr, ich weiß nicht, ob er durch dieses Ofenrohr wieder verschwand.»

«Wie alt waren Sie damals?» fragte Langfeldt ernst.

«Ungefähr sechs», antwortete Hamsun im gleichen Tonfall. Langfeldt fragte, ob Hamsun andere Erlebnisse der Art gehabt habe, aber das konnte Hamsun verneinen. Er habe eine lebhafte Phantasie gehabt, aber nichts Mysteriöses gesehen oder gehört. Die fast fünf Jahre bei seinem Onkel seien eine harte Zeit gewesen, aber sonst sei er in seiner Kindheit von niemandem anders schlecht behandelt worden.

«Wie war das Verhältnis zwischen Ihnen und Ihren Geschwistern?»

«Wie bei den meisten Bauern. Man zeigt seine Zuneigung nicht, dessen schämt man sich unter Bauern.»

Kein Fisch. Hamsun konnte sich nicht daran erinnern, von den anderen zum Besten gehalten worden zu sein. Im Gegenteil, er sei wohl etwas schlauer gewesen als sie, nein, er habe nie unter Minderwertigkeitsgefühlen gelitten.

«Man hat mich gern gefeiert, aber ich war bei solchen Gelegenheiten immer der erste, der nicht erschien. Ich halte mich am liebsten im Hintergrund.»

«Waren Sie stolz, arrogant?«

Das meinte er nicht. Es hätte ihn sehr belastet, wenn man hätte sagen können, er sei aufdringlich. Er habe sich seinen Kameraden gegenüber nicht unterlegen gefühlt, sondern meinte, daß er ihnen in manchem voraus gewesen sei. Unverträglichkeit möge er nicht, aber er räume ein, daß seine Feder ab und zu vielleicht ein wenig aggressiv gewesen sei.

«Hitler?»

«Ein großspuriger Kerl, er sagte immer nur *ich*. Goebbels wirkte wie eine Persönlichkeit, er war so fein. Hitler wirkte wie ein Malergeselle.»

Schluß für diesmal. Letzteres hatte Langfeldt schon einmal gehört. Was Hamsun bei Hitler gewollt hatte, danach fragte er nicht.

Hamsun selbst erwähnt das Gespräch in seinem heimlichen Tagebuch nicht. Da steht nur, daß er an dem Tag zum zweitenmal gebadet hat. Aber beides muß ihn in gute Laune versetzt haben, denn der Stationsbericht des betreffenden Tages ist außergewöhnlich positiv. Gleichzeitig zeigt er aber auch, wie sorgfältig man Hamsun überwachte:

Es scheint, daß der Patient sich hier allmählich zurechtfindet, steht da. Meistens sitzt er in einer Ecke und liest, aber er redet auch ziemlich viel mit den anderen Patienten. Nach dem Zubettgehen gestern abend führte er Selbstgespräche. Er sprach davon, daß er zu zählebig sei. Mehrere Male rief er aus: Könnte ich doch nur eine Antwort auf die Frage bekommen – *ich weiß ja, daß er Gebete hört.*

Der alte Mann hatte Fragen, auf die er gern eine Antwort gehabt hätte, genau wie der sechsunddreißig Jahre jüngere Chefarzt, aber es waren nicht die gleichen Fragen.

Und vorläufig war es Langfeldt, der fragte. Das nächste Gespräch fand drei Tage später statt, nämlich während der Visite auf Hamsuns Zimmer, und war ganz kurz. Langfeldt notierte sich jetzt, daß Hamsun seinen Humor nicht verloren habe und relativ guter Laune sei. Er lese ein Buch von Andersen mit dem Titel «Mañana» und habe eine ganze Woche darauf verwendet, schreibt der Professor. Er hat sich den korrekten Namen des Autors nicht entdecken können und natürlich schon gar nicht sehen können, was Hamsun auf die letzten Seiten des Buches geschrieben hatte.

Langfeldt hatte das Brillen-Thema von neulich noch nicht erschöpft. Sein Fragebogen enthielt noch eine Spalte für Überkompensation.

«Seit Ihrer Zeit in Hardanger sollen Sie ja Goldlorgnetten tragen?» sagte er.

Hamsun protestierte heftig. Das habe man auch behauptet, als er in den USA gewesen sei. Aber er habe nie eine Goldlorgnette besessen, er habe überhaupt nie etwas aus Gold gehabt.

Ausgenommen eine Taschenuhr, fügte er hinzu. «Warum?» fragte Langfeldt mißtrauisch.

Hamsun sah ihn mit einem schnellen Augenzwinkern an. Der Professor war geradewegs in die Falle gelaufen.

«Weil sie sich leichter versetzen ließ», sagte er.

Die Krankenschwestern erzählten dem Arzt, daß sie einen Mann auf die Station bekommen hätten, der vor zwölf oder fünfzehn Jahren für Hamsun auf Nörholm gearbeitet habe, aber Hamsun habe ihn nicht wiedererkennen können. Während er anfangs ein wenig mißvergnügt gewesen sei und gebrummt habe, wirke er in den letzten Tagen sanfter und zufriedener. Er klopfe den Pflegern auf die Schulter und scheine dankbar zu sein. Ab und zu sitze er im Rauchzimmer und rede ein wenig mit den anderen, aber meistenteils halte er sich in seinem eigenen Raum auf. Er sitze viel im Sessel und schlafe – bis zu mehreren Stunden am Tag.

Langfeldt schrieb sich letzteres auf, und damit war dieser Teil der Visite beendet. Auch bei dieser Gelegenheit erwähnte Hamsun ihr Gespräch in seinem Tagebuch nicht. Heute sei er zwei Wochen hier, schrieb er und fügte lakonisch hinzu:

«Ein Patient entlassen, schlimmer als vorher, aber froh.» Am nächsten Tag notierte er die beiden Ausdrücke «herumschnüffeln, befingern». Die Worte tauchen in der Schilderung wieder auf, die er später von seinem Aufenthalt in «Auf überwachsenen Pfaden» gab («eine Atmosphäre heimlicher Schnüffelei, man befingerte meine Papiere und Bücher unter dem Vorwand, sie aufräumen zu wollen»); die strenge Überwachung ging ihm bereits zu dem Zeitpunkt auf die Nerven.

Das war am 30. Oktober. Jetzt waren es bis zum Ablauf der Haftfrist nur noch vier Tage. Hatte Professor Langfeldt genug? Konnte er dem Obersten Ankläger mitteilen, daß das vorliegende Material eine angemessene Grundlage dafür biete, Hamsun auf seine Zurechnungsfähigkeit zu untersuchen? Nein, das konnte er wohl nicht, aber es war noch Zeit für ein weiteres Gespräch, das am 31. Oktober stattfand und wie das letzte auf Hamsuns Zimmer vor sich ging.

Diesmal ließ Professor Langfeldt die persönliche Seite der Sache beiseite und hielt sich ausschließlich an die politische. Er hatte einige Zeitungsausschnitte von Hamsuns Artikeln mitgebracht, legte sie ihm im Laufe des Gesprächs vor und fragte ihn, ob er sich dazu bekenne. Das hatte nun im engeren Sinne nicht sehr viel mit psychologischer Analyse zu tun, aber dafür waren es harte, handfeste Tatsachen, um die Hamsun sich nicht so leicht mit Humor und Ironie herumdrücken konnte.

Professor Langfeldt kam wie gewöhnlich sofort zu Sache.

«Was halten Sie eigentlich vom Nationalsozialismus?» fragte er.

Hamsun antwortete, er habe es fein gefunden, daß die Deutschen fünf Jahre lang Krieg hätten führen können, ohne einen Pfennig Kredit aufzunehmen. Er sei von der in Deutschland herrschenden Disziplin begeistert gewesen, so was wie der augenblickliche Hafenarbeiterstreik in London sei in Deutschland undenkbar.

«Waren Sie nicht gegen die geistige Unterdrückung?» fragte Langfeldt.

Hamsun antwortete, daß es seines Wissens eine solche Unterdrückung in Deutschland nicht gegeben habe, fügte aber gleichzeitig hinzu, daß er nie eine Silbe zugunsten des Hitlerismus geschrieben habe. Als Langfeldt die Pressezensur in Deutschland erwähnte und ihn fragte, ob das freie Wort seiner Meinung nach nicht ein großer Vorteil sei, antwortete er, das wisse er nicht. Langfeldt hatte fast den Eindruck, daß nach Hamsuns Auffassung nirgendwo in der Welt Redefreiheit herrsche. Aber im Verlauf des Gesprächs schienen seine Gegenvorstellungen allmählich Gestalt anzunehmen. Er sagte, daß er vielleicht doch etwas über den zunehmenden Zwang in Deutschland geschrieben hätte, aber dann sei ja der Krieg gekommen. So langsam sei ihm der Verdacht gekommen, daß die Deutschen vielleicht die Absicht haben könnten, Europa ebenso brutal zu beherrschen wie es die Engländer versucht hätten.

«Letztlich war es vielleicht am besten, daß dem Regime der Deutschen ein Ende bereitet wurde», sagte er zuletzt.

An dieser Stelle zog Langfeldt die Ausschnitte hervor und zeigte sie ihm. Hamsun sah sie der Reihe nach durch und nickte.

«Ja», sagte er, «das habe ich geschrieben.»

Er habe einzig und allein beabsichtigt, die Jugend vor einem Kampf gegen eine solche Übermacht wie die der Deutschen zu warnen. Langfeldt fragte ihn direkt, ob er etwas unternommen habe, um den zum Tode Verurteilten zu helfen. Zuerst wollte Hamsun nicht antworten, dann sagte er widerstrebend, daß er sich oft mit Bitten um Begnadigung an Terboven gewandt habe. Er schätze, daß in Terbovens Archiv mindestens hundert Gesuche von ihm lägen, aber es habe nichts geholfen, und zum Schluß habe man ihn satt gehabt. Auch als seinerzeit die Studenten deportiert werden sollten, habe er das zu verhindert versucht, aber auch das habe nicht geholfen. Er habe sich mehrere Male an Hitler gewandt, aber die telegraphische Antwort erhalten, daß Hitler die Unterlagen gelesen habe und daß eine Begnadigung nicht in Frage kommen könne. Er habe das bisher nicht erwähnen wollen und habe auf diesbezügliche Fragen von seiten der Polizei auch nicht geantwortet, sagte er zuletzt.

«Warum nicht?» fragte Langfeldt.

«Man würde es nur als Prahlerei betrachten, und von Prahlerei kann ich nicht leben», antwortete Hamsun.

Langfeldt kam auf die Zustände in Deutschland zurück, und Hamsun betonte kräftig, daß er nicht *geahnt* habe, daß die Deutschen gewisse Bücher verboten hatten.

«Die haben doch alle möglichen Bücher herausgegeben», sagte er.

Als Langfeldt die Judenverfolgungen erwähnte, distanzierte er sich laut Bericht «mit einem gewissen Vorbehalt» davon. Von den Gaskammern habe er erst in den allerletzten Monaten gehört. «Das klingt ein wenig apokryphisch», sagte er zweifelnd, fügte dann aber hinzu: «Es mag schon sein, daß man mich hinters Licht geführt hat, aber das ist nun nicht mehr zu ändern.» Das war diesmal die letzte Antwort; am Tage darauf, dem 1. November, schrieb Professor Langfeldt an den Obersten Ankläger. Jetzt war er zu einem Ergebnis gelangt. Er teilte mit, daß er mit dem Beschuldigten, dem Freund des Beschuldigten, Christian Gierlöff, und dem Sohn des Beschuldigten, Tore Hamsun, eine Reihe von Gesprächen geführt habe. Außerdem habe man den Beschuldigten einer Reihe von psychologischen und somatischen Untersuchungen unterzogen. Daraus sei hervorgegangen, daß der Beschuldigte seit Jahren an Arterienverkalkung leide, was u. a. durch zwei Gehirnblutungen und durch eine zunehmende Schwächung des Gedächtnisses zum Ausdruck gekommen sei. Außerdem sei er sehr schwerhörig. Aufgrund dieser Schwächung sei er sehr leicht beeinflußbar gewesen, und wahrscheinlich sei sie daran schuld, daß man ihn propagandamäßig in dem Maße ausgenutzt habe. Zur Zeit wirke der Beschuldigte ziemlich angegriffen, zeige keinerlei Interesse für sich selbst oder die Ereignisse der Zeit, führe dauernd leise Selbstgespräche, schlafe mitten am Tag in seinem Sessel ein und könne dann stundenlang schlafen. Um herausfinden zu können, wie weit die seelische Schwächung im Jahre 1940 fortgeschritten gewesen sei, und um eine genauere Darlegung der Veränderung geben zu können, die in den letzten Jahren mit dem Beschuldigten geschehen zu sein scheine, seien verschiedene Zeugenvernehmungen und eingehendere Gespräche mit dem Beschuldigten selbst erforderlich, schrieb Langfeldt und schloß seinen Brief mit der folgenden Konklusion:

«Nach einer vorläufigen Untersuchung von Knut Hamsun meine ich, daß Zweifel an seiner Zurechnungsfähigkeit bestehen, und muß deshalb anraten, daß er auf seinen Geisteszustand hin untersucht wird.»

Der Oberste Ankläger sah nur diesen Brief, nicht die ihm zugrundeliegenden Krankenberichte und Gesprächsprotokolle, die erst durch das rechtspsychiatrische Gutachten bekannt wurden, das ihm erst sehr viel später zur Verfügung stand. Als er seinen Beschluß faßte, kannte er also nur Professor Langfeldts Konklusion, nicht das Material, auf dem sie aufbaute. Heute, wo uns zum ersten Male beide zugänglich sind und wir diese Konklusion mit ihren Prämissen vergleichen können, erscheint sie nicht unmittelbar einleuchtend. In bezug auf die negativen Beobachtungen besteht zwischen dem Brief und dem späteren Bericht volle Übereinstimmung. Wir können also festhalten, daß von ärztlicher Seite keine anderen objektiven Gründe für Knut

Hamsuns Einweisung in eine psychiatrische Klinik vorlagen als die hier in allen Einzelheiten referierten und daß diese sich im großen und ganzen nur auf ein geschwächtes Gedächtnis und ein wenig Schläfrigkeit am hellichten Tag bezogen. Dagegen berührt das Schreiben an den Staatsanwalt keinen der Umstände, die *gegen* eine solche Einweisung sprachen. Der Brief erwähnt beispielsweise nichts von Hamsuns auffallend intaktem Humor und seiner Ironie, die der Professor selbst doch jedenfalls mindestens einmal bemerkt und im Bericht vermerkt hatte. War dieser Mann geistesgestört? War er «seelisch geschwächt»? War er nur ein wenig stärker «angegriffen» als jeder andere Sechsundachtzigjährige? Das alles waren für Professor Langfeldt Fragen, die erst nach weiteren eingehenden Untersuchungen zu beantworten waren. Deshalb verlangte er nun eine Untersuchung von Knut Hamsuns Geisteszustand, sicher ohne daran zu denken, daß er damit dem Wunsch der Volksmeinung in ebenso hohem Maße nachkam wie die von ihm kritisierten Quislingrichter, als diese eine solche Einweisung in ein psychiatrisches Krankenhaus *nicht* vornahmen. Hatte er denn auch mehr oder weniger unbewußte Nebenmotive? Es ist klar, daß er genau wie alle anderen davon besessen war, eine Antwort auf das große Rätsel finden zu müssen. Welche Erklärung gab es? Wie konnte er so schlecht unterrichtet sein? In seinem Brief an den Obersten Ankläger verweist Langfeldt nur auf die möglichen geistigen Ursachen, denn nur mit deren Untersuchung ist er beauftragt. Aber in seinem Bericht begnügt er sich nicht damit, hier verläuft keine scharfe Grenze zwischen «Psychologie» und «Geschichte»; er zeigt deutlich, daß er sich in seinen Fragen an Hamsun und die geladenen Zeugen auch für den rein äußerlichen Ablauf der Ereignisse interessierte. Insbesondere hatten seine wiederholten Fragen zu Hamsuns ehelichen Beziehungen Merkwürdigkeiten ans Licht gebracht, deren genauere Untersuchung wohl der Mühe wert war. Er schrieb an den Obersten Ankläger, er wolle gern noch einige Zeugen mehr vernehmen, und hier hatte er Befugnisse, die weit über die der Polizei hinausreichten. Wahrscheinlich hat ihn das viel mehr als Hamsuns tatsächlicher Geisteszustand dazu bewogen, eine Einweisung zu befürworten. Er hatte das Gefühl, daß er mit den besonderen, ihm zur Verfügung stehenden Mitteln eine Erklärung für Hamsuns Handlungsweise während des Krieges finden konnte, und die späteren Ereignisse zeigen, daß er sich in dem Punkt nicht geirrt hatte. Professor Dr. med. Gabriel Langfeldt war einem Geheimnis auf der Spur.

## 17
### Einem Geheimnis auf der Spur

Die Antwort des Obersten Anklägers auf Langfeldts Schreiben war nur eine Formalität und ist ganz deutlich auch nur als solche betrachtet worden. Wenn die Sachverständigen zur Einweisung in eine psychiatrische Klinik rieten, würde keine Anklagebehörde widersprechen, schon gar nicht, wenn wie hier zwischen den Anschauungen und Wünschen der beiden Parteien eine so tiefe Übereinstimmung bestand.

In bezug auf die Daten herrscht jedoch eine gewisse Unsicherheit. Langfeldts Brief stammt wie erwähnt vom 1. November, aber das Original im norwegischen Reichsarchiv trägt einen Stempel, der zeigt, daß er in der Staatsanwaltschaft erst am 6. November ein Aktenzeichen erhalten hat. Anscheinend hat er sechs Tage gebraucht, um von einem Ende in Oslo zum anderen zu kommen. Die Sache ist interessant, weil Knut Hamsuns Untersuchungshaftfrist ja genau in diesem Zeitraum ablief, genauer gesagt am 3. November. Der Staatsanwalt erhielt den Vorschlag zu einer Untersuchung von Knut Hamsuns Geisteszustand anscheinend erst drei Tage nachdem dieser theoretisch die psychiatrische Klinik als freier Mann hätte verlassen können. Dafür hat er allerdings seinen Beschluß dann sehr schnell getroffen, denn bereits am 9. November kann die *Aftenpost* mitteilen, daß man nun Knut Hamsun einer «judisiell mentalobservasjon» unterwerfen will. Der Bevollmächtigte des Obersten Anklägers, Staatsanwalt Ivar Hagen, hat der Zeitung erzählt, daß er die Unterlagen am gleichen Tag an Richter Stabel beim Untersuchungsgericht in Grimstad zurückgeschickt habe, mit dem Ersuchen, Professor Langfeldt und Dr. med. Ödegaard zu Sachverständigen zu ernennen. Das Blatt fügt hinzu, es sei möglich, daß man keine Anklage gegen Knut Hamsun erheben werde, daß dies aber natürlich vom Ergebnis der Untersuchung abhängen werde. Hier scheint auch im Hinblick auf die Namen eine gewisse Unsicherheit zu herrschen, denn laut rechtspsychiatrischem Gutachten wurden die Sachverständigen nicht vom Untersuchungsgericht in Grimstad, sondern von Oslo ernannt, das gleichzeitig auch die Haftfrist bis zum 12. Januar 1946 verlängerte. Das geschah am 12. November. Wenn Stabel in der Zwischenzeit die Akten mit einer Anmerkung versehen haben sollte, dann muß der Postverkehr nach auswärts also beträchtlich schneller gewesen sein als der innerhalb der Stadt. Wo war Hamsuns Verteidiger bei dieser Sache? Er hatte keinen. Niemand protestierte dagegen, daß die Haftfrist vor ihrer Verlängerung mit nicht weniger als sechs Tagen überschritten wurde. Dafür hatte man den Schwarzen Peter aber zweifellos ein Stück weitergegeben.

In der psychiatrischen Klinik hatte Professor Langfeldt sich durch diese juristischen Formalitäten jedoch nicht aufhalten lassen, sondern seine Inquisition ruhig fortgesetzt, ja, sogar verschärft. Marie Hamsun hatte erfahren, daß zu derartigen Untersuchungen auch ein obligatorischer Rückenmarkstest gehöre; sie hatte im Gefängnis von Hamsuns Unterbringung in der psychiatrischen Klinik gelesen und fürchtete nun das Schlimmste.

«In meiner Gattinnensorge um ihn», schreibt sie, «hatte ich am meisten Angst davor, daß es sehr weh tun würde, wenn sie ihn auf eine für diesen Zweck bestimmte Trage legen und den Rückenmarkstest machen würden. Ich hatte gehört, daß dieser Test große Ansprüche an die Geduld des Patienten stellt, und zu meiner Zeit war Knut noch nie ein geduldiger Patient gewesen.»

Bisher hat man nicht nachweisen können, inwieweit Maries Befürchtungen begründet waren, aber aus dem rechtspsychiatrischen Gutachten geht hervor, daß sie es waren. Der Bericht bestätigt erstens, daß ein solcher Test vorgenommen wurde, und zweitens, daß dies zu einem Zeitpunkt geschah, als dafür keine gesetzliche Grundlage gegeben war. So geht es einem, wenn man ein alter Mann ist und deshalb keinen Anwalt braucht. Am 7. November, während die Unterlagen des Falls eilig zwischen den verschiedenen Instanzen hin- und hergingen, weil die Haftfrist abgelaufen und noch nicht verlängert war, wurde Knut Hamsun einer Lumbalpunktion unterworfen. Der Test war an sich überflüssig, da er laut Bericht einen «völlig normalen Befund» ergab. Obgleich Rückenmarksproben nicht so schmerzhaft sind wie ihr Ruf, so wird ein solcher Test für einen Mann in Hamsuns Alter doch immer eine anstrengende Sache bleiben und unvermeidliche Nachwirkungen in Form von Kopfschmerzen und Schwindel zeitigen. Noch siebzehn Tage später klagt er in seinem geheimen Tagebuch über «die bösen Auswirkungen der Lumbalpunktion auf einen alten Mann». Als man ihn nach der Untersuchung am 7. November in seine Zelle zurückgetragen hatte, besaß er nur die Kraft, ein einziges Wort aufzuschreiben. «Amnestie!» steht da wie ein verzweifelter Hilferuf, den niemand hörte. Der arme Mann wußte nicht, daß er an dem Tage überhaupt keine Amnestie brauchte, weil er nach geltendem norwegischem Recht ein freier Mann war. Dafür wußte er auch nicht, wie lange er tatsächlich noch in dieser Anstalt verbleiben mußte, die einer Hölle immer ähnlicher wurde. Das erfuhr er jetzt.

Am 10. November, drei Tage nach dem Rückenmarkstest und also noch immer, bevor die Haftfrist verlängert worden war und das Gericht in die Untersuchung von Hamsuns Geisteszustand eingewilligt hatte, bestellte Professor Langfeldt ihn zu ihrem bis dato längsten Gespräch zu sich. Die erste Frage des Professors könnte darauf hindeuten, daß er zu diesem Zeitpunkt wirklich aufrichtig meinte, Hamsun sei möglicherweise geistesgestört:

«Weshalb sind Sie hier?» fragte er.

Hamsun muß ihn angesehen habe, als wollte er sagen: «Und das fragen Sie mich?» Er antwortete klar und deutlich, daß er das nicht wisse:

«Ich wurde völlig gesund aus einem Altersheim geholt und hier eingewiesen, ich habe keine Ahnung, weshalb, denn ich war völlig gesund. Ich verstehe nicht, warum die Polizei mich nicht sofort verurteilt und sühnen läßt. Ich glaube, der Staatsanwalt kann mit Sicherheit davon ausgehen, daß ich straffähig bin.»

Er wollte nicht, daß man nach entschuldigenden Momenten suchte und seine Zurechnungsfähigkeit in Zweifel zöge. Langfeldt erwähnte seine Arterienverkalkung. Hamsun protestierte gegen das Wort, erinnerte sich aber doch durchaus an seine Gehirnblutungen und seine Aphasie. Dann fragte Langfeldt unvermittelt, wann die Deutschen nach Norwegen gekommen seien. Ein Außenstehender konnte glauben, daß es dem Fragenden schwerfiel, seine Gedanken zusammenzuhalten, und nicht dem Befragten. Hamsun wurde überrumpelt und beging einen Fehler, als er antwortete, da sei am 10. April 1940 gewesen.

Das Gespräch kam auf seine Artikel. Hamsun wiederholte zum drittenmal, daß er einige davon auf Aufforderung geschrieben habe, er habe viele Telegramme bekommen, dauernd habe er auf jeden Wink der Zeitungen reagieren müssen. Aber meist habe es sich um neutrale Themen gehandelt, wie beispielsweise bei Edvard Munchs und Vigelands Tod. Dann habe er die ganze Nacht aufsitzen und schreiben müssen. Er habe nie Kopien von dem gemacht, was er geschrieben habe. Aber auch in diesem Punkt wünsche er keine entschuldigenden Momente. Ein Teil der «Schnipsel» sei wirklich auf seine eigene Initiative hin geschrieben worden.

«Als ich es schrieb, war es richtig», sagte er, «in seinen Folgen war es fürchterlich für mich und für uns alle, aber ich widerrufe es nicht.»

Er habe damals gemeint, er trage dazu bei, Norwegen einen Platz in dem großgermanischen Reich zu sichern. Langfeldt fragte, ob ihm denn nicht klar gewesen sei, daß der größte Teil des norwegischen Volkes darin mit ihm uneinig gewesen sei. Hamsun antwortete, das habe er schon begriffen, und fuhr fort:

«Aber ich habe fünfzig bis sechzig Jahre lang Schmähbriefe bekommen. Darum habe ich mich nie gekümmert.» Ab und zu habe man ihm auch gedroht, aber einen alten Bauern könne man durch so etwas nicht schrecken.

Langfeldt fragte, ob es zwischen ihm und seinen Nachbarn Zwistigkeiten gegeben habe, und Hamsun antwortete, daß ihm von Streitigkeiten über Vieh oder Grenzfragen nichts bekannt sei. Langfeldt fragte ihn, ob es zwischen ihm und dem Lensmann Meinungsverschiedenheiten gegeben habe. Auch nicht.

«Ab und zu habe ich ihm ein paar Hundertkronenscheine zugesteckt, wenn er sie für Leute in der Siedlung brauchte», antwortete Hamsun.

Im Hinblick auf seine Beziehungen zur NS wiederholte er noch einmal die Geschichte, daß er nie ein Aufnahmegesuch unterschrieben habe, daß dieser Sjur Fuhr ihm eines Tages ein Abzeichen angesteckt habe, und das habe er bis zum letzten Tage des Krieges getragen. Ein andermal sei er unter einige von Quislings sogenannten Gefolgsleuten geraten, und einer von ihnen habe ihn zu Quisling selbst geführt, aber er habe nur ja und nein und danke schön gesagt.

«Seither habe ich ihn nie mehr getroffen», sagte Hamsun.

Er meine schon, daß Quisling gutgläubig gehandelt habe. Ihm selbst sei von einer anderen Regierung als Quislings nichts bekannt gewesen.

Er habe nicht gewußt, daß die NS ein Terroregime ausgeübt habe, und er verstehe nicht, daß die Deutschen die Massengräber hatten verbergen können. Seiner Meinung nach wäre es innerhalb der NS zum Umsturz gekommen, wenn das bekanntgeworden wäre. Die Diktatur mußte geändert werden, aber das habe er als Zukunftsaufgabe betrachtet. Ganz so schlimm sei sie nun aber auch nicht, wenn man an die absolutistischen Könige denke; die hätten viele ausgezeichnete Dinge bewirkt.

«Hitlers Diktatur war eine merkwürdige Sache. Vor dem Krieg bekam ich ein paar positive Eindrücke von ihm. Das war die Wirkung der Massensuggestion. Damals brauchten sie in Deutschland einen Namen. Dennoch war es merkwürdig, daß es ihm gelang, alle dazu zu bringen, ihn ‹mein Führer› zu nennen, merkwürdig, daß Generale sich dazu bringen konnten, so etwas zu sagen . . .»

Im übrigen meinte Hamsun, daß Massensuggestion eine häßliche Angelegenheit sei, man brauche sich nur das Theater und den Zirkus anzusehen. Er fand auch, daß es eine schreckliche Zeit für die Dichtung gewesen sei. Er habe während des ganzen Krieges nicht ein deutsches Buch gekauft, die seien zu schlecht gewesen.

«Zwischen den beiden Weltkriegen hatten wir hier auch eine Ausstellung deutscher Bildkunst, das war ein trauriger Anblick, zu sehen, wie sie da unten auf der Erde herumkrabbelten, aber sie hatten keine Möglichkeiten, hochzukommen.»

Im übrigen meinte er, daß der allergrößte Teil des deutschen Volkes keine Nazis gewesen seien. Das deutsche Volk sei sicher nicht verroht. Laut Bericht sagte er in dem Zusammenhang weiter, daß nur 7 Millionen Soldaten Zeugen der Massengräber gewesen seien, eine *contradictio in adjecto*, einer der unzähligen Schreibfehler des Berichts. Gemeint ist vermutlich, daß nur wenige der 7 Millionen Soldaten Zeuge dieser Greuel gewesen seien.

Langfeldt beendete das Gespräch, indem er auf Hamsuns persönliche Umstände während des Krieges zurückkam. Hamsun erklärte, er habe «für alle Leute Hotel spielen» müssen, sie hätten auf Nörholm übernachtet, und er habe das Essen herbeischaffen müssen. Langfeldt kreiste sein Thema ein und fragte nach Hamsuns Beziehung zu seiner Frau. Hamsun antwortete, daß es während der Besatzungszeit «irgendwie gegangen sei», aber sie habe gern in die Wirtschaft eingreifen wollen, beispielsweise habe sie einen Mann entlassen, der sechs Jahre lang bei ihnen gewesen sei. Er wolle nun zusehen, daß er den Kerl loswerden könne, der im Augenblick auf dem Hof schalte und walte, und dann den alten Verwalter wiederholen.

Langfeldt bohrte wieder. Habe es zwischen ihm und seiner Frau Kontroversen gegeben? Hamsun schüttelte den Kopf, nein, das sei nicht der Fall gewesen.

«Ich mußte ja nachgeben», antwortete er etwas bitter.

Langfeldt bohrte. Wie war Maries Beziehung zur NS? Aber hier kam er nicht weiter, Hamsun scheint Unrat gerochen zu haben. Er antwortete, daß seine Frau kein besonders eifriges NS-Mitglied gewesen sei, die Deutschen hätten ihr Auto beschlagnahmt, so daß es schwierig für sie gewesen sei, zu den Versammlungen zu kommen. Sie habe nie versucht, ihn zum Eintritt in die Partei zu bewegen, die Dienstmädchen könnten bezeugen, daß sie überhaupt nie versucht hätten, jemanden zu beeinflussen.

Laut Protokoll des rechtspsychiatrischen Gutachtens endete hier das Gespräch. Stellte Professor Langfeldt hier auch sein Verhör ein, oder bohrte er weiter? Wollte er noch mehr Einzelheiten? Stellte er noch hautnahere Fragen über die Beziehung zwischen Hamsun und seiner Frau, oder stehen sie da nur nicht, weil er keine Antwort bekam?

Hamsun war nicht naiv. Er gehörte zur gleichen Generation wie Freud. Er war einen Winter lang in Oslo zum Psychoanalytiker gegangen. Er wußte sicher, daß ein Psychiater sich nicht allein für so unschuldige Dinge wie die politische Einstellung des Patienten interessiert. Wenn die nachfolgenden Begebenheiten sich in Maries Darstellung zuweilen wie ein Übergriff auf eine jungfräuliche Unschuld ausnehmen können, dann stimmt das selbstverständlich nicht. Hamsun war auch nicht prüde. Aber sein Privatleben wollte er immer in Ruhe gelassen wissen; bei seinem Charakter und seinen Ehrbegriffen war nichts mehr ausgeschlossen, als daß er hier von Professor Langfeldt sitzen und interessante Einzelheiten aus seinem Eheleben mit Marie auftischen sollte. Er sagte später, daß allein der Gedanke, er solle sie hier hinter ihrem Rücken in etwas hineinziehen, in einem Augenblick, da sie ebenso verhaftet sei wie er selber, ihm einen Schrei des Entsetzens entlocken könne. Nichtsdestoweniger bat Langfeldt ihn genau darum:

«Der Professor verlangte mündlich und schriftlich», sagte Hamsun, «daß ich ihm ‹meine beiden Ehen›, wie er das nannte, erklären sollte. Ich weigerte mich – das erstemal so nachdrücklich, daß ich glaubte, es sei genug. Ich wollte nicht mich selbst verbergen. Ich wollte eine Ungeheuerlichkeit verhindern.»

Das erstemal kann schwerlich zu einem anderen Zeitpunkt gewesen sein als während des Gesprächs am 10. November, da später zwischen den beiden keine mündlichen Gespräche mehr stattfanden. Hamsun dürfte damals kaum eine Vorstellung davon gehabt haben, welches Drama hier seinen Auftakt nahm. Er glaubte, daß er mit seinem nachdrücklichen Nein diese abscheuliche Frage ein für allemal gebannt habe. Sein geheimes Tagebuch zeigt, daß er sehr niedergedrückt war, als man ihn in seine Zelle zurückführte, aber das dürfte kaum an dem zudringlichen Interesse des Professors für sein Privatleben gelegen haben. Das Gespräch hatte eine andere Tatsache ans Licht gebracht, die ihn völlig erledigt hatte.

Aus dem Protokoll geht direkt hervor, daß Hamsun zu Beginn des Gesprächs heftig gegen den Wunsch des Obersten Anklägers nach einer Einweisung in die Klinik protestiert hatte. Man muß also davon ausgehen, daß Langfeldt ihn bei dieser Gelegenheit von dem Beschluß in Kenntnis gesetzt hat, der tags zuvor in der Zeitung gestanden hatte, aber formal erst zwei Tage später bestätigt wurde. Der Professor hat ihm klargemacht, daß dies einen weiteren monatelangen Aufenthalt an diesem Ort bedeutete. Das erklärt den einen Satz, den Hamsun am gleichen Tag in sein geheimes Tagebuch schrieb:

Nicht vor Weihnachten!

Hamsun hat erfahren, daß er keine Aussicht hatte, die Klinik vor Weihnachten zu verlassen. Am Tage darauf hatte er sich noch nicht erholt. Unter Sonntag, dem 11. November, steht: Schwarzer Sonntag, fürchterlich!

Langfeldts Mitteilung war ein Schock gewesen. Er war seit vier Wochen in der psychiatrischen Klinik, hatte lange Vernehmungen durchgestanden, immer wieder die gleichen Fragen beantwortet, sich damit abgefunden, daß man ihn Tag und Nacht beobachtete, eine anstrengende neurologische Untersuchung über sich ergehen lassen, einen Rückenmarkstest mitgemacht und war trotzdem im großen und ganzen «guter Laune, höflich und umgänglich» gewesen, wie es über ihn im Stationsbericht heißt. Klagen und Unzufriedenheit mit der Welt und dem Leben, das sei nicht seine Sache, schrieb er, er sei kein Sauertopf, er scherze oft, lache gern, habe ein lichtes Gemüt. Wie im Krankenhaus von Grimstad und im Altersheim von Landvik, so hatte er auch hier versucht, den Verhängnissen mit guter Laune zu begegnen. Wenn der Aufenthalt hier nicht so angenehm war wie an den anderen Orten, so sollte er doch jedenfalls nur ein vorläufiger sein, er würde in ein paar Wochen überstanden sein. Er konnte sich nicht vorstellen, daß die klugen Köpfe länger brauchen würden, um herauszufinden, daß er nicht geistesgestört war.

Am 10. November erfuhr er das Gegenteil. Man war in der Tat im Zweifel. Man mußte eine gründlichere Untersuchung vornehmen, bevor die Frage beantwortet werden konnte. Die Wochen, die ihm so endlos erschienen waren, waren nur ein Auftakt gewesen, jetzt erst begann die eigentliche Untersuchung. Der schwarze Sonntag war nur der erste in einer langen Reihe schwarzer Tage. Jetzt kamen schwere Zeiten:

Monat auf Monat wurde ich in Unfreiheit, Unfreiwilligkeit, Zwang, Verbote, Marter, Inquisition eingesperrt. Uns ist nicht allen die gleiche Empfindlichkeit gegenüber Eindrücken eigen, guten oder schlechten, aber ich für mein Teil hätte zehnmal lieber in Eisen gelegen oder in einem gewöhnlichen Gefängnis gesessen, als mich zu einem Zusammenleben mit diesen mehr oder weniger gemütskranken Menschen in der psychiatrischen Klinik quälen zu lassen. Nachts lag ich wach und wünschte mir statt dessen ein gewöhnliches Krankenhaus, ein gewöhnliches Gefängnis, Zwangsarbeit, egal was, nur nicht das psychiatrische Tollhaus auf dem Vinder.

Mehr sagt er in «Auf überwachsenen Pfaden» aus Diskretionsgründen nicht über die anderen Patienten. Daraus hat man teils den Schluß gezogen, daß die Leiden anderer Menschen ihn nicht interessiert hätten, teils, daß diese Patienten wohl nicht so krank gewesen seien, wie er behauptet hatte. Sein geheimes Tagebuch aus diesen Wochen zeigt das Gegenteil. Er schrieb regelmäßig und voller Mitgefühl über die anderen Patienten, und er lebte Tag und Nacht Tür an Tür mit Verrückten.

Am 29. Oktober sah er, wie ein Patient entlassen wurde, «schlimmer als zuvor, aber froh». Drei Tage später schreibt er von einem Mannsbild, das den ganzen Tag «schmuck und gesetzt» in Unterhosen einherwandere, und fügt nachsichtig hinzu:

«Irgend etwas fehlt (uns) wohl allen.»

Am nächsten Morgen kam ein anderer und erzählte kichernd, daß im Obergeschoß um fünf Uhr ein Gottesdienst stattfände. Hamsun meinte, er sei entschuldigt, er könne keinen Buchstaben hören; aber dann zeigte sich, daß auch von den anderen keiner hinaufging; das Ganze war nur die verrückte Erfindung eines Irren. Am Tag darauf wiederum schrieb er über den «Textilmann» (der Mann in Unterhosen?), der umhergehe und zwanzig- bis dreißigmal am Tage wiederhole «Trauriges Leben, das hier! Schrecklich trauriges Leben, das hier!» Wiederum drei Tage später erzählte er von einem anderen Patienten, der Amok gelaufen sei, so daß man ihn daran habe hindern müssen, mit dem Kopf gegen die Wand zu rennen. Und so weiter. Schlimmer als der Zustand der Patienten war die strenge Hausordnung, die dieser Zustand notwendig machte und die für ihn in der gleichen Weise galt wie für die schwersten Patienten. Am gleichen Tag schilderte er mit einer Zeichnung im Tagebuch das kleine viereckige Guckloch in der Tür, durch das er rund um die Uhr beobachtet wurde. Er mußte durch drei verschlossene Türen gelotst werden, um nach draußen zu kommen, und durch dieselben drei verschlossenen Türen, um wieder hereinzukommen. Nach einem Monat in der Klinik durfte er noch immer kein Messer und keine Gabel haben, sondern mußte nur mit dem Löffel essen. Ein Paket Unterwäsche von zu Hause durfte er nicht öffnen, und das Stückchen Bindfaden, mit dem es zugebunden war, durfte er nicht behalten. Natürlich durfte er seine Rasierklingen nicht selbst aufbewahren, aber auch seine Schleifmaschine nicht, die ein paar andere Patienten kaputtmachten, so daß der ordentliche Mann mehrere Tage hintereinander demütigend unrasiert herumlaufen mußte. Glich er allmählich nicht einem der wirklichen Psychopathen? Er wurde jedenfalls genauso behandelt. Man sprach zu ihm wie zu einem Kind, er solle brav aufessen, er dürfe nicht husten. Seine Sachen, seine Brille, ja sogar seine lebenswichtige Taschenuhr, wurden ihm weiterhin jeden Abend weggenommen. Während er in Landvik seinem eigenen Greisentempo folgen, sich die Zeit nehmen konnte, die er für seine Toilette und für das Anziehen benötigte, aufstehen, spazierengehen, essen und sich schlafen legen konnte, wann er wollte, ging hier alles genau nach der Uhr: Wecken, Toilette, Mahlzeiten, Spaziergänge. Er klagte in seinem Tagebuch darüber, daß man ihn «zur Andacht jage», an allen Ecken herrsche die gleiche «Ordnung und Niederträchtigkeit», Kälte, Unpersönlichkeit und Dienstvorschrift überall, Zucht und Religion. Er fand das alles so traurig, so traurig:

Während ich dort umherging und die Tage zerschliß, beschäftigte meine Gedanken nichts mehr als die Idee, daß der Aufenthalt in der Klinik ein Ende nehmen möge. Ich fühlte mich immer zermarterter, immer ausgehöhlter, es gab nichts, was mich mit meiner Rolle als Versuchskarnickel für die psychiatrische Wissenschaft hätte aussöhnen können.

Kleine Aufmunterungen gab es doch. Der zweite Sachverständige, den der Oberste Ankläger für die Untersuchung eingesetzt hatte, war der vierundvierzigjährige Dr. Örnulv Ödegaard, ein Lehrerssohn aus Oslo, der nach seiner Ausbildung in Norwegen und in den USA 1933 mit einer Dissertation über «Emigration and Insanity» promoviert hatte. Auch Dr. Ödegaard war sich offensichtlich darüber im klaren, wen er vor sich hatte. Während Hamsuns Verhältnis zu Professor Langfeldt fast vom ersten Augenblick an gespannt gewesen war, kam er mit Ödegaard gut zurecht und schildert ihn in «Auf überwachsenen Pfaden» als einen freundlichen Mann ohne Einbildung, einen Menschen, mit dem man reden konnte. Leider habe Ödegaard sich die meiste Zeit über im Hintergrund gehalten, sagt er und deutet an, daß er im Hintergrund *gehalten wurde,* zu ergänzen: von Langfeldt. Er sah ihn nur zweimal und jedesmal nur eine Viertelstunde. Im Gegensatz zu den Gesprächen mit Langfeldt sind die Protokolle dieser Gespräche in dem rechtspsychiatrischen Gutachten nicht deutlich datiert, vielleicht um zu verschleiern, daß es nur so wenige waren. Aber aus Hamsuns geheimem Tagebuch geht hervor, daß das eine am 12. Dezember stattfand, und dem Inhalt nach zu urteilen handelte es sich zweifellos um das letzte.

Dr. Ödegaard hielt es seinerzeit augenscheinlich nicht für erforderlich, die Untersuchung, um die ihn der Staatsanwalt gebeten hatte, über diese beiden Viertelstunden hinaus auszudehnen. Wenn Hamsun einen günstigen Eindruck von ihm bekommen hatte, dann galt das Umgekehrte ebenfalls. Die Beschreibung, die Ödegaard von Hamsuns Auftreten während dieser Gespräche gibt, befreit Hamsun in so hohem Maße von dem Verdacht seelischer Anomalität, daß man sich nur darüber wundern kann, daß man den Namen des Doktors unter dem Gutachten wiederfindet, das das Endergebnis der Untersuchung darstellte.

Ödegaard stellte sofort fest, daß Hamsuns Auffassungsvermögen völlig in Ordnung war. Er verstand alles, was er zu ihm sagte, vorausgesetzt, er sprach laut genug in Hamsuns linkes Ohr. Er schildert ihn als insgesamt wach und am Gespräch interessiert, ja, eifrig. Ein paarmal habe er sich in den Sessel zurückgelehnt und sei ein wenig eingenickt, habe sich aber leicht wieder wecken lassen. Obgleich Ödegaard darauf angewiesen war, ihn frei reden zu lassen, und ihm nur wenige Fragen stellen konnte, entdeckte er in Hamsuns Rede nur sehr wenige der typischen senilen Wiederholungen. Eine Sache, die ein paarmal wieder auftauchte, war die Geschichte mit der Polizei, die zu ihm ins Altersheim gekommen sei und drohend gesagt habe: «Sie ziehen um!» und ihn hierher in die Klinik geschickt habe, in der er nie hätte kommen sollen. Mehrere Male verwies er auf Dinge, die er in der Zeitung gelesen hatte, z. B. sagte er, daß sicher ein neuer Krieg kommen werde, sobald die Großen sich ein wenig erholt hätten. Hamsun sah also im Herbst 45 den Kalten Krieg voraus. Seine Sprache fand Ödegaard «völlig klar und geordnet», in der Regel sehr treffend im Ausdruck und voll echter Hamsunscher Wendungen. Nur selten suchte er nach Worten, und nur einmal im Verlauf der beiden Gespräche gebrauchte er einen verkehrten Ausdruck, verbesserte sich aber sofort. Die Aussprache war etwas undeutlich, er sprach ziemlich laut, schien es selbst zu merken und fragte, ob er zu laut spreche; es sei so anstrengend, aber er können es nicht hören. Als Ödegaard antwortete, daß er ruhig etwas leiser sprechen könne, richtete er sich sofort danach. Soweit Ödegaard nach dem Verlauf der Gespräche beurteilen konnte, zeigte Hamsuns Gedächtnis keine gröberen Defekte, und gefühlsmäßig wirkte er natürlich und beherrscht. Insgesamt war er entgegenkommend – ein wenig ungeduldig darüber, daß all diese Fragen noch einmal aufgewärmt werden sollten. Als Ödegaard erklärte, daß es notwendig sei, daß er sich ein persönliches Bild von ihm machen könne, verstand er das jedoch sofort. Wenn das Gespräch die Einsperrung und besonders die psychiatrische Beobachtung berührte, geriet er in Erregung, aber nicht stärker, als Ödegaard «vollauf verständlich» fand. Dann hob er die Stimme ein wenig und gebrauchte einzelne starke Ausdrücke, wie beispielsweise, daß dies eine Folter sei, aber er beruhigte sich sofort wieder. Ödegaard fand während der Gespräche keinerlei Zeichen affektiver Inkontinenz, nur stiegen ihm ein paarmal fast die Tränen in die Augen.

Inhaltsmäßig ergaben die beiden Gespräche nicht sehr viel Neues; es stimmt, daß Ödegaard im großen und ganzen die gleichen Fragen stellte und die gleichen Antworten bekam, wie sie allmählich unzählige Male gestellt und gegeben worden waren. Hamsun wiederholte, daß es die Flucht des Königs gewesen sei, die ihn völlig aus der Bahn geschlagen habe; er sei ja immer ein Anhänger der Monarchie und Norwegen immer ein Königreich gewesen.

Ödegaard brachte das Gespräch auf Quisling. Hamsun wußte nicht, daß Quisling etwas falsch gemacht haben sollte. Aber dann unterbrach er sich:

«Doch, das mit den Juden hätte er sein lassen sollen», sagte er spontan. «Ein jüdischer Einschlag tut uns ebenso gut wie allen anderen Völkern.»

Aber all das habe er erst hinterher erfahren; in seinen Zeitungen habe nichts über die Juden gestanden. In Deutschland habe er freilich gelbe Bänke gesehen, und er habe auch einige Kinder gesehen, die eine andere Bank verlassen und sich auf eine von den gelben setzen mußten, weil sie Juden waren. Aber dann schüttelte er den Kopf:

«Man muß verstehen, daß ich ein alter Mann bin – ich lief blind mit, weil ich nicht hören konnte. Saudumm von mir!»

Ödegaard betont, daß Hamsun immer wieder auf seine Isolierung während des Krieges zurückkam. Er habe nie mit seiner Familie gesprochen, sie nur zu den Mahlzeiten gesehen, und da redeten sie nicht miteinander, sagte er.

Lange Zeit hindurch habe er gedrängt und Fragen gestellt und versucht zu erfahren, was da vor sich ging, aber sie hätten ihn satt bekommen, weil er so schwer anzusprechen war, er habe keine richtigen Antworten bekommen, und zuletzt habe er dann aufgehört zu fragen.

Ödegaard erwähnte Hamsuns Frau. Aber Hamsun meinte nicht, daß sie mehr gewußt habe als er selber.

«Es war auch nicht so einfach, Radio zu hören», sagte er.

Offensichtlich entging Ödegaard der Widerspruch, der ganz sicher von dem Wunsch getragen war, Marie aus der Sache herauszuhalten. Er erwähnte die Sendungen aus London. Hamsun antwortete, daß seine Frau kein Englisch könne, und verriet damit, daß er noch nicht einmal etwas von den norwegischen Sendungen des englischen Rundfunks wußte. Zwar habe er auch ein paar Briefe bekommen, z. B. von Ella Anker und Odd Nansen, aber sie hätten ihm nicht erzählt, was rund um ihn her geschah; die hätten bloß geschrieben, wie verkehrt seine Handlungen gewesen seien und daß er auf das falsche Pferd gesetzt habe. Deshalb habe er sie nicht anders behandelt als die vielen anonymen Briefe, die er erhalten habe, und habe sie in den Papierkorb geworfen. Nie habe ihn ein vernünftiger Mensch unterrichtet, sagte er. Besonders fand er, daß seine Rechtsanwältin, Sigrid Stray, oder der Sorenskriver der Siedlung ihm doch ein wenig hätten erzählen können.

Ödegaard brachte das Gespräch auf seine politische Haltung. Hamsun antwortete, daß er sowohl für die Linken wie für die Rechten Verständnis gehabt habe, obgleich er nie einer dieser Parteien angehört habe, aber für den Sozialismus habe er nie Verständnis gehabt, damit könne er nichts anfangen, der verderbe die persönliche Initiative.

«Sie ballen sich um alle Dinge zusammen», sagte er mit einer der Hamsunschen Wendungen, die Ödegaard zu schätzen wußte.

Er selbst halte mehr von dem alten patriarchalischen System. Sogar die Leibeigenschaft in Rußland sei nicht das Schlimmste gewesen! Wir haben ja viel davon gehört, wie sehr die Leibeigenen an ihrer Herrschaft hingen und besonders an deren Kindern. Als sie frei waren, fühlten sie sich ganz entwurzelt, wenn es alte Leute waren.

«Jetzt haben wir die ewigen Streiks wegen der kleinsten Dinge», sagte er irritiert.

Was ihn selbst betraf, so meinte er, daß er als Autor ein toter Mann sei, seine Bücher würden nicht mehr gelesen werden, und es sei höchst unsicher, wieviel seine Urheberrechte wert seien. Er erzählte Ödegaard, daß das Untersuchungsgericht sie zunächst auf 100 000 Kronen und danach nur auf 50 000 angesetzt habe, das zeige ja schon, wie unsicher das Ganze sei. Von neuen Auflagen könne keine Rede sein, die Bände, die der Verlag im Keller oder auf dem Boden liegen habe, müsse er eben einfach verramschen. In dem Zusammenhang spottete er ein wenig über «das große Vermögen», das er angeblich besitzen solle, die steuerlichen Belastungen seien so hoch.

«Ich hatte so merkwürdig viele Steuern, die niemanden anders trafen», sagte er.

Ödegaard erwähnte die Möglichkeit einer finanziellen Strafe. Hamsun antwortete sofort, daß er Nörholm nicht halten könne, wenn man ihn finanziell lahmlege. Der Hof habe sich nie rentiert, obwohl das eigentlich hätte möglich sein sollen. Das käme daher, daß er als Landwirt nicht tüchtig genug sei, und seine Frau sei noch schlimmer. Nur vom Vieh verstünde sie ein wenig, aber gerade das hätte er nach der Meinung seiner Frau und aller anderen aufgeben sollen. Während des Krieges sei es außerdem eine Zwangswirtschaft gewesen, wo man den Hof nicht nach dem Prinzip der Wirtschaftlichkeit hatte führen dürfen. Ödegaard fragte ihn, was das denn gewesen wäre, und Hamsun antwortete, wohl sicher Viehzucht. Er erzählte, daß er vier große Sumpfgebiete von je ungefähr 30 Morgen Land trockengelegt habe und daß er einen Stall für 40 Kühe habe, aber andere landwirtschaftliche Einzelheiten konnte Ödegaard aus ihm nicht herausholen. Sein Sohn Arild sei zur Aufzucht von Rennpferden übergegangen; er selbst verstehe nichts davon, aber er sehe jedenfalls, daß das Geschäft geradewegs in den Abgrund führe. In dem Zusammenhang kam Hamsun zum drittenmal auf sein Verhältnis zur übrigen Familie zurück, insbesondere auf die Beziehung zu seiner Frau. Er sagte entrüstet, daß man ihn in seinem eigenen Hause entmündigt habe, sogar sein Knecht habe zu ihm gesagt, daß er auf dem Hof nichts mehr zu suchen habe. Man habe ihm den Verkauf eines Pferdes verweigert, obgleich das gewesen sei, bevor man alles beschlagnahmt habe. Er habe also unter keinen Umständen mehr etwas auf dem Hof verloren, egal, wie die Sache ende. Er wolle nicht mehr nach Hause. Er wolle nur einen Winkel finden, in dem er seine letzten Tage verbringen könne.

Wieder unterließ Ödegaard es klugerweise, die Anzeichen eines tieferen Konflikts, die in Hamsuns Worten zum Ausdruck kamen, weiter zu verfolgen. Es sollte ja kein Kreuzverhör sein, die Kunst bestand darin, den anderen reden zu lassen. Ödegaard fragte neutral, was seine Arbeit mache. Hamsun antwortete, daß sein letztes Buch «Der Ring schließt sich» ja nur ein Torso sei, er habe noch einen Band geplant gehabt, ihn dann aber aufgegeben, er sei mit dem, was er geschrieben habe, nicht mehr zufrieden gewesen, es sei nicht mehr auf der Höhe. Im Altenheim habe er wieder ein wenig zu schreiben begonnen, weil es da so still gewesen sei. Aber dann sei die Verlegung in die Klinik gekommen, und jetzt werde nichts mehr daraus. Ödegaard erwähnte seine beiden Schlaganfälle, und Hamsun gab ihm von beiden eine detaillierte Schilderung, der erste habe ihn am Frühstückstisch getroffen, der andere im Schuppen, als er Holz gehackt habe. Er war sich völlig darüber im klaren, daß sein Gedächtnis seit langem allmählich nachließ, aber er meinte nicht, daß diese Verschlechterung so eng mit den beiden Gehirnblutungen verbunden gewesen sei. Als Ödegaard ihn fragte, ob die Sprache ihm Schwierigkeiten bereite, wurde Hamsun eifrig und kam wieder mit einem der typischen Hamsunausdrücke, der in sich seiner Antwort zu dementieren schien: «Ja, mir backt sich ja alles fest – das ist diese zunehmende Aphasie. Ich habe dauernd Mühe, diese Fragen zu beantworten. Ich kann die richtigen Worte nicht finden.»

Ödegaard wandte mit Recht ein, daß er keine sonderlichen Formulierungsschwierigkeiten zu haben scheine, aber Hamsun antwortete, daß es viel schneller gehen würde, wenn er nicht diese Aphasie gehabt hätte. Er gab jedoch zu, daß sie schon mal schlimmer gewesen sei. Er meine nicht, daß sie speziell mit den beiden Gehirnblutungen zusammenhinge.

Im letzten Teil des Gesprächs kehrte Ödegaard zu den politischen Fragen zurück. Hamsun sagte über die Deutschen, sie hätten viele gute Eigenschaften.

«Sie sind ordentlich und pflichtbewußt, und uns gegenüber sind sie hilfsbereit gewesen. Unser Land kennt nicht einen großen Namen, der sich seinen Ruhm nicht über Deutschland hat holen müssen, in der Kunst und in der Wissenschaft. Der Zugang zu dieser großen Sprachgemeinschaft hat für uns so viel bedeutet.»

Er selbst sei immer deutschfreundlich gewesen, aber als Nationalsozialist habe er während des Krieges ja nur Kontakt zu den Deutschen gehabt, die ebenfalls Nationalsozialisten waren, und das seien seiner Meinung nach nur wenige Prozent der Bevölkerung gewesen.

«Alles was kreuchen und fleuchen konnte, mußte ja mit in den Krieg, aber sie waren keine Nationalsozialisten. Einmal werden sie schon wieder hochkommen. Es wäre schrecklich, wenn nicht. Wir haben sie wirklich nötig gehabt, wir, die wir mit der Feder arbeiteten. Wäre es wie in Paris gewesen, dann hätten wir unsere Bücher selber bezahlen müssen.»

Er meinte, daß es auch nicht leicht gewesen sei, ein Deutscher zu sein. Die ganze Welt habe sich von ihnen abgewandt. Seiner Meinung nach sei es nicht so merkwürdig, daß die Deutschen zu den gleichen Methoden mit Genickschuß und so gegriffen hätten, wie die Russen sie ihnen gegenüber angewendet hätten. Es seien ja die Russen gewesen, die angefangen hätten, die lange Reihen von Leichen wie die Heringe in Massengräber legten. «Die Russen waren es ja, die damit angefangen haben», wiederholte er mit einer Anspielung auf die Massengräber von Katyn, wo man 1943 viertausend polnische, nach deutschen Angaben von den Russen getötete Offiziere fand. Von den weit mehr umfassenden deutschen Hinrichtungen in der Sowjetunion wußte er nichts.

Sonst habe er nichts gegen die Russen; er habe eine Masse Leser in Rußland, sagte er, und von seiner Reise in Rußland her erinnerte er sich daran, wie sie sangen und spielten. Aber die Bolschewiken seien etwas anderes.

«Ich hasse die Kommunisten!» rief er heftig aus.

Ödegaard kehrte zur Judenfrage zurück, und Hamsun wiederholte, daß er nie etwas gegen die Juden gehabt habe. Während des letzten Krieges habe er deutschen Juden nach Amerika geholfen, und er habe viele jüdische Freunde. Ödegaard zeigte ihm Züchners Protokoll des Gesprächs mit Hitler, wo er sich abfällig über die Juden in Schweden geäußert haben sollte, aber Hamsun «lächelte das geradezu beiseite». Er sagte, für Hitler sei das mit den Juden eine fixe Idee gewesen, aber er meine nicht, daß Quisling derartige Vorstellungen gehabt habe. Von den Judenverfolgungen in Norwegen und Deutschland habe er keinerlei Ahnung gehabt – jedenfalls habe er nicht gewußt, daß es so schlimm sei, wie er nun sehen könne, fügte er hinzu und vergaß seinen Schock bei der Nachricht von Friedells Tod.

Als Ursache für seine Unwissenheit gab er auch diesmal die Tatsache an, daß seine einzigen Nachrichtenquellen während des Krieges die Zeitungen *Fritt Folk* und *Aftenpost* gewesen seien. Von Rundfunk und Telephon sei er abgeschnitten gewesen.

«Darüber gebot meine Frau», sagte er.

Wie Professor Langfeldt, so fragte auch Dr. Ödegaard, ob er unter dem Einfluß seiner Frau gestanden habe, und Hamsun verneinte das erneut. Er sei nicht von seiner Familie beeinflußt worden, denn keiner von ihnen habe die Geduld gehabt, mit ihm zu reden, schon gar nicht seine Frau. Dr. Ödegaard bewahrte sein Schweigen, die Sekretärin blätterte um. Dann fuhr Hamsun fort:

«Unsere Beziehung war nicht danach, wir haben sozusagen seit vielen Jahren nicht mehr miteinander geredet», sagte er, mit deutlicher Trauer in Stimme und Ausdruck, ein wenig wehmütig-bitter.

Aber sofort fügte er eifrig und erregt hinzu, daß man das nicht als Ausrede benutzen solle, um ihn über seine Ehe auszufragen, so wie der Professor (Langfeldt) das versucht habe, denn dann würde er kein Wort sagen.

In diesem Fall war Hamsuns Warnung überflüssig. Er war jetzt das viertemal während seines Gesprächs mit Ödegaard auf seine privaten Verhältnisse zu sprechen gekommen, aber auch diesmal ließ ihn der Arzt weiterreden, ohne ihn unter Druck zu setzen, trotz der aufsehenerregenden Andeutungen, die in seiner Bemerkung lagen. Hamsun erzählte weiter von seiner Zeitungslektüre; nach Friedensschluß sei es schwer für ihn gewesen, sich zu informieren, er habe keine Zeitungen lesen dürfen, das täte er erst jetzt hier in der Klinik, aber nicht regelmäßig. Vorher sei es ihm verboten gewesen, worüber er äußerst indigniert war.

«Wie sollte ich denn eine richtige Auffassung von den Geschehnissen bekommen?» fragte er.

Hamsun wollte das jedoch nicht als Entschuldigung verstanden wissen. Er war sich darüber im klaren, daß er sich nach den derzeit geltenden Bestimmungen strafbar gemacht hatte. Er hob nur hervor, daß diese Bestimmungen damals nicht gegolten hätten, jedenfalls habe er nichts davon gewußt. Jetzt bäte er nur darum, regulär verurteilt zu werden, und zwar ohne Strafmilderung. Er wolle nicht milder behandelt werden, nur weil er alt sei.

«Ja, ein bißchen müssen sie die Strafe natürlich verkürzen», fügte er hinzu, «so lange Zeit, wie sie den Leuten jetzt aufbrummen, kann ich ja nicht mehr halten!»

Die Vermutung, daß sein Verstand nicht in Ordnung sei, wies er entrüstet zurück. Das habe man so arrangieren wollen; sicher komme das vom Obersten Ankläger, sagte er mit seiner verblüffenden Intuition. Stark erregt wiederholte er die Geschichte mit seiner Umzieherei, erst vom Krankenhaus ins Altenheim und dann in die Klinik hier, wo der Aufenthalt für ihn eine Qual sei. Wieder kam er auf die drei abgeschlossenen Türen, durch die man hindurchmußte, wenn man an die frische Luft wollte und wieder zurück, und verbissen demonstrierte er mit den Händen, wie jede Tür auf- und zugeschlossen wurde. Man vergeude nur die Zeit mit diesem Kram, mit der Verbüßung seiner Strafe käme er nicht weiter, ebensowenig wie mit seiner Arbeit.

So weit Dr. Ödegaard. Mit seiner zurückhaltenden Art hatte er bedeutend mehr erfahren als alle die vielen anderen, die bis dahin Knut Hamsun ausgefragt hatten. Die großen Züge der Geschichte wiederholten sich, Hamsuns alte Vorliebe für Deutschland, seine Enttäuschung über die Flucht des Königs im Jahre 1940, die durch seine Taubheit bedingte einseitige Orientierung während des Krieges, sein ausdrücklicher Wunsch, die volle Verantwortung für seine Handlungen zu übernehmen. Aber darüber hinaus hatten die Gespräche mit Ödegaard zum ersten Male ein neues Element zutage gefördert: Seine starke Isolation zu Hause war nicht nur durch seine Taubheit bedingt gewesen, sondern offenbar auch durch einen bitteren Konflikt zwischen ihm und seiner Frau. Er wollte nicht darüber reden, war aber nichtsdestoweniger mehrere Male von selbst darauf zu sprechen gekommen, bald zornig und erbittert, bald mit Trauer und Wehmut in Stimme und Gesichtsausdruck. Aber dann hatte er sich unterbrochen: Das hier sollte keine Ausrede sein, mit der man ihn über seine Ehe ausfragen konnte, so wie Professor Langfeldt das getan hatte, denn dann würde er kein Wort sagen.

Genau diese Bemerkung ermöglicht eine Datierung des letzten Gesprächs mit Ödegaard auf den 12. Dezember, wo Hamsun den Namen des Arztes in seinem Tagebuch erwähnt. In dem Monat, der vergangen war, seit Langfeldt das heikle Thema zum erstenmal berührt hatte, hatte der Professor nämlich Hamsuns abweisender Haltung getrotzt und wieder versucht, weitere Auskünfte aus ihm herauszupressen. Ihm war schon längst der Verdacht gekommen, daß sich hier ganz schöne Sachen verbargen, und nun versuchte er, das Geheimnis einzukreisen. Er besaß die nötigen Mittel. Seine Methoden waren härter und direkter als Dr. Ödegaards, aber nicht weniger effektiv. Prof. Dr. med. Gabriel Langfeldt wollte Einzelheiten, mehr Einzelheiten, alle Einzelheiten, und zu dem Zeitpunkt stand er unmittelbar vor seinem Ziel: einer vollständigen Bestandsaufnahme von Knut Hamsuns Sexualleben.

# 18
## Knut Hamsuns Sexualleben

Als Gabriel Langfeldt während des Gesprächs am 10. November das Verhältnis zwischen Knut Hamsun und dessen Frau berührt hatte und sofort auf eine Mauer des Schweigens gestoßen war, hatte diese Reaktion ihn selbstverständlich nicht zur Aufgabe seines Vorhabens bewogen, ganz im Gegenteil. Hamsuns kategorische Weigerung, die erste in all ihren Gesprächen, konnte den Professor nur noch mißtrauischer machen. Gabriel Langfeldt mußte das von seinen Voraussetzungen her als etwas ganz Elementares auffassen, eine klassische Verdrängung, psychiatrisches Lehrbuch für Anfänger Band I, Seite 1, Abschnitt 1. Hier war er offensichtlich etwas ganz Entscheidendem auf die Spur gekommen.

Hamsuns Versuch, «einer Ungeheuerlichkeit vorzubeugen», bewirkte somit das genaue Gegenteil der beabsichtigten Wirkung. Sein Widerstand wurde als etwas völlig Banales begriffen, er konnte den Psychiater nicht dazu bringen, auf die gewünschten Auskünfte zu verzichten, ihn nur dazu anspornen, sie sich auf anderem Wege zu verschaffen. Nach dem mißglückten Gespräch beschloß Professor Langfeldt teils, die Vernehmungsform von mündlichen in schriftliche Fragen und Antworten umzuwandeln, teils, eine Reihe von Zeugen zu laden, von denen zu vermuten stand, daß sie Hamsuns Familienumstände kannten, und die ihrerseits ihre Aussagen ebenfalls überwiegend schriftlich abgaben. In beiden Fällen wurde das politische Element jetzt zugunsten des persönlichen, einer vorschriftsmäßigen Ausforschung von Hamsuns ehelichen Beziehungen, in den Hintergrund gedrängt.

In seiner Zeugenreihe hielt Professor Langfeldt sich an den engen Kreis der Eingeweihten, die wenigen Menschen, die man als Hamsun nahestehend bezeichnen konnte. Zuerst mußte der Sohn Tore noch einmal herhalten, daraufhin wandte er sich an Hamsuns langjährige Rechtsanwältin, Frau Sigrid Stray aus Arendal, an den Hausarzt Dr. Erichsen aus Grimstad, an seine beiden engsten Freunde, den Lensmann von Eide, V. Moland, und an den Direktor des norwegischen Gyldendal-Verlags, Harald Grieg, und schließlich an einen engen Mitarbeiter des letzteren, den Manager Stange. Langfeldts Fragen an diese Zeugen sind nicht verzeichnet, wohl aber die Antworten, und aus denen geht klar hervor, daß die Fragen sich hauptsächlich mit Hamsuns Verhältnis zu seiner Frau befaßten. Zwei der Zeugen, die juristisch routiniertesten und professionellsten, nämlich Direktor Grieg und Anwältin Stray, sorgten sorgfältig dafür, daß aus ihren Antworten hervorging, daß diese «auf Anfrage» oder «auf Verlangen» abgegeben worden waren. Der Arzt und der Lensmann waren die einzigen, die Hamsuns Privatleben nicht berührten. Der erstere beschränkte sich auf eine Erklärung zu Hamsuns inzwischen reichlich beschriebener Gehirnblutung im Jahre 1942, und war vielleicht auch nur darum gebeten worden. Letzterer begnügte sich damit zu bestätigen, daß er und Hamsun bis zum 9. April die besten Freunde gewesen seien, wobei er ihn als einen liebenswürdigen und entgegenkommenden Mann schilderte, der nie Schwierigkeiten mit den Nachbarn gehabt und sich meist abgesondert habe.

Nichts Neues. Aber dann sprach Professor Langfeldt mit den vier anderen, und hier war überall etwas zu holen.

Tore Hamsun wurde am 16. November zum zweitenmal ausgefragt und muß also unmittelbar, nachdem Langfeldts mündliche Vernehmung von Hamsun steckengeblieben war, geladen worden sein. Während Tore das erstemal (am 24. Oktober) ausschließlich um Kommentare zu der politischen Haltung seines Vaters gebeten worden war, galten die Fragen diesmal nur seinen persönlichen Umständen. Tore sagte aus, der Vater sei in den letzten acht bis zehn Jahren ziemlich «affektlabil» gewesen, d. h., er habe unter Stimmungsschwankungen gelitten. Er sei leicht gerührt gewesen oder habe geweint, dann wieder sei er sehr irritabel gewesen. Nach seiner Begegnung mit Hitler hätten sie die reinsten Tränenorgien erlebt, er habe völlig aufgegeben, teils sei er fürchterlich wütend auf Hitler gewesen. Der Bericht gibt keine Auskunft darüber, daß ein Hang zu Tränen zu den normalen Nachwirkungen einer Gehirnblutung gehört. Als Langfeldt direkt nach den häuslichen Zuständen fragte, antwortete Tore, daß es in den letzten Jahren mit dem Vater zu Hause viele Schwierigkeiten gegeben habe, weil er so ungeheuer stur auf seinen Meinungen beharrt habe. Es sei nicht möglich gewesen, ihn von einer Idee abzubringen, wenn er sie sich erst einmal in den Kopf gesetzt hatte, moralisch wie politisch.

Professor Langfeldt notierte sich die «vielen Schwierigkeiten zu Hause» und ließ das durch den nächsten Zeugen, Verlagsdirektor Harald Grieg, näher ausführen. Grieg bestätigte als Antwort auf die Fragen, der Observant habe ihm anvertraut, daß aufgrund verschiedener Diskrepanzen zwischen ihm und seiner Familie seine Isolation immer stärker werde. Der Komparent meinte, es bestehe die Möglichkeit, daß diese Isolation in Verbindung mit seiner wachsenden Taubheit dazu beigetragen haben könne, daß er nach dem 9. April mangelhaft informiert worden sei, da die norwegischen Zeitungen seine einzige Informationsquelle gewesen seien.

Aus anderen Zusammenhängen weiß man ja, daß Harald Grieg imstande war, sich weniger hilflos auszudrücken als in diesem Protokoll. An dem bedeutungsvollen Charakter seiner Aussage ist jedoch nicht zu rütteln. «Aufgrund verschiedener Diskrepanzen wurde seine Isolation immer stärker.» Jetzt gab Stange ein Beispiel von dem, was Grieg gemeint hatte, indem er davon erzählte, wie er Hamsun im *Söstrene Larsen Hotel* in Oslo aufgesucht hatte, um ihn darum zu bitten, zu Terboven zu gehen und Francis Bull aus Grini herauszuholen, und zu seiner Verblüffung erfahren hatte, daß Hamsun überhaupt nicht wußte, daß seine Frau über ein Jahr zuvor bei Terboven gewesen war und Griegs Freilassung erwirkt hatte.

Langfeldt verfolgte das Thema weiter, und Stange fuhr fort: «Hamsun kam mehrere Male darauf zu sprechen, wie isoliert er lebe; er wohne in einem Zimmer im Obergeschoß und werde nur zu den Mahlzeiten gerufen. Niemand wolle mit ihm reden, und er dürfe nicht Radio hören. Er klang bitter, vor allem, was seine Frau betraf.»

Es mag widersprüchlich klingen, daß die anderen den nahezu tauben Mann daran gehindert haben sollen, Radio zu hören, aber Marie Hamsun hat erzählt, wie ihr Mann in dem Versuch, einige Worte aus dem Lautsprecher aufzuschnappen, die Lautstärke so sehr aufdrehte, daß die anderen es vor Nebengeräuschen im Haus nicht aushalten konnten.

Professor Langfeldts nächste Zeugin war Sigrid Stray. Frau Stray äußerte sich weniger direkt als Stange, kam aber dafür mit Andeutungen, die das Bild, das sich der Professor von Hamsuns Privatleben zu machen begann, nur noch beunruhigender erscheinen lassen konnte. Sie erzählte, daß sie seit etwa fünfzehn Jahren Knut Hamsuns juristische Beraterin sei und sowohl ihm als auch der Familie «ziemlich nahe» gestanden habe. Während der letzten ungefähr acht Jahre (also seit 1937) habe er sehr isoliert gelebt. Schuld daran seien Krankheit, Taubheit und private Umstände gewesen, im Munde der routinierten Anwältin schwangen in dem Bindewort «und» eine Reihe von Nebentönen mit. Knut Hamsun habe während der ganzen Zeit ihrer Bekanntschaft nur sehr wenig mit anderen Leuten verkehrt. In den letzten Jahren vor dem Krieg sei das nur noch ganz vereinzelt geschehen. Sie glaube, daß Knut Hamsun vom Sommer 1940 an, abgesehen von den Leuten auf dem Hof, kaum mit irgendeinem Menschen gesprochen habe, mit Ausnahme der paar Male, die er sich in ihrem Büro in Arendal eingefunden habe. Mit ihr habe er nie über Politik gesprochen. Dafür habe er sich während des Krieges ihr gegenüber wiederholt darüber beklagt, daß er so völlig von allem abgeschnitten sei. Er selbst könne nicht Radio hören, und niemand erzähle ihm, was eigentlich passiere. Frau Stray erwähnte nicht, daß sie selbst zu denen gehörte, die Hamsun nichts erzählten, so wie er es gerade erst zu Ödegaard gesagt hatte.

«Ich habe den Eindruck», schloß Frau Stray, «daß Knut Hamsun in den letzten sieben bis acht Jahren und besonders nach dem Sommer 1940 völlig abgesondert gelebt hat, ohne nennenswerten Kontakt zu anderen, nicht einmal zu seiner engsten Familie.»

Weiter kam Professor Langfeldt diesmal nicht, aber er konnte zwei und zwei zusammenzählen, und die vier Zeugenaussagen ergänzten einander in unheimlichem Maße. Tore hatte erzählt, daß es in den letzten Jahren mit dem Vater «zu Hause viele Schwierigkeiten gegeben» habe, Grieg sagte, daß er zu Hause immer stärker isoliert worden sei, «aufgrund verschiedener Diskrepanzen». Stange konnte die Auskunft geben, daß Hamsun noch nicht einmal etwas von den Beziehungen seiner Frau zu Terboven gewußt habe, und jetzt kam Sigrid Stray und erklärte, an seiner Isolation seien nicht allein Krankheit und Taubheit schuld gewesen, sondern auch «private Umstände».

Dazu kamen die Auskünfte, die Knut Hamsun selbst in diesen Tagen in seinen Gesprächen mit Ödegaard entschlüpften. Zu Hause auf dem Hof habe man ihn entmündigt; er sagte mit Trauer in der Stimme, daß niemand die Geduld aufbringe, mit ihm zu reden, schon gar nicht seine Frau, ihre Beziehung sei nicht danach, sie hätten seit vielen Jahren nicht mehr miteinander gesprochen. Die Tendenz war klar. Zwischen Hamsun und seiner Frau stimmte etwas nicht, aber was? Was bedeutete «verschiedene Diskrepanzen»? Worüber hatten sie «seit vielen Jahren» nicht mehr miteinander reden können? Langfeldt wußte natürlich, daß Hamsuns Ehe mit Bergljot Bech mit einer Scheidung geendet hatte, und jetzt erhielt er durch einen Zufall von «einem interessierten Kollegen» einige Dokumente, die aufdeckten, daß auch damals bedenkliche Dinge geschehen waren. Die Sache reichte bis in die Verlobungszeit des Paares im Jahre 1898 zurück; es handelte sich um einige anonyme Briefe an den einen der Partner mit boshaftem Klatsch über die erotischen Beziehungen des anderen. Hamsun war zur Polizei gegangen, die eine Beschäftigung mit der Sache verweigert hatte, da man offensichtlich den Verdacht hegte, daß in Wirklichkeit Hamsun selbst oder seine Verlobte hinter der ganzen Sache steckten.

Hier war Stoff für einen Psychiater. Professor Langfeldt ahnte die Existenz von Konflikten mit tiefen Wurzeln im Sexuellen, aber worin bestanden diese? Wie, wann und weshalb waren sie entstanden? Wie kamen sie zum Ausdruck? Es ist klar, daß der Professor in diesen Wochen versucht gewesen ist, noch einen siebenten Zeugen zu laden, die andere Partei in dieser Angelegenheit, die naturgemäß die Antworten auf diese peinlichen Fragen wissen mußte. Bergljot Bech war 1943 gestorben, aber Marie Hamsun befand sich in diesem Augenblick in Untersuchungshaft im Gefängnis von Arendal. Langfeldt besaß die nötige Autorität, es bedurfte nur eines Ersuchens bei der Polizei, dann konnte sie einen Tag später in Oslo sein.

Gabriel Langfeldt hatte den Gedanken bisher zurückgewiesen. Er war zu unbehaglich. Es war schon schlimm genug, den Sohn nach den privaten Umständen des Vaters ausfragen zu müssen, sollte man nun auch noch den einen Gatten gegen den anderen aussagen und die notwendigerweise sehr intimen Züge eines Ehelebens ausliefern lassen, das sich über nahezu vierzig Jahre erstreckt hatte? Er zog es vor, es noch einmal mit dem Beschuldigten selbst zu versuchen, der sich während der letzten Gespräche mit dem gescheiten Ödegaard unbestreitbar allmählich entgegenkommender gezeigt hatte. Dadurch, daß er dazu übergegangen war, sich seine Fragen schriftlich beantworten zu lassen, vermied Langfeldt die Schwierigkeit, die Schwerhörigkeit des alten Mannes überwinden zu müssen. Jedenfalls gab er im Bericht diese Begründung. Vielleicht gab es auch noch eine andere. Die Fragen, die er jetzt auf dem Herzen hatte, waren äußerst privater Natur, deshalb paßte es ihm ausgezeichnet, daß er sich hinter der schriftlichen Form verschanzen konnte. Das machte den persönlichen Kontakt zwischen den beiden Männern überflüssig, die sich allmählich kaum noch ertragen konnten. Es ersparte ihm Hamsuns ärgste Spitzen und gab ihm die Chance, an ihn heranzukommen, so wie es Ödegaard gelungen war. Seine Hoffnungen erfüllten sich jedoch nur teilweise. Hamsun antwortete ihm ausführlich, aber Hamsun konnte ja auch schreiben, und bald zeigte sich, daß der Professor, dadurch, daß er die mündliche gegen die schriftliche Form eingetauscht hatte, nur vom Regen in die Traufe gekommen war.

Langfeldt begann mit seinen schriftlichen Fragen an Hamsun in der zweiten Novemberhälfte, gleichzeitig mit den Zeugenvernehmungen, und führte sie bis Mitte Dezember weiter. Das war außerdem der Zeitraum, in dem es mit seinem «Patienten» wirklich abwärtsging. Hamsun hatte sich von seiner Enttäuschung darüber, daß er so lange hier bleiben sollte, nicht erholt, er verschliß die Tage, fühlte sich immer zerquälter, immer ausgehöhlter. Sein geheimes Tagebuch markiert Stufe für Stufe den schrittweisen Verfall. Am 16. November wurde er in eine andere Kammer verlegt, aber da war noch immer die gleiche verstärkte Doppeltür mit einem Guckloch in Augenhöhe, und er mußte noch immer durch den unheimlichen «grünen Saal», wenn er nach draußen wollte. Am 19. November notiert er, daß er jetzt seit fünf Wochen hier sei, am 24., daß er zum viertenmal gebadet habe und daß es jetzt noch vier Wochen bis Weihnachten seien, seine erste Hoffnung auf eine Entlassung. Er klagte über die Nachwirkungen des Rückenmarktests. Er antwortete auf Langfeldts «Schriftlichkeiten». Ab und zu hinkte er nach draußen und rauchte eine Pfeife. Aber das Wetter wurde kälter, der alte Mann holte sich Erfrierungen im Gesicht, wo er sich bereits mit seiner schlechten Rasierklinge geschnitten hatte, Dr. Ruud versuchte geduldig, sie mit verschiedenen Salben zu heilen, und mitten in seiner ganzen Mutlosigkeit konnte Hamsun auch mit einem Ausbruch der Dankbarkeit kommen, wie am Sonnabend, dem 1. Dezember, wo «die Schwestern so lieb, so lieb» sind!

Drei Besucher aus dieser Zeit können das Bild seines Zustands vervollständigen. Am 15. November kamen laut Tagebuch der Sohn Tore und seine damalige Frau Lisbeth mit ihren beiden Kindern. Der Besuch hat wahrscheinlich in Verbindung mit Tores zweiter Zeugenaussage für Langfeldt vom Tage darauf stattgefunden. Wie so vieles andere in dem Bericht kann auch das Datum dieser Aussage verkehrt sein. Trotz der Anwesenheit der Enkelkinder war der Besuch kein Erfolg gewesen, der Vater war verzweifelt gewesen und hatte jämmerlich ausgesehen, besonders über die strenge Hausordnung hatte er sich beklagt und darüber, daß man ihm nachts die Brille wegnehme, so daß er sich nicht durch Lesen ablenken könne. Tore hatte sich an eine der Krankenschwestern gewandt; ihr sei schon klar, daß der alte Mann schlimme Nächte habe, sagte sie unglücklich, aber sie könne nichts gegen die Hausordnung machen.

Zehn Tage später, am 25. November, erhielt Hamsun laut Tagebuch Besuch von seiner Tochter Cecilia und ihrem Mann Hans Andreasen, die, seit sie ihn

Ende September im Altenheim besucht hatten, auf Nörholm gewohnt hatten. Auch Cecilia und Hans Andreasen erinnern sich heute noch an den düsteren Besuch in der psychiatrischen Klinik. Die Begegnung fand draußen auf dem Flur statt, aber Hans Andreasen durfte mit auf die Männerstation und die Einzelzelle des Schwiegervaters sehen. Hamsun zeigte ihm das Guckloch in der verstärkten Doppeltür, «von wo aus sie mich Tag und Nacht mit scheelen Blicken verfolgen». Er sah auch sein eigenes Erstlingswerk mit dem kräftigen orangefarbenen Umschlag auf dem Nachttisch liegen und fühlte sich geschmeichelt – er ahnte ebensowenig wie alle anderen, wozu Hamsun es benutzte. Hamsun wirkte abwesend; «gerade, als wir zusammen saßen, war es, als glitte er von uns fort und in seine eigene Welt», sagt Hans Andreasen.

Für Cecilia bedeutete das Wiedersehen mit dem Vater einen Schock. Sie entsann sich ja deutlich, daß er vor nur zwei Monaten strahlend vor Heiterkeit auf dem schrägen Fußboden im Altenheim gesessen hatte. In der Zwischenzeit war er ein zitterndes Wrack geworden, hilflos und unglücklich. Die Tränen liefen ihm ungehindert über die Wangen, als sie ging.

«Du mußt dafür sorgen, daß ich hier herauskomme», sagte er, «ich kann hier nicht länger sein, ich halte es nicht aus!»

Genau wie der Bruder versuchte sie ohne Erfolg mit einer der Krankenschwestern zu sprechen, aber Cecilia hatte mehr Temperament.

«Sie töten meinen Vater!» sagte sie.

«Bitte?» fragte die Krankenschwester.

Der Besuch seiner Tochter fiel in die Zeit, als Hamsun Langfeldts Fragen beantwortete. Das Tagebuch zeigt, daß er am gleichen Tag an «Schriftlichkeiten» gearbeitet hatte. Hamsun beurteilte seine Antworten selbst als unter den unglücklichsten Umständen geschriebene Pfuschereien, entstanden in der durch die Hausordnung genau bemessenen Zeit, bei viel zu schlechtem Licht, unter wachsender Depression. Die Arbeit verschlang die letzten Kräfte des alten Mannes und bedeutete eine Überanstrengung seiner Augen, die bald fatale Folgen zeigte. Aber am schlimmsten war auch hier die starre Hausordnung, die schulmeisterliche Arbeitsform, die sich so sehr von derjenigen unterschied, die er selbst sein langes Schriftstellerleben hindurch praktiziert hatte. Er *mußte* schreiben, und es *mußte* zu bestimmten Zeiten fertig sein. Wie viele verstehen, was das in seinem Fall bedeutete? Langfeldt verstand es nicht. Für ihn wie für die meisten anderen bedeutete «eine schriftliche Beantwortung» nicht sehr viel mehr als das Ausfüllen einer Paketkarte. Für Hamsun war es Kunst. Er konnte seinen eigenen Standard nicht unterbieten, er schrieb nie auch nur den kleinsten Brief, ohne zu formulieren und auszudrücken, ohne zu *schreiben*. So auch jetzt. Diese «Pfuschereien» aus der psychiatrischen Klinik enthalten Beispiele seiner besten Sprachkunst, aber sie mußten unter Zwang ausgearbeitet werden, er durfte das Tempo nicht selbst bestimmen. Fast war es, als durchlebte er hier in seinem hohen Alter noch einmal die bösen Kindheitsjahre bei seinem Onkel, wo er auch eingesperrt hatte sitzen und schreiben, schreiben müssen.

«Wir reagieren verschieden in unseren Leistungen», schrieb er später über diese Zeit, «einige leben, ruhen und arbeiten ruckweise, sie haben nichts davon, wenn sie dasitzen und etwas ausbrüten sollen. Geschieht es, daß ein Zipfel der himmlischen Gnade über ihnen hängt, dann geht es eine Weile über Stock und Stein, sonst müssen sie beigedreht liegen. – Aber der Professor fragte, und ich antwortete. Ich schrieb und schrieb, weil ich so taub war, ich gab mir Mühe, auf alles zu antworten. Ich saß bei dem jämmerlichsten Licht einer milchigen Kuppel hoch oben an der Decke, es waren die dunkelsten Monate des Jahres, aber ich schrieb, damit die Sachverständigen und die Wissenschaft nicht an mir scheitern sollten . . .»

Sowohl Fragen wie Antworten gingen später in Professor Langfeldts Bericht für das Gericht ein, aber leider ist dieser wichtige Abschnitt ebenso schlampig abgeliefert wie die anderen. Professor Langfeldt schreibt zunächst nur, «die Fragen und Antworten folgen», man muß also davon ausgehen, daß es sich um sämtliche Fragen und sämtliche Antworten handelt. Aber stimmt das? Diese Texte waren es, die Hamsun in «Auf überwachsenen Pfaden» veröffentlichen wollte, wenn Langfeldt sich nicht geweigert hätte, ihm die Originale zu leihen. Aber da ihm zu dem Zeitpunkt Langfeldts hektographierter Bericht frei zugänglich war, kann die Tatsache, daß er es unterlassen hat, ihn statt der Originale zu benutzen, nur bedeuten, daß er seine Antworten in dieser Fassung nicht genehmigen konnte. Fehlte da etwas? Ist etwas geändert worden? Berichtigt? Manipuliert? Sind einige der Fragen oder auch der Antworten für andere als Hamsun zu kompromittierend gewesen? Auch heute stößt die Bitte, die Originale in der psychiatrischen Klinik in Oslo einsehen zu dürfen, auf kategorische Ablehnung. Ohne diese Kontrollmöglichkeit muß man bei einem Vergleich mit Hamsuns eigenen Auskünften vermuten, daß jedenfalls eine seiner Antworten, die im Zusammenhang entscheidendste, aus dem Bericht, den das Gericht zu sehen bekam, entfernt worden ist. Darauf kommen wir zurück. Eine zweite Verzerrung entsteht durch die willkürliche Reihenfolge, in der der Bericht die einzelnen Fragen und Antworten bringt. Ganz zweifellos ist sie chronologisch nicht korrekt. So verweist Hamsun an einer Stelle auf eine seiner früheren Antworten, die im Bericht jedoch erst später auftaucht, wodurch seine Auskünfte unverständlich werden. Zufällig berührt diese Ungenauigkeit auch den Kernpunkt des Verhörs, nämlich die erwähnte Angelegenheit mit seiner ersten Frau und den anonymen Briefen. Langfeldt legte seine Fragen in «Tagesrationen» vor, vermutlich ungefähr zwanzig Fragen verteilt über höchstens zwölf Tagesrationen. Wären diese Fragen nun fortlaufend numeriert gewesen, dann hätte man ihre ursprüngliche Reihenfolge selbstredend leicht rekonstruieren können, aber das sind sie nicht, die Fragen in jedem Satz sind für sich numeriert. Dann hätte man hoffen können, daß diese Texte, so wie weit weniger wichtige Anlagen zu dem Bericht, datiert wären. Aber auch auf dieser Grundlage läßt sich die ursprüngliche Reihenfolge nicht wieder herstellen. Wenn die Texte ursprünglich Datenangaben getragen haben, dann sind sie im Bericht jedenfalls gelöscht, weder Fragen noch Antworten tragen ein Datum.

Auch hier muß man seine Zuflucht also zu dem geheimen Tagebuch nehmen, das Knut Hamsun auf den leeren Seiten in Hans Andreasens Erstling führte. Das Tagebuch des Patienten war glücklicherweise genauer als der Bericht des Arztes. Hamsun notiert hier, daß er zum erstenmal am 20. November mit «Schriftlichkeiten» gearbeitet habe und danach jeden Tag, einschließlich Freitag, den 23. November. Sonnabend, der 24. November, bildete eine Pause, aber dann begannen die «Schriftlichkeiten» jeden Tag von vorn und dauerten bis einschließlich Donnerstag, den 30. November. Damit war der Grundstock wohl gesichert, denn nun finden sich die «Schriftlichkeiten» nur noch vereinzelt ein, nämlich am 3., 6. und 9. Dezember, bis die Arbeit für diesmal am Mittwoch, dem 12. Dezember, mit «neuen Schriftlichkeiten» ihr Ende findet.

Insgesamt ergibt das dreizehn «Tagesrationen», also mehr, als in Langfeldts Bericht vorkommen. Das braucht nicht zu bedeuten, daß hier einige der Fragen und Antworten ausgelassen sind; Hamsun kann mehrere Arbeitstage für einen Satz Fragen zur Verfügung gehabt haben. Andererseits deuten seine wiederholten Klagen über die schulmeisterliche Arbeitsform darauf hin, daß die Antworten auf die Fragen des Tages im allgemeinen am gleichen Tag vorliegen mußten. Vermutlich hat man seine Notizen jeden Abend zusammen mit den übrigen Gegenständen, die er vor dem Zubettgehen abliefern mußte, eingesammelt und nicht wieder ausgeliefert. Wenn das Tagebuch mehr Fragenportionen nennt als der Bericht, dann ist das also auch ein Zeichen dafür, daß letzterer unvollständig ist.

Wenn das Tagebuch uns genaue Auskunft darüber gibt, wann Hamsun seine Antworten schrieb, dann kann es uns auch helfen zu bestimmen, wann er was schrieb. Bei einer Gelegenheit hat er beispielsweise über das Wort «Schriftlichkeiten» hinaus auch das Thema des Tages angegeben. Das war am Freitag, dem 23. November, als Langfeldt ihn um eine Rechenschaftslegung seiner Charaktereigenschaften gebeten hatte. Hamsun wiederholt in seinem Tagebuch das Wort «Charaktereigenschaften» mit einem Ausrufungszeichen. Die Antwort des Tages, die des Dichters vernichtende Abweisung der professoralen Psychologie enthält, ist für ihn eine der wichtigsten dieser Reihe gewesen. Ergänzt man diesen festen Anhaltspunkt durch die relative Chronologie, die sich aus Hamsuns Hinweisen auf frühere Antworten ableiten läßt, dann kann man eine Reihenfolge für die Verhöre festlegen, die, wenn sie vielleicht auch nicht die richtige ist, so doch wenigstens die nachweislichen Fehler des Berichts vermeidet. Vieles deutet darauf hin, daß Professor Langfeldt sich hier wie auch bei früheren Gelegenheiten von den äußeren zu den inneren Angelegenheiten durchgearbeitet hat, um diesmal bei den intimsten zu landen. Seine Fragen nach den politischen Umständen brachten nichts Neues an den Tag. Noch einmal mußte Hamsun mit der Geschichte von Sjur Fuhr herausrücken, der ihm ein Abzeichen angesteckt habe, und verständlicherweise beklagte er sich über diese Wiederholungen.

«Das hier habe ich nun schon unzählige Male erklärt. Es ist wirklich nicht zu verstehen, daß der Herr Professor nicht alle Unterlagen bekommen hat. Das hätte uns diese wiederholten Fragen ersparen können.»

Auf Langfeldts Frage, ob er in der gleichen Weise geschrieben hätte, wenn er schon damals im Besitz seines jetzigen Wissens über die Deutschen gewesen wäre, antwortete er, daß dies eine gedachte Situation sei, aber daß dies natürlich seine Einstellung zur «Deutscherei» verändert hätte.

«Ich schloß mich der NS an, die jetzt also gründlich entlarvt ist. Jetzt hätte ich da nichts zu suchen.» Das, was er laut Protokoll auch zu Dr. Ödegaard gesagt hatte, haben wir also schriftlich von Hamsun selbst. Er hatte sich während des Krieges geirrt. Vor Gericht äußerte er sich bei weitem nicht so kategorisch, weil er stolz war und fürchtete, man werde ihm vorwerfen, er wolle einen Rückzieher machen. Dank dem bisher ungedruckten Gutachten der psychiatrischen Klinik können wir nun zum erstenmal feststellen, daß Knut Hamsun aufgrund der Informationen, die ihm nach dem Kriege zugänglich waren, seinen Irrtum unzweideutig erkannte und sich vom Nationalsozialismus distanzierte.

Professor Langfeldt kreiste sein Thema ein. Von den politischen Fragen kam er auf die religiösen. Was verstehe Hamsun unter «Gott»? Glaubte er überhaupt an Kräfte außerhalb des Menschen, die wir mit unseren Sinnen nicht erfassen können?

Hamsun wimmelte ihn ab. Er erzählte, daß er im Altenheim den Besuch eines Fremden erhalten habe, der ihn gefragt habe, ob er erlöst sei? Er habe ihm «nicht ganz so zudringlich» geantwortet: «Sind Sie es denn?»

Was er unter Gott verstehe? Er sei Autodidakt und habe nicht sehr viele Schulbücher und gelehrte Werke gelesen. Mit Gottes Gnade gehe er nun in sein siebenundachtzigstes Jahr hier auf Erden. Seine religiöse Haltung sei eher indifferent. Er sei nicht gottlos, verhalte sich aber wie alle seine Freunde und Bekannten religiösen Fragen gegenüber eher gleichgültig. Das habe sich nicht geändert. Er sein kein eifriger Beter, aber er fühle eine warme Dankbarkeit für Gott, wenn dieser ihm gnädig gewesen sei und ihn vor irgendeiner Sache bewahrt habe.

Professor Langfeldt rückte näher. Er wollte gern eine kurze Schilderung von Hamsuns jetziger Ansicht über seine Kindheit und Jugend, wobei er vor allem die Umstände und Erlebnisse nennen sollte, die seiner Meinung nach dauerhafte Spuren hinterlassen hätten. Der alte Mann saß bei der elenden Beleuchtung der Deckenlampe in seiner Einzelzelle und schrieb:

«Mein Zuhause war arm, aber unendlich liebevoll. Jedesmal, wenn ich von meinem Onkel, der mich hungern ließ und mich tyrannisierte, nach Hause kommen durfte, weinte ich und dankte Gott. Ich sorgte dafür, daß ich die Tiere auf den entlegeneren Weiden hüten durfte, auch wenn es gar nicht unser Hütetag war. Ich lag und saß im Gras, führte Selbstgespräche, schnitzte Flöten, schrieb Gereimtes auf Zettel wie andere Bauernjungen. Ich war nichts Besonderes, vielleicht ein bißchen aufgeweckter als meine gleichaltrigen Kameraden. Wir Kinder hatten Respekt vor unserem Vater, aber unsere Mutter war so lieb und geduldig, sie hob meine Zettel auf und zeigte sie mir, als ich erwachsen geworden war. Sie hatte eine milde und herzliche Gesangsstimme, aber wir wollten lieber mit Vater reden als mit ihr, er brachte uns mehr bei. Wir Brüder prügelten und zankten uns wie andere Bauernjungen, unsere älteste Schwester hatten wir alle gern, obwohl unsere anderen Schwestern netter waren. Keines meiner Geschwister lebt mehr, und leider habe ich meiner ältesten Schwester nie helfen können, sie starb so jung, und ich konnte mir damals leider noch nicht einmal selbst helfen. Mein Herz krampft sich zusammen, wenn ich daran denke, daß ich ihr nicht habe helfen können.

Die dauerhaften Spuren in meinem Gemüt, die hat mein Onkel hinterlassen, er konnte nicht mit Kindern umgehen, obgleich er sonst nicht ohne gute Eigenschaften war. Er verhalf uns allen zu unserem kleinen Hof, klein und armselig war er, aber wir waren niemandem etwas schuldig. Und dann darf ich unseren Großvater mütterlicherseits nicht vergessen, er hatte das Gemüt meiner Mutter und war unendlich lieb und gut zu uns Kindern. Ich bin kein so guter Großvater wie er.»

Professor Langfeldt rückte näher. Woran waren seine Eltern gestorben? Wußte er etwas über Arterienverkalkung, Geisteskrankheiten oder andere schwere Krankheiten in der Familie?

Hamsun antwortete, seine Eltern seien wohl an Altersschwäche gestorben, sie seien wohl alt und ihr Leben erfüllt gewesen, beide weit über achtzig. Es könne schon sein, daß es Arterienverkalkung gewesen sei, davon verstehe er nichts. Aber Gemütsleiden oder Erbkrankheiten in seiner Familie seien ausgeschlossen. Frische und gesunde Bauern aus dem Gudbrandsdal, Arbeiter auf bäuerlichen Kleinbetrieben, Rackerer von Tag zu Tag. Ihr genaues Alter habe er zu Hause. Er sei ja die meiste Zeit über fort gewesen, aber Lensmann Bugge habe in seinem Namen einen großen Gedenkstein für die Grabstätte der Eltern besorgt.

Langfeldt wollte etwas über seine Beziehungen zu den Verlegern wissen, mit denen er im Laufe der Zeit zu tun gehabt hatte. Er sollte ihre Namen nennen und darlegen, wie sein Verhältnis zu ihnen gewesen sei.

Hamsun fand die Frage albern. Wußte der Professor nicht, daß er im Laufe der Jahre Dutzende von Verlegern in der ganzen Welt gehabt hatte? Er schrieb, daß er wohl nur nach den heimischen Verlegern gefragt sei, und nannte in chronologischer Reihenfolge Philipsen in Kopenhagen und Gyldendal in Dänemark und Norwegen. Seine Beziehungen zu den Verlegern hier seien immer die besten gewesen, sagte er, man habe sich nie Geld geschuldet, sondern einander immer für gute Kameradschaft und Zusammenarbeit gedankt. Aber er habe ja auch Verlage überall in der Welt, in 32 Sprachen. Von einigen habe er ein wenig bekommen, von anderen nichts, je nachdem, ob sie die Berner Konvention unterschrieben hatten oder nicht. Von anderen dagegen habe er viel bekommen, besonders von den Verlagen aus Deutschland, Österreich, Rußland, Spanien, Amerika und Kanada. An die Namen erinnere er sich nicht, und jetzt sei es für ihn mit den Verlagen vorbei, zu Hause wie im Ausland. Er sei ein toter Mann.

Langfeldt wollte noch näher an seinen «Patienten» heran. Seine nächste Frage war sehr umfassend:

«In dem Bericht an die Behörden, den ich über Sie ablegen muß, muß ich auch eine Charakteristik Ihrer Charaktereigenschaften geben. Hier wäre es von großer Wichtigkeit, Ihre eigene Meinung darüber zu hören – da ich davon ausgehe, daß Sie sich im Laufe Ihres Lebens gründlich analysiert haben. Soweit ich verstehe, sind Sie immer *aggressiv* gewesen. Können Sie erklären, ob es sich dabei Ihrer Auffassung nach um eine *angeborene* Aggressivität handelt, oder gründet sie speziell in besonderen Erlebnissen aus Ihrer Jugend? Gleichzeitig habe ich den Eindruck, daß Sie sehr sensitiv sind – *empfindlich*. Stimmt das? Und welche anderen Charaktereigenschaften tragen Sie in sich? Mißtrauisch? Egoistisch? Oder freigebig? Eifersüchtige Natur? Ausgeprägter Gerechtigkeitssinn? Logiker? Empfindsame oder kalte Natur?»

All das regnete am 23. November auf Hamsun nieder, als er in seinem geheimen Tagebuch das Wort «Charaktereigenschaften» schrieb und dem ein Ausrufungszeichen folgen ließ. Von den vielen naiven Fragen des Professors erschien ihm nicht eine so hoffnungslos disqualifizierend wie diese. Sie enthüllten, daß Langfeldt noch immer tief in einer traditionellen Psychologie stak, die jedenfalls die Dichtkunst schon längst verlassen hatte. Nach diesen Fragen mußte man davon ausgehen, daß der Professor nie eines von Hamsuns Büchern gelesen hatte, oder daß er, was noch schlimmer war, nie verstanden hatte, was da stand. In seiner Antwort konnte Hamsun, fast wie gegenüber einem Kinde, getreulich die gleichen Argumente wiederholen, mit denen er vor zwei Menschenaltern in seinen Vorträgen die schematische Psychologie bei Henrik Ibsen angegriffen hatte:

Ich habe mich nur in der Weise selbst analysiert, daß ich in meinen Büchern mehrere hundert verschiedene Gestalten geschaffen habe – jede für sich aus mir herausgesponnen, mit den Mängeln und Vorzügen, die erdichteten Personen eigen sind.

Die sogenannte «naturalistische» Periode, Zola und seine Zeit, schrieb über Menschen mit Haupteigenschaften. Die nuancierte Psychologie benötigten sie nicht; die Menschen hatten eine «herrschende Anlage», die ihre Handlungen bestimmte.

Dostojewski und andere lehrten uns alle über den Menschen etwas anderes.

Von Anfang an, glaube ich, gibt es in meiner gesamten Produktion nicht eine Person mit einer solchen heilen, geradlinigen herrschenden Anlage. Alle sind sie ohne sogenannten «Charakter», sie sind gespalten und zusammengesetzt, nicht gut, nicht böse, sondern beides, nuanciert in ihrem Gemüt und in ihren Handlungen.

Und so bin ich zweifellos selbst.

Es ist durchaus möglich, daß ich aggressiv bin, daß ich vielleicht an all den Eigenschaften gelitten habe, die der Herr Professor andeutet – empfindliche, mißtrauische, egoistische, freigebige, eifersüchtige, rechtschaffene, logische, empfindsame, kalte Natur – sie wären doch menschlich, alle diese Eigenschaften. Aber ich weiß nicht, ob ich einer von ihnen in mir das Übergewicht einräumen kann.

Zu dem, was mich ausmacht, kommt die Gnadengabe, die mich in den Stand versetzt hat, meine Bücher schreiben zu können. Aber diese Gabe kann ich nicht «analysieren».

Brandes hat sie den «göttlichen Wahnsinn» genannt.

Auf diese Form des Wahnsinns war Professor Langfeldt nicht spezialisiert. Er kassierte die demütigende Zurechtweisung des Mannes ein, dessen seelische Anlagen er zu beurteilen hatte, und rückte näher. Er wollte gern wissen, ob in den letzten fünf bis sechs Jahren irgendwelche Veränderungen mit Hamsun geschehen seien. Wenn ja, dann solle Hamsun schreiben, welche. Hatte sein Gedächtnis nachgelassen? Waren seine Interessen erlahmt? Gab es irgendwelche Gedanken, die ihn besonders beschäftigten?

Hamsun antwortete offenherzig, daß es ganz allgemein mit ihm zurückgegangen sei. Das sei sogar so spürbar für ihn selbst gewesen, daß er zu sagen pflegte: Wenn es mir nur so gutginge wie letztes Jahr! Sein Gedächtnis habe sich so verschlechtert, daß er sich Merkzettel habe schreiben müssen, nach denen er sich richten konnte. Er habe nicht mehr gewußt, wo er die Dinge auf seinem großen Tisch hingelegt hatte, und habe sie suchen müssen. Im Alltag habe er sich so durchgemogelt, aber er habe selbst merken können, wie sehr er abgebaut habe. Sein letztes Buch sei ein Torso, er habe noch einen Band schreiben wollen, aber aufhören müssen, er habe den Stoff nicht mehr meistern können. Dagegen seien seine Interessen nicht erlahmt. Er finde sie nicht weniger lebhaft als früher, und sie seien ebenso verschiedenartig wie in seinen jüngeren Tagen. Er könne das an seiner Lektüre sehen, die sehr stark variiere. Er habe Tausende von Büchern bekommen und gekauft, die Auswahl sei also groß genug. Seine Landwirtschaft und seine Lektüre hätten ihn ausgefüllt, und auch jetzt gäbe es nichts anderes, was ihn *speziell* beschäftige – abgesehen von den unheimlichen Erlebnissen der letzten Monate.

«Nicht einmal in all den Ländern, die ich durchwandert habe, bin ich von einem Polizisten angehalten worden, hier zuletzt hat sich mein Schicksal geändert», schloß er.

Langfeldt rückte näher. Hatte Hamsun etwas in seinem Leben als Mißgeschick empfunden? Konnte er von den wichtigsten Mißerfolgen berichten, die ihm im Laufe der Jahre widerfahren waren, und davon, wie diese auf ihn eingewirkt hatten?

Der unschuldige Tonfall in den Fragen des Professors berührte offensichtlich Hamsuns Sinn für Humor. Er schrieb, daß er verglichen mit so vielen anderen von sehr viel Bösem verschont geblieben sei. Das komme sicher daher, daß er von Kind an gelernt habe zu entsagen. Wenn zu Hause über irgend etwas gejammert worden sei, dann habe es immer geheißen: Das ist nichts Besonderes, es kommt sicher noch schlimmer! Mißerfolge habe er natürlich gehabt genau wie alle anderen, aber im allgemeinen habe das keine langwährende Wirkung hinterlassen. Er habe ein lichtes Gemüt und scherze und lache gern. Das komme von seinem Vater. Der Schneider-Per sei bekannt gewesen für seine schlagfertigen Antworten. Einmal habe ihm ein Mann beim Holzhacken helfen wollen. Der Mann habe die Axt genommen und sei bald fertig gewesen. So mach' ich das! habe er gesagt. – Ja, das ist eine gute Axt, habe Hamsuns Vater geantwortet.

Einige Angriffe von seiten der Zeitungen wolle er nicht übergehen. Er habe sich erst spät einen Namen gemacht, und noch als er in den Dreißigern gewesen sei, hätten derartige Angriffe augenblicklich und stark auf ihn gewirkt. Aber lange habe er das nicht mit sich herumgetragen, und im Laufe der Jahre sei er gegenüber öffentlicher Erwähnung ziemlich gleichgültig geworden. In den letzten vierzig bis fünfzig Jahren konnte er sich nicht erinnern, auch nur einen Deut darum gegeben zu haben, was man von seiner Feder meinte, ob es nun Lob oder Tadel gewesen sei. Seine Dramen seien ein ziemlich lahmer Erfolg gewesen, aber das habe er sich nie zu Herzen genommen, er wußte ja, daß er kein Dramatiker war; auch in Handel und Wandel sei er nie enttäuscht worden, denn er habe nie spekuliert und deshalb nie vor einer zerstörten Hoffnung gestanden. Er habe in seiner Landwirtschaft und in seiner Dichtung, die ihm beide lieb und wert gewesen seien, gelebt und geträumt.

Eins habe ihn allerdings all die Jahre hindurch bis jetzt in sein hohes Alter begleitet, nämlich die halb komische, aber oft ernste Situation, in der er sich der Verfolgung durch ältere Damen ausgesetzt sah. Wie das bei ihnen zustande komme, wisse er nicht, aber je älter und umfangreicher, um so haßerfüllter und boshafter. Soweit er habe verstehen können, habe es sich nicht immer um völlig unbekannte Damen gehandelt, aber sie seien ihn überhaupt nichts angegangen, sie hätten nur seinen Weg mit anonymen Briefen, Anrufen, Telegrammen gekreuzt, seine Schritte belauert, an ihn gerichtete Briefe gestohlen, die auf seinem Tisch liegen konnten, und sie anonym an fremde Leute geschickt, sie hätten getan, was sie nur konnten, um einen Schatten in seinen Alltag zu bringen. Natürlich sei das Ganze ein wenig komisch, aber auf die Dauer, jahrelang ohne Ende, habe es auf sein Gemüt gewirkt, wenn er an seiner Schreibarbeit gesessen und Ruhe gebraucht habe.

Hamsun schloß das kleine Bekenntnis mit einer Gegenfrage:

«Ich habe darüber nachgegrübelt, womit ich mich um das Interesse dieser merkwürdigen Damen verdient gemacht haben könnte. Ich habe ihnen, soweit ich weiß, nie etwas getan, und sie konnten keinerlei Vorteil davon haben, mich zu plagen und zu stören. Dann habe ich mir gedacht, daß sie vielleicht ein wenig in meinen Büchern gelesen haben könnten – die nicht immer völlig geschlechtslos sind – und dann mit ihrem eigenen verkrüppelten Hormonzustand beiseite gegangen sind, um sich an mir zu rächen. Ist das die Erklärung? Eine einigermaßen angemessene Vermutung?»

Professor Langfeldt beantwortete seine Frage nicht, hier stellte er ja die Fragen, und Hamsuns letzte Offenherzigkeit zeigte, in wie hohem Maße es ihm gelungen war, zu dem sonst so zugeknöpften Mann vorzudringen. Jetzt wollte er ganz an ihn heran, nun kam die entscheidende Frage:

«Wir müssen auch die Umstände Ihrer beiden Ehen etwas beleuchten. Ihre Ehe mit Bergljot Bech wurde ja 1906 aufgelöst. Sie haben in einem Brief an den Chef der Kriminalpolizei von Kristiania aus dem Jahre 1897 zum Ausdruck gebracht, daß Sie und Ihre Verlobte auf das schändlichste verfolgt würden. Wie sehen Sie das jetzt? Was führte zur Auflösung der Ehe? Wie war Ihr Verhältnis zu Ihrer jetzigen Frau und zu Ihren Kindern im Laufe der Zeit und vor allem während der letzten Jahre?»

Laut Professor Langfeldts Bericht an das Gericht beantwortete Knut Hamsun die zudringlichen Fragen folgendermaßen:

*In meinem Schreiben an die Kriminalpolizei von Kristiania im Jahre 1897 ging es wohl um Quälereien und Verfolgungen durch die Art von alten Damen, über die ich in meiner vorigen Antwort geschrieben habe. Ich entsinne mich nicht speziell an gerade diese Zeit. Wenn die Alten müde wurden oder ausstarben, traten allmählich andere an ihre Stelle.*

*Meine beiden Jungen haben die Ausbildung und sogenannte Erziehung genossen, die ihrem Alter und ihren Fähigkeiten angemessen war. Beide sind jetzt verheiratet. Meine beiden Töchter heirateten, die eine in Deutschland, die andere in Dänemark; der Mann der ersteren ist verschwunden und sie selbst seit langem wieder zu Hause auf Nörholm.*

*Ich weiß nicht, was ich sonst noch über mein «Verhältnis» zu meinen Kindern schreiben soll. Ich hoffe, daß sie aus ihrem schönen Elternhaus gute Natureindrücke mitgenommen haben, daß ich ihr Bestes gewollt und von meiner Seite aus alles getan habe, um ihnen vorwärtszuhelfen. Ansonsten ist es wohl am klügsten, daß Eltern in der Zeit, in der wir leben, von ihren Kindern keinen allzu großen Dank erwarten. Kinder gehen ihre eigenen Wege.*

Damit war das Verhör beendet. Hamsuns Antworten waren gut formuliert und ausführlich gewesen, an mehreren Stellen sogar offenherzig. Er hatte sich kategorisch vom Nationalsozialismus distanziert, er hatte deutlich zugegeben, daß es in den letzten Jahren mit ihm ziemlich bergab gegangen war, besonders was sein Gedächtnis betraf, und er hatte bestätigt, daß er sein ganzes Leben hindurch von alten Damen verfolgt worden sei oder sich zumindest verfolgt gefühlt habe, deren Rachemotive seiner Meinung nach sexueller Art gewesen waren.

Wesentliche Ergebnisse. Und doch hatte Professor Langfeldt durchaus Grund zur Unzufriedenheit. Die entscheidenden Auskünfte fehlten noch immer. Seine wichtigsten Fragen waren unbeantwortet geblieben. Er hatte geschrieben, daß er die beiden Ehen Hamsuns etwas beleuchten müsse, und ihn in dem Zusammenhang danach gefragt, weshalb seine Ehe mit Bergljot seinerzeit geschieden worden war und wie sein Verhältnis zu seiner jetzigen Frau im Laufe der Zeit, und vor allem in den letzten Jahren, gewesen sei... Aber hier hatte er keine Antwort bekommen.

Oder?

Knut Hamsun schrieb später, daß er «sich Mühe gegeben habe, auf alles zu antworten», und Langfeldts Bericht zeigt, daß dies stimmte. Er ließ nie eine Frage aus. In den seltenen Fällen, in denen er keine Antwort gab, schrieb er geradeheraus, er könne oder wolle nicht antworten, oder fühle sich nicht dazu imstande, aber er überging nie schweigend eine Frage.

Die einzige Ausnahme war die Frage nach seinen «beiden Ehen». Die ließ er offenbar aus. Oder? Blieb diese zentrale Frage nur in Langfeldts Bericht für das Gericht unbeantwortet? Erhielt der Professor auch in diesem Punkt eine klare und deutliche Antwort? Vielleicht eine zu klare und deutliche? Vielleicht eine so klare und deutliche, daß er, der bereits ein paar unbehagliche Zurechtweisungen hatte einstecken müssen, keine Lust verspürte, diese Antwort in seinem Bericht zu wiederholen?

Allem Anschein nach war das der Fall. Professor Langfeldt erhielt auch auf seine zudringlichste Frage eine Antwort. Knut Hamsun war kein Typ, der mit Ausflüchten kam. Er schrieb später in «Auf überwachsenen Pfaden»:

«Der Professor war wiederholt hinter mir hergewesen, um Auskünfte über meine ‹beiden Ehen› zu bekommen. Zuletzt antwortete ich ihm mit keinem Wort. Das letztemal kam er schriftlich. In meiner kurzen Antwort – ebenfalls schriftlich – sagte ich über meine Ehe: Ich könnte schreien vor Entsetzen bei dem Gedanken, hier hinter dem Rücken meiner Frau etwas hineinzuziehen, jetzt, wo sie genauso verhaftet ist wie ich! Ist das deutlich?»

Das war zu deutlich. Das warf ein etwas zu grelles Licht auf die Methoden der Untersuchung. Im Bericht für das Gericht wurde es gestrichen, aber Professor Langfeldt ließ sich dadurch nicht beirren. Er wollte auch weiterhin die Einzelheiten von Knut Hamsuns Sexualleben wissen. Er hatte es auf einen letzten Versuch mit Hamsun selbst ankommen lassen, der war fehlgeschlagen, deshalb mußte er jetzt zu anderen und härteren Mitteln greifen. Als endgültig klar wurde, daß Hamsun nicht reden wollte, traf Professor Langfeldt zwei Maßnahmen, die das Ziel hatten, ihm die gewünschten Auskünfte auf anderem Wege zu verschaffen.

Die erste Maßnahme bestand darin, daß er die Polizei ersuchte, auf Nörholm eine Haussuchung vorzunehmen, bei der alle Privatpapiere von Knut Hamsun beschlagnahmt werden sollten. Die Haussuchung fand am Montag, dem 10. Dezember, statt. Hamsuns Tochter Cecilia, die nach ihrer Reise nach Oslo auf den Hof zurückgekehrt war, schilderte die Aktion einige Jahre später in einem unveröffentlichten Brief an Julius Bomholt: Die Polizei sprengte die eiserne Pforte mit der Stoßstange und fuhr direkt vor dem weißen Säuleneingang vor. In dem Polizisten am Steuer erkannte Cecilia einen ehemaligen Laufjungen aus Grimstad, der nach der Befreiung Konstabler geworden war. Er hatte sein Mädchen mitgebracht. Im Laufe der nächsten Stunde wurden alle Schränke und Kommoden des Hauses durchwühlt, abgeschlossene Schubladen und Schranktüren wurden aufgebrochen, Papiere flatterten nach allen Seiten.

Das war am 10. Dezember. Zwei Tage später führte Hamsun laut Tagebuch sein zweites und letztes Gespräch mit Dr. Ödegaard. Tags darauf, am 13. Dezember, steht über ihn im Stationsbericht, er sei «witzig und schlagfertig, guter Laune, höflich und dankbar». Die Erklärung für diesen plötzlichen Stimmungswechsel liegt sicher in der Tatsache, daß er an dem Tag gemäß einer Auskunft von Professor Langfeldt in ein Einzelzimmer im zweiten Stock verlegt wurde. Die Kammer existiert noch, es handelt sich um ein Nebenzimmer zu dem großen Speisesaal, ungefähr 2,5 × 3 Meter und mit Waschbecken und Heizkörper. In der einen Ecke stand ein Bett, und an der Wand sieht man die Spuren einer Nachttischlampe. Vom Fenster, das nach Norden hinausgeht, hat man einen Ausblick über die Grünanlagen um das Krankenhaus. Hamsun stellte keinen nennenswerten Unterschied zwischen den Patienten hier und denen im ersten Stock fest, vielleicht lagen hier ein paar mehr von denen, die Schockbehandlungen bekamen und hinterher ruhen mußten. Für ihn persönlich bedeutete der Umzug eine Verbesserung. Zwar herrschte noch immer die gleiche Durchsucherei, die gleiche «Atmosphäre heimlicher Schnüffelei», noch immer wurden seine Bücher und Papiere unter dem Vorwand «befingert», man wolle sie aufräumen, und er mußte sich auch weiterhin damit abfinden, daß man ihm nachts seine Sachen abnahm und sie weghing. Aber die Tür war keine Doppeltür, und sie hatte kein Guckloch.

«Hier war es keine Zelle, sondern ein Seitenzimmer mit einer gewöhnlichen Tür, die man zumachen konnte, und dafür war ich dankbar», schrieb er. «Ich bekam Messer und Gabel, hier war es heller und freundlicher, nicht ganz so verrückt.»

Das Datum der Verlegung stimmt nachdenklich. Wollte man Hamsun gern eine etwas hellere Umgebung verschaffen, weil man gerade an dem Tag voraussehen mußte, daß ihn vielleicht ein Gast aufsuchen würde, der sich mit Sicherheit sehr darum bekümmern würde, wie man ihn untergebracht hatte? Oder wollte man umgekehrt vermeiden, daß er etwas von diesem Besuch erfuhr, und entfernte man ihn deshalb ausgerechnet an dem Tag aus dem Erdgeschoß, wo die Patienten alles Kommen und Gehen leicht überblicken konnten?

Eins ist sicher: Hätte Knut Hamsun gewußt, was in der Anstalt geschah, kurz nachdem er sein neues Zimmer bezogen hatte, dann hätten die Krankenschwestern in ihrem Bericht anstelle der freundlichen Worte über ihn wohl eher den Satz geschrieben, den Langfeldt offensichtlich aus seinem Bericht für das Gericht gestrichen hatte. Dann hätte Knut Hamsun statt witzig, schlagfertig und guter Laune zu sein vor Entsetzen geschrien. Sein strenger Inquisitor hatte seinen zweiten Gegenzug durchgeführt. An diesem Nachmittag, dem 13. Dezember 1945, kam der siebente und letzte Zeuge in der psychiatrischen Klinik auf dem Vinder in Oslo an. Frau Marie Hamsun befand sich unter Polizeibewachung und wurde sofort in das Büro des Chefarztes, Professor Dr. med. Gabriel Langfeldt, geführt.

# Dritter Teil
# DIE ZEUGEN

*Die Liebe ist Gottes erstes Wort, der erste Ge-*
*danke, der durch sein Gehirn glitt. Als er sagte:*
*Es werde Licht! ward es Liebe. . . . Und die*
*Liebe ward der Ursprung der Welt und die Be-*
*herrscherin der Welt; aber alle ihre Wege sind*
*voll Blumen und Blut, Blumen und Blut.*

KNUT HAMSUN

# 19
## Marie

In der Nacht lag sie auf der harten Pritsche und konnte nicht schlafen. Sie wußte nicht, wie spät es war. Ein Gefängnisbeamter mit viel Gold an der Uniform hatte ihr bei der Einlieferung die Uhr abgenommen, war aber sonst recht freundlich und angenehm gewesen; vielleicht fürchtete er, die alte Frau könnte zusammenbrechen, wenn die Tür hinter ihr verschlossen wurde. Na, dann kannte er sie allerdings nicht! Sie neigte ihr Leben lang dazu, das Beste zu erwarten, vielleicht ohne auf das Schlimmste vorbereitet zu sein, wie man es doch soll, dachte sie. Sie war kein Pessimist.

«Wie hätte ich all die rabenschwarzen Nächte meines Lebens denn durchstehen sollen, wenn nicht tief innen im Finstern ein kleiner Vogel gesessen und von Hoffnung gezwitschert hätte?» schrieb sie später.

Piepste er schon ein klein wenig? Sie lag hier im Dunkeln auf der harten Pritsche und dachte zurück. Die Quellen für Kummer und Freude liegen im eigenen Innern, hatte Knut in einem vielzitierten Satz gesagt. Er mußte es ja wissen, in ihm sprangen so viele Quellen für Trauer und Freude, und sie hing von ihm ab. Nun lag sie hier im Dunkeln und dachte zurück. Was andere ihr zufügten, empfand sie nur wie einen leichten Stich, wenn es hoch kam, waren es Widrigkeiten, man konnte darüber lächeln. Natürlich abgesehen von Kummer und Freuden mit den Kindern, aber die Kinder waren ja auch in dem Ring, den sie beide nach seinen Worten bilden sollten, «bis daß der Tod uns scheidet».

Hatte Knut einen glücklichen Tag, war er auch für mich wunderbar, dachte sie.

Bis der Tod uns scheidet. Sie lag im Dunkeln und hörte die anderen atmen. Valborg schnarchte. Valborg war die einzige Altersgenossin in der Zelle. Sie behauptete, daß sie niemals schlafen könnte. «Aber du schnarchst ja doch», sagten die anderen. «Ach ja, das ist eine richtige Plage mit dieser Schnarcherei, ich mach' die ganze Nacht kein Auge zu», antwortete Valborg in ihrer gedehnten, sanften nordländischen Sprechweise, Knuts Kindheitssprache. Wenn er guter Stimmung war, sprach er nordländisch mit ihr. Er konnte ja so übermütig und ausgelassen sein.

Bis daß der Tod uns scheidet. Valborgs Schnarchen weckte ab und zu die anderen, aber die waren jung, sie warfen sich herum wie zappelnde Fische auf dem Hackbrett, machten einen Schlag mit dem Schwanz und schliefen weiter. Doch sie mußte sich erst einen sicheren Griff an einem der Pritschenbretter suchen und sich mühselig und unter Schmerzen umdrehen. Vermutlich hatte sie bisher im Leben zu weich gelegen.

So dachte Marie. Sie hatte keine angenehme Zeit hinter sich seit dem Junimorgen, wo sie von der Polizei überrascht wurde, als sie gerade im Garten von Nörholm Stiefmütterchen pflanzte. Moens schwarzes Taxi hatte sie nach Arendal gebracht, wo man sie als Untersuchungshäftling ins Hilfsgefängnis Blödekjaer einlieferte. Es war überfüllt wie alle Gefängnisse in dieser Zeit. Sie mußte den Raum mit anderen Frauen teilen, lauter jungen Frauen, abgesehen von Valborg, die nordländisch sprach und wie Marie in den Sechzigern war. Sie kannten sich alle von früheren Versammlungen und Tagungen, alle waren Mitglieder der NS gewesen.

«Wir alle neigten dazu, das Neue und Ungewohnte ein wenig zu leicht zu nehmen», schrieb sie später, «es war uns noch nicht richtig aufgegangen, wie furchtbar ernst das alles gemeint war.»

Jetzt ging es ihnen auf. Mitten im Raum stand ein langer Tisch mit einem Hocker für jede Insassin, und an den Wänden reihten sich Doppelbetten, Pritschen, jede mit einer grauen Pferdedecke. Jede Frau erhielt eine Blechschüssel für das Waschwasser. In einer Ecke standen zwei Zinkkübel mit einem «geruchsdämpfenden» Deckel. «Es dauerte eine Weile, bis man sich daran gewöhnte», schrieb Marie Hamsun nach Nörholm. Der Raum hatte große Fenster, aber alle Scheiben bis auf die beiden obersten waren weiß überstrichen, und außen sorgte ein Riegel dafür, daß sie nicht geöffnet werden konnten.

Durch einen schmalen Spalt konnte man den Gefängnishof sehen und ein bißchen frische Luft in die «Kübelatmosphäre» leiten. Das knapp bemessene Essen bestand zur Hauptsache aus Salzheringen. Marie hatte sich in den letzten Jahren mit einem beginnenden Magengeschwür herumgeschlagen, das sich jetzt wieder meldete. Das ungeeignete Essen und die primitiven sanitären Verhältnisse verschlechterten ihren Zustand, aber das Schlimmste waren doch die Gedanken, die langen schlaflosen Nächte, wenn Valborg schnarchte und die anderen sich im Schlaf bewegten und sie selbst auf dem harten unteren Bett lag und nachdachte. Wie mochte es ihnen allen gehen? Knut? Arild? Tore? Wo waren sie jetzt? Was erwartete sie? Cecilia, ihre Jüngste, lebte in Dänemark und hieß zum Glück nicht Hamsun wie die anderen, aber froh war sie bestimmt nicht. Und Ellinor? Mußte sie nun allein auf Nörholm leben, sie, die Kranke, die sich kaum selbst helfen konnte? Marie wußte, daß Tore im Gefängnis war und nicht für seine Familie sorgen konnte. Sie dachte an seine beiden Kleinen, die ersten Wesen, die sie «Großmutter» genannt hatten, und nun glitten ihre Gedanken zurück in ihre eigene Kindheit, zu den langen Sommern auf der Alm, wo sie Vieh hüten mußte, genau wie Knut als Junge. Niemals wieder waren die Tage so glücklich wie damals; sie lag auf dem Rücken auf dem warmen, sonnengedörrten Moos, dem Weichsten, was es in der Natur gibt, und sah hinauf in einen Sommerhimmel, der so strahlend blau und emailleglänzend war, daß sie die Augen zusammenkneifen mußte, um nicht geblendet zu werden. Und hinter dem Emaillehimmel waren Gott und ein Gewimmel von Engeln, und die beschützten sie vor allem Kummer – nur nicht vorm Ärger mit der großen schwarzen Kuh mit der Glocke, dieser Kuh, die niemals geduldig warten wollte.

Aber stimmte das mit den Engeln? Hatte sie wirklich keinen Kummer gehabt? Was war denn über ihren Vater und sein hartes Schicksal zu sagen? Über ihren armen kleinen Bruder, der von Schmerzen gequält wurde? Lauerte nicht schon damals ein verborgenes Verhängnis über ihrem Leben? Und nun? An einem ruhigen Abend saß sie in der Zelle nahe am Fensterspalt und genoß die schöne Luft draußen. Unmittelbar unter dem Fenster unterhielten sich zwei Gefängniswärter.

«Hast du in der Zeitung gelesen, daß die Frontkämpfer erschossen werden sollen?» fragte einer. «Da steht, ihre Tage sind gezählt . . .» – «Na, dann wird Arild Hamsun wohl auch hingerichtet werden», antwortete der andere.

Was hatte sie doch noch selbst in ihrem Appell an die norwegischen Mütter gesagt? Es sei nicht die Hauptsache, daß der geliebte Sohn ein langes Leben habe, sondern daß er für die richtige Sache sterbe? Weshalb lag sie also hier nachts auf der harten Pritsche und weinte?

Was erwartete sie selbst? In den folgenden Wochen verschlechterte sich ihr Gesundheitszustand rasch, und gegen Sommerende mußte sie mit einem blutenden Magengeschwür in das Aust-Agders-Bezirkskrankenhaus gebracht werden.

Und hier traf sie die Anklageschrift wie ein Keulenschlag.

Marie erzählt nichts davon, weder von der Anklage, ihrer Krankheit, ihrem Krankenhausaufenthalt. Doch Cecilia, die gerade nach Norwegen gekommen war, besuchte sie einige Tage im Krankenhaus bevor die Anklage zugestellt wurde, und fand ihre Mutter entkräftet vor, mager und blaß, ein Schatten ihrer selbst. Sie weinte viel. Im Gegensatz zu Knut Hamsun, der zur gleichen Zeit im Altersheim Landvik saß und es «so schön, so schön» hatte und nur wünschte, das ganze bald hinter sich zu haben und «sühnen zu können», war Marie von tiefer Bitterkeit gegen das Schicksal erfüllt und nicht imstande zu erkennen, was sie denn falsch gemacht habe.

Aber nun rammte der Pflock es fest, Punkt für Punkt. Die Anklage trug das Datum vom 4. Oktober 1945: *Anne Marie Hamsun*, geb. 19. November 1881, wohnhaft in Nörholm in Eide, zur Zeit im Aust-Agders-Bezirkskrankenhaus, wurde vom Bezirksgericht Sande unter Anklage gestellt gemäß dem Landesverratsgesetz vom 15. Dezember 1944 § 3 bzw. 2, Abschnitt 1a, 2 und 4.

Gegenstand der Anklage:

1. Die Angeklagte hat sich im Herbst 1940 bei der *Nasjonal Samling* angemeldet und ist Mitglied geworden.

2. Sie hat am 31. Mai 1943 der NS 100000 Kronen überwiesen.

3. Sie hat während der Besetzung in Wort und Schrift für die NS und die Deutschen geworben. Unter anderem hat sie am 20. Mai 1943 in *Fritt Folk* einen Appell an die norwegischen Frauen gerichtet, die Anwerbung von Freiwilligen für die Ostfront zu unterstützen. «Laßt uns in der Stunde des Opfers daran denken: Es ist nicht wichtig, daß unser geliebter Sohn ein langes

Leben hat, sondern daß er im Leben etwas leistet. Das größte, was er leisten kann, ist der Kampf für Norwegen gegen den Bolschewismus.»

4. Am 27. November 1943 beantwortete sie eine Umfrage von *Fritt Folk* «Warum ich Mitglied der NS bin»: «NS' hoher Idealismus mitten in einer Zeit des Materialismus, der Erschlaffung und Dekadenz brachte mich dazu, mich ihr mit ganzer Seele anzuschließen. Bei der Wahl von 1936 gab es in meinem Bezirk eine Stimme für die NS. Es gehört zu den wenigen Dingen meines Lebens, auf die ich stolz bin, daß diese Stimme die meine war.»

5. Die Angeklagte hat zwei Propagandareden für die NS und Deutschland gehalten, nämlich am 24. April 1941 in Eide und im Juli des selben Jahres in Grimstad.

Schließlich wurde noch die peinliche Geschichte angeführt, daß Marie beschlagnahmtes Hausgerät gekauft hatte, wie *Agderposten* kurz vor ihrer Verhaftung entdeckt hatte:

Die Angeklagte hatte sich 1943 an den Lensmand Bakke gewandt, von dem sie wußte, daß er Eigentum von Flüchtlingen verkaufte, und hatte bei ihm 20 Biergläser, 11 Tassen, 12 Schalen, 10 Weingläser, 2 Dessertschüsseln, 2 Obstschalen, 2 Aluminiumtöpfe, 2 kleine Steinkruken, 1 Blechkrug, 1 Trichter, 1 Halblitermaß, 1 Suppenkelle, 1 Fischkelle, 1 Fischschüssel und 1 großen Wasserkessel gekauft, alles aus dem Besitz von Erling Grötnes, Fevik, der außer Landes gegangen war.

Es waren so viele Worte und Fakten: eine Anmeldung, 100000 Kronen, zwei Äußerungen in Zeitungen, zwei Vorträge und dazu 20 Biergläser, 11 Tassen bis hinunter zum Blechkrug. Hört sich das unerheblich an? Im Herbst 1945 war es mehr als genug. Und doch konnte sich Marie damit trösten, daß das Schlimmste gar nicht erwähnt worden war: Was hatte sie auf ihren monatelangen Reisen in Deutschland gemacht? Davon stand zum Glück kein Wort in der Anklageschrift, nicht einmal, daß sie verreist gewesen war.

Der schlimmste Keulenschlag, der todbringende, war ihr also erspart geblieben. Bis jetzt. Marie durfte sich nicht in Sicherheit wiegen, und das war nicht gerade die beste Voraussetzung für die Heilung eines Magengeschwürs. Aber trotzdem wurde sie bald darauf aus dem Krankenhaus entlassen und zurückgeschickt zu Salzhering und Kübelgestank in Blödekjaer.

Sie durften jetzt im Gefängnis Zeitungen lesen, und eines Tages Mitte Oktober las sie es schwarz auf weiß: Knut Hamsun war in eine psychiatrische Klinik eingewiesen worden, weil man daran zweifelte, daß er normal sei. Marie fragte sich selbst, ob es eigentlich normal sei, 30 Bücher zu schreiben, die in der ganzen Welt gelesen wurden. War es normal, daß ein armer Junge aus einem kleinen Ort in Nordland, wo man keine andere Schulbildung erhielt als die von Küster Olsen, zu einer der bedeutendsten Persönlichkeiten im Kulturleben seiner Zeit wurde? Nun sollte seine Psyche von Fachleuten untersucht, zerpflückt und wieder zusammengesetzt werden. Hoffentlich konnten sie es. Hoffentlich war Knut nachher derselbe Mensch wie früher! Als

Ehefrau machte sie sich auch Sorgen wegen der Rückenmarksuntersuchung. Knut war ja niemals ein geduldiger Patient gewesen, er hatte so viele Eigenheiten, auf die man zu Hause Rücksicht nahm. Ob man das jetzt auch tat? Wie sollte er ohne sie, Marie, zurechtkommen? Ob es da vielleicht ganz junge Krankenschwestern gab?

Marie wollte ihn gern besuchen, aber das war ausgeschlossen. Nach der schwerwiegenden Anklage wurde die Untersuchungshaft um ein halbes Jahr verlängert. Doch sie durfte Besuch empfangen, und eines Tages kam die kranke Ellinor zu ihr. Sie saß eine Weile bei ihr und redete wie im Fieber und ging, als die Besuchszeit beendet war. «Hilflos waren wir beide», schreibt Marie.

Ein andermal stand sie am Fenster und spähte durch den Spalt, als ihr ein Mann in der Gruppe auf dem Hof auffiel. Sie sah aufmerksam hin, irgend etwas an der Figur, an der Art, den Kopf zu halten, war ihr bekannt. Sie kletterte auf einen Schemel, um durch die nicht angestrichene Scheibe zu sehen. Es war Arild! Ihr Sohn! Sein Gesicht war blaß, das eines alten Mannes, deshalb hatte sie ihn nicht sofort erkannt. Man erlaubte ihr, in Anwesenheit des Wachtmeisters mit ihm zu sprechen, und sie durfte auch seine Hand nehmen. Er war es ja, der hingerichtet werden sollte, wie die Leute sagten. Nun war er froh, wieder der Heimat nahe zu sein, den ganzen Sommer hatte er mit drei anderen in einer Zweimannzelle im Gefängnis am Åkebjergvei gesessen. Ein paarmal hatte man ihn zur Arbeit aufs Land geschickt, sie sollten auf einem Mohrrübenfeld Unkraut jäten, aber sie waren hungrig. Da mußten sie schon etwas Unkraut verschonen, damit das Feld nachher nicht ganz kahl aussah. Marie fand ihn unverändert. Mit Hilfe eines Mithäftlings konnten sie heimlich Briefe wechseln, bis die Sache aufflog. Ende November fing die Gefängnisleitung einen langen Brief von Arild an seine Mutter ab. Das aufschlußreiche Dokument wurde dem Gericht vorgelegt und in den Zeitungen veröffentlicht. Es war am 21. November 1945 geschrieben und zeigte, daß Unglück, Niederlage und Gefängnis den Glauben des jungen Mannes an die Sache des Nationalsozialismus eher gestärkt als geschwächt hatten. Er hielt die Schlacht nicht für verloren, er hatte vor, seinen noch ungetauften Sohn Vidkun zu nennen. Der Mutter müsse es gleich sein, ob sie zwei oder vier Jahre abzusitzen habe, denn es ging um Norwegen, um Europa, um die ganze Welt, die ihr Dank für ihre Hilfe schuldete. Ihre Werbung um Freiwillige für die Ostfront war ausgezeichnet gewesen; Quisling mußte sich zwar wegen etwa 700 gefallenen Frontkämpfern verantworten, aber was war denn besser – für sein Land im offenen Kampf zu fallen oder seinen Idealismus mit Füßen getreten zu sehen und vor den Richterstuhl gezerrt zu werden, wenn man am Leben geblieben war?

Am meisten beunruhigte er sich wegen der Haltung seines Vaters: Was Papa angeht, so müssen wir versuchen, mit ihm in Verbindung zu treten, ehe er der Gerechtigkeit entkommt, wovon jetzt allgemein geredet wird. Er könnte einen Skandal hervorrufen. Wenn sie ihn aber nicht laufenlassen, bedeutet es, daß er nicht klein beigibt. Es ist gut, wenn sie ihn nur für geisteskrank erklären. Das würde uns *allen* nützen. Denn eine solche Erklärung wird durchschaut. – Ich weiß nicht, wann mein ‹Fall› vor Gericht kommt. Macht Papa Skandal, will *ich* versuchen, das wieder gutzumachen, indem ich mich *weigere,* auch nur ein Wort vor Gericht zu sagen. Das wäre nämlich auch für Papa das Beste, was er tun könnte. Wie Pétain in Frankreich.»

Es lag ziemlich klar auf der Hand, daß Arilds Überlegungen zur Haltung des Vaters von Besorgnissen ausgingen, über die er mit seiner Mutter gesprochen hatte. Natürlich hatte ihm Marie erzählt, daß Knut Hamsun in die psychiatrische Klinik eingewiesen worden war. Wenn Arild jetzt schrieb, es käme ihnen allen zugute, wenn der Vater für geisteskrank erklärt werde, dachte er dabei nicht an die Strafe, die sie erwartete, sondern an die Sache, an die Idee. Er fürchtete, der Vater könne «Skandal» machen, nämlich öffentlich von der Idee abrücken, seinem Glauben abschwören. Das wäre in Arilds Augen ein Skandal, also mußte der Vater lieber für geisteskrank erklärt werden. Marie und Arild hatten zwar kaum angenommen, daß Knut Hamsun versuchen werde, sich zu retten, aber es war doch möglich, daß er vor Gericht im Licht der Informationen, die er nach der Befreiung erhalten hatte, vom Nationalsozialismus abrückte – wie es tatsächlich unbestreitbar und gründlich aus den Bemerkungen hervorgeht, die er mündlich vor Dr. Ödegaard und in seinen schriftlichen Antworten für Professor Langfeldt abgab, eben zur Zeit, als Arild diesen Brief schrieb.

Falls auch Marie meinte, es sei am besten, wenn Knut Hamsun für geisteskrank erklärt werde, so bot sich ihr einige Tage später die unerwartete Gelegenheit, den Kurs in diese Richtung zu lenken. Die Bombe schlug am 12. Dezember ein, an dem Tag, als Hamsun seine Gespräche mit Ödegaard und seine «Schriftlichkeiten» für Langfeldt beendete. Im Untersuchungsgefängnis von Blödekjaer erschien der Wachtmeister, um Marie mitzuteilen, daß Frau Hamsun am kommenden Tag nach Oslo reisen solle, mit der Eisenbahn über Nelaug. Marie wankten die Knie. Sie sei in die psychiatrische Klinik bestellt worden, erklärte der Wachtmeister, man wolle sie über ihren Mann befragen.

Mit runden, glänzenden Augen drängten sich die anderen Frauen um Marie. War sie ein Glückspilz! Sie sollte nach draußen kommen und mit einem Zug fahren! Was mochte da mit etwas Glück nicht alles geschehen, wenn man hinter dem Stacheldraht hervorkommen und andere Leute treffen konnte!

Der Rest des Tages verging in hektischer Aufregung.

«Aber dann kam die Nacht», schreibt Marie, «und ich durfte sie nicht verschlafen, denn nun brauchte ich die Stunden zum Nachdenken! Aber wer kann da ruhig und vernünftig bleiben und muß nicht fast vor Angst vergehen – wie damals, als man sich zitternd an den Examenstisch setzte und das Gefühl hatte, Leben und Tod hingen nun davon ab, daß man den richtigen Zettel zog. Oder als man zum erstenmal in der Kulisse stand und auf das Stichwort wartete... War ich jetzt erwachsener, konnte ich jetzt eine entscheidende Situation meistern? Hatte ich mich nicht fast vierzig Jahre auf einen gestützt, der stärker als ich war?»

Die Zeiten hatten sich geändert seit jenem 8. April, als die Erste Dame der norwegischen Literatur in ihrem neuen Bisammantel mit dem Dampfschiff *Kristiansand* in der Ersten Klasse nach Oslo reiste. Wie Knut Hamsun mußte jetzt auch Marie die Reise mit dem Zug und unter Polizeiaufsicht zurücklegen, aber wie damals war Tore vorher benachrichtigt worden und wartete auf dem Westbahnhof auf seine Mutter. Marie schrieb später an Cecilia, daß er von seiner Frau und einem ihrer Kinder begleitet wurde; sie sah Tore zum erstenmal, seit er aus dem Gefängnis entlassen worden war. Es war ja herrlich für sie, sie alle zu begrüßen, aber die Armen waren alle drei so dünn geworden. Tore erinnert sich, daß seine Mutter von einer Gefängnisbeamtin begleitet wurde, ganz gut aussah, nicht nervös, nicht niedergeschlagen und nicht weinerlich wirkte. Sie erzählte ihm, daß sie in die psychiatrische Klinik solle, um dort auszusagen.

«Ich will versuchen, Papa zu helfen», sagte sie.

«Wie willst du das anfangen?» fragte Tore.

«Ich will versuchen, ihnen klarzumachen, daß er ein alter Mann ist und daß sie ihn glimpflich behandeln müssen.»

Ihre Bemerkung konnte auf verschiedene Weise gedeutet werden, doch zu näheren Erklärungen fehlte die Zeit, denn nun wurde Marie in das wartende Polizeiauto und in die psychiatrische Klinik auf Vinderen gebracht. Später sollte sie dort wieder abgeholt werden, um die Nacht im Gefängnis am Åkerbergvei zu verbringen.

Es war der Nachmittag des 13. Dezember, und die Abteilungsschwester schrieb in ihr Journal, Knut Hamsun sei witzig und schlagfertig, guter Stimmung, höflich und dankbar. Marie wurde gleich in Langfeldts Büro geführt.

«Die Begegnung mit dem Chefarzt der psychiatrischen Klinik, dem Universitätsprofessor, hat sich in mein Gedächtnis eingebrannt», schrieb sie später. «Nur eine einzige andere Begegnung hat sich mir so tief eingeprägt, die Begegnung mit Knut im Theatercafé, als ich sechsundzwanzig Jahre alt war. Nun war ich vierundsechzig, eine alte Frau, über die ein Erdrutsch hinweggegangen war. Verwirrt suchte ich nach einer Möglichkeit, zu retten, was für die Meinen zu retten war. Auch für mich selbst, aber mehr noch für die Meinen. Und vor allem für Knut.»

Der Vergleich zwischen den beiden Begegnungen klingt an dieser Stelle merkwürdig. Doch im Gegensatz zu Knut Hamsun, der vom ersten Augenblick an einen instinktiven Widerwillen gegen Langfeldt hatte, fand ihn Marie sichtlich sympathisch: «Der Chefarzt war ein hochgewachsener, stattlicher jüngerer Mann, der sich mit selbstverständlicher Würde bewegte, aber gegen mich Arme sehr freundlich war.»

Zuerst fragte sie nach ihrem Mann, ob er gesund sei, ob es ihm hier in der Klinik gutgehe.

«Ausgezeichnet», antwortete Langfeldt, «aber er will ja nicht zugeben, daß er ein Landesverräter war.»

«Nein, das kann ich mir denken», sagte Marie Hamsun.

Sie lächelten beide. Das Gespräch ging weiter, und Marie hatte den Eindruck, daß der Professor ihnen helfen wolle. Ihr eigentliches Verhör sollte am nächsten Tag stattfinden, denn die Polizei würde sie jetzt bald wieder abholen. Langfeldts Liebenswürdigkeit ermutigte Marie zu der Bitte, in der Klinik übernachten zu dürfen. Er fragte nach, ob man ein Bett für sie habe; es ließ sich einrichten. Dann rief er bei der Polizei an und gab ihre Bitte weiter – aber da war nichts zu machen, der Zeitplan lag fest, sie mußte nach Åkerbergvei.

Der Name des Gefängnisses, der während der Besetzung allen Norwegern verhaßt war, machte ihr Angst. Sie fürchtete nicht, noch viel magerer zu werden, als sie schon war, schrieb sie (und schließlich sollte sie ja auch nur eine Nacht dort verbringen), aber es lag etwas Düsteres, Abgründiges, Schmutziges, Unheimliches über diesem Gebäude, mit dem sie es nun fast nicht mehr aufnehmen konnte. Doch es zeigte sich, daß die Besetzung wirklich vorbei war. Marie sah überrascht im Aufnahmeraum der Frauenabteilung Blumen, helle Gardinen und eine freundliche Dame, die ihr sagte, sie halte es für falsch, so viele anständige Menschen einzusperren – vor allem sie, Marie Hamsun. Marie fiel ihr trotzdem nicht um den Hals: «Die Leute reden so vieles», schrieb sie bitter, «besonders unter vier Augen.»

Als sie in die kleine Einzelzelle kam, gab es natürlich weder Blumen noch Gardinen, und das Bett war auch nicht so, daß man einsinken konnte. Aber das machte nichts, Marie war nach den Eindrücken des Tages aufgelebt, und außerdem brauchte sie jetzt eher einen guten Platz zum Wachbleiben als zum Schlafen.

«Hier mußte ja nun ein Schlachtplan entworfen werden», schrieb sie. Es war die zweite Nacht, die sie darauf verwenden wollte. Sie erzählt, etwas naiv, daß sie früher oft Gerichtsberichte über Leute gelesen hatte, die schlimmste Verbrechen begangen hatten, aber nicht ohne weiteres nach den Buchstaben des Gesetzes verurteilt worden waren. Nun war ja noch der Psychiater im Spiel. Vererbung und Umwelt, besondere Erlebnisse in der Kindheit spielten eine Rolle, wenn der einzelne Mensch der Gesellschaft gegenübergestellt wurde. Zu allem mußte der Psychiater Stellung nehmen, ehe ein gerechtes Urteil gefällt werden konnte. «Nach meinem langen Zusammenleben mit Knut war ich sicher, daß ein einflußreicher Psychiater mit Sympathie und Verständnis für ihn viel ausrichten konnte. Ich war aufrichtig zur Zusammenarbeit bereit.»

Das also war der «Schlachtplan», das Ergebnis zweier durchwachter Nächte: Sie war aufrichtig zur Zusammenarbeit bereit. Am nächsten Morgen, dem 14. Dezember, kam das Polizeiauto schon früh, um sie in die psychiatrische

Klinik zu bringen. Als sie diesmal Langfeldts Büro betrat, war ein Dritter dabei, ein Arzt, der mitschreiben sollte, was gesagt wurde. Marie erhielt einen Platz am Schreibtisch des Professors, und Langfeldt fragte sie, ob sie bereit sei, Fragen zu beantworten.

Marie antwortete, sie sei bereit. Das einfachste wäre gewesen, den Mund zu halten, denn «es war mir sehr unangenehm, meine Beobachtungen und meine Erfahrungen mit meinem Lebensgefährten aus fast vierzig Jahren wiederzugeben, aber es stand ja soviel auf dem Spiel».

Dann fragte sie den Professor, wer ihre Aussagen lesen werde. «Niemand, außer dem Obersten Ankläger», sagte er.

Marie verstand, daß ihre Aussagen in das Gutachten des Professors aufgenommen werden sollten. «Mir war klar», schrieb sie später, «daß ich nicht eitel Sonnenschein aus diesen vierzig Jahren zum besten geben konnte. Es mußte ein wahres Bild sein, jedenfalls in meinen eigenen Augen, wenn es auch nur den geringsten Wert für den Professor bei seinen Bemühungen, meinem Mann zu helfen, haben sollte. Ich mußte alles, Negatives und Positives, in die Hände des Arztes legen.»

So sah also ihr «Schlachtplan» aus. Sie war auf ehrliche Zusammenarbeit eingestellt. Sie wollte die Wahrheit darstellen.

Langfeldt begann zu fragen. Marie antwortete. Der dritte Anwesende schrieb die Antworten mit. Zum Schluß kamen einige Fragen, vor denen sie verstummte.

«Muß ich auch das beantworten?» fragte sie verlegen.

Professor Langfeldt sah die naive alte Dame gleichgültig an. Das sei sogar von besonderer Bedeutung, wenn er sich ein vollständiges Bild von Hamsuns Mentalität machen sollte.

Marie machte ihm klar, was seine weiteren Fragen bedeuteten: «Wenn mein Mann auf irgendeine Art erfährt, daß ich Ihnen etwas darüber berichtet habe, wird es mir nie wieder gelingen, mit ihm unter einem Dach zu leben», sagte sie.

Langfeldt wiederholte, daß ihre Aussagen völlig vertraulich blieben, daß nur der Oberste Ankläger sie zu sehen bekomme.

Marie dachte an ihren Schlachtplan. Sie mußte ein echtes Bild liefern. Sie überwand sich und erzählte die Wahrheit.

# 20
## *Marie erzählt die Wahrheit*

In keinem Land der Welt, nicht einmal in Island, kommen so viele Psychiater auf einen Einwohner und so wenige Einwohner auf jeden Psychiater wie in Norwegen, wo die jährliche Durchschnittstemperatur 2 Grad plus und die Tiefsttemperatur um 51,4 Grad beträgt, wo man im Jahr 100 Nebeltage hat

(Oslo) und über 240 Tage mit Niederschlägen (Bergen) und eine Gesamtregenmenge bis zu 2,11 m und 22 mm. Der durchschnittliche Steuersatz liegt bei 64,9 Prozent und der durchschnittliche Anteil an Scheidungen nur eine Spur darunter. Aus alldem hat man die Konsequenz gezogen, den Alkoholverkauf zu verstaatlichen – mit dem Ergebnis, daß jährlich 74 Selbstmorde geschehen.

Die Konsultation findet viele Jahre später statt. Professor Langfeldt hat inzwischen aus Altersgründen seine Stellung als Chefarzt aufgegeben, besitzt aber noch eine eigene Praxis mit Büro und Wartezimmer im Handelsgebäude, Drammensvei, Oslo, Terminabsprachen täglich von 9 bis 10 Uhr, alle Post nach Björnevei 34, Slemdal. Professor Langfeldt kann eine halbe Stunde für den Gast erübrigen, der aus Dänemark angereist ist, um ihm ein paar Fragen zu stellen. Um 11.14 Uhr betritt der Professor das Handelsgebäude, schließt sich in sein Büro ein und steht eine Minute später, genau um 11.15 Uhr, im weißen Kittel in der Tür zum Wartezimmer, um den Besucher zu begrüßen. Gabriel Langfeldt ist zwar nicht mehr Chefarzt der psychiatrischen Klinik, aber eine halbe Stunde rechnet man auch hier zu dreißig Minuten, «weil es», wie Hamsun in «Auf überwachsenen Pfaden» schrieb, «nicht möglich war, sie noch genauer zu bestimmen», und also erhebt sich der Professor um 11.45 Uhr mitten in einem Satz und reicht die Hand zum Abschied. Die Audienz ist beendet. Norwegen wartet.

Marie Hamsun hat recht, er ist wirklich ein «stattlicher Mann», noch in seinem achtzigsten Jahr schlank und elastisch, hochgewachsen, wie es nur Norweger sein können, sonnverbranntes Gesicht, kahler Scheitel, aber an den Seiten dichtes, weißes, mit der Maschine geschnittenes Haar, strenge Züge, aber ab und zu lächelt er freundlich. Kurz angebunden, präzis und vernunftbetont, strahlt er mehr Würde als Wärme aus, mehr Wissen als Bereitschaft zum Zuhören, mehr Autorität als Einfühlungsvermögen. Sozusagen eine kategorische Persönlichkeit, deren Stärke wohl die wenigsten standhalten können, aber wohlwollend und selbstverständlich aufrichtig. Die Brille braucht er nur zum Lesen, er redet schnell und mit klaren Worten, aber seine Schwierigkeit, sich auf andere Menschen einzustellen, wird jetzt im Alter noch durch Schwerhörigkeit vergrößert; es fällt ihm schwer, mehr als die einfachsten Fragen zu verstehen. Nun sind die Rollen fast vertauscht, denn jetzt ist es Professor Langfeldt, dem man die Fragen schriftlich vorlegen muß. «Hamsuns Schilderung der Klinik ist von Anfang bis Ende voller Fehler», beginnt Professor Langfeldt, «ob das nun dem Haß oder der Senilität zugeschrieben werden muß, kann ich nicht sagen.»

Nach dem Erscheinen von «Auf überwachsenen Pfaden» hatte er überlegt, ob er einige Aussagen des Buchs durch Gerichtsbeschluß ausmerzen lassen sollte, hatte es aber dann doch bleiben lassen. Wenn Hamsun z. B. schrieb, er sei in einer Zelle untergebracht worden, dann sei dieser Ausdruck mißverständlich. Von «Zelle» sei in Norwegen nur die Rede bei «Isolierten», also

Patienten, die von der Umgebung getrennt werden und in ein Einbettzimmer mit verschlossenen Türen gelegt werden.

Solche Zellen gab es 1945 nur in Gefängnissen und in einigen Häusern für Geisteskranke, nicht aber in der psychiatrischen Klinik. Hamsun erhielt ein Einbettzimmer in der Beobachtungsabteilung mit unverschlossener Tür zum grünen Saal hinaus und konnte sich frei in diesem Saal und ebenso im Wohnraum bewegen. Nach dem Protkoll der Krankenschwestern hielt er sich meistens in seinem Zimmer auf. Er war zur Beobachtung da und mußte wie alle, die zur Beobachtung eingeliefert wurden, die erste Zeit in der Beobachtungsabteilung verbringen, damit die Krankenschwestern einen täglichen Bericht über sein Verhalten in ihr Journal eintragen konnten. Sie waren sich darüber einig gewesen, daß Hamsun der Diskretion wegen am besten in einem Einzelzimmer untergebracht sei, und deren Türen gingen alle auf den grünen Saal hinaus, abgesehen von den Einzelzimmern im zweiten Stock, wohin er am 13. 12. verlegt wurde und wo man es ihm durch eine besondere Ausstattung so bequem wie möglich zu machen suchte.

Professor Langfeldt erinnert sich nicht daran, daß die Umquartierung an dem selben Tag stattfand, als er seine erste Besprechung mit Frau Hamsun hatte, will es aber nicht ausschließen, denn die Eintragung im Journal der Schwestern stimmt mit dem Datum überein, das er in seinem Gutachten für die erste Unterhaltung mit ihr angegeben hat. Er bestätigt, daß er Hamsun mehrmals nach seinem ehelichen Verhalten gefragt habe, aber jedesmal auf Ablehnung gestoßen sei, so daß er schließlich anordnete, die Ehefrau zu befragen. An die Unterhaltung mit Marie erinnert er sich deutlich und kann die Schilderung bestätigen, die sie in ihrem Buch «Under Gullregnen» gegeben hat: Sie war nicht abweisend und verschlossen wie ihr Mann. Im Gegenteil. Das Lächeln des Professors wird nachsichtig:

«Das Ganze verlief in freundschaftlichem Ton, sie war vollkommen offenherzig und spontan», sagt er.

Was aber sagte sie? Das werden wir hier nicht erfahren. Draußen vor dem tristen Handelsgebäude scheint die Septembersonne im Streit mit der Statistik immer noch auf die Bäume im Schloßpark, und nun gehe ich den Hügel hinunter zum Drammensvei, hinunter zum Nationaltheater und vorbei an dem Altan, auf dem Hamsun einst dem Dichter Henrik Wergeland und Norwegen seine Huldigung darbrachte, wenige Abende nachdem er sich in eine der jüngsten Schauspielerinnen des Theaters sterblich verliebt hatte. Es geht weiter bergab, vorbei an dem schäbigen, gewissermaßen ungewaschenen Gebäude des Stortings mit seinem Rundbogenstil und der Flaggenstange, an der das Hakenkreuz wehte bis Dienstag, 7. Mai, als *Aftenposten* auf der ersten Seite einen Nachruf auf Hitler brachte. Weiter zur Karl-Johans-Gate, die hier Fußgängerzone ist, über die Akersgate, die Obere und die Untere Schloßstraße, nach rechts in die Kongens Gate und bis zum Bankplatz. Da liegt es denn rechts, das gelbe Gebäude, in seiner ruhigen und vornehmen Zurückhaltung ein so deutlicher Kontrast zu dem gehetzten Gewimmel um das Handelsgebäude am Drammensvei. Was sagte Marie Hamsun am 14. Dezember zu Professor Langfeldt? Die Antwort liegt hier.

Norwegens Reichsarchiv. Auf dem Tisch liegen die sechs dicken Pakete, «Prozeßunterlagen im Landesverratsprozeß gegen Knut Hamsun und Marie Hamsun». Mein Nebenmann, ein Sippenforscher, vertieft in die Geschichte ferner Geschlechter aus den Kirchspielen jenseits des Polarkreises, beugt sich flüsternd herüber, er sieht, daß es um Hamsun geht, und er möchte doch gern sagen, daß Hamsun innerhalb einiger Jahre 20000 Kronen für das Krankenhaus seiner Heimatstadt gespendet hat, das sollte doch auch erwähnt werden.

Sechs Pakete. Was sagte sie? Hier steht es. Die Lösung des Rätsels. Die Erklärung dafür, daß dann alles so kam, wie es kam. Hier steht sie. In dem Gerichtsgutachten des Psychiaters, das Langfeldt verfaßte. Es steht auf den Seiten 19–22.

«Die Ehefrau des Angeklagten, Frau Marie Hamsun, hat am 14. 12. 45 das Folgende erklärt.»

Maries Zeugenaussagen sind der gründlichste Teil von Professor Langfeldts Gutachten, aber etwas von der Schlampigkeit, die dem ganzen Bericht anhaftet, ist auch hier zu spüren; mehrere Wörter sind offensichtlich ausgelassen worden, außerdem scheinen einige Antworten in der Fassung, die das Gericht erhielt, weggefallen zu sein. Doch wie bei den fehlenden Teilen von Knut Hamsuns schriftlichen Antworten kann man aus anderen Zusammenhängen auf den Inhalt schließen. Langfeldts Fragen sind nicht aufgeführt, werden aber in Maries Antworten kenntlich.

Wir sind wieder in der psychiatrischen Klinik, am Vormittag des Freitags, 14. Dezember 1945. Marie ist in Langfeldts Büro zurückgekehrt, nachdem sie sich nachts im Gefängnis einen «Schlachtplan» zurechtgelegt hat, in dem Gefängnis, wo es Gardinen vor den Fenstern und Blumen auf dem Fensterbrett gab. Ihr gegenüber am Schreibtisch sitzt der stattliche Professor, der Ton zwischen ihnen ist freundschaftlich. Marie antwortet offenherzig und spontan auf seine Fragen, ihr Schlachtplan geht ja davon aus, die Wahrheit zu sagen und alles in die Hände des Professors zu legen. Als Dritter sitzt zwischen ihnen der Arzt, der ihre Antworten sorgfältig aufschreibt. Und das ist das Ergebnis:

*Die Ehefrau war in Deutschland, als ihr Mann die erste Hirnblutung hatte, erinnert sich nicht an das Datum. Es war 1941 oder 1942. Als er achtundsiebzig Jahre alt wurde (1938), ging eine beachtliche Veränderung mit ihm vor. Wollte nicht mehr zu Hause sein. Mietete ein Zimmer im Bauernheim von Oslo und wohnte dort ein Jahr. Frühere Reisen hatten seiner literarischen Arbeit gegolten. Sie und die Kinder meinten, er sei verrückt geworden. Veränderte sich vollständig, wurde in vieler Beziehung unmöglich und schwierig, begann, sich für junge Mädchen zu interessieren, und war ihr mehrmals untreu. Gleichzeitig gegen sie sehr aggressiv, weil sie angeblich bestimmen wol-*

*le. Solange sie jung war, war er eifersüchtig, nachher nicht mehr. Beurteilte alle falsch, sogar dem Besten, den sie auf dem Hof hatten, konnte er ganz falsche Motive unterstellen. Meinte, es herrsche eine feindselige Stimmung gegen ihn. War eine leichte Beute für jeden, der ihm schmeichelte. Stellte sich gegen die Leute auf dem Hof. Sie lebten dort sehr isoliert. Keine wirklichen Verfolgungsvorstellungen. Konnte Leute, die es nicht verdienten, sehr hoch einstufen, wenn sie ihm zu schmeicheln verstanden. Gab ihr und den Kindern alle Schuld, so daß sie sagte, das einzige, an dem sie offenbar nicht schuld war, sei das Wetter. Es ist richtig, daß er während des ganzen Krieges sehr isoliert war. Hörte kein Radio, während die Familie nur das anhörte, was erlaubt war. Hält es deshalb für glaubwürdig, wenn er behauptet, er hätte nicht gewußt, daß er etwas Böses täte. War gegen sie höchst eigensinnig; das müßte ihm schon jemand anderes sagen, wenn er das glauben sollte. Souverän bei allem, was er auf Anforderungen der Zeitungen schrieb. War das immer schon. Sie fertigte nur die Reinschrift an. Die Taubheit begann schon, als sie heirateten. Er konnte niemals Radio hören in der Zeit, als sie eines hatten. Erhielt im April 1940 durch das Radio keine Orientierung. Bei der Invasion (der Deutschen in Norwegen) waren beide entsetzt darüber. Später verbreiteten die Zeitungen, daß die Invasion der Deutschen ein notwendiger Teil der Entwicklung sei, vor allem wegen Englands Verhalten. Hätten beide daran geglaubt. Nach seiner Reise (1937) war das Verhältnis zwischen ihnen nicht mehr das alte. Es gab kein Vertrauen mehr zwischen ihnen. Als er eines Tages das Tagebuch seiner Frau entdeckte, sagte er, er sei entsetzt, daß sie mit einem solchen Mann zusammengelebt habe. Er habe daran gedacht, sich zu erschießen, aber das sei sie nicht wert. Er hatte immer die Kinder geliebt, aber ihr vorgeworfen, daß nichts aus ihnen geworden sei.*

*Er wirkt wie Stahl, aber wenn man nur auf die richtige Stelle drückt, zerfließt er in Sentimentalität und Tränen. Er ist sehr empfindlich, was auf Minderwertigkeitsgefühlen beruht. Er ist insofern außerordentlich eitel, als er keine Kritik an seiner Person erträgt. Hat es niemals zugegeben, daß er beleidigt über England und USA sei, aber die Ehefrau weiß, daß es seine eigentliche Reaktion war. Er ist ungeheuer großzügig und schenkt gern. Hält ein offenes Haus. Niemals geizig mit großen Summen, aber ungeheuer kleinlich bei geringen Summen. Außerordentlich hilfsbereit gegenüber Künstlern (Hjalmar Christensen, Bull, Reis Andersen u. s. f.). Schickte anonym über die Bank einen Tausender nach dem anderen, freute sich wie ein Kind, wenn er sich den Empfänger vorstellte. War immer leicht erregt und gereizt. Doch in den letzten Jahren ist er völlig unbeherrscht geworden, verliert die Selbstkontrolle, wirft mit Gegenständen um sich. Spuckte einem Mann ins Gesicht, der seine Tochter heimbrachte. Die Ehefrau beschreibt, wie er in den letzten Jahren mehrmals unbeherrscht war. Warf ihr vor, daß sie ihm sein Essen nicht gönnte. Bedrohte sie mit geballter Faust, so daß die Kinder eingreifen mußten. Kann so beleidigt sein, weil er sich einbildet, sie gönne ihm kein Fleisch, daß er*

*monatelang kein Fleisch ißt. Zu anderen Zeiten kann er völlig verstummen.*
*Wird rasend, wenn er nichts hört. Ist beleidigt, wenn sie laut schreit, statt zu*
*sprechen. Sie spricht ihm nie deutlich genug. Mehrere Male war die Rede von*
*Scheidung. Sie ist früher mehrmals weggegangen. Dann holte er sie zurück.*
*Schreibt ihr Verse. Besonders in den letzten Jahren oft die Rede von Schei-*
*dung, da sie ihm seinen Platz im Haus nicht gönne. Zur Kündigung des Hof-*
*verwalters erzählt die Ehefrau, sie habe sich gegen dessen Sohn wenden müs-*
*sen, weil er sich ihren Enkelkindern gegenüber schlecht betragen hatte, dar-*
*aufhin kündigte er beleidigt. Er nutzte Hamsun schamlos aus. Saß stunden-*
*lang und schmeichelte ihm. Es war die Ehefrau, die auf den Hof achtete. Der*
*Verwalter sagte, er könnte nur Anordnungen von Hamsun entgegennehmen.*
*Bei der Verfolgung seiner Verlobten im Jahre 1897 findet die Ehefrau es*
*durchaus verständlich, daß es Wahnvorstellungen seiner Verlobten waren,*
*die er ohne weiteres glaubte. Er hat eine sehr lebhafte Vorstellungskraft, so*
*daß man ihm alles mögliche einreden kann. Besonders wenn er verliebt war,*
*baute er mächtige Luftschlösser, zum Beispiel, als er um sie warb. Sie sollten*
*dann in Rodane wohnen, immer und ganz allein. Es war eine Wunschvorstel-*
*lung, weil er sie gern einsperren wollte. Es genügte, daß sie auf der Straße mit*
*einem anderen Mann ging, um ihn zur Explosion zu bringen. Er gab nicht zu,*
*eifersüchtig zu sein, sie zog nur seinen Namen in den Schmutz. Es kam so*
*weit, daß sie nach einigen Jahren für ein paar Monate von ihm fortziehen*
*mußte. Er hatte immer eine sehr starke Mutterbindung gehabt. Besonders in*
*den letzten Jahren sprach er viel von ihr. Es war besonders ihre Opferbereit-*
*schaft, sie sah ganz von sich ab und opferte alles für ihre Kinder. Sitzt oft und*
*spricht mit sich selbst von ihr, seiner «armen, armen Mutter». Die Mutter war*
*auf einem Auge blind. Sie war eine sehr sanfte und stille Frau. Es ist deutlich,*
*daß er nach diesem Frauentyp suchte und glaubte, ihn in ihr gefunden zu ha-*
*ben. Schon nach wenigen Jahren war er unglaublich enttäuscht. Er war noch*
*niemals so enttäuscht worden von einer Frau. Die Ehefrau kann nicht genau*
*sagen, welchen seiner Ideale sie nicht entsprach, glaubt aber die Ursache darin*
*zu sehen, daß sie Lehrerin und vor allem, daß sie Schauspielerin gewesen war.*
*Er ist ständig beleidigt, weil sie sich in den Vordergrund drängt. Er hatte*
*schon vor ihrer Heirat Schauspielerinnen verachtet, und sie meint, seine Ver-*
*achtung kommt daher, daß er keine Theaterstücke schreiben kann. Seine Ei-*
*fersucht hat sie auch von ihren Freunden getrennt.*

Hier bricht die Wiedergabe des Gesprächs in Langfeldts Gutachten ab, obwohl klar ist, daß die Unterhaltung weiterging. Der Bericht bricht bei den
Fragen ab, die Marie «verstummen» ließen. Daß ihre Darstellung in diesem
Punkt richtig ist, läßt sich leicht bestätigen und ist auch nicht bestritten worden. In der Zusammenfassung, die das Gutachten abschließt, deuten Professor Langfeldt und Dr. Ödegaard auf dieses Thema hin:
    «Vertrauliche Mitteilungen über Hamsuns Charakter (die wir auf Wunsch

in den Bericht nicht aufgenommen haben), sprechen dafür, daß er triebmäßig eine starke Natur ist.» Eine schonende Wortwahl. Daß es sich dabei um Aussagen handelte, die nur Marie machen konnte, steht inzwischen fest. Professor Langfeldt hatte ihr gegenübergesessen wie ein katholischer Beichtvater und hatte gefragt, wie häufig, wie viele Male und wie überhaupt – und Marie hatte gebeichtet. Sie hatte gefragt, ob es denn wirklich nötig sei, denn es würde ihr nie wieder gelingen, mit ihrem Mann unter einem Dach zu leben, wenn er erfuhr, daß sie anderen von diesen Dingen erzählt hatte. Und Gabriel Langfeldt hatte sie beruhigt: «Der Professor wiederholte, daß mein – ich hätte fast gesagt – Geständnis ganz vertraulich bleiben, daß nur der Oberste Ankläger es sehen sollte.»

Marie gestand also. Der Arzt schrieb jedes Wort mit. Professor Langfeldt erfuhr auf die Weise alle Einzelheiten und konnte den erstaunlichen Schluß ziehen, daß Knut Hamsun «triebmäßig eine starke Natur sei».

«Ich fühlte mich wahrhaftig nicht wohl», schreibt Marie, «ich wollte schon bitten, alles widerrufen zu dürfen. Hätte ich es nur getan!»

Sie tat es nicht. Statt dessen bat sie darum, ihren Mann zu sehen, was sich machen ließ. Der Arzt, der ihre Aussagen mitgeschrieben hatte, führte sie in ein leeres Zimmer, in dem sie auf Knut Hamsun warten sollte, und blieb draußen vor der offenen Tür stehen. Marie setzte sich, um auf Knut zu warten, den sie seit jenem Junimorgen vor einem halben Jahr, als die Polizei sie auf Nörholm abholte, nicht gesehen hatte.

«Ich dachte nur daran, ihm um den Hals zu fallen und ihm alles zu erzählen, sobald er auftauchte», schreibt sie. «Mein mühsam erkämpfter Mut war dahin, diese Strategie der nächtlichen Stunden – unter der und der Voraussetzung – war sinnlos ohne seine Billigung.»

«Meine Frau, sagen Sie? Wirklich *meine* Frau?»

Marie hörte auch nicht die kleinste Spur freudiger Überraschung in seiner Stimme, und als er das Zimmer betrat, sah sie sofort, daß sie sich ihm auf keinen Fall von sich aus nähern durfte. Und er gab ihr nicht einmal die Hand, sondern blieb in der Tür stehen.

«Was hast du dir dabei gedacht?» rief er.

Marie stammelte, sie sei von der Polizei hergebracht worden. Hamsun setzte sich auf einen Stuhl, er zitterte am ganzen Körper, und ohne Rücksicht auf den Arzt, der vor der offenen Tür stand, begann er loszuwettern. Marie hatte sich also denen zur Verfügung gestellt, die sich hier gegen ihn verschworen hatten, ihn ausspionierten und ihm ans Leben wollten?

«Ich erkannte sofort», schreibt Marie, «daß Knut den Professor durchaus nicht als Retter betrachtete, sondern als eine Person, gegen die er sich täglich mit seinen greisen Kräften zur Wehr setzen mußte. Ich war so entsetzlich erschrocken, daß ich, so weit ich mich erinnere, kein einziges Wort sagte. Ich sah ein, wie dumm ich gewesen war, ich krümmte mich unter Knuts Verachtung. Natürlich hätte ich die Reise ablehnen sollen, es ablehnen müssen, auch nur den Mund zu öffnen! Nun war es mein einziger und recht kümmerlicher Trost, daß der Professor, ob nun Feind oder Freund, auf jeden Fall doch Arzt war.»

Zwischen den Zeilen heißt das doch wohl, daß der Arzt ihr Schweigen zugesichert und versprochen hatte, ihre Aussagen nicht weiterzugeben. Damit könnte sich Marie nachträglich beruhigt haben, denn als sie diese oben zitierten Worte hinschrieb, wußte sie ja nur zu gut, wie sich die Tragödie dann entwickelt hatte. Ihre Schilderung der Empfindungen bei der Begegnung mit Knut Hamsun steht in krassem Gegensatz zu dem, was sie gerade vorher Langfeldt anvertraut hatte, und wenn sie schreibt, sie habe, *so weit sie sich erinnere,* kein Wort gesprochen, dann läßt ihr Gedächtnis sie hier im Stich. Professor Langfeldt, der offenbar, ohne daß Marie es merkte, den ganzen Auftritt beobachtete, erinnert sich an den Lärm, als beide Partner, teils aus Aufregung, teils weil Hamsun taub war, so laut schrien, daß man es in der ganzen Abteilung hörte. Die Begegnung fand im Empfangsraum im Erdgeschoß statt und wurde für Langfeldt zu einer geradezu unheimlichen Bestätigung dessen, was Marie ihm vorher über ihr beiderseitiges Verhältnis anvertraut hatte.

«Es war eine fürchterliche Ehe», sagte er mit breitem Lächeln. Der Professor glaubt es übrigens nicht verantworten zu können, mitzuteilen, was die beiden sagten, als sie sich trennten; darin könne ein Bruch seiner Schweigepflicht liegen. Was ein Chefarzt vom Verhalten eines Patienten in einer Klinik beobachtet, darf er anderen nicht mitteilen, sagt er. Aber Marie schildert ja selbst den Abschied, und hier wirkt er sehr glaubwürdig:

Es war Knut Hamsun, der die Begegnung abbrach. Er stand auf, sah die Frau an, mit der er fast vierzig Jahre lang verheiratet war; Marie fiel auf, daß er sehr abgemagert war, seit sie ihn zuletzt gesehen hatte. Er sagte ganz gelassen:

«Ja, ja, nun sage ich dir Lebewohl, Marie, wir sehen uns nicht wieder.»

Halten wir den Film an, für den Bruchteil einer Sekunde. Wir sehen die beiden alten Menschen in dem trübseligen Empfangsraum. Hamsun in dem schwarzen Anzug, den er schon bei Hitler getragen hat und der jetzt lose um ihn hängt; Marie steht auf ihren kräftigen Frauenbeinen in einem ihrer ständigen geblümten Kleider, die Handtasche hängt in ihrer Hand. «Eine fürchterliche Ehe», meint Professor Langfeldt. Vielleicht. Sie geben sich auch jetzt nicht die Hand, sie behelfen sich mit einer matten Bewegung, und so stehen sie eine kleine Sekunde – dann rollt der Film weiter, sie wenden sich um, lassen einander aus den Augen, gehen jeder in eine andere Richtung. Getrennt.

Wie sie da stehen, könnten sie einen Augenblick an Gestapohäftlinge aus der Zeit der Besetzung erinnern, Gefangene, die einander auf einem Transport sehen und vielleicht versuchen, die Hand mit den gebrochenen Fingern zu einem stummen Gruß zu heben, bevor sie ins Ungewisse gebracht werden. So grüßen sich nun Knut und Marie in der Osloer Psychiatrischen Klinik, und es ist ihr Abschied. Aber sie sind nicht von der Gestapo verhaftet, sind keiner Folter unterworfen worden. Ihre Hände sind heil. Nicht ihre Finger sind gebrochen.

Marie meint, sie habe sich nicht dramatisch aufgeführt. Ihre Beine trugen sie hinaus zum Auto, schreibt sie, und eine Krankenschwester, vermutlich die Oberschwester von Knuts Abteilung, kam hinaus, um sich zu verabschieden. Sie lächelte sie an und versprach, alles zu tun, damit es ihrem Mann gutging. Marie lächelte zurück und dankte ihr, und dann dachte sie an seine gestopften Strümpfe, sein verschlissenes Unterzeug aus der Kriegszeit, an den ungebügelten alten Anzug – die gute Schwester würde allerhand zu tun haben.

Gleichzeitig verließ Knut den Empfangsraum, ging in seine neue Kammer und schloß die Tür hinter sich. Er hatte gesagt, er könnte vor Entsetzen schreien bei dem Gedanken, daß etwas geschehen könnte, das nun geschehen war. Aber es kommt kein Schrei über seine Lippen, es kommt nicht einmal eine Klage in sein Tagebuch, er begnügte sich, das Datum einzutragen. Die Seite ließ er leer. Leere – er fühlte nur Leere. Es war vorbei. Sie hatten ihm alles genommen, seinen Ruhm, seine Freunde, seinen Hof, sein Geld. Nun hatten sie auch seine Ehe vernichtet. Sein großer Name war ausgelöscht, der Druckfehler berechtigt – in seinem siebenundachtzigsten Jahr war er wieder der Schneiderssohn aus Hamsund. Er spürte alles wieder, Dunkelheit, Kälte, Einsamkeit, den modrigen Geruch von Armut und Angst. Es war kein Grund zum Schreien, hier war nun der Boden des Daseins, er war wieder Knud Pedersen. Er dachte, mit all dem Guten müßte wenigstens auch all das Übel vorbei sein. Nun *konnte* es keine weiteren Fragen geben, nun *mußte* Langfeldt ja alles haben, was er wünschte. Am kommenden Tag war er zwei Monate hier, und das trug er sorgfältig ins Tagebuch ein. Sie mußten ihn jetzt freilassen, sie hatten keinen Anlaß mehr, ihn hier festzuhalten. Der Trost war armselig, aber mehr konnte er nicht ertragen, er hatte das Gefühl, eine weitere Woche in diesem Haus würde ihm den Rest geben.

Doch Professor Langfeldt sah die Sache anders an. Als letzter hatte er den Empfangsraum verlassen; er ging in sein Büro und sammelte die aufschlußreichen Papiere, für ihn hatte der Tag eine überwältigend große Ausbeute ergeben, aber damit wollte er sich nicht begnügen. Hatte Hamsun etwa nicht eine zweite Ehe auf dem Gewissen? Die Hälfte war nun bekannt, nun war noch viel zu erforschen. Das erklärt, warum Hamsun an dem Tag, an dem er mit seiner Entlassung rechnete, tatsächlich erst die Hälfte der Zeit in diesem Hause hinter sich hatte. Er fühlte, daß er es nach der Begegnung mit Marie keinen Tag länger aushalten könnte, aber Langfeldt behielt ihn noch zwei Monate.

War das notwendig? Lag die Lösung des großen Rätsels nicht damals schon schwarz auf weiß auf dem Tisch des Professors? Erkannte Langfeldt das nicht? Oder konnte er diese Lösung nicht brauchen?

Auf den ersten Blick wirken die dramatischen Ereignisse des Tages widersprüchlich, nimmt man sich aber die einzelnen Fragen vor und versucht, sie nacheinander zu beantworten, zeichnen sich allmählich die Umrisse einer Erklärung ab. Da ist zuerst die Frage, warum Hamsun so heftig und eilig reagierte, als er Marie sah. Sie hatte zu Langfeldt gesagt, sie könnte nicht mehr mit ihrem Mann unter einem Dach leben, wenn er ihre Aussagen kennenlernen würde; aber als Hamsun die Treppe herunterkam und Marie im Empfangsraum sah, konnte er noch nicht die geringste Ahnung von dem haben, was sie erst vor Minuten dem Professor anvertraut hatte. Oder ahnte er es? Sein Bruch mit ihr war endgültig und brutal, und doch hatte vor der Verhaftung in der letzten Zeit auf Nörholm keine besondere Mißstimmung zwischen ihnen geherrscht. Selbst wenn das Verhältnis zwischen ihnen damals besser oder schlechter gewesen war, als Marie es nun dargestellt hatte, so war doch in der Zwischenzeit nichts geschehen, wodurch es hätte verschlimmert werden können. Oder doch?

Nach Maries Verhaftung hatte sich Hamsun zum erstenmal seit 1940 auf eigene Faust Informationen über Wesen und Treiben des Nationalsozialismus beschaffen können, Informationen, die aus der Perspektive der Gegner stammten. Das Mißtrauen, welches ihm blieb, seit er in der Hoffnung zu Hitler gereist war, Terboven aus Norwegen entfernen zu können, war unerträglich geworden. Wie alle anderen auch erfuhr er erst jetzt von den Vernichtungslagern, doch für ihn kam nun das ganze Gewicht aller Informationen hinzu, die alle anderen fünf Jahre hindurch ununterbrochen über den Rundfunk aus England und Schweden erhalten hatten, vor allem Nachrichten über die Foltermethoden der Gestapo in seinem eigenen Land. Jetzt brachten die Zeitungen täglich Einzelheiten über die Prozesse gegen die Handlanger der Deutschen. Mitte November war für Hamsun die Last der Aufklärung so zermalmend, daß er genau das tat, was Arild in seinem Brief an die Mutter befürchtet hatte: Er rückte mündlich und schriftlich ein für allemal vom Nationalsozialismus ab und gestand, daß er sich geirrt hatte. Das entschuldigt ihn freilich nicht für die Zeit vor 1940, wo er freien Zugang zu Zeitungen hatte, aus denen er die Wahrheit erfahren hätte, Nachrichten über die Kristallnacht und ähnliches – aber es unterstreicht, daß Marie praktisch seine einzige Verbindung zur Außenwelt war, Marie, die weder vor noch nach dem April 1940 daran gehindert wurde, sich ihre Informationen mit Hilfe des Radioapparats zu verschaffen, den sie als NS-Mitglied behalten durfte. «Wir alle tragen die Verantwortung dafür, daß Vater während des Krieges nicht besser informiert wurde», sagt Tore Hamsun heute, aber er fügt hinzu, daß sein Vater ja nicht leicht zu beeinflussen war.

Doch die Verantwortung liegt bei Marie. Hier hatte Langfeldt tatsächlich neue Erklärungen erhalten. Alle Zeugen können bekräftigen, daß es sich so verhalten hatte, wie Tore sagt: Hamsun wurde aus dem Spiel gelassen, man teilte ihm nichts mit. In den vergangenen Monaten muß er ja Schritt auf

Schritt über eine Nachricht gestolpert sein, bei der er sich sagte: Das muß Marie gewußt haben! Zu der dadurch aufgestauten Bitterkeit kam nun noch der Zorn darüber, daß sie mit Langfeldt gesprochen hatte. Zuerst hatte sie ihm alles verschwiegen – nun redete sie mit seinen Feinden! In der Auseinandersetzung, über die Langfeldt der Schweigepflicht wegen nichts mitteilen kann, muß der Satz gefallen sein: «Warum hast du nichts gesagt?»

Bleiben wir bei dieser Frage. Warum hatte Marie ihm nie etwas mitgeteilt? Auch ihr Auftreten am 14. Dezember ist ja voller Widersprüche. Als sie später ihre Erinnerungen an den Tag niederschrieb, kannte sie seit langem Professor Langfeldts Bericht mit der Wiedergabe ihrer eigenen Aussagen, aber sie schreibt nichts von dem, was sie ausgesagt hat, sondern nur, daß es die Wahrheit sein sollte und deshalb gewiß keine rosige Geschichte sein konnte. Das war nur die halbe Wahrheit.

Sie hat in ihrem Buch wahrscheinlich deshalb nichts davon erzählt, weil ihre Aussagen in grellem Gegensatz zu dem stehen, was sie sonst in ihren Erinnerungen über Regenbogen, Hausfrauensorgen, Zauberkreise schreibt, über seine Freude, die ihr Glück war, über ihre Bemühung, zu retten, was zu retten war, in erster Linie für ihn. Wie läßt sich das alles mit dem verzweifelten, fast gehässigen Unterton in ihren Aussagen vor Langfeldt auf einen Nenner bringen? Marie schreibt über das, was sie selbst angeht, nicht nur bitter, Marie ist auch ein wenig niederträchtig. Wenn Langfeldt von ihrer «spontanen Offenherzigkeit» spricht, erinnert er sich zweifellos richtig. Hat sie ein bißchen mehr erzählt, als nötig war? Antwortete sie mehr, als sie gefragt wurde? Haben ihre Aussagen zu manchen Themen unmißverständlich etwas von Verrat, von Rache? Wir wissen nicht, ob sie den abgefangenen Brief von Arild gelesen hat, den Brief, in dem er wünschte, daß sein Vater für geisteskrank erklärt werde, weil «sie *alle* dann in *voller* Sicherheit» wären, aber man erkennt, daß sie zu manchen ihrer Erklärungen nicht aufgefordert worden war. Sie sagte ja eindeutig, daß sie und die Kinder ihn lange als verrückt angesehen hätten, und sie bekräftigte diese Aussage mit Beispielen. In diesem Punkt sind sich offensichtlich die erbittertsten Gegner einig, hier können sie sich anscheinend ohne weiteres einigen, die Freunde und die Feinde, die Verteidiger und die Ankläger, Journalisten und Schriftsteller-Kollegen, Langfeldt und der Oberste Ankläger, die Ehefrau und der Sohn, sie alle stimmen in den Ruf ein, der so oft Menschen von verdächtigem Format entgegenschlägt: Er muß verrückt sein! Hat der Mann recht, dann sind wir verloren – es geht um ihn oder uns! So lautet die Formel der Isolierung, die sich nun um ihn ausbreitet, die er weitgehend auch selbst provoziert hat; nun wird er so einsam und so abgesondert und so anders als die anderen und so störrisch, wie er es gewünscht hat. Neu ist nur, daß sich auch seine eigene Familie auf der anderen Seite des Trennungsstrichs befindet. Als Hamsun inzwischen einen sichtbaren Abstand zwischen sich und die anderen legte, hatten beide Seiten einander auch nicht viel mehr zu sagen gehabt. Im Konflikt zwischen Künstler und Gesellschaft verläuft die Demarkationslinie auch zwischen ihm und seinen Nächsten. Auch sie werden Umgebung. Sie sind Gesellschaft. Sie sind auch Gegenspieler.

Marie war zum Feind übergegangen. Das bedeutete natürlich nicht, daß ihr Gefühl für ihn sich verändert habe oder schwächer geworden sei. Im Gegenteil, man spürt hinter haßerfüllten Äußerungen die verwundete Leidenschaft, sie schlägt so wild um sich, weil sie selbst so tief verwundet ist. Marie brachte es in ihren Erinnerungen nicht fertig, die gewaltsamen Gegensätze in ihrem eigenen Innern darzustellen, aber sie waren da. Mehr als je zeigten sich zwei einander widersprechende Wahrheiten, und beide sind gleich wahr. Es war nicht falsch, was sie über den Zauberkreis schrieb, den er um sie gezogen hatte. Ihre «Hausfrauensorgen» waren wirklich vorhanden, schon der Ausdruck beweist es. Sie wollte ganz gewiß ihren Mann retten und lieferte ihn doch gleichzeitig aus. Sie konnte ihn durchaus in einem Augenblick oben im ersten Stock als «verrückt» bezeichnen und sich wenige Augenblicke später im Erdgeschoß «unter seiner Verachtung krümmen». In ihrer Geringschätzung noch betete sie ihn an; sie haßte so gründlich, weil sie so tief liebte.

Die Polizei brachte sie zurück in das Gefängnis am Åkerbergvei, wo sie noch eine Nacht verbringen sollte, und nun zeigte sich, daß die hochgespannten Erwartungen ihrer Mitgefangenen in Blödekjaer doch nicht so abwegig gewesen waren. Als sie am nächsten Morgen in dem mit hellen Gardinen und Blumen ausgestatteten Empfangsraum stand, erhielt sie, ohne darum gebeten zu haben, ein Verpflegungspaket für die Rückreise nach Arendal. Der getreue Tore stand wieder an der Bahn; er meint nicht, daß Marie ihm damals etwas vom Drama des Vortages erzählt hat, aber sein Vater fragte ihn, was sie gesagt habe.

Der Zug rollte aus dem kleinen Bahnhof nach Süden, über Nelaug nach Arendal, wo Gefängnis und Anklage wegen Landesverrats auf Marie warteten. Als sie unterwegs ihr Verpflegungspaket öffnete, hatte sie große Scheiben hausgebackenes Weißbrot, dick mit Butter bestrichen, vor sich. Marie, die seit Monaten weder Weißbrot noch Butter genossen hatte, fühlte sich geradezu überwältigt und vergaß, daß ihr eine Gefängnisbeamtin gegenübersaß.

«Ich versteckte mich hinter meinem Mantel und weinte lange», schreibt sie. «Ich war so elend und an so viel Güte nicht mehr gewöhnt.»

«Ja, ja, nun sag ich dir Lebewohl, Marie, wir sehen uns nicht wieder.» Da saß sie nun hinter ihrem abgetragenen Bisammantel und weinte, sie, der wichtigste Zeuge im Prozeß Hamsun. Sie wurde keine seiner Romanfiguren, sie war nur seine Frau geworden. Und doch. Mußte sie sich nicht in diesem Augenblick der Trennung fragen, ob überhaupt noch etwas in ihr vorhanden war, das er nicht geschaffen, geformt, geschrieben hatte? Auch ihre Geschichte handelte ja nur von den Wegen, die voll sind mit Blumen und Blut. Blumen und Blut.

# 21
## Blumen und Blut

Ihr Kindermädchen hieß Dadda. Dadda fragte:
«Was willst du lieber sein, wenn du groß bist, schön oder klug?» Marie zögerte, dann meinte sie: «Ich will auch gern klug sein.» Sie wurde beides. Sehr schön, sehr intelligent.

Dadda fragte sie:
«Was findest du schlimmer, eine Nacht bei dem zu bleiben, den du gern hast, oder von einem zum anderen flattern?»
Diesmal brauchte sich Marie nicht zu besinnen. Sie wollte immer nur einen lieben. Einstweilen war es der Vater. Sie war seine Älteste, und er war so fröhlich und nett, so groß und stark. Er war ja auch der reichste Mann in der Stadt, sein Name stand mit großen Buchstaben über dem Geschäft: Carl Andersen. *Kolonial-, Mehl- und Fettwarenhandlung gegr. 1878.* Sie wohnten in Leiret bei Elverum, und das war eigentlich keine richtige Stadt, die Felder drängten sich bis zwischen die Häuser, die Kühe grasten am Straßenrand. Marie kannte den Namen jeder Kuh und jedes Menschen. Die Frauen der Stadt waren in zwei Klassen eingeteilt, in Damen und geringere, die man «Madam» nannte. Marie hielt es für gut und richtig. Maries Mutter war eine Dame.

Sie hieß Gertrud und war erst dreiundzwanzig Jahre alt, als Marie zur Welt kam. Trotzdem konnte sich Marie nie an sie als an eine junge Frau erinnern. In den Dreißigern hatte sie schon graues Haar. Keine Last war zu schwer, sie nahm sie auf ihre schmalen Schultern, kein Kummer zu groß – sie verschloß ihn in ihrem Herzen, sagte Marie später. Sie verachtete ein fröhliches Christentum und meinte, in diesem Jammertal müsse jeder Tag verbracht werden, als sei er der letzte. «Gott sieht man am besten durch Tränen», sagte sie zu Marie.

Wenn das stimmte, konnte sie Gott bald sehen. 1888, als Marie sieben Jahre alt war, machte Carl Andersen Konkurs. Der Preissturz von Bauholz bedeutete für die Waldbewohner in Ostnorwegen eine Katastrophe. Ein Holzherr nach dem anderen mußte aufgeben, und überall hatte Carl Andersen Außenstände, so daß es ihn schließlich mit in die Tiefe riß. Das große Schild über dem Laden mußte abgenommen werden, und Mutter mußte darauf verzichten, mit hochgetürmter Frisur und schwarzer Kleidung umherzugehen – sie war jetzt nur noch eine Madam. Sie zogen aus dem großen Haus mit den hohen Zimmern aus, ihre Möbel wurden zwangsversteigert, Marie sah, wie sie das Klavier auf einer Handkarre fortbrachten.

«Pleitegören!» riefen die Schuldkameraden auf dem Heimweg hinter ihr und ihrer Schwester her.

Marie begriff, daß sie «einen Nasenstüber» erhalten hatte, der sich noch nach vielen Jahren bemerkbar machte. Es waren ja nicht nur die beengten

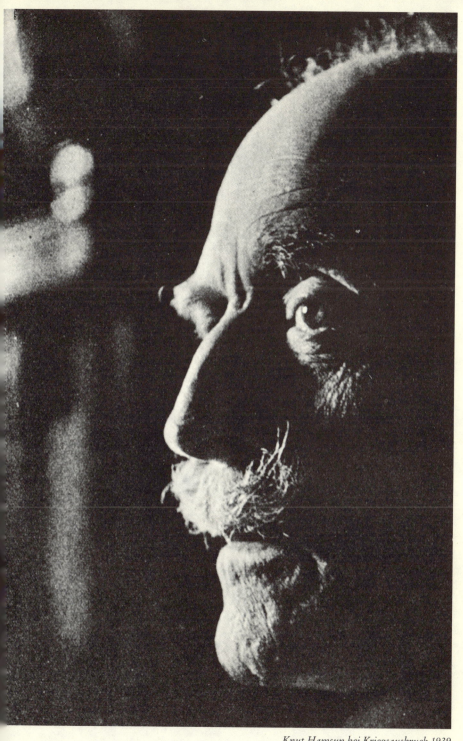

*Knut Hamsun bei Kriegsausbruch 1939*

*Straßenbahnschaffner in Chicago 1886*

*Schauspielerin am Nationaltheater in Oslo,*
*Fräulein Marie Andersen*

4

oben: Arild, Ellinor, Cecilia, Marie und Knut Hamsun

unten: Das Hauptgebäude auf Nörholm

*Die Dichterklause auf Nörholm*

*Tore und Knut Hamsun bei Terboven*

*Der Zeitungsleser.*
*Hamsun wartet auf den Bus in Grimstadt, 1941.*

*Auf dem Weg zu Hitler beim Abflug aus Fornebu
am 23. Juni 1943.*

1                *Der Raum im Berghof auf dem Obersalzberg,*
*in dem das Gespräch zwischen Hamsun und Hitler stattfand.*

*Ankunft in Fornebu am 28. Juni 1943 nach dem Besuch bei Hitler.*

13

*Hamsun wird in Fornebu von Terboven begrüßt.*
*Hinter ihm Ministerialdirigent G. W. Müller.*
*Hinter Terboven der zivile Pressechef Beggerud.*

*Ein Nörholm in Stein: Die psychiatrische Klinik von Oslo.* 14

*Professor Dr. med.
Gabriel Langfeldt,
der die Befragungen
vornahm.*

15

16

*Seitenflügel der Psychiatrischen Klinik. Hinter den beiden Fenstern rechts vom Eingang
lag der Empfangsraum, in dem sich Knut Hamsun und Marie begegneten. Hinter dem
nächsten Fenster befand sich die Einzelzelle, in der er bislang untergebracht worden war.
Die nächsten drei Fenster gehörten zum »Grünen Saal«.*

*Marie Hamsun in Nationaltracht bei einem Leseabend in der Aula der Universität.*

*Marie Hamsun bei einem Leseabend in Deutschland.*

*Knut Hamsun im Altersheim.*

*Christian Gierlöff*

*Rathaus in Grimstad.*

*Marie Hamsun
vor Gericht.*

22

3

*Das Gericht in Grimstadt. Von links die beiden Laienrichter
Omund Eigeland und Jacob Flaa neben Richter Sverre Eide.*

*Knut Hamsun vor Gericht. (Sverre Heiberg).*

25

6

*oben: Knut Hamsun während des Plädoyers des Anklägers. Neben ihm Sigrid Stray, im Hintergrund ihre Sekretärtin.*

*unten: Schluß der Gerichtsverhandlung. Frau Stray packt ihre Unterlagen zusammen. Knut Hamsun sichtlich erschöpft.*

*Der Sieger. Knut Hamsun an seinem neunzigsten Geburtstag 1949.*

*Knut und Marie Hamsun, Juli 1950. (Haug).*

*Harald Grieg und Knut Hamsun. (Gyldendal Norsk Forlag).*

*Knut Hamsun 1950*

*Letztes Bild von Knut Hamsun,*
*aufgenommen am 2. Oktober 1951.*

*Marie nach der Einäscherung.*
*Auf dem Tisch die Urne mit Hamsuns Asche.*

*»Morgen ist auch noch ein Tag, und ich kann warten.*
*Die Zeit ist auf meiner Seite. Lebendig oder tot,*
*das ist gleichgültig. Ich kann warten.«*

Verhältnisse: Wer Bankrott gemacht hatte, verlor damals auch das Stimmrecht, und Marie hatte das deutliche Gefühl, daß sie in eine Schande geraten seien, über die man nicht sprach.

«So sah ich damals die Sache an. So begann es», schreibt sie. Jedenfalls begann sie damals, an den Nägeln zu kauen. Ihr Vater, ein Schatten seiner selbst, war Vertreter einer Versicherungsgesellschaft geworden und radelte bei jedem Wind und Wetter durch die Gegend, um die Leute an der Haustür mit seinen Tabellen und Prämienberechnungen zu überfallen. Die Familie war nach Langengen gezogen, einem abgelegenen, kümmerlichen Hof, wo die Ratten unter den Dielen tanzten. Hering und Kartoffeln am Sonntag, sonst Magermilchsuppen und Wassergrützen. Bei festlichen Gelegenheiten durften die Kinder wählen, ob sie Brot mit Sirup oder mit Margarine haben wollten, und Ostern erhielt jedes ein halbes Ei.

«Gottesfurcht und Genügsamkeit zusammen sind ein großes Geschenk», hing in Kreuzstich unter Glas und Rahmen an der Wand.

«Ob wir uns etwas leisten konnten oder vielmehr nicht leisten konnten, spielte eine Rolle bei allem, wovon wir sprachen», schreibt Marie.

Sie kaute an den Nägeln, aber sie war nun zwölf Jahre alt und konnte einen Pferdewagen kutschieren, und auf Langengen wurde sie Almhirtin und erlebte die langen, glücklichen Sommer, an die sie nachts im Frauengefängnis zurückdachte. Sie hütete die Färsen und besaß selbst ihre kleine helle Ziege. Der Vater wurde zum Inspektor befördert. Alles begann sich zum Guten zu wenden.

Dann geschah es, an einem Wintertag. Marie war mit der Mutter allein in der Küche, der Vater schnitt Häcksel in der Scheune. Mutter kochte Aschenlauge in einem großen Kessel, mit Aschenlauge konnte man Seife sparen. Gjertrud stellte den großen Kessel auf die eiserne Platte vor dem Herd, um Herdringe einzulegen. Maries kleiner Bruder kam von draußen hereingelaufen, unter seinen Holzschuhen klebte der Schnee. Fridtjof hieß er, aber sie nannten ihn Viffen, er war der jüngste der Kinderschar, erst drei Jahre alt. Die Mutter, mit den klappernden Herdringen beschäftigt, wandte dem Kleinen den Rücken zu und sah nicht, was geschah. Marie sah es, konnte es aber nicht mehr verhindern und schrie laut auf. Blitzschnell drehte sich die Mutter um, griff den Jungen aus dem Kessel und steckte ihn in die große Wassertonne. Marie holte den Vater; als sie zurückkam, riß die Mutter dem Kind die Kleider herunter.

«Ich mußte wegsehen», schreibt Marie, «aber Mutter konnte sich nicht abwenden, obwohl es ihr wie ans eigene lebendige Fleisch ging, nein, noch schlimmer . . .»

Der Vater spannte an, um den Arzt zu holen, eine Stunde hin, eine Stunde zurück. Der Kleine lag still und klagte kaum. Die Mutter und eine Nachbarin hatten rohes Ei auf die Brandwunden geträufelt. Marie bemerkte, daß der Arzt es vermied, der Mutter in die Augen zu blicken, als er seinen Mantel wieder anzog und zu Vaters Schlitten hinausging. Die ganze Nacht hörte Marie die Mutter, die vor Viffens Bett kniete und betete.

«Dein Wille gescheh, nicht der meine», sagte sie wieder und wieder, «dein Wille geschehe, nicht der meine.»

Am nächsten Tag glaubten alle, daß es besser geworden sei, aber als die Nacht kam, wurde der Kleine furchtbar krank, der blutige kleine Körper rang nach Atem. Die Mutter ging, nur eine Wolljacke über dem Nachthemd, leise jammernd hin und her. Vater stand bleich und unrasiert und sah auf das Kind. An den schwarzen Fenstern schmolz der feuchte Schnee. Der Vater spannte wieder an und fuhr durch den treibenden Schnee. Es war fast Morgen, als er mit dem Arzt zurückkam. Kurz darauf war Viffen tot.

An den folgenden Tagen saßen sie alle im Kinderzimmer, Marie und ihre acht jüngeren Schwestern, wie junge Schwalben auf einem Telephondraht, sie sangen aus dem Gesangbuch. «Halte Maß mit Trauern und Klagen . . .» begann eines der Lieder. Zwischendurch las der Vater aus der Bibel. Marie sah durch ihre Tränen den großen gebeugten Mann mit den rotgeränderten Augen und den Bartstoppeln im Gesicht, den Mann, der Konkurs gemacht hatte und zum Inspektor befördert worden war und eine Gehaltszulage bekommen hatte. Aber er war nicht groß und stark. Viermal war er die lange Strecke durch Nacht und Schneesturm gefahren, aber das hatte nichts geholfen, nichts aufgehalten. Und der Gott im Himmel, den man am besten durch Tränen erkannte, warum sah sie ihn jetzt nicht? Warum hatte er überhaupt nicht geholfen? Wie konnte er so etwas zulassen, wie konnte er ihre Eltern so entsetzlich schlagen, die doch so gottesfürchtig waren? War auch er nicht gut und nicht stark? Aber wo war denn einer, der sie beschützen, sie vor namenlosen Schrecken bewahren konnte? Ach, sie wollte ihm gern dienen und gehorchen, ihm alles opfern, wenn er sich nur finden lassen wollte!

Marie versuchte, die Trauer zu vergessen und sich aus Demütigung und Armut zu erheben auf dem Gebiet, wo sie sich durchsetzen konnte, in Ragna Nielsens Schule. Sie war bald die beste Schülerin ihrer Klasse, sie paukte mit verbissenem Eifer und dem Drang zur Vollkommenheit ihre Aufgaben («lieber eine Stunde Schlaf weniger als eine unfertige Aufgabe»), und sie hatte Erfolg bei ihren Lehrerinnen. Da war besonders ein ältliches, mageres Fräulein, die sich um sie kümmerte. Die anderen fanden sie mürrisch, aber Marie liebte sie. Sie lehrte das Hütemädchen, ihr Aussehen zu pflegen, schickte sie zum Zahnarzt, brachte es sogar fertig, daß Marie das Nägelkauen unterdrückte. In keinem Fach war Marie deshalb tüchtiger als in ihrem, es wurde ihr Lieblingsfach. Deutsch.

Weniger Glück hatte Marie beim Zeichenlehrer. Eines Tages überraschte er sie, als sie heimlich im Unterricht ein Buch zu lesen versuchte, einen Liebesroman. Er hieß «Viktoria». Darin stand, daß die Wege der Liebe voll sind von Blumen und Blut, Blumen und Blut, und nun wurde ihr das Buch weggenommen. Marie mußte es um jeden Preis wiederhaben, weil sie es aus der Bibliothek entliehen hatte, und der Zeichenlehrer ließ sich erst nach allerhand Demütigungen erweichen.

«Das war die erste Qual um Knuts willen», schreibt sie.

Ihre erste Qual, nicht durch Knut, aber um seinetwillen . . . Dann konnte Marie trotz der bescheidenen Finanzen der Familie ihren Abschluß am Gymnasium machen, und die Schulleiterin hielt eine Rede. Ragna Nielsen wollte ein besonderes Wort an die Schülerinnen richten. Die Liebe der jungen Mädchen sollte wie ein goldener Schatz sein, sie mußten ihn verteidigen und bewachen, damit sie ihn ungeschmälert dem einen und einzigen übergeben konnten, dem Mann, mit dem sie das Leben teilen sollten. Aber ach, wie viele von denen, die hier saßen, münzten den Schatz in Kleingeld um, Flirt in allen Himmelsrichtungen, selbst wenn es nur ein Kuß an der Haustür war . . .

Maries Ohren wurden heiß, sie hatte ja gerade Sverre in der Haustür geküßt! Damit mußte nun Schluß sein. Noch als achtzigjährige Frau erinnerte sie sich an jedes Wort von Ragna Nielsen. Von nun an wollte sie nur für den einen und einzigen leben.

So etwas tut offenbar seine Wirkung, jedenfalls fand sich dieser eine erstaunlich schnell. Kaum war ein Jahr vergangen, da hatte ihn Marie leibhaftig vor sich. Und wer anders konnte es sein als Dore Lavik, der berühmte Schauspieler, der Länder und Reiche durchquerte und in Wirtschaften und Versammlungshäusern Lesungen abhielt! Es hieß ja zwar, daß er heruntergekommen und früher Theaterdirektor in Kristiania gewesen war, und geschieden war er auch, ja, und er war achtunddreißig Jahre alt, fast zwanzig Jahre älter als sie, auch schon ziemlich kahl, aber er hielt sich würdevoll und war schlank, und sein kräftiges, regelmäßiges Gesicht strahlte väterliche Milde und Autorität aus. Tränen liefen Marie übers Gesicht, wenn er Björnson vorlas. Sie hatte nach ihrem Examen eine bescheidene Stellung als Lehrerin gefunden, aber nun erkannte sie, daß sie ja Schauspielerin werden müßte! Einige Monate später glückte es ihr, Lavik die Agnes aus dem 4. Akt von Ibsens «Brand» vorzusprechen. Marie war nun fast zwanzig Jahre alt, eine hohe, prachtvoll gewachsene Gestalt, immer noch ein klein bißchen stupsnäsig, aber mit vollen, ebenmäßig geschnittenen Lippen. Das Oval ihres Gesichtes war makellos rein, kräftige Augenbrauen saßen über den klaren Augen, die von frühem Schmerz, von Intelligenz und Leidenschaft strahlten und grenzenlose Hingabe ausdrücken konnten. Kurzum: Der erfahrene Dore Lavik zweifelte keinen Augenblick am Talent des Fräuleins Andersen.

Bald beschlossen sie, gemeinsam fortzuziehen. Maries Eltern waren verzweifelt, und die hart geprüfte Mutter sah ihren gestrengen Gott wieder durch viele Tränen.

Vielleicht werde ich einmal die Tränen bezahlen müssen, die Mutter jetzt um mich weint, dachte Marie an dem Tag, als sie mit gepackten Koffern das Elternhaus verließ.

Dore Lavik hatte nun eine eigene Theatertruppe zusammengestellt, die von

Stadt zu Stadt zog und möglichst etwas für jeden Geschmack brachte. Björnsons «Ein Fallissement» und «Geographie und Liebe», von Gunnar Heibers «König Midas». Marie lernte, daß Tragödien immer die Stücke mit fünf Akten waren. Ihr Name stand im hektographierten Programm ganz unten: «Ein Dienstmädchen: Marie Andersen». Aber es war immerhin für jeden deutlich genug zu lesen, und als Jüngste und Schönste in dieser abgetakelten Gesellschaft wurde sie schnell bemerkt und stieg flink auf der Leiter der Rollen nach oben, kam mit der Truppe nach Kristiania, nach Dänemark, erlebte den ersten Beifall, Siege, Triumphe, war die Agnes in Ibsens «Brand», und die Gina Ekdal in Ibsens «Wildente». Sie war die Elina in Knut Hamsuns «An des Reiches Pforten».

«Keine der großen Rollen, die ich gespielt hatte, nahm mich so gefangen, bei keiner war mir so sehr daran gelegen, ihr Leben und Blut mitzugeben, und keine wurde so dankbar aufgenommen», erzählte sie. Elina sagt:

«Nein, du freust dich nicht mehr an mir, Ivar, das ist es. Du hast gerade vorhin gesagt, daß du dich an mir freust, aber das ist nicht wahr, ich sehe es im Großen und im Kleinen, und nicht nur heute, du willst nicht das geringste für mich tun, es ist dir gleichgültig, wie es mir geht, du schreibst und schreibst, und mit uns wird es schlimmer und schlimmer, und am Ende wirst du mich wegschicken . . .»

Bei einer Aufführung in Kristiania sprach das Fräulein Andersen diese Worte so lebens- und blutvoll, daß der Direktor Björn Björnson beschloß, sie an das Nationaltheater zu holen, wo Hamsuns Stück neu inszeniert werden sollte. Eine unerhörte Ehre für sie, das höchste Ziel, das sie überhaupt anstreben konnte. Sie war jetzt sechsundzwanzig Jahre alt, sie und Lavik betrachteten sich seit langem als verheiratet, sie erarbeiteten sich alle Rollen gemeinsam, gingen durch dick und dünn miteinander, selbst ihre Eltern hatte er gewonnen. Seine Photographie stand daheim auf dem Klavier, das der Versicherungsinspektor nun wieder anschaffen konnte.

Bevor sich Marie die Elina im Nationaltheater vornahm, sollte sie, wie der Theaterdirektor meinte, doch ein paar Worte mit dem Verfasser sprechen. Hamsun war gerade in der Stadt. Der Chef verabredete telephonisch, daß er sich in einer halben Stunde vor der Pförtnerloge mit Marie treffen würde. Marie ging hinunter, es war Probenzeit, Leute kamen und gingen. Dann sah sie einen Mann mit braunem Hut rasch die paar Stufen zur Eingangstür hinaufgehen, die Schauspieler umringten ihn mit lauten Freudenausbrüchen. Er ging auf höflich abweisende Art durch die Schar zur Pförtnerloge, und Marie hörte, daß er nach ihr fragte, ging hin, nannte ihren Namen und hielt ihm die Hand hin.

Hamsun hielt die Hand fest, während er sie ansah. Es wurde plötzlich sehr still, und jeder konnte hören, wie er sagte: «Herrgott, Kind, wie schön Sie sind!»

Das Theatercafé. Hamsun hatte einen abgelegenen Tisch entdeckt und bestellte Portwein. Seine Augen waren heller, als sie erwartet hatte. Das kräftige kastanienbraune Haar begann zu ergrauen, wenn er lächelte, verschwand die Strenge aus den gemeißelten Zügen. Marie wußte, daß er alles verachtete, was mit dem Theater zusammenhing, vor allem die Schauspieler. Um irgend etwas zu tun, zog sie die Handschuhe aus, bereute es aber sofort, denn die Fingerspitzen zeigten noch Spuren von der kindlichen Nägelbeißerei. Doch Knut Hamsun ergriff ihre beiden Hände und drehte sie hin und her und betrachtete sie, und Knut Hamsun war klug.

«Nein, solche Engelshände!» sagte er.

Sie sollte eine Hand neben seine legen, damit er sehen konnte, wie weit sie reichte.

«Das wage ich nicht», sagte Marie, «es bedeutet Unglück, Hände zu vergleichen.»

Hamsun lachte ein wenig, bog ihre Finger, einen nach dem anderen, gerade, und dann verglichen sie die Hände.

Oben in der Musikergondel spielten sie *Solveigs Lied*.

«Wie alt sind Sie?» fragte er plötzlich. Er selbst war achtundvierzig.

«Sechsundzwanzig», antwortete Marie.

Am nächsten Tag wurde im Theater eine hohe Kristallvase mit sechsundzwanzig halb aufgesprungenen Rosen abgegeben. Nun begann es. Blumen und Blut. Hamsun verstand sich darauf. Feste im Hotel *Victoria,* im *Grand Hotel,* im *Boulevard-Hotel.* Alle Freunde eingeladen, Reden und Kerzen, viel Wein und Blumen und Champagner, beflissene Kellner und volle Brieftaschen. Marie trug das grüne Kleid aus Stavanger, das sich unten bauschte und so elegant war. Hamsun sorgte dafür, daß zwei Pferde vorgespannt wurden, wenn er sie nach Hause brachte.

Die ersten Erklärungen. Die ersten Ermahnungen. Die ersten Vorwürfe. Die ersten Blutstropfen. «Meine Geliebte auf Erden», schrieb er, «ich bin sehr aufgeregt, manchmal ist es so schlimm, mit Dir im Café zu sein, weil Du Dich um die anderen kümmerst, die mit Dir sprechen, und um das, was sie sagen. Das ist wohl meine Verrücktheit», schrieb er. «Wenn ich Dich nur richtig in mich verliebt machen könnte, würde ich wie ein Fürst arbeiten», das schrieb er auch. «Ach Marie, sei lieb und halt mit mir aus, Du kannst mir so großartig helfen, wenn Du willst, Du kannst mich zum Fürsten machen, ich werde überströmen von Dichtung und Büchern . . .»

Sie sollte sich also opfern, aber war es nicht gerade das, was sie am liebsten wollte, wovon sie immer geträumt hatte? Dafür würde er dann ein Fürst werden, und hatte sie nicht immer nach so einem Mann gesucht? Nein, er sollte nicht vergebens bitten, sie wollte alles tun, was er von ihr erbat, und noch viel mehr. Sie schrieb ihm: «Ich kenne Deine Ansichten über das Theater und die Leute vom Theater, möchtest Du denn wirklich im tiefsten Innern, daß ich dabeibleiben soll? Dann liebst Du mich nicht, nicht fürs Leben. Du hast andere Saiten in mir zum Klingen gebracht, als Du schreibst, ich solle

Dich zum Fürsten machen. So will ich denn lieber Fürstin sein und mit dem Theater Schluß machen.»

So schrieb Marie. Hamsun saß in einer Pension zu Kongsberg, um zu arbeiten. Er sah etwas Unwiderrufliches auf sich zukommen und wurde nachdenklich. Ob ein so großes Opfer nicht seinen Preis fordern würde? Würde sie ihn vielleicht enger an sich binden, als er es wünschte? Er schrieb ihr: «Nein, Du, ich weiß gut, daß es ganz unmöglich ist, was Du vom Aufhören beim Theater schreibst, aber ich danke Dir, daß Du das gesagt hast. Danke, Marie, aber es geht nicht. Du würdest Dich danach krank sehnen, und ich will doch nicht, daß Du es schwerhaben sollst, nein, meine Geliebte, Du sollst glücklich werden, und wenn ich es nicht sein kann, der Dich glücklich macht, dann bin ich nicht der Richtige.»

Aber Marie hatte ja vorher einen, der sie auf seine bescheidene Weise glücklich zu machen versuchte. Was war mit ihm? Wo war bei dem allen der berühmte Dore Lavik geblieben? Dore Lavik war von seinen Gläubigern gezwungen worden, eine letzte Tournee in den Westen des Landes zu machen, und dann war er so taktvoll gewesen, sich in das Bezirkskrankenhaus von Bergen zurückzuziehen – Darmverschlingung. Marie hatte ihm mitfühlende Briefe geschrieben, aber der starke Druck, der nun von beiden Seiten auf sie einwirkte, war mehr, als sie ertragen konnte, und schließlich mußte auch sie ins Krankenhaus, ins Hospital zu Unserer Lieben Frau in Kristiania. Hier erhielt sie das unheilverkündende Telegramm aus Bergen: Lavik war operiert worden, und man bezweifelte, daß er es überstehen werde. Marie lag den ganzen Tag weinend im Bett.

«Mir scheint, ich bin schuld, wenn er stirbt», schrieb sie an Knut Hamsun, «er hat so oft gesagt, wenn ich nicht mehr mit ihm glücklich wäre, würde er sterben. Und nun sehe ich den ganzen Tag sein schmerzverzogenes Gesicht vor mir und höre ihn sagen: ‹Du liebst mich nicht, deshalb muß ich sterben.›»

Arme Marie, mit Lavik hatte sie sechs Jahre gelebt, Hamsun kannte sie seit zwei Monaten. Sie wußte noch nicht, mit wem sie sich da eingelassen hatte. Er konnte sich nicht in ihre Lage versetzen, er wurde wütend, langte aus mit seiner furchtbaren Sprachgewalt und schmetterte die schon geschwächte Patientin zu Boden. Marie dächte nur an Lavik, ihn selbst, Knut Hamsun, hätte sie *nie* geliebt.

«Nicht das kleinste Gedenken an einen anderen, keine Blume für zehn Öre, kein bißchen Verschonen mit den Intimitäten Deines früheren Lebens, nur die offenherzigste Erinnerung an ihn und seine ›kleine Seele‹ und an das, was er sagte und was er tat. Und nun hat er ja gesagt, daß er ohne Deine Liebe nicht leben kann, deshalb stirbt er nun – an Darmverschlingung. Und deshalb muß ich, sein Nachfolger, Telegramme und Briefe und Tränen über deinen tiefen Schmerz entgegennehmen, weil er nicht ohne Dich leben konnte – mit Darmverschlingung.»

Gleichzeitig mit dem Brief traf das Telegramm aus Bergen ein, daß Lavik nicht überlebt hatte. Am Tag darauf kam es zu einer heftigen Auseinandersetzung, als Hamsun Marie im Krankenhaus besuchte. Er wollte nichts davon hören, daß sie etwa Trauerkleidung anlegte oder eine Todesanzeige in die Zeitungen setze, nun mußte es Schluß damit sein. Sie sollte es als Zeichen des Schicksals verstehen, als Wink von oben, und nun lieber damit anfangen, etwas an den zu denken, den sie, wie sie selbst gesagt hatte, so sehr liebte. Er brauchte es, weil er am selben Abend auf dem Altan einigermaßen in Stimmung sein mußte.

«Ich demütigte mich vor ihm bis in den Staub, und er war etwas besserer Stimmung, als er ging», schreibt Marie.

Es war der 17. Juni 1908, der hundertste Geburtstag des Dichters Wergeland, und Hamsun war in die Stadt gekommen, weil er die Gedächtnisrede halten sollte; der Altan, von dem die Rede war, ist der Balkon des Nationaltheaters, wo er sprechen sollte.

Am Abend stand er im Fackelschein und sprach zur Volksmenge. Für einen Mann, der ein paar Stunden zuvor noch von einem Schicksalszeichen gesprochen hatte, war die Rede eine Herausforderung, denn Hamsun huldigte Wergeland, weil er das Glück gehabt hatte, jung zu sterben und keine Familie zu gründen.

«Es war ewig gut, daß er keine Kinder hatte!» sagte er. «Denn sie hätten nichts getaugt. Die ganze Geschichte, alle Schicksale beweisen es! Die Götter liebten ihn, er starb früh. Er brauchte nicht dazusitzen und in seinem Alter abstoßend zu werden.»

Und so ging es weiter. Durch den Park Studenterlunden sauste der Bumerang. Wer hätte angenommen, daß der Redner ein Herr von achtundvierzig Jahren war, im Begriff, eine kinderreiche Familie zu gründen? Wirkte er etwa nicht genauso jung und kraftvoll wie Wergeland? Hatte ihn nicht die Begegnung mit Marie auf einen Schlag um dreißig Jahre verjüngt? Der Brief, den er in dieser Nacht an die Patientin im Krankenhaus schrieb, hätte jedenfalls von einem Achtzehnjährigen stammen können. Doch es war Marie nicht gelungen, «ihn ein wenig froh zu machen».

«Liebste, besorg Dir nur Trauerkleidung für Deinen Liebhaber, der leider tot ist. Laß die Todesanzeige in alle Zeitungen setzen, morgen und übermorgen und noch ein paar Wochen. Sei Frau Marie Lavik, solange Du willst, Du hältst mehr von Titeln und Namen als ich. Vergieß nur ruhig alle Tränen, die ich in meiner Taktlosigkeit gestern bremste. Ich habe Dich geliebt, und ich liebe Dich. Ich werde Dich weiter lieben. Aber das hat nicht so viel Bedeutung für Dich, daß Du es lassen würdest, mit Deinem Kummer aufzutrumpfen. Ich sitze und schreibe, obwohl ich schlafen sollte. Ich hätte heute abend auf dem Altan ein bißchen froh sein sollen. Das wurde ich also nicht. Und Du willst mich lieber gehen lassen, als auch nur einen Fingerbreit von Deiner Gauklertrauer aufzugeben.»

Und sie war es, die ihn zum Fürsten machen, ihn von Dichtung überströmen lassen sollte! Ja, er wußte genau, wie er sie treffen konnte, mit Blumen hatte es begonnen, nun begann das Blut zu tröpfeln, nun liebten sie einander im Ernst. Marie erlitt einen Rückfall, und Dr. Arnesen mußte Hamsun beiseite nehmen und ihm zu erklären versuchen, daß er sie schonen müßte; es war nicht gut, wenn er sie bei jedem Besuch zum Weinen brachte. Umsonst. Da war nichts zu machen. Sie liebten einander zu stark.

«Er setzte sich nicht, er raste im Zimmer hin und her und brauchte die heftigsten Worte, die mich treffen konnten, es fiel ihm ja nicht schwer, sie zu finden», schreibt Marie in ihren Erinnerungen. «Mein Mut sank ganz und gar, ich verstand nicht, was ich falsch gemacht hatte, und ich hatte doch so vieles falsch gemacht . . .»

Er liebte sie. Er schrieb ihr:

«Du weißt so gut, meine Freundin, wenn Du die Augen schließt und nachdenkst, daß Du mich auch nicht einen Augenblick so sehr geliebt hast, wie ich Dich. Du kannst tausendmal sagen, daß ich mich irre, ich habe doch recht . . .»

Sie liebte ihn. Sie schrieb ihm:

«Du bist so viele Male verliebt gewesen, viele Male, bevor ich auftauchte, eine hast Du auf jeden Fall mehr geliebt als mich. Und noch eines, um das ich doch wohl schon tausendmal gebeten habe, wenn Du es auch scheinbar nicht hörtest: Hör auf, den Damen zuzulächeln, die in der Pension mit Dir unter einem Dach leben, Du könntest Schwierigkeiten bekommen, Du hast ein so gefährliches Lächeln.»

Mit der Leidenschaft kam der Drang zu besitzen, die Forderung, zu eigen zu nehmen. Das Schlimmste war ja Maries Verbindung mit dem Theater. Knut Hamsun hatte längst vergessen, daß er selbst sie gebeten hatte, ihren Beruf nicht seinetwegen zu opfern, nun quälte er sie ständig, sie solle aufhören. Marie willigte nur zu gern ein und bat ihre Freundin Molly, ihre Sachen aus der Theatergarderobe zu holen, den Schminkspiegel, ein paar Kleider. Sie schrieb es an Hamsun und erhielt sofort eine jubelnde Antwort, sie war der süßeste und herrlichste Mensch auf Erden, viel, viel tausendmal Dank, er lag auf den Knien und küßte ihr die Füße, schrieb er. Und als er sie das nächste Mal besuchte, brachte er ihr eine kleine Silberdose, auf dessen Deckel ein «M» eingraviert war.

Doch nun explodierte ihr Vater, er fand es wahnwitzig, daß Marie ihre Karriere abbrechen, darauf verzichten sollte, das Talent auszunutzen, das sie bereits jetzt an Norwegens größtes Theater geführt hatte.

Jetzt explodierte Hamsun. Sie solle sich lieber hinsetzen und darüber nachdenken, ob sie es mit ihren schlecht verhehlten Gauklerinteressen überhaupt verantworten könnte, eine Ehe mit einem Mann einzugehen, bei dem sich jede Faser gegen diese Interessen sträubte. Sie war ein armes kleines Ding, das man ins Leben gestoßen und das sich dann eingebildet hatte, es sei viel feiner, «Künstlerin» und «Dame» auf den schrägen Brettern zu sein, als ein tüchtiges und richtiges und redliches Familienleben zu führen. Aber das mochte nun gleich sein, er war nun so erschöpft von all den Versuchen, sie vom Theater fortzuschaffen, und sie sollte ihm nun lieber nicht mehr versichern, daß sie ihre Meinung geändert habe und lieber heiraten und auf die geliebte Öffentlichkeit verzichten wolle. Das würde dann doch nur zur Scheidung führen. Er wollte nicht einmal seinen Ekel erwähnen, falls seine geschiedene Frau irgend etwas mit dem Theater zu tun hätte:

«Als verantwortungsvoller Mensch (nicht als ›Künstlerin‹ in Stavanger und ein paar dänischen Marktflecken) mußt Du auf die Ehe mit einem Mann verzichten, der bis zu seinem letzten Atemzug und Blutstropfen die Kunst verachtet, mit der Du Deinen Charakter und Deine Unschuld erniedrigt und entwürdigt hast in den drei oder vier Jahren, denn ich werde zu jeder Zeit von einem Mißtrauen gequält werden, das mir alle Fähigkeiten zum Arbeiten nehmen wird.»

Seine Arbeit war wichtiger als ihre. Das war der springende Punkt. Wieder kam der Hinweis auf das «Heiligtum» und den rechten Zeitpunkt und den rechten Ort, wieder traf die Peitschenschnur genau in die offene Wunde. Es genügte nicht, daß Marie auf das Theater verzichtete, ihre Laufbahn aufgab und ihre Begabung verabschiedete. Sie sollte sich ganz und gar umkrempeln, ihren Interessen abschwören, ihrem Lebensinhalt, sich selbst.

Und sie tat es. Sie schrieb ihm, wie sie in vergangenen Tagen mit der ganzen Theatertruppe in der Eisenbahn gesessen und draußen die kleinen Hütten gesehen hatte, wo Mann und Frau sich im Herbst mit der Ernte und im Frühjahr mit der Erde abmühten, während die Kinder um sie her wimmelten. Da war sie oft so unendlich traurig und bekümmert über ihr eigenes Leben gewesen. Ja, einmal hatte sie bei einem solchen Anblick sogar geweint, und die anderen hatten überhaupt nicht verstanden, was ihr fehlte.

«Ach, Knut, das Gauklerdasein hat mein Innerstes nicht betroffen, das weiß ich jetzt ganz gewiß. Ich habe ja versucht, so warm ich es kann, so ernst ich es kann, Dir zu sagen, daß das alte Leben vorbei ist und ich mich nur danach sehne, ein neues mit Dir zusammen zu beginnen. Ach Knut, ich werbe ständig um Dich, ich wünsche nur, daß Du mir glauben kannst, wie ich Dir glaube. Wirst Du mir glauben, wenn ich mir den kleinen Finger abhacke? Im Holzschuppen liegt ein Beil . . .»

Einen kleinen Finger? Nein, das genügte nicht. Er antwortete, er werde sie nicht heiraten, weil es nur sofort zur Scheidung führen würde. Er hatte betteln und toben müssen, um sie aus ihrem Rattenloch herauszuziehen, aber alles hatte nichts geholfen, innerlich war sie unverändert, er konnte auch nicht die geringste Neigung zu einer Änderung erkennen.

Wieder die große Liebe. Marie gab es auf, seine Briefe zu beantworten, wurde wieder krank, bekam Fieber, lag den ganzen Tag im Bett hinter dem Wandschirm und weinte. Schließlich schickte sie ihm ihr Kündigungsschreiben an das Nationaltheater, bewarb sich um einen freien Platz als Hilfslehrerin in Nordland und bereitete die Abreise vor, sorgte aber dafür, daß Knut rechtzeitig davon unterrichtet wurde.

Das half. Eilbrief von Knut:

«Ich will Dich so tief und innerlich bitten, wie ich nur kann, Marie, daß Du mich nicht verläßt und so weit fortreist. Dann kann ich nichts mehr zustande bringen. Mein eigener innerer Friede ist so abhängig von Dir . . . Nimm meine Bitte um Verzeihung an, Marie. Ich bin so stolz auf Dich, weil Du die Kündigung eingereicht hast . . .»

War der Preis am Ende doch zu hoch? Nun überfielen die Zweifel Marie. Sie antwortete ihm:

«Du freust Dich wohl an mir, aber Du hast mich nicht gern. Das meiste von dem, was ich tu, ärgert Dich. Du freust Dich nur aus der Ferne an mir. Ich glaube nicht, Deine Liebe würde es ertragen, daß wir viel zusammen wären.»

Das war vorläufig der letzte Brief zwischen ihnen, aber nicht, weil sie sich trennten. Mit diesen Worten beschlossen sie im Gegenteil, zusammenzuleben. Knut Hamsun mietete eine Wohnung für sie in Kristiania, sie aßen zusammen, und er kam jeden Morgen, um bei ihr die Zeitung zu lesen, während sein Zimmer saubergemacht wurde. Marie erlebte jetzt das auserlesene Glück, mit einem großen und gottbegnadeten Dichter zu leben, den Inspiration und Schöpferfreude gepackt haben. Bei den Morgenbesuchen durfte nichts «schiefgehen», sagte er warnend, sie dürfe ihn nicht unaufgefordert ansprechen, er müsse wie ein rohes Ei behandelt werden, sonst könnte der ganze Tag verdorben sein. Sie meinte zu Anfang, man könne leicht dafür sorgen, daß nichts «schiefging», aber es war nicht so einfach. Nichts durfte passieren. Schon die Jalousien genügten, die sie «nun wieder schief hochgezogen hatte», schon eine Eisenpille oder einer seiner Zahnstocher konnten alles verderben, die sie beim Abstauben entfernt hatte und die nun unbedingt wiedergefunden werden mußten, selbst wenn noch mehrere in der Dose lagen. Eine Trockenerbse genügte, die sie gedankenlos vom Fußboden hob und in den Mülleimer warf, statt sie in die Dose mit den Trockenerbsen zurückzulegen. All das gehörte zu dem, was «schiefgehen» konnte, und der Tag war verdorben. Wenn ihm etwas gelungen war, konnte er übermütig, ausgelassen sein, sie ausführen, sich amüsieren und tanzen wie zu Beginn ihrer Freundschaft; aber es kam selten vor. Marie entdeckte, daß großen Dichtern fast nie etwas gelingt, und meistens nahmen sie ihre Mahlzeiten in bedrückendem Schweigen ein. Er saß geisteabwesend am Tisch, es war ihm gleichgültig, was er aß, die Hauptsache war, daß er niemanden traf, den er kannte und der ihn stören konnte. Er arbeitete immer. Wenn sie sich ein seltenes Mal über irgend etwas unterhielten, konnte er plötzlich ein Notizbuch aus der Tasche holen und ein paar Sätze hinkritzeln, die nicht das geringste mit ihrem Gespräch zu tun hatten. Und doch war das nichts gegen die Zeiten, in denen er nichts zustande brachte, rastlos umherging, schweigend und reizbar, voll beißender, ungeduldiger Antworten, unglücklich. Marie wußte nicht, was sie tun sollte.

«In dieser Zeit ging es mir allmählich auf, daß er nur in der ‹Schriftstellerei›
das fand, was er Glück nannte. Zu der Atmosphäre, die er um sich brauchte,
gehörte sicherlich auch meine Liebe, aber ich sah ein, wenn er wie jetzt mit
der Arbeit nicht vorankam, ließ sich das durch nichts ausgleichen. Das
Glück, das ich ihm vielleicht gab, war nur ein Mittel, kein Selbstzweck. Die
Erkenntnis der Wahrheit – wie ist es in jungen Tagen doch schwer, einen
Traum zu verabschieden! Vorher brauchte ich mich nur selten zurückzuziehen, jetzt hatte ich meistens das eine oder andere in der Küche zu tun. Ich
konnte es fast nicht mehr aushalten, wenn er ‹sauer› war, wie er es selbst
nannte. Ich kühlte meine Augen unter dem Wasserhahn, bevor ich wieder ins
Zimmer ging.»

Arme Marie, und das war nur der harmlose Anfang! Bald wurde das nächste Opfer fällig. Hamsun konnte in der Stadt nicht arbeiten, sie mußten aufs
Land ziehen, etwas Abgelegenes suchen, und sie zogen in eine Pension in Sol-
lien. Für Hamsun fand sich in der Nähe eine Hütte zum Arbeiten, und bald
verbrachte er auch die Nächte dort, so daß sie nur mittags mit den übrigen
Gästen zusammen aßen. Marie stellte fest, daß er mit ihr viel ungeduldiger
umging als mit den anderen. Sie verstehe es nicht, Abstand zu halten, sagte er;
ihr fehle es an Stolz, sie lasse sich die Leute zu nah auf den Pelz rücken. Es war
nicht so einfach für sie, sich so zu verhalten, daß sie nicht seinen Unmut erregte. Einmal tadelte er ihre Unaufmerksamkeit bei Tisch – sie hatte die Sauce
nicht weitergereicht, so daß er sie darum bitten mußte –, aber am nächsten
Tag übertrieb sie ihren Eifer und machte eine große Nummer aus dem Wei-
terreichen der Schüsseln; sie lachte auch viel zu laut, wenn der Mann mit den
Witzen seinen dummen Unsinn vorbrachte. Und sie wirkte so unsicher, es
war doch schade, meinte er.

«Er hatte recht», schreibt Marie, «in Gegenwart anderer war ich sogar
mehr als unsicher, ich saß immer mit dem Herzen in den Händen da.»

Was war nur geschehen? So war sie doch früher nicht gewesen? Wo war die
muntere, schlagfertige Marie mit der Stupsnase geblieben? Die mit zwölf Jahren den Pferdewagen meisterte, die flinkeste Schülerin? Wo war die gefeierte
Schauspielerin geblieben? War denn nichts mehr von ihr übrig, alles schon
geopfert?

Im Herbst, als die Gäste nacheinander abreisten, wurde es besser. Aber
nun war sie sehr einsam. Hamsun arbeitete oben in seiner Hütte und sie saß in
dem kahlen ungemütlichen Pensionszimmer wie in einer eben angewärmten
Zelle in dem ungeheizten großen Haus. Jeden Morgen mußte sie das Eis in
der Waschschüssel zerschlagen, um sich waschen zu können. Das störte sie
nicht, sie kannte es von früher. Aber sie war ein tätiger Mensch und nicht gewohnt, Tag für Tag mit den Händen im Schoß herumzusitzen, ohne sich beschäftigen zu dürfen. Sie las, schrieb ein paar Briefe, fand irgend etwas zum
Nähen. Aber die Tage wurden so lang. Dann kam sie auf den Gedanken, sich
bei Martha, der Pensionsinhaberin, aufzuhalten. Martha strickte, sie hatte

es gut und warm in ihrem kleinen Zimmer, zusammen mit ihren drei erwachsenen Söhnen, die sich unterhielten und es sich gemütlich machten. Aber Knut hielt nichts davon, daß sie «in Familie» machte, sollte er sie etwa im «Bedienstetenflügel» suchen, wenn er etwas wollte?

«Die Zeit wurde mir so lang.»

«Könntest du nicht Brennholz hacken?»

Wenn es dunkel wurde, ließ sie die Lampe in ihrem Zimmer brennen, schlich sich aber auf den Weg und lief dort stundenlang hin und her: Von ihrem Zimmer aus konnte sie seine Hütte nicht sehen, aber draußen auf dem Weg ging sie unter seinem Licht, sah seinen Schatten auftauchen und verschwinden. Wenn er das Licht löschte, rannte sie in ihr Zimmer und tat, als sei sie nie vor der Tür gewesen. «Er sollte nicht wissen, daß ich ihn wie eine Motte das Licht umkreiste», schrieb sie.

Er wurde immer erschöpfter und reizbarer, eines Tages verärgerte er sogar einen Freund, der ihn besuchte. Marie hatte nun auch schon gelernt, ihn vor anderen zu entschuldigen.

«Mein Mann hat heute solche Zahnschmerzen», sagte sie schnell. Im selben Augenblick stand er auf, und sie fürchtete, daß sie wieder etwas Falsches gesagt hätte. Aber er küßte sie mit Tränen in den Augen und verließ rasch das Zimmer. Abends wanderte sie wieder auf dem Weg und sah zu seinem Licht hinüber. Es war tiefer Winter, der Schnee knirschte unter ihren Schritten, aber sie ging und ging.

Obwohl sie einander räumlich so nahe lebten, kam er auf den Gedanken, ihr Briefe zu schreiben. Ermahnungen, Vorwürfe, Zurechtweisungen. Er hatte ja selbst gesehen, daß Ö. da war und gerade seine Ski abschnallte, als er vorbei kam. Ö. war also gerade angekommen, sie mußte ihn unmittelbar vor ihm gesehen haben. Aber da er auf Skiern lief, mußte sie sich ja sehr beeilt haben, mußte förmlich *gelaufen* sein, um so rechtzeitig auf den Hof zu kommen, daß er noch nicht mal die Ski abgeschnallt hatte. Seine Bindungen hatten ja eine Klappe und ließen sich ganz rasch abnehmen. Wie war das denn nun zu verstehen? Er kam doch schneller als sie voran, *strengte* sie sich also an, um ihn einzuholen? Und all das sah man vom Hof! Es war erst halb vier Uhr, also heller Tag – nein, sie legte keinen Wert auf einen guten Ruf, was sie in Wirklichkeit beherrschte, war der Drang, eine Rolle zu spielen, das ließ ihr keine Ruhe. Sie würde es nicht aufgeben, selbst wenn sie wüßte, daß es sich gegen ihn richtete. Es war ihr gleichgültig, daß andere sie sahen und sich ihr Teil dachten, das störte sie nicht, im Gegenteil, sie hatte immer noch so viel von der Gauklerin in sich, daß es ihr großartig vorkam, das tun ja alle Bühnendamen. Das würde wohl niemals aufhören, sie wollte eben nur diese etwas verdorbene Luft genießen, sich darin treiben lassen. Sie hatte nichts dagegen, wenn sich jeder, auch der Niedrigste, ihr aufdrängte. So war also seine Ehefrau! Aber wenn, rundheraus gesagt, eigentlich er als Mann in der Ehe die Leichtfertigkeit ablegen sollte, so war es nun die ganze, ganze, ganze Zeit so gewesen, daß er sie zurückhalten mußte, damit nicht alle Welt ihr Verhältnis niedrig und verächtlich finden sollte. «Heimreisen», sagte sie immer wieder. Ja, fahr du nur nach Haus, Marie, da er nicht glaubte, sie sei imstande, ihre Versprechungen zu halten, selbst wenn sie mit noch so viel Tränen beteuert wurden. Es war besser, daß sie sich sofort trennten. Es war besser für sie beide, sich rechtzeitig zu retten. *Seine* Ehefrau durfte auch nicht den Schein von Leichtsinn an sich haben!

Die göttliche Stimme wirkte.

«Die Niederlage war zermalmend», schreibt Marie, «es endete damit, daß ich glaubte, er hätte recht. Eine elendere Seele als ich war noch nie zu Kreuze gekrochen . . .»

Aber es kam auch vor, daß sie «tränenblind» ihre Koffer packen mußte, um ein paar Wochen in Kristiania zu verbringen. Einmal brachte er sie zum Bahnhof, sie stand am Abteilfenster, während er rastlos, ungeduldig auf dem Bahnsteig wartete. Sie trug Ohrringe, Geschenk einer Freundin, einen kleinen Emailletropfen in jedem Ohr, er hatte sie damit seit zwei Jahren gesehen. «Ja, natürlich mußt du deine Ohrringe tragen», sagte er fast gehässig. «Sollst du nicht auch einen Ring durch die Nase haben?»

Er mußte seine Stimmung an jemandem auslassen, und sie war die nächste. Er mußte jemandem die Augen ausstechen, und sie liebte ihn stark genug, es an sich geschehen zu lassen. Der Zug pfiff. Eine oder zwei Wochen vergingen. Dann reiste er ihr nach. Er konnte nicht ohne sie leben, er liebte sie über alles auf Erden. Und außerdem war er mit seinem Kapitel fertig geworden.

Es wurde besser, als sie ihr eigenes Heim erhielten, denn als sie den Hof Skogheim auf Hamarøy gekauft hatten, folgten einige Monate ruhigen Ehelebens. Mit dem Umzug an diesen fernen Ort weit jenseits des Polarkreises war Maries Opfer vollendet. Hätte sie Norwegens Johanne Louise Heiberg werden sollen? Eine neue Ophelia, ein neues Fräulein Julie, eine neue Hedda Gabler, im Rampenlicht gefeiert und umjubelt, in ihrer Garderobe von Journalisten und Anbetern umlagert? Nun sorgte sie für die struppigen kleinen Nordlandkühe, fütterte sie mit Rüben und Stroh, mistete aus mit Forke und Schaufel, melkte, trennte die Milch, butterte. Im Frühjahr veranlaßte sie, die in Holzschuhen ging, daß die Kartoffeln rechtzeitig gelegt wurden, sie säte Hafer für Grünfutter (hier im Norden konnte er nicht reifen), half im Herbst mit, daß Feuerholz und Torf ins Haus kamen, und vergaß nicht, die letzten Rübenblätter vor dem ersten Nachtfrost zu verfüttern.

Dachte sie irgendwann an das Leben, das sie aufgegeben hatte? Sie wußte, daß sie in die Welt ihrer Kindheit zurückgekommen war, sie sah, daß es Knut bei der Arbeit auf dem Hof gutging, und das genügte. Wenn es nur von Dauer war, wollte sie sich nicht beklagen.

Es dauerte zwei Monate, dann redete er von Wegfahren. Er brauchte Frieden. Er mußte arbeiten. Marie war «tief verzweifelt», sie fühlte sich krank, es wurde schlimmer von Tag zu Tag, Schwindel und Übelkeit, unablässiges Elend. Sie war vermutlich schwanger. Sie schloß ihre Tür, legte sich bei geschlossenen Vorhängen ins Bett und ließ den Dingen ihren Lauf. Knut zeigte schuldbewußtes Verständnis – ein paar Tage, dann fragte er, ob das ewig so weitergehen sollte, ihm schien, daß sie übertrieb. Er mußte fort, er mußte nun bald etwas fertigbringen.

Sie erhob sich im Bett, sah ihn unter strömenden Tränen an, hatte sie denn nicht ihren Teil der Abmachung erfüllt und alles aufgegeben? Nun konnte sie nicht mehr, nun brachen alle Dämme, nun stieß sie die entscheidenden Worte aus:

«Es ist mir gleich, es ist mir vollkommen gleichgültig, ob du irgendwann in deinem Leben noch eine einzige Zeile schreibst, wenn du bloß zu Hause bleibst!»

Hamsun traute seinen Ohren nicht.

«Ja, dann», sagte er, «das ist also deine innerste Meinung?»

«Ja,» rief Marie, «das ist meine innerste Meinung!»

Er sah sie eiskalt an.

«Du hast einmal anders gesprochen.»

Am nächsten Tag war er fort.

Hamsun zog nach Sortland, fand eine Pension und setzte sich noch einmal mit seinen Patiencen und seinen Papieren an den Tisch. War es diesen Preis wert? Er durfte sich nicht unterbrechen lassen, er mußte nun mit «Die Stadt Segelfoß» fortfahren, er hatte noch nicht «Segen der Erde», nicht «Die Weiber am Brunnen» und nicht die sechs Bände über «August» geschrieben. Er mußte jetzt etwas schaffen, er konnte nicht hier aufhören.

Ein paar Monate später kam Marie zu einem kurzen Besuch; es ging ihm gut, sagte er, es war ein hervorragender Platz zum Arbeiten, er war mit seinem Buch gut vorangekommen. Marie sah das alles mit «verbissenem Unwillen», denn diese Pension war wie alle anderen auch reichlich mit Damen versehen. Nun war es an ihr, Briefe zu schreiben. «Mein Knut! Hilf mir, ich bin so eifersüchtig!» schrieb sie, als sie wieder in Skogheim war. «Du hast einmal gesagt, meine Eifersucht sei so gutartig. Das ist sie nicht mehr. Da waren ein paar abscheuliche Frauenzimmer, ich sah sofort, daß sie sich für Dich herausstaffierten. Aber ich sah nicht, daß Du deswegen mit den Zähnen knirschtest. Ich bin so eifersüchtig, *svartsjuk*, um es schwedisch zu sagen. In Sortland tobte die Eifersucht in mir und hat sich seitdem nicht beruhigt.»

Sie beruhigte sich nie wieder.

# 22
## *Eifersucht*

Marie erzählte Professor Langfeldt, Hamsun sei zu Beginn ihrer Beziehung eifersüchtig gewesen – später nie mehr. Das trifft zu, aber es gab noch einen weiteren entscheidenden Unterschied: In Hamsuns Eifersucht entlud sich seine Einbildung, gekränkt zu werden, sie war ein Ausdruck verletzter Eitelkeit, und er konnte sich bald erlauben, sie zu den Akten zu legen, denn Maries Liebe hatte alle Proben bestanden, die er ihr auferlegt hatte. Er war ja außerdem mit etwas anderem mehr als mit ihr beschäftigt – mit seiner Arbeit. Er konnte ruhig sein, er hatte nichts zu befürchten.

Für sie aber wurde es jetzt eine Frage von Leben und Tod, sie hatte nichts, das sie noch beschäftigen konnte, als ihn, denn er hatte ihr alles genommen. Sie hatte nur ihn. Ihre Eifersucht hatte nichts mit Eitelkeit zu tun, es war die bohrende Angst, ihn zu verlieren, es war verzweifeltes Entsetzen, beiseite geschoben zu werden. Sie hatte es früher mitgemacht – «Pleitegören». Das Mißtrauen, daß sie trotz all ihrer Opfer für ihn nicht die Erste, vielleicht nicht einmal die Wichtigste war, wurde von den häßlichen Erlebnissen in der Kindheit genährt. Es machte sie krank, sie wurde bleich und hektisch, fühlte sich unsicher, verwirrt, hilflos, wurde ein Opfer wechselnder Stimmungen, hemmungslose Vorwürfe und hysterische Tobsucht wurden von strömenden Liebeserklärungen abgelöst, und alles ertrank in Tränen, in Weinkrämpfen.

Die Spirale des Bösen begann sich langsam zu drehen. Je öfter Hamsun diese Szenen miterlebte, je mehr sich Marie demütigte, um so mehr zog er sich in sich selbst zurück, um so schlimmer wurde es für sie. In dieser Lage war es geradezu ein Glück, daß er so viel verreiste. In den folgenden Jahren war er immer monatelang ununterbrochen fort, arbeitete in irgendeiner billigen Pension oder mietete ein Zimmer, lebte wie ein Junggeselle. Selbst als die Kinder geboren wurden, kam er nicht heim; er bestimmte ihre Namen, erschien aber nicht zur Taufe. Er schickte einen Riesenstrauß Nelken, und heute noch erinnert sich Ellinor in dem jütländischen Erholungsheim mit leisem Lächeln daran, wie sehr ihre Mutter später den Duft von Nelken verabscheute.

Doch die langen Trennungszeiten hielten die Ehe im Gleichgewicht, verzögerten Zusammenstöße, verjüngten und verschönerten das Bild, das sich einer vom anderen machte. Sie lernten einander zu schonen, sie erlebten die stürmische Wiedersehensfreude, wenn er mit Geschenken für alle heimkam. Es war eine Art Seemannsehe, immer wieder eine Hochzeitsnacht und neue Flitterwochen. Während der Trennungszeit war es übrigens nicht Knut, der sich am wenigsten sehnte. Hatte Marie daheim mit ihrem Mißtrauen und ihrer Eifersucht zu kämpfen, so war sie doch von den Kindern umgeben, von den Leuten auf dem Hof, den Tieren, die ihre Wachsamkeit forderten. Hamsun hatte seine Arbeit, aber in den langen Perioden, in denen er nicht vorankam, in denen er müde, erschöpft, schlaflos war, hatte er nur noch seine Patiencen. In Gedanken entfernte er sich auch kaum von daheim, seine Briefe waren voller Ermahnungen, und nun ging es nicht mehr um junge Herren auf Skiern!

Nein – Marie hatte doch wohl daran gedacht, den Kartoffelkeller zu lüften? Waren die Arbeiter noch dabei, die Felder zu roden? War Torf im Haus? Hatten sie die beiden Steine entfernt, von denen die Mähmaschine beschädigt worden war? Hatte sie den Schmied veranlaßt, den Ofen in der Stube nachzusehen? Und Olsen das Telephon? War das Pferd Blakken immer noch so mager? War die neue Egge gekommen? Die großen Steine sollten mit dem Steinschlitten auf den Hof gefahren werden, Brennholz mußte, sobald es geholt worden war, gesägt und zerkleinert werden, und es durfte nicht wieder liegenbleiben. Ottar sollte die Zentrifuge an einen anderen Platz stellen, aber ehe er sie festschraubte, mußte Marie mit den Holzbottichen ausmessen, ob der Strahl auch richtig hineinlief. Und die Legekiste für die Hühner hatte bei seiner Abreise im Bach gestanden, und falls Marie nicht daran erinnert hatte, stand sie wohl immer noch da. Und Marie sollte jeden Abend die Tür zu den Kartoffelkellern selbst schließen und sich dabei nicht auf andere verlassen. Anna verschüttet hoffentlich nicht so viel Heu auf der Diele, das sie nachher mit schmutzigen Schuhen festtritt? Und du, liebe Marie, denk nun daran, dir und den anderen wieder abzugewöhnen, durch den Flur zu gehen, um Wasser zu holen! Im übrigen war das Schwein gewiß wohlauf im Stall und der Stall in Ordnung, auch keine Lücke bei Rosmarin, durch die das Kalb bei der Mutter saugen konnte, und der Strick für das Pferd muß so geändert werden, daß es durch die Klappe frißt und nicht so viel Futter auf den Boden wirft, und . . . Mußte Marie denn unruhig sein? War dies nicht auch eine Form von Liebesbriefen? Aber er schrieb es ihr auch ausdrücklich: «Ich habe mich nie mehr nach daheim gesehnt als jetzt. Nein, wenn es in der Wohnstube nicht so ziehen würde, möchte ich gern versuchen, eine Zeitlang, wenn ich erst gut vorangekommen bin, zu Hause zu arbeiten. Aber es gibt mir jedesmal einen Stich, wenn ich Tore höre oder wenn er an meiner Tür vorbeikommt. Nein, nein, ich bin unmöglich, ich bin kein Mensch mehr, nur ein Instrument, lauter Hysterie und Nerven . . .»

«Mir fehlt nichts außer Dir», antwortete Marie, «ich beneide jeden, der mit Dir zusammensein darf! Ach, manchmal bin ich ganz elend. Ich kann die Leute so gut verstehen, die Dich mir nehmen möchten.»

Nein, sie war nicht bei Sinnen, es mußte ausgesprochen werden, sie mußte sich klein machen, ihren Neid, ihr Mißtrauen, ihr Elend aussprechen mit dem Ergebnis, daß er noch länger fortblieb. Aber ging es ihr denn viel besser, wenn er zu Hause arbeitete? Dann war jeder Tag durch eine Art von Geistlosigkeit auf ihrer Seite geprägt, schrieb sie, und sie war nur immer auf dem Posten, damit er ja nicht gestört oder gezwungen wurde, «einzugreifen». Die Kinder durften nicht schreien, ein paar lebhafte und geistesgegenwärtige

Leute mußten sie von Morgen bis Abend beaufsichtigen und immer bereit sein, mit ihnen auf die Landwege zu laufen, sobald sie nur die geringste Unruhe machten. Besucher mußten abgewiesen, beunruhigende oder auch nur ablenkende Briefe oder Anrufe verschwiegen, schwierige Entscheidungen zurückgehalten werden. Marie opferte sich; das war nun schließlich ihr einziger Dienst für ihn geworden, sie konnte ihm nicht nahekommen, ihm mit nichts, was sie tat, Eindruck machen – nur mit dem, was sie nicht tat, verhinderte, zurückstellte, mit dem, auf das sie verzichtete.

Ein Jahr nach der Geburt des ersten Kindes sollte eine Reise zu dritt nach Kristiania unternommen werden. Marie freute sich unendlich, ihren Eltern das Kind zu zeigen. Auf dem Schiff der *Hurtig-Linie* zwischen Bodö und Trondheim wurden sie seekrank, was natürlich aufhörte, sobald sie im Hotel *Britannia* untergebracht waren. Aber Knut schickte doch nach einem Arzt und teilte Marie nachher mit, daß sie und das Kind am kommenden Tag nicht mit ihm in der Eisenbahn nach Kristiania fahren könnten. Sie mußten hierbleiben. Der Doktor hatte es gesagt.

«Ich war nicht so phantasielos, um die ganze Komödie nicht zu durchschauen», schreibt Marie. «Knut wollte eben allein weiterreisen, wollte nach so vielen, vielen Jahren seine alten Freunde treffen und dabei ganz ungebunden sein. Ich halte immer noch etwas darauf zugute, daß ich in Trondheim im Hotel blieb, bis er zurückkam, und dann mit meinem herausstaffierten kleinen Jungen nach Hamaröy heimreiste. Ohne Aufbegehren.»

Knut hatte bei irgendeiner Gelegenheit gesagt, er sei doch nicht mit einer beliebigen Frau verheiratet, und Marie meinte nun, «eine beliebige Frau» hätte ihr das wohl auch nicht nachgemacht. Sie opferte sich, wenn er daheim war, sie opferte sich, wenn er fortreiste. Sie schrieb sein monatelanges Fernbleiben auf die Liste der notwendigen Entbehrungen, und das half. Marie fürchtete aber, daß seine Reise nach Kristiania Vorbote von etwas Schlimmerem sein würde.

Sie bewirtschafteten Skogheim auf Hamaröy erst zwei Jahre, als er schrieb, sie wollten es verkaufen und sich anderswo niederlassen. Es sei zuviel für sie. Und er hatte dort nicht einen einzigen Platz, wo er ungestört arbeiten konnte, immer wieder werde er «in etwas hineingezogen».

«Und Du Arme», schloß er, «Du lachst nie mehr und bist nicht mehr fröhlich, nichts in der Welt freut Dich noch.»

Marie wußte nur zu gut, wie recht er hatte. Sie hatte versagt. Es war ihr nicht gelungen, ihm die nötige Ruhe und Stille zu verschaffen, und innerlich war sie nicht mehr froh.

«Aber ich wußte nicht, daß man es mir so deutlich ansah», schreibt sie. Aber wieso nicht? Sie hatte allmählich doch ihre stärkste Waffe daraus gemacht, um ihre Schmerzen zu zeigen, ihn mit ihrem Kummer festzuhalten. Sie antwortete:

«Ja, hier sitze ich und weine über Deinen Brief, aber das habe ich schon so viele Male bei ähnlichen Briefen getan, und nichts ist dadurch besser geworden. Und hier sitze ich und spüre, wie sehr ich Dich liebe und wie gern ich gut gegen Dich sein und Dir helfen möchte, aber wenn Du kommst und vielleicht nicht immer sehr freundlich gegen mich bist, dann werde ich wieder böse. Es ist etwas Jämmerliches in mir, so daß ich die Dinge nicht von einem höheren Standpunkt aus ansehen kann. Jedesmal, wenn Du ein wenig heftig bist, vergesse ich alle meine guten Vorsätze und werde böse. Ich müßte dankbar sein, daß Du mein sein willst, auch dann, wenn Du nicht immer gut mit mir umgehst. Aber ich verstehe es nicht – ich glaube, ich führe doch genau das Leben, das ich nach Deinem Willen führen soll. Ich weiß auf jeden Fall, daß ich nicht die geringste Lust hätte, einem anderen Mann als Dir zu gefallen. Ich habe mein Haar mit Sodawäsche gefärbt, damit *Du* nicht all das graue Haar siehst, das ich bekommen habe.»

Warum schrieb sie das? Er sollte erkennen, was es sie kostete. Sie wollte sein Verantwortungsgefühl wecken, sein Schuldbewußtsein, ihn durch neue Opfer verpflichten – und sie begriff nicht, daß sie damit alles nur schlimmer machte. Arme Marie, aus dem kleinen Finger, den sie sich einst abhacken wollte, war nun die ganze Hand geworden:

«Ach, wenn Du nur zu Hause schreiben könntest! Wenn es dadurch möglich würde, daß ich mir eine Hand abschlage – weiß Gott, ich würde es tun! Ich wünsche mir im tiefsten Innern nichts auf der Welt so sehnlich, wie Dich hier zu haben, wenn alles gut wäre, ich habe so oft versucht, mich nach Deinen Wünschen zu benehmen, aber Du hast mich nie leiden mögen. Das ist von Anfang an so gewesen, das eine oder andere an mir war falsch, ich habe versucht, anders zu sein, dann kam etwas Neues, das zu tadeln war ... Du mußt nun daran denken, Tore zum 6. März eine Karte oder einen Brief zu schreiben, denn es ist sein Geburtstag. Und laß es Dir gutgehen, mein Geliebter, den ich so sehr entbehre und nach dem ich mich immer sehne. Ich werde von Eifersucht geplagt, weil Du immer fort bist und ich hier allein ...»

Hamsun versuchte zum wievielten Male, sie zu beruhigen:

«Eifersüchtig auf mich! Ja, ja, hier sind vier angeblich weibliche Hühner, und ich habe gerade vier Stühle in meinem Zimmer! Ich bitte Dich zu begreifen, daß für mich auf Erden nur eine wunderbar ist. Ich halte es hier nicht einen Tag länger aus ohne die Aussicht, in etwa vierzehn Tagen heimzukommen ...»

In ihrem späteren Leben meinte Marie, sie habe sich ohne jeden Grund gequält, und damit hatte sie sicherlich recht. Das einzige, was den fast sechzigjährigen Hamsun beschäftigte, waren seine Arbeit und sein Zuhause, Bücher und Kinder, und weil sie sich um Heim und Kinder kümmerte, machte sie ihm das Arbeiten möglich; sie war der entscheidende Mensch in seinem Leben. Marie sah es ein – doch da war es zu spät. Jetzt blickte sie dem Verkauf von Skogheim als einer Katastrophe entgegen, die ihre Niederlage besiegelte.

Kurz vorher hatte Hamsun noch auf eine Zeitungsanfrage geantwortet, daß er freilich froh sei, in diesem einsamen Landesteil zu leben, aber daß er sich doch oft nach seinen guten Freunden in der Stadt sehnte, mit denen er sich unterhalten und von denen er Neues erfahren könnte.

Marie las es und bekam einen Weinkrampf. Er sehnte sich in die Stadt zurück! Alle ihre Opfer waren umsonst gewesen. Die Schauspielerin hatte sich zur Bäuerin umgeformt – für nichts und wieder nichts. «Ich fühlte mich fast wie ein Kind, das man von zu Hause fortgeführt und im Wald ausgesetzt hat. Ich hatte ihm damals die ganze Hand gegeben, nun schien mir, daß er sie losließ . . .»

Sie konnte das Beil ruhig liegenlassen, er wollte nichts von dem, was sie sich abhauen konnte. Sie hatte Skogheim mit letzter Kraft verteidigt, es war das sparsamste Dasein für alle, es war die Heimat ihrer Kinder. Sie und die Kinder wollten am liebsten dort bleiben. «Aber auf uns kommt es ja nicht an, nur Du und Deine Arbeit, ich weiß es gut . . .»

Sie mußte auch dieses Opfer bringen. Im Frühjahr 1917 verkaufte Hamsun Skogheim für 20 000 Kronen bar und bezog eine Luxusvilla in Larvik. Marie fühlte sich wie Lots Frau und wagte nicht, sich umzudrehen, um nicht zur Salzsäule zu werden. Der Boden war unter ihren Füßen eingestürzt; sie verstand nicht, daß er gerade jetzt, wo er «Segen der Erde» schrieb, den Lobgesang auf die Erde und die Bauernarbeit, wieder in die Stadt zurückwollte. Sie fühlte, daß der Ring, der sie zusammenschloß, «einen Sprung erhalten» hatte, daß es Tiefen in ihm gab, die sie nicht ausloten konnte, Winkel in seinem Geist, die ihr verschlossen blieben und in denen die Gefahr lauerte.

Die Zeit in Larvik verlief unglücklich. Es war, als wollte sich Marie Genugtuung für das doppelte Opfer verschaffen, das er von ihr gefordert hatte. Nun rächte sie sich im kleinen. Die Erwähnung seiner Missetaten wird mehr und mehr zu Anklage und Verleumdung, es wird, als ob ihr eigener Verzicht nicht mehr von ihm verlangt werde, sondern ein freiwilliger, bewußter Verzicht sei, der den Tyrannen an den Pranger stellen, seinen Egoismus ins rechte Licht rücken soll.

Eines Nachts, kurz nach der Übersiedlung nach Larvik, wurde ihr viertes Kind, die Tochter Cecilia, geboren. Diesmal konnte Marie ihrem Mann Abwesenheit nicht vorwerfen, er wohnte zu Hause, durfte aber natürlich nicht gestört werden. Es war eine feste Regel, daß ihn morgens niemand stören durfte. Schweigend wie ein Grab schenkte das Mädchen Kaffee ein. Die Kleinen waren eingesperrt, um sich nicht an ihn zu hängen. Sie selbst aß vor oder nach ihm.

«So war es auch an dem Morgen, als Cecilia geboren wurde», erzählt sie. «Ich hatte allen Anweisung gegeben, aber dann sah er eine fremde Frau das Haus verlassen, ehe er noch angezogen war, und damit waren wir verraten und der Vormittag für ihn und sein Buch verloren. Denn er hatte ja noch niemals ein so seltsam hübsches Kind gesehen.» Maries Schilderung zeigt ihren typischen Mangel an innerer Logik. Denn um die Rolle des unschuldigen Opfers beizubehalten, muß sie ihn schlechter machen, als er ist, ach ja, seine Arbeit ist natürlich wichtiger als ein so unbedeutendes Ereignis wie die Geburt seines Kindes, deshalb tut sie alles, um sie ihm zu verhehlen, und als sie «verraten» wird, ist der Vormittag «für ihn und sein Buch verdorben». Sagt sie. Doch im nächsten Satz sagt sie gerade das Gegenteil, er hat niemals ein so seltsam hübsches Kind gesehen, er kommt und geht – mit anderen Worten, er ist einfach glücklich, obwohl er nach ihrer ganzen Darstellung ja doch wütend sein müßte.

Als das kleine Mädchen bald darauf ernstlich erkrankte, führte sie eine ähnliche Szene auf. Knut hatte sich damals in der Nachbarschaft ein Arbeitszimmer gemietet. Eines Abends sagte das Kindermädchen beim Gehen, das Kind werde wohl, Gott behüte, die Nacht nicht überleben. «Ich war also allein», schreibt Marie, «nur mit den anderen Kleinen im Nebenzimmer. Sollte ich ihn anrufen und bitten zu kommen? Das war unmöglich.»

Statt dessen rief sie den Arzt an. Er kam und stellte fest, daß der Säugling sich zu erholen begann. Aber Knut Hamsun war unwiderruflich abgestempelt: Ein Mann, der nicht gestört werden darf, weder, wenn eines seiner Kinder zur Welt kommt, noch, wenn sie zu Tode krank sind. Und nun begann er außerdem damit, Einladungen anzunehmen und an Gesellschaften teilzunehmen. Da war besonders eine schwedische Komtesse, sehr elegant, Dame von Welt, jünger . . .

«Er erhob sich vom Arbeitstisch, zog sich (in meinen Augen) beunruhigend elegant an und ging zu ‹europäischen Gesellschaften›.» Den Abendanzug hatte er sich schon in Bodö nähen lassen – er hatte also weit vorausgeschaut. Sie selbst hatte glücklicherweise nichts anzuziehen.

Sagt Marie. Doch ein paar Zeilen weiter erzählt sie das Gegenteil: Sie beklagt sich bei Knut, weil sie keine eleganten Kleider habe. Knut antwortete, da sei doch noch das rote Kleid.

«Ja, aber das ist acht Jahre alt, und die Mode hat sich verändert.»

«Na, dann kann das Kleid wohl umgenäht werden», antwortete er gereizt. Marie fuhr schweres Geschütz auf:

«Es war das erste Kleid, das ich von dir bekam», sagte sie, «ich will so ungern etwas daran ändern, ich . . . ich habe mir immer vorgestellt, daß es über mich gebreitet werden soll, wenn ich tot bin . . .»

Knut Hamsun murmelte etwas von Dummkopf – natürlich könne sie so viele Kleider haben, wie sie wollte. Er flüchtete entsetzt aus dem Zimmer. Marie erhielt elegante Kleidung und konnte an seinem Nachtleben teilnehmen. Aber es half nicht:

«Ich ähnelte wohl am meisten einem dummen kleinen, aus dem Zusammenhang gerissenen Wort», schreibt sie.

Ihre Eifersucht verschlang jetzt alles, wo sie wieder in der Stadt lebten und die Versuchungen viel größer als in dem abgelegenen Hamaröy waren, sie saß wie ein wildes Tier in ihr, das täglich neue Nahrung forderte, selbst wenn es nichts gab. Mit schaudernder Wollust holte sie ihre Niederlagen hervor aus Vergangenheit, Gegenwart, Zukunft, alles konnte gebraucht und in pathetische Deklamationen umgesetzt werden. Zu Knut Hamsuns Geburtstag wollte sie ihm eine Krawattennadel mit einer kleinen Perle schenken. Sie kostete 60 Kronen, und sie erzählt, daß sich diese Summe in ihr Gehirn sozusagen eingebrannt habe. Es war kein großer Preis, aber schließlich auch keine Kleinigkeit, wenn man sich das von seinem armseligen Haushaltsgeld absparen mußte. Deshalb hatte sie sich ausbedungen, daß sie die Nadel zurückgeben konnte, falls sie nicht gefiel.

Sie gefiel nicht. Hamsun betrachtete sie kritisch und sagte, wie sie berichtet:

«Hast du nicht gemerkt, daß ich eine Perlennadel in meiner Krawatte habe? Eine sehr große Perle?»

Sie hatte es natürlich bemerkt, aber hatte nie danach zu fragen gewagt, nur vermutet, daß er sie von einer Frau bekommen habe, die Geld genug hatte, um ihrem Mann eine so große Perle zu kaufen (sie meint, zwischen den Zeilen, Hamsuns erste Frau, die wohlhabend war und sich nicht an das Haushaltsgeld zu halten brauchte).

«Doch, ich habe sie gesehen, aber . . . aber ich dachte, daß du diese vielleicht am Alltag tragen könntest . . .»

Wieder muß ihre tiefe Demut seine Brutalität ins rechte Licht rücken. Am nächsten Tag brachte sie die Nadel dem Goldschmied und erhielt ihre 60 Kronen zurück.

Sie betont gern den großen Unterschied zwischen ihnen: Sie war die bescheidene und uneigennützige Frau, er der großartige und vom Erfolg verwöhnte Mann. Marie war nicht frei von Eifersucht auf seinen Erfolg, gewiß, sie gönnte ihn Knut, aber er gehörte zu den Dingen, die ihn ihr fortnahmen, ihm neue Möglichkeiten eröffneten, sie entbehrlicher machten. Ihrem Wesen nach, das stark von Opferbereitschaft geprägt war, von dem Wunsch, *dem anderen etwas zu bedeuten,* war sie ganz natürlich in schlechten Tagen stärker als in guten, in beengten Verhältnissen notwendiger, als wenn sie Geld hatten, denn dann bedeutete und leistete kein Mensch mehr für Hamsun als Marie. In schwierigen Zeiten hatte sie ihn für sich, aber sein wachsender Erfolg war wachsende Bedrohung. Sie spricht mit Bitterkeit von seinen «Welterfolgen», konnte aber «Segen der Erde» nicht ohne «heimlichen Kummer» lesen, weil sie daran dachte, was sie das Buch gekostet hatte, und als er heimkam und Nörholm für 200000 Kronen gekauft hatte, wurde es zu einer neuen Enttäuschung für sie: zu groß, zu stattlich.

«Ich mußte unwillkürlich an den anderen Kauf denken, damals kratzten wir die letzten Öre zusammen, um den kleinen Hof in Nordland zu kaufen (für 6000 Kronen). Es war keine Ewigkeit her, aber mir schien es eine Ewigkeit fern zu sein. So vieles lag zwischen damals und heute, unter anderem vier

Jahre Weltkrieg und die Veröffentlichung von Knuts vier Welterfolgen. Ich weiß nicht recht, aber ich fühlte eine Art Bitterkeit gegen diesen großen teuren Hof – Bitterkeit um des kleinen Hofs willen.»

Damals waren sie sehr arm und sehr glücklich gewesen, damals – das erkannte sie jetzt – war sie geborgen. Nun waren sie nicht mehr arm. Bei der Verleihung des Nobelpreises sollte nach Reden und Verleihen und feierlichem Essen und königlichem Händedruck etwas beginnen, das man als «zwangloses Beisammensein» bezeichnete. Vielleicht wurde es für Marie etwas zu zwanglos. Albert Engström meinte, daß sie *so scheußlich bürgerlich aussehe*. Arme Marie! Es hatte eine Zeit gegeben, in der sie sich herrlich amüsieren konnte, in der sie immer die Gefeierte und Angebetete war, die Fröhlichste und Schönste von allen. Nun saß sie hier, um den Mund lag ein bitterer Zug, doch Tränen nehmen zwei schönen Augen nicht ihren Glanz, sie war kaum gealtert, sie war immer noch sehr schön und immer noch 22 Jahre jünger als ihr Mann. Aber er beachtete es nicht, und auf Engström wirkte sie bürgerlich. Lag es an dem schwarzen Seidenkleid? Sie war allein in Kristiania gewesen, um es zu kaufen, ein unverschämt teures Kleid, das knappe Oberteil ganz und gar mit Jettperlen bestickt und mit einer hellroten Rose geschmückt, und unten schöner, raschelnder Taft. Als sie sich daheim in Nörholm Knut in dem Kleid vorstellte, war es kein Erfolg.

«Hast du wirklich vor, mitten im Winter so zu gehen, nackt bis zur Brust?» Das war seine einzige Bemerkung.

In den Halsausschnitt sollte «etwas eingesetzt» werden. Marie war den Tränen nahe, es war doch ein Pariser Modellkleid, alle im Geschäft hatten gesagt, es stehe ihr so gut.

«Es ist doch nur ein klein wenig ausgeschnitten», antwortete sie.

«Und warum soll es ein klein wenig ausgeschnitten sein, ein klein wenig unanständig?»

Sie mußte also mit dem Pferdeschlitten nach Grimstad fahren, um schwarzen Tüll zu kaufen. Mit seinen bebenden Händen schnitt ihn Schneider Pedersens Knud zu und nähte den in viele Falten gelegten Einsatz eng am Hals zusammen.

«Es sah blödsinnig aus», schreibt Marie.

Da saß sie nun. War sie nun «scheußlich bürgerlich» oder waren die anderen ein klein wenig unanständig? Sie merkte, daß der Zeitpunkt gekommen war, sich zurückzuziehen, und ging in ihr Hotelzimmer. In den frühen Morgenstunden schob man Hamsun in den Fahrstuhl und in ihr Zimmer. Sie konnte ihm gerade noch die Fliege abbinden, ehe er ins Bett fiel. In der Tür stand ein Kellner, der ihr mit ehrerbietiger Verbeugung die Brieftasche mit dem Nobelpreis überreichte. Sie war ihm übergeben worden, damit er die Rechnung bezahle.

Das war die erste Nacht. Weitere kamen. Waren es echte oder eingebildete Erfahrungen aus dieser Zeit, die Marie viele Jahre später veranlaßten, ihre

Tochter Cecilia mit folgenden Worten zu trösten? «Liebe Cecilia, *alle* Männer sind polygam. Es ist nur Selbstbeherrschung, wenn sie ihrer Natur nicht nachgeben. Wenn sie betrunken sind, fallen die Hemmungen, und dann bleibt *kein Mann* seiner Ehefrau treu.»

Daheim in Nörholm stellten sich für Marie sogleich die alten Schwierigkeiten ein, der «wache Alptraum», der sie auf Hamaröy geplagt hatte. «Wie die Draisine vor einem Zug» mußte sie täglich seinen Weg kontrollieren, damit er nichts und niemandem begegne, der ihn aus dem Gleis bringen konnte. Erst gegen Mittag durfte sie aufatmen, dann war er meistens «leergeschrieben» für diesen Tag. War ihm etwas gelungen, konnten sie sich gemeinsam vergnügen, spazierengehen, einen Ausflug mit dem Auto machen, das Marie fuhr und an dem sie selbst einen Reifen wechseln konnte. Doch auch hier fiel es ihm schwer, die Ruhe zur Arbeit zu finden. Selbst als er sich sein «Dichterhaus» gebaut hatte, kam es vor, daß er ohne Vorwarnung abreiste und Wochen oder Monate nicht heimkam. Eine Pension in Tveitsund, Hotel *Norge* in Lillesand, *Grand Hotel* in Arendal, *Ernsts Hotel* in Kristiansand, Hotel *Norge* in Bergen. Der Gutsbesitzer blieb ein Vagabund, im Umkreis von einigen hundert Kilometern gab es kaum ein Hotel oder eine Pension, in die er nicht irgendwann mit Manuskripten und Patiencekarten einzog. Marie mußte sich wieder mit langen Trennungszeiten abfinden und versuchte, die Zeit mit anderem Inhalt zu füllen. Sie wollte auch etwas leisten, sprach davon, selbst Bücher zu schreiben, und bekam sofort einen Klaps auf die Finger:

«Meinst du nicht, daß es genug Frauenromane in der Welt gibt?» So begann sie also Kinderbücher zu schreiben, die auf Erlebnissen mit den eigenen Kindern fußten und sofort großen Erfolg hatten.

Hamsun war fort, Hotel *Phönix* in Arendal, Hotel *Victoria* in Oslo, eine Pension auf der Insel Lyngör, *Missionshotel* in Arendal, *Turisthotel* in Hornnes. Marie quälte sich mit ihren eifersüchtigen Vermutungen, aber war sie es nicht selbst, die ihn forttrieb, mit ihren Szenen und Monologen, den fürchterlichen Vorwürfen, die sie mit einer Hand austeilte, während sie die großartige Verzeihung schon mit der anderen anbot? Und er? Amüsierte er sich, oder wollte er wirklich nur Frieden? Hatte er ein schlechtes Gewissen, oder war er inzwischen gleichgültig geworden? Er wußte gut, daß es kein Entkommen gab – er mußte die Schuld haben, das erleichterte Marie die Situation, sie hatte etwas, das sie ihm verzeihen konnte. Er kannte ihren Drang, unglücklich zu sein, sie konnte die Dinge so drehen und wenden, als ob sein ganzes Dasein auf ihre Kosten ginge. So war es also, wenn man «zum Fürsten gemacht» wurde! Er selbst hatte es gewünscht, und nun opferte sie sich für ihn bis zum letzten Blutstropfen; ob er zu Hause oder unterwegs war – sie opferte sich, ein lebendiges Beispiel für die erbitterte Macht unterdrückter Frauen.

Sie mußten durch fürchterliche Stürme hindurch. Tore erinnert sich, daß er nachts von ihrem Gezänk aufwachte. Ellinor meint, ihre Mutter sei «kolossal eifersüchtig» gewesen. Ihr Mißtrauen blieb Hamsun auf den Fersen, ob er nun mit Grieg Poker spielte, Blumen von einer Leserin erhielt oder ausging, um einen Brief in den Kasten zu werfen. Unter dem Vorwand, er dürfe nicht gestört werden, überwachte sie jeden seiner Schritte, öffnete seine Post, kontrollierte seine Verabredungen. Einige Auseinandersetzungen endeten damit, daß sie sich im Beisein der Kinder einen Schal umwarf und erklärte: «So, nun gehe ich in den Wald und ertränke mich.» Zu anderen Zeiten schloß sie sich in ihr Schlafzimmer ein, «um Schlaftabletten zu schlucken». Pure Racheakte wurden zur Gewohnheit. Cecilia erinnert sich an eine düstere Zeit, in der die Mutter ein paar Abmagerungstabletten nahm, die in Überdosis die Gesundheit gefährdeten; sie beauftragte Cecilia, ein paar Tabletten zu zerdrücken und in die Mahlzeiten für den Vater zu mischen, mit dem Ergebnis, daß der arme Mann täglich matter wurde. Marie meinte, es täte ihm gut, wenn er ein bißchen leide, dann würde er unterdes keine Seitensprünge machen.

Verschiedene ähnliche Ereignisse sind bekannt, sollen aber hier nicht erwähnt werden. Jedenfalls kam es im Laufe der dreißiger Jahre zu heftigen Auftritten, in denen die sonst so starke Liebe zwischen ihnen in ein Gefühl umschlug, das bei Hamsun wehmütiger Verzicht, bei Marie aber schon ehrlicher und ausgeprägter Haß war. Was trieb sie nur so weit? Vorwürfe und Mißtrauen können gefährlich werden, sie können dazu führen, daß der Beschuldigte schließlich dem häßlichen Bild gleicht. Marie erzählte Professor Langfeldt, Hamsun sei ihr mehrmals untreu gewesen. Da sie es sagte, hat sie sicherlich auch daran geglaubt, und bei ihrem Temperament konnte sie nur schwer darüber hinwegkommen. Aber mußte sie ihn deshalb hassen? Mit Untreue, wirklicher oder eingebildeter, hatte sie sich ja trotz allem abgefunden, etwa auf der Reise, bei der sie in Trondheim zurückgelassen wurde. War noch etwas anderes, etwas Schlimmeres hinzugekommen?

Manches deutet darauf hin, daß die Krise zwischen ihnen 1926 begann, als sich Hamsun längere Zeit in Oslo aufhielt. Seine schöpferische Kraft steckte in einer Krise, und er wollte einen Psychoanalytiker aufsuchen. Sagte er. Er wollte drei Monate fortbleiben. Sagte er. Marie fand schnell heraus, daß er zum Psychoanalytiker ging, aber aus drei Monaten wurden vier, fünf, sechs. Sie erfuhr, daß er in seinem Hotel Briefe und Blumen von seinen Bewunderern, darunter vielen Damen, erhielt, vor allem von einer gewissen Frau X, wie Marie sie bezeichnet. Diese Frau X war nicht einmal so jung wie sie selbst, aber deshalb, setzte Marie säuerlich hinzu, war es wohl ihr letzter Anlauf. Marie wußte aus langjähriger Erfahrung, daß manche Damen im Frühling literarisches Interesse entwickelten. Sie umschreibt die Sache, aber ihre Auffassung wird trotzdem deutlich genug: Diesmal war mehr daran. «Ich atmete nicht auf nach diesen Neuigkeiten», schreibt sie. «Außerdem lag es mir schwer auf der Seele, daß sich Knut jetzt offenbar in dem ‹Milieu›, aus dem er mich vor achtzehn Jahren gerettet hatte, ziemlich wohl fühlte. Hatte der Lehrer vergessen, woran sich sein Schüler erinnerte? Mehr als erinnerte.

Es war so fest in mich eingeprägt, daß es mein Leben lang nicht mehr ausgeschliffen werden konnte. Einige Monate lang hatte ich getan, als hätte ich ein Rückgrat, aber nun fiel ich zusammen und schrieb Knut zum erstenmal während seiner Kur einen verzagten Brief.»

Knut wischte ihre Bekümmernisse fort:

«Nein, meine Liebste, Geliebte, was in aller Welt ist denn das für ein Unsinn? Bildest Du Dir wirklich ein, daß ein Mann von siebenundsechzig Jahren Dich wegen einer anderen verlassen würde? Die Sache ist wohl kein Wort wert... meine gesegnete Marie, Du bist meine einzige Geliebte auf Erden...»

Marie glaubte ihm nicht. Er ging ins Theater und ins Kino, er ging in Gesellschaft, lernte eine Berühmtheit nach der andern kennen, ihr aber schien, all das höre sich fremd und gefährlich an, und sie dachte an alles, was er einst über das «Rattenmilieu» gesagt hatte. Sie antwortete:

«Was Du damals gesagt hast, verstehe ich besser als das, was Du heute tust.»

Hamsun wurde ärgerlich. Er erkannte die drohende Katastrophe nicht, sondern wollte wie gewöhnlich den Teufel mit Beelzebub austreiben:

«Welchen Grund in aller Welt hast Du für deine Kümmernisse? Daß ich Dich bekam, oder daß Du Dich hier nicht mehr in einer Dachkammer durchschlägst? Ja, Du kannst dir vorstellen, wie entzückend sie leben, diese Gauklerinnen hier, danach muß man sich freilich zurücksehnen! Immer mehr Schmiere auf die Falten im Gesicht, immer mehr Alkohol, um sich innerlich aufrechtzuerhalten, einige lesbisch, alle verschuldet durch ihre Kleidung ...»

Aber Marie ließ sich nicht hinters Licht führen, er trug zu stark auf und nährte nur ihr verzehrendes Mißtrauen, sie kannte ihn und sah klar durch seine anschaulichen Worte hindurch und fand in eiskalter Wut die für sie einzige Erklärung: Er gab indirekt zu, daß er in Theaterkreisen verkehrte. Das war es also doch! Was sie am meisten gefürchtet hatte, war bereits eingetreten. Frau X war Schauspielerin. *Knut Hamsun betrog sie mit einer Schauspielerin!*

Auch in den dreißiger Jahren hielt sich Knut Hamsun lange Zeiten in Oslo auf, während Marie in Nörholm wohnte. Nach ihrer Berechnung war er insgesamt mehrere Jahre fort. Wieder sind ihre Erinnerungen gespickt mit Halbwahrheiten über sein Tun und Treiben, mit bitteren Hinweisen auf das Schauspielermilieu, das Theater, das einst ihr Heiligtum gewesen war, bis Knut Hamsun ihre Verehrung zerstörte und es zu einem Sodom und Gomorrha machte, in dem sie beide nicht atmen konnten. Nun war es offensichtlich anders:

«Diese Jahre, in denen mir schien, daß unser gemeinsames Leben und unsere gemeinsamen Ideale zerbrochen waren, warfen in meinem Gemüt einen sehr langen Schlagschatten», schreibt Marie. Diese Jahre. Das war unter anderem der Sommer 1936, wo sich durch eine Person, die Hamsun nahestand, wieder eine «unschuldige Episode» entwickelte. «Unschuldig» ist sicherlich das richtige Wort, denn Knut Hamsun war nun fast achtundsiebzig Jahre alt. Doch die Angelegenheit wuchs sich zu einer schweren Krise für das Ehepaar aus: Er mußte wieder in das Bauernheim in Oslo ziehen, und lange Zeit danach kamen anonyme Briefe, einige nach Nörholm, in denen er beschuldigt wurde, ein Vermögen für seine unzähligen «Damen» auszugeben – andere an diese «Damen» selbst mit der Warnung, sich nicht weiter mit ihm einzulassen.

Nun ja. Das einzig Interessante an dieser Beziehung ist die Jahreszahl, der Sommer 1936, denn in diesem Jahr wurde in Norwegen das Storting neu gewählt. Die Arbeiterpartei erhielt 618 000 Stimmen, die Rechte 329 660, die Linke 39 200 und die Bauernpartei 168 000. Quislings Partei, die NS, brachte es nur auf 26 600 Stimmen, eine zermalmende Niederlage. In der kleinen Gemeinde Eide hatten die Nazisten nur eine einzige Stimme erhalten. Und Marie Hamsun erklärte später stolz, es sei ihre gewesen.

Was war geschehen? Als Marie Hamsun viele Jahre später ihre Erinnerungen an diese Zeit niederschrieb, führte sie gleichzeitig einen ausgedehnten Briefwechsel mit der in Dänemark ansässigen Tochter Cecilia. Sie sprach ihre Bedenken gegen den Bericht über so lang zurückliegende und überwundene Ereignisse aus, offenbarte damit aber auch, welche Bedeutung sie für sie selbst gehabt hatten.

«Ach ja, das Buch!» schrieb sie am 23. August 1952 an Cecilia. «Ich zittere jedesmal, wenn ich es anfasse, habe allerhand Anfechtungen. Aber ich *brauche* ja nichts von diesem Krankheitssymptom zu erwähnen, es war ja vorübergehend, es war mein Fehler, daß ich nicht vergessen konnte. Es warf und wirft immer noch seine Schatten über alles, was in unserem Leben wirklich gut und schön war. Ich glaube auch, daß er in vielen Jahren ein treuer Ehegenosse war, denn er war fest verankert in Euch Jungen, in mir und seinem Heim. Und in seiner Arbeit. Und in seinen Grundsätzen und seinem hohen Idealismus. Und dann trotzdem! Ich hatte damals keine Stütze an ihm. Als ich die Symptome erkannte, fühlte ich nur noch Verachtung. Hätte ich doppelt so liebenswert sein können, wäre nichts geschehen. Ich aber war unfreundlich, höhnisch, empfand keine Sympathie mehr für ihn. Aber genug von diesem Unglück.»

Ein Jahr danach, im August 1953, hatte Marie wieder Anlaß, auf diese Dinge zurückzukommen. Sie schrieb an Cecilia:

«Diese Liebe stirbt an sich selbst nach einer solchen Katastrophe. Das kann ich Dir aus bitterer Erfahrung sagen. Kann man *etwas guten Willen* für seinen Partner retten, ist das schon das Äußerste.»

Nach dem, was Sigrid Stray Cecilia mitteilte, glaubte Marie, daß Knut Hamsun sie damals mit einer dänischen Schauspielerin betrog. Sigrid Stray bestritt, daß es so war, und der Punkt ist später nicht aufgehellt worden. Wir brauchen auch nicht zu wissen, ob Hamsun in jenem Jahr seine Frau mit einer Schauspielerin betrog, noch weniger, wann und wo. Entscheidend ist nur, daß Marie noch zwanzig Jahre später unerschütterlich davon überzeugt war, daß es ferner für sie eine Katastrophe bedeutete, daß es ihre Liebe tötete und an ihre Stelle Haß und Verachtung treten ließ.

So starke Worte brauchte sie noch nach zwanzig Jahren. Wie schrecklich muß sie das Unglück empfunden haben, als es sich ereignete. Was ihre Eifersucht ihr jahrelang ins Ohr flüsterte, erwies sich nun als wahr. Sie war die erste nicht gewesen, sie würde die letzte nicht sein – nicht einmal die letzte Schauspielerin! Das Opfer ihres Lebens war vergebens gewesen, sie hätte ihre Begabung, ihre Arbeit, ihre Karriere nicht im Stich zu lassen brauchen, sie hatte sich nur lächerlich gemacht, als sie seine ganze Verärgerung über Rattenmilieu und Gaukler duldete. Das ganze war eine einzige große Lüge gewesen. Sie war nicht zufällig in irgendeiner Nacht betrogen worden, sie war in der ganzen Zeit, in der sie ihn kannte, betrogen worden. Damals schon, als er sie von Skogheim fortholte und ihre mühselige Arbeit, aus einer Schauspielerin zu einer Bäuerin zu werden, vergeblich machte. Sie hatte sich damals wie Lots Weib gefühlt und sich aus Angst, zur Salzsäule zu werden, nicht umgedreht. Das Bild war schlecht: Skogheim war ja kein Sodom und Gomorrha, im Gegenteil. Aber andererseits – was war denn richtig und was falsch, was war oben, was unten, wenn das, was einst Sodom und Gomorrha gewesen war, die Welt des Theaters, wieder zu Ehren kam? Welchen Sinn hatte ihr Leben?

Da stand sie wieder – Pleitegör. Das, wovor sie sich im Leben am meisten gefürchtet hatte, war eingetroffen. Sie war ausgeschlossen. Betrogen. Verlassen. Ihr Vater war einmal der größte Mann in der Stadt gewesen, aber als sie sieben Jahre alt war, hatte er Konkurs gemacht. Seitdem hatte sie versucht, ihn zu ersetzen, ihn wiederzubekommen, wieder den größten Mann in der Stadt zu haben. Die beiden Männer, in die sie sich verliebte und mit denen sie lebte, waren viel älter als sie, Lavik achtzehn Jahre, Hamsun zweiundzwanzig Jahre. Sie hätten also beide sozusagen ihr Vater sein können, und wenn sie es nicht wurden, lag es nicht an mangelnder Unterwerfung auf ihrer Seite. Nein, aber sie schwankten, sie waren auch schwach, sie machten schließlich auch Konkurs, der erste beeilte sich zu sterben, der zweite verriet alle Ideale und ging zum Todfeind über.

Da stand sie nun. Verhöhnt, zerbrochen, allein. Und das «nun» war das Jahr der Wahl zum Storting. Da trat ein vierter starker Mann in ihr Leben. Ach, auch er verlangte Opfer, sogar die allergrößten, aber er beging keinen Verrat, er machte nicht Konkurs, er würde niemals eine Niederlage hinnehmen. Ruhig und unwiderstehlich schritt er von Sieg zu Sieg. Marie ließ sich von seiner packenden Rhetorik hinreißen, von seinen pathetischen Monologen, die genau das waren, was sie immer geliebt hatte, auf dem Theater und im Privatleben. Hier konnte sie ihrem tiefen Drang nach Unterwerfung und Anbetung freien Lauf lassen, da war endlich nach Carl Andersen und Dore Lavik und Knut Hamsun die große Vaterfigur, der sie ihr Leben weihen konnte, den blinden Gehorsam einer Tochter, die brennende Leidenschaft der Frau.

Adolf Hitler war nicht verheiratet. Er war der Retter, der weiße Ritter, Lohengrin, der Hütter des heiligen Grals, der Beschützer der bedrohten blonden Frau. Er sagte, das Volk sei seine einzige Braut, und die Millionen seiner Anhänger waren in großer Mehrzahl Frauen. Am 23. September 1936 kam eine hinzu. An diesem Tag betrat Marie das Wahllokal in Eide und gab aus Protest gegen «Materialismus, Erschlaffung und Dekadenz» der Zeit der NS ihre einsame Stimme. War es nicht zugleich eine symbolische Vermählung? Wurde sie bei dieser Gelegenheit nicht ein klein wenig zur «Braut des Führers»?

Es war nur der Anfang. Drei Jahre später reiste Marie nach Deutschland.

## 23
### Marie in Deutschland

Nicht von ihr ging alles aus, sondern von ihm. Es war nicht Marie, die Hamsun veranlaßte, sich mit Deutschland und dem Nationalsozialismus einzulassen; es war wie immer – er zog sie mit. Dennoch war ihr Verhältnis zum Nationalsozialismus sehr unterschiedlich. Während Hamsun zunächst von seinem Widerwillen gegen England ausging und ohnehin in Norwegen zu denen gehörte, «die sich weder von der Rechten noch der Linken einfangen ließen», spielten für Marie weder historische, noch politische oder wirtschaftliche Gründe eine Rolle, sondern ausschließlich moralische. In *Fritt Folk* erklärte sie, es sei «der hohe Idealismus der NS», der sie veranlaßte, sich ihr anzuschließen. Es klingt aus diesen Worten wie ein Echo ihrer Verachtung für ihren Mann, der «den gemeinsamen Sinn ihres Lebens und ihre gemeinsamen Ideale» fallenließ. Für Marie war dies hier nur eine andere Seite der selben Sache. Ihre unterschiedliche Einstellung zeigte sich scharf, wenn sie sich zum selben Thema äußerten, zum Beispiel, als sie Norwegens Jugend aufforderten, sich an die Ostfront zu melden. Marie meinte, die norwegischen Mütter müßten «in der Stunde des Opfers» daran denken, daß es für ihren Sohn nicht das Wichtigste sei, lange zu leben, sondern etwas zu leisten. Hamsun dagegen schrieb, daß diese jungen Menschen Norwegens Ehre als Volk retten und die Grundlage einer neuen norwegischen Verteidigungsmacht legen würden. Das eine war so falsch wie das andere, aber Marie sprach von Opfer und Tod, Hamsun von Zukunft und Leben. Auch er konnte sich als Moralist aufführen, aber der pathetische Fanatismus, der in Maries Äußerungen zutage trat, war ihm fremd. Marie sah in den Opfern des Nazismus eine Bestätigung ihres lebenslangen Kampfes, einen Sieg ihrer selbstverleugnenden Haltung, die ihr gerade eine so bittere Niederlage eingetragen hatte. Das vor allem bedeutete ihr der Nationalisozialismus. Er verlieh ihr eine moralische Erhabenheit, er bewies, daß sie trotz allem recht hatte. Er zeigte, daß die Wahrheit im Opfern lag, aber er flüsterte auch unheilvoll, daß der Preis des Opfers der Haß ist – und der Lohn des Hasses die Rache.

Vereinfacht gesagt: Wenn Hamsun seiner Frau zunächst mit einem kleinen deutschfreundlichen Schritt vorausging, so stürmte sie im Laufe der Jahre weit an ihm vorbei. Wo er eindeutig vom Nationalsozialismus abrückte, sobald er über dessen wahren Charakter aufgeklärt worden war, zeigen Maries Briefe, daß sie bis zum Tode nicht von ihrer Überzeugung abrückte. War es zunächst sein Versagen, das sie den Nazis in die Arme trieb, so wurde ihre übereifrige Hingabe allmählich ein Mittel, sich gegen ihn zu behaupten, der sie so tief verwundet hatte, und dieses Mittel war freilich stärker als ein paar erfolgreiche Kinderbücher. Sie begnügte sich ja nicht damit, in die Partei einzutreten, sie konnte jetzt mit der stichhaltigsten Begründung der Welt das tun, was er ihr früher vorgeworfen hatte – sie konnte sich «hervortun», an den Sommertagungen der Partei teilnehmen, bei Propagandaveranstaltungen Reden halten.

Nun endlich erhielt sie Genugtuung für die vielen Demütigungen. Sie hatte die Oberhand, sie hatte nicht nur die Kinder hinter sich, sondern die ganze deutsche Wehrmacht in Norwegen! Hamsun beklagte sich bei seiner Verteidigerin Frau Stray, daß Marie «Deutsche nach Nörholm» geholt hatte, aber konnte er ihr das bei seiner eigenen Einstellung, der er immerhin öffentlich Ausdruck gegeben hatte, vorwerfen? Und brauchte sie überhaupt noch auf ihn zu hören? Marie war jetzt nicht mehr nur «Norwegens Erste Dame auf literarischem Gebiet», sie war nun aus sich selbst heraus etwas geworden. Als sie 1941 sechzig Jahre alt wurde, brachten die gleichgeschalteten Zeitungen Norwegens lange Geburtstagsartikel, lobten sie für ihren starken Einsatz, vor allem, weil er so sehr «aus der Nähe eines großen Namens» gekommen sei. Man hob ihr «reiches schriftstellerisches Werk» hervor, schilderte sie als eine der führenden Kräfte in der Arbeit für ein neues Norwegen, huldigte ihr in der Aula der Universität als «dem hervorragendsten Botschafter norwegischer Kultur», dem vornehmsten Vertreter des Zusammenklangs zwischen dem nordischen und dem großen germanischen Volk im Süden. Auch bei der jährlichen «Nörholmiade» zu Hamsuns Geburtstag stand sie jetzt im Vordergrund. Sie war es, die im Interesse der Partei Journalisten in das verschlossene Land einlud. Bald trat sie «mit dem Stolz und der Liebe zur Erde auf, die seit Tacitus ein Merkmal der nordischen Frau sind», bald als «die typische nordische Frau, die mit fester Hand den Haushalt führt, aber noch Zeit für geistige Beschäftigung findet». Selbstbewußt posierte sie auf den Photographien, trat bei Veranstaltungen der Norwegisch-Deutschen Gesellschaft auf und empfing hohe deutsche Offiziere auf Nörholm, wobei denn die einfachen Soldaten den Hof füllten.

Wo blieb Knut Hamsun bei dem ganzen Treiben? Bis zu seinem Tode bestand er darauf, kein Parteimitglied gewesen zu sein, er hatte sich nicht zu den

Sommertagungen eingefunden, nicht auf Propagandaveranstaltungen geredet, wurde nicht in der Norwegisch-Deutschen Gesellschaft gesehen. Er folgte keiner Einladung nach Skaugum, ja, er blieb den Einladungen fern, die Marie in Nörholm ausrichtete. Wenn die Offiziere im Speisezimmer mit seinem Rotwein anstießen, saß er oben im Kinderzimmer und legte Patiencen. Er wollte nicht dabeisein. Frau Stray erzählte er, daß er eines Tages, als auf dem Hof ein «Gelage» veranstaltet wurde, auf die Straße lief und ein Auto anhielt, um nur fortzukommen. Wie Marie selbst berichtet hat, beklagte er sich, daß die Eisentür auf Nörholm nicht mehr verschlossen wurde, daß jedermann (Soldaten) hereindrängte, daß sein Haus allen offenstand. Er sagte zu Marie, er fühle sich in seinem eigenen Haus wie ein Hoteldiener. Sie ließ ihn reden. Er sagte, er wolle in den Wald gehen, draußen bleiben, das Ganze abgeben. Sie erklärte den Kindern, er sei verrückt geworden. Er schrieb an Cecilia, daß er auf Nörholm kein Zuhause mehr habe, er wolle mit den Kindern fortziehen, Marie den Hof überlassen, ihr die Mittel für die laufenden Kosten geben und sich nach einer Hütte umsehen . . .

Seine Rolle war ausgespielt. Die Katastrophe hatte sich ereignet, die Liebe war gestorben, er konnte höchstens noch auf ein wenig «guten Willen» rechnen. An die Stelle der gehorsamen, aufopfernden Ehefrau war ein böser Geist getreten, der alles bestimmte und in seinem Namen drauflospolitisierte. Es war seine Strafe. Er hatte sich ihrem gemeinsamen Sinn des Lebens und ihren gemeinsamen Idealen versagt, er war nicht mehr der große Vater, dessen Wort Gesetz war, der Patriarch von Nörholm war gescheitert und konnte seine Sachen packen, andere Autoritäten standen jetzt hinter Marie. Ihr neuer Herr konnt ihr auch in dem Punkt Genugtuung verschaffen, in dem sein Vorgänger sie am meisten gedemütigt hatte, er konnte sie wieder auf die Bühne rufen, ins Rampenlicht stellen, ihr das Publikum und den Beifall zurückgeben. Sie wieder zur Schauspielerin machen.

Die Anklageschrift des Bezirksgericht, die Maries Tun und Treiben bis zum Kauf eines Blechkrugs und eines Suppenlöffels hinunter aufrechnete, schweigt sich seltsamerweise völlig über ihr weit wichtigeres Wirken in Deutschland aus, und ihre eigenen Erinnerungen erwähnen es aus verständlichen Gründen nur beiläufig. Sie erzählt, daß sie während des Krieges ihre beiden Töchter entbehrte, die in Dänemark und in Deutschland lebten, und daß es sie zu ihnen trieb.

«Jeden Winter erhielt ich ein Visum und konnte nach Kopenhagen zu Cecilia und zu Ellinor nach Holstein fliegen und ein paar Tage mit ihnen verbringen, und zwischendurch sollte ich ehrlich und redlich die vorgeschriebene Aufgabe erfüllen, für die ich das Visum erhalten hatte.»

Später lag Ellinor in einem von Bomben getroffenen Krankenhaus zu München. «Ich erhielt noch einmal das Visum, kam auf diese Weise zu ihr und konnte sie wohlbehalten heimbringen.»

So schreibt Marie. Von allen ihren Halbwahrheiten ist diese nun die unzulänglichste. Selten ist ein Elefant so schmerzlos in eine Mücke verwandelt worden. Marie kam nicht nach Kopenhagen, um Cecilia zu besuchen, sondern weil sie versprochen hatte, in der Dansk-Tysk Forening aufzutreten. Sie beantragte kein Visum für Deutschland, um mit Ellinor zusammenzusein, sondern weil sie sich zu monatelangen Vortragsreisen verpflichtet hatte. Während der Verhandlung gegen sie wurde die Lücke in der Anklageschrift ausgefüllt. Das Gericht sah es als erwiesen an, daß sie in den Wintern 1940/41 und 1941/42 Propagandareisen in Deutschland unternommen hatte – das hatte sie schließlich Professor Langfeldt selbst erzählt.

Aber auch das war nicht die ganze Wahrheit. In ihrem Buch «Die letzten Jahre mit Knut Hamsun» berichtet sie, daß sie in drei aufeinanderfolgenden Wintern reiste – und auch das ist noch nicht alles. Mit Hilfe verschiedener Briefe, Zeitungsbesprechungen und Zeitschriftenartikel ließ sich feststellen, daß sie ihre Winterreisen 1939/40, 1940/41, 1941/42 und 1942/43 unternahm, also in allen Kriegsjahren mit Ausnahme der beiden letzten, als Städte und Verkehrswege in Deutschland so verwüstet waren, daß sich die Reisen nicht mehr durchführen ließen.

Die meisten Reisen dauerten Monate. Im Sommerhalbjahr mußte sie heim nach Nörholm, weil sie im Garten unentbehrlich war, denn Hilfskräfte waren damals kaum zu beschaffen – so sagte sie in einem Interview auf der ersten Seite von *Aftenposten* – im Jahre 1941. Das Interview entwarf freilich ein ganz anderes Bild von ihrer Reisetätigkeit, als es vor Gericht und in ihren Erinnerungen zutage trat. Sie erzählte zum Beispiel auch, daß allein bei ihrer letzten Vortragsreise 20 000 Menschen gekommen seien, um sie zu hören. Ein so großes Publikum hatte sie nicht gehabt, als sie dereinst mit Dore Lavik auf Tournee ging! Nun mochte sich Knut Hamsun mit «Rattenmilieu», «Gauklertrauer», «Kleister im Gesicht», mit den «dänischen Marktflecken» aufspielen – Marie Andersen hatte sich gründlich dafür gerächt:

«Ich bin durch Deutschland gereist von Rostock im Norden bis Wien im Süden, vom Rheinland und von Holstein bis Königsberg», schrieb sie 1942 in *Aftenposten*. «Tausenden durfte ich ein paar gute Worte aus Norwegen bringen. Ich besuchte damals dreißig bis vierzig Städte, fast jeden Abend eine andere, tagsüber in vollbesetzten Zügen, nachts wieder in einem anderen Bett schlafen oder auch nicht schlafen . . .»

Die Reisen wurden von der 1921 gegründeten Nordischen Gesellschaft in Lübeck veranstaltet, einer riesigen Vereinigung mit mehr als vierzig Ortsvereinen, die sich über ganz Deutschland verteilten. Die praktische Arbeit wurde von Gauleiter Hinrich Lohse geleitet, und im Vorstand saßen so bekannte Figuren wie Ribbentrop, Himmler, Frick und Ley. Schirmherr der Gesellschaft war kein anderer als Alfred Rosenberg, dessen Vorstellungen von einem nordischen Groß-Germanien Flandern, Holland, Deutschland, Island, Dänemark, Norwegen, Schweden und Finnland umfaßten und von der Gesellschaft gefördert wurden.

363

Maries erste Reise fand im Winter 1939/40 statt. Sie besuchte mehr als dreißig Städte, aber sie habe auf der ganzen Reise nicht ein einziges verdrossenes oder verzagtes Gesicht gesehen, sagte sie. Leider hatte sie aber auch nicht viel von den Städten gesehen. Die Tage waren kurz, die Städte verdunkelt, wenn sie ankam, um ihre Lesungen zu halten. In Wien hatte sie der Oberbürgermeister in stürmischer Dunkelheit rund um den Stephansdom gefahren, aber den Kölner Dom hatte sie doch bei Tageslicht gesehen. Er lag ja nur zehn Flugminuten entfernt für die Bomber von der Maginotlinie, aber darüber lächelte man nur in Köln, schrieb sie. Sie besuchte Fronttheater und die Mutter-und-Kind-Heime der NS-Frauenschaft; die Pflegerinnen dort waren «junge Mädchen von ausgesuchter körperlicher und seelischer Qualität». Marie schilderte ihren Aufenthalt in Würzburg, Duisburg, Kaiserslautern, Graz, Villach, Weimar, Dresden. Sie hatte den sudetendeutschen Führer Konrad Henlein und seine Familie kennengelernt. Doch vor allem mußte sie ja auftreten. Die Zeit war knapp bemessen, und meistens waren ihr ein warmes Hotelzimmer, ein gutes Bett und ein Blumenstrauß in einer Vase das Beste von allem. Die Reise war im voraus unumstößlich festgelegt, und in Deutschland klappte alles wie am Schnürchen. «Doch was mir den größten Eindruck machte», schrieb Marie, «war der Einsatz der deutschen Frauen. Alltagsmenschen ist der Klagegesang ein Lieblingslied, aber die deutsche Frau hatte einen anderen Ton angestimmt. Mit klarem Auge, klarem Kopf, die Dinge fest im Griff, regelte sie das Familienleben unter den Bedingungen des Krieges. Das Vertrauen zur Führung war die tragende Kraft.»

Das Vertrauen zur Führung war die tragende Kraft. Maries nächste Winterreise, die im Januar 1941 begann, wurde noch ausgedehnter. Diesmal blieb sie fast drei Monate fort und besuchte Berlin, Königsberg, Gumbinnen und Tilsit, Danzig, Stettin, Halle, Jena, Dessau, Weimar, Gera, Augsburg, Karlsruhe, Landau, Duisburg, Recklinghausen, Hagen, Bochum, Braunschweig, Hamburg, Kiel und Rendsburg . . .

Wie im Jahr zuvor war auch diese Vortragsreise ein Höhepunkt im Winterprogramm der Nordischen Gesellschaft. In allen Städten wurde Marie von einem jubelnden Publikum begrüßt, durchschnittlich kamen 500 Zuhörer oder noch mehr, und die außerordentliche Beachtung durch die Presse gab der Reise zusätzliche Bedeutung. Überall wurde Marie vom Bürgermeister der Stadt empfangen, in Königsberg überreichte man ihr die Kant-Medaille, in Halle veranstaltete der Gauleiter Eggeling zu ihren Ehren einen Empfang, bei dem die Spitzen der Partei erschienen. Die Zeitungen brachten Photos von Festen und Feiern: Marie Hamsun bei der Ankunft in Berlin, Marie Hamsun beim Signieren ihrer Bücher in Stendal, Marie Hamsun, die sich im Rathaus zu Halle in das Goldene Buch der Stadt einträgt, Marie Hamsun an dem mit der Hakenkreuzfahne geschmückten Rednerpult.

«Nun müssen das Vertrauen auf die Führung und die Einigkeit der Rasse ihre Ausdauer beweisen», schrieb sie nach der Rückkehr. Sie hatte ein Volk angetroffen, das geradeaus in die Zukunft blickte, und Frauen von einem «höchsten Opferwillen, der jede deutsche Mutter und Ehefrau zur Heldin macht». Alle verließen sich auf Gott und den Führer, Hitler war der Retter der gesamten germanischen Zivilisation und Kultur, die ihm dankten für seinen Gerechtigkeitssinn, seine Weisheit und seinen Edelmut.

Gerechtigkeit, Weisheit und Edelmut – das waren die Vatereigenschaften, mit denen ein wahrer Retter den höchsten Opferwillen einer Frau und Mutter zu belohnen verstand. Hier war Maries Einsatz sicherlich nicht vergebens. Maries dritte Deutschlandreise im Winter 1941/42 zog sich ebenso erschöpfend in die Länge wie die vorige; diesmal sprach sie auch in den besetzten Gebieten, in Holland und Belgien, dann auf einem Festabend der Dansk-Tysk Forening in Kopenhagen.

Meistens bestritt sie die Veranstaltungen allein, ihr Name genügte, die größten Säle zu füllen. Sie meinte dazu in einem Interview, es sei wohl die harte Wirklichkeit des Krieges, die den Wunsch nach Entspannung in einer anderen Welt weckte, in der Welt der Musik, der Dichtung, des Schauspiels. Aber natürlich hatte der Name Hamsun allein schon große Zugkraft. «Segen der Erde» war mit anderen Büchern Hamsuns vor kurzem in Wehrmachts- und Frontbuchhändler-Ausgaben erschienen und zu Hunderttausenden bei den deutschen Soldaten vom Nordkap bis zur Krim verbreitet. An der Auflagenhöhe lassen sich tatsächlich Vormarsch und Rückzug der deutschen Militärmacht ablesen: «Victoria» erschien 1939 in einer neuen Auflage von 10 000 Exemplaren, 1940 in 50 000, 1941 in 60 000, 1942, 1943 und 1944 in je 25 000 Exemplaren. Offenbar war das in mehr als 200 000 Exemplaren verbreitete Buch im Krieg die beliebteste Lektüre des deutschen Soldaten, wie es «Les Fleurs du Mal» im Ersten Weltkrieg für den französischen *poilu* gewesen war.

Marie Hamsun richtete sich danach bei ihren Lesungen. Ihr Programm war fast immer dasselbe: Sie begann mit den beiden ersten Kapiteln von «Segen der Erde», las dann eine Liebesepisode aus «Victoria» und schloß mit einer leichteren kleinen Geschichte aus ihren eigenen Kinderbüchern. Sie schonte sich nicht, sie las mehrmals am Tage, sprach in verqualmten Kantinen, feuchten Mannschaftsbaracken, schlecht geheizten Vortragsräumen und in den größten Konzertsälen und Theatern. Gelegentlich strahlte der deutsche Rundfunk die Veranstaltung aus. Sie begann immer mit einem Gruß von Knut Hamsun und der Behauptung, er wünsche Deutschland den Sieg. Wenn sich dann der tosende Beifall gelegt hatte, fügte sie hinzu, er sei froh, daß Norwegen bald wieder frei und selbständig sein werde. Tore, der daheim am Rundfunkgerät mithörte, meinte allerdings, nach diesen Worten sei der Beifall gemäßigter gewesen.

Vor jeder Lesung mußte sie den ansässigen Journalisten ihre Fragen beantworten, nach der Lesung stellte meistens das Publikum Fragen; man wollte wissen, ob die Norweger wirklich zu den Bolschewisten hielten. Oft mochten die Leute nicht heimgehen, und sie mußte ihnen noch einen kleinen

Vortrag über die Lage in Norwegen halten. Das Publikum bestand, wie sie selbst erwähnt, meistens aus Frauen: «Die Männer und Söhne standen an der Front, einige waren gefallen, andere vermißt, mancher war vielleicht nur an diesem Abend noch am Leben . . .»

Sie erwähnt nicht, daß sie auch vor Soldaten sprach, sogar oft, auch an dem Abend, an dem Tore daheim am Rundfunk mithörte. Man darf annehmen, daß ihr bei solchen Gelegenheiten nicht weniger zugejubelt wurde. Niemand wollte glauben, daß Marie Hamsun um die Sechzig war, sie war immer noch sehr schön. Sie trat natürlich oft in der norwegischen Nationaltracht auf, und sie las nicht als Amateur, sondern als die geborene und geschulte Schauspielerin, die sie war. Sie betonte gut, sie wechselte die Stimmlage bei den Dialogen, hob und senkte die Stimme, sprach kalt oder mit Wärme, hell oder dunkel, wie es der Text verlangte. Die Tochter Ellinor, die damals selbst Schauspielerin werden wollte und mehrere Lesungen miterlebte, denkt in ihrem jütländischen Erholungsheim an die Wirkung, die ihre Mutter ausübte:

«Sie war phantastisch gut!» sagt Ellinor. «Selbst wenn der Saal vom Balkon bis ins Parkett gerammelt voller Menschen war, blieb es still wie in einer Kirche; wenn sie die Stimme senkte und eine kleine Pause machte, konnte man fast hören, wie sie Atem holte, und wenn sie fertig war, brachen die Zuhörer in einen Jubel aus, der kein Ende nehmen wollte. Sie mußte sich immer wieder verneigen, die Arme voller Blumen. Doch der ergreifendste Augenblick war es immer, wenn sie von Knut Hamsun gegrüßt hatte und mit dem Buch in der Hand neben einem Blumengebinde stand und wartete, daß sich der Beifall legen und vollkommene Stille eintreten sollte, und dann . . .»

Um sie her leuchten die Blumen in dem Grün und Rot ihrer Nationaltracht, in der Hand hält sie «Segen der Erde», aufgeschlagen bei den ersten Sätzen des Buchs, es ist in dem dunklen Saal so still, daß man fast hört, wie sie atmet, aber nun beginnt sie und spricht in dem korrekten Deutsch, das sie in Ragna Nielsens Schule von der Lehrerin gelernt hat, jener Lehrerin, die ihr das Nägelbeißen abgewöhnte.

«Der lange, lange Pfad über das Moor in den Wald hinein – wer hat ihn ausgetreten? Der Mann, der Mensch, der erste, der hier war. Für ihn war noch kein Pfad vorhanden . . .»

«Der Mann kommt in nördlicher Richtung gegangen . . . Der Mann ist stark und derb, hat einen rostigen Bart und kleine Narben im Gesicht und an den Händen – diese Wundenzeichen, hat er sie sich bei der Arbeit oder im Kampf geholt? Er kommt vielleicht aus dem Gefängnis und will sich verbergen, vielleicht ist er ein Philosoph und sucht Frieden, jedenfalls aber kommt er dahergewandert, ein Mensch mitten in dieser ungeheuren Einsamkeit . . .»

«In dieser ungeheuren Einsamkeit» – die Worte haben im Deutschen eine lockende Klangfülle. Marie ließ sich nun mitreißen, sie sah fast nie in das Buch, sie konnte die zwanzig Seiten seit langem auswendig und wendete mechanisch die Seiten in ihrer kleinen Wehrmachtsausgabe um, ohne das Publikum aus dem Blick zu lassen. Wo war sie an diesem Abend? Irgendwo im Ruhrgebiet? In Ludwigshafen? Essen? Gelsenkirchen? In einer anderen der Städte, deren Namen sich jetzt Nacht auf Nacht mit Flammenschrift in die Tagesnachrichten einschrieben? Sie war nicht hier, sie war im fernen Nordland, in der Wildnis, in der «ungeheuren Einsamkeit» der Natur. Hier saßen sie dichtgedrängt im ungeheizten Saal, in nassen schwarzen Mänteln, Männer und Frauen, alle gleich grau und mager, schwer arbeitende Menschen, Arbeiter und Soldaten. Allzu junge Witwen dabei, allzu junge Invaliden, Frauen, die versucht hatten, ein in nasse Tücher gewickeltes Kind durch die Hölle des brennenden Phosphors zu retten, Männer, die dabei gewesen waren, als sie über die Mosel gingen, auf Kreta landeten, Männer, denen der Frost vor Moskau die Füße gekostet hatte, Männer, die es aufgegeben hatten, sich zu den in Stalingrad Eingeschlossenen durchzukämpfen. Hier saßen sie und hörten wieder die Geschichte, die sie vor allen anderen liebten, das Evangelium von dem Mann, der in Arbeit und Kampf seine Narben erhalten hatte, ein Sträfling, aber auch ein Philosoph, ein Mann, der mit den schwersten Lasten auf dem Rücken weiterging, der trug und trug, der aus dem Nirgendwo kam und Schritt für Schritt allem entgegenging. Sie selbst hatten seit langem begonnen, den entgegengesetzten Weg zu gehen, sie hatten einmal alles gehabt, nun gingen sie Schritt für Schritt zurück zu Ruinen, zu Niederlage und Zusammenbruch, zu einem schwelenden, hungernden, frierenden Nichts. Waren auch sie betrogen, weil sie gern betrogen werden wollten? War auch ihr Opfer vergebens gewesen? Marie sah über sie hinweg, nun kam die schwierige Stelle, wo die Frau im Ödland auftaucht. Marie sah die Augen der Zuhörer aufleuchten, sie wußte, daß sie sich zurücknehmen mußte, sie gab ihrer Stimme einen so unsagbar warmen Klang und las, ohne ins Buch zu sehen:

«Am Morgen ging sie nicht wieder weg und den Tag über auch nicht; sie machte sich nützlich, melkte die Ziegen und scheuerte die Holzgefäße mit feinem Sand und machte sie sauber. Sie ging nie wieder fort. Inger hieß sie, Isak hieß er.»

Es war still im Saal, als sie diese Worte sprach. Eine Frau weinte leise. «Sie ging nie wieder fort, Inger hieß sie, Isak hieß er.»

Das war so schön, weil es nicht stimmte. Vielleicht im fernen Nordland, aber nicht hier im Ruhrgebiet. Vielleicht für Inger, nicht aber für Marie. Hier wußte man gut, daß alle einander verlassen und verlieren sollten, daß es eine Geschichte von Blumen und Blut war, aus der Marie nach der Pause las.

Nein, sie überging nichts, sie konnte sich beherrschen, alle Tränen, die sie hatte, waren geweint worden. Das Gefühl von Unsicherheit, das sie früher in seiner Gegenwart immer gehabt hatte, die Angst, nicht zu bestehen, das Gefühl, ein dummes kleines, aus dem Zusammenhang gerissenes Wort zu sein, das alles war aus ihrem Bewußtsein getilgt. Längst vorüber war die Zeit, in der sie «Segen der Erde» nicht «ohne heimlichen Schmerz» lesen konnte, weil sie daran denken mußte, was das Buch sie gekostet hatte. Nicht nur die Liebe stirbt, auch der Schmerz vergeht. Sie hatte gelernt, beides voneinander zu trennen, sie war wie eine Dame, die mit großer Kunst auf dem Misthaufen gewachsene Blumen arrangiert; jetzt konnte sie das unsterbliche Werk preisen, während sie sich über den Sterblichen, der es geschaffen hatte, entrüstete, sie konnte ihn beiseite schieben und doch seinen Ruhm behalten. Mit ruhiger, aufrechter Würde stand sie auf der Bühne und ließ die Hand mit dem Buch sinken, während ihr der Beifall entgegenbrandete. Sie lächelte allen zu, sie, Marie, konnte jetzt lächeln. Sie hatte den verloren, den sie liebte, den einzigen, den sie überhaupt geliebt hatte, das ist wahr. Dafür aber hatte sie den Beifall wieder, den er ihr genommen hatte. War nicht das eine das andere wert? Oder war der Preis in beiden Fällen zu hoch? Müssen wir immer unsere Blumen mit Blut bezahlen? Marie lächelte. In diesen Jahren hatte sie Anlaß zu bitterem Lächeln.

Der Alte daheim in Nörholm machte sich keine falschen Vorstellungen von dem, was da unten vor sich ging. Sie selbst erzählt davon:

«Er protestierte nicht gegen meine langen Reisen im Winter», schreibt sie, «aber er zog die eine Augenbraue hoch und den entgegengesetzten Mundwinkel nach unten und meinte, der alte Hang zur Schauspielerei habe mich wohl wieder gepackt. Dann müßte ich ihn aber in Gottesnamen ausnutzen, ehe es völlig zu spät geworden sei!»

Dies war genau die Art Entgegnung, die in vergangenen Tagen Marie zu stundenlangem Weinen veranlassen konnte. Nun nahm sie es leicht, sie brauchte sich nicht mehr unter seinem Spott zu krümmen, keine Träne trat ihr in die Augen, sie hatte nun ihr eigenes Leben. In dem Drama, das sich jetzt auf Nörholm abspielte, waren die Rollen vertauscht worden. Sie war es nicht mehr, die monatelang allein zu Haus saß, während der Gegenspieler in der großen Welt lebte und so manches erlebte, er war es jetzt. Er war es nicht mehr, der mit neuen Triumphen, Freunden, Erlebnissen nach Hause kam. Sie war es.

Und auf diesem Hintergrund kam es im Frühjahr 1943 zum Zusammenstoß. Als Marie nach Nörholm heimkehrte, erfuhr sie, daß der Alte da oben im Kinderzimmer zum Führer reisen wollte. Er wollte Terboven stürzen, und bald darauf machte er sich auf die Reise.

Ohne sie.

Warum war Marie nicht dabei? Diese Frage ist nie gestellt worden, obwohl sie naheliegt. Er brauchte einen Dolmetscher, und Marie sprach nicht nur perfekt Deutsch, sondern war nun als einziger Mensch der Welt imstande, verständlich zu dem tauben Mann zu reden. Vor einigen Wochen noch hatten sie zusammen Goebbels besucht. Warum konnte sie also nicht mit zu Hitler reisen? Wollte sie es nicht? War er es, der sie nicht mitnehmen wollte?

Wie so oft, kennen wir die Geschichte nur aus Maries Darstellung. Sie behauptet, daß er es war, der ihre Mitreise ablehnte, doch an einem Motiv dafür hapert es in ihrer Erzählung:

«Weil ich die ganze Zeit gegen diese Reise war – mir schien, sie gehe über seine Kraft –, bat er mich nicht wie sonst, mitzureisen und wie früher für ihn zu dolmetschen.»

Das kann höchstens ein Viertel der Wahrheit gewesen sein. Nimmt man Marie beim Wort, dann wollte Hamsun seine Frau nicht nach Deutschland mitreisen lassen, weil sie gefürchtet hatte, ihm fehlten die Kräfte für die Reise. Aber wäre das nicht gerade ein Grund gewesen, sich von ihr begleiten zu lassen? An anderer Stelle ihres Buchs gibt Marie einen anderen Grund für ihre Abneigung gegen seine Reise an.

«Ich sagte, es sei in meinen Augen ein Wahnsinnsunternehmen.» Sie meint damit, daß die Vorstellung, «von der er besessen war» – er könne zu Hitler reisen und erreichen, daß Terboven aus Norwegen verschwand –, «von jedem Politiker als der Traum eines Dichters und nichts weiter» beurteilt worden wäre.

Zwei Viertel ergeben bekanntlich ein Halbes: Jetzt liest man also, daß Hamsun Marie nicht zu Hitler mitnehmen wollte, weil sie das ganze Unternehmen für politisch unrealistisch hielt. Ist das wirklich ein überzeugender Grund? Warum sollte sie ihn nicht begleiten, selbst wenn sie von vornherein am Erfolg zweifelte? Und war ihr Zweifel so berechtigt? Gerade in dieser Zeit sprach sich Hitler Goebbels gegenüber so abfällig über Terboven aus, daß Hamsuns Vorhaben vielleicht nicht so aussichtslos war. Doch vor allem: Was bedeuteten so kleinliche Überlegungen über das, was möglich war oder nicht, wenn man Hamsuns Verbitterung über Terbovens blutiges Terrorregime teilte?

Nein – wir brauchen nur ein einziges Wort durch ein anderes zu ersetzen, um die ganze Wahrheit vor Augen zu haben: Hamsun wollte Marie nicht deshalb zu Hause lassen, weil sie sein Vorhaben für politisch unrealistisch hielt, sondern weil es ihr politisch unerwünscht war. Sie mochte sich nicht einmal vorstellen, dem Führer etwas Abfälliges ins Gesicht zu sagen.

Heute, wo wir das Verhältnis zwischen den Ehegatten kennen, ist es nicht verwunderlich, daß es so kam. Aber es wirft ein neues Licht auf das zentrale Ereignis in der Sache Knut Hamsun, nämlich auf seinen Besuch bei Hitler. Es ist schließlich ein Unterschied, ob er, wie Marie behauptet, mit dem vorgefaßten Plan, Terboven zu Fall zu bringen, auf die Reise ging, oder ob die Reise, wie er selbst sagte, «auf Befehl» zustande kam. Natürlich konnte Marie nach dem Kriege ein Interesse daran haben, daß ihre Darstellung zutraf, aber selbst wenn das einleuchtet, darf man nicht übersehen, daß sie sich mit dieser Behauptung auch selbst ins Zwielicht stellte und den tiefen Konflikt zwischen ihnen freilegte, den wir heute kennen, den sie aber damals mit allen Mitteln zu vertuschen suchte. Sie gibt alle möglichen Gründe für ihre Uneinigkeit an, aber daß sie bestand, verschweigt sie nicht. Sie spricht nicht von ihrem gemeinsamen Besuch bei Goebbels, weil es sonst nicht einleuchten würde, daß Hamsun unmittelbar darauf eine entsprechende Reise ohne sie unternehmen konnte. Man braucht sich nur vorzustellen, daß Hamsun nicht in der Absicht reiste, Terboven zu stürzen, oder daß Marie nicht wußte, daß er solche Pläne hegte – welchen Grund konnte sie dann haben, daheimzubleiben? Das ist des Pudels Kern. Was wir heute über das Verhältnis zwischen Marie und Knut Hamsun zur damaligen Zeit wissen, macht es uns sehr wahrscheinlich, daß sie in diesem entscheidenden Punkt die Wahrheit sagt – er aber nicht. Er reiste ausdrücklich zu Hitler, damit Terboven verschwinden sollte. Seine Reise zerbrach zum erstenmal den Kreis, nicht den «Zauberkreis, den er um sich gezogen hatte», sondern den Kreis, den sie während des Krieges um ihn hatte ziehen können, weil er so völlig auf sie angewiesen war, wenn es um Nachrichten ging, die er aus den von Deutschen kontrollierten Zeitungen nicht erfahren konnte. Marie bestimmte unangefochten, was ihm entgehen sollte und was nicht. Cecilia erzählt, daß die Nachrichtensendungen im Rundfunk schon vor dem Krieg häufig zu Szenen zwischen ihnen geführt hatten:

«Wenn er hereinkommt und wissen will, was los ist, sag ihm nur, daß Franco auf dem Vormarsch ist», sagte die Mutter ungeduldig.

Maries Entschuldigung war seine Taubheit. Es war inzwischen sehr beschwerlich geworden, ihn über etwas kompliziertere Zusammenhänge zu unterrichten – und kompliziert waren natürlich alle Nachrichten, die nicht zu seiner vorgefaßten Meinung passen wollten. Nun, wo ihre Liebe zu ihm «tot war», höchstens durch «ein bißchen Wohlwollen» ersetzt, brachte sie nicht mehr die Geduld auf, ihm in seiner Behinderung zu helfen. Außerdem hatte sie sich ja (teilweise aus diesem Grund) so stark dem Nationalsozialismus verpflichtet, daß sie kein Interesse daran haben konnte, ihm etwas mitzuteilen, das nicht zu Deutschlands Gunsten sprach. Also: Franco war auf dem Vormarsch, Hitler ein Streiter für die Menschheit. Sicherlich lag in ihrem Manipulieren zunächst keine böse Absicht, sondern eine Versuchung, der schwer zu widerstehen war.

Warum sollte sie denn nicht seinen Standpunkt bekräftigen, wenn das Gegenteil nicht nur gegen ihr eigenes Interesse gerichtet war, sondern sich auch so verflixt schwer mitteilen ließ! Ihr unterschiedliches Verhalten während der Besetzung, ihre Uneinigkeit über die Reise zu Hitler und vor allem Knut Hamsuns radikale Kehrtwendung an dem Tag, an dem er die ganze Wahrheit erfuhr, zeigen ja doch, daß Marie, wenn sie ihm nicht bestimmte unvorteilhafte Tatsachen verschwiegen hätte, mit Recht auf eine scharfe Reaktion von ihm gefaßt sein mußte. Sie hätte damit ihre Position untergraben, die nur aufrechterhalten werden konnte, solange er mit ganzem Herzen ihre Meinung teilte.

Hamsun wurde also ausgeschlossen. Marie wandte die alte Taktik der Ehefrauen gegen schwierige Männer an, sie redete ihm nach dem Mund und sagte im übrigen so wenig wie möglich. Sie verschwieg, daß sie bei Terboven gewesen war. Verschwieg Gerüchte, die sie vielleicht gehört hatte. Sollte sie etwa den Deutschen, die schon so viel Widerstand begegneten, auch noch Knut Hamsuns moralische Unterstützung entziehen?

Was ihr Genugtuung für alle erlittenen Enttäuschungen verschaffen sollte, wurde in diesem Augenblick zu ihrer tiefsten Erniedrigung. Dann kamen die Verhaftung und Gefängnis, «Kübel-Atmosphäre» von Blödekjaer. Ihr Dasein lag in Trümmern wie die Städte, in denen sie ihre Triumphe gefeiert hatte; alle Wege, die sie gegangen war, hatten zur Niederlage geführt, ihre Ehe, ihre Kinder, ihr Talent, ihre Überzeugungen. Sie war in allem gescheitert. Damit hatte es begonnen, damit endete es.

Die Gedanken hielten sie wach auf ihrem harten Lager im Gefängnis. Gott sieht man am besten durch Tränen, hatte ihre Mutter gesagt, aber sie sah niemanden, denn sie hatte keine Tränen mehr, nur noch Galle und Säure, und sie grämte sich bis zu einem blutenden Magengeschwür. Ihre Bitterkeit sammelte sich um ihren Mann. Hatte er sie denn nicht in alles hineingezogen? Er hatte gesagt, sie solle die einzige Frau in seinem Leben sein, sie solle das Theater verlassen, Bauernfrau werden, an Deutschlands Sache glauben – waren das nicht alles Lügen gewesen? Hatte sie nicht jedesmal geopfert, vergebens geopfert? Nun hatte sie nichts mehr zu verlieren – nun war die Reihe an ihr! Hatte sie nicht auch gelernt, daß der Preis für das Opfer der Haß ist und Rache der Lohn des Hasses?

Das könnte ihr Verhalten bei Langfeldt erklären. Sie brauchte nicht zu reden, sie hätte sich weigern können, überhaupt den Mund aufzumachen. Und wenn sie schon redete, brauchte sie sich nicht so weit auszuliefern, wie sie es tat. Wenn sie schreibt, es geschah «vor allem, um Knut zu retten», ist das keine halbe Wahrheit sondern eine ganze Lüge. Sie mußte doch besser als jeder andere wissen, daß Knut auf keinen Fall «gerettet» werden wollte. Sie mußte wissen, daß ihre Enthüllungen verwendet werden konnten, um den Mann zu erniedrigen, der sich mit allen Kräften gegen den Versuch der Behörden wehrte, ihn zu erniedrigen. Er wünschte ausdrücklich, die Verantwortung für sein Handeln zu übernehmen. Er wollte es denen da nicht leichter machen, es sollte ihnen nicht glücken, Knut Hamsun dadurch aus der Welt zu schaffen, daß sie ihn straflos «entkommen» ließen. In diesem zähen Streit stellte sich Marie auf die Seite des Feindes, ihre Aussagen glichen schon fast einem Racheakt. Wollten sie ihn für geisteskrank erklären? Aber dafür hatten «sie und die Kinder» ihn ja schon vor dem Krieg gehalten. Sie saß verlegen vor dem Chefarzt, es fiel ihm nicht schwer, sie zum Reden zu bringen. Nun konnte sie sich endgültig Luft machen, frei heraus über das reden, was sie sonst niemandem anvertrauen konnte.

Marie Hamsuns Begegnung mit Professor Gabriel Langfeldt am 14. Dezember 1945 in der Osloer psychiatrischen Klinik hat eine Parallele in der Weltliteratur, in «Die Brüder Karamasoff». Da gibt es die berühmte Szene, in der Katja den geliebten Mitja seinen Richtern ausliefert, in der sie ihnen überraschend das Indiz übergibt, das in den Augen der Richter Mitjas Schuld unumstößlich beweist. Die eifersüchtige Katja konnte sich nicht dazu überwinden, Mitja Glauben zu schenken, heißt es von ihr – sie war fest überzeugt, daß der treuherzige Junge, der sie damals vergötterte, im Inneren über sie lache und sie verachte: Und nur aus Stolz hatte sie sich . . . an ihn gebunden, mit einer hysterischen und wunden Liebe, die eher einer Rache glich . . . O vielleicht hätte sich diese wunde Liebe auch in eine richtige verwandelt, vielleicht wünschte sich Katja nichts anderes als das. Aber das Unheil hat es gewollt, daß Dmitri ihre Seele verwundete, als er sie treulos Gruschenkas wegen verließ. Katjas Seele verzeiht nicht. Und dann kommt der Augenblick der Rache, und alles, was sich in dieser verwundeten Frauenseele aufgestaut hat, braust auf, sprengt alle Dämme und wälzt sich wie eine Flut hervor. Ohne Schonung, mit unbarmherziger Grausamkeit liefert sie Mitja seinen Richtern aus, aber gleichzeitig gibt sie auch sich selbst preis. Und kaum hat sie sich Luft gemacht, als der Zusammenbruch kommt, als die Scham sie überwältigt. Sie bricht in herzbewegendes Weinen aus und fällt jammernd und schluchzend zu Boden. Dmitris Verteidiger wendet ein, daß dieser Ausbruch nicht als Zeugenaussage gewertet werden kann, sondern nur der rasende Schrei einer rachgierigen Frau ist: Wie kann sie ihm Treulosigkeit vorwerfen, denn wer war je so treulos wie sie in dieser Zeugenbank!

Sie verhält sich wie Marie. Was immer Hamsun getan haben mochte, sie hatte es wettgemacht, sie konnten einander nicht mehr viel vorwerfen. Marie lieferte sich selbst aus, als sie Hamsun preisgab, und auch sie hatte sich kaum Luft gemacht, als die Scham sie überwältigte – das war es, was wenige Minuten später im Empfangsraum geschah, als sie sich «unter seiner Verachtung krümmte» und einsah, «wie dumm sie gewesen war». Arme Marie. Sie sah noch mehr ein, und am nächsten Tag im Zug nach Arendal brach sie in herzzerreißendes Schluchzen aus – wie Katja.

Während der Zug nach Nelaug und Arendal weiterrollte, aß sie das Weißbrot. Sie faßte sich allmählich. Professor Langfeldt hatte ihr ja gottseidank versprochen, daß Hamsun niemals etwas von ihren Aussagen erfahren würde. Langfeldt war Arzt, ein Arzt unterliegt der Schweigepflicht. Es würde nichts weiter aus der ganzen Sache entstehen. Sie hatten Streit gehabt. Nicht zum erstenmal. Er hatte damit geendet, daß sie auseinandergingen. Das hatten sie früher auch getan. Und war nicht der heftige Zorn ein Beweis der Leidenschaft, die sie aneinanderband? Die vierundsechzigjährige Marie fühlte sich fast wie in ihrer stürmischen Jugendzeit, wo dem bittersten Bruch eine heiße Versöhnung folgte.

Nelau. Arendal. Das Gefängnis in Blödekjaer. Die weiblichen Insassen mußten in der Küche helfen und saubermachen. Marie Hamsun sollte Brot schneiden und Geschirr spülen, Treppen und Toiletten scheuern. Nachmittags durfte sie stricken, und das hob ihre Stimmung: «Stricken ist wohltuend», schreibt sie, «man zählt nur Maschen und Maschen und Maschen . . .»

Langsam kehrte ihre alte Zuversicht zurück, heißt es in ihren Erinnerungen. Und sie fährt fort: «Wie konnte ich, die ich doch endgültig aus Knuts Angesicht verbannt war, noch einen sorglosen Augenblick haben? Ich hatte sie oft. Denn zwischen uns war doch nichts Endgültiges geschehen! Der Arzt, der vor der Tür des Empfangsraums gestanden hatte, glaubte wohl, ein Lebwohl sei ein Lebwohl. Doch von Anfang an hatte mich Knut ermahnt, meine törichte Gutgläubigkeit, meinen Mangel an Stolz abzulegen, und diesmal genügten ihm seine Abschiedsworte als Ermahnung.»

Nun wartete sie Tag für Tag auf ein kleines Wort von ihm, denn er hatte ja das letzte gesagt. Es kam nicht. Sie erfuhr wieder, daß die Hoffnung mit der Enttäuschung verbunden ist. Jeden Morgen sah sie vergebens nach einem Brief aus. Aber die Enttäuschung geht ja auch Arm in Arm mit der Hoffnung, und jeden Abend hoffte sie auf Post am kommenden Tag. Schließlich brauchte sie sich nicht zu verwundern, daß einige Zeit darüber hinging, denn auf einen Vulkanausbruch folgte ja doch eine Weile tiefster Stille.

Zehn rechts, fünf links. Ach, sie hoffte und hoffte, sie konnte sich manchmal wegen dieser dummen Hoffnung verachten und hassen, wegen dieser wilden, zügellosen, heftigen Hoffnung. Sie wußte ja, daß es lange dauern mußte. Zehn rechts, fünf links, es half, Maschen zu zählen. Bevor sie merkte, daß es Schlafenszeit war, wurde das Licht ausgeschaltet und vor sechs Uhr morgens nicht wieder eingeschaltet. Aber das war vielleicht ganz gut, denn dann schaltete sie nicht eine lange, unruhige Nacht hindurch das Licht an und aus. Sie brauchte nur dazuliegen und durch die beiden nicht gestrichenen Oberfenster zu sehen, wie die Sterne einander langsam ablösten.

Weihnachten verging, Silvester kam. In der Frauenabteilung in Blödekjaer gossen sie Blei nach altem Brauch, um die Zukunft zu deuten. Valborg, diese kräftige Gestalt aus Nordland, war natürlich auch mit Zauberkünsten vertraut. Das Metall hatten ihnen männliche Gefangene besorgt, die ein Lager der Deutschen in Tromöy aufräumten. Um Mitternacht schmolzen sie das Blei, längst war das Licht ausgeschaltet, aber Valborg kniete vor dem offenen gluterfüllten Ofen und ließ dann das blanke, flüssige Metall in eine Schüssel mit Wasser rinnen. Es zischte, und der Dampf umwallte Valborg, die im Feuerschein kniete, eine Hexe. Die anderen umlagerten sie, um zu hören, wie sie die geheimnisvollen erstarrten Figuren deutete.

«Es wird bald einen neuen Tanz geben», sagte sie unheilverkündend. Marie hatte Blumen gegossen, und das hieß, sie werde bald wieder in ihrem Garten auf Nörholm sein, erklärte Valborg mit fester Stimme. Marie dachte an Knut. Auch zu Neujahr war kein Brief gekommen. Wie mochte es ihm gehen? Ob er um zwölf Uhr an sie gedacht hatte? Würde er auch heimkommen? Valborgs Worte ließen ihr Herz rascher klopfen.

Das ist Maries Geschichte. Und sie ist noch nicht zu Ende. Die Blumen waren geronnenes Blei, aber ihr Blut war noch nicht erstarrt, Blut ist immer Blut, und nun kam der Zusammenbruch.

# 24
## Der Zusammenbruch

Nein, Knut Hamsun hatte mit niemandem über seinen Bruch mit Marie gesprochen, ihn nicht einmal in seinen eigenen Aufzeichnungen erwähnt. Wenn es um sie ging, war auch sein geheimes Tagebuch auf den freien Seiten von Hans Andreasens Erstlingsroman nicht geheim genug. Doch von diesem Tag an ändern seine Eintragungen ihren Charakter, sie werden seltener, die kurzen, scharfen Bemerkungen über das Leben um ihn her machen häufigen Klagen Platz. Es ging schnell bergab mit ihm. Er begriff, daß Maries Verhör nicht, wie er angenommen hatte, seinen Aufenthalt in der psychiatrischen Klinik beendete. Er sollte hierbleiben, aber den Grund kannte er nicht. Tag auf Tag, Woche auf Woche vergingen, man rief ihn nicht mehr zu Gesprächen, unterwarf ihn keinen Prüfungen, stellte keine schriftlichen Fragen. Das Nichtstun, das Fehlen aller Dinge, die ihn vom täglichen Anblick der Geisteskranken ringsum ablenken konnten, die Ungewißheit über Langfeldts Absichten und die noch quälendere über Maries Aussagen, alles das nahm ihn genauso mit wie vorher die zudringlichen Verhöre. Sie waren wie ein «sachtes, sachtes Herausziehen mit der Wurzel» gewesen; nun ließ man die Pflanze auf der Erde liegen, die Blätter welkten, die Wurzeln trockneten ein.

Im Tagebuch läßt es sich verfolgen. Am 15. Dezember, dem Tag nach Maries Besuch, trägt er ein, daß er nun zwei Monate hiergewesen ist. Am folgenden Tag erwähnt er, daß 16 Grad Kälte herrschen und daß ihn Tore allein besucht hat. Zwei Tage später stiehlt sich die erste Klage ins Tagebuch: «Kurze Tage und lange, lange Nächte, ach Gott.»

Ihm ist nun klar, daß er vor Weihnachten nicht hier herauskommt. Am Tag danach erhält er einen Brief von Hans und Cecilia aus Nörholm, und er antwortet und bittet sie, ihm wegen der strengen Kälte mehr Unterzeug zu schicken. Dann folgte eine lange Lücke in den Aufzeichnungen. Wir wissen nicht, welche Gedanken ihn in der Weihnachtszeit beschäftigen, in der Marie sich in ihrer Zelle vergangener Tage erinnerte, wir wissen nicht einmal, ob er an sie dachte, als das neue Jahr anbrach. Seine Aufzeichnungen aus diesen Tagen klingen so eintönig, wie diese verliefen: Er zählt auf: Weihnachtsabend, 1. Weihnachtstag, 2. Weihnachtstag, 3. Weihnachtstag, 4. Weihnachtstag, 5. Weihnachtstag, 6. Weihnachtstag, Altjahrsabend.

Der Jahreswechsel brachte keine Aussicht auf Entlassung, aber nun erinnerte sich Professor Langfeldt nach wochenlangem Schweigen plötzlich an seinen Patienten. Hamsun schreibt in «Auf überwachsenen Pfaden»:

«Als ich an einem gewissen Zeitpunkt das Ende der sachkundigen Untersuchung des Professors zu sehen glaubte, unterwarf er mich einer judizialen Untersuchung oder Probe, wie er es nannte. Sie erwies sich als nicht im geringsten anders als das Vorangegangene. Sie war in allem und jedem genau dasselbe, was wir monatelang gefragt und geantwortet hatten. Nicht einmal einen anderen Ton spürte ich oder einen neuen Griff oder etwas mit verschiedenen Graden, einen Unterschied, der gezeigt hätte, daß wir nun in die Tiefe arbeiteten. Nichts. Das einzige war, daß die Untersuchung sich wochen- und monatelang hinzog.»

Inhalt und Ergebnis der Untersuchungen lassen sich Professor Langfeldts Gutachten für das Gericht entnehmen. Er habe die Sache in die Länge gezogen und mehrere Sitzungen abgehalten, um «den Observanten nicht zu sehr zu ermüden», denn Hamsun sei damals natürlich sehr schwach gewesen. Die neuen Tests seien längst nicht so anstrengend wie die voraufgegangenen geworden.

Die erste Prüfung galt seinem Gedächtnis, das sich nach Langfeldts Gutachten in einigen Punkten als unzulänglich erwies, freilich nicht mehr, als bei solchem Alter und nach zwei Hirnblutungen zu erwarten war. Er war imstande, fünf Zahlen zu wiederholen – wenn auch nicht immer –, sechs Zahlen hintereinander konnte er nie wiedergeben. Seine Assoziationen mußten, wie es im Gutachten heißt, «als ganz gut in Anbetracht seines Alters» bezeichnet werden. Als er mit der Wortpaar-Methode nach Ranschburg geprüft wurde, fehlten bei der Wiedergabe nach einer Minute nur zwei Wortpaare. Auch Schulkenntnisse wurden «zufriedenstellend beantwortet», wie sich der Professor ausdrückt. Knut Hamsun kannte die Namen der Erdteile, er wußte, wer Luther, Napoleon und Bismarck gewesen waren, er konnte die Einwohnerzahl von Norwegen und von Oslo angeben. Dagegen gab es Gedächtnislücken, was zurückliegende Erlebnisse oder Personen betraf. Er wußte nicht, wann er seine beiden Ehen geschlossen hatte, er meinte, der Krieg sei 1940 ausgebrochen, und erinnerte sich nicht an Einzelheiten aus dem Kriegsgeschehen. Seine Begriffsdefinitionen bezeichnet Langfeldt als «recht zufriedenstellend».

«Selbstverleugnung» definierte er zum Beispiel als «verzichten, sich selbst um einen Vorteil bringen», den Begriff «Redlichkeit» mit «richtig handeln, das Richtige denken».

Dagegen fand Professor Langfeldt, daß es Hamsun schlecht gelang, den Unterschied zwischen zwei durch Ähnlichkeiten vergleichbare Begriffe zu erklären. Als er z.B. fragte, was der Unterschied zwischen einem Kind und einem Zwerg sei, antwortete Hamsun, «das Alter», in Langfeldts Augen eine schlechte Antwort. Als er ihn nach dem Unterschied zwischen Selbstvertrauen und Eingebildetsein fragte, antwortete Hamsun: «Eingebildet zu sein kann dazu führen, daß man den Posten verliert, den man durch Selbstvertrauen errungen hat.» Auch das hielt Langfeldt für eine schlechte Antwort.

«Er konnte kaum auf den Unterschied zwischen zwei Begriffen antworten» – so steht es im Gutachten, wo es Professor Langfeldt darum geht, «auf einen Unterschied zu antworten».

Unter «Beantwortung ethischer Fragen», wie Langfeldt es nennt, kamen «einzelne wunderliche Dinge» zum Vorschein. Auf die Frage, warum man seiner Frau nicht untreu werden solle, antwortete Hamsun, «weil sie es vergelten könnte».

Zum Schluß wollte Langfeldt wissen, wen unter seinen Bekannten Hamsun am meisten bewunderte – eine Frage, wie sie Kinder bei ihren Spielen lieben. Hamsun antwortete:

«Also, um endlich fertig zu werden: Björnson.»

Er hatte das intensive Gefühl, seine Zeit zu vertun.

Inzwischen wurde die Reihe der Tage auf den freien Seiten von Andreasens Erstlingsbuch immer länger. Am 3. Januar schrieb er, daß Patienten, die mit Elektroschock behandelt worden waren, die ganze Zeit dalagen und das Wort «Schock» wiederholten. «Schock sagen sie, Schock.»

Wie wirkte er wohl selbst in den Augen anderer? Würden Fremde, die zum Besuch der Anstalt kamen, zwischen ihm und den anderen überhaupt einen Unterschied sehen? War er vielleicht der einzige, der sich für nicht geisteskrank hielt? Diese Frage tauchte immer wieder auf. In «Auf überwachsenen Pfaden» schreibt er, daß die psychiatrische Klinik für sich selbst «mit Besuch von Ausländern, denen das eingesperrte Tier gezeigt werden sollte», warb. Das Tagebuch beweist, daß dieser Vorwurf nicht aus der Luft gegriffen war. Hamsun erwähnt, daß am 4. Januar «eine ganze Schar von Dänen» die Anstalt besuchte. Man durfte annehmen, daß die Dänen wußten, wer Knut Hamsun war, und das Gefühl, vorgeführt und zwischen den Kranken erkannt zu werden, war für den ehrbewußten Mann eine unerträgliche Demütigung.

Am 12. Januar ging die Untersuchungshaft zu Ende, wieder ohne die geringsten Folgen für den Eingesperrten, wieder, ohne daß irgend jemand protestierte. Bei meiner Besprechung mit Frau Stray in ihrem Büro am 28. Mai 1975 berichtete sie, daß sich Hamsun auch aus der psychiatrischen Klinik heraus an sie gewandt habe. Frau Stray erzählte, daß sie selbst nicht zu ihm reisen konnte wegen ihrer Arbeit am Gericht zu Skien, daß sie aber ihre beiden Töchter mit etwas Tabak und Lesestoff zu ihm geschickt habe.

Etwas Tabak und Lesestoff – ja danke, aber nun wurde die Haftfrist wieder überschritten, und die Behörden waren dreister geworden. Hamsun hatte niemanden, mit dem er seine Sache besprechen konnte; man begnügte sich nicht damit, die Haft um ein paar Tage zu überschreiten. Lesestoff war nun wirklich nötig: Jetzt, wo die Haftzeit ausgelaufen und nicht offiziell verlängert worden war, jetzt, wo Knut Hamsun körperlich und seelisch am Ende war, wurde er, weil niemand dagegen protestierte, widerrechtlich noch einen Monat in der psychiatrischen Klinik festgehalten.

Im geheimen Tagebuch verfolgen wir Tag um Tag seinen Weg in den jetzt unausweichlichen Zusammenbruch. Er macht ein paar kurze Angaben über das Wetter, das immer noch sehr kalt ist – 9 Grad Kälte und Schneetreiben. Am Dienstag, dem 15. Januar, befand er sich genau drei Monate in der Klinik. Was hatte Professor Langfeldt zutage gefördert in dieser langen Zeit, in der er ihn festgehalten hatte? Gewiß, er hatte ihn gefragt, ob er wisse, wer Napoleon war und wie viele Leute in Oslo wohnten und warum man seiner Frau nicht untreu werden darf. Um das zu klären, hatte sich Hamsun noch 31 Tage zwischen den Geisteskranken aufhalten müssen. Konnte Langfeldt noch mehr herausfinden? Mußte es nicht einmal ein Ende haben?

Gabriel Langfeldt konnte durchaus noch mehr herausfinden. Das Tagebuch gibt an, daß Hamsun am Tag danach, dem 16. Januar, in Langfeldts Büro gerufen wurde. Zappelnd vor Ungeduld wartete die Krankenpflegerin, die den Bescheid brachte, daß Hamsun sich fertig machte. Er traf Langfeldt und seinen Stab im Büro an und merkte gleich, um was es ging. Der Professor war nun soweit, daß er sich die erste Ehe vornehmen konnte.

Sein Ausgangspunkt waren die drei Briefe, die ihm ein «interessierter Kollege» in Kopien zugeschickt hatte. Alle drei hatte Hamsun 1898 geschrieben und jeweils an Norwegens damaligen Stortingspräsidenten, den Justizminister und den Chef der Kriminalpolizei gerichtet. Es handelte sich um Verfolgungen, denen er und seine Verlobte, Bergljot, seit einiger Zeit ausgesetzt waren, unter anderem durch anonyme Briefe an Hamsun, an seine Geliebte, an mehrere bekannte Leute. Die Briefe beschuldigten Hamsun, vom Geld einer verheirateten Frau zu leben (Bergljot war, wie erwähnt, wohlhabend und ihre Scheidung noch nicht rechtskräftig). Daß sich Hamsun an die Polizei wandte, gab der Sache zunächst nur eine weitere unangenehme Wendung, weil er und seine Verlobte eine Zeitlang in den Verdacht gerieten, die Briefe selbst verfaßt zu haben. Um aus diesem ganzen Morast herauszukommen, hatte er sich mit der Bitte um Hilfe an die drei höheren Instanzen gewandt. Und nun, fast fünfzig Jahre danach, sah er die drei Dokumente wieder im Büro von Professor Langfeldt, der sie ihm reichte und um Aufklärung bat.

Hamsun selbst erzählt, daß er einen unerträglichen Schock empfand, denn plötzlich sagte der Professor gereizt:

«Nein, Sie dürfen nicht böse werden, da ist niemand, der Ihnen etwas antun will!»

«Die Worte wurden gesagt, nicht zu einem Schüler herunter, sondern zu einem Greis», schreibt Hamsun. «Und wie ungenau seine Worte waren! Niemand, sagte er, wolle mir etwas antun, aber in Wirklichkeit konnte er nur für sich selbst sprechen.»

Hamsun erlaubte sich, ihn darauf aufmerksam zu machen. Darauf fuhr der Professor von seinem Stuhl auf, und ohne Einleitung, ohne seinen Stab zu informieren, sagte er so laut, daß Hamsun es verstehen konnte:

«Haben Sie Geld von Damen geliehen?»

Das war es ja, was die anonymen Briefe behauptet hatten. Hamsun stand sprachlos da, er wußte nicht, was er sagen sollte. Bei einer früheren Gelegenheit hatte er den Professor darauf aufmerksam machen müssen, daß sie nicht allein waren. Diesmal tat er es nicht, er stand nur da, schämte sich für den anderen und stammelte etwas – er wisse nicht, daß er irgendwann im Leben

Geld von Damen geliehen habe, aber wenn, hatte er es wohl auch zurückgezahlt. Was sollte die Frage hier?

Hamsun erzählt nicht, was aus der Episode wurde, und im Gutachten für das Gericht ist sie bis zur Unkenntlichkeit ausgebügelt.

Wenn Sigrid Stray damals Zeit gehabt hätte, seine Verteidigung zu übernehmen, hätte sie Professor Langfeldt in zwei Minuten erklären können, daß die alte Sache längst erledigt und vollständig aufgeklärt worden war, Frau Stray selbst hatte in den dreißiger Jahren damit zu tun gehabt und die anonymen Briefe dem französischen Schriftexperten Dr. Locard in Lyon vorgelegt. Locard stellte am 8. April 1936 eindeutig fest, daß die Briefe von der Schriftstellerin Anna Munch geschrieben worden waren, die um die Jahrhundertwende in Hamsun unglücklich verliebt gewesen war.

Nun mußte er die peinliche Geschichte noch einmal aufrollen. Langfeldt merkte wieder, daß er nicht den rechten Kontakt zu seinem «Patienten» fand, und griff zu dem selben Mittel, das er früher in einer ähnlichen Situation angewandt hatte:

Er bat um eine schriftliche Erklärung.

«Ich mußte also schreiben und wieder schreiben, weil ich taub war», berichtet Hamsun, «es war weder für Lebende noch für Tote von Interesse, aber die Sache diente dazu, mich noch ein bißchen mehr zu quälen.» In dem Gutachten für das Gericht wird behauptet, Hamsun habe seine Antwort am 21. Januar ausgearbeitet, aber auch hier sind die Notizen des «Patienten» offenbar genauer als das Journal des Professors. Nach seinem geheimen Tagebuch schrieb er seine «Erklärung» am 17., 18. und 19. Januar, begann also unmittelbar nach dem verunglückten Gespräch mit Professor Langfeldt. Doch da seine Darstellung sehr deutlich in fünf Abschnitte unterteilt ist und erst am 21. Januar abgegeben wurde, wird er auch am 20. und 21. Januar daran gearbeitet haben. Diese Daten sind wichtig, weil sie zeigen, daß Hamsun damals nur noch ganz kurze Zeit hintereinander arbeiten konnte. Seine Antwort füllt nur ein paar Seiten, und doch hatte er mehrere Tage daran arbeiten müssen; die einzelnen Abschnitte sind entsprechend kurz und umfassen jeweils nur ein paar Zeilen. Der Grund: Sein Sehvermögen hatte sehr gelitten, als er die erste lange schriftliche Erklärung für Professor Langfeldt bei schlechter Beleuchtung verfaßt hatte. Er merkte sofort, wie sehr sich seine Augen verschlechtert hatten, sie begannen nach einer Viertelstunde zu tränen, die Buchstaben verschwammen, bis er fast nichts mehr sehen konnte. Daß es sich um eine Angelegenheit handelte, in der er schon einmal Rede und Antwort gestanden hatte, machte die Sache nicht einfacher. In der ersten seiner kurzen Antworten, die er am Donnerstag, 17. Januar 1946, zu Papier brachte, wies er den Professor darauf hin, daß er ihm ja schon längst von einigen wunderlichen Damen berichtet hatte, die nach seiner Meinung die Verfolgung zu verantworten hatten.

«Ich deutete dem Professor an, daß ich eine nicht so abwegige Vermutung

habe, die Damen seien auf erotische Abwege geraten, vielleicht war es rache-
durstige Verliebtheit in mich, das Opfer. Ich weiß es nicht.»

Daß die Polizei ihre Pflicht nicht tat und einem verfolgten Mann nicht zu
Ruhe und Frieden verholfen hatte, sei nicht seine Sache, und wenn der Professor jetzt annahm, die Polizei habe es vielleicht nur für «Gewäsch» gehalten, dann könne er nur antworten: «Gut, soll die Polizei es behaupten, aber
mich soll man in Frieden lassen.» Für ihn war die Sache längst abgetan.

Am nächsten Tag, Freitag, 18. Januar, wunderte er sich wieder darüber,
daß diese fünfzig Jahre zurückliegende Angelegenheit nun aufgefrischt und
ihm zur «Erklärung» vorgelegt werden mußte, mitten in dem Verfahren gegen ihn als Landesverräter.

«Ich erkenne keinen Zusammenhang zwischen diesen beiden Angelegenheiten. Nicht einmal dann, wenn die Theorie vom ‹Gewäsch› durch die Theorie von meinem Verfolgungswahn ersetzt wird. Aber diese könnte gut benutzt werden, um mich möglichst weiter zu erniedrigen, wenn man es darauf
abgesehen hat. Alles ist wert, dazu verwendet zu werden!

Aber das ist nicht stichhaltig.

Man übersieht dabei, daß wir zwei waren, die dann in diesem Fall beide
gleichzeitig an Verfolgungswahn gelitten hätten. Und man vergißt, daß keiner von uns beiden vor oder nach der Verfolgung an dieser Krankheit gelitten
hat. Ich jedenfalls habe einen klaren Kopf ohne außergewöhnliche Belastungen irgendwelcher Art. Aber es war damals eine schlimme Zeit, weil ich während der Verfolgung auch noch Bücher schreiben mußte, um leben zu können. Ich geriet in große Schulden.

Und nun, heute, soll ich wieder an diese Zeit erinnert werden. Ich sitze hier
und erlebe es noch einmal wieder, weil ich einige demütige und flehende
Briefe von meiner Hand wieder lesen muß. Damals bat ich um Hilfe und erhielt sie nicht.»

Am Tag darauf, Sonnabend, 19. Januar, unterließ er es ganz, über die alte
Sache zu schreiben. Seine Mattigkeit, seine Schwierigkeiten mit dem Sehen,
sein ganzes körperliches und seelisches Elend machten es ihm unmöglich, ein
Wort zu Papier zu bringen. Er dachte an die Lust am Schreiben, diese «unir-
dische Freude», die er nach vieljähriger Unfruchtbarkeit vor kurzer Zeit wieder empfunden hatte, und er war von grenzenloser Bitterkeit erfüllt, weil sie
ihm nun wieder genommen wurde. Die alte Klage wurde laut:

«In den fünf Jahren des Krieges habe ich nichts zustande gebracht als die
kleinen Zeitungsartikel, die von der Polizei gesammelt worden sind. Ein mageres Ergebnis für eine tätige Feder in fünf Jahren! Ich lag brach, geistig gelähmt.

Als ich verhaftet wurde, holte ich wieder Atem, ich begann mit einer kleinen Arbeit und kam gut voran. Da holte mich die Polizei aus meiner kleinen
Stube im Altersheim von Landvik und stopfte mich in einen überfüllten Zug,
wo ich zwölf Stunden steif saß, um am Morgen in die psychiatrische Klinik

von Oslo gesperrt zu werden, in der ich mich jetzt im vierten Monat aufhalte.»

«Hier bleibt meine Feder nun ganz und gar stecken.»

Am Sonntag, dem 20. Januar, nahm er sich zusammen und befaßte sich ein letztes Mal mit der alten Geschichte:

«Um diese Briefe vom Hals zu haben: Damals hätte ich dutzendweise Leute aufzählen können, die mit den anonymen Briefen zu tun hatten. Jetzt erinnere ich mich nicht mehr an alle. Jeder schlug mir Hilfe ab aus Angst, ins öffentliche Gerede zu kommen und als Zeuge aussagen zu müssen.»

Das war es. Montag, 21. Januar, las er seine Angaben noch einmal durch und fand nichts mehr hinzuzufügen. Die Eintragung dieses Tages ist nur anderthalb Zeilen lang:

«Das ist es, was ich über die vorliegenden Briefe zu ‹erklären› habe. Hiermit gebe ich die Abschriften zurück.»

Knut Hamsun hatte wie gewöhnlich sofort erkannt, worauf Professor Langfeldt hinauswollte; in dieser Geschichte enthüllt der Patient die falschen Diagnosen des Arztes im voraus. Langfeldt wollte, daß er an Verfolgungswahn gelitten habe, aber wo tatsächlich verfolgt wird, kann nicht gut von Wahn gesprochen werden. Hamsun konnte durchaus Grund haben, sich verfolgt zu fühlen – die alte Sache war kein Hirngespinst, und das norwegische Archiv bewahrt pietätvoll mehrere Kästen mit anonymen Briefen auf. Und daß man ihn jetzt, 1946, daran erinnerte – war das nicht auch eine Art von Verfolgung? Demütigende und peinliche Episoden, die er vergessen zu haben glaubte, standen wieder leibhaftig vor ihm, die schwere Zeit mit Bergljot, ihre Ehe, die auch scheiterte. Es ist charakteristisch, daß er mitten in seinen schriftlichen Erklärungen in einem Abschnitt nicht von damals, sondern von der Gegenwart spricht. Wenn man, wie es uns jetzt möglich ist, Hamsuns innere Situation erkennt, dann wird klar, daß Professor Langfeldt mit seinen leichtsinnigen Fragen eine große Gefahr heraufbeschwor. Die alte Geschichte hatte Hamsun jetzt mit doppelter Wucht getroffen. Wie konnte er es vermeiden, unangenehme Parallelen zwischen damals und jetzt zu ziehen? In seiner Antwort deutete er indirekt darauf hin. Er schrieb, daß alle seine Freunde und Bekannten «ihm Hilfe verweigerten aus Angst, ins öffentliche Gerede zu geraten und als Zeuge aussagen zu müssen» – war das nicht die Haltung, die alle seine Freunde und Bekannten (den guten Gierlöff ausgenommen) auch jetzt einnahmen, von seiner Verteidigerin Sigrid Stray bis zu seinem Verleger Harald Grieg? Er schrieb, damals sei er das Opfer «rachedurstiger Verliebtheit» von einigen Damen geworden – aber hatte er diese zwiespältige Reaktion nicht jetzt, vor einem Monat noch einmal erlebt, als ihn Marie an den Professor auslieferte? Liebe, die sich abgewiesen fühlt und Rache fordert, war vielleicht überhaupt die Formel für den Prozeß gegen ihn, für den Streit seiner Bewunderer mit ihrem früher so geliebten Dichter. War nicht sein ganzes Leben, Buch auf Buch, ein mittlerweile verzweifelter Versuch, ungeheure Erwartungen zu erfüllen? Erfüllte er sie, wurden sie sofort noch höher geschraubt; gelang es ihm nicht, setzten sie sich sofort in schadenfrohe Kritik um, in die gefahrlose süße Rache der Neider, in das «Dankefürs-letztemal» der Unbegabten.

Die Parallele zu damals, dieser doppelte Schlag traf den gepeinigten Mann mit aller Härte. Sein geheimes Tagebuch bietet uns Enthüllungen, die dem Gutachten an das Gericht nicht zu entnehmen sind. Es kann keinen Zweifel darüber geben, daß Knut Hamsun im Laufe des letzten Monats in der psychiatrischen Klinik einen so gewaltsamen Zusammenbruch erlitt, daß sein Leben in Gefahr geriet. Das Tagebuch macht es deutlich, daß die Geschichte der anonymen Briefe die zusätzliche Belastung war, die den Wagen zusammenbrechen ließ.

Nach dem Gerichtsgutachten lieferte Hamsun am 21. Januar seine Antwort an Langfeldt ab. Am selben Tag verzeichnet das Tagebuch: «*Grimstad-Bladet*. Ein wenig Abwechslung. Gottseidank.» Er mußte sich an jeden Strohhalm klammern. Wenn man Gott für eine Abwechslung dankt, die so bescheiden ist wie eine Zeitung, dann ist man am Boden angelangt. Am Tag danach, dem 22. Januar, hatte Knut Hamsun buchstäblich nicht einmal mehr eine papierdünne Wand zwischen sich und der Verzweiflung. Da geschah es. Diesmal steht im Tagebuch nur: «Sehr geweint.» Weitere Aufschlüsse sind uns nicht zugänglich, denn während Langfeldts Bericht angefüllt ist mit Auszügen aus dem Abteilungsjournal für die erste Zeit von Hamsuns Aufenthalt, in der es ihm einigermaßen gutging, fällt auf, daß es für die letzte Zeit nicht ein einziges Zitat mehr gibt. Daß Hamsuns Zusammenbruch am 22. Januar dennoch die Klinik in Unruhe versetzte, geht indirekt aus seiner Tagebuchnotiz vom Tag darauf hervor: «Rasiert. Gottseidank. Lisbeth / Neues vom Professor.» Lisbeth war die damalige Frau von Tore; offensichtlich hatte man es für nötig gehalten, einen der nächsten Angehörigen zu verständigen und herzubitten, damit Hamsun von ihm erfuhr, daß er bald entlassen werden sollte. Nur darauf können sich die Worte «Neues vom Professor» beziehen. Aber es ist bezeichnend für Langfeldts Verhältnis zu seinem Patienten, daß er einen solchen Umweg wählen mußte, um die Nachricht zu übermitteln. Die Notiz zeigt auch, welche Rolle das Rasieren jetzt spielte: Es lieferte einen schwachen Beweis dafür, daß er mitten in der Entwürdigung doch wieder derselbe wie früher werden konnte. Das läßt sich auch aus der Eintragung vom Sonnabend, 26. Januar, schließen: «Gebadet und rasiert. Gottseidank!» Am nächsten Tag hofft er, daß es der letzte Sonntag für ihn in der Anstalt sei, wobei er sich offensichtlich auf Lisbeths Mitteilung bezieht. Doch am folgenden Dienstag, dem 29. Januar, steht im Tagebuch: «Prof. fragte nach einem Brief an einen Reichsminister.» Es handelte sich natürlich um die Kladde zu seinem Dankesbrief an Goebbels, das einzig bemerkenswerte Papier, das Langfeldt nach der auf Nörholm vorgenommenen Haussuchung erhalten hatte. Die Umständlichkeit, mit der Hamsun von «einem Reichsminister» schreibt, zeigt klar, wie heruntergekommen er jetzt war. Er hatte keine Ahnung, um wen oder was es sich handelte. Während er sich noch eine Woche zuvor genau und klar über komplizierte Themen auslassen konnte – etwa über die Sache mit den anonymen Briefen –, erinnert er sich jetzt offenbar nicht einmal an den Namen des Mannes, dem er seine Nobelpreis-Medaille verehrte. Aber Langfeldts Frage erschreckt ihn wieder mit der Angst, daß er trotz allem immer noch nicht entlassen werden könnte. Am nächsten Tag, dem Mittwoch, schreibt er: «Heute $3^1/_2$ Monate hier. Kein Abschluß!» Am Tag darauf ist er krank. In sein Tagebuch trägt er nur ein: «Erkältet», aber am nächsten Tag spricht er von 39 Grad Fieber – es war also kaum eine harmlose Erkältung. Nun beunruhigte man sich in der Klinik so sehr, daß man offenbar seinen Freund Christian Gierlöff holte. Das Tagebuch hält fest, daß Gierlöff ihn am 2., 5., 6. und 7. Februar besuchte. Danach griff Langfeldt wieder zu dem einzigen Mittel, das Hamsun retten konnte, und diesmal konnte er die Nachricht selbst überbringen. Freitag, 8. Februar, steht im Tagebuch: «Professor sagte heute: Sie reisen nächste Woche ins Altersheim.» Nun die letzten drei Eintragungen auf den weißen Blättern von Hans Andreasens Erstlingsbuch:

«Sonnabend, 9. Letzter Sonnabend hier. – Gottseidank.

Sonntag, 10. Letzter Sonntag. – dito

Montag, 11. An diesem Tag!»

Was sich in der psychiatrischen Klinik in den letzten, unheilvollen drei Wochen abgespielt hat, wird kaum geklärt werden, solange das Abteilungsjournal unzugänglich bleibt, also wahrscheinlich niemals. Hamsuns Tagebuch vermittelt uns Andeutungen, obwohl jeder Mensch seinen eigenen Zusammenbruch nur sehr unvollständig schildern kann. Doch wir haben eine Ergänzung durch einen Augenzeugen, der jeden Zweifel über den Grad des Zusammenbruchs ausschließt. Außer den Ärzten und Krankenpflegerinnen kam noch jemand, als es Hamsun am schlechtesten ging: Christian Gierlöff. Zum Glück hat er seinen damaligen Eindruck schriftlich festgehalten. Gierlöff sah am 2. Februar seinen alten Freund, der vor kaum vier Monaten, zwar ermüdet von der langen Eisenbahnfahrt, aber frisch und gesund, hier in der psychiatrischen Klinik angekommen war.

«Ich gehe zu ihm hinein. Da liegt er. Zwei, drei Krankenpflegerinnen und ein paar Männer stehen um ihn herum. Eine Frauenstimme sagt: ‹Gut, daß Sie kommen!›

Er liegt halb angekleidet, mit weit ausgebreiteten Armen auf dem Bett. Bleich wie das Laken. Das Gesicht zuckend und tränennaß. Die Tränen rinnen aus geschlossenen Augen. Der Mund steht halb offen. Es ist, als habe er sich aufgegeben. Was ich da vor mir sehe, erschreckt mich tief im Innern. Ich beuge mich über ihn. Er antwortet nicht. Ich hebe ihn sacht an. Er ist willenlos und schlaff.»

Dem erschrockenen Gierlöff kommt Hamsuns Gedicht zum Tode Björnsons in den Sinn: «Keiner kennt Stunden solcher Schwäche wie der Starke.» Aber dann nimmt er sich zusammen, hier geht es nicht um Literatur, hier muß rasch gehandelt werden.

Am nächsten Tag rief Gierlöff den Polizeimeister von Arendal an. Er kannte ihn nicht, weder seinen Namen, noch seine «Einstellung», doch der Mann willigte telegraphisch ein, daß Gierlöff Hamsun in einem privaten Transport nach Landvik bringen dürfe.

Montag, 11. Februar, holte er mit Tore zusammen Hamsun aus der psychiatrischen Klinik. Der Alte schwankte stumm aus der Tür, er konnte nicht allein gehen, mußte unter beiden Armen gestützt werden. Gierlöff erkannte, daß er kaum etwas sehen konnte.

Eine Krankenpflegerin trug den Handkoffer mit seinen paar Habseligkeiten, darunter war auch das dänische Buch, das Hamsun nicht zurücklassen wollte. Als sie nach draußen kamen, stand er still, sog tief die frische Luft ein, richtete sich auf und sah befremdet um sich. Gierlöff und Tore brachten ihn mit Mühe ins Auto. Sie fuhren hinaus auf die Straße. Hamsun richtete sich angestrengt auf und erkannte einen Schimmer von dem großen roten Gebäude hinter ihnen. Gierlöff sah, wie ein zorniger Blitz aus der Tiefe der gequälten grauen Augen schoß. «Ein dreistöckiges staatliches Gebäude mit einer Null auf dem Dach», murmelte er.

Das war der echte Hamsun. Er war nicht verrückt. Aber er fiel sofort wieder in sich zusammen und dämmerte vor sich hin. Gierlöff machte einen Umweg, damit der alte Freund die Stätten ihrer gemeinsamen Erinnerungen wiedersehen sollte, aber das hätte er sich sparen können, denn Hamsun sah und hörte überhaupt nichts mehr, er saß benommen und schwankend auf dem Vordersitz und summte ab und zu einen Melodienfetzen. Wer es nicht besser wußte, hätte ihn für schwer betrunken halten müssen. Doch die kühle Luft tat ihm gut, und er wußte durchaus, was vor sich ging. Hin und wieder richtete er sich etwas auf und murmelte vor sich hin:

«Entsetzlich, eingesperrt zu sein, entsetzlich, unfrei zu sein . . .»

Sie kamen an den Hafen, wo Knut Hamsun einst an Deck der *Thingvall* gestanden und die ersten Zeilen von «Hunger» überlegt hatte. Nun lag hier die *S/S Kristiansand,* das gute alte Fahrgastschiff der Dampfschiffahrtsgesellschaft Arendal: Am 8. April 1940 hatte es Norwegens Erste Dame in der Literatur nach Oslo bringen sollen, aber unterwegs wurden sie durch ein Feuer aufgehalten, das die *Blücher* versenkte.

Obwohl sie zu zweit waren, hatten Gierlöff und Tore Mühe, Hamsun aus dem Auto zu bugsieren und auf den Landgang zu bringen. Der alte Mann schwankte beängstigend von einer Seite zur anderen, einmal wären sie fast alle drei hingefallen, aber es half ein wenig, daß sich Hamsun dann am Geländer festhalten konnte. Oben standen an der Reling Kapitän und Steuermann und blickten mit unverkennbarer Mißbilligung den dreien entgegen. Dann erkannten sie den Mann, der so oft ihr Passagier gewesen war. Gierlöff sah ihr verblüfftes Gesicht, aber sie nahmen sich zusammen, es waren Seeleute und Männer von Welt, sagt Gierlöff, sie grüßten den neuen Passagier mit der Hand an der Mütze. Es war kein Trunkenbold, den sie mitnehmen sollten, es war Knut Hamsun.

Tore verabschiedete sich, und nun reiste Hamsun noch einmal fort aus dieser erstaunlichen Stadt, die niemand verläßt, ehe sie ihn nicht irgendwie gezeichnet hat. Ein paar Butterbrote und ein Liegestuhl entlockten dem Alten ein Lebenszeichen. Gierlöff sah ihm zu, wie er seine Pfeife hervorholte, sie mit gewohnter Kunst stopfte und dann eine Portion Tabak für den nächsten Tag zerbröckelte, um ihr die richtige Feuchtigkeit zu geben. Aber Hamsun sagte nichts, weder beim Essen noch nachher, es war, als habe er den Gebrauch der Sprache verlernt; er saß stumm da und summte vor sich hin. Gierlöff fragte sich, ob es ihnen vielleicht doch geglückt sei, Hamsun zum Geisteskranken zu machen. Er ging mit ihm in die Kajüte und half ihm beim Auskleiden. Hamsun wusch sich den Oberkörper mit Wasser und Seife, immer mit den gleichen automatischen, stumpfen Bewegungen, wie Gierlöff schreibt. Dann wandte er sich um, ließ sich wie ein Zweijähriger das Nachthemd überstreifen, stolperte ins Bett und schlief sofort fest ein. Gierlöff beobachtete ihn unruhig. Seit er ihn aus der Klinik geholt, hatten sie noch kein Wort miteinander gewechselt, die ganze Zeit war etwas Fremdes an ihm, als wäre er ein lebendiger Leichnam. Doch Gierlöff tröstete sich: Wenn sich Hamsun so gründlich waschen und so friedlich schlafen konnte, war ihm sicherlich nichts Unheilbares geschehen. Er ging in seine eigene Kajüte, gespannt, was der nächste Tag bringen werde.

Am nächsten Tag hielten es ein paar junge Leute für einen großen Spaß, den alten Mann in der Toilette einzusperren, sie glaubten wohl, einen guten Fang gemacht zu haben. Doch Gierlöff, der ihn nicht eine Minute aus den Augen ließ, befreite ihn sofort. Hamsun sah den Jungen lange nach, sagte aber nichts.

Gierlöff erwähnt nicht, ob sie in Arendal oder Grimstad an Land gingen, aber jedenfalls hatte er schon telephonisch ein Hotelzimmer auf seinen eigenen Namen bestellt. Als sie ihr Gepäck untergebracht hatten und die Treppe hinunterkamen, um zu frühstücken, hörte Gierlöff laute Stimmen. Zwei jüngere Männer standen am Empfangstresen. «Solchen Leuten sollten Sie keine Unterkunft geben!» sagte der eine verärgert zu der Empfangsdame. «Ich wußte doch nicht, wer das war», antwortete sie gereizt. «Hätte ich seinen Namen gekannt, dann . . .»

In diesem Augenblick kamen Gierlöff und Hamsun auf der Treppe in Sicht. Einer der jungen Männer warf einen Blick auf den Dichter, packte seinen Begleiter gewaltsam am Arm und verschwand mit ihm durch die Tür. Die Empfangsdame errötete bis über beide Ohren.

«Es waren Handelsvertreter», sagte sie und nannte deren Namen. Hamsun schwankte gefährlich auf der Treppe, hatte aber nichts gehört, nichts bemerkt. Sie erhielten einen Tisch in der Ecke, auf den die Sonne durch das geöffnete Fenster schien; es war schon mild und roch nach Vorfrühling an diesem 14. Februar. Hamsun aß mit Appetit und summte vor sich hin, als er sich Butter auf das Brot strich. Dennoch war etwas seltsam Bedrückendes an ihm, für das Gierlöff nach einem Ausdruck suchte: «Er war beständig in diesem halblebendigen, halbsteifen, halbwachen Zustand, lethargisch, automatisch, gravitätisch, schlafwandlerisch.»

Die Tür des Restaurants öffnete sich, und Gierlöff sah das frühere Storting-Mitglied Nils Nersten auf ihren Tisch zukommen. Gierlöff fühlte sich unsicher; Hamsun hatte vor Zeiten Nersten verärgert, weil er es ablehnte, für das von Nersten redigierte Blatt ein Gedicht zu schreiben, und zudem hatte Gierlöff erst vor kurzem in anderer Sache eine scharfe Polemik mit Nersten geführt. Er beugte sich ärgerlich über seine Tasse, dies war nun nicht der richtige Augenblick, einem erbitterten Feind entgegenzutreten! Aber etwas Unerwartetes geschah, Nersten hielt einige Meter vor ihrem Tisch an, blieb einen Augenblick stehen und blickte auf Hamsun, während ihm Tränen in die Augen traten. Hamsun merkte nichts, saß in der Sonne, strich sein Brot mit steifen, automatischen Bewegungen, summte. Nersten wandte sich an Gierlöff: «Das dürfen Sie nicht so hinnehmen!» sagte er.

Er wollte noch mehr sagen, brach aber ab, um nicht die Fassung zu verlieren, drehte sich auf dem Absatz um und ging fort.

Gierlöff brachte Hamsun in sein Zimmer zurück, eilte in die Stadt und kaufte in der nächsten Buchhandlung zwei Spiele Patiencekarten. Hamsun stopfte seine Pfeife, zündete sie mit der gewohnten Sorgfalt an und nahm die Karten zur Hand. Er legte «Der Diplomat». Pik neun auf Kreuz acht. Herzdame auf Herzbube. Das hat er nicht vergessen, dachte Gierlöff. Aber Hamsun sprach immer noch nichts, nicht ein einziges Wort. Er saß wie in endloser Einsamkeit, rauchte Pfeife, legte Patience, für die Welt verloren. War die Welt auch für ihn verloren? Nach dem Mittagessen meinte Gierlöff, daß man wohl einen kleinen vorsichtigen Gang versuchen könne. Gierlöff nahm ihn mit sicherem Griff unter den Arm, und Hamsun konnte sich mit kleinen Schritten gut vorwärtsbewegen. Gierlöff sah besorgt eine Schar halbwüchsiger Schüler auf sie zukommen, aber sie waren zum Glück wohlerzogen, gafften nicht, warfen nur einen verstohlenen Blick auf Hamsun und gingen vorbei. So benahmen sich alle, denen sie begegneten. Sie kannten ihn. Sie waren höflich. Hamsun merkte es und richtete sich unwillkürlich auf.

Es tat dem Alten sichtlich gut, wieder auf den Beinen zu sein, wieder durch eine Straße zu gehen, an Ladenfenstern vorbei, an denen er stehenbleiben konnte; er ging weiter, blieb wieder stehen, stützte sich auf den geduldigen Gierlöff, schaute lange auf die ersten Schneeglöckchen, bemerkte, wie ein Sonnenstrahl in ein Kellerfenster fiel, sah Spatzen zwischen Pferdeäpfeln. War das nichts? Das war die Welt, die für Knut Hamsun nie verlorenging.

Langsam trippelten sie zum Hotel zurück. Gierlöff bestellte eine Taxe zum Altersheim in Landvik, dem sie sich gegen Abend näherten. Er bugsierte Hamsun aus dem Auto und brachte ihn in die Küche, er hatte ja ihr Kommen angekündigt und erwartete ein herzliches Willkommen. Das erste, was ihnen begegnete, waren die funkelnden schwarzen Augen einer kleinen Frau, die sich aufrichtete und rief:

«Nazis wollen wir hier nicht haben!»

Hamsun blieb stehen und sah sie lächelnd an. Die schwarzhaarige kleine Frau sah gut aus, und was sie rief, konnte er ja nicht hören.

Die Leiterin, Fräulein Bomdalen, kam hinzu, sie war unglücklich, weil sie noch kein freies Zimmer hatte; das einzige, was sie ihm anbieten konnte, war ein erbärmliches Kämmerchen hinter der Küche, das frühere Mädchenzimmer.

Gierlöff sah hinein und dachte niedergeschlagen, hier sei es noch schlimmer als in der psychiatrischen Klinik.

Im Hotel war aber alles für die Nacht schon besetzt, und während Hamsun eine Tasse heißen Kaffee von der Leiterin erhielt, ging Gierlöff nach oben, um zu sehen, ob die Alten nicht ein wenig zusammenrücken könnten, so daß sein Freund Platz erhielt. Im Dunkeln ging er von Zimmer zu Zimmer, aus allen Betten kam behagliches Schnarchen – es war nichts zu machen. Aus einem weiter entfernten Raum tönte eine laute Frauenstimme, eine Dame übte sich aus irgendeinem Grund im Deklamieren. Immerzu wiederholte die Stimme den selben Satz mit anderen Betonungen. Gierlöff schüttelte sich – war dies eine Theaterschule oder eine Irrenanstalt? Ein Glück, daß Hamsun taub ist, dachte er beklommen.

Als Gierlöff in die Küche zurückkam, sprach Hamsun freundlich zu der kleinen hübschen Schwarzhaarigen, die vorhin protestiert hatte. Ihre Augen, jetzt ganz sanft, hingen an seinen Lippen.

«Wenn ich gewußt hätte, daß er so ein netter Kerl ist . . .», sagte sie zur Erklärung.

Hamsun wurde in die schmuddelige Mädchenkammer hinter der Küche gebracht. Das sei ausgezeichnet, sagte er. Wie am Abend zuvor half ihm Gierlöff ins Bett, und er schlief sofort ein. Ach ja, der wackere Christian Gierlöff, er war nicht dumm, vielleicht ein bißchen naiv, aber dumm gewiß nicht. Er wollte einen kleinen Zettel auf dem Nachttisch hinterlassen, einen aufmunternden kleinen Gruß, den Hamsun gleich beim Aufwachen finden sollte. Ein Dichterwort mußte es sein, eine Herzstärkung, aber wiederum nur eine anspruchslose kleine Erinnerung, ein nebensächlicher Scherz. Gierlöff dachte an ein Zitat von Hamsun selbst, vielleicht aus dem Gedicht für Björnson. Aber das war zu gewichtig, das würde dem Alten nicht passen, er würde es als pathetisch, als anmaßend empfinden. Dann dachte er an andere gute Worte, die ihm einfielen, an Verner von Heidenstam, an Byron. Schließlich entschied er sich für einen Ausspruch von Vilhelm Ekelund. Der konnte

nun wirklich nicht schaden, meinte er, riß einen Zettel aus seinem Notizbuch, kritzelte ein paar Wörter hin und schlich sich fort. «Mut ist besser als
Glück», stand da.

Eine Woche später las er auf der ersten Seite der Zeitung das Untersuchungsergebnis der Experten.


# 25
## Das Untersuchungsergebnis

Die Antwort auf die bedeutsame Frage, ob Knut Hamsun geisteskrank sei
oder nicht, unterschrieben Örnulf Ödegaard und Gabriel Langfeldt bereits
am 5. Februar 1946, also sechs Tage bevor Hamsun aus der psychiatrischen
Klinik entlassen wurde. Vermutlich hat Professor Langfeldt, der den größten
Teil der Untersuchungen durchführte, das Gutachten verfaßt. Auf sieben
Seiten legte er die «Zusammenfassung und Beurteilung» vor, deren Schlußfolgerung sofort weltberühmt wurde.

Die Sachverständigen beginnen mit der Feststellung, daß der Observant in
beengten Verhältnissen aufgewachsen sei; er habe zu den Besten seiner Klasse
gehört, aber keinen weiteren Schulunterricht erhalten können als den des
Dorfküsters. Die Sachverständigen meinen, daß er sich als Erwachsener wegen seiner mangelnden Kenntnisse – vor allem in Sprachen – unterlegen gefühlt habe. Gleichzeitig hätten die schwierigen Jahre bei seinem Onkel sein
Wesen verbittert und einen unbewußten Haß auf jede Form von Autorität er-
zeugt, worin die Sachverständigen den tieferen Grund seiner gewaltsamen
Angriffe gegen alle Autoritäten sahen, mit denen er in Berührung kam oder
die im Kulturleben eine Rolle spielten. In jungen Jahren sei die Bitterkeit ge-
steigert worden, als er in Kristiania hungerte und sich als Schriftsteller nicht
durchsetzen konnte. Mißtrauen und Zurückhaltung gegen neue Bekannt-
schaften seien ebenfalls eine Auswirkung der Mißerfolge, wie auch seine
Selbstironie und Selbstsicherheit wohl am ehesten als Verteidigungsmechanismen zu verstehen seien. Die Sachverständigen meinen, daß er gleichzeitig
*einzigartig energisch und ausdauernd* gewesen sei und daß ihm sein Sinn für
Humor und ein oft ausgelassener Galgenhumor geholfen haben, sich zu behaupten. Um das *Erscheinungsbild* des Observanten zu verstehen, müsse berücksichtigt werden, daß er ein *äußerst empfindsames* Gemüt habe, was allem
Anschein nach anlagebedingt sei. In diesem Zusammenhang sei auch sein
*starkes Einfühlungsvermögen* in die Natur zu verstehen, das manchmal die
Grenzen zwischen ihm und seiner Umwelt zu verwischen scheine. Auf diesem Hintergrund ließen sich seine häufigen *Halluzinationen* in der Kindheit
am besten erklären, wie ebenfalls in den Augen der Sachverständigen seine
pantheistische Einstellung. Daß sein empfindsames Gemüt auch die Grund-
bedingung für sein schriftstellerisches Arbeiten sei, verstehe sich von selbst,

meinen die Sachverständigen. Eine andere, ebenfalls offenbar angeborene Eigenschaft sei *seine große Beeinflußbarkeit.* In der Angelegenheit mit den anonymen Briefen habe er ohne weiteres übernommen, was ihm seine Verlobte eingeredet habe, so daß auf seiner Seite ein induzierter Verfolgungswahn festzustellen sei. Wieweit *die Zurückhaltung des Observanten, seine Verschlossenheit und sein Isolierungsbedürfnis* in einer angeborenen Anlage wurzelten oder eine Folge von Mißgeschicken seien, ist nach Meinung der Sachverständigen nicht klar zu entscheiden, dagegen seien die übrigen Eigenschaften, die den Observanten auszeichneten, *reaktive Produkte,* Ergebnis eines Versuchs, Minderwertigkeitsgefühle zu überwinden. Das gelte in erster Linie für seine *Aggressivität,* aber es sei auch möglich, daß seine Freigebigkeit Überkompensation sei, da er im Grunde knauserig sei. Seine ausgeprägte, *fast krankhafte Genauigkeit in Geldsachen* deute wohl am ehesten auf Geiz. Es sei deshalb möglich, daß sein eigener Ausdruck, «aus eigenem Antrieb geben», seiner Veranlagung entspreche. Er müsse ab und zu mit vollen Händen ausgeben, um das beklemmende Gefühl abzureagieren, daß er im täglichen Leben knauserig sei. Unter den, rein menschlich gesehen, ansprechenden Eigenschaften wünschen die Sachverständigen seine *absolute Redlichkeit* hervorzuheben, ferner die erwähnte *Freigebigkeit* besonders Landstreichern und notleidenden Schriftstellern gegenüber. Habe jemand erst einmal seine Freundschaft gewonnen, könne der Observant, was auch immer, für ihn opfern. Schließlich wollen die Sachverständigen noch erwähnen, daß der Observant nie feige gewesen sei, sondern immer den Mut zur eigenen Meinung gehabt habe. Er sei eher etwas *störrisch* und in der Regel nicht bereit, eine einmal gefaßte Ansicht aufzugeben.

So haben die Sachverständigen bei der Observation also mit einer wenig harmonischen Persönlichkeit zu tun gehabt, die von mehr oder weniger gelungenen Versuchen zur Kompensation oder anderem Ausgleich der dominierenden Charaktereigenschaften geprägt sei. Sowohl sein schriftstellerisches Werk wie auch vertrauliche Enthüllungen über seinen Charakter sprächen stark dafür, daß er eine starke Triebnatur sei. Deshalb sei es auch nicht unwahrscheinlich, daß sich neben dem Minderwertigkeitsgefühl auch ein starkes Schuldgefühl entwickelt habe, das wieder zu starker Konfliktbildung geführt habe. Dadurch sei er nach und nach eine sehr scheue und zurückhaltende, zum Teil auch mißtrauische Natur geworden. Das gehe auch deutlich aus den Antworten auf die Frage nach seinen Charaktereigenschaften hervor. Er sei augenblicks auf der Hut und liefere sich niemals aus. Die Sachverständigen sind deshalb im wesentlichen darauf angewiesen, seine entscheidenden Eigenschaften nach sekundären Reaktionen zu beurteilen. Diese seien allerdings durch verschiedene klinische Beobachtungen so bekannt, daß die Sachverständigen ohne Bedenken sagen können, der Observant sei als ausgeprägter Neurotiker anzusehen, der im Laufe seines Lebens eine Reihe nur schlecht verarbeiteter seelischer Konflikte erlebt habe. Sein umfassendes schriftstellerisches Werk sei gewiß ein Ventil für unbefriedigte Wünsche, aber das habe nicht genügt – seine Einstellung zu Menschen und zu der Gesellschaft, in der er lebte, sei deutlich geprägt von inneren Konflikten.

Die Sachverständigen sehen es deshalb als wahrscheinlich an, daß seine ausgeprägt deutschfreundliche, aber England gegenüber feindselige Haltung einen gewissen Zusammenhang mit seinem unharmonischen Gemüt habe. Wenn er z. B. die Engländer arrogant fand, sei das wieder eine Manifestation seines Minderwertigkeitsgefühls, von Deutschland habe er dagegen nur Entgegenkommen und Anerkennung erhalten. Was den Nazismus betrifft: Freilich habe er (vor dem Krieg) offiziell jede Unterdrückung der geistigen Freiheit abgelehnt, aber doch als der Neurotiker, der er sei, eine zwiespältige Haltung eingenommen, mit einer kleinen Schwäche für «Herrenmenschen». Die Sachverständigen meinen, er selbst sei eine ausgesprochene Herrennatur, die blinde Unterwerfung seiner Nächsten fordere. Entscheidend sei indessen, ob der Observant in den Jahren zwischen 1940 und 1944 Symptome aufgewiesen habe, mit denen sich erklären ließ, warum er als stark national gesonnener Norweger sich für die Propaganda der Deutschen ausnutzen ließ.

In dieser Beziehung können die Sachverständigen eine Tatsache nicht übersehen: Wegen seiner zunehmenden Taubheit – und seinem angeborenen Drang zur Isolierung – habe der Observant viele Jahre lang völlig einsam gelebt, isoliert nicht nur von Freunden und anderen Leuten, und nicht nur wegen seiner Taubheit, sondern auch wegen Konflikten und Schwierigkeiten mit Ehepartner und Kindern, die dazu geführt hatten, daß ihn seine Angehörigen einfach nicht informieren wollten. Er habe sie gebeten, ihm zu berichten, was der Rundfunk gebracht habe, etwa in den Apriltagen von 1940, aber sie hätten sich geweigert. Es könne nicht ausgeschlossen werden, daß er zu einer anderen Einstellung gekommen sei, wenn er normal gehört und damit die Möglichkeit gehabt hätte, der Meinungsbildung zu folgen. 1940 habe er zweifellos auch schon Arterienverkalkung gehabt und im April 1942 eine erste Hirnblutung erlitten. Deshalb könne nicht ausgeschlossen werden, daß er in dieser Zeit leicht beeinflußbar und von geringerer Widerstandskraft gewesen sei. Nach der Hirnblutung habe er ausgeprägte Anzeichen einer organischen Gehirnschwäche aufgewiesen, die sich als Aphasie manifestierte; auch dadurch könne seine Urteilskraft beeinträchtigt worden sein. Die Aphasie sei inzwischen so gut wie verschwunden, es komme aber immer noch vor, daß er nach dem richtigen Wort suchen müsse. Seine *Affektlabilität* habe mit den Jahren zugenommen, es sei vorgekommen, daß er wegen einer Kleinigkeit in Wut geraten sei, auf den Tisch geschlagen und geflucht habe. Einmal habe er sogar einem Menschen ins Gesicht gespuckt. Ihm seien leicht die Tränen gekommen, er habe bei Auseinandersetzungen Ströme von Tränen für ein gutes Wort vergossen. Dagegen seien seine Interessen und sein Gedächtnis nicht schlechter als seinem Alter angemessen. Die Sachverständigen meinen, man habe selten einen Sechsundachtzigjährigen mit einem so wachen Interesse für aktuelle Fragen gefunden wie den Observanten. Man müsse daraus schließen, daß sein Hirn eine hervorragende Fähigkeit zu reparativen Prozessen habe. Irgendein Zeichen von Geisteskrankheit seien bei dem Observanten nicht festzustellen gewesen; seine Reaktion im Jahre 1898 lasse sich am besten als paranoide Reaktion bezeichnen, die möglicherweise induziert worden sei.

Auf dieser Grundlage kommen die Sachverständigen deshalb zu dem Ergebnis:

*1. Wir halten Knut Hamsun nicht für geisteskrank und nehmen nicht an, daß er in der Zeit, bevor er die ihm zur Last gelegten Handlungen beging, geisteskrank gewesen ist.*

*2. Wir halten ihn für einen Menschen mit nachhaltig geschwächten seelischen Fähigkeiten, nehmen aber nicht an, daß gegenwärtig irgendeine Gefahr der Wiederholung strafbarer Handlungen besteht.*

*Vinderen, am 5. 2. 46            Örnulf Ödegaard    Gabriel Langfeldt.*

Fertig. Das war die Antwort. Ihretwegen hatte Hamsun 119 Tage in einer Anstalt für Geisteskranke zubringen müssen. Die meisten Feststellungen der Sachverständigen waren schon vorher bekannt – die Kindheit, der Onkel, die Freigebigkeit und die Knauserigkeit, die Einfühlung in die Natur, alles sozusagen Gemeingut in der Hamsun-Literatur, die dem Obersten Ankläger in jeder Gemeindebibliothek zur Verfügung stand. Es gab auch entscheidend Neues, aber es kam als Berichte über den äußeren Verlauf von Ereignissen zutage, nicht als Analyse des inneren Bewußtseinsablaufs – es war Geschichte, nicht Psychologie. Daß Hamsun im Kriege unter seinen Angehörigen völlig isoliert lebte, war neu und war wichtig, aber andererseits eine rein äußerliche, objektive Tatsache, und man brauchte kein staatlich geprüfter Psychiater zu sein, um das herauszufinden: jeder hätte es feststellen können, wenn er Gelegenheit gehabt hätte, die Zeugen zu befragen, die Professor Langfeldt heranzog. Dagegen wird nirgends ein Anlauf gemacht, nach den psychologischen Ursachen für die Entfremdung zwischen Hamsun und seiner Frau zu suchen. Der psychiatrische Teil der Zusammenfassung hält sich an bekannte Kategorien und Klischees.

«Wenn sich der Psychiater vor sich selbst großtun will, tummelt er mit Bravour seine Klischees», schrieb Hamsun wütend, als er Langfeldts Schlußfolgerung gelesen hatte.

Hätte auch der Oberste Ankläger die eine Hälfte aus Büchern in der Gemeindebibliothek und die andere aus einem Gespräch mit ein paar Freunden Hamsuns erhalten können, so bekam er doch etwas fürs Geld – Verteidigungsmechanismen, Affektlabilität, induzierter Verfolgungswahn, Überkompensation, sekundäre Reaktionen, reaktive Produkte. Wenn solche Begriffe auf einen Menschen mit Hamsuns Einblick in die menschliche Natur angewandt werden, klingt es wie eine Stradivari in den Händen eines Affen. Man könnte hier, wie bei anderen Gelegenheiten, den grimmigen Drang verspüren, die Psychoanalyse zu psychoanalysieren. Warum dieses Herumreiten auf Minderwertigkeitsgefühlen, auf dem Gefühl von Unterlegenheit gegenüber dem Hervorragenden? Steht ein Genie mit solchen Empfindungen einem Sachverständigen Auge in Auge gegenüber? Oder verhält es sich vielleicht umgekehrt? Welche «Überkompensationen» treiben da ihr verdrossenes Spiel, wenn Langfeldt, selbst zum drittenmal verheiratet, bei der Erwähnung von Hamsuns Sexualleben viermal hintereinander das Adjektiv «stark» benutzt?

Aus den Gedächtnisniederschriften geht hervor, daß der «Patient» fast in allen Fällen errät, auf welche Diagnose der Psychiater hinsteuert, und daß er sich darüber lustig macht. Ihm ist immer deutlich bewußt, was der Arzt in seinem Unterbewußtsein finden möchte, aber dem Arzt bleibt es unbewußt. Langfeldt erwähnt Maries Aussage, daß Hamsun einem Mann ins Gesicht gespukt hatte: Ja, aber es ging um einen Mann, der eine kranke junge Frau mißbraucht hatte, sich aber als Mitglied der NS sicher fühlte. Der NS-Polizeimeister in Grimstad – liberaler als Langfeldt – wies die Klage des Mannes gegen Hamsun zurück.

Langfeldt berücksichtigt nicht die Umstände, unter denen Hamsun die Fragen beantwortet, sondern behandelt diese Antworten wie objektives, von Ort und Zeit unabhängiges Material. Er berücksichtigt nicht die Situation, in der Hamsun die Fragen beantwortet, nicht, daß er eingesperrt ist, nicht, wie die anderen Patienten auf ihn wirken, nicht, wie er selbst, Professor Langfeldt, auf ihn wirkt! Langfeldt hat es mit einem Mann zu tun, der noch vor kurzem weltberühmt war und an etwas mehr als die übliche Achtung gewöhnt ist, der nun gegen seinen Willen zwischen geistig Schwerkranken eingesperrt ist und gezwungen wird, intime Antworten nach seinem Privatleben einem Mann zu beantworten, mit dem er nichts gemein hat. Langfeldt hebt ja auch hervor, daß Hamsun bei seinen Antworten immer sofort auf der Hut ist und sich nicht ausliefert. Man muß offenbar Doktor und Professor der Psychiatrie sein, um sich darüber zu wundern, daß sich ein Mensch unter solchen Verhältnissen so verhält!

Da sitzt nun Gabriel Langfeldt in seinem weißen Panzer der Schweigepflicht, der, wie wir gleich sehen werden, ihn und seine möglichen Fehler viel wirksamer gegen Enthüllungen schützt, als er selbst seinen «Patienten» vor Indiskretionen bewahrt. Seine Arbeit ist keiner Form von Kontrolle und Kritik ausgesetzt; noch jetzt, mehr als dreißig Jahre danach, ja bis in alle Zeiten kann niemand Einblick in die Dokumente nehmen, die seine Arbeit exakt wiedergeben. Es kommt nur ans Licht, was der Professor selbst enthüllen will, und nur heimlich verklausuliert und formuliert und berechnet für einen kleinen Kreis. Und ihm gegenüber sitzt ein alter Mann, dessen größter Wunsch es ist, abseits und unbemerkt zu leben, der sein Leben lang öffentliche Neugier um seine Person und sein Privatleben dulden mußte, bedrängt von Journalisten und Photographen, der vor ihnen flüchtete, wo es sich nur machen ließ, dennoch immer im Schußfeld stand, sich mit Kritik und Polemik abfinden mußte, mit Besuchern und Leserbriefen, Lob und Tadel für jedes Wort aus seiner Feder, und der deshalb nun vor aller Augen als Landesverräter und Psychopath hingestellt wird. Ein armseliger Infanterist mit seinem Schießprügel im offenen Gelände ist nicht so wehrlos, so ausgeliefert und ungeschützt.

Und dieser Langfeldt kommt nach viermonatiger Untersuchung und mit einer Miene, als enthülle er ein Staatsgeheimnis, zu der Schlußfolgerung, daß der Infanterist an Verfolgungswahn leide. Langfeldt bedenkt nicht, in wie hohem Maß sein Material von den Umständen gefärbt ist, wie völlig anders es sich unter anderen Verhältnissen ausnehmen würde. Das geht vor allem aus der Schlußfolgerung sehr deutlich hervor: Gut, die Sachverständigen *nehmen nicht an,* daß Hamsun in der Zeit vor den ihm zur Last gelegten Handlungen geisteskrank gewesen sei. Sie wagen es offenbar nicht mit Sicherheit zu behaupten, aber sie *nehmen es nicht an.* Sie wagen aber noch einen Schritt weiterzugehen. Sie *nehmen nämlich nicht an,* daß gegenwärtig irgendeine Gefahr der Wiederholung strafbarer Handlungen besteht. Sie wollen sich nicht zu weit vorwagen und etwas aussagen, für das sie einstehen müssen, sondern sie *nehmen es nur an.* Von den vier Feststellungen der Schlußfolgerungen sind drei negativ formuliert, nur eine positiv: Hamsun ist nicht geisteskrank. Hamsun war nicht geisteskrank. Hamsun wird die strafbaren Handlungen kaum wiederholen. Und dann kommt die positive Feststellung, hier tragen sie ihre Haut zu Markte, hier ist das Endergebnis: Hamsun ist ein Mensch mit nachhaltig geschwächten seelischen Fähigkeiten.

Nachhaltig geschwächte seelische Fähigkeiten. Wir haben später noch Gelegenheit, auf diesen Begriff zurückzukommen, der über einem Jahrzehnt norwegischer Kulturauseinandersetzung stehen könnte, ein Schlüsselwort für jeden, der norwegisches Geistesleben nach der Befreiung verstehen möchte. Aber hier geht es zunächst um die Frage: Hatten Langfeldt und Ödegaard mit ihrer Schlußfolgerung recht? Ja, natürlich, sie hatten recht. Hamsun war eine Person mit nachhaltig geschwächten seelischen Fähigkeiten. Zu diesem Zeitpunkt. Das Wrack, das Christian Gierlöff und Tore am 11. Februar 1946 aus der psychiatrischen Klinik herausholten, war unwiderlegbar eine Person mit geschwächten seelischen Fähigkeiten, und man mußte fürchten, daß er es bleiben werde.

Aber noch einmal: Welche Aussagen des Ergebnisses, zu dem die Sachverständigen kamen, waren nun ein Produkt der Situation, nur von den Verhältnissen erzwungen?

Professor Langfeldt hatte sich durchaus Zeit genommen. Auf die Frage, die ihm im September 1975 im Handelsgebäude in Oslo gestellt wurde, wie lange eine normale Untersuchung auf den Geisteszustand in Norwegen zu dauern pflegte, sagte er, drei bis vier Monate. Hamsuns Untersuchung dauerte vier Monate. Von dem Zeitpunkt, als Langfeldt durch Maries Aussagen im Besitz seines ganzen Materials war, vergingen bis zur Entlassung noch zwei Monate, in denen Langfeldt nach eigenen Angaben nur ein paar psychologische Tests durchführte, die ein paar Nachmittage in Anspruch nahmen; vier Tage gingen hin mit der schriftlichen Antwort in der Angelegenheit der anonymen Briefe. Zu weiterem Nachfassen bestand kein Grund, das Material war ja vollständig. Hamsun hätte also in jedem Fall anderthalb Monate früher entlassen werden können, ohne daß die Untersuchung deshalb weniger Ergebnisse zutage gefördert hätte. Selbst wenn man dem Professor zubilligt, daß er behutsam vorgehen mußte, stimmt die Rechnung nicht. Hamsun wurde am 11. Februar entlassen, doch Ödegaard und Langfeldt hatten ihren Bericht, wie erwähnt, schon am 5. Februar abgeschlossen und unterschrieben. Wenn auch dieser Bericht eine flüchtige Arbeit mit durchschnittlich einem Fehler pro Seite ist, so brauchte es doch seine Zeit, ihn aus dem umfänglichen Material von insgesamt 81 Seiten zusammenzustellen. Setzt man für diese Arbeit, die nicht mehr Hamsuns Anwesenheit in der Klinik erforderte, mindestens eine Woche an, müssen die Untersuchungen spätestens am 29. Januar abgeschlossen worden sein. Mit anderen Worten: Langfeldt hielt Hamsun fast zwei Wochen länger fest, als es in jeder Hinsicht notwendig war, auf jeden Fall aber länger, als die gesetzliche Untesuchungshaft dauerte. Mindestens vierzehn Tage, aber im Grunde anderthalb Monate mußte Hamsun an diesem Ort verbringen, wo ihm jede Stunde zur Qual wurde. Sein geheimes Tagebuch, ergänzt durch Gierlöffs Aufzeichnungen, bestätigt, daß er erst entlassen wurde, als er körperlich und seelisch zusammengebrochen war und ein längerer Aufenthalt in der Klinik sein Leben ernstlich gefährdet hätte. Seine seelischen Fähigkeiten waren nach allen Regeln der Kunst geschwächt *worden*. Aus dem Bericht geht hervor, daß er bis dahin geistig frisch war, präzise und oft witzige Antworten gab, daß vielleicht nur die Sachverständigen seelisch nicht so ungeschwächt waren, um seine Ironie zu erkennen, wie in dem Fall, wo er mit einem einzigen überraschenden Wort den Unterschied zwischen einem Kind und einem Zwerg definierte. Der Bericht beweist aber auch, daß sie bei anderen Gelegenheiten seine Intelligenz voll zu würdigen wußten. Ödegaard erwähnt seine treffsichere Sprache, und selbst die Schlußfolgerung betont Hamsuns Interesse an der Umwelt und bezeichnet sie als ungewöhnlich für sein Alter.

Das Material liegt vor, es kann eines Tages untersucht werden, schrieb Hamsun. Das zeigt, daß er an geschwächten seelischen Fähigkeiten nicht bei seiner Ankunft, sondern bei seiner Abreise nach vier Monaten litt. Der Grad wissenschaftlicher Genauigkeit, der die Schlußfolgerung der Sachverständigen auszeichnet, wird unfehlbar erreicht, wenn man bei dem Patienten die Krankheit hervorruft, die man dann diagnostiziert.

Das alles geschah nicht aus bösem Willen, sondern wie so manche unglücklich verlaufenden Fälle in bester Absicht. Langfeldt konnte schon 1945 psychiatrische Argumente finden, die dagegen sprachen, die Strafen an Quisling zu vollziehen, den sozusagen die ganze Bevölkerung gern hätte hängen sehen. Wie viel näher lag es da, entsprechende Gründe für die Sache gegen den alten Hamsun zu finden, den niemand zu hängen wünschte. Eine Diagnose geschwächter seelischer Fähigkeiten in diesem Augenblick mußte ja den früher so bewunderten Dichter rehabilitieren. Professor Langfeldt machte selbst diesen Gesichtspunkt in der späteren Polemik über seine Entscheidung geltend. Man darf auch nicht übersehen, daß zwei Sachverständige eine Aufgabe lösen sollten, deren Ergebnis sie schon vorher in der Tasche hatten. Ihr Gutachten zeigt einmal, auf wie schwachen Füßen der Beschluß stand, den Geisteszustand Hamsuns untersuchen zu lassen, dann aber auch, daß sie die Sache in die Länge ziehen mußten, um das gewünschte Resultat überhaupt zu erhalten. Sie gaben nicht ihr Bestes – sie gaben, was sie für das Beste hielten.

Bei dem Gespräch im Osloer Haus des Handels im September 1975 wurde Professor Langfeldt gefragt, ob ihm bewußt sei, daß er genau zu dem Ergebnis gekommen war, das der Oberste Ankläger am liebsten haben wollte. Der Professor antwortete:

«Ja, der Oberste Ankläger wollte gern unter Berufung auf geschwächte seelische Fähigkeiten einen Verzicht auf Anklageerhebung erreichen. Es war leichter, als ihn vor Gericht zu stellen.»

Im Gespräch mit den Sachverständigen und den Kindern betonte Hamsun mehrmals, er ziehe es vor, seine Handlungen zu verantworten und zu sühnen. Professor Langfeldt wurde 1975 gefragt, ob er sich gewundert habe, als er merkte, daß Knut Hamsun ein Gerichtsverfahren vorzog. Seine Antwort:

«Ja, ich war eigentlich verblüfft. Ich hatte angenommen, er werde froh sein, der Strafverfolgung zu entkommen. Jetzt verstehe ich, daß er etwas anderes wünschte. Damals dachte ich nicht daran.»

Der Oberste Ankläger beschloß sofort, den Schwarzen Peter, den er nicht mehr weitergeben konnte, aus dem Spiel zu ziehen. Am Abend des 22. Februar, reichlich eine Woche nach Hamsuns Entlassung, stand seine Erklärung auf der ersten Seite von *Aftenposten*. Sven Arntzen teilte mit, daß Knut Hamsun auf seinen Geisteszustand untersucht worden sei, und zitierte die Schlußfolgerung der Sachverständigen. Er schloß:

«Nach dem Ergebnis der Untersuchung ist der Beschuldigte in strafrechtlicher Hinsicht als verantwortlich für seine Handlungen anzusehen. Ich habe indessen festgestellt, daß kein öffentliches Interesse an einer Anklageerhebung gegen Hamsun besteht. Er wird bald siebenundachtzig Jahre alt, hat nach Meinung der Sachverständigen nachhaltig geschwächte seelische Fähigkeiten und ist so gut wie taub. Unter Heranziehung des Paragraphen 85, Absatz 2, Abschnitt 1 habe ich deshalb unterlassen, ihn wegen der Handlungen anzuklagen, für die er verantwortlich ist. Die Frage der Ersatzleistung wird vom Amt für Entschädigungen entschieden.»

Was war das nun wieder? Nach dem angeführten Paragraphen «kann die Klage unterbleiben, wenn angenommen wird, daß kein öffentliches Interesse an ihr besteht, namentlich dann, wenn sehr lange Zeit seit Verübung der Straftat vergangen ist oder wenn besondere mildernde Umstände vorliegen». Es ist kaum einzusehen, daß eine dieser Vorbedingungen auf Hamsun zutraf. Öffentliches Interesse mußte ja gerade in diesem Fall, wo es eine der bekanntesten Persönlichkeiten im Lande betraf, geltend gemacht werden. Außerdem war «keine sehr lange Zeit seit Verübung der strafbaren Handlung» vergangen (es war noch kein Jahr her, daß Hamsun seinen Nachruf auf Hitler veröffentlichte), und man kann sich kaum Landesverrat unter mildernden Umständen vorstellen.

Nun aber kommen diese nachhaltig geschwächten seelischen Fähigkeiten ins Spiel. Sie tauchen in der Erklärung des Obersten Anklägers fünf Zeilen später auf: Er habe erkannt, daß Hamsun nach dem Untersuchungsergebnis seines Geisteszustandes nicht von der Verantwortung für seine Handlungen freizusprechen sei. Freilich, zunächst spricht ihn die Schlußfolgerung der Sachverständigen nicht von der Verantwortung frei – schließlich tut sie es aber doch, und der Weg dazu sind die nachhaltig geschwächten seelischen Fähigkeiten: Nachdem sie nun einmal erwähnt worden sind und die Wahrheit ein wenig verzerrt haben, können sie auch noch das Recht ein wenig entstellen. Sie verhindern also, daß Hamsun nach der Landssviks-Anordnung angeklagt wird, aber sie verhindern keineswegs seine Bestrafung. «Die Frage der Ersatzleistung wird vom Entschädigungsamt entschieden werden», heißt es ja am Ende der Erklärung, und dieser unschuldige kleine Satz sagt alles. Nachdem Hamsun zunächst verantwortlich, dann wieder nicht mehr verantwortlich sein soll, hat er sich nun wieder zu verantworten – freilich auf andere und viel ernstere Weise. Denn durch die Überweisung des Falls an das Entschädigungsamt geht der Oberste Ankläger ja ohne weiteres wieder davon aus, daß Hamsun im Sinne der Anklage, die er nicht gegen ihn erheben will, dennoch schuldig ist. Nach den strengen Bestimmungen der Landssviks-Anordnung, wonach in solchen Fällen die Vermögensverhältnisse des Betreffenden berücksichtigt werden sollen, mußte Hamsun sehr viel schwerer getroffen werden als nach dem Strafgesetz. Der Verzicht auf Anklageerhebung ist tatsächlich ausschlaggebend, die Milde in Wahrheit mörderisch! Vor Gericht gestellt und nach Paragraph 86 des Strafgesetzes – es betrifft Angeklagte, die in einer Kriegssituation dem Feind Beistand leisten – für schuldig erklärt, hätte Hamsun zu lebenslanger Haft verurteilt werden können. Geldstrafen waren dafür nicht vorgesehen. Und gerade das wollte der Oberste Ankläger vermeiden, einmal weil das Bild des weltberühmten Greises in einer Gefängniszelle für die Nation nicht gerade schmeichelhaft war, zum anderen, weil die lebenslange Haft für einen Sechsundachtzigjährigen unbestreitbar begrenzt ist. Bei einer Geldstrafe verhielt es sich umgekehrt: Hier war etwas zu holen. Wenn Hamsun auch nicht mehr viele Lebensjahre zu erwarten hatte, besaß er doch immer noch Geld. Mit seinem Verzicht auf eine Anklageerhebung – am 22. Februar 1946 – gelang es dem Obersten Ankläger, den Fall um 180 Grad zu drehen: Er brauchte nicht das geltende Gesetz des Landes anzuwenden und Hamsun ins Gefängnis zu bringen für Handlungen, die Hamsun selbst offen eingestanden und anerkannt hatte, aber er konnte unter Bezug auf einige rückwirkende Bestimmungen, die nicht im Strafgesetz standen, sein Vermögen als Entschädigung für die Mitgliedschaft in der NS beschlagnahmen für eine von Hamsun immer und ausdrücklich bestrittene Mitgliedschaft. Man ließ den Mann entkommen und nahm ihm statt dessen alles, was er besaß – war das nicht eine Entscheidung, die jedermann zufriedenstellen mußte?

Nein, wir alle fanden, daß sich der Oberste Ankläger wie ein Mitglied der «seidenen Front» gebärdete und allzu mild gewesen sei. Die Entscheidung erregte einen fast zwei Monate andauernden Proteststurm in den Zeitungen. Er setzte schon am Tag danach mit einem Leitartikel in *Dagbladet* ein, dessen Chefredakteur Einar Skavlan in den dreißiger Jahren eine Hamsun-Biographie verfaßt hat, immer noch eine der besten. Norwegens großer Hamsun-Kenner gehörte zu den Leuten, die nicht begriffen hatten, was Hamsun während des Krieges über die zum Tode Verurteilten in dem Artikel «Nun wieder!» geschrieben hatte. Vor allem war ein Ausdruck in diesem Artikel offenbar so vieldeutig, daß Skavlan jetzt in seinem Leitartikel von Hamsuns «zynischer und höhnischer Weigerung, für die zum Tode verurteilten jungen Norweger zu bitten», sprach. Skavlans Artikel trug die Überschrift «Der Unterschied zwischen Leuten», denn der Verzicht auf die Anklageerhebung war in Slavlans Augen ein Beispiel dafür, daß ein vermögender großer Herr milder als die vielen kleinen Landesverräter behandelt werde, wobei er übersah, daß Hamsun nach dieser Entscheidung vielleicht noch ein großer Herr, aber kaum noch vermögend sein konnte.

Skavlans Einwände geben die vielen Proteste wieder, die aus dem langen, schmalen Land in Leitartikeln von *Moss Avis* über *Verdens Gang* bis zu der Trondheimer Zeitung *Nidaros* hervorquollen. Hamsun hatte während des Krieges Norwegen vor der ganzen Welt beschmutzt, er gehörte zu den heimlichen Nazis, die den größten Schaden angerichtet hatten, er verriet sein Land auf die schamloseste Weise. Leserbriefe stimmten in den Chor ein. Oberstleutnant M. T. Knausen in Bergen meinte, Hamsun habe zu den eifrigsten und überzeugtesten Helfershelfern der Deutschen gehört, er verdiene mehr Strafe als ein gewöhnlicher Landesverräter, er trug einen Namen, der verpflichtete; vor wie vielen ungefestigten jungen Seelen hatte er nicht als geistiger Kämpfer von Rang gestanden, dessen beschwörende Worte wie ein giftiges Stimulans auf den Wahnsinn wirkten, mit dem sie sich einließen und für den sie nun büßen sollten. Sein hohes Alter sollte ihn nicht freisprechen, wie man in Frankreich auch Pétain nicht mit Strafverfolgung verschonte, obwohl er neunundachtzig Jahre alt war.

Für den beim Obersten Gericht zugelassenen Anwalt Sverre Prydz war Hamsun einer der widerlichsten und verächtlichsten Landesverräter, und daß er bisher mit soviel Rücksicht behandelt worden sei, habe bereits verärgert. Der Anwalt meinte, daß sich der Oberste Ankläger nicht auf das Gesetz berufen könne, wenn er keine Anklage erheben wolle, im Gegenteil, das öffentliche Interesse verlangte einen Prozeß, weil Hamsun einen so hervorragenden Platz im Geistesleben des Landes eingenommen hatte. Soweit der Oberstleutnant und der Anwalt beim Obersten Gericht.

Ernster zu nehmen war es natürlich, daß die Studentenvereinigung bei einer Versammlung am 22. März in Aas mit überwältigender Mehrheit den Beschluß faßte, dem Obersten Ankläger ein Protestschreiben zu schicken. Norwegische Studenten verlangten, daß Hamsun verurteilt und bestraft werden sollte. Diesmal fühlte sich Sverre Arntzen zu einer Antwort herausgefordert. Sein Brief an die Studenten erschien am 27. März in *Aftenposten*. Er teilte darin mit, daß er nach dem Gesetz nicht befugt sei, seinen Beschluß zu ändern. Indessen stimme er mit den Studenten überein, was den besonders schwerwiegenden Charakter von Knut Hamsuns Verbrechen angehe. Wenn er es trotzdem für richtig gehalten habe, die Angelegenheit mit einem Verzicht auf Anklageerhebung zu beenden, dann, weil der Beschuldigte so alt und nach dem Gutachten der Sachverständigen eine seelisch wie körperlich stark geschwächte Persönlichkeit sei. Knut Hamsuns gröbstes Verbrechen sei seine Propaganda durch Reden und Artikel gewesen, was bereits ohne gerichtliche Verhandlung dokumentarisch bewiesen sei. Das Interesse, die Beweise für seine Verbrechen für die Zukunft sicherzustellen, sei nicht so bedeutend, daß man deshalb den Fall vor Gericht bringen müsse. Wenn man sich weiterhin darüber von vornherein im klaren sei, daß man diesen geschwächten Greis keine Freiheitsstrafe büßen lassen wolle, dann gebe es nach seiner Meinung auch kein öffentliches Interesse daran, Knut Hamsun vor Gericht zu stellen.

Etwas merkwürdig, wenn der Mann mit dem zweithöchsten juristischen Amt im Lande sich so kategorisch über die Schuldfrage in einer Sache ausließ, die nicht vor Gericht verhandelt worden war! Konnte man von den «überaus schweren Verbrechen» eines Menschen reden, wenn kein Urteil gefällt worden war? Doch, man konnte es, in einem Punkt konnten sich alle polemisierenden Elemente einigen, der Oberste Ankläger und seine Kritiker, die Verfasser von Leserbriefen und Leitartikeln, der Oberstleutnant und der Anwalt am Obersten Gericht und die Studenten in Aas: Der zusammengebrochene Greis, den Gierlöff gerade noch lebendig in das Landviker Altersheim geschafft hatte, war ein schwerer Verbrecher. Von allen Seiten, nur nicht vom Gericht, stürzten die Anklagen über ihn her, er hatte alles das begangen, dessen er nicht angeklagt worden war. Wohin immer er sich wandte, konnte er lesen, daß er schuldig war, es stand in den Zeitungen des Landes, im Gutachten der Sachverständigen, in der Erklärung des Obersten Anklägers.

Aber noch eine Person hatte sich zu den Tausenden gesellt, die ihm allesamt die schlimmsten Dinge vorwarfen. Er wußte es noch nicht, aber der Tag stand ihm bevor, wo er auch das lesen konnte, Wort für Wort. Ob ihm die Vorwürfe von dieser Seite am meisten zu schaffen machten? Wir wissen es nicht. Er sagt nichts. Wie gewöhnlich ist er es, der schweigt.

Und Marie, die erzählt.

Ja gewiß, Marie und die gleichaltrige Wahrsagerin Valborg hatten in der Neujahrsnacht das erstarrte Blei nicht falsch gedeutet – es kamen bessere Zeiten, und Marie konnte im Frühjahr wieder in ihrem Garten sein. Am 8. Februar 1946, drei Tage vor Knut Hamsuns Entlassung aus der psychiatrischen Klinik, wurde sein Sohn Arild auf freien Fuß gesetzt; die Behörden berücksichtigten damit, daß seine Frau, allein mit der kranken Ellinor, nicht Nörholm bewirtschaften konnte.

Valborg weinte beim Abschied.

Daheim auf Nörholm fand Marie blanke Knospen an den Büschen und eine Fülle von Blumen. Sie genoß es, wieder im eigenen Bett zu liegen, aber sonst war das Wiedersehen nicht ermutigend. Den Möbeln sah man immer noch die Spuren der Hausdurchsuchung vom Dezember an, der landwirtschaftliche Betrieb war hoffnungslos verkommen. Sie mußte nun versuchen, Knut Hamsun zu ersetzen, denn er war ja nicht daheim. Warum nicht? Sie wußte, daß Gierlöff ihn, der mehr tot als lebendig war, aus der psychiatrischen Klinik geholt und wieder ins Altenheim gebracht hatte. In der Zeitung hatte sie gelesen, daß seine Untersuchungshaft abgelaufen war, und nach Auskunft der Polizei konnte er das Ende seiner Sache in Nörholm abwarten. Doch Hamsun hatte sich geweigert, er zog das ungemütliche Zimmer im Altersheim vor. Warum? Zu Tore hatte er gesagt, daß er auf Nörholm nicht wohnen wolle, solange der Besitz beschlagnahmt sei. War das aber die volle Wahrheit? Arild besuchte ihn und erzählte Marie, daß der Vater sehr elend war. Doch ihren Namen hatte er nicht erwähnt. Er hatte keine Grüße an sie aufgetragen, obwohl er wußte, daß sie wieder frei und in Nörholm war. Auch das hatte in der Zeitung gestanden. Marie versuchte vergeblich, ihre bangen Gedanken zu verscheuchen. Nur ein paar Kilometer trennten Nörholm von Landvik, und sie hätte in einer halben Stunde hinradeln können, aber sie tat es nicht, er wollte sie ja nicht sehen, das war sein letztes Wort gewesen. «Wir sehen uns nun nicht mehr», hatte er gesagt und seidem kein Wort mehr an sie gerichtet. Ach, wie viel einfacher war es gewesen, als sie nur durch Gefängnismauern voneinander getrennt wurden! Die waren hoch und wirklich und aus harten Steinen, dennoch nicht so unüberwindlich wie die unsichtbare Mauer, die jetzt zwischen ihnen stand. Er schrieb nach Nörholm, bat um Stopfgarn, wollte gern seine Sommerstrümpfe haben, erinnerte daran, daß seine Kleidung gegen Motten geschützt werden mußte – aber jeder Brief war an die Schwiegertochter, keiner an Marie gerichtet. Trotzdem gab sie die Hoffnung nicht auf: «Ich war wohl nicht ganz nüchtern», schreibt sie, «damals nicht. Ich wartete ständig, täglich auf ein Wort von Knut. Ich war so ans Warten gewöhnt, ich hatte es noch in mir aus der Jugendzeit . . .»

Marie hoffte, verachtete sich deshalb und hoffte weiter. Ihr Fall sollte am 23. August vor dem Gericht in Grimstad verhandelt werden, und Sigrid Strays Mann, am Obersten Gericht zugelassener Anwalt, war bereit, sie zu verteidigen. Ein paar Tage vor dem Gerichtstermin fuhr sie nach Arendal, um Einzelheiten mit ihm zu besprechen. Sie kannte den Weg von früheren Besuchen, die sie mit Knut zusammen gemacht hatte, sie ging über den kleinen Blumenmarkt, durch eine schmale Pforte und zur Treppe, wo eine große Hand aus einer altmodischen Manschette herausragte und steil nach oben zu den Anwälten zeigte.

Die beiden Anwälte zeigten ihr einen Ordner mit Abzügen von sämtlichen Dokumenten, die Hamsun betrafen, darunter auch Professor Langfeldts Gutachten. Es war der Ordner, der dem Gericht vorlag. Marie blätterte langsam in den Papieren, las hier und dort, schrie plötzlich auf, ließ den Ordner fallen und sank zusammen, das Gesicht in den Händen. Christian Stray versuchte, ihr zu helfen, aber weder er noch seine Frau konnten sie trösten, sie «schluchzte hemmungslos», wie sie schreibt. Jetzt war ihr alles klar. Die beiden Anwälte versuchten, über ihren bevorstehenden Prozeß mit ihr zu sprechen, sie dachten daran, daß die Anklagebehörde ein paar Tage später sehr wahrscheinlich die ganze Strenge des Gesetzes für Marie Hamsun fordern werde. Marie hörte nicht zu, das alles war ohne Bedeutung, sie schluchzte nur. Zum Schluß setzte man sie in ein Taxi, das sie heimbrachte. Sie lief in ihr Zimmer und weinte aufs neue.

«Nun ließ ich es bleiben, auf Knut zu warten», schreibt sie. «Ich tat es ohne ein Wort. Vielleicht hätte ich versuchen sollen, ihn über den Abgrund hinweg anzurufen, aber es war, als hätte ich keine Stimme mehr.»

Marie hatte sofort gesehen, daß Langfeldts Gutachten eine wortgetreue Niederschrift ihrer Aussagen enthielt und daß am Rand Bemerkungen in einer Handschrift hinzugefügt waren, die sie nur zu gut kannte. Knut Hamsun hatte den Ordner in der Hand gehabt und jedes Wort gelesen!

Wie kam es dazu? Wie konnte Knut Hamsun das Dokument kennenlernen, das nach Professor Langfeldts ausdrücklicher Versicherung nur der Oberste Ankläger sehen sollte? Wer hatte es Knut geschickt – und warum?

So lagen die Dinge: Langfeldt erklärte ihn öffentlich für senil. Der Oberste Ankläger sprach von schweren Verbrechen. Die Studenten forderten seine Bestrafung. Zu dem Zeitungskrieg gegen ihn, zu Grieg, der ihm die Freundschaft gekündigt hatte, zu Frau Stray, die keine Zeit für ihn hatte, kamen nun Maries Enthüllungen über ihr Privatleben. Das alles wartete auf Knut Hamsun, als er am 15. Februar 1946, völlig erschöpft, in der Mädchenkammer des Altersheims zu Landvik aufwachte und auf seinem Nachttisch einen Zettel fand: «Mut ist besser als Glück».

# 26
## *Mut ist besser als Glück*

Er saß eine Weile mit dem Zettel in der Hand und dachte nach. Er dachte wohl, daß Mut dasselbe ist wie Glück, oder Glück dasselbe wie Mut, und nun war ihm von beidem nichts mehr geblieben. Er war so niedergeschlagen, so müde, er schlief meistens. Als sie ihn schließlich aus dem Bett und in seine Kleidung brachten, konnten ihn seine schwachen Beine nicht tragen. Er mußte sich hinsetzen, und hatte er nur einen Augenblick gesessen, nickte er wieder ein. Er hatte keinen Appetit, er hatte zu nichts in der Welt Lust. Sie wollten ihm helfen, meinten, er brauche frische Luft, und brachten ihn nach draußen. Doch nach einigen Schritten im Schneematsch mußten sie ihn wieder zurückbringen. Der alte Mann zitterte am ganzen Körper. Die Mädchen zogen ihn aus und legten ihn ins Bett. Der macht es nicht mehr lange, dachten sie.

Mut ist besser als Glück? Gab es das? War Glück nicht das Beste überhaupt? Es hielt nicht vor, das ist wahr, er hatte es Buch um Buch gezeigt. Es hielt nicht vor. Tat es der Mut? Draußen in der Küche lagen ein paar Zeitungen herum, er fischte eine heraus und las auf der ersten Seite, daß Knut Hamsun aus der psychiatrischen Klinik entlassen worden sei. Man werde ihn wohl nicht mehr zur Verantwortung ziehen, stand da. Er saß lange über dieser Meldung, als ob er seine Kräfte sammeln wollte, stand dann auf und ging in sein Zimmer, fand ein Stück Papier und brachte mühsam ein paar Zeilen an Gierlöff zustande. Er stand für alles ein, was er getan hatte, schrieb er noch einmal. Sein hohes Alter und die beiden Gehirnblutungen hatten ihn nicht zu einer Person ohne Verantwortung gemacht. Er hatte in keiner Minute seines Lebens sein Land verraten. Was er geschrieben hatte, war in gutem Glauben verfaßt. Daß daraus später so viel Schreckliches für ihn entstehen sollte, hatte er nun erfahren. Aber als er es schrieb, war es nach seiner Meinung richtig. Es war Norwegen, für das er schrieb.

Hier saß er in der Mädchenkammer des Altersheims und schrieb die Worte mit seiner Greisenschrift, die Buchstaben tanzten auf und ab, seine Hand war so schwach und sein Wort so stark. Nun setzte er das Datum darunter. Es war der 19. Februar, genau 14 Tage nachdem ihn die Sachverständigen der psychiatrischen Klinik als einen Menschen mit nachhaltig geschwächten seelischen Fähigkeiten bezeichnet hatten.

Die Tage kamen und gingen. Mut ist eine Eigenschaft. Mut ist ein Charakterzug. Das Glück nicht, das Glück ist Fügung, Zusammentreffen günstiger Umstände, ein freundliches Geschick. Und doch – kann es nicht wie Mut eine Eigenschaft sein? Von den alten Königen Norwegens hieß es, daß sie Glück hatten oder nicht. In unserer Zeit würden Juristen und Leute sicher von «Erfolg» sprechen. Ganz gleich. Auch in dieser Gestalt war Glück etwas, das aufhören konnte. Dann wurde es ernst, dann setzten die Könige ihr Leben aufs Spiel, dann konnten sie hingerichtet, geopfert werden. Dann war es gut, wenn sie Mut hatten. Wenn er auch nicht besser sein mag als Glück, so ist er auf jeden Fall im Unglück gut.

Er hatte Glück gehabt. Nun saß er hier, spürte die Tage kommen und gehen und versuchte, sie im Auge zu behalten. Am 28. Februar bekam er Besuch von der Polizei. Es war nicht sein alter Freund, der ehemalige Uhrmacher Eriksen, aber das bedeutete nicht viel. Er war so müde, er begriff nur, daß die Polizei vor ihm stand. Der Mann erklärte ihm, daß der Oberste Ankläger nicht Klage erheben wollte. Hamsun solle nur eine Entschädigung zahlen, im übrigen sei er ein freier Mann, er könne am nächsten Tag heim nach Nörholm.

Der Mann schrie aus voller Kraft, und Hamsun verstand wenigstens die letzten drei Wörter: Heim nach Nörholm.

Der Alte schüttelte den Kopf, er wollte nicht auf seinen Hof zurück, solange der Verwalter einem Anwalt in Grimstad verantwortlich sei. Er wollte bleiben, wo er war.

Der Polizeibeamte sah sich in dem elenden Raum um. Dann erklärte er, Hamsun könne hier nicht auf Kosten der Polizei bleiben, wenn er nicht mehr verhaftet sei. Er müsse selbst für seinen Aufenthalt bezahlen, etwa 150 Kronen monatlich.

Hamsun verstand und lächelte leicht. Das könne er nicht, sagte er, sein Geld sei ja beschlagnahmt. Man würde ihm etwas anweisen, sagte der Polizist mürrisch.

Die Tage vergingen, aber er brauchte nun nicht mehr das geheime Tagebuch in Hans Andreasens Erstlingsroman, um sie im Auge zu behalten, er hatte sich in der Küche einen Kalender erbeten und kreuzte die wichtigsten Daten an, Tagundnachtgleiche, Sonnenwende, die Geburtstage der Enkel. Außerdem hielt er sich ein paar Zeitungen, *Dagbladet* und *Aftenposten*, so daß er sich informieren und dem Gang der Weltereignisse außerhalb Landviks folgen und das eine oder andere über Knut Hamsun und den Prozeß gegen ihn erfahren konnte.

Dann fand er die Kraft, an die Schwiegertochter auf Nörholm zu schreiben und sie um etwas graues Stopfgarn zu bitten, denn er hatte Löcher in Strümpfen und Handschuhen, wie er schrieb. Brit sandte ihm das Gewünschte, und während der Proteststurm gegen die Entscheidung des Obersten Anklägers die Zeitungen überschwemmte, saß der alte Mann, dem das alles galt, auf seinem Bett und stopfte Strümpfe. Dann kam die Reihe an den verschlissenen Anzug, in dem er Hitler besucht hatte; er besserte Säume aus, nähte Knöpfe an, es ging langsam. Schneiders Knut sah nicht mehr sehr gut, aber die Mädchen liebten ihn glücklicherweise trotzdem und waren immer bereit, die Nadel für ihn einzufädeln! Er schrieb Brit, daß er nachts nicht mehr lesen könne, obwohl man ihm eine Birne von 150 Watt gegeben habe. Wenn er lesen oder nähen wollte, mußte die Sonne eigentlich unmittelbar auf das Papier oder das

Nähzeug scheinen. Zum Glück wurden die Tage ja nun länger, man hatte den Monat der Tagundnachtgleiche erreicht, zwar herrschte noch voller Winter, aber die Sonne funkelte. Am 10. März konnte er endlich wieder sein altes Zimmer beziehen. Wanzen gab es noch, und der Fußboden senkte sich immer noch wie das Deck eines Dampfers in Seenot. Aber das Zimmer lag im zweiten Stock, und das Fenster ging nach Süden. Es war eine allzu lange und schwere Wartezeit gewesen, schrieb er an Gierlöff, nun wollte er die Zeit benutzen, um äußerlich und innerlich wieder ein wenig in Ordnung zu kommen, denn dank Gierlöff war ja noch immer Leben in ihm. Aber er war von der Anstalt zu sehr zerrüttet worden, er war ja wie Gallert, als Gierlöff kam und ihn sozusagen teelöffelweise herausholte! Heute war er nach Sonnenuntergang noch ein wenig draußen gewesen, kein richtiger Spaziergang, nur eine Stunde, das war nichts gegen das vorige Mal, als er hier lebte, er zehrte von seinen Reserven und erholte sich nur sehr schwer.

Und nun kam es zu Unannehmlichkeiten. Fast jeden Tag erhielt er eine Ohrfeige, Leitartikel, Leserbriefe, Protest der Studenten.

Er las natürlich, was die Zeitung über ihn brachte. Als er an Gierlöff schrieb, wußte er, daß der Oberste Ankläger keine Klage erheben wollte. Über diese Entscheidung war Hamsun tief erbittert, wie er schrieb, er hatte sich doch gleich beim Verhör durch den Untersuchungsrichter für verantwortlich erklärt und wollte für das einstehen, was er getan hatte. Nun aber schlug ihm der Oberste Ankläger die Waffen aus der Hand, nachdem er vier Monate damit verbracht hatte, auf alle Fragen nach der Schuld zu antworten. Nach diesen Antworten, meinte Hamsun, würde er vor jedem ordentlichen Gericht freigesprochen werden, und er überlegte nun, ob er nicht an den Obersten Ankläger schreiben und sich selbst anzeigen solle.

Der Verzicht auf die Klage hatte in ihm ebensolchen Zorn wie in der Bevölkerung geweckt, wenn auch aus entgegengesetzten Gründen. Mit diesem Verzicht wegen geschwächter seelischer Fähigkeiten hatte ihn der Oberste Ankläger schlimmer getroffen, als es jedes Urteil getan hätte. Er hatte ihn auf den Mund geschlagen, wie die Feinde die flinkzüngigen Jomswikinger schlugen, denen er, wie Johannes V. Jensen meinte, ähnelte. Er hatte ihm seine Begabung abgesprochen, ihn hilflos und verantwortungslos wie ein Kind gemacht, er hatte Knut Hamsun umgebracht. Wollte er ihm antworten, mußte die Antwort also nicht nur durch ihren Inhalt, sondern auch durch ihre Form Eindruck machen, er mußte beweisen, daß er immer noch gefährlich, immer noch Hamsun war, daß er bei seinen geschwächten seelischen Fähigkeiten die Sprache doch so gebrauchen konnte, daß sie sengte, entehrte, vernichtete.

Aber hatte er die Kraft dazu?

Als Hamsun am 27. März sein Exemplar von *Aftenposten* aus der Küche holte, sah er oben auf Seite 2 die Antwort des Obersten Anklägers auf das Protestschreiben der Studenten. Hier konnte sich Sven Arntzen ja ohne Gerichtsverfahren über den «außerordentlich schweren Charakter von Knut

Hamsuns Verbrechen» auslassen. Fünf Tage später kam ein Brief von Grieg, in dem er ihm die Freundschaft kündigte. «Niemand hat mich tiefer enttäuscht», schrieb Harald Grieg. Kaum hatte sich Hamsun ein wenig gefaßt, kam schon der nächste Schlag, und jeden spürte er lange. Die Worte weckten seinen Schmerz, nicht aber seine Begabung. Er mußte noch tiefer getroffen, noch abscheulicher verwundet werden, bis der Schmerz so unerträglich wurde, daß er zurückschlug. Das geschah jetzt.

In diesen Tagen fuhr eine Journalistin von *Berlingske Tidende,* die dreißigjährige Nele Topsö, nach Berlin. Zivilisten durften die Stadt nicht betreten, aber Frau Topsö reiste in dänischer Uniform als Kriegsberichterstatterin im Rang eines Pressemajors der Alliierten Streitkräfte. Sie wurde im englischen Offiziersheim, dem Hotel am Zoo, untergebracht. Hier sah sie zum erstenmal die Trümmer der Stadt, in der sie als kleines Mädchen gelebt hatte, bevor ihre Mutter starb und sie in Kopenhagen in Pflege gegeben wurde. Nele Topsö, die später den dänischen Innenminister Poul Sörensen heiratete, war eine geborene Benn.

«Natürlich hatten die Engländer damit Einblick, was und wen die verschiedenen Korrespondenten aus der ganzen Welt besuchten, und so grotesk und unsympathisch das heute erscheinen mag, empfand ich es als ein bißchen unangenehm, meinen Vater damals zu besuchen,» schrieb sie später.

Gottfried Benn war immer noch ein «Unerwünschter». Da stand sie, Bozener Straße 20, Erdgeschoß rechts. Zum erstenmal nach dem Kriege, nach dem Verlust von Hertha, nach dem Berliner Hungerwinter, sollte sie ihn wiedersehen.

«Ich konnte meinen Vater kaum wiedererkennen . . . Er öffnete selbst die Tür. Mein Vater war doch seit seinem dreißigsten Jahr immer ‹vollschlank› – ‹dick› wollen wir nicht sagen. An diesem Aprilnachmittag 1946 aber stand in der Tür ein ganz kleiner, dünner Mann, der viel, viel älter aussah als seine bald sechzig Jahre. Seine Augen waren von schwarzen Rändern umgeben und lagen tief in den Höhlen. Ich mußte weinen. Er sah unheimlich aus.»

Sie gingen in das einzige noch erhaltene Zimmer der Wohnung; es war dann, als hätten sie einander am Tag zuvor gesehen. Aber Gottfried Benn durfte ihr Hotel nicht betreten und nicht in ihrem Wagen mitfahren.

«Papa, das ist Fraternisieren, und das darf ich nicht.» Als Nele ihm dann aus Kopenhagen Hilfe anbot, damit er seine Arbeiten drucken lassen könne, antwortete er ihr, daß er es nicht wünschte:

«Ich weiß genau, was ich tue und was ich will. Und was ich nicht will, ist z. B. das öffentliche Geschwätz zu vermehren über die politische Lage oder die geistige Krise oder den Existentialismus oder alle diese beliebten bürgerlichen Unterhaltungsstoffe. Nur für sich selbst, in eigenen Werken, im eigenen Werk kann eine weiterführende Klärung oder vielleicht eine Entscheidung zum Ausdruck gebracht werden, und daran arbeite ich ununterbrochen und mehr denn je. Laß sie alle denken und reden und verbieten und verzeihen oder nicht verzeihen, das berührt mich alles gar nicht mehr, alles das ist ja doch nur Ressentiment und Rache und Unvermögen, selber im großen Stil produktiv zu sein, natürlich versteckt hinter ideologischen Theorien und angeblich humanitären Idolen und aufgezäumt mit Schlagworten, die die Allgemeinheit blenden ... Niemand kann Kunst umbringen; wo sie wirklich Gestalt annimmt, lebt sie weiter und überlebt die Politik und die geschichtliche Situation.»

Stimmte das? War Begabung wichtiger als Meinung, die Kunst stärker als die Geschichte? Gottfried Benn schrieb vom Geist als Gegenpol des Glücks – war es das, was Vilhelm Ekelund ausdrücken wollte, als er sagte, daß Mut besser sei als Glück?

Er, Hamsun, wußte nichts, er brachte nichts zustande, er saß hier im Altersheim und war so müde. Auch er hatte einen Hungerwinter hinter sich, auch er war ein «Unerwünschter» geworden, mit dem man nicht fraternisieren durfte. Nun müßte er eigentlich «ein bißchen größer als das Schicksal» sein, wie er es einmal von Ekelund und von Benn gesagt hatte, aber es war schwer, Tage und Wochen vergingen, und ihm schien nicht, daß es besser wurde mit ihm. Einige Insassen des Altersheims starben, aber es gab ja Greise genug, mit denen man sich befassen könnte, dachte er matt.

Der letzte Schnee verschwand, es wurde Frühling, und er wollte so sehr gern arbeiten, aber die Kräfte fehlten, es gelang ihm nicht einmal, seine Briefe zu beantworten. Der Tabak war freigegeben, aber damit war auch nicht viel gewonnen. Was hatten sie mit ihm gemacht? Warum war er so zerstört und so gründlich beschämt? Frühling und Sommer und das alles kam, aber es freute ihn nicht mehr wie sonst, er war seiner selbst überdrüssig, hatte keine Wünsche, interessierte sich für nichts, in ihm war «alles aufgewühlt», die vier der fünf Sinne, die ihm geblieben waren, lagen im Dämmern, und sein guter alter sechster Sinn «war in der Klinik vertauscht worden».

Aber er *schrieb* es immerhin. Er konnte nicht hören, und mit dem Sehen wurde es immer schwieriger. Aber eben das konnte er doch noch zu Papier bringen. Er konnte noch sagen, daß er stumm war ...

Dann kam der entscheidende Stoß, das Messer in den Rücken. Es läßt sich fast bis zur Uhrzeit hin feststellen. Entscheidend war nicht die Klageschrift des Entschädigungsamts an das Bezirksgericht Agder am 16. Mai 1946, nicht der Antrag des Amtes, daß er dem norwegischen Staat eine Entschädigung von 500 000 Kronen (in heutigem Geld etwa 10 Millionen) und dazu die Verfahrenskosten zahlen sollte. Das alles war schon schlimm genug. Aber der Stoß kam von hinten, und das ist immer entscheidend. Auch dieser Stoß. Zehn Tage nach der Klageschrift des Entschädigungsamts, am 26. Mai, verriet Hamsun in einem Brief an Gierlöff, wie es geschehen war: «Endlich etwas von ‹Entschädigung›. Eine Klageschrift, ein dickes Buch mit allen möglichen

Dokumenten, all meinen alten Zeitungsausschnitten aus der Kriegszeit, meine Schriftlichkeiten aus der Anstalt, verschiedene Interviews, darunter deine gute Äußerung, die Überlegungen der beiden ‹Sachkundigen› und ihr Urteil über meine ‹seelischen Fähigkeiten›, ich weiß nicht, was noch alles. Dazu Berechnungen und Bestandsaufnahme: Sie haben herausgefunden, daß ich 700 000 Kronen besitze und 500 000 bezahlen soll. Lieber Freund, das sind so astronomische Zahlen für mich. Nun soll in Kürze Recht gesprochen werden, ich erwarte die Vorladung für einen der ersten Junitage. Ich soll hinkommen und zuhören, aber ich habe ja zu dem allen nichts zu sagen, nur die Entscheidung hinzunehmen. Ja, ja, in Gottes Namen! Inzwischen bin ich wieder aus meinem normalen täglichen Leben herausgerissen und schreibe natürlich nichts.»

Ein dickes Buch mit allen möglichen Dokumenten. Ein Exemplar liegt im norwegischen Reichsarchiv zu Oslo, ein Hefter mit Abzügen von Matrizen, mehr als 200 Seiten. Die Zahl der Exemplare wurde nach den Mitgliedern des Gerichts festgesetzt, und einige davon fanden ihren Weg auch in die Presse. Wie Hamsun sagt, waren darunter Abschriften seiner Artikel aus den Kriegsjahren, Auszüge seiner Korrespondenz mit Goebbels, Protokolle von Verhören, Feststellungen des Ausschusses für Steuerveranlagungen, Vermögensentscheidungen und so fort.

Aber der Ordner enthielt vor allem das ungekürzte Gutachten Professor Langfeldts, mit den Aussagen von Marie, die Langfeldt mit dem Versprechen auf Verschwiegenheit entgegengenommen hatte. «Wenn mein Mann irgendwie erfährt, daß ich Ihnen dies erzählt habe, werde ich nie wieder mit ihm unter einem Dach leben», sagte sie. Nun erfuhr er es. Den Ordner sah Marie drei Monate später im Büro von Sigrid Stray, und seine Randbemerkungen las sie auch.

Bei einem Gespräch in ihrem Büro in Arendal am 28. 5. 1975 bestätigte Frau Stray, daß der Ordner mit dem psychiatrischen Gutachten an Knut Hamsun ins Altersheim geschickt worden war.

«Da er keinen Verteidiger hatte, mußte er sich ja selbst mit den Akten für sein Verfahren vertraut machen», sagte die Rechtsanwältin Sigrid Stray.

Das war die Begründung und so ging es zu. Langfeldt hatte nicht umsichtig dafür gesorgt, daß nur der Oberste Ankläger Maries Aussagen lesen konnte – wie er es ihr versprochen hatte. Auch niemand anders hatte die Rücksicht besessen, die fatalen Dokumente anzuhalten, ehe sie den Mann erreichten, der wahrlich der letzte war, der sie lesen durfte. Von all den Folgen, die daraus entstanden, daß Knut Hamsun im ersten und schwierigsten Jahr seines Prozesses keinen Verteidiger hatte, war dies die schlimmste. Das Messer saß im Rücken.

Der Brief an Gierlöff enthüllt, daß er Maries Aussagen gelesen hatte, wenn er ihren Namen auch nicht erwähnt: Er blieb in diesem Punkt so stumm wie sie mitteilsam. Doch fünf Tage vorher, am 21. Mai, schickte er Tore einen (ungedruckten) Brief, der nur zwei dick unterstrichene Fragen enthält: «Lieber Tore, als Mama beim Professor gewesen war und Du sie an der Westbahn trafst, sagte sie da, sie hätte nichts gesagt? Und das solltest Du mir berichten?» Tores Antwort ist nicht erhalten und auch nicht wesentlich, denn es kommt auf die Fragen an, und sie zeigen, wie tief er getroffen war. Tore hat ihn wahrscheinlich irgendwann mit der Versicherung beruhigen wollen, daß die Mutter Langfeldt nichts erzählt hätte. Hamsun hatte daran geglaubt – und wenn auch nicht, so war die Frage nun doch erledigt, nun kannte er ihre Aussagen Wort für Wort. Und nicht nur er! Wie viele Büroangestellte, Sekretärinnen, Rechtsanwälte und Journalisten hatten nun freien Zugang zu der sorgsam gehüteten Privatwelt eines Mannes, der wie keiner scheu und zugeknöpft und unzugänglich war, wenn es um sein privates Leben ging! Er hatte jedes Eindringen der Öffentlichkeit wie die Pest gefürchtet. Nun war es geschehen, nun waren sie nicht nur hinter die verschlossene Eisenpforte in Nörholm gekommen – sie standen ja in seinem Schlafzimmer! Und wer hatte sie eingelassen? Seine eigene Frau. Er hatte sie bei der Nobelpreisverleihung nicht in einem zu weit ausgeschnittenen Kleid mitnehmen wollen, und nun hatte sie sich, bildlich gesprochen, vor Langfeldt ausgezogen. Beispiele für sein «starkes Triebleben» gegeben. Drauflosgeredet über seine Eitelkeit. Seine Sentimentalität, seine Tränen. Seinen Wutanfall. Hat er an dem Tag, als sie sich in der Klinik für immer trennten, vermutet, daß sie so weit gegangen war? Nun saß er hier im Zimmer mit dem schrägen Fußboden und führte die bebende Lupe Wort für Wort über die Papiere. So weit war es also gekommen. Nicht nur der Oberste Ankläger, auch die Sachverständigen, die Verfasser von Leserbriefen und die Leitartikler fanden ihn schuldig. Und seine eigene Frau. Man warf ihm Verrat vor; sie beschuldigte ihn der Untreue; die Erklärung der anderen über seine geschwächten seelischen Fähigkeiten hatte sie durch die Behauptung ergänzt, sie und die Kinder hätten ihn schon vor dem Krieg für verrückt gehalten. Konnte ein Mensch einsamer sein als er? Wenn er alle Welt herausgefordert hatte – hier war nun die Antwort. Das Entschädigungsamt schätzte ihn auf 500 000 Kronen. Er stand allein auf der einen Seite, wir anderen alle ihm gegenüber, und nun wollten wir unseren Nobelpreis wiederhaben.

Waren wir auch ein bißchen mißgünstig? Oder hatten wir hier Gelegenheit, uns ein klein wenig aufzuspielen? In dem Prozeß gegen Oscar Wilde sagte sein Landsmann, der irische Dichter William Butler Yeats:

«Das Toben gegen Wilde wird vermehrt durch die Eifersucht des Volkes auf die Kunst und den Künstler, eine Eifersucht, die meistens ruht, aber zum Leben erweckt wird, wenn der Künstler sein Reich verläßt und unter ungünstigen Umständen ins Blickfeld der Öffentlichkeit gerät. Der Haß entsteht nicht aus einer Tat des Künstlers oder der hervorragenden Persönlichkeit, sondern ist Ausdruck für individuellen Haß und Mißgunst, die unter bestimmten Umständen kollektiv geworden sind.»

Oscar Wilde starb daran. Niemand wird irgendwie erfahren, was Knut Hamsun in diesen Maitagen durchmachte, aber vieles deutet darauf hin, daß die Entdeckung von Maries Enthüllungen sofort zu einem Rückfall führte. Am 28. Mai schrieb er selbst an Tore, daß er nun «durch Pflege so weit gekommen sei, daß er allein zum WC kriechen» könne. Ob es ein Zusammenbruch wie der war, den Gierlöff in der psychiatrischen Klinik erlebt hatte, wissen wir nicht, wir wissen nur, daß ein Tiefpunkt erreicht war.

Und der Wendepunkt. Dafür sprechen die Briefe aus den Tagen vor und nach dem entscheidenden Ereignis. «Ich schreibe natürlich nichts», hatte es im Brief an Gierlöff vom 26. geheißen, in dem er von der Klageschrift berichtete. Doch schon zwei Tage danach stand in einem Brief an Tore:

«Du und Gierlöff hofft, daß ich zu einem Wunder imstande sein sollte, aber so etwas Törichtes habe ich noch nicht gehört. Was ich mache, ist nur der Versuch, ein armseliges *Tagebuch* zu führen, etwas Nachdenken, ein bißchen Dichtung, etwas Wahrheit.»

Offenbar hatte er also die Arbeit mit den Notizen für «Auf überwachsenen Pfaden» aufgenommen, die geruht hatte, seit man ihn nach Oslo gebracht hatte. Das bestätigt auch zwei Wochen später, am 9. Juni, ein Brief an Gierlöff: «Ich habe versucht, das fortzusetzen, was ich begann, ehe ich in die Anstalt kam. Ich habe wenig geschrieben, das aber ist gut. Es ist nur so jämmerlich wenig, und nun hat es ganz aufgehört.»

Aber es ging gleich weiter. Schon am Tage danach schrieb er an Gierlöff: «Ich bin ungeheuer beschäftigt mit dem, was ich schreibe. Nicht, daß ich viel vor mich bringe, nein, kaum etwas zum Füllen, aber ich sitze mit meinem ganzen Interesse Nacht und Tag daran!»

Das Wunder war geschehen.

Drei Wochen danach, am 30. Juni, ließ er Gierlöff wissen, er sei beständig an der Arbeit. Es gelang ihm nicht mit schwarzer Tinte wie in alten Tagen, er war so «matt in den Augen» geworden und die Tinte so deutlich «wie eine Mischung aus Wasser und Milch», aber er hatte keine Zeit, den Augenarzt Dr. Egebert in Arendal aufzusuchen:

«Nun bin ich bis Seite 47 gekommen und muß erst einmal innehalten vor der Affäre mit der Klinik. Ich meinte, ich müßte einen langen Brief an den Obersten Ankläger schreiben. Der muß gut werden, wenn ich auch am liebsten zuschlagen möchte.»

Knut Hamsun wußte auch, daß die Kunst stärker als die Geschichte ist. Sie konnte Ereignisse überleben, sie konnte eingesetzt werden, um zu überwinden. Wieder einmal hatte der Tiefpunkt den Anstoß gegeben, wie im Jahr zuvor, als sie nach Nörholm kamen und ihn verhafteten, und wie damals, als er jung war und auf dem Vorderdeck der *Thingvalla* stand und über Kristiania hinblickte. Er war so zerschlagen, es schmerzte bis ins Mark, aber er schrie nicht, er schrieb. Er sagte, daß er am liebsten zuschlagen wolle, und das war eine ernsthafte Andeutung bei einem Mann mit seiner Sprachkraft. Mit Marie war er fertig, hier gab es nichts mehr hinzuzufügen. Aber da waren immer noch die beiden Mitverantwortlichen, Arntzen und Langfeldt, mit denen hatte er jetzt zu tun, und bevor er sie nicht getroffen hatte, konnte er nicht die Ruhe finden, die zum Sterben nötig ist. Die beiden mußten zuerst erledigt werden, entfernt, gezeichnet, vom Tisch gefegt. Oder besser noch, es mußte schlimmer werden, sozusagen umgekehrt, er würde sie an den Ohren in die Weltberühmtheit ziehen wie einen Schuljungen in die Ecke, er mußte sie in alle Ewigkeit verhöhnen, ihre Schande unsterblich machen. Wenn seine schwachen Augen die Tinte, die aus seiner Feder floß, nicht mehr erkennen konnten – das spielte keine Rolle. Ein Bleistift tat es auch.

Mut ist besser als Glück, doch wenn man überhaupt kein Glück mehr hat, wird es leichter, mutig zu sein. Hamsuns Brief an den Obersten Ankläger, Sven Arntzen, wurde im Laufe der beiden folgenden Wochen geschrieben. Die später gedruckte Fassung ist datiert «Altersheim Landvik, 23. Juli 1946». Der Ton war gedämpft, denn Hamsun wußte gut, daß leise Ironie am tiefsten trifft. Er begann mit einer Entschuldigung, er sei im Zweifel gewesen, ob er überhaupt diesen Brief schreiben solle, schrieb er. Der Brief sei wohl auch kaum nützlich, und er müßte ja in seinem hohen Alter eigentlich anderes zu tun haben. Seine Entschuldigung sei, daß er ja nicht für den heutigen Tag schreibe, sondern für den einzelnen, der es vielleicht in Zukunft lesen werde. Und er schrieb für ihre Enkel.

Dann schilderte er, wie er im Jahre zuvor in die psychiatrische Klinik eingeliefert wurde. Der Grund dafür sei nicht nur für ihn ein Rätsel geblieben. Die offizielle Bezeichnung der Anstalt laute «für Nervöse und Gemütsleidende», aber er sei ja weder nervös noch gemütsleidend gewesen. Er war ein alter Mann, und er war taub, aber als er aus seinem gewohnten Leben und von seiner Arbeit fortgerissen wurde, war er frisch und gesund. Vielleicht werde man später einmal nach der Begründung für das eigenmächtige und unverständliche Handeln des Herrn Obersten Anklägers fragen. Er hätte ihn ja zu sich rufen und sich ein paar Minuten mit ihm unterhalten können, aber das tat er nicht. Er hätte sich eine ärztliche Bescheinigung verschaffen können, aus der hervorging, daß er in die Klinik eingewiesen werden müsse, er tat es nicht. Der Bezirksarzt untersuchte ihn zehn Minuten lang «rein körperlich», wie er selbst sagte, erwähnte vielleicht «etwas hoher Blutdruck», erwähnte vielleicht die Gehirnblutung. Aber machte ein hoher Blutdruck etwa die Untersuchung des Geisteszustands notwendig? Oder tat es eine Gehirnblutung, die nicht die geringsten Spuren hinterlassen hatte? Es gibt ja nicht wenige Leute, die eine Gehirnblutung gehabt haben, und Adernverkalkung ist keine seltene oder ausgefallene Krankheit . . .

Ach – diese unheilverkündende Verdichtung der Stimmung, diese allmähliche, bewußte Konzentration auf die Kraft der Sprache – es war wie in «Die Stadt Segelfoß», wo der Anwalt Rasch erledigt werden soll, man spürt schon die Kälte des eisigen Spotts, der näherkommt, nun kommt Satz auf Satz die

Quälerei, die gnadenlose Auslieferung, die späte, aber unausweichliche *mise à mort:*

«Doch ich muß annehmen, daß dem Herrn Obersten Ankläger mein Name unbekannt war. Aber Sie hätten dort, wo sie zu finden war, Aufklärung suchen können. Vielleicht hätten Ihnen einige Leute erzählen können, daß ich der Welt der Psychologie nicht ganz fremd bin, ich habe in einem sehr langen Dichterleben mehrere hundert Gestalten geschaffen, sie innerlich und äußerlich als lebendige Menschen erschaffen, in jedem seelischen Zustand und jeder Schattierung, im Träumen und im Handeln. Solche Aufklärung über mich suchten Sie nicht. Sie übergaben mich unbesehen einer Anstalt und einem Professor, der ebensowenig im Bilde war wie Sie . . .»

Langfeldt. Er kam ausgerüstet mit seinen Schulbüchern, die er auswendig kannte, aber das hier war etwas ganz anderes. Da der Oberste Ankläger nicht Bescheid wußte, hätte sich der Professor weigern müssen, hier mit seinen Sachkenntnissen aufzutreten, wo die Aufgabe völlig außerhalb seiner Reichweite lag. Wozu also das Ganze? Ging es darum, ihn für geisteskrank und damit für nicht verantwortlich für seine Handlungen zu erklären? War das des Herrn Obersten Anklägers wohlwollendes Angebot? Dann hatte er allerdings die Rechnung ohne ihn, Hamsun, gemacht. Er hatte sich ja vom ersten Augenblick zu der Verantwortung für das, was er getan hatte, bekannt und diesen Standpunkt die ganze Zeit ungeschmälert beibehalten. Er wußte ja, wenn er nur ungehindert sprechen könnte, würde sich die Sache wenden zu einem Freispruch oder doch einem Freispruch so nahe kommen, wie er selbst zu gehen wagte und wie es das Gericht hinnehmen konnte. Er wußte, daß er unschuldig war, taub und unschuldig. Er hätte sich in einem Kreuzverhör gut behaupten können. Er hätte nur die Wahrheit gesagt.

Und worauf war das Ganze hinausgelaufen? Auf den «judizialen» Test. Auf fünfzig Jahre alte anonyme Briefe. Auf Transport unter Polizeibewachung hin und zurück durchs Land. Auf Reklame mit dem Besuch von Ausländern, denen das eingesperrte Tier vorgeführt wurde. Vier Monate, um gelehrte Etikette auf jeden nur denkbaren Gemütszustand zu kleben. Was kam bei allem heraus? Man stellte fest, daß er nicht geisteskrank war. Er hatte nachhaltig geschwächte seelische Fähigkeiten. Leider ja, die hatte er. Sie waren nämlich in der psychiatrischen Klinik stark angegriffen worden. Und als der Oberste Ankläger dieses Urteil veröffentlichte, ließ er zugleich der Öffentlichkeit mitteilen, daß er das Gerichtsverfahren gegen ihn aufheben wolle. Hamsun packt fester zu:

«Entschuldigen Sie, aber hier handelten Sie wieder ohne mich. Sie haben sich nicht vorgestellt, daß ich mit dieser Entscheidung nicht zufrieden sein würde. Sie vergaßen, daß ich vor dem Untersuchungsrichter und ebenso nachher für das eingestanden bin, was ich getan habe, und daß ich einem Urteil entgegensah. Ihr impulsiver Eingriff ließ mich zwischen Himmel und Erde schweben, denn meine Sache war damit ja keineswegs entschieden. Die eine Hälfte (die Entschädigung) stand noch aus. Sie glaubten vielleicht, mir könne auf diese Weise gedient sein, aber das war es nicht, und ich glaube, daß einige Menschen mir recht geben werden. Bis vor kurzem war ich nicht ein Irgendwer in Norwegen und in der Welt, und ich wollte nicht den Rest meiner Tage in einer Art von Ihnen erlassener Amnestie zubringen, ohne mich für meine Handlungen zu verantworten. Doch Sie schlugen mir die Waffe aus der Hand.»

Inzwischen war die Entschädigungsfrage ja vor dem Bezirksgericht anhängig, also – nach dem Proteststurm in der Presse und dem «Verzicht auf Anklageerhebung» ein neues Gerichtsverfahren, wie Hamsun aus den Zeitungen wußte. Nun fallen die Schläge dicht, jeder Satz trifft:

«Sie lassen Ihre Anwälte und Ihre Büroangestellten ausfragen bei jedem Ihrer wechselnden Standpunkte. Sie brauchen mich als Versuchsobjekt in Ihrer sehr eigentümlichen Rechtstechnik. Sie hätten sich nach meiner Haltung vor dem Untersuchungsrichter richten können, dann hätten Sie es vermieden, die Anweisungen für Ihre Schritte von Journalisten und der Presse entgegenzunehmen.» Unterschrieben: «Ergebenst».

Der Brief wirkte sicherlich mit, daß die Verhandlung, die zunächst auf «einen Termin im Sommer» anberaumt worden war, nun hinausgeschoben wurde und «im Laufe des Septembers» stattfinden sollte. Die scharfe Antwort wird ihre Wirkung nicht verfehlt haben, denn sie zeigte unwiderleglich, daß die Erklärung, die der Oberste Ankläger von seinen Sachverständigen erhalten hatte, völlig falsch war. Wenn das geschwächte seelische Fähigkeiten waren, hätten sich Sven Arntzen für mehr Leute mit dieser Schwäche bedanken müssen! Dieser Greis da im Altersheim Landvik hatte eine höchst gefährliche Zunge, die bei einem öffentlichen Rechtsverfahren mit Presseleuten von überall her einige Verwüstung anrichten konnte. Sven Arntzen hatte wohl genug verstanden. Er beantwortete Hamsuns Brief niemals, gab aber bald danach sein Amt auf, das er gerade erst übernommen hatte, und entging dadurch der Bloßstellung. Es dauerte mehrere Jahre, bis Hamsun diesen Brief veröffentlichen konnte, und Sven Arntzen war mit seinen 49 Jahren ein Mann im besten Alter, der es nicht eilig hatte, unsterblich gemacht zu werden. Er übernahm eine ganze Reihe von Posten, war Anwalt der norwegischen Regierung beim Internationalen Gerichtshof in Den Haag, wo er sein Land im Streit um die Fischereigrenzen mit Großbritannien und später in der Goldklausel-Auseinandersetzung mit Frankreich vertrat. Er konnte nicht auf den Brief von Hamsun antworten, weil er Leiter oder Vorsitzender des Aufsichtsrats in einer ganzen Reihe norwegischer Gesellschaften und Institutionen wurde. Seinen Namen machte Hamsun weltberühmt, aber vorher bekam er noch einiges an hohen Auszeichnungen, darunter eine britische, den Königlichen Orden für Courage. Und er wurde zum Kommandeur mit Sternen des Sankt-Olavs-Ordens ernannt.

Der alte Mann saß in seiner schräg abfallenden Kammer, flickte sein Unterzeug, wusch seine Socken und wartete auf einen Brief. Er schrieb an Tore, daß sein langes Schreiben an den Obersten Ankläger ihm offenbar nicht helfen werde, sich wieder etwas Respekt zu verschaffen; er überließ es Gott, ihn zu retten, und setzte in einem Postskriptum hinzu «Eventuell». Dann bat er Langfeldt, ihm seine «Schriftlichkeiten» aus der Klinik zu überlassen, damit er sie in seinem Buch verwenden könne. Das meiste, was er in der Anstalt zu Papier gebracht hatte, stand ja in «der ungeheuerlichen Observation», aber nicht alles, sagte er zu Tore. Er wollte aber gern den Rest haben. Doch auch von hier kam keine Antwort, und im August schlug er Gierlöff vor, man solle den Obersten Ankläger bitten, hier einzugreifen:

«Es ist mir so ungeheuer viel daran gelegen, die Originale zu erhalten.»

Die vielen Briefe, die er in dieser Angelegenheit schrieb, zeigen, daß Langfeldts Gutachten, das Hamsun ja zur Verfügung stand, in dieser Beziehung nicht vollständig ist. Wesentliche Teile seiner schriftlichen Äußerungen müssen ausgelassen worden sein, sonst hätte er nicht so ausdrücklich auf den Originalen bestanden. Aber er bekam sie nie.

Tage und Wochen vergingen. Er schrieb an Tore, er möge ihm doch die Juli- und möglichst auch die Juniausgabe von *Det Bäste* schicken; die schwedische Ausgabe von *Reader's Digest* war jetzt erschienen, und hier war viel gute Lektüre, wie er sie brauchte.

Nach Nörholm wollte er nicht, er zog den Platz vor, den die Polizei für zu armselig hielt. Aber er schickte Briefe über die paar Kilometer hinweg, übersah völlig, daß Marie auf Nörholm war, und bat statt ihrer die Schwiegertochter, ihm Sommerstrümpfe zu schicken und seine Kleidung einzumotten. Marie übernahm es stillschweigend. Sie sorgte auch dafür, daß er zu seinem Geburtstag am 4. August – er wurde siebenundachtzig Jahre alt – ein paar gestärkte Hemden und einen Kringel erhielt. Damals hatte sie noch nicht bei den Anwälten den Ordner mit den Berichten gelesen. Sie schickte aber vorsichtig ihre Geschenke im Namen des Enkels Esben, und schon am nächsten Tag kam ein Dankesbrief von Esbens Großvater, der den Zweijährigen bat, «den anderen» streng zu sagen, daß sie ihm niemals wieder etwas schicken dürften. Der große Kringel habe an die Alten im ersten und zweiten Stock ausgeteilt werden müssen, und was sollte man noch mit gestärkten Hemden, wenn man unter Neunzigjährigen lebte! Cecilia und Hans Andreasen in Dänemark erhielten einen Dank für ihr Telegramm, aber es sei doch Spott und Schande, sich an die Geburtstage von Greisen zu erinnern, er wolle doch hoffen, daß sie in den nächsten zehn bis zwanzig Jahren dies Datum vergessen würden, damit er in seinem Alter etwas Frieden finden könne! Im übrigen hoffte er, daß Hans schrieb, daß es nur so sprudelte, er selbst brachte ja nichts mehr zustande, er ging und wartete auf die Gerichtsverhandlung, die sicher noch einen Monat auf sich warten lassen würde, und es war so schlimm, nur zu warten, es hinderte ihn am Arbeiten.

Nein, er schrieb nicht. Wochen und Monate gingen hin, der Sommer verging. Und er saß über seinem kleinen Block im Quartformat von *Colonial Bank Post* und schrieb nicht. Gott bewahre, einiges aus der Umwelt sickerte doch herein. Die Leiterin des Altersheims wurde von einer neuen ersetzt, eine der beiden Schönheiten unten im Büro verließ sie auch, aber Gott sei Dank hatte sie ja noch die andere. Und nun wollte ihnen die Gemeinde ein ganz neues Altersheim bauen, mit Badezimmer und Krankenabteilung und anderen Herrlichkeiten. War es denn nicht die Absicht, daß sie hier nur sterben sollten? Doch, das war es, aber man soll ja mitnehmen, was einem geboten wird, man mußte mit der Zeit gehen, sich modernisieren, man konnte sich ausgezeichnet zwischen Tür und Angel an ein paar neue Bedürfnisse gewöhnen. Gewiß, sterben müssen wir alle. Aber nicht gerade jetzt, sagt Augustin.

Nein, nein, er schrieb nicht. Er saß da und versuchte, seine Gummischuhe zu reparieren. Um den rechten stand es wieder schlimm, die Sohle war sehr gut, aber er war zerrissen und wollte nicht festsitzen, er hatte ihn schon jahrelang geärgert, aber nun war er völlig verrückt geworden, vor kurzem war er in ihm gestolpert und mußte den Schuh in der Hand heimtragen. Er versuchte, die Risse mit einem starken Wollfaden zusammenzuhalten, aber das ging nicht, an den Einstichen riß es weiter, er wurde nur noch schlechter durch das, was mit ihm angestellt wurde, und mehr war darüber nicht zu sagen. Nichts anderes, als daß er ein guter Gummischuh gewesen war. Er war trotz den Rissen in vielen Ländern mit ihm gewesen, hatte ihn sogar auf einer berühmten Reise nach Wien und zu Hitler begleitet. Nun mußte er ihn mit einem Schnürsenkel fest an den Schuh binden. Nein, nein, er schrieb nicht. Aber nun schickte ihm Tore auch die Augustnummer von *Det Bäste*. Er verschlang alles, er las über die Eroberer des brasilianischen Urwalds. Über die Kunst, das Leben zu genießen. Darüber, daß Ehe nicht einfach war. Von der Sowjetdelegation, die ausstieg. Er schrieb nicht. Er hatte die Bibel und *Det Bäste*. Er war ein alter Mann. Er war froh, daß er seinerzeit «nein danke» gesagt hatte, als er Kommandeur mit Sternen des Sankt-Olavs-Ordens werden sollte. Nun brauchte er ihn ja nicht zurückzugeben, sagte er. Er schrieb nicht. Er saß nur da und notierte sich einiges aus alter Gewohnheit.

Gibt es nicht einen Stern, der Mira heißt? fragte er sich. Er hätte nachschlagen können, aber er hatte nichts zum Nachschlagen. Es war auch gleichgültig. Mira war ein Stern, der kam, ein wenig leuchtete und wieder fortblieb. Das war der ganze Lebenslauf. «Und Mensch, jetzt denke ich an dich», schrieb er weiter mit seinen nachhaltig geschwächten seelischen Fähigkeiten. «Von allem Lebendigen auf der Welt bist du zu fast nichts geboren. Du bist weder gut noch böse, du bist dir keines Ziels bewußt. Du kommst aus dem Nebel und gehst in den Nebel zurück, so von Herzen unvollkommen bist du. Und setzest du dich auf ein edles Pferd, so gibt es nichts, was das Pferd wieder edel macht. Nimm es ruhig, den Tag und den Weg, sachte . . . Springst du ab und schleuderst deinen Hut auf die Erde vor zwei Augen, zwei Augen, die dir begegnen? Du hast nicht genug Leben dazu.»

Sein Privatleben war an die Öffentlichkeit gekommen, seine Söhne, die das Gefängnis erwartete, die Tochter, die krank war – über alles das hatte man in der Tagespresse lesen können. Nun sollten sie vor Gericht, Marie als erste am 23. August in Grimstad, Knut Mitte September am selben Ort. Gestraft waren sie. Nun fehlte nur noch das Urteil.

# Vierter Teil
# DAS URTEIL

*Jetzt wird es ernst, sagte August.*
*Ja, antwortete Edevart uninteressiert.*

KNUT HAMSUN

## 27

## *Marie vor Gericht*

Der 23. August 1946 war ein Freitag und sollte nach dem Wetterbericht ein zum Teil bewölkter Tag ohne Niederschläge sein, statt dessen war es ein strahlender, warmer und stiller Spätsommertag, wie man ihn nur in Sörland erleben kann. Doch die meisten Leute blieben zu Hause, gebannt von den Europameisterschaften in Leichtathletik, die in diesem Jahr in dem norwegischen Stadion Bislet stattfanden; an diesem 23. August machte der berühmte Däne Holst-Sörensen seinen Namen noch unsterblicher, als er unerwartet das Finale im 400-Meter-Lauf gewann, ein paar Zentimeter vor dem Schweden Nolinge, dem Engländer Pugh und dem Franzosen Lunis, der bis dahin geführt hatte.

Trotzdem fanden die Zeitungen Platz, auf der ersten Seite ein Gerichtsverfahren zu erwähnen, das am selben Tag in dem kleinen weißen Grimstad stattfand. *Aftenpostens* Berichterstatter Fridtjof Knutsen schrieb vier Spalten über den Prozeß; er meinte, daß sich die gerichtliche Auseinandersetzung mit der Familie Hamsun – da der Oberste Ankläger keine Anklage erhoben hatte – wohl vor allem auf die Ehefrau beziehen werde, während die Umstände für die Söhne, wie er sich ausdrückte, gewöhnlicher waren.

Die Verhandlung gegen Marie war auf elf Uhr morgens angesetzt. Da Grimstad kein eigentliches Gerichtsgebäude besaß, fand die Verhandlung im Ratssaal des Rathauses statt. Es ist eines der wenigen Gebäude der Stadt, die weder senkrechte noch waagerechte weiße Balken aufweisen, sondern ganz aus Ziegelsteinen erbaut sind, und zwar in jenem hübschen «spätromanischen» Rundbogenstil, der sich auf Europas sämtlichen Bahnhöfen, Banken, Rathäusern und öffentlichen Toiletten breitmachte, gleichzeitig mit den Theaterstücken, die von Lehrlingen der Stadtapotheke geschrieben wurden.

Der Ratssaal lag im zweiten Stock hinter vier hohen Giebelfenstern mit Rundbögen. Hier also tagte sonst der Stadtrat, und hier hatte Marie Hamsun an den Propagandaveranstaltungen der NS teilgenommen, für die sie sich nun zu verantworten hatte.

Zwölf Armstühle standen um einen großen Tisch, zu dem fünf kleinere Tische in Hufeisenform zusammengeschoben worden waren. An den Wänden gab es Bänke ohne Rückenlehne für Zuhörer. Die ganze Ausstattung des Raums eignete sich besser für Ratsversammlungen als für Gerichtsverhandlungen: Es gab keinen erhöhten Richtersitz, erst recht keine Schranken für Ankläger, Verteidiger, Zeugen und Angeklagte. Man mußte sich damit behelfen, die Tische des Hufeisens etwas auseinanderzurücken, um den nötigen Abstand anzudeuten. Dadurch wirkte der Saal natürlich etwas unruhig, vor allem, als Journalisten, Photographen und Zuhörer kamen und sich auf die Bänke setzten. Die Presseleute waren in der Überzahl, der Reporter von *Aftenposten* sah nur wenige Zuhörer. Natürlich hatte man nicht genug Platz für viele Zuhörer, aber die Schlange der Interessierten war auch nicht gerade lang gewesen: Die Rundfunkübertragung aus dem Stadion Bislet hatte gerade begonnen.

Genau um 11 Uhr betrat das Gericht den Saal: Der Richter P. L. Stabel, begleitet von den beiden Schöffen Syvert Aakeröya und Karl Eide, dem Protokollführer Reidar Knudsen, dem Staatsanwalt Falkanger und dem Verteidiger Anwalt Christian Stray. Der Reporter von *Aftenposten* berichtete, daß die Angeklagte, Frau Marie Hamsun, ein schwarzes Straßenkostüm trug und nicht danach aussah, als ob die Ereignisse der letzten Zeit sie angegriffen hätten; während der Verhandlung, meinte er, hatte man den Eindruck, daß sie ihre Einstellung nicht wesentlich geändert habe. Mit ein paar Bemerkungen machte sie deutlich, welche Atmosphäre heute auf Nörholm herrschte, aber sonst praktizierte sie Nazimethoden, indem sie versuchte, sich möglichst aus allem herauszuwinden. Sogar ihr Hofblatt *Fritt Folk* ließ sie im Stich, wo es darum ging, ein paar Äußerungen von sich abzuwälzen, die sich jetzt im Druck weniger schön ausnahmen.

Vielleicht hatte der Journalist mit seinen «Nazimethoden» recht, wenn er damit meinte, daß sie von Angeklagten, die keine Nazis waren, gegenüber Anklägern, die es waren, angewandt wurden. Es mußte unweigerlich der große Tag der Halbwahrheiten in Maries Leben werden.

Allerdings traf es nicht zu, daß die jüngsten Ereignisse nicht an Marie gezehrt hatten. Sie war eine halbe Stunde zuvor aus Nörholm abgefahren in Moens schwarzem Taxi, das einen neuen, einen Benzinmotor bekommen hatte. Es waren achteinhalb Kilometer zu fahren, Marie saß hinten im Auto, in Gedanken versunken, und sah die unzähligen Spinnennetze, die im scharfen Spätsommerlicht zwischen Tannen und Birken glitzerten. Wie viele Jahre würde es dauern, bis sie sich wieder frei in solchem Nachsommerwald bewegen durfte? Wie viele Jahre lagen vor ihr in irgendeiner Gefängniszelle mit der nur allzu bekannten «Kübelatmosphäre»? Sie hatte nicht mehr viele Jahre herzugeben, sie war nicht mehr jung. Im Auto neben ihr saß ihre Schwiegertochter, Arilds Frau Brit. Ihr Verhältnis zueinander war vermutlich nicht besser als das vieler Schwiegermütter und Schwiegertöchter, doch sie hatte Brit gebeten, sie zu begleiten, denn niemand anders konnte ihr einen Halt geben. Brit war jung. Sie saß neben Marie wie für ein Fest geschminkt, hatte ihre beste Kleidung angezogen und allen Schmuck angelegt. Marie hatte nichts dazu bemerkt. Sie hatte nur Brit.

Brit näherte sich jetzt dem Alter, in dem sich ihre Schwiegermutter – wie Marie jetzt einfiel – übertrieben geschminkt hatte; während der ganzen Verhandlung hielt sie die Nase hoch und verstand kein Wort. Dahinter verbarg sich aber Verlegenheit, sie wollte keineswegs arrogant wirken, sie mußte nur Haltung bewahren und durfte niemandem zeigen, wie leid ihr die alte Frau tat. Brit gehörte zu den wenigen Menschen, die damals schon die Katastrophe kannten, die Marie getroffen hatte, als sie entdeckte, daß Knut Hamsun ihre

Aussagen für Professor Langfeldt gelesen hatte. Sie war, wie Brit erzählt, seitdem kein Mensch mehr; die betriebsame Marie, die immer tausenderlei zu erledigen hatte, saß nun starr und steif auf demselben Stuhl, und ab und zu quollen große Tränen unter den geschlossenen Lidern hervor, liefen über das Gesicht und wurden nicht fortgewischt. Die schlimmste Trauer der Welt war nun zu ihrer Trauer geworden. Die alten Magenschmerzen stellten sich wieder ein und hielten sie nachts wach, sie wollte nichts essen, nicht einmal eine leichte Medizin für die Nerven nehmen, wollte mit niemandem reden, immer nur weinen. Sie sollte von den Ereignissen nicht gezeichnet sein? Das war völlig falsch. Der Journalist hatte damit vielleicht gemeint, daß sie kein Zeichen von Reue gab, aber gezeichnet war sie nicht nur, sie zeigte es auch.

Als die einstige Herrin auf Nörholm, Norwegens Erste Dame in der Literatur, am Freitag, dem 23. August 1946 um 11 Uhr morgens, vor ihre Richter trat, schwarzgekleidet wie eine Witwe, war sie so blaß und vergrämt, daß man ihr fast zutrauen mochte, sie hätte die tiefen Furchen um den Mund mit Schminke noch unterstrichen; man mochte glauben, daß sie die Maske der Trauer angelegt habe, daß sie wieder Schauspielerin und Gauklerin sei und als Medea vor ihr Publikum trat.

Sie setzte sich. Der Gerichtsvorsitzende erhob sich, läutete kurz mit seiner Glocke und erklärte das Gericht für eröffnet, die Sache Nummer 31/1945 L nahm ihren Anfang: Die öffentliche Anklagebehörde kontra Anne Marie Hamsun, angeklagt des Landesverrats.

Stabel las dann sofort den Anklagebeschluß vor, der im großen und ganzen dem entsprach, den Marie im Jahr zuvor im Gefängnis erhalten hatte. Er fragte sie, ob sie sich schuldig bekenne. Marie stand auf. «Nein», antwortete sie laut.

Sie setzte sich wieder. Der Richter gab der Anklage das Wort, dem Staatsanwalt Falkanger. Er begann mit den Personalien der Angeklagten. Marie Hamsun wurde in einigen Monaten fünfundsechzig Jahre alt, sagte er, sie war Schülerin in Ragna Nielsens Schule gewesen, später für eine kurze Übergangszeit Erzieherin, dann als Schauspielerin am Nationaltheater, wo sie Knut Hamsun kennenlernte.

Zu Beginn des Krieges war sie nach ihren eigenen Angaben vor der Polizei zunächst gegen die Deutschen gewesen, dann aber zu der Überzeugung gelangt, daß die Deutschen mit vollem Recht nach Norwegen gekommen seien. Deshalb war sie in die NS eingetreten. Sie hatte die Personalabteilung geleitet und war auch Mitglied des Bezirkstags von Eide gewesen, außerdem Vorsitzende des Schulausschusses; sie hatte einige kleinere Beträge für die NS und für die Soldaten an der Ostfront gegeben. In Eide und Grimstad hatte sie einen Vortrag gehalten und während des Krieges drei Vortragsreisen nach Deutschland unternommen. Auf Nörholm verkehrten viele Deutsche, und der deutsche Kommandant von Grimstad hatte beim Kommen und Gehen einen Höflichkeitsbesuch auf Nörholm gemacht.

Schließlich kam der Staatsanwalt auf die Entschädigungsfrage. Der gemeinsame Besitz von Knut Hamsun und seiner Frau waren auf 719000 Kronen geschätzt worden, von denen noch 15000 Kronen für Steuern abzuziehen waren. Der Ankläger erwähnte in diesem Zusammenhang, Hamsun habe 1941 «einen Vorschlag ausgearbeitet», um seiner Frau und seinen Kindern ihr Erbe anzuweisen. Die vier Kinder sollten zusammen 100 Gyldendal-Aktien erhalten, aber, so schloß der Staatsanwalt, der Vorschlag sei niemals «in Kraft getreten», so daß jetzt das Erbe der Kinder, mittlerweile 180000 Kronen wert, der Summe zugerechnet worden war, von der die Entschädigung berechnet wurde.

Bei diesen letzten Ausführungen Falkangers sah man Marie Hamsuns Verteidiger Christian Stray leicht den Kopf schütteln und sich Notizen machen. Der Ankläger setzte sich, der Richter begann mit dem Verhör. Während der Verlesung ihres langen Sündenregisters hatte Marie unbeweglich vor sich auf den Tisch gestarrt, als handle es sich um irgendeinen anderen Menschen. Nun erhob sie sich, fühlte alle Blicke auf sich gerichtet – wie damals, wenn sie aus «Segen der Erde» vorlas – und spielte ihre Rolle wieder bewundernswert, war wieder die große Tragödin, die sich mit sparsamer Mimik begnügen konnte, die keine Bewegung übertrieb, trotz ihrer fast fünfundsechzig Jahre eine hübsche, stattliche Frau, imstande, eine Verachtung auszustrahlen, die wie ein kalter Luftzug durch den sonnenwarmen Saal wehte; sie brauchte nur ihren Schal fester um den Hals zu ziehen und den Richter mit einem kaum wahrnehmbaren höhnischen Zug um den Mund anzusehen.

Die beiden betrachteten einander stillschweigend. Vor dem Krieg hatten sie sich oft bei gesellschaftlichen Anlässen getroffen, wo sich der Richter als galanter Kavalier erwies, und er hatte nichts dagegen gehabt, die schöne Frau des berühmten Dichters zu Tisch zu führen. Jetzt sah sie, wie sein Adamsapfel im Kragen mehrmals auf- und niederhüpfte, bevor er das Wort ergriff. Er fragte, ob die Angeklagte zugeben wolle, daß sie Propaganda für die Deutschen getrieben habe. Marie sah ihn kühl an, sie fand nicht, daß sie Propaganda für die Deutschen getrieben, sondern sich nur loyal gegen sie verhalten habe.

«In jedem Fall ist die Propaganda, die ich gemacht habe, außerordentlich gering im Verhältnis zu dem, was mir möglich gewesen wäre», sagte sie. «Nach 1941 war ich nämlich der Meinung, es habe keinen Sinn, den Versuch zu machen, die Überzeugung unserer Gegner zu erschüttern, bevor der Krieg vorbei war und sie die Früchte des NS-Regimes selbst sahen.»

Gut geantwortet, aber der Richter wußte, worauf er hinauswollte, fischte sich einen Bogen heraus und begann laut zu lesen, froh, sich auf einen so schwerwiegenden, ja entscheidenden Text stützen zu können. Es handelte sich um Maries Appell an die norwegischen Mütter: «Oft sind wir es, die das entscheidende Wort sprechen. Laßt uns in der Stunde des Opfers daran denken, daß nicht ein langes Leben das Wichtigste für unseren geliebten Sohn ist, sondern daß er im Leben etwas leistet. Das Größte, was er leisten kann, ist sein Kampf für Norwegen gegen den Bolschewismus.»

Der Richter ließ das Blatt mit bezeichnender Geste fallen und fragte, eine Spur Müdigkeit in der Stimme:

«Nennen Sie das nicht Propaganda?»

Marie blickte ihn unverwandt an. Wenn sie sich jetzt unbehaglich fühlte, verriet sie es jedenfalls nicht.

«Zunächst muß ich sagen, daß ich sehr überrascht war, als ich die Überschrift über meinem Beitrag las», sagte sie. «Daran war ich nicht schuld, sondern die Journalisten von *Fritt Folk*. Zweitens hatte ich niemals die Absicht, zum Frontdienst aufzurufen. Damals war mein Sohn Arild an der Ostfront, und ich wünschte keiner Mutter die Angst, die ich empfand, wenn ich mir vorstellte, daß er als SS-Mann den Russen in die Hände fallen könnte. Als ich von *Fritt Folk* aufgefordert wurde, etwas über den Frontdienst zu schreiben, hatte ich mehrere Nächte nicht geschlafen, und was ich schrieb, war ein purer Gefühlsausbruch, eine schwesterliche Hand für andere Mütter, deren Söhne an der Front standen.»

Ihre Berufung auf mütterliche Gefühle wirkte nicht recht, sie war ein wenig übertrieben, und der Richter hatte die Oberhand gewonnen.

«Es kommt mir vor, als ob Sie eine gewisse Neigung haben, ihre Tätigkeit herunterzuspielen», sagte er und griff wieder nach dem Papier. «Das kann doch jedes Kind lesen, ohne es mißzuverstehen!»

«Ich will nichts beschönigen», antwortete Marie, «aber auch nicht mehr auf mich nehmen, als ich getan habe. Schon die Tatsache, daß ich meinen Sohn freigegeben hatte, war ja ein Opfer von meiner Seite.»

Der Richter wechselte das Thema.

«Wußten Sie, daß sich Norwegen im Krieg mit Deutschland befand?»

«Nein, das konnte ich mir nicht vorstellen, nachdem der König und die Regierung nach England gegangen waren. Es kam mir nicht in den Sinn, daß ein Land auf diese Weise ferngelenkt werden konnte.»

«Sie glaubten also, wir hätten Frieden mit Deutschland geschlossen?»

«Mir schien eher, daß es eine Art Waffenstillstand sei.»

«Wußten Sie etwas über das Verhalten der Deutschen hierzulande?»

«Von Foltern hatte ich nichts gehört.»

«Auch nicht von Morden?»

«Mord gab es auf beiden Seiten.»

«Glauben Sie darüber hinaus, daß die Deutschen ein Recht zu dem hatten, was sie taten?»

Die letzten Fragen und Antworten waren rasch aufeinander erfolgt, nun aber besann sich Marie Hamsun ein wenig. Die Stille im Saal machte sich drückend fühlbar, an einer Fensterscheibe surrte eine Fliege, ein Journalist wandte schnell eine Seite in seinem Notizblock um. Dann antwortete sie:

«Wenn ich in die Gefahr gerate, ein paar Jahre mehr zu bekommen, falls ich antworte, möchte ich es lieber lassen. Ich will nur sagen, daß ich zu Anfang gegen die Deutschen war, und am 9. April sagte ich einem deutschen Offizier meine Meinung direkt ins Gesicht. Später meinte ich allerdings, daß sich ein besetztes Land loyal gegen die Besetzer verhalten muß. Die vielen Todesurteile schienen mir entsetzlich, und ich tat, was in meiner Macht stand, um zum Tode Verurteilte und andere Gefangene zu retten. Andererseits gestand ich den Deutschen das Recht auf Repressalien zu. Das war vielleicht nicht richtig, aber ich mußte ja die Dinge mit meinem eigenen Gehirn durchdenken. Als arme kleine Person, die draußen auf Nörholm saß, konnte ich ja auch keine großen Dinge gegen die Deutschen unternehmen. Ich bin nun einmal keine Kampfnatur.»

Marie hatte zuviel geredet, hatte sich eine Blöße gegeben, und Stabel hakte sofort nach:

«Nein, es ist eine Sache, daß Sie nichts gegen sie ausrichten konnten, aber eine andere, sie zu unterstützen. Und Sie sehen jetzt wohl ein, daß Ihr Fall ernst ist?»

«Ja, das verstehe ich gut, und ich weiß auch, daß zum erstenmal in der Geschichte auf solche Weise gegen die unterlegene Seite vorgegangen wird.»

Der Richter hatte einen Punkt verloren, überhörte aber die Bemerkung und sprach von Maries Vorlesungsreisen in Deutschland. Hier hatte er stichhaltige, überzeugende Beweise. Der Ankläger legte dem Gericht eine Ausgabe des *Hamburger Fremdenblatts* vor, auf der das Bild von Frau Hamsun die halbe erste Seite einnahm.

Was den Kauf der verschiedenen Küchengeräte anging, so sagte sie, sie habe nichts gehört von einer provisorischen Anordnung, die am 18. November 1942 von der Londoner Exilregierung ergangen war und nach der man sich durch solche Käufe strafbar machte. Das konnte sie ruhig sagen, denn die erwähnte Anordnung war bis Kriegsende geheimgehalten worden.

«Es waren nur ein paar kleine Sachen, die ich für die Küche brauchte», sagte sie, «und ich hielt es für durchaus gesetzlich.»

«Ja, Sie glaubten wohl, das gehörte mit zur neuen Ordnung», meinte der Richter anzüglich. «Aber Sie hatten ja Radio. Hörten Sie niemals London?»

«Ich war nie auf der Londoner Wellenlänge», antwortete Marie, «ich wußte nicht einmal mit Sicherheit, daß norwegische Nachrichten aus London gesendet wurden. Ich befaßte mich nicht mit solchen Einzelheiten.»

Ihr spöttischer Tonfall veranlaßte den Richter, seinen sarkastischen Ton beizubehalten.

«Könnten wir wohl einmal etwas mehr davon hören, wie Sie ‹dem deutschen Offizier Ihre Meinung direkt ins Gesicht sagten›?»

Marie errötete zornig, versuchte aber, sich zu beherrschen.

«Am 9. April 1940 war ich mit dem Schnellboot *Kristiania* unterwegs nach Oslo. Im Oslofjord gerieten wir in eine Seeschlacht und mußten bei Dröbak landen. Wir liefen durch den Wald und kamen an die Stelle, wo die Leute von der *Blücher* an Land gingen. Hier stieß ich auf einen deutschen Offizier und sagte ihm, daß ich immer Sympathie für Deutschland gehabt hatte, aber das hier könne ich nicht verstehen . . .»

Zu ihrem großen Ärger errötete sie wieder, denn sie merkte selbst, daß mit dieser Episode nicht viel Staat zu machen war. Der Richter schob seine Papiere zusammen und meinte zerstreut:

«Ja nun, Ihre Reaktion war also recht gemäßigt.»

Mehr fragte er nicht. Er gab dem Verteidiger Christian Stray ein Zeichen, daß er mit dem Verhör der Angeklagten beginnen könne. Stray, der selbst im Krieg wegen illegaler Tätigkeit verhaftet gewesen war, stand auf und bat Frau Hamsun zu berichten, was sie von einem vielleicht bevorstehenden Angriff auf Norwegen erfahren und was sie mit dieser Kenntnis angefangen habe.

Marie Hamsun erzählte, daß sie im Herbst 1939 in Berlin Besuch von einer weiblichen Angehörigen der Gestapo erhalten habe. Die Frau habe ihr gesagt, es bestehe Grund zu der Annahme, daß Norwegen und Schweden in den Krieg einbezogen werden sollten. Nach der Heimkehr hatte sich Frau Hamsun an Christian Stray gewandt, der damals im Storting saß, und ihm ihre Information mitgeteilt. Stray bestätigte, daß ihre Aussage richtig sei und daß er ihre Information an den Außenminister Koht weitergegeben habe. Doch der hatte nur mit den Achseln gezuckt und geantwortet, Nachrichten dieser Art bekomme man viele. Der Anwalt wollte der Sache keine große Bedeutung beilegen, hatte aber gewünscht, sie hier zu erwähnen, um zu zeigen, daß seine wegen Landesverrats angeklagte Klientin keine Nachrichten zurückgehalten habe, die ihrem Land nützen und dem Feind schaden konnten.

Dann kam er auf Marie Hamsuns Versuche, von den Deutschen festgenommene Leute freizubekommen oder begnadigen zu lassen; er erwähnte in diesem Zusammenhang, daß sie Direktor Harald Grieg aus Grini befreit habe. Christian Stray legte dem Gericht einen Brief vor, in dem sich Grieg bei Frau Hamsun für seine Befreiung bedankte.

Danach wurden sieben weitere Zeugen verhört, die aber nach Meinung des Reporters von *Aftenposten* nichts Wesentliches beitragen konnten. Und nun kam der Ankläger an die Reihe.

Der Staatsanwalt machte keine Umschweife. Er legte ein in *Fritt Folk* erschienenes Interview vor, in dem sich Marie Hamsun in begeisterten Wendungen über ihre Parteiarbeit in Eide ausließ, und bat sie um einen Kommentar dazu. Marie stritt ab, sich so geäußert zu haben, wie es in *Fritt Folk* stand. Sie erinnerte sich nicht daran, daß die Zeitung überhaupt ein solches Interview mit ihr gemacht habe, und sie hatte es nicht gesehen, bevor die Polizei es ihr nach der Verhaftung zeigte. Doch Falkanger ließ nicht locker.

«Sie wollen also sagen, das Ganze sei eine Fälschung?» fragte er mit unüberhörbarer Skepsis.

«Es ist ganz und gar verlogen», antwortete Marie.

«Meinen Sie, daß Sie da in eine anständige Gesellschaft geraten waren, wenn sich die Leute solcher Mittel für ihre Agitation bedienten?» fragte Falkanger ironisch.

Marie ließ sich nicht einschüchtern.

«In diesem Fall käme die Einsicht ja etwas spät», antwortete sie. «Ich habe im übrigen solche Erfahrungen mit der Zuverlässigkeit von Zeitungen gemacht, daß ich davon nicht reden möchte. Aber ich konnte meine Einstellung zum Programm der NS nicht davon beeinflussen lassen, daß es in der Partei einzelne unangenehme Leute und schäbige Journalisten gab.»

Der Ausdruck gefiel den anwesenden Presseleuten nicht, aber der Staatsanwalt spielte jetzt eine andere Trumpfkarte aus: Die Deutschlandreisen. Marie Hamsun erklärt rundheraus, daß ihre Reisen nach Deutschland nicht dem Wunsch entsprangen, Propaganda zu treiben. «Ich hatte ausschließlich den Besuch bei meinen Töchtern im Auge, von denen eine in Dänemark und die andere in Deutschland verheiratet war», sagte sie. «Auf diese Weise konnte ich mir Reiseerlaubnis und Geld verschaffen. Ich konnte meinen Mann nicht um Reisegeld bitten, weil er meinte, ich verwöhne die Mädchen mit meinen Besuchen.»

Der Staatsanwalt ließ Maries Achtelwahrheit im Raum stehen, ohne eine Bemerkung zu machen. Er erklärte nur, daß er keine weiteren Fragen hatte. Der Richter nickte ihm zu, und Falkanger begann mit seinem Plädoyer. Hauptthema waren wieder die Deutschlandreisen: Das Gericht habe nun die «Erklärung» der Angeklagten gehört, aber nach seiner Auffassung hatte Frau Hamsun mit ihren Reisen für das agitiert, was die Deutschen als «gemeinsames Kriegsziel» bezeichneten; auf diese Weise hatte sie die Heimatfront in Deutschland gestärkt. Sie mußte wissen, wie bedeutungsvoll es war, daß eine berühmte Dame, Ehefrau eines noch berühmteren, von den Deutschen vergötterten Mannes, mitten im Krieg Deutschland besuchte. Sie mußte wissen, daß ein solcher Besuch für die Nazi-Propaganda ausgenutzt werden würde. Eine intelligente Dame wie Frau Hamsun konnte sich nicht damit entschuldigen, daß sie nichts vom Kriegszustand zwischen Norwegen und Deutschland gewußt habe und davon, daß praktisch das ganze norwegische Volk sich der Haltung von König und Regierung angeschlossen hatte, obwohl es sich damit Jahre des Leidens und der Entbehrung zuzog.

Staatsanwalt Falkanger schloß mit dem Antrag, Marie Hamsun mit drei Jahren Zwangsarbeit und einer Geldstrafe von 75000 Kronen zu bestrafen und sie eine Entschädigung von 175000 Kronen – beides zusammen in heutigem Geld ein Millionenbetrag – zahlen zu lassen.

Auf den Antrag des Staatsanwalts trat eine längere Stille ein, man hörte wieder die Fliege an der Fensterscheibe. Für Marie Hamsun war die strengste Bestrafung nach der «Landssviksanordnung» beantragt worden, und Entschädigung und Geldstrafe waren weit höher als im allgemeinen üblich beantragt.

Nach einer kleinen Pause erhob sich der Verteidiger, um seine schwierige Aufgabe durchzuführen. Christian Stray sprach gedämpft, ihm war bewußt, daß im ganzen dicht gefüllten Saal nur zwei Menschen seine Auffassung teilten, Marie und ihre Schwiegertochter, die mit stolz erhobenem Kopf versuchte, ihre Verlegenheit zu bekämpfen.

Christian Stray begann mit der Feststellung, daß Frau Hamsun aus völlig ehrenwerten Motiven in die NS eingetreten sei. Sie hatte sich geirrt, hatte aber nach ihrer damaligen Überzeugung gehandelt. Man konnte sie nicht ohne weiteres in einen Topf mit einer Reihe von Landesverrätern werfen, die ihre berechtigte Strafe erhalten hatten. Auf Nörholm hatte man keine Berührung mit Angehörigen der Widerstandsbewegung gehabt, und wahrscheinlich wußte man dort nicht, wie die Deutschen hausten. Nach den Informationen, die sie hatten, waren Hamsun und seine Frau zweifellos der Meinung gewesen, daß die Deutschen völkerrechtlich zu ihrem Verhalten befugt gewesen wären. Christian Stray wandte sich dann gegen die ungeheuerliche Geldforderung der Gegenseite. Die Geldstrafe war viel zu hoch angesetzt; die Übertragung von Vermögenswerten, die Hamsun 1941 vorgenommen hatte, war voll rechtsgültig, zumal die Erbschaftssteuer bezahlt worden war. Außerdem konnte sich der Anwalt nicht damit einverstanden erklären, daß man Hamsuns Urheberrechte beschlagnahmte. Das war unanständig, denn der Staat verstieß damit gegen ein von ihm selbst erlassenes Gesetz, nach dem das Urheberrecht an geistigen Werken von jeder Art Beschlagnahme ausgenommen war. Schließlich könne er es auch nicht gutheißen, sagte Christian Stray, daß der Staat Nutzen aus den Urheberrechten eines als Landesverräter abgestempelten Mannes zog.

Damit beendete er diesen Teil des Plädoyers, der später wichtiger wurde, als damals irgend jemand im Saal außer ihm ahnen konnte. Er schlug dem Gericht vor, als Grundlage für die Berechnung der Geldforderungen Hamsuns eigene Angaben für das Rechnungsjahr 1944/45 heranzuziehen; danach betrug das gemeinsame Vermögen des Ehepaares etwa 350 000 Kronen, also nur die Hälfte dessen, was man bis jetzt errechnet hatte.

Mehr hatte der Anwalt nicht vorzubringen. Zweifellos hat Strays kluges Auftreten damals gerettet, was überhaupt zu retten war. Aber die Verhandlung war ja noch nicht geschlossen. Der Richter erhob sich und fragte die Angeklagte, ob sie noch etwas zu sagen habe. Der Anwalt wandte sich zu Marie und schüttelte kaum merklich den Kopf. Aber sie konnte nicht auf die Gelegenheit zu einem großartigen Abgang verzichten. Sie hatte, ehe sie den Saal betrat, mehr verloren, als sie nun verlor, sie konnte ebensogut die Schiffe hinter sich verbrennen – es war ja nur noch das kleine Beiboot, denn der große Schoner war längst in Flammen aufgegangen. So erhob sich denn die Schauspielerin, den Kopf hochgereckt, mit sprühenden Blicken – und lieferte den anwesenden Journalisten kostenlos die Überschrift für ihren Artikel am nächsten Tag.

«Für mein Leben und meine Tätigkeit während des Krieges brauche ich mich nicht zu entschuldigen», erklärte sie pathetisch, «und im übrigen ist das

Urteil über mich schon von der Presse gesprochen worden, deshalb möchte ich jetzt nichts sagen.»

Sie hatte mehr als genug gesagt. Ihr Anwalt verbarg einen Seufzer hinter seinen Papieren, der Staatsanwalt lächelte den Journalisten zu, sie grinsten begeistert. Der Richter hob die Verhandlung auf und teilte mit, am nächsten Tag um 13 Uhr werde das Urteil verkündet werden.

Der nächste Tag, der Sonnabend, war wieder ein strahlender Spätsommertag, und die Wettervorhersage in *Aftenposten* sprach von überwiegend schönem und warmem Wetter. Der Taxifahrer Moen hatte wieder eine doppelte Fahrt zwischen Nörholm und Grimstad. Marie fühlte einen Klumpen im Hals, als sie am Wegweiser «Landvik 1 km» vorbeikamen. Da saß er nun und las, was mit ihr geschah.

Die Gerichtsverhandlung im Ratssaal begann damit, daß sich Richter Stabel mit seinen beiden Schöffen hinter verschlossenen Türen zur Beratung zurückzog. Erst nach einer Stunde, um 14 Uhr, wurde das Urteil verkündet. Nach den vorliegenden Auskünften, die im wesentlichen mit den Angaben der Angeklagten übereinstimmen, hielt man es für bewiesen, daß sich die Angeklagte so verhalten hatte, wie es im Anklagebeschluß geschildert wurde. Die Angeklagte wußte genau, daß die NS nach Möglichkeit der deutschen Besatzungsmacht half, im Gegensatz zu dem, was die überwältigende Mehrheit wünschte und dachte. Daß die Angeklagte in Wort und Schrift Propaganda für die NS und die Deutschen getrieben hatte, ging eindeutig aus den Zitaten hervor, die in der Anklageschrift aufgeführt worden waren. Ihr Appell in *Fritt Folk* vom 20. Mai 1943 war nach Auffassung des Gerichts außerordentlich belastend, eine Aufforderung an die norwegische Jugend, jener Macht Kriegsdienste zu leisten, die ihr Land überfallen hatte und gegen die Norwegen um seine Freiheit kämpfte.

Das Gericht sah es außerdem für bewiesen an, daß sie auf jeden Fall 1940 und 1941 nach Deutschland reiste, wo sie in verschiedenen Städten aus den Werken ihres Mannes vorlas. Selbst wenn man davon ausging, daß sie – wie sie behauptete – sich auf das Vorlesen beschränkt hatte, war nach dem vorliegenden Material nicht daran zu zweifeln, daß sie sich feiern ließ von den Deutschen, für die sie eine Art Alibi für den Überfall auf Norwegen darstellen mochte. Auftreten und Äußerungen der Ehefrau des berühmten Dichters hatten natürlich ein besonderes Gewicht gehabt und waren geeignet gewesen, Norwegens Widerstand zu schwächen.

Auch ihr Verhalten und ihre Tätigkeit in ihrem Haus in Eide und in Grimstad waren aus dem gleichen Grund besonders gefährlich gewesen. Sie war eine zentrale Figur in der NS-Bewegung und hatte zweifellos zu denen gehört, die an der Spitze dieser Bewegung gegen die norwegische Bevölkerung kämpften. Da die Angeklagte eine gute Bildung genossen und intelligent war, konnte sie zweifellos die Wirkung ihrer Propaganda zum Vorteil der NS und der Deutschen abschätzen.

Irgendwelche mildernden Umstände lagen nach Meinung des Gerichts nicht vor, abgesehen davon, daß sie sich nicht unmittelbar mit ihrer Propaganda an bestimmte Personen gewandt habe. Bisher gab es auch keine Anhaltspunkte dafür, daß sie einzelnen Norwegern durch Denunziation oder ähnliches geschadet habe.

Der Richter machte eine kurze Pause und trocknete sich die Stirn mit dem Taschentuch. Die Fliege vom gestrigen Tag war entweder tot oder entkommen, die Stille im Raum war vollständig. Jeder wußte, daß die Prämissen jetzt genannt worden waren. Nun fiel das Urteil. Stabel fuhr fort. Es wurde für Recht erkannt: Anne Marie Hamsun erhielt eine Strafe von drei Jahren Zwangsarbeit, von denen die 325 Tage Untersuchungshaft abgerechnet wurden. Sie hatte außerdem der Staatskasse eine Geldbuße von 75 000 Kronen zu entrichten und sich an den Kosten des Verfahrens mit 100 Kronen zu beteiligen. Schließlich sollte sie dem Entschädigungsamt als Mitschuldige an dem Schaden, den die NS mit ihrer widerrechtlichen Regierung des Landes angerichtet hatte, eine Entschädigung von 150 000 Kronen entrichten, bei 4 % Zinsen nach Ablauf der Zahlungsfrist.

Der Richter verkündete, das Urteil sei einstimmig gefällt worden. Marie Hamsun hatte der langen Verlesung zugehört, ohne den Blick von der Tischplatte zu wenden. *Aftenpostens* Reporter Fridtjof Knutsen schrieb, sie habe das Urteil offensichtlich ruhig aufgenommen. Der Anwalt Christian Stray teilte mit, seine Klientin werde ihr Recht in Anspruch nehmen, sich vierzehn Tage lang zu überlegen, ob sie Berufung einlegen wollte. Marie Hamsun erhielt ein ausgefülltes Exemplar der «Mitteilung für Verurteilte», die Gerichtsverhandlung wurde beendet. Moens schwarzes Taxi wartete draußen in der sonnigen Storgate. «Nein, sie wurde nicht mit Samthandschuhen angefaßt», meinte Sigrid Stray 1975, «es war ein sehr hartes Urteil.»

Verglichen mit den Forderungen der Anklagebehörde hätte das Urteil jedenfalls nicht schwerer ausfallen können. Staatsanwalt Falkanger hatte in allen Punkten gewonnen; nur in der ganz klaren Frage nach der Rechtsgültigkeit von Hamsuns Erbteilung für seine Kinder hatte sich der Richter dem Verteidiger angeschlossen, mit dem Ergebnis, daß die geforderte Entschädigung von 175 000 auf 150 000 Kronen herabgesetzt wurde – ein lächerlicher Nachlaß. Die Geldbuße war auf 75 000 Kronen festgesetzt. Eine Abgabe von insgesamt 225 000 Kronen bedeutete auf jeden Fall den wirtschaftlichen Ruin, zumal die Entschädigungsforderung an Knut Hamsun noch zu erwarten war. Es fragte sich überhaupt, ob Marie imstande war, die Summe zu entrichten, ebenso wie es fraglich war, ob die fast Fünfundsechzigjährige mit ihrer angegriffenen Gesundheit noch zwei Jahre Zwangsarbeit leisten konnte. Marie schreibt, ihre Kinder hätten sie veranlaßt, Berufung einzulegen; ihr Verteidiger kann nichts dagegen gehabt haben, denn das Oberste Gericht konnte nur das Urteil bestätigen – oder mildern.

Am 4. September meldete *Aftenposten* in einer Notiz auf der ersten Seite, daß Marie Hamsun Berufung eingelegt hatte. Damit waren für sie neue Ungewißheit, neue Vertagungen, neue Wartezeiten verbunden. Die Mühlen des Gerichts mahlten langsam in diesen Jahren, in denen achtmal so viel Sünder wie sonst in ihre Mahlwerke gerieten. Für Marie hieß es aber, daß sich ihre demütigende Situation auf Nörholm nicht änderte.

Sie lebte hier, Knut Hamsun ein paar Kilometer entfernt – und er wollte nicht heimkommen, weil sie dort war. Am 24. August, an dem Tag, als sie ihr Urteil entgegennahm, hatte sie auf der ersten Seite von *Dagbladet* lesen können, daß Knut Hamsun «unter gar keinen Umständen nach Nörholm wollte».

Zwei Urteile waren über sie gesprochen – welches traf härter? In ihren Erinnerungen vermeidet Marie sorgfältig, sich über die Situation zu äußern, die noch anderthalb Jahre dauerte, so lange, bis sie ihre Strafe antrat. Bis dahin lebten die beiden in enger Nachbarschaft, ohne sich jemals zu sehen. Hamsun war unbarmherziger als Falkanger. Er wollte nicht nach Hause, weil sie dort war, und verstand es doch, ihre Nähe auf die verletzendste Weise zu ignorieren. Er schrieb regelmäßig, doch nie ein Wort an sie. Sie wusch seine Wäsche, die er seiner Schwiegertochter geschickt hatte; sie brachte seine Schuhe zum Schuhmacher, obwohl der zweijährige Esben den Auftrag erhalten hatte. Sie sagte nichts. Sie war zu stolz, die Kinder, die ihn besuchten, auszufragen, aber sie merkte, daß es mit ihm schnell bergab ging, und das quälte sie mehr als alles andere. Jetzt, wo er sie ablehnte, brauchte er ihre Stütze mehr denn je in seinem Leben, und gerade darauf verstand sie sich so gut. Sie wußte aus vieljähriger Erfahrung, wie schwer es dem tauben Mann fiel, ohne Hilfe auszukommen, aber nun zog etwas noch Schlimmeres herauf. Tore erzählte ihr, der Vater habe ihn gebeten, seine Briefe mit einem Bleistift zu schreiben, da er die dünnen Tintenstriche nicht mehr erkennen konnte; er könne sonst ebensogut seine Feder in Wasser tauchen, hatte er gesagt. Marie sah Arild mit Notizen heimkommen, die ins reine geschrieben werden mußten, sie sah, daß Knuts akkurate Handschrift zu einer dicken, krakeligen Kinderschrift geworden war, die auf den Linien tanzte und mit einem Zimmermannsbleistift geschrieben worden war. Mit ihrer alten Fähigkeit, sich in ihn hineinzuversetzen, merkte sie sofort, was hier vorlag, und dachte mit Grauen an seinen bevorstehenden Prozeß. «Wir sehen uns nun nicht wieder, Marie», war sein letztes Wort an jenem schrecklichen Tag in der Klinik gewesen. Ach ja, das hatte er gesagt, und nun war vielleicht der Tag nicht mehr fern, wo er auch andere Menschen nicht mehr sehen würde, nicht die Kinder und Kindeskinder, nicht seine Richter. Marie wußte, was die unsichere, hilflose Handschrift bedeutete. Die Augen versagen. Knut Hamsun war im Begriff zu erblinden.

## 28

## Die Augen versagen

Einstweilen ging es ja noch irgendwie, der Sommer in Landvik hatte ihm gutgetan. Der entkräftete Mensch, den Gierlöff im Altersheim abgeliefert hatte und von dem jeder erwartete, er werde sich nun wohl zum Sterben hinlegen, hatte sich langsam gekräftigt. Er las ein wenig in *Det Bäste*, er stopfte seine Strümpfe, sein Wille konnte nicht mehr wie früher über große Hindernisse hinwegsetzen, sein Wille holperte unsicher vorwärts, Wort für Wort, Strich für Strich. Aber dann wurde es schwierig, die einzelnen Wörter und Striche zu unterscheiden. Er hatte seine Augen in der Klinik überanstrengt, und nun begannen sie immer gleich zu brennen, als ob er Sand darin hätte. Vor allem das linke: Wenn er das rechte Auge mit der Hand zuhielt, verschwammen alle Umrisse im Nebel.

Na ja, sonst war er ja derselbe wie vorher. Seine Entschädigungssache sollte «im Laufe des Sommers» verhandelt werden, und er teilte den Behörden mit, daß er allein vor Gericht stehen wolle, er hatte ja keinen Verteidiger und müsse für sich allein einstehen.

Da stieß er unversehens auf eine neue Form der Zermürbungstaktik. Der Fall wurde ausgesetzt, man teilte ihm mit, daß er erst im September verhandelt werden sollte. Hamsun beklagte sich bei Gierlöff, nun hatte er sich etwas vorbereitet und nun wurde die Wartezeit verlängert. Tag für Tag spähte er nach der Post aus. Warum konnte er das nicht endlich hinter sich bringen? Am 27. August schrieb er an Tore, daß er die Vorladung tagtäglich erwartete, er ging umher und überlegte, was er sagen wollte, er konnte an nichts anderes denken. Auch auf der Gegenseite begann man mit den letzten Vorbereitungen; am 11. September hatte der Anwalt Bugge Danielsen eine auf den letzten Stand gebrachte Vermögensaufstellung fertig für das Entschädigungsamt. Hamsuns Vermögen war auf 695 000 Kronen berechnet. Danielsen machte darauf aufmerksam, daß die «im Jahre 1941 vorgenommene teilweise Übertragung an die Kinder als nicht stattgefunden behandelt worden sei», obwohl kurz vorher das Urteil über Marie festgestellt hatte, daß diese Übertragung nicht rückgängig gemacht werden sollte. Am 19. September schrieb Hamsun an Tore, daß der vor sechs Jahren an ihn und seine Geschwister erteilte Vorschuß auf die Erbmasse annulliert worden war. «Wir sind jetzt rechtlos.» Von seiner Sache erfuhr er immer noch nichts, und je länger sie hinausgezögert wurde, um so mehr beschäftigte er sich damit. Am 22. September wartete er ständig, er konnte nichts tun, solange noch «die Sache» über ihm hing. Tore kannte vielleicht einen Stenographen? Er hatte sich vorgenommen, ein paar Schlußworte zu sprechen, doch die Zeitungen würden sie nicht bringen oder höchstens entstellt. Gierlöff hatte ihm geraten, die Rede niederzuschreiben, aber das war nicht dasselbe, und außerdem konnte er ja nicht lesen. Es war nicht so wichtig, vielleicht wurde gar nichts daraus, aber falls doch, wäre es gut, wenn jemand die paar Worte stenographisch festhielt. Denn es sei ja für die Welt und die Nachwelt gedacht. Er erinnerte sich allerdings nur an wenige Dinge, es würde höchstens eine Viertelstunde dauern . . .

Waren es vielleicht gerade die «wenigen Dinge», die man fürchtete? Es geschah nichts. Ende Oktober schrieb er an Gierlöff, daß er immer noch wartete. «Das letzte war, daß die Sache im September verhandelt werden sollte, dann war es Mitte Oktober, nun wird es vielleicht Winter . . .»

Doch auch im Winter wurde sein Fall nicht verhandelt. Am 1. Dezember teilte er Gierlöff mit, daß sie bis März ausgesetzt worden war. Er hatte keinen Verteidiger, der Protest einlegen konnte – aber er fand ein schlagendes Bild für seine Situation: «Wir binden das Haustier an eine lange Leine», schrieb er «wir lassen ihm reichlich Spielraum und gehen fort. Freilich, es ist ja festgebunden.»

Doch vergessen hatte man ihn nicht. Einem Mitarbeiter von *Norsk Telegram Bureau* kam der Ordner mit den vervielfältigten Dokumenten in die Hände.

Arme Marie, auf sie fiel wieder die ganze Schande. Die Unterlagen, die nun an die Öffentlichkeit gelangten, enthielten auch ihre Aussagen vor Professor Langfeldt. Ihr Verteidiger, Christian Stray, protestierte, und am 7. November erklärte es der Staatsanwalt für unzulässig, daß Langfeldts Bericht Journalisten zugänglich gemacht werde.

Das veranlaßte wiederum Langfeldt am 27. November zu dem Ersuchen, die fraglichen Absätze seines Berichts nicht vor Gericht zur Sprache kommen zu lassen. Man entsprach seinem Wunsch. Das Kind war ertrunken, nun deckte man den Brunnen sorgfältig ab.

Der einzige, der sich wie eine Mauer hielt, war Hamsun. Zur gleichen Zeit, als das ganze Land seine schriftlichen Antworten für Professor Langfeldt lesen konnte, erhielt er eine kategorische Weigerung, als er bat, ihm die Originale zu überlassen. Nun versuchte Sigrid Stray, sich die Papiere mit der Begründung zu erbitten, daß sie für die Vorbereitung der Verhandlung von dem Gericht gebraucht wurden. Wieder eine Absage.

«Und du hast geglaubt, ich würde ohne weiteres das wieder ausgeliefert bekommen, was ich in der Anstalt geschrieben habe», schrieb Hamsun an Tore. «Der Professor weigert sich, es auszuliefern, aber ich brauche meine Originale. Der Professor hat manche meiner Antworten ganz oder teilweise unterdrückt. Wir sind rechtlos.»

Wieder fragt man sich, was nun in Langfeldts Bericht «ganz oder teilweise unterdrückt» worden und für Hamsun so wichtig war, daß er fast ein Jahr lang seine Forderung wiederholte. Am 1. Dezember schrieb er an Gierlöff, seine Arbeit käme nicht voran, weil Langfeldt ihm die Originale verweigerte. «Der Seminarist ist ein Schwein», hieß es nun unverblümt. Einen Monat später, fast ein Jahr, nachdem ihn Gierlöff aus der psychiatrischen Klinik gerettet hatte, beklagte er sich wieder, daß der «psychiatrische Seminarist» ihn aufgehalten habe, weil er ihm seine eigenen Arbeiten vorenthielt.

Es wurde also immer schlimmer, denn ein Seminarist war in Hamsuns Sprache sicherlich schlimmer als ein Schwein, und ein psychiatrischer Seminarist vermutlich das Schlimmste von allem. Aber eines traf nicht zu: Langfeldt hatte Hamsuns Arbeit nicht völlig unterbrochen. Sein endgültiges Nein machte es nämlich notwendig, daß Hamsun die berühmte Schilderung der psychiatrischen Klinik verfaßte, die er später in «Auf überwachsenen Pfaden» aufnahm. Der Professor mußte seine Weigerung büßen, weil sie in Hamsun die ganze Bosheit weckte, die er für sein Porträt brauchte. Da Hamsun den Obersten Ankläger nicht persönlich kannte, konnte er ihn nur indirekt treffen, aber hier arbeitete er nach einem lebenden Modell, das er wie eine Romanfigur in ganzer Figur wiedergeben konnte. Daß der Chefarzt Professor Dr. Gabriel Langfeldt unsterblich wurde, war Knut Hamsuns letzter Streich in der norwegischen Literatur. Doch er schonte Marie. Langfeldt hatte sie hinter seinem Rücken «ausgeforscht» und nachher ihre Aussagen bei Anwälten und Büroangestellten verbreitet. Langfeldt hatte dafür keine stichhaltige Entschuldigung, seine Frau aber in hohem Maße, schrieb er. Sie hatte Monate im Schweigen des Gefängnisses gelebt, nun saß sie hier in leicht verständlicher Nervosität und redete drauflos. Ihr Zuhörer war ein großer Mann im öffentlichen Leben. Er hatte einen Stenographen bei sich, der ihre Worte niederschrieb. Gleich zu Beginn des Gesprächs hätte Langfeldt eine bessere Form finden können, und als er merkte, wohin es steuerte, hätte er sich erheben und die weiteren Grabungen anderen überlassen können, zum Beispiel der tüchtigen Ärztin des Hauses.

«Ihm ist der Gedanke sicherlich nicht gekommen, aber die vielleicht zu große Bereitwilligkeit, die mißbraucht wurde, um die vielen Schwächen einer anderen Person hervorzukramen, hätten einen feinfühligeren Psychologen mißtrauisch machen können», schreibt Hamsun. «Der Professor weiß selbst, daß er nicht geeignet ist, in eine fremde Ehe einzudringen und deren Intimitäten zu betasten . . .»

Knut Hamsun war so kurze Zeit nach der Katastrophe imstande, sich an Maries Stelle zu versetzen, ihre Situation zu verstehen und die mildernden Umstände zu erkennen. Selbst wenn er nichts von ihrer beider Verhältnis erwähnte, war er sich doch darüber klar, welche von Haß getrübten Motive hinter ihrer «etwas zu großen Bereitwilligkeit, seine Schwächen auszukramen», lagen. Sie war entschuldigt – verziehen war ihr nicht. Der Bruch zwischen ihnen war endgültig, die Scheidung eine Realität. In den vielen Briefen, die er damals an seine Kinder schrieb, als er und Marie als Nachbarn lebten, sich aber nie sahen, wird ihr Name nur einmal erwähnt, und zwar am 22. September, als er aus der Zeitung erfahren hatte, daß Marie Berufung eingelegt hatte. Marie und Nörholm, das war Vergangenheit. Lieber die kleine Kammer im Altersheim bewohnen; wenn er den Ofen angezündet und den

Schlüssel umgedreht hatte, setzte er sich hin, um die Überschriften im Kirchenblatt zu entziffern. Nun begannen auch Briefe aus dem Ausland zu kommen, der Frieden war ein Jahr alt, und ringsum in den Ländern gab es Verlage, die gern Hamsun wieder herausbringen wollten, doch das mußte Tore regeln. Er bekam strenge Anweisung, keine bindenden Abmachungen zu treffen, bevor die Gerichtssache überstanden war, er sollte sich nicht hinsetzen und einträgliche Verlagsverträge für das Entschädigungsamt schließen. Die italienische Regierung erbat sich die Ehre, den großen Knut Hamsun bei der Gedächtnisfeier zum zehnten Todestag von Pirandello zu begrüßen, aber das ging nun nicht, so weit konnte sich ein Haustier nicht von seinem Tüderpfahl entfernen. Tore mußte ihnen schreiben, daß Hamsun leider verhindert sei, ihnen aber seine grenzenlose und ehrfurchtsvolle Bewunderung ausspreche . . .

Und so weiter, Großes und Kleines, vor allem Kleines.

Er ging und wartete auf «seine Sache». Um sich die Zeit zu vertreiben, redete er ein bißchen mit sich selbst, fragte und antwortete, versuchte, sich vor sich selbst aufzuspielen. Es war eine alte Angewohnheit, er hätte sie in der Anstalt erwähnen sollen, dann hätte er einen feinen Namen dafür erhalten. Schizophrenie wäre es mindestens gewesen. Und warum trieb er es? Als eine Art Übung, er versuchte, nach der Depression in der psychiatrischen Anstalt wieder in Ordnung zu kommen. Es war ja in den letzten Monaten besser damit geworden, aber ganz entging er ihr nicht.

«Ich war zu alt, als sie anfingen, mit mir Experimente anzustellen», sagte er. «Es wird seine Zeit dauern, sich davon zu erholen. Ich muß mich auf meinen Bauernverstand und meine gute Gesundheit verlassen . . .»

Aber es ging bergab mit ihm. An Gierlöff schrieb er, er sei ein Wrack, er taumelte seinen täglichen Spaziergang über die Landstraße, und die Autos überführen ihn beinahe, weil er seine Schritte nicht lenken konnte. Er hatte mittlerweile eine schweinemäßige Verkalkung, vor allem in den Zehen und in den Fingern der rechten Hand. Nein, das war noch nicht der Tod, beileibe nicht, auch nicht Kalter Brand, aber er hatte in letzter Zeit sehr abgenommen und hatte solche Mühe mit dem Sprechen, gar nicht zu reden vom Schreiben.

«Es wächst so jämmerlich langsam für mich, ich kann die Worte nicht finden. Na, aber ich werde trotzdem noch ein wenig daraus machen . . .»

Das Schlimmste waren die Augen, sie wurden von Monat zu Monat schlechter, und nun stand wieder die lange dunkle Zeit bevor. «Wenn doch der Winter schon vorbei wäre! Ach, wenn in Herrgotts Namen erst der Winter vorbei wäre!» klagte er. Nun mußte er doch endlich Dr. Egebjerg aufsuchen, und er ließ Moen kommen, der ihn für schweres Geld nach Arendal fuhr.

«Hören Sie zu: Ich kann nicht mehr scharf sehen, nicht mehr lesen wie früher, keinen Faden einfädeln, was ist los?»

Der Augenarzt sah ihn mißtrauisch an. Keinen Faden einfädeln? Dann setzte er ihn vor einen Apparat und schraubte an den Knöpfen, so daß schwarze und rote Linien, Buchstaben und Zahlen erschienen. Hamsun erklärte, es sei besonders schlecht mit dem linken Auge; wenn er es mit der Hand verdeckte, konnte er immer noch große und deutliche Schrift lesen, aber bei der Gegenprobe sah er nur einen schwarzen Flecken.

«Hm», machte der Arzt.

Er setzte seine Untersuchungen fort. Vielleicht sollte Hamsun eine Prismenbrille haben . . . «Ja sicherlich sollte ich eine Prismenbrille haben», unterbrach ihn Hamsun eifrig, «es gibt ja auch Prismenfernstecher, damit sehen wir ganz ungeheuer!» Dr. Egebjerg sah ihn wieder abschätzend an. Er weiß also, daß ich in der Anstalt war, dachte Hamsun plötzlich nüchtern. Dann erhob sich der Arzt in seinem weißen Mantel, reichte ihm die Hand und verbeugte sich. «Ich glaube nicht, daß wir mehr mit Ihnen machen sollten», sagte er.

Er hielt ihn für verrückt.

In Moens Taxi kehrte Hamsun zurück, unverrichteter Dinge und verzweifelt über das niederschmetternde Ergebnis. Wie sollte er sich vor Gericht verantworten, wenn das so weiterging? Ob er wirklich blind werden würde? Es brannte in den Augen, sobald sie nur im geringsten ermüdeten, sie füllten sich sofort mit Wasser, und alles ringsum verschwamm im Nebel. Er wollte sich nicht damit abfinden, sondern beschloß, einen anderen Augenarzt, diesmal in Oslo, aufzusuchen. Damit konnte er zugleich ein heikles Problem lösen: Weihnachten stand bevor, auf Nörholm konnte er nicht sein, weil Marie noch immer dort auf die Berufungsverhandlung wartete. Weihnachten hier im Altersheim zu verbringen, war auch mit Schwierigkeiten verbunden, denn wie sollte man es den Enkeln erklären, wenn doch der Großvater so in der Nähe war? Aber wenn er nach Oslo reiste, konnte er Weihnachten mit Tore und seinen Kindern feiern, während Marie das Fest auf Nörholm mit Arild und dessen Kindern verbrachte.

Am 16. Dezember war alles geordnet, Arild hatte einen Reiseweg mit einem Expreß-Schiff herausgefunden. Hamsun würde damit am Freitagmorgen, dem 20. Dezember, ankommen, doch da er sicherlich Seekrankheit und alles mögliche andere hinter sich bringen mußte, war es am besten, daß ihn Tore am Sonnabend im Hotel aufsuchte. Tore sollte bitte die Anschrift eines Augenarztes heraussuchen und vielleicht mit ihm hingehen, aber wenn er etwas anderes zu tun habe, solle er seine Zeit nicht damit verschwenden.

Der alte Mann fuhr allein nach Oslo und suchte sich auch durch zu einem Augenarzt, aber das wäre fast mißglückt. Das Wetter war trübe, es regnete, die Straßen waren voller Schrecknisse, und er konnte nicht sehen, wo er hintrat. Er stieg mühsam vier Stockwerke hinauf und wieder hinunter, ohne zu finden, was er suchte. Er glaubte, in einen falschen Hauseingang geraten zu sein, und untersuchte nun, so gut es eben gehen wollte, die Hausnummern. Ein fremder Herr in Begleitung einer jungen Dame bemerkte sein wunderliches Verhalten, hielt an und grüßte.

«Kann ich Ihnen mit irgend etwas helfen?» fragte er.

«Nein danke», antwortete Hamsun, «ich suche hier nur nach einem Augenarzt.»

«Da!» antwortete der Mann und zeigte auf die Nummer.

Die Dame lächelte.

«Warum machen Sie sich die Mühe, bei dem scheußlichen Wetter einem alten Mann zu helfen?» fragte Hamsun.

Die Dame lächelte noch mehr. «Wir haben Sie erkannt», sagte der Mann.

Hamsun dankte sehr höflich und begab sich stolpernd, aber immerhin erfolgreich in den Eingang. Aber war er hier nicht schon ins vierte Stockwerk geklettert? Er begann, die Namenschilder «durchzukämmen», Stockwerk auf Stockwerk, er betastete sie, als ob sie in Blindenschrift gedruckt wären. Schließlich fand er den Arzt. Er setzte sich ins Wartezimmer und griff nach alter Gewohnheit nach den Zeitschriften auf dem Tisch. Nicht einen Buchstaben konnte er erkennen. Aber er tröstete sich, nun würde er ja das Augenlicht wiedererhalten. Er dachte an die freundliche Dame und den Herrn, die sich bei dem Regen die Zeit nahmen, ihm zu helfen. Sie hatten ihn erkannt, sagte sie. Trotzdem hatten sie ihm geholfen, dachte er in besserer Stimmung. Die Dame neben ihm, eine Patientin, begann mit ihm zu reden, wie er aus ihren Mundbewegungen schloß. Er nickte, wie immer, aufs Gratewohl. Aber sie redete weiter. Er zeigte auf seine Ohren, in der letzten Zeit hatte das Gehör etwas nachgelassen, sagte er. Sehen konnte er noch gut, es war nur wie ein Staubkorn im linken Auge. Er war in guter Laune und redete munter. Nach einiger Zeit hatte die Dame etwas auf ein Stück Papier geschrieben. Er versuchte, es zu lesen, es ging um einige Bücher und einen Dank . . .

Der Arzt hieß Keyser. Hamsun fand ihn freundlich und liebenswürdig, wenn auch glatt. Das Ergebnis der Untersuchung war nicht ermutigend. Der Arzt schlug Hamsun vor zu diktieren, wenn er schreiben wollte; aber diktieren? Das hatte er niemals gekonnt. Was sollte er außerdem diktieren, er schrieb ja nichts mehr, damit hatte er schon vor vielen Jahren aufgehört, sagte er. Aber es wäre ja gut, wieder sehen zu können, damit er ein wenig lesen könne. Er verbarg sein Entsetzen bei dem Gedanken, daß er im März vors Gericht treten sollte, ohne sehen zu können, er, der ja schon taub war. Sie saßen und unterhielten sich eine Stunde lang, Dr. Keyser ließ ihn verschiedene Brillen und Vergrößerungsgläser probieren, schrieb schließlich ein Rezept für eine Lupe aus und telefonierte selbst mit dem Optiker Krog, damit er die Lupe zurechtlege. Außerdem wolle er versuchen, eine Brille aus Amerika kommen zu lassen. Die Konsultation war beendet, Hamsun zog seine Brieftasche, doch Dr. Keyser winkte mit einer Handbewegung ab.

«Er wollte kein Honorar haben», schrieb Hamsun später an Cecilia, «es sei ihm eine Ehre, sagte er, und er habe alle meine Bücher und so weiter, aber meine Sehkraft besserte sich nicht.»

Mit Mühe kam er die Treppe hinunter und in den Regen hinaus. Es war schwierig, in der Zeit der Feiertage einen Kajütplatz zu bekommen, aber auch das ließ sich machen, und nach den zehn Tagen wunderbarer Abwechslung kam der Alte wieder in seine Kammer mit dem abfallenden Fußboden zu Landvik. Seine aufgeräumte Stimmung schlug sich in den Dankbriefen für Geschenke und Weihnachtsgrüße nieder. Hans und Cecilia sollten Dank haben für all die Bücher, die sie ihm geschenkt hatten, es war eine Schande, daß er für sie nichts als die mit Bleistift geschriebenen Buchstaben hatte, aber es war nun so, daß er die Linien und seine eigenen Buchstaben nicht mehr erkennen konnte, es war, als ob er auf dem Kopf stände. Er konnte bald nicht mehr so viel sehen, um ein Buch zu lesen, und dabei war er doch schon so großartig stocktaub! Ja, er sollte damit nicht scherzen, aber der Arzt in Oslo hatte gesagt, Star sei es nicht, und er wollte nicht fragen, was es denn sei, so interessiert wollte er ja nun wieder nicht erscheinen. Vielleicht war es nur ein dummer Zufall, daß er sich ein paar Wochen und Monate lang so verdreht anstellte beim Sehen. Nun hoffte er auf eine Brille aus Amerika. Doch er möchte sie inständig bitten, ihm keine Bücher mehr zu schicken. Er hatte keine Freude daran, eher Wut, wenn er beim Zoll in Grimstad abgefertigte Bücher aus Dänemark erhielt und dann einen Mann und ein Fahrrad mieten mußte, um die Bücher ins Altersheim zu bringen, weil der Postbote sich weigerte, sie mitzunehmen. Und dann sollte der gute Hans doch lieber nicht «Schriftsteller» an ihn schreiben: «Ach, Ihr Dänen! Ihr seid ja von Herzen nette und reizende Leute, aber Ihr *könnt* euch keinen Menschen ohne Titel vorstellen! Ich sitze nicht da und dichte. Es war Ibsen, der das tat.»

Aber sonst wünschte er den beiden ein gutes neues Jahr. Er hoffte sogar auf ein gutes Jahr für sich, sagte er, ein Jahr mit einem Schweineglück! Er dachte wieder an seine Sache, erwähnte sie aber nicht. Es zog sich in die Länge, es war noch lange hin bis März, und jeden Tag spürte er seine Sehkraft schwächer werden. Das wurde zum Hauptthema seiner Briefe. Am 13. Januar dankte er Tore wieder vielmals für *Det Bäste*, man mußte das Heft ja haben, aber denk dir, es war nun ganz erbärmlich damit. Es sah so aus, als ob Dr. Keyser nichts für seine Augen tun konnte, es war keine Brille gekommen, der Optiker Krog hatte ihm eine sogenannte Briefmarkenlupe geschickt, aber die war nicht zu brauchen und wurde sofort wieder zurückgesandt.

«Es ist denn wohl das Alter, auch mit den Augen. Das Ganze ist so ekelhaft. Wenn ich wenigstens ‹die Sache› hinter mir hätte . . .»

In den Briefen nach Nörholm erhielt der nun dreijährige Esben den Auftrag, ihm seine Pelzmütze und Winterstrümpfe zu schicken, er fror so an Kopf und Füßen beim Spazierengehen. Fünf Tage später sollte Esben einen Schuh vom Schuster holen, wieder eine Woche danach sich darum kümmern, ob genug Brennholz im Hause sei. Marie zuckte die Achseln, es war wie immer, immer die gleichen Fragen, sie ordnete alles für ihn stillschweigend. Aber sie merkte auch, wie sehr es mit ihm bergab ging. Im selben Brief hieß es, daß er jeden Tag seine «Tour» machte, den Weg aber nur wie durch Nebel erkennen konnte. Mit der geschwächten Sehkraft, die nun zur Taubheit hinzukam, geriet der alte Mann noch tiefer in die Einsamkeit, «aus der er kam». Die Tage wurden länger, der Schnee taute von den Steinen, die den Wegrand bezeichneten. Er kannte sie noch vom Jahr zuvor, als er hier umherging und nach der Zerstörung in der Anstalt wieder er selbst zu werden versuchte. Die Sonne wurde gut und warm, viele kleine Waldwege ließen sich schon erkennen. Er war wieder froh, am Leben zu sein. Ach, dies unendlich Kleine mitten im unendlich Großen in dieser unvergleichlichen Welt!

Er spürte das Frühjahrsgefühl. Was ist das eigentlich? Dieses Keimen im Innern, das jedes Jahr in uns umgeht? Eine Missionarin in der Fremde würde es sicher als «Heimweh» erklären, um es ein wenig religiös und jenseitig zu machen. Aber warum denn? Er seinerseits konnte nichts Besseres finden – für ihn hatte das Frühjahrsgefühl mit Heimat und Vaterland zu tun. Wir haben im Ausland kein Frühjahrsgefühl, nur ein Nicken für den neuen Ort, ein Nicken ohne Herz.

So schrieb der «Vaterlandsverräter». Übrigens – wie stand es denn mit seiner Sache? Zuletzt war sie bis März ausgesetzt worden, und das war auf jeden Fall eine gehörige Zeitspanne gewesen. Konnte es möglich sein, daß sie auf sein Alter zählten und darauf setzten, er würde ja von selbst sterben? Aber dann würde die Sache ja in alle Ewigkeit nicht geregelt, und was war das überhaupt für ein Vorteil für das Gericht? Waren sie nicht schlau genug, irgend etwas mit ihm anzufangen, solange er noch lebte? Außerdem soll es doch ganz besonders ermüdend und endlos sein, auf den Tod eines anderen Menschen zu warten. Gewisse Erben konnten ein Lied davon singen.

Der Schnee schmolz. Die Sperlinge paarten sich, der März ging zu Ende. Erst in den allerletzten Tagen des Monats las er eine Zeitungsnotiz: Man hatte den Beschluß, so lange man konnte, hinausgezögert, aber dadurch wurde nichts geändert, er hatte ja immer noch keinen Verteidiger, der Protest einlegen konnte. Kurzum: Seine Sache war wieder ausgesetzt worden.

Er ertränkte seine Bitterkeit in Hohn:

«Ich habe kein Wesens davon gemacht», schrieb er, «nur der Tatsache zugenickt, ich kannte sie ja. Nach 47 kommt 48. Ein Haustier ist getüdert. Wie sollten sie sonst mit der Zählebigkeit meines kommenden Jahres fertig werden?»

In den Briefen an seine Angehörigen machte er auch nicht viel Wesens davon. Der erste, dem er es mitteilte, war Tore, aber nur so nebenbei. Das Entschädigungsamt hatte ihn wissen lassen, daß es mit seiner Sache nicht «vor dem Sommer» fertig sein könnte; es war ja sein Vermögen, über dem sie saßen und rechneten, schrieb er. Für die Augen hatte er immer noch keine Hilfe erhalten. Er konnte nicht verstehen, daß es mit den Augen so kommen mußte, so ungeheuer plötzlich.

Gierlöff und Cecilia erhielten die gleiche Mitteilung. Sie hatten wohl gehört, daß seine Sache «noch einmal bis zum Sommer» ausgesetzt worden war, es gab keinen Zweifel daran, daß sie damit rechneten, er werde sterben, bevor sie ihn vor Gericht schleppten. Ach ja, er konnte aus gutem Grund nicht mit den Zähnen knirschen, aber er hätte es gern getan!

Zuhause in Nörholm lebte Marie. Ihre Nerven waren nicht zur Ruhe gekommen, unsichtbare Mauern sind schwerer einzureißen als sichtbare. Die unerträgliche Situation, über die der ganze Bezirk redete, daß sie auf Nörholm und er ständig in der Nachbarschaft im Altersheim lebte, hatte sich nicht geändert. Sie wartete noch auf ihre Berufungsverhandlung. Und nun kam der 4. August, an dem Hamsun achtundachtzig Jahre alt wurde. Wie sonderbar, sich vorzustellen, daß es erst drei Jahre her waren, als sie miteinander vor der abgöttischen Verehrung, vor Quislings Telegrammen, vor Reden in der Aula der Universität und Hitlers Porträt im Silberrahmen geflohen waren! In diesem Jahr beschränkte sich die Huldigung auf einen Geburtstagskringel, den der aufmerksame Gierlöff vom Bäcker ins Altersheim bringen ließ, und selbst das war zuviel gewesen. Hamsun sagte der Leiterin, es sei ein Irrtum, und der Kringel ging unausgepackt an die Enkel auf Nörholm. Arild, der seinem Vater die Geschenke der Familie brachte, mußte den Kringel mitnehmen. Maries Name wurde nicht erwähnt, aber Hamsun dankte dem dreijährigen Esben für Hemden und Winterzeug. Arild hatte ihm auch neue Schuhe mitgebracht, es waren ja noch zwei Paar vorhanden, aber er mußte sie wieder mitnehmen, es war nicht die richtige Marke und Größe, es sollten «Standard»-Schuhe sein, und nicht Größe 10, sondern Größe 9. Ach ja, dieser 4. August! Als letzten Versuch, seinem Vater eine Freude zu machen, hatte Arild ihm mitgeteilt, daß er seine neugeborene Tochter nach seiner Halbschwester Victoria, Hamsuns Tochter aus der ersten Ehe – die ihrerseits wieder den Namen der Heldin in Hamsuns berühmtem Liebesroman erhalten hatte – nennen wollte. Konnte es noch hamsunscher zugehen?

Aber nein, auch das war nicht richtig. Marie las über die Schulter ihrer Schwiegertochter seinen Antwortbrief mit und dachte sich ihr Teil.

«Liebe Brit, das ist ja Unsinn, daß Du nicht *selbst* jemanden hast, nach dem Du die kleine Dame nennen kannst, Du hast Eltern und Geschwister, Freunde und Freundinnen. Es wäre sicher großartig für Victoria, wenn sie nach ihr genannt würde, aber es ist gewiß angebracht, daß Du selbst einen Namen für die kleine Dame findest. Und frag bei Petersen an, ob er von ‹Standard› nicht eine kleinere Nummer als die 10 hat.»

Brit ließ ratlos die Hand mit dem Brief sinken und fragte, was das bedeuten solle. Marie sah sie an. Brit war immer noch jung, dachte sie, wußte immer noch nicht viel von den Männern, hatte noch nicht gelernt, daß Männerlogik genau das war, was Männer aus dem einen oder anderen Grund als weibliche Logik bezeichnen. Marie seufzte tief und sagte, der Brief bedeute, daß Brit ihm ein Paar ‹Standard›-Schuhe Größe 9 besorgen und ihre Tochter Victoria nennen solle.

Brit folgte dem Rat ihrer Schwiegermutter, schrieb dem Alten, sie wolle so gern, daß die Kleine Victoria heißen solle, und bekam sofort Antwort. Ja gewiß doch, ja sicher. Victoria könnte ja auch ein schöner Name sein für die kleine Dame. Aber was war mit den Schuhen?

«Es wäre schlimm, wenn ich noch lange auf die ‹Standard›-Schuhe warten müßte, ich hätte doch lieber die behalten sollen, die Arild mitbrachte. Nun hat sich die eine Sohle wieder gelöst, und bei jedem Schritt, den ich unterwegs mache, sickert es ein. Der Schuhflicker braucht keinen Pechdraht, er befestigt jedesmal die Sohle nur mit der Maschine. Dann wäre es besser, daß er einen starken Wollfaden nähme, sagte ich zu ihm. Aber man muß ja durchhalten, wenn ich nur nicht allzu lange auf ‹Standard› warten muß. Es werden wohl meine letzten Schuhe werden!»

Marie dachte sich ihr Teil. Dieser Mann hatte es immer verstanden, Himmel und Hölle in Bewegung zu setzten, nun mußte er Woche um Woche den Schuhflicker Petersen in Grimstad bedrängen – 1947 war es einfacher, ein Kind zu taufen, als ein paar Schuhe zu beschaffen. Erst nach endlosen Laufereien hatte Marie Glück, bitte schön: ‹Standard› Größe 9. Sofort kam auch eine Briefkarte aus dem Altersheim an Herrn Esben Hamsun: «Ich danke Euch allen zusammen für die Schuhe. Sie passen hervorragend und sollen meine Spaziergänge mitmachen. Grüße an Esben. Großvater.»

Marie las die Karte und dachte sich ihr Teil.

Nun erhielt sie auch ihr zweites Urteil, das im Obersten Gerichtshof gesprochen wurde; es hatte über ein Jahr gedauert, bis ihre Berufung in Oslo verhandelt wurde. Marie reiste in die Hauptstadt und übernachtete bei Tore. Am 20. September hörte sie die Entscheidung des Berufungsgerichts im Rundfunk, und Tore erinnert sich noch genau an ihre Bemerkung:

«Das wußte ich.» Mehr sagte sie nicht.

Es war die Bestätigung des erstinstanzlichen Urteils: Drei Jahre Zwangsarbeit unter Anrechnung der Untersuchungshaft, 150 000 Kronen Entschädigung, 75 000 Kronen Geldbuße. Marie bedauerte, daß sie Berufung eingelegt hatte – das vergangene Jahr war nichts wert gewesen, nur eine Verlängerung der Strafe. Aber die Quälerei war noch nicht zu Ende. Alle Gefängnisse und Haftanstalten waren überbelegt, und Marie mußte heimreisen und hinter der unsichtbaren Mauer, die Nörholm umgab, weiter warten. Die Wochen schlichen dahin, jeden Tag erwartete sie, daß die Polizei an der Eisenpforte auftauchte, aber erst drei Monate später, am 16. Dezember 1947, erhielt Marie Hamsun, die nun ins siebenundsechzigste Jahr ging, die Aufforderung, sich im Frauengefängnis von Bredtveit einzufinden, um Zwangsarbeit zu leisten. Marie ging nach oben und packte wieder einmal ihren Koffer.

«Diesmal ging es rasch, ich sollte ja Gefängniskleidung tragen», schreibt sie. Ihr fiel ein, daß ihr jüngstes Enkelkind, das nun Victoria hieß, groß genug war, um den ersten Weihnachtsbaum mit brennenden Kerzen zu erleben. Der Gedanke schmerzte, nun hatte sie so viele Wochen und Monate warten müssen – warum dann nicht ein paar Wochen mehr! Aber da war nichts zu machen, Großmutter mußte ins Gefängnis. Sie reiste ab. Als der Gefängnisbeamte sie in Bredtveit einschloß, dachte sie an Knut und war plötzlich erleichtert. Aus der unsichtbaren Mauer war eine richtige Mauer aus Ziegelsteinen und Mörtel geworden.

Zu Anfang wurde sie in eine Zelle mit einem jungen Mädchen gelegt, das den ganzen Tag arbeitete. Marie war noch nicht «eingeteilt» und blieb meistens allein.

«Von dem Augenblick an, wo das Licht um 6 Uhr morgens eingeschaltet wurde, bis zum Abend, wenn sie es ausschalteten, war es streng verboten, sich auf die Pritsche zu legen», schreibt sie. «Aber man konnte auf einem Schemel sitzen, die Arme auf den Tisch und den Kopf auf die Arme legen und weit, weit fort sein . . .»

Sie dachte an Knut. Für sie waren die lange Wartezeit und die Ungewißheit vorbei, ihn hielt man auf der Folterbank fest. Sie wollte nicht weinen. Sie liebte ihn mit der ein wenig selbstgerechten Bitterkeit in aller Leidenschaft, die sich so leicht bei dem einstellt, der sich einmal betrogen, verschmäht, verlassen gefühlt hat. Es tat ihr nicht leid, sie wußte, daß Mitleid an ihn völlig verschwendet war. Als er auf dem Gipfel stand, hatte sie ihn oft schwach gefunden, jetzt wußte sie, daß er es nicht war. Ihm konnte man weder mit Erfolg noch mit Mißerfolg zu Leibe rücken. Er hatte nichts gehabt und mehr erhalten, als er haben wollte. Er war der Stärkste, deshalb fürchteten sie ihn, deshalb gab es einen Aufschub nach dem anderen. Doch war das ein Vorteil? Sind die schlimmsten Hinrichtungen nicht die, bei denen dem Henker die Hand zittert?

## 29
## *Dem Henker zittert die Hand*

Hamsuns Sache war ihm Frühjahr 1947 noch einmal ausgesetzt worden, über ein Jahr nach seinem Aufenthalt in der psychiatrischen Klinik. Er hatte erfahren, sein Fall werde «irgendwann im Sommer» verhandelt werden, seinem dritten Sommer als Arrestant. Am 22. Mai besuchte ihn Gierlöff, und die beiden Männer machten einen Spaziergang; es tat Hamsun gut, sich aussprechen zu können ohne die Sorge, daß Unbefugte seine Schwerhörigen-Stimme hörten.

Es zehrte an ihm, Tag um Tag auf eine Nachricht der Behörden zu warten, sagte er. Gedanken und Energie erstarrten dabei. Ihm schien, es sei die kostbarste Zeit seines Lebens, die hier verschleudert würde, er hatte ja nicht mehr so viel vor sich, und nun war wieder ein Frühjahr mit Warten auf Nachricht vergangen, bald begann sein drittes Jahr als Arrestant! Ihn dünkte, man hätte wohl schneller mit ihm fertig werden können. Ließen ihn jahrelang warten! Er brauchte ja kein Geld, er hatte so wenige Bedürfnisse, und ins Grab würde er kein Geld mitnehmen. Nun hatte er gerade noch ein bißchen übrig für Tabak. Er war mit mehreren hundert Kronen in Verzug geraten seit seiner Verhaftung, aber sie könnten ihm ja wohl nicht alles nehmen? Oder doch? Er wußte ja überhaupt nichts, einmal hieß es, seine Sache sei anberaumt, dann war sie wieder ausgesetzt worden. Sie ließen ihn in Ungewißheit, und man könnte wohl sagen, daß auch das eine Form der Folter sei. Sie rechneten vermutlich damit, daß er bald sterben würde, aber er würde noch aushalten, und es sei doch eine sehr zähe Sache, auf den Tod eines Menschen zu warten! Im Winter war es allerdings mit ihm bergab gegangen, aber sein Gehirn war noch nicht geschwächt, er wurde nur schneller müde, das war alles. Er tappte eine Stunde täglich auf den Landwegen umher, eine halbe Stunde hin, eine halbe zurück. Er mußte ja versuchen, in Form zu bleiben. Seine Augen waren schlechter geworden, er sah den Weg nur wie Nebel und hörte die Autos nicht hupen, und zweimal hatten sie ihn schon fast erwischt, diese Autofahrer sausten ja los! Er mußte Kräfte für das sammeln, was er zu schreiben hatte, gestern hatte er einen guten Tag gehabt, aber an anderen konnte er bei zwei Zeilen festsitzen, die ihm nicht gelingen wollten, weil er eben so genau mit der Sprache umging. Doch, so war es schließlich immer gewesen – ach Gott, wie war er mitten in der Nacht losgestürzt, wenn plötzlich etwas glückte! Aber im übrigen hatte er ja genug geschrieben, all diese dicken Bände. Das, was er jetzt machte, war Gehirnarbeit, deshalb ging es auch langsamer, bei einer Erzählung oder einem Roman wäre es ihm leichter gefallen . . .

Hamsun machte eine Pause. Sie waren bis Ronden gekommen, und vor ihnen öffnete sich eine Landschaft mit grüngesprenkelten Fichten und blühenden Obstbäumen zwischen den blanken Seen. Hamsun schritt aus, es war, als hätte er sich plötzlich fest in die Hand bekommen, dachte Gierlöff. War er zu Anfang noch nervös gewesen und unsicher gegangen, so war er jetzt wieder der alte, ruhig und sicher in Reden und Gehen, Gierlöff kam gerade noch mit.

Unterdessen führte Hamsun sein Selbstgespräch fort. Über NS. Über Goebbels und dessen Kinder. Über Hitler. Über das alles wollte er schreiben, sagte er, wollte genau berichten, wie alles gewesen war, von dem, was gut, und von dem, was nicht gut war, wenn er nur nicht so abgelenkt würde! Er war bei guter Gesundheit, aß gut, schlief gut, es fehlte ihm nichts außer am Gehör und an der Sehkraft. Das Gehör konnte entbehrt werden, Taubheit konnte sogar nützlich sein, schlimmer stand es mit der Sehkraft. Er brauchte eine Hundertwatt-Birne, die direkt auf das Papier vor ihm schien, und das ermüdete. Er war kein junger Mann mehr, obwohl ein paar verwirrte Greisinnen meinten, er sei noch imstande, sich hier in seinem achtundachtzigsten Lebensjahr wieder zu verheiraten! Aber nein, nein, die Verkalkung nahm ihren Gang, die linke Hand war noch brauchbar, aber der kleine Finger der rechten ganz steif, dazu die kalten Füße. Aber es ging, es ging immer noch, er würde schon seine Zeit ausdauern . . .

Er mußte noch länger ausharren. Am 4. Juni las er in der Zeitung, daß das Bezirksgericht von Grimstad seine Sache bis zum Herbst ausgesetzt habe.

«Warum geht man so mit mir um? Warum kommt mein Fall nicht vor Gericht? Vor mehr als zwei Jahren haben sie mich zum ersten Mal vorgeladen und seitdem zehn- oder zwanzigmal damit gedroht.»

Am Sonnabend, dem 19. Juli, brachte die Tageszeitung *Vart Land* einen Artikel von Harry Blomberg, der früher Hamsun ins Schwedische übersetzt und ihn vor zwei Jahren im *Svenska Dagbladet* als einen unheimlichen Nihilisten bezeichnet hatte, «der niemals bedacht hatte, welche geistige Kraft die Kirche im kleinen Grimstad symbolisiert». Im christlich orientierten *Vart Land* ging er jetzt einige Schritte weiter. Hamsun lehne eine übermenschliche Instanz ab, stellte Harry Blomberg fest, und der Gedankenbau, dessen dämonisch verlockender Träger Hamsun sei, müsse «eingesperrt und vernichtet» werden, man müsse ihm einen Platz im Altersheim für verschlissene Ideen anweisen. Blomberg fand es ungeheuer tragisch, daß ein Volk gezwungen sei, einen Menschen aus der Gesellschaft auszustoßen, aber vielleicht werde sich das Problem ja von selbst lösen. In diesem Zusammenhang erwähnte er eine kleine Notiz in schwedischen Zeitungen, wonach die Gerichtsverhandlung ausgesetzt sei, «da man sicherlich abwarten wolle, bis sich die Natur der Sache annehmen werde».

«Hamsun wird im Herbst siebenundachtzig», fügte Blomberg vielsagend hinzu.

Das war nun falsch, denn Hamsun wurde achtundachtzig, und nichts deutete darauf hin, daß «die Natur sich der Sache annehmen werde». Weiter als bis zu einer auf Halbmast gesetzten Flagge kam Hamsun der Blombergschen Vernichtung nicht nahe.

«Ich sah eine Flagge auf Halbmast», schrieb er, als er heimkam, «jemand ist tot, aber nicht ich . . .»

Es war überhaupt niemand aus dem Altersheim, dessen Insassen sehr haltbar waren; sie trotteten so durch den Tag und ließen sich auf nichts Weitläufiges ein, nein, nein, aber andererseits hatte etwas Kleines keine Aussicht, ihnen zu entgehen. Sie schwatzten davon, wer mit der Tür klapperte, wer sich einen neuen Stock geschnitzt hatte, wer sich ein neues Pfeifenmundstück gekauft hatte. Und wenn die Rede auf Nachbars Hund kam, der in den letzten Tagen so gebellt hatte, dann mummelten sie ausgiebig darüber, schrieb Hamsun. Er hatte ja wohl schon erwähnt, daß eine der beiden jungen Schönheiten, die unten saß und Rechnungen schrieb, sie im Vorjahr verlassen hatte. Keiner hatte die Macht gehabt, sie zu halten. Aber nun war auch die andere Schönheit tatsächlich ihres Wegs gegangen und hatte sie hier verlassen! Das war ein Peitschenhieb, man konnte nichts dagegen machen, trotzdem war es doch sehr schade. Sie waren beide so reizend, wenn sie ihm die Zeitungen hinaufbrachten, wenn sie wieder hinuntergingen, hinterließen sie ein rotes Lächeln auf der ganzen Treppe . . .

Alltag im Altersheim von Landvik. Sommer 1947, der herrlichste Sommer seit Menschengedenken, jeden Tag Sonnenschein und Wärme. Die Alten saßen auf dem großen Balkon im zweiten Stockwerk, der ihnen zur Verfügung stand; sie machten sich breit und rauchten und fingerten an diesem oder jenem herum. Sie hatten gute Laune, und der Mund stand nicht still, denn es war ja ein so verschwenderisch schönes Wetter, es hatte Wochen und Monate nicht geregnet, das Gras war versengt, die Kartoffeln wollten nicht blühen, die Gärten schnappten nach Luft, schrieb Knut Hamsun mit seinem Zimmermannsbleistift. Er saß bei den anderen auf dem Balkon und beteiligte sich an ihrem Geschwätz – über die lange Treppe, die vom Balkon auf den Hofplatz führte; wie viele Stufen hatte sie eigentlich? Und einige von ihnen konnten sie sogar ohne Stock hinauf und hinunter gehen, es gab sogar ein paar, die mehrere Stufen auf einmal nahmen. Es waren ja gewaltig schneidige Kerle unter ihnen, richtige junge Burschen von Siebzig oder Achtzig, die behaupteten, daß sie wieder wie in der Jugend Sommersprossen auf der Nase hätten!

Das schrieb Hamsun. Noch einen Sommer hatte er erhalten. Er war nicht tot, die Natur hatte noch nicht Harry Blombergs Wunsch erfüllt und «sich der Sache angenommen». Eines Tages brachte ihm ein alter Mann ein Exemplar von *Verdens Gang*. Hamsuns schwache Augen hatten lange mit der Notiz zu tun. Sie besagte, daß Hamsuns Sache im September verhandelt werden sollte. Er fühlte einen Augenblick Erleichterung, wagte aber nicht zu fest daran zu glauben, um nicht genarrt zu werden wie so oft zuvor. Und auch diesmal. Drei Tage später erschien die andere Nachricht: Hamsuns Sache sollte nun doch nicht im September vor Gericht kommen, sondern war wieder aufgeschoben worden.

Keiner wußte etwas, aber alle hielten es für amüsant, darüber zu schreiben, dachte er. Warum konnten sie nicht einfach den Mund halten über ihn und seine Sache?

Mittlerweile sah er so schlecht, daß er einmal den Wegrand übersah und einen steilen Abhang hinunterfiel. Aber ihm geschah nichts. Es ging nicht so, wie so viele gute Menschen hofften, er starb nicht, im Gegenteil, nun hatte er die Achtundachtzig erreicht, sie mußten seine Sache wieder verschieben, zum siebten- oder achten- oder neuntenmal.

Wie war so etwas bei einem Gerichtsprozeß überhaupt möglich? Die Erklärung ist einfach, sie galt schon für die skandalösen Überschreitungen der Untersuchungshaft: Knut Hamsun hatte niemanden, der seine Interessen wahrnahm – der berühmteste Beschuldigte des norwegischen Rechtswesens hatte nun im dritten Jahr keinen Verteidiger. Er mußte seine Sache vor Gericht selbst führen und wußte seit langem, was er sagen wollte; er hatte sich immer aufs neue vorbereitet, vor jedem neuen Datum, von dem er erfuhr. Frau Stray konnte ihm nicht helfen, weil ihre richterliche Tätigkeit in Skien sie vollständig beanspruchte, doch sie war bereit, eine Zusammenkunft in ihrem Büro zu veranstalten, damit Hamsun Gelegenheit zu einer Generalprobe seiner Rede und vielleicht auch guten Rat bekäme. Außer der Anwältin und ihrer Tochter Anna Lise Stray und Gierlöff, der Hamsun im Auto aus Landvik holte und heimbrachte, waren auch der Schriftsteller Max Tau mit seiner Frau Tove und seiner Schwiegermutter Laura Filseth, Frau Strays Nachbarin auf Tromöya, anwesend, also bis auf Frau Stray eine in Rechtsfragen einigermaßen inkompetente Versammlung. Max Tau, den erst Knut Hamsun, dann Tore vor der Judenverfolgung der Deutschen gerettet hatten, schildert die Begegnung in seinen Erinnerungen. Mehrere wohlwollende Leute hatten ihm abgeraten, sich dem Risiko einer Begegnung mit Hamsun auszusetzen, aber er hatte auf die Warnung nicht geachtet, weil er die Einladung als eine menschliche Auszeichnung empfand, für die er dankbar war. Der warme Sommer hielt immer noch an, auf dem Weg nach Arendal sah er verwelkte Blumen und dürre, raschelnde Büsche in den Gärten. Oben im Büro der Anwälte waren die Jalousien heruntergezogen, um die Hitze auszusperren. Max Tau merkte, daß sich Hamsun im Halbdunkel schlecht zurechtfand. Er erkannte zuerst Sigrid Stray, entdeckte dann, daß auch Max Tau anwesend war, und fragte ihn, ob er sich noch an ihre Begegnung in Berlin erinnerte. Max Tau dachte an die festlichen Abende mit ihm und Ellinor, an seine kindliche Freude über die strahlend erleuchteten Lokale mit Tischtelephon und scheinbar frei aufgehängter Tanzfläche – welch Kontrast zu dieser Begegnung! Sie gingen in Christian Strays Büro, das größer war, Hamsun setzte sich an den Schreibtisch und erhob sich, als er zu reden begann. Max Tau kamen die Tränen; er sah Hamsun zum ersten Mal seit dem Aufenthalt in der psychiatrischen Klinik, und Hamsun war nicht, wie das Gutachten behauptete, seelisch geschwächt, aber nach Max Taus Urteil körperlich gebrochen. Hamsuns Rede war klar und ergreifend, und danach tastete er sich blind zwischen den Möbeln herum, zum Umfallen müde. Max Tau dachte mit Grauen an den bevorstehenden Prozeß und wünschte, daß er baldmöglichst überstanden werde.

Am Tag danach meldete die Zeitung, der Termin sei wieder verschoben. «Also pure Schikane», schrieb Hamsun an Gierlöff. Er war verzweifelt und tief niedergeschlagen. Das sollte wohl die Strafe sein. Aber hieß es nicht, daß niemand ohne Urteil bestraft werden dürfe? Er hatte ja nicht um Gnade gebeten, sondern um ein Urteil, aber sie verurteilten ihn nicht, sie schikanierten und straften ihn, sie ließen ihn schmoren. Vor zwei Jahren hatte ihm die Polizei die Vorladung vor das Bezirksgericht Grimstad gebracht, und seitdem hielt man ihn durch Zeitungsmeldungen auf dem laufenden! Hätte man ihn damals verurteilt, dann hätte er die Strafe vielleicht schon verbüßt, aber man hielt ihn hin mit Vertagungen, sie wollten kein Ende machen, das sollte die Strafe ohne Gesetz und Urteil sein.

Die Anklagebehörde konnte sich schwerlich damit entschuldigen, daß die Sache verwickelt und schwierige Voruntersuchungen notwendig seien. Sämtliche Akten lagen ja bereits an dem Tag vor, als Hamsun verhaftet wurde, und die dreißig Monate, die seitdem vergangen waren, hatten keinen einzigen Fetzen Papier außer dem nun auch schon anderthalb Jahre alten Gutachten der Klinik zutage gefördert. Die Anklagebehörde pflegte darauf hinzuweisen, daß zunächst das Urteil des Gerichts in Grimstad über Marie Hamsun abgewartet werden müsse, und da sie nun einmal an den Obersten Gerichtshof appelliert hatte – der seine Entscheidung ebenfalls ständig hinauszögerte –, mußte man natürlich weiter warten. Solche Entschuldigungen waren nur ein Vorwand, der die eigentliche Absicht verbergen sollte, denn die Entscheidung des Obersten Gerichts wurde am 20. September 1947 verkündet, ohne daß Knut Hamsun damit einen einzigen Schritt vorangekommen wäre. Die Wahrheit hatte Harry Blomberg unabsichtlich in dem christlichen *Vart Land* ausgesprochen: Man wartete ab, «daß die Natur sich der Sache annähme». Die Natur war die einzige Instanz, die es konnte, aber allen menschlichen Berechnungen zum Trotz ließ sie sich Zeit. Es war nicht zu fassen, daß der bald Neunzigjährige alles aushielt, daß er bisher alles überdauert hatte – aber schließlich war man ja in der Lage, Geduld zu zeigen. Es konnte nicht ewig so weitergehen, früher oder später würde sich das Problem von selbst lösen. Die Ausbeute würde in jedem Fall gleich sein, aber die Weltsensation, der Prozeß gegen Knut Hamsun, hätte sich in Nichts aufgelöst, und die Erbschaftssache, die noch zu regeln blieb, würde niemanden interessieren. Nichts zeigt deutlicher, auf welch tönernen Füßen die Rechtsgrundlage für den Prozeß gegen Hamsun stand, als solche Überlegungen. Es war einer der seltenen Fälle, wo der Ankläger ebenso heftig daran interessiert ist, die Entscheidung hinauszuzögern, wie der Angeklagte, sie zu beschleunigen. Der Mann, der bestraft werden sollte, drängte – der Mann, der strafen sollte, wich zurück.

Hamsun fand seine gute Laune wieder und konnte wieder scherzen. Am 1. Oktober sah er wieder eine Flagge auf Halbmast, und diesmal wehte sie am Fahnenmast des Altersheims. Aber nur Ruhe, auch diesmal war er es nicht, der da gestorben war. Es handelte sich nicht einmal um einen alten Mann, er war in mittleren Jahren, fünfundsechzig Jahre alt. Wieso war es eigentlich einem so jungen Burschen gestattet, sich hinzulegen und zu sterben, allen anderen zum Trotz? Es war kein sogenannter Unglücksfall, es war ein ganz gewöhnlicher Krebs. Und wir Überständigen sitzen hier und zünden unsere Pfeifen an und pusseln mit unserem eigenen Kram herum.

So schrieb Hamsun. Kurz darauf meldete sich der Vertreter des Entschädigungsamtes wieder in der Presse – er konnte einfach nicht mehr tun, als er tat, aber er hoffte immer noch, daß die Sache im Laufe des Herbstes an die Reihe käme. Das schrieb er im Oktober. Und im November meldete der Vertreter des Entschädigungsamtes noch einmal den Zeitungen, daß die Sache im Laufe des Herbstes durchgeführt werde. Im Herbst, dachte Hamsun, das soll dann wohl bedeuten, daß sie überwintern wird.

Aber nun reichte es ihm. Er erzählt, daß der Vertreter des Entschädigungsamtes nach seiner letzten Zeitungsmeldung einen Antrag von einer Person, die er nicht gut überhören konnte, erhielt. Sie sprachen ein paar Worte miteinander und einigten sich darauf, daß die Verhandlung nicht länger hinausgeschoben werden sollte. Die Person, die man nicht überhören konnte, war der Beklagte selbst. Es war Hamsun gelungen, Sigrid Stray zu bitten, ihm zu helfen, damit die ewigen Verschiebungen ein Ende hätten und ein Datum bestimmt wurde. Sie hatte sofort Erfolg. Mit dieser tiefen Beschämung für das norwegische Rechtswesen endete der zweieinhalbjährige Zermürbungskrieg. Wie ein zum Tode Verdammter, der selbst das Schwert aufheben, es dem Henker in die bebenden Hände legen und ihn freundlich ermuntern muß, sich nun endlich zusammenzunehmen und die Sache hinter sich zu bringen – so hatte Knut Hamsun der Trödelei ein Ende gemacht und den Prozeß gegen sich selbst ausgelöst.

Sigrid Strays Antrag an das Entschädigungsamt trägt das Datum vom 8. November 1947, und triumphierend konnte Hamsun am 22. November mitteilen:

«Frau Stray schreibt mir, daß meine Sache am 16. Dezember verhandelt wird. Sie hat sich gewiß tüchtig abgemüht, um das in Ordnung zu bringen.»

Der rasche Erfolg von Frau Strays Eingreifen verdeutlicht, wie folgenreich es war, daß Hamsun seine Interessen so lange Zeit selbst vertreten hatte. Nun wandte er sich, sozusagen zwischen Tür und Angel, am 25. November zum vierten Mal an Frau Stray, mit der Bitte, ihm vor Gericht zu helfen:

«Liebe Frau Stray, ich möchte Sie bitten, meine Sache zu übernehmen und mir zu helfen. Ich bringe es sonst nicht fertig, für mich zu antworten. Bleibt noch genug Zeit für Sie, den Fall zu übernehmen, und haben Sie Zeit dazu?»

Diesmal kam eine Zusage. Die Anwältin Sigrid Stray hatte ihre Tätigkeit als Richterin in Skien beendet und versprach ihm, seine Sache zu übernehmen.

Die Mitteilung munterte Hamsun so gründlich auf, daß nun die Briefe aus dem Altersheim Schlag auf Schlag kamen. Er mußte versuchen, Frau Stray zu veranlassen, mit Hörnern und Klauen für die Freigabe der Aktien der Kinder zu kämpfen, schrieb er an Tore, der inzwischen «Inspektor» für Nörholm geworden war. Anwalt Danielsen wollte sie zu Hamsuns Vermögen schlagen, da Hamsun sonst nicht genug Geld hätte, die Entschädigung zu bezahlen. War das ein feiner Herr! Im übrigen solle sich Tore nicht die Mühe machen, einen Stenographen zu besorgen, um den er ihn früher einmal gebeten hatte, Frau Stray werde einen mitbringen. Es gab auch keinen Anlaß für Tore, im Gerichtssaal zu erscheinen. Aber nun hatte er keine Zeit mehr, Anne Marie zu schreiben und ihr für die Zeichnung von dem prachtvollen Hahn zu danken, dem herrlichsten, den er im Leben gesehen habe.

«Aber sag ihr meinen Dank, und ich bin so müde.»

Er war so müde. Er fühlte sich so sinnlos *erledigt*, von Gott und den Menschen verlassen, berichtet Gierlöff, der auch in Bewegung gesetzt worden war. Wo blieb er denn? fragte ihn Hamsun am 3. Dezember, vierzehn Tage vor der Gerichtsverhandlung. Er hatte Woche um Woche auf ihn gewartet, aber Gierlöff kam nicht, hatte er ihn denn ganz und gar aufgegeben? Das hatte Gierlöff nicht, aber ihm schien, daß noch Zeit genug blieb; am 13. Dezember besuchte er Knut Hamsun und verabredete mit ihm, daß er Hamsun am 16. Dezember abholen und ins Grimstader Rathaus bringen sollte. Um Hamsun ein bißchen aufzumuntern, fuhr er gleich nach dem Besuch bei ihm zum Kaufmann Syrdalen in Landvik, kaufte eine Kiste Zigarren und bat, sie ins Altersheim zu schicken. Da er aber seine Karte nicht beigelegt hatte, hielt Hamsun die Zigarren für eine Aufmerksamkeit des Kaufmanns und schickte ihm am 14. 12., zwei Tage vor der Gerichtsverhandlung, einen Dankesbrief. «Herr P. Syrdalen. Sie sind ein Mann mit sehr liebenswürdigen Einfällen. Ich danke Ihnen herzlichst für die mir zugesandte Gabe und wünsche Ihnen weiter alles Gute. Ihr ergebener Knut Hamsun. PS: Ich kann nur beim Schreiben mit einem dicken Bleistift sehen.»

Die Sendung erfüllte ihren Zweck, sie hob seine Stimmung. Er rauchte keine Zigarre, sondern stellte die ungeöffnete Kiste beiseite, sie hatte ihm einen Einfall verschafft.

Am Montag, dem 15. Dezember, saß er in seinem Zimmer, um seinen Anzug in Ordnung zu bringen – immer noch den schwarzen, in dem er Hitler besucht hatte. Er hatte eines der Mädchen gebeten, ihn zu bügeln, und da er nicht genug sah, um mit Nadel und Faden umgehen zu können, bemalte er nun die abgeschlissensten Stellen mit Tinte, bis er das Resultat zufriedenstellend fand, ohne daran zu denken, wie sich seine Klecksereien bei Leuten mit normaler Sehkraft ausnehmen würden. Danach machte er sich daran, seinen Vortrag zu lesen, den Arild für ihn mit der Maschine geschrieben hatte.

Und während er da saß, mit seinem Text beschäftigt und in Frieden mit sich selbst, fand der Überfall statt. Der taube Mann hörte nichts – plötzlich sprang die Tür auf, er bemerkte undeutlich zwei fremde Gesichter, die ihn anstarrten, der eine Mann hob einen Gegenstand vor sich, zu nahe, als daß Hamsun erkennen konnte, was es war. Er bedrohte sie mit geballter Faust und hätte zugeschlagen, wäre nicht im selben Augenblick ein Blitzstrahl vor ihm aufgezuckt. Sofort schlugen die Männer schon die Tür hinter sich zu, daß selbst Hamsun den Knall hörte, und rannten aus Leibeskräften die Treppe hinunter.

Knut Hamsun tastete sich zu seinem Bett; sie brauchten seine Verfolgung nicht zu fürchten – er war eine ganze Weile vollständig blind.

Die beiden Fremden waren von *Dagens Nyheter* geschickt – der Photograph Gustav Rydén und der Journalist Axel Wennerling. Sie waren von Stockholm nach Grimstad gereist, um über die Sensation im Rathaus zu Grimstad zu berichten. Wennerling schrieb in seiner Zeitung, er habe Hamsun im Altersheim «besucht», aber der Alte war steintaub, es war unmöglich gewesen, sich mit ihm zu unterhalten, Wennerling hatte sich immerhin Hamsuns grünen Lehnstuhl und die Bücher gemerkt, «mit denen die Wände des ärmlichen Zimmers tapeziert waren», aber er kam ja rasch wieder nach draußen. Gierlöff schrieb, wäre Hamsun nicht geblendet worden, wären die beiden Männer samt ihrer Kamera bestenfalls mit einem Krankenwagen nach Stockholm zurückgekehrt.

Nun fragten sie im Ort nach Hamsuns Gewohnheiten, hörten von seinem täglichen Spaziergang und legten sich auf die Lauer in der Hoffnung, daß er auftauchen werde. Sie hatten Glück. Am Nachmittag hatte sich Hamsun so weit gesammelt, daß er sich auf seinen gewohnten Gang wagte. Er mußte in Form bleiben, er brauchte frische Luft, denn es war wichtig, daß er in der kommenden Nacht, der letzten vor der Gerichtsverhandlung, gut schlief.

Diesmal beachtete er kaum die Presseleute, sie verschwammen wie der Weg vor ihm im Nebel. Doch Axel Wennerling gab eine Beschreibung in seiner Zeitung:

«Ich begegnete (sic!) ihm bei seinem gewohnten einsamen Spaziergang, er kam mir in einem schwarzen Anzug entgegen, mit grauem Hut, tadellosem steifen Kragen, während ein strahlend weißes Taschentuch kokett aus der Brusttasche hing. Die hohe, stattliche Gestalt ging leicht gebeugt, die Beine mühten sich alterssteif auf dem glatten Boden.»

Es glückte Rydén, ein gutes, wenn auch etwas unscharfes Bild des halbblinden Greises zu machen, wie er mit großen Armbewegungen, um das Gleichgewicht auf dem glatten Weg zu halten, einherstiefelt. Die Photographie wurde noch am selben Abend mit Bildfunk von Arendal nach Stockholm gesendet und erschien am nächsten Morgen auf der ersten Seite von *Dagens Nyheter*. Alles war nun bereit, die Weltpresse hatte sich eingefunden, der Anzug war bemalt worden. Und die Anklage? Ja, die war ja längst ausgesprochen.

«Wie viele Menschen mag Hamsun wohl verführt haben?» fragte Mimi Sverdrup Lunden.

«Auf wie viele ungefestigte junge Menschen hat sein beschwörendes Wort wie Gift gewirkt?» fragte der Oberstleutnant M. T. Knausen.

«Er muß aus der Gesellschaft ausgestoßen werden, die Vorstellungswelt, deren dämonisch verlockender Träger er war, muß verschwinden, sie muß vernichtet werden», hatte Harry Blomberg erklärt.

Und so weiter. Die Worte waren dieselben in dem kleinen Grimstad wie in dem damals kaum größeren Athen. Er hatte an andere Götter als die des Staates geglaubt und versucht, auch die Jugend dazu zu verleiten. Ist es vielleicht gar nicht entscheidend, um welche Götter es sich handelt, sondern geht es nur darum, daß sie nicht die staatlichen Götter sind? Hier war einer, der nicht an unsere Götter glaubte, ja schlimmer, er war keiner von uns.

Deshalb müssen wir die Sache in Angriff nehmen. Damit beginnt zu jeder Zeit der Prozeß.

## 30

# Der Prozeß

Der Prozeß fand wie der gegen Marie anderthalb Jahre zuvor im Ratssaal statt, im zweiten Stockwerk des Rathauses, das mitten in der Storgate liegt. Abgesehen von kleinen, aber in diesem Zusammenhang wichtigen Änderungen sieht der Saal heute noch so aus wie am 16. Dezember 1947. Der Raum ist für einen so bedeutenden Prozeß ziemlich bescheiden, 7 Meter im Quadrat. Außer den für Zuschauer bestimmten Holzbänken an den Seitenwänden und der Rückwand besteht die Ausstattung nur aus den fünf zu einem Hufeisen zusammengestellten Tischen. An der Außenseite des Hufeisens stehen zwölf bequeme Armsessel mit Lederbezügen, an den Wänden hängen Bilder einstiger «Wortführer» oder Bürgermeister von Grimstad, darunter auch eins des berühmten Smith-Petersen, dessen niedergebrannte Villa in der Nähe des Krankenhauses Hamsun durch den Gedanken beschäftigt hatte, daß nichts von Dauer ist. Außerdem gibt es in Grimstad noch eine «Gerechtigkeit» mit Augenbinde. Die Wände sind weißgekalkt mit hellblau bemalten Paneelen. Da der Raum nur die vier Giebelfenster hat, wirkt er, obwohl diese gut anderthalb Meter hoch sind, ziemlich dunkel, weil das Licht nur von einer Seite hereinfällt, ein Umstand von großer Bedeutung im Verlauf des Prozesses.

Auch in dem kleinen Grimstad war der elektrische Strom streng rationiert, jede zweite Nacht wurde er von 22 Uhr bis 6 Uhr morgens abgestellt, jeden zweiten Tag von 12 Uhr bis 18 Uhr. Der 16. Dezember war ein Tag mit «Tagabschaltung» – also gab es nachmittags keine elektrische Beleuchtung im Saale.

Der Haupteingang zum Saal, eine Doppeltür, liegt der Fensterseite gegenüber. Außerdem gibt es in den Seitenwänden zwei Türen, von denen die eine – rechts in Richtung auf die Fenster – erst später eingebaut worden ist; Knut Hamsun kann also nicht, wie Arild einmal meinte, den Saal durch diese Tür betreten haben. Eine andere wichtige Änderung ist seit 1947 an den Tischen vorgenommen worden: Sie sind jetzt 5 Zentimeter niedriger, um besser zu den lederbezogenen Armsesseln zu passen. Diese Stühle gab es noch nicht zur Zeit des Prozesses. Pressebilder zeigen, daß die alten nicht bequeme Armsessel, sondern hohe Holzstühle ohne Armlehnen waren. Auch dieser Umstand spielte eine Rolle, denn die Verhandlung dauerte von 10 Uhr bis 19 Uhr bei einstündiger Unterbrechung, und es ist gewiß nicht gleichgültig, auf welchem Stuhl ein Achtundachtzigjähriger acht Stunden sitzen soll.

Die Pressebilder zeigen auch, daß man, wie beim Verfahren gegen Marie, die Tische des Hufeisens so auseinandergestellt hatte, wie es sich für eine Gerichtsverhandlung mit Ankläger, Rechtsbeistand und Richter gehört. Fragt man heute jemanden, der wie Sigrid Stray und Arild Hamsun anwesend war, wo die Hauptpersonen gesessen haben, erhält man völlig widersprüchliche Auskünfte. Auch hier können Pressephotos die Dinge zurechtrücken – wobei sich zeigt, daß keiner der Augenzeugen eine zutreffende Erinnerung bewahrt hat, sondern daß die Wahrheit eine Art Zwischending aus allen Auskünften ist.

Am Ende des Hufeisens, mit dem Rücken zum Fenster, saß der Richter, diesmal aber nicht J. L. Stabel, der schon einmal das Verhör mit Hamsun geleitet und auch in Maries Sache als Richter gewirkt hatte. Ach nein, es war seit langem ein öffentliches Geheimnis im kleinen Grimstad, daß die Geisteskraft des alternden Richters nicht mehr so glänzend wie früher war, und daß er aus diesem Grunde sein hohes Richteramt nicht mehr wahrnehmen konnte, selbst wenn er wie hier in diesem Fall über einen bedauernswerten Greis richten sollte, dessen seelische Fähigkeiten nach dem Gutachten der Sachverständigen nachhaltig geschwächt war. So geriet J. L. Stabel nicht in die Klemme mit einem so anfechtbaren Prozeß, übrigens dem einzigen der von ihm geführten, der in die Geschichte eingehen sollte. Da die Anklagebehörde nach immer neuer Vertagung den Prozeß auf Verlangen des Betroffenen endlich doch eröffnete, sah sich der Richter gezwungen, seinen altersbedingten Verfall anzuführen. So hatte sich die Natur nicht, wie man gehofft hatte, des Betroffenen angenommen, sondern des Richters. Der Mann, auf dessen Tod man so viele Jahre geduldig wartete und dessen Widerstandskraft man nach Kräften geschwächt und zu brechen versucht hatte, zeigte sich am Ende doch stärker und zählebiger als die Wartenden. Als das Opfer das Schwert aufhob und es dem Henker mit der Bitte reichte, sich zusammenzunehmen, zitterten dem Henker die Hände so sehr, daß man ihn heimschicken mußte. Da Stabel noch keinen Nachfolger hatte, beschlossen die Behörden, seinen Assessor zu schicken, und der alte Richter konnte daheimbleiben und die Hände in Unschuld waschen, während die schwere Bürde, Richter über Knut Hamsun zu sein, einem ganz jungen Mann auferlegt wurde, dem erst zweiunddreißigjährigen Sverre Eide. Der Gerichtsvorsitzende war zugleich der Jüngste im Saal. Doch kann man kaum daran zweifeln, daß dieser Umstand den Behörden gelegen kam, denn wie auch der Prozeß zu Ende ausliefe und wie immer er von der Nachwelt beurteilt werden würde – man konnte sich jederzeit auf die Jugend und die mangelnde Erfahrung des Richters berufen.

Aber selbst damit fühlten sich die Behörden noch nicht sicher. Wie es in der Urteilsbegründung etwas nebelhaft heißt, «hatte es das Gericht wegen der Art der Sache für notwendig gehalten, Schöffen heranzuziehen». Als sei man bestrebt, die Verantwortung zwar nicht abzuweisen, aber sie möglichst gründlich zu verteilen, waren zwei zivile Geschworene einberufen, der Hofbesitzer Omund Eigeland aus Fjaere und der Hofbesitzer und Bezirkskassierer Jacob Flaa aus Birkenis. Diese Zusammenstellung erwies sich später als sehr wichtig. Die beiden Männer glichen die Jugend des Richters völlig aus – sie waren beide über sechzig Jahre alt. Arild Hamsun kennzeichnete sie als «zwei erdgebundene Bauern, die unter Garantie nie eine Zeile von Hamsun gelesen hatten», sein Bruder Tore bezeichnete sie als «zwei brave Bauern», und Sigrid

Stray bekräftigt diesen Eindruck: Es waren zwei brave Bauern um die Sechzig, man konnte nichts gegen sie einwenden. Nach den Fotos nahmen beide rechts vom Richter Platz, sie saßen wie er mit dem Rücken zum Fenster.

Die Anklagebehörde hatte ihren Platz – vom Richtertisch aus gesehen – am linken Ende des Hufeisens. Das Entschädigungsamt, das im Namen des norwegischen Staates das Gerichtsverfahren angestrengt hatte, wurde durch den Anwalt Odd Vinje aus Arendal vertreten, einem Mann um die Fünfzig, von ruhigem, zurückhaltendem Wesen und ganz ohne Aggressivität, die allerdings mit seiner Rolle als Kläger auch kaum vereinbar gewesen wäre. Er wurde unterstützt durch seinen Kollegen, den Anwalt J. Bugge Danielsen, der als Treuhänder für das beschlagnahmte Nörholm und Hamsuns übriges Vermögen eingesetzt worden war. In mehreren früheren «Landssviks»-Prozessen hatte er die Verteidigung übernommen, während er hier für die wirtschaftlichen Fragen zur Verfügung stehen sollte, die eine so große Rolle spielten: Die Anklagebehörde wünschte ja, den Prozeß auf Entschädigungsfragen zu beschränken und möglichst nur von Kronen und Öre zu reden.

Rechts vom Richter und den Schöffen, einige Meter vom Richtertisch abgerückt, sollte Knut Hamsun mit seiner Verteidigerin an einem Tisch Platz nehmen. Die Journalisten, die seine Ansicht über Anwälte kannten und wußten, daß er einmal geschrieben hatte, erwerbstätige Frauen hätten Sand in den Adern, notierten sich, daß er mit einer Anwältin auftrat. Frau Sigrid Stray wirkte mit ihren klaren, regelmäßigen Zügen wesentlich jünger als ihre vierundfünfzig Jahre; sie hatte eine vieljährige Erfahrung darin, den Kern einer Sache zu erfassen und aus dem Unwesentlichen herauszuschälen: Ihr Gehirn löste die juristischen Probleme, ihr Charakter war fest bis zum Eigensinn, ihre Skepsis schon fast Mißtrauen. Ohne ein Gefühlsmensch zu sein, hatte Frau Stray doch keinen Sand in den Adern und war nach übereinstimmenden Urteilen so wenig wie andere völlig unempfindlich gegen die starke Ausstrahlung ihres berühmten Klienten. Sie bewunderte Hamsun, nahm bedingungslos seine Partei im ehelichen Konflikt, bedauerte ihn und wurde weitgehend zu seiner Vertrauten. Daß sie erst vor drei Wochen eingewilligt hatte, ihn vor Gericht zu vertreten, geschah also nicht aus Gleichgültigkeit gegen Hamsuns Schicksal; ihre Entschuldigung, daß sie als Richterin in Skien wirken sollte, war ohne jeden Zweifel aufrichtig. Aber warum lehnte sie Skien nicht ab, sondern Hamsun, der ihr doch vor nur einem Jahr in einer entsprechenden Situation geholfen hatte? Sigrid Stray scheint sich nicht klargemacht zu haben, welche verheerenden Folgen ihre Ablehnung haben konnte: Die Überschreitung der Untersuchungshaft, den unnötigen Aufenthalt in der Klinik, die Zusendung des Berichts mit Maries Aussagen, die jahrelange Aussetzung des Prozesses – all diese unglückseligen Dinge hätte sie abwehren können. Die Umstände hatten sie unvermeidlich in eine Lage gebracht, in der sie nun die Stärkere war; der Unnahbare war von ihrem Wohlwollen abhängig. Ob sie im Unbewußten mit dieser neuen Macht unzufrieden gewesen ist? Lassen wir solche Vermutungen. Das Verlangen, sich zu behaupten, ja zu rächen, entsteht zwar leicht aus enttäuschten Gefühlen, in Hamsuns Bannkreis war es verbreitet – es lag den anonymen Briefen alternder Frauen zugrunde, erklärte Maries Aussagen und war im Grunde die treibende Kraft für den Prozeß gegen ihn. Doch dieses Bedürfnis, den zu züchtigen, den man liebt, ein Bedürfnis, das kaum geringer sein dürfte, wenn man nicht wiedergeliebt wird, kann sich in diesem Fall nicht ausgewirkt haben. Aber man kann sich vorstellen, daß Sigrid Strays Begeisterung für Hamsun ihre Argumente keineswegs in eine allzu positive Richtung drängte, sondern im Gegenteil eine Hemmung für sie bildete. Ein Mensch mit ihrem untadeligen Gerechtigkeitssinn mußte dadurch unweigerlich zu Vorsicht und Herunterspielen der Argumente veranlaßt werden, sie wurde gehindert, frisch vom Leder zu ziehen, die großen, entscheidenden Prinzipien, die sie sonst phantasievoll einzusetzen verstand, voll auszuspielen. Und da sie sich mit Recht damit entschuldigen konnte, daß sie in erster Linie hier die verwickelten juristisch-ökonomischen Gesichtspunkte zu beachten hatte, beeinflußte das sicherlich die Entscheidung ebenso wie der Umstand, daß diese beiden Schöffen hinzugezogen wurden.

Frau Stray hatte ihre Sekretärin mitgebracht, die an einem kleinen Ecktisch mit dem Rücken zur übrigen Versammlung Platz nahm. Die junge Dame war auf Hamsuns Wunsch mitgekommen, damit wenigstens eine Person seine Rede für die «Nachwelt» festhalten konnte. Wie weit sie auch – was nahelag – die abschließenden Darstellungen von Kläger und Verteidiger mitstenographierte, konnte nicht festgestellt werden. Die beiden Verhandlungen müssen nach Zeitungsberichten und Urteilsbegründung rekonstruiert werden, aber entscheidende Einzelheiten sind kaum verlorengegangen.

Rechnet man noch den Polizisten Övensen hinzu, der die Doppeltür zur Treppe zu bewachen hatte, haben wir alle Mitspieler genannt. Beide Parteien hatten auf Zeugenvernehmungen verzichtet, die Anklagebehörde, weil der Fall ja gründlich dokumentiert war, Hamsun, weil sein Stolz es nicht zuließ, Hilfe von anderen anzurufen. Die übrigen Anwesenden waren Pressevertreter, Verwandte und andere Zuhörer. Die Frage, ob Marie Hamsun beim Prozeß gegen ihren Mann anwesend sein sollte oder nicht, hatte sich von selbst erledigt, da man sie eine Woche zuvor ins Gefängnis zu Bredtveit einlieferte. Arild wollte aus Nörholm kommen, zusammen mit Tore, der von Oslo anreiste, obwohl ihm sein Vater geschrieben hatte, es sei nicht nötig. Hans Andreasen war aus Kopenhagen gekommen. Natürlich gehörte auch Gierlöff zu den Leuten, die sich im voraus ein Hotelzimmer gesichert hatten, zumal er ja versprochen hatte, Hamsun um 9 Uhr vom Altersheim abzuholen.

Gierlöff war mit einem Schnellboot aus Oslo gekommen und mußte ein Taxi nach Landvik nehmen. Die kleine Stadt Grimstad liegt auf 58 Grad 23 Minuten nördlicher Breite, und am 16. Dezember beträgt die Sonnendeklination 23 Grad, die Länge des Tages 6 Stunden und 23 Minuten. An diesem Tag ging die Sonne um 8.43 Uhr auf, es begann hell zu werden, als Gierlöff sich in das Taxi setzte und es nach Landvik fahren ließ. Schnee lag auf der Erde, aber sonst war es ungewöhnlich mild für die Jahreszeit. Nach Meldung des metereologischen Instituts lag ein ziemlich ortsfestes, kräftiges Hoch über den Britischen Inseln, während sich kleinere Tiefdruckgebiete unter Auffüllung aus Nordwest der skandinavischen Halbinsel näherten. Ein solches Tief bewegte sich zum Botnischen Meerbusen hin, ein anderes lag zwischen Grönland und Nordnorwegen und zog nach Südost auf die Lofoten zu. Ein drittes zog langsam vom südwestlichen Rußland nordwärts. Den Tag über sollte milde Luft vom Nordmeer einströmen; anhaltend schönes Wetter mit schwachen Winden aus wechselnden Richtungen, örtlichen Nebelfeldern in den Morgen- und Abendstunden war zu erwarten. Diese Wettervorhersage traf im großen und ganzen zu, denn nach der Statistik fielen am 16. Dezember 1947 nur 0,5 mm Niederschläge in Oslo, die Höchsttemperatur betrug +1,6°, die mittlere Tagestemperatur +0,8° während sie um diese Jahreszeit sonst −3,1° betrug.

Während Gierlöff im Hotel auf das Taxi wartete, blätterte er in den Morgenzeitungen. Abgesehen von den groß aufgemachten Geschichten über den Prozeß gegen Hamsun auf den Vorderseiten gab es die üblichen Nachrichten. Aber die Außenministerkonferenz in London war, wie befürchtet, geplatzt; Marshall, Bevin, Bidault hatten sich nicht mit Molotow einigen können, und am gestrigen Tag hatten die vier Herren ihre Gespräche abgebrochen, ohne ein neues Treffen zu verabreden. Der Zusammenbruch der «unnatürlichen Verbindung zwischen Kommunismus und Kapitalismus», den Hitler vorausgesehen, aber nicht erlebt hatte, war nun Tatsache geworden. *Teilung Europas vollzogen – Hitler gewinnt ständig Siege nach seinem Tod – der Abbruch ist eine Welttragödie – man erwartet nun die Teilung Deutschlands in zwei Staaten* – das waren die Schlagzeilen des Tages. Gierlöffs Blick wanderte von den Weltereignissen zu den Vorausberichten zum kleinen Drama in Grimstad. Nun war nicht nur die Befreiung beendet, auch der Frieden war vorbei. Er war sehr kurz gewesen. Montag, der 7. Mai 1945, an dem Hamsun seinen Nachruf auf Hitler in *Aftenposten* veröffentlichte, war der letzte Kriegstag in Europa, und dieser Dienstag, der 16. Dezember 1947, der erste Tag im Kalten Krieg.

Die Sonne war aufgegangen und hing tief und winterrot über den Wäldern, die Landvik umgeben. Das Taxi fuhr zum hochgelegenen Altersheim in Landvik. Gierlöff stieg aus, begrüßte die Leute und ging den ihm wohlbekannten Weg zum Zimmer mit dem schiefen Fußboden. Knut Hamsun stand bereit im abgetragenen, aber sorgfältig geschwärzten und gebügelten Anzug und in seinen neuen, blankgeputzten «Standard» Größe 9. Er war, wie verabredet, nicht rasiert, denn Gierlöff wollte nicht riskieren, daß er sich an diesem großen Tag mit seinen zitternden Händen im Gesicht verletzte, deshalb hatte er ihn schon bei einem Barbier in der Stadt angemeldet. Auf dem Tisch lagen Notizen für seine Rede, mit seinem gewohnten Sinn für Ordnung zu einem kleinen Haufen zusammengelegt auf einer ungeöffneten Zigarrenkiste, die Hamsun offenbar mitnehmen wollte. Gierlöff erkannte die Kiste, die er selbst vor einigen Tagen durch den Kaufmann Syrdalen ins Altersheim geschickt hatte. Er wunderte sich zwar, daß Hamsun eine ganze Kiste Zigarren ins Gericht mitnehmen wollte, stellte aber keine Frage.

Hamsun wirkte hektisch, aufgeräumt, unruhig. Er berichtete sofort von der Episode mit den beiden schwedischen Pressevertretern. «Ich saß hier, saß und las, da sprang die Tür auf – ich nahm zwei Gesichter wahr – dunkel – zwei fremde Gesichter – die starrten mich an – auf einmal sprang ein Blitzlicht auf – ein blendendes Blitzlicht – ich hörte einen Knall – die Tür schlug wieder zu.»

Seine Augen funkelten vor Zorn und Empörung, die rechte Hand hämmerte in die Luft. Erst im Freien beherrschte er sich wieder. Die Sonne schien nun am blauen Himmel, die große Stille der Natur beruhigte ihn. Ein Mann kam vorbei und grüßte herzlich. Hamsun hielt ihn an:

«Ich bin so ein Dummkopf, wenn ich Leute wiedererkennen soll. Das war ich immer. Wer ist das nun wieder, den ich nicht erkennen kann?»

Gierlöff wußte, daß er das fremde Gesicht nur nebelhaft wahrnahm. Der Mann nannte seinen Namen, und Hamsun tat geschickt so, als ob er es hörte. «Ach ja, ja natürlich, jaja. Sehr trocken hier. Der Herrgott wird sicher bald den Löffel in die andere Hand nehmen und es ein wenig regnen lassen, ja. Adjö, Adjö, danke für den Gruß.»

In diesem Augenblick fühlte Gierlöff ein Kribbeln im Magen. Erst die Geschichte mit dem Überfall der Schweden am Tag zuvor, und nun dieses Gespräch im Stil von «Beantworten Sie meine Frage!». Er wünschte sehnlich, daß der schreckliche Tag schon überstanden wäre. Im Hotel hatte er die Journalisten mit ihren Batterien von Kameras und sonstiger Ausrüstung gesehen und ahnte, was bevorstand. Sollte er noch einmal Hamsun als Wrack erleben müssen, wie damals, als er ihn aus der psychiatrischen Klinik holte?

Er nahm ihn rasch unter den Arm und lotste ihn zur Taxe. Ein paar Alte hatten sich zur Treppe gemüht, um ihn zu verabschieden; sie wußten, was ihm bevorstand, und einige weinten offensichtlich, was Hamsun zum Glück nicht bemerkte. Er wollte gern vorn sitzen und bat den Fahrer, langsam zu fahren, damit er bei dem schönen Wetter die Landschaft genießen könne.

Gierlöff betrachtete ihn von hinten. War er es, der binnen kurzem als Landesverräter verurteilt werden sollte? Er saß ruhig und aufrecht, das martialische Haupt leicht nach hinten gebeugt, der hohe Nasenrücken ragte wie ein Steven. Landesväterlich und kundig blickte er über Felder und Wiesen und Hügel und Wälder und Tiere und Vögel und Häuser und Gärten und Kinder und Erwachsene, bald nach rechts, bald nach links gewandt. Ab und zu sagte er ein paar Worte, und die ganze Zeit war er heiter mit dem beschäftigt, was er sehen konnte. Große Linien erfaßte er deutlich, nur die Einzelheiten in der Nähe verschwammen im Nebel.

Schon fuhr das Taxi in Grimstad ein. Gierlöff ließ den Fahrer die Storgate mit den wartenden Journalisten vermeiden und dirigierte ihn zu dem Friseur-salon, wo Hamsun angemeldet war. Er nahm sofort auf dem Stuhl Platz. Der Friseur wollte keine Bezahlung annehmen, obwohl er den Schnurrbart höchst sorgfältig gestutzt und gedreht hatte. Hamsun dankte ihm mit könig-licher Geste – aber vielleicht machte der gute Mann trotzdem ein gutes Ge-schäft, denn das Gerücht von Hamsuns Besuch verbreitete sich schnell in der kleinen Stadt, und für den übrigen Tag war der Barbierladen zum Bersten voller Leute, die unbedingt rasiert werden mußten.

Es war viertel vor zehn Uhr. Hamsuns Laune wurde immer besser, er wollte das letzte Stück bis zum Rathaus zu Fuß gehen. Aber Gierlöff, der in-zwischen vor Aufregung am ganzen Körper zitterte, hatte das Taxi warten lassen; er fürchtete immer einen Überfall der Journalisten und bestand dar-auf, zu fahren. Sie setzten sich also wieder ins Auto und rollten langsam die paar hundert Meter, an der Apotheke und am Markt vorbei zum Rathaus, das mit seinem Giebel im Rundbogenstil auf die Storgate blickt.

Der Saal im zweiten Stockwerk summte wie ein Bienenkorb. Kurz vor neun Uhr hatte man die Türen geöffnet, und Journalisten und Photographen waren hereingeströmt, um sich einen der wenigen Sitzplätze auf den Holz-bänken in dem bescheidenen Raum zu sichern. Der Journalist Skjegstad von *Aftenposten* sah, daß sich auch Hamsuns Söhne Tore und Arild mit ihrem dä-nischen Schwager eine Stunde vor Prozeßbeginn einen Platz gesichert hatten.

Axel Wennerling von *Dagens Nyheter* berichtete, daß Arild Hamsun Knickerbocker, Sportstiefel, ein offenes Hemd ohne Schlips trug und sein Haar nicht gekämmt hatte.

Lange vor Beginn der Verhandlung waren praktisch alle Zuhörerplätze von Presseleuten besetzt. Viele hatten in ihren Vorberichten einen großen Zu-strom des Publikums vorhergesagt und überlegt, was geschehen würde, falls sich halb Grimstad einfände. Skjegstad bemerkte unruhig, daß nur noch drei oder vier Plätze frei waren, und rechnete mit einem wilden Chaos. Aber dann geschah etwas Unerklärliches: Offenbar kam niemand. Als Skjegstad um viertel vor zehn zum Haupteingang hinunterging, sah er auch nicht die An-deutung einer Warteschlange. Tatsächlich fanden sich nur drei oder vier schüchterne Neugierige ein, alle anderen waren Angehörige oder Freunde von Hamsun, die Söhne, ihr Schwager, Gierlöff. Am nächsten Morgen konnte man in aller Welt in den Zeitungen Bilder sehen und Berichte über den Prozeß lesen, aber das kleine Grimstad wandte der Sache den Rücken. Arild meinte, es sei ein Ausdruck dafür, daß Hamsuns Mitbürger ihm Respekt zu erweisen wünschten. Mag sein. Als die Verhandlung begann, war der Saal bis zum letzten Platz gefüllt, und wir wissen nicht, wie viele vergebens gekom-men waren. Respekt? Es konnte auch Verlegenheit sein oder auch ein Beweis für das sonderbare Gesetz, nach dem große Ereignisse wie große Bauwerke einen Platz brauchen, der im rechten Verhältnis zu ihrer Bedeutung steht, und erst aus einigem Abstand groß wirken. Die Wettervorhersage für den

Tag mit den drei Tiefdruckgebieten, die sich von Grönland, vom Botnischen Meerbusen und von der Ukraine näherten, konnte fast als Symbol wirken: In Grimstad herrschte Windstille wie im Auge des Taifuns.

Doch dieser Anschein von Stille beunruhigte den ängstlichen Gierlöff, als das Taxi am Eingang zum Gericht hielt. Kein Mensch? Doch, im Rathaus von Grimstad war damals auch die Schule untergebracht, und eben vor zehn Uhr hatten die Kinder Pause. Statt des gefürchteten Journalistenschwarms umringten spielende Kinder das Auto, und ihnen war es gleichgültig, wer darin saß. Die meisten Pressevertreter waren oben im Saal geblieben, um ihren Sitzplatz nicht aufzugeben, nur ein paar Photographen warteten im Eingang, und mit ihnen wurde der an Auftritte gewöhnte Hamsun leicht fertig, ohne sich belästigt zu fühlen, zumal hier bei Tageslicht und nicht mit Blitzlicht gearbeitet wurde. «Knut Hamsun knurrte wie ein Tiger, als er aus dem Auto stieg, was ihn aber doch nicht hinderte, sich für die Pressephotographen in Positur zu stellen; er bat nur, es schnell hinter sich zu bringen», schrieb Oskar Hasselknippe in *Verdens Gang*. «Na, ihr seid fleißig, wollt ihr mich von unten bis oben haben?» sagte er zum Schluß.

Er stieg mit Gierlöff die Treppe zum zweiten Stock hinauf, mußte sich aber dann von ihm trennen. Gierlöff zwängte sich in den überfüllten Gerichtssaal, Hamsun führte man in die Küche, wo sich die beiden Schöffen eine Kanne heißen Kaffee besorgt hatten und Hamsun eine Tasse anboten. Während er sich hier aufhielt, kam ihm kurz der allgegenwärtige Arild vor Augen. Auch Arild braucht den Ausdruck «aufgeräumt» für Hamsuns Stimmung in diesem Augenblick. Er erinnerte sich, daß er seinem Vater noch einmal einschärfen wollte, nur nicht klein beizugeben, konnte aber in Gegenwart der Schöffen nicht laut genug sprechen. Doch Hamsun erriet sofort, was Arild wollte.

«Nur ruhig, Arild, ich werde nicht winseln», sagte er mit einem Lächeln. Inzwischen hatte sich Christian Gierlöff auf einen Platz auf der hinteren Bank geklemmt. Nun konnte er keine Beruhigungsversuche mehr unternehmen, denn der ganze Raum vor dem Hufeisen war von Journalisten erfüllt, er zählte ungefähr ein Dutzend Photographen, die allen Zubehör, natürlich auch Blitzlicht, mit sich führten. Gierlöff dachte an Hamsuns Schilderung des Überfalls vom Tag zuvor und fürchtete das Schlimmste. Wieso wurden überhaupt Photographen im Gerichtssaal zugelassen? Die Tische des Hufeisens waren noch leer, abgesehen vom äußersten Ende, wo sich Arild und Tore hingesetzt hatten. Vor den Plätzen standen Tabletts mit Wasserkaraffe und zwei Gläsern, eines davon über den Karaffenhals gestülpt. Aus der Menge der Journalisten drang ununterbrochen leises Murmeln. Längst nachdem die Wanduhr zehn geschlagen und die Glocke unten die lärmenden Kinder in die Klassenräume zurückgeholt hatte, war das Gericht noch nicht erschienen. Axel Wennerling von *Dagens Nyheter* fand heraus, daß die beiden Schöffen, «die beiden alten, ehrenwerten Grimstader», wie er sie nannte, mit ihrem Kaffee noch nicht fertig waren.

Um viertel nach zehn Uhr kam die kleine Schar durch eine Seitentür und bahnte sich ihren Weg zu den Sesseln am Hufeisen. Gierlöff nahm zunächst den Richter unter die Lupe, verblüfft über Sverre Eides Jugend: «Ein so waches und nachdenkliches Gesicht, so freundlich und intelligent, ein so ruhiges und bescheidenes Wesen, so klug und so vorsichtig», schrieb der empfindsame Mann später. «Ich verspürte sofort Ehrfurcht vor diesem jungen Menschen mit dem Uriasauftrag, den ältere Juristen und große Behörden von sich gewiesen und ihm auferlegt hatten. Es ging eine Ruhe von ihm aus, und das war sehr notwendig.»

Außer dem Richter trugen nur der Kläger Odd Vinje und die Verteidigerin Sigrid Stray die traditionelle schwarze Seidenrobe über der Kleidung. Frau Stray hatte nach damaliger Mode das Haar hinten hoch und vorn in die Stirn frisiert und hielt es mit einer schwarzen Samtschleife zusammen. Unter dem Seidenmantel sah man einen weißen Kragen und eine kurze, einfache Perlenkette. Die Schöffen – Jacob Flaa mit seiner Uhrkette aus gediegenem Gold und Hofbesitzer Omund Eigeland in der selbstgestrickten Wolljacke – wirkten wie aus einem Roman von Hamsun. Wenn sie, wie Arild meinte, nicht des Dichters Leser waren, dann doch wenigstens zwei seiner Gestalten.

Beim Erscheinen des Gerichts erhoben sich die Anwesenden und setzten sich wieder. Das lebhafte Gemurmel im Saal wurde von tiefer Stille abgelöst, in der man nur die Verteidigerin mit einigen Papieren rascheln hörte, bis auch sie bereit war. Der Richter Eide wechselte ein paar flüsternde Worte mit dem Kläger, erhob sich, wandte sich an den uniformierten Polizisten an der Doppeltür und sagte mit klarer Stimme:

«Führen Sie den Beklagten herein!»

Die drei Worte lösten eine Katastrophe aus wie ein Ruf in den Bergen eine Lawine. Bisher hatten die Journalisten nicht gewußt, durch welche Tür Hamsun erscheinen sollte, nun deutete die Blickrichtung des Richters auf die linke, und sofort drängten sich die Photographen mit schußbereiten Kameras um die Tür. «Es war so eng, und da waren so viele Photographen, daß es wirklich schwierig war, Platz zum Photographieren zu finden», schrieb Skjegstad in *Aftenposten*. Övensen mußte fast mit Gewalt die Tür öffnen. Gierlöff wurde so fest an die Wand gedrängt, daß er nichts mehr sehen konnte, wußte aber sofort, daß sich seine schlimmsten Befürchtungen erfüllten. Nun kam der achtundachtzigjährige Hamsun in Sicht, bemerkte den Schwarm von Photographen, fürchtete für seine empfindlichen Augen, streckte abwehrend die Hand aus und rief: «Nicht schießen, nicht schießen!»

Eine Zeitung gab seinen Notruf wieder als «Erschießen Sie mich nicht, erschießen Sie mich nicht!» und fügte hinzu, daß er ein Todesurteil fürchtete. Seine Bitten waren natürlich vergebens, ein Wasserfall von Blitzen, zehnmal greller als der vom Vortag, stürzte sich über ihn, die Photographen stießen einander beiseite, um ihr Bild zu bekommen. Richter Eide suchte von seinem Platz am anderen Ende des Saals den Tumult zu beenden und rief immer wieder: «Nun muß aber Schluß sein mit dem Photographieren!» Niemand hörte auf ihn. «Hamsun schlug eine Kanonade von Blitzlicht entgegen», schrieb Oskar Hasselknippe in *Verdens Gang*. «Niemals seit den Tagen des Quisling-Prozesses ist eine solche Menge von Blitzlichtern mehrere Minuten lang intensiv und scharf in einem Gerichtssaal aufgeflammt wie hier», meinte A. Skjegstad in *Aftenposten*. Er sah Hamsun gefährlich taumelnd mit immer unsichereren Schritten vorankommen, und Oskar Hasselknippe verglich ihn mit «einem blinden alten Giganten, der durch den Wald tappt, während das Reisig unter seinem schweren Schritt knackt».

«Es war die bittere Tragödie von Einsamkeit und Alter, die wir hier erlebten», schrieb der einstige Widerstandskämpfer. Die Photographen setzten ihr Geblitze fort, einige hilfreiche Hände konnten Hamsun zu seinem Platz neben Frau Stray lotsen, doch der alte Mann war schrecklich aufgeregt, er wollte sich nicht setzen, er fand sich nicht damit ab, auf diese Weise verunglimpft zu werden, und immer noch stehend berichtete er den Anwesenden, wie er am Tag zuvor in seinem Zimmer im Altersheim überfallen worden war. «Mit lauter, durchdringender Stimme sprach er von einem schwedischen Photographen, der ihm gestern direkt ins Gesicht geblitzt hatte», schrieb der Korrespondent von *Aftenposten*. Tore und Arild, nur wenige Schritte von ihm entfernt, wußten, wie es um die Sehkraft ihres Vaters stand, und folgten ihm unruhig mit ihren Blicken. Nun konnten die Umstehenden ihn endlich auf den Stuhl niederziehen, er wandte sich zu Frau Stray und fragte in einem Ton, der leise sein sollte, den man aber über den ganzen Tumult hin hörte:

«Frau Fiane, ist das eine Tochter von Richter Fiane? Den habe ich sehr gut gekannt.»

«Erst als er sprach, merkten wir, daß es kein Schreien, sondern seine gewohnte, unglaublich laute Sprechweise war», schrieb Hasselknippe. Frau Stray versuchte, ihn zum Schweigen zu bringen, gab es schließlich auf und schrieb etwas auf ihren Block, den sie Hamsun reichte. Er nahm ihn, versuchte ihn zu lesen und hielt ihn nah an die Augen. Schließlich schüttelte er den Kopf:

«Nein, in diesem Licht sehe ich nichts», sagte er wieder so laut, daß man es überall im Saal hörte, «nein, ich sehe dies nicht, gnädige Frau, meine Augen sind so schlecht, ich brauche hier Licht.»

Für Arild, der im Krieg in Rußland gewesen war, war es ein leichtes, eine Petroleumlampe zu organisieren. Er kam sofort wieder zurück und stellte die Lampe vor seinen Vater auf den Tisch. Hamsun erkannte Arild.

«Vielen Dank», sagte er, «das hast du gut gemacht.»

Als Hamsun nun Platz genommen und die Photographen die Bilder, auf die es zunächst ankam, aufgenommen hatten, wurde es ruhiger im Saal, und der Richter bemühte sich, die Verhandlung zu eröffnen. Aber dank Arilds Petroleumlampe nahm Hamsun jetzt die Umrisse von Photographen wahr, die sich mit ihren Apparaten unmittelbar vor ihn gestellt hatten. Fast alle anwesenden Korrespondenten hörten ihn sagen:

«Warum stehen die da, sollen sie mich die ganze Zeit photographieren?» Er zeigte auf die beiden Photographen.

Eine verlegene Pause entstand; Oskar Hasselknippe berichtete, daß es wie ein Ruck durch die Versammlung ging, als Hamsun jetzt mit Stentorstimme rief:

«Es ist bedauerlich, daß ich lebe!»

Der Ausdruck in seinem Gesicht war zu verlockend, im selben Augenblick blitzten die beiden Photographen aus weniger als einem Meter Abstand. Tore und Arild sahen das schmerzverzerrte Gesicht ihres Vaters, der den Kopf vornüberbeugte, wie von einer Gewehrsalve getroffen, nach dem weißen Taschentuch in der Brusttasche tastete und sich mechanisch die Tränen aus den Augen wischte.

Richter Sverre Eide untersagte alles weitere Photographieren, und diesmal gehorchte man. Hasselknippes «Gigant» war zerbrochen, der Anblick des stolzen Mannes, der jetzt zusammengefallen auf dem Stuhl saß, das Taschentuch vor den Augen wie eine weinende Frau, war zu peinlich.

Sverre Eide gab auf Antrag Frau Stray das Wort, die sich erhob und beantragte, als öffentliche Verteidigerin Knut Hamsuns zugelassen zu werden. Hamsun hatte immer die Absicht gehabt, ohne Prozeßbevollmächtigten aufzutreten; er hatte stets darauf hingewiesen, daß alles, was er getan habe, in Aktenstücken vorlag und daß er sich selbst dafür verantworten wollte. Doch inzwischen handelte es sich aber um schwierige wirtschaftliche Probleme und um gesetzliche Bestimmungen, die Hamsun nicht kannte.

Das Gericht entschied, daß Frau Sigrid Stray zum öffentlichen Verteidiger ernannt werde wegen des besonderen Charakters, den dieser Fall hatte, und unter Berufung auf Gesetz Nr. 1 vom 21. Februar 1947, § 38. Der Richter erhob sich, um endlich die Verhandlung für eröffnet zu erklären, als es zu einem neuen Zwischenfall kam. Während Frau Stray redete, hatte sich Hamsun die Augen getrocknet, nun starrte er mit leerem, suchendem Blick um sich. Er hatte nicht erfaßt, daß man schon begonnen hatte. «Hamsun sieht schlecht und hört gar nichts, statt dessen fuhr er lange nach Beginn der Verhandlung fort, mit der lauten Stimme der Tauben zu reden», berichtete Axel Wennerling in *Dagens Nyheter*. Hamsun wandte sich zu Frau Stray, wies hilflos mit dem Finger umher und sagte wieder mit der schmetternden Stimme:

«Wo ist das Gericht? Ist es da?»

Frau Stray verzichtete auf eine Antwort, versuchte nur, ihm beschwichtigend auf die Hand zu klopfen. Gierlöff im Hintergrund verbarg sein Gesicht in den Händen – gab es denn niemanden, der dieser unwürdigen Szene ein Ende machte? Tore und Arild sahen einander an. Sie wußten, daß Knut Hamsun seit langem darin geübt war, zu sehen, was er nicht hören konnte, aber nun hatte er nicht wahrgenommen, daß ein paar Meter von ihm entfernt der

457

Richter stand und die Lippen bewegte. Dafür gab es nur eine Erklärung: Ihr Vater konnte nicht sehen. Aber es war zu spät, noch irgendwie einzugreifen. Frau Stray verschaffte endlich dem Richter Gehör, und nun klang die jugendliche Stimme klar durch den Raum:

«Die Verhandlung ist eröffnet.»

## 31
### Die Verhandlung ist eröffnet

Da der Oberste Ankläger auf eine Anklage gegen Hamsun verzichtet hatte, war der Fall, der nun so große Aufmerksamkeit auf sich zog, aus einer Strafsache zu einer normalen Entschädigungssache geworden. Jede Seite hatte ihren Anwalt, aber man konnte im Grunde nicht von Ankläger und Verteidiger sprechen, wie auch Hamsun weder ein «Angeklagter» oder ein «Beschuldigter», sondern ein «Beklagter» war. Doch sein berühmter Name, die ungeheuerliche Entschädigungsforderung und der Umstand, daß der norwegische Staat selbst die Gegenseite bildete, bewirkten von Anfang an, daß alle Anwesenden den Eindruck hatten, es sei nicht ein banaler Zivilprozeß um Kronen und Öre, sondern eine dramatische Auseinandersetzung, Verbrechen und Strafe. Der Eindruck verstärkte sich noch, als Odd Vinje begann, das unheimliche Sündenregister aufzurollen.

«Als Odd Vinje seine Klage vorzutragen begann, war es Frau Stray gelungen, Hamsun zum Schweigen zu bringen», schrieb Axel Wennerling in *Dagens Nyheter.*

Endlich herrschte Ruhe im Saal, und Vinje sprach gelassen und leise. Er wußte, welche Karte er in der Hand hielt, und sah seinen Vorteil im Herunterspielen. Die Tatsachen konnten für sich selbst sprechen und durch Rhetorik nur abgeschwächt werden. Odd Vinje begann mit einem kurzen Überblick über den Verlauf der Sache seit Hamsuns Verhaftung vor zweieinhalb Jahren, erwähnte, daß er in der psychiatrischen Klinik auf seinen Geisteszustand untersucht worden war, und verlas die Schlußfolgerung aus dem Gutachten der Sachverständigen. Professor Langfeldts Ansicht, daß «es anscheinend keine aktuelle Gefahr für die Wiederholung strafbarer Handlungen» gab, weckte laute Heiterkeit. Vinje verlas dann den Hauptinhalt der Klageschrift, die das Entschädigungsamt im Namen des norwegischen Staates zusammengestellt hatte. Knut Hamsun sollte verurteilt werden, dem norwegischen Staat 500000 Kronen zu bezahlen, erklärte Odd Vinje, ohne die Stimme zu erheben, aber in einer kleinen Pause, die er einlegte, blieb die große Zahl in der Luft hängen und erschreckte die Zuhörer, von denen niemand ein Jahreseinkommen von einem Zehntel dieses Betrags hatte. Wie der Anwalt ausführte, gründete sich die Forderung auf die Tatsache, daß die NS mit ihrer rechtswidrigen Tätigkeit – sie hatte dem Feind mit Rat und Tat zur

Seite gestanden (Strafgesetz § 86) – und dem Versuch, die Verfassung des Landes auf ungesetzliche Weise zu ändern (Strafgesetz § 98), dem norwegischen Staat Kosten verursacht hatte, die sich nach einer vorläufigen Zusammenstellung des Finanzministeriums auf etwa 280 Millionen Kronen beliefen. Knut Hamsun war in der Mitgliederkartei der NS geführt worden mit der Bemerkung, er sei am 22. Dezember 1940 unter der Mitgliedsnummer 26000 aufgenommen worden. Hamsun habe zwar behauptet, er habe sich nie um Aufnahme in die NS bemüht, der Polizei gegenüber jedoch zugegeben, daß er irgendwann in diese Organisation «hineingeglitten» sei. Er habe sich selbst als Mitglied betrachtet und außerdem am 15. Januar 1942 einen Fragebogen der Partei ausgefüllt.

Die Journalisten schrieben schweigend. Der Anwalt wußte, daß eine mit Datum belegte Tatsache doppelt wirkt – und niemandem fiel auf, daß Hamsun demnach zwei Jahre *bevor* er die Aufnahme beantragt hatte, in die Partei aufgenommen worden war. Gierlöff in der hintersten Reihe fühlte sich immer elender; sein einziger Trost war der junge Richter, der ungerührt, mit gespannter und lebhafter Aufmerksamkeit zuhörte und auf keine Weise Wohlwollen oder Abneigung verriet.

«Er wurde für mich immer deutlicher zum Bild eines echten Sohnes von Frau Justitia selbst», schrieb der empfindsame Mann später.

Doch Odd Vinje hatte erst begonnen. Er führte nun eine Reihe von Zeitungsartikeln und öffentlichen Anlässen auf, bei denen sich Hamsun zu seiner Mitgliedschaft bekannt habe, zum Beispiel den Artikel «Warum ich Mitglied der NS bin», der in zwei norwegischen Zeitungen erschien und auch am 23. Oktober 1941 von der *Deutschen Zeitung in Norwegen* nachgedruckt wurde. Mit anderen Artikeln hatte Hamsun versucht, den norwegischen Widerstand zu schwächen, hatte die gesetzlichen Behörden und die Alliierten heruntergemacht, die Besatzungsmacht verherrlicht und Norweger aufgefordert, sich zum Militärdienst auf der Seite des Feindes zu melden.

Hier griff der Ankläger zu einem Ordner mit 213 maschinengeschriebenen, kopierten Seiten, der vor ihm auf dem Tisch lag und vorher schon den übrigen Personen des Gerichts übergeben worden war – das bedeutungsvolle Werk, das unter anderem Langfeldts Gutachten und eine Abschrift von Hamsuns Artikeln aus dem Krieg enthielt. Odd Vinje ließ sich Zeit, blätterte ruhig in dem bedeutungsvollen Material und las, ohne die Stimme zu erheben, Auszüge aus jedem einzelnen Artikel vor. Die anderen Mitglieder des Gerichts, die Schöffen und Sigrid Stray, lasen in ihren eigenen Exemplaren nach, und das leichte Rascheln beim Umblättern einer Seite unterstrich die unheilvolle Stille im Saal, durch den nur die monotone, eindringliche Stimme des Anklägers drang. Seine dünne Stimme wirkte wie eine Messerspitze, die sich tiefer und tiefer in eine Wunde einbohrt. Axel Wennerling von *Dagens Nyheter* notierte, daß Arild in seiner sportlichen Aufmachung «ein fröhliches Hohngelächter» anstimmte, sobald ein Zitat aus Hamsuns wohlformulierten

Ausfällen gegen England vorgelesen wurde. Vielleicht war es nur eine verzweifelte Reaktion, der hoffnungslose Versuch, aus der immer drückenderen Stimmung auszubrechen.

Man kannte ja alles; jeder Satz, den Odd Vinje vorlas, hatte schon einmal den grenzenlosen Zorn der Anwesenden geweckt, aber nun wurde alles hintereinander vorgetragen – die Aufforderung an die norwegischen Soldaten, die Waffe wegzuwerfen und heimzugehen – die Huldigung für Hitler als den Mann, der mehr als irgendein anderer Hamsun aus dem Herzen sprach – der Appell an die norwegische Jugend, sich zur Ostfront zu melden – England, das «in die Knie» gezwungen werden mußte – der Artikel über die zum Tod Verurteilten – die norwegischen Seeleute im Dienst der Alliierten – die tapferen deutschen Soldaten, die auch mit der alliierten Invasion in Frankreich fertig werden würden – Hitler als reformatorische Gestalt höchsten Ranges – alles tauchte wieder auf, Wort für Wort. Der Ankläger ließ den Zorn aus der Besatzungszeit wieder aufleben, der heute noch stärker empfunden wurde, weil er sich ungehemmt äußern konnte, und den keine Dämme zurückhielten. Arild lachte nicht mehr, aber ab und zu hörte man empörte Zurufe aus dem Publikum. Überall im befreiten Europa, wo die Menschen wieder frei denken, glauben und reden durften, hatten viele Männer schon zehn Kugeln ins Herz bekommen, die viel weniger verbrochen hatten als Hamsun mit diesen Artikeln. Der Richter mußte zur Ordnung rufen. Odd Vinje fuhr fort, ohne die Unterbrechung zu beachten. Da geschah plötzlich etwas, das ihn nun doch innehalten ließ.

Im Saal saß der alte Mann, der all diese Ungeheuerlichkeiten geschrieben hatte, und ahnte nicht, was um ihm her vorging. Die Zuhörer scheuten sich, ihn anzublicken, aber er saß offenbar ganz unangefochten da, hatte sich auf dem Holzstuhl zurückgelehnt, die Beine ausgestreckt und die Hände lässig in die Taschen gesteckt. Ob sich seine Augen von dem Angriff der Photographen erholt hatten? Das ließ sich schwerlich sagen, aber er hörte jedenfalls nicht einen Ton, denn nun, mitten im Vortrag des Klägers, ergriff er plötzlich das Wort und begann mit Stentorstimme zu reden.

Aus irgendeinem Grund hatte Hamsun angenommen, daß man sich an ihn gewandt und um eine Erklärung gebeten hatte. Er antwortete auf eine imaginäre Frage. Und was er sagte, hatte keinerlei Zusammenhang mit Vinjes Vortrag – so kann es gewesen sein, als der ertaubte Beethoven einige Takte seiner Neunten falsch dirigierte. Als Hamsun zu reden begann, schwieg Vinje sofort, saß unbeweglich an seinem Platz und blickte in die Papiere, hörte auf die lange, unangebrachte Rechtfertigung und setzte dann genau an dem Punkt fort, an dem er aufgehört hatte.

Die Wirkung war vernichtend. Odd Vinje, ein wohlwollender Mann, hatte nur aus Höflichkeit geschwiegen – wäre er aber böswillig gewesen, hätte er sich nichts Satanischeres ausdenken können. Der peinliche Zwischenfall beleuchtete noch greller das Bild von Hamsuns Persönlichkeit, das sich aus seinen Artikeln zusammensetzte, und unterstrich, wie sehr er ein Außenseiter, wie wenig er «einer von uns» war.

Odd Vinje war mit seinen Zitaten am Ende und schloß mit dem Hinweis, daß Knut Hamsun ja auch in Interviews Propaganda für den Feind gemacht, am deutschen Pressekongreß in Wien teilgenommen und gleich danach Hitler besucht hatte.

Der Ankläger hatte drei Viertelstunden gesprochen. Unten läutete die Klingel zur Elfuhrpause, und die vielen hellen, rufenden und lachenden Stimmen veranlaßten A. Skjegstad von *Aftenposten* zu einer Betrachtung über den Gegensatz zwischen den fröhlichen Kindern, die sich auf dem Hof balgten, und dem alten Mann auf der Anklagebank. Schließlich war die Pause zu Ende, es trat wieder Stille ein.

Odd Vinje gab jetzt Auskunft über Hamsuns Vermögensverhältnisse. Die Steuereinschätzung vom Vorjahr war von 436 000 Kronen ausgegangen, während sich das Entschädigungsamt ein Nettovermögen von 783 940 Kronen errechnet hatte: Hamsuns 200 Aktien bei Gyldendal waren auf den Kurs von 180 Kronen festgesetzt, und man hatte nicht berücksichtigt, daß die Hälfte davon 1941 an die Kinder übertragen worden war. Unter Bezug auf die Landssvikanordning § 6, § 25, 3. Abschnitt sollte Hamsuns Vermögen so behandelt werden, als habe die Übertragung nicht stattgefunden. Der Ankläger schien aber anzudeuten, daß man in diesem Zusammenhang etwas milder verfahren könne; er wolle hier nicht Stellung dazu nehmen, ob und in welchem Umfang die Transaktion rückgängig gemacht werden solle, aber Hamsun hatte ja auch Kinder, deren nationale Einstellung untadelig sei. Dabei erwähnte er allerdings nicht, daß die schuldlosen Kinder ohnehin streng bestraft würden, falls ihr achtundachtzigjähriger Vater eine halbe Million zahlen mußte. Es könnte aber nicht berücksichtigt werden, sagte Vinje, daß Frau Hamsun bereits zu einer Entschädigung von 150 000 Kronen verurteilt worden sei: Hamsun verfüge allein über das gemeinsame Vermögen und habe sich geweigert, die Strafe für seine Frau zu zahlen. Die Journalisten schrieben eifrig mit.

Aber nun konnte sich der Kläger Großmut leisten und ging darin so weit, daß er Frau Strays Argumente zum Teil vorwegnahm. Er schloß seine Rede mit der Bemerkung, er könne nicht behaupten, daß sich Hamsun persönlich am Krieg bereichert oder andere Vorteile daraus gezogen habe. Er wolle ihm im Gegenteil die Ehre lassen, daß er getan hatte, was er konnte, um Landsleuten zu helfen, die ins Gefängnis gekommen oder zum Tode verurteilt worden waren.

Fertig. Odd Vinje legte seine Unterlagen zusammen und setzte sich, der Richter gab Sigrid Stray das Wort. Odd Vinje hatte fast anderthalb Stunden gesprochen – Frau Stray brauchte nur eine halbe, weil sie dann keine weiteren Argumente mehr hatte.

«Die Artikel waren einfach furchtbar», sagte sie 1975, «es war scheußlich, zu verteidigen, während diese Dokumente auf dem Tisch der Gegenseite lagen.»

Sie war klug genug, gar nicht mehr darauf einzugehen, sondern steuerte gleich die entscheidende Frage an: War Hamsun nun Mitglied der NS gewesen, oder sprach er die Wahrheit, wenn er es bestritt? Sie wies darauf hin, daß er niemals eine Beitrittserklärung ausgefüllt, niemals ein Mitgliedsbuch gehabt und niemals Beiträge bezahlt habe. Es traf zu, daß er als Mitglied 26 000 in der Kartei der Partei geführt wurde, aber es war ja allgemein bekannt, wie wenig zuverlässig diese Kartei war – was konnte sie in diesem Zusammenhang wert sein? Frau Stray zog den Fragebogen heraus, auf den Odd Vinje so großes Gewicht gelegt hatte, und zeigte, daß auch sie Daten zu benutzen verstand. Denn wenn Hamsun der Parteikartei nach schon am 22. Dezember 1940 eingetreten sei, dann fragte es sich doch nach dem Fragebogen, den er am 15. Januar 1942, also zwei Jahre später, ausgefüllt habe, wann er nun wirklich in die Partei eingetreten sei, und diese Frage hatte Hamsun bereits beantwortet: «Bin nicht aufgenommen worden, habe aber Quislings Partei angehört.»

Natürlich war diese Argumentation nicht ganz wasserdicht, aber die sichere Position des Anklägers war immerhin leicht erschüttert worden. Frau Stray wandte sich dann der wirtschaftlichen Seite zu und wies auf die Punkte, an denen Hamsuns Vermögen zu hoch angesetzt worden war – so hoch, daß das Endergebnis des Entschädigungsamtes um fast 350 000 Kronen über der steuerlichen Einschätzung lag. Zum Schluß zog sie ein Dokument hervor, das Odd Vinje nur nebenbei erwähnt hatte: Den Bericht des Dolmetschers Ernst Züchner über Hamsuns Unterredung mit Hitler am 26. Juni 1943 auf dem Berghof.

Das Dokument bot keine Sensation, weil es längst in der Presse veröffentlicht worden war und auch zu den vervielfältigten Akten im Ordner gehörte. Entscheidend wurde aber, daß Sigrid Stray es nicht voll ausspielen konnte. Sie las vor, und jeder verstand, daß Hamsun heftige Ausfälle gegen Terboven gemacht und seine Abberufung verlangt hatte, doch Sigrid Stray gab zu, daß Hamsun dabei unterstrichen habe, ohne Terbovens Entfernung wäre es unmöglich, die englandfreundliche Stimmung im Lande auszurotten. Aus dem Bericht ging auch hervor, daß Hamsun heftig gegen die Hinrichtungen protestiert hatte, bis Hitler einen Wutanfall bekam – obwohl der Dolmetscher ohnehin nur einen Teil von Hamsuns Äußerungen zu übersetzen gewagt hatte. Aber aus allem ließ sich nicht schließen, daß Hamsun Hitler aufgesucht habe, *weil* er Terbovens Abberufung erreichen wollte, und daß seine Teilnahme am Kongreß in Wien, die ihm jetzt von der Gegenseite zur Last gelegt wurde, nur das Mittel gewesen war, die Begegnung zustande zu bringen. Hamsuns eigene Erklärung vor der Polizei – daß er nur auf Befehl gehandelt habe – war dem Ordner ebenfalls beigefügt, wirkte aber eher irreführend, denn es ging nicht daraus hervor, ob Hamsun absichtlich darauf verzichtet hatte, seine Position durch die Erwähnung dieses Versuchs zu verbessern –

der ja schließlich in seinen Augen als Fiasko geendet hatte –, oder ob hier das Gedächtnis eines alten Menschen versagte. Frau Strays Verlesung konnte überhaupt nichts aufklären, weil Hamsun zwar an ihrer Seite saß, aber nicht ahnte, um was es jetzt ging. Frau Stray hatte darauf verzichtet, Züchner und Holmboe, die etwas erzählen konnten, als Zeugen vorzuladen, und der einzige Mensch, der den ganzen Zusammenhang kannte, saß in diesem Augenblick im Frauengefängnis zu Bredtveit und verbarg den Kopf in den Armen. Doch selbst wenn Marie hier die ganze Wahrheit erzählt hätte, würde man ihr kaum geglaubt haben, und außerdem gestattete ihre eigene Situation sicherlich keine gründliche Darstellung. Sie hätte nämlich belastend für sie selbst ausfallen, ihre Uneinigkeit mit Hamsun hinsichtlich dieser Reise enthüllen können und damit auch den tiefen Konflikt zwischen ihnen beiden, den sie mit allen Mitteln verbergen wollte.

Der volle Zusammenhang kam also an diesem Vormittag nicht zum Vorschein. Sigrid Stray kannte ihn nicht und hatte auch nichts unternommen, um ihn klarzustellen. Deshalb sprach sie auch nicht davon, wie scharf Terboven reagierte, als er Näheres von Hamsuns Besuch erfuhr, obwohl die Dokumente, die darauf hinwiesen (Terbovens Verhalten an Hamsuns achtzigstem Geburtstag), ihr zur Verfügung standen. Züchners Bericht sollte hier vor Gericht nur den belastenden Eindruck abschwächen, den das Gericht von diesem Besuch bei Hitler erhalten hatte. In richtigem Zusammenhang hätte dieser Besuch mit seiner Vorgeschichte so sehr zu Hamsuns Gunsten sprechen müssen, daß er vielleicht einen Freispruch begründet hätte.

Während Frau Stray den dramatischen Wortwechsel im Führerhauptquartier vortrug, rief die Klingel die Schulkinder zur Zwölfuhrpause, so daß A. Skjegstad mit seinem Sinn für Kontraste jetzt ihre fröhlichen Stimmen und gleichzeitig die Geschichte von Hitlers Wutanfall hörte. Als die Anwältin kurz darauf erklärte, sie habe in diesem Zusammenhang nichts mehr zu sagen, und da das Licht wegen der Stromrationierung abgeschaltet wurde, hielt der Richter eine Frühstückspause für angemessen.

Es war gedacht, daß sich die Angehörigen des Gerichts in der anstoßenden Küche mit einer Tasse Kaffee und einem Stück Brot stärken sollten, aber als man es Hamsun mit Rufen und Gesten klargemacht hatte, protestierte er heftig. Er war hungrig, eine Tasse Kaffee nicht genug.

«Ich esse ein ordentliches Frühstück, das ist die Hauptmahlzeit mitten am Tag», sagte er laut Skjegstads Bericht. Die Journalisten stürzten an die nächsten Telephone, damit ihre Berichte über den Vormittag noch in der Abendausgabe erscheinen konnten.

Wieder war es der entschlossene Arild, der seines Vaters Wunsch erfaßte und das Problem löste, indem er die anderen überredete, ein richtiges Frühstück in dem nahe gelegenen Marktcafé einzunehmen. Tore, Hans Andreasen und Gierlöff schlossen sich der Gesellschaft an. Hamsun ließ sich von Arild führen. Hans Andreasen sah, daß die Leute den Hut zogen und grüßten.

Nach ein paar Minuten war man im Café, wo Arild flink ein paar Tische zusammenschob. Am Tag darauf schrieb Hamsun in einem Brief, daß «Arild einen merkwürdigen Platz gefunden hat, von dem ich nie etwas gehört hatte», und Arild machte sich in seinem Buch über Nörholm lustig über die Unkenntnis seines Vaters. «Hier war mein Vater nun viele Jahre über das holprige Pflaster gegangen, ohne das Marktcafé im besonderen und die lukullischen Freuden in der Stadt der Nüchternheit im allgemeinen zu entdecken», schreibt er. Aber es lag nur daran, daß Hamsun nichts erkannte, weil er nach dem Bombardement der Photographen nur einen Schimmer von allen Gegenständen sah. Nun bekam er seinen Platz an einem gedeckten Tisch und etwas zur Stärkung, ein anständiges Frühstück mit hausgemachtem Gebäck und einheimischem Bier!

«Ich kann mich nicht erinnern, schon einmal etwas so Gutes bekommen zu haben», schrieb er am Tag darauf in demselben Brief.

Der alte Mann, der zu mehrstündiger Reglosigkeit auf einem Holzstuhl gezwungen gewesen war, erholte sich zusehends, wirkte wieder lebendig und aufgeräumt, in der besten Stimmung der Welt. Niemand konnte ihm ansehen, daß er gleich darauf in den Ratssaal zurückkehren und eine Rede halten sollte, die zweifellos überall in den Zeitungen des nächsten Tages wiedergegeben und dank Frau Strays Sekretärin auch für die Nachwelt erhalten bleiben würde.

Der Wirt des Lokals erschien mit dem Kaffee, und damit war der große Höhepunkt gekommen, den Hamsun so sorgfältig vorbereitet hatte: Er bat Arild um seinen Mantel, tastete in einer der großen Außentaschen und zog vor aller Augen eine nagelneue, ungeöffnete Zigarrenkiste hervor. Echte Zigarren waren immer noch eine Seltenheit, und Hamsun erklärte stolz, daß die Kiste ein Geschenk seines Kaufmanns J. Syrdalen in Landvik sei. Gierlöff, der ihm half, sie zu öffnen, dachte natürlich nicht im Traum daran, die wahre Herkunft der Zigarren zu verkünden. Vorsichtig stützte er seinen halbblinden Freund, als er die Zigarren rundum anbot, zuerst dem hohen Richter – dem jüngsten Anwesenden –, dann den Schöffen und Anwalt Odd Vinje, der wahrhaftig auch nicht ablehnen konnte, und nun kam die Reihe an Tore, Arild, Hans. Der Alte strahlte über das ganze Gesicht wie ein Zehnjähriger, und Gierlöff dachte bewegt, daß sie nun den wirklichen Knut Hamsun vor sich hatten, für den sonst kein Platz in diesem Prozeß war, für den Hamsun, der als junger Mann in Paris eine besonders wohlduftende Seife gefunden, den ganzen Vorrat des Geschäfts aufgekauft und die Stücke an die verblüfften Passanten verteilt hatte. Hier war er wieder, der verschwenderische Gastgeber der Champagnerfeste im *Grand* oder im *Boulevard* und der anonyme Spender Hunderter von Tausendern für Menschen, die in Not waren, gar nicht zu reden von dem, was er mit seinen Büchergeschenken fortgab. Dies war Hamsun, wenn er am glücklichsten war, und der war von anderer Art als alle, die ihn an diesem Tag umgaben. Gierlöff betrachtete ihn verstohlen, auch jetzt stand Hamsun abseits. Er konnte nicht nehmen, er konnte nur geben. Die anderen konnten nicht geben. Sie konnten nicht einmal nehmen. Ihnen fehlte das Format. Aber sie konnten Entschädigungen fordern.

Der Kaffee, das Bier, der gute Tabak hatten die Gesellschaft aufgeschlossener gemacht, alle fühlten sich wohl, und es fehlte nicht viel, daß eine unangebrachte Munterkeit ausgebrochen wäre. Die beiden Schöffen wandten sich einander zu, offenbar nur mit ihren Zigarren beschäftigt. Sie hatten nicht gehört, daß die Zigarren aus Kaufmann Syrdalens Gemischtwarenhandlung im kleinen Landvik stammten. Sie konnten sich nicht erinnern, wann sie zuletzt eine so gute Zigarre geraucht hatten. Sicherlich hatte Hamsun sie noch aus der Vorkriegszeit, es konnte sogar eine Kiste sein, die Hitler ihm geschenkt hatte – aber rauchte Hitler eigentlich Zigarren? Nur der Richter, der Benjamin der Gruppe, saß für sich allein und nahm nicht teil an dem allgemeinen Gespräch und der Munterkeit. Hans Andreasen fand, daß er fern, ernst wirkte. Hamsun beobachtete ihn auch, so gut es seinem getrübten Blick möglich war, und dachte sich sein Teil. Ein einziges Mal trafen sich ihre Blicke für einen Augenblick, bis der Richter seine Augen senkte. Hamsun fühlte Sympathie für den jungen Mann. Er hatte sich einer Aufgabe gestellt, die sich seine älteren und erfahreneren Kollegen vom Hals geschafft hatten – so war die Jugend, mutig, unerschrocken. Gleichzeitig bedauerte Hamsun ihn ein wenig. Die nächsten Stunden mußten auch für Sverre Eide schwer werden. Der eine stand dem Entschädigungsamt gegenüber, der andere hatte sich vor dem Tribunal der Geschichte zu verantworten.

Als die kleine Gesellschaft um 13 Uhr aufbrach und geschlossen zum Rathaus zurückkehrte, schwiegen nur Sverre Eide und Hamsun, der mit seinen kurzen Altmännerschritten vorwärts tappte. Er wußte nicht, ob seine Kräfte für das ausreichten, was er sich vorgenommen hatte, er fühlte sich todmüde bis ins Innerste, verspürte aber gleichzeitig eine sich steigernde Spannung, den Drang, anzufangen und es hinter sich zu bringen, wie er ihn hundertmal vor Rednerpulten und tausendmal vor dem unbeschriebenen weißen Papier empfunden hatte. Ein gutes Zeichen. Er merkte auch, daß die Stimmung um ihn her gelöst, fast erwartungsvoll geworden war, die Leute amüsierten sich gedämpft, das Kalte und Steife vom Vormittag war verschwunden – er hatte sein Publikum. Es war ihm nicht schwergefallen, er hatte eine fast siebzigjährige Erfahrung im Umgang mit dem Publikum: Er war wie eine Frau, die sich freuen, erschauern, zittern, weinen oder lachen, sich vor allem aber sicher fühlen will.

Die letzte Pause an diesem Tag war für die Kinder gerade vorbei, als die kleine Gruppe das Rathaus erreicht. Längst saßen die Journalisten auf ihren Plätzen, beachteten aber jetzt das Verbot des Richters zu photographieren. Das Gerücht ging um, daß Hamsun an diesem Nachmittag reden werde, und nun wirkten auch hier die Anwesenden gut gelaunt und erwartungsvoll, fast wie vor einer Theaterpremiere. Noch ein paar neue Zuhörer hatten sich in

465

den Saal gezwängt, darunter auch ein guter Bekannter Hamsuns, der Pferde-
händler Longum, der ihm Nörholm verkauft hatte. Elektrisches Licht gab es
ja noch nicht wieder, aber man hatte Autobatterien hereingebracht und sie
mit Birnen verbunden. «Ja, das alles zusammen war eine sonderbare Gerichtsverhandlung», schrieb Axel Wennerling im neutralen Schweden, wo
man keine Erfahrungen mit solchen Notlösungen hatte. Der Gerichtsdiener
hatte die Pause zum Lüften des überfüllten Saales benutzt, alle vier Fenster
hatten eine Stunde offengestanden, und es war spürbar kalt geworden.

«Hier ist es schweinemäßig kalt!» hörte A. Skjegstad Hamsun sagen, als er
wieder auf seinen Platz gelotst worden war.

Er bat um seinen Mantel, und Arild brachte ihn sofort. Die Anwälte ra-
schelten mit ihren Papieren, dann war alles bereit.

Dienstag, der 16. Dezember, im Ratssaal von Grimstad, kurz vor halb
zwei Uhr. Gierlöff bemerkte, daß die Anwesenden nach und nach verstummten, niemand brauchte um Ruhe zu bitten, die Stille im Saal war eher etwas
unbehaglich. Sollte nun endlich die Erklärung kommen, die Lösung des großen Rätsels, das sie alle während des Krieges und danach beunruhigt hatte?
Warum hatte Hamsun so geschrieben? Warum hatte gerade er versagt und
verraten? Warum? Frau Strays Sekretärin, die mit dem Rücken zu allen Anwesenden saß, merkte, daß ihre Hand mit dem Bleistift zitterte, Gierlöff
hörte irgendwo in der Stadt eine Uhr halb zwei schlagen. Es war so still in
dem überfüllten Saal, daß Richter Eide nicht die Stimme zu heben brauchte,
als er jetzt aufstand und die vier Wörter sprach, auf die so viele Menschen in
Norwegen und in aller Welt gewartet hatten: «Knut Hamsun hat das Wort.»

Hamsun als einziger hörte nicht, was der Richter sagte. Er hatte in Gedanken versunken dagesessen; es war wie in seiner Jugend, als er im Lande um-
herreiste und Henrik Ibsen abtat; damals war er der Jüngere, der über den Älteren richtete, jetzt war seine Rolle vertauscht. Sollte er sein langes Leben mit
einer Rede beginnen und abschließen? War es ein Gesetz des Lebens, daß wir
zuerst richten und später gerichtet werden?

Sigrid Stray legte die Finger auf seinen Arm, er begriff, was der Richter gesagt hatte, stand von seinem Stuhl auf, immer noch in dem schwarzen Überzieher, und verließ seinen Platz. Im Saal hörte man verwundertes Murmeln;
noch ehe er ein Wort gesprochen hatte, war sein Publikum erregt, weil er
nicht wie die anderen Vortragenden von seinem Platz aus sprach. Da die Tische leicht auseinandergerückt worden waren, konnte man zwischen ihnen
hindurchgehen, und Hamsun hatte bemerkt, daß unmittelbar vor dem Richter und den Schöffen ein kleiner freier Platz entstanden war, der einzige in
dem überfüllten Raum – geradezu eine kleine Bühne, wie er sie brauchte. Mit
drei Schritten war er da und richtete sich hoch auf. Er hatte alles sorgsam bedacht: Hier konnte er auf die drei sitzenden Richter hinabblicken, ganz im
Gegensatz zu der üblichen Anordnung, wo der Angeklagte unten steht und
zu seinen hohen Richtern aufblicken muß. Er sagte immer noch nichts. Arild

wechselte einen besorgten Blick mit Frau Stray: Würde Vaters Gedächtnis versagen? War er doch nicht imstande, das durchzuführen, was er so souverän begonnen hatte?

Später wurde es Arild klar, daß Hamsun bewußt schwieg, er wollte zunächst Spannung und Unsicherheit aufsteigen lassen – der alte Trick des Erzählers. Er hatte begonnen, seine Zuhörer aufmerksam zu machen, nun sollten sie die kitzelnde Unruhe fühlen, die angenehme Folter der Erwartung.

Axel Wennerling von *Dagens Nyheter* merkte es auch. Pötzlich veränderte sich die Szene, schrieb er, der pfeifende und knarrende Greis, der bisher vor ihnen gesessen hatte, richtete sich auf, betrat die Bühne und machte eine angemessene Kunstpause.

«Da stand er aufgerichtet in seinem schwarzen Überzieher nach der Mode der Jahrhundertwende, mit keck aufgezwirbeltem Schnurrbart; den Blick stolz auf den jungen Richter gewandt, nahm er einen geradezu eleganten *touche* an, der verstummen ließ und imponierte . . .»

Hamsun begann zu sprechen, Frau Strays Sekretärin schrieb mit:

«Ja, ich werde die Zeit des geehrten Gerichts nicht so sehr lange in Anspruch nehmen», begann er, «ich war es ja nicht, der in der Presse vor langer, langer Zeit, vor Jahr und Tag, ankündigte, daß jetzt mein ganzes Sündenregister aufgerollt werden sollte. Ein Mann vom Entschädigungsamt sprach es aus, ein Anwalt zusammen mit einem Journalisten. Aber das ist ganz nach meinem Sinn. Ich habe dem Obersten Ankläger vor zwei Jahren in einem langen Schreiben mitgeteilt, daß ich für alles, was mich und das meine betrifft, Rechenschaft ablegen will. Nun ist die Gelegenheit da, und ich will mein möglichstes tun, daß mein Sündenregister ordentlich und moralisch aufgerollt wird.»

Man hörte ihm in amteloser Spannung zu – nun endlich kam die Erklärung, nun endlich würde man Bescheid wissen! Knut Hamsun fuhr fort:

«Ich habe in den vergangenen Jahren oft genug gesehen, wie geschickt man immer wieder dem Gericht gegenüber war und sich nach Herzenslust mit Hilfe von Prozeßbevollmächtigten, Rechtsanwälten und Advokaten verteidigte. Aber diese Geschicklichkeit half nicht viel. Das Urteil wurde im allgemeinen wenig davon beeinflußt. Es ging meistens nach des Staatsanwalts, des Anklagevertreters Antrag, diesem sogenannten Antrag. Für mich ist das ein mystischer Begriff, auf den ich mich nicht verstehe. Im übrigen verzichte ich jetzt und hier darauf, geschickt zu sein.»

Hamsun machte eine Pause, die aber diesmal keine Kunstpause war. War er steckengeblieben? Hatte er den Faden verloren? Es war deutlich zu erkennen, daß er nach Worten suchte. Dann sagte er ablenkend:

«Ich habe noch um Entschuldigung zu bitten für meine Aphasie, durch die meine Worte, der Ausdruck, den ich wählen muß, wie er mir gerade einfällt, meine Absicht leicht überschreitet, ja, auch unterschreitet.»

Neue Pause, und die Zuhörer begannen sich unbehaglich zu fühlen. Sigrid

Stray und Arild vermieden es, einander anzusehen. Richter Eide blickte unverwandt auf den Tisch vor sich. Sollte nun alles in Schmach und Elend und Entwürdigung enden? Der Korrespondent von *Arbeiderbladet* griff den klagenden Ton von Hamsuns letztem Satz auf und schrieb mit großen Buchstaben quer über seinen Block: HAMSUN WINSELT, und das wurde denn auch die Überschrift für seinen Artikel am nächsten Tag. Oskar Hasselknippe von *Verdens Gang* notierte sich, daß Hamsun abgehackt sprach, viele Absätze begann, aber nicht beendete, weil er offensichtlich den Faden verloren hatte. Nun suchte Hamsun Zuflucht bei einem Zettel mit Notizen, den er in der Hand hielt, um die unangenehme Tatsache zu verbergen, daß er vergessen hatte, wovon er sprach. A. Skjegstad von *Aftenposten* fand auch, daß Hamsun sehr sprunghaft rede. Er sah ihn an die von Arild besorgte Petroleumlampe treten und den Zettel dicht ans Licht halten. Dem Journalisten fiel auf, daß Hamsuns Hände stark zitterten. Er hielt es für Nervosität, weil er nicht wußte, daß Hamsun schon seit Jahren von diesem krankhaften Zittern gequält wurde. Hamsun selbst schrieb, er habe seine Notizen vergebens ans Licht gehalten, es sei ihm unmöglich gewesen, die eigene Handschrift zu lesen. Er wurde ärgerlich, gab es auf, sich nach dem Zettel zu richten, und beschloß, von jetzt an zu improvisieren, es war ohnehin gleichgültig, dachte er, und das half, die Verachtung half:

«Übrigens habe ich, so viel ich sehe, alles hier in Frage Stehende schon früher beantwortet», sagte er. «Anfangs kamen hin und wieder Leute von der Polizei in Grimstad mit Papieren zu mir, die ich, nebenbei, nicht las. Dann folgte vor zwei, oder drei oder fünf Jahren (vereinzeltes Gelächter im Saal) die Vernehmung durch den Untersuchungsrichter. Sie liegt so weit zurück, daß ich mich an nichts mehr erinnere, aber ich beantwortete seine Fragen. Dann kam die Zeit, in der ich in Oslo in einer Anstalt eingesperrt war, wo es herauszufinden galt, ob ich geisteskrank sei – (kurze Pause) – oder galt es in der Hauptsache herauszufinden, *daß* ich geisteskrank war (allgemeines Gelächter) – und wo ich alle möglichen idiotischen Fragen beantworten mußte. So kann ich also jetzt nichts eingehender klarstellen, als ich die ganze Zeit getan habe. Was mich fällen, mich zu Boden werfen soll, sind einzig und allein meine Artikel in den Zeitungen. Etwas anderes kann mir nicht nachgewiesen werden. Insofern ist meine Rechenschaft sehr einfach und klar. Ich habe niemanden denunziert, nicht an Versammlungen teilgenommen, bin nicht einmal in Schwarzhandelsgeschäfte verwickelt gewesen.»

Hans Andreasen fiel der scharfe Blick auf, mit dem Hamsun den letzten Satz in den Raum schleuderte. Ihm war es klar, daß sein Schwiegervater eine ungeheure Selbstbeherrschung aufbrachte. Der Alte fuhr immer schneller und nun ganz ohne Pausen fort. A. Skjegstad, *Aftenposten*, notierte, daß er zunehmend lauter sprach. Oskar Hasselknippe schrieb, daß Hamsun nicht eigentlich sprach, sondern eher eine Predigt hielt, etwas salbungsvoll und mit unterdrücktem Beben, das gespielt sein *konnte,* aber überzeugte.

«Ich habe nichts für die Frontkämpfer- oder irgendeine andere NS-Organisation gegeben, deren Mitglied ich, wie jetzt behauptet wird, gewesen sein soll. Also nichts. Ich bin nicht Mitglied der NS gewesen. Ich habe zu verstehen versucht, was der Nationalsozialismus war, ich versuchte, mich damit vertraut zu machen, aber es wurde nichts daraus. Doch es ist wohl möglich, daß ich hin und wieder im Geist des Nationalsozialismus geschrieben habe. Ich weiß es nicht, denn ich weiß nicht, was der Geist des Nationalsozialismus ist. Aber es mag sein, daß aus den Zeitungen, die ich las, etwas davon in mich eingesickert ist. Jedenfalls stehen ja meine Artikel vor aller Augen. Ich versuche nicht, sie abzuschwächen, sie geringfügiger zu machen, als sie sind, es mag schon schlimm genug damit sein. Im Gegenteil, ich stehe nach wie vor für sie ein, wie ich immer getan habe.»

Hamsun sprach den letzten Satz mit dramatischem Nachdruck und machte dann eine Pause, aber nur, um seine Atmung auszugleichen, und nicht, weil er nicht gewußt hätte, was er sagen wollte. Sein Ärger und sein Entschluß, sich von seinen Aufzeichnungen freizumachen, hatten ihn gerettet; die Reaktion im Saal war ebenfalls hilfreich, denn allen war es klar, daß er sich jetzt in Fahrt, sich warm redete, wenn man seine Argumente auch nicht gutheißen konnte. Axel Wennerling, *Dagens Nyheter*, schrieb, das Hamsuns Logik kritisiert und beklagt werden könne, womit der Schwede wohl einen Mangel an Logik bei Hamsun meinte. Auch Oskar Hasselknippe mußte sich fragen, wo der Gedanke und der Sinn in dem, was er sagte, zu finden war. Er war immer noch der geniale Meister des Ausdrucks, aber sein Stil war zu etwas geworden, das ihn beherrschte, etwas, das mit ihm davonzog und zuweilen ins pure Nichts führte.

Hamsun hatte den letzten Satz, daß er für alles einstand, was er getan hatte, mit lauter Stimme gesprochen, jetzt fuhr er leiser, eindringlicher fort und wandte sich dabei unmittelbar an den Richter vor ihm, der es nicht länger fertigbrachte, immer nur auf die Tischplatte zu starren.

«Ich bitte, unterstreichen zu dürfen, daß ich in einem besetzten Lande schrieb, in einem eroberten Lande, und ich möchte in diesem Zusammenhang gern ein paar kurze Aufschlüsse über mich selbst geben:

Es war uns vorgespiegelt worden, daß Norwegen einen hohen, einen hervorragenden Platz in der großgermanischen Weltgemeinschaft erhalten solle, die jetzt in Vorbereitung war und an die wir alle glaubten, mehr oder minder, aber alle glaubten daran. Ich glaubte daran, deshalb schrieb ich so, wie ich es tat. Ich schrieb über Norwegen, das nun einen so hohen Platz unter den germanischen Ländern Europas erhalten sollte. Daß ich auch in ungefähr entsprechendem Maß über die Besatzungsmacht schreiben mußte, das sollte doch wohl mit ehrlich gutem Willen zu verstehen sein. Ich konnte mich ja keinen Verdächtigungen aussetzen – übrigens wurde ich, so paradox es ist, doch verdächtigt. Ich war in meinem Hause die ganze Zeit, sogar nachts, ja oft bis in den hellen Morgen, von deutschen Offizieren und Mannschaften umgeben, und manchmal hatte ich den Eindruck, daß sie mich in meinem Haushalt kontrollieren sollten. Von relativ hoher deutscher Seite wurde ich zweimal (wie ich mich jetzt erinnere), zweimal ermahnt, daß ich nicht soviel ausrichte wie gewisse namhafte Schweden, und ich wurde darauf hingewiesen, daß Schweden ein neutrales Land sei, was ja Norwegen nicht war. Nein, man war nicht besonders zufrieden mit mir. Man hatte mehr von mir erwartet, als man bekam. Wenn ich unter diesen Umständen, diesen Verhältnissen schrieb, so wird es verständlich sein, daß ich bis zu einem gewissen Grad balancieren mußte. Ich sage dies nicht, um mich zu entschuldigen, zu verteidigen. Ich verteidige mich überhaupt nicht. Ich gebe dies zur Klarstellung, ich gebe es dem geehrten Gericht als eine Auskunft.

Und niemand sagte mir, daß es falsch war, was ich schrieb, niemand im ganzen Land. Ich saß allein in meinem Zimmer, ausschließlich auf mich selbst verwiesen. Ich hörte nicht, ich war taub, man konnte sich nicht mit mir abgeben. Wenn ich zum Essen hinunterkommen sollte, wurde unten an das Ofenrohr geklopft, das Geräusch hörte ich.»

Oskar Hasselknippe, *Verdens Gang,* meinte, daß Hamsun nun sehr bewegt war; Axel Wennerling, *Dagens Nyheter,* berichtete, daß er, vor Bewegung zitternd, einen Schritt auf den Richter zu machte, während sich seine Augen mit Tränen füllten.

«Ich ging hinunter, bekam mein Essen und ging wieder in mein Zimmer hinauf und setzte mich. Monatelang, jahrelang, all diese Jahre hindurch war das so. Und niemals bekam ich einen kleinen Wink. Ich war ja kein Flüchtling. Ich hatte einen nicht unbekannten Namen im Lande. Ich glaubte, Freunde in beiden norwegischen Lagern zu haben, sowohl unter den Quislingern wie den Jössingern. Aber nie bekam ich einen kleinen Wink, einen guten Rat aus der Umwelt. Nein, davon hielt sich die Umwelt sorgfältig fern. Und in meinem Haushalt und meiner Familie ergab es sich selten oder nie, daß ich etwas Aufklärung oder Hilfe bekam. Alle Verständigung mit mir mußte ja schriftlich vor sich gehen, das war zu lästig. Ich blieb sitzen, wo ich saß. Unter diesen Umständen konnte ich mich nur an meine beiden Zeitungen, *Aftenposten* und *Fritt Folk,* halten, und in diesen Blättern stand ja nicht, daß es falsch war, was ich schrieb. Im Gegenteil.

Und es war auch nicht falsch, was ich da schrieb. Es war nicht falsch, als ich es schrieb. Es war richtig. Was ich schrieb, war richtig. Ich will das erklären.»

Hamsun machte wieder eine kurze Pause. Der Korrespondent vom *Norsk Telegram bureau* fand, daß seine Stimme einen Ton von Bitterkeit annahm, als er auf die Verhältnisse auf Nörholm zu sprechen kam, doch der Ankläger Odd Vinje hatte bei Hamsuns Worten, daß er niemals einen Wink aus der Umgebung erhalten habe, den Kopf geschüttelt und sich rasch ein paar Notizen gemacht. Es war immer noch totenstill im Saal, die Richter, die Anwälte und Journalisten wandten den Blick nicht von ihm ab. Hans Andreasen sah, daß manche ergriffen waren. Arild bemerkte, daß selbst «die knochentrockne

Sigrid Stray» bei der Erwähnung seiner Einsamkeit auf Nörholm ein Taschentuch aus ihrer Handtasche zog. Für A. Skjegstad, *Aftenposten*, war es
klar, daß Hamsun sich nicht nur warmgeredet hatte und daß man wahrhaftig
nicht mehr von Aphasie sprechen konnte, sondern von einem wohlberechne-
ten, überwältigenden Crescendo. Nun kam er an den Höhepunkt, die Erklärung, die Antwort auf die große Frage, er redete mit wachsendem Pathos,
legte Satz für Satz mehr Gewicht in seine Worte:

«Ich will das erklären. Warum schrieb ich? Ich schrieb, um zu verhindern,
daß norwegische Jugend und norwegische Männer töricht und herausfordernd gegen die Besatzungsmacht auftraten, ohne den geringsten Nutzen,
nur zu Untergang und Tod für sich selbst. Das schrieb und variierte ich auf
viele verschiedene Arten.»

Hamsun in seinem schwarzen Überzieher drehte sich um, blickte rundum
im Saal, umfaßte wie in einer Bewegung die Schöffen, die Anwälte und Journalisten und sagte bebend vor Empfindung:

«Die jetzt über mich triumphieren, weil sie gesiegt haben, äußerlich, an der
Oberfläche gesiegt haben, sie haben nicht Besuch von Familien gehabt, von
kleinen Leuten an aufwärts, die kamen und um ihre Väter, ihre Söhne und
ihre Brüder weinten, weil sie in irgendeinem Lager hinter Stacheldraht saßen
und jetzt – zum Tode verurteilt wurden. Ja, zum Tode verurteilt. Nun, ich
hatte keine Macht, aber sie kamen zu mir. Ich hatte keinerlei Macht, aber ich
telegraphierte. Ich wandte mich an Hitler und Terboven. Ich ging sogar
krumme Wege für andere, zum Beispiel zu einem Mann, der Müller hieß und
von dem gesagt wurde, er sitze mit Einfluß und Macht hinter den Kulissen.
Es muß ja wohl ein Archiv oder eine andere Stelle geben, wo meine Telegramme zu finden sind. Es waren viele. Ich telegraphierte Tag und Nacht,
wenn die Zeit knapp war und es Leben und Tod meiner Landsleute galt. Ich
veranlaßte die Frau meines Hofverwalters, meine Telegramme telephonisch
durchzugeben, da ich es selbst nicht konnte. Und diese Telegramme waren es
dann, die mich den Deutschen schließlich etwas verdächtig machten. Sie hielten mich für eine Art Vermittler, einen etwas unzuverlässigen Vermittler, auf
den man am besten ein wenig achtgab. Hitler selbst verbat sich zuletzt meine
Zuschriften. Er wurde sie leid. Er verwies mich an Terboven, aber Terboven
antwortete nicht. Wieweit meine Telegramme eine Hilfe bedeuteten, weiß
ich nicht, ebensowenig, ob meine kleinen Fetzen in den Zeitungen abschrek-
kend auf meine Landsleute wirkten, wie es meine Absicht war. Anstatt vielleicht vergeblich unausgesetzt zu telegraphieren, hätte ich mich wahrscheinlich lieber verstecken sollen. Ich hätte versuchen können, mich nach Schweden hinüberzustehlen, wie so viele taten. Ich wäre dort nicht verkommen. Ich
habe dort viele Freunde, ich habe dort meinen großen und mächtigen Verleger. Und ich hätte versuchen können, mich nach England durchzuschlagen,
wie auch so viele taten, die später als Helden zurückkamen, weil sie ihr Land
verlassen, aus ihrem Lande geflohen waren.»

Hamsun hatte die letzten Sätze mit schneidender Bitterkeit gesprochen, im Saal hörte man empörte Äußerungen, der Richter mußte die Hand heben, um Ruhe zu gebieten. Hamsun setzte unangefochten fort:

«Ich tat nichts in dieser Richtung, rühte mich nicht, das fiel mir niemals ein. Ich glaubte meinem Land am besten zu dienen, wenn ich blieb, wo ich war, und in dieser Zeit der Not, in der es der Nation an allem fehlte, nach bestem Vermögen meine Landwirtschaft betrieb und im übrigen meine Feder für das Norwegen gebrauchte, das nun einen so hohen Rang unter den germanischen Ländern Europas einnehmen sollte. Der Gedanke gefiel mir von Anfang an. Mehr noch, er begeisterte mich, ich war davon besessen. Ich erinnere mich nicht, in dieser ganzen Zeit, in der ich dort in meiner Einsamkeit saß, jemals frei davon gewesen zu sein. Mir schien, es sei ein großer Gedanke für Norwegen, und mir scheint noch heute, daß es eine große und gute Idee war, wohl wert, dafür zu kämpfen und zu arbeiten: Norwegen, ein auf sich selbst stehendes und aus sich selbst leuchtendes Land am Rande Europas! Ich hatte einen Stern beim deutschen Volk, wie ich einen Stern beim russischen hatte, diese beiden mächtigen Nationen hielten ihre Hand über mich und würden meine Bitten nicht immer abschlagen . . .»

Hamsun hielt inne, er stand vor einem Höhepunkt, und alle Anwesenden fühlten jetzt, daß sie Zeugen einer oratorischen Leistung ohnegleichen wurden. Der Berichterstatter von *Arbeiderbladet* meinte, er sei «hamsunscher als je zuvor», Axel Wennerling nannte ihn einen «gottbegnadeten Redner», und Oskar Hasselknippe sprach vom dramatischen Gipfelpunkt des Tages, einer dröhnenden Verteidigungsrede. Der Satz und der ganze Abschnitt hatten die Gewalt der Zeitungsartikel, die von den Deutschen so geschickt in ihre Propaganda eingeflochten worden waren, schrieb der Berichterstatter von *Verdens Gang*. Hamsun habe eine übernatürliche Begabung für Gestaltung, er spreche in Prosagedichten, fast wie er es in «Pan», in «Victoria» und «Segen der Erde» getan hatte, aber Oskar Hasselknippe mußte sich dennoch fragen, was der *Sinn* all dessen sei, was er sagte. Oft lag der Sinn klar zutage, aber gleich danach konnte es leeres Geschwätz sein. Seine Rede bestand aus genialen Bruchstücken, sie war wie eine vollständig in Stücke zerbrochene Vase, aber man konnte trotzdem an jedem einzelnen Scherben noch die Verzierung erkennen.

Dann klang seine Stimme wieder durch den kleinen Raum, jetzt aber so leise wie im Alltag, niedergeschlagen, fast entmutigt. Nachdem er sich und seine Zuhörer auf eine ungeheure Höhe geführt hatte, von der aus man das deutsche und das russische Volk sich verbrüdern sah in ihrer gemeinsamen Bewunderung für Knut Hamsuns Werke, brachte er alle wieder auf die Erde zurück:

«Doch es ging schlecht aus mit dem, was ich tat, es ging schlecht aus. Ich geriet sehr bald mit mir selbst in Widerstreit, und in die tiefste Verwirrung geriet ich, als der König und seine Regierung das Land freiwillig verließen und sich hier daheim außer Funktion setzten. Das riß mir ganz und gar den Boden unter den Füßen weg. Ich blieb zwischen Himmel und Erde hängen. Ich hatte nichts Festes mehr, woran ich mich halten konnte. So saß ich und schrieb, saß und telegraphierte und grübelte. Mein Zustand in dieser Zeit war Grübeln. Ich grübelte über alles nach. So konnte ich mich selbst darauf hinweisen, daß jeder große und stolze Name in unserer norwegischen Kultur zuerst durch das germanische Volk hindurchging, damit er groß in der ganzen Welt werden konnte. Ich hatte nicht unrecht, so zu denken. Aber es wurde mir zum Vorwurf gemacht. Auch dies wurde mir zum Vorwurf gemacht, obwohl es die sonnenklarste Wahrheit in unserer Geschichte ist, in unserer neuen Geschichte.

So kam ich nicht zum Ziel, nein, ich kam nicht zum Ziel. Es kam im Gegenteil dazu, daß ich in den Augen und Herzen aller das Norwegen im Stich ließ, das ich erhöhen wollte. Daß ich es im Stich ließ. Na, lassen wir das. Lassen wir dies, womit diese Augen und Herzen mich belasten wollen. Es ist *mein* Verlust, den ich zu tragen habe. Und in hundert Jahren ist alles vergessen. Da ist auch das geehrte Gericht vergessen, vollständig vergessen. Die Namen von uns allen, die heute hier anwesend sind, werden in hundert Jahren von der Erde getilgt sein, niemand wird sich ihrer noch erinnern, sie noch erwähnen. Unsere Schicksale werden vergessen sein.»

An diese Stelle erinnerte sich Hamsuns Schwiegersohn später am besten, «da, wo er von dem Vergessenwerden sprach». Hans Andreasen wunderte sich, «es ging wie ein Sausen durch den Saal». Plötzlich schien etwas Unheimliches und Menschenfeindliches, eine eisige Kälte von dem gebeugten Greis auszugehen, der in seinem langen schwarzen Überzieher vor den Schranken stand und alle Welt verurteilte, seine Richter zum Tode verurteilte, noch bevor sie das Urteil über ihn gesprochen hatten. Allen war es klar, daß Knut Hamsun sehr erschöpft war, er hielt sich mit Mühe aufrecht, Arme und Hände zitterten, seine Stimme versagte.

Aber er ließ nicht nach, er war nicht fertig, sie waren alle zusammen von der Oberfläche der Erde getilgt, aber sie sollten nicht glauben, daß sie so billig davonkämen! Es gab immer noch ein paar unangenehme Wahrheiten, bevor ihnen erlaubt werden sollte, nach Hause zu gehen und Weihnachten zu feiern. Er richtete sich mit Mühe wieder auf und fuhr mit schwacher, aber immer klarer Stimme fort:

«Als ich so dasaß und nach bestem Vermögen schrieb und Tag und Nacht telegraphierte, verriet ich also mein Land, heißt es. Ich war ein Landesverräter, heißt es. Lassen wir das. Aber ich fühlte es nicht so, ich erkannte es nicht so, und ich erkenne es auch heute noch nicht so. Ich habe Frieden mit mir selbst, ich habe das allerbeste Gewissen.

Ich schätze das Urteil meiner Mitmenschen ziemlich hoch ein. Ich schätze unser norwegisches Rechtswesen noch höher ein, aber ich schätze es nicht so hoch ein wie mein eigenes Bewußtsein dessen, was gut oder böse, was recht und unrecht ist. Ich bin alt genug, um meine eigenen Richtlinien zu haben, und dies ist nun meine Richtlinie.

In meinem nachgerade ziemlich langen Leben und in allen Ländern, in denen ich umherstreifte und unter allen Völkern, unter die ich mich mischte, habe ich immer und ewig mein *Heimatland* in meinem Innern bewahrt und behauptet. Und ich habe die Absicht, auch dort mein Heimatland weiterhin zu bewahren, während ich auf mein endgültiges Urteil warte.»

Hans Andreasen hatte recht – kein Auge war trockengeblieben. Frau Strays junge Sekretärin saß in ihrer Ecke und stenographierte tapfer drauflos, während ihre Tränen auf das Papier tropften. Gierlöff in der letzten Reihe verbarg seine Bewegung. Doch die beiden Schöffen blieben ungerührt. Hofbesitzer Omund Eigeland und Bezirksrechnungsführer Jacob Flaa zerflossen keineswegs, sie sahen einander an, ohne ihr Mißfallen zu verbergen. Was mußten sie hier denn anhören? Zuerst hatte ihnen der Alte erzählt, daß sie in hundert Jahren tot und vergessen ein würden. Eigeland und Flaa waren sich da nicht so ganz sicher, aber lassen wir das! Doch da stand er nun vor dem Richtersitz und sagte der Obrigkeit direkt ins Gesicht, daß er sein eigenes Bewußtsein von dem, was gut und was böse war, höher hielt als das norwegische Rechtswesen! Hatte man jemals so etwas gehört? War das nicht reine Anarchie? Zuerst verurteilte er die Anwesenden zur Austilgung wie einen Tropfen im Meer der Geschichte, nun bohrte er ganz sachte das große Schiff des Staates, der Gesellschaft an. Konnte man sich überhaupt eine frechere Herausforderung vorstellen? Stand da bis zum Hals in seinen eigenen Irrtümern, seinem unverzeihlichen Unrecht und deutete an, daß der eine über den vielen steht, daß es durchaus die vielen sein können, die sich irren, während der eine recht hat! Selbst Sverre Eide fühlte sich ganz deutlich unangenehm berührt, zum ersten und einzigen Mal an diesem Tag sah man den jungen Mann die Stirn runzeln.

Jener eine, sagte Sören Kierkegaard. Die kompakte Majorität, sagte Henrik Ibsen. Solche Behauptungen hatten die Menschen von Zeit zu Zeit in großen Zwischenräumen aufgestellt, seit 399 vor Christus, als ein anderer Mann vor einem anderen Gericht in einer Stadt stand, die damals nicht viel größer als das kleine Grimstad war, und er hatte *seinen* Richtern erklärt, der einzelne sei wichtiger als die vielen. Na also, warum haben wir einen neuen Weltkrieg ausgekämpft und gewonnen, wenn nicht, weil wir an die Demokratie glaubten, den Willen der Masse, das Recht der Mehrheit? Alle Menschheit war todgeweiht, um das zu erfahren, brauchten wir keinen Knut Hamsun im Jahre 1947 – aber daß sich der einzelne dem allgemeingültigen Gesetz entziehen dürfe, dafür schuldete er uns noch den Beweis. Der kam jetzt. Der Beweis.

Hamsun war am Ende. Er verbeugte sich vor dem Richter und sagte mit ganz schwacher Stimme:

«Nun danke ich dem geehrten Gericht.»

Nur diese wenigen und einfachen Dinge waren es, die ich bei dieser Gelegenheit auszudrücken wünschte, um nicht die ganze Zeit ebenso stumm zu sein, wie ich taub bin. Sie waren nicht als Verteidigung meinerseits gedacht. Was so geklungen haben mag, ergibt sich nur aus dem Stoff des Gesagten, aus der Notwendigkeit, eine Reihe von Tatsachen zu erwähnen. Aber es war nicht als Verteidigung gedacht, deshalb habe ich auch nichts über meine Zeugen verlauten lassen, deren ich wohl einige hätte, auf die ich wohl verweisen könnte. Ebenso habe ich mein Material, von dem mir wohl einiges zur Verfügung stehen könnte, nicht erwähnt. Es mag dahingestellt bleiben. Es kann warten bis zu späteren, bis zu vielleicht besseren Zeiten und einem anderen Gericht als diesem. Morgen ist auch noch ein Tag. Ich habe die Zeit für mich, ich kann warten, lebend oder tot, das ist gleichgültig. Und ebenso gleichgültig ist es der Welt, wie es dem einzelnen Menschen, in diesem Falle mir, ergeht. Ich kann warten. Viel anderes habe ich doch nicht zu tun.»

Hamsun schwieg. Der Berichterstatter von *Arbeiderbladet* meinte, er habe etwa 50 Minuten gesprochen. A. Skjegstad, *Aftenposten*, kam nur auf 40 Minuten. Axel Wennerling, *Dagens Nyheter*, schildert, wie sich Hamsun mit einem triumphierenden Lächeln vor dem Richter verbeugte und ruhig auf seinen Platz zurückging.

Hans Andreasen erzählt, daß alle für Minuten still blieben. Was hatte der Alte da gesagt? Erinnerte sich denn niemand aus dem Schulunterricht an jene Rede in Athen? Ihr könnt mich freisprechen oder es bleiben lassen, mir und meiner Wirkung geschieht nichts, und wenn ihr mich hundertmal in Stücke schlagt. Es hatte sich als richtig erwiesen – und nun hatte Knut Hamsun das selbe gesagt. Oskar Hasselknippe erwähnt die knisternden Paradoxe, mit denen er seine Rede beendete. Es war gleichgültig für die Welt, wie es dem einzelnen Menschen erging, und dennoch konnte er stärker als alle anderen sein. Er, der Greis, hatte Zeit zu warten, sagte er. Das hatten andere nicht. Sie alle sollten sterben.

Diesmal hielt Oskar Hasselknippe Hamsuns Worte nicht für leere Spreu ohne Sinn. Der einstige Bezirkschef in Milorg war ein ehrlicher Mann. Er beugte sich über sein Papier und schrieb, daß Hamsun in diesem Punkt recht behalten werde. Dann hörte er den Kläger mit seinem Plädoyer beginnen und gab sich Mühe, ihm zu folgen. Oskar Hasselknippe stellte mit Unbehagen fest, daß er jetzt außerstande war, das Urteil vorherzusagen.

# 32
## Das Urteil

Die Spannung im Gerichtssaal löste sich, die Leute lehnten sich zurück und entspannten sich mit einem kleinen Seufzer. Menschliche Größe und Genialität, gewiß – aber am liebsten doch nicht so viel auf einmal davon, es ist so erschöpfend, wir werden so müde. Odd Vinje brachte die schöne Geschichte auf den Erdboden zurück. Er sprach nicht vom Sterben, er sprach vom Bezahlen. Er bezog sich nicht auf die Ewigkeit. Er vertrat das Entschädigungsamt.

Odd Vinje griff Hamsuns Rede nur in einem Punkt an, dort, wo er davon gesprochen hatte, daß er niemals einen kleinen Wink aus der Umgebung erhalten habe. Vinje konnte durch Briefe von Odd Nansen und Ella Anker das Gegenteil beweisen. Er sprach nur von Hamsuns «allzu gut geschriebenen» Artikeln aus der Kriegszeit und fand es bedauerlich, daß er nicht auf die «warnenden Stimmen» gehört habe. Der Ankläger wollte allerdings nicht behaupten, daß Hamsun diese Dinge bewußt zu verschweigen versucht habe, «aber er ist ein alter, sehr alter Mann», sagte Odd Vinje.

Nutzte er die Tatsache aus, daß Hamsun ihn nicht hören konnte? Sprach er ein wenig in dem Ton, als ob der alte Mann nicht anwesend wäre? Das konnte er unbesorgt tun, Hamsun war weiter weg denn je, nun machte sich die große Anstrengung bemerkbar. Es zeigte sich, schrieb Oskar Hasselknippe, daß seine geistigen Kräfte am Nachmittag nachließen, und es kam sogar vor, daß er einnickte und von Frau Stray mit einem Fingerdruck wieder geweckt werden mußte.

Auch andere hielten sich einigermaßen mühsam wach. Odd Vinje setzte mit knarrender Stimme monoton sein Plädoyer fort, zog Gesetze und Paragraphen heran, berichtete über andere Fälle und zitierte Urteile. Es war klar, daß Odd Vinje daran lag, Hamsun verantwortlich zu machen, ob er nun Mitglied der NS gewesen war oder nicht. Er war auf das vorbereitet, was die Verteidigung in Zweifel ziehen würde, denn er wußte, daß seine Beweisführung nicht ganz hieb- und stichfest war, und wollte die schwachen Punkte schon jetzt selbst vorwegnehmen.

«Hamsun ist Mitglied der NS gewesen», schloß Odd Vinje. «Darüber war er sich vollständig klar, als er 1942 den Fragebogen ausfüllte. Aber viel schwerer als die Mitgliedschaft fällt Hamsuns Propagandatätigkeit ins Gewicht, die besonders bösartig, übelgesinnt und umfassend war. Seine Artikel eigneten sich in hohem Maß dazu, das Vertrauen der Besatzungsmacht zur NS zu stärken. Sein Verhalten muß meiner Meinung nach sehr streng beurteilt werden. Je größer der Mann, um so größer wird seine Verantwortung. Ich muß deshalb an meiner Forderung nach einer halben Million festhalten.»

Odd Vinje setzte sich, der Richter gab Hamsuns Verteidigung das Wort, Sigrid Stray heftete sich, wie zu erwarten war, sofort an den schwachen Punkt der Anklage. Sie könne die Grundlage nicht anerkennen, auf die das Entschädigungsamt seine Forderung gründe, Hamsun hätte nur dann zu einer Entschädigung herangezogen werden können, wenn er Mitglied der NS gewesen wäre, wenn er also die Mitgliedschaft beantragt und in sie eingewilligt habe. Seine sonstige Tätigkeit könne nur vor einem Strafgericht von Bedeutung sein, und da sei ja, wie bekannt, keine Klage erhoben worden. Die Gegenseite sei jedoch dem Gericht den unzweideutigen Beweis für seine Mitgliedschaft schuldig geblieben. Er war kein Mitglied der NS. Er hatte sich für eine außenpolitische Vorstellung von einem großgermanischen Reich eingesetzt, aber nie für die NS und die Verfassungsänderung. Die Karteikarte, nach der Hamsun seit dem 22. Dezember 1940 Mitglied der NS gewesen, sei eine Fälschung, denn als Hamsun im Januar 1942 den Fragebogen ausfüllte, trug er ein, daß er kein Mitglied sei. Übrigens waren solche Fragebögen auch an Sympathisierende geschickt worden. Irgendein Antrag von Hamsun lag nicht vor, Hamsun hatte erklärt, er sei ein Anhänger Quislings, aber das war etwas anderes. Er war es ja auch vor dem Krieg schon gewesen. Doch nun kam der Vertreter des Entschädigungsamts und sagte, es sei überhaupt gleichgültig, ob er Mitglied gewesen sei oder nicht. Frau Stray sprach scharf und verständlich, in kurzen, bestimmten Sätzen, und nun hob sie ein wenig die Stimme:

«Es muß eine völlig neue Praxis sein, die man im Rechtswesen einführen will, wenn man behaupten will, daß ein Mann entschädigungspflichtig ist, auch wenn er kein Mitglied war. Es ist eine Grundsatzfrage, die im norwegischen Recht noch keine Vorläufer hat, und eine Entscheidung auf diesem Gebiet wird weitreichende Bedeutung annehmen. Wenn diejenigen, die außerhalb der Organisation standen, nun zu einer Entschädigung verpflichtet sind, könnte man die Frage aufwerfen, ob man nicht Entschädigung für den ganzen Krieg fordern solle, und das wäre eine Revolution alles dessen, was bisher der Rechtsbrauch war.»

Es wurde wieder still im Saal, Sigrid Stray machte Eindruck. Hamsun hatte ergriffen, aber kaum überzeugt; seine Worte waren mit Gefühl, ja von Pathos erfüllt; aber jetzt kam es auf die Argumente an. Sigrid Stray schloß – wobei sie ihre kurzen logischen Sätze mit taktfestem Klopfen auf den Tisch unterstrich: «Die vorliegende Entschädigungsforderung hat in hohem Maße Strafcharakter, und man kann sich schwerlich von dem Eindruck freimachen, daß Hamsun eben doch bestraft werden soll, wenn auch in anderer Form. Die selben Überlegungen, die dazu führten, daß der Oberste Ankläger keine Klage gegen Hamsun erhob, hätten auch dazu führen müssen, daß das Entschädigungsamt keine Entschädigung verlangt.»

Unter Hinweis darauf, daß Knut Hamsuns Haltung vielleicht anders gewesen wäre, hätte er nicht so von allen und allem isoliert gelebt, verlangte Frau Stray danach grundsätzlich den Freispruch, und falls das Gericht es wider alle Vermutung für bewiesen halte, daß Hamsun Mitglied der NS gewesen sei, dürfe er für nichts verantwortlich gemacht werden, was er unternommen oder geschrieben habe, bevor er Mitglied geworden sei.

Juristische Hohe Schule, dachte Gierlöff auf der hintersten Bank. Spitzfindigkeiten, schrieb Oskar Hasselknippe, gab aber auch zu, daß es ihm imponiert habe. Er war nun nicht mehr der einzige, dem der Ausgang der Sache ungewiß war, der doch am Vormittag offenbar schon entschieden zu sein schien. Der einzige, der von allem nichts ahnte, war Hamsun selbst. Ab und zu hatte Frau Stray versucht, mit ein paar Worten auf einem Zettel ihn auf dem laufenden zu halten, aber er konnte sie ja nicht sehen. Er hatte den Ankläger lange stehen sehen, dann mußte er wohl eingenickt sein, denn nun stand Frau Stray dort eine lange Zeit. Er wußte auch nicht, wie spät es sei, denn die Zeiger der Wanduhr blieben ihm ebenso undeutlich wie die seiner Taschenuhr. Doch daß es dämmerte, merkte er, weil sich die ärmlichen Birnen in den dunklen Fensterscheiben spiegelten, und er rechnete sich aus, daß es vier Uhr sein müsse und nun wohl schon fünf? Konnten sie denn nicht endlich mit ihrem Gerede fertig werden? Mitten in Frau Strays langer Rede kam der elektrische Strom wieder – das bedeutete, daß es jetzt sechs Uhr war. Er mußte seine Haltung immer wieder ein wenig ändern, damit ihm die Beine nicht einschliefen, er hatte Schmerzen in der Hüfte, und das Verlangen, die Sache hinter sich zu bringen, fortzukommen, allein zu sein, quälte ihn. Nun hatte sich Frau Stray wieder gesetzt – aber sie waren noch nicht fertig. Er sah, daß einer der Schöffen ihr Papiere reichte, die sie an ihn weitergab. Er hielt sie dicht an die Petroleumlampe, die noch immer vor ihm stand, aber es verging einige Zeit, bis ihm klarwurde, daß es sich um einen Fragebogen der NS handelte, den er offenbar selbst ausgefüllt hatte. Auf einen anderen Zettel hatten die Schöffen ein paar Fragen geschrieben, auf die sie eine Antwort haben wollten. Jawohl, Fragen über Fragen, damals wie heute, gab es denn immer noch etwas, worauf die Welt seine Antwort hören wollte, zusätzlich zu allem, was er schon gesagt hatte! Nun wollten sie also wissen, ob er den Fragebogen selbst ausgefüllt hatte. Kannten sie denn nicht seine Handschrift? Er nickte müde und sagte, daß er es selbst gewesen war: «Es kamen so viele Leute zu mir und wollten meinen Namen auf Büchern, Bildern, Papieren haben, mit diesem hier war es nicht anders.»

Die zweite Frage galt seiner Reise nach Wien und dem anschließenden Besuch bei Hitler; sie war so oft gestellt und nie erschöpfend beantwortet worden, ob er es nun nicht wollte oder sich nicht erinnerte. Es war die wichtigste aller Fragen, die in diesem Fall überhaupt gestellt und beantwortet werden konnte, aber nun war es schon gleichgültig geworden, ob er sich niemals an die vielen Einzelheiten erinnern konnte oder niemals innerlich den Wunsch verspürt hatte, das alles zu schildern – es war auf jeden Fall zu spät. Wie sollte er denn zu diesem fortgeschrittenen Zeitpunkt, zum Umfallen müde, nach acht vollen Stunden auf dem harten Stuhl, noch imstande sein, über das komplizierte Spiel zu berichten, das ihn endlich in die Lage gebracht hatte, bei Hitler Terbovens Abberufung zu verlangen? Der vorbereitende Besuch bei Goebbels, Dietrichs Eingreifen, der Kongreß in Wien, der zum geeigneten Sprungbrett wurde, die Unterhaltung mit Ljunglung, die Geiseln von Raufoss? Wie sollte er es jetzt vermeiden, sich mit dem allen jetzt noch zu blamieren? Er mußte es hinter sich bringen, und da erhielten sie denn auf die wichtigste Frage des Tages eine völlig nichtssagende Antwort:

«Ich wurde durch Europa kutschiert», sagte er, «als ich nach Wien kam, war ich sehr müde und hatte gehofft, dort Ruhe zu finden, aber ich mußte trotzdem noch zu einer Versammlung und vorlesen. Es war Rishövd von *Fritt Folk*, der absolut wollte, daß ich diese Reise machte.»

Lieber keine Antwort als diese, sagte sich Frau Stray. Der Richter wiederholte, daß der Kläger die Forderung nach einer Entschädigung von 500 000 Kronen gestellt, während Frau Stray Freispruch beantragt habe. Jetzt sei der Fall soweit abgeklärt. Doch bevor das Gericht sein Urteil fällte, wünschte er zu wissen, ob Hamsun noch etwas hinzuzufügen habe. Frau Stray schrieb schnell wieder einen Zettel aus, den Hamsun an die Petroleumlampe hielt. Dann stand er auf, machte eine resignierende Handbewegung und sagte, unmittelbar an den Richter gewandt:

«Ich habe hier nun mehrere Stunden gesessen und nichts von dem, was hier gesagt wurde, verstanden. Aber dies mit den 500 000 Kronen ist ja ein astronomischer Betrag, der nirgendwo hingehört. Wie man es auch dreht und wendet, man kann nicht erreichen, daß die Summe deshalb weniger ungeheuer ist. Vorläufig kann ich nichts anderes tun, als zu protestieren. Ich kann Ihnen auch noch eine Rede halten, aber die würde Sie nur ermüden.»

Hamsun setzte sich, der Richter nickte. Die Verhandlung war geschlossen, das Urteil sollte Ende der Woche verkündet werden. Nach A. Skjegstad, *Aftenposten*, war es jetzt 18.30 Uhr, während Oskar Hasselknippe von 19 Uhr sprach. Die Journalisten sahen, wie Hamsun aufstand, vor den Richtertisch ging und sich laut von den Richtern verabschiedete. Auch Odd Vinje erhielt einen Händedruck, eine Verbeugung und Dank für seine Ausführungen. Die müden Journalisten räumten rasch den Saal, um den äußersten Termin für das Erscheinen ihrer Artikel am nächsten Tag in Oslo, Trondheim, Bergen und Stockholm wahrzunehmen. Die Meinungen über den Ausgang der Sache waren sehr geteilt. Axel Wennerling von *Dagens Nyheter* war sich ganz sicher, daß der Forderung des Entschädigungsamts auf eine halbe Million stattgegeben werde, das erwarteten alle – schrieb er, und im übrigen meinte er, Hamsun sei verziehen worden, aber er sei vergessen. A. Skjegstad von *Aftenposten* sah den springenden Punkt in der Frage, ob nun ausreichend bewiesen worden sei, daß Hamsun Mitglied der NS gewesen war. Er seinerseits war sich da nicht ganz sicher. Oskar Hasselknippe, *Verdens Gang,* teilte seine Auffassung; die Sache war inzwischen juristisch so spitzfindig geworden, daß es einige Aussicht auf Abweisung der Klage gebe, aber im Gegensatz zu seinem schwedischen Kollegen erwartete er für diesen Fall einen Sturm der Entrüstung. Die Sache war nun in ein sonderbares Gleis geraten, es schien nun für die Entschädigungsklage entscheidend zu sein, ob er formell in die NS eingetreten sei, was mindestens bezweifelt werden müsse.

«Im Hinblick auf das *Wesentliche* in diesem Fall, nämlich der Frage, wie wir uns zu einem unsterblichen Dichter und seinem Lebenswerk einstellen sollen, wirkte die Spitzfindigkeit etwas komisch», schrieb Oskar Hasselknippe.

Im übrigen fand er, der Tag sei durchaus würdig verlaufen. Als er auf den Hof hinunterkam, wurde er von einem älteren Herrn aufgehalten, der ihn fragte, ob es nicht schändlich sei, Hamsun so zu behandeln; der Mann hatte keinen Platz im Gerichtssaal mehr gefunden. Hasselknippe antwortete ihm, daß es keinerlei schändliche Behandlung gegeben habe, im Gegenteil, man sei Hamsun mit Rücksicht, Respekt und Achtung entgegengekommen. «Der alte Mann ging erleichtert fort», schrieb er in *Verdens Gang*, «es stellte sich dann heraus, daß er zu denen gehörte, denen Hamsun im Kriege geholfen hatte, aus dem Gefängnis zu kommen.»

Die einzige Neuigkeit des Tages kam Schweden zugute: Am nächsten Tag meldete *Dagens Nyheter*, daß Hamsun nun erwog, aus dem Altersheim auszuziehen und nach Nörholm überzusiedeln. Axel Wennerling hatte also noch Antwort auf die Frage erhalten, mit der er am Tag zuvor Hamsun in Landvik überfallen hatte; wahrscheinlich war es Arild gewesen, der die Neuigkeit bestätigte. Einstweilen fuhren nur die Söhne und der Schwiegersohn heim nach Nörholm, alle drei skeptisch über den Ausgang der Sache. «Wir waren nicht sicher, ob er es geschafft hatte», sagte Hans Andreasen.

Hamsun war von Gierlöff ins Altersheim zurückgebracht worden. Die verschiedenen Tiefdruckgebiete von Grönland, von den Lofoten und aus der Ukraine waren, nach dem Regen zu urteilen, offenbar inzwischen angelangt. Hamsun war erschöpft, aber nicht mißmutig, er fühlte sich im Gegensatz zu fast allen anderen ziemlich sicher, daß die Klage abgewiesen würde. Schon am nächsten Morgen schrieb er in allerbester Laune einen Brief an Gierlöff. Er wolle ihm freundschaftlich und zähneknirschend abraten, ein Greis zu werden, aber sonst war ja alles glattgegangen. Sie hatten da nur so ein elendes Licht gehabt, er konnte nicht mehr sehen. Er hatte auch Kaufmann Syrdalen für die Zigarren gedankt, und man konnte wohl nicht mehr verlangen von einem Mann mit geschwächten seelischen Fähigkeiten! Nun ein schönes Weihnachten und ein gutes neues Jahr für Gierlöff – aber ein Schuft war er doch, daß er seine Damen nicht ins Gericht mitgebracht hatte! Dann hätten sie doch gesehen, wie er sich aufgeführt hatte. Ja, ja, *so long*.

Hamsun war nicht unzufrieden mit seiner Vorstellung. Es war gutgegangen. Er hätte es anders lesen können in dem Stapel Zeitungen, den ihm noch am selben Tag seine Schwiegertochter Brit geschickt hatte, aber Zeitungen konnten ihm ja nichts mehr nützen. Er schrieb Brit, dankte ihr, kündigte seine bevorstehende Rückkehr an, und auch dieser Brief beweist strahlende Laune. Brit sei gesegnet, aber sie dürfe ihm nun *nicht* mehr Zeitungen schicken. Er konnte sie ja nicht lesen, er war nun so ungeschickt und hilflos mit seinen Augen, als wenn er ein alter Mann wäre! Arild war geschickt gewesen und hatte ihm die ganze Zeit geholfen. Eine Schande, daß Brit nicht dabeigewesen war, dann hätte sie doch auch Schmalzgebäck und selbstgebrautes Bier erhalten! Er konnte sich nicht erinnern, je etwas so Gutes bekommen zu haben! Und Arild hatte einen merkwürdigen Ort gefunden und das ganze Gericht mitgelockt. Aber nun sollte es sehr gemütlich werden, wenn er die Kleinen wiedersah. Er wollte gern kommen, ehe sie im Bett lagen. Er werde eine Bütte Wäsche mitbringen – leider hätte er sonst nichts für sie alle! Es war ja seit zweieinhalb Jahren alles beschlagnahmt. Und nun war da immer noch Arild – Herrgott, das war das Schlimmste für ihn, sein Alter, sein Schicksal und das ganze Leben. Er hätte gern für ihn büßen können, er hatte ja nichts anderes zu tun ...

Dieser Brief, der am Tag nach der Gerichtsverhandlung geschrieben wurde, ist in vieler Hinsicht ein aufschlußreiches Dokument. Er bestätigt, daß er sehr schlecht sehen konnte, die Buchstaben in der Zeitung so wenig erkannte wie die Straßen in Grimstad, wo er doch den größten Teil eines Menschenlebens umhergegangen war. Er bestätigt auch die Meldung in *Dagens Nyheter*, daß er nun heim nach Nörholm wollte, und es zeigt sich, daß *dieser Beschluß vor der Verhandlung und unabhängig von ihrem Ausgang getroffen worden war.* Die Gerichtsverhandlung und das Urteil hatten Hamsuns Entschluß nicht geändert, er wollte eben jetzt gern heim – weil die Person, deren Anwesenheit auf dem Hof ihn bisher ferngehalten hatte, nun nicht mehr dort wohnte. Vor einer Woche war Marie ins Frauengefängnis von Bredtveit eingeliefert worden, wo sie laut Urteil die nächsten beiden Jahre verbringen sollte. Es gab also kein Hindernis mehr: Sie war fort und würde vorläufig nicht wiederkommen. Gerade dieser Tage war es zwei Jahre her seit ihrem Zusammenstoß im Wartezimmer der psychiatrischen Klinik in Oslo. «Wir sehen uns nicht wieder, Marie», hatte Hamsun gesagt, und die Zwischenzeit hatte bewiesen, daß es keine leere Drohung war. Wenn es schon demütigend genug gewesen war, daß er eine schmuddelige Kammer in einem Altersheim ohne sie seinem Herrensitz mit ihr vorzog, so wirkte die demonstrative Art, wie er sich nun in dem Augenblick einfand, als sie aus der Tür gegangen war, nicht weniger verletzend. Die Gerichtsverhandlung und das bevorstehende Urteil kann man vielleicht Marie als Grund angegeben haben, um die bittere Nachricht zu versüßen, aber es wirkte nicht. Sie kannte Knut, seine Härte, seine Beharrlichkeit, seine Gnadenlosigkeit. Die Mitteilung über seine Heimkehr bedeutete, daß sie nun außerhalb des Gefängnisses keine Zufluchtsstätte mehr hatte. Unter all ihren Richtern war er immer der strengste gewesen. Sollte er selbst Nörholm verlieren, so hatte er ihr mit seinem Schritt jetzt schon den Hof aberkannt.

Aber glaubte Hamsun, daß er Nörholm verlieren werde? Seine Heimkehr ist ein neuer Beweis für den Optimismus, mit dem er dem Urteil entgegensah. Wenn aber das Entschädigungsamt seine Klage durchbrachte, war der Hof verloren. Sigrid Stray hatte mit vollem Recht darauf hingewiesen, daß Hamsuns Vermögen viel zu hoch eingeschätzt worden war. Eine Realisierung aller Vermögenswerte zu diesem Zeitpunkt konnte kaum mehr als 450 000 Kronen einbringen, und sollte er wirklich eine Entschädigung von 500 000 Kronen zusätzlich zu den 150 000, zu denen Marie verurteilt worden war, bezahlen, dann mußte er alles aufgeben, Nörholm, die Verlagsaktien, die Verlagsrechte, und trotzdem würde es nicht reichen.

Wahrscheinlich verließ Knut Hamsun das Altersheim am Donnerstag, dem 18. Dezember 1947, also zwei Tage nach der Gerichtsverhandlung; er fuhr mit dem täglich verkehrenden Milchauto aus Landvik. Nun sah er den Ort wieder, an dem er nicht mehr gewesen war, seit die Polizei ihn vor zweieinhalb Jahren, am 14. Juni 1945, mit Moens Taxe abgeholt hatte. Es war keine triumphale Rückkehr, alles, was inzwischen geschehen war, das Unglück seiner Ehe, das noch nicht gefällte Urteil, machten seine Schilderung der Heimkehr sehr still. Aber es war doch seltsam, das alles wiederzusehen, die Felsen unter dem Schnee, den eisbedeckten Nörholmfjord, und über allem wölbte sich der alte Himmel wie eh und je.

«Ganz gewöhnlich, aber schön für mich», schrieb Hamsun.

Er konnte immer noch keine Zeitungen lesen, und das war auch ganz gut, denn gerade an diesem Tag brachte *Dagbladet* den unversöhnlichsten all der ungezählten Angriffe. Der Leitartikel stammte vom Chefredakteur der Zeitung, dem bekannten Einar Skavlan, der 1929 seine hervorragende Hamsun-Biographie herausgegeben hatte, und sein Thema war die Rede, die Hamsun zwei Tage zuvor im Gericht gehalten und über die *Dagbladet* übrigens als fast einzige Zeitung in Skandinavien keinen Bericht gebracht hatte. Nun tauchte sie hier, zwei Tage später, wieder auf, und zwar als Thema eines Leitartikels. Skavlan schrieb, daß Hamsun natürlich nichts von dem, was er getan hatte, abgestritten habe – das ganze Land war ja auch darüber unterrichtet. Aber er hatte sich hinter seiner Taubheit, seiner Isolation und dem Umstand versteckt, daß niemand ihn gewarnt habe. Diese letzte Bemerkung sei reine Vergeßlichkeit, schrieb Skavlan, Hamsun *war* gewarnt worden. Seine ganze Verteidigung war ausgezeichnet aufgebaut, sie war das Gegenteil von geistesschwach. Aber der Mann, der dem Volk predigen wollte, hatte auch die Pflicht, im Bilde zu sein. Er könne sich nicht damit entschuldigen, daß er nur *Fritt Folk* und *Aftenposten* gelesen habe. Knut Hamsun sei Vidkun Quislings beste Stütze in der Propaganda gewesen. Seine Artikel hatten die Zeitungen in großer Aufmachung gebracht, und sie hatten sich mit wirkungsvollen Worten für die Meinung der Deutschen und der Nazisten starkgemacht. In einem dieser Artikel habe er all seine Interventionen zum Besten der zum Tode verurteilten jungen Norweger aufgezählt – so völlig isoliert und ohne Kenntnis sei er also nicht gewesen –, aber er hatte in diesem Zeitungsartikel geschrieben, daß die Jungen gewußt hatten, was sie taten, und also auch die Folgen tragen müßten. Der ganze Beitrag habe wie herzloser Hohn gewirkt.

Knut Hamsun hatte Hitler und Terboven besucht und sich mit ihnen photographieren lassen, fuhr Skavlan fort. Für die ganze Nation sei er durchaus einer der wichtigsten Vorkämpfer für die Deutschen und die Nazisten gewesen. Er habe einen Artikel «Warum ich Nazist bin» geschrieben, und nun stritt man sich allen Ernstes darum, ob er in die Partei eingetreten sei oder nicht! Falls nicht, war das völlig gleichgültig. Die Mitgliedschaft sei nur ein Beweis für die Gesinnung, aber bei Knut Hamsun hätten sich Gesinnung und Taten als so himmelschreiend erwiesen, daß kein anderer Beweis mehr nötig sei. Er hätte angeklagt und verurteilt werden müssen als einer unserer schlimmsten Landesverräter. Sein Rang als großer Dichter machte seine Haltung nur noch gefährlicher – als ein Beispiel für schwache Seelen. Der Oberste Ankläger hatte keine Anklage erhoben, aber als im hohen Grade Mitschuldiger müsse Hamsun nun Entschädigung bezahlen. Selbst davon versuche er sich mit der Behauptung zu drücken, er hätte nicht gewußt, was er tat. Aber dann müßte er auch behaupten, daß die Deutschen, die ihn photographiert hatten, und die Redakteure, die seine Artikel brachten, ebensowenig wußten, was sie taten. Sie wußten es aber allesamt nur zu gut.

Es sei empörend, Gerichtsberichte zu lesen, wonach Hamsun nicht zur Verantwortung gezogen werden solle, schloß Einar Skavlan. Während des Krieges hatte er dagestanden als der große Mann, umworben und umjubelt. Er hätte sich damals durchaus zurückhalten können – aber er trat an die Öffentlichkeit. Er irrte sich ständig, und dafür müsse er nun wie alle anderen auch die Verantwortung tragen. Er dürfe heilfroh sein, daß er einer Strafverfolgung entgangen sei, und es sei ein klägliches Schauspiel, wenn ein Mann wie er das große Wort führte, nur um sein Geld zu retten.

Unter den vielen enttäuschten Bewunderern, die lauter als alle anderen Hamsuns Bestrafung forderten, war Einar Skavlan vielleicht einer der unversöhnlichsten. Als er seinen Leitartikel brachte, war das Urteil noch nicht gesprochen, und er brach damit den Grundsatz, nicht in ein schwebendes Verfahren einzugreifen. Er kommentierte eine Rede, die er dem Leser nicht zur eigenen Lektüre vorsetzte, und er berichtete falsch darüber. Es stimmte nicht, daß Hamsun das große Wort geführt hatte, um sein Geld zu retten. Abgesehen davon, daß ein Achtundachtziger kaum anderes Geld als das seiner Erben retten kann, hatte Hamsun die Entschädigungsforderung nicht einmal erwähnt. Er hatte nie einen Artikel «Warum ich Nazist wurde» geschrieben. Er hatte sich niemals mit Hitler zusammen photographieren lassen. Er hatte Terboven zweimal aufgesucht, um verhafteten Norwegern zu helfen. Er hatte – etwa an seinem fünfundachtzigsten Geburtstag – getan, was er konnte, um im verborgenen zu bleiben und zu vermeiden, daß er an die Rampe treten und Huldigungen entgegennehmen mußte. Er protestierte in Oslo und in Berchtesgaden gegen die Hinrichtungen. Die Enthüllungen über diese Schritte waren jetzt auch Einar Skavlan zugänglich, aber Skavlan ließ sich von der alten Fehlinterpretation nicht abhalten, nachdem Hamsuns Artikel über die zum Tode Verurteilten «herzloser Hohn» gewesen war. Hamsun hatte schließlich stärker als alle anderen gegen den Verzicht des Obersten Anklägers auf einen Strafantrag protestiert, hatte jede Form von Amnestie oder Begnadigung dadurch unmöglich gemacht, daß er sich ausdrücklich zu dem bekannte, was er getan hatte. Skavlan vermittelte seinen Lesern den Eindruck, daß er versucht hatte, sich um die Verantwortung mit dem Hinweis zu drücken, er habe nicht gewußt, was er tat. In Wahrheit wünschte Hamsun nicht weniger als er einen Strafprozeß.

Wie Oskar Hasselknippe fand auch Skavlan es geradezu grotesk, daß die Sache nun auf eine so gleichgültige Formalität, wieweit Hamsun Mitglied der NS gewesen sei, beschränkt worden war. Damit hatte Skavlan natürlich recht, aber er sah nicht wie sein Kollege von *Verdens Gang*, daß dies nun die unweigerliche Konsequenz aus dem Klageverzicht des Obersten Anklägers war. Man wollte das allzu Verwickelte vereinfachen, man schraubte die Flamme niedriger, als man die Strafsache in ein Entschädigungsverfahren umwandelte – vielleicht hatten die Behörden Hamsun damit eine Gefängnisstrafe erspart, aber sie hatten auch sich selbst erspart, ihn dazu verurteilen zu müssen, und sie hatten ihm gleichzeitig den Wind aus den Segeln genommen. Nun würde, wie Oskar Hasselknippe bemerkte, nicht mehr vom Wesentlichen die Rede sein: Wie sollen wir uns zu einem unsterblichen Dichter und seinem Lebenswerk einstellen? Es ging nicht mehr um einen Mann oder eine Einstellung, sondern um einen Parteiausweis. Hamsun hätte zwanzigmal zu Hitler reisen können, um Terbovens Abberufung zu verlangen – stand er in der Mitgliederkartei der NS, dann war das völlig bedeutungslos. Man beschloß nicht, zu strafen oder nicht zu strafen, man wünschte nicht einmal das Wort Strafe zu gebrauchen. Der Ausweg aus allen Schwierigkeiten bot sich an, wenn man nur noch von Entschädigung sprach. Wie Sigrid Stray betont hatte, war das in Wirklichkeit das gleiche, ja, es war für Hamsun vielleicht die härtere Lösung, da eine Gefängnisstrafe kaum lange gedauert und in jedem Fall nicht die Schuldlosen unter seinen Kindern getroffen hätte.

Doch Einar Skavlan fürchtete, daß die Strafe nicht hart genug werden könne – es war, als könne er sich selbst nicht verzeihen, daß er das beste Buch über Hamsun geschrieben hatte. Seine vielen Zeitungsangriffe waren ein neues Beispiel für die Ungerechtigkeit, die aus enttäuschter Liebe entsteht und die Hamsun ja schon von anderer Seite erfahren hatte. Lag darin nicht eine «unterschiedliche Behandlung» anderer Art als diejenige, die Skavlan fürchtete, wenn man verlangte, Hamsun solle «wie alle anderen» behandelt werden? Er wurde es nicht, denn er war es nicht. Aber seine Berühmtheit hatte ihm keinen Vorteil gebracht, Hamsun hatte nicht allein verraten, er hatte auch versagt; das hatten Quisling und die anderen nicht. Sie waren nie geliebt worden, aber er war es, und dafür mußte man bezahlen. Sein Verhältnis zu Marie war wie ein Abbild seines Verhältnisses zu den Menschen, und beides endete schlecht: Die eine nannte ihn Betrüger, die anderen Verräter; sie hatte ihn geheiratet, die anderen hatten seine Lebensgeschichte geschildert und seine Bücher gekauft; und alle hatten ihn für einen der Ihren gehalten. Er war es nicht. Er war es nicht. Skavlan konnte beruhigt sein: Das Urteil würde hart ausfallen.

Es wurde am nächsten Tag verkündet und war eine Sensation. Die Richter, die Geschworenen Omund Eigeland und Jacob Flaa und der Berufsrichter, hatten einen vollen Tag über ihren Beschluß beraten, und erst gegen Abend öffnete sich die Tür zum Gerichtssaal. Diesmal waren weniger Zuhörer anwesend. Hamsun selbst nahm nicht teil, und außer dem Journalisten A. Skjegstad von *Aftenposten* sah man nur wenige Pressevertreter; das Urteil würde ja automatisch von allen Nachrichtenbüros verbreitet werden. Die Angehörigen des Gerichts nahmen Platz an dem Hufeisentisch, dessen einzelne Teile diesmal nicht auseinandergerückt worden waren. An einem Flügel saßen der Anwalt J. Bugge-Danielsen und Odd Vinje, am anderen Sigrid Stray; die drei Richter nahmen die Mitte ein. Sverre Eide erhob sich mit einem maschinengeschriebenen Dokument in der Hand. Es war laut *Agderposten* 18.30, laut *Arbeiderbladet* schon 19 Uhr. Sverre Eide begann. Der Beklagte Knut Hamsun, geboren am 4. 8. 1859, Dichter, verheiratet und Familienversorger, wurde verurteilt, eine Entschädigung von 425 000 Kronen zu leisten mit einer zusätzlichen Zinsleistung von 4 % pro Jahr von der Verkündigung des Urteils an. Außerdem hatte er die Verfahrenskosten von 250 Kronen zu übernehmen.

A. Skjegstad, *Aftenposten,* fiel sofort ein, daß Hamsun 65 000 Kronen weniger bezahlen mußte, als das Entschädigungsamt gefordert hatte, aber es war ja immer noch ein phantastischer Betrag. Dann kam die Sensation. Das Urteil war nicht einstimmig gefällt worden. Die Mehrheit der Richter, nämlich die beiden Geschworenen, hatte für Verurteilung gestimmt, während der Gerichtsvorsitzende Sverre Eide für Freispruch gestimmt hatte.

Die beiden Schöffen waren der Meinung, daß Hamsun, wenn er nach dem Januar 1942 immer noch als Mitglied der NS gegolten habe, selbst die Verantwortung dafür zu übernehmen habe. Dagegen hatte es der Vorsitzende nicht für bewiesen gehalten, daß Hamsun die Mitgliedschaft beantragt hatte, noch sich eindeutig so verhalten habe, daß man davon ausgehen müsse, er sei mit der Mitgliedschaft einverstanden gewesen. Weiterhin war nach Ansicht des Gerichtsvorsitzenden mit dem § 22 ausdrücklich eine Grenze dafür gesetzt worden, in welchem Ausmaß die Unterstützung Quislings entschädigungspflichtig sei. Nach dieser Bestimmung waren nur die Mitglieder der NS kollektiv zur Entschädigung heranzuziehen. Selbst wenn Hamsun mit seiner Tätigkeit zum Vorteil des Feindes an dem Schaden beteiligt gewesen sei, der dem Lande erwachsen war, zog das noch nicht nach sich, ihn unter den obwaltenden Umständen tatsächlich entschädigungspflichtig zu machen. Der Gerichtsvorsitzende war deshalb zu dem Ergebnis gelangt, daß die Klage des Entschädigungsamts gegen Hamsun abzuweisen sei.

Dagegen betonte die Mehrheit des Gerichts, Hamsun habe sich darüber im klaren gewesen sein müssen, daß er mit dem Anschluß an Quisling und dessen Partei und mit seiner Propagandatätigkeit zum Vorteil der Deutschen eben diesen während des Krieges Beistand geleistet habe. Er sei deshalb mitverantwortlich für den Schaden, den Quislings Regiment dem Lande zugefügt hatte, und man müsse bei der Festsetzung der Entschädigungssumme seine Verhältnisse im Kriege im Zusammenhang sehen. Die Begründung des Urteils enthielt an dieser Stelle ins einzelne gehende Interpretationen seiner verschiedenen Artikel, während die beiden Geschworenen, wunderlich genug, es nicht für bewiesen hielten, daß der Artikel, der ganz und gar typisch Hamsun war – der berüchtigte Aufruf, die Waffen wegzuwerfen und nach Hause zu gehen –, wirklich von ihm geschrieben worden sei. Zu seiner Propagandatätigkeit im Sinne des Feindes rechneten sie dagegen seine Reise nach Wien im Sommer 1943 und den anschließenden Besuch bei Hitler. Die Reise war gründlich für Propagandazwecke ausgenutzt worden, Hamsun hätte es voraussehen können. Es wurde erwähnt, daß er bei der Zusammenkunft mit Hitler gefordert habe, Terboven aus Norwegen abzuberufen, dafür aber kein Verständnis gefunden habe.

In Anbetracht des Beistandes, den Hamsun den Deutschen und der NS gewährt, und des Schadens, den er dem Lande zugefügt habe, mußte die Mehrheit des Gerichts das größte Gewicht auf seinen Rang als weltbekannter Dichter und eine führende Persönlichkeit des norwegischen Geisteslebens legen. Bei seiner kulturellen, sozialen und auch wirtschaftlichen Stellung und bei der Autorität, die in seinem Wort lag, war sein Auftreten in hohem Maße geeignet, anderen ein Beispiel zu geben, was Hamsun selbst gewußt haben mußte. Für die Quisling-Anhänger war es eine starke moralische Unterstützung, daß sie Hamsun zu den Ihren zählen konnten. Er hatte ganz nach seiner eigenen Meinung in politischen Fragen gehandelt, ohne Rücksicht auf seine Treuepflicht gegenüber den Gesetzen und den gesetzlichen Behörden seines Landes. Es müsse festgehalten werden, daß er selbst die Verantwortung zu tragen habe, wenn er dadurch in Gegensatz zum geltenden Gesetz geriet.

Das Gericht war sich darüber einig, daß Hamsun in den letzten Jahren dank seinem schlechten Gehör und auch aus anderen Gründen sehr isoliert gelebt habe. Während des Krieges war er auf Zeitungen angewiesen gewesen, um sich auf dem laufenden zu halten, und war fast abgeschirmt gegen Enthüllungen gewesen, die andere Vorstellungen in ihm wecken konnten. Weiterhin wurde anerkannt, daß eine Reihe seiner Artikel unter Druck der NS-Leute entstanden sei. Anerkannt wurde ferner, daß Hamsun weitgehend versucht habe, sein Ansehen bei den Deutschen auszunutzen, um Entlassung und Begnadigung für politische Gefangene zu erreichen. Er war immer bereit gewesen, Bitten von Angehörigen der Verhafteten nachzukommen und Begnadigungsversuche einzureichen; er hatte zahlreiche Anträge dieser Art gestellt, zum Teil unmittelbar an Hitler selbst. Im ganzen gesehen müsse man davon ausgehen, daß ihm die Verhaftungen und Todesurteile sehr nahe gegangen seien, hieß es dann weiter in der Urteilsbegründung, die auch seine Artikel «Nun wieder!» als Ausdruck seines Mitgefühls bewertete. Die drei Richter korrigierten damit zum ersten Mal die verhängnisvolle Fehlinterpretation, die den Artikel zu «herzlosem Hohn» gemacht hatte – wie es noch am Tage zuvor beim Hamsun-Spezialisten Einar Skavlan nachzulesen gewesen war.

Was die wirtschaftliche Seite der Sache anging, konnte das Gericht nicht die Aufrechnung des Entschädigungsamts gelten lassen, nach der Hamsun im Besitz eines Vermögens von 793 940 Kronen sei. Frau Stray habe recht, wenn sie behauptete, daß Nörholm nicht höher bewertet werden könne als mit dem Eigentumswert, den die Finanzbehörde angesetzt habe, nämlich mit 128 000 statt 150 000 Kronen. Doch man war sich mit dem Kläger darüber einig, daß die Gyldendal-Aktien mit einem Kurs von 250 anzusetzen waren, da der Finanzausschuß in Oslo diesen Kurs für dieses Jahr anerkannt habe und da außerdem festgestellt worden war, daß die Aktien offenbar zu diesem Kurs gehandelt werden konnten. Der Punkt, der sich später als wichtigster überhaupt erweisen sollte, nämlich Hamsuns Autorenrechte, wurde sehr unsicher beurteilt. Sie waren ursprünglich auf 100 000 Kronen berechnet, aber auf Hamsuns Protest beim Untersuchungsrichter auf 50 000 Kronen gesenkt worden, und bei der Aufrechnung, die das Entschädigungsamt dem Gericht in Grimstad vorgelegt hatte, war der Posten unter dem Eindruck, daß keine Bücher von ihm mehr verkauft wurden, auf 25 000 Kronen geschrumpft. Nun hatten die Richter ihn völlig gestrichen, denn nach Meinung des Gerichts waren diese Autorenrechte so wenig wert, daß dieser Posten ausgelassen werden mußte. Sie meinten, als Dichter sei Knut Hamsun für Zeit und Ewigkeit erledigt. Dagegen konnte das Gericht keinen Verzicht auf die Entschädigung von 150 000 Kronen hinnehmen, die Marie Hamsun zahlen sollte. Zwischen den Ehegatten bestand Gütergemeinschaft, doch da nur der Mann verfügungsberechtigt sei, sich aber nicht bereit fand, den Betrag zu entrichten, ließ sich die Schuld der Ehefrau nicht eintreiben. Deshalb konnte sie bei der Festsetzung der Entschädigungssumme für den Ehemann auch nicht berücksichtigt werden. Dagegen bestätigte das Gericht ausdrücklich, daß die Übertragung von 100 Aktien an die Kinder rechtsgültig sei, im Gegensatz zu der Auffassung des Entschädigungsamtes; wenn man ihr folgen wolle, hätte man tatsächlich ein Vermögen von etwa 736 000 Kronen zugrunde legen müssen, und damit wäre die Entschädigung so hoch ausgefallen, daß er «völlig mittellos dastehen» würde. Es bestand kein Grund, daran zu zweifeln, daß die Transaktion echt und ohne den Hintergedanken vorgenommen worden war, die Gelder einer eventuellen Entschädigung zu entziehen.

Das Gericht hatte demnach für richtig befunden, Hamsuns Vermögen nicht höher als mit 500 000 Kronen anzusetzen. Davon ausgehend meinte die Mehrheit der Richter, daß die Entschädigungsforderung von 425 000 Kronen angemessen sei. Als Begründung für diesen Beschluß führten die Geschworenen Professor Langfeldts Erklärung an, daß Hamsun ein vom Alter stark geschwächter Mann sei; deshalb sollte ihm gestattet werden, soviel Vermögen zu behalten, daß er für den Rest seiner Tage ohne wirtschaftliche Sorgen leben konnte.

Das war das Urteil von Grimstad. Es überließ – theoretisch – dem alten Mann 75 000 Kronen, die er verleben durfte, womit freilich Maries Schulden von 150 000 Kronen immer noch nicht bezahlt worden waren. Außerdem war die realisierbare Verkaufssumme des Inventars von Nörholm viel zu hoch angesetzt worden, so daß die 75 000 Kronen ein fiktiver Betrag waren, der nur auf dem Papier existierte. In Wahrheit hatte man mit den 425 000 Kronen alles genommen, was nur zu bekommen war. Nörholm war verloren.

Der große Mißgriff betraf die Autorenrechte; sie hatten niemandem imponieren können, und man hatte sie so großzügig unterschätzt, wie man die materiellen Werte überschätzt hatte. Jeder Teelöffel war mitgezählt, aber «Segen der Erde» mit Null bewertet worden. Das war das Urteil von Grimstad, wieder einmal zeigte sich die alte bürgerliche Mißachtung großer Kunst. Der tote Dichter wurde reich, der lebendige war bankrott.

# 33
# Bankrott

425 000 plus 150 000 für Marie, zusammen 575 000 Kronen. Das war also die genaue Berechnung des Betrags, den uns Hamsun schuldete. Das Gericht war in sich selbst gespalten. Sverre Eide hatte eingewandt, daß die juristischen Formalitäten nicht hieb- und stichfest geklärt worden waren, darüber hatten sich die beiden Laienrichter jedoch hinweggesetzt. Sie hatten ihre gesunde Vernunft so eingesetzt, daß sie nicht zu tadeln waren. Die Frage, wieweit Knut Hamsun der NS angehört habe, *war* ja tatsächlich eine Formalität. Alle Umstände, die dem Beklagten gutgeschrieben werden konnten und zu diesem Zeitpunkt bekannt waren, hatte die Urteilsbegründung erwähnt, alle von Hetze geprägten Argumente gegen ihn waren zurückgewiesen worden. Die schlimmsten Auswüchse des Entschädigungsamts (eine unhaltbare Vermögensberechnung, der Versuch, die Aktienübertragung an die Kinder nicht anzuerkennen) waren gekappt worden. Dennoch setzte das Ergebnis den umstrittenen Betrag nur um 75 000 Kronen herab; prozentual war es das gleiche geblieben, ebenso die Begründung der Forderung. Hier lag nach wie vor der schwache Punkt des Urteils. Warum sollte Hamsun 115 % von dem, was er besaß, dem norwegischen Staat abliefern?

575 000. In heutigem Geld ungefähr 10 Millionen Kronen. Eine Strafe konnte das nicht sein, denn der Oberste Ankläger hatte ausdrücklich auf die Anklage verzichtet, so daß man die wahre Schuld des Angeklagten nicht festgestellt hatte, und man konnte ihn ja nicht hinterrücks bestrafen wollen. Es konnte ebensowenig eine Beschlagnahme ungerechtfertigter Kriegsverdienste sein, denn es drehte sich ausschließlich um Mittel, die Hamsun bei lebens-

langer harter Arbeit zurückgelegt hatte. Bei den Gyldendal-Aktien ging es nur um Vermögen, das er zur Verfügung gestellt hatte, damit der Verlag wieder nach Norwegen zurückgekauft werden konnte. In diesem «Verräterprozeß» kamen keine blanken Silbertaler zum Vorschein – Hamsun war nicht auf persönlichen Vorteil bedacht gewesen.

Also: Weder Strafe noch Beschlagnahme. Doch eine *Entschädigung*. Gut – aber wer einem anderen eine Entschädigung abverlangt, muß nachweisen können, welchen Verlust der Beklagte verursacht hat. Um in der Rechtssphäre zu bleiben: Der Schaden muß legitimiert, die Ausgaben müssen dokumentiert, die Belege vorgelegt werden. Doch in diesem Punkt war die Urteilsbegründung ziemlich ungenau. Es hieß hier, Hamsuns Äußerungen seien besonders gefährlich gewesen wegen seines Ranges als weltbekannter Dichter, aber damit war ja nicht festgestellt, welchen Schaden Hamsun denn nun verursacht haben konnte – wirtschaftlichen Schaden, Verluste. Knut Hamsuns Ansichten hatten während des Krieges Verärgerung, Zorn, Wut, Haß geweckt. Das trifft zu. Aber Ärger über die Meinung eines anderen kann kaum die Grundlage für eine Entschädigungsklage abgeben. Anderswo hatten wir es gesehen, nämlich Verfolgung wegen politischer Einstellung – aber gerade das hatten wir ja glücklicherweise niedergerungen. Das, was die Zeitgenossen an Hamsuns Kriegsartikeln am meisten verärgerte, nämlich seine Behauptung, die Hauptverantwortung für die Besatzung liege bei den Alliierten, wird inzwischen für jeden sachkundigen Historiker selbstverständlich. Er schrieb aber auch als Gegner der Demokratie. Hatte er hier völlig unrecht? Ja, er hatte unrecht.

Und das hätte ihm nichts so deutlich klarmachen können wie ein Freispruch in Grimstad am 19. Dezember 1947.

Doch statt dessen wurde er bestraft, denn es war natürlich eine Strafe. Frau Stray hatte recht, wenn sie von dem «Strafcharakter» einer so ungeheuerlichen Entschädigung sprach. Waren Hamsuns Ankläger jetzt zufrieden? Glaubten sie, daß sie genug bekamen?

Nein. Die Presse stellte das Urteil als einen Skandal dar und forderte ein härteres, wobei man nicht verbarg, daß man es als Strafe auffaßte. Am Tag danach war Einar Skavlans *Dagbladet* zur Stelle mit einem dreispaltig aufgemachten Bild aus einer alten Wochenschau: Hamsun grüßt die deutschen Soldaten eines U-Boots mit erhobenem Arm. «Er stand in der Kartei und muß beweisen, daß er sich nicht selbst angemeldet hat», schrieb das Blatt und brachte ein Interview mit einem Berater Rysting im Entschädigungsamt.

«Wir sind die ganze Zeit davon ausgegangen, daß Knut Hamsun Mitglied der NS war», sagte Rysting, «sonst hätten wir keine Klage eingereicht.»

Das unbesonnene Wort verdarb dem armen Mann das Weihnachtsfest, die Verärgerung wuchs sich zur Panik aus, und zwei Tage später, am 22. Dezember, mußte der Leiter des Entschädigungsamts, C. A. Gulbranson, in allen Zeitungen ein Dementi drucken lassen, in dem er von Rystings Behauptung abrückte und feststellte, daß Hamsun auch dann entschädigungspflichtig sei, wenn die Gerichte zu dem Ergebnis kommen sollten, er sei nicht Mitglied der NS gewesen. Gulbranson sprach von «Gerichten» in der Mehrzahl, also hatte der Leiter des Entschädigungsamts bereits beschlossen, die Sache vor ein Appellationsgericht zu bringen, wenn das Gericht in Grimstad gegen das Entschädigungsamt entschied!

Es war nicht mehr die Rede davon, daß Hamsun beweisen müsse, er habe die Aufnahme in die Partei nicht beantragt, wie *Dagbladet* am 20. Dezember geschrieben hatte, denn es war ja dem Entschädigungsamt ganz offensichtlich gleichgültig, ob er Mitglied gewesen war oder nicht. Vier Tage später, am Weihnachtsabend, konnte *Dagbladet* sich selbst mit einem neuen Leitartikel dementieren, in dem Knut Hamsuns Biograph ihm unter der Überschrift «Sauberkeit» den Gnadenstoß versetzte.

Offenbar sei unter Juristen mittleren Ranges eine gewisse Verwirrung durch das Urteil entstanden, schrieb Einar Skavlan. Es seien Zweifel laut geworden, wie weit Hamsun überhaupt verurteilt werden würde, die Entschädigung zu zahlen. In Wirklichkeit gebe es daran keinen Zweifel. Unsere allgemeinen Rechtsgrundsätze seien ja durch die «Landssvikanordning» nicht geändert worden, also auch nicht das Prinzip, daß ein Mensch, der einen Schaden mitverursacht, ihn wiedergutmachen soll. Der Schaden, den die Deutschen und die Nazisten in Norwegen angerichtet hatten, sei durch Hamsun mitverursacht worden. Daran gebe es nicht den geringsten Zweifel. Also war er auch entschädigungspflichtig. Nun versuchte man zu beweisen, daß er nicht in der NS gewesen sei. Aber die Kartei führte ihn, und wir hatten ja auch den Artikel «Warum ich Nazist bin», und trotzdem sollte er keiner gewesen sein? Gab es denn für dies Tauziehen der Spitzfindigkeit keine Grenzen? Schließlich sei die Frage ja nicht entscheidend, ob Mitglied oder nicht, er war in jedem Fall verantwortlich. Da nun Einar Skavlan zunächst festgestellt hatte, daß Hamsun Mitglied der NS gewesen sei, danach, daß es überhaupt keine Rolle spiele, ob er es war oder nicht, wollte er wiederholen, was er schon gesagt hatte. Es war eben ein Fehler des Obersten Anklägers Arntzen gewesen, keine Anklage zu erheben. Auf solche Sentimentalität antwortete Hamsun nur mit dem zynischen Versuch, sich davor zu drücken, einen kleinen Teil des Schadens, den er und seine Gesinnungsgenossen allen anderen zugefügt hatten, wiedergutzumachen. Das Land hatte Millionen auf Millionen verloren, aber Knut Hamsun, einer der schlimmsten Mitschuldigen, wollte auf seinen Millionen sitzenbleiben.

«Die ganze norwegische Rechtsauffassung wird zur Karikatur werden, wenn die Gerichte ihn nicht mit der vollen Strenge des Gesetzes bestrafen«, schloß Einar Skavlan. «Ein Weihnachtsevangelium der Amnestie gibt es nicht. Wir müssen mit der ganzen logischen Gerechtigkeit den Rechtsstreit zu Ende bringen. Keine Schwäche darf des norwegischen Volkes sauberes Gefühl für Landesverrat verderben!»

Skavlan hatte nicht vergebens gedonnert. Gleich nach Weihnachten legte das Entschädigungsamt beim Obersten Gericht Berufung gegen das Urteil von Grimstad ein und verlangte wieder die ursprünglich geforderten 500 000 Kronen von Hamsun. Es war selbstverständlich, daß auch Sigrid Stray daraufhin Berufung einlegte, um den Vorteil auszunutzen, den ihr die Uneinigkeit des Grimstader Gerichts verschaffte.

Der Prozeß gegen Hamsun war eine Erneuerung der jahrelangen Rechts-Orgien aus den alten Sagas geworden. Die Norweger machten es ihren berühmten Vorfahren nach, schwelgten in Jul und Jura, und zu Hause auf dem gerade wiedergewonnenen und schon verlorenen Hof saß Knut Hamsun, Dichter und Bauer und Greis wie Egill Skallagrimson und feierte Weihnachten, wobei «Feiern» ein reichlich großes Wort ist. Ein Weihnachtsfest wie in vergangenen Tagen konnte es nicht werden, Marie war im Gefängnis, aber am Tisch saßen Cecilia, Arild und Brit und die Enkelkinder. Auch der Schwiegersohn Hans Andreasen war gekommen; er hat später geschildert, wie Knut Hamsun am Tischende saß und seinen Schnaps trank wie in alten Tagen bei *Blom* oder im *Grand,* wie er mit den Kleinen spielte, zuhörte, ohne etwas zu verstehen, mild und friedlich in seinem hohen Alter, schön wie in Jugendtagen, aber das Gesicht gezeichnet von Resignation und Einsamkeit.

Hatte er etwas von dem erfahren, was im Leitartikel des *Dagbladet,* auf das er abonniert war, stand? «Sauberkeit» hieß es. Was bedeutete es, sauber zu sein? Erinnerte er sich vielleicht an einen Vorgang, der ein Menschenalter zurücklag, als er Peter Nansen, dem Direktor des allmächtigen Gyldendal-Verlags in Kopenhagen, einen jungen Norweger empfahl, weil er Talent zu haben schien? Sein Brief mit dem Datum 7. Oktober 1913 liegt noch beim Verlag.

«Ich habe etwas von Einar Skavlan gelesen», schrieb Knut Hamsun damals, «den ich nicht kenne und nie gesehen habe, aber er schreibt brillant und scheint ehrenwerte Ansichten zu haben . . .»

Die Lichter brannten nieder, Hamsun saß da, den Blick in die Ferne gerichtet, als entdecke er einen Widersacher, den keiner der anderen sehen konnte. War es der Leiter des Entschädigungsamts? Oder das Oberste Gericht? Oder war es der Tod? Er mußte versuchen, sich bei Kräften zu halten. Sie waren immer noch nicht fertig mit ihm. Er würde nun wieder warten müssen. Er konnte sich nicht erlauben, jetzt zu sterben.

Hansum nahm die aus dem Altersheim gewohnten täglichen Spaziergänge wieder auf und ging eine entsprechende Strecke, jeden Tag den selben Weg zur selben Stunde. «Ging» ist wieder ein großes Wort, er tappte von Nörholm nach Norden auf dem Landweg bis zur Brücke über den Reddalskanal. Hier kehrte er um und tappte den selben Weg zurück, eine Strecke von sechseinhalb Kilometern. Hatte es etwas geschneit, wurde es ihm schwer, den Weg zu erkennen. Er brauchte dazu eine bis anderthalb Stunden, je nachdem, wie gut er den Weg erkennen konnte. Er führte ihn vor allem durch den Wald, mittendrin aber auch über offene Felder. Nicht sehr abwechslungsreich, aber er ging hier ja auch nicht der Landschaft wegen.

«Es macht keinen Spaß, zu gehen, nur um zu gehen, aber anderes macht auch keinen Spaß. Ich tauge nicht mehr zur Arbeit mit den Händen, ich hätte seit langem tot sein sollen. Worauf warte ich noch?»

Er wußte die Antwort selbst. Er wartete wieder auf ein Urteil. Sie hatten ja Zeit, sie konnten andere nicht nur verurteilen, sie konnten sie auch warten lassen. Tag auf Tag, einen um den anderen, ein Jahr, zwei Jahre, drei Jahre. Kein Fingernagel wurde ausgerissen, kein Auge ausgestochen, das würde ja auch nicht Jahre dauern. Warten ist die Form der Folter, die langsam genug ist, um Gerechtigkeit genannt zu werden.

Er saß im Korbstuhl in seiner kleinen Schlafkammer, die nach Norden ging, und Goethe und Dostojewski schauten ihn an. Arild kam, um in dem rostigen Herd Feuer zu machen. Zu seinen Büchern konnte er nicht kommen, sie waren in der Dichterhütte eingeschneit, und er konnte den Schneepflug nicht hinfahren lassen, weil die Arbeitspferde genug zu tun hatten, Dünger auf die großen Rodungen zu fahren. Und selbst wenn er Arild veranlassen könnte, den Schneepflug hinauffahren zu lassen, war doch das letzte Stück so steil, daß es mit Menschenhand freigeschaufelt werden mußte, und falls auch das geleistet worden war, gab es noch die geländerlose Treppe hinauf zur Eingangstür, und wenn man auch sie freischaufeln wollte, könnte er ihre Stufen in all dem Weiß doch nicht erkennen. Ein Zustand war das!

Der schreckliche Winter schleppte sich dahin, der achtundachtzigste Winter seines Lebens. Das Wetter war bald mild, bald kalt, aber immer herrschte Nachtfrost, und das war gut so, dann waren die Wege nicht so schlimm zerfahren. Es wurde Januar, es kam das Fest des zwanzigsten Tages, dunkle, kalte Tage, monatelang nichts in den Zeitungen, der Atem drang Mensch und Tier wie Rauch und Dampf aus dem Maul.

Er saß in seinem Lehnstuhl und sah drei erwachsene Kerle mit einem Schlitten zwischen sich über das Eis gehen. Als sie sich nicht weiter wagen durften, blieben sie stehen, schlugen ein Loch ins Eis und begannen zu angeln. Da saßen sie, bis die Kälte ins Mark hinein weh tat, saßen, bis es Abend und dämmerig wurde, rauchten, froren und hielten durch. Ab und zu griffen sie mit ihren steifen Fingern in die Tasche und holten einen Brotkanten heraus. Hamsun traf sie auf ihrem Heimweg, aber sie hatten nicht viel Lust, ihren Fang vorzuzeigen. Er sah auf den Schlitten, da lagen drei kümmerliche tote Fische. Kein großes Tagewerk für drei erwachsene Männer.

«Es hätte schlechter sein können», log Hamsun.

«Wir sind an schlechteres und an besseres gewöhnt», sagte der Redegewandteste unter ihnen.

«Aber ist es nicht kalt draußen?»

«Ja, aber was hilft es! Eine Mahlzeit aus frischen Fischen wird zu Haus dringend gebraucht.»

492

Hamsun schämte sich. Daran hatte er nicht gedacht. Die Familie. Die Kinger. Hungrig. Es hatte eine Zeit gegeben, wo er auch einen ganzen Tag gefroren hatte für eine Mahlzeit. Und nun? Der da hatte drei Fische. Was hatte er selbst? Das Haus, in dem er wohnte, war nicht seines. Das Essen, das er aß, der Stuhl auf dem er saß, die Kleidung, die er trug, der Bleistift, mit dem er schrieb. Nichts gehörte ihm.

Hunger. Tore schrieb und fragte, ob er eine Übersetzung von «Hunger» in eine fremde Sprache habe, ein Franzose hatte angefragt, ob er das Buch verfilmen könne. Knut Hamsun antwortete am 19. Februar. Er hatte «Hunger» in keiner Fremdsprache und nicht einmal auf norwegisch. Er hatte seine eigenen Bücher niemals gesammelt. Doch «Hunger» war vor einigen Jahren in Paris als Theaterstück aufgeführt worden, es hatte allerlei Schreibereien gegeben, er bekam Aufrechnungen und Honorare! Das könne Tore ja seinem Franzosen schreiben. Mehr wußte er nicht.

Und sonst? Es war Abend, aber es dauerte noch zwei Stunden, bis der elektrische Strom abgeschaltet wurde. Doch wenn er in diesen beiden Stunden auch noch Licht hatte, so sah er doch sehr schlecht. Es war anders bei Sonnenschein. Wenn die Sonne auf das Papier und seine Buchstaben strahlte, konnte er gottseidank ja noch gut lesen. Nun ging er nur umher und wartete auf die Entscheidung des Obersten Gerichts, es würde lange dauern, aber er konnte warten. Ihm war schwindelig, aber er stakste noch jeden Tag davon zu seinem Spaziergang, er ergab sich nicht, schrieb er Tore, er übersprang keinen Tag. Im Warten war er trainiert.

Offenes Wasser. Nach einigen Tagen mit herrlichem Sonnenwetter brach der Nörholmfjord auf. Im Winter hatte Hamsun von den Geiern gelesen, die sich über unserer alten Heimat Europa sammelten, aber nun hatte jemand frühmorgens die Graugans gehört. Es sollte wieder Frühling werden.

Ein alter Kalender geriet ihm in die Hände, er blätterte ihn durch, fand ein Zitat. Verner von Heidenstam. Ach ja, sie waren gleich alt, sie waren im selben Jahr geboren. Und tot sind wir nun beide, dachte er und blätterte weiter.

Er kam an ein anderes Zitat – von Schiller. Er war im selben Jahr geboren wie Heidenstam und er, aber hundert Jahre zuvor. Er starb. Hamsun blätterte weiter. Goethe, stand da. Goethe begegnete Napoleon. Der war der Feind seines Landes, er war die Besatzungsmacht. Aber Goethe wurde nicht vor Gericht gestellt, wurde nicht Landesverräter genannt. Sie trafen sich. Ging ein Ruck durch die Welt? Nein, sie redeten miteinander, aber Napoleon hatte nicht viel Zeit. *voilà un homme!* sagte er, als er herauskam. Das war alles. Mehr kam dabei nicht heraus. Und nun sind beide tot.

Offenes Wasser und Frühjahrsboten. Mit dem Tauwetter kam wieder Fahrt in die Wasserfälle, und die nächtliche Stromsperre wurde aufgehoben, Hamsun konnte wieder lesen, wenn er nachts wach lag, ein großes Geschenk, eine Wohltat des Himmels, dachte er.

Er tappte seinen täglichen Weg zum Reddalskanal, auf dem Waldgrund waren jetzt Anemonen. Ja, und Goebbels Tagebücher waren in englischer Sprache herausgekommen, da war auch von seiner Begegnung mit dem berühmten Hamsun die Rede, und am 17. April nahm die Besprechung des Buchs eine ganze Seite in *Dagbladet* ein. Redakteur Skavlan hatte den Anlaß wahrgenommen, noch einmal das dreispaltige Bild des Dichters zu bringen, der mit ausgestrecktem Arm die deutsche U-Bootbesatzung grüßt. Die Leser hätten es ja auch vergessen können, es war schon fast vier Monate her, daß er das Bild gebracht hatte.

Aber die Sache? Das Oberste Gericht? Da war immer noch nichts Neues. Im Mai schrieb Hamsun an Tore, daß die Sache noch einmal ausgesetzt worden sei. Sie würde vor nächsten Monat nicht verhandelt werden, falls überhaupt schon dann. Frau Stray rüstete sich nach allen Seiten, es ging ja auch durchaus um sie, aber er glaubte nicht an einen Freispruch, nicht nach allem, was die «Entschädigung» heraufbeschworen hatte. Na, der Wille Gottes geschehe!

Dann hob Gott den Finger und zeigte auf ein Datum. Seine Sache sollte am 18. Juni vor Gericht kommen. Er war nicht mehr optimistisch, die letzten Entscheidungen hatten bewiesen, daß Leute verurteilt wurden, ob sie Mitglied der NS waren oder nicht, schrieb er an Gierlöff. Ihm schien es eine wunderliche Ökonomie der Gesellschaft zu sein, die Leute zu entleeren wie eine Wursthaut, so daß sie für alle Zeiten um die Fähigkeit gebracht wurden, Steuern zu zahlen. Ihm selbst war es gleichgültig, er würde nie mehr Steuern zahlen, damit war er sonst schnell bei der Hand gewesen. Aber er ging herum mit einem Ziehen in der rechten Schulter, er hatte es wochenlang mit Kampherspiritus und Allcocks-Umschlägen probiert, nun wollte er es morgen mit Massagen versuchen. Adieu bis nach dem Urteil.

Das Frühjahr war vergangen, lange Zeit hatten sie Wärme und Sommer genossen. Dann wechselte das Wetter plötzlich, der Himmel wurde glasklar und hart. Es war mitten in der Nacht, aber er mußte ja hinaus und nach dem Rechten sehen. Nach dem Kalender sollte Vollmond sein, er sah nur keinen. Was war los? Alles war still, nicht eine Mücke. Er schüttelte den Kopf, tastete sich zurück und legte sich wieder hin. Zwei Stunden später war er wieder draußen, da sah er ihn, den Mond. Er stieg über die Baumwipfel im Osten. Natürlich, da war Ordnung in der Sache, es waren ja nur leider seine nachhaltig geschwächten seelischen Fähigkeiten, die ihn ein bißchen dumm machten, dachte er. Wenn er zwei Stunden vorher höher gestanden hätte, dann hätte er den Vollmond aus dem Wasser steigen sehen können, wie eine von Gold triefende nasse Qualle. Und die großen Zahlen auf dem Kalender konnte er sogar bei bedecktem Himmel erkennen.

«Montag, 14. Juni 1949» stand auf dem Kalender. Heute sind es drei Jahre her, seit ich verhaftet wurde, dachte er. Und hier saß er nun. Erinnerte er sich an etwas aus den drei Jahren? An den Sommer im Krankenhaus und den Herbst im Altersheim? An den fürchterlichen Winter in der Anstalt zu Oslo?

Die Trennung von Marie? Wieder das Altersheim und der Gerichtssaal in Grimstad? Dachte er jetzt daran, oder hatte er es vergessen? Er legte den Kalender beiseite und setzte mit seinem Zimmermannsbleistift ein paar letzte Zeilen aufs Papier. Jedesmal, wenn er jetzt einige Zeilen schrieb, dachte er, es wären die letzten: «Es hat mir nichts ausgemacht», schrieb er, «es ging mich nichts an. Es ist mir geschehen wie eine Zufälligkeit, und ich habe nicht vor, darüber mehr zu sagen. Ich habe Übung im Schweigen bekommen. Wir sind alle auf der Reise in ein Land, in das wir noch früh genug kommen. Es ist nicht eilig mit uns, wir nehmen die Zufälle mit auf den Weg. Nur Narren knirschen mit den Zähnen gen Himmel und finden große Worte für diese Zufälligkeiten, die ausdauernder sind als wir und nicht zu umgehen. Ja, Herrgott, wie ausdauernd sie sind und wie unumgänglich!»

In der nächsten Woche, am Mittwoch, dem 23. Juni 1948, am Tag der Johannisnacht, sprach das Oberste Gericht in Oslo das endgültige Urteil über Knut Hamsun.

Die voraufgehenden Sitzungen fanden am 18. und 19. Juni statt, aber die Sache war keine Sensation wie in Grimstad, vor allem nicht, weil Hamsun nicht auftrat. Nur wenige Zuhörer und Journalisten hatten sich eingefunden. Für das Entschädigungsamt war sein Leiter, der Anwalt C. A. Gulbranson, selbst erschienen, der nach dem Urteil von Grimstad erklärt hatte, Hamsun werde entschädigungspflichtig sein, ob er nun Mitglied der NS gewesen sei oder nicht. Hamsun wurde von Frau Sigrid Stray vertreten. Die fünf Richter waren Bjarne Randers Rognlien (57), Andreas Olai Schei (46), Jörgen Berner Thrap (50), Johannes Stenersen (66) und Sigurd Fougner (48).

Der Letztgenannte war Vorsitzender des Gerichts, und mit ihm hatte Hamsun entschieden große Aussichten auf einen Freispruch. Der angesehene Sigurd Fougner hatte seit der Befreiung bei einer ganzen Reihe von Prozessen von grundsätzlicher Bedeutung mitgewirkt und jedesmal zugunsten des Angeklagten gestimmt. Es begann mit dem viel beredeten Fall Haaland im August 1945, bei dem das Oberste Gericht zum ersten Mal Stellung zu der Frage beziehen mußte, ob passive Mitgliedschaft in der NS als strafbar angesehen werden solle. Fougner war damals bei der Minderheit von fünf – gegen sieben – Richtern, die mit nein stimmten. Die selbe Haltung nahm er in dem ebensolches Aufsehen erregenden Prozeß gegen Stephanson im September 1945 ein, wo er im Gegensatz zur Mehrheit der Richter fand, daß «es einen entscheidenden Bruch mit den bisher geltenden Entschädigungsregelungen bedeuten würde, wenn man jedem einzelnen Mitglied der NS die Pflicht auferlegte, allen Schaden wiedergutzumachen, der durch die rechtswidrigen Handlungen der Partei entstanden ist, obwohl das passive Mitglied vielleicht keineswegs dran teilgenommen oder sie gutgeheißen hat und trotz seiner Mitgliedschaft diese Handlungen mißbilligt haben kann, falls sie überhaupt zu seiner Kenntnis gelangt sind.»

Weiterhin erwähnte er, daß die «Landssvikanordning» ja erst nach

Kriegsende veröffentlicht worden sei und deshalb dem Angeklagten nicht bekannt sein konnte. Er fand eine kollektive Pflicht zur Entschädigung unbegründet, ja, er machte darauf aufmerksam, daß er, selbst wenn er zu dem entgegengesetzten Urteil gekommen wäre, doch nicht für Entschädigung in der vorgeschlagenen Größenordnung stimmen könne.

«Ich meine, daß es wenigstens dann, wenn man die Situation auf längere Sicht hinaus betrachtet, gut und in Übereinstimmung mit den erprobten Rechtstraditionen ist, wenn die Verfahren gegen die passiven Mitglieder auf eine weniger rücksichtlose Weise geführt werden.»

Im September 1945 waren das mutige Worte. Später hatte Sigurd Fougner auch Zweifel an einem dritten Grundsatz geäußert, nämlich den, daß die NS *ausschließlich* Schaden angerichtet und nichts zum Vorteil des Landes getan hätte.

Das Gericht, das im Juni 1948 in zweiter Instanz gegen Knut Hamsun verhandeln sollte, wurde also von einem Mann geleitet, der auf keinen Fall als «Falke» bei diesem Verfahren bezeichnet werden konnte – im Gegenteil. Fougner gehörte zu den wenigen, die in der entfesselten Hexenjagd einen kühlen Kopf behielten und sich nicht von den Rechtsprinzipien abbringen ließen, für die der Zweite Weltkrieg ja schließlich geführt worden war. Vielleicht veranlaßte die Einsicht in diese Zusammenhänge das Entschädigungsamt, sich zurückzuhalten. Ursprünglich hatte man ja – auch von Einar Skavlans hitzigen Artikeln in *Dagbladet* angespornt – den Streit vor das Oberste Gericht gebracht, damit die Entschädigungssumme auf die geforderten 500 000 Kronen erhöht würde. Nun teilte Gulbranson mit, man verzichte auf die Berufung und stelle den Antrag, das Urteil des Bezirksgerichts zu bestätigen, zweifellos ein kluges Manöver unter den gegebenen Umständen.

Ob die Anwältin Sigrid Stray ebenso klug vorging? Ihre Ausgangsposition war alles andere als schwach. Sie hatte es mit einem Richterkollegium unter einem Vorsitzenden aufzunehmen, der sich früher grundsätzlich und unzweideutig gegen die rückwirkende Kraft der «Landssvikanordning» ausgesprochen hatte, gegen die «allzu rücksichtslosen Entschädigungsforderungen» und gegen die Vorstellung, daß ein Anhänger Quislings auf jeden Fall *nur* Schaden angerichtet haben konnte, vier Punkte, die alle in Hamsuns Falle eine wichtige Rolle spielen konnten. Außerdem konnte sie auf den Verzicht des Obersten Anklägers auf eine Anklage hinweisen, aus dem klar hervorging, daß es sich hier nicht um eine Straftat handeln konnte, zum anderen auf den Dissens des Richters in Grimstad, der zeigte, daß der Beweis für Hamsuns Mitgliedschaft in der NS nicht erbracht worden sei und deshalb auch keine Rechtsgrundlage für die Entschädigungsforderung sein könne.

Wie spielte nun Frau Stray so gute Karten aus? Sie spielte überhaupt nur eine, und die war nicht viel wert: Sie ging nur auf den Beweis dafür ein, daß Knut Hamsun kein Mitglied der NS gewesen sei. Sie schien wie geblendet auf diesen einen Punkt gestarrt zu haben, der doch völlig gleichgültig war, nicht nur im Vergleich zu Hamsuns Aktivitäten, sondern auch, weil die Gegenseite mit ihrer gründlichen Kenntnis eben dieser Aktivitäten von vornherein Entschädigung auch für den Fall forderte, daß Hamsun nicht formelles Mitglied der NS gewesen sei. Statt diesen Punkt nach dem Dissens von Richter Eide ein für allemal abzuhaken, bestand sie vor dem Obersten Gericht darauf, ihn noch zu übertrumpfen. Sie war von vornherein nur auf die wirtschaftliche Seite des Falles eingestellt – eine gefährliche Aufteilung, weil es auch der Gegenseite nur um Geld ging. In Grimstad war diese Beschränkung nicht gefährlich gewesen, weil Knut Hamsun selbst die wesentlichen Fragen zur Sprache gebracht hatte, aber hier in Oslo, wo er nicht anwesend war, wurde sie verhängnisvoll. Es glückte Sigrid Stray fast zu beweisen, daß Hamsun formell nicht Parteimitglied gewesen sei, aber ihr gelang nicht der Beweis, daß diese Frage von Bedeutung sei. Sie hatte die Zeit zwischen den beiden Verhandlungen mit umfassenden Nachforschungen in den Dokumenten der Partei verbracht und konnte sogar eine entsprechende Erklärung einer ehemaligen Büroangestellten der NS vorlegen. Man muß sich fragen, was wohl geschehen wäre, wenn sie sich ebenso gründlich auf Nachforschungen über Hamsuns Proteste gegen Terbovens Hinrichtungsbefehle konzentriert hätte, über sein wirkliches Motiv, Hitler aufzusuchen, über seine Einwilligung in die Reise nach Wien als Preis für die Aussprache bei Hitler, über seine Rolle in der Geiselsache von Raufoss, alles entscheidende Vorgänge, die nun im besten Fall unerwähnt bleiben, im schlimmsten als verschärfend angesehen werden würden. Was wäre geschehen, wenn Sigrid Stray statt der Erklärung einer Büroangestellten die des Dolmetschers Züchner vorgelegt hätte – wie dieser es selbst angeboten hatte? Was hätte die beeidigte Erklärung von Hitlers Pressechef Dietrich bewirkt, der gesagt hatte, er habe nie erlebt, daß ein Mensch so gegen Hitler aufgetreten sei wie Hamsun? Nichts davon kam hier zur Sprache, Knut Hamsun hatte in Grimstad auf Zeugen verzichtet, aber was berechtigte Sigrid Stray zu einer solchen Zurückhaltung in seinem Namen? Was hinderte sie, sich an einige der Familien zu wenden, die während des Krieges Hamsuns Hilfe erbeten hatten und deren Angehörige er aus den Todeszellen der Gestapo befreit hatte? Was hinderte sie, die ehemaligen Angestellten im Reichskommissariat, Terbovens Mitarbeiter, aufzuspüren, die «in über hundert Fällen» Hamsuns Telegramme mit der Bitte um Begnadigung entgegengenommen und weiterbearbeitet hatten? Davon wurde nichts erwähnt. Sigrid Stray war zu spät hinzugezogen worden, um auch nur eine notdürftige Untersuchung von Hamsuns Verhalten zu den deutschen Behörden während der Besatzung zu unternehmen; sie konnte es in den drei Wochen nicht leisten, die ihr zur Vorbereitung auf die Verhandlung vor dem Bezirksgericht zur Verfügung gestanden hatten. Aber inzwischen war ein halbes Jahr verflossen. Der Fall Hamsun war in die Länge gezogen und vertrödelt worden, kostbare Jahre gingen verloren, Menschen und Material, die 1945 noch leicht aufgefunden werden konnten, waren inzwischen nicht mehr so leicht zu entdecken, aber doch in der Hauptsache immer noch in Reichweite – falls jemand die Anstrengung auf sich genommen hätte, ihnen nachzuspüren. Aber das geschah nicht. Es wurde nicht nachgeforscht. Es war zu spät, Dokumente, die nicht allein juristisch, sondern auch historisch von Bedeutung waren, aus dem Dunkel wieder hervorzukramen. Statt dessen verbrauchte Sigrid Stray ihre ganze Energie für das, was Oskar Hasselknippe zu Recht als «juristische Spitzfindigkeiten» bezeichnete. Die Gegenseite hatte zu ihrem Glück Hamsuns Format außer acht lassen können, hatte nachhaltig geschwächte seelische Fähigkeiten festgestellt, sein Talent herabgesetzt und seine Tragödie während der Besatzungszeit zu einer erbärmlichen Schadensersatzklage gemacht, die sich nur durch die Höhe des geforderten Betrags von Klagen wegen zerbrochener Fensterscheiben und umherstreifender Hunde unterschied. So hatte die Anklagebehörde von Anfang an klug und systematisch auf das Wesentliche gezielt, «auf die Frage, wie wir uns zu einem unsterblichen Dichter und seinem Lebenswerk stellen sollen», um mit Oskar Hasselknippe zu reden. Und in allen Punkten kam ihnen die Verteidigung entgegen. Sigrid Stray vermochte es nicht, die Sache auf die Ebene zu heben, an die Oskar Hasselknippe dachte, und sie versuchte es nicht einmal. Es ist kennzeichnend, daß sie in Grimstad den professionellen Juristen überzeugte, nicht aber die beiden Laienrichter. Mit der Art und Weise, wie sie die ganze Zeit die Schlacht mit den Waffen und auf dem Platz führte, die ihr der Gegner angewiesen hatte, wirkte sie wie eine weibliche Ausgabe des Professors Langfeldt, die an ihre juristischen Lehrbücher gebunden war, wie er an seine psychiatrischen. Hamsuns Schicksal wollte es, daß er in diesem entscheidenden Lebensabschnitt mit zwei hervorragenden Menschen zu tun hatte, die ihm beide wohlwollten, aber gleichzeitig seine absoluten Gegner wurden.

Aus Sigrid Strays eigenen Worten wissen wir, wie sie vorging: «Als Hamsuns Verteidigung machte ich geltend, daß Knut Hamsun nur zu einer Entschädigung verpflichtet werden konnte, wenn es das Gericht für bewiesen hielt, daß er Mitglied der NS gewesen war. Da sich an die Mitgliedschaft eine Entschädigungsforderung knüpfte, die für Hamsuns Existenz die schlimmsten Folgen haben konnte, mußte die Mitgliedschaft in klarer Form vorliegen, und zwar so, daß sich der Betreffende dieser Mitgliedschaft auch bewußt war.»

Das war nun bei Hamsun nicht der Fall. Frau Stray bewies es durch die Karte mit seinem Namen, die man nach der Befreiung in der Kartei der NS gefunden hatte. Sie war mit der Maschine geschrieben, trug die Nummer 26000 und gab an, Knut Hamsun sei am 22. September 1940 in die Partei im Bezirk Eide eingetreten. Frau Stray hatte aber entdeckt, daß es diesen Bezirk Eide noch gar nicht gab, sondern daß er erst fast ein Jahr später, im Herbst 1941, eingerichtet wurde. Weiter ging aus der Karte hervor, daß ein eigenhändig unterschriebener Fragebogen vorlag. Das war, wie schon erwähnt, von Bedeutung, aber er war erst am 15. Januar 1942 unterschrieben worden und enthielt den ausdrücklichen Vermerk, daß Hamsun nicht in die Partei eingetreten war. Die Mitgliedskarte mußte also als Fälschung angesehen werden. Was seinen Artikel «Warum ich Mitglied in der NS bin», anging, so konnte Frau Stray nachweisen, daß die Überschrift nicht von ihm stammte und daß der Artikel in anderen Zeitungen unter anderen Überschriften veröffentlicht wurde. Hamsun behauptete darin nicht, daß er Parteimitglied geworden, sondern daß er «Quislings Mann» war, wie er es auch auf dem berüchtigten Fragebogen angegeben hatte. Frau Stray meinte, das sei einzig und allein so zu verstehen, daß er auf Quislings Seite im Kampf stand. Sie gab zu, daß er im Krieg meistens die Nadel der NS getragen habe, meinte aber, daß keine Mitgliedschaft vorliegen müsse, wenn man das Emblem einer Organisation trage. Er hatte kein Mitgliedsbuch erhalten. Die Mehrheit des Bezirksgerichts habe die Frage mit der Begründung erledigt, daß Hamsun selbst dann verantwortlich sei, wenn er nach dem Januar 1942 noch als Mitglied geführt wurde – vorausgesetzt, daß er damals überhaupt Mitglied war. Wenn er in der Kartei geführt wurde, hatte er es jedenfalls nicht gewußt. Deshalb konnte er auch nicht gewußt haben, daß er «weiter geführt» wurde, konnte dafür also auch nicht verantwortlich gemacht werden.

Zum Schluß sagte Frau Stray, das Entschädigungsamt lege andere Maßstäbe bei Hamsun an als bei anderen Leuten. Das gehe für sie schon aus der Interpretation der Regelungen für die Entschädigungspflicht und aus dem hervor, womit seine Mitgliedschaft bewiesen werden solle. Es war gegen Recht und Gesetz. Knut Hamsun habe Anspruch darauf, wie jeder andere behandelt zu werden, der unter dem Verdacht des Landesverrats stand. Es heiße, daß man mit Rücksicht auf sein Alter und seine Person auf die Anklage wegen Landesverrats verzichtet habe. Aber die Verfolgung, der er ausgesetzt gewesen – erst durch die Internierung, dann durch die kränkende Untersuchung in der psychiatrischen Klinik und schließlich durch die Absicht, ihm sein Vermögen zu nehmen –, hatte mehr an ihm gezehrt, als es eine Strafverfolgung getan haben könnte. Deshalb verlangte Sigrid Stray Freispruch für Hamsun, sonst eine Herabsetzung der Entschädigungssumme.

Während sie die Beweise durchging, die gegen Hamsuns Parteimitgliedschaft sprachen, hatte Richter Fougner sie gefragt, ob das alles nicht einfach darauf hindeuten könne, daß Hamsun glaubte, er habe nicht nötig, seinen Eintritt zu beantragen, daß es mit anderen Worten nur ein Ausdruck seines Selbstbewußtseins gewesen sei.

Sigrid Stray verneinte. Zu Hamsuns Haltung gehörte es, daß er niemals Mitglied irgendeiner Partei gewesen sei. Wenn er sich als «Quislings Mann» bezeichnete, wies er darauf hin, daß er 1936 bei der Wahl zum Storting für die NS gestimmt habe. Er hatte sonst nie an einer Wahl teilgenommen und tat es diesmal vermutlich, weil sein Sohn Schriftführer war.

Richter Fougners Frage zeigte schon, wie wenig Gewicht das Gericht auf den Teil der Angelegenheit legte, der in Sigrid Strays Darlegung einen so breiten Raum eingenommen hatte. Trotzdem hatte niemand eine so brutale Zurückweisung ihrer Argumente erwartet, wie sie zum Ausdruck kam, als Richter Rognlien, der erste, der seine Stimme abgab, das Wort ergriff. Schon bei Bjarne Rognliens erstem Satz wurde der Ernst der Lage klar; es war wiederum beiden Seiten geglückt, das Wesentliche zu umgehen:

«Was den Sachverhalt angeht, verweise ich auf die Urteilsbegründung des Bezirksgerichts», sagte Rognlien kurz. «Als neue Elemente sind dem Obersten Gericht mehrere Erklärungen vorgelegt worden. Ich sehe keinen Grund, sie zu wiederholen, und halte es mit der Mehrheit des Bezirksgerichts für bewiesen, daß Knut Hamsun als Mitglied der NS während der längsten Zeitspanne der Besetzung angesehen werden muß.»

Mit diesen wenigen Worten war Sigrid Strays mühsam errichtetes Kartenhaus vom Tisch gefegt. Bjarne Rognlien gab zu, daß Hamsun keine Mitgliedschaft beantragt hatte und daß es nicht völlig geklärt worden sei, auf welche Weise er in die Partei gekommen war. Aber diese Unklarheit galt nur der Frage, wie die Mitgliedschaft zustande gekommen sei, nicht, ob er Mitglied war oder nicht. Rognlien sagte, Hamsun habe bereits seit April 1940 eine umfassende und intensive Propaganda für die NS und die Deutschen getrieben, unter Mißachtung der gesetzlichen Organe des Landes. Seine Propaganda habe genau auf der Linie der Partei gelegen, und sein ganzes Verhalten während der Besetzung konnte so gewertet werden, als ob eine Mitgliedschaft bestanden hätte. Eine Entschädigungsforderung nach dem Landssvik-Gesetz § 22, 1. Abschnitt, sei deshalb berechtigt, und die ergänzende Frage des Entschädigungsamtes, ob Hamsun auch als Nicht-Parteimitglied verantwortlich sei, brauche nicht erörtert zu werden.

Schlag auf Schlag, linke Wange, rechte Wange. Bei der Berechnung des mutmaßlichen Vermögens von Hamsun sei man sich darüber einig geworden, daß die Gyldendal-Aktien nur zum Kurs 200 und nicht, wie vom Bezirksgericht berechnet, mit 250 Kronen angesetzt werden sollten. Alles in allem meinte der Richter, man könne von einem Netto-Vermögen von 400 000 Kronen ausgehen.

Was andere Überlegungen anging, die für die Festsetzung der Entschädigungssumme eine Rolle spielten, sei er im großen und ganzen mit dem Bezirksgericht einig. Er wolle noch einmal auf den erschwerenden Umstand hinweisen, daß Hamsun die Propaganda für den Feind mit seinem ganzen Rang und seiner Autorität als weltbekannter Dichter betrieben hatte, so daß seine Wirksamkeit eine viel größere Gefahr für das Land darstellte als die Tätigkeit mancher sehr aktiver NS-Mitglieder.

Was Rognlien nicht erwähnte, weil Sigrid Stray nicht davon gesprochen hatte: Mit eben diesem Rang und dieser Autorität war Hamsun ja auch Hitler entgegengetreten, um Terbovens Abberufung zu verlangen.

Rognlien wolle aber andererseits gern zugeben, daß Hamsuns körperliche und seelische Schwächen und die Isolation, in die er durch sie und durch andere Umstände geraten sei, mit Recht als mildernde Umstände bewertet werden sollten. Er zitierte, wie schon das Bezirksgericht, die entsprechenden Absätze aus Langfeldts Gutachten – Hamsuns Taubheit, seine beiden Gehirnblutungen, seinen Konflikt mit Frau und Kindern, der dazu führte, daß sie ihn nicht mehr informieren wollten. Richter Rognlien schloß:

«Mit Rücksicht darauf und nach einer Gesamtbeurteilung von Hamsuns Verhalten lautet mein Urteil: Knut Hamsun wird verurteilt, dem Entschädigungsamt eine Entschädigung von 325 000 Kronen mit 4 % jährlichen Zinsen vom Tag der Urteilsverkündung an zu zahlen. Für die Kosten der Verfahren vor dem Bezirks- und dem Obersten Gericht erlegt Knut Hamsun weitere 500 Kronen an das Entschädigungsamt. Die Frist zur Erfüllung der Auflagen: Zwei Wochen von heute an.»

Der Richter am Obersten Gericht Rognlien nahm wieder Platz. Sigrid Stray war blaß. Sie hatte zwar 200 000 Kronen im Vergleich zum ersten Urteil herausgeschlagen, aber das war nur durch die Übereinkunft mit der Gegenseite zustande gekommen, den Kurswert der Gyldendal-Aktien niedriger einzuschätzen. Eine rechtliche Korrektur lag nicht darin. Noch immer waren die 150 000 Kronen für Marie zu bezahlen, und zusammen mit den 325 000, die Hamsun nun bezahlen sollte, war es mehr Geld, als er besaß. Alles hing nun davon ab, was die anderen Richter sagen würden, die Sache war ja noch nicht entschieden. Ob sich das Oberste Gericht wie das Grimstader in Mehrheit und Minderheit teilen werde? Konnte sich noch eine Mehrheit zu Hamsuns Gunsten finden? Eines allerdings stand schon fest: Von einem einstimmigen Freispruch des Obersten Gerichts konnte nicht mehr die Rede sein.

Die Pause nach Rognliens Worten war sehr kurz. Sein Nachbar Schei stand auf: «Ich bin im wesentlichen und in der Schlußfolgerung mit dem ersten Sprecher einig», sagte Schei und saß schon wieder.

Sigrid Stray konnte sich nicht erinnern, je eine so kurzgefaßte Urteilsbegründung gehört zu haben – die nächste war noch kürzer.

Der Richter am Obersten Gericht Thrap stand schon:

«Ich stimme zu», sagte Jörgen Thrap und setzte sich.

Sigrid Stray blickte auf den Tisch vor sich. Das war schon die Mehrheit, die Sache war verloren. Sie hatte eine Niederlage erlitten, an die man sich noch erinnern würde, wenn ihre Siege längst vergessen waren. Sie ging in die Geschichte ein als die Anwältin, die Knut Hamsuns Prozeß verlor. Sie sah auf. Der Richter am Obersten Gericht Stenersen hatte sich erhoben.

«Ich stimme zu», sagte Stenersen.

Nun war nur noch einer übrig, die letzte Möglichkeit, daß sich das Oberste Gericht nicht einstimmig gegen Knut Hamsun aussprach. Der Gerichtsvorsitzende, Sigurd Fougner. Ob es ihr gelungen war, wenigstens ihn zu überzeugen? Den Mann, der sich bei all den juristischen Abrechnungen als einer der wenigen Richter mit kühlem Kopf bewiesen und es gewagt hatte, seinen

Dissens bei den Urteilen über Haaland und Stephanson auszudrücken? Nun ging es um Knut Hamsun. Sollte ihm hier nicht das starke Moment des Zweifels zugute kommen, das Sverre Eides Dissens bestimmt hatte? Konnte das höchste Gericht des Landes einstimmig und ohne Berufungsmöglichkeit Hamsun zum Landesverräter stempeln? Sigrid Stray wollte bis zum letzten Augenblick ein so schreckliches Urteil über einen solchen Mann für unmöglich halten. Der Gerichtsvorsitzende Sigurd Fougner stand auf und sagte leise, aber bestimmt:

«Ich stimme zu.»

# Fünfter Teil
# DIE STRAFE

*Und so ging es zu, daß sein Auftritt verdorben
wurde, er verschwand vom Markt, nahm den
Weg über Hadselöen nach Melbo, spielte auf
Höfen, zeigte Kunststücke, mogelte sich durch
mit kleinen Schritten. Was sollte er anderes tun?
Er war ein Mensch und kroch, er ging voran,
wie es gerade kam, und er lebte, bis er starb.*

KNUT HAMSUN

Das Urteil des Obersten Gerichts in Sachen Hamsun erregte kein Aufsehen, die Zeitungen hatten ihr Pulver in Grimstad verschossen, und außerdem waren wir im Frühsommer 1948 geneigt, den Zweiten Weltkrieg samt seinen Siegern und Verlierern ein wenig zu vergessen. Nun sammelten wir uns um die Olympiade in London, wir wollten lieber vom Sport als von Kunst hören, und wenn wir schließlich von Krieg statt von Sport hören mußten, ach ja, so boten diese Tage auch ein paar Nachrichten, die wohl ein Urteil des Obersten Gerichts in Oslo in den Schatten stellen konnten.

Hatte Hamsun seinen Nachruf auf Hitler am letzten Tag des Krieges veröffentlicht und war er am ersten Tag des Kalten Krieges in Grimstad vor Gericht gestellt worden, so fiel das Urteil des Obersten Gerichts gewissermaßen auf einen Tag, an dem der Kalte Krieg wieder zum heißen zu werden drohte: Am 23. Juni 1948 befahlen die Russen, den Eisenbahnverkehr nach Berlin einzustellen, um die lange Blockade der Stadt einzuleiten, was die Westmächte veranlaßte, ihre «Luftbrücke» zu errichten. Die Zeitungen konnten wieder schreiben, daß «Hitler einen neuen Sieg nach seinem Tod» gewann, denn die einstigen Verbündeten rüsteten sich nun, die ganze Welt im Kampf um Hitlers Trümmer in Trümmer zu legen.

Doch in einem Punkt konnten sich die Todfeinde in Ost und West einigen, nicht nur miteinander, sondern sogar mit ihrem einstigen gemeinsamen Todfeind. Mitten in der belagerten Trümmerstadt, die nun die Aufmerksamkeit der Welt erregte, wohnte in der Bozener Straße 20, Parterre rechts, Telephon (falls es funktionierte) 712097, immer noch der Dr. Benn, Facharzt für Haut- und Geschlechtskrankheiten und nach der Sprechstunde Dichter. Während sich die internationale Spannung immer mehr verstärkte, stand er auf der schwarzen Liste beider Seiten, gleich unerwünscht in sämtlichen Zonen und Sektoren, einem Schreib- und Veröffentlichungsverbot unterworfen, wie es Goebbels ihm einst auferlegt hatte. Erst 1948 gelang es seinem unermüdlichen Verleger Max Niedermeyer, ihm die Druckerlaubnis für ein Werk zu verschaffen. Aber Dr. Gottfried Benn lag nicht mehr so viel daran:

«Der Ruhm hat keine weißen Flügel, sagte Balzac; aber wenn man wie ich die letzten fünfzehn Jahre lang von den Nazis als Schwein, von den Kommunisten als Trottel, von den Demokraten als geistig Prostituierter, von den Emigranten als Renegat, von den Religiösen als pathologischer Nihilist öffentlich bezeichnet wird, ist man nicht mehr so scharf darauf, wieder in diese Öffentlichkeit einzudringen.»

Dichten heißt, das Jüngste Gericht über sich selbst zu verhängen! In der Geschlossenen Abteilung der Irrenanstalt St. Elizabeth zu Washington saß, mit dem Blick zwischen den Gitterstäben hindurch auf den Potomac, immer noch Gottfried Benns Kollege und Schicksalsgenosse, der amerikanische Lyriker Ezra Pound. Auch er hatte einen Verleger, der unermüdlich für ihn tätig war, und gerade jetzt, im Frühsommer 1948, gelang es James Laughlin, «The Pisan Cantos» herauszugeben, Gedichte, die Ezra Pound im Straflager zu Pisa mit der klapprigen Maschine der Feldapotheke geschrieben hatte. Viele meinten, das Buch enthalte die schönste Poesie und überrage die gesamte Dichtung der Gegenwart, aber als es später in London herauskommen sollte, wurden die umstrittensten Stellen von der Zensur gestrichen. Es ging ja auch nicht an, daß man im London der Olympiade lesen konnte:

*Pétain defended Verdun while Blum*
*was defending a bidet.*

«The Pisan Cantos» kamen in New York am 30. Juni 1948 heraus, nur acht Tage nach einem anderen Datum der Weltliteratur, dem Urteil des Obersten Gerichts in Oslo gegen Knut Hamsun. Tore unterrichtete seinen Vater noch am selben Abend vom Ergebnis, und am nächsten Tag, dem St.-Hans-Tag – Mittsommer –, dankte ihm Hamsun auf Briefpapier, das er auf dem Fürsorgeamt in Landvik hatte mitgehen lassen.

«Und nun hat also das Oberste Gericht gesprochen, und ich habe meine Aufzeichnungen mit einer Zeile beendet. Nun fragt es sich, ob Gierlöff sie drucken lassen kann. Und da ist es denn wohl die Absicht, daß ich wieder der Gemeinde zur Last fallen soll. Ich habe für euch andere gebaut. Aber ich versäumte, mir eine Hütte zu errichten. Und in einem Monat beginnt mein neunzigstes Lebensjahr.»

Die Aufzeichnungen waren «På gjengrodde Stier» («Auf überwachsenen Pfaden»), das kleine Buch, an dem er in den Jahren, in denen sein Prozeß lief, geschrieben hatte, wie Ezra Pound seine «Pisaner Gesänge» geschrieben hatte. Die Arbeit war beendet, und die eine Zeile, die sie abschloß, heißt: «Mittsommer 1948. Heute hat das Oberste Gericht sein Urteil gesprochen, und ich beende meine Aufzeichnungen.»

Er erwähnte nicht, wie das Urteil lautete, er brauchte es nicht, die Geschichte würde es ohnehin nicht vergessen. Er schrieb, daß er aufhören wolle zu schreiben. Es sollten die letzten der vielen Worte von seiner Hand gewesen sein. Die große Arbeit, die vor 71 Jahren mit einem Buch begann, das «Der Rätselhafte» hieß und 40 Öre kostete, war beendet, und nun kam der Lohn: Wir sollten 325 000 Kronen haben.

Dichten heißt, das Jüngste Gericht über sich verhängen. Knut Hamsun nahm die harte Strafe mit Fassung hin, er war darauf vorbereitet gewesen. Ritterlich telegraphierte er der unglücklichen Sigrid Stray und dankte ihr «im Namen der Nachwelt für ihre glänzende Verteidigung». Gierlöff, der Hamsun ein paar Tage später besuchte, bemerkte seine gute Stimmung. Hamsun kam ihm entgegen nach einem Spaziergang im Wald, er ging den Hügel, an der Dichterhütte vorbei, hinunter, leicht und elastisch, winkte mit der Linken und lächelte übers ganze Gesicht. Er hatte abgenommen, aber sein Gesicht war von der Mittsommersonne gebräunt, und Gierlöff schien es unfaßlich, daß er im nächsten Monat neunundachtzig Jahre alt werden sollte. Hamsun gab ihm einen kräftigen Händedruck mit der Linken, mit der Rechten stimmte es nicht, wahrscheinlich Adernverkalkung. Wie gewöhnlich blieb das Gespräch recht einseitig, denn Gierlöff kam nur mit einsilbigen Wörtern durch. Hamsun sagte, das Urteil habe ihn unruhig gemacht, so viele Dinge zu bedenken, so viel Geld zu beschaffen! Ihm schien es doch eine schwere Buße für die kleinen Zeitungsartikel, nicht jedermann werde dazu verdonnert, den Staat um 325 000 Kronen reicher zu machen, sagte er.

Seine ersten Überlegungen galten nicht dem Problem, wie das Geld zu beschaffen sei, sondern wie er die verlorene Achtung zurückgewinnen konnte. Nun war die Reihe an ihm, das Wort zu ergreifen, und das sollte das kleine Buch besorgen, das er unterdessen geschrieben hatte, darunter auch die Schilderung der psychiatrischen Klinik – er zweifelte nicht daran, daß es Aufsehen erregen und ihm wirtschaftlich helfen würde. Wenn man alles zusammenrechnete, hatte Knut Hamsun früher ein paar Hunderttausend an jedem Titel verdient. Deshalb war Gierlöff nach Nörholm gekommen, er sollte, wie Hamsun an Tore geschrieben hatte, ihm helfen, das Buch herauszubringen.

Aber warum Christian Gierlöff? Er war ja kein Verleger. Hatte Hamsun nicht wie Gottfried Benn in Max Niedermeyer und Ezra Pound in James Laughlin einen Verleger, der ohne Rücksicht auf die öffentliche Meinung für ihn tätig wurde?

Knut Hamsun hatte einen Freund, Harald Grieg, aus der bekannten Bergener Familie, der auch Edvard entsproß. Er war der ältere Bruder von Nordahl, jetzt 54 Jahre alt und Direktor des norwegischen Gyldendal-Verlags, seit man das Unternehmen dank Hamsun nach Norwegen zurückgebracht hatte. Grieg hatte in seinen Erinnerungen ihre Freundschaft geschildert; es gab nie einen Mißklang, er kaufte auf Auktionen Empire-Antiquitäten für ihn, spielte im *Bristol* Poker mit ihm, machte ihn zum Paten seiner Kinder, besuchte Nörholm zu mehrtägigem Aufenthalt mit Frau, drei Kindern und Kindermädchen, verwaltete das Vermögen, das Hamsun für wohltätige Zwecke ausgab, 25 000 Kronen für den Schriftstellerverband, 25 000 für bildende Künstler, 50 000 für Wöyens Kinderheim in Baerum und Sunnes Kinderheim auf Inderöy. In geschäftlichen Dingen herrschte ungetrübte Eintracht zwischen ihnen; in einem Brief hatte Hamsun «hiermit und in der Anlage Grieg mit *Vollmacht* ausgestattet» bei der Wahrung seiner in- und ausländischen Urheberrechte; er hielt Grieg für einen hervorragenden Verleger.

«Ich glaube, Sie können Schleifsteine verlegen und verkaufen», sagte er.

Direktor Grieg hatte ebenfalls keinen Grund, mit dem Hauptaktionär des Verlags und mit seinem Bestseller-Autor unzufrieden zu sein. Er gab uneingeschränkt zu, daß der *Gyldendal Norsk Forlag* ohne Knut Hamsun überhaupt nicht vorhanden wäre. Einmal wäre es ohne ihn nie geglückt, den Verlag (samt seinen Rechten an Ibsens und Björnsons Werken) aus Dänemark zurückzukaufen, wenn nicht Hamsun spontan für 200 000 Kronen Aktien erstanden hätte, zu einer Zeit, als größere Finanzleute wie Christian Michelsen nein gesagt hatten; außerdem war es zuerst und zuletzt der Verkauf von Hamsuns Werken, der es möglich machte, die Restschuld an das dänische Mutterhaus zu tilgen.

Aber natürlich hatte die Münze auch ihre Kehrseite. «Die Vermutung mag naheliegen, daß es für den Verleger nicht ungeteilt angenehm war, wenn einer seiner Autoren diese Machtstellung innehatte», schreibt Grieg offenherzig in seinen Erinnerungen. Hamsun hatte keineswegs die Aktienmehrheit, aber die Zeichnung war damals unglaublich langsam vor sich gegangen; 800 von insgesamt 1200 Aktien waren in Händen von 400 Leuten, die 1 bis 10 Aktien besaßen. Die übrigen 400 verteilten sich auf sieben Personen, und die Hälfte davon hatte Knut Hamsun. Grieg war natürlich Geschäftsmann genug, um einzusehen, daß sich Knut Hamsun mit diesem Aktienpaket bei jeder Generalversammlung des Verlags praktisch die Mehrheit sichern konnte. Wie nutzte Hamsun diese einzigartige Position? Er gab Grieg Vollmacht, bei allen Generalversammlungen des *Gyldendal Norsk Forlag* in seinem Namen zu handeln. Sie waren Freunde.

Vor diesem Hintergrund war es für Hamsun selbstverständlich, während der Besetzung Terboven aufzusuchen und auf Harald Griegs Bitte um Ronald Fangens Freiheit zu bitten; als Grieg selbst von der Gestapo verhaftet wurde, halfen ihm Marie und Tore, und es gibt einen Brief an die Hamsuns, in dem er ihnen dafür dankt, daß man ihn schon 1942 aus dem Konzentrationslager Grini entließ. Aber damit brach die Verbindung zwischen ihnen ab. Hamsun versuchte, den Faden wieder anzuknüpfen, wahrscheinlich mit einer Bitte aus der psychiatrischen Anstalt heraus: Nun war er ja in Schwierigkeiten. Hamsun scheint keine Antwort erhalten zu haben, aber Grieg war bereit, Professor Langfeldt mit Auskünften zu dienen. Der nächste Versuch, den Kontakt wiederherzustellen, kam auch von Knut Hamsun und wurde Anfang März 1946 unternommen, kurz nachdem ihn Gierløff aus der Anstalt geholt hatte. Hamsun, der damals im Altersheim zu Landvik versuchte, wieder zu Kräften zu kommen, sorgte sich besonders um die kranke Ellinor, der damals weder Vater und Mutter noch die Brüder helfen konnten. Er schrieb an Grieg, um anzufragen, ob der Verlag ihr nicht eine kleine Leibrente aussetzen könne, damit sie in einer Nervenheilanstalt oder einem Erholungsheim untergebracht werden könne. Die Antwort ist nicht bekannt. Entscheidend für Hamsun war aber, daß Grieg, der natürlich Ellinors Schicksal kannte, nicht selbst schrieb, sondern seinen Bürovorsteher Stange antworten ließ. Nun wurde es dem gepeinigten Mann in Landvik zuviel, er wollte Klarheit und schrieb am 22. März an seinen alten Freund:

Lieber Grieg,
ich frage mich, was zwischen Dich und mich getreten ist. Mein «Landesverrat» kann es doch nicht gewesen sein, also muß etwas anderes vorliegen. Ich kann es nicht selbst herausfinden, wenn Du es mir sagen wolltest, wäre ich froh darüber. Was ist im Wege? Ich frage Dich von Herzen, ob es etwas ist, das ich getan oder zu tun versäumt habe.

Mit Gruß

Knut Hamsun

Diesmal kam eine Antwort, Grieg schrieb am 31. März an Hamsun:

Lieber Hamsun,
Du fragst, «was zwischen Dich und mich getreten ist». Die Antwort ist ganz einfach:

In einem Kampf auf Leben und Tod standen wir beide in entgegengesetzen Lagern – und tun es heute noch.

Es gibt wenige Menschen, die ich so sehr bewundert habe wie Dich und über die ich so froh war. Niemand hat mich tiefer enttäuscht.

Ich entnehme Deinem Brief, daß Du es bedauerst, daß es zwischen uns so gekommen ist. Du solltest wissen, daß es mich nicht weniger geschmerzt hat.

Mit Gruß          Harald Grieg

Da spitzte der Alte den Zimmermannsbleistift und antwortete am 5. April:

Lieber Grieg,
ich danke für Deinen Brief. Das ist ein Geschenk – etwas anderes habe ich nicht zu sagen.

Dein Knut Hamsun

Im Hinblick auf die vielen Geschenke, die Hamsun die Jahre hindurch – von Klareboderne bis Grini – Grieg und seinem Verlag gemacht hatte, war es blutige Ironie. Besonders Griegs pathetisches «auf Leben und Tod» hatte ihn erzürnt. Er vergaß, daß Grieg mit nicht geringem Recht so sprechen konnte, denn sein eigener Bruder war im Kampf gefallen. Hamsun schrieb an Cecilia, daß er und Grieg während der Besetzung oft zusammen gewesen waren; damals hatte er nichts von «auf Leben und Tod» vernommen.

Sie hatten sich in Lokalen und in Griegs Büro getroffen. Hamsun hatte ihm von dem von Grieg erbetenen Besuch bei Terboven erzählt, und Grieg hatte von Herzen gelacht, weil Hamsun für Ronald Fangen und dessen Familie gebeten hatte – «er hat ja gar keine Familie», hatte Grieg gesagt. Und so war es immer gewesen, lauter Freundschaft und Herzlichkeit und nun genau umgekehrt.

Hamsuns Darstellung trifft zweifellos zu, Grieg hatte ja selbst Professor

Langfeldt berichtet, daß er Hamsun 1941 zum letztenmal gesehen habe. Später war es auch nicht mehr möglich, weil Grieg im selben Jahr am 26. Juni von der Gestapo verhaftet wurde. Doch nun war die Freundschaft vieler Jahre zu Ende. Nach all dem Unglück, das Hamsun im Frühjahr 1946 traf, als es ihm ohnehin so schlechtging – Langfeldts Erklärung über seine geschwächten seelischen Fähigkeiten, der Pressesturm nach dem Verzicht des Obersten Anklägers auf die Anklage, die Lektüre von Maries Aussagen in der Klinik –, kam nun auch Harald Griegs Abfall. Es war die letzte Hand, die zurückgezogen wurde. Marie schreibt in einem ungedruckten Brief vom 8. 5. 52 an Cecilia, das Verhältnis zu Grieg «war fast das Schlimmste an Papas Tragödie»; er hatte ihm nichtsahnend einen Brief zu der Zeit geschrieben, als er am Boden lag, war aber zurückgewiesen worden «mit einer Brutalität, die ihresgleichen nicht hat». Marie schließt:

«So allein, wie er damals stand, nachdem man auch mich von ihm fortgeholt hatte, muß es ein Schock gewesen sein für eine so empfindsame und stolze Natur. Sicher ist, daß Grieg der einzige Mensch war, den er *haßte* – mehr als Langfeldt, denn er glaubte, Grieg sei sein Freund.»

Aber auch in diesem Punkt blieb Hamsun die Antwort nicht schuldig. Wie Langfeldt, der Oberste Ankläger und Marie erhielt nun auch Grieg klaren Bescheid. Als Hamsun wieder ein wenig zu Kräften gekommen war, teilte er Sigrid Stray mit, daß Griegs Brief für ihn den Bruch mit Gyldendal bedeute. Er wollte sein neues Buch in einem anderen Verlag erscheinen lassen, und seine alten Bücher sollten aus dem Verlag zurückgezogen werden. Sigrid Stray versuchte ihn hinzuhalten; sie sah voraus, daß Hamsun seinen alten Verlag dringend brauchen werde, nicht allein für die Veröffentlichung seines neuen Buchs, sondern auch, um die unheimliche Entschädigungssumme aufzubringen, die über ihm hing. Hamsun blieb unerbittlich, und im Januar 1948, also fast zwei Jahre nach dem kurzen Briefwechsel, mußte sie mit Grieg zusammentreffen und ihm die bittere Mitteilung machen: Hamsun war fertig mit Gyldendal.

Harald Grieg wußte, was auf dem Spiel stand, und war so umsichtig, eine Niederschrift des Gesprächs anzufertigen. Er sei sehr erstaunt, daß Hamsun seinen Brief als Bruch auffaßte; er selbst meinte, es sei doch «nichts anderes als eine politische Meinungsverschiedenheit, die sie trennte». All das von «auf Leben und Tod» konnte man jetzt, Anfang 1948, doch aus einem gewissen Abstand sehen. Grieg machte darauf aufmerksam, daß der Verlag ja nicht die Gelegenheit genutzt hatte, die durch die provisorische Anordnung vom 1. November 1945 zur «Annullierung von Naziverträgen» geboten wurde; er wolle Hamsun nicht zu hindern suchen, seine künftigen Bücher anderen Verlagen zu geben, aber bei seinen bisherigen Urheberrechten sei die Sache unzweifelhaft anders. Gyldendal hatte die Verlagsrechte für alle seine Bücher, und die Vorbedingung, daß er sie einem anderen Verlag übertragen könnte, hieß nicht nur, daß die Exemplare bei Gyldendal ausverkauft sein mußten, sondern daß der Verlag auf Anfrage hin erklärte, er wünsche keine weiteren Auflagen zu machen. Bis auf zwei waren sämtliche Bücher Hamsuns auf Lager und konnten von allen Buchhandlungen des Landes bestellt werden, denn Grieg hatte ihnen nach der Befreiung mitgeteilt, daß sie wie früher vertrieben würden. Daß der Verkauf so gering gewesen sei, lag nicht, wie Hamsun behauptete, an einem Boykott durch den Verlag, sondern an Umständen, über die der Verlag nicht Herr sei, schloß Grieg etwas säuerlich.

Sigrid Stray gab den Bescheid weiter, aber Hamsun blieb unversöhnlich: Er war fertig mit Gyldendal. Frau Stray wiederholte seine Antwort in einem neuen Brief an Grieg etwas diplomatischer: Knut Hamsun betrachte seine Beziehung zu dem geehrten Verlag als gelöst und fordere, daß er keines seiner Werke drucke oder vertreibe.

Ein Schlag ins Wasser. Grieg hatte ja Verträge. Er begnügte sich zu wiederholen, was er schon gesagt hatte: Über die künftige Produktion möge Hamsun frei verfügen, aber nichts berechtige ihn zu der Annahme, er sei von Gyldendal frei, was die früheren Werke angehe. Mit anderen Worten: Grieg war von Hamsun enttäuscht wie von keinem anderen Menschen – aber seine Bücher wollte er nicht hergeben. Abgesehen natürlich von der künftigen Produktion: Sie zu behalten konnte man dem achtundachtzigjährigen Autor gern gestatten.

So lagen die Dinge, als das Oberste Gericht am 23. Juni 1948 Knut Hamsun um 325000 Kronen ärmer und damit völlig davon abhängig machte, daß seine Bücher einen Verleger fanden. Deshalb war es Gierlöff und nicht Grieg, den er zu sich bat. In dieser Situation, in der er aus verschiedenen Gründen einen tüchtigen Verleger brauchte, muß er sich an einen Unkundigen wenden. Gierlöff wollte es bei Bonnier in Stockholm versuchen, nachdem er bereits mit Tore zusammen die Verhältnisse in Oslo sondiert hatte: Kein norwegischer Verlag wollte sich mit Hamsuns Manuskript befassen: Sie gaben keine Bücher von Landesverrätern heraus, hieß es. Nur ein kleines Unternehmen, Cammermeyer, hatte ein gewisses Interesse gezeigt, war aber von Hamsun abgelehnt worden, weil der Verlag zu klein war, um das Gesamtwerk zu übernehmen, das er ja von Gyldendal zurückfordere.

Die Sache kam nur langsam in Gang. Die Anwältin Sigrid Stray hatte gehört, daß Direktor Grieg seine Sommerferien in Sörland verbrachte, schrieb ihm am 5. Juli und bat um eine Unterredung. Sie kannte ja besser als jeder andere Knut Hamsuns verzweifelte Situation und wollte gern dazu beitragen, die Schüssel zu kleben, die ihr gerade beim Obersten Gericht zu Boden gefallen war. Grieg war einverstanden; nach seiner Erinnerung fand die Besprechung allerdings auf *seine* Initiative hin statt.

Sie trafen sich am 20. Juli – Frau Stray kam aus Arendal, Grieg aus seinem Sommerhaus in Portör – im *Central Hotel* zu Arendal, und auch diesmal war Grieg so umsichtig, einen Bericht über das Gespräch niederzuschreiben.

Grieg war die Herzlichkeit selbst. Er erklärte Frau Stray, Hamsun werde nicht anders als andere Schriftsteller behandelt; es sei nicht üblich, für einen Schriftsteller zu werben, es sei denn im Zusammemhang mit einem neuen Buch oder einer neuen Auflage. Es stimmte auch nicht, daß Hamsun nicht mehr im Katalog geführt werde – die Buchhändler waren es, die sich nicht für seine Bücher eingesetzt hatten. Wenn Hamsun seine früheren Werke nicht mehr bei Gyldendal haben wollte, mußte er wohl die Restauflagen übernehmen, was zum Ladenpreis abzüglich des geltenden Rabatts geschehen könne. Nebenbei erwähnte Grieg, daß es in Hamsuns Fall wohl eine Ausgabe von 500 000 Kronen sein würde.

Die gute Frau Stray war kein Verleger. Sie erkannte nicht, daß diese Zahl bei Hamsuns vertraglichen 20 % Tantiemen ein potentielles Autorenhonorar von nicht weniger als 100 000 Kronen auswies. Sie hatte gerade eine Ohrfeige von 325 000 Kronen erhalten, nun fühlte sie Griegs 500 000 als Schlag auf die andere Wange. Sie gestand, daß der Treuhänder J. Bugge-Danielsen ihr gerade mitgeteilt habe, das Entschädigungsamt verlange jetzt die Bezahlung. Die Osloer Sparkasse, an die sie sich gewandt hatte, war bereit, Hamsuns Aktien bei Gyldendal zu beleihen, aber nur mit 100 Kronen pro Stück, obwohl der Kurswert doppelt so hoch war.

Harald Grieg blieb sehr herzlich. Natürlich wollte Gyldendal sie gern für das Doppelte kaufen! Er betonte, daß es sich dabei nicht etwa um eine Spekulation des Verlags handelte, die Aktien sollten nur im gegebenen Fall zur Herabsetzung des Aktienkapitals benutzt werden, so daß ihr Wert sämtlichen Aktionären zugute käme. Gyldendal wollte Hamsun auch gern den Betrag leihen, alles in allem 400 000 Kronen unter der Bedingung, daß seine 200 Aktien bei Gyldendal deponiert würden und daß Gyldendal das Stimm- und Vorkaufsrecht für diese Aktien erhalte. Weiter wollte der Verlag Hamsun jährlich einen Aconto-Betrag von etwa 20 000 Kronen auszahlen, wobei natürlich vorausgesetzt wurde, daß Hamsuns Urheberrechte bei Gyldendal blieben. Was sein neues Buch anging, so konnte Grieg noch nicht Stellung nehmen, er mußte das Manuskript ja erst lesen.

Der Abschied war herzlich, und Frau Stray fuhr erleichtert zurück nach Arendal.

Sie fühlte, daß sie mit diesem großmütigen Angebot in der Hand gleichzeitig Hamsuns verzweifelte Wirtschaftslage und sein Verhältnis zu Gyldendal retten könnte. Der alte Verlag, der ihm so viel verdankte, war ihm denn doch im letzten Augenblick zu Hilfe gekommen. Harald Grieg hatte nicht versagt.

Harald Grieg hatte einen meisterlichen Schachzug getan, sich wieder einmal als der hervorragende Verleger bewiesen, den Hamsun bewunderte. Hatte eine ganze Auflage von Schleifsteinen gemacht und verkauft. Die Aconto-Zahlung lag nicht über der normalen für ausstehende Autorenhonorare von diesem Umfang. Grieg war von einer Verzinsung von nur 5 % ausgegangen, und was die Aktien anging, hatte er in Wahrheit überhaupt nichts gegeben. Schließlich hatte das Urteil des Obersten Gerichts über Gyldendals Hauptaktionär den Verlag in eine unangenehme Situation gebracht. Im Vorstand konnte sich jeder sagen, daß Hamsun diese ungeheure Summe nicht aufbringen konnte, ohne sein Aktienpaket zu verkaufen oder zu beleihen – und das zu einem Zeitpunkt, wo er sich bereits von allen Verpflichtungen gegen den geehrten Verlag losgesagt hatte. Nun konnte es leicht zu der Situation kommen, wo es «für den Verlagschef nicht ungeteilt angenehm war, daß einer seiner Autoren diese Machtstellung innehatte». Bücher gingen immer gut, man war in den schönen Zeiten, als Verlagsaktien goldträchtige Papiere waren – ähnlich wie Zucker und Schiffstransporte. Was würde es wohl Gyldendal kosten, wenn jetzt der größte Aktienblock auf einen Schlag auf den Markt geworfen wurde? Konnte Grieg damit rechnen, daß auch der neue Käufer ihm eine uneingeschränkte Vollmacht für alle Generalversammlungen geben würde?

Natürlich gab er mit seinem Angebot, Hamsuns Aktien entweder zum Kurswert anzukaufen oder zu beleihen, auch nicht eine Krone mehr als den Betrag aus, den Gyldendal unter allen Umständen aufbringen mußte, um die Aktien zu retten und die Situation unter Kontrolle zu bringen. Außerdem erhielt der Verlag ja den vollen Gegenwert für das Geld – beim Kauf die Papiere zum Tageskurs, beim Beleihen das Vorkaufs- und das Stimmrecht. Und außerdem waren Hamsuns Drohungen vom Tisch gefegt, der Verlag hatte sich das Recht auf die alten und auf die künftigen Bücher gesichert.

Dies veranlaßte den unbeugsamen Hamsun sofort, sich zu beugen. Hatte er vielleicht doch noch Aussicht, sein Buch in Oslo erscheinen zu lassen, wo alle außer Cammermeyer nein gesagt hatten? In seiner Antwort vom 26. Juli an Sigrid Stray überging er die wirtschaftlichen Fragen und befaßte sich sofort mit seinem neuen Buch. Sie solle Grieg umgehend, schon heute, nicht erst morgen, das Manuskript schicken, damit Grieg begreife, wie eilig es war. Wenn er die Arbeit veröffentlichen wollte, mußte es jetzt geschehen, gleichgültig, was *Dagbladet* meinte.

Ich halte den Winter nicht durch, in wenigen Tagen beginnt mein neunzigstes Jahr, schloß er.

Nun ging es für ihn um Leben oder Tod. Sigrid Stray tat, was er wollte, schrieb Grieg und legte den Brief mit der verzweifelten Bitte dazu. Fünf Tage später hatte sie die Antwort von Grieg – ein Nein. Gyldendal wollte «Påg jengrodde Stier» nicht herausgeben.

Grieg begründete seine Ablehnung in einem beigelegten Gutachten. Man müsse Hamsun unter allen Umständen abraten, so kurz nach dem Urteil des Obersten Gerichts ein Buch herauszugeben. Nach Griegs Auffassung sei «die Meinung ziemlich weit verbreitet, daß ein Urteil dieser Art eine gewisse Zurückhaltung zur Folge haben müsse». Er gab zu, daß die Schilderung, die Hamsun hier von seinem Leben seit der Verhaftung gab, nicht nur ein ergreifendes menschliches Dokument sei; sie widerlege auch überzeugend die Behauptung der psychiatrischen Fachärzte von den «nachhaltig geschwächten seelischen Fähigkeiten». Es sei die imponierende literarische Darstellung eines Mannes, der sich den Neunzig nähert. Man spürte überall die Klaue des Löwen. Doch das Buch wirke doch auch wie das Bekenntnis, daß Hamsun in Wirklichkeit heute noch dieselben Anschauungen wie während des Krieges habe. Diese Tendenz müßte automatisch eine Reaktion der norwegischen Presse hervorrufen, man würde seine Äußerungen aus dem Krieg wiederholen, so daß die Gefühle des Volkes wieder in Aufruhr gerieten.

Deshalb also ein Nein. Nicht aus literarischen und künstlerischen Gründen, sondern ausdrücklich aus moralischen und politischen. Grieg fürchtete die öffentliche Meinung, und ein Buch seines fast neunzigjährigen Autors herauszugeben, war genauso provozierend, verärgernd und unmöglich, als wenn es sich um einen jugendlichen Anarchisten handelte. Grieg hatte ganz gewiß nicht mit Hamsun gebrochen, aber sein Buch wollte er nicht. Daß Hamsun hier buchstäblich am Rande des Grabes seine Sache zur Sprache brachte, daß es seine letzte Möglichkeit war, gehört zu werden und Antwort zu erhalten, kam in Griegs Argumentation nicht vor. Er wollte nichts aufs Spiel setzen. Gyldendals Tür war verschlossen. Der Verlag, der nach Griegs eigenen Äußerungen Hamsun seine Existenz verdankte, konnte ihm nicht helfen, als er selbst in Not war.

Nun war die Situation so paradox, daß Hamsun seine früheren Bücher nicht mehr bei Gyldendal erscheinen lassen wollte – wohl aber das neue; und genau umgekehrt dachte Harald Grieg. Hamsun mußte sich der bitteren Tatsache beugen, daß ihm in seinem Alter ein Manuskript von Gyldendal zurückgeschickt wurde, wie er es aus seiner Jugend kannte.

Er versuchte, Grieg zu dem Versprechen zu bewegen, das Manuskript im nächsten Jahr zu bringen; so lange wollte er gern versuchen, am Leben zu bleiben.

Griegs Antwort war wieder ein Nein. Er wollte zwar das Erstrecht auf das neue Buch wie auf alle anderen behalten, sich aber nicht an einen bestimmten Erscheinungstermin binden. Das einzige, was Frau Stray durchsetzen konnte, war, daß Hamsun freie Verfügung über das Buch haben könnte, falls es im Ausland ein so großer Erfolg werden sollte, daß sich ein anderer norwegischer Verlag dafür interessierte. Das konnte Grieg gefahrlos versprechen. Er wußte, daß kein norwegischer Verleger auch nur im Traum daran denken würde, einen Landesverräter herauszubringen, wenn nicht einmal sein eigener Verleger und engster Freund damit zu tun haben wollte. Er sagte es nur etwas schonender: Er hatte nichts dagegen, daß das Buch zunächst im Ausland erschien und daß man, wenn man das Echo dort vernommen habe, die Frage bei Gyldendal erneut aufgreifen würde. Das sei doch die glücklichste Lösung, meinte er. Für Harald Grieg war in diesem Fall Glück besser als Mut.

Hamsun fügte sich, der wirtschaftliche Druck war zu stark. Er konnte

Griegs Angebot auf Kauf oder Beleihung all seiner Aktien allerdings nicht annehmen, weil er die Hälfte ja schon an seine Kinder übertragen hatte (die sie vermutlich längst beliehen hatten). Er selbst besaß noch 200 Aktien, also 200 000 Kronen, so daß ihm für das Entschädigungsamt immer noch um die 150 000 Kronen fehlten. Aber hier ließ Grieg mit sich reden, im Wirtschaftlichen gab es keine schwachen Stellen, und es wirkte fast, als wolle er gern die Verpflichtungen mit Geld bezahlen, die er als sein Verleger nicht erfüllen konnte. So bot er großzügig an, den vorgeschlagenen jährlichen Acontobetrag von 20 000 Kronen in einen zinsfreien Vorschuß von 150 000 Kronen umzuwandeln, à conto irgendwelcher Tantiemenrechnungen und natürlich unter der Bedingung, daß ein Generalvertrag aufgesetzt werde. Hamsun mußte dankbar einwilligen, und damit war jedes Wort vom Bruch zwischen ihm und Gyldendal unter die Erde verbannt. Hamsun wollte die Aktien beleihen und nicht verkaufen. Gyldendal sicherte sich damit aber Stimm- und Vorkaufsrecht, und um das Geld brauchte der Verlag nicht weit zu laufen: Es wurde von Andresens Bank zur Verfügung gestellt, deren Direktor, der jetzt sechzigjährige Fabrikant Johan Henrik Andresen, seit Gründung des norwegischen Gyldendal-Verlags einen Sitz im Vorstand hatte. Die 200 000 Kronen wurden zu den üblichen Bankzinsen, damals 3 $\frac{1}{2}$ %, ausgeliehen, wobei Zinsen und Amortisation vom Aktienertrag bezahlt werden sollten; er betrug damals nominell 10 %, in der Tat aber nur 5 %. Die Vereinbarung brachte Herrn Andresen also keinerlei Risiko.

Am 2. Oktober 1948 wurde der Vertrag unterschrieben, und drei Tage später konnte Sigrid Stray dem Entschädigungsamt einen Scheck über 329 147,47 Kronen schicken, wovon die zusätzlichen 4147 Kronen und 21 Öre aufgelaufene Zinsen und Verfahrenskosten decken sollten. Gleichzeitig schickte Frau Stray dem Treuhänder Anwalt J. Bugge-Danielsen einen Scheck über 17 199,74 Kronen zur Deckung des Unterschusses, der in den vergangenen Jahren auf Nörholm entstanden war. Damit war Knut Hamsuns Rechnung mit dem norwegischen Staat beglichen, und am 13. Dezember gab der Vertreter des Entschädigungsamts für Aust-Agders bekannt, daß die Zwangsverwaltung des Hofes aufgehoben und Hamsun wieder frei über seine Mittel verfügen konnte.

Sie waren nun nicht sehr imponierend. Er hatte zwar verhindert, daß Nörholm verkauft wurde, hatte auch seine Aktien – wenigstens theoretisch – gerettet, aber er hatte keine irdische Möglichkeit mehr, den gigantischen Preis dafür aufzubringen. Nach der Regelung hatte er praktisch keine Krone Einnahme. Der Aktienertrag ging automatisch für Zinsen und Amortisation drauf, eventuelle Autorenhonorare mußten den großen Vorschuß abbezahlen, und Nörholm war immer ein Zuschußunternehmen gewesen. Hinzu kam, daß Maries Buße von 150 000 Kronen immer noch nicht bezahlt war. Mit einer Anleihe auf den Hof konnte er sich noch eine Galgenfrist verschaffen, mußte aber vorher die Erbteilung mit seinen Kindern vornehmen.

Am 27. Oktober 1948 kam er in das Anwaltsbüro auf dem Blumenmarkt zu Arendal, zusammen mit Arild, dessen Prozeß zwei Tage vorher entschieden worden war.

Am selben Abend noch fand Knut Hamsun die Kraft, auf Briefpapier von der Landviker Krankenkasse Tore von der ganzen Sache zu berichten: Arild hatte ihn begleitet, um für ihn zu hören und zu sehen, alles sei gewogen und gemessen nach Kronen und Öre, er war noch ganz wirr im Kopf von all den juristischen Bocksprüngen und Kunststücken. Es war nun so, daß ihn die Entschädigung bis aufs Hemd ausgezogen hatte, er konnte keinem seiner Kinder helfen, nicht einmal sich selbst! Glückliche Reise! Er besaß nicht einen roten Heller mehr. Ach, es war so schwierig gewesen, das alles durchzugehen, und Frau Stray fragte und bohrte und bohrte, und so war es immer, er sollte gepeinigt und gequält werden in seinem neunzigjährigen Gehirn, und von Geld war nicht die Rede, er hatte sich 25 Öre leihen müssen, damit dieser Brief auf den Weg kommen konnte.

Es war das Jahr der großen Rache, welche die Rechtswissenschaft an Hamsun nahm, der die Juristen so oft verhöhnt hatte. Ein neuer Vertrag wurde aufgesetzt, Arild sollte Nörholm für 90000 Kronen haben, wobei Hamsun, so lange er lebte, freier Aufenthalt auf dem Hof gewährt wurde. Dieser Umstand wurde mit 22000 Kronen veranschlagt, so daß Arild 68000 Kronen aufbringen mußte, und zwar für sich selbst 17000 Kronen und Pfandbriefe über die gleiche Summe für Victoria, Ellinor und Cecilia. Das Inventar wurde auf 35009 Kronen geschätzt, etwas niedriger als von Bugge-Danielsen und seinen Mitarbeitern; die fünf Kinder erbten es gemeinsam unter der Bedingung, daß kein Stück aus Nörholm fortgeschafft werden dürfe. Die Aktien, die ja als Sicherheit für das Darlehen von Andresens Bank hinterlegt worden waren, wurden – wie auch die Autorenrechte – unter die fünf Kinder aufgeteilt, die natürlich auch zunächst jeder ein Fünftel der Schuldsumme bei Andresen und Gyldendal auf sich nehmen mußten. Am 15. November 1949 unterzeichnete Hamsun den Vertrag, nach ihm die Kinder.

Ein Name fällt auf – weil er fehlt. Wo blieb Marie bei all diesen Abmachungen? Warum dachte niemand an sie? Sie schrieb später an Cecilia, daß auch sie freien Aufenthalt auf Nörholm habe, ja danke schön, aber erst nach seinem Tode! Hier gab er nicht nach. War ihre Trennung auch eine Tatsache, so war sie doch nie formell vollzogen worden, hatte niemals eine Vermögensregelung zur Folge gehabt, und nun blieb Marie offensichtlich unberücksichtigt, schwebte in einem Niemandsland und kannte nur eine Summe – die 150000 Kronen, die sie dem Gericht schuldete.

Es war ein armseliger Trost, daß es nichts mehr zu verteilen gab. Die Abmachung mit den Kindern hatte Hamsuns größtes Problem noch nicht gelöst, das davon abhing, was Arild noch an Darlehen für einen Hof erwarten konnte, der im voraus mit 51000 Kronen Hypotheken belastet war; er hatte kaum Aussicht, mit Amortisation und Zinsen fertig zu werden. Nach wie vor gab es keine Einnahmen, sie mußten aus dem Ausland kommen. Das Ausland mußten den alten Hamsun retten, wie es den jungen gerettet hatte.

Gerade jetzt, am 1. Oktober, erhielt er ein Telegramm von der deutschen Zeitschrift *Europa-Kurier,* die im Bewußtsein «seiner unwandelbaren Verdienste für das künstlerische und menschliche Zusammenwachsen Europas» ihn und seine Familie einlud, seinen Lebensabend in Deutschland zu verbringen. Das ließ sich natürlich nicht machen, aber Tore erhielt Bescheid, das Telegramm an einem sicheren Ort zu verstecken und die Antwort so sorgfältig wie möglich zu übersetzen; es könne eines Tages ein Blatt in der norwegischen Geschichte sein. Hamsun könne das edelmütige Angebot nicht annehmen, drückte aber dem deutschen Volk für seine unerschütterliche Anhänglichkeit seinen tiefsten Dank aus.

Dann waren da noch seine großen Einnahmen aus den Wehrmachtsausgaben. Auf einem Vorzugssperrkonto standen nach wie vor ein Guthaben von 6004,35 Reichsmark und nicht weniger als 50000 Reichsmark in Deutschen Reichsschatzanweisungen, Serie 1944/II $3^1/_2$ %. Doch Staatsobligationen aus Hitler-Deutschland waren natürlich im Jahre 1948 nichts wert, abgesehen davon, daß die Militärregierung keinen Transfer des Geldes nach Norwegen zuließ. Ebenso war Hamsuns Guthaben in Amerika im *Office of Alien Property* blockiert und wurde da als Kriegsbeute betrachtet.

Hamsuns einzige Möglichkeit, sich Einnahmen zu verschaffen, war die Veröffentlichung des neuen Buchs im Ausland, möglichst in Schweden, von wo sich das Geld ziemlich leicht nach Norwegen schaffen ließ. Gierlöff, der Hamsun kurz nach dem Urteil des Obersten Gerichts besuchte, erhielt die Aufgabe, in Schweden zu sondieren. Aber Bonnier, Hamsuns alter Verlag, war nicht interessiert und entschuldigte sich damit, daß «Hamsun in Norwegen ja auch nicht glimpflich behandelt worden sei». Hier also wirkte sich Griegs Ablehnung aus – und sämtliche Verlage, bei denen Gierlöff vorsprach, reagierten ebenso. Sobald die Verleger erfuhren, daß sein Buch von Hamsuns eigenem Verlag abgelehnt worden war, bekamen sie kalte Füße und sagten nein.

Sigrid Stray hatte den guten Einfall, sich an ihren Freund und Nachbarn Max Tau zu wenden, der sich während des Kriegs in Schweden aufgehalten hatte und das schwedische Verlagswesen gut kannte. Es war ja Max Tau, den Tore Hamsun 1942 vor den deutschen Judenverfolgungen gewarnt hatte, nachdem ihn Knut Hamsun selbst Jahre zuvor durch eine Intervention bei Goebbels aus Deutschland herausgeholt hatte. Max Tau wollte helfen. Er hatte Hamsun alles zu danken, und es schien, als sollte Hamsuns letztes Buch wie sein erstes mit Hilfe eines Juden zur Welt kommen. Die Schilderung, die Max Tau von dieser Begegnung in seinen Erinnerungen gibt, bildet eine eigentümliche Parallele zu Edvard Brandes' Bericht darüber, wie er das Manuskript von «Hunger» kennenlernte, nur daß sich Max Tau etwas blumiger ausdrückt:

«Eines Tages kam Sigrid Stray zu mir und fragte mich, ob ich nicht das Manuskript, das Knut Hamsun soeben vollendet hatte, lesen wollte. Ich konnte nicht begreifen, daß mir dies vergönnt sein sollte. Ehrfurchtsvoll las ich die ersten Seiten, und je mehr ich las, um so mehr verzauberte er mich. Ich konnte nicht fassen, daß ein Mensch seines Alters nach alldem, was er erlitten hatte, behindert durch Taubheit und Blindheit, überhaupt imstande war, so zu schreiben. Denn von dem Manuskript ging ein Zauber aus, der nochmals den ganzen Reichtum seiner Gestaltungskraft offenbarte.

Der nächste Tag war ein Sonntag, ein herrlicher Maitag. Ich ging nach Sofienlund. Ich hörte den Gesang der Vögel, bewunderte die blühenden Obstbäume, und mir war, als sänge es auch in mir, ein Danklied an das Schicksal, das so gütig war, mich dies erleben zu lassen. Immer werde ich den Glanz der Sonne auf dem Marmortisch vor mir sehen, als ich mich mit Sigrid Stray in dem herrlichen Vorgarten von Sofienlund auf die Bank setzte. Ich strahlte sie an, und sie brauchte mich gar nicht erst zu fragen, denn es brach aus mir heraus: ‹Dies ist das – Werk eines Genies. Er hat seine Schöpferkraft behalten, seinen Willen zum Leben, und das Werk wird überall in der Welt anerkannt werden!› Noch war die Zeit gegen die Herausgabe. Aber ich glaubte, durch meine Verbindungen zu schwedischen Verlagen dafür sorgen zu können, daß es erschien. Als ich einem meiner nächsten Freunde von meinem Vorhaben erzählte, warnte er mich: ‹Gerade du darfst das nicht tun. Du bist so sehr für Deutschland eingetreten, daß man dich sofort zum Nazi stempeln wird, wenn du etwas für Knut Hamsun tust.› So schlimme Prophezeiungen war ich schon von früher her gewohnt; ich ließ daher von meinem Versuch nicht ab. Das Buch wurde angenommen, der Vertrag unterzeichnet, aber einige Wochen später erhielt ich die Nachricht, daß der Vorsitzende des Aufsichtsrats die Herausgabe eines Werkes von einem Landesverräter wie Knut Hamsun nicht zulassen wollte.»

So weit Max Tau, ein Mann der vielen Adjektive. Aber die begeisterte Schilderung endet merkwürdig unklar und plötzlich, alles ist in Ordnung, aber plötzlich läßt es sich doch nicht machen, plötzlich werden keine Namen, keine Daten mehr genannt, wird keine wirkliche Erklärung gegeben. Das einzige, woran wir nicht zweifeln können, ist Max Taus Einsatz; er war gewarnt worden, hatte sich aber nicht aufhalten lassen, er hatte Hamsun helfen wollen, selbst wenn er sich dadurch zum Nazi abstempeln sollte – an solche Dinge war er gewöhnt.

Bei einer Unterredung am 1. April 1977 bezweifelte Tore Hamsun, daß Max Tau irgendeinen Anteil an der Veröffentlichung von seines Vaters Werk gehabt habe, und zeitgenössische Pressemeldungen besagten dasselbe. An dem herrlichen Tag, an dem Max Tau den Glanz der Sonne auf dem Marmortisch in dem herrlichen Vorgarten von Sofienlund sah, hat er ihr offenbar geraten, Hamsuns Manuskript an einen Direktor Korfitsen zu schicken, den Leiter des schwedischen Verlags *Ljus,* einer Tochtergesellschaft von *Nör-*

*stedt & Söner;* sie sollte ihm nicht nur die schwedischen, sondern auch die deutschen Rechte anbieten. Eine Woche später kam die telegrafische Antwort: Das verlockende Angebot war angenommen worden, Korfitsen sei dankbar für nähere Mitteilungen, alles war in Ordnung, das Buch sollte 200 Seiten lang sein und unter dem Titel «På igjenväxta stigar» vor Weihnachten 1949 herauskommen.

Dann bekam die Presse Wind davon – genauer gesagt: Einar Skavlans *Dagbladet*. Große Überschrift: HAMSUN GIBT IN SCHWEDEN BUCH ÜBER ERLEBNISSE IN DER NAZIZEIT HERAUS. Ein langes Interview mit dem Direktor des schwedischen Verlags, der sich von dem Buch eine Sensation versprach und die Hoffnung äußerte, daß es auch bald in einem norwegischen Verlag erscheinen werde.

Wie bekannt, trog die Hoffnung. *Dagbladets* Behandlung des Themas weckte Korfitsens Bedenken. Er mußte sich den Rücken decken. Der Mann, der ihm das Buch in so vielversprechenden Wendungen empfohlen hatte, sollte sich öffentlich dazu bekennen. Max Tau mußte seinen guten Namen hergeben und für Hamsuns Buch einstehen.

Ein paar Zeilen auf dem Umschlag würden genügen, es war nicht notwendig, all das aufzuführen, was Max Tau in seinen Erinnerungen vorbringt. Er brauchte nicht von dem Zauber verhext zu sein, der trotz allem, was Hamsun durchgemacht hatte, noch einmal seine Schaffenskraft in ihrem ganzen Reichtum offenbarte. Korfitsen wäre zweifellos auch mit weniger zufrieden gewesen, er wollte im Grunde nur den einen Namen hinsetzen können: Max Tau. Alle hätten es verstanden, daß der Mann, den die Hamsuns zweimal vor Hitler retteten, Grund zur Dankbarkeit hatte. Und wollten sie es nicht verstehen, war Max Tau ja wohl erhaben über den Verdacht, ein Nazi gewesen zu sein. Warum erzählt also Max Tau die Geschichte nicht bis zum Schluß?

Weil Max Tau nein sagte. Er wollte nicht öffentlich für Hamsun eintreten. Sigrid Stray war sich mit ihm darin einig, daß er sich abseits halten mußte, und schrieb das auch an Korfitsen. Eine Woche später kam das Manuskript zurück.

Den ganzen Herbst und Winter 1948 setzten Tore Hamsun, Christian Gierlöff und Sigrid Stray ihre Bemühungen fort, das offenbar unverkäufliche Werk zu Tode erschrockenen Verlegern in aller Welt anzubieten; je mehr Ablehnungen sie hinnehmen mußten, um so schwieriger wurden ihre Bemühungen. Welcher neunzigjährige Schriftsteller hatte je solche Panik erregt? Verleger, die früher Schlange gestanden hatten um ein Komma, wenn der große Knut Hamsun es gesetzt hatte, bekamen Magenschmerzen bei dem Gedanken, sich die Alleinrechte für sein Buch zu sichern. Zur Begründung verwiesen sie auf viele verschiedene Umstände; nur die wenigsten sagten geradeheraus wie Grieg, das Buch sei hervorragend, aber die Herausgabe zu riskant. Thanung und Appel in Kopenhagen fanden heraus, daß es wirklich schöne Stellen enthalte, aber doch nicht so bedeutend sei, daß man die Herausgabe wagen sollte. Ottava in Helsingfors wollte sich auf nichts einlassen, bis man nicht gesehen habe, wie das Buch in Hamsuns Heimat aufgenommen werde. Und so weiter – Schweden, Dänemark, Finnland. Nein auf Nein und wieder Nein.

Zu Hause auf Nörholm verfolgte Knut Hamsun den Bittgang, buchstabierte sich mit seiner Lupe durch einen Vertragsentwurf nach dem anderen, und niemals wurde einer verwirklicht. In den Briefen an die Kinder kann man seine Enttäuschung spüren; die gute Stimmung, die ihn nach der Urteilsverkündung beseelt hatte, wich einer steigenden Depression, als ihm klarwurde, daß sein Buch, das bei der ganzen Sache seine letzte Hoffnung gewesen war, sein Beweis, daß er nicht an geschwächten seelischen Fähigkeiten litt, wahrscheinlich nicht zu seinen Lebzeiten herauskommen würde.

Am 13. September wollte Tore, der mit Verlegern in Deutschland und Spanien verhandelte, Antwort auf ein paar technische Einzelheiten haben. Hamsun antwortete ihm zwei Seiten lang, gab es dann aber auf:

Ich mag nicht mehr, Tore, ich kann nicht mehr. Ich bin so schrecklich blind. Lieber, schreib nicht in Eile, sondern bedenke alles sehr genau. Meine Augen halten es nicht aus.

Ein paar Wochen danach gabs neue Probleme. Mit *Ljus* war es nichts geworden, mit Hugo Geber würde es auch zu nichts kommen, und ein norwegischer Verlag hatte geschrieben, er wollte erst wissen, was das Ausland meine – war das nicht witzig? Aber Tore hatte dem Verleger in Spanien ja nur einen Durchschlag geschickt, ging das an? Er war ja ein großer Mann. Und wie verhält es sich mit der Übersetzung da unten, soll sie aus dem Deutschen oder aus dem Norwegischen gemacht werden?

Lieber Tore, Du mußt nicht so schnell arbeiten und mich vor Dir herscheuchen. Ich bin ein alter Mann und denke langsam. Leider hast Du sicher viel auszustehen. Die Widerwärtigkeit bleibt an Dir hängen. Das Unheil ist über uns alle gekommen . . .

Am 17. Oktober kam auch die Ablehnung vom Münchner Paul List-Verlag, und als Hamsun gleichzeitig eine Anfrage von einem anderen deutschen Verlag erhielt, wußte er kaum, ob sie es wert sei, an Tore weitergeleitet zu werden:

Das wird auch nur ein Briefwechsel und Plackerei und Portokosten, armer Tore, Du spinnst nicht Seide von Deines Vaters Geld, nur Plackerei und Porto . . .

Tore sollte ihm keine Zigarren mehr schicken, zu solchem Luxus fehlten ihm jetzt die Mittel, die Entschädigung plünderte sie alle aus. Er hatte ja zum letzten Weihnachtsfest Zigarren bekommen, und Tabak hatte er immer noch, und wenn auch damit Schluß sei, konnte er auch gut ohne ihn leben, und da, wohin er sollte, brauchte man keinen Tabak.

Es wurde wieder Winter, wieder Wartezeit. Hamsun nahm seinen täglichen Weg zum Reddalskanal wieder auf, er taumelte von einer Seite des Wegs zur anderen, er durfte sich nicht ergeben, durfte sich nicht gehenlassen, er mußte versuchen, sich in Form zu halten wie im letzten Jahr, damals, weil er auf das Urteil des Obersten Gerichts, diesmal, weil er auf das der Verleger wartete.

Trotz des täglichen Spazierwegs ging es mit dem Neunundachtzigjährigen schnell bergab, und Sigrid Stray fürchtete, daß ihm nicht mehr viele Monate blieben. Außerdem mußte sie einen größeren Betrag für das Finanzamt auftreiben. Im Dezember versuchte sie es mit einer neuen Anfrage bei Grieg. Ihr war der Gedanke gekommen, daß die schwedischen Verleger, in erster Linie Bonnier, ihre Meinung vielleicht ändern würden, wenn sie hörten, daß Grieg es gern sähe, wenn das Buch zuerst in Schweden erschiene. Unter Bezug auf ihre Unterredung im Sommer, als sich Grieg wohlwollend zu einer Ausgabe im Ausland geäußert hatte, bat sie nun, seinen Einfluß bei Bonnier geltend zu machen, um ihn zu veranlassen, das Buch nach Neujahr herauszubringen.

Grieg lehnte wieder ab. Er habe nichts dagegen, daß Hamsuns Buch in Schweden herauskomme, und er sei auch zu einer entsprechenden Erklärung bereit. «Dagegen ist es mir nicht möglich, Ihrem Wunsch entsprechend Bonnier oder irgendeinem anderen ausländischen Verlag die Herausgabe zu empfehlen. Ich bin nämlich davon überzeugt, daß es in Knut Hamsuns eigenem Interesse liegt, eine gewisse Zurückhaltung zu beweisen, bis man etwas mehr Abstand vom Urteil des Obersten Gerichts gewonnen hat.»

Daß Hamsun zu einem solchen Zeitpunkt vermutlich nicht mehr leben werde, spielte für Harald Griegs Überlegungen offenbar keine Rolle. Er wollte Hamsun weder herausbringen, noch ihn anderen empfehlen.

Anfang Februar schien es tatsächlich, daß sein spanischer Verleger, José Janès in Barcelona, «På giengrodde Stier» herausgeben wollte. Aber Knut Hamsun konnte nicht einmal in Franco-Spanien akzeptiert werden: José Janès steckte den Finger ins Wasser, prüfte die Temperatur und zögerte die Sache hinaus, bis eine Entscheidung in Hamsuns Heimat gefallen sei. So lagen die Dinge, als Hamsuns Manuskript durch Europa gewandert war: In Norwegen zog man vor, daß es im Ausland – im Ausland, daß es in Norwegen zuerst veröffentlicht werde.

So hätte es noch lange weitergehen können, wenn nicht ein kleines, damals unbekanntes Schweizer Unternehmen, Ex Libris, dies ausgeklügelte Gleichgewicht ins Schwanken gebracht hätte. Im Grunde war es kein Verlag, sondern eine Vereinigung von Bibliophilen, und da man für solche Neigung die nötigen Mittel braucht, waren sie sämtlich gute Geschäftsleute, die erkannten, daß sich hier eine Gelegenheit bot, die Mitgliederkasse aufzufüllen;

sie konnten dadurch nicht in Schwierigkeiten geraten, denn sie waren biblio-
phil und waren Schweizer und waren neutral. Im Oktober 1948 boten sie
Knut Hamsun an, «Auf überwachsenen Pfaden» unter der Bedingung herauszugeben, daß sie das Alleinrecht für die deutsche Fassung in allen Ausgaben und Auflagen innehaben sollten, solange das Werk rechtlich geschützt
sei, eine sichere Schweizer Abmachung.

Es war die Anfrage, bei der Hamsun im Brief an Tore gezweifelt hatte, ob
sie das Porto wert sei. Er hatte nicht viel Vertrauen zu der Sache, gewiß, der
Schweizer Franken war eine harte Währung, aber es kam ihm ungereimt vor,
daß die kleine deutschsprachige Schweiz die ganze Leserwelt in Deutschland
beherrschen sollte – «War das nicht eine Spekulation mit Deutschlands Unglück?» Doch Tore und Gierlöff redeten ihm die Bedenken aus, und am
4. März 1948 konnte der Vertrag für die Übersetzung ins Deutsche unterschrieben werden, der erste Verlagsvertrag, den Hamsun für sein Buch erhielt. *Ex Libris* erhielt die Alleinrechte für die deutsche Ausgabe und verkaufte Lizenzrechte für Deutschland an Paul List in München und an den Fe-
stungsverlag in Salzburg. In allen drei Ländern sollte das Buch im Herbst erscheinen.

Endlich ein Ergebnis! Hamsun war glücklich und sofort wieder obenauf.
Am Tag, nachdem der Vertrag unterschrieben worden war, bat er Sigrid
Stray, Grieg aufzusuchen.

Und richtig: Die deutschen Verträge hatten Grieg beruhigt. Er ließ nun
mitteilen. «Es ist sehr wahrscheinlich, daß das Buch im Laufe des Jahres bei
Gyldendal erscheinen wird». Doch einige Fragen wollte er vorher noch gern
besprechen, ehe die bindende Entscheidung fiel.

Aber vage Versprechungen genügten Hamsun jetzt nicht mehr. Er war
lange genug auf die Folter gespannt worden, nun wollte Grieg die Sache in die
Länge ziehen und ihn wieder auf die Folterbank zwingen. Er verlangte, Grieg
solle sich an einen bestimmten Erscheinungstermin binden, und schlug in
seiner alten Unverfrorenheit den 4. August vor. Warum auch nicht? An dem
Tag wurde er neunzig Jahre alt. Und hatte ihn der Verlag nicht ein Leben lang
mit der Bitte um neue Bücher zu den runden Geburtstagen geplagt?

Harald Grieg faßte sich erschrocken an den Kopf. Es war eine Sache, daß er
sich hatte überreden lassen, ein Buch, das ihn bei allen guten Norwegern in
Verruf bringen mußte, herauszubringen – aber eine andere Sache, damit auch
noch den Geburtstag des Landesverräters zu feiern! Mit tödlichem Ernst erklärte er Hamsun, daß der August in geschäftlicher Hinsicht ein sehr ungün-
stiger Monat sei. Auch Frau Stray verstand keinen Humor, sondern schloß
sich uneingeschränkt seinem Einwand an: Direktor Grieg hatte recht, es wäre
nicht gut, das Buch gerade zum neunzigsten Geburtstag herauszubringen.

Aber lag darin nicht das Eingeständnis, daß man es zu einem anderen Zeitpunkt herausbringen konnte? Grieg versprach im selben Brief, der Verlag
werde es Ende September, spätestens am 1. Oktober, bringen. Hamsun war

es natürlich gleichgültig. Er antwortete, er sei dankbar für eine Veröffentlichung Ende September, also in fünf bis sechs Monaten, und hoffe, daß er dann noch am Leben sei.

«Ich schwanke jeden Tag meinen Weg dahin, um nicht aufzugeben», schrieb er an Tore.

Er hatte gesiegt.

Ob Sigrid Stray ahnte, daß der Sieg noch nicht sicher war? Fürchtete sie, Grieg könne Bedenken bekommen und seine Ansicht ändern? Sie griff bald darauf ihren alten Gedanken an eine Zusammenarbeit mit Bonnier wieder auf: Damit ließ sich die schwere Bürde der Verantwortung auf mehrere schwache Schultern verteilen. Sie reiste im April nach Stockholm, wo sie von Kaj Bonnier sehr freundlich aufgenommen wurde. Ihm war inzwischen eingefallen, daß die Schweden ja doch ebenso neutral wie die Bibliophilen und die Schweizer waren. Kaj Bonnier sagte, er sei nun an dem Buch interessiert. Am 9. Mai kam der schwedische Verlagsentwurf, der einen Monat später unterschrieben wurde. Das Buch sollte unter dem Titel «På igjenvuxnar stigar» im Herbst erscheinen.

Knut Hamsun fühlte sich seines Sieges sicher und entspannte sich nach dem langen Kampf. Als ihn Christian Gierlöff bald darauf besuchte, erfuhr er zu seinem Erstaunen, daß der Alte vor ein paar Tagen die acht Kilometer von Grimstad zu Fuß gegangen sei. Aber als die beiden ihren gewohnten Spaziergang im Wald machten, merkte Gierlöff zum ersten Mal, daß Hamsun nur mühsam mitkam. Plötzlich blieb er stehen und sagte: «Ach, Herrgott und Vater, ich bin so müde, so müde . . .» Als sie wieder daheim waren, sprach er von seinem bevorstehenden neunzigsten Geburtstag – mit dem könne er nun gar nichts anfangen, sagte er, der Tag bezeichnete nur seine Hinfälligkeit. Seine alte Leserwelt war fort, er war wieder allein. Einmal hatte er ein Buch «Die letzte Freude» geschrieben, das von einer romantischen Zeit handelte. In der Zeit, sagte er, sei er zu Hause gewesen, mit ihr hätte er sterben sollen. Es war doch nicht seine Absicht, in alle Ewigkeit auf der Erde umherzuwandern.

Gierlöff reichte ihm eine Kiste mit Robert-Burns-Zigarren, die er mitgebracht hatte, als er ihn vor fast einem Jahr einmal besucht hatte. Hamsun hatte noch nicht eine davon geraucht. Er fand wieder in die Gegenwart zurück und hob abwehrend die Hand:

«Wenn alle Widrigkeiten überstanden sind, will ich mich hinsetzen und alle rauchen», sagte er mit dem Versuch, heiter zu wirken.

Wenn alle Widrigkeiten überstanden sind – der Kehrreim aus fast vier Jahren. Aber waren sie nicht überwunden? Ließ er sein Buch nicht im Ausland verlegen? Hatte er nicht sogar Grieg veranlaßt, es zu drucken?

Nein. Nun ist es Gierlöff, der nicht alles erzählt. Er berichtet nicht, warum er an diesem Tag nach Nörholm gekommen war. Er hatte Hamsun etwas zu sagen, er sollte ihn überreden: Selbst mit den deutschen und schwedischen

Ausgaben im Rücken fühlte sich Grieg nicht sicher. Er hatte unentwegt Bedenken. Gierlöff versuchte, es Hamsun so schonend wie möglich mitzuteilen, aber das ist wahrhaftig nicht einfach, wenn man es einem Tauben beibringen muß:

Harald Grieg wünschte jetzt, daß Langfeldts Name im Buch gestrichen würde.

Der Chefarzt Professor Dr. med. Gabriel Langfeldt. Er sollte gestrichen werden! Die Hauptperson in Hamsuns Unglück. Sein Name sollte fehlen? Seinetwegen hatte er mit Marie gebrochen, sie aus seinem Testament gestrichen, sie aus Nörholm verbannt. Ach ja, Marie. Und nun stand sie wieder da. Hamsun stieß Gierlöffs Zigarren von sich. Die Widrigkeiten waren nicht überstanden. Ein Jahr vor Ablauf ihrer Strafzeit war Marie überraschend aus dem Frauengefängnis zu Bredtveit entlassen worden.

# 35
## *Marie entlassen*

In ihren Erinnerungen geht Marie Hamsun kurz hinweg über die Zeit, die sie in Bredtveit verbrachte. Sie befolgt das alte Hausmittel gegen Sorgen und Kummer: Man muß diejenigen betrachten, denen es noch schlechter geht; und das konnte sie hier wahrhaftig, sie brauchte nur vom Tisch aufzublicken. Sie fügte hinzu, daß sich über Bredtveit Bücher schreiben ließen, über die Angst so vieler Frauen, aber sie läßt es bei diesen Andeutungen. Bredtveit war das Lager der Stummen, und auch sie wollte das Schweigen lieber nicht brechen.

Die Gefängniszeit war für sie allerdings nicht so hart und langwierig, wie es das Urteil befürchten ließ. Nach einigen Wochen in der Gefängniszelle, wo sie auch Nachricht über das Urteil des Obersten Gerichts erhielt, wurde sie in eine Baracke in einem Arbeitslager verlegt, in der mehrere Gefangene in einem Raum wohnten. Wegen ihres Alters und ihrer angegriffenen Gesundheit brauchte sie an der eigentlichen Strafarbeit nicht teilzunehmen, sie saß allein im Raum und strickte, soviel sie nur konnte – so sah ihre «Strafarbeit» aus. Nur einmal im Monat war Besuchszeit; Tore ließ sie nie im Stich. Aber bei ihren Gesprächen war ein Gefängnisbeamter anwesend, so daß sie nur über Nebensächliches reden konnte. Sie erfuhr, wie es den Enkelkindern ging, den Schwiegertöchtern und Arild, Ellinor und Cecilia. Sie erfuhr auch, daß Knut Hamsun eine knappe Woche nach ihrer Abreise wieder nach Nörholm gezogen war; sie hörte, daß er sich mit täglichen Spaziergängen zum Reddalskanal und zurück in Form zu halten versuchte, während er auf das Urteil des Obersten Gerichts wartete. Sie erfuhr auch, wie das Urteil lautete, doch über das, was ihr viel wichtiger war, über seine Einstellung zu ihr, konnte sie mit niemandem reden. Sie erfuhr nicht, ob er seine Haltung ihr gegenüber geändert hatte. Darüber ließ sich in Gegenwart Fremder auch wohl kaum etwas sagen. Es ging ihr wie so vielen in ihrer Situation: Die eine Stunde im Monat, die ihnen zugestanden wurde, ließ so unendlich lange auf sich warten.

Da saß sie also mit ihrem Strickzeug in der leeren Baracke. «Es wurden viele einsame Stunden über den groben grauen, weißgeringelten Socken für die Gefangenen», schreibt sie. Ein Bibelwort hatte sie entdeckt, das war so geheimnisvoll und schön und handelte von dem, «der in der Nacht in der Wüste bleiben muß». Zu ihm gehörte sie, dachte sie; ihm scheinen die Sterne wohl schöner als anderen, aber es ist gewiß auch so, daß sie schlimme Träume in der Einsamkeit hatte.

Sie dachte an ein Wort von Willatz Holmsen, dem Leutnant aus den «Segelfoß»-Romanen, einem Herrn nach Knuts Sinn: Der Mensch muß etwas größer als sein Schicksal sein können, sagte er, als das Unglück über ihn hereinbricht. Marie glaubte einen zu kennen, der es war. Größer als sein Schicksal. Aber nun kam er oft in ihre Wüste und war ihr Richter und sagte: «Wir sehen uns nicht wieder, Marie.»

Es war so still in der Baracke, sie strickte mit fieberhaftem Eifer an ihren Strümpfen, aber sie konnte die Gedanken, die sie quälten, nicht verscheuchen.

In meinen jungen Tagen gab er mir eine Richtschnur für mein Eheleben: Nicht irgendeine Frauensperson ist mit mir verheiratet! Sicherlich lag Selbstbewußtsein in seinen Worten, aber damals schien es mir berechtigt. Ich folgte der Richtschnur. Aber nun sitze ich hier und bin doch in die Irre gegangen, weil ich so viel geringer war als mein Schicksal ...

Sie hatte sich geopfert und war doch vom Weg abgekommen. Sie dachte an den Tag, als sie mit dem kleinen Tore allein in Trondheim zurückblieb, während Knut nach Kristiania weitergereist war, um sich zu vergnügen. Die Erinnerung war ein kleiner Stern in der Wüste, sie tat nicht weh; hier saß sie und bekam Mitleid mit sich selbst. Sie war im Hotelzimmer in Trondheim geblieben, bis er zurückkam. Ohne sich aufzulehnen. Es gab sicherlich nicht «irgendeine Frauensperson», die ihr das nachgemacht hätte.

Wäre ich eine Sammlerin gewesen, hätte ich wohl mehr solcher kleinen Dinge sammeln können, die zu meinen Gunsten sprechen, schrieb sie. Es war nicht ihre Schuld, daß alles so gekommen war. Sie hatte sich nichts vorzuwerfen. Unter diesem Gesichtspunkt war das Opfer vielleicht doch nicht vergebens gewesen? Es hatte nicht zu dem so innig gewünschten Ergebnis, sondern genau zu dessen Gegenteil geführt. Vielleicht. Aber es befreit uns vom Schlimmsten, es erlöst uns von der Schuld und legt sie dem auf, für den wir uns geopfert haben.

Fünf rechts, drei links. Der Winter ging dahin. Der Frühling, der herrliche lange Sommer. Marie saß in der Baracke und strickte Strümpfe; dafür war sie zu gebrauchen. Strümpfe stricken, sich erinnern. Im August kam die überraschende Mitteilung. Es stimmte schon, was Hamsun damals an Tore schrieb:

Die Gerechtigkeit war nicht mehr so selbstherrlich. Als deutlichen Ausdruck der Willkür, von denen die Rechtsverfahren geprägt wurden, setzte man in Norwegen und in Dänemark die Strafzeit für die meisten Verurteilten herab, und Marie erfuhr, daß sie in einigen Wochen entlassen werden sollte, fast sechs Monate vor der Zeit. Wenn sie nun auch noch die 150 000 Kronen bezahlte, wäre sie quitt mit dem norwegischen Staat.

Marie dachte an Oliver, die Hauptperson aus «Die Weiber am Brunnen»: Es gibt fast nichts, das so schnell vergeht wie ein Jahr oder zwei, sagt er zu dem jungen Gefängniskandidaten. Sie hatte die Zeit über den grauen Strickstrümpfen verträumt. Ihre Gedanken kreisten ständig um Knut Hamsun, seine Bücher, seine Gestalten, um ihn selbst. Wie ging es ihm? Hatte er seine Meinung geändert, würden sie wieder zusammen leben? Seit ihrer stürmischen Begegnung in der psychiatrischen Klinik waren fast drei Jahre vergangen. Drei lange Jahre. War das nicht Strafe genug? Würde er strenger sein als ihre Richter? Er hatte gesagt, sie würden sich nie wiedersehen, aber konnte er nicht die Strafzeit herabsetzen? Als sie das letzte Mal aus einem Gefängnis entlassen wurde, aus der Untersuchungshaft in Arendal, hatte sie gehofft, ihn am Tor wartend zu finden. Diesmal wollte sie nicht wieder so naiv sein, aber sie hoffte trotzdem. Ihr fehlte die Kraft, sich vorzustellen, was sonst geschehen würde. Damals, als sie aus Arendal entlassen wurde, konnte sie wenigstens heim nach Nörholm, in ihr eigenes Bett, zu ihren eigenen Sachen, ihren Enkelkindern, ihrem Garten, ihren Blumen. Nun wohnte er auf Nörholm. Falls er immer noch nichts von ihr wissen wollte – wohin sollte sie dann gehen?

Fünf rechts, drei links. Sie strickte hektisch, rote Flecke erschienen in ihrem Gesicht. Der Gedanke an die Zukunft machte sie unruhig, es war viel leichter, als sie nur dasaß und von Vergangenem träumte. Da war die Zeit schnell vergangen, jetzt kroch sie im Schneckentempo, Marie merkte, daß sie die Wochen, Tage, Stunden zu zählen begann. Es verging eine Ewigkeit bis zu dem großen Tag.

Am Tor wartete ein Mann. Es war Tore.

Marie war entlassen, aber sie hatte nur den kleinsten Teil ihrer Strafe verbüßt. Nun wurde das Urteil über sie noch einmal gesprochen.

«Tore holte mich in sein Haus in Asker. Ich brauchte nichts zu fragen. Ich entnahm seiner stillschweigenden Fürsorge für mich, daß ich hier bei ihm bleiben sollte. Vermutlich hatte Knut es so gewollt.»

Als Hamsun kurz darauf die Erbteilung mit den Kindern bei Frau Stray vornahm, erfuhr Marie die brutale Tatsache noch einmal, und jetzt auf noch direktere Art. Er hatte ihr nicht allein die Heimkehr nach Nörholm versagt, er hatte sie auch aus dem Erbe ausgeschlossen. Alles war an die Kinder gegangen. Er selbst würde freien Aufenthalt bis zum Tod auf Nörholm haben – erst danach auch sie. Nun sollte sie sich nicht mehr opfern, nun wurde sie geopfert. Sie mußte bei Tore wohnen bleiben, es war die einzige Lösung, aber auch sie bot Schwierigkeiten. Tore war damals aus seiner Laufbahn als Maler geworfen, in der bildenden Kunst verkaufte sich der Name Hamsun so schlecht wie in der Literatur. Nun versuchte er, seine Familie mit Töpferarbeit über Wasser zu halten, wenn er nicht gerade mit Verlagskorrespondenz für seinen Vater beschäftigt war. Er hatte sich im Keller eine Werkstatt mit Drehscheibe und Brennofen eingerichtet und verkaufte seine Produkte über die Boutique *Künstlerkeramik* – das ließ sich anonym machen. Es brachte immerhin so viel ein, daß er seine Frau, seine Kinder und nun auch seine Mutter über Wasser halten konnte. Marie dachte wieder an Knut. Er hatte einmal, als die Söhne noch klein waren, an sie geschrieben, daß die beiden Jungen ihr eines Tages eine gute Stütze sein könnten.

Zunächst mußte Marie auf einem Sofa schlafen und sich mit dem alten Bisampelz zudecken, den sie noch aus ihrer Zeit als Norwegens Erste Dame in der Literatur besaß. Bald nach der Entlassung schrieb sie an Cecilia, sie habe nach Nörholm geschrieben, man möge ihr etwas von ihrem Schmuck schicken, damit sie ihn verkaufen und dafür Bettzeug erstehen könne.

Sie schrieb an Cecilia, sie wollte versuchen, als Gegenleistung für Kost und Unterkunft im Haushalt zu arbeiten; sie wusch auf, machte sauber, stopfte Kinderstrümpfe und strickte – strickte wieder.

Wir Bauern verkaufen nicht gern ein altes Pferd, selbst wenn es anderswo noch zu leichterer Arbeit taugen könnte, schreibt sie in ihren Erinnerungen. Lieber schießen wir ihm vor seinem gewohnten Stall eine Kugel in den Kopf. Ich fühlte mich damals eigentlich wie ein altes Pferd, das man verkauft hat.

Ich gehe hier umher und quäle mich, weil ich meinen kleinen Rest Leben nicht ein bißchen anders verbringen kann, schrieb sie Cecilia. Ich weiß nicht, was ich schreiben soll außer über das, was mich ganz und gar beschäftigt, und das ist so wenig angenehm. Von Nörholm höre ich wenig oder nichts.

Marie war auch mit siebenundsechzig Jahren noch eine aktive Natur. Sie mußte sich etwas zu schaffen machen, um die traurigen Gedanken zu vergessen, und jetzt spann sie einen alten Plan weiter: Sie wollte aus ihrem Besitz bei Elverum eine Pension machen, aber der Plan fiel ziemlich rasch ins Wasser, einmal aus Kapitalmangel, aber auch, weil jede Einnahme als Anzahlung auf die Entschädigungssumme sofort vom Staat beschlagnahmt worden wäre. Diese Riesensumme, die über ihr hing, verurteilte sie zur Passivität. Sie versuchte, zu Cecilia nach Kopenhagen zu reisen, stieß aber auf das selbe Hindernis. Die Behörden fürchteten, sie wolle vor ihren Schulden davonlaufen, und verweigerten ihr einen Paß. Von der Gefängnisstrafe hatte man ihr etwas erlassen, aber beim Geld war das eine andere Sache. Dem Beamten, der sie daran erinnerte, daß sie dem norwegischen Staat 150 000 Kronen schuldete, antwortete sie, daß der Staat für den Betrag Fische im Nörholmfjord fangen dürfe. Von ihrer Schlagfertigkeit hatte Marie nichts eingebüßt, aber sie übersah, daß auch die Fische, die im Nörholmfjord umherschwammen, ihr nicht mehr gehörten.

Doch ebenfalls in diesem Punkt zeigte sich die Gerechtigkeit weniger selbstherrlich, als die Zeit verging: Im Winter glückte es Tore, ihr einen Paß zu beschaffen. Außerdem hatte er mit seiner Töpferei so viel Geld verdient, daß er seiner Mutter die Fahrkarte nach Kopenhagen kaufen konnte. Sie brauchte ein wenig Abwechslung, sagte er.

Aber ich hatte mich, so lange ich zurückdenken kann, niemals nach Abwechslung gesehnt, schreibt Marie in ihren Erinnerungen. Ich war ein Mensch, der alle Dinge stets am gleichen Platz haben wollte. Auch hier: Ein altes, verkauftes Pferd.

Abwechslung, sagte Tore – aber er meinte wohl auch Entlastung. Nun waren die Schwestern an der Reihe, sich um die Verstoßene zu kümmern. Cecilia und Hans Andreasen lebten kaum in besseren Verhältnissen als Tore. Die Wohnung, Westerbrogade 21, lag im 4. Stock über dem Hof und war mit drei Zimmern und Kammer groß genug, um zu dem kinderlosen Ehepaar noch einen dritten Bewohner aufzunehmen. Cecilia erinnert sich mit dem hamsunschen Sinn für das einprägsame Detail an diesen Platz:

Hans und ich waren sehr arm, aber Mama nahm das gelassen hin. Wir wohnten in einem Hinterhaus, und das Anwesen wimmelte von Dirnen und Zuhältern. Ich ging manchmal hinunter und schürfte nach Eßbarem in den Mülltonnen um die Wette mit den Ratten, die fett waren wie kleine Schweine.

Marie dachte in dieser Zeit oft an ihre Nachbarin auf Hamaröy, der sie in vielen bekümmerten Stunden ihr Herz ausgeschüttet hatte. Sie hieß Anne auf Lian. «Siehst du», sagte Anne auf Lian, «die Erde, und wenn sie auch brennt, wir müssen trotzdem auf ihr gehen.»

Diese Erde war jetzt das harte Kopenhagener Steinpflaster. Marie, die ihr ganzes Leben so gern auf dem Lande gewohnt hatte, mußte sich an das Kopfsteinpflaster gewöhnen, die Dame von Nörholm mußte sich mit den Seitengassen von Vesterbro vertraut machen. Es war ihr immer leichtgefallen, mit Menschen umzugehen, und sie kam besonders gut mit Hans Andreasens Mutter aus, die ein kleines Lokal auf dem Halmtorvet besaß. So manchen Nachmittag gingen die beiden ins Hinterstübchen und redeten über das eine oder andere. Frau Soelbjerg war geschieden, und im Alter finden Frauen ja immer leicht ein Gesprächsthema.

Manchmal versuchte sie, wie im Gefängnis sich die Zeit mit Träumen zu vertreiben. Sie ließ die Gedanken zurückwandern, und Gedichte, die sie jetzt in ihrem Schlafzimmer schrieb, handelten von ihren Kindern und der Zeit, als sie klein waren.

Ich nahm mich zusammen und schrieb ein paar Kinderverse, eigentlich war es nur eine Flucht aus der Wirklichkeit zurück zu geliebten Orten und geliebten Kleinen. Doch die Erde wurde heißer und heißer unter meinen Füßen, und schließlich machte ich einen verzweifelten Versuch, mir Linderung zu verschaffen.

Frühjahr war es, die Tage wurden lang, Marie hörte die Amsel jeden Abend auf einem Baum an der Kirche, die ihren Namen trug, und ihre Sehnsucht nach Nörholm wurde unerträglich. Warum konnte sie nicht dort sein? Wer trug denn die Schuld an ihrem Unglück ohne Grenzen? Es kam ihr nicht in den Sinn, Knut Hamsun anzuklagen; aber sie konnte auch nicht erkennen, womit sie ein so hartes Schicksal verdient hatte. Jedesmal, wenn ihre Gedanken diese Bahnen liefen, sah sie nur einen Namen vor sich und «eine weißgekleidete Gestalt, die sich eiskalt und satanisch vor ihren Augen erhob» – den Chefarzt der psychiatrischen Klinik auf Vinderen zu Oslo, Professor Dr. med. Gabriel Langfeldt. Er war es, der sie zuerst ausgefragt und dann sein Schweigegelöbnis gebrochen, sie verraten und ins Unglück gestürzt hatte. Aber warum? Immer wieder stieß sie sich an dieser Frage, am Tag war sie müde, und nachts konnte sie nicht schlafen. Linderung sollte ihr der verzweifelte Versuch bringen, sich noch einmal dem zu offenbaren, den sie als ihren Henker betrachtete, ihm alles zu erzählen. Sie mußte Langfeldt selbst diese Frage stellen, sie schrieb ihm einen langen Brief, es verschaffte ihr Erleichterung, sich alles vom Herzen zu reden. Später zeigte sie Cecilia den Brief, und als die Tochter meinte, sie solle ihn abschicken, warf sie ihn am 17. April in den Briefkasten, gerade in den Tagen, als Knut Hamsun erfuhr, daß Grieg den Namen Langfeldt aus seinem Buch streichen wollte. Bereute Marie später, daß sie sich noch einmal so demütig und ausführlich an Langfeldt gewandt hatte? Als sie ihre Erinnerungen niederschrieb, kannte sie das Ergebnis ihrer neuen Offenherzigkeit und begnügte sich damit, die ersten acht Zeilen des Briefes zu zitieren. Der Rest war herzzerreißend, der Ruf eines Menschen in Not:

Herr Professor!                                              17. April 1949
Seit ich im August aus dem Gefängnis entlassen worden bin, habe ich jeden Tag vorgehabt, Ihnen zu schreiben.
    Ich möchte Sie fragen, *warum* Sie so gegen mich gehandelt haben, ob irgendein guter oder notwendiger Zweck damit erreicht oder ob nur der Rest meines Lebens zerstört werden sollte, oder war es einfach eine Art Gedankenlosigkeit? Seien Sie so freundlich, mir darauf zu antworten, ich brauche Klarheit. Wie Sie sich gewiß erinnern und wie sich auch der anwesende Arzt erinnern wird, fragte ich, wer meine Aussagen über Hamsun sehen werde. Der Oberste Ankläger, hieß es, sonst niemand. Daraufhin offenbarte ich Ihnen auf Ihre Fragen *alles* über unser Verhältnis, ich vertraute Ihnen. Ich glaubte ja, auf die Weise meinem Mann am besten dienen und möglicherweise etwas für die Kinder retten zu können, und so kam es zutage, daß er in den vergangenen zehn Jahren so viele senile Züge gezeigt hatte. Gleichzeitig erklärte ich Ihnen mit klopfendem Herzen, daß mein Mann unweigerlich mit mir brechen würde, wenn er meine Aussagen kennenlernte. Sie beruhigten mich und brachten mich dazu, ihn bloßzustellen. Hätten Sie mir nicht aufrichtig sagen können: Ich kann Ihnen keine Diskretion zusichern, dies ist eine

«übliche judizielle Erklärung» (wie Sie es meinem Sohn Arild auf seinen Brief hin mitgeteilt haben)? Statt dessen ließen Sie mich in dem Glauben, daß nur der Oberste Ankläger meine Aussagen lesen werde. Ich weiß ja, daß selbst Mörder und Räuber das Recht haben, sich auf die Verschwiegenheit eines Arztes zu verlassen.

Ich war wie gelähmt, als mir Rechtsanwalt Stray ein Protokoll meiner Aussagen vorlegte – mit Hamsuns eigenen Randbemerkungen. Dieses Protokoll habe auch «im Büro des Polizeipräsidenten» herumgelegen, sagte er mir.

Daraufhin hat mir Hamsun die Heimkehr verweigert, solange er am Leben ist. Er hat mich außerdem bei der Erbteilung übergangen. Alles ist an meine Kinder gegangen, er selbst hat sein Altenteil auf Nörholm, das ich *nach* ihm haben soll. Mein Mann hat mich also in äußerste Bedrängnis gebracht, mich von Nörholm vertrieben, das dreißig Jahre lang meine Heim war, und ich habe nicht eine Öre erhalten. Ich bin siebenundsechzig, leide an Angina pectoris, einem Magengeschwür und an einer Erschöpfung, die mich völlig arbeitsunfähig macht.

Meine Kinder, die mir zu helfen suchen, kämpfen selbst um ihre Existenz, Tore – er hat eine Frau und drei Kinder – stellt in seinem Keller Töpferwaren her, er hat ein kleines Haus in Asker. Es ist ein kümmerliches tägliches Brot. Ich habe mehrere Monate bei ihm auf dem Sofa geschlafen.

Arild hat mir etwas Geld geschickt, das er für Holzeinschlag- und -verkauf bekommen hat. Auch er hat eine Frau und drei Kleine. Er hat den schuldenbelasteten Hof übernommen, und sie brauchen Hilfe für die Kleinen, die ich gut hätte leisten können. Mein älteste Tochter geht im Elend zugrunde. Die jüngste hat mich jetzt zu sich genommen. Sie ist mit einem jungen Dichter verheiratet, der von Zeitungsartikeln lebt. Sie hat 200 Kronen Leibrente im Monat, mehr hat sie nicht gerettet. In ihrer kleinen Wohnung haben sie mir ein Bett gegeben, und ich teile ihre Armut mit ihnen.

Sie können natürlich einwenden, daß meine Ehe zerstört *war*. Gewiß, aber ich habe niemanden von unserem Verhältnis erzählt, nicht einmal meinen engsten Freunden – nun ist der Fall im Mund sämtlicher Klatschtanten. Ich habe trotz allem vierzig Jahre lang ein Heim bewahrt, das uns allen teuer war, und es gab auch Zeiten, in denen mein Mann und ich ruhig zusammenhielten. Vor allem unter dem Druck all des Schrecklichen, das über uns gekommen ist, wurde das Zusammenleben für ihn so schwer – und für mich auch. Ich glaube, wir könnten wie früher wieder zueinanderfinden, auf jeden Fall aber könnte mein Mann dieses Verhalten *meinen Kindern gegenüber* nicht durchgesetzt haben ohne die Waffe, die Sie ihm in die Hand gaben.

Ich bin todmüde, aber sagen Sie mir trotzdem, *warum* Sie so handelten, es ist das einzige, was mich noch zu wissen interessiert.

Ihre ergebene
Marie Hamsun

Der Brief beweist, daß Marie nachträglich nichts beschönigte, als sie die Ereignisse in ihren Erinnerungen darstellte. Professor Langfeldt antwortete kurz, aber umgehend. Die gerichtliche Observation ihres Mannes sei durchgeführt worden, weil der Oberste Ankläger meinte, er sei seelisch geschwächt und deshalb strafrechtlich nicht verantwortlich. «Die Mentaluntersuchung war ein Schritt bei dem Versuch, ihn vor einer Strafe zu bewahren.» Der Antrag sei vom Obersten Ankläger gestellt worden, und Langfeldt sei die ganze Zeit davon ausgegangen, daß die Aussagen nur ihm vorgelegt werden sollten. Als er Marie Hamsun das mitteilte, geschah es in der vollen Überzeugung, daß es dabei bliebe. Er sei nicht verantwortlich für das, was mit der Erklärung später geschehen war. Unter den vorliegenden Umständen war es natürlich von größter Bedeutung gewesen, von Marie Hamsun die Bestätigung zu erhalten, daß ihr Mann senile Züge aufweise, deshalb seien ihr die Fragen gestellt worden. Ich sehe deshalb nicht ein, daß Sie mir etwas vorzuwerfen haben, schrieb Professor Langfeldt und schloß, vielleicht etwas zynisch, aber nicht unzutreffend:

Nach dem Eindruck, den ich vom Verhältnis zwischen Ihnen und Ihrem Mann hatte – er setzte sie ja praktisch vor die Tür –, kann ich nicht glauben, daß es anders gekommen wäre, wenn Sie die Aussagen, die Sie machten, nicht abgegeben hätten.

Sein Brief bestätigt, daß Hamsun recht hatte, als er im Brief an den Obersten Ankläger und in seiner Verteidigungsrede meinte, daß die Untersuchung seines Geisteszustandes angeordnet worden war, weil man versuchen wollte, ihn aus einem Strafverfahren herauszuhalten. Er bestätigte aber auch, daß der stürmische Auftritt zwischen den Eheleuten im Empfangsraum – wo Hamsun nach Langfeldts unverblümtem Ausdruck Marie vor die Tür setzte – stattfand, *bevor* Hamsun das geringste von dem wußte, was Marie zum Professor gesagt oder nicht gesagt hatte. Marie kam gar nicht auf den Gedanken, daß Hamsuns heftige Reaktion zu einer Zeit, als er den Umfang ihrer Aussagen noch nicht kannte, auf eine tiefe Bitterkeit zurückzuführen war, weil er jetzt, wo er aus den Zeitungen den eigentlichen Sachverhalt kennenlernte, merkte, was sie ihm an Nachrichten während des Krieges vorenthalten hatte. Für sie lag die Ursache nicht darin, daß sie einst zuwenig und jetzt zu Professor Langfeldt zuviel gesagt hatte, sondern vor allem darin, daß ihre Aussagen Hamsun und der Öffentlichkeit in die Hände gelangt waren, obwohl Langfeldt ihr Stillschweigen versprochen hatte. Maries Bezeichnung «Skandal» war nicht zu stark gewählt. Aber wie immer, wenn mehrere öffentliche Instanzen im Spiel sind, war es nicht möglich, ihre Frage zu beantworten.

Die Sachverständigen waren verpflichtet, sich durch Gespräche mit den Angehörigen ein Bild vom Geisteszustand des Beschuldigten zu machen. Sie gaben ihre Beobachtungen samt Begründung und Schlußfolgerung an die Anklagebehörde weiter und waren nicht dafür verantwortlich, was dort mit ihnen geschah. Die beiden Ärzte hatten nicht einmal eingewilligt, daß die

Unterlagen weitergegeben wurden. Ebensowenig konnte es dem Staat zur Last gelegt werden, daß Hamsun die Erklärung in die Hand bekam, denn er hatte damals ja keinen Rechtsbeistand. Marie hätte sich all das Elend am besten erspart, wenn sie geschwiegen hätte. Viele Jahre später kam sie immerhin zu der Einsicht, daß Professor Langfeldt nicht mit Absicht so viel Böses über sie und die Ihren – und vor allem über Knut Hamsun in seinem hohen Alter gebracht hatte.

Doch so sachlich konnte Marie die Dinge in diesem unglückseligen Frühjahr 1949, als sie bei Cecilia in Kopenhagen wohnte, nicht betrachten. Der Briefwechsel mit Langfeldt hatte sie keinen Schritt weitergebracht, hatte kein Problem gelöst. An dem viereckigen Stück Himmel über dem Hinterhof sah sie, daß aus dem Frühling Sommer wurde. Sie stellte sich Nörholm vor, die Enkelkinder, den Garten, wo sie sonst um diese Zeit ihre Stiefmütterchen gepflanzt hatte. Sie brach zusammen. Auch im Jahr zuvor war sie von dem allen ausgeschlossen gewesen, aber da hatte sie im Gefängnis gesessen, war verurteilt gewesen. Nun, da es keine unüberwindlichen äußeren Gründe dafür gab, war alles viel schlimmer. Ihr eigener Mann hatte ihr verboten, heimzukommen. Cecilia, die den Zusammenbruch ihrer Mutter erlebte, war voller Mitleid und tat schließlich das, wozu unter den Kindern vermutlich nur sie imstande war: Sie schrieb an den Alten auf Nörholm. Den ganzen Krieg hindurch hatte sie ihm in kurzen Zwischenräumen Päckchen mit Tabak, Zigarren und anderen rationierten Seltenheiten aus dem wohlversorgten Dänemark geschickt; nun schickte sie ihm eine Bitte, nun war er es, der ihr einen Dienst leisten sollte.

Ihr Brief ist nicht erhalten, wohl aber seine Antwort. Sein Brief trägt das Datum vom 13. Juni 1949 und lautet ungekürzt:

Liebe Cecilia,
Du schreibst und fragst: «Willst Du Mama nicht wieder nach Hause holen?»
Liebe Freundin, Du verstehst das nicht. Und das ist wohl auch nicht zu erwarten. Der Hof Nörholm und Arild können nicht die Belastung einer solchen doppelten Bürde tragen. *Ich kann niemanden «nach Hause nehmen».*
Verstehst Du diese wenigen Worte?
Ich habe Mama gesagt, daß ich *niemals in meinem Leben wieder einen Tag mit ihr zusammen unter einem Dach leben will*! Das ist doch wohl auch klar und deutlich?
Früher bot ich an, mich im Altersheim Landvik einzuquartieren. Damals hatte ich nämlich noch ein paar Schillinge übrig, aber seitdem bin ich am Boden und kann im Altersheim nicht mehr für mich bezahlen. Du weißt, daß alles an die Kinder verteilt worden ist, und ich besitze nun nichts mehr auf dieser Welt, nur das, was Arild mir an Taschengeld gibt.
Mir ist das gleichgültig.
Ich verstehe, es ist unangenhm für Mama und Dich und Ellinor und die

Kleinen – und für mich ist es auch nicht gerade angenehm –, daß ich noch nicht aus der Welt bin, sondern leider immer noch umhergehe.

Ich habe begonnen, so langsam mein Ende zu erkennen, die letzten Monate waren hart, ich sterbe ganz allmählich, so ist ja Hoffnung für alle, daß ich nicht ewig leben werde. Mama wird weiter weinen (aus Wut, daß ich noch nicht krepiere). Aber sie hat ja noch lange Zeit, bis sie neunzig ist.

Ich sehe nun nicht mehr.

Liebe Cecilia, sei gesegnet, schick dies an Ellinor, damit ich nicht auch noch an sie schreiben muß. Ich bin so *dumm* geworden und so blind in den Augen.

Dein alter Papa

Der Brief ist auf liniertem Papier geschrieben, aber die Hand zitterte, der alte Mann konnte die Linien nicht erkennen und setzte seine Buchstaben ohne Rücksicht auf sie hin. In anderer Hinsicht steht nichts zwischen den Zeilen, da hatte die Hand nicht gezittert. Hamsuns Stil und Ausdruckskraft sind ihm nicht genommen worden, nicht gealtert, er versteckte sich einen Augenblick hinter wirtschaftlichen Notwendigkeiten, aber gleich danach kommt die ungekürzte Wahrheit an den Tag, und sobald sie ausgesprochen ist, wird sie Schlag auf Schlag festgehämmert. Es war Schluß. Er hatte nichts vergessen, nichts vergeben. Der Brief drückt eine Unversöhnlichkeit aus, die der Mutter gegenüber schonungslos ist, aber in gewissem Grade auch die Kinder betrifft – er ist ein Zeugnis dafür, wie allein, wie isoliert, verlassen sich Hamsun damals fühlte – wozu er vielleicht Grund hatte. Er stand in diesen Wochen in der bitteren Schlußphase seines Streits mit Langfeldt; er konnte nicht wissen, daß die, die er so unbarmherzig verstieß, in eben diesen Wochen auf seiner Seite den gleichen Kampf auskämpfte.

Cecilia wird ihrer Mutter kaum die brutale Antwort gezeigt haben. Bald darauf beschloß Marie, Dänemark zu verlassen und wieder zu Tore zu ziehen, weil er, wie sie schrieb, ja doch nicht so weit entfernt von zu Hause wohnte. Sie hoffte immer noch auf ein Wort – sie hätte es nicht getan, wenn sie diesen Brief gelesen hätte.

Tores Verhältnisse hatten sich nicht gebessert. Marie erzählte Cecilia, daß er seine Arbeit im Keller einstellen müsse; jetzt kamen immer neue verlockende Waren ins Land, die Leute rissen sich nicht mehr um Keramik, er hatte seine Preise gewaltig herabsetzen müssen und trotzdem Mühe, das Lager abzusetzen. Aus Geldmangel hatte er nicht den Speicher einrichten können, alles war wie immer, Marie schlief nachts auf dem Sofa und versuchte bei Tage, sich etwas nützlich zu machen. Sie reparierte verschlissene Möbelbezüge, wusch Wolldecken, machte Himbeeren ein, ging in den Garten. Am 29. Juli schrieb sie an Cecilia, daß sie den Besuch von Arilds Frau Brit mit den Enkelkindern Esben und Victoria erwartet.

«Ja, ja, meinetwegen. Ich bin allmählich gleichgültig gegen alles und alle auf

Nörholm – sie müssen ja versuchen, sich dort zu halten, wenn das Leben erträglich sein soll.»

Mehr brauchte sie nicht zu schreiben, denn Cecilia wußte, was auf Nörholm bevorstand, und konnte zwischen den Zeilen lesen. Als die Mutter im nächsten Brief erzählte, sie habe begonnen, die Fußböden zu scheuern, um sie dann zu lackieren, und das müsse geschehen, während die Kinder fort waren, brauchte sie nichts weiter zu begründen. Knut Hamsun wurde am 4. August neunzig Jahre alt, und auf Nörholm sollte ein Familienfest gefeiert werden.

Tableau. Tore photographiert die Enkel, die zwischen den nun nicht mehr strahlend weißen Säulen um den Großvater herumsitzen – Marie ist allein im Haus zu Asker und scheuert die Fußböden.

Sie dachte an «alle runden Geburtstage, die sie mit ihm zusammen erlebt hatte, seit er fünfzig wurde». Damals hatte sie nachher wochenlang Dankbriefe in alle Welt schicken müssen. War seine brutale Ausdruckskraft noch dieselbe wie in alten Tagen, so war ihr die Fähigkeit geblieben, ihr Unglück ins rechte Licht zu setzen.

Dann kam Tore mit seiner Familie zurück zu den frisch gelackten Fußböden und den alten Problemen. Marie ließ durchblicken, daß sie sehr beansprucht sei und gern zu Cecilia zurückkkehren wolle, «um zu faulenzen». «Ich wünschte, wir hätten genügend Geld, um zusammenzulegen und ein kleines Haus in Dannevang zu kaufen. Ich verabscheue von ganzem Herzen das ‹Ja-wir-lieben-dieses-Land›...»

Das Verhältnis zwischen Schwiegermutter und Schwiegertochter war so harmonisch, wie es eben sein kann, wenn die Schwiegermutter eine Dame von Maries Ansichten, Ordnungssinn und Tüchtigkeit ist. Tore machte schwierige Zeiten durch, seine Frau verließ für längere Zeiten die Familie, und schließlich wurde das Ehepaar geschieden. Die Abwesenheit der Hausfrau bedeutete natürlich eine Lösung des Platzproblems, Marie wurde nun unentbehrlich für die Enkelkinder. Von ihren Kindern war es wohl Tore, mit dem sie sich am meisten verbunden fühlte, die beiden hatten zusammen Terbovens eisige Kälte über sich ergehen lassen, und Tores ruhiges Wesen hatte jetzt wie damals einen wohltuenden Einfluß auf ihr gequältes Gemüt; in seiner Gegenwart kam allmählich Ruhe über sie. Im Herbst und Winter 1949, als der Name Hamsun wieder Aufsehen erregte, lebte sie still und unbemerkt in Asker.

Von Nörholm höre ich nichts, schrieb sie an Cecilia. Die Tage kamen und gingen, einer glich dem anderen, aus Herbst wurde Winter, der Winter wandelte sich zum Frühjahr, und sie hörte die Amsel wieder, aber nun schmerzte ihr Gesang nicht mehr, sie fand nach und nach Abstand vom großen Schmerz ihres Lebens, hörte auf, «zu spähen und zu lauschen», sich zu sehnen und zu hoffen, die Erkenntnis festigte sich, daß Marie Hamsuns Geschichte zu Ende war.

Marie Hamsuns Geschichte. Können solche Geschichten nur einen Schluß haben? Tore war nicht daheim, als das Telegramm kam, am Sonntag, dem 18. April 1950. Es war ein Eiltelegramm und an sie gerichtet. Sie riß es auf. «Sofort anrufen», stand da.

Tore hatte kein Telephon, deshalb war telegraphiert worden. Marie zog sich an. Noch lag Schnee unter den hohen Bäumen. Sie wartete einen Augenblick, bis sich ihr Herz beruhigt hatte, warf sich den alten Bisampelz um und lief zum Nachbarn. Das Telegramm kam aus Nörholm, von dem Mann, der sich allein gegen alle behaupten mußte.

# 36
## *Allein gegen alle*

Als Marie am 18. April 1950 das Telegramm erhielt, war genau ein Jahr vergangen, seit Knut Hamsun erfahren hatte, daß Harald Grieg den Namen Professor Langfeldts aus dem Buch entfernt haben wollte. Grieg fürchtete eine Beleidigungsklage und wünschte, daß die ganze Schilderung der psychiatrischen Klinik gemildert werde. Seit dem Bruch zwischen ihm und Hamsun im Jahre 1946 konnte es keinen Briefwechsel zwischen ihnen mehr geben, alle Verhandlungen gingen über Sigrid Stray und Christian Gierløff als Vermittler, eine Situation, die Grieg sehr zustatten kam, weil er die beiden wie einen Schild vor sich herschieben konnte; aber der Kampf hinterließ so manchen Gefallenen auf der Walstatt.

Von Anfang an waren die Kräfte ungleich verteilt, denn Sigrid Stray und Christian Gierløff teilten Griegs Ansicht. Frau Stray hatte Hamsun gewarnt, sein Text sei hart an der Grenze zur Beleidigung, und Gierløff erzählte Grieg, er habe Hamsuns Einwilligung erhalten, Langfeldts Namen zu streichen.

Grieg gab das Manuskript Anfang April zum Satz, sobald geklärt war, daß ihn Bonnier unterstützen wollte. Die erste Korrektur erhielt Hamsun am 5. April, erst fünf, dann drei Bogen: Zum erstenmal, seit Du mich wie Gallert aus der Anstalt holtest, habe ich dir etwas Angenehmes mitzuteilen, schrieb er nichtsahnend an Gierløff, dessen Einstellung zum Problem Langfeldt er noch nicht kannte. Gierløff muß es aber dann in einem Brief, der nicht erhalten ist, angedeutet haben, denn am 10. April, dem Tag, an dem Langfeldt Maries verzweifelten Brief aus Kopenhagen erhielt, versuchte Hamsun, seinen Getreuen mit einem Scherz abzuwehren: Ach nein, was er über die psychiatrische Klinik geschrieben hatte, war ja ganz zahnlos, wenn natürlich auch nicht so zahnlos wie er selbst!

Doch die Verhältnisse in der Anstalt waren doch gerade der Grund, weshalb ihn Gierløff wie einen Klumpen Gallert dort abgeholt hatte. Im übrigen hatte er nun mit Korrekturlesen genug zu tun, und mehr konnte er nicht leisten.

Am selben Tag sandte er die Korrektur an Gyldendal, und schon zwei Tage danach, am 21. April, berichtete Grieg der Anwältin: Die Schilderung der Klinik sei nicht gemäßigt, Langfeldts Name nicht gestrichen worden. Statt dessen hatte Hamsun bei der Wiedergabe seiner Verteidigungsrede noch eine Fußnote angefügt, und zwar an der Stelle, wo er behauptete, niemand im ganzen Land habe ihm erklärt, daß er etwas Falsches sagte oder schrieb.

Nun erinnert man mich daran, hieß es in der Fußnote, daß ich Briefe von Ella Anker und Odd Nansen erhielt, aber ich bekam damals Briefe von Island bis Indien und sammelte den Schmutz nicht.

Am 20. April hatte Hamsun Gierlöff gebeten, wieder einmal nach Nörholm zu kommen, und der Besuch wurde für den 29. April verabredet. Gierlöff war inzwischen deutlicher mit der Sprache herausgerückt. Der naive Mann ahnte offensichtlich nichts von den Gefahren eines Versuchs, Hamsun korrigieren zu wollen. Nun mußte er eine Warnung hinnehmen – datiert vom 25. April, demselben Tag, an dem Langfeldt Maries verzweifelten Brief erhielt: Heute schreibst Du von meinem kleinen Buch, daß noch ein paar kleine Haken dabei seien. Es wird einfach sein, sie bei der zweiten Korrektur auszumerzen. Falls ich schon einmal etwas davon vernommen haben sollte, habe ich es vergessen. Ich habe Dir ehrlich und redlich mitgeteilt, daß ich Deine Zensur ignoriert habe. Aber mein Lieber, wenn Du die kleinen Haken aufzeigen willst, *so tu es in Gottes Namen* kurz. Ich vermag es nicht, darüber mit Dir zu diskutieren – zeig mir, um was es geht, dann werde ich Dir ja oder nein antworten. Ich gehe meine Tour, aber ich taumle. Heute morgen stand ich um 5 Uhr auf, hatte nicht richtig auf die Uhr gesehen und war ganz erschöpft. Wenn ich die Zweitkorrektur erhalte, beeile Dich bitte mit Deinen Haken, sonst kann es zu spät werden. Und sorge dafür, daß es wirklich nur wenige sind.

Sah Gierlöff nicht das Messer blitzen? Oder konnte er das Doppelspiel nun nicht länger durchhalten? Jetzt kam er damit heraus, was mit den «kleinen Haken» gemeint war: Gierlöff war sich mit Grieg darüber einig, daß Langfeldts Name fortgelassen werden müsse. Er meinte doch auch, daß ihn Hamsun dazu ermächtigt habe! Außerdem war er nicht damit einverstanden, daß Hamsun den Chefarzt als Ratte bezeichnete.

Nun war es heraus, nun stand der tapfere Christian Gierlöff im Löwenkäfig. Die Antwort kam umgehend. Gierlöff hat sie nicht mit allen anderen Briefen Hamsuns in das Buch aufgenommen, das er unter dem Titel «Knut Hamsuns eigene Stimme» herausgab, denn es kam ja wohl immer noch auf das an, *was* er mit seiner eigenen Stimme sagte. Hamsun war sich über die Bedeutung der Frage klar und machte sich, wie auch von anderen entscheidenden Briefen dieser Zeit, eine Abschrift, die man nach seinem Tode zwischen seinen Papieren fand. Der Brief an Gierlöff trägt das Datum vom 25. April:

Lieber Gierlöff, ich brauche das Wort Ratte, wie ich das Wort Sonderling brauchte oder das Wort Schurke, falls ich es benutzt habe. Aber gib nicht nach. Ich habe Dich niemals «ermächtigt, Langfeldts Namen zu streichen». Das *könnte* auch gar nicht gemacht werden, weil der Name schon in meinem Brief an den Obersten Ankläger auftaucht. Willst Du nun aufhören, mich hiermit noch zu plagen? Oder willst Du darauf bestehen? Bittschön. Aber Du mußt nicht glauben, daß Du damit irgend etwas erreichst.

Klarer Bescheid. Vor diesem Hintergrund trafen sich die beiden Männer vier Tage später auf Nörholm, wo Hamsun keine von Gierlöffs Zigarren rauchen wollte, ehe nicht alle Widerwärtigkeiten aus dem Wege geräumt worden waren. Gierlöff erwähnt in seinem Buch nur, daß es die letzte Begegnung zwischen ihnen war, nennt den Grund aber nicht. Seine Schilderung der herzlichen Stimmung ist vielleicht übertrieben, aber nicht falsch. Daß Hamsun in seinem letzten Brief noch geschrieben hatte «gib nicht nach», zeigt ja, daß er damals von Gierlöffs Doppelspiel nichts wußte.

Griegs Erinnerungen können wir entnehmen, daß Gierlöff unmittelbar von Nörholm in das Anwaltsbüro am Blumenmarkt fuhr, um Sigrid Stray zu berichten, daß mit Hamsun nichts anzufangen sei. Sie einigten sich darauf, daß Sigrid Stray noch einen Versuch machen sollte, denn ihre lange Anwaltspraxis konnte ihr helfen, sich diplomatisch auszudrücken. Sie schrieb also an Hamsun, Grieg wollte nicht irgendwelche Korrekturen an dem Buch verlangen, sondern halte nur einen Abschnitt über Langfeldt für künstlerisch weniger gelungen als das übrige Buch. Grieg habe den Eindruck, Hamsun sei die Galle übergelaufen, er halte es für einen Vorteil, wenn dieser Abschnitt gemildert würde. Gierlöff habe ihr gegenüber einmal erwähnt, daß dies bereits geschehen sei, aber so weit sich Grieg erinnere, sei der Name immer noch nicht gestrichen. Im übrigen sei sie selbst auf diesem Gebiet nicht sachkundig genug und nicht die Richtige, diese Angelegenheit mit Hamsun zu erörtern.

Ein diplomatisches Meisterwerk – Grieg wollte ja gar keine Änderungen in Hamsuns Buch, nur Langfeldts Name sollte entfallen und die Schilderung etwas gemildert werden! Und da sie ja selbst so wenig von der Materie verstand, hatte sie ihm einfach nur geschrieben, wie die Dinge lagen. Das wirkte. Hamsun hatte großen Respekt vor der Dame mit dem klugen Kopf, und als er gleichzeitig die Bogenkorrektur von Gyldendal erhielt und unter dem Einfluß von Sigrid Strays Brief die beanstandeten Abschnitte las, sah er ein, daß er tatsächlich an einigen Stellen reichlich grob gewesen war. Man konnte es feiner – und damit schärfer ausdrücken.

Er schrieb versöhnlich an Gierlöff (und dieser Brief konnte gut in «Knut Hamsuns eigene Stimme» aufgenommen werden), daß er sich hingesetzt und berichtigt, verändert und gestrichen habe, eine gräßliche Arbeit, er hatte bis drei Uhr nachts daran gesessen mit seinen Lupen und starken elektrischen Birnen, und nun war er wieder Gallert vor Erschöpfung. Wirklich gut war es nicht und konnte es bei der Korrektur auch nicht werden, aber er glaubte doch, daß Gierlöff es brauchbar finden und zufrieden sein werde.

Das war falsch. Gierlöff war nicht zufrieden, Langfeldts Name stand noch immer auf dem Papier. Aber er faßte Hamsuns Zugeständnisse als Rückzug auf und schrieb herablassend an Grieg:

Der Höhepunkt der Schlacht liegt hinter uns. Wenn er nicht wieder einen Rückzieher macht, wird er, denke ich, den Namen und die verschiedenen Kleinigkeiten streichen.

Wie konnte er das wagen? Kannte er nicht Maries Schicksal? Konnte er sich nicht selbst sagen, daß nicht mehr viel von dem Namen Christian Gierlöff übrigbleiben würde, falls diese Zeilen unmittelbar oder mittelbar zu Hamsuns tauben Ohren kommen sollten? Die Erklärung liegt sicherlich darin, daß er nicht alleinstand: Von allen Seiten wurde Hamsun jetzt bedrängt. Nach einem ungedruckten Brief Maries an Cecilia vom 8. Mai 1952 haben ihn auch Tore und Frau Stray «inständig» gebeten, den Namen Langfeldt fortzulassen, und einem Schreiben von Sigrid Stray an Grieg ist zu entnehmen, daß sogar der engstirnige Arild versuchte, den Vater zu überreden. Gierlöff war einfach zur überwältigenden Mehrheit übergegangen.

Hamsun merkte, wohin das alles steuerte. Er schrieb an Cecilia, daß Gierlöff ihn immer noch bedrängte, den ganzen Absatz in seinem Buch zu schlachten. Hamsun merkte, daß der Freund mit dem Gedanken spielte, selbst ein Buch über das Ganze herauszugeben, und schrieb in Panik an Frau Stray, sie möge es verhindern. Gab es einen anderen Namen, den Gierlöff statt dessen gern gestrichen haben möchte? Den Namen Christian Gierlöff zum Beispiel? Wenn er im Buch vorgekommen sei, sollte dieser Name nun wenigstens wieder fort. Hamsun erhitzte sich immer mehr. Gierlöff drängte ihn nach wie vor, Langfeldts Namen zu streichen, obwohl er ihm zehnmal gesagt habe, das sei unmöglich. Er werde von dieser «Figur Gierlöff» geplagt, jeden Tag erhalte er Briefe, die er nicht öffnete, Päckchen, die er ebenfalls nicht öffnete. Er könne ihn nicht abschütteln. Er habe eine Fußnote gemacht, um ihn zu enthüllen, und richtig: Gierlöff habe sich beim Verlag ein Korrekturexemplar gesichert und verlange nun, die Fußnote müsse wieder weg! Und dann wollte er wieder den Namen Langfeldt ausgemerzt haben, *aber das werde nicht geschehen*!

Die Auseinandersetzung spitzte sich zu. Hinter den leidenschaftlich erregten Gemütern saß ja immer noch Harald Grieg und zog an den Fäden. Er hatte am 3. Mai Hamsuns Zweitkorrektur erhalten und schrieb am selben Tag an Sigrid Stray über die Änderungen, die Hamsun vorgenommen hatte. Er habe zwar erkannt, daß die schlimmsten Ausdrücke, die Langfeldt betrafen, gemildert worden waren, aber der Name stand immer noch an seinem Platz, nur der von Frau Langfeldt war jetzt weggelassen. Grieg hoffte immer noch, es werde ihnen gelingen, Hamsun auch zur Streichung von Herrn Langfeldts Namen zu bewegen.

Das galt auch für die Fußnote über Ella Anker und Odd Nansen, die stand ja auch noch auf dem Papier! Gerade diese Fußnote hatte Hamsun absichtlich nicht gestrichen, um festzustellen, ob Gierlöff mit Grieg unter einer Decke steckte.

Sigrid Stray hat zweifellos Griegs Kümmernisse an Hamsun weitergeleitet, sich zu Griegs Ansicht bekannt und so diplomatisch wie möglich die Vorteile aufgezählt, die mit einer Streichung des Namens Langfeldt zu erreichen seien. Ihr Brief ist nicht erhalten, aber, wie erwähnt, eine Reihe Abschriften von Hamsuns eigenen Briefen. Er schrieb am 9. Mai 1949 an «Anwältin Sigrid Stray»:

Sie und Grieg sollen Achtung vor der Selbstverteidigung eines alten Dichters haben und sich nicht einmischen, wenn er so und nicht anders in seinem Buch schreibt.

Ich habe meine Gründe und werde mich nicht zum Lumpen machen. Grieg mag sein Wort zurücknehmen und sich weigern, mich zu drucken, er mag mir weiterhin die Korrektur vorenthalten – ich lege meinen Willen bis nach meinem Tode an einem sicheren Ort nieder.

Zum letztenmal:

Ich entferne den Namen Langfeldt nicht aus meinem Buch.

Ihr ergebener
Knut Hamsun

Das war ein Bruch. Als sich auch Sigrid Stray Griegs Ansicht anschloß, mußte Hamsun das Gefühl haben, alle hätten versagt, Marie, Grieg, Max Tau, Tore, Arild – seine Frau, sein Verleger, seine Freunde, seine Kinder und nun auch seine Verteidigerin, der er doch dankbar gewesen war für ihre unermüdlichen Bemühungen. Nun war Schluß. Als Sigrid Stray kurz darauf schrieb, sie wolle kurz nach Nörholm kommen, erhielt Arild den Bescheid, sie anzurufen und zu sagen, der Vater wünsche sie nicht zu sehen. Wurde bei dieser Gelegenheit auch ihr Name aus «På giengrodde Stier» entfernt? Jedenfalls wird in diesem Buch, das von seinem gerichtlichen Verfahren handelt, der Name der Verteidigung nicht genannt.

Der Bruch mit Sigrid Stray war hart, aber nicht endgültig. Sie nahmen später ihren Briefwechsel wieder auf und sahen sich vor Hamsuns Tod noch einmal auf Nörholm.

Viel schlimmer war, was er Gierlöff antat.

Wenn sich Christian Gierlöff als eine Hauptperson im Drama Hamsun ansah, dann nicht zu Unrecht. Gierlöff war der einzige von Hamsuns alten Freunden, der ihm in diesen vier Jahren zur Seite stand, als ihn andere wie einen Aussätzigen behandelten. Aus freiem Willen hatte er ihn aufgesucht, um ihm seine Hilfe anzubieten. Kaum zu zählen sind seine Briefe ins Altersheim, in die Anstalt, nach Nörholm, die kleinen aufmunternden Zitate auf dem Nachttisch, die fast allwöchentlichen Sendungen von Büchern, Zigarren, Lupen, Hörgeräten, Galoschen, Rasierklingen. Er hatte an André Gide und an Ilja Ehrenburg geschrieben, hatte auf den leisesten Wink von Hamsun die lange Reise von Oslo nach Landvik und später nach Nörholm unternommen, ihn als erster Außenstehender in der psychiatrischen Klinik besucht, als nicht einmal Sigrid Stray die Zeit zu einem Besuch fand, und er war es gewesen, der Hamsun im letzten Augenblick aus der Hölle geholt und ihm damit vielleicht das Leben gerettet hatte. Er hatte die Manuskripte ins reine geschrieben, hatte als Chauffeur Hamsun geholt und gebracht, hatte in einem Verlagsbüro nach dem anderen vorgesprochen, um einen Verleger für das Buch zu finden. Das war seine Rolle in dieser Geschichte gewesen: Auch er hatte sich geopfert. Christian Gierlöff bewunderte Hamsun nicht nur, er liebte ihn, und als er nun darauf bestand, Langfeldts Namen zu entfernen, beharrte er mit dem Recht der Liebe auf seiner Forderung. Wie Marie meinte auch er, daß er sich ein Recht auf Gehör verdient habe, und glitt wie sie unmerklich in die große Schar derer, die Hamsun enttäuscht hatten.

Das Ergebnis war das gleiche. Nun wurde er fallengelassen, abgesetzt, ausrangiert wie Marie. Als Hamsun mit seiner kleinen Kriegslist mit der Fußnote entdeckt hatte, daß Gierlöff mit Grieg zusammenarbeitete wie einst Marie mit Langfeldt, dem Urheber all der Streitigkeiten, wurde er abgetan: «Wir sehen uns nicht mehr, Gierlöff.» Das sicherlich ziemlich grobe Papier, auf das Hamsuns seinen Abschied schrieb, ist nicht erhalten geblieben, doch der Brief sollte ja auch nicht mit in «Knut Hamsuns eigene Stimme». Doch wir können ihn uns ausmalen, denn Knut Hamsun hat sozusagen zweimal zugestoßen, ehe er den Gegner erledigte. Er schrieb nämlich noch einen Brief und war diesmal wie bei früheren Gelegenheiten, so umsichtig, eine Abschrift anzufertigen, die zwischen seinen hinterlassenen Papieren gefunden wurde.

Am Ende der ersten Runde war Gierlöff wie gelähmt über den Bruch mit Hamsun. Zu spät entdeckte der naive Mann, daß er vergessen hatte, mit wem er sich da anlegte. Er hat offenbar versucht, zu erklären, Reue zu zeigen, sich zu entschuldigen, denn er fuhr fort, Brief auf Brief nach Nörholm zu schikken. Hamsun ließ jeden einzelnen in den Papierkorb wandern. Gierlöff versuchte es wie früher mit kleinen Aufmerksamkeiten, schickte Päckchen, telephonierte mit Arild.

Nun unternahm Hamsun etwas. Da er den Plagegeist nicht abschütteln konnte, mußte er ihn vernichten wie Langfeldt und den Obersten Ankläger. Er brauchte dazu keine Waffe, sein Zimmermannsbleistift genügte. Sein neuer Brief, der letzte in der langen Reihe von Briefen an Gierlöff, wurde auch nicht in dessen Buch aufgenommen, obwohl das, was er enthielt, im höchsten Maß Knut Hamsuns eigene Stimme war. Aber hier haben wir die Abschrift; der Todesstoß in die Brust des Freundes, der versagt hatte, trägt das Datum vom 22. Juli 1949

Familie Gierlöff, Skaatöy.
Herr Chr. Gierlöff weiß, daß ich ihm nie mehr antworte. Trotzdem läßt er nicht ab, sich mir aufzudrängen mit Briefen und Paketen, die niemals geöffnet werden.
Ich habe noch nie von solcher Schamlosigkeit unter erwachsenen Menschen gehört oder gelesen.
Nun erbitte ich ergebenst den Schutz der Familie.

Knut Hamsun

Exit Gierlöff. Exit Stray. Die Schlacht war zu Ende. Als Harald Grieg im Laufe des Sommers die dritte Korrektur von «På giengrodde Stier» erhielt, war die peinliche Fußnote, die ja nur den Überläufer entlarven sollte, gestrichen, nicht aber Langfeldts Name. Grieg hoffte immer noch, er hatte ja nicht in vorderster Front gekämpft, und am 6. August schrieb er an Sigrid Stray: Nun ist der Augenblick für den Druck des Buchs gekommen. Bevor ich den Auftrag dazu gebe, möchte ich Sie auf alle Fälle doch noch einmal fragen, ob Sie meinen, daß es irgendwelche Aussichten für eine neue Anfrage wegen des Namens Langfeldt gibt. Ich habe Gierlöff auf Krageröy gesprochen, er sah es als hoffnungslos an. Aber inzwischen ist wieder Zeit vergangen, und selbst, wenn ich keine große Hoffnung habe, könnte doch eine schwache Aussicht bestehen . . .
Sigrid Stray antwortete, es gebe keine Hoffnung. Das hatte auch Gierlöff gesagt. Grieg wußte nicht, daß er sich an zwei abgetane Leute wandte. Der Kampf war vorbei, der Alte hatte ihn gewonnen, einer gegen alle. Ein paar Tage danach, am 18. August, mußte Harald Grieg der Zentraldruckerei in Oslo den Auftrag erteilen, 5000 Exemplare von «På giengrodde Stier» zu drucken, mit dem vollen Namen von Chefarzt Professor Dr. med. Gabriel Langfeldt.
Knut Hamsun hatte gesiegt, aber um den Preis grenzenloser Einsamkeit. Sie kommt in dem an Cecilia in Kopenhagen gerichteten Brief zum Ausdruck, in dem er Marie zum zweitenmal verstieß. Er hatte allen zum Trotz, gegen Freunde und Feinde, gegen Nächste und Fernstehende, sein Buch durchgesetzt. Eine Ausnahme gab es nicht: Als es zur Entscheidung kam, hatten sich alle der Reihe nach gegen ihn gestellt oder ihn im Stich gelassen. Doch sein Buch war herausgekommen. Es war ein Entweder-Oder gewesen – entweder das Buch oder alle anderen, und für ihn gab es da keine Wahl.
Oder war es anders gewesen? Bei dem letzten Besuch, den Gierlöff auf Nörholm machte, hatte Hamsun von dem anderen kleinen Buch gesprochen, «Den siste Glede – Die letzte Freude». Sollte das als Warnung verstanden werden? Hatte Gierlöff vergessen, was diese letzte Freude war? War es nicht in diesem Buch, wo Hamsun «eine sehr genaue Verabredung mit sich selber traf, sich nicht mehr mit den Menschen zu befassen»? Ach, es blieb nichts anderes, «als wieder allein zu sein und friedlich und in sich gekehrt durch die

Wälder zu streifen, Kaffee zu kochen und die Pfeife zu stopfen und dabei ein wenig und langsam zu denken. So, jetzt fülle ich den Kessel mit Schnee, dachte er, und jetzt mahle ich diese Kaffeebohnen mit einem Stein; später muß ich meinen Schlafsack gut im Schnee ausklopfen, damit die Wolle wieder weiß wird.» Das war keine Literatur und kein großer Roman und keine öffentliche Meinung. Was weiter? Er war mit niemand um die Wette gelaufen, um diesen Kaffe zu bereiten. Mit einem wurde er nie fertig: Sich zurückzuziehen und in der Einsamkeit im Wald zu sitzen und es gut und dunkel um sich zu haben. Das war die letzte Freude. Und mit einer anderen Sache wurde er gleichfalls nie fertig: Sich zurückzuziehen und in der Einsamkeit seines Zimmers zu sitzen und es gut und dunkel um sich zu haben. Es war trotzdem die letzte Freude.

Das hatte er einst geschrieben, nun war er wieder soweit. Was sonst stand denn auf den Korrekturbögen, die Harald Grieg mit resigniertem Achselzukken in die Druckerei schickte? Wohin führten diese überwachsenen Pfade, wenn nicht in diesen Wald, in den er sich früher einmal zurückgezogen hatte, wo er es gut und dunkel um sich gewesen war? Menschen? Freunde und Familie? Die Leiden und Freuden der anderen?

Ich wohne am liebsten im Wald, sagt Leutnant Glahn, das ist meine Freude. Hier in meiner Einsamkeit schadet es niemand, daß ich bin, wie ich bin; aber wenn ich mit anderen zusammenkomme, muß ich all meine Mühe anwenden, um so zu sein, wie ich sollte . . .

Zu sein, wie er sollte – das war Knut Hamsun nicht gelungen, das bestätigte ihm ja das Oberste Gericht, und nun hatte er dafür bezahlt mit Kronen und Öre und Menschen. Nun war er an der Reihe. Nun kam sein Buch. In Norwegen, Schweden, Deutschland, Österreich, Schweiz. Ja gewiß. Auch Holland, Island, England und Amerika interessierten sich dafür. Seine Einsamkeit wurde in allen Sprachen gedruckt. Er zog sich von den Menschen zurück, aber die ganze Menschheit sah ihm dabei zu. Was anders war von Bedeutung, als auszudrücken, daß nichts von Bedeutung war?

So wurde denn Knut Hamsun am 4. August 1949 neunzig Jahre alt. So lange Zeit hatte es gedauert, die Welt zu erobern, um sie am Ende zu verwerfen. In den Zeitungen erschienen die üblichen Artikel, nach Östbys Schätzung waren es 58, viel mehr, als zu seinem fünfundachtzigsten Geburtstag während der Besetzung erschienen waren. Sigurd Hoel meinte nun, daß «der Nazismus nur ein Fleck in ihm war», und der Vorsitzende des Schriftstellerverbandes pries ihn als den «Zauberer der Dichtung, einen Meister aller Meister». Doch das norwegische Verzeichnis bedeutender Menschen «Hvem er hvem» kam in diesem Jahr ohne seinen Namen heraus, nein, wir konnten nicht mit «Hvem er hvem» rechnen, wenn wir herausfinden wollten, wer Knut Hamsun war.

Der Geburtstag wurde auf Nörholm gefeiert, aber «feiern» ist ein großes Wort, und zum erstenmal brauchte er vor einem runden Geburtstag nicht zu flüchten. Es fanden sich keine Gratulanten ein, Harald Grieg, Max Tau, Christian Gierlöff und Sigrid Stray mußten sich fernhalten, und Marie lag auf den Knieen, um in Asker Fußböden zu scheuern. Doch Arild, der den zweiten Teil seiner Strafe verbüßt hatte, war wieder daheim auf Nörholm, und Tore kam mit der Familie aus Oslo. Knut Hamsun hatte ihn vorher gebeten, sich mit Arilds Frau zu verständigen, ob genügend Bettzeug für sie vorhanden sei; zu seiner Zeit hatten in Nörholm stets fünf Gästebetten bereitgestanden, aber nun war ja kein Fetzen mehr vorhanden.

Tores Aufnahmen des Neunzigjährigen wirken fast symbolisch, die Enkelkinder, die ihn darauf umgeben, waren die einzigen Menschen in der Welt, zu denen Hamsun noch eine Bindung fühlte. Da sitzt er in seinem schwarzen Jackett, in dem er Hitler besuchte und vor seinen Richtern stand. Der lange, nun beendete Kampf hat seine Spuren hinterlassen; der Anzug hängt lose um ihn, und es ist wohl das letzte Mal, daß er ihn trägt. Tores Aufnahmen sind die letzten von dieser Gestalt, die fast ein Menschenalter als klassisch galt: glattrasiert bis auf den Schnurrbart, immer elegant und fein, mit der weißen Fliege oder einem Schlips und einem Taschentuch in der Brusttasche, weißhaarig, gebeugt und einsam, unendlich einsam ist der Blick, der die Umgebung, wie man merkt, nur undeutlich wahrnimmt. Das war der Sieger. Wenige Wochen später war all das Vergangenheit.

Am 28. September 1949 erschien «På igenvuxna Stigar» bei Bonnier in Stockholm, am selben Tag brachte Norsk Gyldendal «På giengrodde Stier» heraus. Die norwegische Ausgabe war ausgestattet wie seine Vorkriegsbücher, ohne Bemerkungen des Verlags, doch Bonnier hatte auf die Rückseite einen Text gesetzt, der als Entschuldigung für die Unverfrorenheit des Verlags dienen mochte: Hamsuns Buch hatte schon lange als Manuskript vorgelegen, weil kein Verleger es so kurz nach der Befreiung übernehmen wollte; aber nun war das Thema nicht mehr so heikel, die Demokratie begann wieder normal wirksam zu werden und gab, ihrem Grundsatz der Freiheit entsprechend, Hamsun wieder das Wort.

Doch durch die freimütige Andeutung, daß die Demokratie bisher nicht normal wirksam gewesen sei, wurde der Ball zurück nach Oslo gegeben. Von hier aus meldeten die von Politiken entsandten Reporter nach Kopenhagen, daß Hamsuns Buch kein besonderes Interesse gefunden habe. Die Leute hätten höchstens ein nachsichtiges Lächeln dafür gehabt.

Kein besonderes Interesse? Höchstens ein nachsichtiges Lächeln? Die ganze Auflage wurde am Erscheinungstag verkauft, und das Buch gab Anlaß zu Hunderten von Zeitungsartikeln, Buchbesprechungen, Leserbriefen und Leitartikeln in ganz Skandinavien, bis hin zu Politiken, wo Harald Engberg Hamsun als genial bezeichnete. Doch darin war er nicht mit allen einig; vermutlich haben die skandinavischen Kritiker selten vor einer so schwierigen Aufgabe gestanden:

Es verblüfft, daß die beiden Verlage diese Verteidigungsschrift herausgebracht haben. Zum erstenmal erhält ein Nazist die Erlaubnis, sich zu erheben und das Wort zu ergreifen, schrieb Harald Schiller in *Sydsvenska Dagbladet.*

Man fragt sich, was eigentlich verhindert hat, daß dies Buch nicht schon längst erschienen ist, wundert sich Ivan Pauli in *Morgon Tidningen.* Nur wenige werden es wohl fertigbringen, sich über diese bald naive, bald rührende Schreiberei eines Greises aufzuregen.

Weder Alter noch Unglück haben Hamsuns angeborener genialer Stilkunst und Erzählbegabung etwas angehabt, schloß Artur Lundkvist in *Dagens Nyheter.*

Die wenigen politischen Überlegungen, die im Buch vorkommen, machen einen kindlichen, fast kindischen Eindruck, sagte Olof Lagercrantz in *Svenska Dagbladet.*

Ähnlich zwiespältig war die Aufnahme in Norwegen.

Nachhaltig geschwächte seelische Fähigkeiten? Das klingt nicht glaubwürdig für den, der diese Notizen durchgelesen hat, schrieb Philip Houm in *Dagbladet.*

Vieles in diesem Buch läßt auf Geisteskrankheit schließen, meinte Ivar Digernes in *Friheten.*

Man braucht nicht viele Seiten in diesem Buch zu lesen, bis man erkennt, daß es nicht von einem senilen Menschen verfaßt worden ist. Mit seinen «nachhaltig geschwächten seelischen Fähigkeiten» schreibt dieser Neunzigjährige weit besser als die meisten in diesem Land, schrieb Sivert Aarflot in *Aftenposten.*

Nachdem ich das Buch zweimal gelesen habe, ist es mir unverständlich, wenn jemand leugnet, daß es von einem Mann mit geschwächten seelischen Fähigkeiten verfaßt worden ist, sagte N. Cr. Brögger in *Nationen.*

Und so weiter, Meinungen über Meinungen. Nicht allein die Verteidiger des Buchs, sondern auch viele seiner erbitterten Feinde fanden, es sei klar bewiesen, daß sich Professor Langfeldt geirrt habe. Fast 90 Prozent aller Buchbesprechungen griffen das Thema auf, und von denen meinten wiederum 90 Prozent, daß es unmöglich von einem Mann mit nachhaltig geschwächten seelischen Fähigkeiten geschrieben sein könne, oder, wie Tom Kristensen in Dänemark kurz und bündig schrieb: Selten erlebt man eine Altersschwäche dieser Art! In diesem Punkt erfuhr Hamsun volle Genugtuung; bei Freunden und Feinden hatte er Langfeldt eine solche Niederlage bereitet, daß der Professor erwidern mußte. Er reichte keine Beleidigungsklage ein, wie Grieg gefürchtet hatte; später schrieb er, daß er den Gedanken erwogen, aber fallengelassen habe; wahrscheinlich war die Mehrheit, die ihn aufs Korn nahm, zu überwältigend. Aber acht Tage nach dem Erscheinen des Buchs schrieb er einen Artikel in *Aftenposten:* Das Buch dürfe nicht ohne weiteres als Beweis dafür angesehen werden, daß der Verfasser, als er untersucht wurde, nicht an nachhaltig geschwächten seelischen Fähigkeiten litt. Aber waren denn *nach-*

*haltig* geschwächte seelische Fähigkeiten etwas, das nach einer gewissen Zeit wieder aufhörte? Ja, eben das waren sie. Professor Langfeldt wünschte darauf aufmerksam zu machen, daß *nachhaltige* Schwächung in diesem Zusammenhang nicht eine *immerwährende* bedeute, sondern nur eine *länger anhaltende,* ja kaum das: Selbst eine seelische Schwächung, die nur einige Monate angehalten hat, kann also im gesetzlichen Sinn als eine nachhaltige bezeichnet werden, schrieb der Chefarzt Professor Dr. med. Gabriel Langfeldt.

Natürlich. Das hatten wir nicht geahnt. «Nachhaltig» bedeutete in Wirklichkeit «vorübergehend». Das war juristisch gesprochen, war juristische Psychiatrie, eine ganz auf Unsinn aufgebaute Wissenschaft, sagte Hamsun.

Doch diese Ansicht stellte die vielen Kritiker Langfeldts noch nicht zufrieden, denn sein Alibi war ja selbst bei dieser Einschränkung des Begriffs nicht recht stichhaltig. Wenn man also Knut Hamsun «vorübergehend geschwächte seelische Fähigkeiten» nachsagte, blieb doch noch der seltsame Umstand, daß er an seinem Buch bis zu dem Zeitpunkt geschrieben hatte, als er in die psychiatrische Klinik eingewiesen wurde, und daß er die Arbeit aufnahm, sobald er wieder einigermaßen zu Kräften gekommen war. Mit anderen Worten: Die nachhaltig geschwächten seelischen Fähigkeiten waren offenbar durch irgendein seltsames Zusammentreffen gerade in die vier Monate gefallen, die er in der Anstalt verbracht hatte. Wenn man dieser Linie folgt, muß man schließlich zu der Ansicht kommen, daß Knut Hamsun nur in den Stunden, in denen er sich mit Gabriel Langfeldt unterhielt, an nachhaltig geschwächten seelischen Fähigkeiten gelitten hatte.

So mußte denn der Professor, der Hamsun beschuldigte, in seinen Schilderungen gelogen zu haben, selbst zu einer kleinen «Ungenauigkeit» Zuflucht suchen. Er schrieb (1952 in *Vinduet*), daß die Schlußfolgerung, Hamsun habe 1946 an nachhaltig geschwächten seelischen Fähigkeiten gelitten, auf keine Weise unvereinbar mit der Tatsache ist, daß er 1948/49 ein Buch wie «Auf überwachsenen Pfaden» schreiben konnte. Teilweise könne sich nach einer Gehirnblutung der körperliche Zustand recht gut bessern, und im übrigen seien sich die meisten darin einig, daß «Auf überwachsenen Pfaden», literarisch gesehen, längst nicht das Niveau seiner früheren Produktion erreiche.

Gewiß mußte es Gabriel Langfeldt schwerfallen, den Beweis für seine neue Statistik zu führen, aber dabei hatte er, um seinen Ruf zu retten, ein wenig mit den Jahreszahlen gespielt. Er behauptete nun, daß «På giengrodde Stier» 1948/49 geschrieben wurde – dann hätte Hamsun ja allerdings mindestens zwei Jahre Zeit gehabt, sich von den nachhaltig geschwächten seelischen Fähigkeiten zu erholen, die 1946 bei ihm festgestellt worden waren. Aber Langfeldt kann diese Angaben nicht in gutem Glauben gemacht haben, denn aus dem Buch geht ja ausdrücklich hervor, daß es Mittsommer 1948 abgeschlossen wurde, zu einem Zeitpunkt, an dem es nach Langfeldts Aussage erst begonnen worden war; ganz abgesehen davon war ja längst geklärt, daß die ersten Seiten des Buches im Sommer 1945 geschrieben wurden.

Langfeldt konnte nicht verstehen, daß man immer noch seine Erklärung angriff. Für ihn war sie die «einzige Lösung» des Problems, die einzige Möglichkeit zu erklären, warum der große Hamsun während des Krieges versagt hatte: Er war einfach in dieser Zeit nicht der große Hamsun gewesen. Mit Langfeldts Universalmesser konnte man den widerlichen Landesverräter von dem geliebten Dichter trennen. Der Erstgenannte war ganz einfach senil geworden. Langfeldt wollte Hamsuns Genie konfiszieren, wie das Entschädigungsamt sein Geld.

Nun war es «der arme Seelenprofessor, der sein Fach lächerlich machte», wie sich Aasmund Brynildsen ausdrückte. Langfeldt hätte auch wissen müssen, wie viele Kräfte sich noch vor wenigen Monaten eingesetzt hatten, um seinen Namen in Hamsuns Buch zu löschen – die Freunde, die Angehörigen, alle bis auf Hamsun selbst hatten auf Langfeldts Seite gestanden! Diese Partei konnte nun wieder etwas aufatmen, Langfeldts Antwort war kleinlaut, Harald Grieg zitterte nicht mehr von Kopf bis Fuß, sondern schrieb an Sigrid Stray:

Ich fühle mich erleichtert, nachdem das Buch nun endlich vorliegt. Es zeigt sich nämlich, daß die bangen Ahnungen, die mich erfüllten, zum großen Teil unbegründet waren. Ein paar Zeitungen erkennen es doch auch an, daß der Verlag das Buch veröffentlicht hat, und niemand macht uns deswegen Vorwürfe. Wie Sie wohl wissen, haben wir 5000 Exemplare gedruckt. Sie sind alle schon weg, und ich lasse weitere 7000 Exemplare drucken . . .

Auch Sigrid Stray drückte ihre Freude darüber aus, daß der Verlag für seine Unbekümmertheit nicht getadelt worden war; alle Beteiligten erinnerten in dieser Zeit an die Frau, die mit einem Korb voller Eier heil über das glatte Eis kam. Wir waren nicht hingefallen. Nichts war zerbrochen.

Sagten wir, glaubten wir, hofften wir.

In Wahrheit war alles zerbrochen, unser Rechtswesen und unsere Sicherheit, unsere richtigen Ansichten und guten Argumente, unser Langfeldt, unser Entschädigungsamt und unser Oberstes Gericht – der ganze Eierkorb lag auf dem Eis, alles entzwei.

Gab es denn niemanden, der verstand, was Hamsun geschrieben hatte? Doch, es gab viele. Vor allem waren es zwei, eine Frau, ein Mann. Die eine scheuerte Fußböden in Asker, der andere saß in seinem Sprechzimmer in dem nun von der Blockade erlösten Berlin.

Als das Buch erschien, wohnte Marie immer noch bei Tore, und sie erzählt, daß sie sich allein ins Zimmer zurückzog mit dem Buch, dem ersten von Hamsun, das sie, seit sie ein junges Mädchen war, nicht kennengelernt hatte, bevor es veröffentlicht wurde. Der, den du verstößest, kennt dich, heißt es bei Blake. Marie war verstoßen. Marie kannte Hamsun. Sie wußte sofort, was Knut Hamsun da geschaffen hatte und was nach Langfeldts Auffassung so weit hinter seinen früheren Werken zurückblieb:

Es verläuft eine Linie von «Hunger» zu «Auf überwachsenen Pfaden»,

schreibt Marie, mir schien, der junge Dichter von «Hunger» war nun am
Ende des Wegs angelangt. Die äußeren Verhältnisse ähnelten einander mit
Armut und Unglück. Der Dichter in «Hunger» ballt die Fäuste gegen Gott
und sagt: Du hast deine Macht gegen mich eingesetzt, und du weißt, daß ich
mich niemals dem Unglück beuge. Sechzig Jahre später sagt der selbe Dichter
das gleiche über sein Schicksal.

«Auf überwachsenen Pfaden» wirkt wie der zweite Band von «Hunger».
Die Identität hat sich ein Menschenalter hindurch in derselben Empörung
behauptet. Das erkannte Marie in Asker, und das erkannte man auch in der
Bozener Straße 20, Parterre rechts, Telephon 71 20 97. Ja, er war immer noch
tätig, der «liebenswürdige Doktor Benn», den weder die Nazis, noch die
Kommunisten oder Kapitalisten oder die christlichen Demokraten drucken
wollten; er hatte sichtlich ein paar Pfund zugenommen im allgemeinen *Wirtschaftswunder*. Er war wieder verheiratet mit einer um siebenundzwanzig
Jahre jüngeren Zahnärztin. Und nun hatte er zu seiner großen Freude ein Exemplar von «Auf überwachsenen Pfaden» geschickt bekommen. Gottfried
Benn meinte: Dies Buch ist süß und albern wie viele seiner Bücher, men-
schenfreundlich und gleichzeitig zynisch, ganz ernst kann man keinen seiner
Sätze nehmen, und er selber nimmt sie offenbar auch nicht ernst. Er kommt
mir vor wie ein großer alter Löwe, der verächtlich durch das Gitter auf das
Zoopublikum blinzelt, und wenn er darunter einen Rechtsanwalt oder Arzt
vermutet, spuckt er in die Richtung durch die Stangen.

Dann geschah irgend etwas Politisches, was es im einzelnen war, ist weder
aus dem Buch noch aus Dokumenten in Deutschland zu erfahren, und nun
kommen die Leute und sagen, dieser ganze Mann ist schamlos und bringt Gefahren, und wir wollen das nicht wissen. Er beachtet nicht, was wir politisch
erlebt haben und als unseren Lebensinhalt uns nicht rauben lassen wollen, wir
hätten ja dann gar nichts mehr, nichts zum Vorbringen und nichts zum Wei-
termachen, wir wären ja gar nicht so bedeutungsvoll, wie wir sein möchten,
und gar nicht so tragisch, wie wir gern gesehen werden wollen – also fort mit
ihm.

Diese Haltung ist interessant, denn sie führt vor ein entscheidendes Problem. Diese Haltung führt vor die große Trennung, die durch die abendländi-
sche Welt geht: einerseits die Kunst und alles, was mit ihr zusammengehört,
und andererseits das gute, warme, pausenlose Familienleben, gestützt durch
Versicherungspolicen, Renten, «Ansprüche» bis zu den Lebensabenden,
garantiert und wohltemperiert von einer Art Bierwärmer: dem Staat. Auch
das letztere ein Standpunkt, der sich durchaus hören läßt und der vertretbar
ist, wenn er konsequent, nämlich ehrlich zum Ausdruck gebracht wird. Aber
einerseits verkünden, wir wollen Kunst, aber andererseits wollen wir auch im
Wohlstand leben, denn nur wer im Wohlstand lebt, lebt angenehm – das ist
nicht ehrlich und nicht auf lange Sicht gedacht. Kunst ist kostbarer als das be-
langlose Schicksal von irgendeinem, und Kunstmachen ist, anthropologisch

gesehen, schöpfungsgerechter als die Vorwürfe dagegen von einigen, weil ihr Privatleben nicht erwartungsgemäß verlief.

Eine störungsfreie und ausgerichtete Kunst – so banal würden sie sich natürlich nicht ausdrücken, sie verschleiern es mythologisch und sagen verächtlich: Pan. Aber dieser Pan schweigt, höchstens nimmt er die Flöte, bläst ein neues Schilflied – er spitzt noch nicht einmal die Ohren, und das ärgert sie dann doppelt und um so mehr. Nun wird Kant angerufen und sein Königsberger Traum, und plötzlich ist das moralische Gesetz ohne Zäsur und ohne Krisen – jedoch die Breitengrade und die Geographie und der Wandel der Kulturkreise lassen in dieser Richtung gewisse Fragen offen. Dann kommt «das Rad der Geschichte», das soll die Kunst drehn – aber unsterblich soll sie auch sein und zeitlos und kollektiv – welche Kinder! Schließlich: «die höchsten Richter seines Landes haben ihn verurteilt» – aber diese höchsten Richter haben wir auch schon in zu vielen Schattierungen gesehn. Kurz: ein Schulfall! Was der politische Mensch gar nicht sehn kann, das ist Einsamkeit, Askese, Mönchstum – Kunst. Aber wenn die Menschheit das nicht hätte, wäre sie keine. Dagegen kann sie entbehren und hat schon oft entbehrt gewisse zivilisatorische Errungenschaften wie Rache zu Zensur gestaltet und persönliches Ressentiment als kritische Richtschnur.

Meinungen über Meinungen. Der alte Knut Hamsun lernte nur einen winzigen Teil der unzähligen Worte kennen, zu denen sein Buch den Anlaß gegeben hatte. Es war ihm immer schwergefallen, das durchzuackern, was andere über ihn geschrieben hatten, es machte ihn unruhig, es war ihm unbehaglich – so theoretisch, und er war doch so konkret! Und jetzt kam noch die Schwierigkeit mit dem Lesen hinzu. Wenn die Sonne sehr hell schien, konnte er die Überschriften in den Zeitungen lesen. Er mußte das tägliche Rasieren aufgeben und sich den weißen Vollbart stehenlassen, der ihn nicht weniger photogen, aber Tores Photos vom neunzigsten Geburtstag zur Vergangenheit machte. Es war, als ob er in den Tagen nach Erscheinen des Buchs auf allen Gebieten nachließ; der Kampf um die Veröffentlichung des Buchs, und nicht die Gerichtssache, war die Feder gewesen, die ihn gespannt, ihn in Gang gehalten hatte, und nun war sie auf einmal erschlafft. Am 22. Oktober, also fast einen Monat später, schrieb er an Tore: Ich bin nun sehr blind und kann nicht lesen, nur die fetten Überschriften in der Zeitung. Ich bin aber auf den Beinen und krieche die Treppe hinunter zum Holzschuppen und zum Wirtschaftsgebäude und krieche wieder in mein Zimmer hinauf. Es gab ein Unwetter – dann kam ein kleiner Sonnenstrahl, den ich für diese Zeilen nutzen wollte, aber jetzt ist die Sonne wieder fort, und ich sitze da! Nicht, daß es irgend etwas zu schreiben gäbe. Ja, ja Tore, Du versuchst, Dich auf Deine Weise durchzuschlagen. Niemand hat es gut auf dieser Welt. Gott segne Dich, lieber Tore, ich hätte Dir so gern alles Gute gewünscht.

Ja, Tore schlug sich auf seine Weise durch, bei ihm wohnte immer noch die Mutter, seine «Künstlerkeramik» war zugrunde gegangen und mit ihm das

Heim und vieles andere. Aber nun saß er da und ordnete Verlagsverträge mit dem Verlag Helgafall in Rejkjavik, mit José Janès in Barcelona, Boekengilde Brederode in Antwerpen, Paul S. Eriksson in New York, mit Mac Gibbon & Kee in London ... «On overgrown Paths», «Grónar götur», «Langs overwoekerde paden», «Por los viejos caminos» ... Ja, Professor Langfeldt wurde in Wahrheit weltberühmt. *El senor Langfeldt, el tipo de seminarista que vuelve del seminario con toda su ciensie adquirida en los libros de texte* heißt es in der Ausgabe, die wir in Madrid, Mexiko und Buenos Aires kaufen konnten. Knut Hamsun brauchte sich nicht um das zu kümmern, was Per Wollebaek in *Sunmore Arbeideravis* meinte, sein Wort ging nun um die Welt und war jetzt schon zu viel mehr Menschen gelangt, als sich seine Ankläger vorstellen konnten. Die Richter blieben dank dem Verurteilten in Erinnerung.

Es war gelungen. Es hatte alles gekostet, seine Nächsten, sein Geld, Gehör und Gesicht, er mußte fast neunzig Jahre alt werden, aber es war gelungen. Sein Augenlicht reichte noch hin, um die dritte Korrektur zu lesen, er war nicht blind geworden, er war nicht tot.

Nun war Schluß, und er merkte es selbst, stellte es fest und formulierte es wie alles andere ohne besonderes Pathos. Es war ein Herbsttag mit Sonne und hohem, klarem Himmel, er war noch einmal in das kleine weiße Grimstad gekommen und vorbeigegangen an Gunnar Tobakk und Schuhmacher Enge und Grefstads Eisenhandel, wo außen ein Briefkasten hing, und an Polizist Eriksens Haus in Storgaten, dem Haus mit den waagerechten Brettern, und vorbei an dem steinernen Rathaus mit den Giebelfenstern im Rundbogenstil zur Straße hin. Was dachte er beim Wiedersehen? Er blieb stehen und holte einen seiner gebrauchten Zettel aus der Tasche, der sich als altes Telegrammformular erwies – wie er und August sie so oft abgeschickt hatten –, und auf dem Rand lief ringsherum, immer wiederholt, das Wort NORGE. Nun fügte er diese Worte in der norwegischen Sprache hinzu, die er und ein Lehrling aus der Apotheke zu einer Weltsprache gemacht hatten:

Ende.

Hier gehe ich, noch bin ich rüstig. Ich sehe die spielenden Kinder, ich begegne einem Mann mit einem Fuder, das Pferd ist braun. Ein Mädchen putzt die Fenster im zweiten Stock. Hier stehe ich und schreibe diese letzten Worte hin mit dem Bleistift.

Begonnen hatte es, als er auf dem Rücken in der Heide lag und den Namen Knud Pedersen in den blauen Himmel über Hamaröy schrieb; aber es endete nicht hier, nicht die Sätze auf dem Telegrammformular wurden seine allerletzten Worte, es gibt noch ein paar Briefe von seiner Hand an Tore. Der erste ist nicht datiert, aber der Umschlag am 12. Dezember 1949 abgestempelt worden, den zweiten hat Hamsun selbst datiert, 16. 12. Beide sind mit dickem Zimmermannsbleistift geschrieben und kaum zu lesen, man merkt, daß der alte Mann nicht sehen konnte, was er schrieb, und sich von einem Ende des Papiers zum anderen weitertasten mußte. Der erste handelt vom Weihnachtsbesuch der Kinder in Nörholm. Hamsun fürchtete, daß Tore nicht mitkommen werde:

«Aber ich muß unbedingt, notwendig, mit dir reden. Komm nur dieses eine Mal, ich bitte dich.»

Es ähnelt Hamsun nicht, so starke Worte in eigenen Angelegenheiten zu gebrauchen. Was war es denn, worüber er so notwendig mit Tore sprechen mußte, an der Schwelle zur absoluten Dunkelheit? Vier Tage später bereute er wie gewöhnlich die starken Ausdrücke.

«Lieber Tore», schrieb er jetzt, «mach nicht viel Wesens davon, daß ich Dich zu kommen bat. Komm aus Dir selbst heraus und um Leifs willen.»

Um Leifs willen. Das waren die letzten Worte mit Bleistift. Hamsun kämpfte sich durch noch einen Winter, er beharrte auf seinem täglichen Gang zum Reddalskanal: «Ich will morgen nicht weniger stark als heute sein.» Aber die Spaziergänge dauerten immer länger. Kinder, die er unterwegs traf, konnten unerkannt ihren Spaß mit ihm treiben, ihn am Mantel ziehen, den weißen Vollbart mit einem Schneeball treffen. Arild machte sich wegen des Verkehrs Sorgen, denn Hamsun schwankte wie betrunken. Die ortskundigen Autofahrer bremsten bei seinem Anblick, denn sie wußten, daß Hupen nichts half. «Aber du könntest von einem Fremden überfahren werden, der dich nicht kennt», rief Arild in das linke Ohr.

Hamsun schüttelte den Kopf.

«Das ist nicht erlaubt», sagte er und segelte hinaus auf den Weg. Im Laufe des Winters mußte er jedoch seine Spaziergänge einstellen. Er saß nun fast immer oben in seiner kleinen Schlafkammer, die an die unbewohnte von Marie grenzte. Goethe und Dostojewski sahen von der Wand auf ihn herab, auf das Mahagonibett, dessen Kopfende immer noch bis vor das Fenster ragte wie damals, als J. Bugge-Nielsen und die anderen Sachverständigen kamen, um seinen Wert zu taxieren. Er saß in seinem großen Korbstuhl, dessen eine Armlehne aufgesprungen war, so daß sie ihn kratzte; doch mit seinem praktischen Sinn hatte er schon vor langer Zeit den Schaft eines handgestrickten Strumpfes darübergezogen. Hier saß er, während die Stunden vergingen, in der Dunkelheit des Blinden, die weder Morgen noch Abend erkennt. Es war ihm nicht zuviel, er hatte sich zurückgezogen und saß in der Einsamkeit seines Zimmers und hatte es gut und dunkel um sich. Es war die letzte Freude.

Oder doch nicht? Fehlte ihm etwas in der Dunkelheit?

Das Frühjahr kam mit lauer Luft, und der Alte tastete sich die Treppe hinunter und setzte sich auf die weißgestrichene Bank unter dem Goldregen. Wenn er hier saß, nahm er etwas wahr von den vorbeifahrenden Autos, und das zerstreute ihn. Er meinte, daß er mehr vom Verkehr erleben würde, wenn die Sträucher in der Hecke entfernt würden, und bat Arild, sie abzuschlagen.

«Bist du verrückt? Du darfst nicht Mutters Ziersträucher abhauen!» hatte Arild geantwortet. Der Vater blieb stumm, das Thema kam nicht mehr zur Sprache. Vier Jahre waren vergangen, seit er Marie im Empfangsraum der psychiatrischen Klinik Lebwohl gesagt hatte; jetzt fiel ihr Name zum erstenmal, und Arild meinte, daß es ihm großen Eindruck machte.

Nicht lange danach fiel der Name wieder, diesmal von Knut Hamsun selbst ausgesprochen. Es war Sonntag, der 18. April 1950. Die Uhrzeit läßt sich nicht mehr genau feststellen, Brit meint, daß es später Abend gewesen sei, weil sie bereits in ihrem Schlafzimmer waren. Aber da das Telegraphenamt in Grimstad schon um 21 Uhr schloß, war vielleicht nur Brit, die gern rechtzeitig schlafen ging, in ihrem Schlafzimmer. Sie sieht es noch vor sich, wie Knut Hamsun plötzlich in ihrer Zimmertür stand. Seine Worte kamen ohne Einleitung, ohne Erklärung.

«Du mußt wohl Mama heimholen», sagte er.

Er war nicht krank, lag nicht im Sterben. Er stand nur in der Tür und sagte, ohne die Stimme zu heben:

«Du mußt wohl Mama heimholen.»

Alles, sagt Brit, mußte bei Hamsun immer sofort geschehen, umgehend, und es sollte so sein, wie wenn der Landstreicher August nach Melbourne oder Hamsun selbst nach Berchtesgaden telegraphierte: Sie sollten ein Telegramm schicken.

«Alles lief in fürchterlichem Tempo ab», sagt Brit.

Arild ging ans Telephon und gab das Telegramm auf: «Sofort anrufen!» Beide, er und Brit, meinen, daß sie noch am selben Abend die Mutter am Telephon hatten.

Das war also das Telegramm, das Marie eine knappe Stunde später erhielt und das sie so erschreckte, daß sie erst wieder zu Atem kommen mußte, ehe sie sich den Bisampelz überwarf und zum Nachbarn lief. Ihr erster Gedanke war, Hamsun sei etwas zugestoßen, er sei krank, er liege im Sterben, er sei tot. Nun erkannte sie sofort an Arilds Stimme, daß nichts geschehen war. Er sollte sie bitten, heimzukommen – nichts war geschehen, aber es eilte trotzdem.

Ich sollte kommen, wie ich ging und stand, den Koffer konnte Tore packen und mir nachschicken, erzählt sie in ihren Erinnerungen und läßt uns vermuten, daß es so ablief.

Doch ein bisher ungedruckter Brief an Cecilia, den sie am selben Sonntagabend schrieb, berichtet die andere Hälfte der Wahrheit:

Liebe Cecilia! Nur zwei Worte, um zu erzählen, daß ich an einem der nächsten Tage nach Nörholm ziehe, wahrscheinlich am Donnerstag. Der Alte hat mir sagen lassen, daß ich kommen soll. Ich habe natürlich nicht darum gebeten, es muß irgend etwas in ihm vorgegangen sein. Der Bescheid kam telegraphisch, ich sollte anrufen. Das hab ich nun getan, es war nichts Besonderes mit ihm, aber ich sollte sofort kommen und nur das Nötigste zusammenpacken und den Rest schicken lassen. Aber ich nehme mir nun Zeit zum Packen. PS: Schreib das nächste Mal nach Nörholm.

Nicht am selben Abend, sondern erst vier Tage später, am Donnerstag,
dem 22. April, fuhr sie auf dem Oslofjord nach Süden mit der guten alten
*Kristiania* der Dampfschiffgesellschaft Arendal – mit demselben Schiff, das
sie damals zu Tores Bilderausstellung bringen sollte, bevor sie geschlossen
wurde – April war es damals wie jetzt, nur zehn Jahre später. Ihr kam es vor,
als ob sie jetzt ihre unbenutzte Rückfahrkarte von damals verwendete, als ob
die Reise nun erst zu Ende sei. Damals war sie unfreiwillig in Weltereignisse
geraten, auf eine Weise, die ihrem neuen Bisampelz nicht gut bekam. Sie erinnerte sich, wie besorgt sie damals überlegt hatte, was wohl Knut dazu sagen
werde, und merkte, wie das Triumphgefühl, in dem sie an Cecilia geschrieben
hatte, wich. Was würde er jetzt sagen? Sie trug noch denselben hellbraunen
Pelz, dessen Haare an Ärmelkanten, an der Vorderseite und um die Knopflöcher herum verschlissen waren. Er hatte alle Reisen mitgemacht – durch alle
Städte Deutschlands, in zwei Gefängnissen, Reisen in Flugzeug und Bussen,
im Nachtzug zur und von der psychiatrischen Klinik in Oslo, zur Vesterbro-
gade in Kopenhagen. Zehn Jahre Gedränge und ein Weltkrieg – welcher Bisampelz hält das aus?

Als das Schiff am nächsten Morgen an der Brücke anlegte, sah sie Brit und
Arild mit Esben zwischen sich, sie waren ganz nach Arendal gekommen, um
sie abzuholen. Esben hatte seine Großmutter nicht vergessen. «Aber ich finde, du hast so weißes Haar bekommen!» sagte er.

Zu einem Taxi wie in alten Tagen reichte es nicht, sie fuhren die letzten 30
Kilometer mit dem Bus, der Fahrer hielt von sich aus vor dem eisernen Tor.
Marie stieg aus, der Garten lag zugewachsen und verkümmert da, der weiße
Anstrich der Säulen vor dem Hauseingang war fast verschwunden. Sie ging
hinein, ihr scharfer Hausfrauenblick nahm unwillkürlich alles wahr, nichts
stand, wo es stehen sollte. Zwar war ein Staubtuch rasch über die Möbel gefahren, aber wann waren die Fenster wohl zum letztenmal geputzt worden?
Sie sah es, dachte aber nicht darüber nach; nun sagte Arild, Vater sei oben in
seinem Schlafzimmer, und sie legte schnell den Bisampelz ab und ordnete vor
dem Spiegel flüchtig ihr Haar, er würde es ja doch nicht bemerken. Mit hefti-
gem Herzklopfen stieg sie die wohlbekannten vierzehn Treppenstufen zum
zweiten Stock hinauf. Dann sah sie ihn, zum erstenmal seit dem Tag in der
Klinik. Er hörte nicht, daß sie die Tür öffnete, sah nichts, sie blieb einen Augenblick auf der Schwelle stehen. Da saß er im Korbsessel mit dem Strumpf
über der einen Armlehne und starrte vor sich hin. Über dem ungemachten
Bett hingen die Bilder an der Wand, da war sonst nichts in der feuchtkalten,
ärmlichen Kammer als Goethe, Dostojewski und Hamsun. Sein großer weißer Vollbart verbarg fast das ganze Gesicht; die früher so kräftige Gestalt
füllte den Korbsessel nicht aus. Sie sah, daß Speisereste an der schmutzigen
und abgetragenen Kleidung des Blinden klebten. Ihr einst so akkurater und
eitler Knut wirkte ähnlich ungepflegt, verlassen und zugewachsen wie ihr
Garten.

Sie machte ein paar Schritte auf ihn zu, und jetzt erst spürte er ihre Anwesenheit. Er stand nicht auf, sondern tastete mit der Hand nach einem anderen Stuhl, den er für sie heranzog. Sie setzte sich, jedes Gefühl von Triumph war verflogen, das Weinen steckte ihr im Hals. Nun war der Augenblick da, den sie nicht mehr erwartet und immer noch erhofft hatte. War es ihm ebenso ergangen? Seine Hand suchte die ihre, es war nicht mehr Knuts starke, breite Hand, deren Druck und Liebkosung ihr so vertraut waren; diese Hand war lang und fein und fast ätherisch, dachte sie. Sie erinnerte sich plötzlich an den Nachmittag, als sie im Theatercafé ihre Hände verglichen hatten, und nun ließ sie den Tränen ihren Lauf. Er wandte ihr das Gesicht zu und sagte:

«Du warst lange fort, Marie. In all der Zeit hab ich niemanden gehabt, mit dem ich reden konnte, als Gott.»

Mehr sagte er nicht. Sie antwortete nicht, daß er selbst sie ja verbannt hatte. Sie verstand, daß von «all der Zeit» nicht mehr die Rede sein sollte; so hatte er wohl Gutes und Böses gegeneinander aufgewogen. Sie hatte «ihre Strafe» gebüßt und war ein wenig gedemütigt worden. Sie saß schweigend und hielt seine Hand; sie war alt, weißhaarig und verschlissen wie er. Sie ging niemals mehr von hier weg. Inger hieß sie, Isak hieß er.

# 37
## Inger und Isak

Mit der Wiedervereinigung der Eheleute nach mehr als vierjähriger Trennung war Hamsuns «Kronzeugin» zurückgekommen, sie konnte ihren langen Bericht wieder aufnehmen. Marie Hamsun schrieb die Geschichte ihrer letzten Jahre zweimal, in dem Erinnerungsbuch «Regenbuen» («Der Regenbogen»), in dem sie wie immer nicht die ganze Wahrheit preisgab, und in dem zweiten Band «Under Gullregnen» – «Die letzten Jahre mit Knut Hamsun».

Sie brachte schnell wieder Ordnung in das Dasein des vernachlässigten Alten, sie wusch, bügelte, stopfte und flickte. Knut ließ sich gern verwöhnen, er sonnte sich in der Fürsorge und Pflege, glücklich, wieder der einzige Gegenstand der vollen Aufmerksamkeit eines anderen Menschen zu sein. Zum Ausgleich hatte sie ihn nun vollständig für sich. Keine anderen Personen, weder wirkliche noch erdichtete, konnten ihn ihr nehmen; sie brauchte ihn mit niemandem mehr zu teilen. Sie empfand es als etwas ganz Neues – ein Schmerz hörte plötzlich auf, der lebenslange Druck auf ihrem kranken Herzen ließ endlich nach. Sie war nicht mehr eifersüchtig. Zum erstenmal seit dem Sommer 1908 fand Maries Herzen Frieden.

Marie meinte, daß Knut immer noch gesund und rüstig sei, aber ein wenig gebeugt. Also auch er. Sie dachte an ihre Mutter, die sich im Alten Testament so gut ausgekannt und gesagt hatte, daß wir Menschen uns immer mehr und mehr der Erde zuneigen, aus der wir gemacht sind. Er konnte noch Gegenstände in einiger Entfernung wahrnehmen, aber nicht in der Nähe. Das ersparte ihm, den Verfall ringsum zu erkennen. Denn Nörholm verfiel, der Hof war während des Krieges nicht gut versorgt worden; damals mußte man sämtliches Material beantragen, und Knut wollte nicht riskieren, begünstigt zu werden. Da standen nun die alten Holzhäuser und verfielen, als wären sie Menschen, die sich nach der Erde sehnen, aus der sie gemacht sind.

Als der Alte wieder in Ordnung war, nahm sich Marie ein wenig der Dinge an. Sie fand einen Arbeitsmann, der gegen Kost und Unterkunft und ein Trinkgeld mit einem Farbtopf umherging und die schlimmsten Schäden ausbesserte. Dann war da der Garten, dem man ansah, daß auch er sie vermißt hatte. Knut kam in die Sonne hinaus und setzte sich auf ihre alte Bank unter dem Goldregen, die Zweige hatten schon lange silbrig schimmernde Trauben. Sie schnitt die Rosen auf dem Rasen zurück, es wurde höchste Zeit, jetzt schossen die kleinen Wildtriebe über die Pflanzen hinaus. Aber nun rief Knut:

«Hör auf damit, komm her und setz dich.»

Marie klappte das Messer zusammen und gehorchte. Als sie neben ihm saß, sagte er begütigend:

«Sonst könnten die Leute ja denken, du machst dir nichts aus mir!»

Da saßen die beiden alten Eheleute Seite an Seite auf der Bank unter dem Goldregen. Hamsun war heiter und zufrieden wie der weise Diogenes, dachte sie. Die drei Enkelkinder, Esben und seine beiden kleinen Schwestern, spielten um sie her, er griff nach ihnen, steichelte der Katze über den Rücken, klopfte dem Hund auf den Kopf, er war so voller Sanftmut für alles, was in seine Reichweite kam. Selbst als Esben eines Tages auf einem Fahrrad um sie herumsauste und den beiden Alten fast über die Füße fuhr, nahm er es gelassen hin:

«Es war wirklich ein Fehler von mir, daß ich nie radfahren gelernt habe.»

Marie kannte ihn nicht wieder. War das ihr übernervöser, reizbarer, immer zornbereiter Mann? Er hatte die täglichen Spaziergänge zum Reddakanal eingestellt, die Kinder verspotteten ihn unterwegs, sagte er, er konnte sie nicht sehen, und als es keinen Schnee mehr für Schneebälle gab, stellten sie ihm ein Bein.

«Da mußte ich besser aufhören», sagte er, «aber es war ja nicht die Schuld der Kinder.»

Marie wunderte sich.

«Wenn du möchtest, geh ich gern mit dir zum Kanal», sagte sie.

«Ach nein», meinte er, «nun bist du ja hier im Garten, da schlendern wir lieber ein bißchen die Wege entlang.»

«Aber wir könnten doch dafür sorgen, daß jemand die Kinder zurechtweist?»

«Nein, nein, es ist mir auch gleichgültig.»

Es war ihm gleichgültig. Früher war ihm nichts gleichgültig, dachte sie. Früher nahm er Partei. Sie hatte gesehen, wie er gereizt vom Tisch aufstand, weil seine Tischdame ihm Zigarettenrauch ins Gesicht blies. Wurde er unentwegt angestarrt, stieg er aus der Straßenbahn. Er hatte sich nicht damit abgefunden, wenn Leute in seinem Wald jagten oder von seiner Anlegestelle aus angelten. Nun war er es, der den Kampfplatz räumte, umgänglich, fügsam, freundlich. Marie entdeckte erschüttert, daß das eiserne Tor nicht mehr geschlossen wurde – niemand ahnte, wo der Schlüssel sein mochte! Sicherlich kam jetzt selten Besuch, fand sich aber einer ein, wurde auch der Gast mit in die Freundlichkeit eingeschlossen. Niemand brauchte noch einen Preis zu bezahlen. «Die glühenden Eisen in seiner Esse waren erkaltet, die vibrierenden Nerven und das heftige Gemüt zur Ruhe gelangt», schreibt Marie.

Er ging immer noch ohne Schwierigkeiten die Treppe hinunter und hinauf und gesellte sich bei den Mahlzeiten zu den anderen. Sein Frühstück nahm er nach alter Gewohnheit allein im Speisezimmer ein – vierzig Jahre lang war es so gewesen. Da standen Brot, Butter, Käse, Eingemachtes, nur das weiche Ei hatte man gestrichen, weil er nicht mehr recht damit umgehen konnte. Die Kaffeekanne stand auf dem Ofen, und wenn er auch Mühe damit hatte, wollte er ihn doch selbst einschenken. Das einsame Frühstück war eine Erinnerung an die Zeit, als er noch ein Dichter war und niemand ihn stören durfte, weil er die Gedanken und Einfälle der Nacht ungetrübt mit an den Schreibtisch nehmen wollte, schreibt Marie.

Sie stellte fest, daß er kaum etwas aß; nur etwas Butter, wenig Eingemachtes. Er wollte sparen helfen, sagte er, Arild habe ja seine Zinsen zu zahlen. Strich Marie ihm sein Brot, brummte er über die Verschwendung an einen Greis. «Die Kinder sollen es bekommen», war der ständige Kehrreim, wenn ihm Fleisch oder Fisch angeboten wurden. Das einzige, woran er nicht sparen mochte, war Kaffee. Er war zwar rationiert, aber ein unbekannter Leser aus der Schweiz, der sich Fritz nannte, schickte ihm ab und zu Kaffeebohnen, und auch Marie erhielt Kaffee von einem Mann namens Tönnes aus Amerika. Noch in seinen letzten Tagen konnte Hamsun sich an einem kleinen Scherz versuchen, wenn sie ihm Kaffee brachte und er fragte: »Na, ist der nun von deinem Tönnes oder von meinem Fritz?»

Ihre Antwort verstand er nicht, und auch hier hatte er resigniert. Marie wurde nie mehr gescholten, wenn er nicht hören konnte, was sie sagte. Er dachte gewiß daran, daß er inzwischen andere Leute kennengelernt hatte, die sich ihm ebensowenig verständlich machen konnten. Geduldig strengte er sich an, wenn sie ihren Mund nahe an sein linkes Ohr brachte und versuchte, ihm Nachrichten aus *Agderposten* hineinzurufen. Keine langen Artikel, keine Weltereignisse, nur Kleinigkeiten, Glück und Unglück in der Umgebung. Doch auch das konnte zuviel werden.

«Ich weiß nicht, ob es richtig ist, daß ich wieder an die Dinge des Lebens herangebracht werde», sagte er eines Tages. «Ich hatte Verbindung mit Gott, mir scheint, daß sie nicht mehr so gut ist.»

Aber unter ihrer Pflege erholte er sich, er begann zu hoffen, daß er leben und vielleicht noch ein gutes Echo auf sein Buch erleben könne, seine letzte Freude. Sie aber wußte, daß es längst nicht die Wirkung hatte, auf die er hoffte. Als die Erstausgabe am Erscheinungstag vergriffen war, hatte man eine neue Auflage ausgegeben, so daß jetzt insgesamt 12 000 Exemplare gedruckt worden waren, ein Nichts für ein Hamsun-Buch. Die zweite Auflage war ebenfalls vergriffen, aber dann hatte der Verlag keine neue mehr herausgebracht, und nun war das Buch so tot wie alle seine Bücher: Als Gyldendal Norsk sein fünfundzwanzigjähriges Jubiläum feierte und bei der Gelegenheit eine Reihe großer norwegischer Romane herausgab, war nichts von Hamsun dabei, der seinerzeit die Gründung des Verlags ermöglicht hatte.

Der Sommer ging, der Herbst kam und ging, und es wurde Winter, der lange Schneewinter von 1950/51. Hamsun hatte niemals Doppelfenster auf Nörholm haben wollen, denn es hatte bei Schneider Per in Hamsund auch keine gegeben. Außerdem hatte man ja Feuerholz im Überfluß auf Nörholm gehabt, in alten Tagen hatte er jährlich 30 bis 40 Klafter schlagen lassen. Aber dazu fehlten jetzt die Mittel. Die Öfen blieben kalt, die Zimmer unbenutzt, und das Wetter schlug von der See her gegen zwanzig zugefrorene Fenster in das alte Haus, schreibt Marie.

Die beiden Alten richteten sich ihre Winterhöhle in ihren Schlafzimmern ein, die im zweiten Stock lagen und so klein waren, daß man sie heizen konnte und daß sich die Körperwärme nicht im Raum verlor. Der Ofen stand bei Knut, konnte aber auch Maries Stube erwärmen.

«Jetzt stand die Tür zwischen uns immer offen», berichtet Marie, «in alten Tagen war sie zuweilen geschlossen.»

Der Ofen hatte verschiedene «Etagen», unten war er breit, oben hatte er Fächer, auf denen das Feuerholz trocknen konnte. Hamsun hatte natürlich untersagt, daß er mit einem Reinigungsmittel behandelt wurde, das ihn nur blank machte und die Luft verpestete, nun war er so rostig und gebrechlich geworden, daß Arild ihn mit Stacheldraht umwickeln mußte. Das Brennholz sollte auf den verschiedenen Etagen getrocknet werden, und zwar nach einem System, das über weibliches Begriffsvermögen hinausging. Er hatte früher selbst die Asche entfernt und das Feuer angezündet, fährt Marie fort. Eins wie das andere mußte er jetzt aufgeben, in seiner Blindheit war er in Gefahr, sich die Hände am glühenden Ofen zu verbrennen. Er rückte den Korbstuhl so nahe an den Ofen, daß er sozusagen in Tuchfühlung kam mit dem, was hier vor sich ging. Dann versuchte er, Marie, die vor ihm auf den Knien lag, beizubringen, wie sie die schwierige Aufgabe lösen sollte, welches Holz ganz unten oder ganz oben liegen und wie es umgeschichtet werden sollte. Danach sollte sie sich auf den unverwüstlichen Holzstuhl setzen, der eine Armlänge von ihm entfernt stand und den er selbst vor Jahren an seiner Drehbank hergestellt hatte. Es genügte, wenn sie ihm ab und zu ein Wort zurief, sie sollte nur da sein. Wenn sie ab und zu nach draußen ins Winterwetter ging, um ein wenig frische Luft zu schöpfen, stand er zwischen den Säulen, ein gestricktes Wolltuch um die Schultern, und rief sie zurück.

Marie kam eilig. Sie war unentbehrlich.

Die Jahreswende. Anfang Februar brach das große Stallgebäude unter der Schneelast auf dem Dach zusammen. Hamsun hatte es vor dreißig Jahren bauen lassen, kurz nach Übernahme des Hofes. Weder Mensch noch Tier kamen zu Schaden, aber es fehlte an Geld, um den Stall wieder aufzubauen. Die Tiere mußten verkauft werden, und jedesmal, wenn Marie aus dem Fenster schaute, bot sich ihrem Blick ein Bild hoffnungslosen Verfalls. War es ein Sinnbild ihrer beider Leben? Nur noch zwei Pfosten standen auf dem Hofplatz, und an einem Frühlingstag saßen auf jedem ein blanker Star und sah aus, als ob er den Platz nicht wiedererkenne. Marie sah, daß zwischen den zerbrochenen Balken Getreidehalme lange grüne Spitzen in die Sonne streckten, ihr stiegen die Tränen in die Augen. Knuts Stimme war noch immer klangvoll und fest, nicht die Stimme eines Greises. Er sagte langsam und ruhig:

«Weine nicht, Marie, das ganze ist deine Tränen nicht wert. Bald sterben wir, das Leben ist so kurz, und trotzdem scheint es fast zu lang zu sein.»

War er jetzt an der Reihe? Eines Abends im Frühsommer blieb er zu lange auf der Bank unter dem Goldregen sitzen. Die Sonne war untergegangen, der Tau fiel. Als er hereinkam, sagte er zu Marie: «Du mußt irgend etwas unternehmen, ich friere.»

Sie brachte ihn rasch ins Bett, legte Wärmflaschen neben ihn und den alten Mantel über die Decken. Die Nacht hindurch warf er sich im Fieberwahn herum, sie mußte die ganze Zeit bei ihm bleiben, die Wärmflaschen wieder ordnen und verhindern, daß er die Decken abwarf. Sie erinnerte sich später an diese Nacht: Sie war der Wendepunkt, dachte sie. Am nächsten Tag hielt er sie für seine Mutter.

Der Arzt kam, er sprach von Lungenentzündung. Hamsun erhielt Penicillin und überstand es, aber er war nun nicht mehr derselbe wie vorher. Marie sollte ihm nicht mehr die kleinen lokalen Neuigkeiten aus *Agderposten* vorlesen, er wollte auch nicht mehr zu den Mahlzeiten herunterkommen, am liebsten hätte er nichts gegessen. Seine Hände zitterten so sehr, daß der Löffel leer war, wenn er den Mund erreichte. Am liebsten saß er da mit seiner Bibel aus dem Jahre 1886, einem großen Buch in verschlissenem Ledereinband mit verschnörkelten Buchstaben, in einer Sprache gedruckt, die für ihn voller Poesie war. Er versuchte mit seiner Lupe ein oder zwei Wörter zu erraten, seine letzte Lektüre. Es wurde nicht viel daraus, aber er kannte das Wichtigste ja längst auswendig.

Marie sah, wie er das Gesicht vom Buch hob. Er blickte vor sich hin und sagte:

«Wahrlich, heute sollst du mit mir im Paradiese sein! Sonst wären wir ja auch nur dazu da, in die Dunkelheit zu gehen. Und nun ein solches Licht!»

Im Juli, als der Sommer Wärme und Licht brachte, kam er wieder etwas zu Kräften und konnte die Treppen ohne fremde Hilfe bewältigen. Er wollte nicht mehr draußen im Vorgarten sitzen, wo ihn die Leute vom Weg aus sehen konnten, er saß nun auf dem Hofplatz. Die großen Kastanien verdeckten mit ihren breiten Kronen die Trümmer des Stalles. Die Enkelkinder spielten um ihn herum, er konnte Farben und Formen besser wahrnehmen.

«Komm hierher, du Rote», rief er, «komm hierher, du Blaue!»

Marie hatte ihm anvertraut, daß sie ihre Erinnerungen niederschrieb; einmal im Winter hatte er sogar selbst mit seinem Zimmermansbleistift einen Satz für sie niedergeschrieben. Er fragte sie, wie sie vorankomme, und sie antwortete, es gehe langsam voran.

«Schreib nur nicht zu dicht», sagte er, «es wird dilettantisch, wenn es so kompakt ist; man muß dem Leser auch selbst etwas überlassen . . .»

Ein andermal, als es regnete, zog er mit seinem Korbstuhl in ihr Zimmer, wo sie arbeitete. Da entdeckte er, daß sie eine Schüssel ins Bett gestellt hatte, weil es von der Zimmerdecke her tropfte. Die undichten Dächer auf Nörholm! Er verbarg seinen Ärger hinter Zynismus:

«Ich bin ein schlechter Kamerad», sagte er, «es tropft nicht einmal auf mein Bett! Ich verstehe nicht, daß du mir nicht eines Tages etwas auf einem Stück Zucker gibst – dann kommt die Kadaverausgabe meiner Bücher in aller Welt, und du hast Geld um das Dach zu reparieren.»

Kadaverausgaben nannte er die Gesammelten Werke, die nach dem Tod eines Autors zu erscheinen pflegen. Aber er starb nicht, er wurde zweiundneunzig Jahre alt. Er saß im Bett vor dem großen Haufen von Briefen und Telegrammen und machte eine wegwerfende Handbewegung.

«Ich bin so müde», sagte er zu Marie, «es ist so schlecht zu leben. Ich bete zum großen Gott in der Ewigkeit um die Erlaubnis, jetzt zu sterben.»

Als er die Worte sprach «den großen Gott in der Ewigkeit», hob er die Stimme. Marie fand, daß sie volltönend aus seiner starken Brust kamen – ein Sinnbild der Unendlichkeit. Sie saß bei ihm und las.

«Was ist das, mir scheint, du sitzest da mit einem Buch?» fragte er.

«Es ist ‹Pan›, ich lese alle deine Bücher.»

«Gott bewahre, das darfst du nicht tun!»

«Du willst doch nicht sagen, daß du verleugnest, was du geschrieben hast?»

«Ach nein», sagte er still. «Da stehen meine Bücher und können wohl auch stehenbleiben. Vielleicht lesen junge Menschen sie nun. Aber meine Bücher – das ist Leben, es ist nicht das, worauf du dich jetzt einstellen sollst. Nein, lies doch lieber Schopenhauer, such’ die alten dänischen Übersetzungen, die wir haben, und sieh, wie er das alles beurteilt, wie einfach und klar er alles machen kann . . .»

Marie wollte ihm sagen, daß er ihr das schon früher einmal vorgeschlagen hatte, in ihrer allerersten Zeit, und nun war das Ende da. Aber dann merkte sie, daß er nicht mehr reden wollte, die paar Worte hatten ihn müde gemacht. Er saß still in Gedanken versunken da und sagte dann mit der milden, resignierenden Stimme, die sie nun so gut kannte:

«Lebwohl . . . lebwohl . . .»

Die Gemeinde schickte ein Formular: Knut Hamsun hatte Anspruch auf eine Altersrente, und da er eine Frau versorgen mußte, belief sie sich auf 78 Kronen im Monat. Es ging dem Herbst und der Kälte entgegen, und Marie dachte, daß er wirklich etwas Neues zum Anziehen brauchte. Sie fragte ihn, ob sie das Formular ausfüllen sollte.

Er antwortete müde:

«Ich kann nicht ja und nicht nein sagen, mach es, wie du willst, und laß mich sterben.»

Da füllte Marie das Formular aus, und so begann Knut Hamsun 78 Kronen Altersrente zu beziehen. Er hatte nicht mehr die Kräfte, die Treppen zu bewältigen, er konnte nicht einmal mehr in Maries Zimmer kommen, mit äußerster Mühe schaffte er die drei Schritte vom Bett zum Korbstuhl. Und sie? Sie wurde am 19. November siebzig Jahre alt. Sie saß den ganzen Tag bei ihm, erwähnte aber das Datum nicht. Schon seit längerer Zeit hatte sie ihn mit dem Kalender hinters Licht geführt, aber bei der Uhrzeit ließ er sich nicht zum Narren halten. «Er kam um, wenn er die Tageszeit nicht wußte», schreibt Marie und erzählt, wie er früher herumging und die kostbaren Empire-Uhren auf Nörholm stellte. Sie wußte aber nicht, daß er diese Gewohnheit auch auf die ärmlichen Uhren im Altersheim übertragen hatte. Seine eigene goldene Uhr im Doppelgehäuse, die er zu seinem Kummer bei der Ankunft in der psychiatrischen Klinik abgeben mußte, war jetzt längst beiseite gelegt; seine Finger konnten sie nicht mehr aufziehen, seine Augen die Ziffern nicht lesen. Eine Zeitlang hielt er sich an eine andere Kostbarkeit, ein Uhrenkleinod, das er besessen hatte, seit Marie ihn kannte; das Werk lag in einer schweren, glatten Kristallkugel von 10 Zentimeter Durchmesser, die als Lupe diente, so daß man an der einen Seite das stark vergrößerte Zifferblatt, an der anderen das arbeitende Uhrwerk sah. Nun aber konnte er auch diese Uhr nicht mehr ablesen, und eines Tages fiel sie ihm auf den Boden. Marie kaufte ihm eine rote Küchenuhr, sie war nicht viel besser als die Uhren im Altersheim, aber das war ein Vorteil, denn nun konnte der alte Mann im Korbstuhl sitzen, die Zeiger abtasten und die Zeit verfolgen, und wenn er einschlummerte und die Uhr ihm aus der Hand fiel, bekam sie zwar ein paar Beulen, ging aber nicht entzwei. Doch eines Tages fiel er selbst aus dem Korbstuhl auf den Boden, auch er tat sich nichts, konnte aber ohne Hilfe nicht wieder aufstehen. Trotz seiner Magerkeit war er für Marie zu schwer. Er bat sie, Arild zu holen, aber Arild war im Wald, er fällte Bäume. Marie holte einen Schemel, auf den sie ihn unter Aufbietung aller Kräfte setzen konnte, schließlich gelang es in gemeinsamer Anstrengung, ihn wieder in den Korbsessel zu setzen; dann rangen beide um Atem. Er klopfte ihr auf die Hand und sagte mit einer Zunge, die dick und klumpig die Worte formte:

«Es wird bald leichter für dich . . .»

Marie gab es auf, ihm zu widersprechen. Er fragte noch einmal nach Arild. Sie rief ihm so lange ihr «fällt Bäume im Wald» ins Ohr, bis er verstanden hatte. «Gibt es noch etwas zu fällen?» murmelte er. «Da sind wohl bald keine Bäume mehr in unserem Wald . . .»

Die Tage vergingen, die beiden Alten saßen beieinander, sie mit Stopfzeug, er mit seiner Küchenuhr. Er mußte die Füße auf einen Stuhl legen, weil sie sonst anschwollen. Sie wollte eine Wolldecke darüber breiten, aber es mußte der alte Mantel sein. Zuweilen wollte er gern ein Kissen unter dem Nacken haben, meistens konnte er mit erhobenem Kopf und steifem Nacken schlafen. Der weiße Vollbart verbarg sein mageres Gesicht, nur die Augen wirkten sehr groß. Sie sahen nichts, aber sie waren klar und freundlich, und wenn er merkte, daß eines der Kleinen zu ihm gekommen war, wurden sie noch sanfter, während er ein paar freundliche Worte für sie fand.

«Im Grunde war dieses edle Haupt nie schöner und beseelter als jetzt, wo er blind und taub in einem Grenzland verweilte», schreibt Marie.

Es kamen gute Nachrichten. Das Berliner Schillertheater wollte sein Stück «Livet i vold» («Vom Teufel geholt») aufführen, das erste Drama Hamsuns, das nach dem Kriege überhaupt wieder gespielt wurde. Marie dachte daran, daß es das Stück war, das er in einem Winter ganz schnell auf Solliden niedergeschrieben hatte, als sie um das Licht seiner Hütte kreiste wie eine hilflose Motte. Seitdem waren zweiundvierzig Jahre vergangen. Konnte eine Liebe zweiundvierzig Jahre anhalten? Alle Schauspieler, die an der Aufführung beteiligt waren, setzten ihren Namen unter einen Gruß an ihn; sie zeigte ihm das Telegramm und machte ihm mühsam den Inhalt begreiflich, aber es war vor allem ihre Gemütsbewegung, die ihn ansteckte. Er liebte sie auch.

Dann wollte Gyldendal Norsk seine Jubiläumsreihe fortsetzen, und nun war auch «Hunger» dabei. Vielleicht sollte auch «Segen der Erde» wieder erscheinen.

Marie erklärte es ihm, so gut es ging. Er sah lange schweigend vor sich hin.

«So!» murmelte er dann tonlos.

Hamsun dämmerte die meiste Zeit vor sich hin, er verbrachte täglich nur eine knappe Stunde im Korbsessel. Marie mußte ununterbrochen bei ihm bleiben, er wollte nicht allein sein. Essen war ihm gleichgültig, eine Tasse Kaffee ohne Zucker und Milch genügte ihm – aber er wollte nicht allein sein. Wenn sie versuchte, für einen Augenblick fortzugehen, griff er nach ihrem Rock und hielt sie fest – wie ein Kind die Mutter, wenn sie fortgehen will, schreibt Marie. Sie sollte eine Armlänge von ihm entfernt mit ihrem Stopfzeug sitzen, er im Korbstuhl, die verbeulte Uhr auf dem Schoß:

Knut folgte den Stunden des Lebens, die ihm unter den Händen wegglitten. Das Leben, das er liebte, war zuweilen hart gegen ihn, aber der Tod, den er gefürchtet hatte, wurde sanft für ihn . . .

So schreibt Marie. Berühmte Worte. So endete ihre bittere Geschichte doch in Harmonie? So fand die Tragödie wenigstens einen milden, friedlichen Schluß?

Nein, ein letztes Mal hat Marie nur die halbe Wahrheit gesagt. Bisher ungedruckte Dokumente ermöglichen es heute, einen vollständigen Einblick in diese Phase des Prozesses gegen Hamsun zu gewinnen; in seine eigentliche Strafe, seine letzten Monate, Tage und Stunden.

Als Marie nach Nörholm heimkam, war Knut älter als die meisten Menschen, im hohen Alter hatte er eine besonders große Belastung hinnehmen müssen. Darf man Maries Schilderungen in «Regenbogen» und «Die letzten Jahre mit Knut Hamsun» glauben, entging er trotzdem der Zerstörung, die er so schonungslos bei anderen dargestellt hatte. Doch diese beiden Bücher sind nicht die einzige Quelle für Knut Hamsuns letzte Lebensjahre. Marie führte in dieser Zeit einen lebhaften Briefwechsel mit ihrer Tochter Cecilia, die immer noch in Dänemark lebte, jetzt war sie verheiratet mit Dr. med. Knud Mosegård, einem Oberarzt an der Irrenanstalt zu Augustenburg. Seine Stellung macht es ihm möglich, Marie mit den Nervenpillen zu versorgen, vor allem Morphiumpräparate, die ihr immer unentbehrlicher wurden, je weiter sich die Dinge entwickelten. Die Briefe sind meistens 2–3 Seiten lang oder noch ausführlicher, und Marie schrieb in der Regel zweimal wöchentlich. Manchmal schickte sie auch täglich einen Brief, ja auch wohl mehrere am selben Tag. Es war, als sei sie sich ihrer Rolle als «Kronzeugin» bewußt und suche in den Briefen Ausdruck für alles, was sie in ihren Büchern nicht erzählen konnte. Den zweiten Teil der Wahrheit, der nicht von Inger und Isak handelt, sondern – schlimmer und besser zugleich – von Marie und Knut.

# 38
## Marie und Knut

Nörholm, 26. April 1950

Liebe Cecilia, dies ist der erste Brief von daheim. Papa ist sehr begeistert, daß ich gekommen bin, er hat es sich schon lange gewünscht, mußte aber natürlich noch eine Zeitlang trotzen. Nun hat ihn beim Spalten von Brennholz ein Scheit an den Kopf getroffen. Er sagt, daß er ohnmächtig wurde, aber das ist natürlich Unsinn. Wahrscheinlich war es ein Vorwand, mich kommen zu lassen. Er ist in bester Verfassung, aber er langweilt sich und freut sich über ein bißchen Gerede in sein linkes Ohr. Zum Lesen kann er ja nicht mehr genug sehen, aber er kann gehen, sein Bett machen, den Topf leeren, aufs WC gehen und essen. Alles das bringt er ohne Hilfe zustande. Er hat einen hübschen Vollbart bekommen und müßte so gemalt werden. Nicht eine Runzel. Nur bei schlechter Laune beklagt er sich. Er läuft die Treppen rauf und runter wie ein Kakerlak. Er wird entzückt sein, wenn du kommst.

Nörholm, 13. Juni 1950

Und nun ist Papa ja *glücklich* darüber, daß ich zu Hause bin. Er sagt es mir jeden Tag. Wenn er nur nicht krank und bettlägrig wird, denn dann weiß ich nicht, wie ich damit fertig werden soll. Selbst jetzt ist es beschwerlich mit ihm, er nimmt mir viele Stunden des Tages, in denen ich eigentlich anderes tun sollte. Am liebsten wäre es ihm, daß ich in seiner Nähe säße und auch einundneunzig Jahre alt wäre wie er. Wenn ich nähe, stopfe und ähnliche Dinge tue, betrachtet er das mit Ärger, falls es nicht für ihn persönlich ist. In den Garten darf ich auch nicht gehen. Er kommt hinterher und sagt, nun sei es genug: «Bald stirbst du, und dann wird wieder alles vom Unkraut überwuchert.» Du kannst Dir vorstellen, daß Arild, Brit und die Mädchen völlig am Ende waren durch seine Ansprüche, sie redeten nicht mehr mit ihm, er war zum Schluß völlig isoliert. So hat er mich denn aus purer Not heraus gebeten zu kommen.

Nörholm, 18. Juni 1950

Ich sitze hier und warte auf Dr. Smith und Frau, ich soll mit ihnen zu Frau Bakke fahren und abends Hühnchen essen. Ich fürchte bloß, daß sie mir im Halse steckenbleiben, sie ekeln mich an! Smith soll auch nach oben und eine Wunde ansehen – offenbar ein Exzem –, die Papa, um es deutlich zu sagen, am Hintern hat. Der ist zur Zeit der Mittelpunkt der Welt. Er hat Angst, daß ihn der Arzt ins Krankenhaus schickt, doch ich habe ihm versprochen, das nicht zu dulden, er hängt an manchen Eigenarten und Unarten, auf die man dort so wenig Rücksicht nehmen kann, daß es sein Ende beschleunigen würde – und nicht etwa das oben Erwähnte!

Nörholm, 27. Juni 1950

Es ist wie meistens Mitternacht geworden, und ich muß sehen, daß ich Schlaf bekomme – bevor ich erwache, könnten wir ja schon von unseren «Alliierten», den Bolschewisten, erobert worden sein, nach dem, was ich heute abend gehört habe. Aber Glück auf die Reise, wie sie im Nordland sagen, wenn etwas gründlich schiefging. Und tausend Dank dem Krüppel Roosevelt und dem kriegslüsternen Churchill, die Deutschland zerschmettert haben.

Die Sache mit Papas Hintern ist nicht so schlimm, es war eine «Sitzwunde»; sie ist entstanden, weil er so mager ist und den ganzen Tag sitzt. Er legt sich ja nicht einmal zum Mittagsschlaf hin, er bleibt im Stuhl sitzen. Und nun habe ich Krankenhausspiritus bekommen (Brits Gesicht leuchtete auf, sie dachte, es sei etwas für Likör, aber es waren ja nur 50 Gramm, damit soll ich jeden Abend den Hintern abtupfen, bis er wieder *allright* ist). Dazu bekam ich Salbe, Mull und Heftpflaster und die Anweisung, von Zeit zu Zeit das alte

Pflaster abzureißen und ein neues draufzukleben. Du kannst dir die Situation vorstellen! Das geht keineswegs ruhig vor sich, selbst mit entblößtem Hintern nimmt Papa intensiven Anteil am Ablauf der Ereignisse; das Haus dröhnt von seinen Äußerungen des Unwillens, wenn irgend etwas nicht nach seinem Wunsch verläuft. Ja, der Hintern ist zur Zeit der Mittelpunkt des Universums.

Nörholm, 4. Juli 1950

Die Sache war so, daß Langfeldt – vermutlich ziemlich unkorrekt – zu mir sagte, es gehe darum, Hamsun zu retten, und die einzige Möglichkeit dazu sei, seine Senilität nachzuweisen. Ich war in großer Qual und Not und entschloß mich also, von Anfang bis Ende die Wahrheit zu sagen. Ohne jedoch auf Einzelheiten der nach meiner Meinung höchst entwürdigenden Gegenwart zu kommen, ging der plötzlich auf ganz andere Dinge über, die *dreißig Jahre zurücklagen*! Ich mußte ja auch seine starke Egozentrik erwähnen, denn sie führte vom ersten Augenblick an für mich zur reinen Despotie. Aber selbstverständlich war und bin ich mir darüber klar, daß er ohne sie nicht der geniale, intensive Dichter gewesen wäre, der er war. Es war nur nicht immer sehr lustig, die Leiche zu sein, über die er hinwegging. Wir haben das Darlehen erhalten. Arild hatte es schon im voraus ausgegeben für Dünger, Kraftfutter, Maschinen usw. Wir streichen das Haus nicht, wir bessern nur hier und da Flecken aus. Ein Mann, den ich aus Oslo kenne, ein Alkoholiker, macht das für 100 Kronen und Kost und Unterkunft. Er ist eine billige Hilfskraft, selbst wenn er gelegentlich eine Sauftour nach Arendal unternimmt. Im ganzen Haus wird gekleckst und gemalt, sogar ein wenig auf Stühle und Tische. Papa hat sich dreimal mit Farbe eingeschmiert, und das wurde jedesmal ein ohrenbetäubender Zirkus. Der arme Mann – der Alkoholiker – war am Rande des Zusammenbruchs, denn er und ich haben ja die Aufgabe, Papa wieder zu reinigen, deshalb ist er auch auf uns beide so böse. Er behauptet, daß wir meistens ganz ungeahnte Stellen anmalen, damit er als Blinder sich hinten und vorn damit beschmieren soll; er hat noch nie so verrückte Leute gesehen, ruft er. Übrigens erholt er sich von Tag zu Tag, gedeiht und blüht auf, seit er wieder einen Menschen hat, den er kommandieren kann. Arild und Brit gingen einfach hinaus, dann hatte er überhaupt keinen, dem er befehlen konnte. Jetzt hat er einen bösen Halskatarrh von all dem Geschrei, vor allem seit Ausbruch des Krieges in Korea. Falls der lange dauert, wird er zur Katastrophe für mich!

Nörholm, 14. November 1950

Papa war in den letzten Tagen nicht so munter, denn er mußte ja *rausgehen*, verstehst du, und er kann sich bei sich selbst bedanken, weil er das WC nicht einbaute, solange noch das Geld dafür vorhanden war, und nun ist es für ihn zu kalt, da draußen zu stehen und an den Hosenknöpfen zu hantieren. Er war fast krank, aber ich brachte ihn mit einer Wärmflasche und warmem Tee ins Bett, dann ging es vorbei. Nun muß ich jedesmal den Nachttopf hinaustragen, aber das geht auch. Er ist ja so hilflos und sagt jeden Tag, daß er ohne mich nicht leben kann. Also Anfang gleich Schluß!

Nörholm, 25. Januar 1951

Tausend Dank für die Tabletten, ich finde es beruhigend, sie zur Hand zu haben, auch wenn ich sie nicht regelmäßig zu nehmen brauche. Aber schick Papa nicht die Pillen, von denen du gesprochen hast! Nun will er sie plötzlich nicht nehmen. So ist es ja oft mit ihm. Es ist großartig, mit einer Sache anzufangen, aber plötzlich ist es das Gegenteil. Nun hat er – voller Wahnvorstellungen, wie er ja ist – herausgefunden, daß die Pillen ganz richtig «den Teufel aus den Röhrenknochen» (!) holen, aber das führt dazu, daß sein Unterzeug feucht wird, sagt er. Und obwohl das Unsinn ist, kann ich ihn doch nicht davon abbringen. Es ist wie mit dem Stuhlgang, dem alles überragenden Thema. Neulich holte er mich ans Bett, hielt seine zwei stinkenden Hände direkt vor mein Gesicht: *Großes Abführen!* Aber nur von der einen Seite, nicht von der anderen. Aber es war ganz wohlgeformt (mit illustrierenden Handbewegungen). Ach Cecilia, es ist schrecklich, daß ein alter Mann so undelikat wird. Mir wird oft übel dabei. Nun hat er es mit dem Füßewaschen. Er verlangt eine Schüssel mit warmen Wasser und kratzt an den Zehen und ruft, daß ich ihm helfen soll. Das sind ja Dinge, die nur von einer Pflegerin getan werden könne. Wenn ich ihm vorschlage, den Kopf zu waschen (der ja niemals mit Wasser in Berührung kommt), sagt er: Dazu bin ich nicht gesund genug!

Er hat uns zu seiner Zeit ein paar Greise geliefert, aber er selbst schlägt alle Rekorde.

Der Mann, der Nörholm kaufen will, hat gehört, daß der Boden schlecht ist, und interessiert sich jetzt mehr für ein anderes Angebot. Aber alles ist ja noch in den Anfängen. Nein, Papa kann kaum eine Reise per Schiff machen. In jedem Fall könnte es zu unangenehmen Auftritten mit den Mitreisenden kommen, sie könnten verlangen, ihn wegzubringen. Er ist nicht stubenrein, das Unglück kann fast überall passieren. Ich glaube, daß mein ständiger Mangel an Appetit von der WC-Atmosphäre kommt, in der ich tatsächlich lebe. Er gehört ja in ein Pflegeheim, aber so lange ich es kann, will ich das Kreuz tragen. In meinem Knie ist immer Wasser, Frau Smith sagt, ich soll es ruhighalten und nicht röntgen lassen. In Ruhe – ich muß ja jeden Tag mehrmals die Treppe rauf und runter, da ist so verschiedenes in Ordnung zu bringen mit dem Alten.

Ich glaube nicht, daß ich unter diesen Umständen viel Mut habe zu so großen Veränderungen wie einer Trennung von Arild und Brit und einer eigenen Wohnung für Papa und mich. Ich glaube nicht einmal, daß ich die Hausarbeit machen könnte, ich bin so müde und habe keine Energie mehr. Hier im Hause lasse ich nun alles laufen, wie es will; ich habe dagegen gekämpft, ich habe den Mädchen eingetrichtert, etwas Ordnung zu halten. Nun ist alles außer Kontrolle.

Die Küche, die Waschküche, die Speisekammer – man müßte einen Bulldozer einsetzen, um durch all den Kram und Abfall hindurchzukommen, der sich überall herumtreibt, auf den Fußböden, den Tischen und Bänken.

Aber ein Tag nach dem anderen.

Nörholm, 6. Februar 1951

Hier ist alles wie gewöhnlich: Wir haben keinen Strom, also kein Licht und kein Wasser, weil es sehr geschneit hat. Es heißt, daß es «ein paar Tage» dauern wird.

Papa stöhnt, lärmt und schimpft entsetzlich, Tag und Nacht. Wie ein Mann im Wochenbett. Aber ich merke deutlich, daß es nur eine Gewohnheit ist, ihm fehlt absolut gar nichts.

Heute abend folgender Befehl: Du sollst mir anderthalb Abführtabletten geben. Eine für das ganze und die halbe für das was beim letztenmal nicht entleert wurde.

Nörholm, 8. Februar 1951

Heute nacht hat uns das Unglück getroffen, daß das Wirtschaftsgebäude mit Viehstall usw. völlig zusammengebrochen ist unter den schweren Schneemassen auf dem Dach, das dem Gewicht nachgab. Der Mittelteil liegt unten, im Viehstall hat die untere Decke noch irgendwie gehalten, so daß kein Tier zu Schaden gekommen ist. Wie Du wohl verstehst, ist das eine Katastrophe für uns, weil wir nicht das Geld haben, das Gebäude neu aufzurichten. Vorläufig sind wir wie gelähmt und wissen nicht, was wir tun sollen. Die Nachbarn sind gekommen, sie wissen auch nicht, wo sie zupacken sollen, aber sie müssen ja helfen, daß die Tiere unter Dach kommen, sie stehen in Wind und Wetter.

Papa sagt nur: «Ja, vor uns bricht alles zusammen.» Dann setzte er sich auf einen Stuhl und redete nicht mehr davon.

Aus Argentinien schrieb ein Bekannter aus einem Verlag, daß dort nichts für uns zu machen ist. Das Publikum ist zu klein.

Nörholm, 15. Februar 1951

Ja, wir wollen versuchen zu verkaufen. Mit dem zusammengebrochen Stall wird es nicht einfach sein, der Preis wird entsprechend ausfallen. Arild und Brit müssen sich ein kleines Haus und ein Lastauto anschaffen. Dann muß Arild für fremde Leute fahren, das ist vielleicht etwas, das ihm mehr liegt. Und dann muß Brit Hausarbeit machen. Papa und ich müssen dann so viel Geld bekommen, wie unsere Kost und Logis wert sind, und dann müssen wir auch versuchen, ein kleines Haus zu finden. Eine Pension wäre besser, so kümmerlich, wie es mir geht, aber er kann nicht mit anderen in einem Haus wohnen, und es wird schlimmer und schlimmer. Ich bin jeden Morgen sehr nervös und bringe es kaum fertig, aufzustehen und einen neuen Tag zu beginnen. Aber das wird wohl anders werden. Alles hat ja ein Ende.

Nörholm, 21. Februar 1951

Meine einzige Ia, glaubst du, daß du mir ein paar Schlaftabletten schicken kannst? Ich wage nicht, noch mehr Morphiumpillen zu nehmen. Ich habe selbst Tabletten, aber man fühlt sich dabei am nächsten Tag nicht gut. Was ich haben müßte, wäre etwas, das nachts die Nerven beruhigt. Ich bin so rastlos, muß nachts aus dem Bett, häkle ein wenig, lese ein bißchen, esse etwas. Die Stunden vergehen, und erst gegen Morgen finde ich etwas Schlaf. Aber dann muß ich hoch und bei Papa um 8 Uhr den Ofen anzünden, und danach ist es ja taghell und unruhig im Haus.

Nörholm, 8. März 1951

Nun sieh dir diesen Zeitungsausschnitt an! Zum erstenmal seit 1945 fühle ich mich als «Verräter». Als Verräter meiner eigenen Überzeugung, an dem, was ich für richtig halte. Aber da eine Ablehnung hier eine Verschlechterung der Wirtschaft bedeuten würde, nicht nur für Papa und mich, sondern auch für Kinder und Enkel, glaube ich nicht, daß wir diese Ernennung ausschlagen dürfen. Sie bedeutet ja eine vollständige Rehabilitierung Papas in der westlichen Welt. Dieser Abschnitt stammt aus *Aftenposten* nach einem Bericht in *Agderposten:*

Adgerposten, 7. März 1951 Knut Hamsun ernannt zum Ritter der exklusiven Marc Twain Society. Der Club Trumans, Churchills, Bernard Shaws, Selma Lagerlöfs und Jean Sibelius' ehrt den norwegischen Dichter. Vom weltberühmten und höchst exklusiven Club *The International Marc Twain Society* erhielt Knut Hamsun vor kurzem ganz unerwartet die Mitteilung, daß er auf Grund seiner großen Leistung für die Weltliteratur zum Ritter des Marc-Twain-Ordens ernannt worden ist. Knut Hamsun ist der einzige Norweger, dem diese Ehre widerfährt. Großbritaniens Vertreter ist Winston Churchill, Ehrenmitglieder sind George Bernard Shaw, Clement Attlee und General Dwight D. Eisenhower. Unter den übrigen Namen findet man Thomas Mann aus Deutschland und Rabindranath Tagore aus Indien. Schweden wird nur von Selma Lagerlöf, Finnland von Jean Sibelius vertreten ...

Nörholm, 9. März 1951

Heute kam Frau Stray hierher mit einer Mitteilung von Grieg, daß der Verlag jetzt beginnen will, Hamsun-Bücher herauszugeben und dafür zu werben.

Papa weinte vor Freude.

Nörholm, 2. April 1951

Ich muß Dir erzählten, daß ich die vermißten Briefe von 1908–1909 gefunden habe, sie lagen wohlverpackt in «Papas Haus» mit der Aufschrift «Maries Briefe». Ich nahm natürlich an, daß es Briefe von mir seien, und ich wollte sie gern ansehen im Hinblick auf meine «Erinnerungen», die ich fortsetze. So fand ich sie also und hab mich hingesetzt und sie heute gelesen. Es ist so wehmütig, ich muß an ein großes, mit Blumen gefülltes Schiff denken, das nun für immer versunken ist.

Papa wird zunehmend schwächer, er braucht meine Hilfe bei allen Dingen. Er ruft zu allen Zeiten nach mir. Er sagt, es wäre ihm unmöglich, ohne mich zu leben. Also – die Worte wiederholen sich, das steht nämlich auch in all den Briefen, die ich heute gelesen habe.

Nörholm, Juni 1951

Es geht Papa nicht gut, er ist erkältet, hat Fieber, aber erholt sich schon wieder. Er ist so eigensinnig, nachts will er Badezimmerwärme im Schlafzimmer haben, der Ofen soll angezündet werden, aber dann wieder läuft er im bloßen Hemd den ganzen Weg über den Flur zum WC. Er ist früher niemals sehr penibel gewesen, er hat einen großen Nachttopf, aber nun erst! Und da liegt er die ganze Zeit und schreit wie ein Seebär in Seenot. Ich kann mir keinen Menschen vorstellen, der bei Krankheit zu einem solchen Quälgeist wird. Und dann seine Stimmkraft! Ich bin total fertig. Dr. Smith hat ihn heute besucht. Lebensgefahr besteht sicherlich nicht mehr, der Puls ist in Ordnung, die Temperatur fast wieder normal. Und er trinkt täglich einen Liter Dickmilch, ich rühre stillschweigend ein Eigelb hinein. Feste Speisen ißt er ja nicht.

Ich erwarte *Wein* aus Deutschland, *Seide* aus Japan und *Kaffee* aus Amerika. Ich lebe also in Hoffnung. Doch auf Geld hofft und wartet man ja vergebens.

Nörholm, 18. Juni 1951

Es sieht nun so aus, als ob Papa es noch einmal schafft. Er ist wieder fieberfrei, hat angefangen, ein wenig zu essen – er ist schrecklich böse und anspruchsvoll. Das ist wohl ein Zeichen dafür, daß er sich erholt. Die brennende Frage ist ja der Stuhlgang, er bekommt Pillen, aber bisher ohne Wirkung. Das Gespräch dreht sich im wesentlichen darum. Er hat die Vorstellung, daß sich in ihm der Teufel festgesetzt hat, «und den kannst du keinen Zentimeter von der Stelle rücken, liebe Marie!». Mir graut schon vor der Stunde, wo der Teufel dann tatsächlich losgelassen wird! Ich bin ziemlich allein mit ihm, habe zwei Nächte durchwacht und auch tagsüber kaum Ruhe gehabt; wenn er wach ist, liegt er da und kommandiert wie ein Feldwebel.

566

Nörholm, 3. August 1951

Euch beiden herzlichen Dank für das schöne Paket zu Papas Geburtstag. Ich habe den Käse in den Kühlschrank gelegt und warte darauf, daß er etwas davon essen kann. Er nahm gestern *einen* Bissen Butterbrot mit Roquefort zu sich, dann konnte er nicht mehr. Wir haben für morgen Lachs gekauft – in alten Zeiten das Geburtstagsessen in jedem Jahr. Aber er muß eingefroren werden. Es sieht so aus, daß Papa langsam, aber sicher an Kräften verliert, er trinkt nur Dickmilch, in die ich ein Eigelb schmuggle, feste Nahrung weist er zurück. Und ich glaube auch nicht, daß es mit ihm vorangeht, eher zurück. Er hattte sich gut erholt nach der Lungenentzündung, ehe dieses kam. Ich möchte ja, daß er noch ein wenig am Leben bleibt. Es gibt ja starke Bestrebungen nach einem Schadenersatz für ihn. Ich möchte dem Schinder gönnen, daß er mit dem geraubten Geld herausrücken müßte und eine vollständige Niederlage erlitte. Ich las, daß Pétain «zur Erleichterung» des gegenwärtigen Frankreichs gestorben ist. Da sind manche, die Hamsun den Tod wünschen, um den Raub zu retten, viel anderes können sie ja nicht retten, ob er nun lebt oder stirbt.

Nörholm, 7. August 1951

Ja, er läßt Euch danken für die Socken. Ob er sie je brauchen wird, ist ganz ungewiß. Er will am liebsten die alten Lumpen anziehen. Es geht ihm jetzt viel besser, er steht ab und zu einen Augenblick auf, aber ich habe ihn noch nicht angezogen, es geht mir wahrhaftig selbst so schlecht, daß mir vor der Anstrengung graut. Ich weiß nicht, was mir eigentlich fehlt, ich kann überhaupt nicht zu Kräften kommen. Ich wäre nicht einmal im Stande, von hier zum Stall zu gehen, und wenn es mein Leben gelte. Ich nehme die Pillen, die Du geschickt hast, und ich nehme Bierhefe, und nichts hilft. Ich fühle auch kein Interesse mehr für irgend etwas. Ich glaube, es ist das tägliche vergebliche Warten auf einen kleinen Lichtstrahl in wirtschaftlicher Hinsicht und außerdem die Hoffnungslosigkeit in dem Durcheinander und der Unordnung und der Trägheit hier überall.

Nörholm, 22. August 1951

Ich bemühe mich jeden Tag, ihn aus dem Bett zu kriegen. Täte ich das nicht, würde er liegenbleiben. Er hat die Lust am Leben verloren. Ihm, der das Leben so liebt, ist es so arm und öde geworden, daß er nun den früher so gefürchteten Tod vorzieht. Es ist ja zu spät, noch irgend etwas zu ändern. Aber der Weg bis zur Selbstaufgabe von heute war lang und kummervoll für ihn. Eigentlich müßte man den Neidischen und Minderbegabten dankbar sein, weil sie den Tod verlockender als das Leben für einen Mann gemacht haben, der selbstverständlich zum Abgang bereit sein müßte. Aber ich bin seinetwegen so bitter, weil ich weiß, daß er für diese undankbaren Leute das Beste wollte. Nein, ich habe eigentlich nie frei. Er schläft ja mit Unterbrechung den ganzen Tag, und wenn er wach ist, schreit er nach mir. Komme ich nicht auf den ersten Ruf, sagt er: «Willst du mich auf deiner Türschwelle sterben lassen, Marie!» Antworte ich, daß ich mal eine Stunde fortsein *muß*, sagt er: «Dann geh in Gottesnamen, du findest mich tot, wenn du wiederkommst!»

Wenn ich auch nicht mit einer solchen Möglichkeit rechne, führt es ja doch dazu, daß ich hier sitze. Er zieht sich niemals mehr selbst aus oder an, und beginnt er, die Decke herunterzuziehen, habe ich lange damit zu tun, sie immer wieder hinzulegen. Das geht an die Nerven, leider, und wenn ihr mir etwas schicken wollt, sag ich tausend Dank.

Nörholm, 29. August 1951

Tausend Dank, ich freue mich, etwas für die Nerven zu haben, denn ich bin tagsüber so hinfällig. Natürlich kann ich mich nicht nach dem niedrigen Blutdruck richten, es ist nur alles andere, was auch drückt.

Hier geht alles zum Teufel.

Bei Papa gibt es keine Veränderung. Er ist ab und zu groß in Form, vor allem, wenn ich seinen Wünschen nicht richtig nachkomme. Er rennt in Unterhosen und holt mich aus dem Garten, falls ich mich – selten genug – wenn er schläft, zu meinen Blumenbeeten gestohlen habe. Er sitzt vormittags und nachmittags ein paar Stunden auf. Von etwa drei bis fünf liegt er im Bett, und dann ist er in großer Unruhe, glaube ich. Er ist in trüber Stimmung und betet die ganze Zeit zu Gott. Mit Donnerstimme, so daß man ihn auf der Landstraße hören kann. Zum Glück zweifelt er nicht daran, daß es ihm drüben gutgehen wird, er betet nur darum, sofort geholt zu werden. Aber ich glaube wirklich, daß er noch eine Weile leben kann, er trinkt eine Menge Dickmilch mit einem Eigelb in jedem Glas, und er liebt Kaffee mit Kuchen.

Ich quäle mich mit meinem Buch, denn ich finde nicht eine einzige ununterbrochene Stunde und Ruhe, um daran zu arbeiten. Bin jetzt bei Tores Geburt. Du kannst mir glauben, es ist scheußlich, diese Arbeit vor sich zu haben und niemals Zeit dafür zu finden! Es *kann* ja nicht gut werden, wenn man sich nicht konzentrieren kann, man schreibt nur so weiter, um voranzukommen. Wenn wir Geld hätten, würde ich eine meiner Gefängnisfreundinnen engagieren, täglich ein paar Stunden bei Papa zu sitzen und ihn zu unterhalten, und ich würde mich dann in eines der Gästezimmer setzen. Mindestens zehnmal bin ich bei diesem Brief unterbrochen, wie vom Hilfeschrei eines Menschen in Seenot. Aber dann geht es nur darum, daß ich ein wenig an der Ecke einer Decke ziehen oder sagen soll, wieviel Uhr oder wieviel «Grad» es ist.

Nörholm, 1. September 1951

Sein Geschmack ist wie der eines Kindes geworden, er liebt süße Sachen, vom Mittagessen mag er am liebsten den Nachtisch. Er fragt nach Kuchen und kann nachts im Bett liegen und Kuchen essen. Ich muß ständig neuen kaufen, weil ich mich nicht zum Backen entschließen kann. Außerdem trinkt er ständig Dickmilch. Wenn er nicht in so rabenschwarzer Laune wäre, ginge es ihm nicht schlecht. Er hat ja keine Schmerzen. Doch er ist nun so verwöhnt, daß er keinen Finger mehr rühren will, er wischt sich nicht einmal den Hintern ab. Wenn seine Decken anders liegen, als er es haben will, fährt er aus dem Bett – das kann mitten in der Nacht sein –, kommt jammernd zu mir und sagt, ich muß ihm ins Bett helfen, er kann sich absolut nicht ohne Hilfe bewegen.

Ich habe ihm auch ein paar von euren Nervenpillen gegeben, und mir scheint, daß sie geholfen haben. Er hat heute nicht ständig nach Gott gerufen und auch nicht nach mir. Kann man sie hier bekommen? Braucht man ein Rezept dazu?

Nörholm, 2. September 1951

Dank für das Angebot, eine kleine Weile in Ruhe und Frieden in Dänemark zu verbringen. Aber ich muß doch versuchen, hier bis zum Ende auszuharren – Großvaters oder meinem. Eine Ablösung für mehr als ein paar Stunden ist undenkbar, sogar das ist undenkbar, wenn ich es nicht bezahlen kann.

Hoffentlich werde ich bald etwas kräftiger. Mir scheint auch, daß Papa sich erholt. Er hat nur an den Nachmittagen einige grauenhaft düstere Stunden gehabt.

Nun gab ich ihm eine von den kleinen weißen Pillen, die ihr zuerst geschickt habt. Mir scheint, daß sie besänftigend auf das Gemüt wirken, statt dessen macht er aber in die Hose, ich weiß nicht, was ich vorziehen soll. Ich nehme an, daß der Arme zu fest schlief.

Nörholm, 7. September 1951

Er ist in den letzten Tagen sehr unruhig gewesen. Jede Minute sollte ich ihm mit irgend etwas «helfen», und da ist eigentlich nichts zu tun. Er hat zum Beispiel die Vorstellung, daß er zu leicht zugedeckt ist, obwohl er *eingepackt*, mit Decken beladen ist, und mitten in der Nacht läuft er auf den Gang, um eine Jacke oder einen Mantel zu suchen, die er über sich haben will. Oder er hat den Einfall, daß ich ihm das Haar schneiden soll, und dann muß ich mich hinsetzen und das den ganzen Tag tun. Oder er sitzt gut eingepackt in seinem Stuhl und wirft alles von sich, immer wieder, den ganzen Tag, und sagt, ich soll ihm helfen, alles wieder in Ordnung zu bringen. Wie heute, wo er sich mehrmals völlig ausgezogen hat und behauptet, daß er sein Hemd verkehrtherum anhat! Ich habe außer den paar Stunden, in denen er schlief, keine ruhige Minute gehabt. In der vorigen Nacht habe ich bis halb vier aufgesessen, um zu versuchen, etwas zu schreiben. Dann schlief ich natürlich sehr fest. Um acht Uhr mußte ihn Arild aus der Halle unten holen, wo er in Unterhosen stand. Ich kann es nicht anders auffassen, als daß er im Begriff ist, den Verstand zu verlieren. Aber zwischendurch kann er wieder ganz vernünftig reden. Es ist verlockend, ihm abends ein Schlafmittel zu geben, aber das könnte ihn vielleicht verwirrt machen? Abgesehen davon, daß ich mich dann morgens um ein nasses Bett kümmern muß.

Ein wohlwollender Gemeindebeamter hat herausgefunden, daß er Altersrente erhalten kann. Arild hat ein Formular ausgefüllt, und nun kann er mit Ehefrau im Monat 78 Kronen beziehen. Denk diesen Gedanken einmal zu Ende – ein weltberühmter Name, Nobelpreis, niemals Mitglied der NS, keine Anklageerhebung – und trotzdem!

Nörholm, 9. September 1951

Unter uns gesagt, Papas Geist verdunkelt sich mehr und mehr. Er hat nur wenige lichte Augenblicke, das meiste, was er sagt und tut, ist nur Unsinn. Er schläft natürlich sehr viel, aber zu unberechenbaren Zeiten, und wenn er wach ist, muß ich da sein. Er ist nämlich im übrigen gesund und wohlauf, doch er kann immer noch schlecht gehen, fällt oft hin, wenn ich nicht aufpasse, vielleicht ist er schwindelig. Er kann sich bei nichts mehr selbst helfen, nicht einmal den Mund finden, wenn er essen soll. Vom Stuhlgang und Wasserlassen will ich gar nicht erst reden – da steht er auf dem Niveau eines halbjährigen Kindes. Ich möchte nur wissen, ob er eine kleine Hirnblutung gehabt hat; mir scheint, es ist so schnell gegangen.

Es ist ganz schrecklich, daß gerade er, gerade er, der immer das Alter verhöhnt hat, ohne die geringste Spur von Mitgefühl für die Senilität, nicht einmal bei Hundertjährigen, daß gerade er nun alles bis ins letzte durchmachen muß! Nun ist es so, daß ich mich nach ihm richten muß, zu schlafen versuche, wenn er es tut, und sonst bei ihm zu sein. Ich war wirklich bisher froh, ihn hier lebendig zu haben, ein Wort mit ihm zu wechseln und die Dinge mit ihm zu ordnen, wie es eben kam. Nun muß ich sagen, daß ich über alles das so entsetzt bin, daß ich es am liebsten hätte, wenn er eines Tages einschliefe. Sonderbar ist es, daß er immer noch Sinn für eine Liebkosung und ein freundliches Wort hat – ob er immer versteht, was ich sage, weiß ich nicht, aber er versteht den Tonfall. Und er greift oft nach mir und will mich streicheln. In ganz kurzen Augenblicken scheint er klar im Kopf zu sein, er sagt ein paar vernünftige Sätze, dann wird aber alles wieder zu Unsinn und unverständlichem Gerede. Es liegt in dem allen eine so tiefe Tragödie, daß ich es kaum noch ertrage.

Nörholm, 10. September 1951

Papa hat nun jeden Tag und jede Nacht einige Stunden mit Wahnsinnsanfällen. Heute ist er sicherlich zehnmal aus dem Bett gesprungen, auf den Gang gelaufen und hat Brits oder mein Zeug an sich gerafft, um es ins Bett zu stopfen. Zum Schluß mußte ich das Licht ausschalten und sagen, daß der Strom weggeblieben ist. Aber dann saßen wir ja alle im Dunkeln. Morgens ist er meistens ruhig und verständig.

Nörholm, 11. September 1951

Es war tröstlich, daß du meinst, mein Buch könnte etwas werden. Aber es ist zum Verzweifeln, daß ich überhaupt *nie* eine zusammenhängende Arbeitszeit habe. Papa ist sehr unruhig, meistens schläft er den Tag hindurch nur kurze Augenblicke, dann wieder wühlt er im Bett, wälzt alles von sich, was nur möglich ist, wirft sein Nachthemd hinaus, kurz gesagt, obwohl er friedlich ist, verlangt er den vollen Einsatz eines Menschen. Aber ich habe ja auch noch die Wäsche und das Reinmachen, das einfach *notwendig* ist, wenn nicht alles bei uns verpestet werden soll. Heute habe ich zwei Hosen, vier Unterhosen, vier Hemden, vier Paar Strümpfe, eine Wolldecke gewaschen – alles stammte von gestern.

Und das ist ja keine angenehme Sache. Und das alles trotz der unzähligen Male, die ich ihm im Verlauf des Tages auf den «Eimer» half. Das passiert nur nach Pillen, und die gebe ich ihm nur zweimal in der Woche, öfter kann ich das nicht durchhalten. Aber *jeder* Tag wird für mich in Stücke zerschlagen, und es ist praktisch hoffnungslos, unter diesen Umständen an einem großen Buch zu arbeiten. Und wie lange kann ich wohl noch mit dieser Arbeitsfähigkeit rechnen? Es ist ja so entsetzlich vieles, was am inneren und äußeren Menschen zehrt! Am schlimmsten ist es, Nörholm verkommen zu sehen und damit alles, über das man sich gefreut hat, all die Dinge, die wir seit 30 bis 40 Jahren besitzen, verkommen und verfallen, es sieht überall schrecklich aus, nur Fetzen und Dreck.

Während ich zehn- bis elfmal an diesem Brief weitergeschrieben habe, mußte ich Papa fünfmal ins Bett packen, und sofort, wenn ich ihn eingepackt habe, kommt er wieder hoch. Frage ich ihn, was er will, kann er keine Erklärung geben, nur dummes Zeug und Unsinn. Nun habe ich die Tür zum Gang und zu meinem Zimmer verschließen müssen, dann muß er eben herumwühlen, bis er sich hinlegt oder in Schlaf fällt – ohne Bettzeug. Dann muß ich versuchen, ihn wieder zuzudecken, ohne daß er wach wird und wieder aufsteht.

Ja, es ist schmerzlich, das zu erleben, aber ich glaube nicht, daß er unglücklich ist, er ißt gut mehrmals am Tage – ich muß ihn ja füttern wie ein Kleinkind –, und er ist tatsächlich dicker geworden und hat nirgends Schmerzen. Aber alle Verstandestätigkeit ist verschwunden, er betet nicht mehr zu Gott, er kann nur ab und zu ein paar Worte im Zusammenhang sagen.


Nörholm, 16. September 1951

Nach den kleinen Eisenpillen geht es ihm nun wieder besser. Er hat mehr Kräfte, ißt gut, am liebsten Süßes, Nachtisch oder Kuchen, auch ein wenig Beeren oder Pflanzen, wenn sie gezuckert sind. Also Kinderessen. Heute war er mehrere Stunden draußen, saß in der Sonne und wollte dann einen kleinen Gang machen.

Aber es war windig, und ich mußte ihn hineinbringen.

Schicke Dir, was von meinem Buch fertig ist. Es ist nicht leicht – irgendeine wissenschaftliche Gebrauchsanweisung für meinen schwierigen Mann oder großen Dichter kann ich nicht geben. Ich muß ihn sich selbst enthüllen (ein wenig!) und die Ereignisse sprechen lassen, wie sie waren. Es ist ja der Alltags-K. H., ich bin eigentlich der einzige, der etwas mehr davon erzählen kann. Und ich muß ja versuchen, es so diskret wie möglich zu machen. Er darf nicht bloßgestellt werden, daß man zu ihm als Menschen keine Sympathie mehr aufbringen kann. Da war ja so vieles zu respektieren und gern zu haben – so lange er noch er selbst war.

Nörholm, 22. September 1951

Nun ist Papa wirklich *ruhiger,* aber schließlich wird er stumpf und macht die schlimmsten Sachen, so daß ich nicht wage, von ihm zu gehen. Heute lag er wieder auf dem Fußboden, es war das dritte Mal, hatte alles zerwühlt, was zu zerwühlen war, ein großes Glas Dickmilch zerschlagen und planschte nun darin herum. Ich war hinausgegangen, weil ich glaubte, daß er in seinem Stuhl eingeschlafen war. Dann muß er aus irgendeinem Grund wieder hoch, und im Halbschlaf fällt er hin – offensichtlich, ohne sich weh zu tun. Aber nun habe ich für alle Fälle Schlüssel für unsere Zimmer bekommen, dann schließe ich nachts ab, damit er nicht nach draußen kann und sich nicht auf der Treppe den Hals bricht. Er ißt eine ganze Menge, viermal täglich, das geht ganz glatt, schlimmer ist es, daß es wieder rausmuß. Er hat nicht das mindeste Gefühl dafür, daß etwas im Anmarsch ist, ich muß aufpassen wie ein Schießhund. Und trotzdem habe ich viele Hosen zu waschen. Aber ich glaube, es ist fast nichts, verglichen mit so vielem anderen, was mit ihm war. Wenn nur die Gesundheit durchhält, ist es wirklich nur eine irgendwie liebe Pflicht, das alles zusammen.

Nörholm, 16. Oktober 1951

Der Arme, er hat jetzt nicht viele klare Augenblicke, aber es scheint ihm gutzugehen, er ist dick und rund im Gesicht und wirkt auch zufrieden. Nur muß ich immer da sein. Das wird mir oft zur Qual, ich bin ja gewohnt, etwas zu tun, nun vergehen die Tage damit, ihn zu umsorgen, seine Beine auf den Stuhl und wieder herunterzuheben, ihn einzupacken mit seinen zerschlissenen Wolljacken, die er jeden Augenblick anders hingelegt haben will. Nichts ist mehr als ein paar Minuten in Ordnung. Aber lieb und geduldig ist er, der arme Kerl, nie eine Unfreundlichkeit, selbst wenn ich ab und zu ein Tau um ihn lege und ihn an einem Haken an der Wand hinter seinem Stuhl festbinde. Ohne das wage ich nicht, von ihm zu gehen, er kann fallen und sich schlimm verletzen. Ach ja, es ist wirklich tragisch, Zeuge vom Zusammenbruch eines solchen Geistes wie des seinen zu sein!

Ich komme *niemals* mehr aus unseren Räumen herunter, nur mit höchst notwendigen Dingen wie Nachttopf, Wäsche usw. Papa schläft immer nur in
kurzen Abständen, nicht länger, als ich brauche, sauberzumachen und sein
Zeug zu waschen und solche Dinge. Ist er wach, muß ich ihn *anbinden,* damit
er nicht um sich tastet und mich ruft und dabei hinfällt. Er ist so lieb, der arme
Mann, er will am liebsten nur dasitzen und meine Hand halten, aber du
weißt, auf die Dauer ... Wenn wir nur etwas von dem Geld zurückbekommen könnten, das sie uns genommen haben, würde ich versuchen, jemanden
zu finden, der tagsüber ein wenig statt meiner bei ihm wäre, damit ich mich
einmal fortrühren kann. Er ist jetzt in solchem Dämmerzustand, daß er sich
zum Beispiel oft auszieht und ohne einen Faden über sich daliegt. Nachts
stößt er sein Bettzeug von sich, bis alles auf dem Fußboden liegt, und ich habe
oft Angst, daß er damit den elektrischen Ofen treffen könnte. Im selben Augenblick, wo ich seine Hose zugeknöpft habe und eigentlich alles in Ordnung
ist, hat er es vergessen und will wieder auf den Eimer. *Einzelne* klare Stunden
hat er noch, aber es ist begrenzt, was er dann verstehen und sagen kann – es
dreht sich nur um die nächsten Dinge. Der Bequemlichkeit wegen habe ich
ihm die Hosenträger abgenommen. Da sagt er plötzlich, wie er es früher gesagt haben würde: «Ich wundere mich darüber, daß sich jemand den Spaß
gemacht hat, meine Hosenträger abzuknöpfen!» Armer, armer Papa, es ist
gut, daß er sich nicht selbst sehen kann.

Ellinor hat morgen Geburtstag, sechsunddreißig Jahre. Wer hätte gedacht,
daß ihr Leben sich so traurig entwickeln würde, wenn man bedenkt, wie süß
und strahlend sie als kleines Mädchen war! Gut, daß es uns Menschen erspart
bleibt, in die Zukunft zu blicken. Sonst würden wir ja Selbstmord begehen,
die meisten von uns. Nun bekommen wir es in kleinen Portionen und müssen
versuchen, es zu schlucken, wie bitter es auch sein mag.


Nörholm, 12. November 1951
Ich habe die Pillen für Papa ein wenig eingeschränkt, denn er ist völlig verwirrt, ich glaube, es genügt, wenn er sie abends bekommt. Es ist eine Tragödie, daß er den Becher bis zur Neige leeren muß! Er, der immer das Alter verabscheute und im Grund hartherzig gegen alle war, die sich erlaubten, alt und
hilflos zu werden. Das ist vielleicht «die Nemesis», wie eine Frau im Gefängnis sagte. Er wurde vom Unästhetischen und Unschönen abgestoßen, erkannte in einem alten Gesicht *nichts* Schönes, behauptete aber, daß in *jedem*
jungen etwas Schönes sei. Gar nicht zu reden von alldem, was bei verwirrten
Menschen unappetitlich ist. Und gerade das trifft ihn!


Nörholm, 20. November 1951
Herzlichen Dank für das schöne Paket zu meinem Geburtstag. Ihr versteht,
daß ich niemanden hierhaben konnte, das gehört sich nicht, wenn Papa über-

haupt nicht daran teilnehmen kann. Ich saß den ganzen Tag bei ihm, weil ich annehme, es wird der letzte Gedenktag sein, den wir beisammen sind. Ich sagte ihm nicht, daß es der 19. November war. Er wäre vielleicht traurig gewesen, weil er mir nichts schenken kann.

Nörholm, 30. November 1951

Heute habe ich die große Nachttisch-Uhr geholt, die Papa hatte, seit ich ihn kenne. Sie begleitete ihn überallhin. Der Uhrmacher hat sie repariert, er hatte sie auf den Boden fallen lassen. Aber nun sagt der Uhrmacher, daß sie wieder ganz in Ordnung ist. Es ist eine sehr gute Uhr mit einem originalen Werk, sagt er. Das wußte ich wohl. So bekommst Du sie nun und noch ein paar von Papas persönlichen Dingen. Er wird nie mehr danach fragen, und sollte es doch sein, dann ist es sicher nach seinem Wunsch, daß Du sie bekommst. Nun mußt Du sie gut hüten. Es ist möglich, daß Du Dich erst richtig daran freust, wenn Du älter bist.

Ich war beim Zahnarzt und ließ mir in Blitzesschnelle die Zähne plombieren. Frau Wold sollte solange bei Papa bleiben. Es war so «dringlich», als ich heimkam, er hatte Frau Wold nicht um Hilfe bitten mögen.

Nörholm, 11. Dezember 1951

Frau Wold saß von halb zwei bis fünf bei Papa. Er war naß und hungrig, als ich zurückkam, und vor Verzweiflung schweißgebadet. Ach nein, Deine Mami hat nicht mehr viel, womit sie prahlen kann. Ich *sehe* es selbst. Ich komme ja nie an die Luft, habe keinerlei Bewegung, meine Arbeit ist im höchsten Grad entnervend, und Abwechslung gibt es nicht. Ich glaube wohl, daß Papa noch einige Jahre leben kann, körperlich ist er gesund. Ich gebe ihm ab und zu etwas Brom, sonst nichts außer Vitaminen – und einer Menge Essen.

Aber nun geht es auch in diesem Jahr wieder auf Weihnachten zu. Fast unerträglich, an Weihnachten in alten Tagen zu denken.

Ellinor ist in das Krankenhaus Berum eingewiesen – Der Gedanke an sie verdunkelt meine Tage, wie er es auch für Papa tat ...

Ja, nun sieht es nicht so aus, daß vor Weihnachten Geld von List kommt. Wir feiern Weihnachten auf Kredit.

Nörholm, 25. Dezember 1951

Papa sagt, er kann nicht mehr kauen. Er hatte eine Brücke im Unterkiefer, und die tut es nicht mehr. Er hat mit Erkältung im Bett gelegen und will unbedingt wieder auf. Ich habe ihn gestern für ein paar Stunden in den Stuhl gesetzt, aber er saß nur da und weinte, daß er mir Weihnachten verdürbe. Ich mußte ihn also trösten, und schließlich schlief er ein, so daß ich mit um den Baum gehen konnte mit den Kleinen. Wir sind ja nicht so viele, deshalb war es notwendig. Die Kinder waren Gottseidank glücklich, sie bekamen alle zusammen eine einzige Mundharmonika, so kannst Du dir denken ...

Na ja, mein Gemüt wird auch nicht mehr froh, leider ging ich mit strömenden Tränen um den Baum. So viele Male war es anders als jetzt, und ich konnte es nicht lassen, an Euch vier und Papa zu denken, wie Ihr um einen Haufen von Geschenken herumstandet . . . Aber alles ist vergänglich, und es hilft nichts, über das zu weinen, was nicht mehr ist . . . Im übrigen erhielt ich einen Berg Briefe und Grüße und habe viel Arbeit mit dem Bedanken. Aber nur von «Mit-Verrätern». Gyldendal schickte Knut Hamsun keinen Gruß, also fühlt sich Grieg sehr sicher. Alle, die uns mißhandelt haben, fühlen sich immer noch sicher.

Nörholm, 12. Januar 1952

Wir bekommen täglich Briefe aus dem Ausland, aus denen hervorgeht, daß Hamsun wie früher gelesen und geliebt wird. Aber ich kann nicht antworten. Eine Atmosphäre von Hoffnungslosigkeit drückt mich zu Boden, es ist mehr als genug für meine geringen Kräfte, Papa zu Diensten zu sein. Er ist nicht *völlig* geistesschwach, sondern meistens bis zu einem gewissen Grad klar. Ich gebe ihm ab und zu Amythol, aber ich bin vorsichtig damit. Wenn er nur dämmert, ist es so schwer, ihn sauberzuhalten.

Nörholm, 28. Januar 1952

Papa wird allmählich schwächer, scheint mir. Es ist der anhaltende Husten, der tief aus der Lunge kommt. Ich kann es hören, wenn ich am Rücken horche. Es kommt auch Schleim heraus – nun ist *das* für mich am schwersten zu entfernen. Es erschöpft ihn, glaube ich, er findet nie Ruhe. Jedenfalls ist er sehr abgemagert, er war inzwischen so dick. Er bekommt ein paar Mixturen, Kampfer und Chinin, aber das scheint nicht viel zu helfen.

Ich komme nicht zu meinem Buch. Und das bißchen, was noch entsteht, scheint mir allzu leichtgewichtig zu sein. Ich fürchte, daß es keine Dimension hat – wenn die Rede von Knut Hamsun ist, alles zusammen ist ja nur vom Standpunkt einer Frau aus gesehen.

Nörholm, 14. Februar 1952

Gestern hatte «Vom Teufel geholt» Premiere im Schillertheater, Berlin. Telegramm: «Großer Erfolg». Eine Japanerin schreibt, daß sie vorhat, einige Bücher von Papa zu übersetzen. Sie liegen auf englisch vor und werden viel gelesen. Ein Inder will «Hunger» übersetzen und sagt, er kann nichts bezahlen. Ich habe geantwortet, er soll es nur machen, in seinem eigenen Land herrscht ja nur Hunger. Aber es ist merkwürdig, daß Papa so daliegt wie jetzt – ein weltbekannter Dichter.

Alles ist wie immer, er ist nicht mehr dick, und er schläft am Tage und ruft nachts nach mir mit kleinen Unterbrechungen. Aber ich will alles tun, um ihm in dieser letzten Lebenszeit zu helfen.

Liebe Cecilia! Nur ein paar Worte, um Dir zu sagen, daß Papa sicherlich nicht mehr viele Stunden zu leben hat. Ich habe Tore Bescheid gegeben und ihn gebeten zu überlegen, wie wir das am *besten und billigsten* machen. Um es rundheraus zu sagen: Wir sind hier völlig blank. Papa würde es sicher nicht anders gewünscht haben. Er hat Bronchitis, und ich glaube, das ist das Ende. Er war so schrecklich müde und schlapp, und gestern nachmittag holte ich Smith, nachdem Papa einen ganzen Tag vor sich hin gedämmert hatte. Er wurde etwas wach, gerade als Smith da war, und er klagte und sagte, er sei krank. Aber seither – einen ganzen Tag – hat er wie bewußtlos dagelegen und auf nichts reagiert. Ich mußte sein Zeug wechseln und ihn waschen, so gut ich es ohne Hilfe konnte, aber auch dabei reagierte er kaum. Ich wollte seinen Kopf heben und sein Kissen richten, aber er murmelte:

«Laß sein, Marie, ich sterbe jetzt.»


## 39
## *Ich sterbe nun*

Der letzte Schneesturm des Winters hatte eine flache Schneewehe auf den Hof gelegt. Von den Häusern hatte der Winddruck den Schnee ferngehalten, so daß neben den Holzwänden ein mehrere Meter breiter Streifen nackter Erde hinlief. Mit den scharfen, vom Wind geformten Kurven erinnerte die Schneewehe an einen Möwenflügel. Ein Hase war darüber gehoppelt und hatte seine Spuren hinterlassen, die wie die Augen auf einem Spielwürfel aussahen. Als Ende Februar Tauwetter einsetzte und der Schnee langsam wegschmolz, wurden die Spuren immer größer und glichen fast denen eines Menschen; man konnte auf den Gedanken kommen, daß ein umherziehender Landstreicher, vielleicht ein Laienprediger, in dunkler Winternacht vorbeigewandert war.

Aus den Fenstern des Wohngebäudes fiel der Lichtschein auf den Schnee. Es war Sonntag, der 17. Februar 1952. Oben, hinter dem nördlichsten Fenster im ersten Stock, wo der Kopfteil des Bettes sich vor dem Fenster abzeichnete, starb Knut Hamsun. An der Wand über ihm sahen Goethe und Dostojewski nachdenklich zu ihm hinab: Nun war er an der Reihe, den Schritt zu tun, über den sie alle drei, diese Liebhaber des Lebens, so viel geschrieben hatten. Sie sahen auf ein Bild der Armut nieder. Die Bettdecke war notdürftig geflickt, über dem Fußende lag der schwarze, abgetragene Wintermantel. An seinem Bett saß seine Frau Marie, auch sie gebeugt und alt unter dem Wolltuch, das sie gegen die Zugluft schützte. Ihr müder Blick ruhte auf dem Sterbenden, sie sah, daß sein Gesicht immer ausgezehrter wirkte; die Haut spannte sich, so daß die Runzeln fast verschwanden, das Gesicht bekam einen jugendlichen Ausdruck. Aber seine Nase wurde immer weißer, ein sicheres Anzeichen. Er dämmerte mit halboffenen Augen vor sich hin, sie hörte, wie sich das Geräusch seines mühsamen Atmens mit dem Prasseln des Brennholzes und dem lauten Ticken der roten, verbeulten Küchenuhr auf dem Nachttisch vermischte.

«Ich sterbe nun», hatte er gesagt.

Es waren Knut Hamsuns letzte Worte. Viele sind gestorben, ohne diese Worte auszusprechen, und viele haben sie gesagt, ohne zu sterben. Er sprach sie aus, als es geschehen sollte, registrierend und formulierend bis zum letzten Augenblick. Marie nahm seine Hand, aber nur kurz schloß sie sich um die ihre. Er hat schon die letzte Wegstrecke betreten, die jeder allein gehen muß, dachte sie – aber wo in aller Welt gab es eine Wegstrecke, die er nicht allein gegangen war? Draußen herrschte weiter Tauwetter, die Schneewehe auf dem Hofplatz schmolz dahin, die Spuren wurden noch flacher, am nächsten Morgen waren sie fort.

Das Tauwetter spielte eine Rolle in der Wirklichkeit dieser Tage, und es fehlte nicht viel, daß der plötzliche Wetterumschwung im Lauf des Sonntags die Bevölkerung in Panik versetzt hätte. Sprecher im Reichsrundfunk meinten, sie hätten seit dem 9. April 1940 nichts Ähnliches erlebt, und der diensttuende Beamte im Metereologischen Institut mußte schließlich das Telephonkabel aus der Steckdose ziehen, um Ruhe vor der erbosten Masse zu haben, die ihn offensichtlich für schuldig hielt. Seine Wettervorhersage, die in den Morgenzeitungen erschien, war nicht gerade beruhigend: Ein kräftiges Tief nördlich von Island rückte schnell nach Westen vor und schickte mildere Luftströme nach Norwegen, die zu gewaltigem Schneefall und dann zu – Regen führten! Der Metereologe sprach das Wort «Regen» aus, wie ein Arzt von «Krebs» spricht. Noch aber war die milde Luft nicht überall vorgedrungen, die tieferen Täler lagen da wie «Kessel» mit Frostwetter.

Deshalb kann man weiter mit Kältegraden im Oslo-Kessel rechnen, selbst wenn es anderswo taut, hieß es im Wetterbericht der Morgenzeitungen, weder Ski- noch Eisbahnen waren gefährdet.

Hier unten im Oslo-Kessel fanden in diesen Tagen die Fünften Olympischen Winterspiele statt.

Am Sonntag belegte Norwegen die ersten drei Plätze im Skispringen, während ein vierter Norweger, das Eislaufphänomen Hjalmar Andersen – auch «Hjallis» genannt – die Goldmedaille gewann, als er im Stadion Bislet die weitaus beste Zeit über 5000 m lief, nämlich 8.10.6., neuen olympischen Rekord. Nein, es durfte nicht tauen, die Spannung wurde unerträglich: Montag und Dienstag sollte «Hjallis» über 1500 bzw. 10000 Meter laufen. Ob er wieder Gold gewinnen würde?

Selbst im stillen Nörholm, dem sich der Tod näherte, machte sich die Winterolympiade bemerkbar. Marie schrieb an Cecilia, daß alle anderen im Haus von Morgen bis Abend vor dem Radiogerät saßen und die Übertragungen von Holmenkollen anhörten. «Das ist so seltsam, aber er weiß es ja nicht, der Arme», sagte Marie.

Er wußte es nicht. Er lag oben in der kleinen Kammer und starb. Ihm hatte Sport nie etwas bedeutet, so wenig wie den beiden Dichtern auf den Bildern an der Wand. Sie waren alle drei ohne Sport weltberühmt geworden. Hamsuns Puls war nun so schwach, daß Marie ihn kaum mehr spürte, es war nur das große Herz in seiner Brust, das noch nicht aufgeben wollte. Ständig hörte sie, wie er schwer und unregelmäßig Atem holte, im Ofen prasselte es, die Uhr tickte.

Der Montag ging hin. Hjallis gewann die 1500 Meter in 2.20.4. und damit eine weitere Goldmedaille.

Die Waffenstillstandsverhandlungen in Panmunjon in Korea machten an diesem Tag kaum Fortschritte, von der ganzen Front wurden Boden- und Luftkämpfe gemeldet. In London frühstückte der deutsche Bundeskanzler Adenauer mit dem englichen Außenminister Eden, während der amerikanische Außenminister Acheson seinen Lunch mit Churchill einnahm. Die Gespräche verliefen gut.

Adenauer hatte betont, daß nicht die Deutschen selbst, sondern die Alliierten die Wiederaufrüstung Deutschlands wünschten. Adenauer ging so weit, einen Beitrag von 11 250 Millionen D-Mark für die gemeinsame Verteidigung zuzusagen, und zum Ausgleich sollten einige Urteile über deutsche Kriegsverbrecher revidiert werden, Deutschland sollte seine volle innen- und außenpolitische Souveränität erhalten, und die deutsche Nationalhymne sollte die Schlußstrophe des Deutschlandliedes sein.

Er wußte nichts davon. In Nörholm taute es weiter. Marie sah die weiße Schwinge auf dem Hofplatz immer kleiner werden. Am Abend schien ihr, daß Knut unruhig werde, und sie rief den Arzt. Dr. Smith fand kaum den Puls, hielt aber eine Beruhigungsspritze für unnötig. Hamsun schlief mit geschlossenen Augen. Der Arzt ging. Marie hatte den anderen gesagt, sie wolle in den letzten Stunden mit ihrem Mann allein sein. Sie ging in ihr Zimmer, ließ aber die Tür zwischen beiden Räumen offen und setzte sich wie an so vielen Abenden hin, um an Cecilia zu schreiben, an ihre einzige Vertraute in diesen schweren Monaten. Der Brief ist noch vorhanden; der Umschlag ist mit zwei grünen 15-Öre-Marken frankiert und trägt den Poststempel *Grimstad 19. 2. 52* 7–10. Die Anschrift: «Frau Cecilia Mosegaard, Augustenborg Hospital, Als, Danmark». Man sieht seiner Rückseite an, daß er geöffnet und erneut zugeklebt wurde, diesmal mit Klebstoff, außerdem trägt er noch ein kleines altmodisches Lacksiegel mit den Initialen KH. Zwei Briefe enthielt er, einen langen und einen ganz kurzen:

Liebe Cecilia und Knud!

Papa hat nun zwei Tage geschlafen, er liegt still und atmet nur etwas schneller als sonst. Ich sitze hier bei offener Tür und warte, daß es drinnen still wird. Ich bin so froh, daß er im Schlaf hinübergeht, er weiß sicher von nichts mehr, denn keine Klage wird laut. Ich bin auch froh, daß er keine Angst vor dem Tode hatte, vor dem es ihn früher so graute. Das deutete vielleicht auf die an und für sich traurige Tatsache hin, daß von zwei Übeln, Leben und Tod, der letzte das geringere geworden war.

Er hat ja auch immer an ein Leben nach diesem geglaubt und keine Sorge gehabt, daß er im Jenseits nicht gut empfangen werde.

Er glaubte an einen *guten* Gott.

So bin ich denn sehr froh darüber, daß ich hier sitze, aber es ist doch seltsam, ich fühle mich sehr allein, jetzt, wo die Wege sich trennen.

Es wird ein seltsamer Übergang werden, und ich habe Übergänge immer gehaßt, ich wollte Dauer, selbst wenn sie Leiden brachte.

Ich hatte immer größte Angst vor Veränderungen, und diese wird ja sehr gründlich sein.

Wir sind ganz blank. List wird sicher noch längere Zeit nichts schicken, wir haben niemanden mehr, an den wir uns wenden können. Möglicherweise können wir deshalb mit dem Sarg nur nach Arendal und und nicht bis Oslo fahren.

Er selbst will es ja so einfach wie möglich, wir tun ihm damit nicht unrecht. Ihr könnt gewiß nicht kommen? Armut ist für mich die schlimmste Verdammung, fast alle Leiden und Schwierigkeiten können für den, der Geld hat, erleichtert werden.

Nun wird Hamsun draußen in der Welt gespielt und gelesen, wird der «größter Zeitgenosse» genannt, und wir haben nicht das Geld, ihn unter die Erde zu bringen. Und er liegt in *Lumpen* auf seinem Sterbebett.

Liebe, ich *telegraphiere* nun nicht mehr. Ihr werdet es im Rundfunk hören. Ihr braucht gewiß nicht lange darauf zu warten, das *hoffe* ich jedenfalls, ich ertrage kaum noch den Anblick des Gesichts, das immer ausgezehrter, immer weniger wird.

viele Grüße
Mami

Der zweite Brief im selben Umschlag ist auf einem Papierstreifen geschrieben, den Marie aus Sparsamkeit vom Briefblock abgeschnitten hatte. «Ich öffne den Brief noch einmal. Es ist eben nach 1 Uhr, und Papa starb nun. 19. 2. 52. Arild half mir, ihn zu betten, er schloß ihm Mund und Augen.»

19. Februar, ein Uhr nachts. Es war zu spät für die Morgenzeitungen. An seinem Sterbetag brachte die Morgenausgabe seiner alten Zeitung *Aftenposten* eine achtspaltige Riesenüberschrift über die ganze erste Seite: GRÖSSTER

TAG IN DER NORWEGISCHEN SPORTGESCHICHTE: GESTERN DREI GOLDME-
DAILLEN. Hjallis hatte es wieder geschafft. Die Abendausgabe des Blattes
brachte zwar die Nachricht von Hamsuns Tod, aber inzwischen hatte Hjallis
sein drittes Wunder vollbracht und war nun der Nationalheld seines Landes:
«Hjalmar Andersen im 10 000-Meter-Lauf 16.45.8» stand dreispaltig auf der
ersten Seite. Dann kam ein einspaltiger Artikel über den unmittelbar bevorstehenden Zusammenbruch der Holmenkollenbahn – und schließlich zwei
Spalten über Knut Hamsun.

Es gab ja andere Nachrichten. Da war Adenauers unglaublicher diplomatischer Sieg in London; da hatte die französische Nationalversammlung in Paris mit 327 zu 287 Stimmen der Wiederaufrüstung Deutschlands zugestimmt;
am nächsten Tag sollte das historische NATO-Treffen in Lissabon stattfinden, wo dann beschlossen wurde, Westdeutschland als gleichberechtigten
Partner der militärischen Zusammenarbeit anzuerkennen. Hitlers heißester
Wunsch, ein gegen Sowjetrußland gerichtetes Militärbündnis mit den West-
mächten, war Wirklichkeit geworden. General Eisenhower sollten bis 1954
22 Divisionen zur Verfügung gestellt werden. Der Tag, an dem Hamsun seinen Nekrolog für Hitler veröffentlichte, war der letzte des Krieges gewesen;
am Tag, an den man ihn in Grimstad zur Verantwortung zog, wurden die
Verbündeten zu Feinden; als er starb, wurden die ehemaligen Feinde Ver-
bündete. Er war immer derselbe geblieben. Dafür wurde er bestraft. Das ist
der Unterschied zwischen Kunst und Politik.

Aber nun hatte sich die Natur der Sache angenommen. Als die Nachricht
erst einmal bekannt wurde, verbreitete sie sich sehr schnell; an jenem einen
Abend lag er tot und unbemerkt im abgelegenen Nörholm, am nächsten
wußte die Welt, was geschehen war.

Arvid Östby hat 248 Nachrufe aus 11 verschiedenen Ländern gezählt, aber
man erkennt bald, daß seine Liste längst nicht vollständig ist. An der Spitze
lag Deutschland mit 97 Nachrufen, dann kam Norwegen mit 87, Dänemark
mit 19, Schweden mit 16, Italien mit 12, die USA 8 – bis hin nach Indien, wo
ein vereinzelter Nachruf erschien.

Darauf folgten die Berichte im Rundfunk der verschiedenen Länder und
auch schon im Fernsehen. Während die Rundfunkjournalisten in Dänemark
und Deutschland Gedächtnissendungen vorbereiteten, brachte der norwegische Reichsrundfunk am Dienstagabend nur eine bescheidene Einlage zwischen den Meldungen über die Olympiade. Der Vorsitzende des Schriftstellerverbandes Hans Heiberg gab eine Charakteristik von Hamsuns Dichtung,
und die Schauspielerin Tore Segelcke las die vier Verse von Hamsuns Gedicht
«Skaergaards-Ö» – weniger konnte es wohl nicht sein. Hans Heiberg erinnerte daran, daß Knut Hamsun als «Nazist» verurteilt worden war, und Marie, die es Heiberg nicht vergaß, daß er sie ein Jahr zuvor in *Verdens Gang* als
«sein Biest von Frau» bezeichnet hatte, schrieb Cecilia von seinem «Eselstritt
für einen Toten». Gemeinsam war allen Nachrufen, die sie las, daß sie ihm die

volle Ehre als Dichter zollten, ihm aber seine menschliche Ehre abschnitten, wie Marie sagte.

Ihr Brief stammt vom Mittwoch, 20. Februar, und ist auf den Bogen Papier geschrieben, von dem sie ein Stück für die Todesnachricht abgeschnitten hatte. Ihr schien es schon eine Ewigkeit her zu sein, daß Papa starb, und sie konnte nicht begreifen, daß es erst in der vorigen Nacht geschehen war. Sie bereute, daß sie Cecilia nicht gebeten hatte, zur Beerdigung zu kommen, die am Freitag stattfinden sollte; man konnte mit dem Flugzeug bis Kjevik (nahe bei Kristiansand) reisen, und Marie war jetzt in der Lage, ihre Reise zu bezahlen. Harald Grieg hatte ihnen nämlich 2000 Kronen geschickt. Über Tore hatte er angefragt, ob Gyldendal Norsk gestattet werde, die Einäscherung zu bezahlen. Marie hielt die Freundlichkeit und die Hilfe für reichlich verspätet und ließ Arild telegraphieren, daß sie mit Dank 2000 Kronen vom Konto Knut Hamsun entgegennehme – also kein Geschenk, sondern ein Darlehen, und auch das nur, weil sie im Augenblick ganz ohne Mittel waren. Aber danach hatte Grieg an Arild telegraphiert und dafür gedankt, daß *die Familie dem Verlag gestatte, die Einäscherung zu bezahlen*. Marie wußte nicht, ob es wirklich ein Mißverständnis war, oder ob Grieg nur so tat, als habe er mißverstanden; sie sah es nur sehr ungern, daß es nun heißen werde, Hamsun sei auf Gyldendals Kosten beigesetzt worden nach all dem Schmerz und der Enttäuschung, die ihm Grieg bereitet hatte. Vorläufig wollte sie die Urne mit der Asche in seinem Zimmer aufstellen, aber sie war sicher, daß Cecilia den Tag erleben würde, an dem sie mit allen denkbaren Ehren beigesetzt werde. Denn so waren die Welt und die Menschen. Es waren schon viele Blumen und Telegramme gekommen. Sie erwartete am nächsten Tag Tore und Ellinor aus Oslo, schrieb sie, und schloß: Ich folge meiner alten Gewohnheit, wenn das Dasein hart und bitter wird: Ich scheuere und wasche. Heute habe ich die Gästezimmer und Papas Zimmer in Ordnung gebracht. Sein Sarg steht im Saal.

Freitag, der 22. Februar, brachte strahlenden Sonnenschein über feuchter Erde. Ein Frühlingstag im Winter, dachte Marie. Das Tauwetter hatte die Woche angehalten, und an diesem Tag schmolzen die Reste der großen Schneewehe auf dem Hofplatz noch mehr zusammen. Ihre Oberfläche war etwas schmutzig, sie hatte aber nicht ihre Form geändert, sondern war nur kleiner geworden: Bis zuletzt ähnelte sie einer Vogelschwinge.

Tore und Ellinor waren am Abend zuvor mit dem Zug aus Oslo gekommen, Marie hatte ihnen die Reise mit dem Geld von Gyldendal bezahlt. Cecilia konnte nicht kommen, hatte aber Blumen und etwas Geld als Beitrag zu den Kosten geschickt. Marie hatte die vielen Sträuße um den Sarg im Saal gelegt; das ganze Parkett, auf dem die Mädchen früher so fröhlich getanzt hatten, war mit Blumen bedeckt. Am Kopfende stand die hohe Kristallvase, die Hamsun ihr mit 26 Rosen an einem Frühlingstag des Jahres 1908 geschickt hatte. Marie hatte sie jetzt mit Nelken gefüllt, seiner alten Lieblingsblume. Fremde waren nicht gekommen, auch kein Pressevertreter. Doch Tore hatte seinen Photoapparat bei sich und nahm einige Bilder auf. Hamsuns Gesicht war sehr mager, es wirkte ernst und streng; aber Marie schien es nicht vom harten Schicksal gezeichnet zu sein – es war eigentlich Stolz, der es im Tode prägte, als sei er ein Sieger, meinte sie. Sie sah ihn zum letztenmal, sie sah ihn an, und ein Gedicht von ihm kam ihr in den Sinn:

> War auch für mich heut der letzte Tag
> Mit Menschen, Erde und Abendrot,
> Und tickt nun mein Herz den letzten Schlag
> zum Abschied von allem – sei's, wie es mag,
> Nichts endet je mit dem Tod

Knut Hamsun hatte gewünscht, verbrannt zu werden, in aller Stille, ohne Pastor. Marie legte ihm ein gepreßtes, kleines grünes Blatt vom Grab seiner Mutter in Hamsund auf die Brust. Dann wurde der Sarg geschlossen und mit der großen norwegischen Fahne bedeckt, die der Landesverräter jedes Jahr am 17. Mai – und sonst nie – auf Nörholm gehißt hatte. Tore öffnete die Tür, alle zusammen trugen den Sarg bis zum Leichenwagen, der vor den sechs weißen Säulen hielt. Etwas weiter entfernt, vor dem eisernen Tor, wartete Moen mit seinem schwarzen Taxi; er hatte seinen Betrieb seinem Sohn überlassen, aber an diesem Tag wollte er sich selbst ans Steuer setzen. Hatte er Knut Hamsun zu Festen und ins Gefängnis gebracht, konnte er ihn auch wohl zu seinem Grab bringen, hatte er gesagt. Es war nicht Platz genug für alle im Auto, Marie, Arild und Ellinor drängten sich auf dem Rücksitz zusammen, während die hochschwangere Brit vorn neben Moen Platz nahm. Tore mußte sich neben den Fahrer des Leichenwagens setzen.

Der kleine Zug rollte hinaus auf die Landstraße, und Marie fühlte sich an den Tag erinnert, als die Polizei sie mit demselben Auto abgeholt hatte. Die Sonne schien wie damals auf Nörholm herab, das rote Stallgebäude war eingestürzt, aber dahinter lag die Dichterhütte. Die Wagen fuhren in den Wald hinein und waren einen Augenblick später am Reddalskanal. Diesmal kehrt er an der Brücke nicht um, dachte Arild und versuchte, seinen Atem zu beruhigen. Die Wagen fuhren weiter, kamen an der Abzweigung vorbei, an der «Landvik 1 km» stand, und erreichten das kleine weiße Grimstad, ließen das Krankenhaus links liegen, erreichten die Storgate mit Rathaus und Grefstads Eisenwarenhandel. Tore, auf seinem Platz vorn im Leichenwagen, sah Leute auf dem Bürgersteig stehen, mit gesenktem Kopf, den Hut in der Hand. Er hoffte, daß sie wußten, wen sie grüßten, wenn auch nichts bekanntgemacht worden war.

Um 1 Uhr standen sie vor dem Krematorium am Rand von Arendal. In der Kapelle waren Kerzen angezündet, auf einer kleinen Erhöhung stand der Sarg, immer noch mit der ausgeblichenen Fahne Norwegens bedeckt. Auf dem Sarg lagen drei Kränze von den einzigen, die Zeit und Ort der Einäsche-

rung kannten – Frau Stray, Gyldendal Norsk und der Paul-List-Verlag, München. Rings um den Sarg breiteten sich die unzähligen Blumensträuße, die aus Nörholm mitgebracht worden waren. Das kleine Gefolge nahm nebeneinander Platz im Halbdunkel, die arme Ellinor weinte herzzerreißend. Schumanns «Träumerei» erklang, die Hamsun, so lange sich Marie erinnern konnte, immer gern gehabt hatte, als er noch Musik hören konnte. Sie hatte eigentlich gewünscht, das Stück von zwei Geigen spielen zu lassen, und als das nicht möglich war, hatte sie den verblüfften Organisten darum gebeten. Danach erhob sie sich und stand einen Augenblick vor ihnen in dem abgetragenen Bisampelz, sehr blaß, sehr beherrscht. Tore dachte, daß sie sich jetzt in ihrem wahren Format zeigte, bühnengewohnt, hätte man gesagt, wenn nicht ihr Verhalten den Schmerz und die Leidenschaft ausgedrückt hätte, die tief und echt waren. Ohne etwas zu sagen, ging sie – wegen der Schmerzen im einen Knie leicht hinkend – zwischen den Blumen umher, als wäre es ihr eigener Garten, sammelte sorgsam alle Nelkensträuße und legte sie auf die Kränze im Sarg. Es dauerte ein paar Minuten, weil es so viele waren, aber Marie nahm sich die Zeit, ging ruhig, fast schlafwandlerisch hin und her und ordnete die Sträuße, nicht so, wie sie auf Särgen zu liegen pflegen, sondern so, wie sie oft die Blumen für den Lebenden geordnet hatte, als Zeichen der Huldigung, des Dankes für eine ungewöhnliche Gabe. Als sie fertig war und sich zwischen den Sträußen auf dem Boden keine Nelken mehr befanden, stellte sie sich vor das Fußende des Sarges. Ihr standen immer noch keine Tränen in den Augen, und ihre Stimme schwankte nicht, aber sie sprach sehr leise, kaum hörbar.

»Nun ist der Wanderer am Ziel», sagte sie.

Dann machte sie eine lange Pause, aber nun sprach sie ihn an. Ihre Stimme war nur ein Flüstern an der Grenze zum Weinen, es war, als wären alle anderen fort und sie mit dem Toten allein. «Es war nicht immer leicht, Schritt mit dir zu halten, Geliebter. Manchmal mußtest du auf mich warten und manchmal ich auf dich, und es geschah auch, daß wir einander unterwegs verloren, aber auf eine oder die andere Weise kamen wir immer wieder zusammen. Lebwohl, mein Knut, und Dank für den Weg mit dir.»

Ursprünglich war ausgemacht, daß auch die Söhne ein paar Abschiedsworte sprechen sollten, aber beide waren innerlich so aufgewühlt, daß sie sich nicht erhoben.

Der Organist rettete die Situation – er spielte Griegs *Frühling*, während der Sarg versank.

Es tat ihnen allen gut, wieder an die scharfe Winterluft zu kommen. Die Sonne schien noch immer, als sie Nörholm erreichten, und während sie im Saal saßen und von dem Toten sprachen, ertönte plötzlich draußen ein Chor kleiner Vogelstimmen ihm großen Ahorn.

«Uns wurde so sonderbar zumute», schrieb Marie, «war es ein Gruß von ihm, der seit vielen Jahren keinen Vogelgesang mehr hören konnte?»

Sie schilderte noch am selben Abend den Verlauf des Tages in einem Brief an Cecilia. Das Schlimmste war für sie nicht der Abschied von dem Toten gewesen, sondern das Wiedersehen mit Ellinor. Das arme Kind war ja ein lebendiger Leichnam, sie wog knapp 40 Kilo, sah wie eine Fünfzigjährige aus und war tief unglücklich, ohne Interesse am Leben, ohne Geld, ohne einen Freund auf Erden: Ja, ich klage den Schöpfer an, der sie so gemacht hat; sie kann nichts dafür, daß ihr Leben so unglücklich wurde, und ich auch nicht, aber lieber wollte ich ein Wrack sein, als eine meiner jungen Töchter so zu sehen.

Marie klagte nicht nur den Schöpfer an – auch die Menschen. Sie ließ ihrer grenzenlosen Verbitterung jetzt freien Lauf. Solange Hamsun lebte, hatte sie sich sogar in den letzten Monaten gezügelt; sie wußte, für ihn lag es unter seiner Würde zu erwidern. Nun rückte sie aber an die vorderste Stelle und hatte freies Spiel als der Mensch, der sein Andenken verteidigen mußte.

Die Zeitungen hatten dem Dichter gehuldigt, aber auf den Menschen losgeschlagen, schrieb sie zornig an Cecilia, selbst der Rundfunk konnte es nicht lassen, den Toten mit Hohn und Haß zu verfolgen. In Deutschland sollten die großartigsten Gedenksendungen gewesen sein, das Ausland werde ihm Genugtuung verschaffen, nicht Norwegen, das Land der neidischen Zwerge. Sie hatte überwältigend viele Telegramme und Briefe erhalten, aber fast nur von NS-Anhängern. Keine Blumen von der Universität, nichts vom Schriftstellerverband, *kein einziger* Schriftsteller hatte einen Gruß gesandt. Nun hatten sie alle miteinander das große Zittern bekommen, denn wenn er auch tot war, werde er sie doch alle überleben und den Pöbel, der ihm so übel mitgespielt hatte, abschütteln. Warte nur! Er wird bald eine Renaissance haben! Der Seeadler ist geschützt, weil er so selten ist, ein herrlicher Vogel; er raubt vielleicht das eine oder andere Lamm, aber wir können ihn uns leisten. Doch diese «Demokratie» kann sich Papa nicht leisten!

Am 22. Februar, als Marie diese prophetischen Worte schrieb, veröffentlichte die Tageszeitung *Socialdemokraten* in Dänemark einen kurzen Artikel mit der Überschrift «War er ein Verräter?». Der Verfasser, Poul Hennigsen, hatte als einer der allerersten vor dem Nazismus gewarnt. PH beantwortete seine Frage mit einem klaren Nein. Er hatte die verschiedenen Beiträge zu der Debatte gelesen, in der es in allen Nuancen immer wieder hieß, daß Hamsuns Handlungsweise niemals aus Nachsicht mit dem *Dichter* verziehen und daß psychologisch nicht beschönigt werden könne, daß es so mit ihm gekommen war. Inzwischen zeigten sich aber ein paar grundsätzliche Seiten der Frage, die erwähnt werden sollten, nicht im Hinblick auf Hamsun, dem sie ja nun gleichgültig sein konnten, sondern im Hinblick auf die Zukunft. Zunächst: Hamsun hatte immer dasselbe gemeint. Einige hatten ihn als Nazist vor dem Nazismus bezeichnet, aber das war ein gefährlicher Gebrauch des Wortes. Man konnte mit einigem Recht Nazismus bei Hamsun feststellen, aber keine Judenverfolgung oder andere Verbrechen der Nationalsozialisten. Sein schriftstellerisches Werk brachte ihn in Gemeinschaft mit den Deutschen, aber er wandte sich gegen jeden Antisemitismus. Die Frage heißt also, ob man mit Recht behaupten kann, daß er sein Land verriet. Über das Gefühlsmäßige gibt es kein Diskutieren, aber mit Vernunft betrachtet, ist das Urteil unhaltbar, schrieb Poul Hennigsen. Hamsun war weder ein Spitzel noch ein Kriegsgewinnler. Er hielt nur an seinem alten Standpunkt fest, den alle längst kannten. Er glaubte ganz einfach, für Norwegen sei es das Beste, mit den Deutschen zusammenzugehen. Wenn er selbst geglaubt hätte, sich damit aufzugeben oder ein Landesverräter zu sein, lag der Rückweg bequem und offen vor ihm. *Er hätte nur seinen Standpunkt öffentlich aufzugeben,* seinen Mund zu halten brauchen und hätte sich sogar der Widerstandsbewegung angeschlossen haben können. Dann hätte ihn niemand einen Verräter genannt. Er wäre jetzt inmitten aller Ehrungen der Nation und der Welt gestorben, schrieb Poul Henningsen und schloß:

Nun aber stand er statt dessen zu seiner Meinung, und das muß sogar das Recht der kleinsten Minderheit sein. Man verrät die Demokratie, wenn man den wenigen verweigert, etwas anderes zu glauben als die Mehrheit. Gewiß setzt man im Kriege oder bei drohender Kriegsgefahr die freie Meinungsäußerung außer Kraft, aber das ist an sich schon eine bedauerliche Sache. Sie gibt uns nicht das Recht, Andersdenkende moralisch zu verurteilen!

Marie hatte Jahre hindurch Huldigungen und Erfolg erlebt, aber sie war nie beliebt, nie populär gewesen. Sie hatte die undankbare Aufgabe übernommen, Hamsuns Arbeitsfrieden zu schützen. Im Krieg hatte sie sich viel stärker in seiner Richtung engagiert als er selbst. Nun, da er nicht mehr lebte, spürte sie plötzlich, daß die Luft kälter wurde. Die Aufmerksamkeit, die ihnen trotz allem immer noch entgegengebracht wurde, hatte ihm, nicht ihr gegolten. Ihm konnte man zur Not verzeihen, aber für «sein Biest von einer Frau» gab es keine mildernden Umstände, keinen Pardon.

Marie fühlte sich verletzt. Je mehr Kälte ihr aus der Umgebung entgegenströmte, desto herausfordernder wurde sie. Öffentlich und privat gefiel sie sich in einem höhnischen Ton; sie ließ die Kölner *Neue Illustrierte* eine Bilderserie von Nörholm bringen, in der sie sich – in einem deutschen Blatt! – über ihr Land beklagte. Das nützte ihrer Sache nicht, und es brachte keine Hilfe. Nörholm war, wenn auch verpfändet und verfallen, ihre letzte Karte. Alle Pläne, jetzt zu verkaufen, wurden begraben, der Tempel mit den weißgestrichenen Säulen war in mehr als einem Sinn ein Heiligtum. Solange sie hier saß, blieb der Mythos erhalten. Sie schrieb an Cecilia, daß die Erhaltung des Hofes ihr lebensnotwendig geworden sei; sie fühlte, daß sie niemals mehr dieses Haus mit den beiden kleinen Zimmern verlassen konnte, wo sie und Knut ihre letzte Zeit verbracht hatten, wie furchtbar sie auch geendet hatte.

«Inzwischen ist alles schwierig für uns, die Schulden haben kein Ende», schrieb sie.

Aber sie hatte sie selbst noch etwas vermehrt. Der abgetragene Bisampelz, den sie durch halb Europa geschleppt hatte, hielt nicht mehr zusammen, und ein gefärbter kurzer Mantel, den sie von Cecilia geliehen hatte, ließ sie «etwas ärmlich» aussehen. So hatte sie also ihren alten Schneider Leo Tallaksen angerufen, der Blumen zum Tode Hamsuns gesandt hatte. Es war fast wie in alten Tagen: Tallaksen sorgte dafür, daß ihr sofort sechs Mäntel zur Auswahl geschickt wurden.

«Ich nahm den, der mir am besten gefiel, er ist ganz einfach, sieht aber reich aus und hat für meinen Geschmack die richtige Länge. Er kostet 275 Kronen, war also schrecklich teuer, aber er ist aus gutem Stoff und ganz gefüttert.»

In Nörholm versuchte sie, den schlimmsten Verfall mit ein bißchen weißer Farbe zu vertuschen, so daß auch der Hof «reich aussehen» könne:

Für mich ist Armut etwas vom Schlimmsten. Ich kann gut das eine oder andere entbehren, aber nun sehe ich alles um mich herum verkommen, alles, was ich mit aufgebaut habe, und das nimmt mir allen Mut.

Ein paar Tage später rief Sigrid Stray aus Arendal an. Andresens Bank wollte Hamsun Geld leihen, aber nicht seinen Erben: Das Darlehen war gekündigt worden. Die 200 000 Kronen sollten zurückbezahlt werden.

Marie fühlte ihre Knie nachgeben wie in der Jugend, wenn sie auf die Bühne treten sollte. Sigrid Stray sagte, das Geld müsse umgehend bezahlt werden, sonst wolle die Bank die Zwangsversteigerung verlangen. Marie Andersen hatte immer noch den fünften Akt vor sich.

# 40
## *Fünfter Akt*

Nach Knut Hamsuns Tod hatte sich Andresens Bank an Sigrid Stray mit der Frage gewandt, wie über das Erbe entschieden worden sei. Die Bank hatte ja immer noch 200 000 Kronen zu bekommen, für die als Sicherung Hamsuns Aktien hinterlegt worden waren. Sigrid Stray antwortete, daß die Wertpapiere jetzt Hamsuns Kindern gehörten, die auch die Schuld bei Andresens Bank übernommen hatten.

Aber so ging es nicht. Am 21. April schrieb die Bank, der Vorstand könne sich mit einer solchen Regelung von Hamsuns Schulden nicht einverstanden erklären, weil sie «allzu langfristig» sein würde. Man erbat also einen Vorschlag, wie die Schuld abgetragen werden sollte. Sigrid Stray erkannte sofort die Gefahr. Gyldendal Norsk hatte sich geschickt das Vorkaufsrecht für die Papiere gesichert; die Verlagstätigkeit entwickelte sich sehr günstig, und die Gesellschaft hatte im Jahr zuvor einen verfügbaren Überschuß von fast anderthalb Millionen Kronen erwirtschaftet, so daß der Kurswert ihrer Papiere entsprechend gestiegen war. Wenn die Erben nun ihre Schulden nicht bezahlen konnten, hatte die Bank die Möglichkeit, die Aktien zum Nennwert zu übernehmen, sie zur Zwangsversteigerung zu bringen und den Kursgewinn einzustreichen. Da Gyldendal Norsk das Vorkaufsrecht hatte, bestand keine Gefahr, daß sich Unbeteiligte die Aktien holten.

Marie explodierte:

«Sie wollen die Aktien haben. Ich habe es gleich gesagt: Grieg steckt dahinter! Er tut alles, um uns an den Rand der Verzweiflung zu bringen, nachdem Papa nicht mehr lebt. Wenn nicht bald etwas geschieht, verlieren wir alles, den Hof und die Papiere, alles ist bis zum Äußersten belastet.»

Sigrid Stray nahm es gelassener. Mit der Spitzfindigkeit des Anwalts zog sie es vor, den Ausdruck «langfristig» so auszulegen, daß die Bank mit einer kurzfristigen Rückzahlungsregelung einverstanden sein würde. Sie ließ Tore nach München reisen, um den Verleger Paul List zu überreden, eine feste halbjährliche Rückzahlung zu übernehmen. Gleichzeitig fragte sie bei einer Reihe anderer Banken an, ob sie Interesse daran hätten, das Darlehen zu übernehmen. Aber da drohte Hamsuns Tochter aus der ersten Ehe mit einer gerichtlichen Klage, weil sie sich zu einem größeren Erbteil berechtigt glaubte. Marie war völlig niedergeschlagen, alle verlangten Geld:

Noch hat Frau Stray keine Bank veranlassen können, die 200 000 Kronen zu übernehmen, schrieb sie am 20. Mai. Sie verlangen alle Abzahlung und höhere Zinsen. Sie meint, daß List vielleicht mit einem Betrag herausrückt, aber von dem Geld, das dann zur Rückzahlung verwendet wird, hätten wir ja leben sollen. Das Ganze ist zum Verzweifeln. Es ist schlimm mit Ellinor, aber ich kann mich nicht um sie kümmern, ich habe schon jetzt mehr als genug. Ich war bei Frau Dr. Smith, sie sagte, ich hätte Anämie, ich muß auch zu einem Halsarzt, ich weiß nicht – alles geht schief, nun habe ich auch noch solche Schmerzen in den Knien, daß ich kaum gehen kann. Es war gut, daß Papa starb, denn ich hätte ihn nicht länger pflegen können. Ich muß auch bald meinen Blutdruck messen lassen, auch mit dem stimmt es nicht . . .

Am selben Tage berichtete Sigrid Stray der Bank Andresen, daß Tore Hamsun in Deutschland sei und mit Hamsuns Verleger über eine halbjährliche Rückzahlung verhandelte. Drei Tage später hatte sie die Antwort: Frau Stray habe die Bank mißverstanden, man war nicht an einer Regelung für die Abzahlung interessiert, sondern wünschte sofortige Abwicklung. Das ist nun ein Ultimatum von der Bank, schrieb Marie am 27. Mai, das Darlehen soll sofort zurückgezahlt werden. Selbst wenn wir die Abzahlung aufbringen, wollen sie nicht darauf eingehen. Sie wollen die Aktien! Es geht ihnen um die Majorität, um die Macht. Nun muß Frau Stray eine andere Bank suchen, aber sie meint, daß dann noch höhere Zinsen verlangt werden. Wie *kann* es in aller Welt doch nur möglich sein, daß wir mit dem großen Namen, den wir in der Welt haben, durch einen solchen Geldmangel an Leib und Seele gepeinigt werden?

Am 21. Juni war Tore wieder zurück: List war gern bereit, eine halbjährliche Abzahlung zu übernehmen. Aber am selben Tag erhielt Frau Stray einen eingeschriebenen Brief von Andresens Bank: Der Vorstand hatte beschlossen, zur Eintreibung, also zur Zwangsversteigerung des Aktiendepots zu schreiten, falls nicht binnen acht Tagen eine Lösung vorlag. Frau Stray kämpfte jetzt mit dem Rücken zur Wand: Sie sei erstaunt über das Vorgehen der Bank, besonders in Anbetracht dessen, daß immer noch ein Betrag zur Deckung bei einem Zinstermin über den jetzigen hinaus vorhanden sei. Sie bat um Verlängerung um 14 Tage. Man war einverstanden. Die Zusage von List erleichterte Frau Stray die weiteren Verhandlungen, und am 2. Juli konnte die unermüdliche Anwältin Andresens Bank mitteilen, daß eine andere Bank das Darlehen übernehme.

Marie hatte ihre Haut gerettet, aber der Preis war eine weitere Verringerung ihrer aller Einkommen, weil nun auch der größte Teil der Tantiemen aus Deutschland für die Abzahlung verwendet werden mußte. Im Herbst machte sie einen verzweifelten Versuch, Geld zu beschaffen, unternahm trotz ihres schlechten Gesundheitszustands eine Tournee nach Deutschland und trat unter anderem in Dortmund, Osnabrück und Hamburg auf. Sie traf einige alte Freunde, sah einige bekannte Vortragssäle wieder – aber nicht ihr altes Publikum. Das neue, selbständige Westdeutschland war mit dem Geld der Sieger ganz und gar mit seinem *Wiederaufbau* und *Wirtschaftswunder* beschäftigt, und die Geschichten von dem armen Isak und Inger hatten nicht mehr den selben Reiz wie in den Bombennächten des Krieges. Die Reise trug sich gerade selbst.

Das Jahr 1953 wurde das schwerste für Nörholm. Marie mußte wieder in das Rathaus zu Grimstad, diesmal wegen der Erbschaftsklage, die Victoria Charlesson, Hamsuns Tochter aus erster Ehe, gegen sie eingereicht hatte. Als sie die Begründung für den von ihr erhobenen groben Vorwurf der Dokumentenfälschung las, fühlte sie sich in das Jahr 1945 zurückversetzt: Der Richter hat bei Prozessen wegen Landesverrats mitgewirkt und war der Meinung, daß wir keinerlei Nachsicht genießen sollten, schrieb sie an Cecilia. Zum zweitenmal verließ Marie das Rathaus als Verlierer.

Tore mußte das Originalmanuskript von «Auf überwachsenen Pfaden» für 7000 Kronen verkaufen, um die Forderung der Gegenseite zu befriedigen. Marie holte Ellinor nach Hause, weil das Geld für die Nervenklinik fehlte. Und da auch zweierlei Unglück nicht allein kommt, gab es eine Mißernte bei den Mohrrüben, auf die Arild alles gesetzt hatte; jetzt konnte er Mohrrüben für 20 000 Kronen als Viehfutter verwenden. Cecilia legte in dieser Zeit gern einen Geldschein in den Umschlag, wenn sie an ihre Mutter schrieb. Deren Briefe waren ein Notschrei nach dem anderen.

14. September 1953
Wir haben also die Erbschaftssache völlig verloren. Ich bin sehr niedergeschlagen von all dem Elend, ich wünschte, ich wäre tot und fort. Ich sehe keinen anderen Ausweg aus meiner Not.

8. Oktober 1953

Ja, nun ist Ellinor hier. Sie weint und betet zu Gott, endlich frei zu werden von ihrem ständigen Hungergefühl, aber es hilft nicht ... Alle ihre Gedanken drehen sich nur ums Essen. Völlig unverändert in ihrem Wahn. Sehr schwierig, sie um sich zu haben. Ein Pflegeheim wäre das beste, aber dazu fehlen uns ja die Mittel.

30. Oktober 1953

Ich muß an Briefmarken sparen. Der Skandal mit den Mohrüben kostete mehrere Tausend bar für die Arbeiter, mein ganzes Honorar für die verkauften Exemplare meines Buchs gingen dabei drauf, wir haben Schulden bei *allen* Kaufleuten, und morgen schalten sie uns das Telephon ab. So schrecklich wie jetzt ist es uns noch nicht gegangen. Allein dem Kaufmann schulden wir das Geld für ein halbes Jahr, dazu kommen Schulden bei Handwerkern, Apotheke, Grefstad, Agder Kjöpelag, beim Bäcker, Tabakhändler, alles in allem um die 20000 Kronen. Ich sehe keine Rechnungen an. Ellinor hat sich mit ihrem Essen nicht gebessert, und ich weiß nicht, wohin ich mich mit ihr wenden soll. Niemand kann sie im Haus haben (–). Hier wird sie noch ein paar Tage geduldet, aber was dann? Hätte ich mein Geld behalten können, hätte ich irgendwo ein paar Zimmer für sie und mich gemietet. Ich habe nicht das Herz, sie zu vernachlässigen. Es sieht so aus, als sollte ich meine Last bis zum letzten tragen und auch im Alter keine Ruhe finden. Und für die arme Ellinor ist das Leben verdorben. Sie hat einen Leidenszug im Gesicht, der mir das Herz zerreißt.

2. November 1953

Die Kaufleute haben angerufen und geschrieben, jetzt kommen sie selbst. Was *sollen* wir nur anfangen? Ich fühle mich völlig zerstört durch diese Geldgeschichten, ich wünsche, ich wäre weit fort von allem. Ellinor muß so rasch wie möglich entmündigt werden ... Ich würde bis zu meinem letzten Atemzug dafür sorgen, daß sie ein Dach über dem Kopf hat, wenn ich es könnte ... Aber niemand steht hilfloser da als ich.

15. Dezember 1953

Ich lebe in tiefster Hölle wegen Ell. ... So von Grund auf verzweifelt wie sie jetzt ist, war sie noch nie. Ich weiß nicht, was geschehen soll. Und ich kann absolut nichts anderes tun, als ihre Streiche so geduldig wie möglich hinzunehmen.

Als die Krankheit der jungen Frau so schlimm wurde, «daß nur eine Mutter sie akzeptieren konnte», wurde beschlossen, sie nach Kopenhagen zu schicken, wo sie von Professor Busch operiert wurde.

Ellinor Hamsuns Zustand besserte sich allmählich, die Depressionen verschwanden, und sie kam in die Nähe ihrer Schwester Cecilia, in ein Erholungsheim in Jütland.

Das Geld dafür gab Marie. Im Schreckensjahr 1953 hatte sie trotz aller Schwierigkeiten das erste ihrer Bücher über ihr Zusammenleben mit Knut Hamsun «Der Regenbogen» beendet. Es konnte natürlich nicht die Rede davon sein, es Gyldendal Norsk zu überlassen. Das Buch kam bei Aschehoug heraus und wurde ein Erfolg, erschien in sechs Auflagen, auch als Taschenbuch, wurde ins Dänische, Schwedische, Finnische und Deutsche übersetzt. Daß es glückte, Nörholm durch die Krisen zu retten, war vor allem diesem Buch zu verdanken: Der Mythos konnte immerhin die drängendsten Rechnungen bezahlen. Trotzdem lebten sie nach wie vor am Rande des Ruins, und das Gerücht, Nörholm sollte zur Zwangsversteigerung kommen, war in den folgenden Jahren eine immer wiederholte Mitteilung. So auch auf der ersten Seite von *Berlingske Tidende* am 18. Dezember 1953, wo Arild sagte: «Meine Mutter und ich haben versucht, den Hof zu bewirtschaften und Einrichtung und Bibliothek zusammenzuhalten, aber wegen der Schulden, die wir abzutragen haben, hat sich das als unmöglich erwiesen.» Die Gefahr wurde abgewendet, aber nur durch ein Mittel, das Marie Hamsun als äußerste Prostitution empfand. Es war wie in der Geschichte mit Langfeldt, sie sah sich gezwungen, Knut Hamsun noch einmal, ja mehrmals täglich auszuliefern, sein Privatleben zu verraten, wildfremde Menschen in sein Allerheiligstes zu führen. Aber es gab keinen anderen Ausweg, die Gläubiger drängten, die Gebäude fielen in sich zusammen, der Garten wuchs zu – und so tat sie denn den schweren Schritt, den sie immer und immer wieder aufgeschoben hatte: Sie öffnete Nörholm für das Publikum.

Die Leute strömten heran, und jetzt wurden sie eingelassen. «Hamsuns Heim, geöffnet von 10–19 Uhr» stand an dem Eisentor, das früher so sorgfältig verschlossen gehalten wurde. Ihr Unternehmen wurde ein Erfolg wie ihr Buch, und der Mann, der wie kein anderer den modernen Tourismus verhöhnt hatte, wurde nun selbst zur Touristenattraktion. Nörholm lag nahe an der Hauptstraße, und täglich rollten die Busse mit Fremden an, es kamen Schulkinder, Gesangsvereine, Norweger und Ausländer; allein im ersten Sommer fanden sich Besucher aus elf Ländern ein, nicht selten 100–150 Menschen am Tag, und einmal erschien sogar ein Bus mit 80 Engländern. Engländer! Marie erzählte von ihrem Leben mit Hamsun, ging mit schmerzenden Beinen voran und führte die Besucher selbst umher, sie kannte ja die Tour durch die jährliche Nörholmiade von *Fritt Folk:* Wohnzimmer, Speisezimmer, Ballsaal und schließlich der obligate Abstecher zur Dichterhütte. Da wimmelte es nur so in diesem Haus, in dem sich nur ein Stuhl befand, weil hier niemals andere Menschen zugelassen werden sollten als solche, die nicht zu sterben brauchten. Nachher stand Marie am Eisentor und streckte die Hand aus und kassierte: 2 Kronen Eintritt pro Person.

Der Mythos brachte Geld ein. Er brachte Arild auf den Gedanken, im

Wald einen Campingplatz einzurichten, wo für 8 Kronen pro Nacht Zelte aufgeschlagen oder Wohnwagen aufgestellt werden konnten. Außerdem wurde auf dem Parkplatz neben dem Hauptgebäude ein Kiosk eingerichtet, wo sich die Leute mit Sprudel und Süßigkeiten und Postkarten mit Knut Hamsuns Bild versorgen konnten. Über dem Kiosk brachte man ein Schild an, das dem an der Eisentür glich, nur waren hier die Buchstaben so groß, daß man sie von der Landstraße aus erkennen konnte.

Es ist eine Verhöhnung von Hamsuns Andenken, schrieb Marie an Cecilia. Aber man kann ja nur leben, wenn man mit den Hyänen heult. 86 % von Hamsuns Vermögen wurden ihm genommen, und die Strafe wird jetzt an Kind und Kindeskind vollzogen, während man gleichzeitig lauthals vom *größten Dichter der Welt* spricht. In der Sowjetunion ist eine neue Ausgabe erschienen, 100 000 Exemplare, «Hunger», «Pan», «Viktoria», «Segen der Erde». Wir bekommen keine Öre. Nichts ist in Ordnung gehalten, die Häuser verkommen, weil der Anstrich fehlt, nur auf dem Rasen wird das Gras kurz gehalten, der Hofplatz ist einfach fürchterlich.

Um all diese Entwürdigungen aufzuwiegen, ließ Marie draußen im Garten unter dem Goldregen die Büste von Wilhelm Rasmussen auf einem hohen Granitsockel aufstellen, in den Hamsuns Urne eingemauert worden war. Es wurde keine großartige Beisetzung, wie sie früher gemeint hatte, nur ein paar Leute waren bei der Enthüllung anwesend. Das Geld kam vom zweiten Teil ihrer Erinnerungen, «Under Gullregnen» – deutsche Ausgabe: «Die letzten Jahre mit Knut Hamsun» – der die Zeit während und nach der Besatzung behandelt und 1959 erschien. Das Buch gab Anlaß zu allerlei Polemik, unter anderem mit Professor Langfeldt, wurde aber kein so überragender Erfolg wie der erste Teil. Über ihre Arbeit sagte Marie vorher in einem Interview:

«Meine einzige Richtschnur soll die Wahrheit sein. Ich glaube nicht, daß ein Mensch etwas verliert, wenn er die Wahrheit sagt. Es kommt nur darauf an, wie sie vorgebracht wird. Aber in jedem Fall verträgt es Hamsun, daß die Wahrheit gesagt wird.»

Und so sagte Marie denn immerhin die halbe Wahrheit. Der Rest kommt zutage in ihrem Briefwechsel mit Cecilia, der sich die Jahre hindurch mit immer häufigeren und immer längeren Briefen fortsetzte. Cecilia war die Freundin, der man alles sagen kann, und in Krisen gab sie der Tochter gern gute Ratschläge, die auf eigenen bitteren Erfahrungen beruhten. Das einzig Sichere, was sich von der Liebe sagen ließe, war, daß sie vorbeigeht, schrieb sie. Cecilia solle ihren Mann lieben, aber mit Mäßigung, sonst würde ihr das Herz in Stücke zerrissen. Es war *erprobte Lebensweisheit,* schrieb Marie und zog einen dicken Strich unter diese Worte. Treueversprechen bedeuteten gar nichts, der Mann war noch nicht erschaffen, der sich an ein solches Versprechen hielt, wenn der Teufel in ihn fuhr. Männer waren Meister darin, die teuersten Eide zu brechen. «Ich muß es wohl wissen«, sagte Marie. Das einzige, was einen Mann in gewissem Grad zur Treue bewegen kann, ist die Angst davor, daß die Frau ihn zur Vergeltung betrügen könne. Ich muß es wohl wissen, schrieb Marie. Aber nichts wirkt zerstörender auf eine gute Ehe als Eifersucht. Sie könne den Ehepartner zum Treuebruch treiben, auch wenn er vorher nie daran gedacht hätte. Ach ja, sie mußte es wohl auch wissen:

Nun stehst du da mit deiner Angst und willst einem Mann gefallen, den du liebst. Ich kann dir sagen, es ist vergeblich. Je mehr man versucht, es einem Mann recht zu machen, je mehr man von seiner armen Seele hergibt, um so billigere Ware wird sie. Das genau Entgegengesetzte wirkt besser! Man soll sein Menschenrecht behaupten und nicht wie ein Hund an der Seite des Herrn laufen. Ich möchte, daß ich dir deinen Kummer nehmen könnte. Ich habe ihn selbst durchgemacht.

Für sie freilich war dieser Kummer vorbei, aber an die Vergangenheit konnte sie nicht ohne Bitterkeit denken. War der Preis, alles in allem genommen, nicht zu hoch gewesen? Statt bei der Vergangenheit zu verweilen, deren unglückselige Folgen sie jetzt ertragen mußte, beschäftigten sich ihre Gedanken mit der Zukunft: Wie auch für andere Großmütter waren die Enkel Trost in allen Enttäuschungen. Ihre besondere Liebe galt Arilds Ältestem, Esben, der mit vier Schwestern zusammen aufwuchs. Er war vielleicht der einzige Mensch, den ihre Bitterkeit nicht mit umfaßte. Esben war 1943 geboren und in Nörholm aufgewachsen, sie hatte ihn in ihrer schlimmsten Zeit um sich gehabt, er hatte sie aufgemuntert, als sie aus dem Gefängnis in Arendal entlassen worden war, an ihn hatte Hamsun die Briefe gerichtet, die ihr galten, und Marie vergaß nicht, wie Esben sie am Kai von Arendal empfangen hatte, als sie zurückkam. Mit seinem hellen, munteren Wesen erinnerte er Marie an ihren kleinen Bruder, der in ihrer Kindheit so jämmerlich umkam: Hier war ein «Viffen», der weiterlebte, der Namen und Geschlecht weiterführen sollte, Nörholms Erbe, der eines Tages Genugtuung fordern würde. Esben Hamsun hieß er. Am 20. Januar 1964 kam er bei einem Autounfall ums Leben, einundzwanzig Jahre alt.

Der Schlag traf sie hart. Er kam nach so vielen anderen, aber er traf genau die Stelle, an der alle anderen sie getroffen hatten, und er war wuchtiger als alle anderen zusammen. Nun schwankte Marie Andersen, nun jammerte sie wie ein Gefolterter, bat um Gnade, gestand getane und ungetane Handlungen ein, bereute und bereute, schwor ihren wahren und ihren falschen Göttern ab – aber sie wurde nicht ohnmächtig, sie starb nicht, sie quälte sich nur Tag und Nacht, wie sie sich noch nie gequält hatte.

Als Esben starb, war Marie dreiundachtzig. Sie litt an Angina pectoris und Schwindelanfällen, sie konnte sich zeitweise vor Schmerzen in den Knieen kaum bewegen. In ihren letzten Jahren wurde sie bettlägerig, doch im Gegensatz zu Knut Hamsun blieb bei ihr das Gehirn bis zum Schluß klar. Sie war nicht umnachtet, sie blieb nicht von Gedanken verschont, sie hatte höchstens Schwierigkeiten mit dem Datum. Die Tage und Nächte glichen einander so sehr – wenn sie dalag und sich die Stunden mit Briefschreiben vertrieb, setzte sie oft nur den Wochentag, nicht aber das genaue Datum auf den Brief, so daß ihre Reihenfolge unsicher ist. Aber das hatte auch kaum Bedeutung, sie handeln nun alle vom selben Thema:

13. September 1964
Mir ist sehr schwindlig, aber ich bin nicht wirklich krank. Trotzdem kann es nicht viel länger mit mir dauern in meinem tiefen, finsteren Tal. *Deine* Not ist auch meine, liebe kleine Ia. Ellinors Verzweiflung ist meine. Tores Unglück, Arilds Tragödie – niemand sollte Mutter werden.

Montag nacht
Schlaflos und schwindlig. Humple in dem leeren Haus herum, stütze mich auf die Möbel. Sehe den Verfall. Sehe alles ertrinken in Unordnung und Armut. Es ist nun klar, daß ich als weiblicher Hiob in mein Grab (und Esbens) muß.

Donnerstag
Dank für die Pillen. Ich kann sie jetzt nicht entbehren, wenn ich Schlaf finden soll, da ich nachts so viel grübeln muß. Wenn es nur mit Ellinor nicht so schlimm wäre, oder wenn es uns wirtschaftlich etwas besser ginge! Nachts lieg ich und wende und drehe die Probleme bis an den hellen Morgen, wenn ich nicht ein Schlafmittel nehme.

Freitag
Ich glaube, Gott macht sich unsichtbar in der Welt von heute. Obwohl ich im Glauben erzogen worden bin, fällt er mir heute schwer. Besonders nach dem Unglück mit Esben. Das nimmt meine Gedanken *am meisten* in Anspruch. Und Ellinors Schicksal. Und deines, liebe Ia, die in einer Zeit von daheim fortgeschickt wurde, als sie ihr Zuhause am meisten brauchte. Ich denke an Knut Hamsun im Grunde mit Bitterkeit, nun, nach alldem.

Dienstag morgen
Dank für deine schwesterliche Güte für Ellinor! Meine armen, süßen kleinen Mädchen, Ihr wurdet auch auf dem Altar der Kunst geopfert – dem Altar des grenzenlosen Egoismus.

Samstag nacht
Meine geliebte kleine Ia! Dank für Deinen langen Brief, über den ich geweint habe, seit er heute morgen ankam. Ich werde von Mitleid mit meinen armen Jungen zerrissen und fühle die Schuld allein auf mir lasten. Ich hätte nicht so krampfhaft an einer Ehe festhalten dürfen, die zu einer so schlechten Erziehung halberwachsener Kinder führte. Und Ellinor – ja eine größere Tragödie kann man sich wohl nicht ausmalen als das, was die kleine runde, fröhliche

Nolle traf! Weil ihr wehrlos in die Welt hinausgeworfen wurdet. Das wurde Arild ja auch – zum Schluß in den Krieg geschickt gegen seinen Willen – gar nicht zu reden von meinem! Daß er sein Leben behielt und heil heimkam, hat mich Gefängnis und Ruin ertragen lassen, ohne daß ich zusammenbrach. Aber dann starb Esben. Und nun versuche ich, mich mit dem abzufinden, was als Strafe über mich verhängt worden ist. Aber was ist mit Arild? Ich glaube nicht, daß ich ein einziges Wort zu sagen habe, weder zu ihm noch zu Dir.

Sonntag
Niemand denkt daran, daß Ellinor *krank* ist. Ach, Cecilia, Cecilia! Ich muß ja bald sterben und kann meinen armen Kindern nicht helfen, weil ich nichts hinterlasse. Nichts anderes als einen geschändeten Namen, weil ich politisch auf die falsche Seite geriet. Aber meine einzige Politik war doch, eine Art Zuhause aufrechtzuerhalten. Ein *König* kann doch nicht abgesetzt werden, nicht? – Also ergoß es sich über euch Kinder.

Dienstag vormittag
Möchte das Abendmahl, wenn es sich hier machen ließe . . . Hoffentlich kann man mich vor der Touristensaison loswerden. Kann nicht mehr. Mir ist übel. Meine letzten Worte werden ein Gebet für Ellinor und Dich sein.

Freitag nacht
Ich liege hier wie eine ehemalige Königin oder eine noch nicht ganz Verstorbene. All die Kinder, über die ich gewacht habe, sind mir genommen worden. Esben war die Ausnahme. Den hat Gott genommen.

4. 8.? Papas Geburtstag?
Habe gehofft auf ein paar Worte in meiner Not. Gott segne Dich. Ich hoffe, daß er dieses Gebet hört. Und wenn er nur der armen Ellinor helfen könnte! Ich hatte Euch beide, und Euch beiden gegenüber trage ich eine Schuld, weil ich mich damit abfand, daß Ihr kein daheim, kein *Zuhause* gefunden habt.

27. September 1966
Hier toben nachts ein paar Ratten über meinem Kopf. Sie kämpfen und schreien und springen über meinem Bett. Wenn sie nur nicht auf mich herunterfallen! Es ist schon vorgekommen, daß eine Ratte durch die Wand kam, durch die Tapete. Sie *trampeln* auf den Deckenbrettern. Draußen ist es kalt geworden, da suchen sie hier Unterschlupf.

Mittwoch
Ach, meine Ia, ich bin mit dem Leben fertig, es war ein elendes Leben, nicht zum wenigsten für meine zwei kleinen Mädchen.

Ich habe solche Angst vor dem Sterben. Der Pastor ist auch verreist. Und das schlimmste ist, ich sehe nicht ein, daß ich ein Sünder bin, abgesehen von der Sünde, die ich gegen meine zwei kleinen Mädchen beging, als ihr von zu Hause fortgeschickt wurdet – dem Genie zuliebe. Ich habe bereut und darum geweint, fast mein ganzes übriges Leben. Ist das nicht genug?

Nur ein paar Worte: Liebe Ia! Deine Hunde haben es besser als ich. Ich bin jemand, um den sich keiner kümmert, außer wenn man Geld braucht. Aber nun kommen ja bald Touristen. Liebe Grüße an alle von Mami, die allein liegt und gegen die Decke starrt.

Meine liebe kleine Ia. Nur ein paar Worte, damit Du siehst, daß ich lebe und an Dich denke. Hoffe, es geht Dir einigermaßen. Ich liege allein und blicke an die Decke, während die Stunden des Tages vergehen, aber ich erhalte die Pflege, die ich brauche, von Brit, die ohnehin genug zu tun hat. Wenn nur die Touristensaison gut wird – der arme Arild braucht sie so nötig. Liebe kleine Ia, alle meine machtlosen Wünsche gelten Euch.

Der letzte Brief trägt den Poststempel vom 21. Juni 1969, er ist wahrscheinlich der letzte, den Marie abgeschickt hat. Sie starb anderthalb Monate später. Niemand saß an ihrem Bett, als es geschah.

Brit erzählt:

Meine Schwiegermutter starb in der Nacht zum 5. August 1969 hier auf Nörholm. Sie war in den letzten Jahren bettlägerig und hatte sehr kranke Beine und Knie. Sie war wie immer, als ich um elf Uhr zu ihr hineinging, um ihr Gutnacht zu sagen. Aber als ich am anderen Morgen um neun Uhr zu ihr kam, wie ich es meistens tat, war sie gestorben. Sie lag sehr friedlich da, als ob sie schliefe. Sie muß still eingeschlafen sein, denn sie lag entspannt im Bett, die Hände über der Decke, und kann kaum selbst etwas gemerkt haben. Der Arzt sagte, daß alte Menschen oft friedlich sterben. Auf ihren eigenen Wunsch wurde sie auf dem Friedhof von Eide neben Esben begraben.

Auf eigenen Wunsch. Esbens Grab, Friedhof von Eide. Es wirkt, als habe sie das in einer Stimmung bitterer Resignation beschlossen. Diesmal kam sie nicht zu Knut Hamsun unter den Goldregen, er mußte allein in seinem Grab ruhen, sie hatte ihn aufgegeben. Sie gehörte nicht zu ihm, auch sie nicht. Sie gehörte zu den anderen.

In den Jahren vor und nach seinem Tod hatte sie gegen die feindliche Stimmung getobt, die ihm von allen Seiten entgegenschlug, dann aber wurden die Rollen vertauscht, schließlich war sie von Bitterkeit gegen ihn erfüllt, während ihm die Öffentlichkeit wachsendes Verständnis entgegenbrachte. Nur zwei Jahre nach seinem Tod beschloß Gyldendal Norsk, als fünfte Ausgabe seiner Gesammelten Werke die «Kadaverausgabe» erscheinen zu lassen. Sie umfaßte 15 Bände und war aktuell, denn auch «Auf überwachsenen Pfaden» war darin enthalten. Das aber war für *einen* Norweger doch ein Buch zuviel. Gabriel Langfeldt teilte dem Obersten Ankläger mit, daß er auf Tilgung klagen werde: Er hielt es für angebracht, daß gewisse Aussagen von Hamsun über die psychiatrische Klinik ausgemerzt würden. Ebenso enthalte das Buch gewisse Schilderungen seiner Person, die nachweislich falsch seien. Auf die Frage in der Presse, warum er denn nicht protestiert habe, als das Buch zum erstenmal erschien, antwortete er, daß er damals glaubte, es würde ein einzigesmal gedruckt werden und sei «eine verhältnismäßig harmlose Affäre». Wenn es nun wieder veröffentlicht werden solle, sei aber die Zeit für einen Protest gekommen. Professor Langfeldt erwähnte nicht, daß die verhältnismäßig harmlose Affäre inzwischen in sieben anderen Ländern erschienen war.

Der Fall löste die gewohnte Lawine von Leserbriefen aus. Alle, die damals Hamsun mit den dringenden Aufforderungen bombardiert hatten, den Namen Langfeldt zu streichen, hatten inzwischen ihre Ansicht geändert. Harald Grieg erklärte sofort, daß sich der Verlag selbstverständlich nicht für berechtigt halte, irgendeine Änderung an Hamsuns Büchern vorzunehmen. Sigrid Stray teilte dem Obersten Ankläger mit, daß Hamsuns Erben nicht mit einer Streichung einverstanden seien; Arild sagte, dann könne man ebensogut das Gutachten des Professors für ungültig erklären, und Marie fragte, ob sich der Professor nicht selbst widerspreche, wenn er so großes Gewicht auf ein paar Worte eines Mannes legte, der nach Langfeldts eigener Meinung nicht im Vollbesitz seiner geistigen Kräfte gewesen sei.

Langfeldt antwortete mit einem klugen, aber gefährlichen Schritt: Zusammen mit Dr. Ödegaard forderte er die Familie auf, ihm eine Veröffentlichung ihres Gutachtens zu gestatten. Die beiden Ärzte seien bereit, sich vor ihre Untersuchungen zu stellen und Kritik entgegenzunehmen. Doch solange der Bericht nicht veröffentlicht sei, könne sie jeder Beliebige angreifen, während sie sich wegen ihrer Schweigepflicht nicht verteidigen könnten. Entweder müsse die Familie eine Veröffentlichung ihres Berichts zulassen oder aufhören, sich darüber zu äußern.

Eine Veröffentlichung in diesem Augenblick hätte zweifellos starke Kritik an der Art, wie der alte Mann behandelt worden war, hervorgerufen. Langfeldt war nicht unverwundbar. Aber er wußte auch, daß er in einem solchem Fall andere mit sich ziehen werde. Eine Veröffentlichung hätte zum erstenmal gezeigt, welche Rolle Hamsuns Angehörige, in erster Linie seine Frau, gespielt hatte.

Bis dahin war das alles ja noch unbekannt; erst vier Jahre danach gab Marie ihr Buch «Under Gullregnen», «Die letzten Jahre mit Knut Hamsun» heraus, ihre vorsichtige Darstellung der bitteren Ereignisse, während sie gleichzeitig erklärte, Hamsun könne auf jeden Fall vertragen, daß die Wahrheit ans Licht komme.

Offenbar glaubte sie es damals noch nicht, denn wenn Langfeldt mit der Angst der Familie um ihre eigene Haut gerechnet hatte, war das keine Fehlspekulation gewesen. Am Tag danach meldete Arild der Presse (Tore war in Deutschland), daß «er keinen Grund habe, auf die Aufforderung der beiden Herren einzugehen». Langfeldt erkannte sofort den wunden Punkt und nutzte ihn aus: Der Bericht könne also nicht veröffentlicht werden – dann mußte man aber auch aufhören, die Sachverständigen wegen ihrer Folgerungen anzugreifen.

Freunde und Feinde waren sich einig – auf Hamsuns Kosten. Wurde er an diesem Tag nicht noch einsamer? Hatte er nicht immer wieder, mündlich und schriftlich, darum gebeten, daß *die Dokumente vorgelegt wurden*? Marie hatte recht, er konnte es durchaus vertragen, daß die Wahrheit ans Licht kam, auch die Wahrheit über das, was ihm in den vier Monaten in der Klinik zugestoßen war. Warum sollte das jetzt nicht öffentlich gesagt werden? Warum nahm man Langfeldt nicht beim Wort? Nun knöpfte sich der Professor seinen weißen Kittel wieder zu – der Panzer der Schweigepflicht war heil geblieben. Entscheidende Äußerungen Hamsuns über seine veränderte Einstellung zum Treiben der Deutschen kamen nicht ans Tageslicht. Die Debatte ging weiter, Vermutungen statt Tatsachen wurden diskutiert, und da niemand ahnte, was wirklich vor sich gegangen war, konnte sich jedermann leicht eine Meinung zulegen.

Seine Klage auf Tilgung konnte der Professor nicht durchsetzen. Marie hatte recht, man kann nicht gut einen Tilgungsantrag gegen etwas stellen, das ein Mann gesagt hatte, wenn man ihm selbst nachhaltig geschwächte seelische Fähigkeiten bescheinigt hatte. Am 27. April 1955 meldete der Kriminalchef Lars L'Abbé Lund, welche Ansicht die Polizei dem Obersten Ankläger in Oslo gegenüber zum Ausdruck gebracht hatte: Weder die beanstandeten Stellen noch das ganze Buch war geeignet, dem guten Namen und dem Ansehen der Klinik und des Professors zu schaden. Die Klage wurde abgewiesen. Gabriel Langfeldt mußte sich damit abfinden, unsterblich zu werden. «Auf überwachsenen Pfaden» konnte ohne jede Änderung in die Gesammelten Werke aufgenommen werden.

Es war zu merken, daß Hamsun tot war, die Stimmung begann umzuschlagen. Die entscheidende Wende vollzog sich in der guten dänischen Stadt Århus und ist dem ursprünglich dänischen Dichter Aksel Sandemose zu verdanken. «Des Auslands wegen wagten wir nicht, ihn ins Gefängnis zu werfen, und deshalb mußten wir eine andere Regelung finden. Vom menschlichen Standpunkt aus sind wir alle schuldig», sagte Sandemose. «Wir setzten den alten Mann allen denkbaren psychischen und physischen Untersuchungen aus. Wir ließen ihn die Scham fühlen, die ein Mensch empfindet, wenn sein Verstand in Zweifel gezogen wird. Dann erlebten wir, wie dieser Mann mit den ‹nachhaltig geschwächten seelischen Fähigkeiten› ein Werk wie ‹Auf überwachsenen Pfaden› schrieb.»

Sandemose wollte Hamsun nicht entschuldigen. Man solle nicht glauben, daß er ein anderer geworden sei an dem Tag, als die Deutschen das Land besetzten. Er war, der er war, und er konnte dafür das Recht des Genies in Anspruch nehmen. Aber er hatte sich nicht auf Kosten des Landes bereichert. Als der Krieg kam, hörte der Verkauf seiner Bücher auf, und nach der Befreiung nahmen wir ihm sein Vermögen, verurteilten ihn, das Geld zurückzugeben, für das er uns vor dem Kriege so viel Freude gemacht hatte, wir nahmen ihm sogar den Nobelpreis. Wenn sein Genie in einem Bankdepot hätte aufbewahrt werden können, hätten wir auch das beschlagnahmt, sagte Sandemose und er schloß:

Ich habe das Gefühl, vor einer Brandstätte zu stehen mit dem Schlüssel zu einer verbrannten Tür. Hamsun ist ein Teil des norwegischen Geistes. Wir wollen ihn wiederhaben, ihm zum Trotz und dem, was er als ein sehr alter Mann tat. Wir wollen keine Beschönigungen, wir wollen nicht versuchen, ihn freizusprechen – die Beleidigung wäre ebenso groß, wie es die war, ihn zu verurteilen.

Alles Gerede um Freisprechung und Rehabilitierung wurde ohnehin überflüssig. Im Laufe der fünfziger Jahre erhielt Hamsun die einzige Rehabilitation, die ihn interessiert hätte. Der Verlag war zu vorsichtig, um die Auflagenhöhe anzugeben, aber tatsächlich wurden die Bücher reißend verkauft; die neue Ausgabe der Gesammelten Werke, die zur Deckung einer steigenden Nachfrage zur Zeit des hundertsten Geburtstags gedacht war, wurde so schnell abgesetzt, daß der Verlag schleunigst eine neue Auflage herstellen mußte. In Schweden, Holland, Belgien, Deutschland, Spanien, Italien kamen in diesen Jahren die entsprechenden mehrbändigen Werke heraus, und der Anwalt J. Bugge-Danielsen aus Grimstad, der bei der Aufrechnung von Hamsuns Vermögen den Wert seiner Autorenrechte auf 100 000 Kronen angesetzt, dann um die Hälfte verringert und schließlich ganz gestrichen hatte, wurde jetzt samt seinen Vorhersagen lächerlich. Nicht einmal die 100 000 Kronen wären genug gewesen. Hamsun war bankrott, als er starb, doch nun, da er nicht mehr lebte, wurde er Millionär.

Die Leute auf Nörholm hatten zunächst keine Freude an den Einnahmen, und Marie sah zu Lebzeiten nicht eine Krone davon. Das Geld wurde zuerst zur Abzahlung der großen Bank- und Verlagsdarlehen verwendet, die man nun jedoch in wenigen Jahren vollständig aus der Welt schaffen konnte. «Ich kann warten», hatte der Alte zu seinen Richtern in Grimstad gesagt, und am Tag darauf hatten einige Journalisten geschrieben, er prahle mit seiner Unsterblichkeit. Aber die «Unsterblichkeit», die er brauchte, war nicht so weit entfernt, es dauerte nicht eine Ewigkeit, nicht einmal zehn Jahre brauchte er darauf zu warten. An jenem Tag in Grimstad gab es in Norwegen 2 101 500 Bücher von Hamsun. Ende 1976 waren es 2 722 150. Das war die tiefe Vergessenheit, die man dem Landesverräter vorausgesagt hatte: 620 650 verkaufte Exemplare. In den zwanzig Jahren zwischen 1955 – wo der Druck seiner Bücher wieder aufgenommen wurde – und 1976 verkaufte Gyldendal Norsk durchschnittlich mehr als 30 000 Hamsun-Bücher im Jahr. Vor dem Krieg hatte die Zahl bei 40 000 gelegen, aber da waren zwischendurch ja auch immer neue Titel von ihm erschienen. Ein genaueres Studium der Auflagenhöhen wird bestätigen, daß sein Verhalten im Krieg und der Prozeß gegen ihn, abgesehen von einer Unterbrechung von knapp fünfzehn Jahren, die Verbreitung seiner Bücher nicht nachweisbar beeinflußt hat. Landesverräter oder nicht, Nazist oder nicht – eines steht fest: Zehn Jahre nach dem Kriege wurde Knut Hamsun in Norwegen wie in der übrigen Welt genausoviel gelesen wie vorher. In der Hinsicht waren die Ereignisse, die dazwischenlagen, ohne Bedeutung.

Wie weit legen die Ansichten eines Menschen Rechenschaft über ihn ab? Alles, wogegen er geschrieben hatte, Sport, Rechtswesen, Alter, Demokratie, Tourismus, wandte sich gegen ihn, aber die Bücher, in denen er sie angegriffen hatte, lebten weiter, als sei nichts geschehen. Es war schlimm genug mitanzusehen, wie der Mann, dem wir den Nobelpreis verliehen hatten, die Geschäfte der Deutschen besorgte; aber war es nicht noch schlimmer, daß der Mann, den wir vor dem höchsten Richterstuhl des Landes verurteilt hatten, unverändert das Volk begeisterte, das er verraten hatte? Waren es denn lauter Nazisten, die im Jahr 30 000 Bücher von Hamsun kauften? Dann sah es unleugbar düster aus für unsere Zukunft. Waren es brave, ehrenwerte Norweger, konnte irgend etwas am Urteil des Obersten Gerichts nicht stimmen. Es war nicht leicht zu entscheiden, welche Version wir vorziehen sollten. Und nun verschärfte sich die Frage noch einmal: Der 4. August 1959 war Hamsuns hundertster Geburtstag. Zwölf Jahre nach Grimstad sollten wir den Verurteilten feiern, der nun wieder Norwegens meistgelesener Autor war. Aber wie?

Diese Frage griff am 3. Dezember 1958 der Dichter Jens Björneboe in *Jyllands-Posten* auf. Der Drang, einen großen Mann in die Knie zu zwingen, sei natürlich kein besonderes norwegisches Phänomen, schrieb er. Er war der Ausdruck für den Haß des Durchschnitts gegen den Unabhängigen; er ist unser Übermensch, erwürgen wir ihn, ehe es zu spät ist! Der Angriff auf den Einzelnen, alle gegen Einen, sei eine Grunderfahrung unserer Kultur, sagte er, und erwähnte Golgatha und Athen. Eure Väter haben die Propheten gesteinigt, und Ihr errichtet ihnen Denkmäler, steht im Evangelium. Die Athener hatten mehr Stilgefühl: Sie töteten Sokrates, aber sie feierten nicht seinen hundertsten Geburtstag. Was wollte man in Norwegen unternehmen? Björneboe schrieb: Ein Volk, das vor ein paar Jahren seinem größten Dichter den Verstand absprach, ihn zwangsweise in ein Altersheim schickte, seine Frau und seine Söhne ins Gefängnis warf, ihm sein Vermögen nahm – kurz gesagt, das mit ihm alles tat, was ein Volk gern jederzeit mit seinen Dichtern täte:

Dieses Volk soll nun seinetwegen ein Hundertjahrfest feiern. Ein ähnliches Dichterjubiläum hat die Welt noch nicht gesehen. Aber es *muß* ja sein! Der Mann ist ja weltberühmt. Andere norwegische Dichter sind nur in Norwegen «weltberühmt», aber Hamsun ist es in der ganzen Welt. Man sollte annehmen, daß dieses Dichterjubiläum das peinlichste ist, das irgendwo gefeiert wird. Aber das wird es gar nicht werden. Alles läuft wie geschmiert. Reden werden gehalten, Bücher neu herausgegeben, die Professoren halten Vorträge, und niemand wird an den falschen Stellen lachen. Der letzte Mann, der in Norwegen Skandale hervorrufen konnte – den haben wir begraben.

Einiges deutete darauf hin, daß Jens Björneboes Voraussagen richtig waren. Die Schriftsteller mit ähnlichem Schicksal, von denen schon die Rede war, waren jedenfalls schon wieder zu Ehren gekommen. Die beiden umstrittenen Gestalten Gottfried Benn und Ezra Pound waren längst wieder in die gute Gesellschaft aufgenommen worden. Benn hatte 1951 den vornehmen Georg-Büchner-Preis erhalten und bekam zwei Jahre später sogar das Verdienstkreuz der Bundesrepublik; so geehrt starb der Siebzigjährige am 7. Juli 1956, Bozener Str. 20, Parterre rechts. Der andere, Ezra Pound, nahm sogar 1949 den Bollinger-Preis für Dichtung von der amerikanischen Regierung entgegen und konnte – mit Hilfe des UN-Sekretärs Dag Hammarskjöld – 1958 das Irrenhaus St. Elizabeth verlassen; er kehrte in das geliebte Italien zurück und starb dort 1972, im Alter von achtundsiebzig Jahren. Und wie erging es nun Knut Hamsun? Wie feiert man den hundertsten Geburtstag eines Landesverräters?

Jens Björneboe hatte sich nicht geirrt. Der 4. August 1959 zog herauf, er unterschied sich nicht von den groß gefeierten runden Geburtstagen in alten Tagen, vor und während der Besetzung, mit und ohne die Glückwünsche des norwegischen Staatsministers und des deutschen Reichskanzlers.

Der einzige Unterschied war, daß es keinen Knut Hamsun mehr gab, der dem allen entfloh; dafür konnten wir dann den unsterblichen Künstler feiern, unbehelligt durch den Menschen mit seinen vielen Fehlern und Unvollkommenheiten. Alles lief wie geschmiert. Reden wurden gehalten, Bücher herausgegeben. Gedächtnisausstellungen sah man in der Universitätsbibliothek, in Arendal, auf Hamaröy, in Grimstad, und niemand lachte. Das *Nationaltheater, Oslo Nye Teater* und *Den Nationale Scene* in Bergen bereiteten Gedächtnisaufführungen vor. Die Rundfunkbühne sendete eine Dramatisierung von «Pan», und die Gedächtnissendung, die ja bei seinem Tode nur vom dänischen Rundfunk gebracht werden konnte, wurde nun auch im norwegischen augestrahlt mit den Schauspielern Claes Gill und Mogens Wieth. Ja, der Höhepunkt, der wie vor fünzehn Jahren unter Quisling und Terboven ein Festabend in der Universität war, wurde wie damals vom Rundfunk übertragen. Den Abend gestalteten die beiden Schriftstellerverbände *Den norske Forfatterforening* und *Forfatterforeningen av 1952*, die sich hier – sonst erbittert verfeindet – ausnahmsweise über einen Dichter einigen konnten, weil er in keinem dieser Verbände Mitglied gewesen war; man hätte ihn ja wohl auch ausgeschlossen. Das Programm des Abends wurde von dem Vorsitzenden der alten Vereinigung, Hans Heiberg, eröffnet und geleitet. Die hochgestellten Persönlichkeiten, die damals in den ersten Reihen gesessen hatten, saßen inzwischen im Gefängnis oder waren erschossen worden; statt ihrer sahen wir auf den selben Sitzen eine neue Reihe hochgestellter Persönlichkeiten, die noch auf freiem Fuß waren, darunter mehrere Staatsräte mit Außenminister Halvard Lange, Justizminister Haugland und Kirchenminister Birger Bergersen an der Spitze. Das Programm war das gleiche: Ein Prolog, eine Festrede, Vorlesungen und Gesang, Musik vom Rundfunkorchester. Nur die Mitwirkenden hatte man ausgewechselt: Statt Kristen Gundelach, Johan Hauge und Einar Schibye, die alle der juristischen Abrechnung zum Opfer gefallen waren, hörte man nun Haral Sverdrup, dessen – gereimter – Prolog («wir haben den Segen der Erde geerntet – bevor und nachdem du starbst»), nach *Aftenposten* von tiefer Einfühlung in Hamsuns Dichtung sprach und spontane Begeisterung weckte. Die Festrede hielt Sigurd Hoel, der das gleiche meinte wie sein Vorgänger von 1944, Hamsuns Dichtung sei so wesentlich und wichtig, daß wir ohne sie unvermeidlich verarmen würden. Die Schauspielerin Liv Strömsted las Gedichte von Hamsun «mit einer behutsamen und tiefen Einfühlung, die ihr großen Beifall eintrug». Olav Havrevold «erntete starken Beifall für seine Rezitation von Hamsuns Novellen», Bjarne Buntz sang Hamsuns ergreifendes Gedicht «Med röde roser» (Mit roten Rosen) in der Vertonung von Johannes Haarklou, begleitet vom Rundfunkorchester unter der Leitung von Öivind Bergh; das Orchester spielte auch aus Johan Halvorsens «prachtvoller Musik» zu Hamsuns Schauspiel «Königin Tamara» und – nicht zu verwechseln! – Leif Halvorsens «feine Komposition» zu «Segen der Erde». Beifall auf der ganzen Linie, alles war entweder prachtvoll, ergreifend, spontan, bewegend, tief, fein, behutsam – und niemand lachte. Nun kamen keine Telegramme mehr von Goebbels und von dem Generaloberst v. Falkenhorst, aber Blumen von der Stadtverwaltung und von *Det svenske Akademi*. Es gab nicht 60 000 Reichsmark für eine Hamsun-Stiftung, aber das Storting übernahm die Handwerkerrechnungen über 15 000 Kronen für Nörholm. Professor Beyer sagte in der Studentenvereinigung, daß man niemals eine Klage gegen Hamsun hätte erheben dürfen, und Harald Grieg meinte: «Das sind mutige Worte, die nur früher hätten gesprochen werden sollen!» Gyldendals Direktor hatte schon Mitte Juni eine Pressekonferenz veranstaltet, um in «das große Festprogramm des Verlags» einzuführen. An diesem Tag hängte Harald Grieg denn auch Henrik Lunds Gemälde von Hamsun wieder in seinem Büro im vierten Stock auf, «wo sein Platz lange leergeblieben war», und es machte «ihm starken Eindruck», daß ein anwesender Journalist von *Svenska Dagbladet* «das glanzvolle Porträt» in seinem Bericht erwähnte. In allen norwegischen Buchhandlungen hing «das außerordentliche Plakat» mit Hamsuns Porträt im Großformat, das Grieg zu diesem Zweck hatte herstellen lassen. Wie im Jahre 1944 war der Verlag mit einer neuen Ausgabe der Gesammelten Werke zur Stelle, «in Jubiläumseinband», und «Unter Herbststernen» von Ronald Fangen einst als «asozial» eingestuft, konnte nun in die Serie aufgenommen werden, die sich *Hjemmens Boksamling* (Büchersammlung fürs Heim) nannte. Hamsuns Novellen erschienen in einer großen einbändigen Ausgabe in *Gyldendals gyldne Bibliotek*, und Harald Grieg selbst schrieb das Vorwort zur Faksimileausgabe von Hamsuns erstem Buch, «Der Rätselhafte», das aber nicht in den Buchhandel kam, sondern nur an Freunde des Verlags geschickt wurde. Tore Hamsuns Biographie seines Vaters wurde in einer neuen Ausgabe gedruckt, in der Hitler nicht mehr «eine gefallene Größe» war, und der Maler Haakon Stenstadsvold hatte «Victoria» mit einer «Reihe geschmackvoller Holzschnitte» illustriert, während Tore Hamsun die Herausgabe der gesammelten Gedichte «in einer hübschen bibliophilen Ausgabe in rotem Volleder» besorgte. Die Zeitschrift *Vinduet*, in der Sigurd Hoel noch vor wenigen Jahren über «Hamsuns monumentale Herzlosigkeit» geschrieben hatte, brachte nun eine monumentale Sondernummer einzig zu Ehren des Jubilars, mit Beiträgen u. a. von Johan Borgen, Nordahl Grieg und Maxim Gorki. Auch Gyldendals Konkurrenten gingen nicht leer aus. Ascheoug veröffentlichte eine Hamsun-Studie von Professor Edvard Beyer, und die Schriftenreihe von *Det norske Studentersamfundet* war mit Jan Marstranders «Knut Hamsun» und Francis Bulls «Knut Hamsun aufs neue» zur Stelle.

Knut Hamsun aufs neue: Geschmackvoll und monumental und in rotem Ledereinband – und niemand, der lachte. Jens Björneboe hatte vorausgesagt, daß auch die Zeitungen Artikel bringen würden. Nach der Aufstellung von Arvid Östby, die er selbst für unvollständig hielt, erschienen zum hundertsten Geburtstag 318 Zeitungsartikel, 85 davon in Norwegen. Die große Frage, ob Hamsun Nazist war oder nicht, fand 318 verschiedene Antworten. Die Literatur über ihn umfaßte nun mehr Bände als sein eigenes Werk. Die Dokumente über das, was aber tatsächlich in jenen dunklen Tagen der Besetzung vor sich gegangen war, lagen wohlverwahrt in verschlossenen Archiven. Es ging also weiter mit Interpretationen, Erklärungen, Theorien und Meinungen.

Die drei dänischen Marxisten Morten Giersing, John Thobo-Carlsen und Mikael Westergaard-Nielsen erkannten an, daß es bei Hamsun keinen Antisemitismus gebe, auch in diesem Punkt stimme er nicht mit der Entwicklung in der Sowjetunion überein. Aber es war klar, daß er sich aus Lappen, Schweizern und Engländern nichts machte, schrieben sie und fügten hinzu: Es war grundsätzlich derselbe Rassismus, der zum Tod von sechs Millionen Juden führte.

Im Haß auf die Kunst können sich die äußerste Linke und die äußerste Rechte immer finden: Der Satz stammte von dem christlichen Aasmund Brynhildsen, der wenige Jahre zuvor festgestellt hatte, «daß der Geist, der aus Hamsuns Werken spricht, derselbe ist, aus dem heraus in souveräner Menschenverachtung Gaskammern für die Unerwünschten errichtet wurden. Die Gläubigen beider Seiten waren sich einig, die Dogmatiker fielen einander um den Hals: In den ersten 30 Jahren nach dem Krieg kauften die Norweger 620 650 Bücher, die also im Geist von Auschwitz geschrieben worden waren. Was meinte Hamsun selbst? Er konnte ja wie alle anderen eine Meinung haben, ob sie falsch oder richtig war, nur hatte er den Vorteil, seine Meinung kurz zu fassen, und diese Frage tat er eines Tages in vier Worten ab.

Nach seinem Tod fand man einige Zettel mit Notizen, die er wie gewohnt auf gebrauchte Umschläge, Kalenderblätter, Vordrucke und ähnliches gekritzelt hatte. Auf einem dieser Zettel – abgerissen von einem Formular für Schuldenregelung – hatte er an den obersten Rand geschrieben:

«Egon Fridell (?) war Jude.»

Das Fragezeichen in Parenthese bezieht sich nur auf die Schreibweise des Namens Friedell, die Hamsun nicht korrekt erschien, aber über den sonstigen Inhalt des Satzes gibt es keinen Zweifel. Die Notiz ist undatiert, aber legt man den abgerissenen Zettel mit anderen aus dem selben Haufen zusammen, sieht man, daß er von einem Formular stammt, das die Überschrift «Angabe über ausstehende Forderungen» trägt und bei der Aktiengesellschaft Sem og Stenersen in Oslo gedruckt wurde. Die Lagernummer ist 2634, und die Firma sagt, daß Formulare mit dieser Lagernummer nicht vor 1945 hergestellt wurden. Knut Hamsun schrieb also die vier Wörter nieder, als er aus Zeitungsartikeln über das Schicksal der Juden im Hitler-Deutschland unterrichtet worden war.

Warum? Welche Gedanken bewegten ihn in diesem Augenblick? Man kann nur raten, aber man muß schon Marxist oder Theologe sein, um falsch zu raten. Knut Hamsun schrieb an den Obersten Ankläger, daß er zu jeder Zeit viele Juden unter seinen Freunden gehabt habe, und das ist wahr. Ein Jude, Edvard Brandes, hatte dafür gesorgt, daß Hamsuns erstes Buch gedruckt wurde, als er sich in äußerster Not befand. Ein anderer Jude, Max Tau, schrieb in seinen Erinnerungen, wenn auch nicht ganz zutreffend, daß er ihm bis zum letzten geholfen habe. Und zwischen den beiden hatte ein dritter Jude Hamsun auf den Gipfel der Weltberühmtheit gehoben, als er ihn mit Homer verglich.

Ein Mann von vielen. Ein Sperling auf dem Feld. Einer von sechs Millionen.

Da saß nun Knut Hamsun und schrieb seinen Namen auf ein Formular für ausstehende Forderungen. Egon Friedell. Es entsprach Friedells Wertschätzung für Hamsun, daß er ihm sein Werk über die homerische Zeit, die griechische Antike, widmete. Er hatte ihm geschrieben, daß er die Zueignung ursprünglich formulieren wollte: Für Knut Hamsun, den letzten Dichter:

Aber wie Schopenhauer sagt, sollen die großen Männer nur mit ihrem Namen genannt werden, weil jedes Adjektiv, auch das ehrenvollste, nur herabsetzend wirkt.

Friedell konnte auch hintergründig sein. Er strich den «letzten Dichter». Doch es hätte gut gepaßt. Homer und Hamsun, der erste und der letzte. Der eine so taub, wie der andere blind war, und schließlich auch ebenso blind.

# Quellennachweis

Der Verfasser dankt den Erben Hamsuns herzlich für die Erlaubnis, die unter Verschluß gehaltenen Dokumente aus dem Riksarkiv in Oslo benutzen und eine Reihe bisher ungedruckter Briefe von Marie und Knut Hamsun veröffentlichen zu können. Ein warmer Dank gilt auch Hans Andreasen für die Erlaubnis, Knut Hamsuns geheimes Tagebuch aus der psychiatrischen Klinik zu kopieren und zu benutzen; dem Arzt Torben Biörn-Henriksen, dem Verlagsredakteur Gordon Hölmebakk, Direktor Dr. phil. Brikt Jensen, mag. art. Birgit Jaeger und Antiquariatsbuchhändler S. F. Simonsen für wertvolle Hilfe bei den Nachforschungen; dem inzwischen verstorbenen Anwalt Johannes Meyer und dem norwegischen Übersetzer Jo Örjasaeter für kritische Durchsicht des Manuskripts; Liv Arnesen für die Beschaffung statistischer Aufstellungen und vieler hundert Fotokopien; Ellinor Ringström für die Hilfe bei der Bilderredaktion; Inger Lise Franke für die Reinschrift des Manuskripts; den Angestellten des Riksarkivs in Oslo, der Universitätsbibliotek in Oslo, der Avisbibliotek in Kopenhagen, der Kommunebibliotek in Tranebjerg, Samsö, für freundliches Entgegenkommen bei der Beschaffung von schwer zugänglichem Material; Dansk und Norsk Gyldendal für wirtschaftliche Unterstützung bei der Ausarbeitung; dem Kopenhagener Ministerium für kulturelle Angelegenheiten für ein Reisestipendium nach Norwegen von 8000 Kronen.

Die Darstellung gründet sich vor allem auf ungedruckte Quellen. Nach ihrem Umfang verteilen sie sich wie folgt:

1. Aus dem *Riksarkiv Oslo* «Landsvikssagerne mot Knut og Marie Hamsun» («Prozeß wegen Landesverrats usw.»), darin enthalten «Retspsykiatrik Erklaering», 22 Pakete.

2. *Cecilia Hamsun Fönss' Arkiv* mit a) 19 Briefen, darunter 2 in Fotokopien, 3 Briefkarten, 1 Postquittung mit Text, 1 Telegramm von Knut Hamsun, alles aus der Zeit vom 26.9.1933–13.6.1949, b) etwa 240 Briefe, 4 Briefkarten und 2 handgeschriebene Gedichte von Marie Hamsun aus der Zeit 1945 bis 1969, c) Abschrift von Maries Briefwechsel mit Langfeldt 1949, d) Fotokopien des Briefwechsels zwischen dem Entschädigungsamt und Langfeldt, 1946, e) Verlagsabrechnung, Brief der norwegischen Ärztevereinigung mit Begleitschreiben von Sigrid Stray, 1950, f) Cecilia Hamsuns Brief an Bomholdt, Tore Hamsuns Brief an Marie Hamsun und Marie Hamsuns Brief an Sigurd Hoel 1952, im Entwurf, bzw. Original und Abschrift.

3. *Tore Hamsuns Arkiv* mit 48 Briefen, sämtlich in Fotokopien, von Knut Hamsun, aus der Zeit vom 12.9.1940–16.12.1949, ferner 1 Brief des Obersten Anklägers an Marie Hamsun.

4. *Arild und Brit Hamsuns Arkiv* mit a) etwa 94 Zetteln, sämtlich in Fotokopien, von Knut Hamsun aus der Zeit von etwa 1936 bis 1948, mit Ent-

würfen, Kladden usw. von Hamsuns Hand, darunter Bruchstücke der Gespräche in der psychiatrischen Klinik und Abschriften von Briefen aus dem Altersheim, b) 10 Briefe und 1 Postkarte von Knut Hamsun aus dem Altersheim, aus der Zeit vom 6.8.1946–18.12.1947 (Briefe an Brit und an Esben).

5. *Im Besitz von Hans Andreasen:* Knut Hamsuns geheimes Tagebuch aus der psychiatrischen Klinik aus der Zeit vom 15.10.1945 bis 11.2.1946, mit Bleistift auf die letzten leeren Seiten von Hans Andreasens Roman *Manana* geschrieben. Briefwechsel zu Egon Friedell in Fotokopien.

Außerdem wurden bei folgenden Gelegenheiten mündliche Auskünfte eingeholt:

1. Gespräche mit Tore Hamsun am 29.5.1975, 5.–6.9.1975, 1.4.1977, 13.4.1978. Dazu gehören ein ergänzender Briefwechsel und telephonische Anrufe.
2. Gespräche mit Arild und Brit Hamsun am 27.5.1975, 6.–7.9.1975, 13.4.1977, ferner Briefwechsel und telephonisch geführte Gespräche.
3. Gespräche mit Ellinor Hamsun 18.8.1975 und 23.10.1975.
4. Gespräche mit Cecilia Hamsun Fönss am 1.7.1975, 10.9.1975, 23.10.1975, 21.5.1976, 9.10.1977, ergänzt durch Briefe und telephonische Gespräche.
5. Gespräch mit Anwältin Sigrid Stray, Arendal, am 28.5.1975, dazu ergänzender Briefwechsel.
6. Gespräch mit Fräulein Nicoline Andersen, Landvik, 27.5.1975.
7. Gespräch mit dem Kleinbauern Dag Halvorsen, Ronden, 27.5.1975.
8. Gespräche mit dem ehemaligen Chefarzt Professor Dr. med. Gabriel Langfeldt, Oslo, am 4.9.1975, dazu ergänzender Briefwechsel.
9. Gespräche mit dem Chefarzt Dr. med. Leo Eitinger, psychiatrische Klinik, Oslo, am 5.9.1975, mit ergänzendem Briefwechsel.
10. Gespräch mit Zimmermeister Tryggve Bakken und Schwester Ruth Bakken, Landvik, 6.9.1975.
11. Gespräch mit dem ehemaligen Polizisten Einar Eriksen, Grimstad, am 7.9.1975.
12. Gespräch mit dem Schriftsteller Hans Andreasen, Espergaerde, am 20.2.1976, mit ergänzendem Briefwechsel.

Ferner sind die folgenden Werke herangezogen worden:

Benn, Gottfried: Briefe. Briefe an F. W. Oelze 1932–1945. Wiesbaden und München, 1977.
Benn, Gottfried: Doppelleben. I «Gesammelte Werke, Band 8: Autobiographische Schriften, München, 1975.
Bjørneboe, Jens: Under en hårdere himmel. Oslo, 1957 ff.
Boveri, Margret: Der Verrat im 20. Jahrhundert, I–IV. Hamburg, 1956.
Christensen, Chr. A. R.: Norge under okkupasjonen. Oslo, 1975.

Giersing, Morten, Jan Thobo-Carlsen og Mikael Westergaard-Nielsen: Det reaktionære oprør. København, 1975.

Cornell, Julien: The Trial of Ezra Pound. New York, 1966.

Evensmo, Sigurd: Gyldendal og gyldendøler. Oslo, 1974.

Fangen, Ronald: I nazisternes fengsel (1940–1941). Oslo, 1975.

Fest, Joachim C.: Hitler. Eine Biographie. Frankfurt, 1973.

Forchammer, Olaf og Carl Gad: Fakta og myter omkring retsopgøret. København, 1948.

Grieg, Harald: En forleggers erindringer. Oslo, 1958. Anden udgave med væsentlige tilføjelser om Hamsun. Oslo, 1971.

Goebbels, Joseph: Dagbøger. Dansk udgave. København, 1948.

Hamsun, Arild: Dager og Vers. Oslo, 1943.

Hauge, Jens Chr.: Frigjøringen. Oslo, 1970.

Irving, David: Hitlers War. London, 1977.

Kildal, Arne: Presse- og litteraturfronten under okkupasjonen. Oslo, 1945.

Landsviksanordningen af 15.12.1944. Oslo, 1945.

Langfeldt, Gabriel: Gåten Vidkun Quisling. Oslo, 1969.

Lennig, Walter: Gottfried Benn in Selbstzeugnissen und Bilddokumenten. Rowohlts Monographien. Hamburg, 1962 ff.

Loock, Hans-Dietrich: Quisling, Rosenberg und Terboven. Stuttgart, 1970.

Norden, Der, Monatschrift der Nordischen Gesellschaft. Berlin, Januar 1940–September 1944.

Oftedal, Chr. S.: Norge netop nu. København, 1948.

Pound, Ezra: The Pisan Cantos. New York, 1949 ff.

Riehl, Hans: Als Deutschland in Scherben fiel. Frankfurt, 1975.

Seip, Didrik Arup: Hjemme og i Fiendeland. Oslo, 1946.

Shirer, William L.: The Rise and Fall of the Third Reich. London, 1960 ff.

Smedal, Gustav: Patriotisme og Landssvik. Oslo, 1950.

Speer, Albert: Spandauer Tagebücher. Frankfurt, 1975.

Steenstrup, Bjørn og Harald Gram: Hvem er Hvem? Oslo, 1948.

Steenstrup, Bjørn: Hvem er Hvem? Oslo, 1973.

Stock, Noel: The Life of Ezra Pound. London, 1970.

Svensson, Bjørn: Derfor gik det sådan 9. april. København, 1965.

Soerensen, Nele P.: Mein Vater Gottfried Benn. Wiesbaden, 1950.

Tau, Max: Tross alt! Oslo, 1971. Deutsche Ausgabe: Trotz allem! Lebenserinnerungen aus siebzig Jahren. Hamburg, 1972.

# Nachbemerkung

In Thorkild Hansens Buch über die Alterstragödie des großen norwegischen Dichters, das mehr den Charakter einer Nachdichtung als den einer traditionellen Biographie besitzt, sind Zitate aus Hamsuns Werken, Tagebüchern und Briefen, aus Marie Hamsuns Büchern und Briefen, aus Zeitungsartikeln zum Hamsun-Prozeß, aus zeitgenössischen literarischen und politischen Urteilen über den Fall Hamsun in einer Weise «eingeschmolzen», die den Verlag dazu veranlaßt hat, auf die sonst bei Zitaten üblichen Anführungsstriche zu verzichten, da diese den Rhythmus der «modernen Saga» unterbrochen und den besonderen Stil der romanhaften Biographie beeinträchtigt hätten. Aus Hamsuns Werken, im Paul List Verlag, München, erschienen, wurde nach den Übersetzungen von I. Sandmaier und S. Angermann zitiert. Die Zitate aus «Auf überwachsenen Pfaden», 1949 ebenfalls bei Paul List erschienen, zu denen auch Hamsuns Verteidigungsrede vor dem Gericht gehört, folgen der Übersetzung von Elisabeth Ihle.

Max Taus Erinnerungen an Hamsuns Alterswerk wurden einem Auswahlband aus der im Hoffmann und Campe Verlag, Hamburg, erschienenen dreibändigen Autobiographie entnommen.

Thorkild Hansen hat zur «Illustration» seines gigantischen Stoffes eine Menge unbekannten und nicht im einzelnen verifizierten Quellenmaterials verwendet; die Autoren und Erscheinungsorte und -jahre werden an den entsprechenden Textstellen genannt.